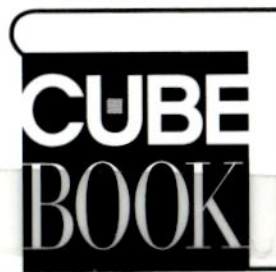
CUBE
BOOK

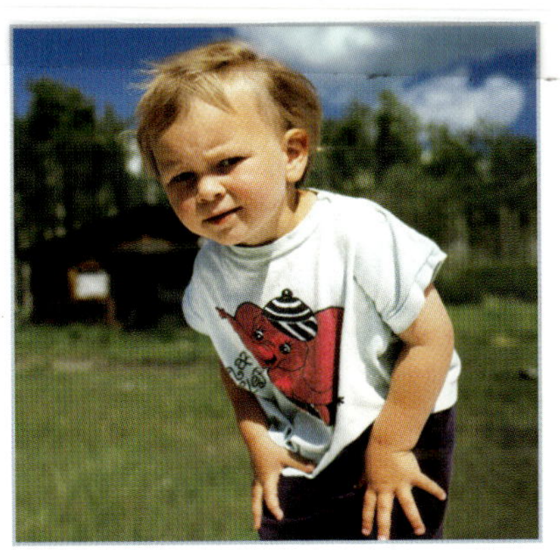

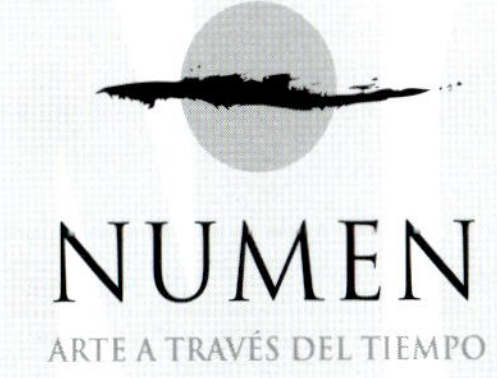
NUMEN
ARTE A TRAVÉS DEL TIEMPO

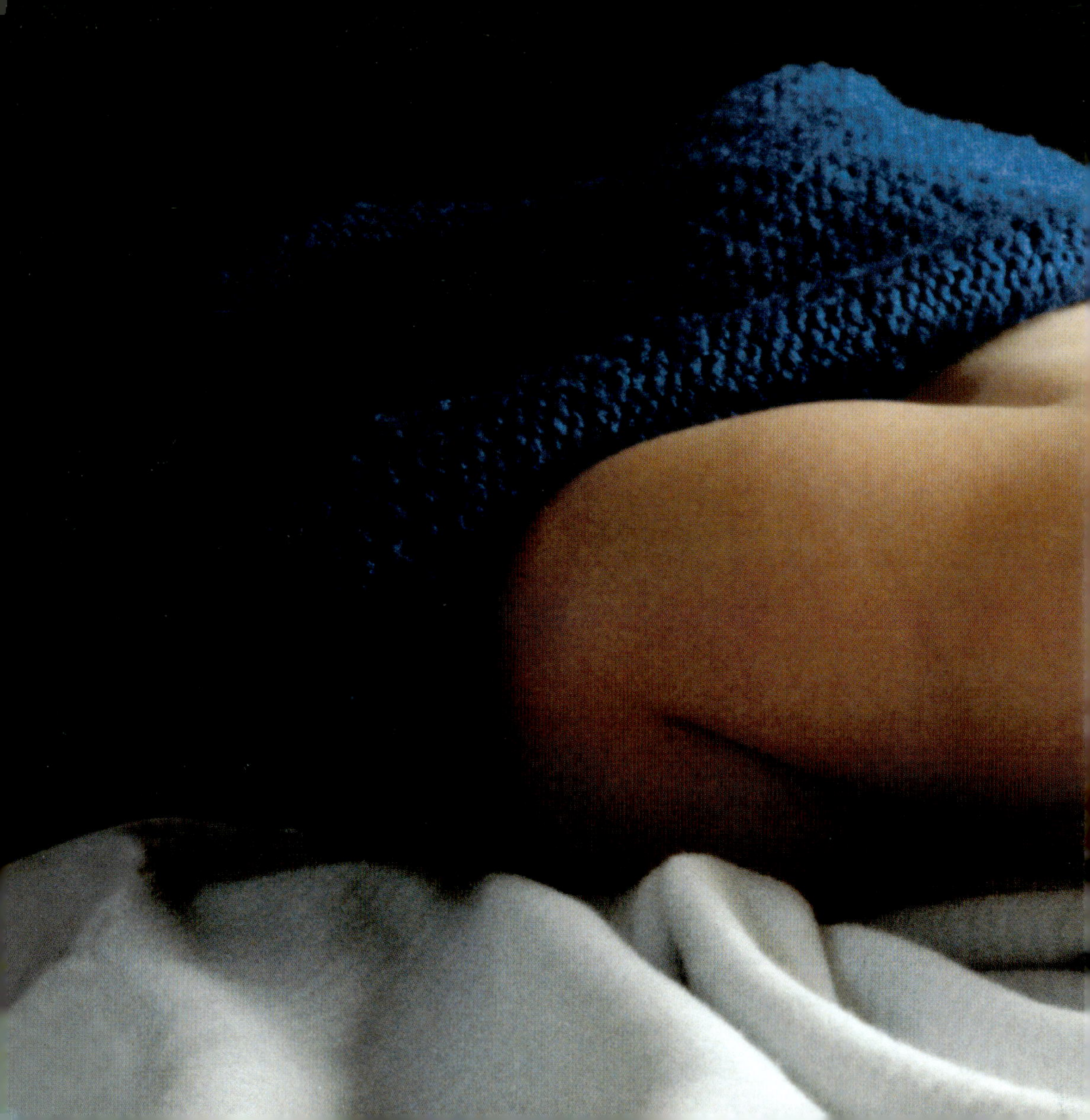

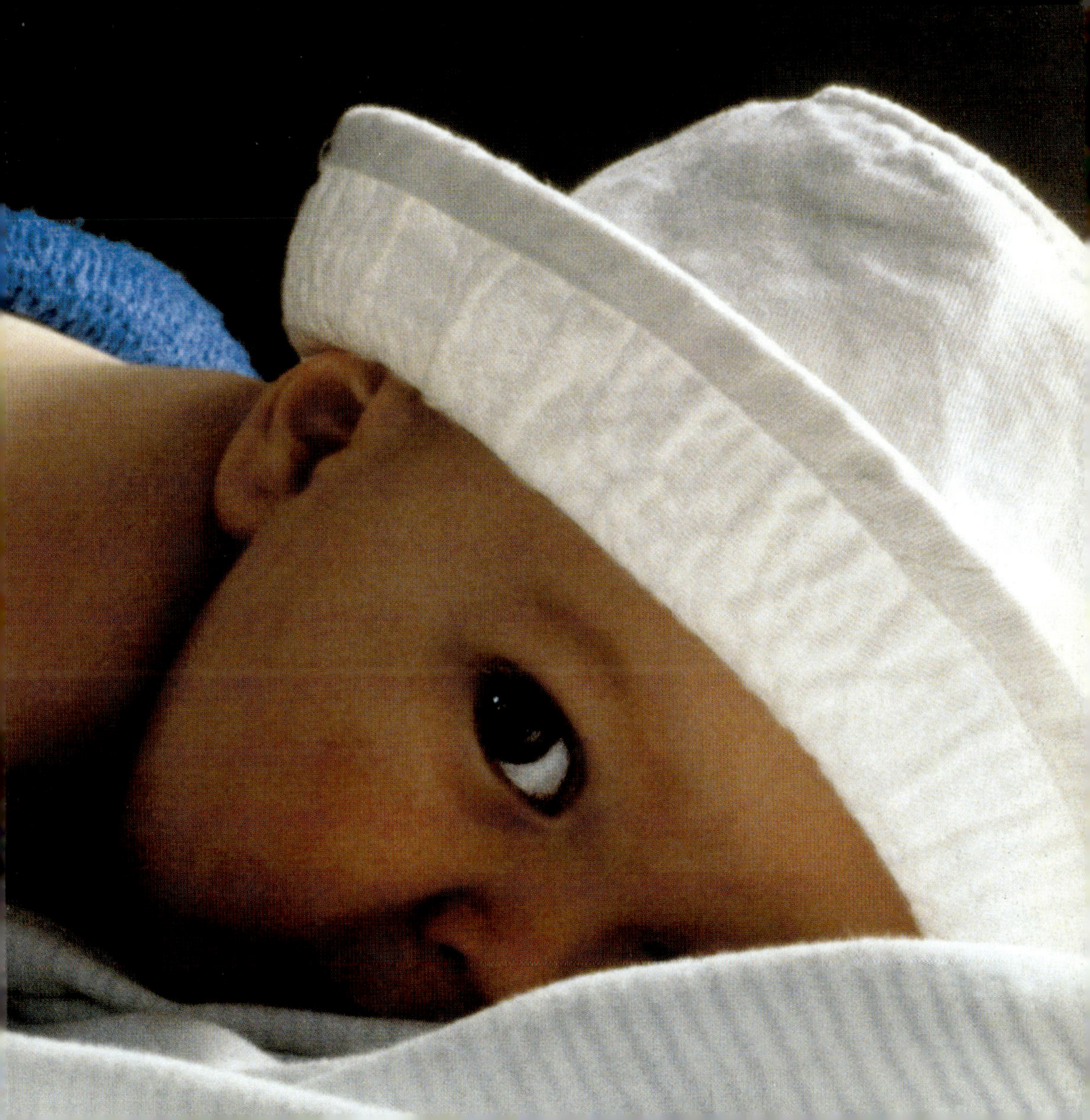

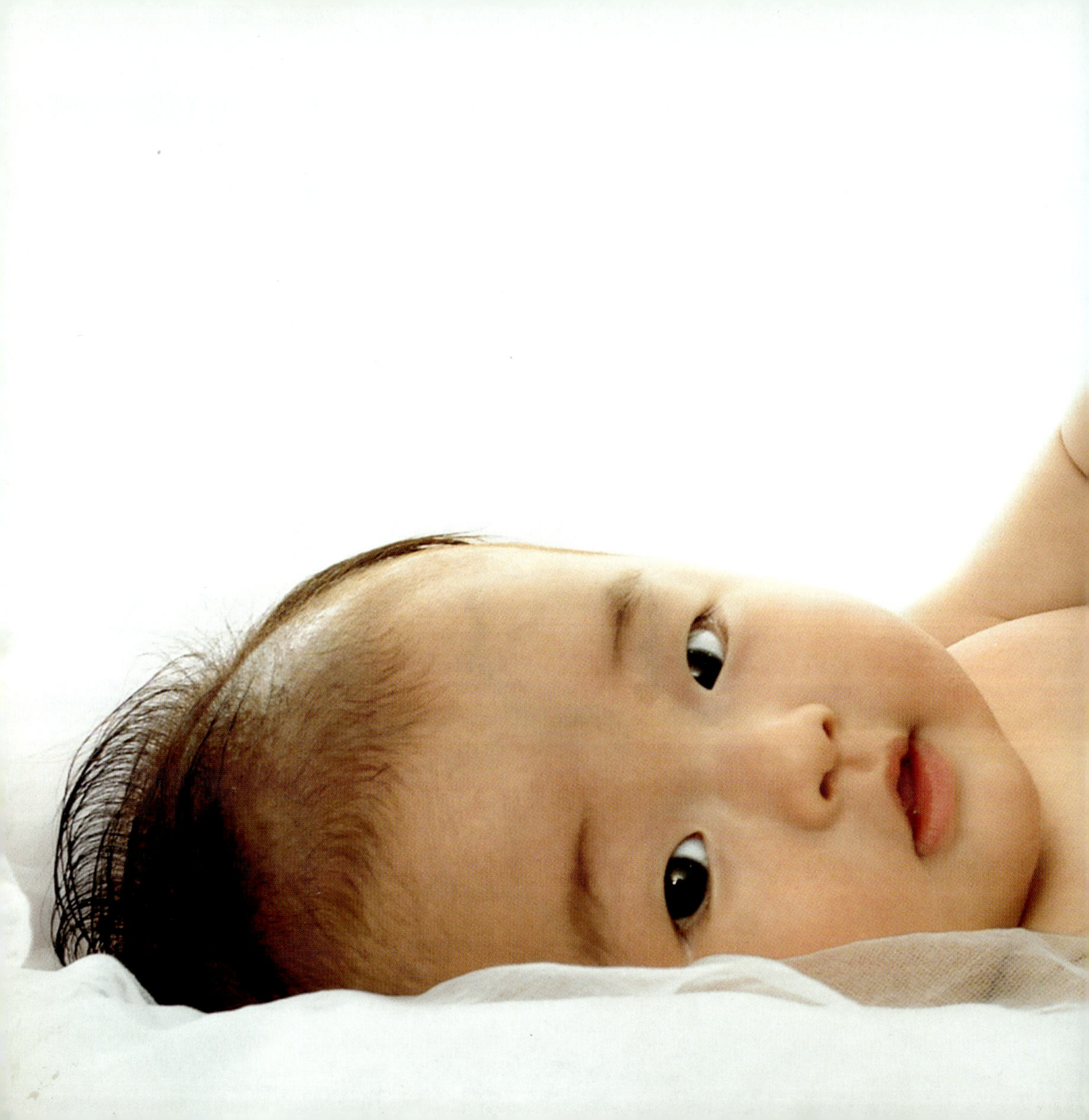

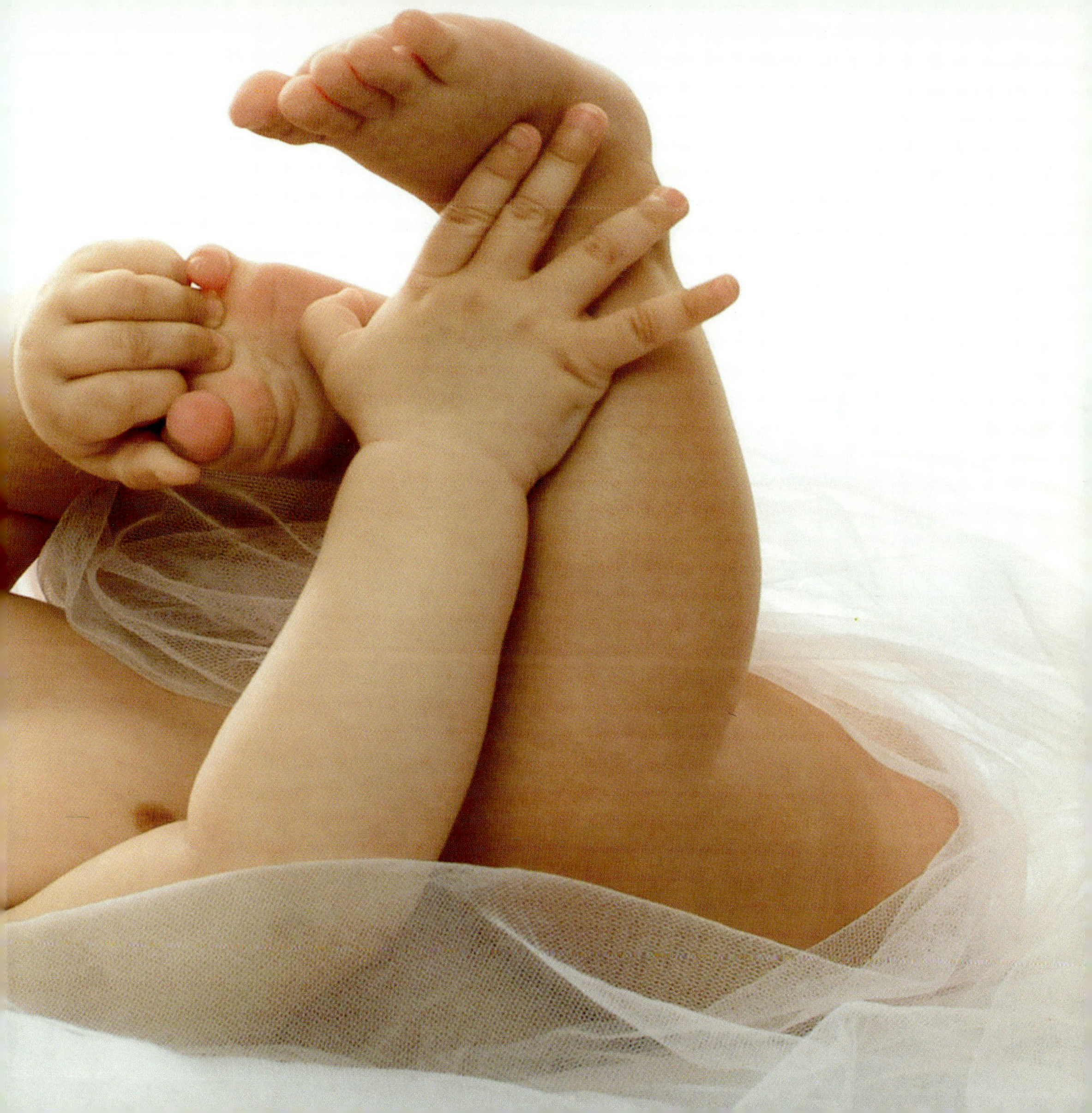

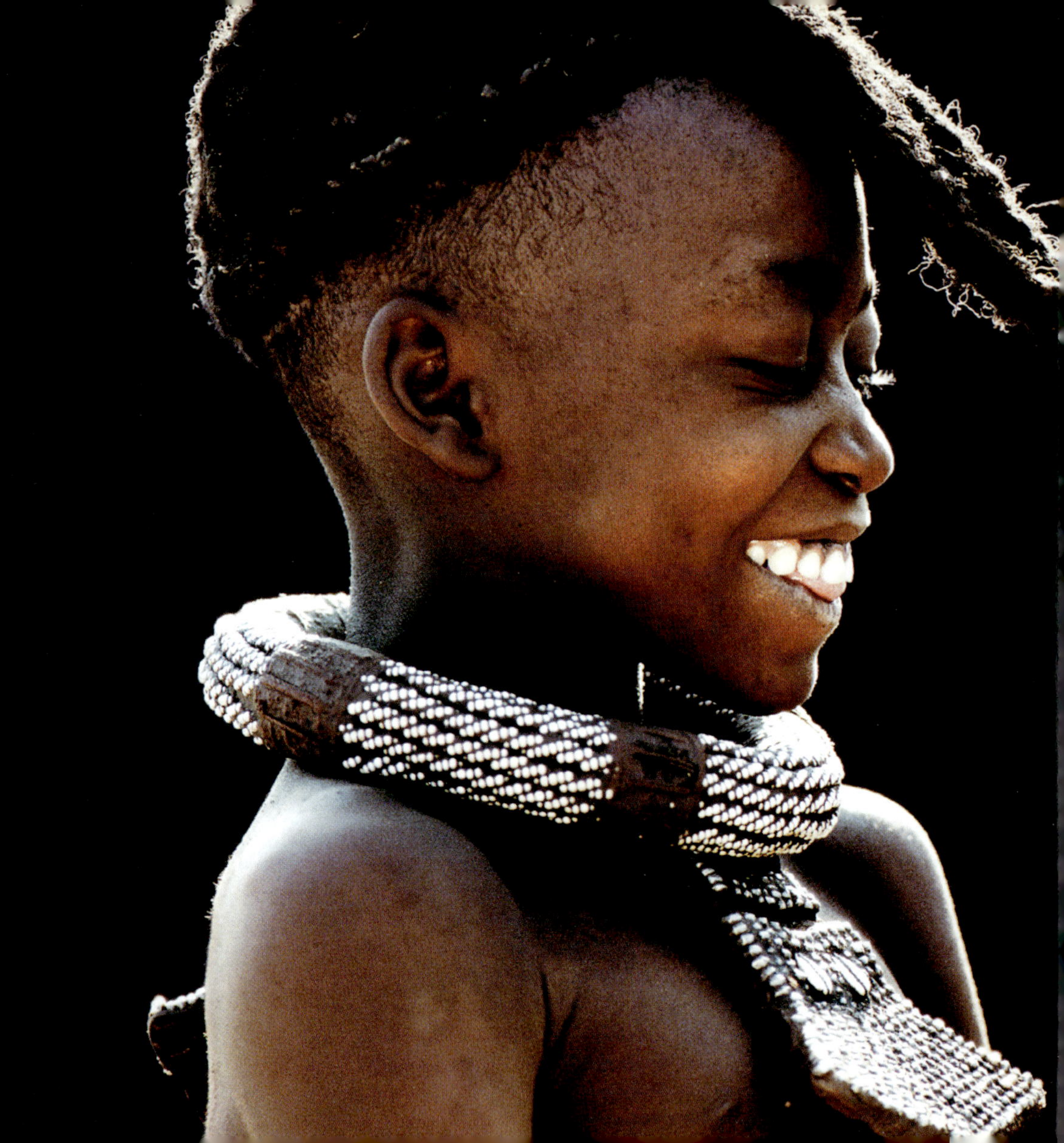

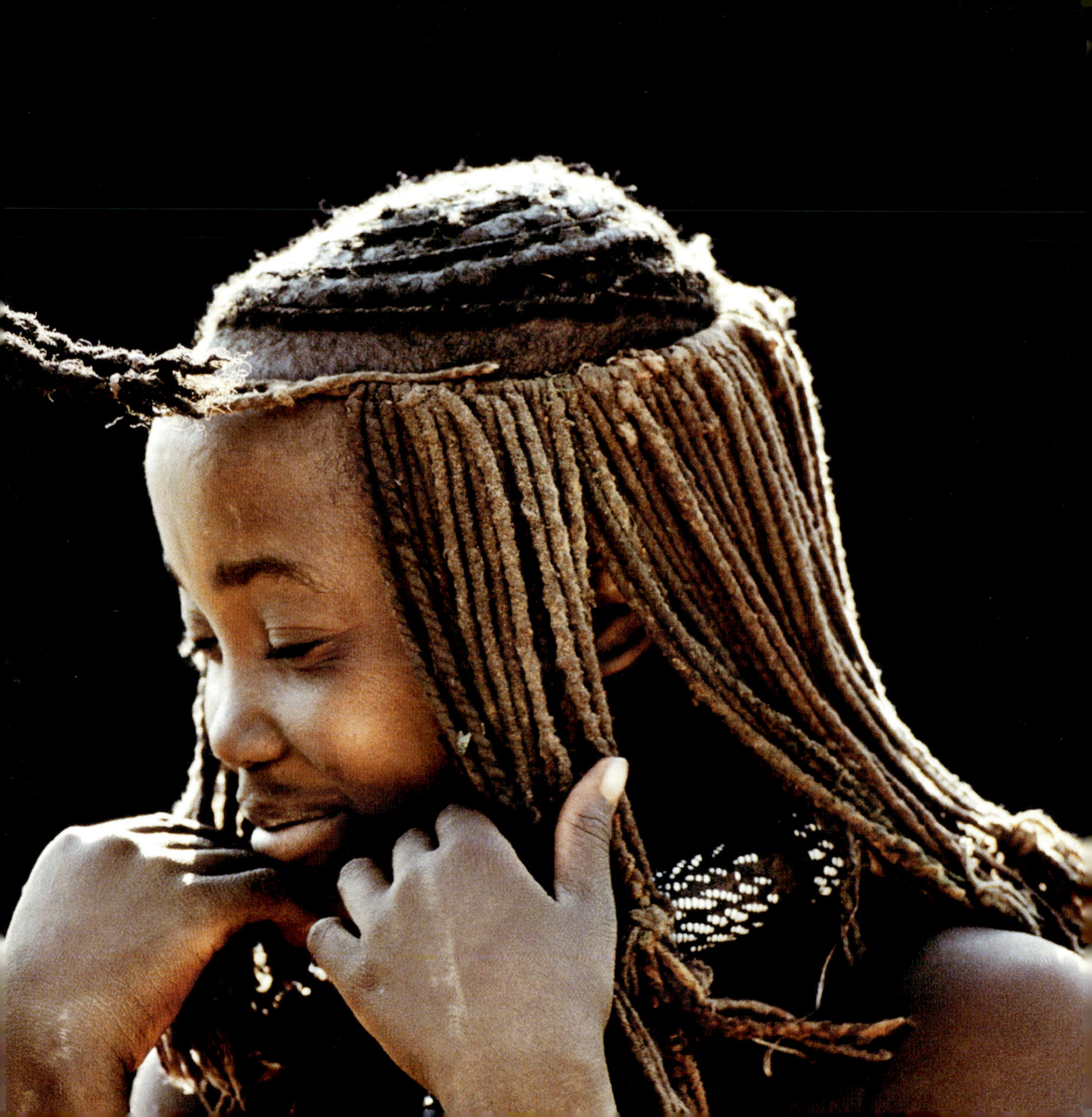

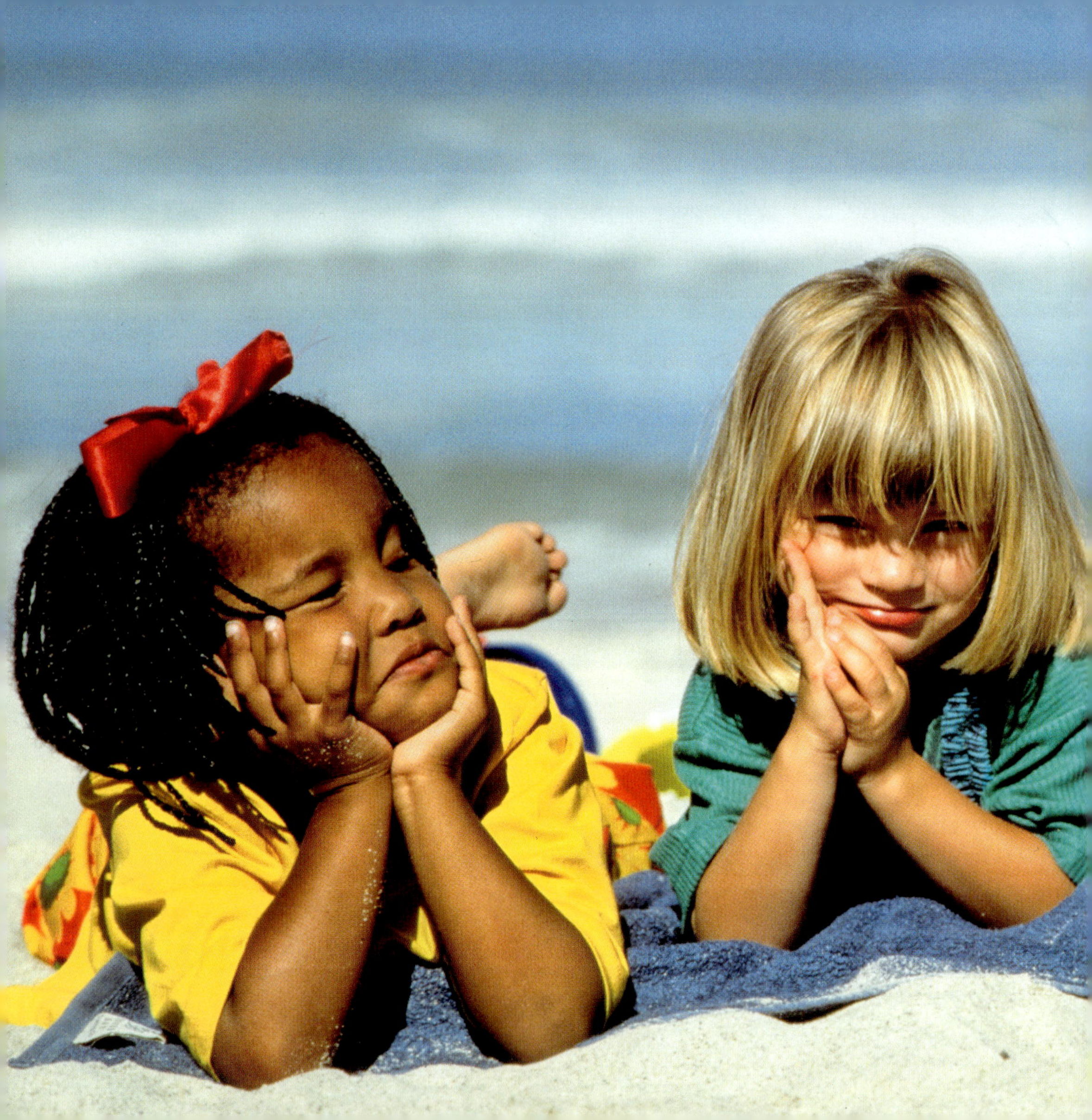

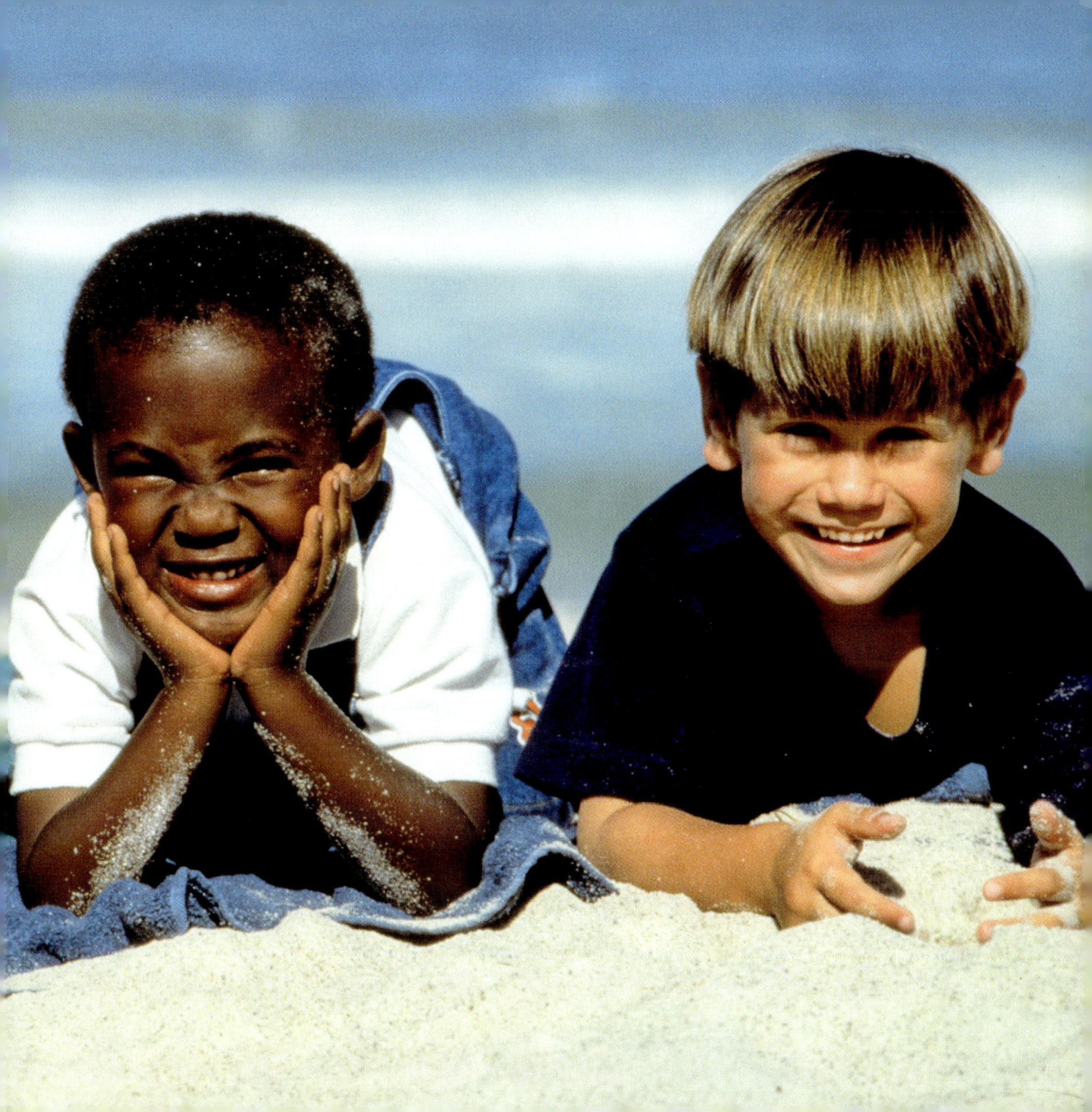

Realización editorial
VALERIA MANFERTO DE FABIANIS

Texto de
VALERIA MANFERTO DE FABIANIS
BEATRICE TORO

Diseño gráfico
CLARA ZANOTTI

Coordinación editorial
de la edición en lengua española
DAVID BENEYTO VILALTE

Traducción
J. CASTILLO VILA

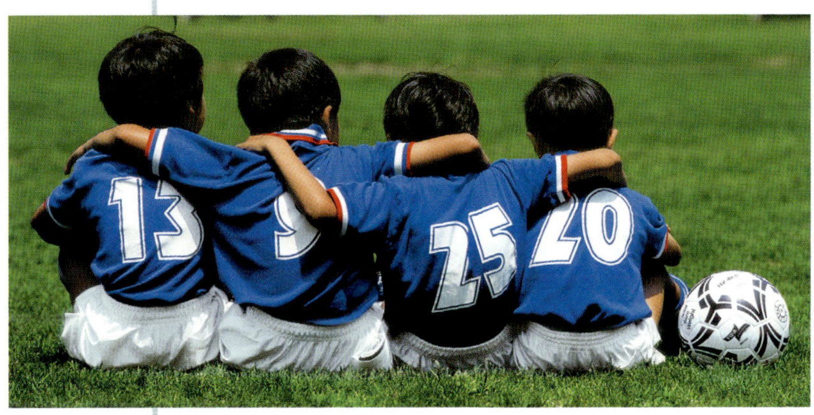

● Pequeños deportistas aprenden a ser un auténtico equipo.

Publicado en México por:
Advanced Marketing, S. de R.L. de C.V.
Calzada San Francisco Cuautlalpan No. 102 Bodega "D"
Col. San Francisco Cuautlalpan
Naucalpan de Juárez, Edo. de México, C.P. 53569

ISBN 10: 970-718-439-6
ISBN 13: 978-970-718-439-8

Impreso en Singapur
1 2 3 4 5   10 09 08 07 06

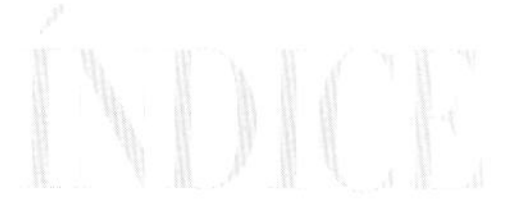

ÍNDICE

NIÑOS

1 • Curiosidad delante del objetivo.

2-3 • Un niño observa el mundo desde sus sábanas.

4-5 • Explorar su propio cuerpo es el juego preferido de los más pequeños.

6-7 • Risas y alegría entre dos pequeños himba, Namibia.

8-9 • Una sonrisa ilumina la mirada de estos niños.

13 • Ya durante el primer año de vida los bebés son muy expresivos.

15 • Dignidad y timidez se funden en esta mirada.

16-17 • Un grupo de niños aprenden disciplina.

18-19 • Una fiesta de colores en Bali.

20-21 • Dos niños hacen sonar sus instrumentos.

PRÓLOGO — 14

INTRODUCCIÓN — 22

PRIMEROS PASOS — 36

NIÑOS EN EL MUNDO — 62

CRECER EN FAMILIA — 146

EN LAS AULAS DE LA ESCUELA — 206

AMIGOS ÍNTIMOS — 294

JUGAR JUNTOS — 328

MUECAS Y RABIETAS — 394

COMPAÑEROS DE AVENTURAS — 460

NIÑOS GEMELOS — 552

ESPÍRITU DE CAMPEONES — 578

ES LA HORA DE IR A DORMIR — 672

BIOGRAFÍA, ÍNDICE, FOTOGRAFÍAS — 728

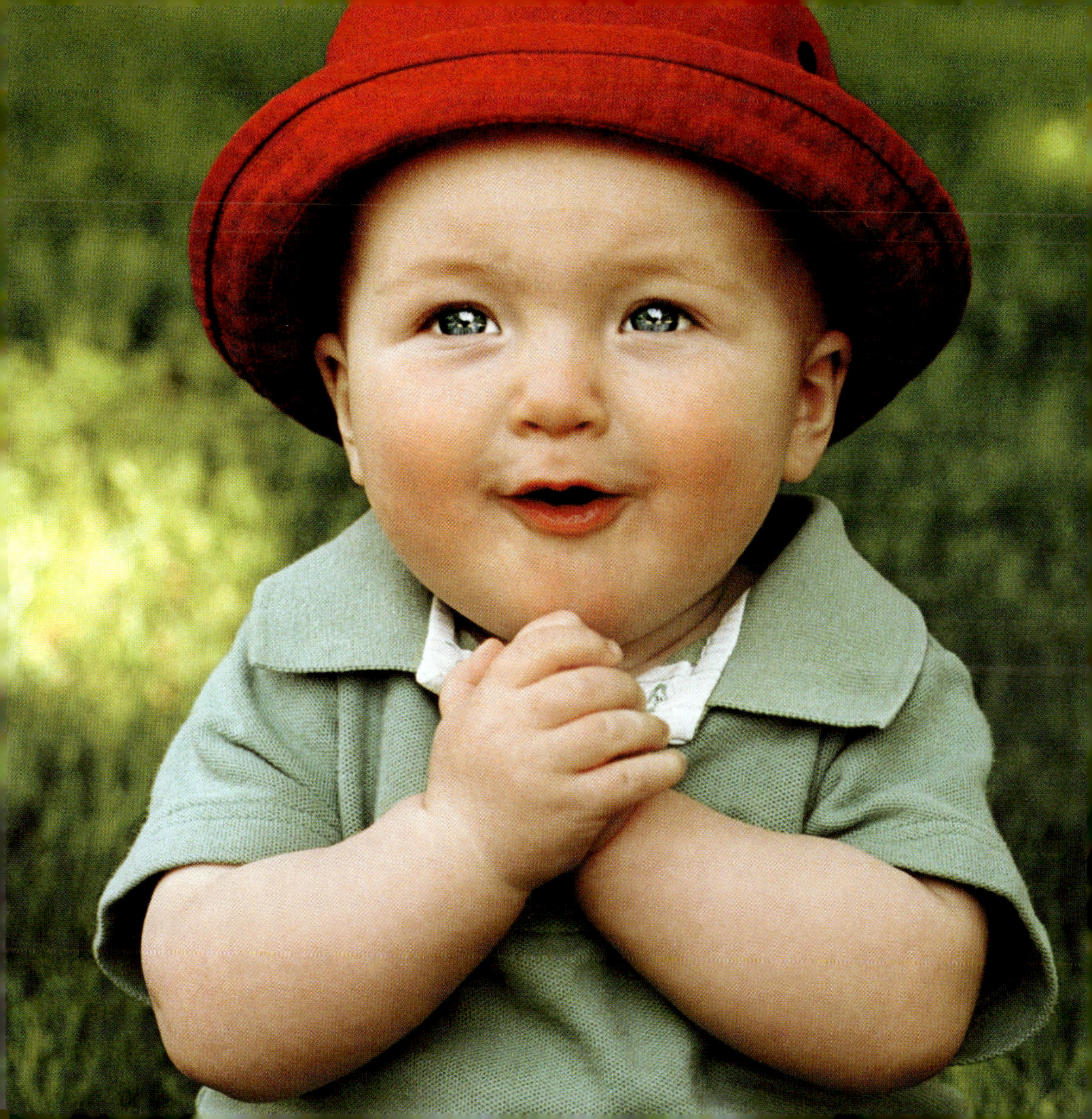

Prólogo

Una sonrisa, una mueca, una rabieta. Centenares de miles de rostros en todo el mundo y otros tantos momentos robados a la infancia: este es un libro dedicado a los niños y a la serena e irrepetible realidad de la infancia. A una edad que siempre debería ser sinónimo de felicidad en todas partes y para todos.

Sabemos muy bien, sin embargo, que en muchos lugares de la Tierra, los primeros años de la vida, los más tiernos, llevan consigo para muchos niños dolor, hambre, desesperación, enfermedad y sufrimiento.

Por ello, es precisamente a los niños menos afortunados del planeta, a los grandes olvidados, a quienes destinamos nuestro trabajo.

Un pequeña aportación que quisiera contribuir a darles, aunque sólo sea eso, un poco de la esperanza que necesitan.

Valeria Manferto De Fabianis

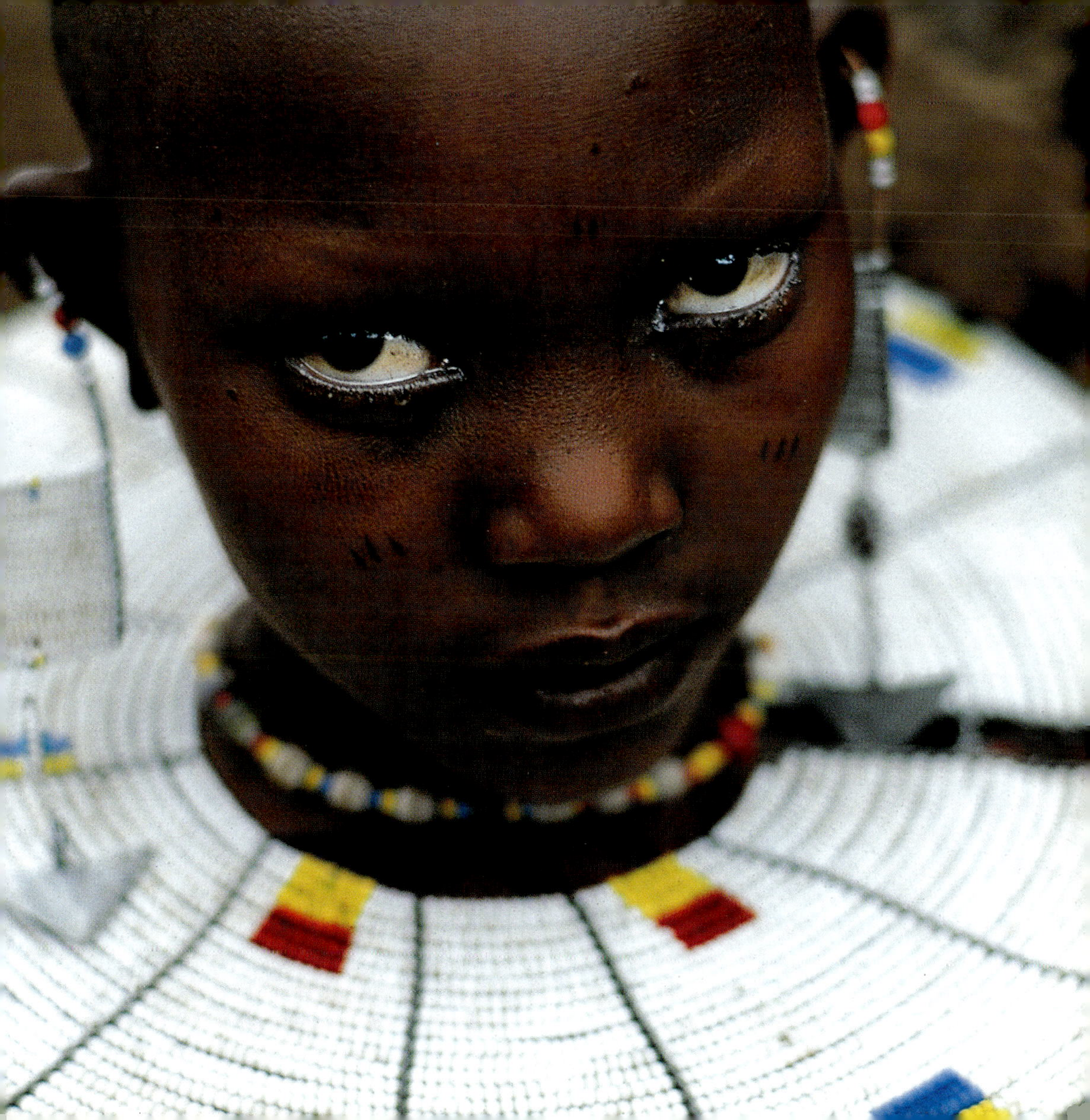

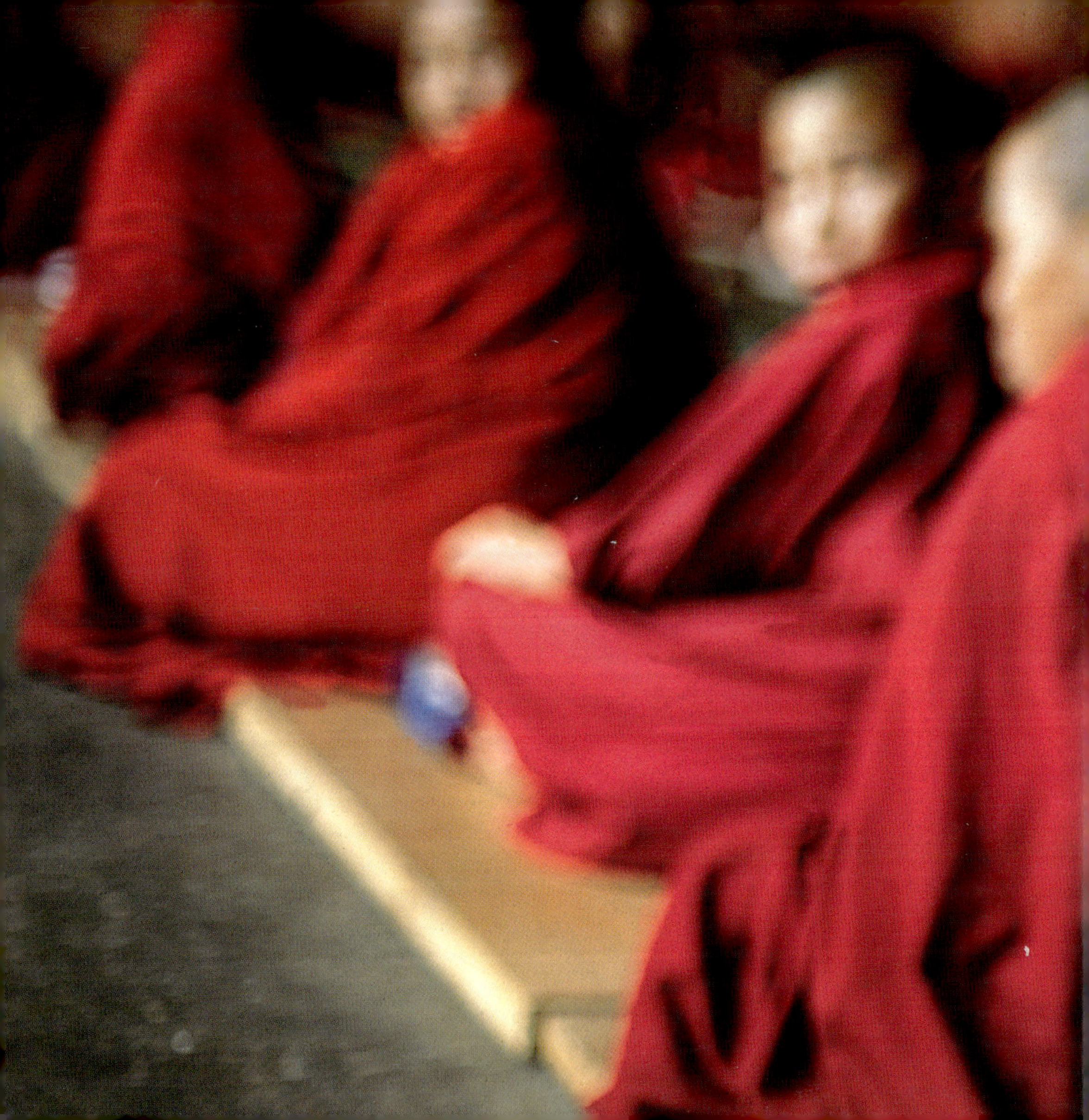

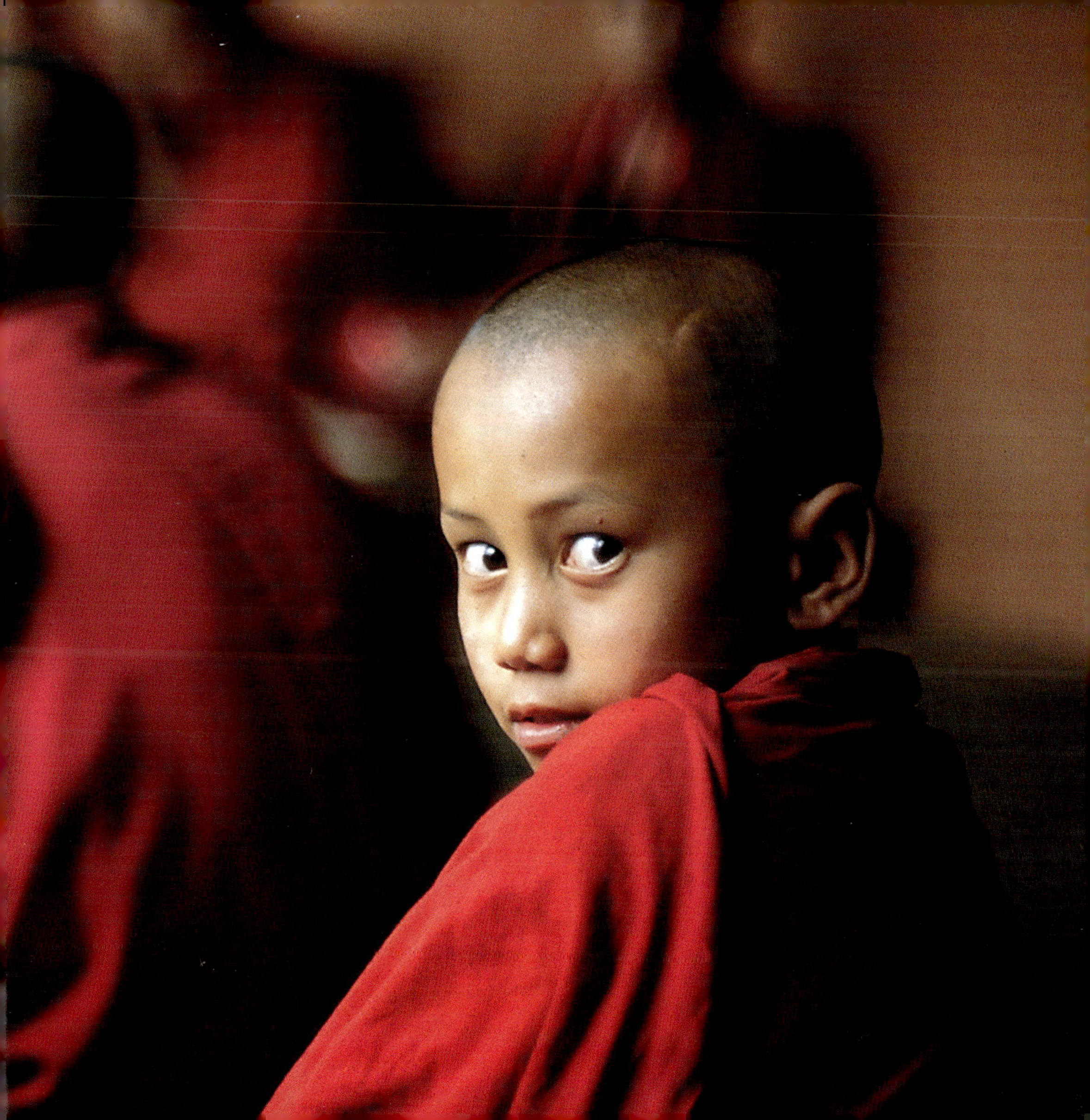

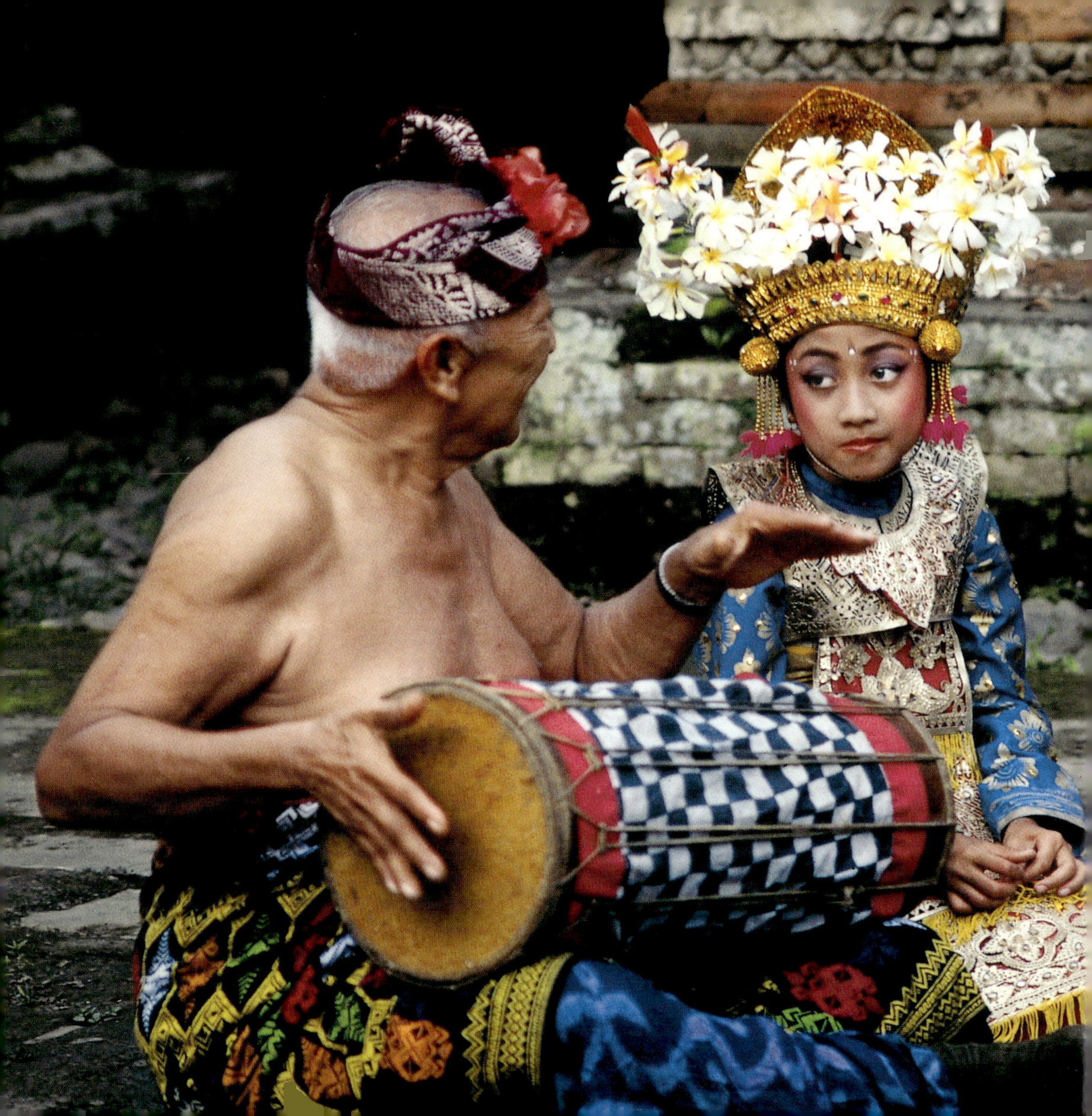

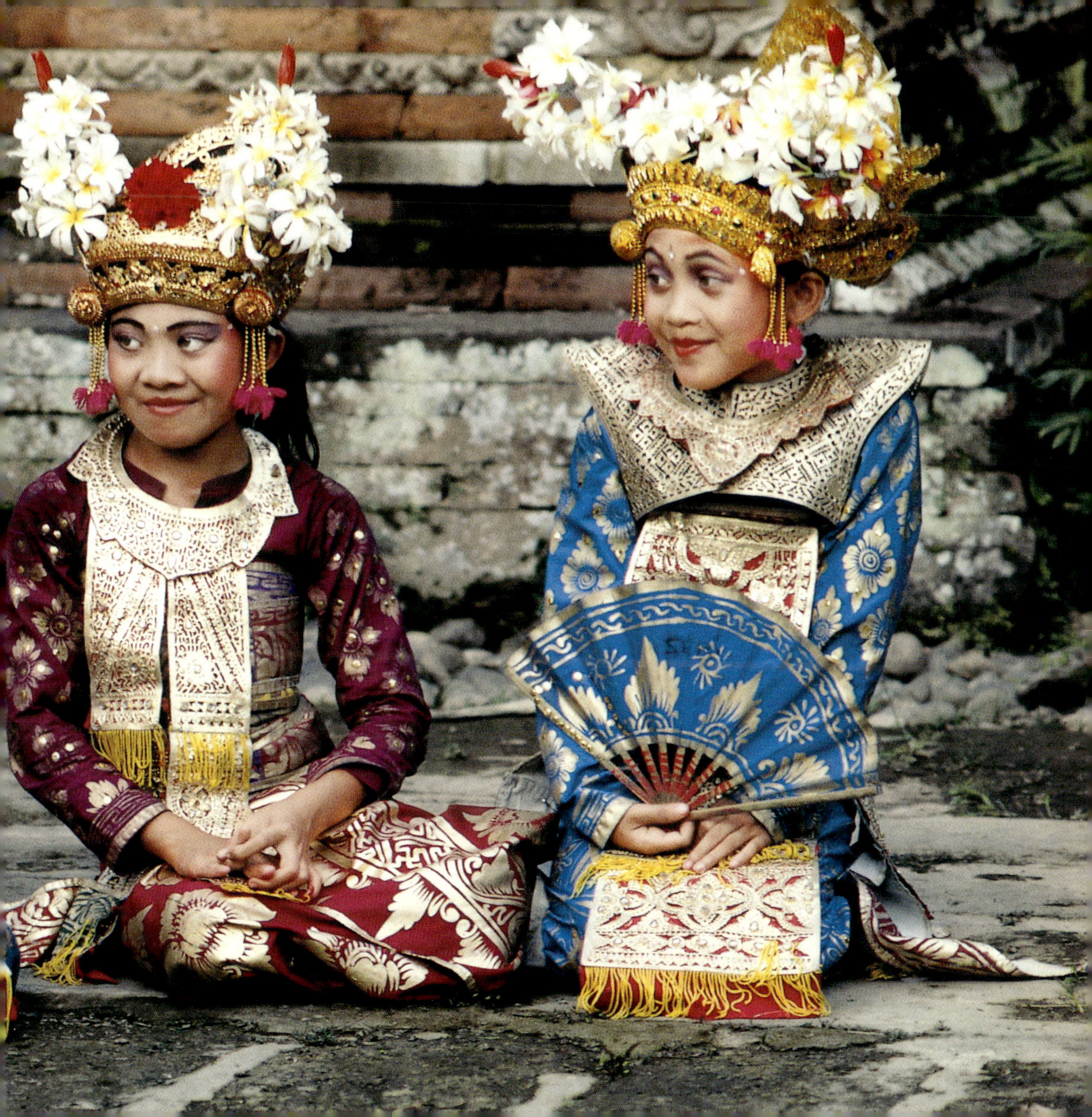

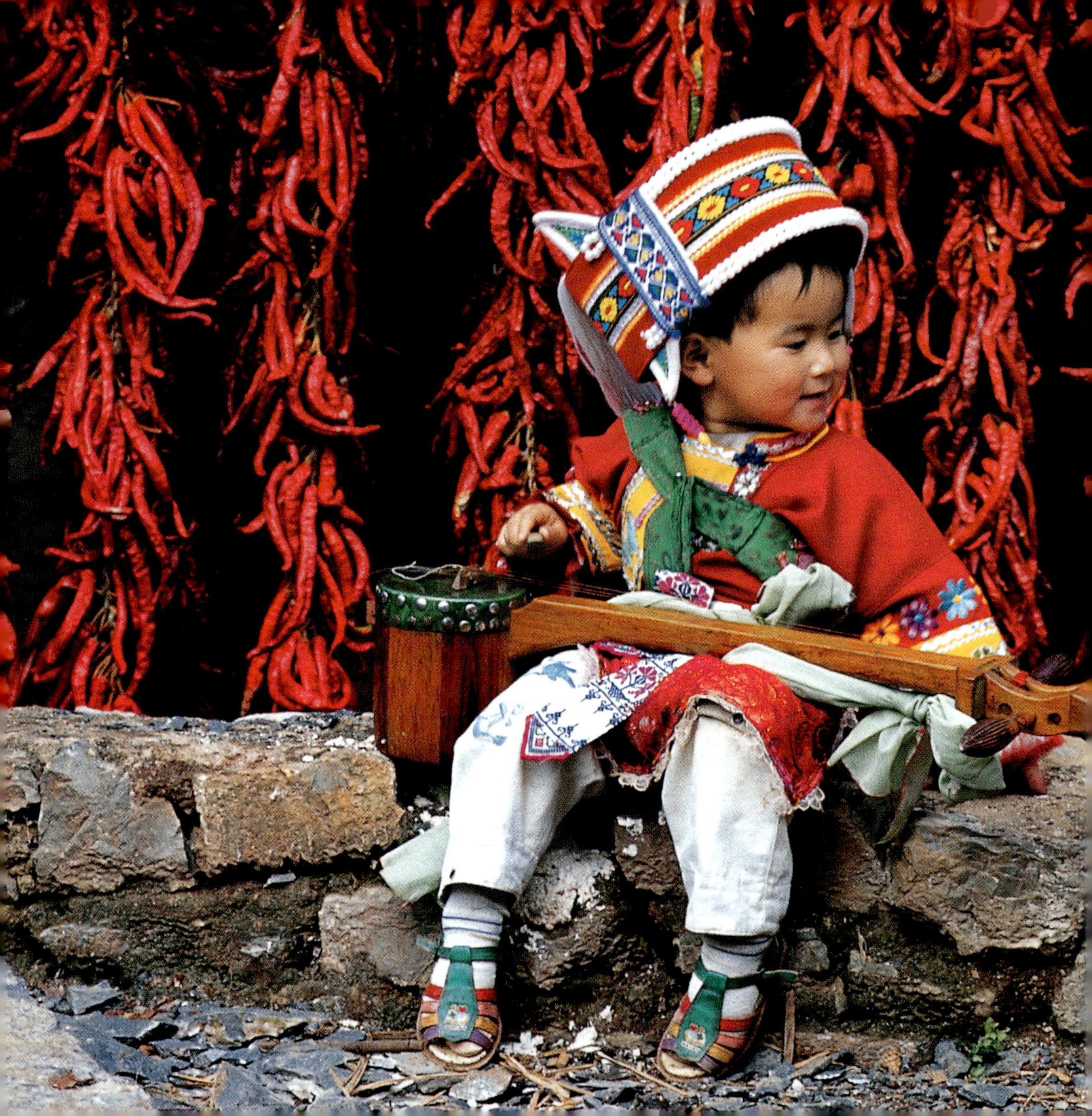

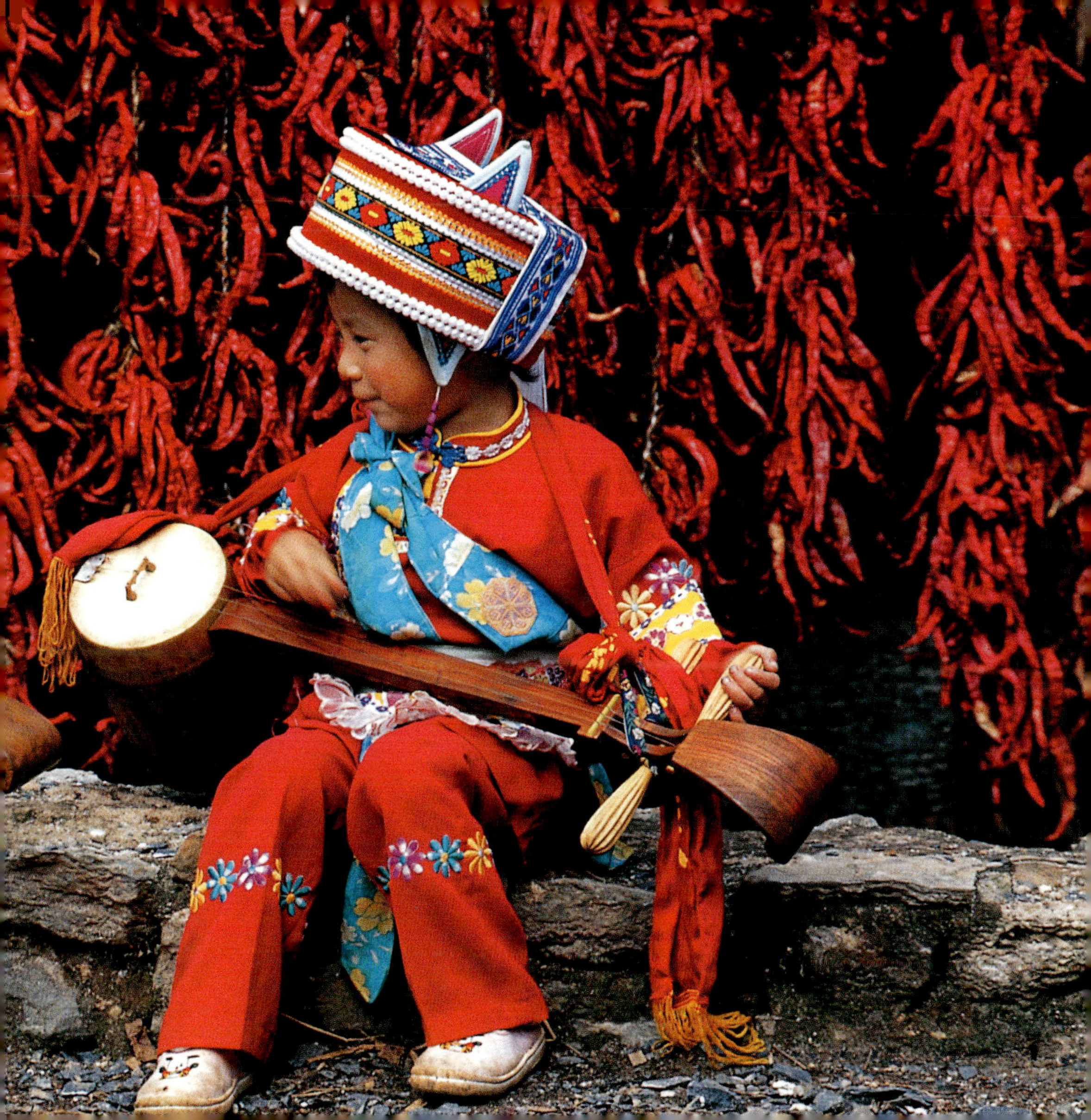

Introducción

Serán los niños, finalmente, quienes nos dirán quiénes somos... Gracias a sus imágenes de fuerza y fragilidad, a sus expresiones sorprendidas y a sus actitudes soñadoras y testarudas descubrimos de hecho un mundo único, un cosmos fascinante donde se refleja una parte ancestral de nosotros mismos. Nos dirán quiénes somos con una frase curiosa o con alguna pregunta profunda y sorprendente, como la sencilla pero muy concreta: «¿para qué sirven los padres?», o ¿por qué no debo decirles mentiras?, o ¿y tú, eres una buena persona? Los niños nos interrogan con la impertinencia de sus palabras geniales y desconcertantes, con la espontaneidad de sus propuestas, con la irreverencia de su mirada que la máquina fotográfica logra fijar en un ins-

● Un bebé confía sereno en la mano que lo sostiene y protege.

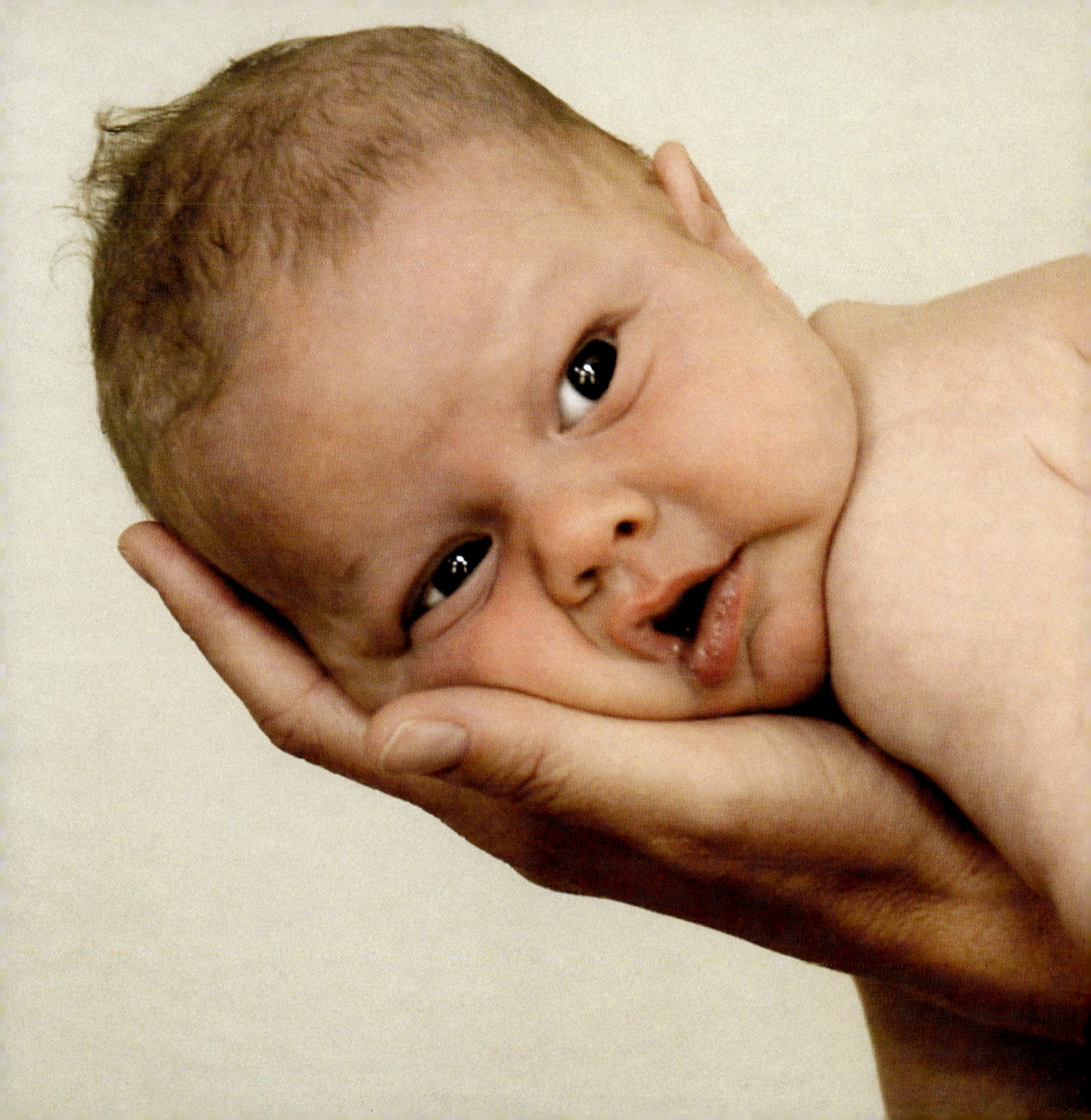

Introducción

tante determinado. Sólo se necesita un momento para percatarse de que en los ojos de un niño hay dispuesta una sonrisa y un destello que todo lo ve, incluso cuando quizá lo que más le gustaría es permanecer oculto.

Con sus gestos y comportamientos, los niños nos muestran una forma única y original de interpretar la realidad; con sus palabras sencillas nos piden que les ayudemos a resolver los problemas de cada día, y también, incluso, nos preguntan cómo se hace para atravesar el duro viaje la existencia a lo largo de una vida entera, dado que se sienten atraídos por el misterio de la vida, de la magia y de la ilusión; dado que saben ser al mismo tiempo concretos y espirituales. Si los niños vienen a la luz como pequeños innovadores llenos de

Introducción

preguntas, quizá es para despertar en el mundo la capacidad de imaginar respuestas innovadoras; quizá incluso para que no caigan en el olvido, cuando sean mayores, como se produce con los objetos reales cuando pasan a ser materia de los sueños. Para ellos, de hecho, el futuro se construye inventando cada día nuevos universos a habitar, nuevas fortalezas de una afectuosa confianza: en el momento en que sea necesario, cada pregunta obtendrá una respuesta.

Debemos confiar en que todo sea realizable, que toda fantasía pueda ser concretada, que toda necesidad pueda ser atendida, cada herida curada y cada deseo escuchado. Precisamente es a través de esta esperanza y apertura global, a través de esta increíble expectativa de poder modelar la vida

Introducción

como se concentran y se mezclan inseparablemente su fuerza y su fragilidad.

Cada niño es único y confía en nosotros. Tiene la mirada inocente y un corazón de mil colores lleno de fuerza, valentía y comprensión, como podremos tener también nosotros, fuertes y frágiles a la vez, si los queremos escuchar.

27 • El sombrero resulta un complemento útil y… elegante.

28-29 • El baño es una oportunidad de diversión para estos pequeños gemelos.

30-31 • Cuidar a un bebé resulta gratificante, entrañable y placentero.

32-33 • Este niño se entretiene con un juego que reproduce la forma de la boca humana.

34-35 • Dos niñas gemelas saborean una bebida en alegre compañía.

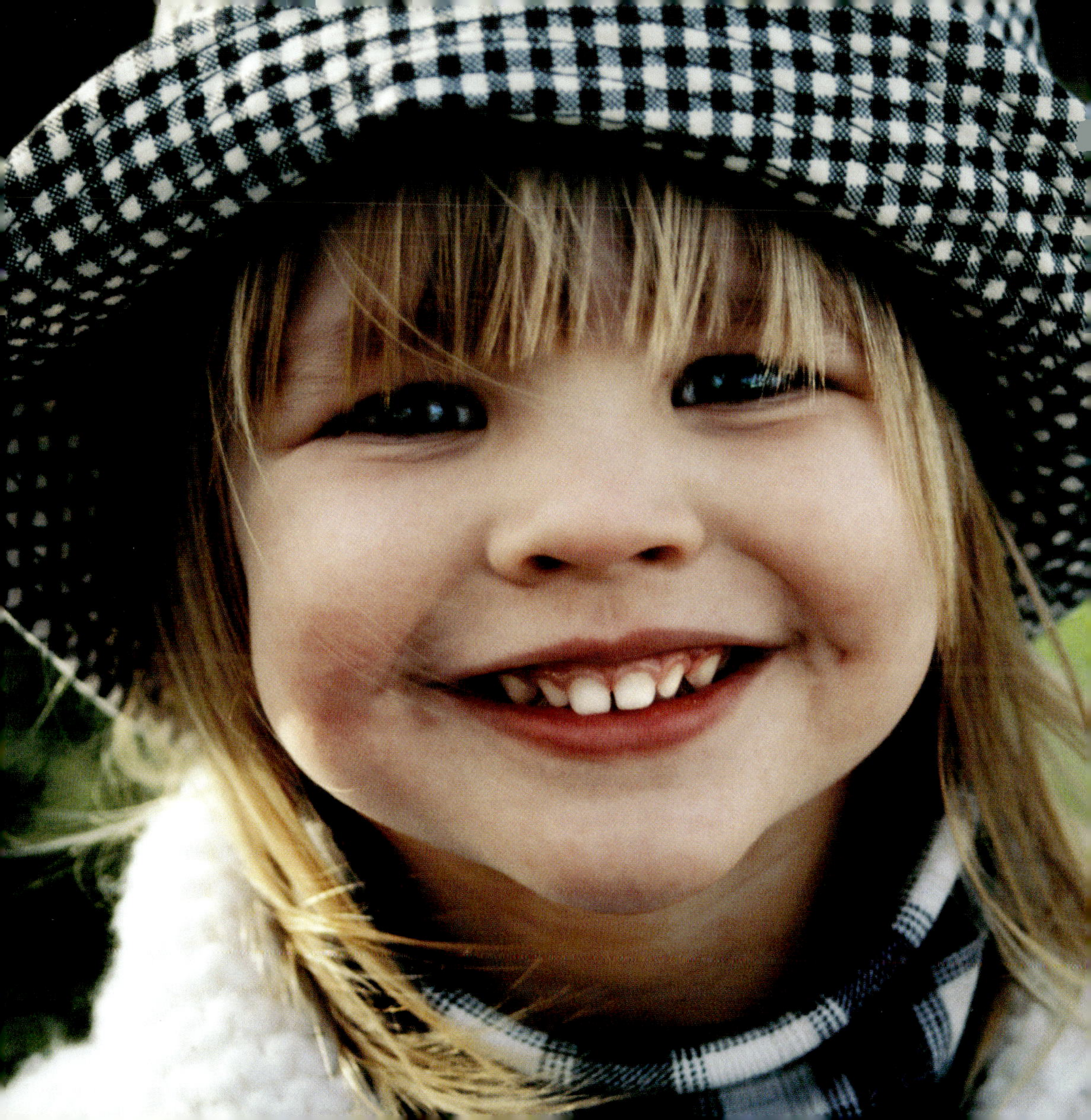

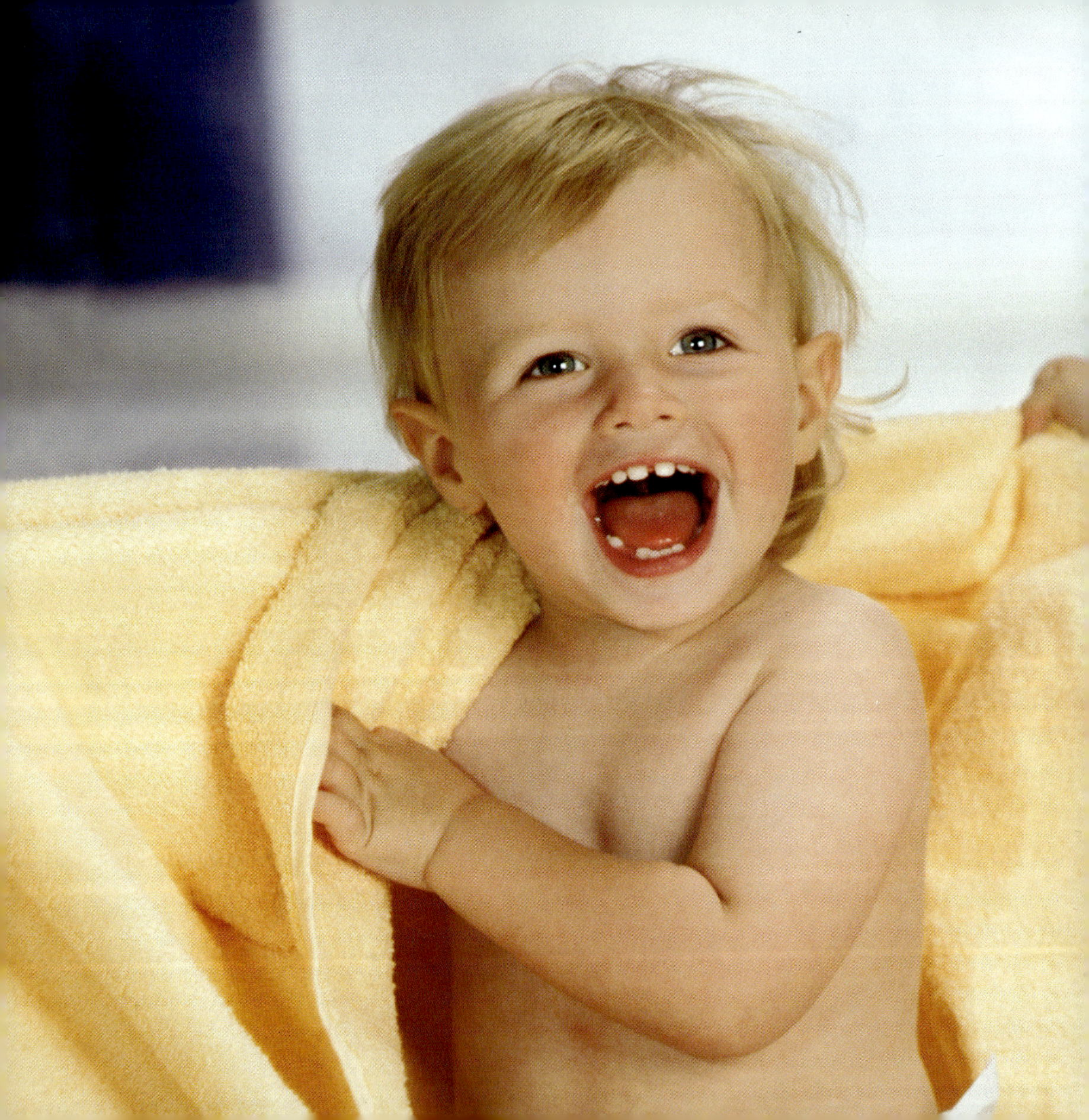

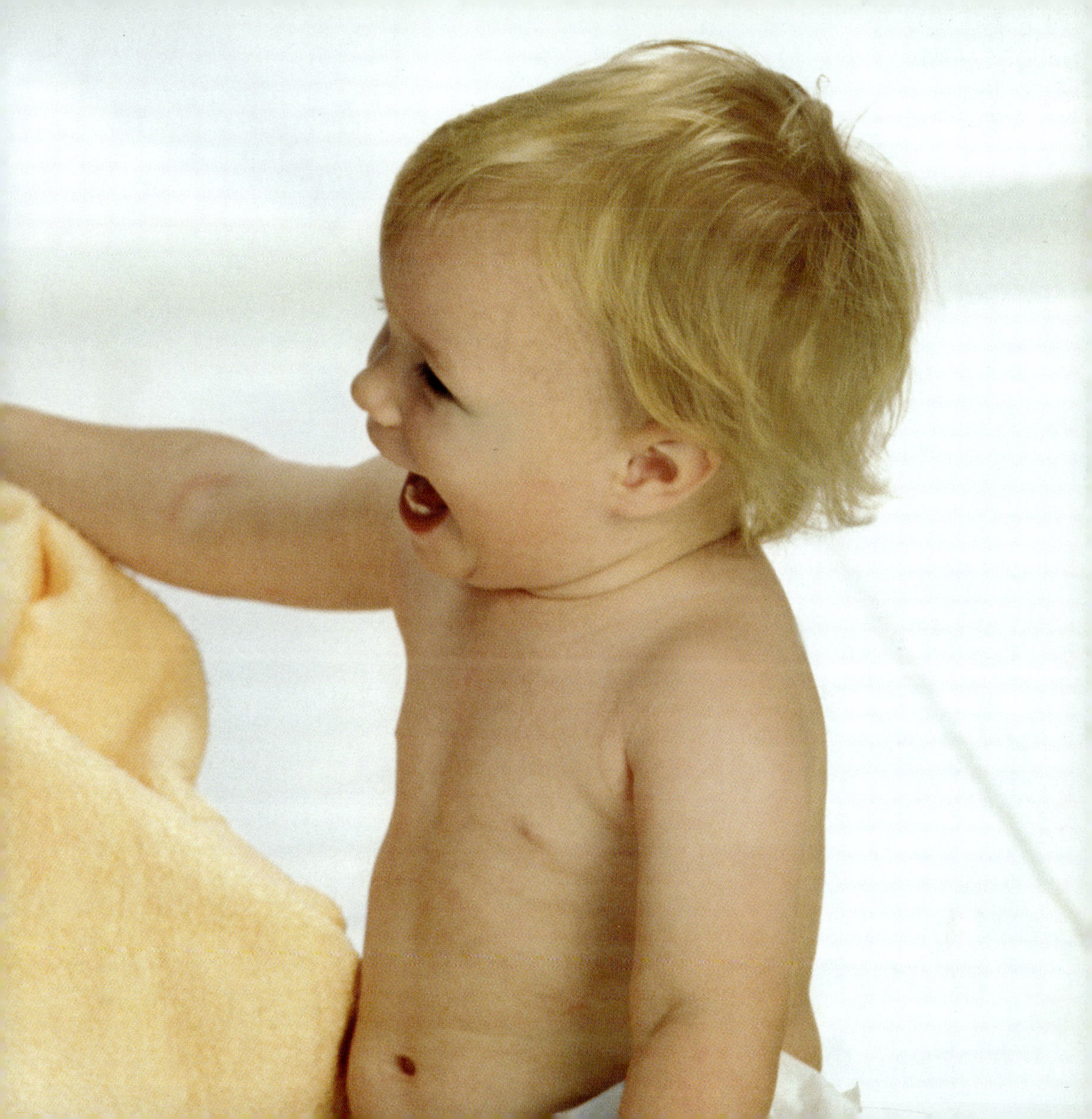

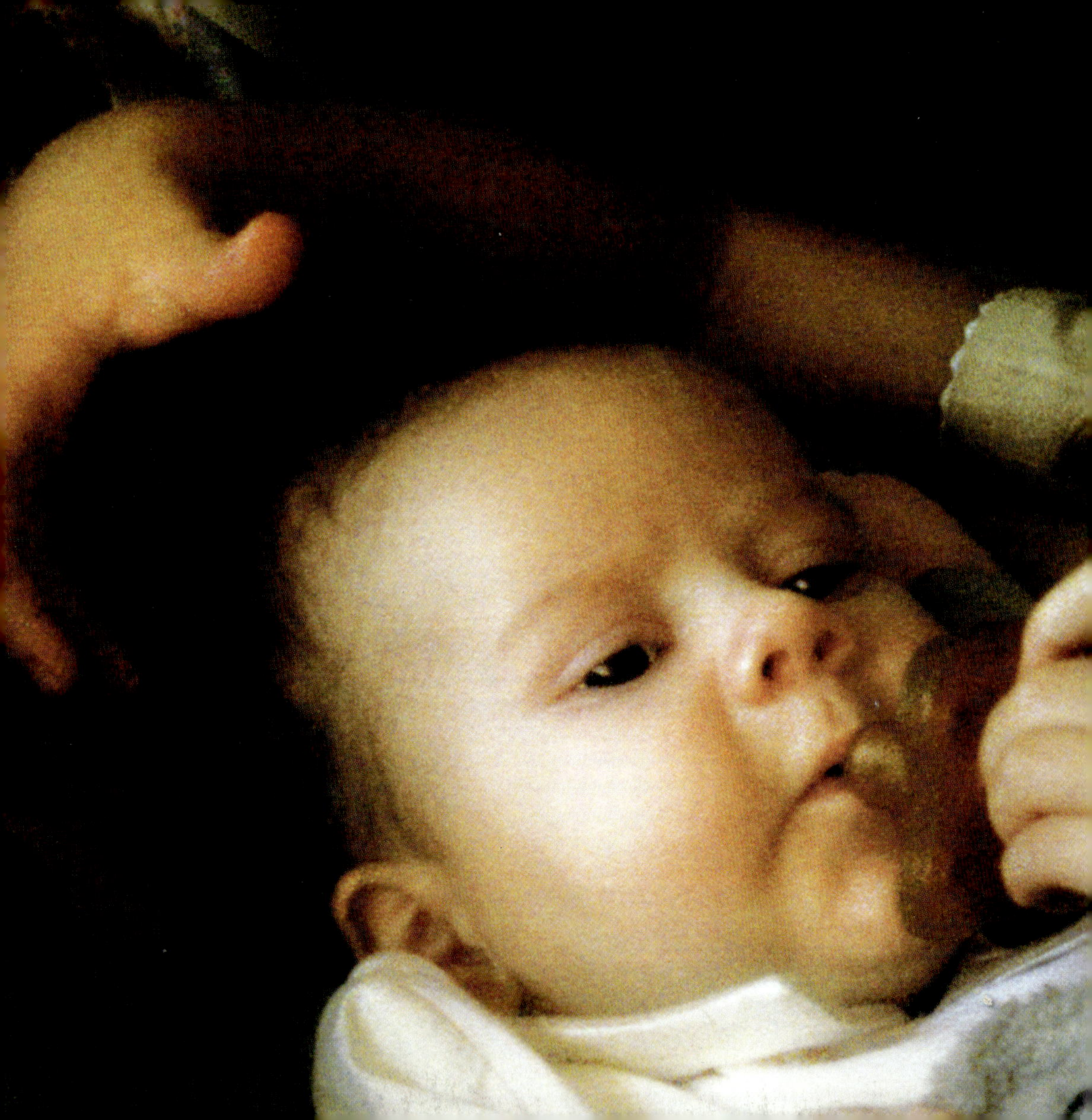

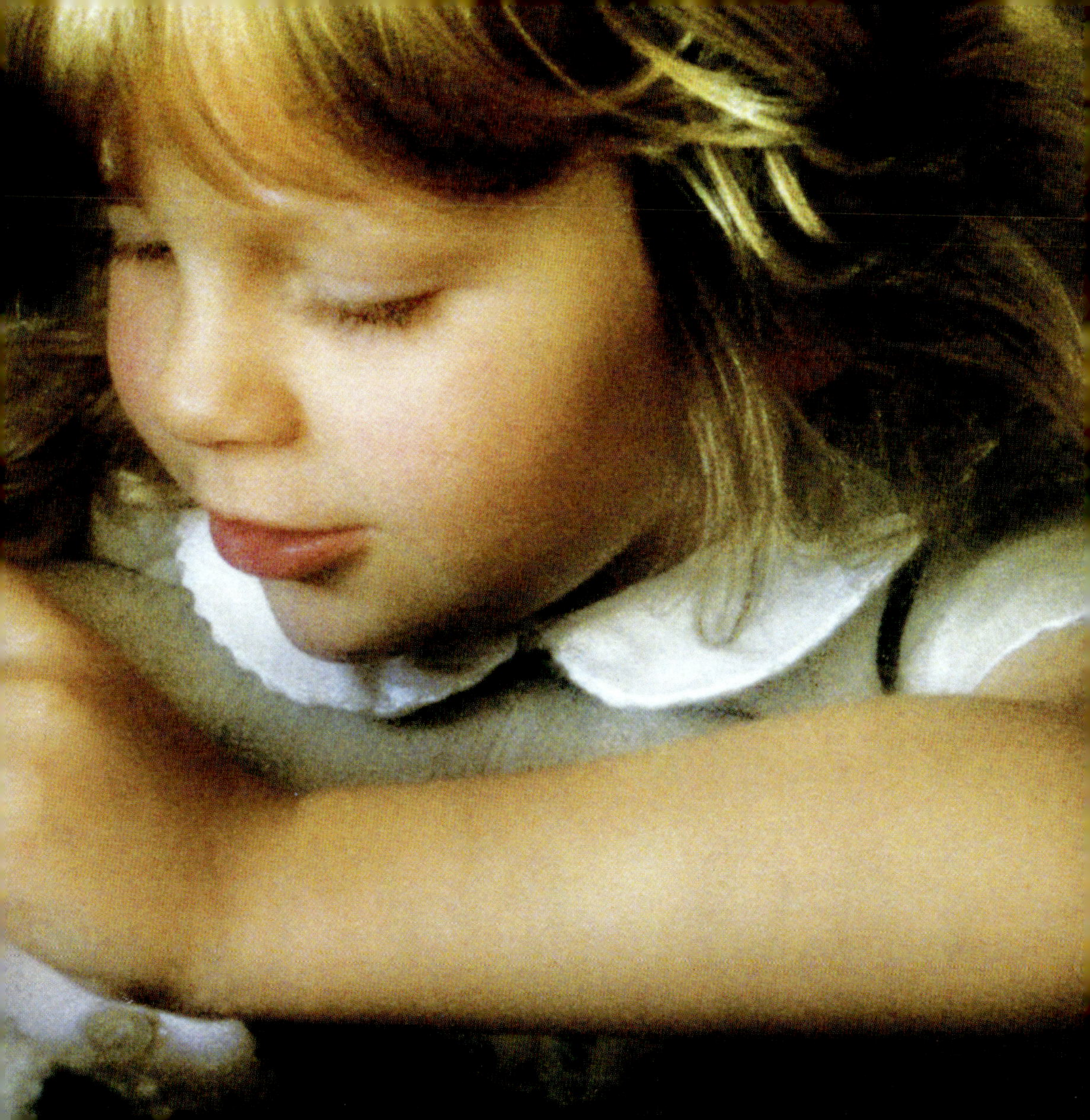

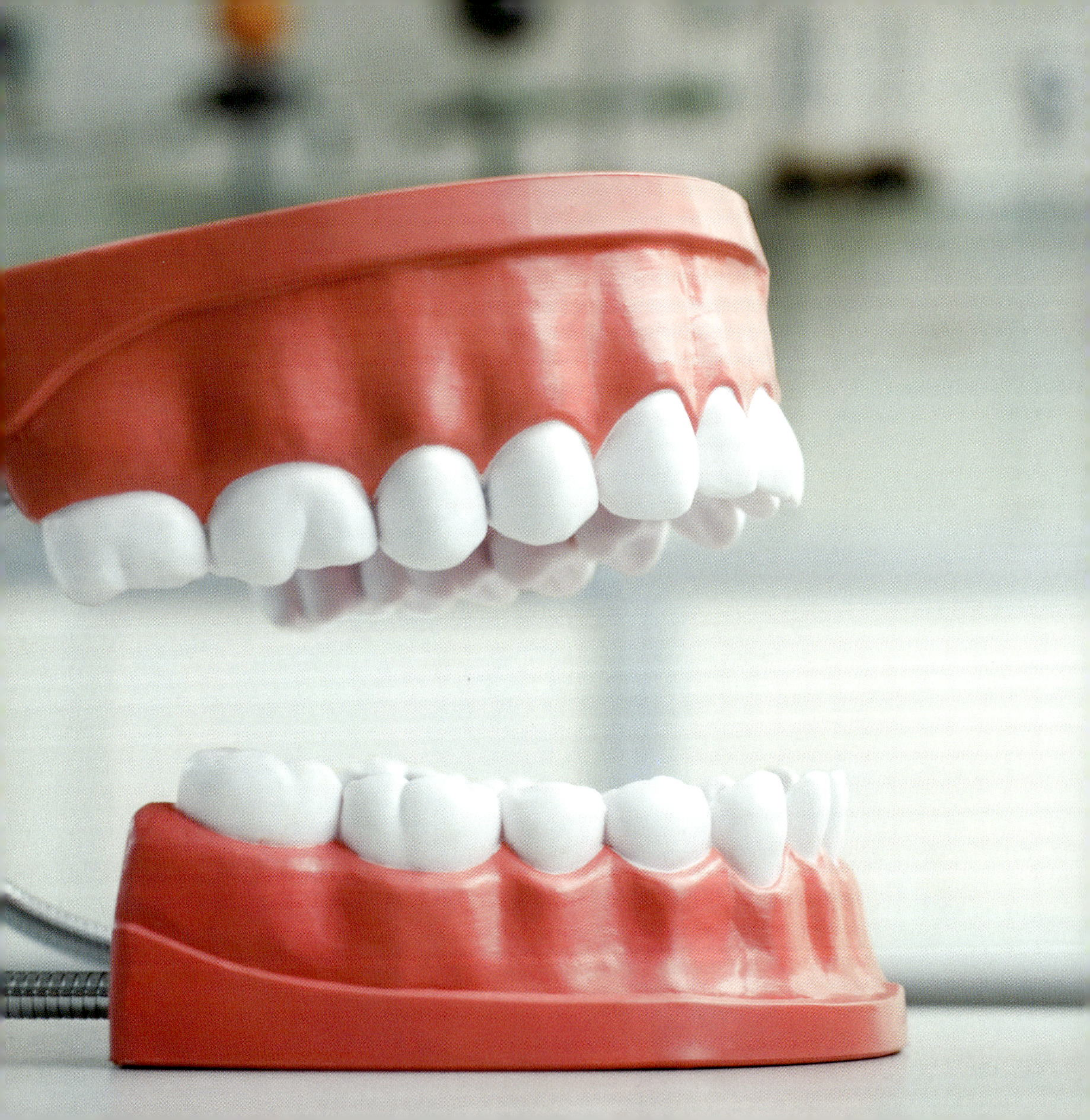

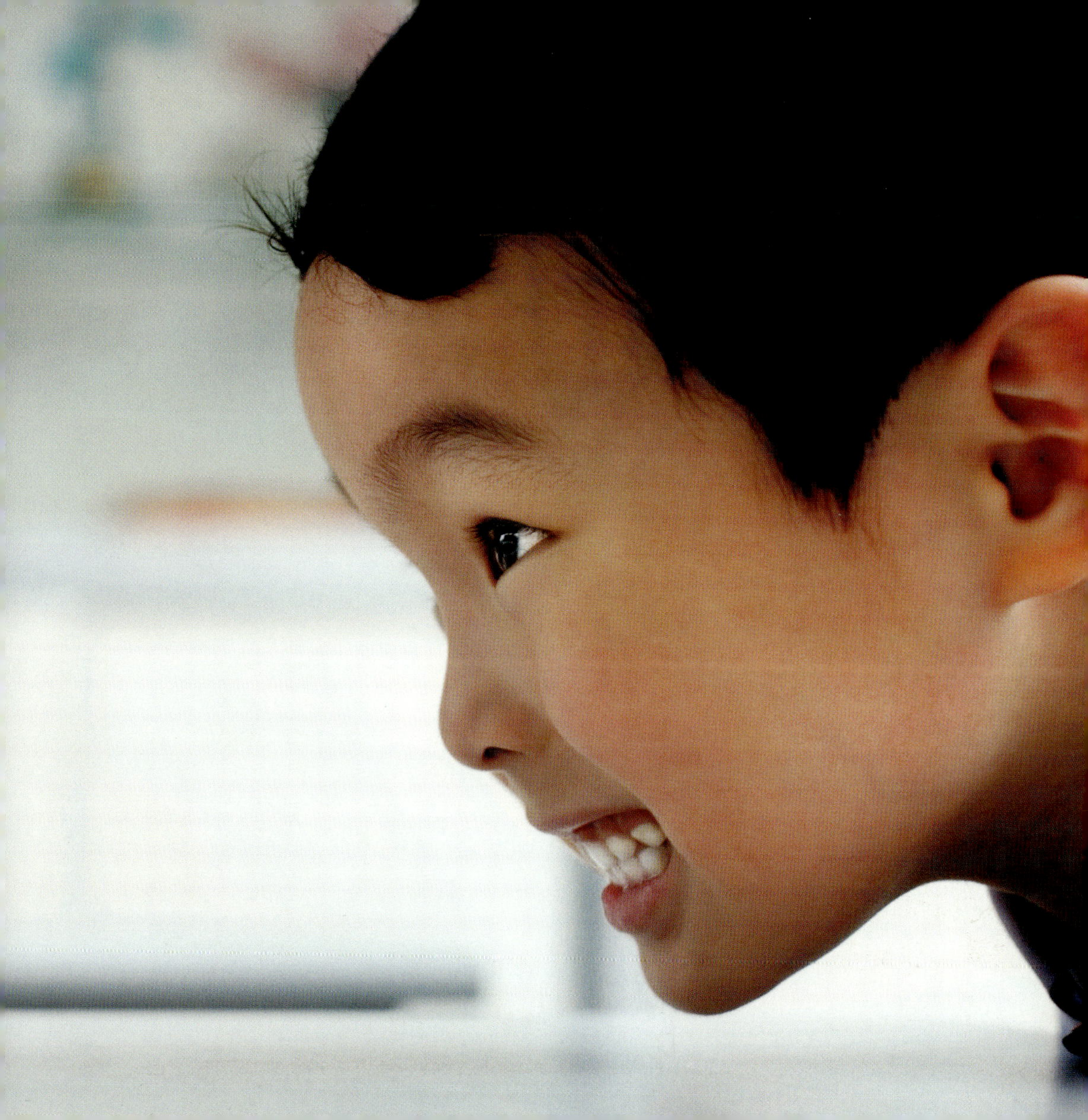

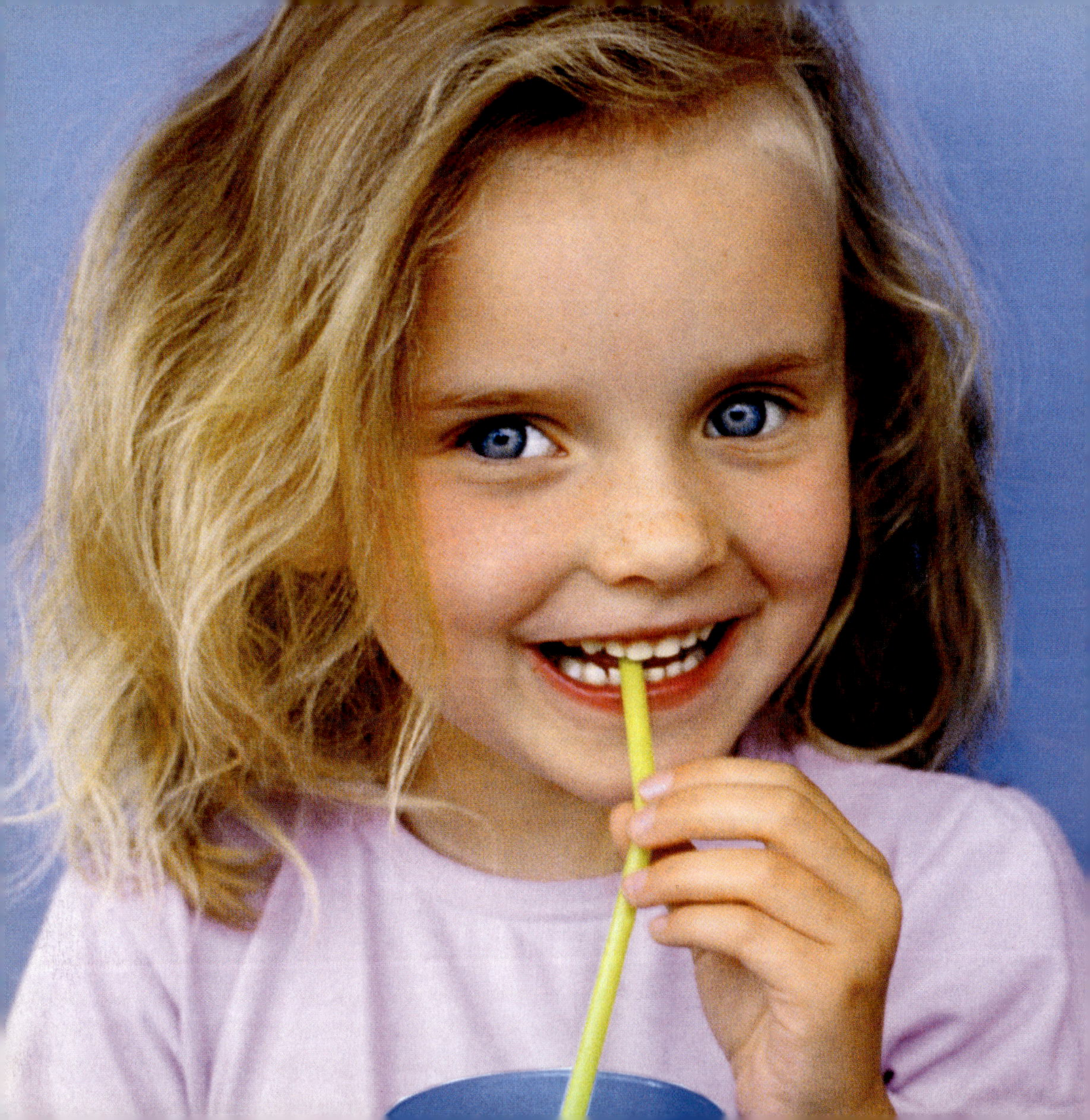

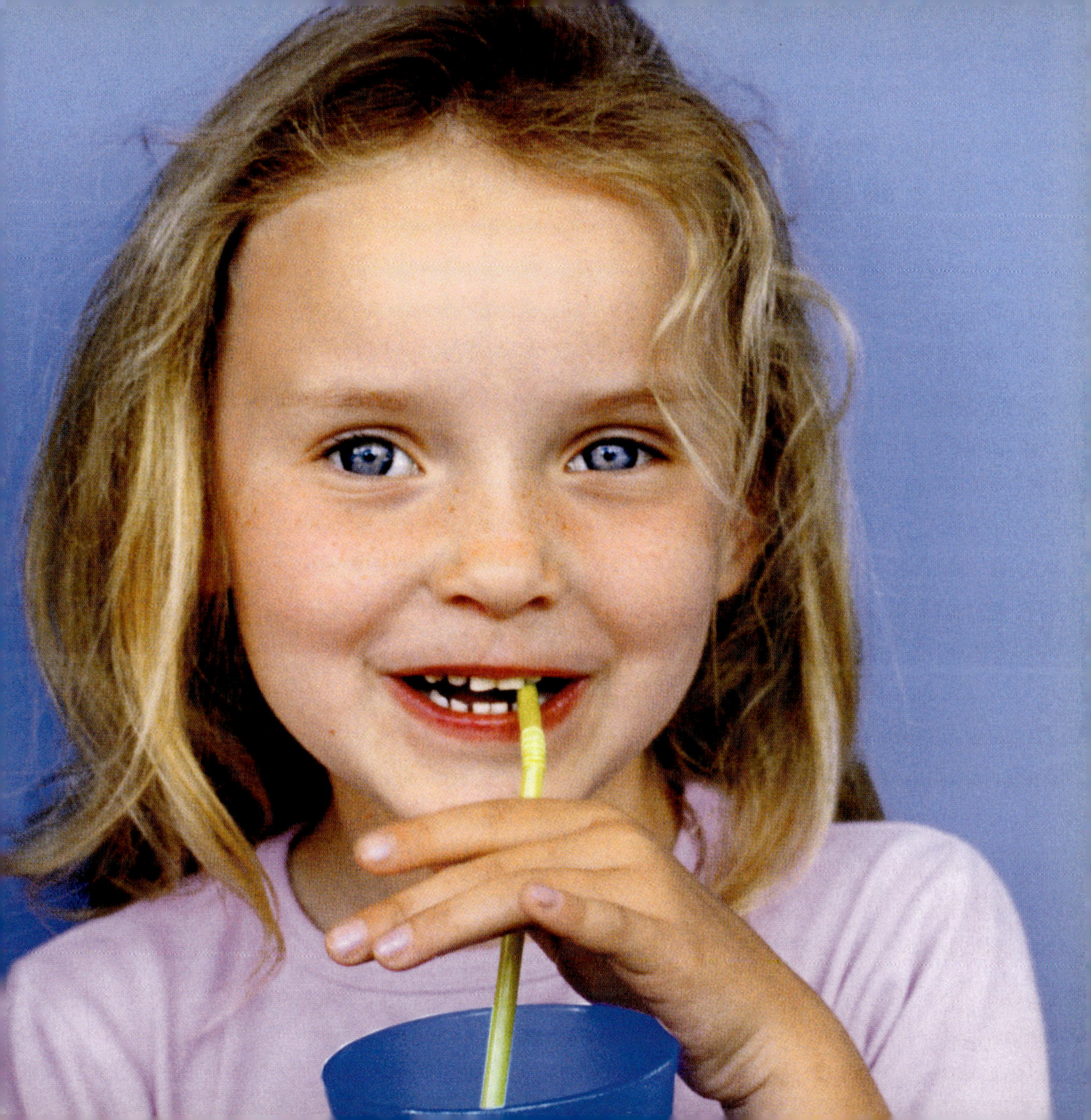

PRIMEROS PASOS

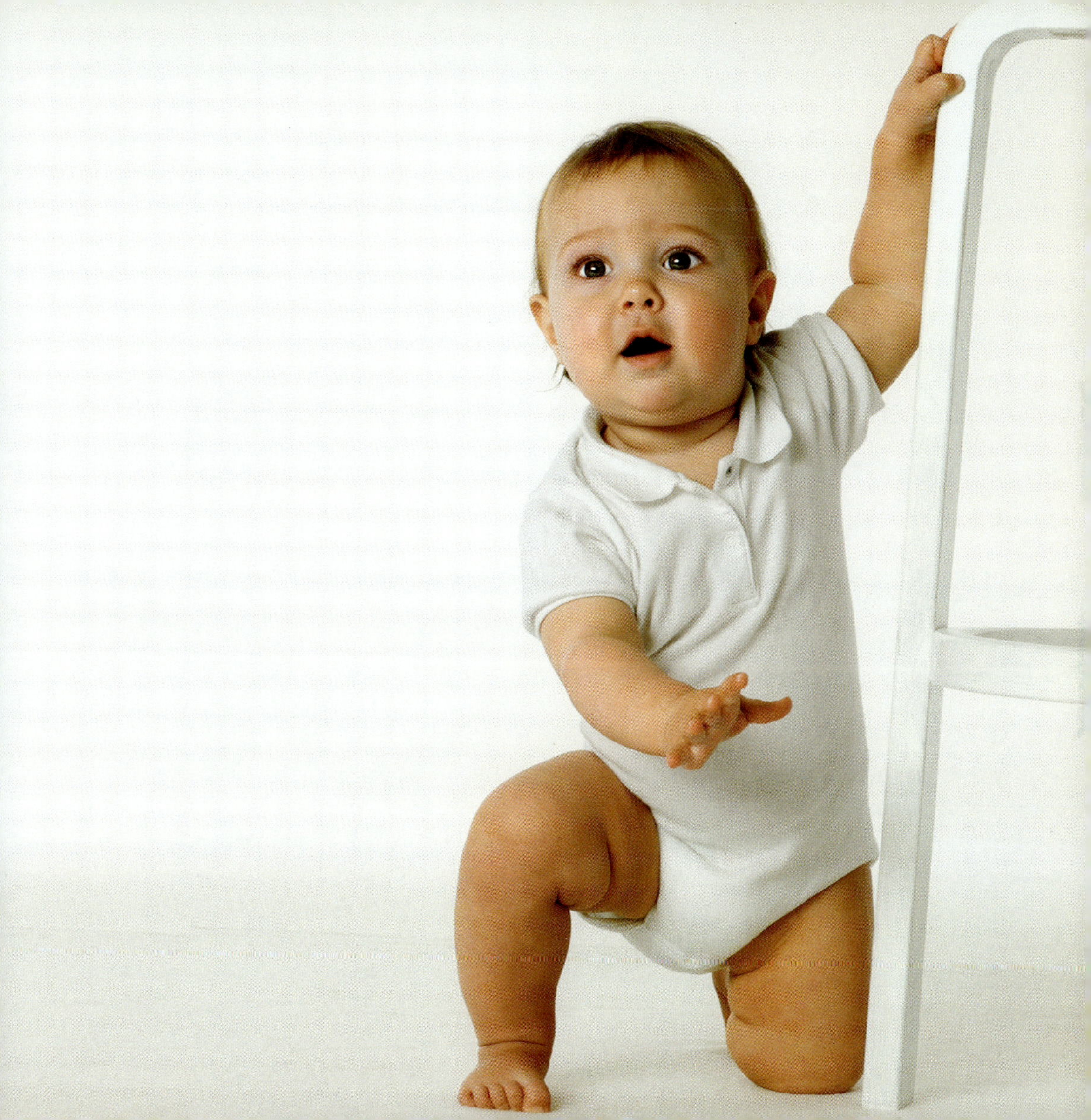

El primer anuncio de la nueva e imperceptible conquista fue un cambio en la mirada, que trajo a continuación un comportamiento curioso e inédito. El niño se mantenía de pie, desde hace algunos días, en el pasillo o en el jardín, y no quería ser sujetado ni cogido en brazos por nadie. Bien mirado, efectivamente, se podía leer en su mirada que tenía un proyecto concreto. Por ello, en un abrir y cerrar de ojos puso los brazos hacia delante; después, por primera vez, recorrió con rápidos movimientos tambaleantes, nuevos y acelerados, los primeros metros. No importa cuántas veces lo había probado antes hasta llegar ese momento, cuando ya estaba en condiciones, desde hacía tiempo, de gatear o incluso de ponerse de pie por sí solo.

INTRODUCCIÓN Primeros pasos

Los primeros pasos marcan el comienzo de una nueva época en su desarrollo, que acaba por cogerlos a todos por sorpresa. Para el niño es justo el momento en que comienza a vivirlo todo de una manera más autónoma, explorando erguido el espacio que hay a su alrededor, viéndolo todo en otra dimensión y desde otra perspectiva. Ahora ya todo está más cerca. Finalmente, las manos pueden dedicarse a registrar la casa a la búsqueda de los objetos que le interesan, sin tener que pedirlos a los adultos o esperarlos de éstos: es un cambio de notable alcance, incluso desde el punto de vista psicológico. El niño pone cara de sorpresa. Los padres sonríen y saben que, desde ahora, tienen delante de sí una pequeña persona más independiente, un explorador que les obligará a seguirlo por todas partes, de una a otra habitación, de dentro afuera y de escalón en escalón. Desde ese momento, las horas del día pasarán más rápidas, mientras en muchas ocasiones los padres querrían tener poderes mágicos para proteger al pequeño de los tropiezos, evitarle cada una de las caídas, así como para que no se asustara por cada uno de los inevitables contratiempos, aunque fuera protegiéndolo con alfombras sabiamente colocadas por todos los rincones de la casa. La satisfacción que puede verse en los ojos del niño, bien abiertos ante la posibilidad de conquistar metas impensables hasta ayer, irrumpe de una forma arrolladora, de manera que contagia y entusiasma a todos: son momentos históricos que, preocupaciones al margen, se querrían vivir eternamente.

● La mano de un adulto representa una ayuda muy útil a la hora de dar los primeros pasos sin demasiado riesgo a caer.

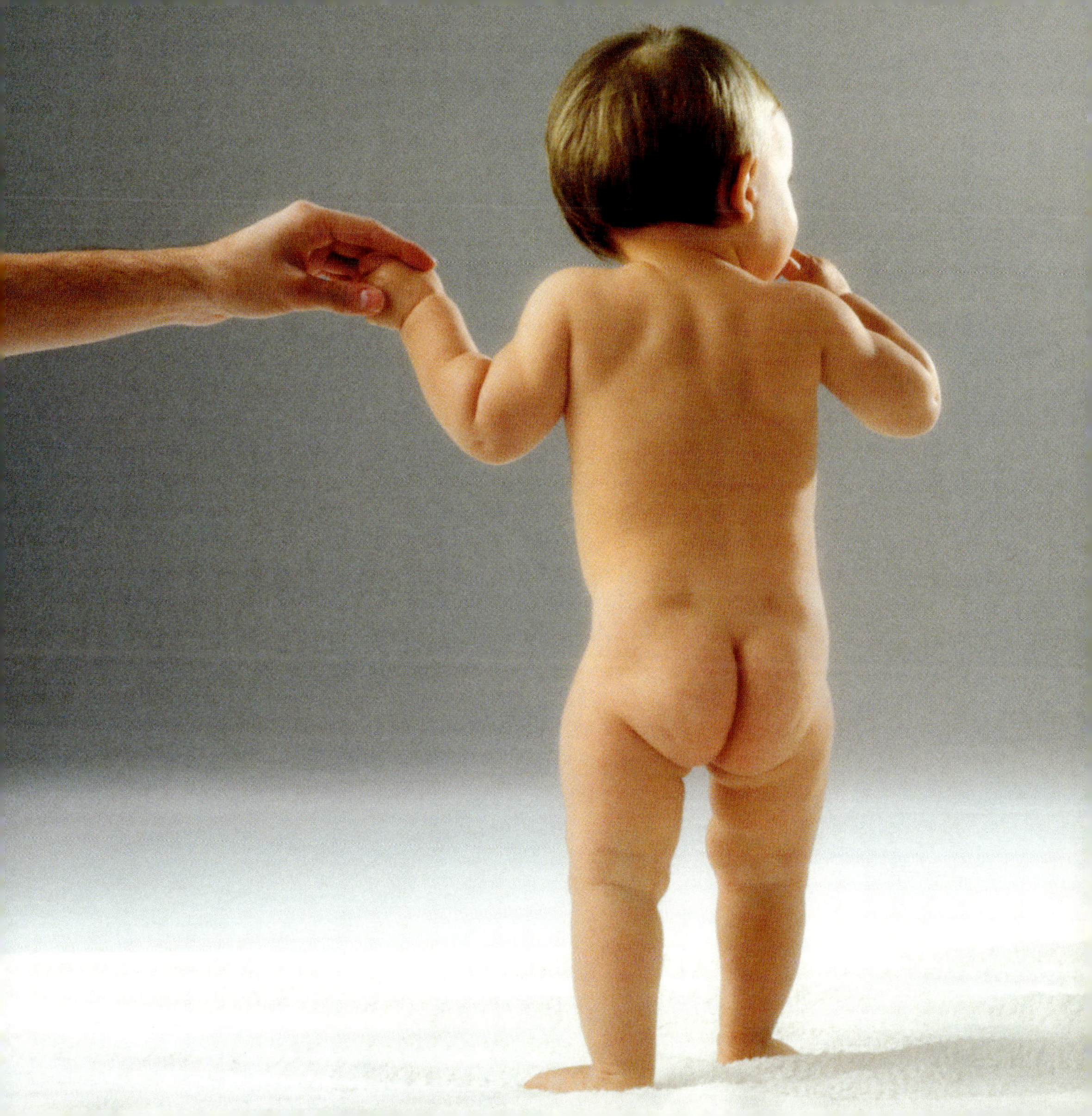

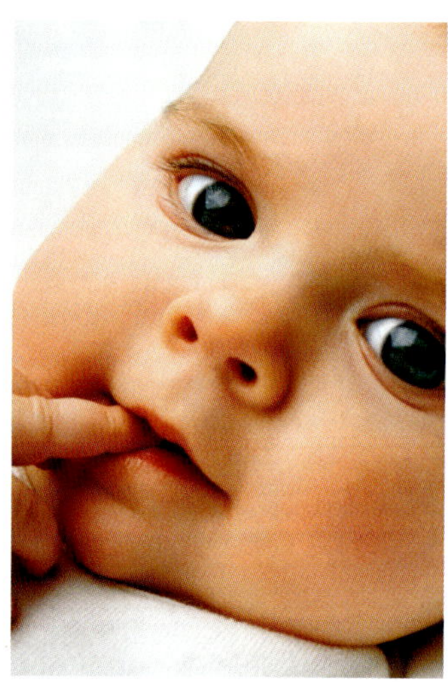

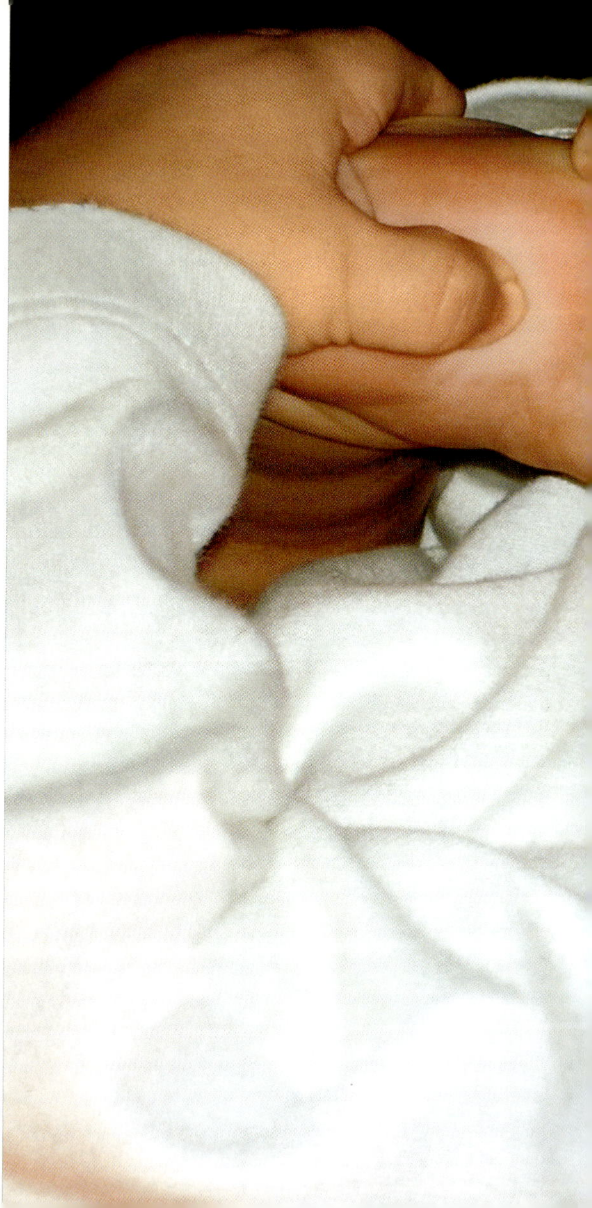

42 • Grandes ojos abiertos y el dedo en la boca dan a este bebé una expresión atenta y concentrada.

42-43 • Jugar con sus pies se convierte en una actividad fundamental para explorar el propio cuerpo.

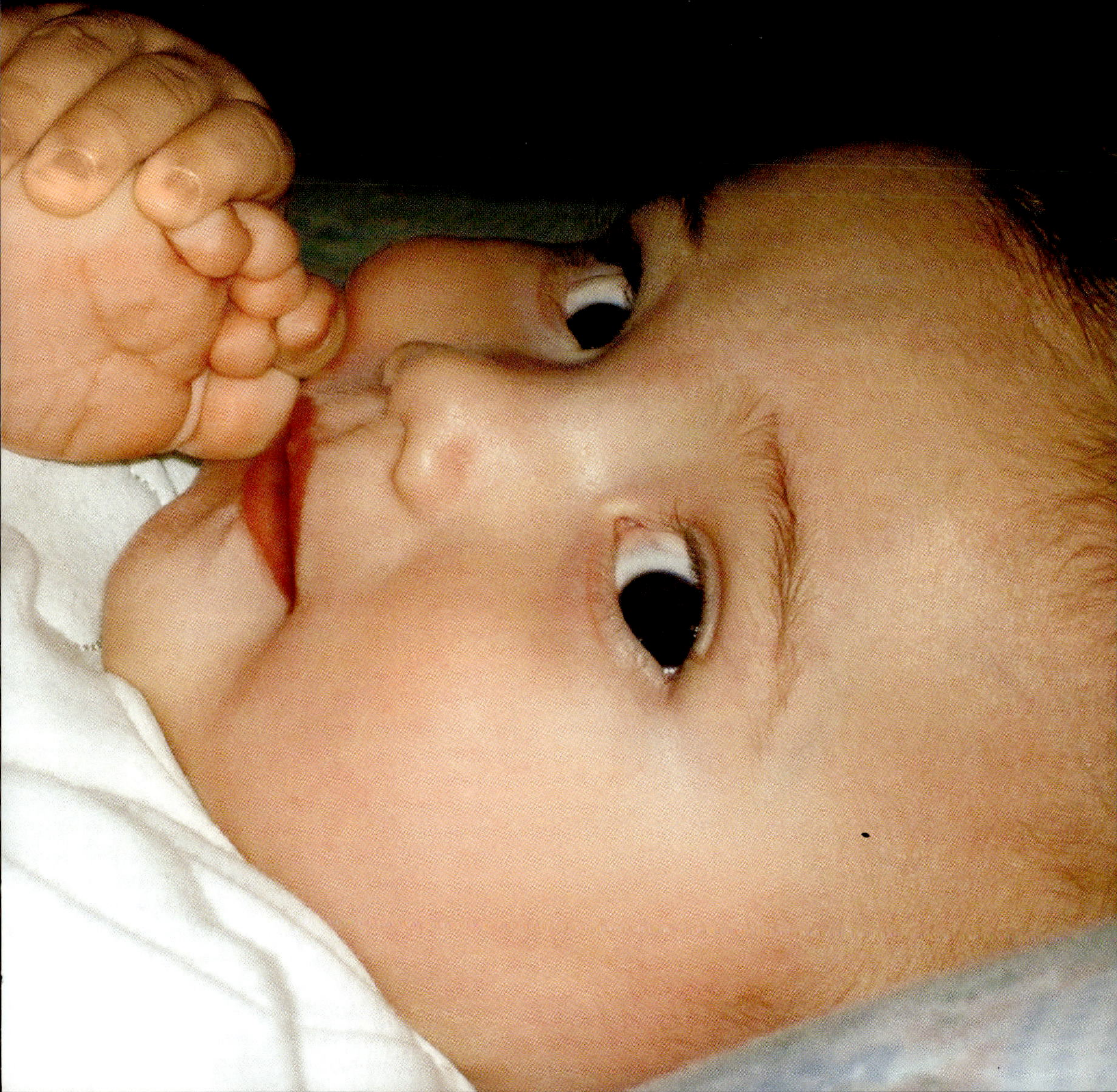

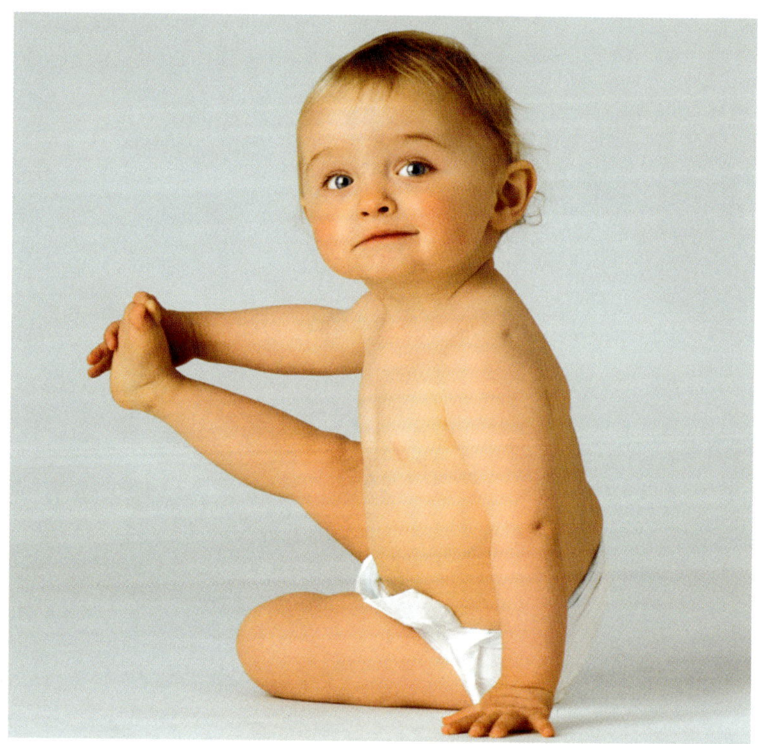

Los ligamentos y los músculos de los bebés les permiten tener una extraordinaria flexibilidad de movimientos, como puede verse en los ejercicios que realizan los pequeños cuando todavía no han cumplido un año de edad.

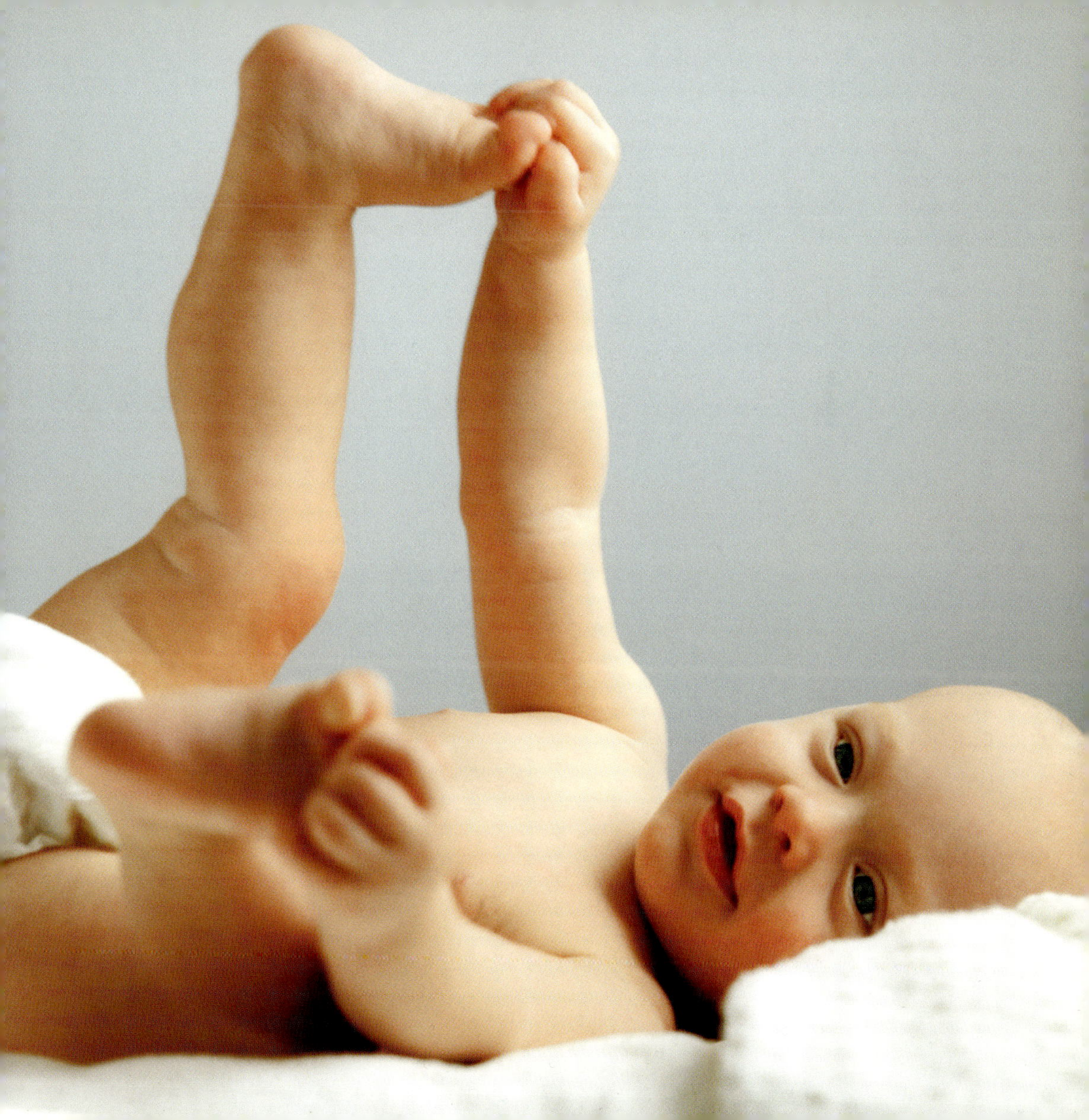

Este tierno bebé busca apoyo para ponerse de pie por sí solo. Las manos tendidas le animan a comenzar una nueva aventura.

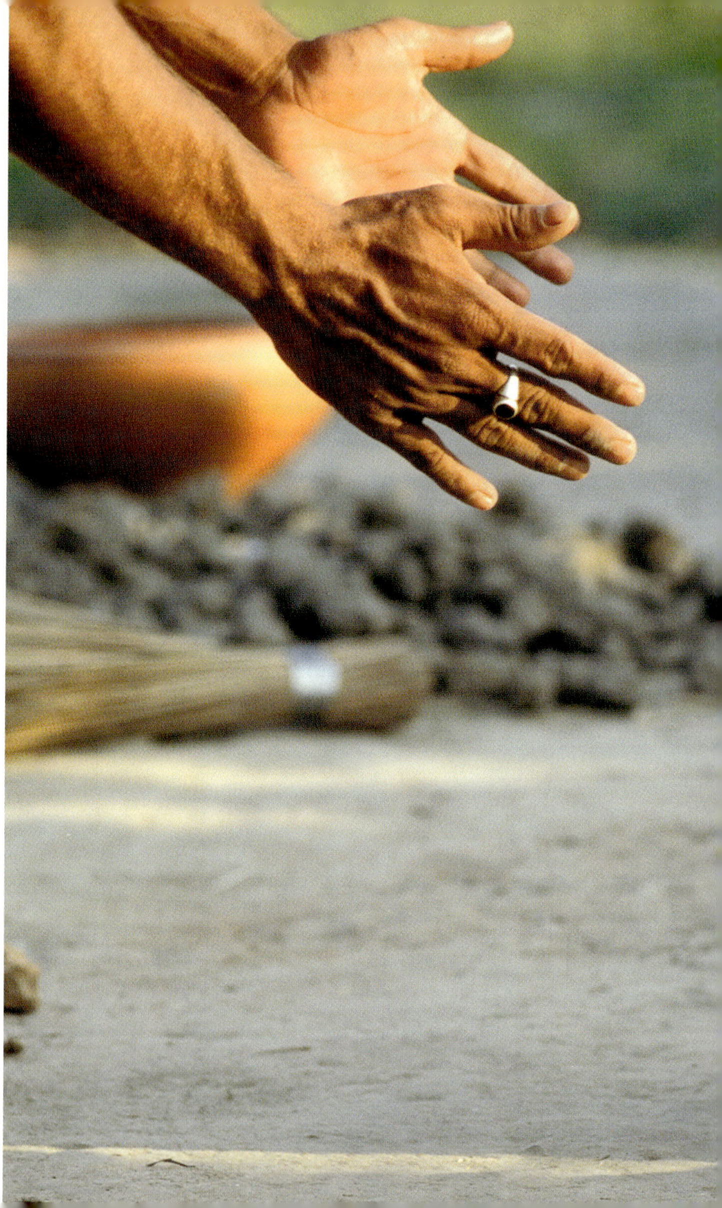

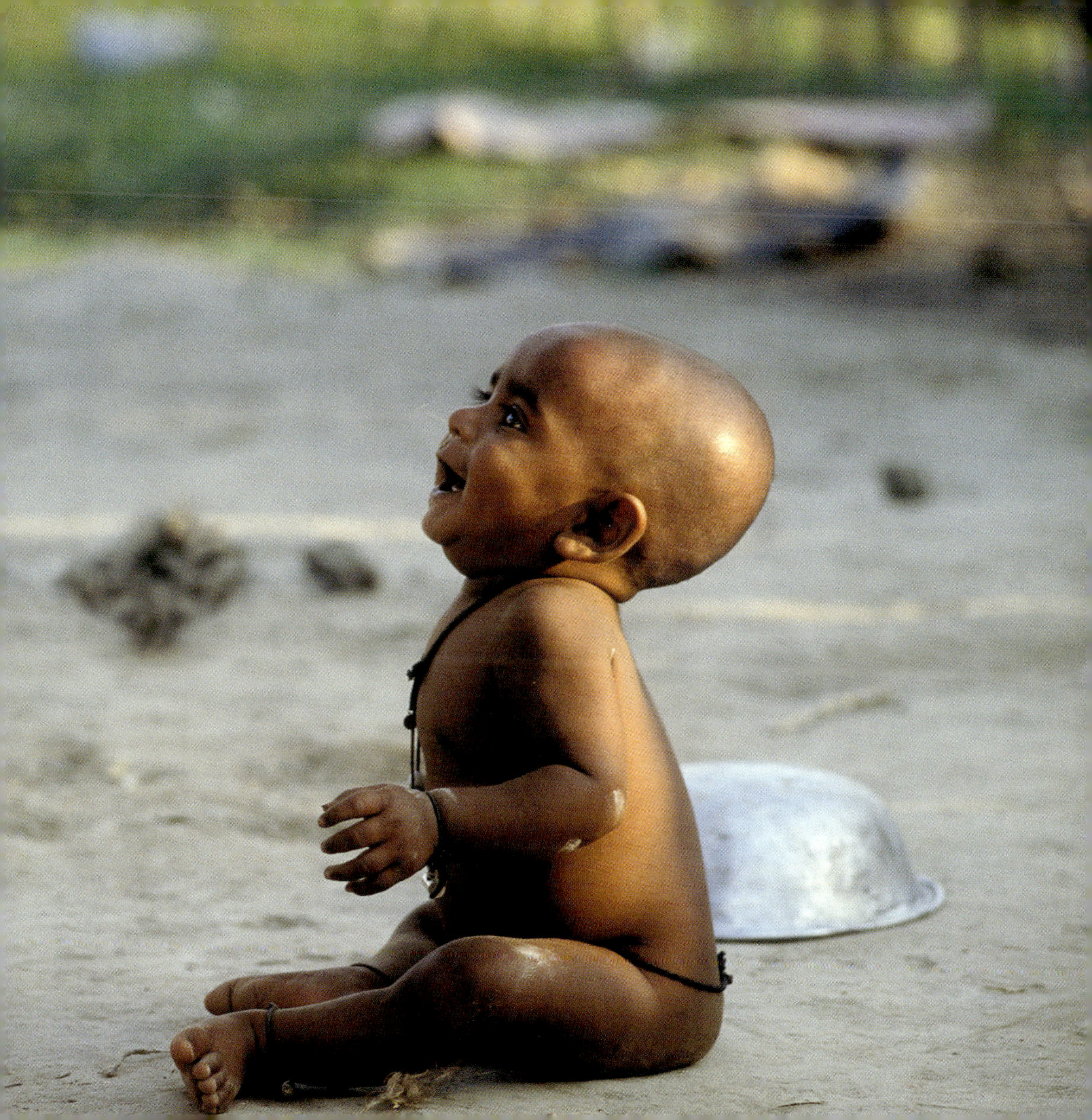

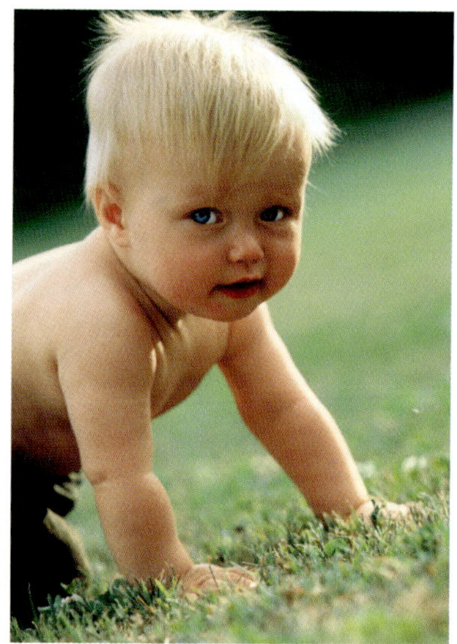

Caminar a gatas es un entrenamiento fundamental que ayuda al bebé a desarrollar algunas habilidades de coordinación motriz. Hacerlo sobre la hierba o sobre la arena aún es más útil porque se realiza en un medio natural.

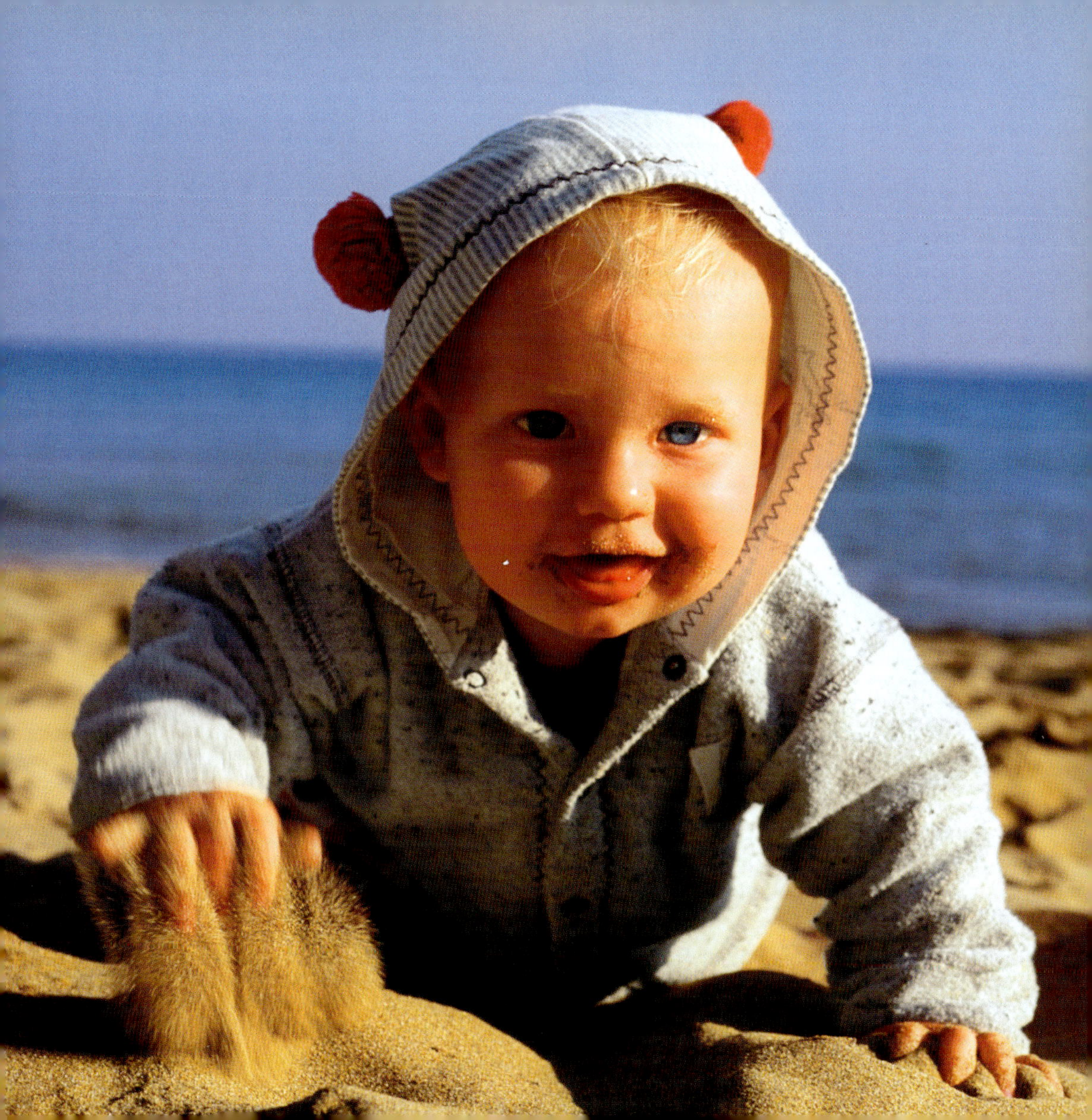

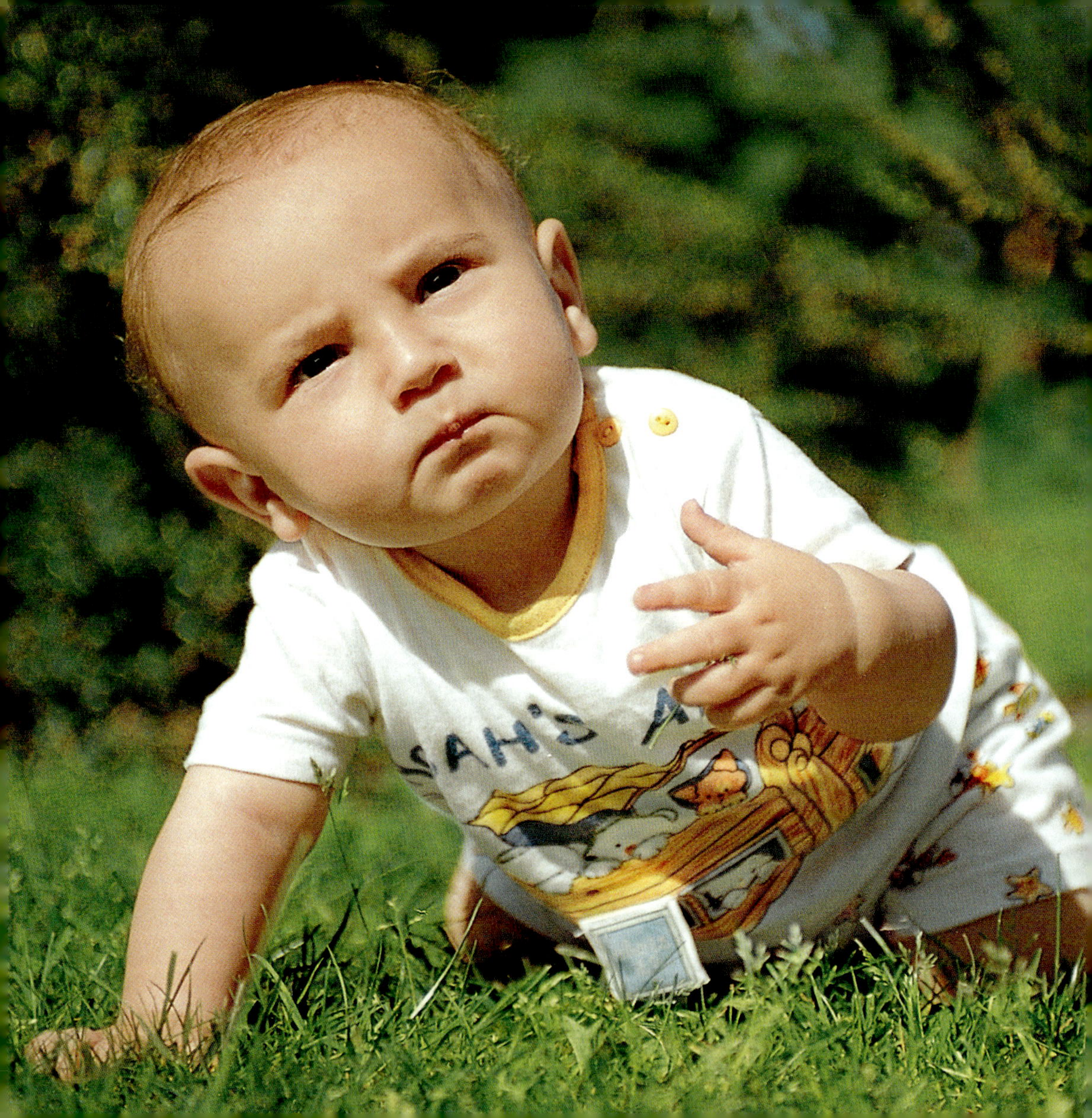

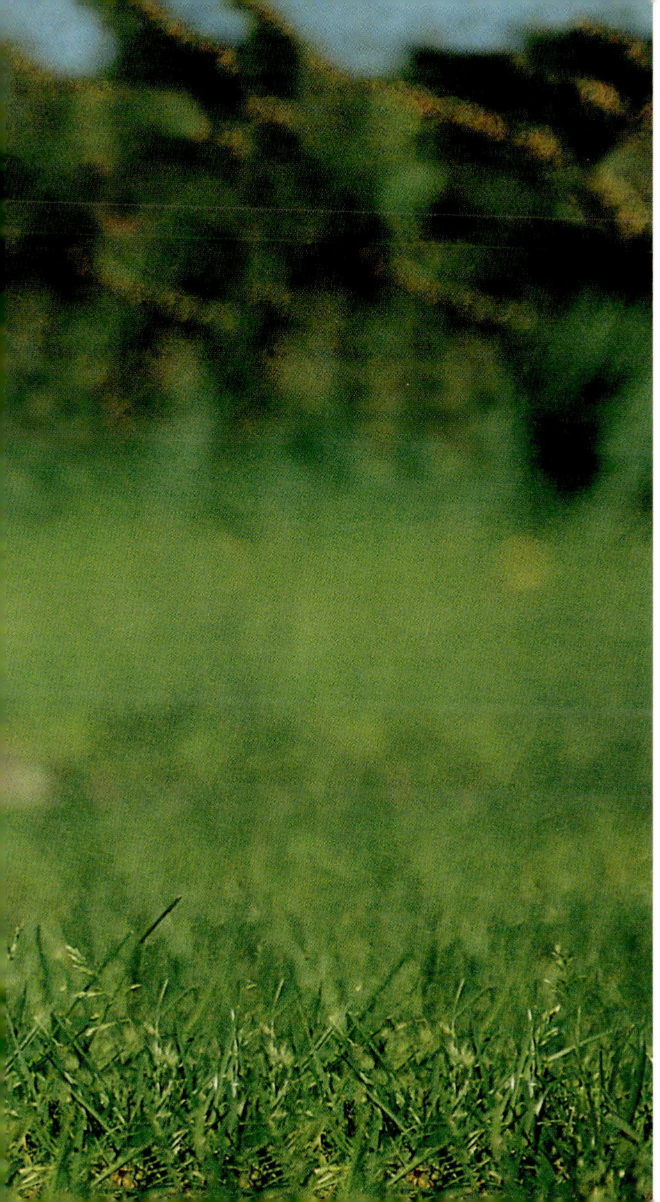

Un bebé explora el entorno en el que se mueve con una expresión de curiosidad y quizá también un poco de preocupación.

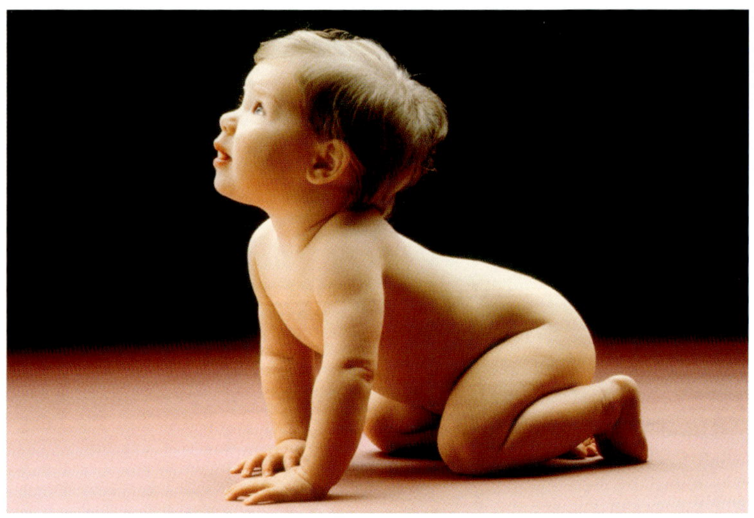

Con un poco de práctica, los bebés aprenden en seguida a ir a gatas y pronto lo hacen muy deprisa: seguirlos resulta pesado pero es absolutamente necesario, dado que todavía no tienen conciencia de los peligros que les rodean.

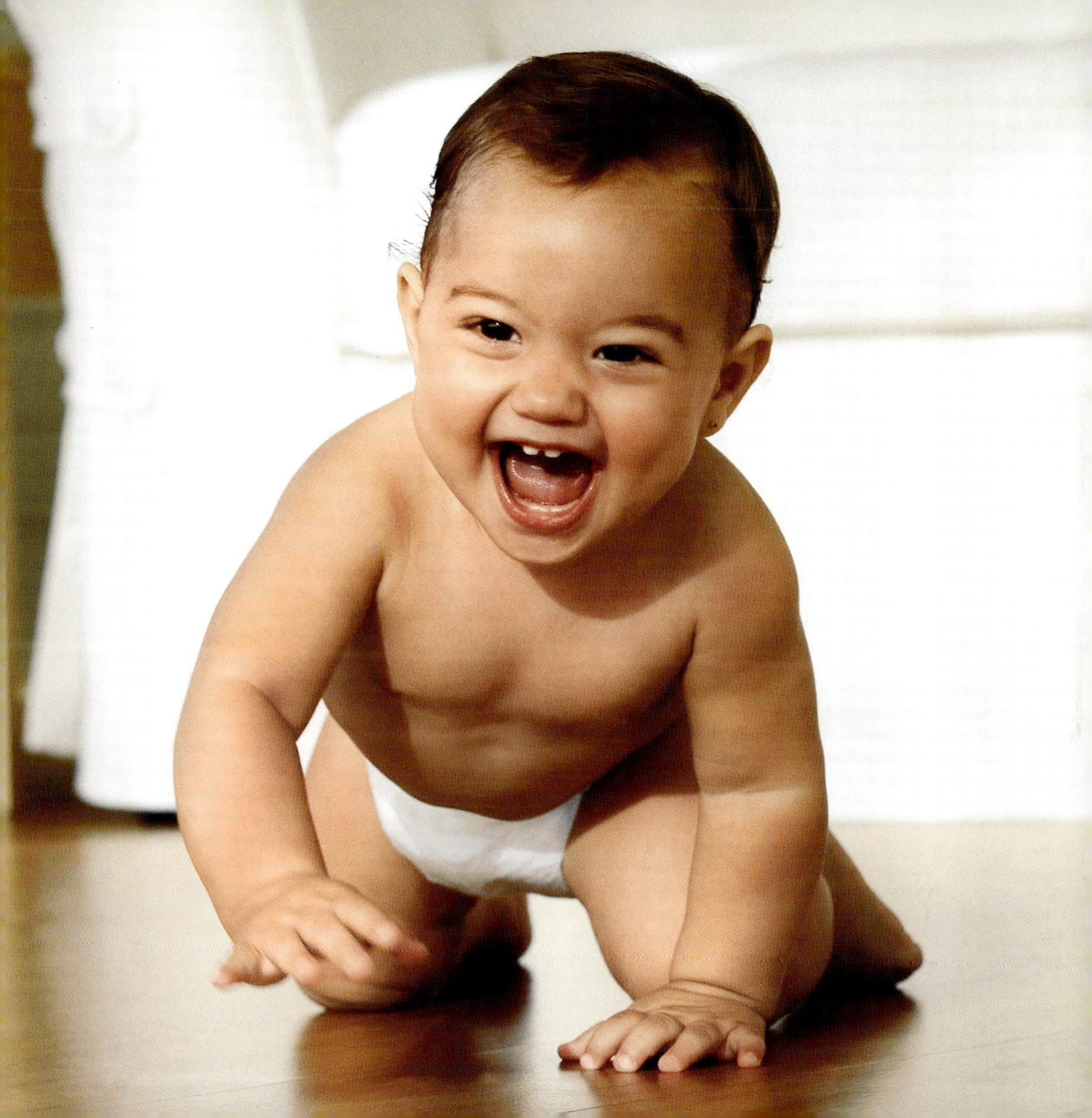

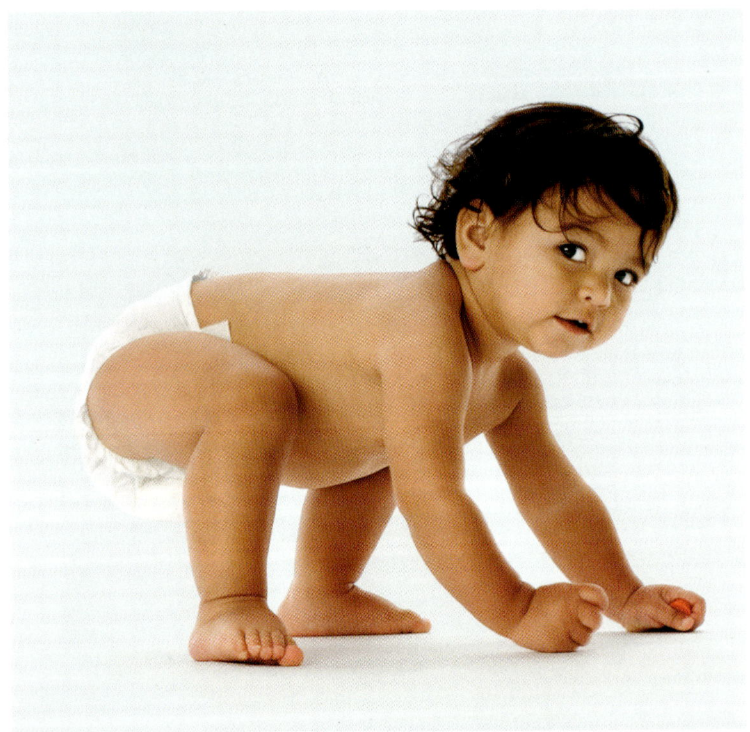

Apoyándose en sus manos, el bebé mantiene las rodillas dobladas, como cuando anda a gatas, pero ya descarga su peso, por primera vez, directamente sobre los pies.

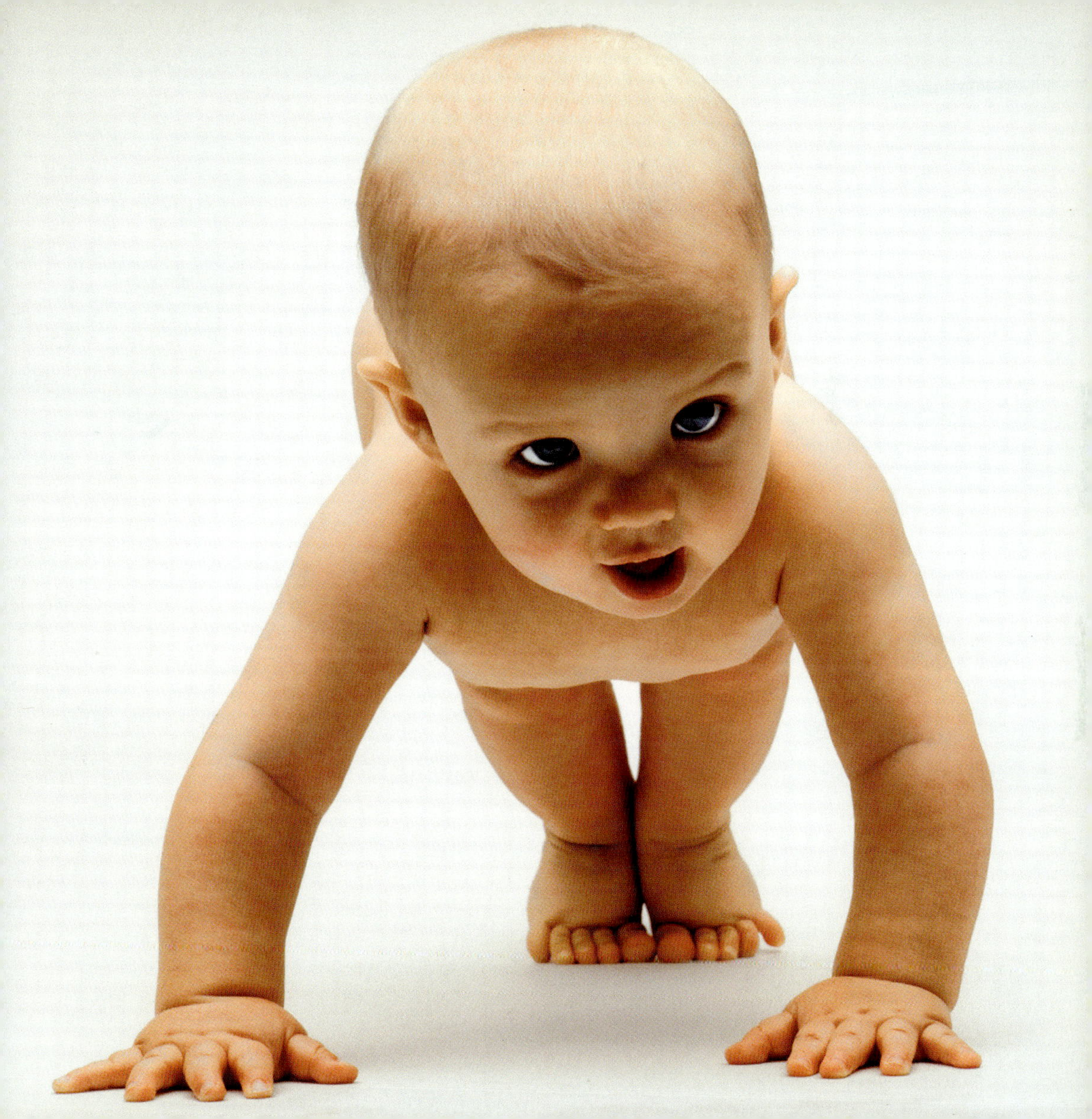

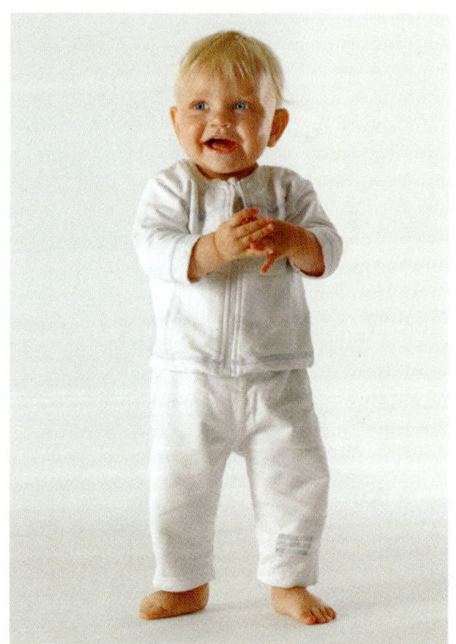

Puede palparse la satisfacción de este bebé. Todavía no sabe caminar pero ya puede mirar el mundo poniéndose de pie. Está aprendiendo a dar sus primeros pasos.

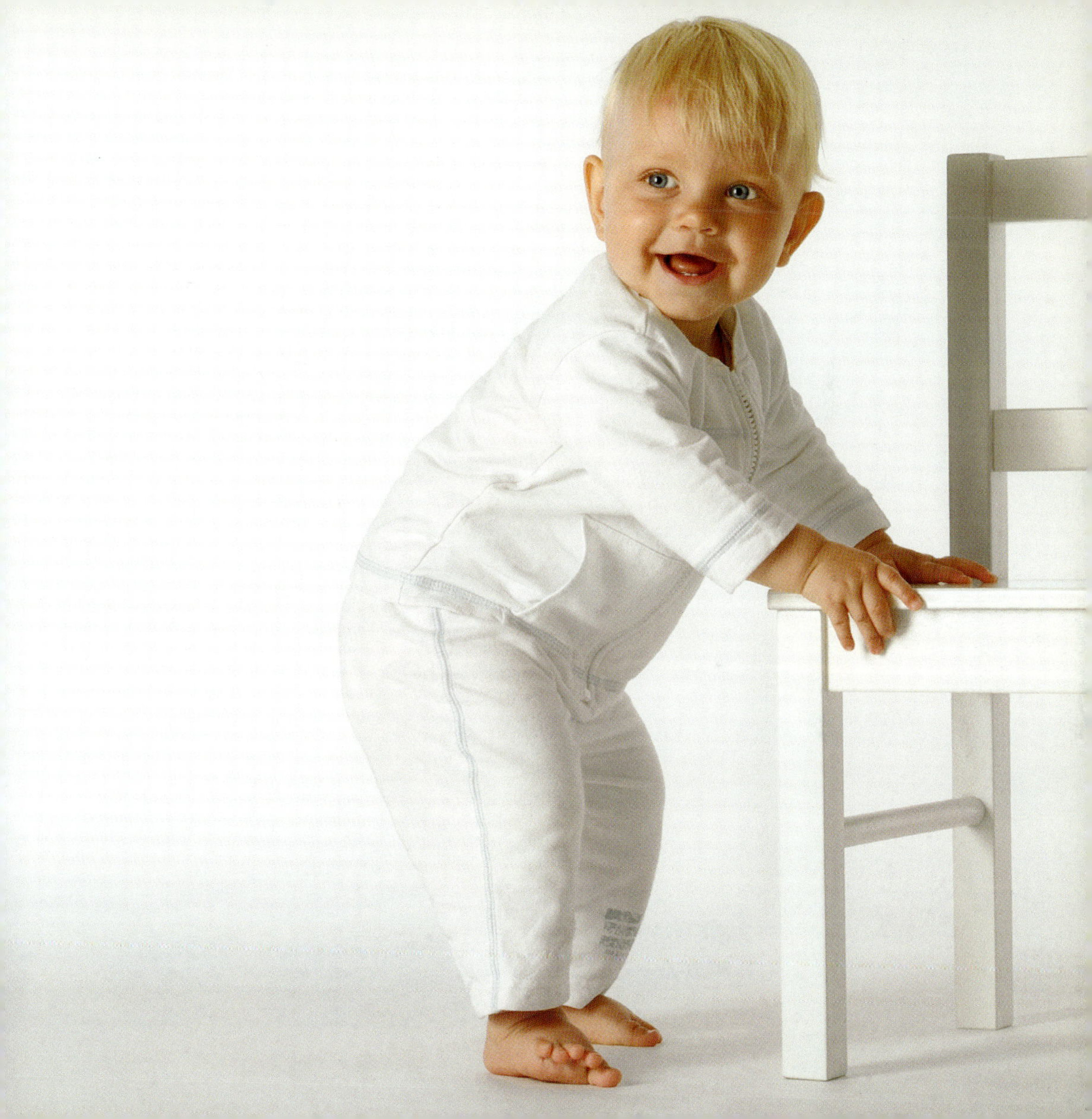

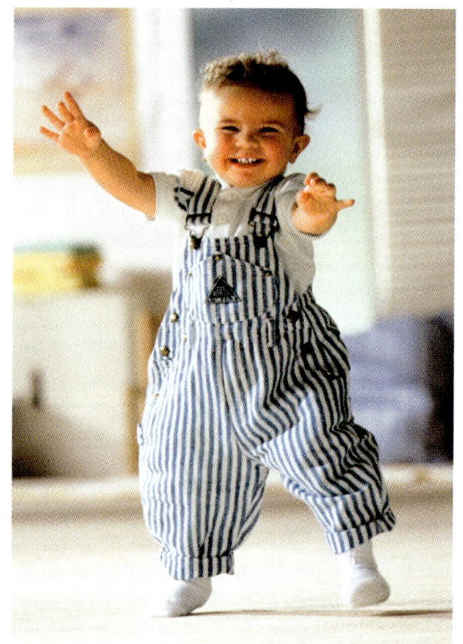

58 • Con los brazos extendidos hacia delante y una sonrisa en su rostro, llega la felicidad de los primeros pasos.

59 • Los pies de este bebe todavía aparecen regordetes, pero cuando comience a caminar adquirirán una forma más estilizada.

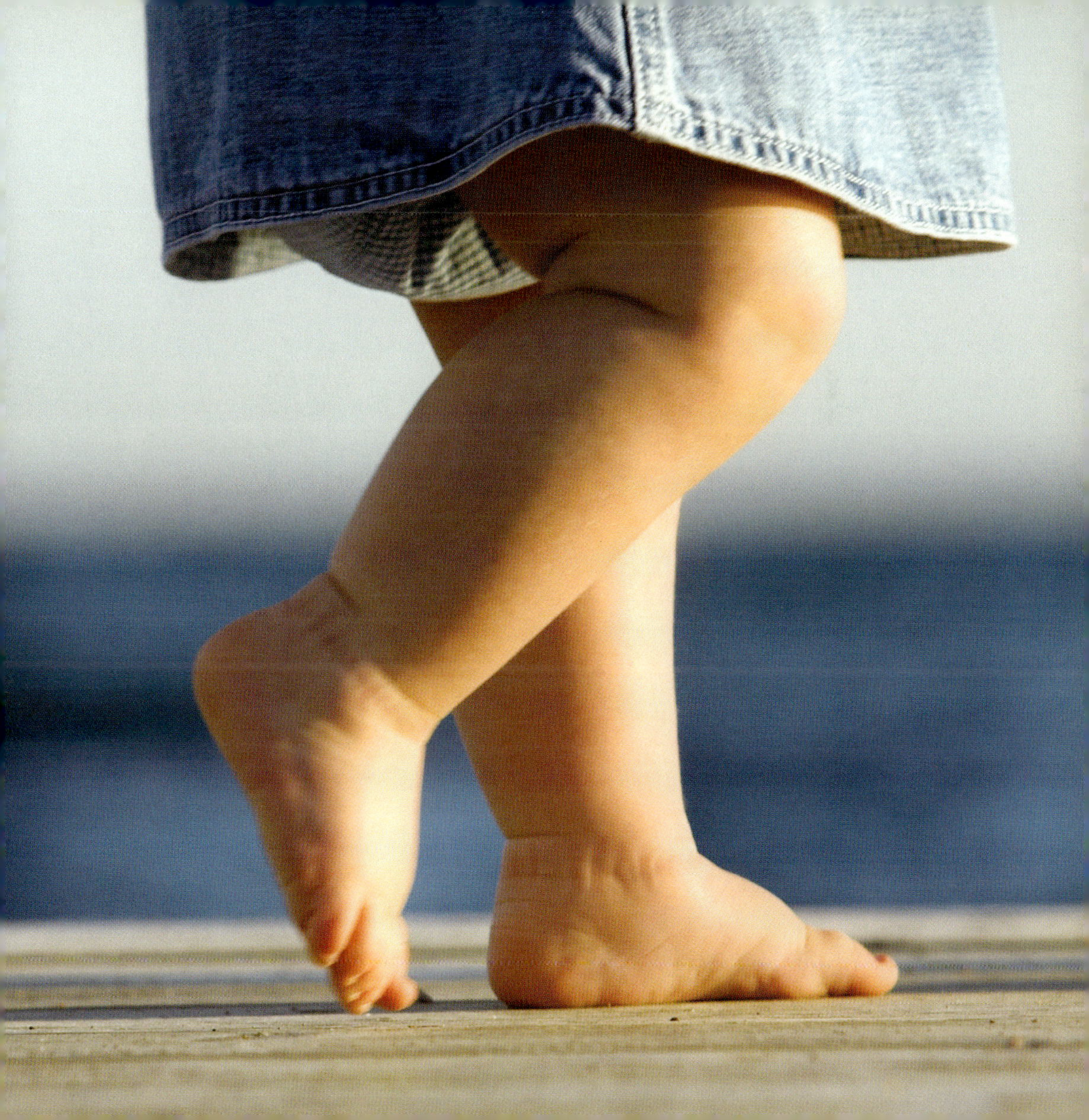

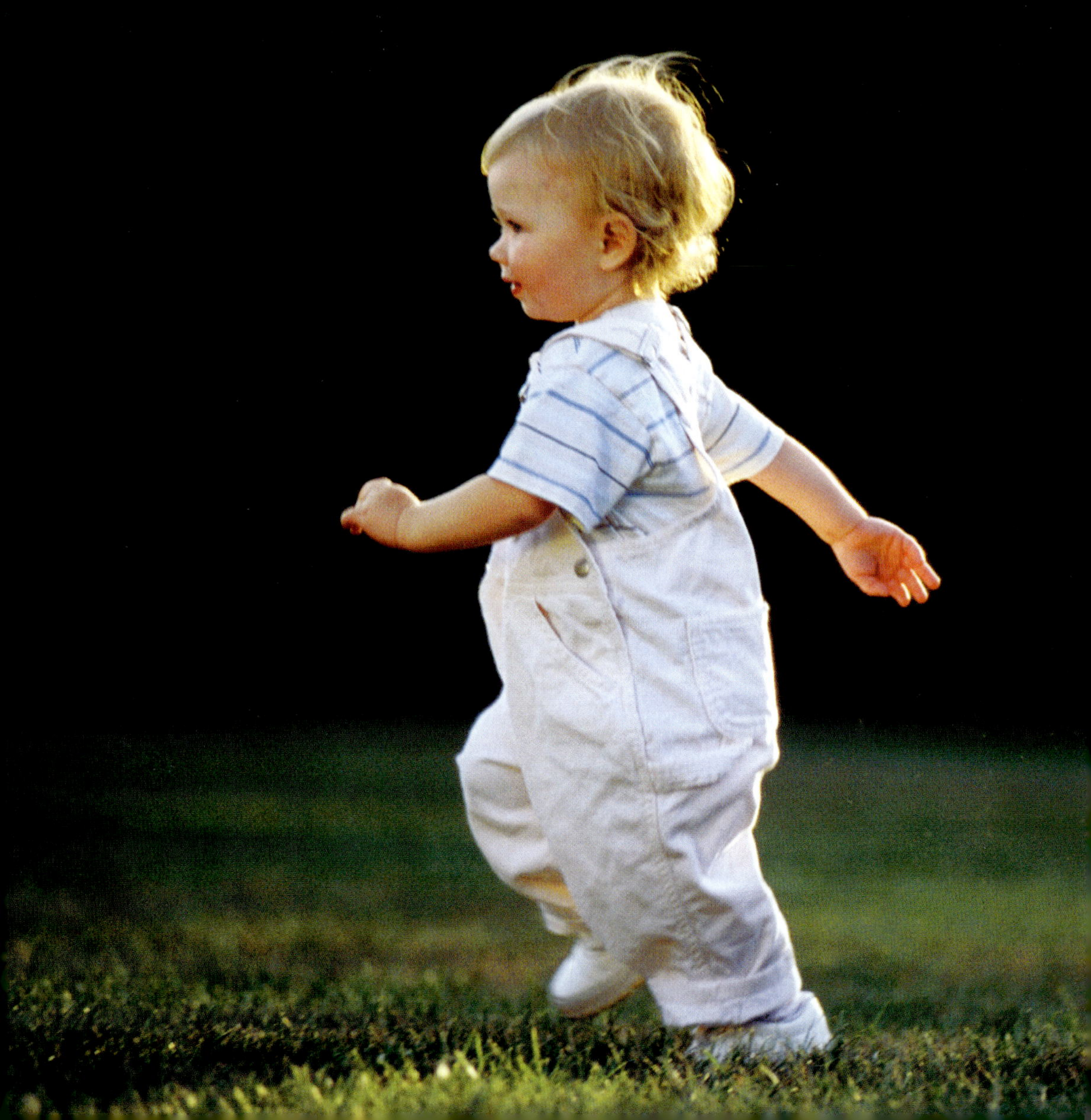

Una niña avanza decidida
hacia algo que le parece
interesante. El paso ya
es seguro.

NIÑOS EN EL MUNDO

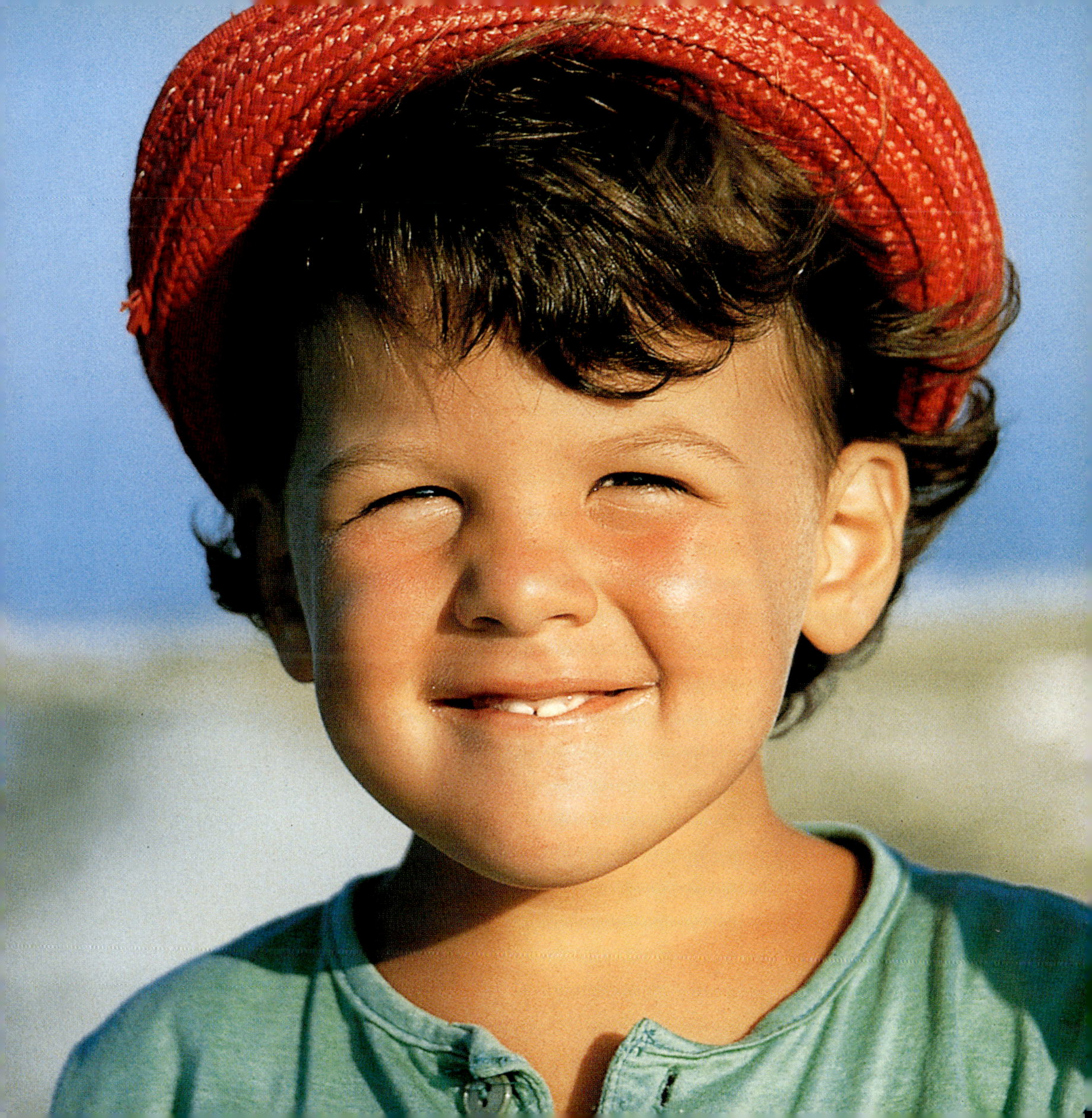

INTRODUCCIÓN Niños en el mundo

Tanto si se trata de una sonrisa como de una mirada hosca y pensativa, de una mano abierta que se agita rápida para reclamar la atención, o de una expresión de orgullosa y vigorosa afirmación de sí mismo, una cosa es segura: frente a los niños no parecen existir limitaciones geográficas. Las emociones que se adivinan en su rostro no tienen necesidad, a menudo, de traducción, ya que en todos los países existen formas y gestos que, aunque estén instalados en sus tradiciones más diversas, representan un lenguaje universal y comprensible por todos. Ya sea en las cimas de la cordillera andina, entre los hielos polares, o bien en una soleada y cálida playa tropical, el rostro de un niño que sueña mirando hacia el cielo, o se esconde en un momento de timidez, parece siempre contener, en el fondo, alguna cosa consciente, conocida, antiquísima. El lenguaje infantil no verbal posee, por otra parte, en su caleidoscópica variabilidad, constantes que permiten a los niños expresarse de una forma sorprendentemente clara e inequívoca. Las señales comunicativas son espontáneas, y la presencia de factores racionales se da en una medida decididamente inferior respecto a la que tendrá en fases posteriores, ya en la edad adulta, cuando haya aprendido las técnicas del disimulo y del autocontrol. Hasta ese día estaremos seguros de poder reconocer a un niño que sonríe arrebujado en sus ropas, a lo mejor en una fotografía obtenida a miles de kilómetros de distancia, porque pondrá la misma expresión que tantas veces hemos visto aflorar en el rostro de otros niños que todos los días encontramos en las calles de nuestra propia ciudad, o bien volver a ver en un rostro muy vivo y juguetón una expresión que sentimos incluso un poco como nuestra.

De mayores, cuando nos emocionamos, somos todavía capaces, de hecho, de olvidarnos —durante un momento, se entiende— de los esquemas mentales de los que nos alimentamos, para reconocernos en un «mundo de niños» que en su inmensidad nos incluye, situándonos en el interior de un mosaico donde el factor humano tiene alguna cosa que, por lo general, nos resulta siempre familiar.

● Un niño indio un poco cansado, nos mira con sus ojos oscuros, enigmáticos y profundos.

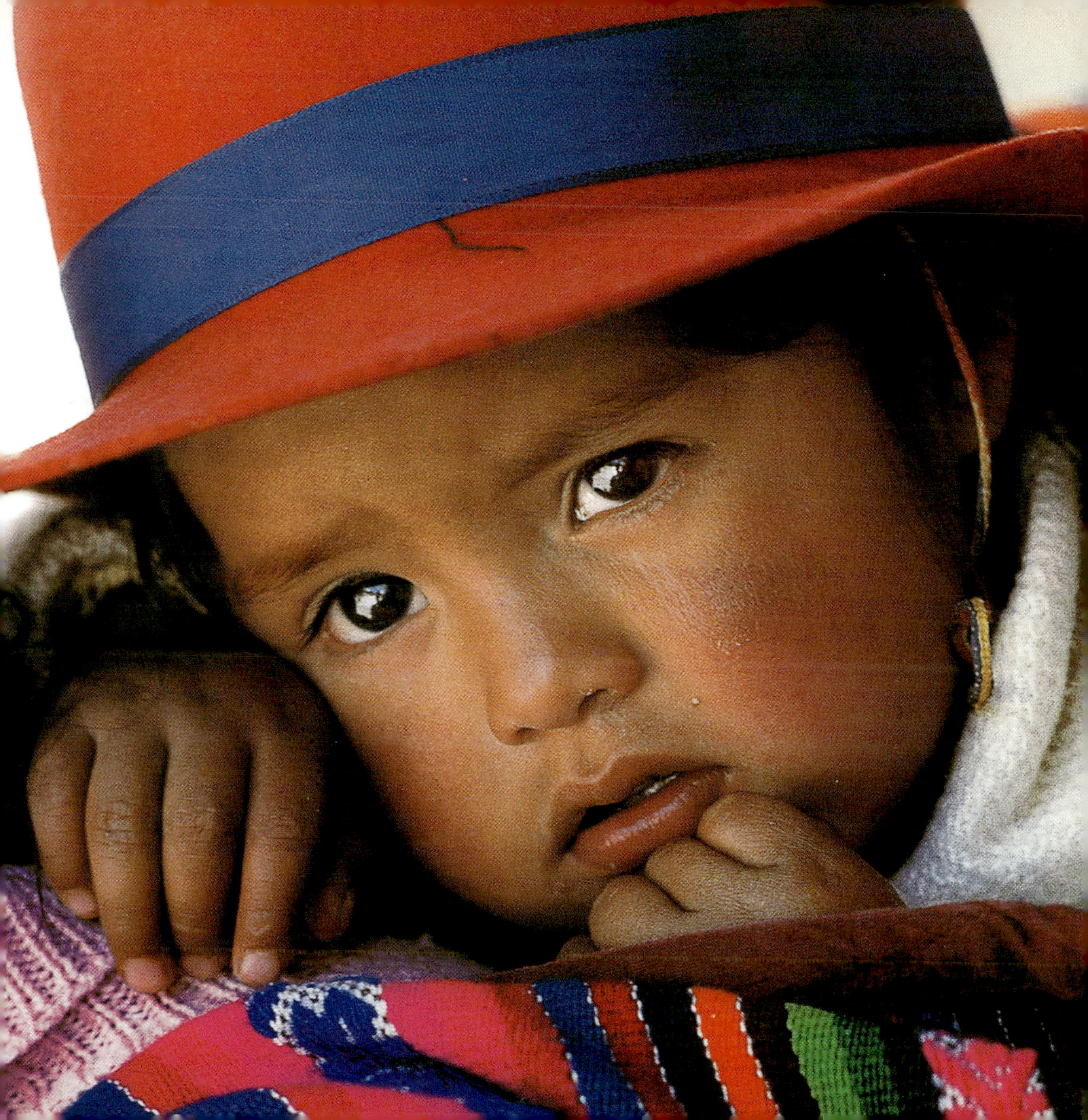

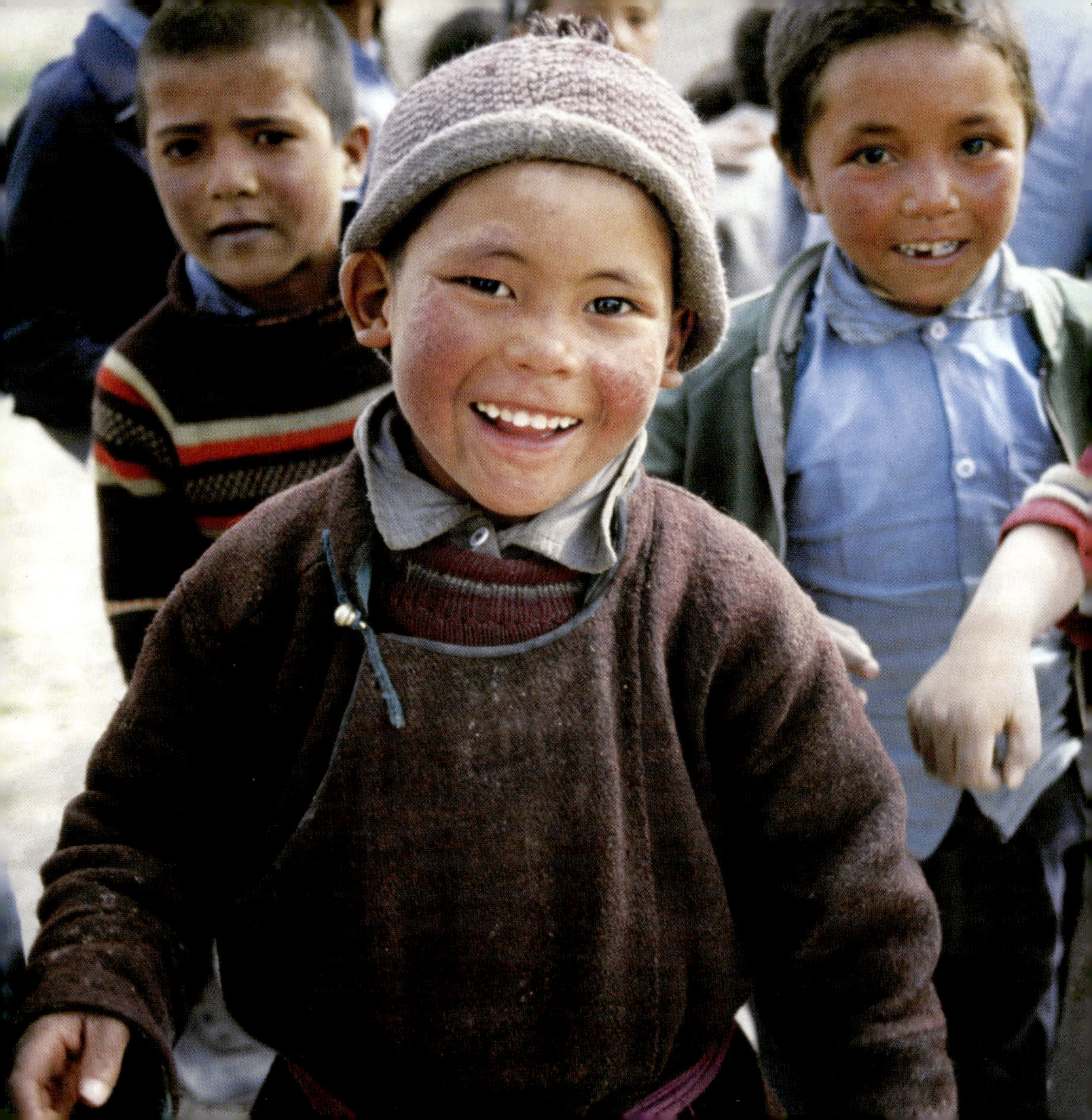

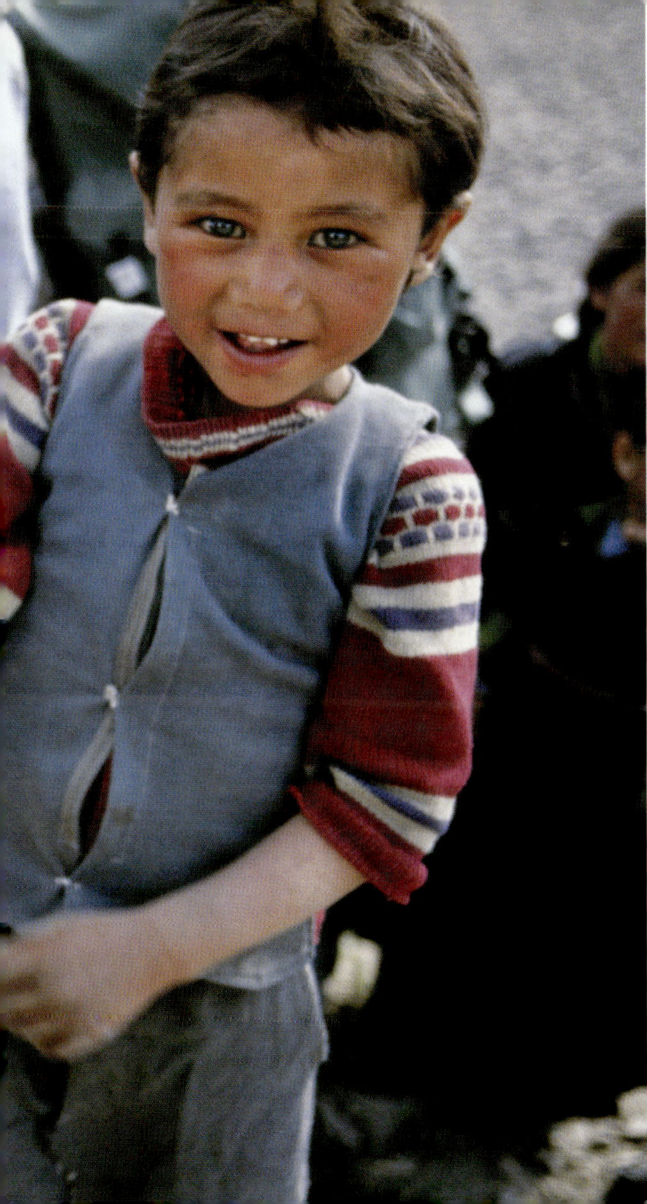

Un alegre grupo de
niños camina en fila en
Ladakh, la India.

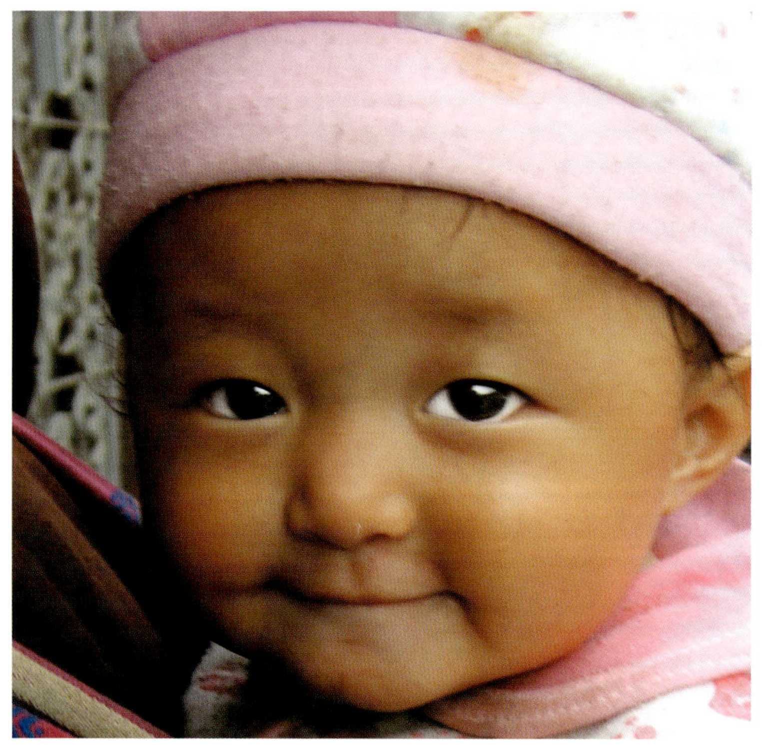

70 • Un niño de Bhután observa relajado el mundo a su alrededor.

71 • Nadar en la piscina es un pasatiempo tan divertido que nunca llega el momento
de salir del agua.

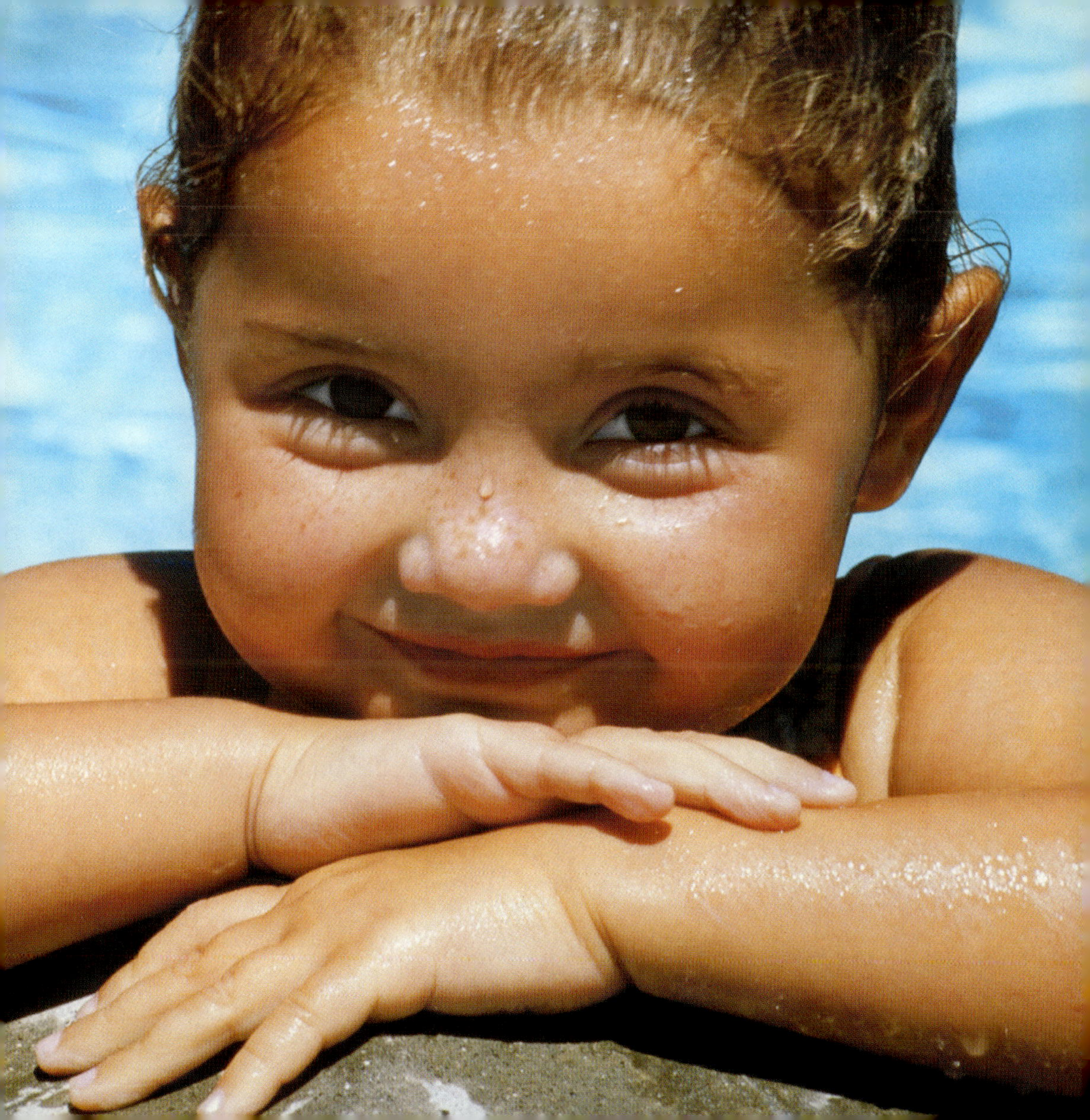

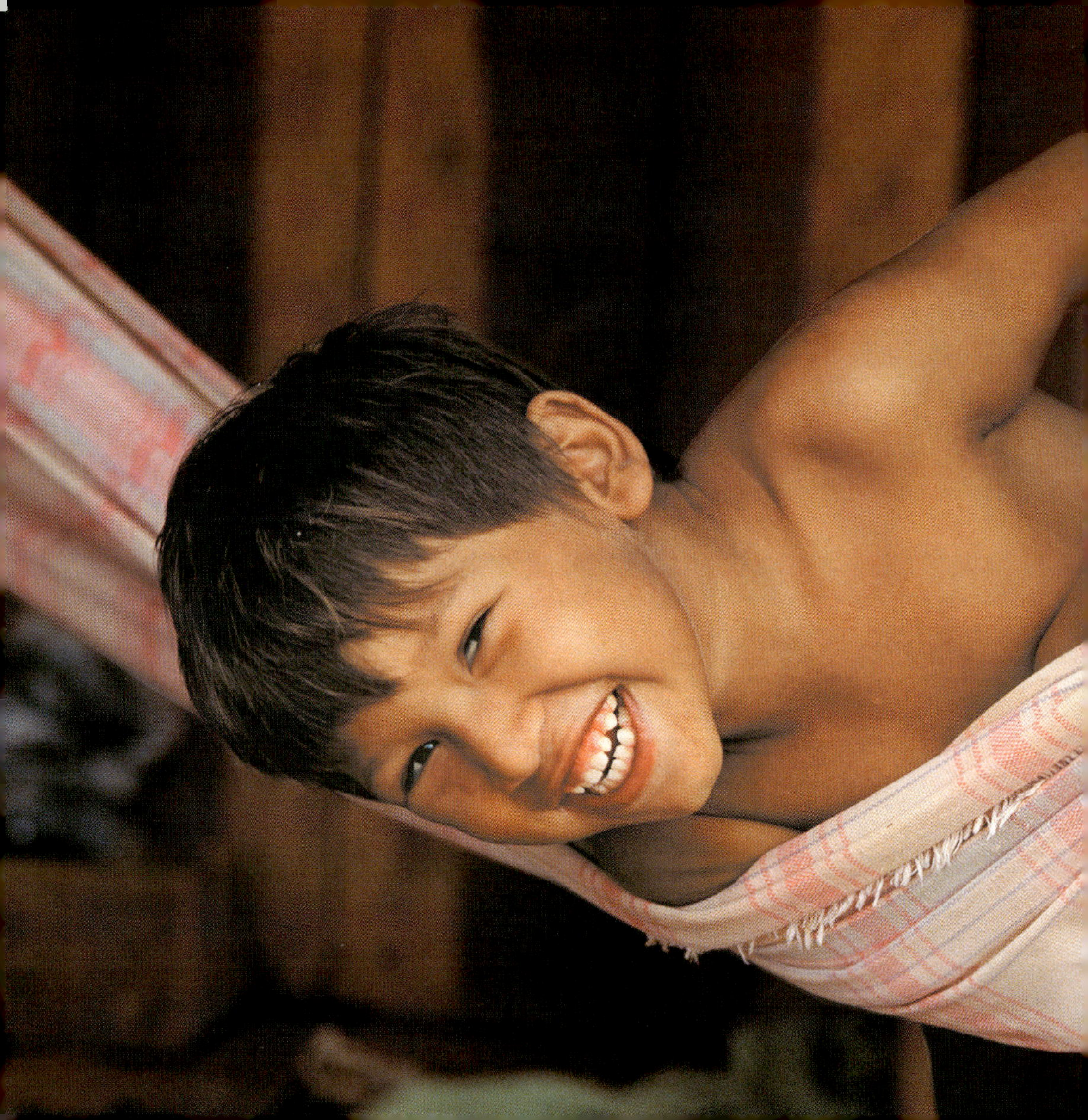

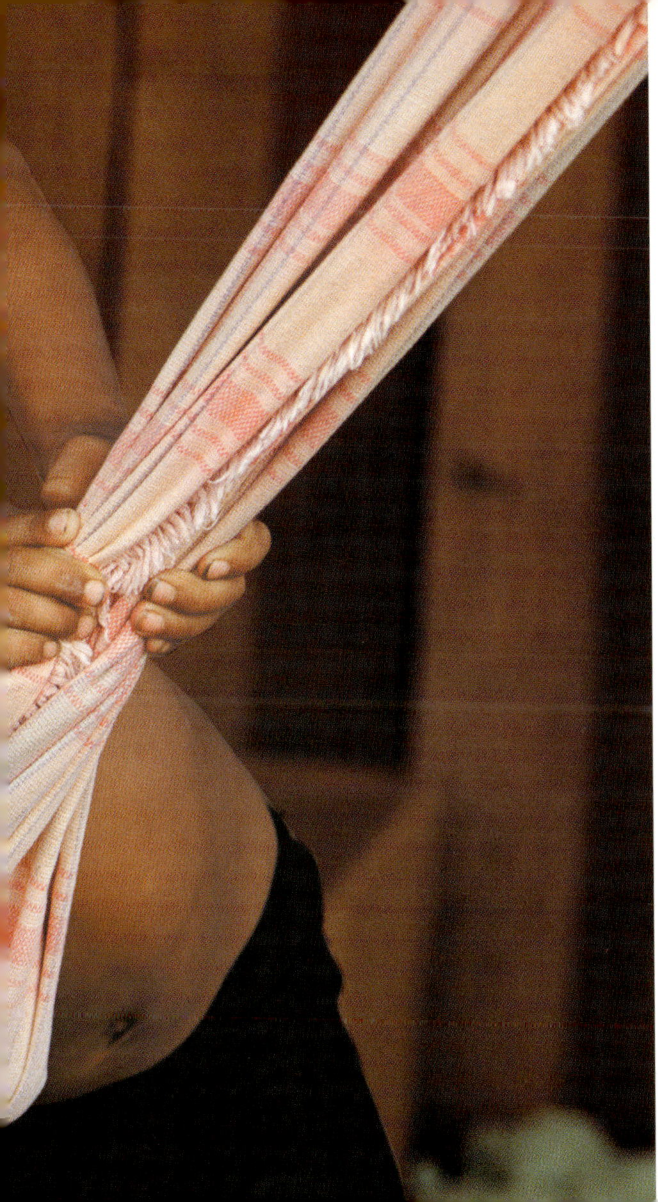

En el corazón
de la Amazonia, un niño
cabloco se entretiene
jugando con la tela de
una hamaca.

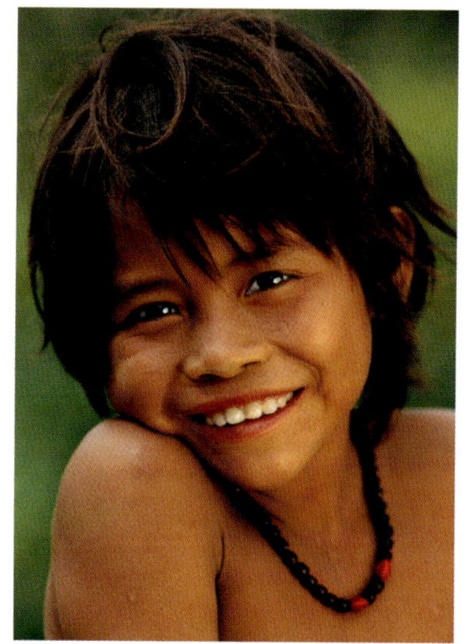

74 • Fotografía de un niño perteneciente al grupo ese'eja, que vive en una región de la Amazonia situada entre Bolivia y Perú.

75 • La ternura de esta niña quechua de Ecuador queda perfectamente reflejada en su cautivadora sonrisa.

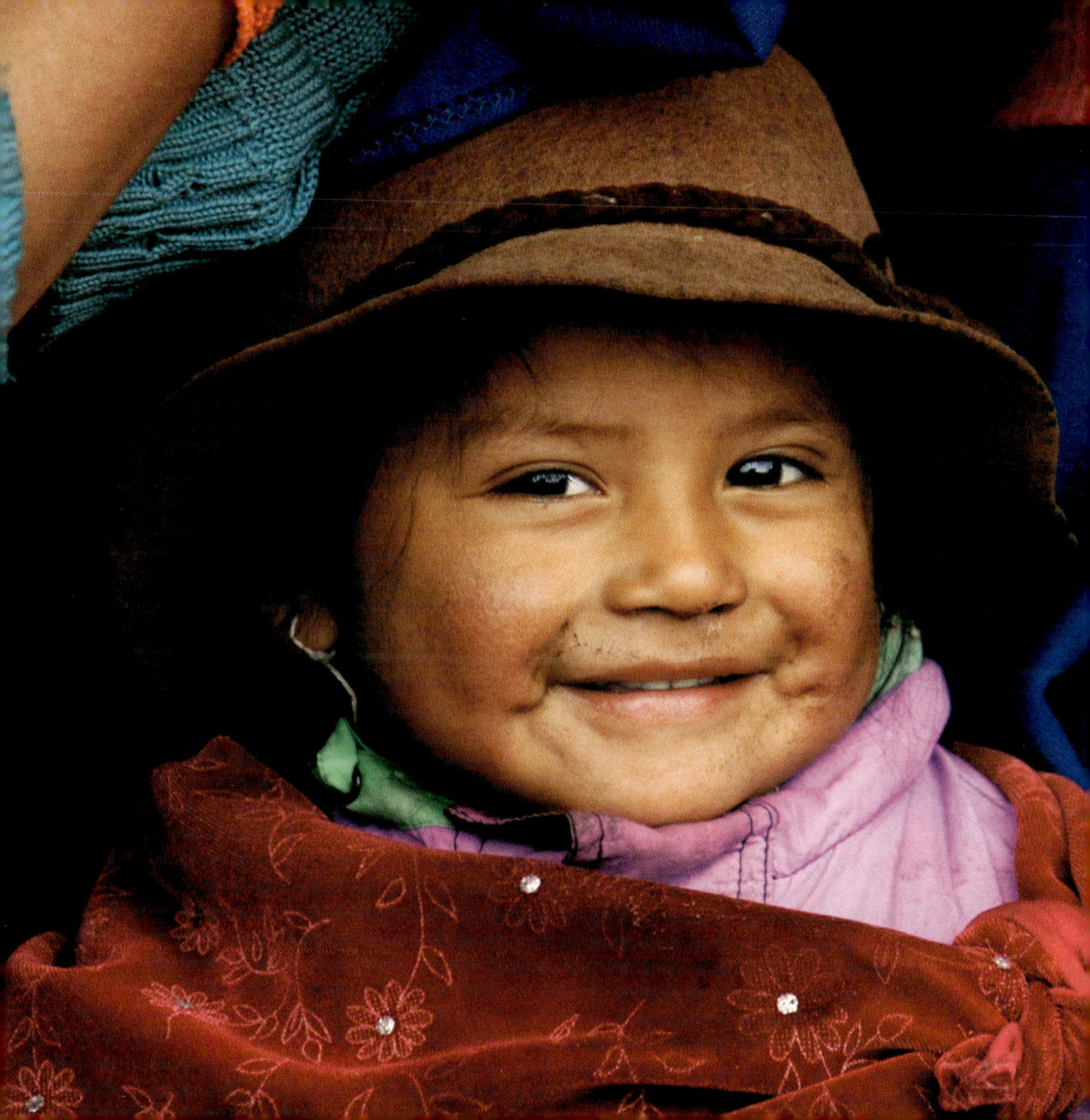

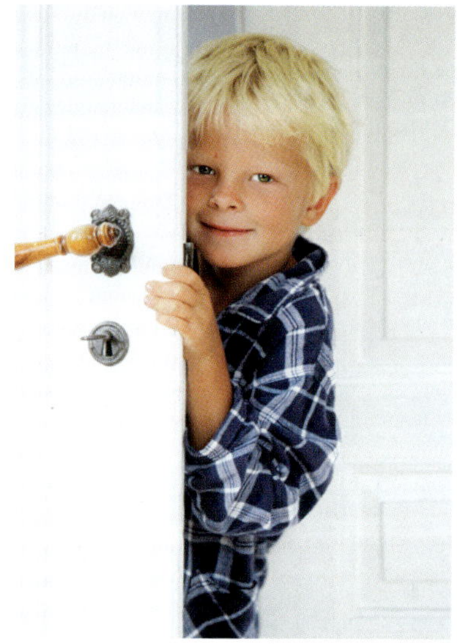

La voluntad de jugar a esconderse no tiene fronteras geográficas, como puede verse en estas imágenes de niños que viven en diferentes partes de la Tierra, tomadas en idéntica actitud.

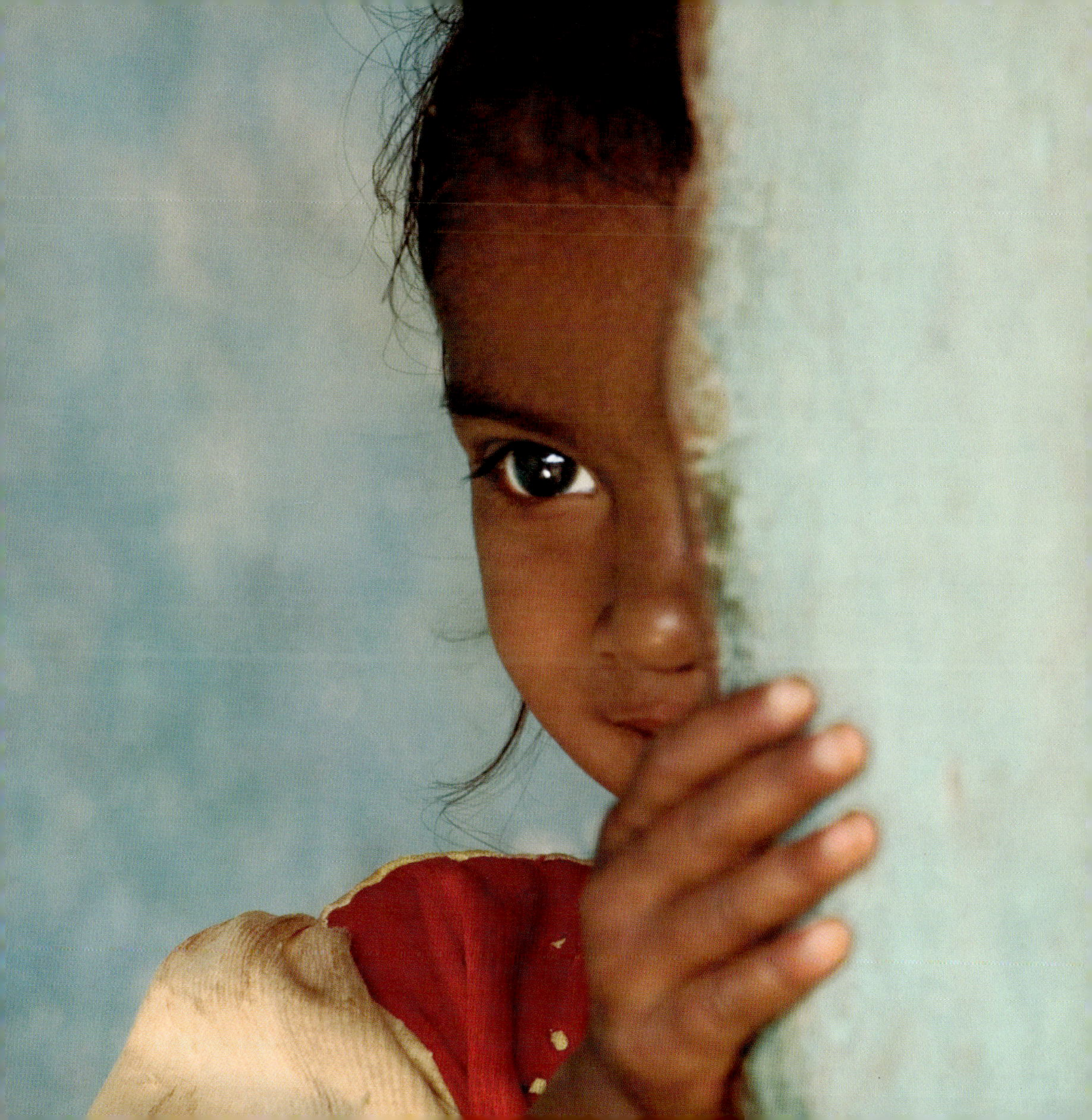

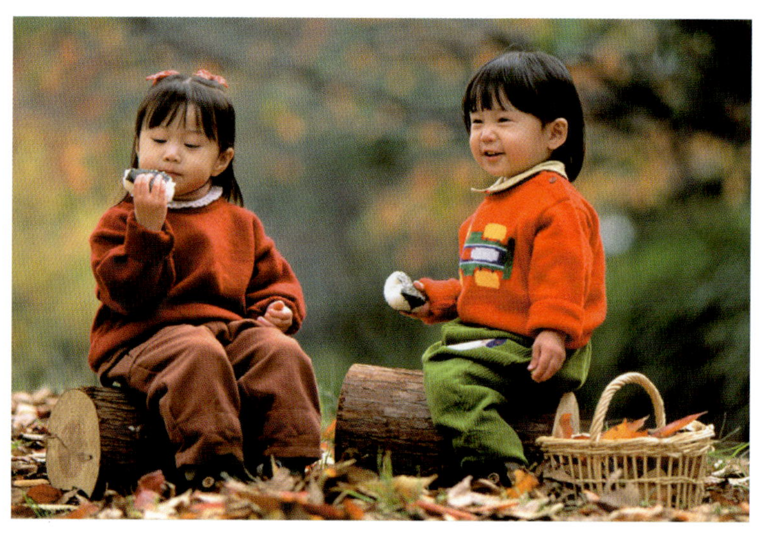

Compartir el almuerzo al aire libre o explorar la naturaleza es una buena ocasión para la socialización entre los niños de cualquier latitud.

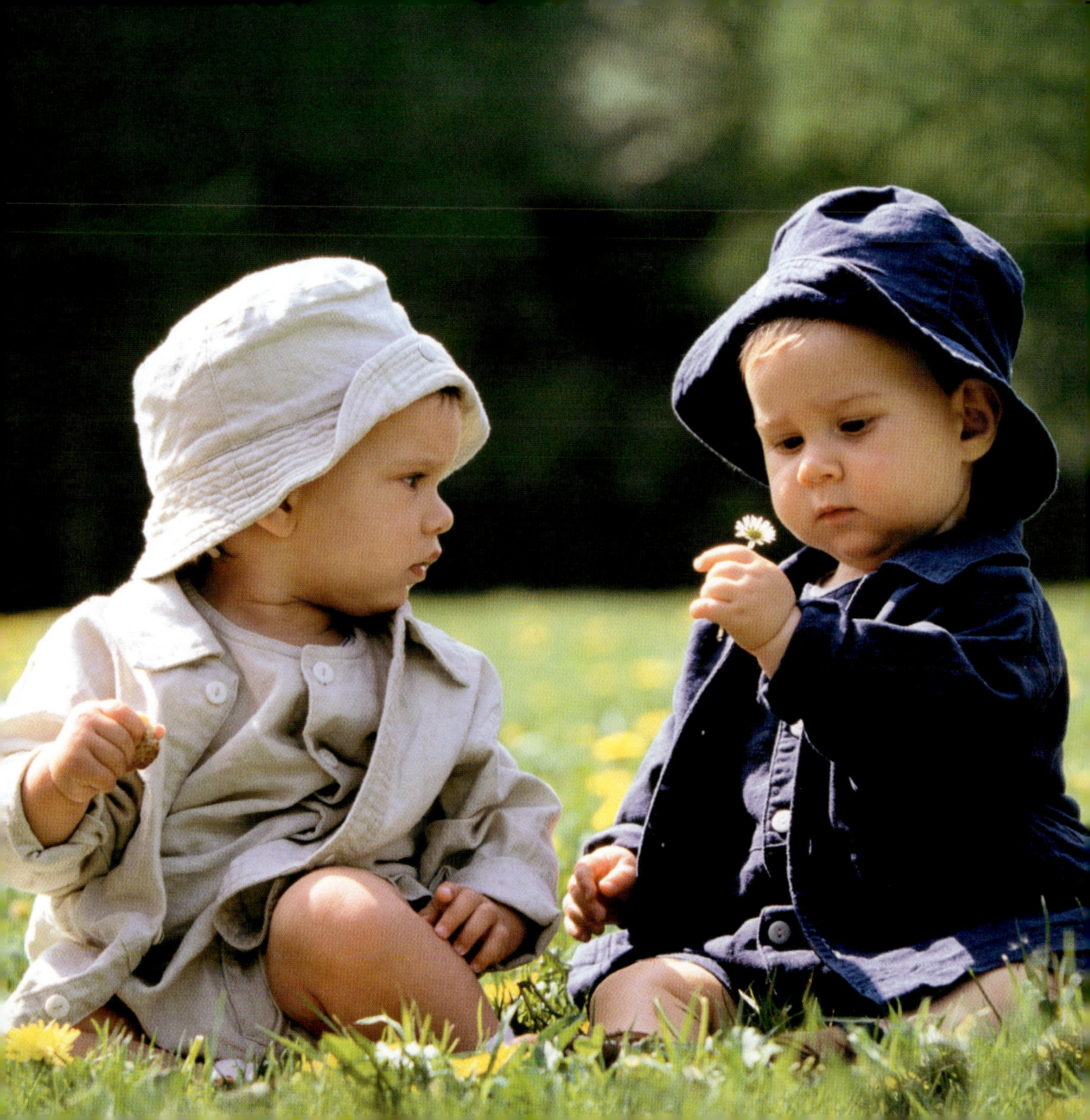

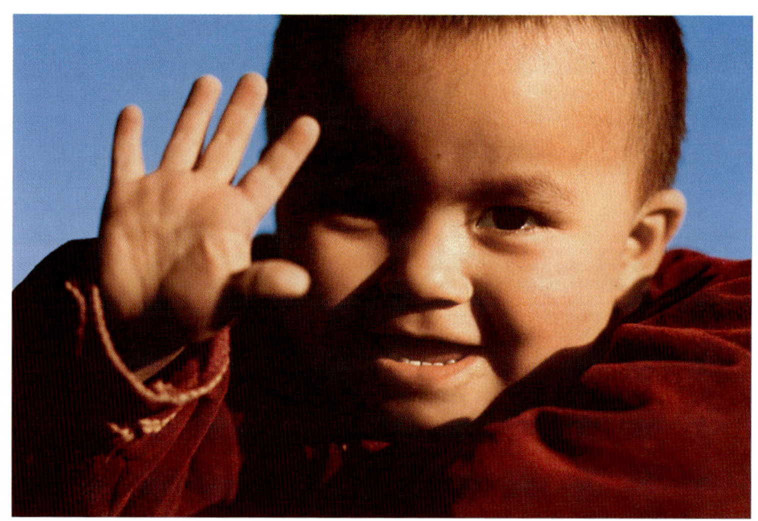

80 • Un niño chino de Xinjiang saluda moviendo su manita.

81 • En la llanura de Bagán, un niño ha sido untado en la cara, según las costumbres del pueblo birmano, con una máscara que también ayuda a protegerlo de los rayos solares.

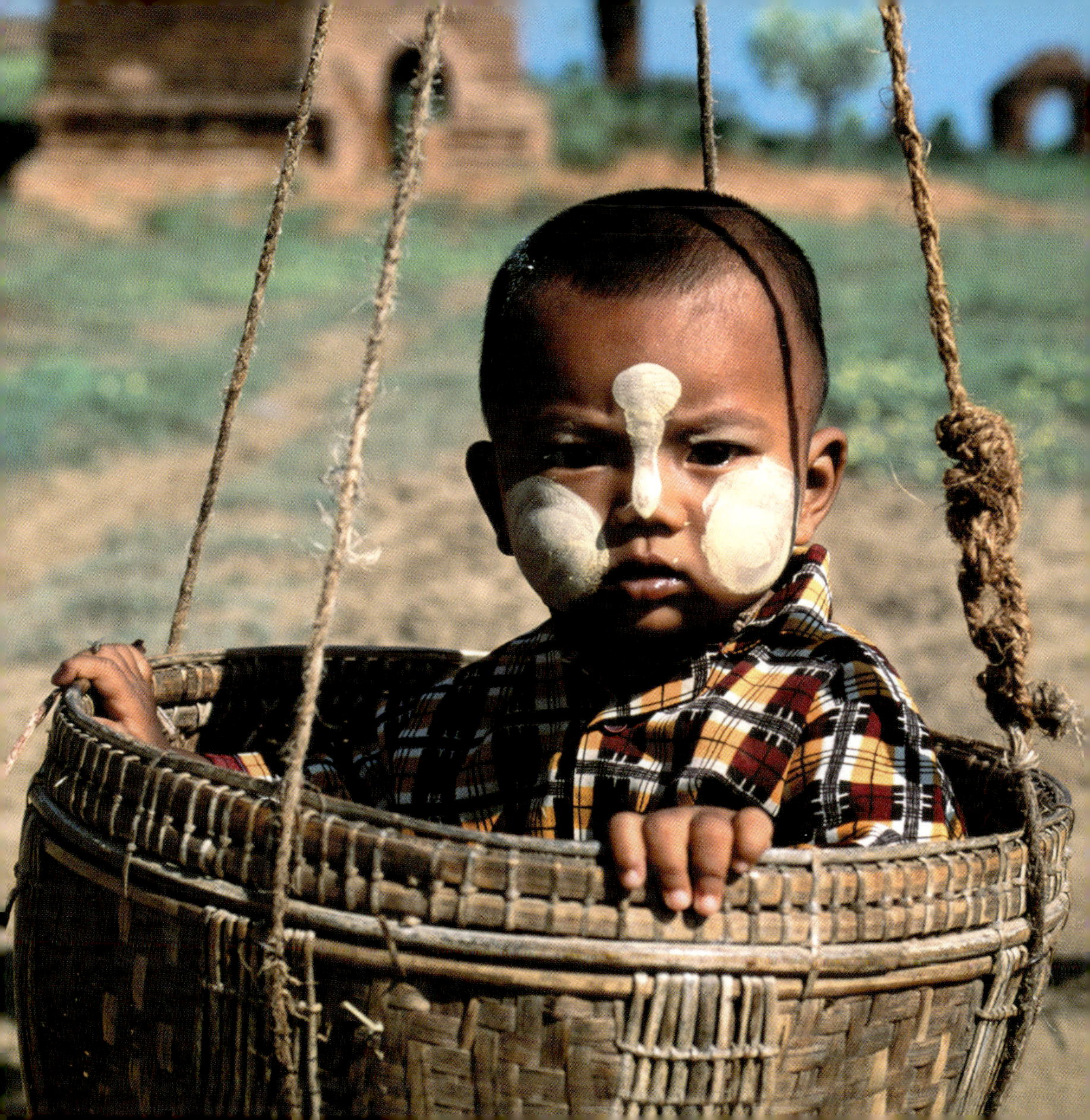

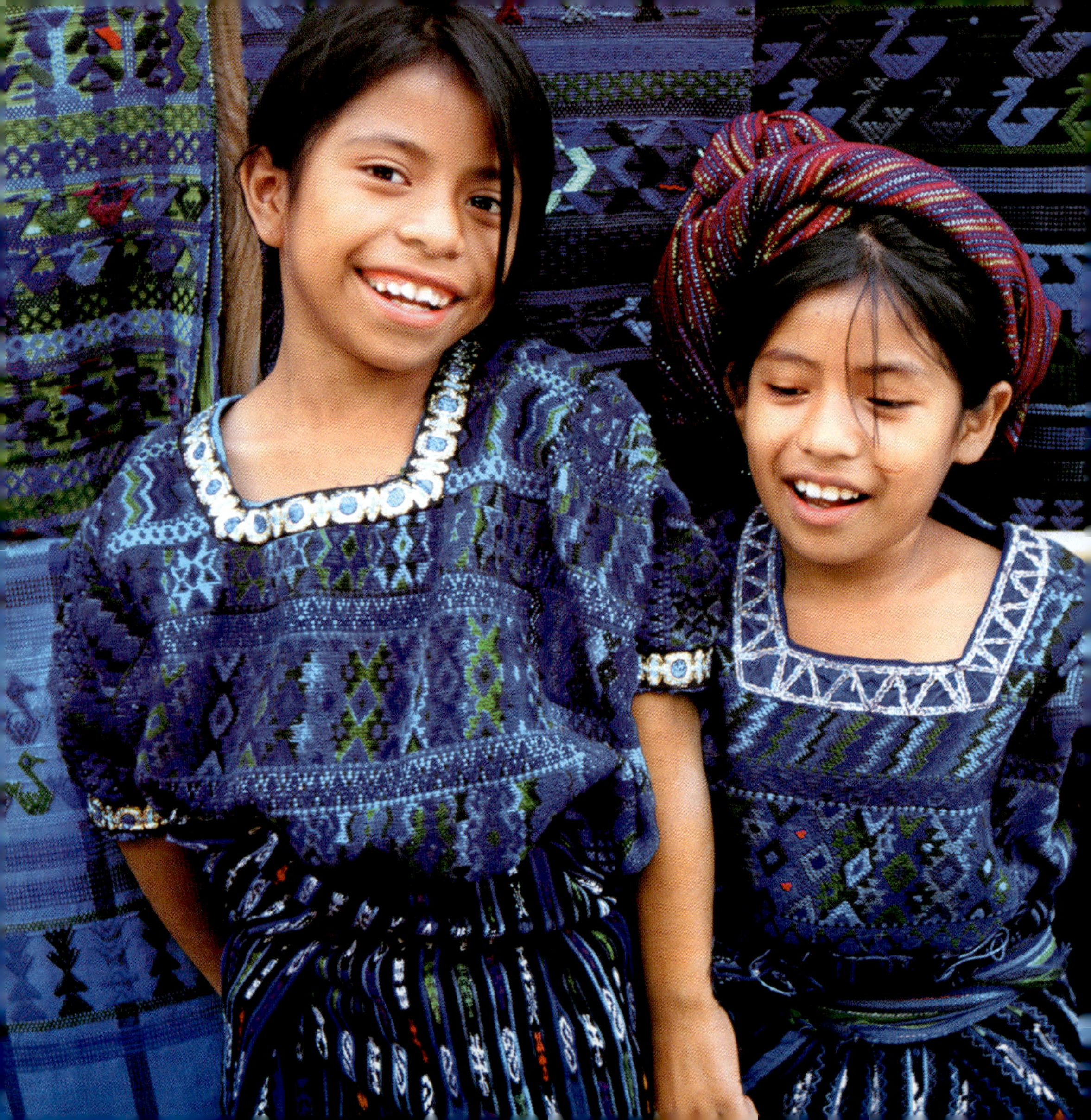

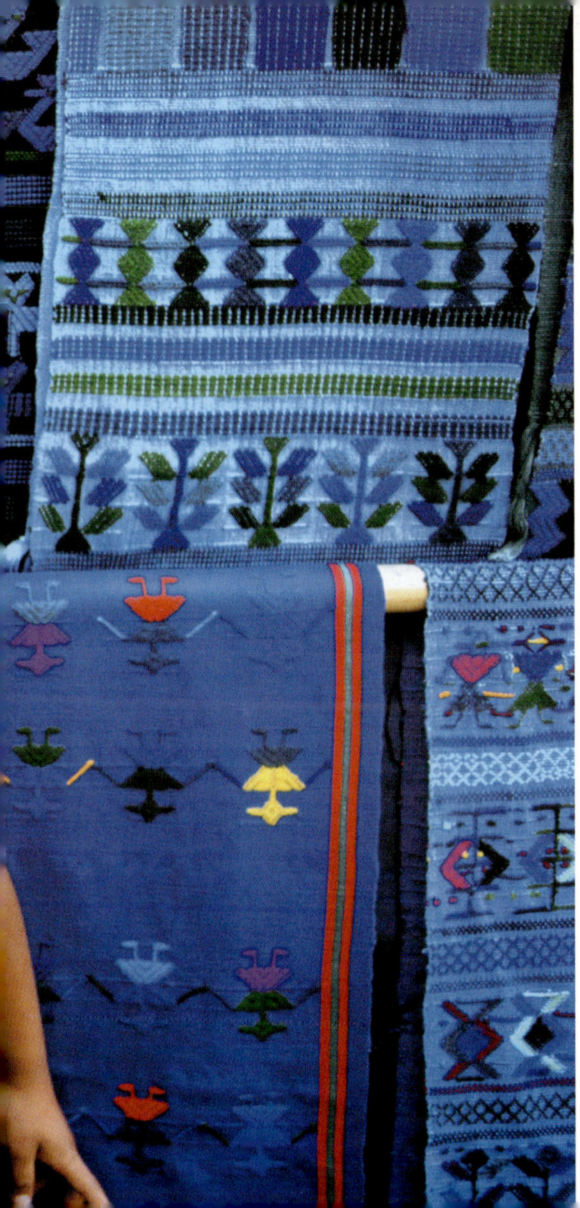

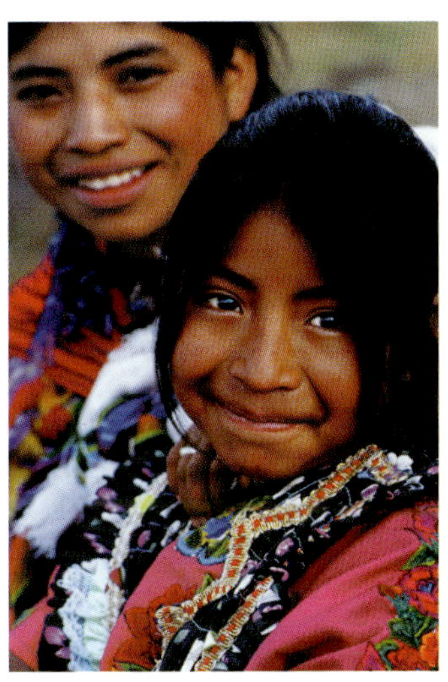

82-83 • Dos niñas de Santa Catalina de
Palopo, en Guatemala, sonríen alegres
entre tapices de bellos colores.

83 • Emoción y orgullo se funden
en la sonrisa de esta niña maya que lleva
el vestido tradicional de su pueblo.

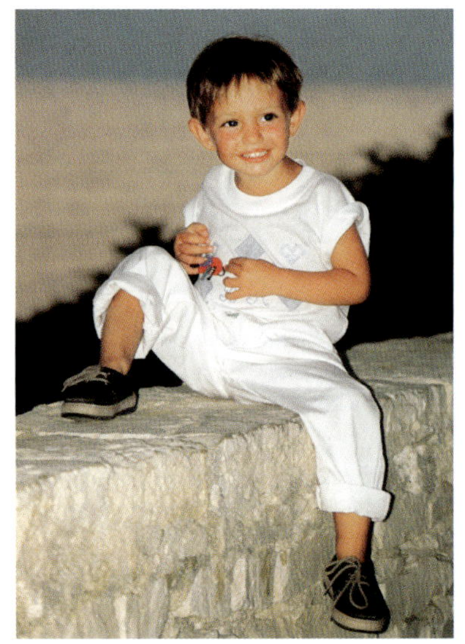

84 • Esta niña, cómodamente sentada en un pequeño muro, transmite una sensación de alegre despreocupación.

85 • Este niño chileno ríe ante la cámara fotográfica con una pizca de descaro y un entusiasmo contagioso.

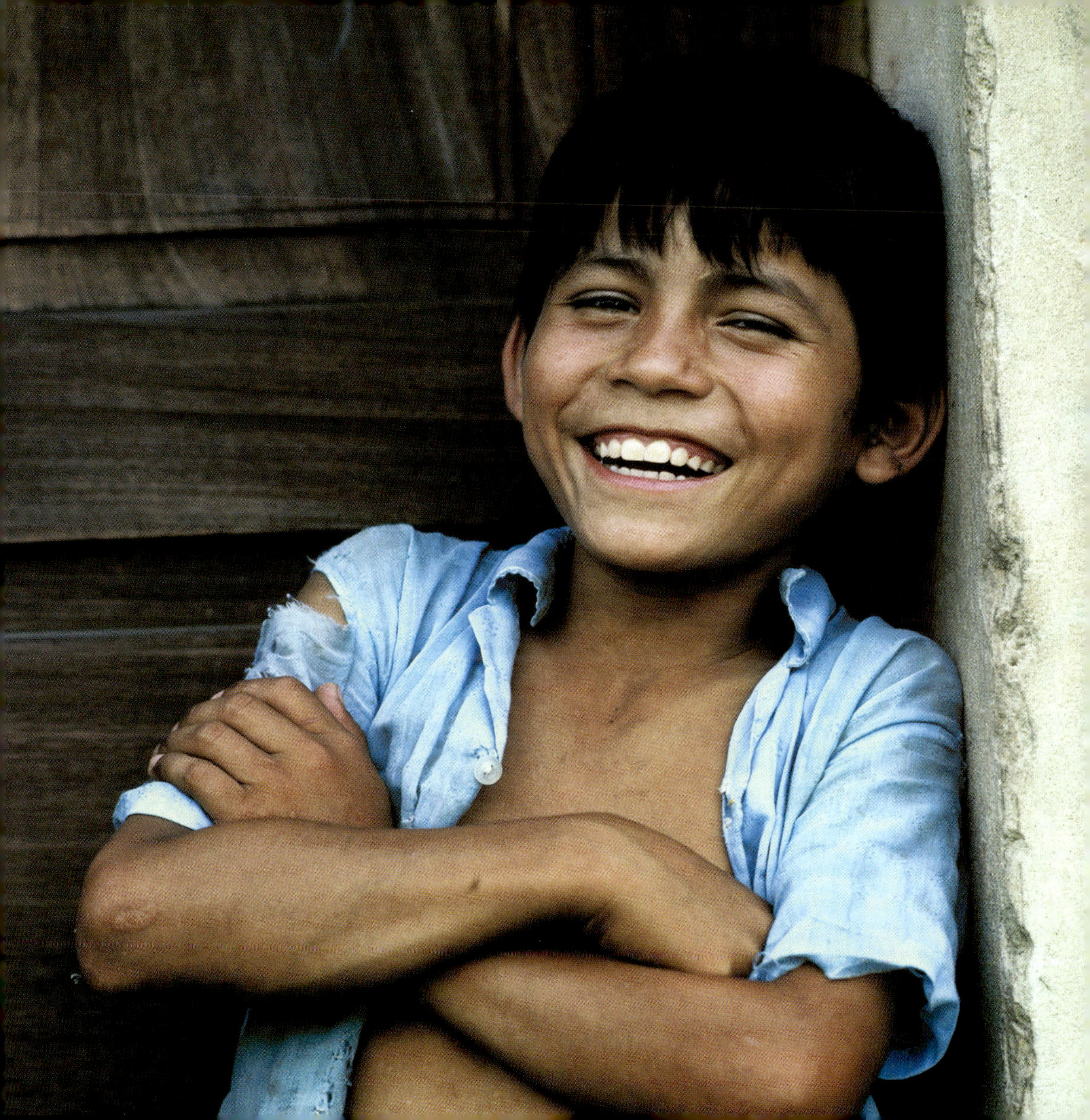

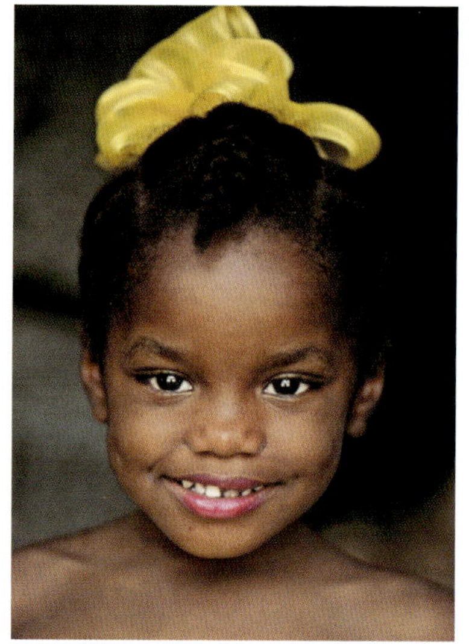

86 • Un gran lazo sobre su cabeza da a esta niña cubana un toque de deliciosa feminidad.

87 • En Pakistán, tatuar las manos con henna, dibujando complicados arabescos floridos,
puede tener un significado ritual ligado a la boda.

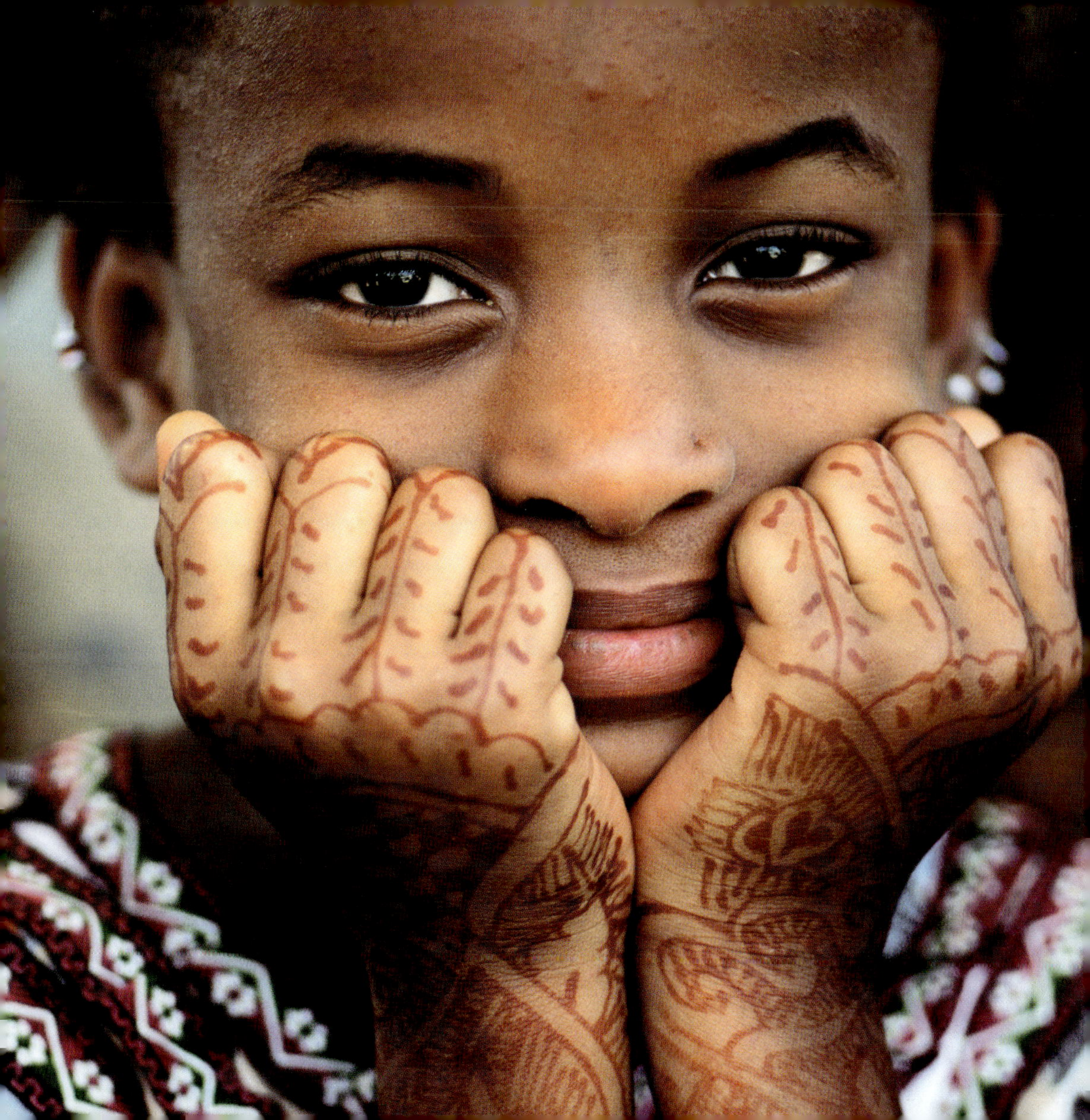

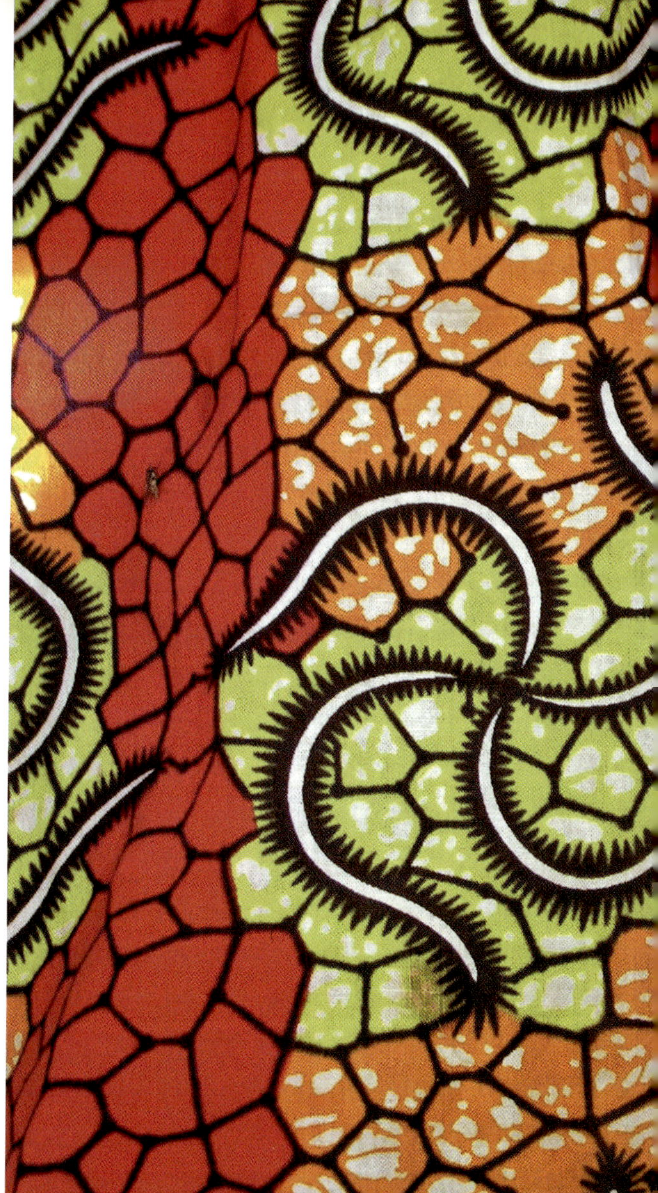

Un niño ante los colores vivos propios de su tierra de origen, en el continente africano.

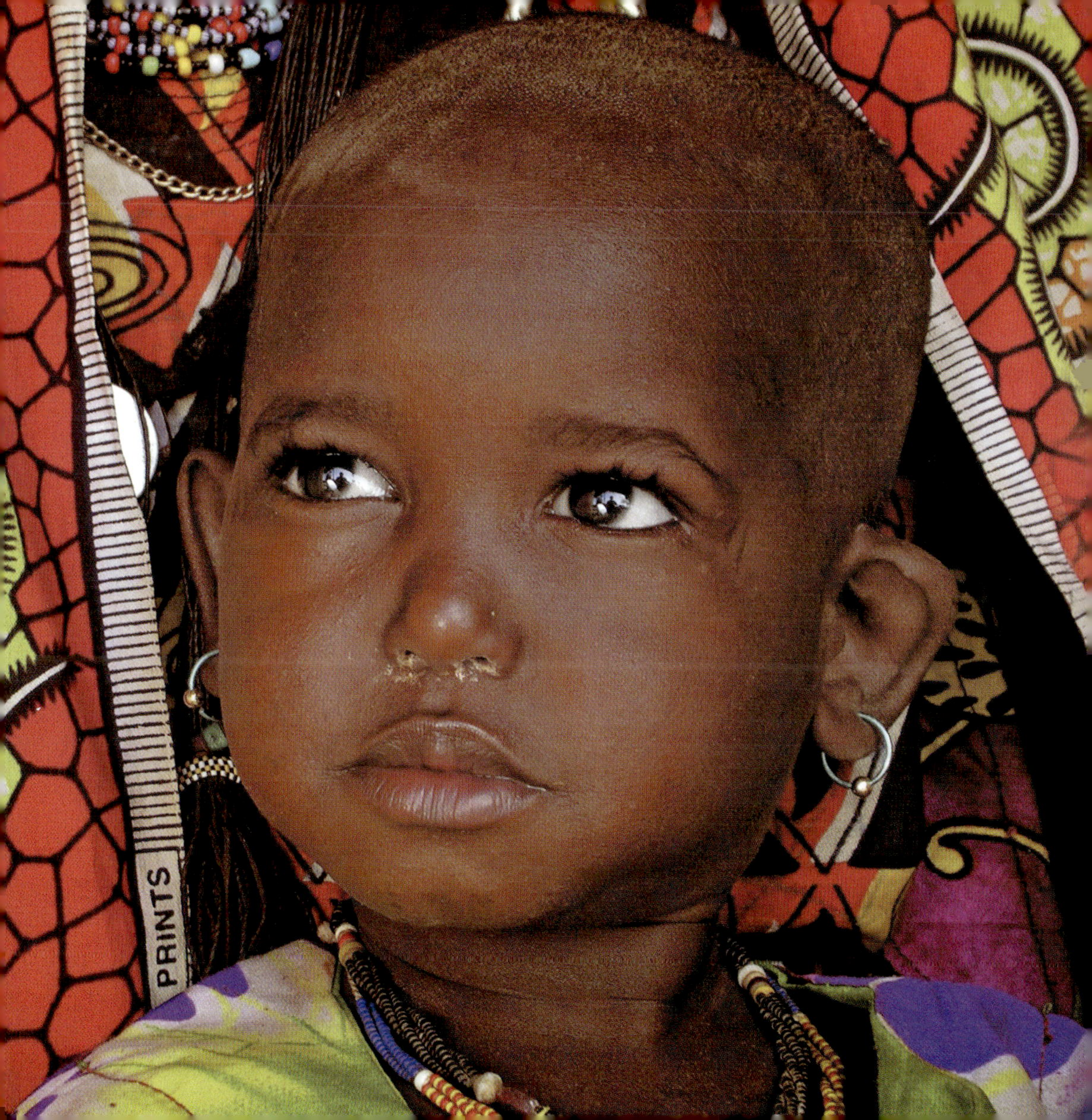

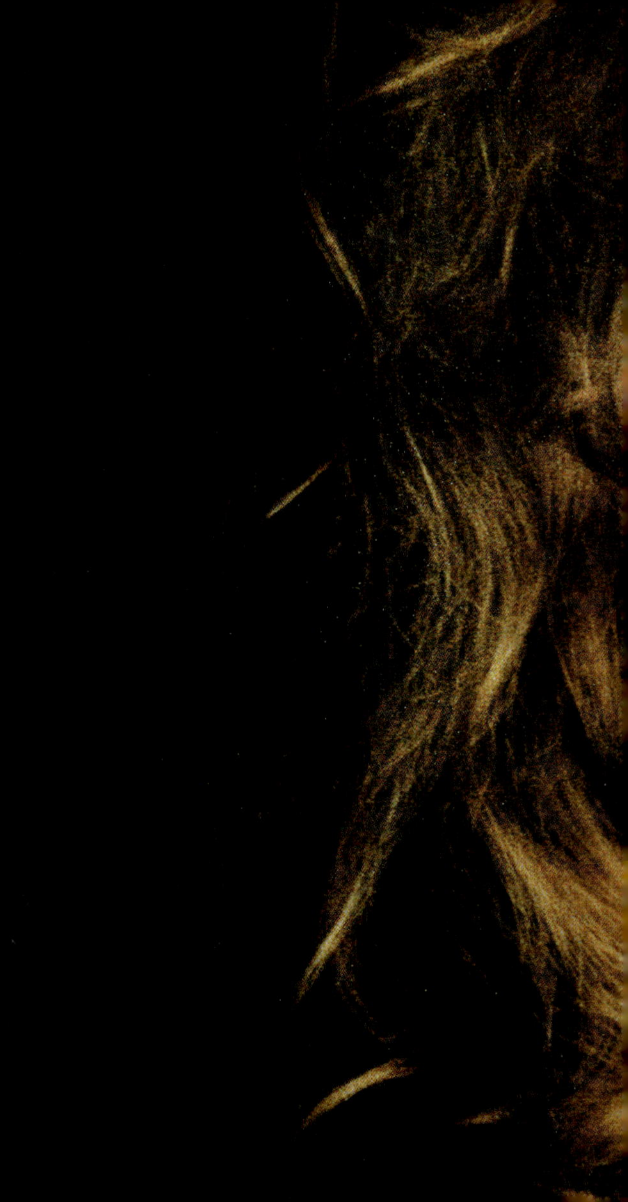

El pelo alborotado de
esta niña enmarca un
rostro de mirada clara,
a la vez que manifiesta
una expresión un poco
absorta.

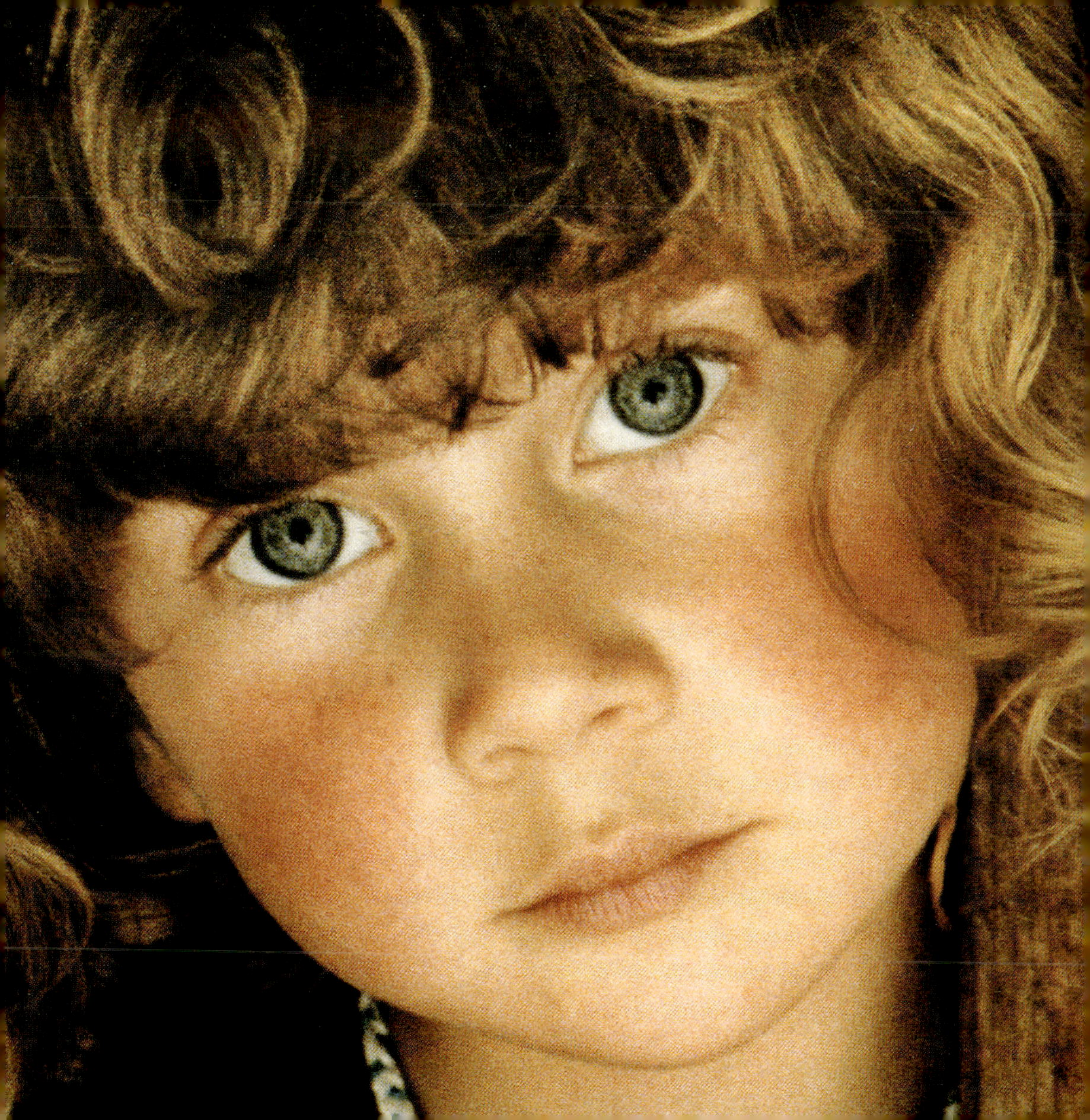

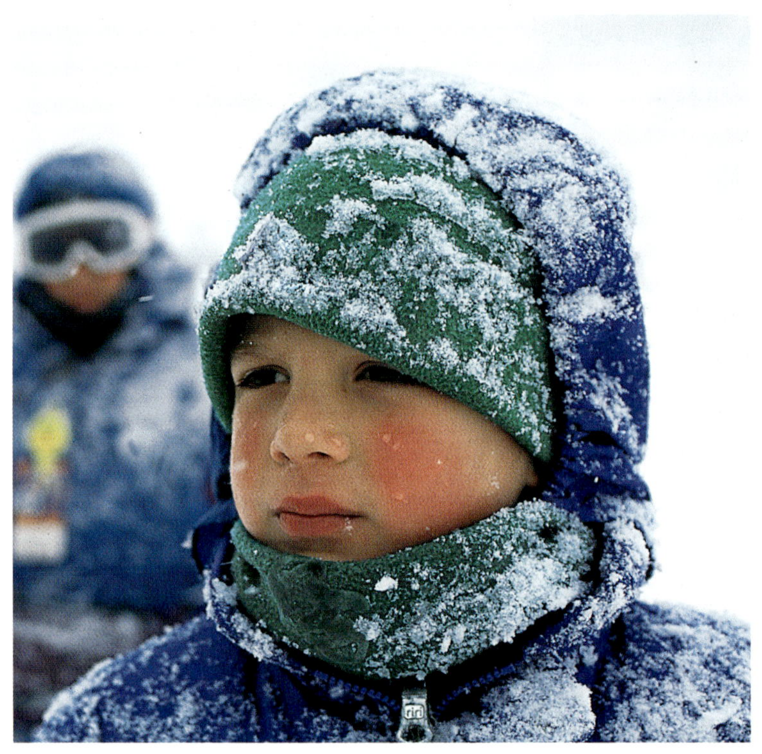

92 • Un niño observa sorprendido el paisaje nevado que se extiende ante sus ojos.

93 • Dos niñas sami juegan entre los hielos de su tierra.

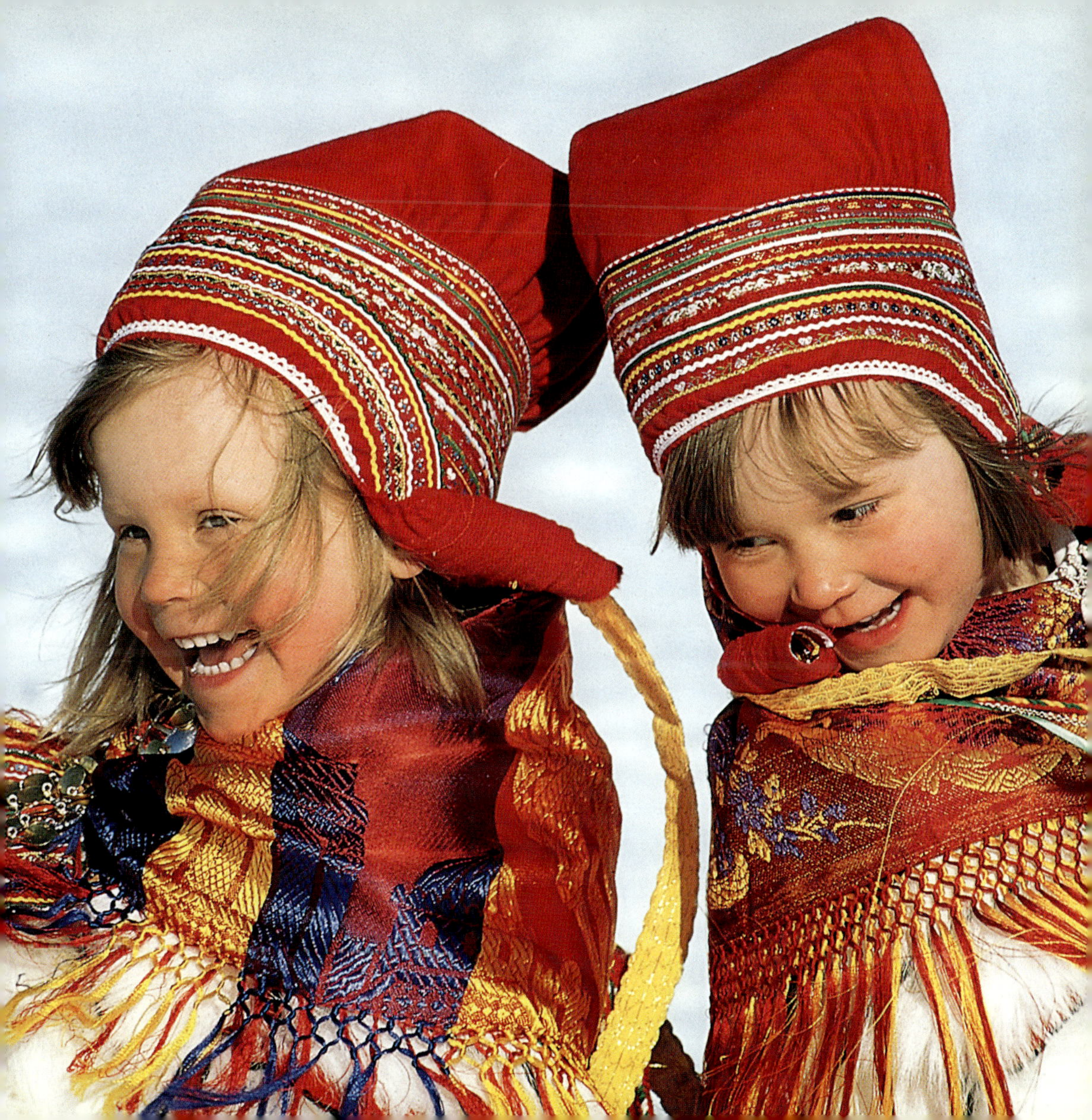

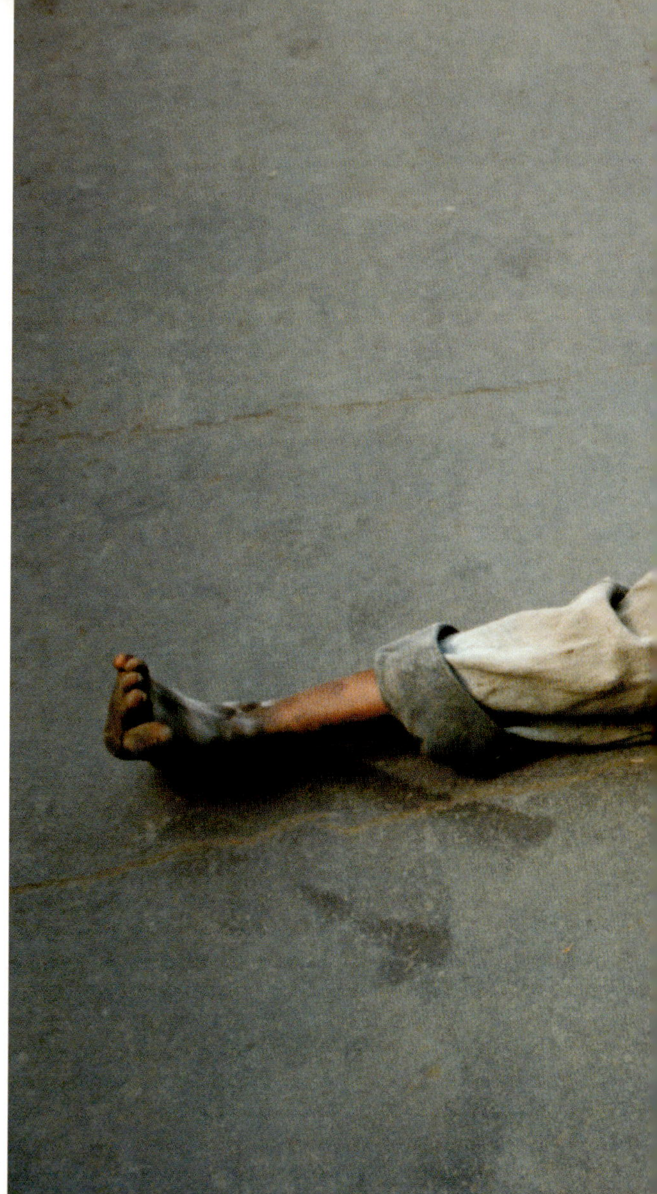

Un niño juega en medio de una calle en Bombay, la India.

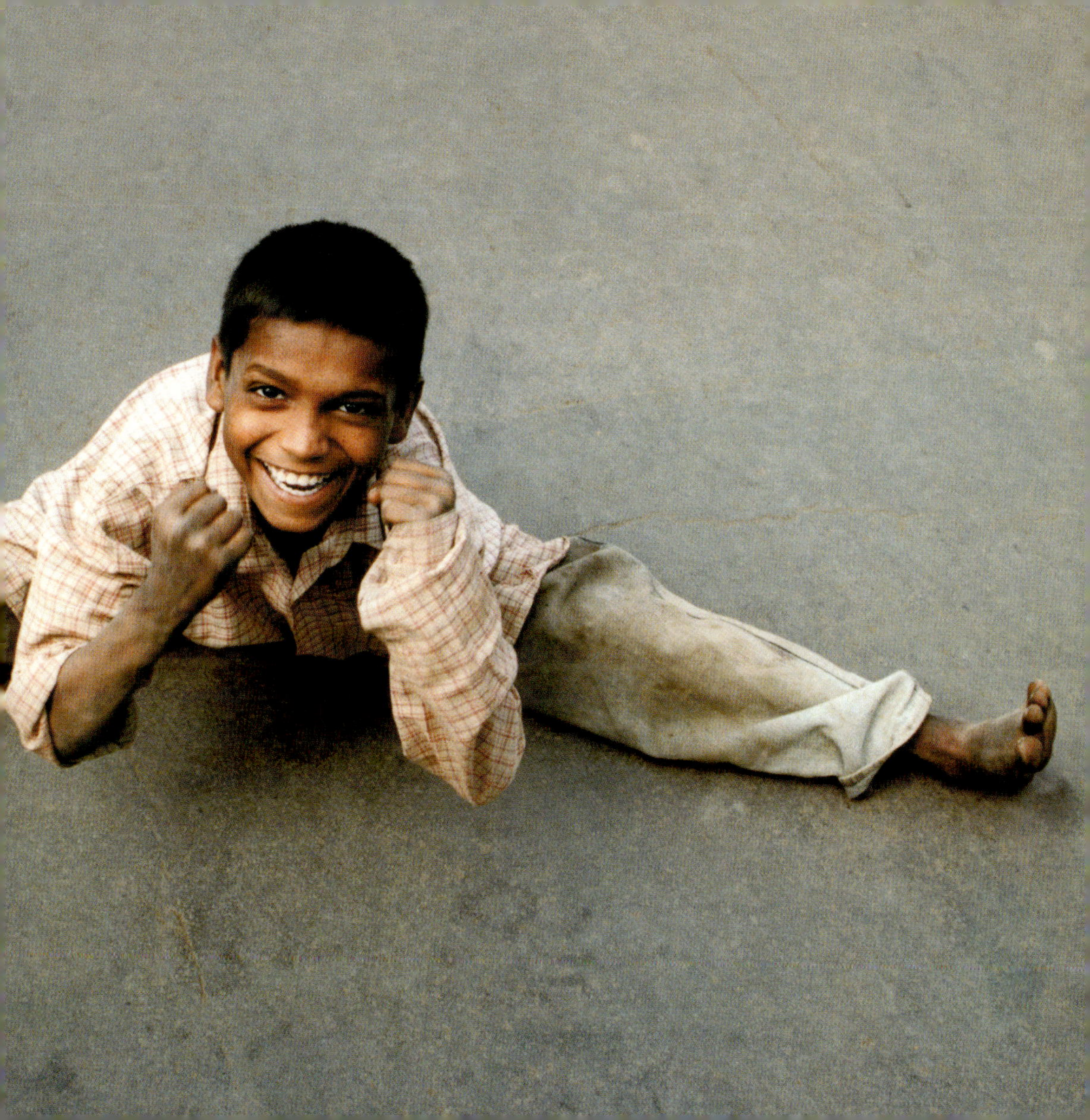

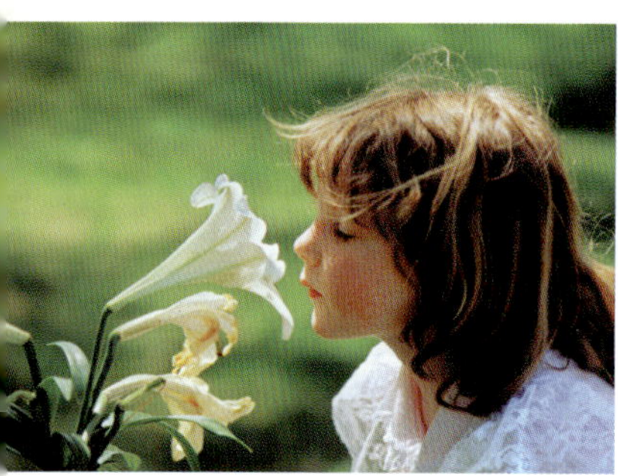

96 • Una niña pequeña vestida de blanco huele el perfume de los lirios de un jardín.

96-97 • En Orissa, una región encantadora que está junto al golfo de Bengala, en la India, la belleza de una niña gadaba ha sido realzada con flores y joyas.

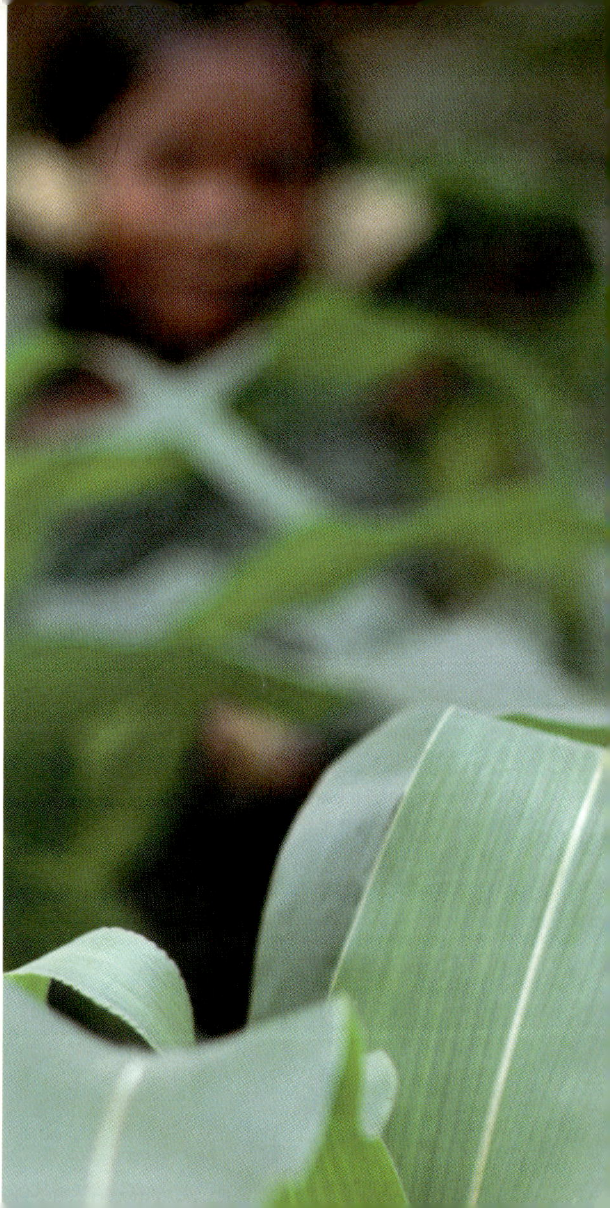

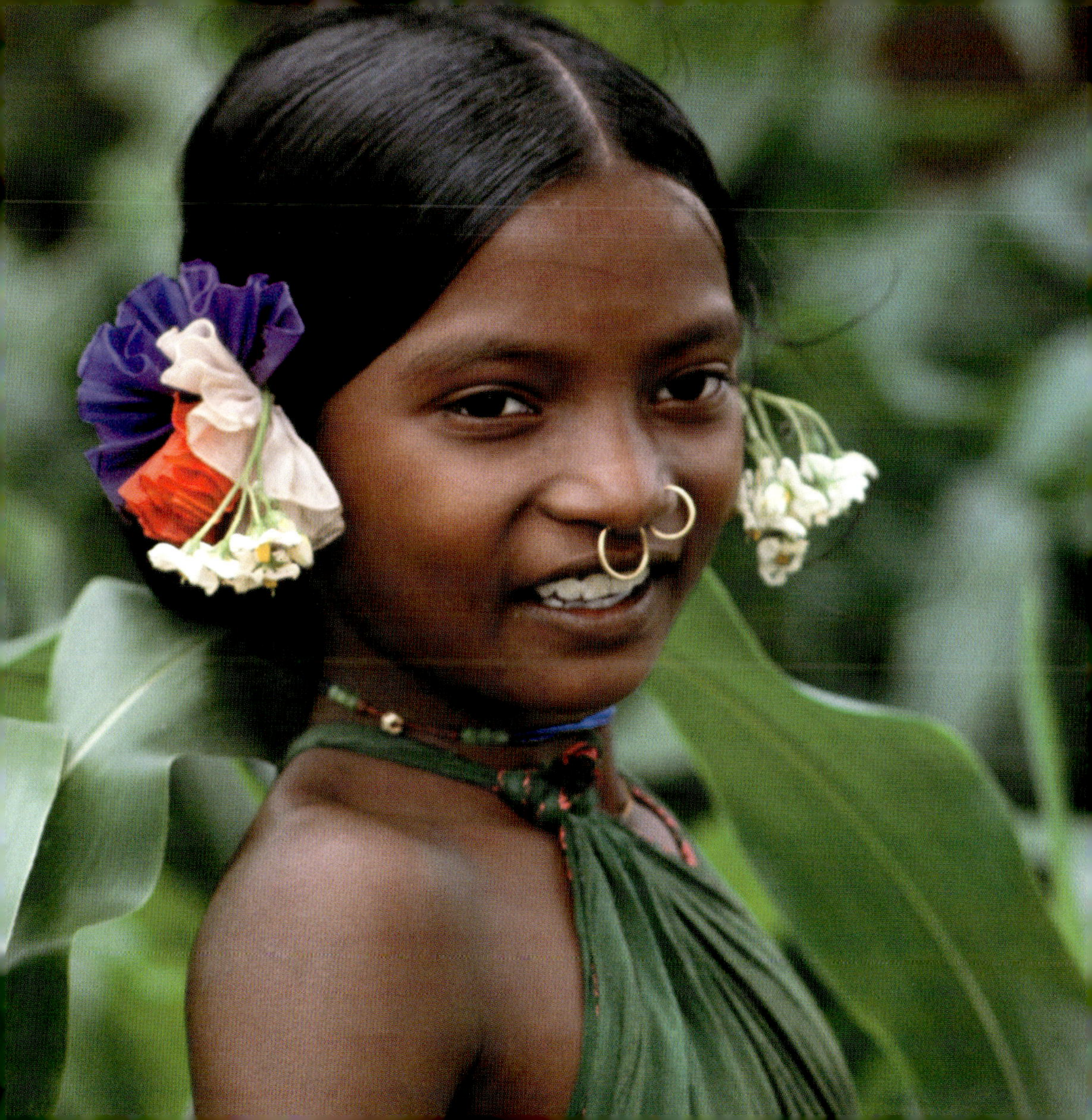

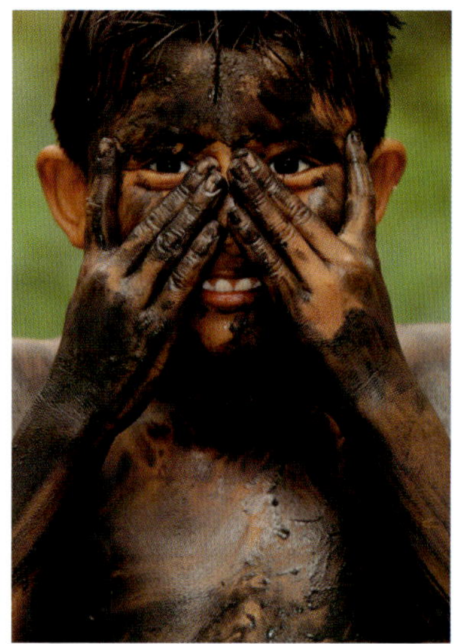

Un niño juega con fangos terapéuticos, mientras se da un saludable baño en el lago sulfúreo situado en el parque nacional de Machalilla, en Ecuador.

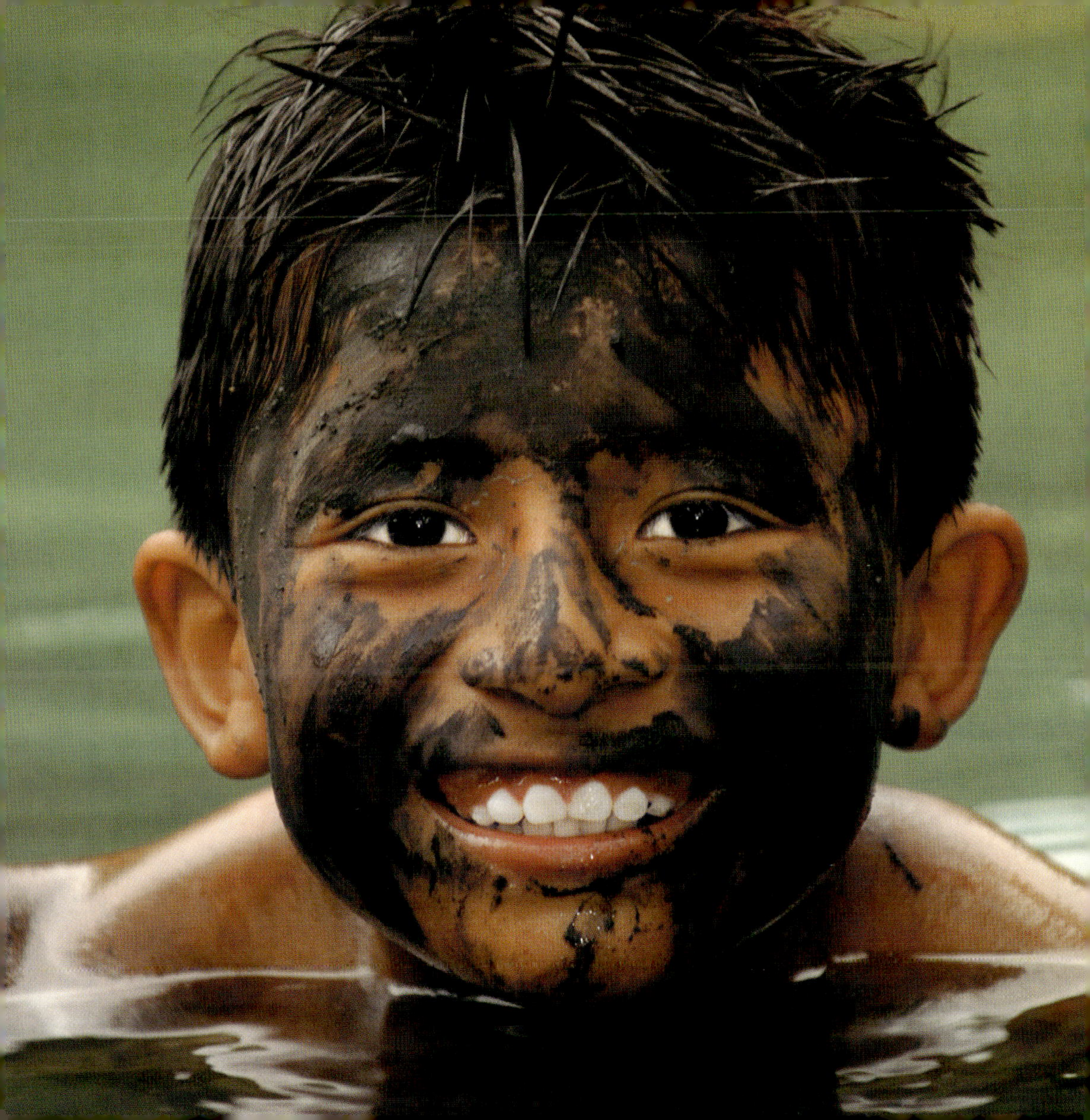

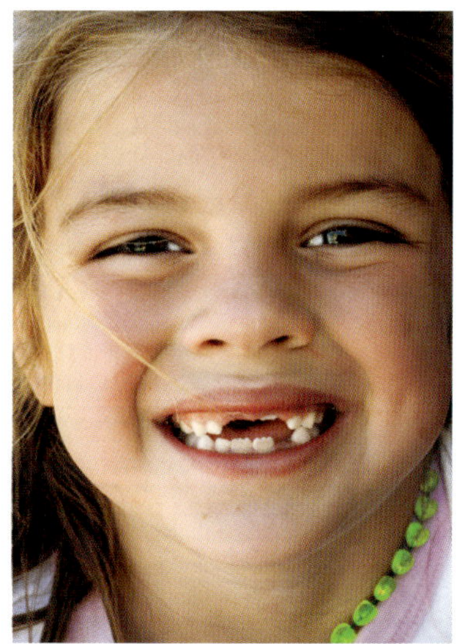

100 • Los primeros dientes de leche ya le han empezado a caer a este niña, aunque eso no le quita su expresiva sonrisa.

101 • Un destello de alegría recorre los ojos almendrados de esta niña asiática.

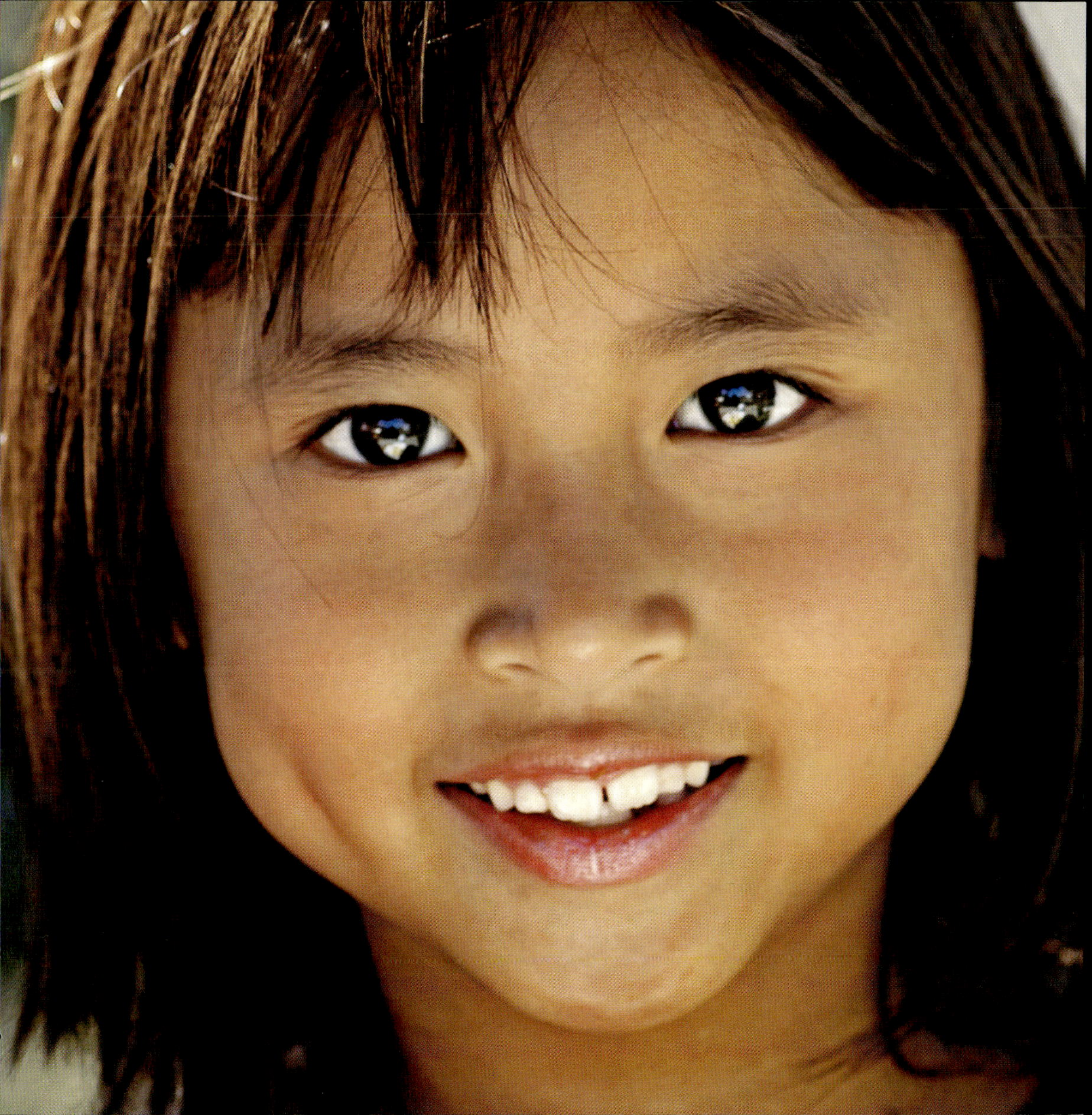

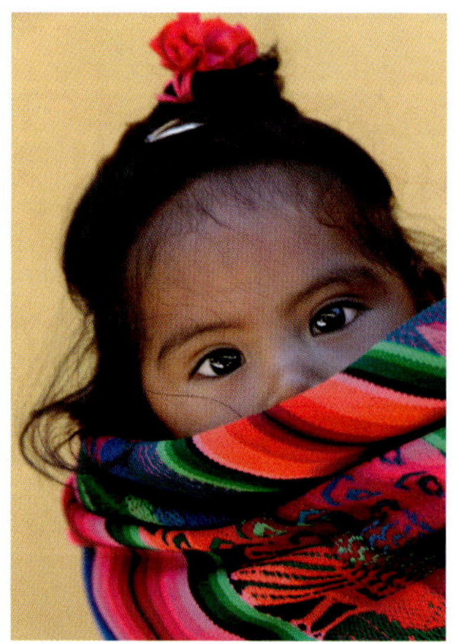

102 • Fotografía de una niña pequeña en Cuzco, Perú.

103 • Un bebé de Anshun, en la provincia china de Guizou, descansa tranquilo acomodado en la espalda de su madre, cubierto con el sombrero tradicional.

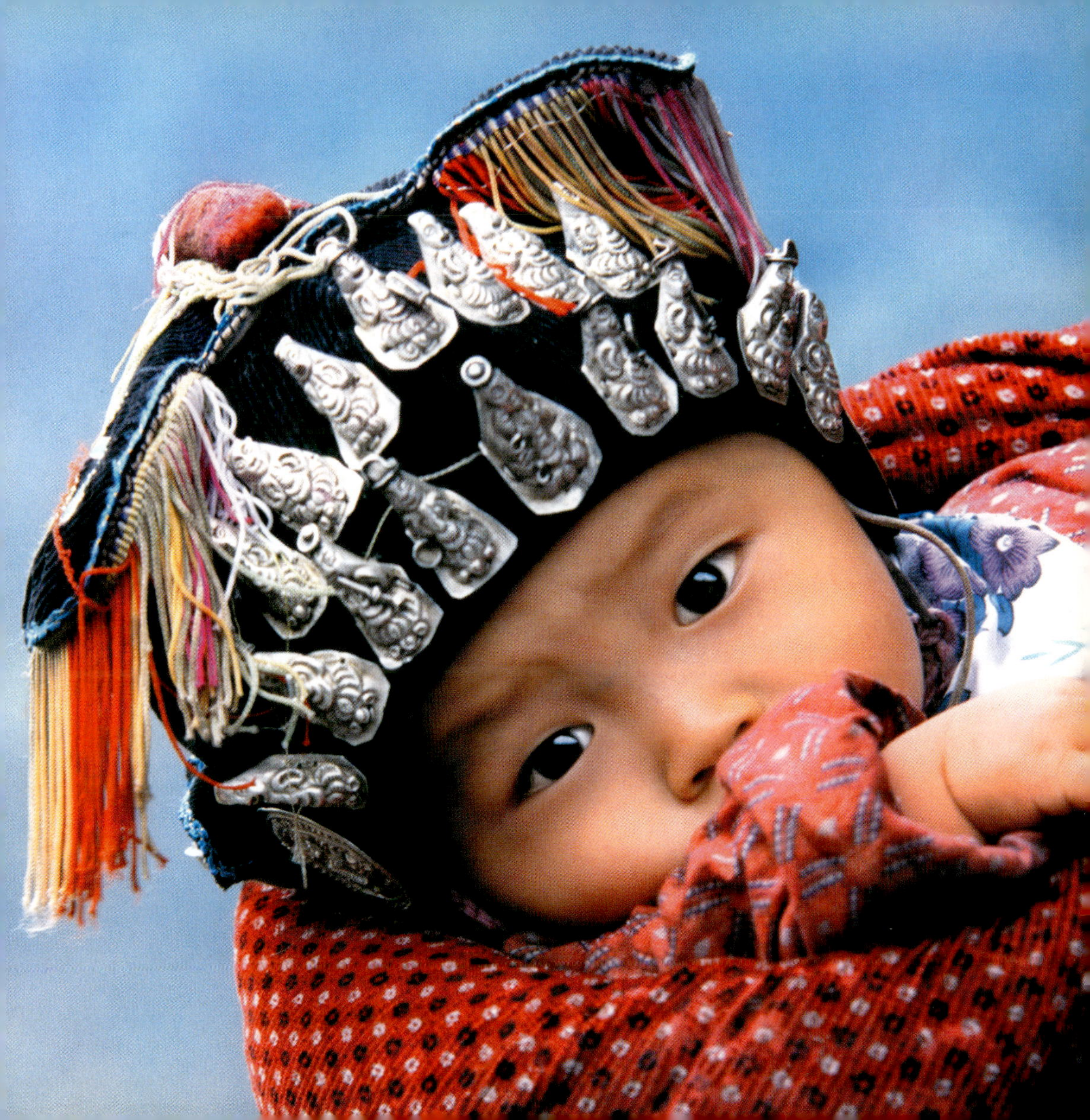

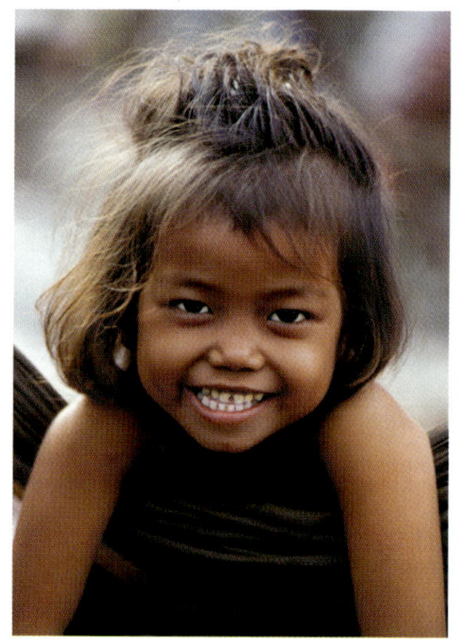

104 • Fotografía de una niña de Phnom Penh, en Camboya.

105 • Los ojos oscuros de esta niña de Luang Prabang, en Laos, muestran la universal actitud de curiosidad infantil.

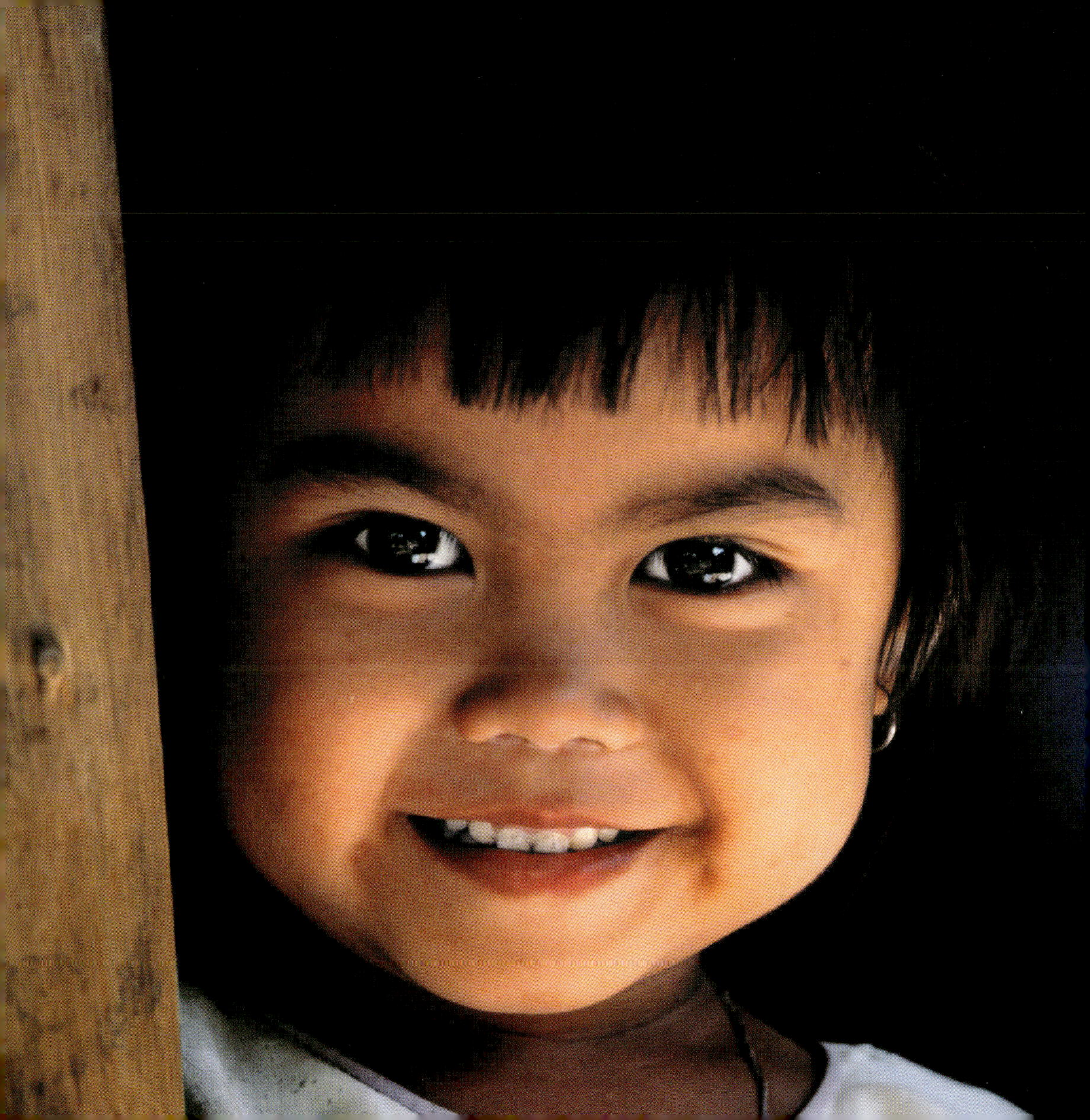

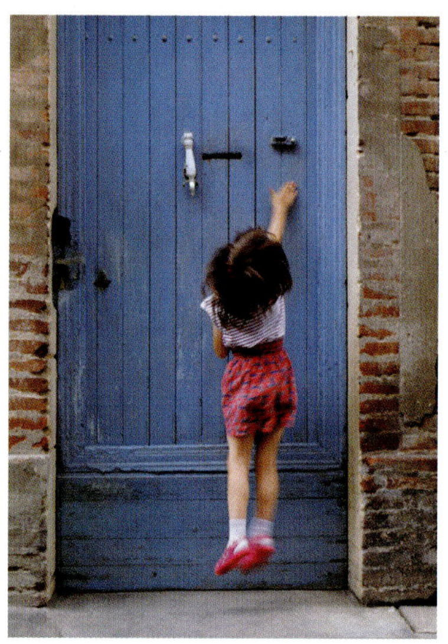

106 • Con determinación, aunque después de algunos intentos, esta niña conseguirá bien pronto su objetivo.

107 • Un vestidito azul y un increíble deseo de explorar el entorno distinguen a esta pequeña entregada al juego y a los descubrimientos.

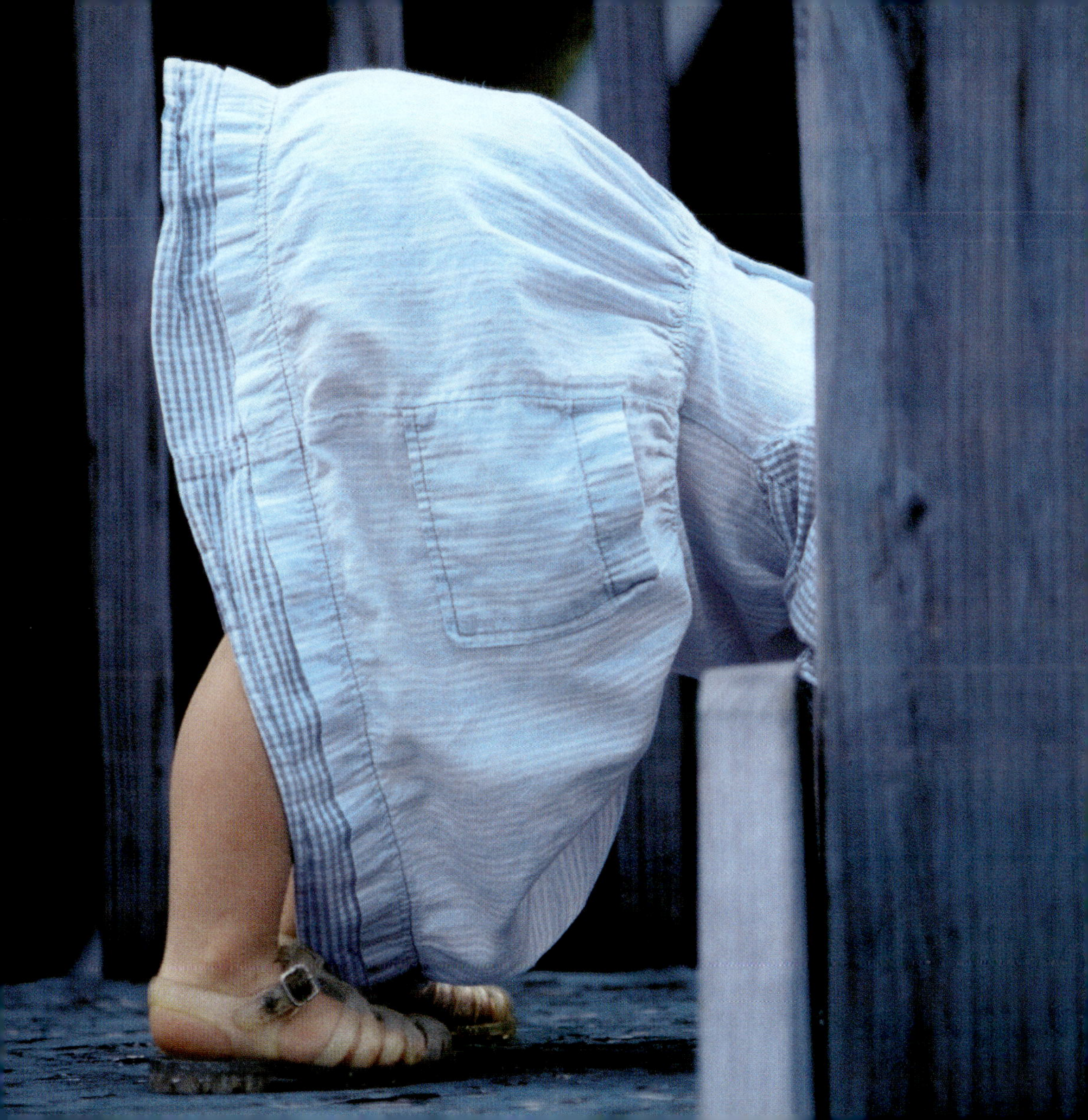

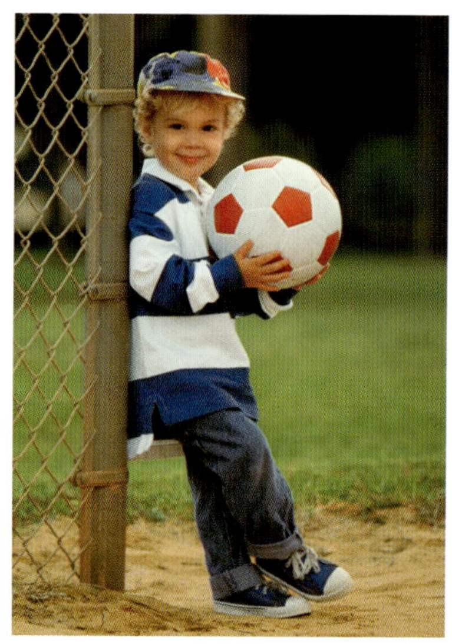

Momentos de descanso en el partido de fútbol: un instante junto al poste y otro sentado sobre la pelota para atarse bien las zapatillas, y el partido vuelve a empezar.

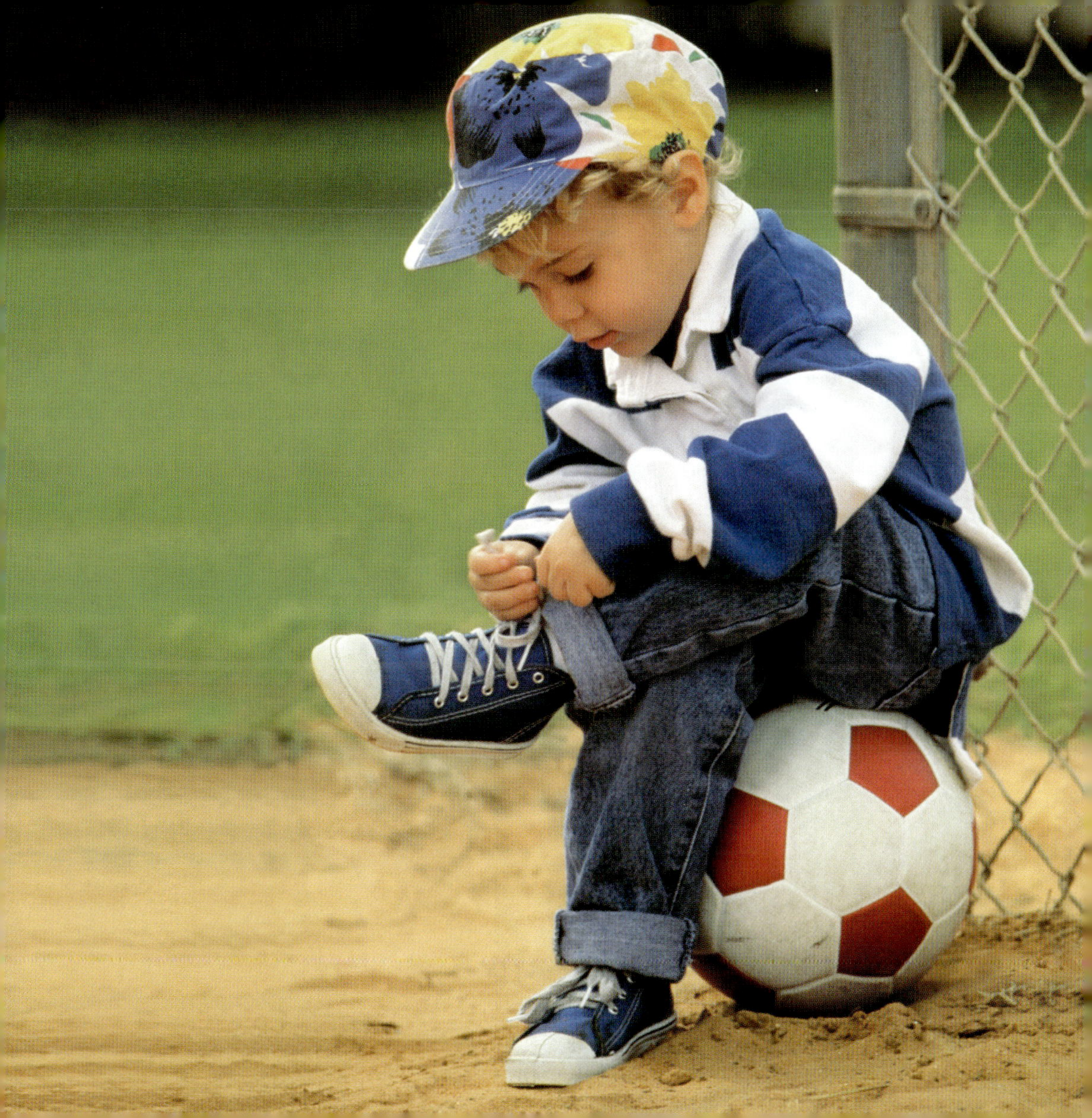

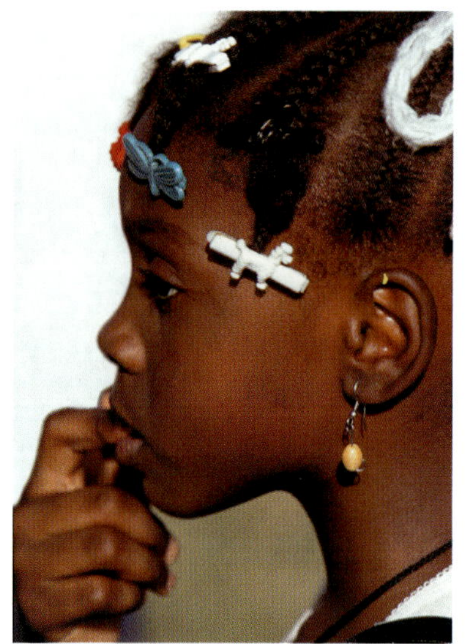

110 • Un niña de Tobago parece concentrada en la resolución de un problema.

111 • Estas pequeñas trenzas son una maravilla estética, aunque a veces resulten un poco molestas, como muestra la expresión un poco perpleja de esta niña de Barbados.

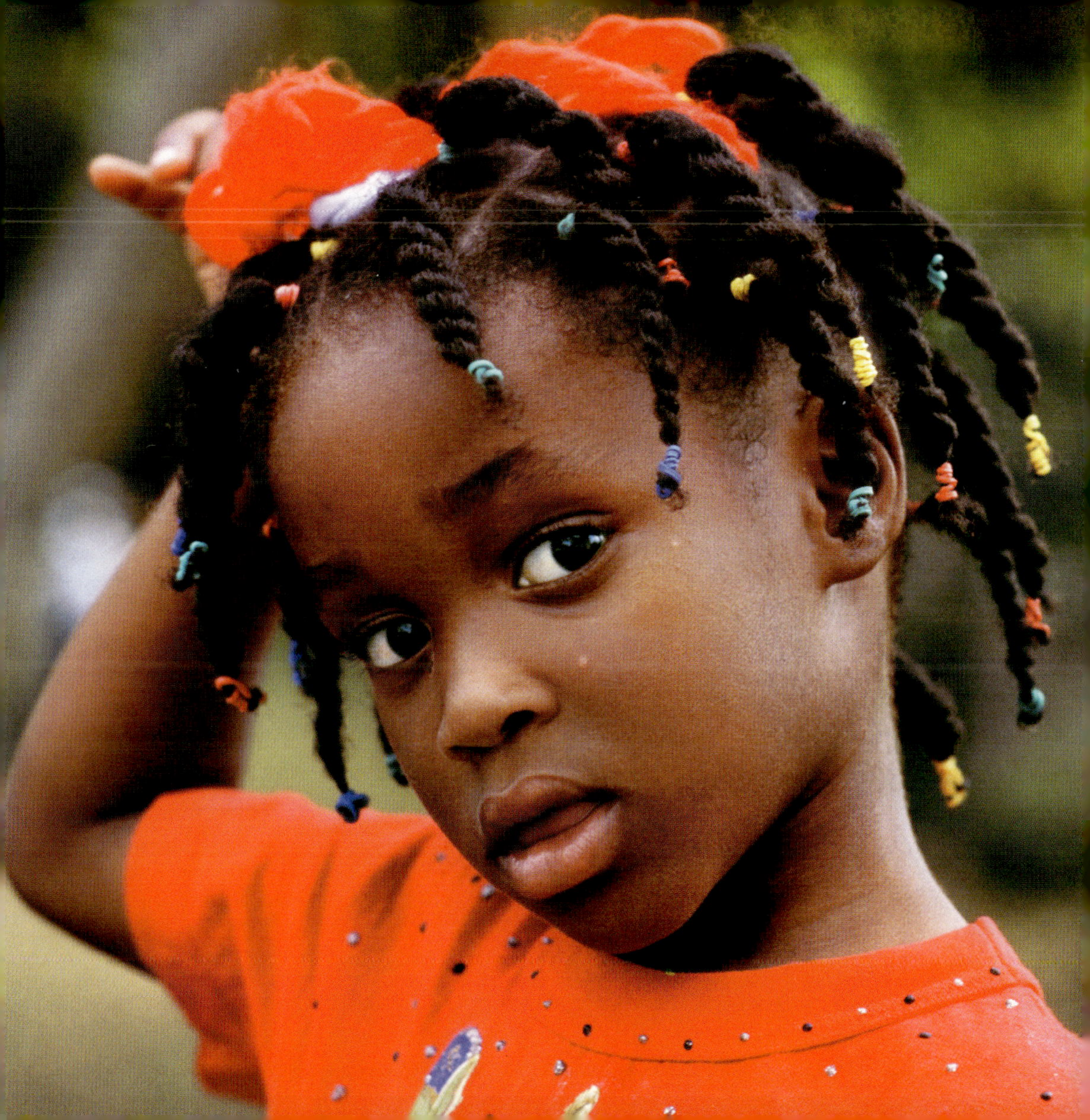

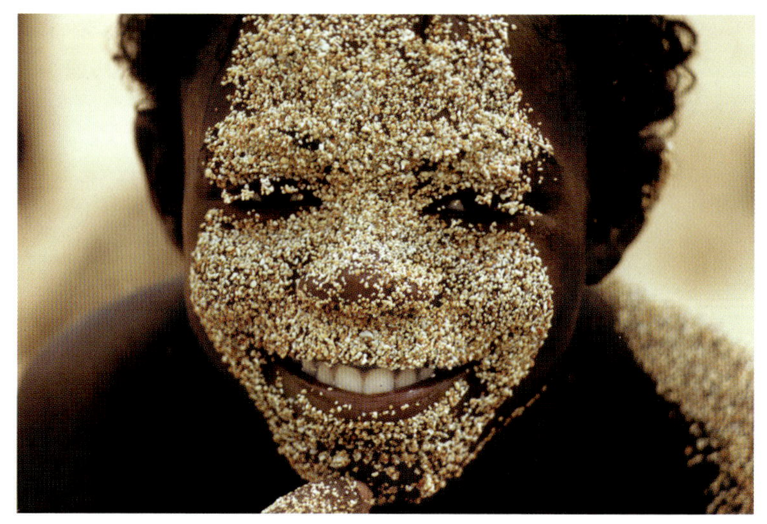

112 • Un niño de Santo Tomé con el rostro cubierto de arena.

113 • Dos niños juegan a trepar por las rocas en Camerún.

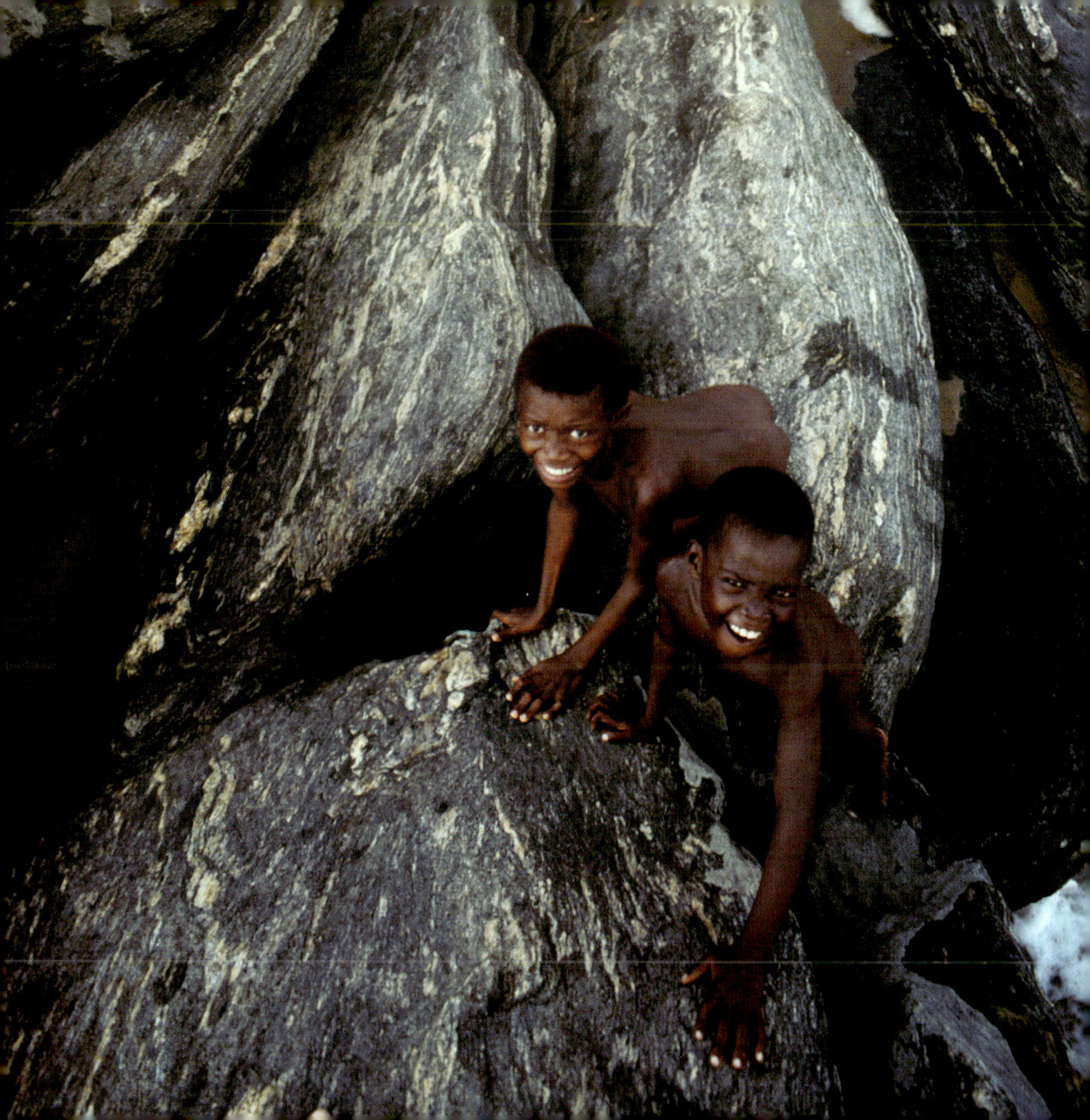

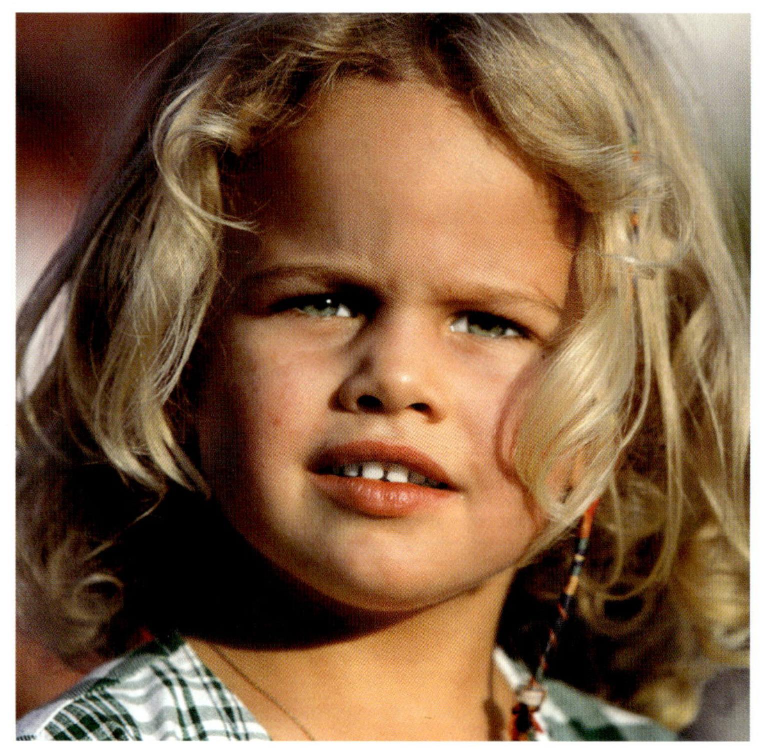

114 • El ceño fruncido da a este niña una expresión pensativa.

115 • Un niño de las Andamán mira concentrado alguna cosa que ha captado su atención.

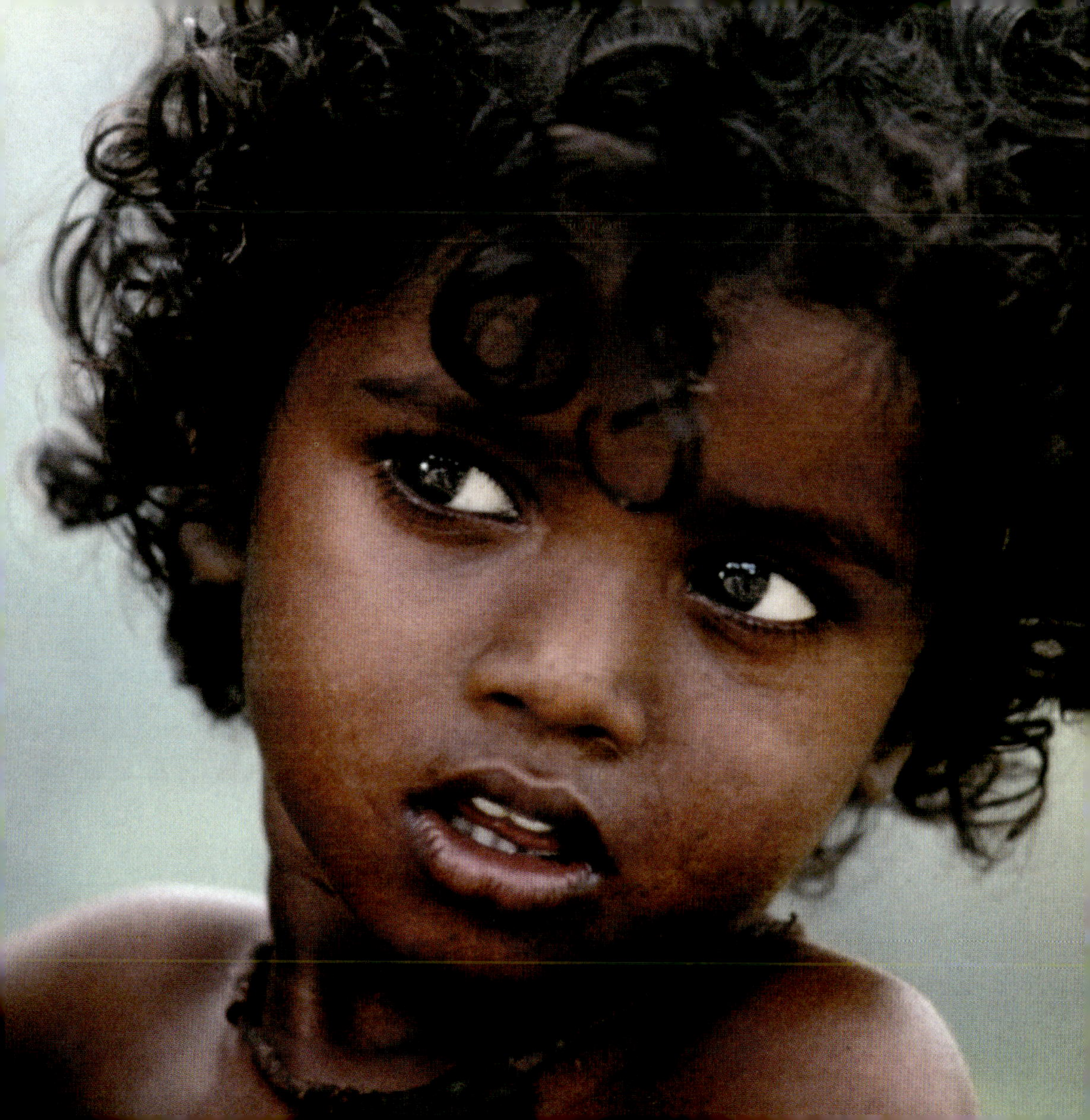

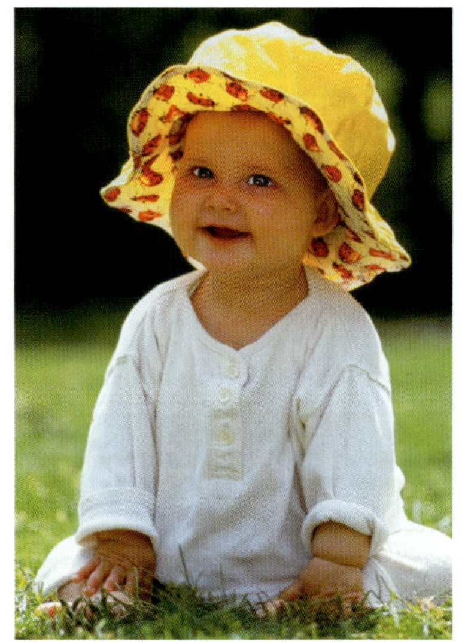

116 • Este bello sombrerito protege del sol la piel clara y delicada de esta niña.

117 • Un niño de Tobago sonríe pensativo mientras mantiene su mano apoyada en el mentón.

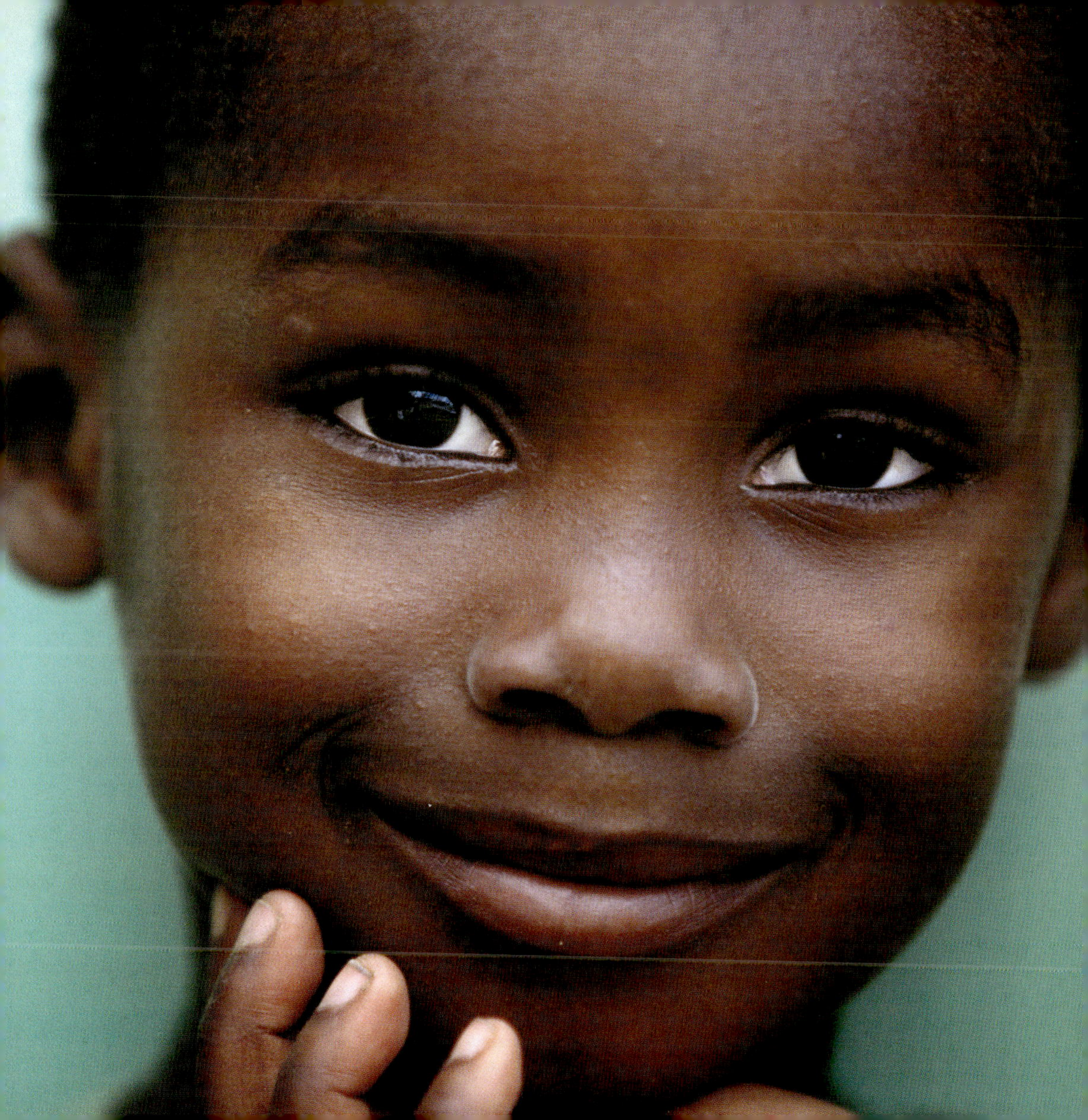

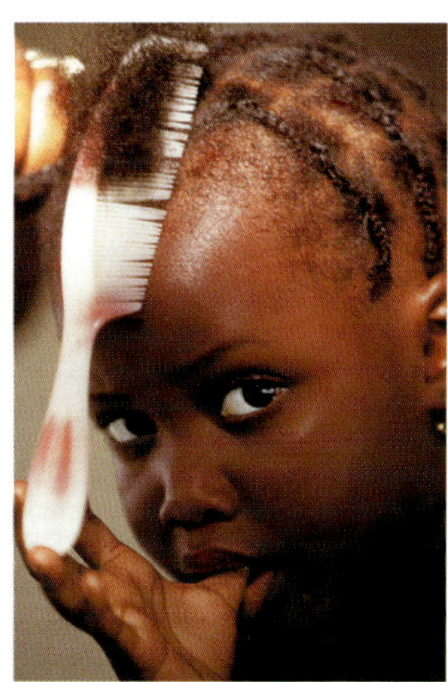

Peinarse el cabello es una tarea de cierta complicación para esta niña de Grenada: necesita una mano experta que le ayude a hacerse bien las trenzas.

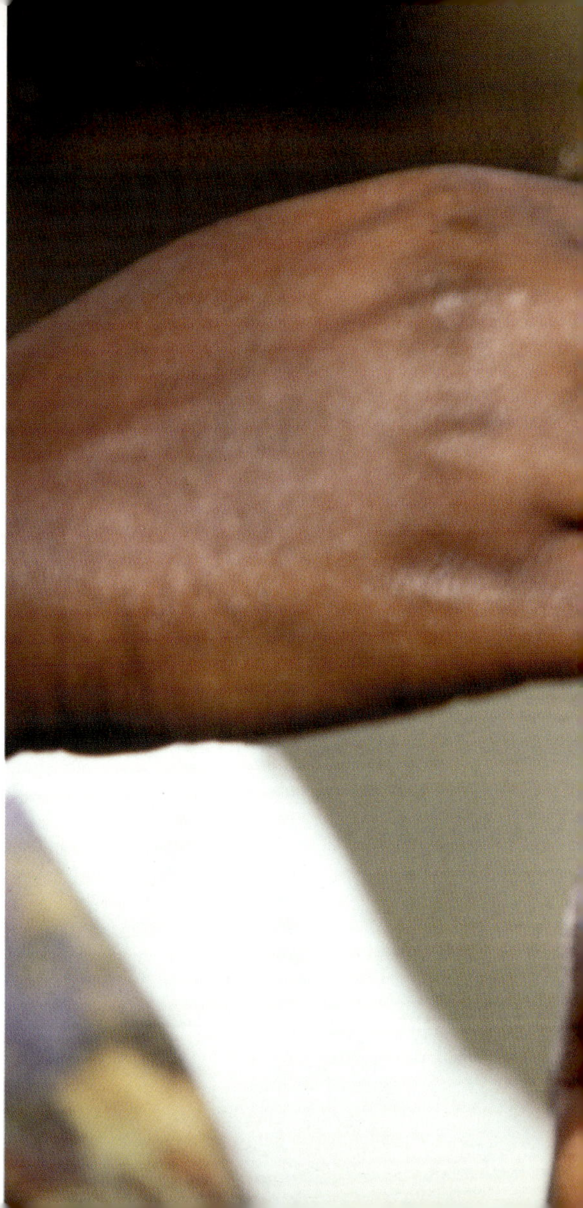

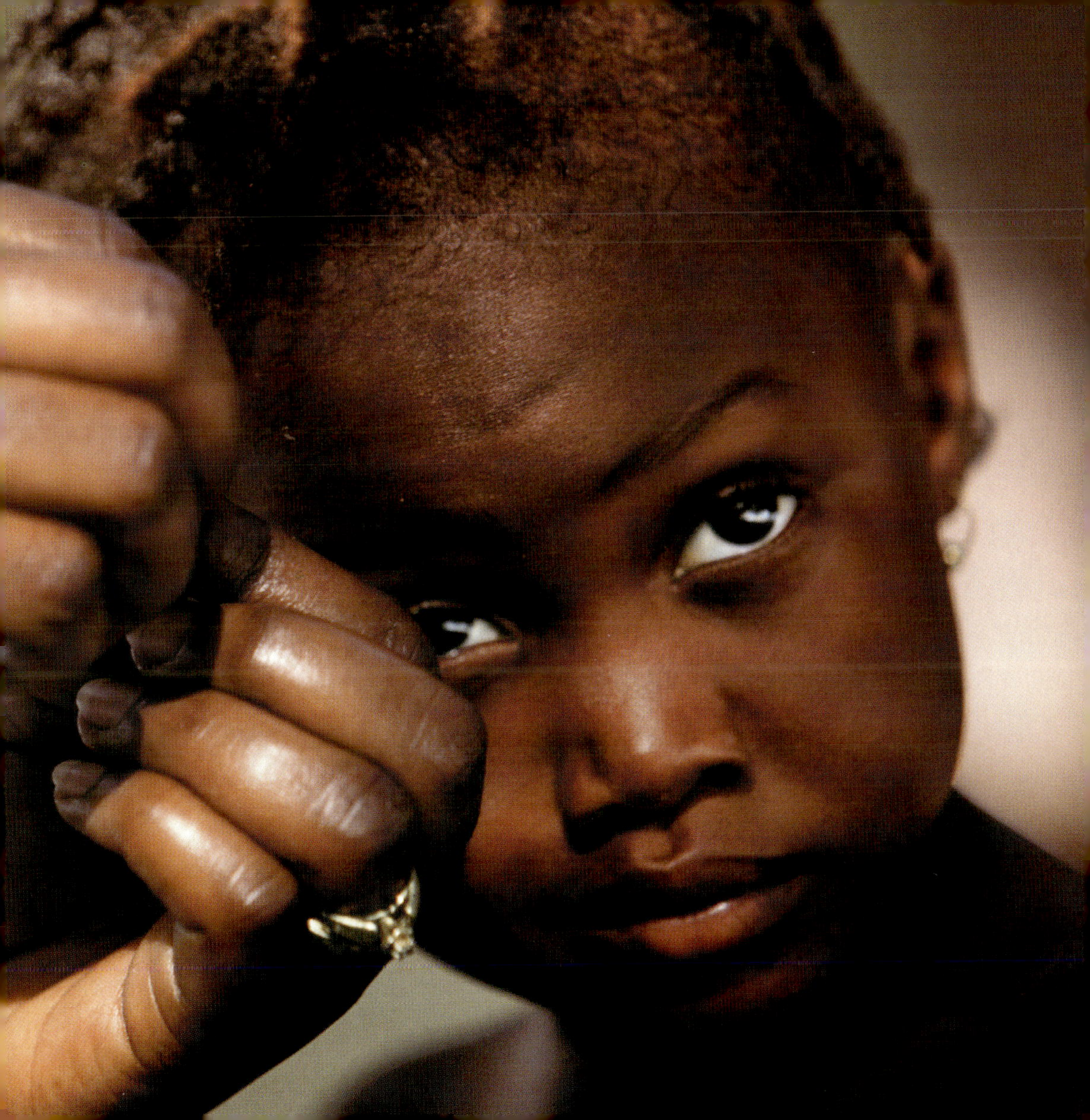

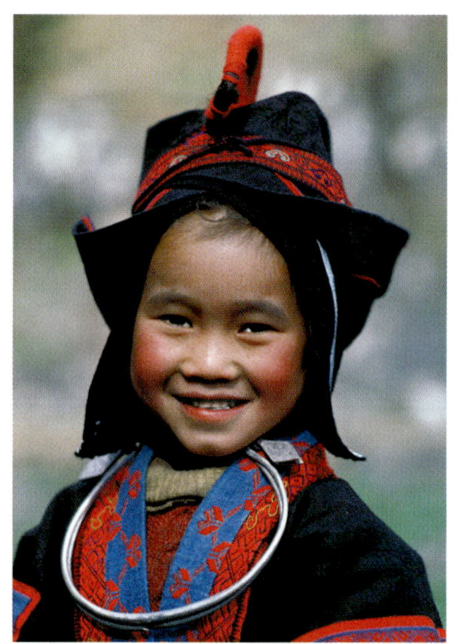

120 • En la provincia china de Guizhou, el pueblo miao es la comunidad originariamente más numerosa. Como puede verse en la imagen, obtenida en la ciudad de Anshun, se utilizan vestidos tradicionales.

121 • Dibujos del color de la tierra embellecen el rostro de este niño venezolano.

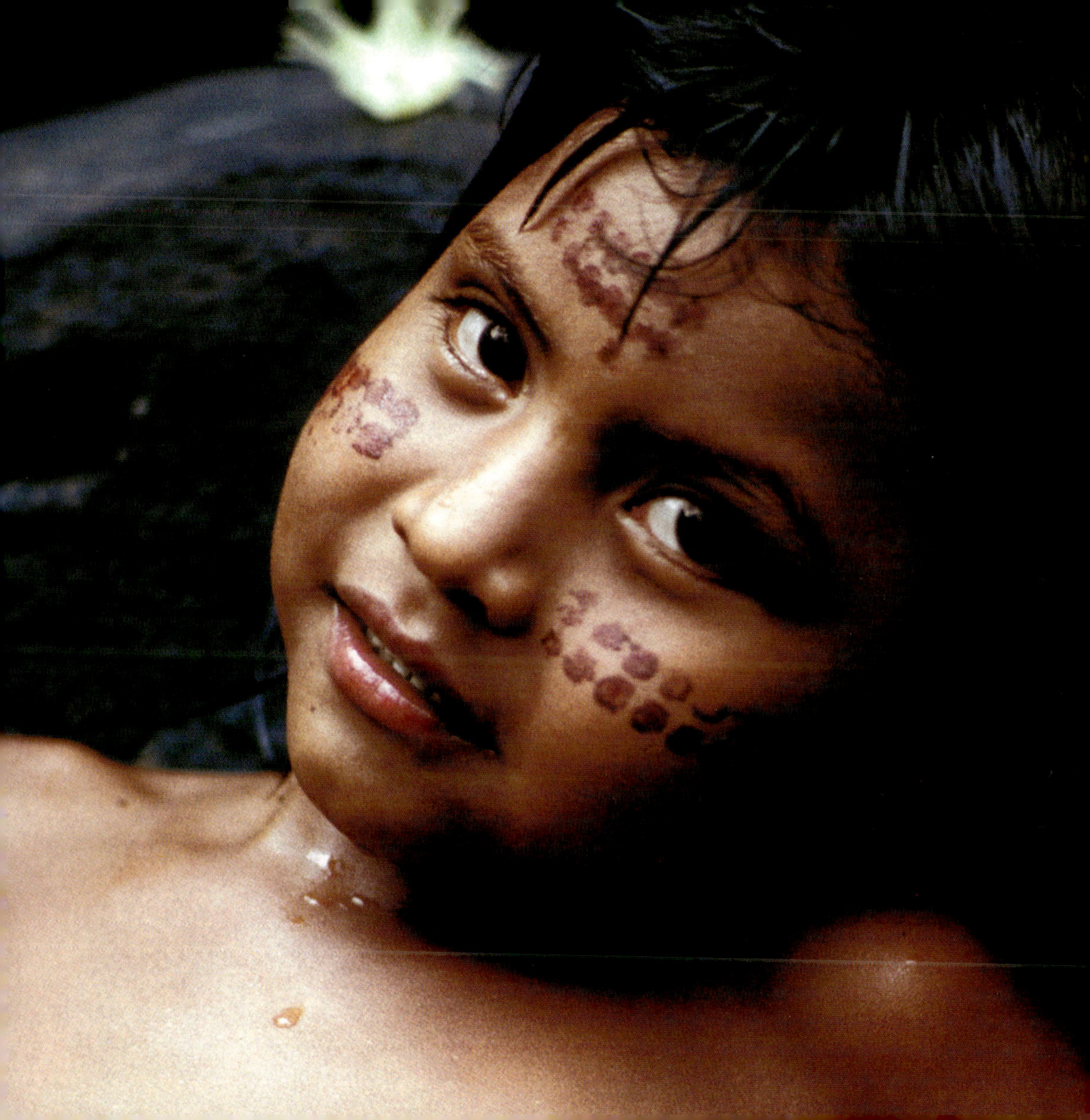

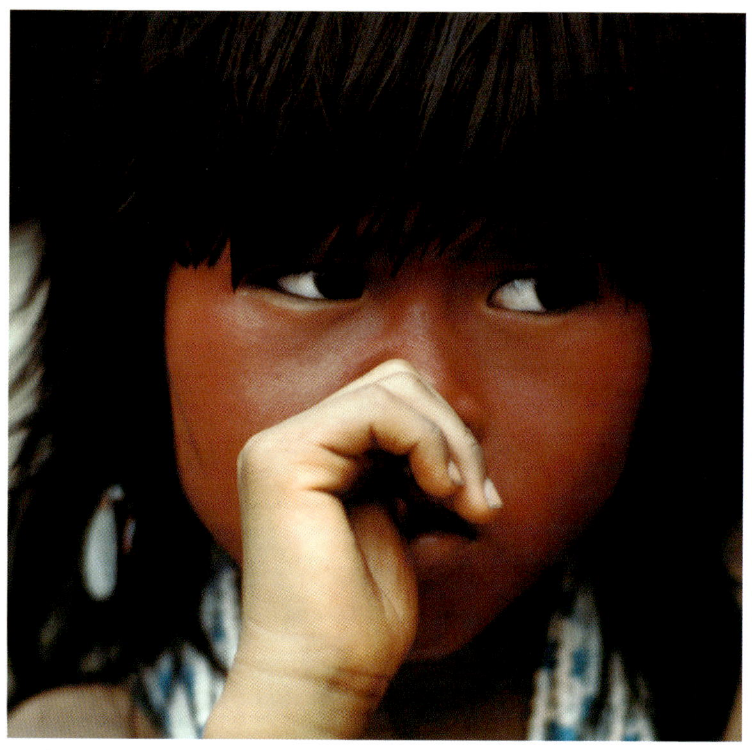

Tanto en Venezuela como en Japón, chuparse el dedo viene a mostrar algún momento de inseguridad o indecisión.

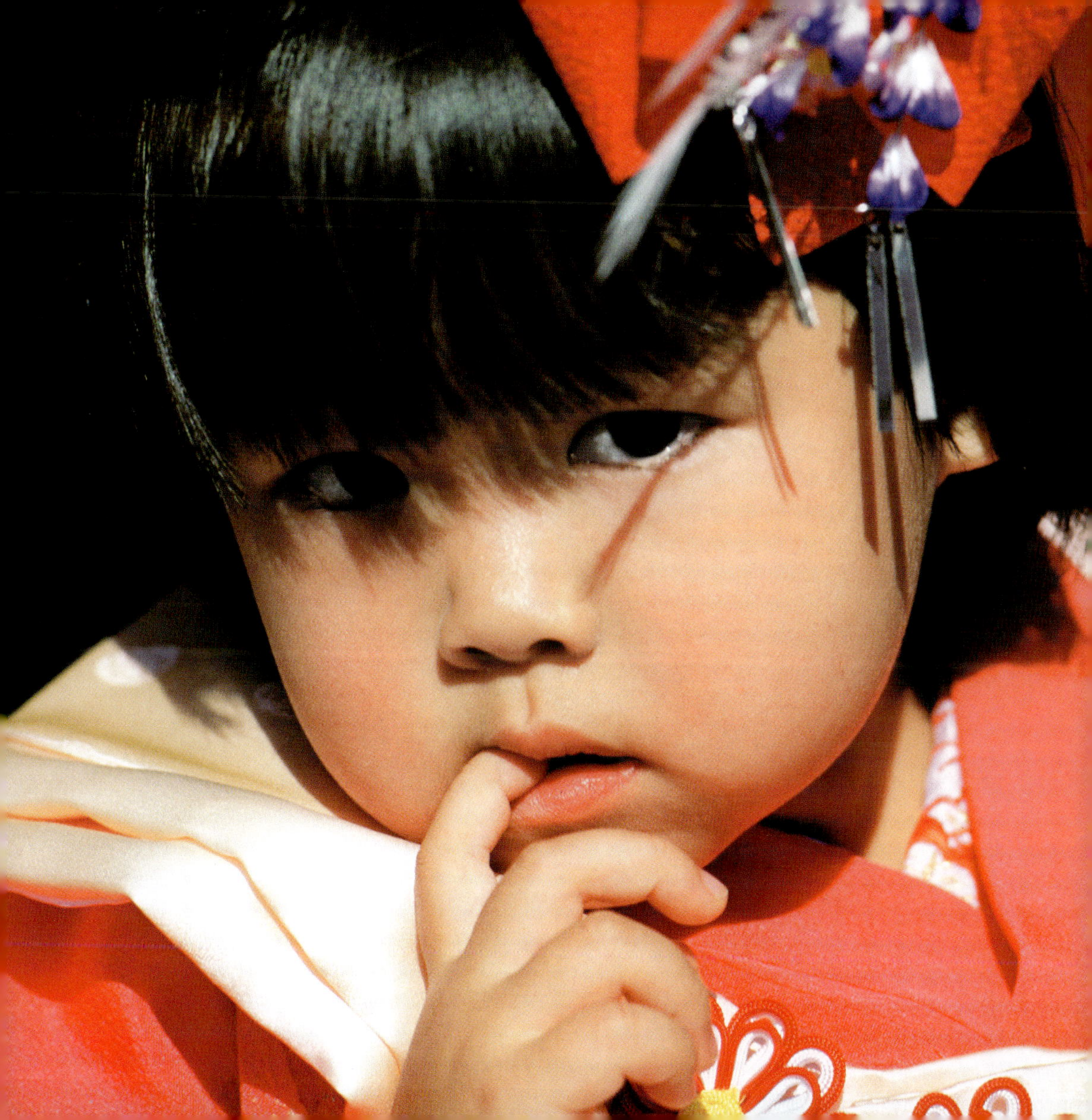

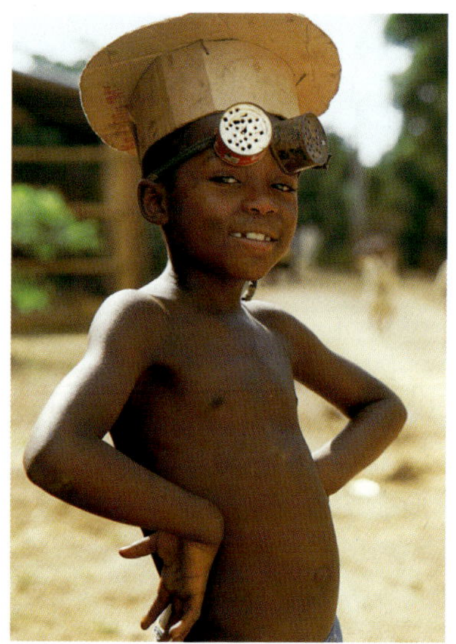

124 • Postura entre divertida y pretenciosa de un niño en el Congo.

125 • Las gafas y el sombrero le dan a esta niña china un aspecto simpático y divertido.

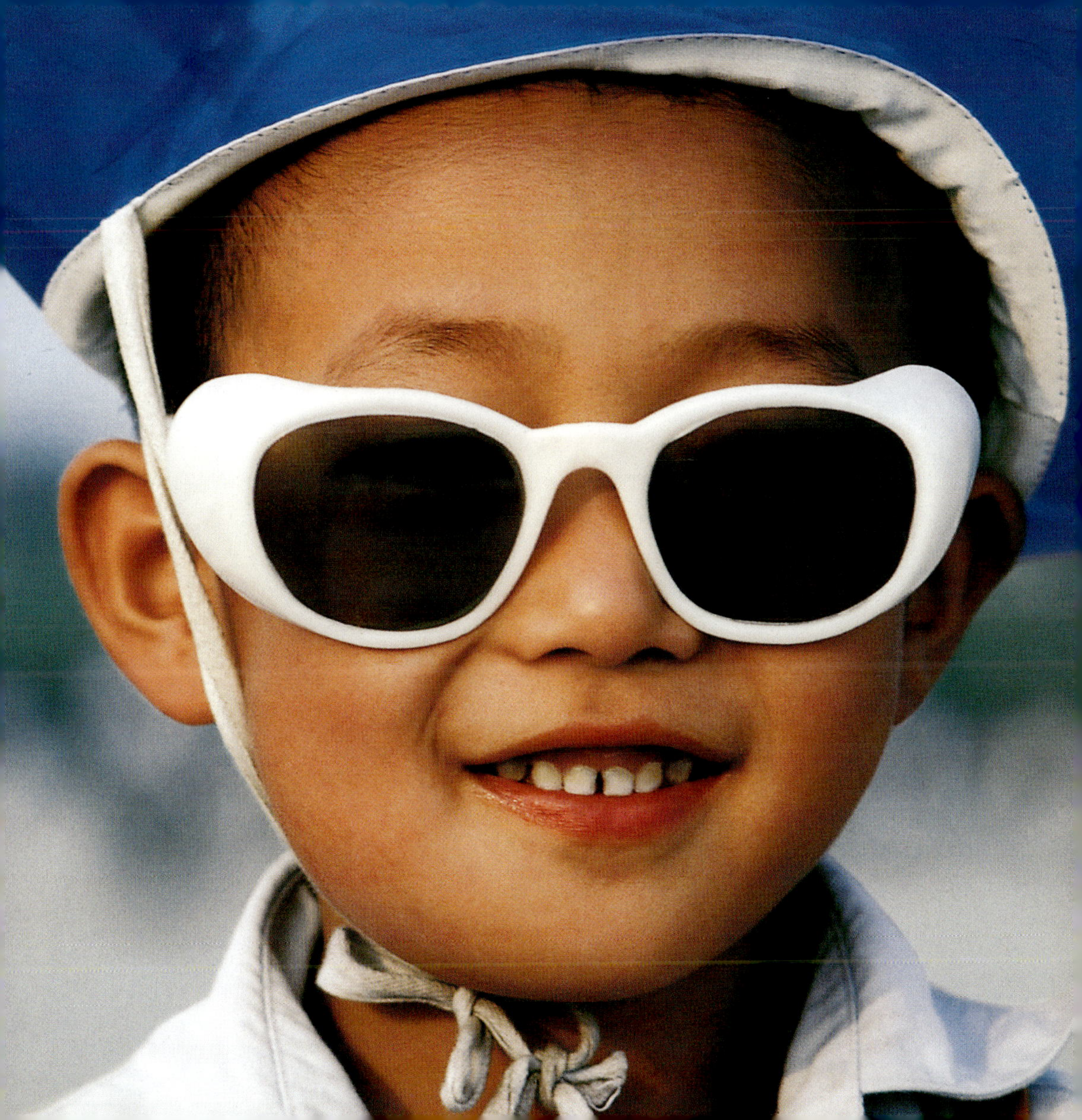

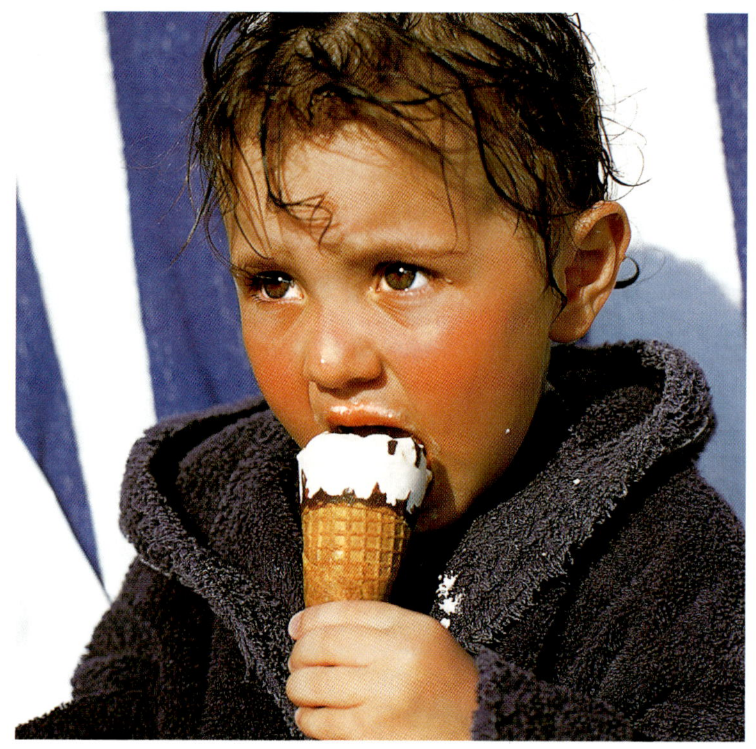

126 • Hasta para los niños más reacios, el helado es un pequeño placer.

127 • Especialmente en verano, los niños obtienen muchos beneficios de estar al aire libre.

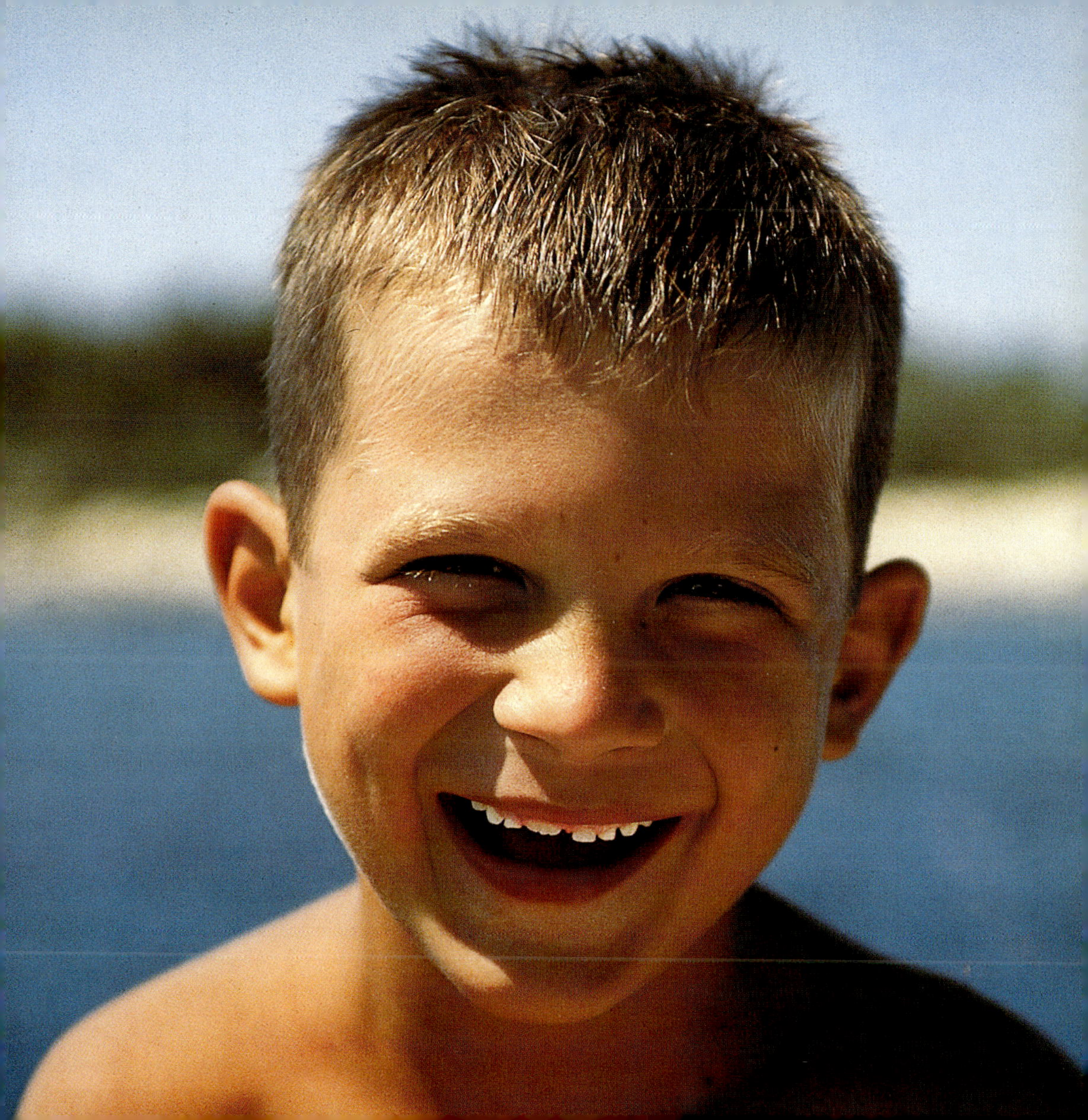

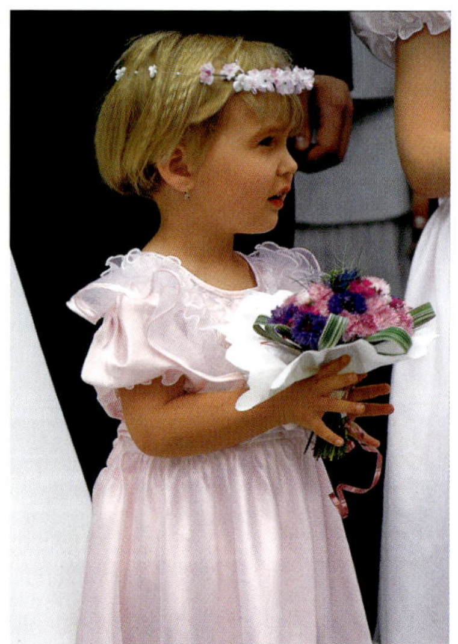

También los niños perciben la importancia del matrimonio, como puede verse en el semblante serio de esta pequeña dama fotografiada en la ciudad de Praga *(a la izquierda)*, así como en la expresión intensa de esta niña de Indonesia *(a la derecha)*.

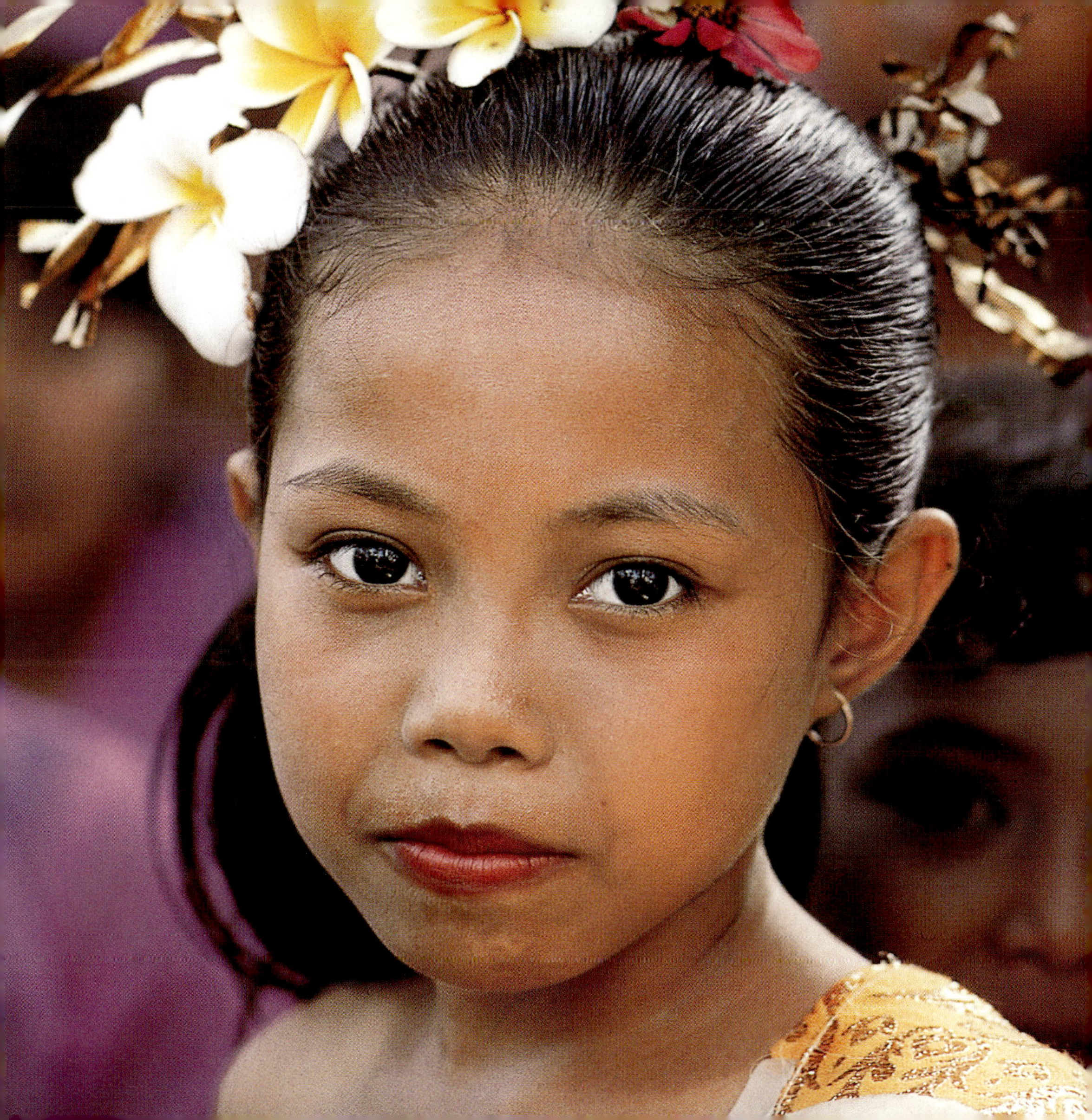

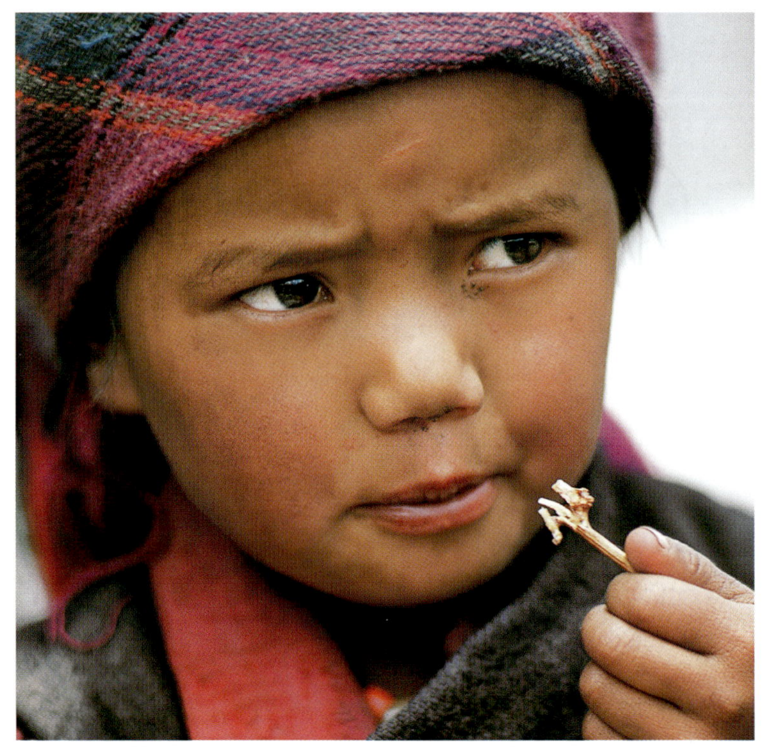

130 • Expresión pensativa de una niña tibetana.

131 • Los niños afrontan con alegría la dureza de la vida en el altiplano.

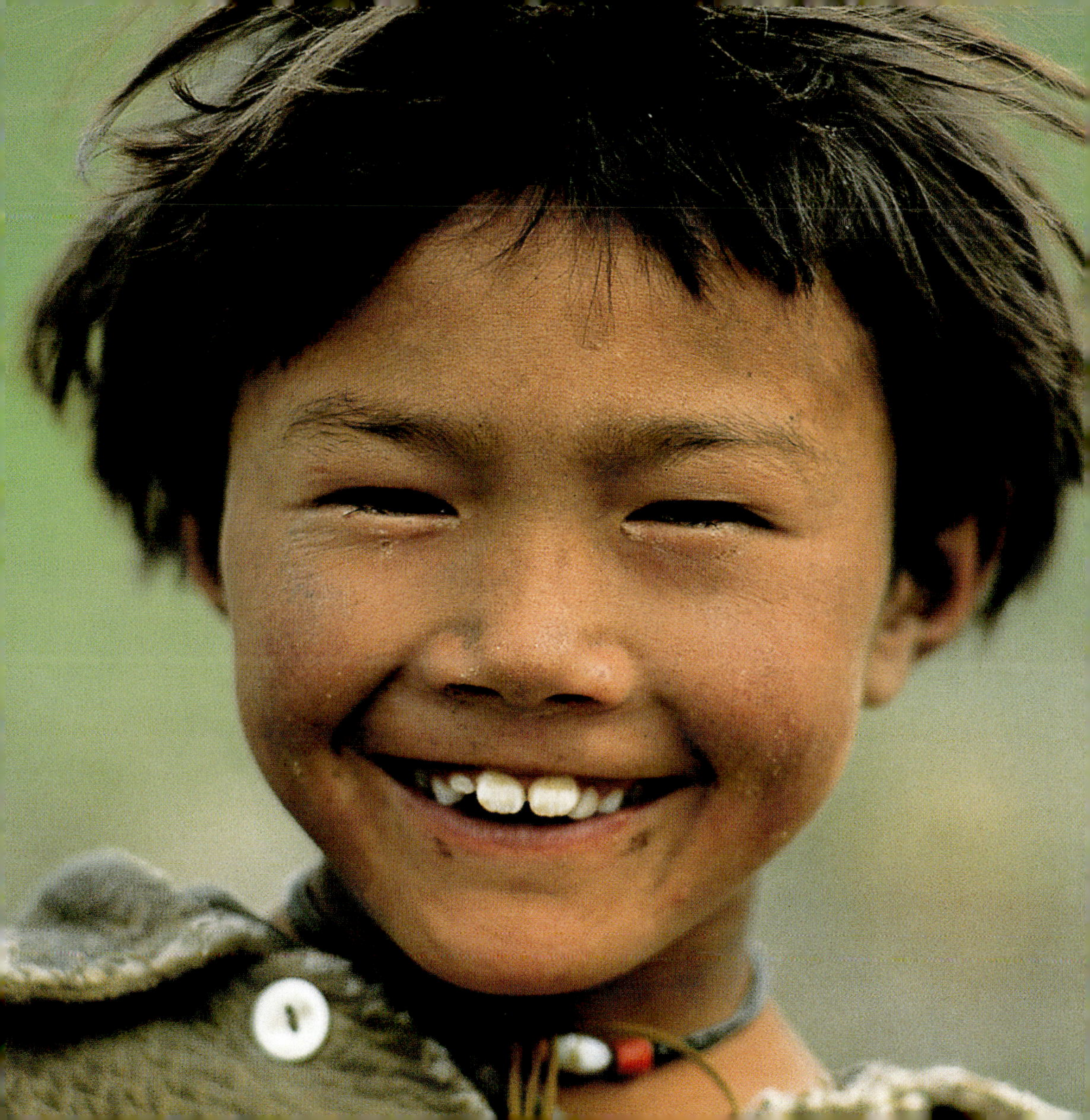

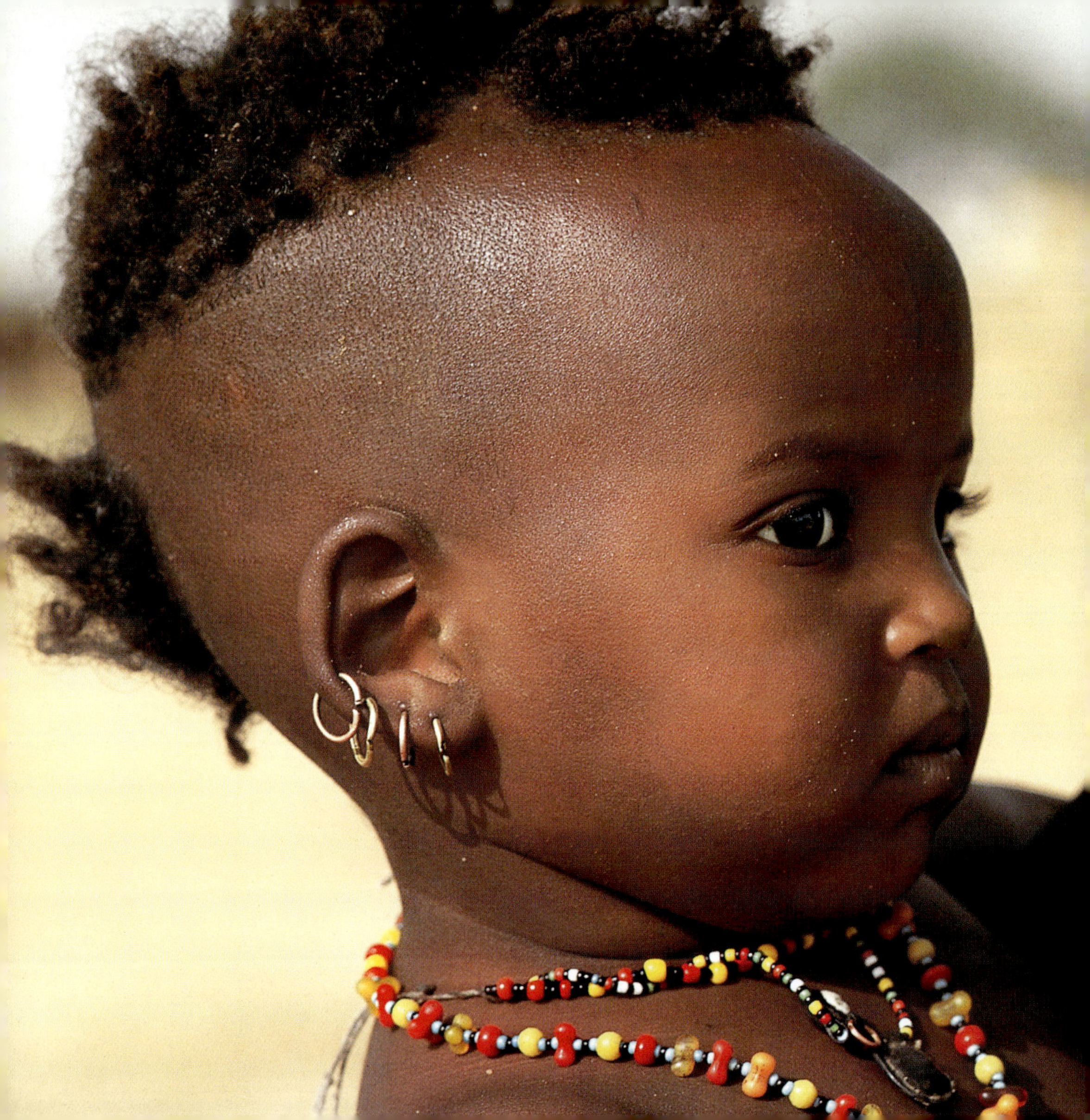

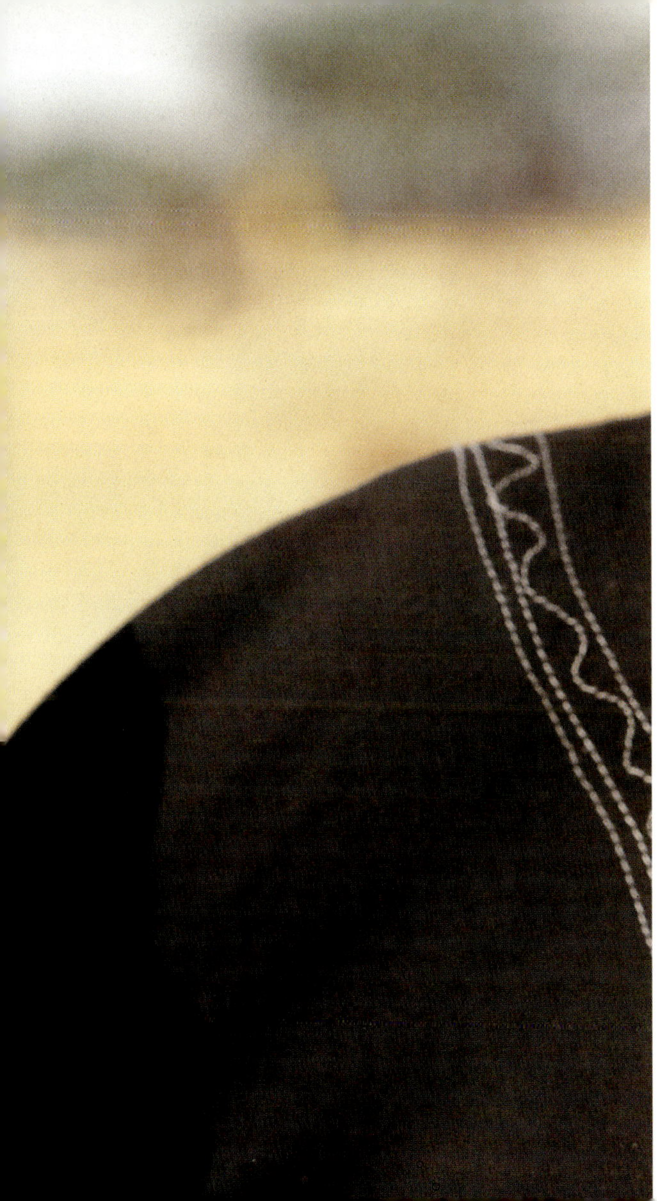

El cuidado del cuerpo
y el gusto por la belleza
comienzan muy pronto
entre los boroboro en
Níger. También les gusta
embellecer a los niños
muy pequeños con
collares y perlas
de colores.

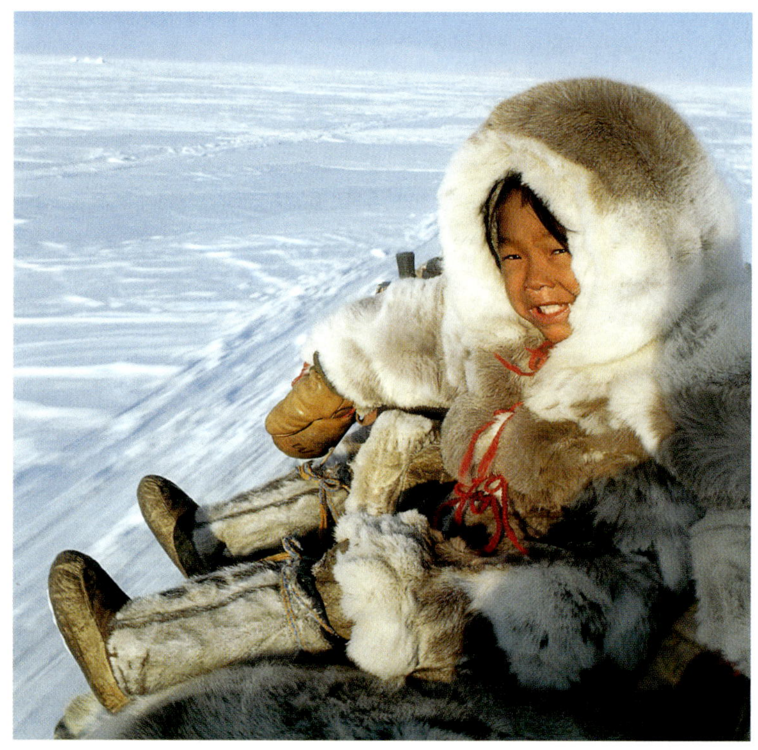

Un niño esquimal corre a toda velocidad con su trineo. Deslizarse con un trineo arrastrado por una jauría de perros sigue siendo la forma más cómoda de trasladarse sobre suelos helados.

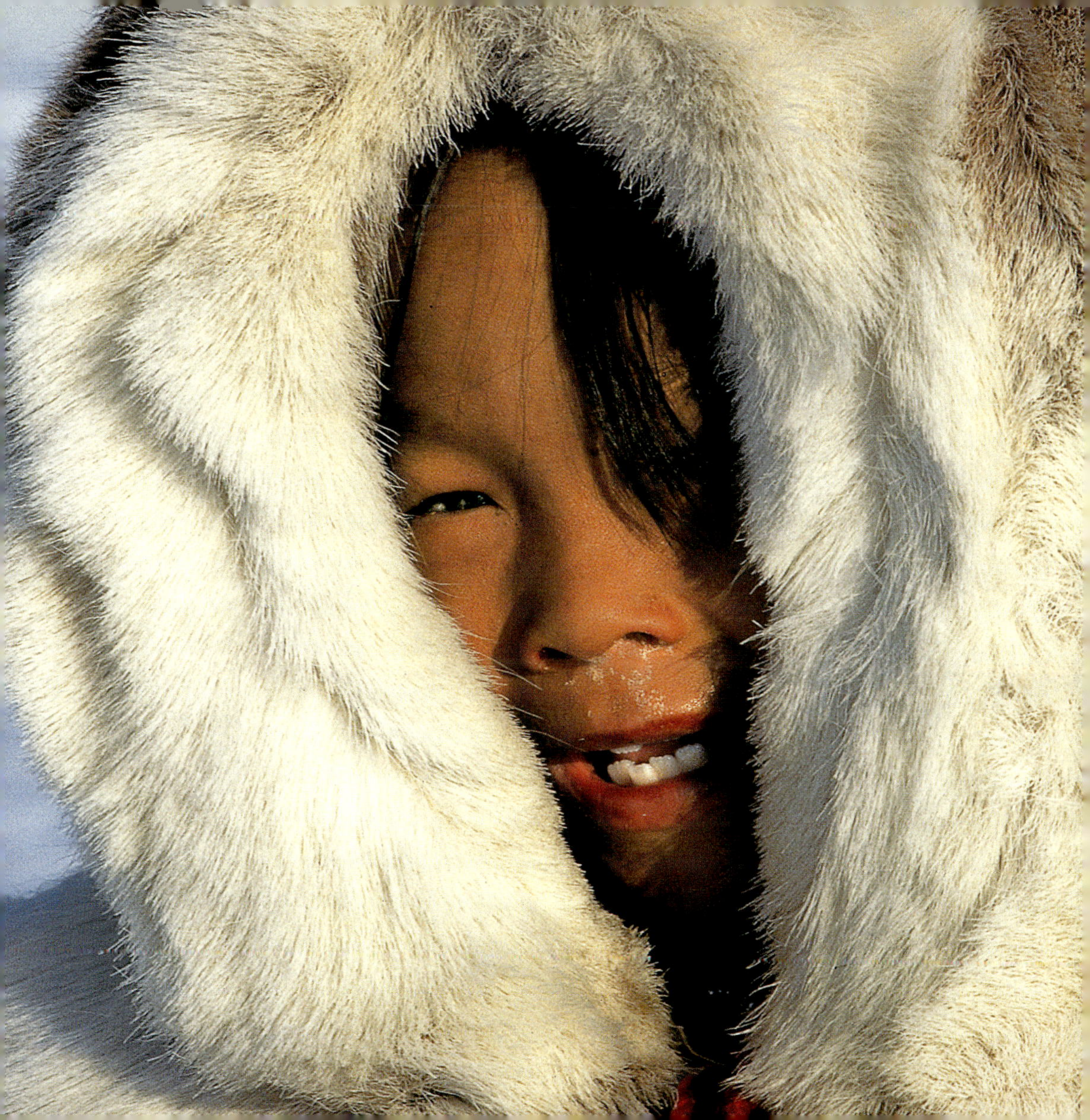

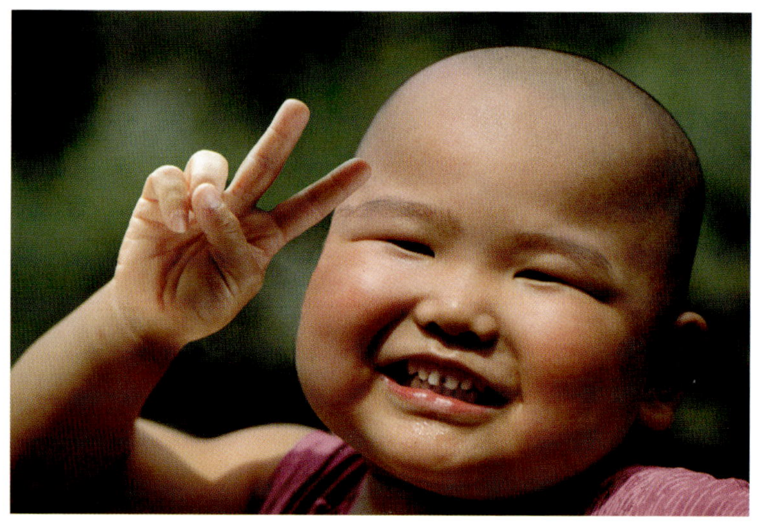

136 • Un niño birmano hace con sus dedos el signo de la victoria.

137 • Con la mirada ligeramente absorta, un niño asiático se fija en el objetivo de la cámara.

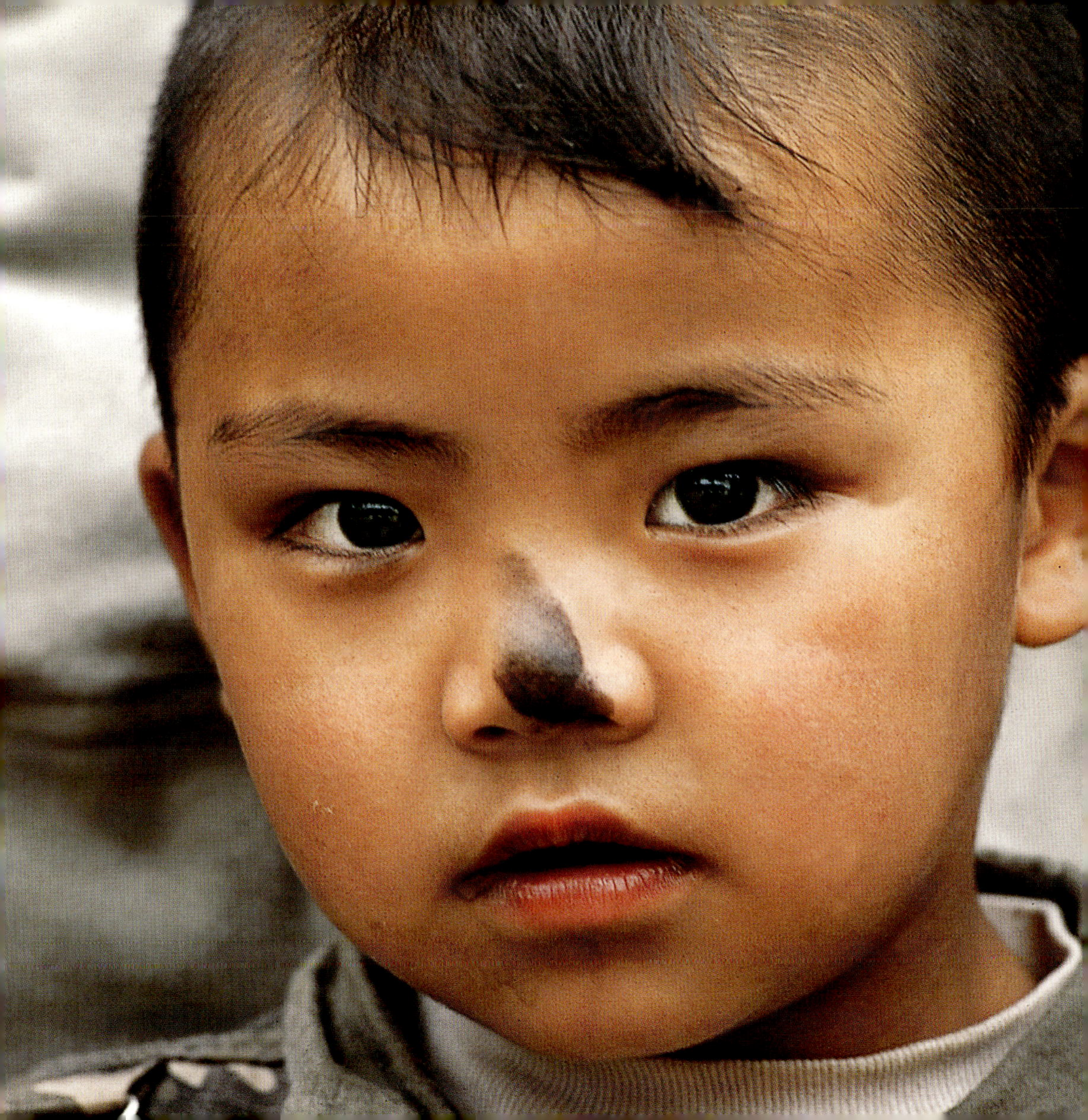

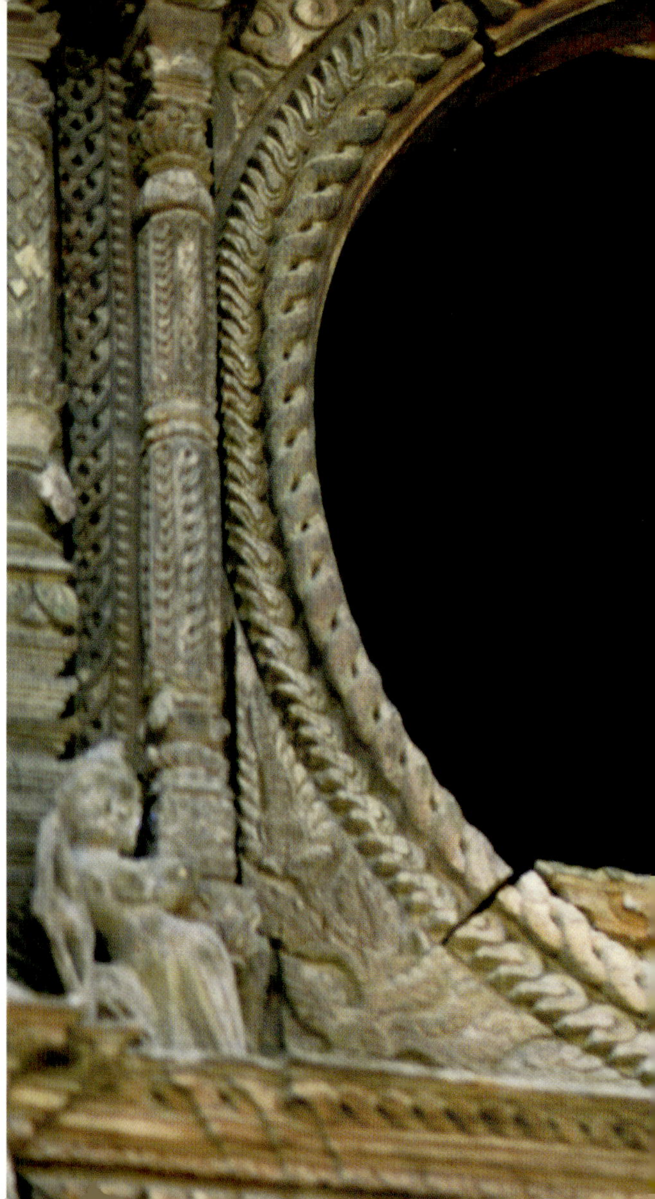

Las mágicas arquitecturas de la ciudad de Pagán, en Nepal, no están hechas sólo para ser admiradas por los turistas, sino también para servir de marco a preciosas fotografías.

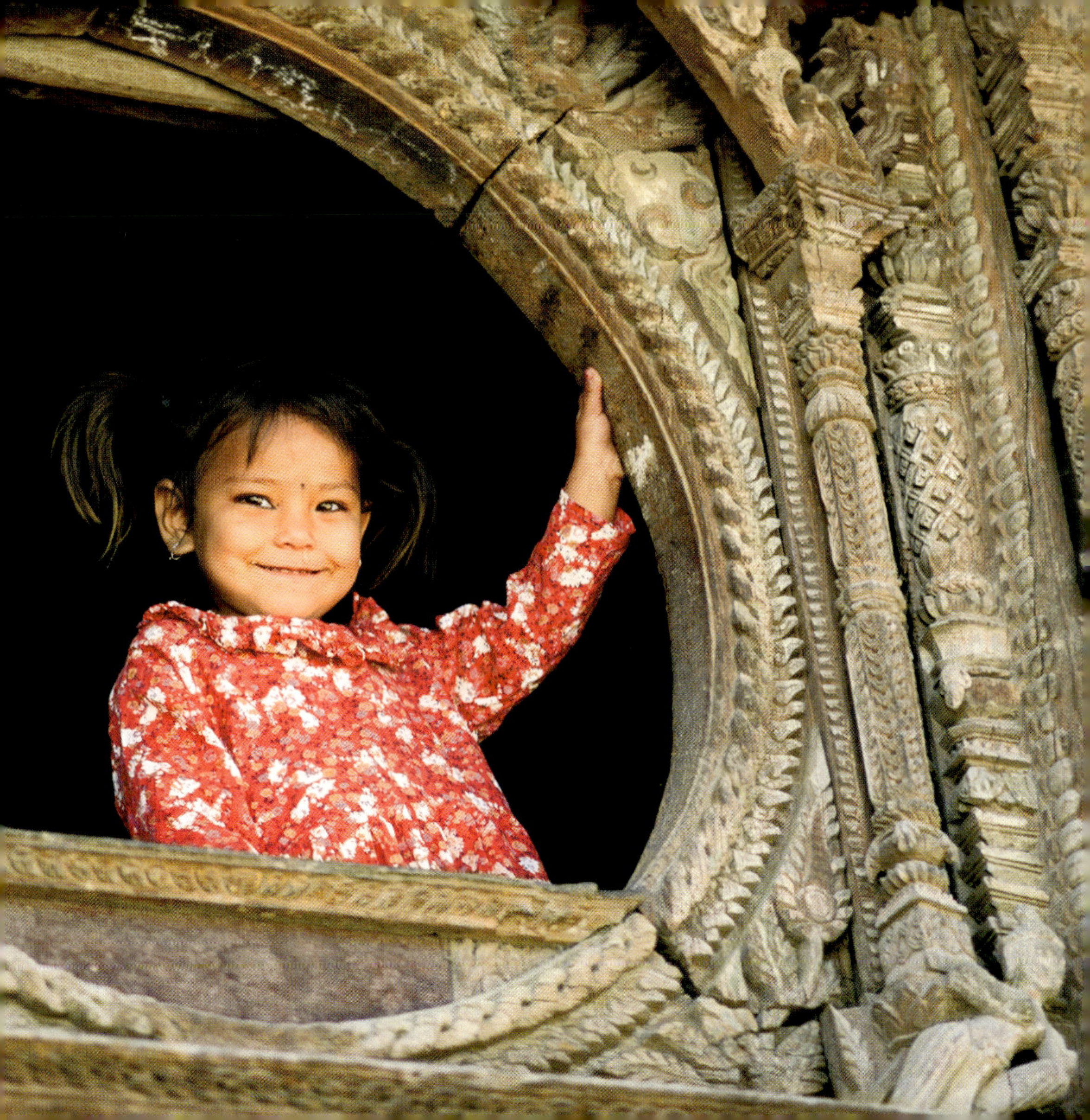

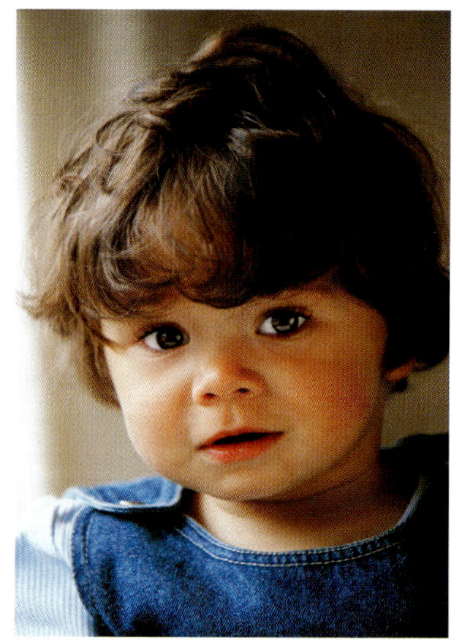

140 • Un instante de indecisión o de turbación se solventa con aplomo y con la ayuda de alguien que tiende una mano.

141 • El chupete es una costumbre a la que algunos niños no quieren renunciar nunca, y menos en vacaciones.

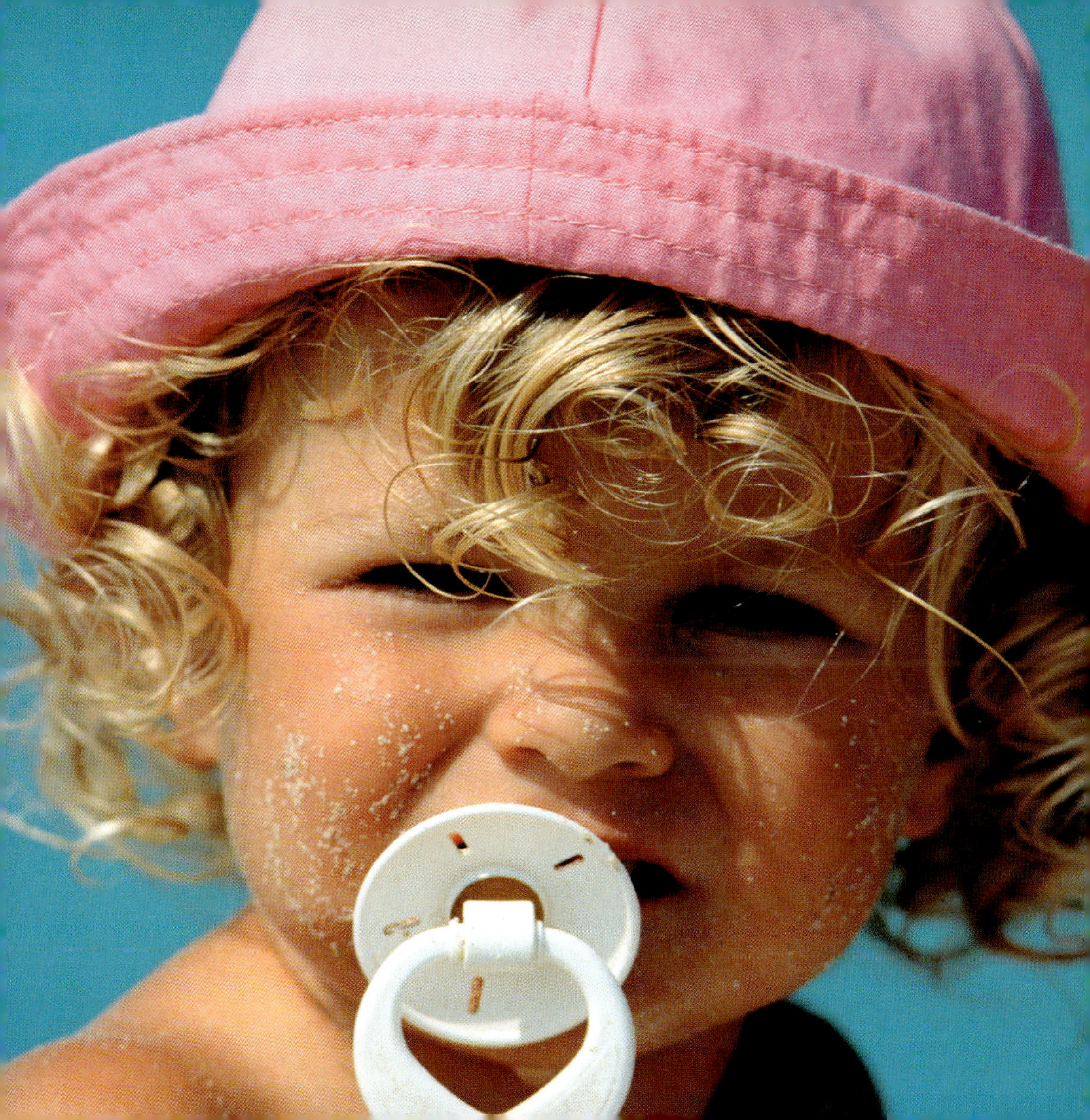

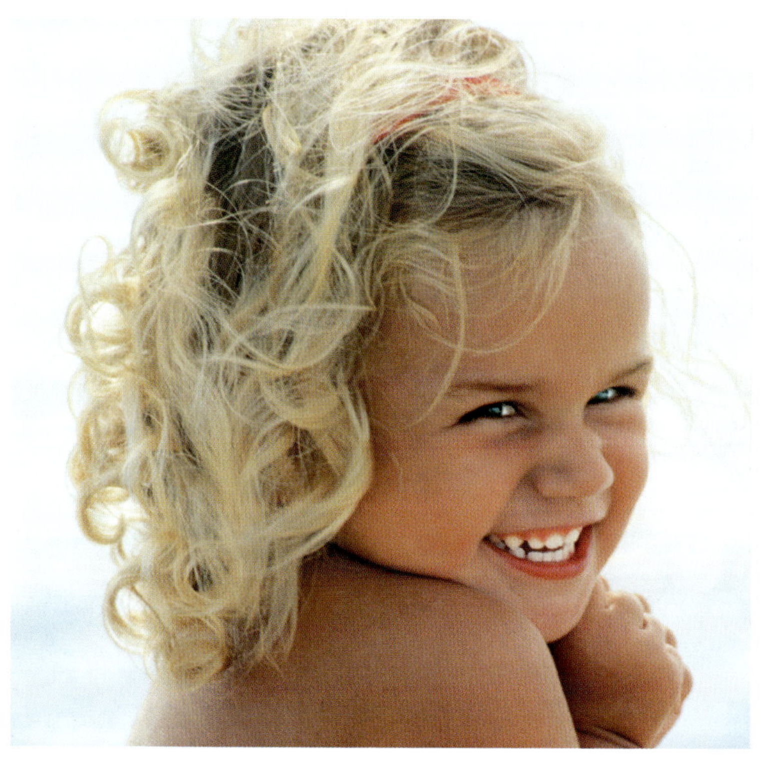

● La belleza infantil tiene una fascinación y una frescura que van directas al corazón, incluso cuando va acompañada , como en esta fotografía, con un poco de vanidad que puede llegar a hacerla incluso un poco más dulce.

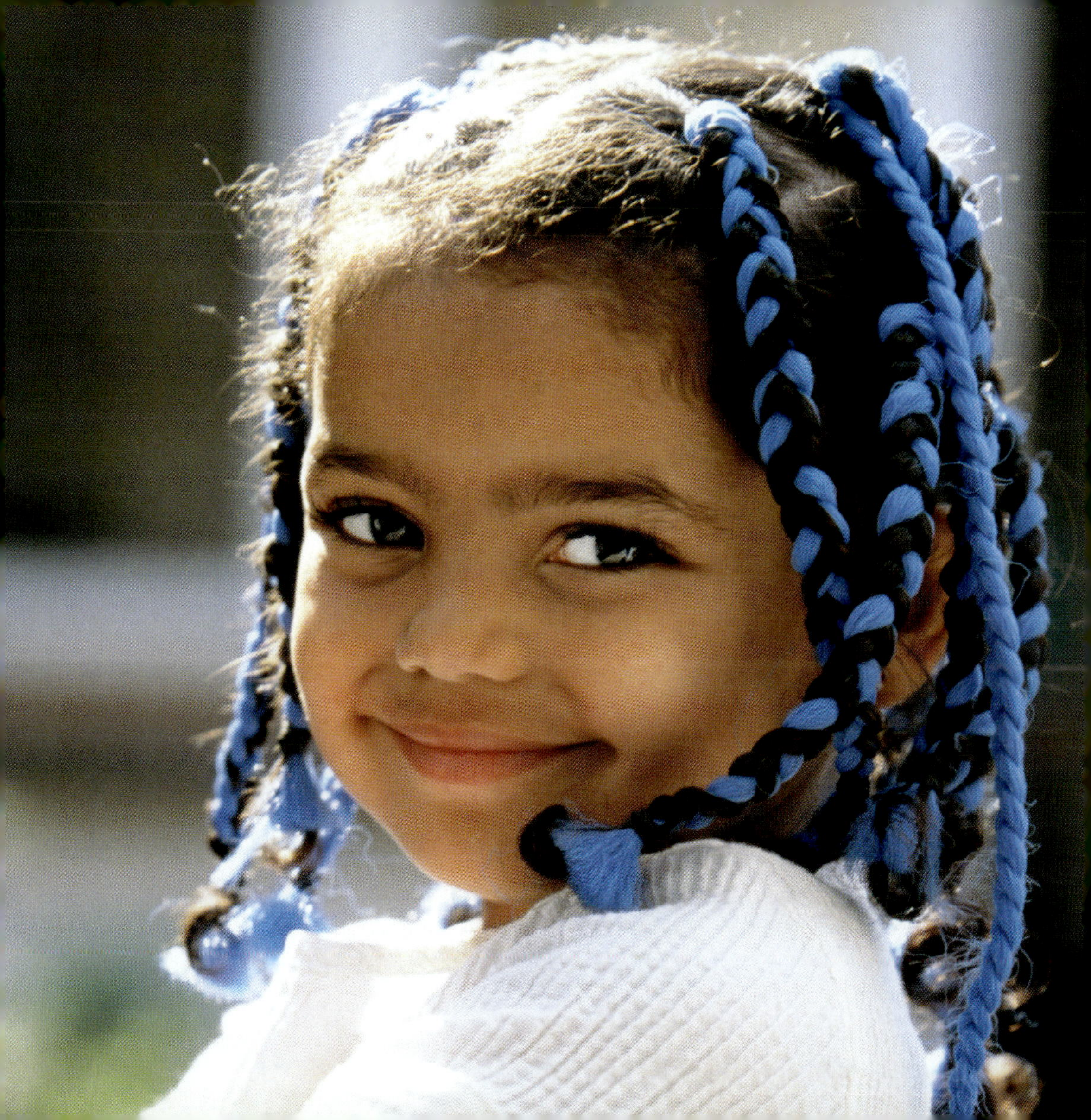

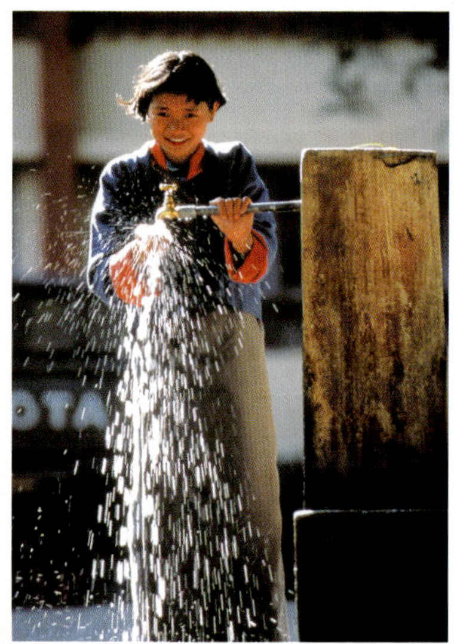

144 • El chorro de esta fuente de agua es para este niño de Bhután un buena ocasión para refrescarse.

145 • Este niño se quita la sed ávidamente durante un caluroso día de verano.

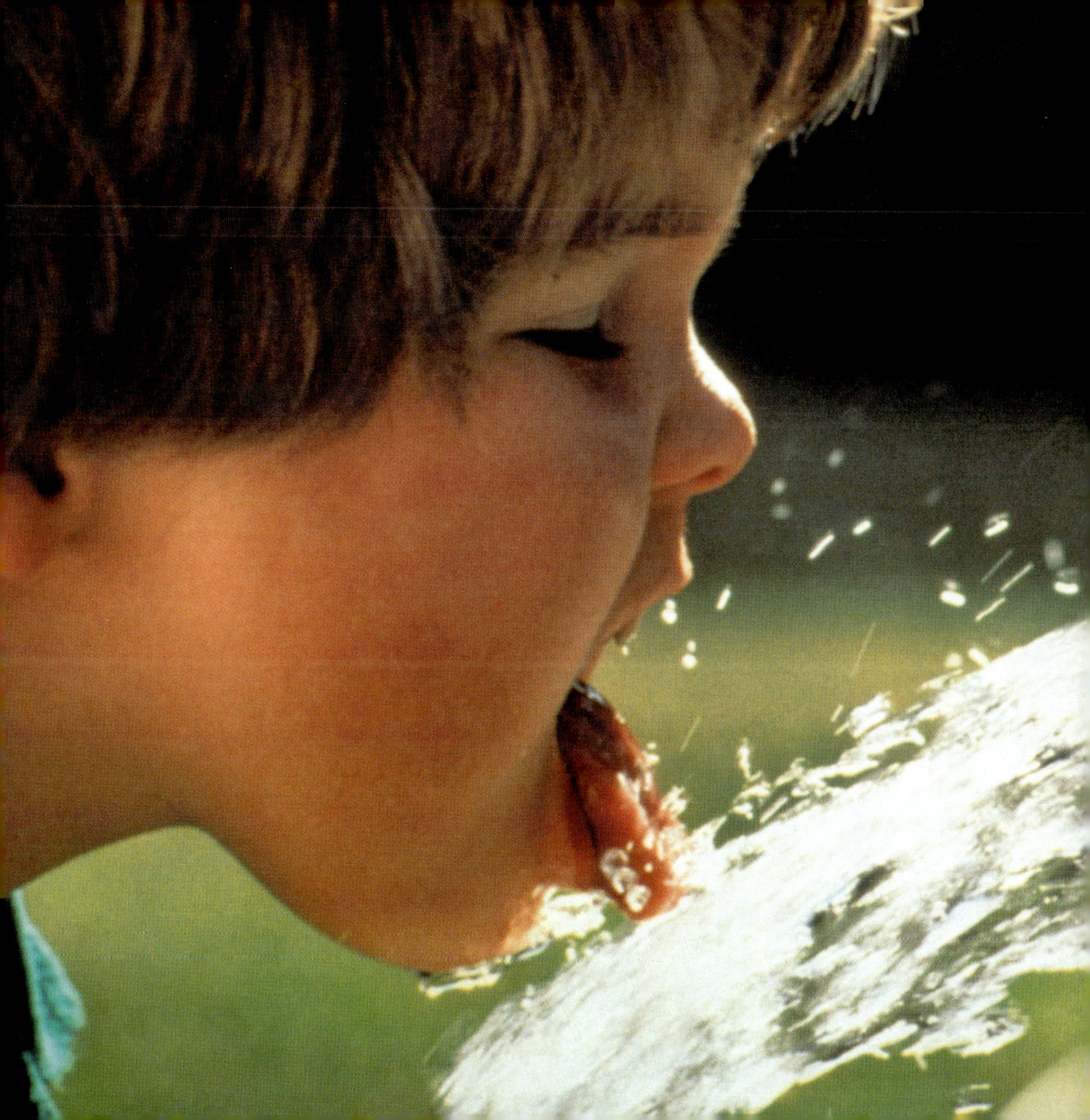

CRECER EN FAMILIA

Inmediatez y reciprocidad caracterizan la unión entre padre e hija.

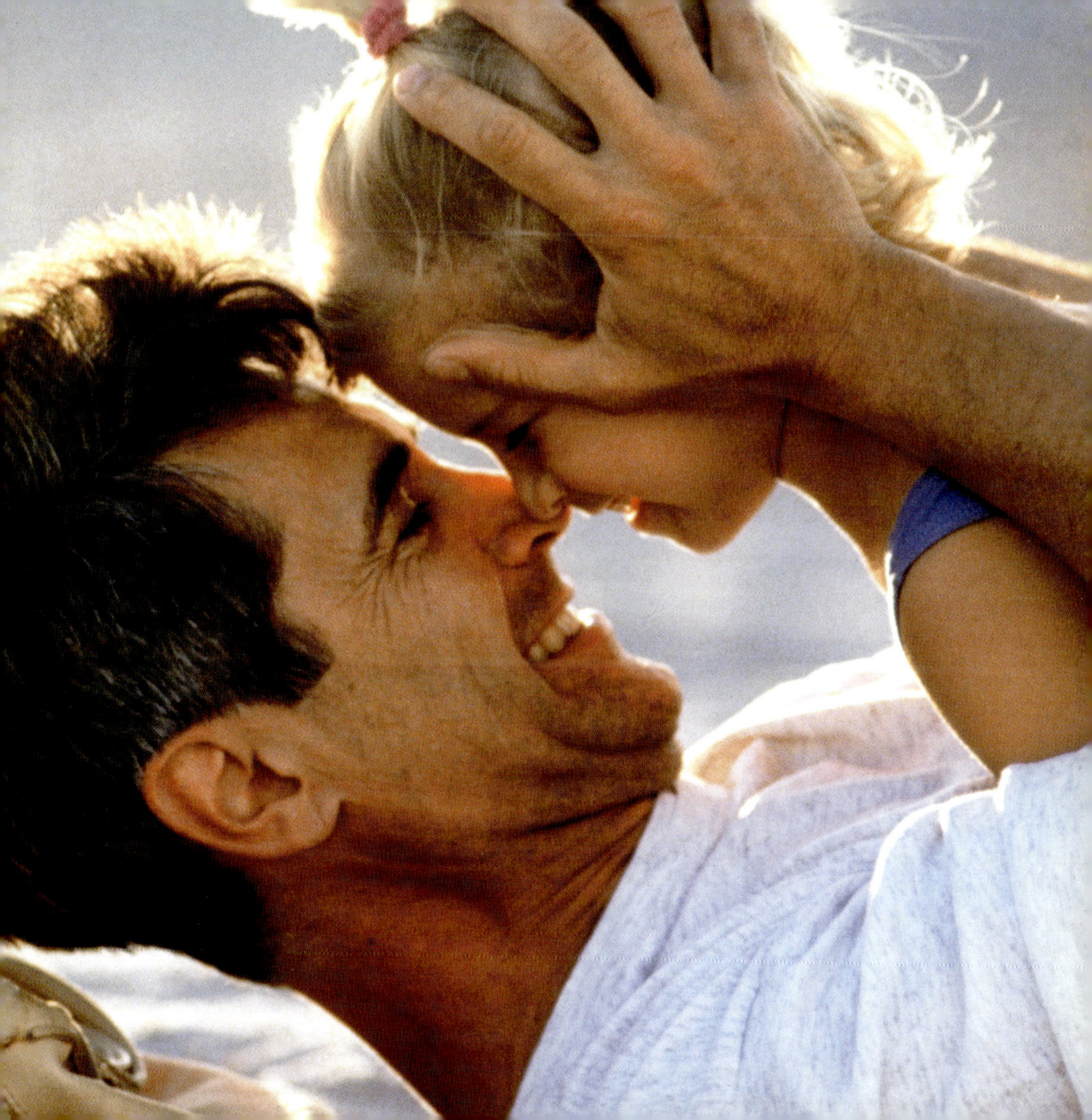

INTRODUCCIÓN Crecer en familia

Confiar en la constante y preocupada presencia de los padres, dormir tranquilo entre sus brazos, esperar la solución a los problemas grandes y pequeños, jugar, competir y discutir con los hermanos y hermanas: ¡para cuántas cosas es importante vivir en familia! La seguridad de todos los niños nace, crece y se desarrolla en ese entorno de relaciones familiares. Esa realidad echa raíces, generación tras generación, en los lazos de amor y dedicación que se dan en las relaciones entre los mayores y los pequeños de la familia, y entre los hermanos entre sí.

La familia es la primera institución de la que uno empieza a formar parte, una pequeña comunidad humana de afectos y, sobre todo, una realidad segura en la que lo habitual y cotidiano es que uno siempre puede confiar en el otro y canalizar las tensiones conjuntamente. Si deseamos comprender hasta qué punto los vínculos familiares son importantes y representan una insustituible fuente de bienestar fundamental para el niño, basta recordar que ellos, los bebés, —los cachorros humanos— nacen absolutamente indefensos y dependientes.

Frente a las demás animales que pueblan el planeta Tierra, nosotros, los seres humanos, tenemos, de hecho, la peculiar característica de necesitar un largo periodo de crecimiento y desarrollo antes de poder disfrutar por completo nuestras capacidades, y de alcanzar autonomía a nivel físico, pero sobre todo, a nivel psicológico. Esa es, fundamentalmente, la razón por la que a partir de la formación del primer germen de lo que conocemos por institución familiar, ya en el Paleolítico, la comunidad, primero, y las madres y padres, después, han tenido que dedicar siempre una gran cantidad de energía y tiempo a preocuparse y cuidar del crecimiento de los pequeños, con el objetivo de permitirles recorrer ese largo proceso de aprendizaje, durante el que han de adquirir todas las habilidades necesarias para integrarse en la sociedad. Hasta ese momento, los niños deben recibir de los padres alimento, protección, y afecto, además de la fortaleza psicológica que debe servirles para crecer interiormente. Abrazos, recíprocos gestos de afecto, bromas y juegos son, en definitiva, una muestra más del buen clima afectivo, que hace posible el crecimiento y el aprendizaje diario en esa plataforma de vida que es la familia.

Los pantalones de papá pueden servir de excelente sostén para sujetarse en un momento de cansancio.

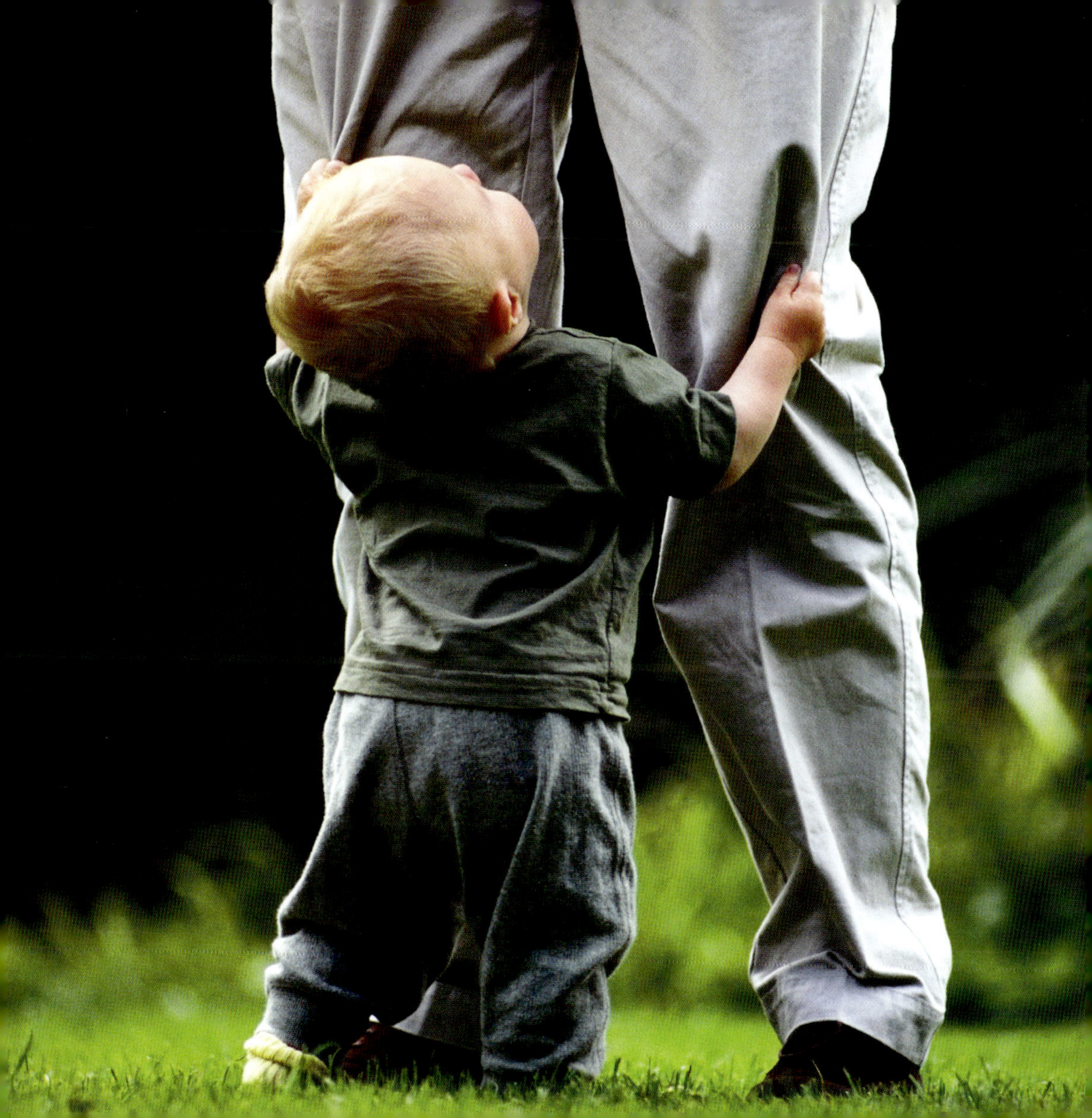

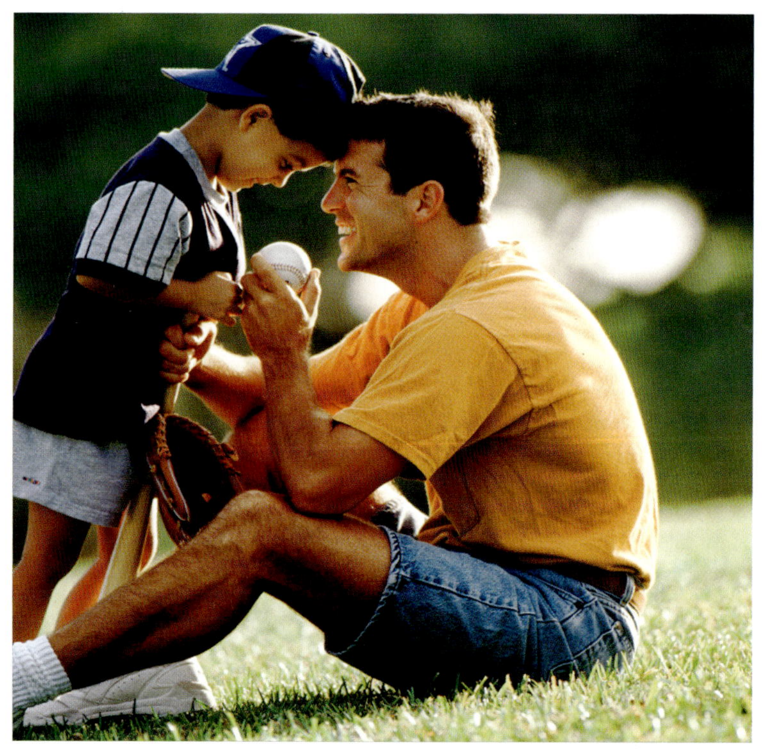

152 • Jugar con papá es la mejor manera de crear un clima de complicidad.

153 • También los padres pueden necesitar ayuda en un momento de cansancio.

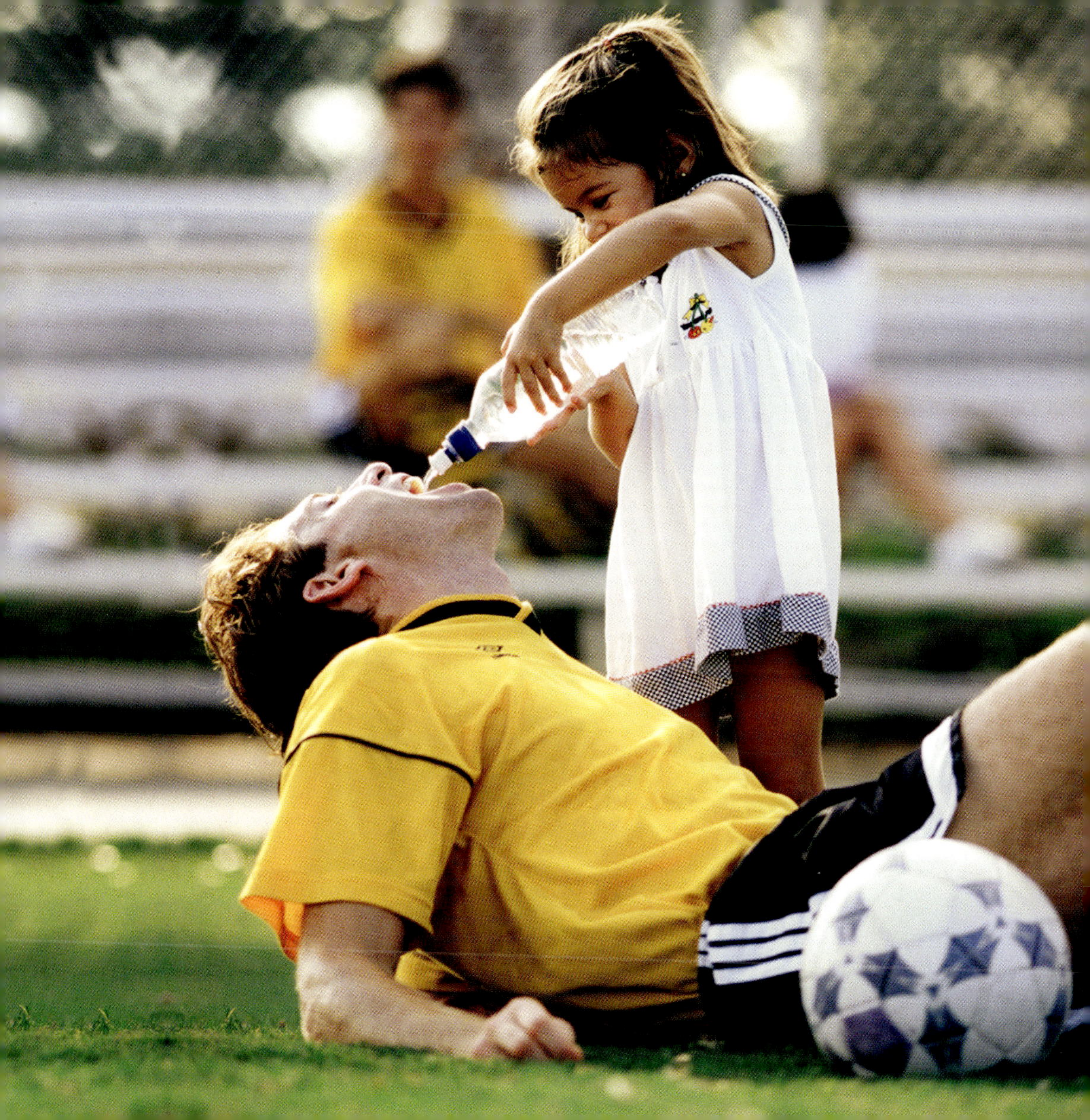

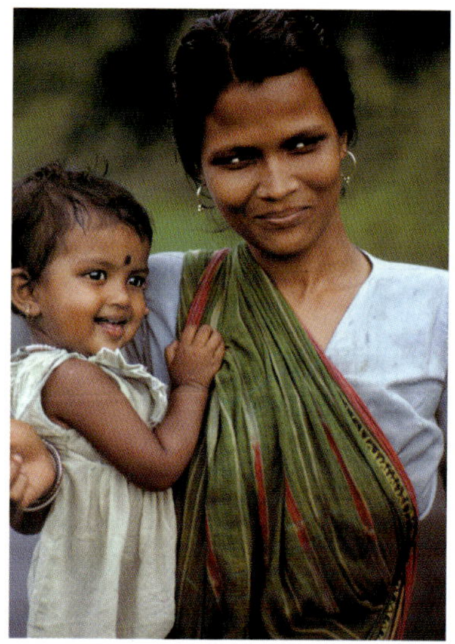

154 • Un niña de las islas Andamán se abraza con su madre.

155 • En la tribu de Kundiman, en Papúa Nueva Guinea, los niños viajan así.

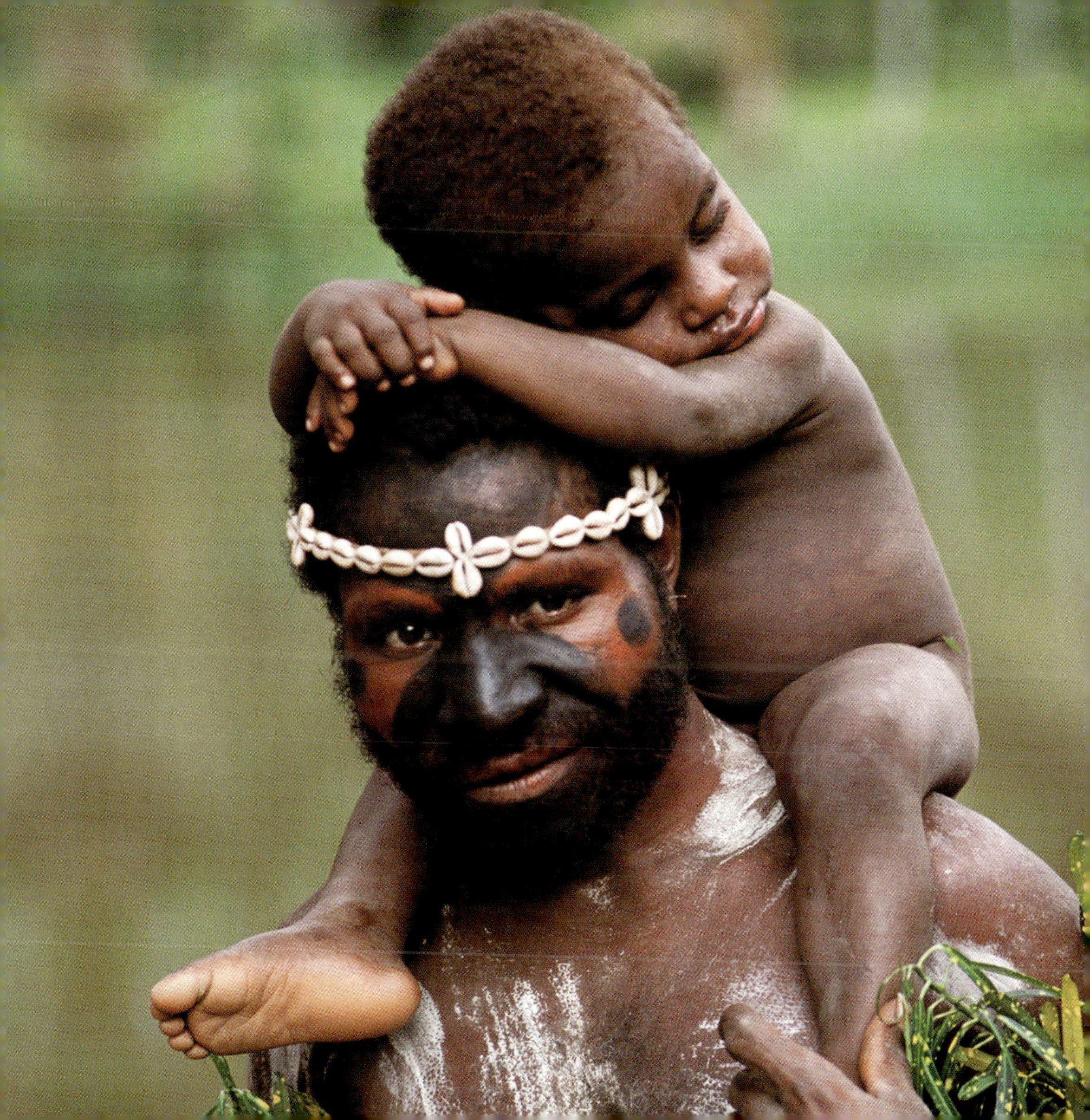

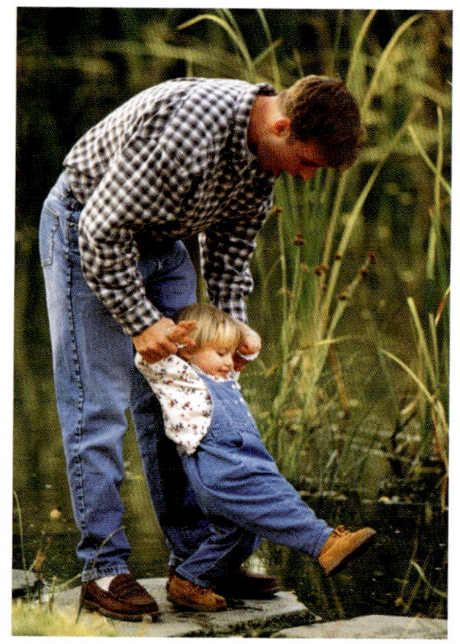

156 • Encontrar el momento para dar un pequeños salto sería mucho más complicado sin la ayuda y la paciencia de los padres.

157 • Entre padres e hijos no faltan nunca momentos de ternura.

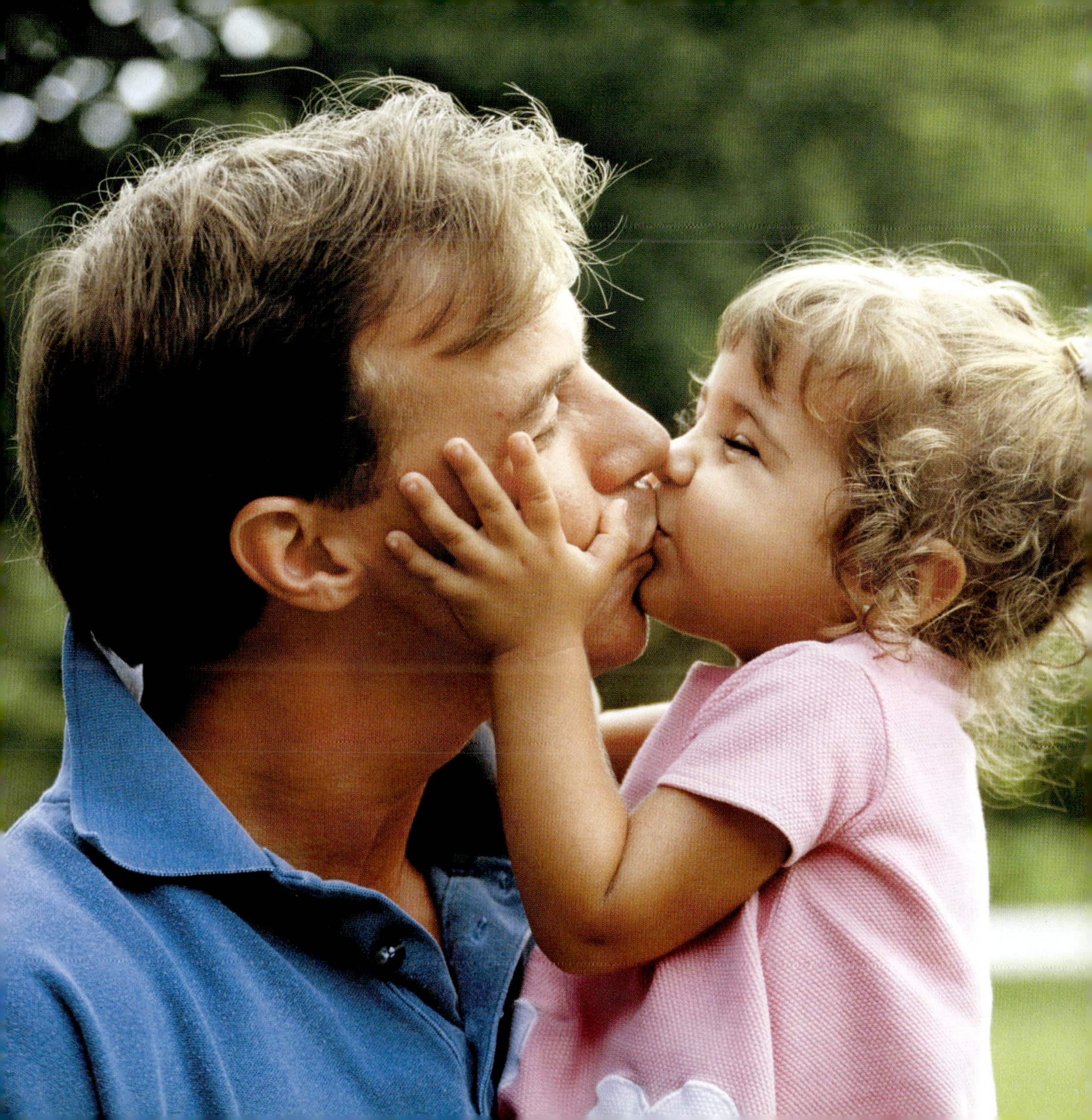

158-159 • Jugar con los propios hijos puede ser una experiencia a veces agotadora, pero que proporciona siempre satisfacciones seguras.

160-161 • Una niña se sujeta del vestido ancho y de bellos colores de su mamá, en un poblado de América Central.

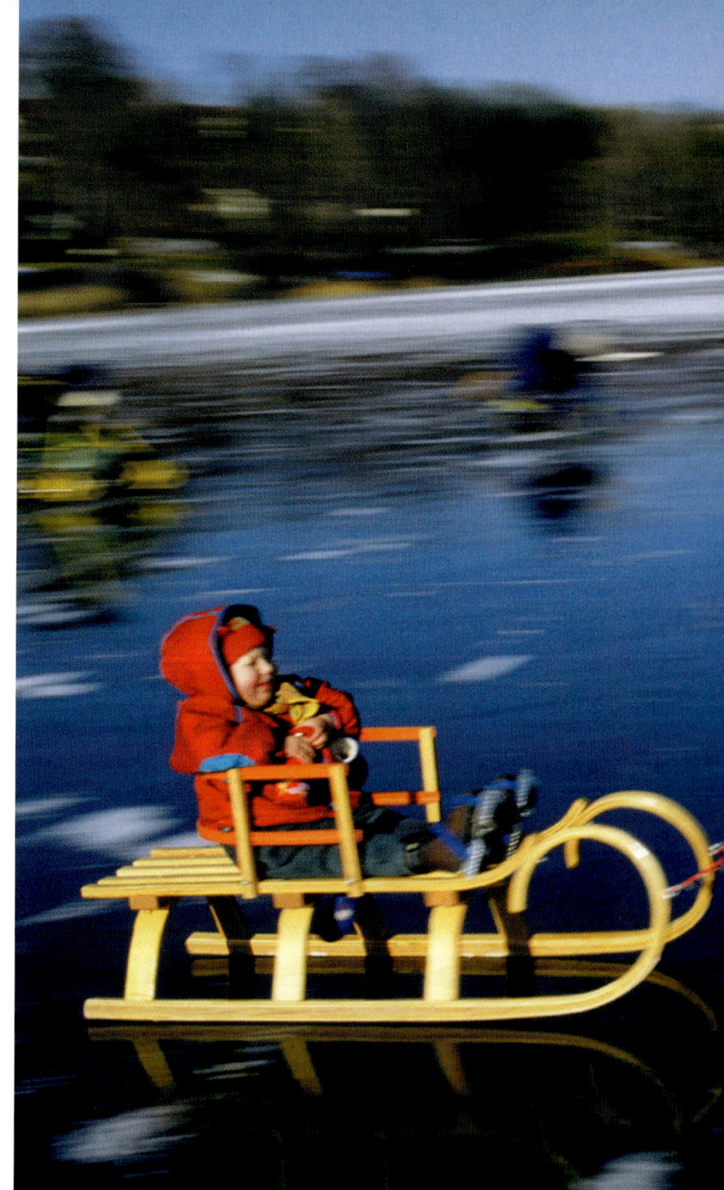

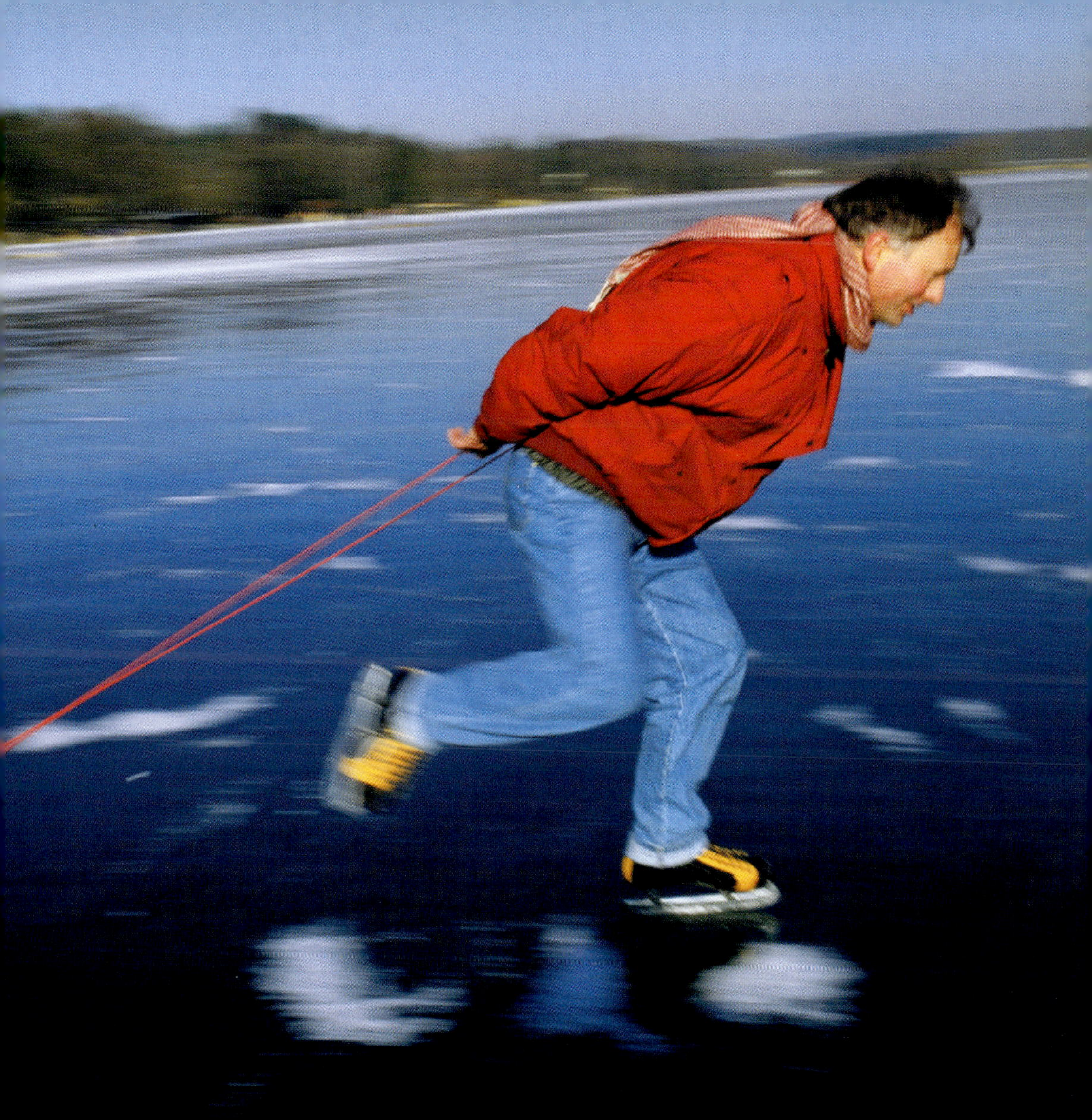

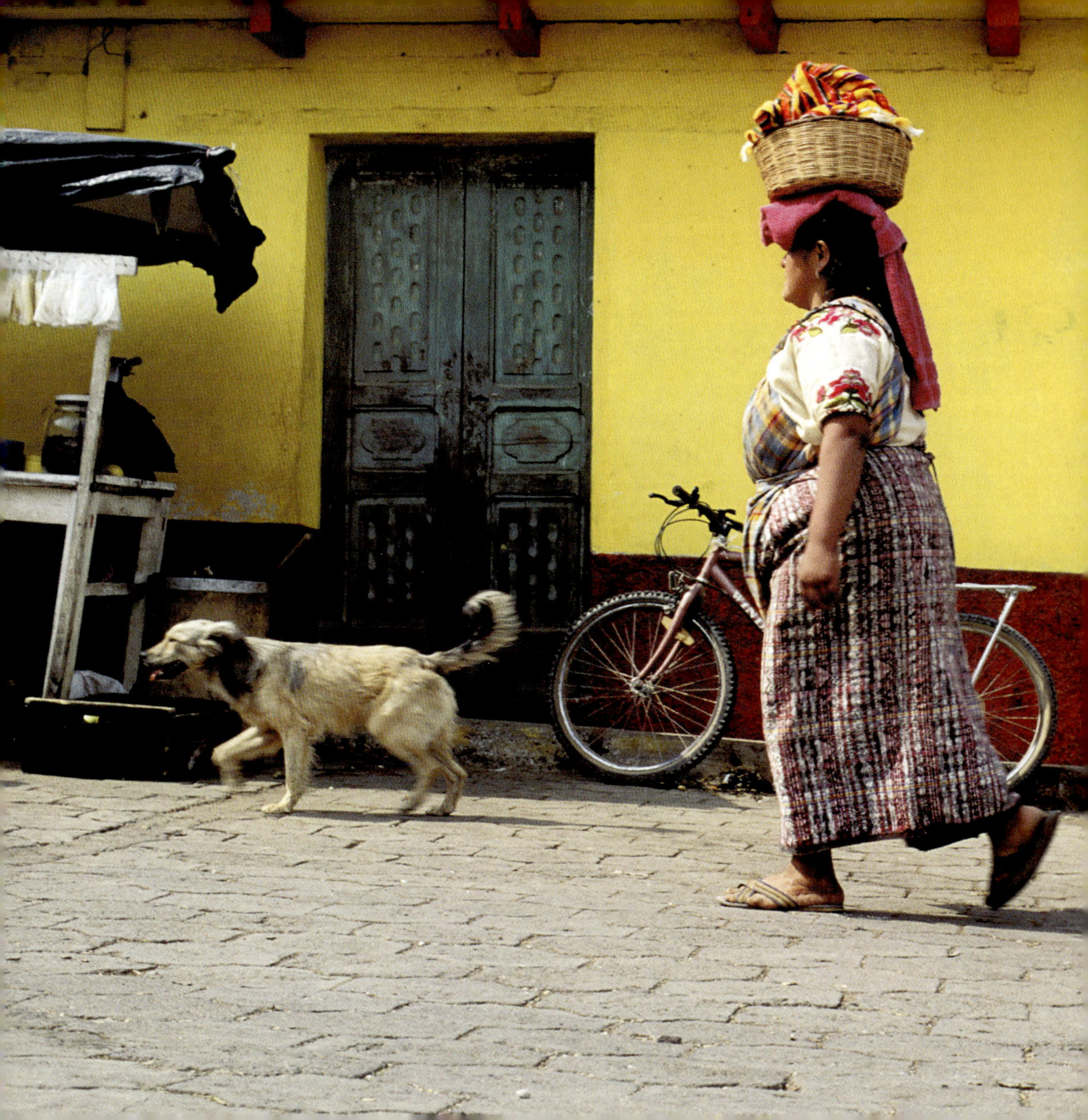

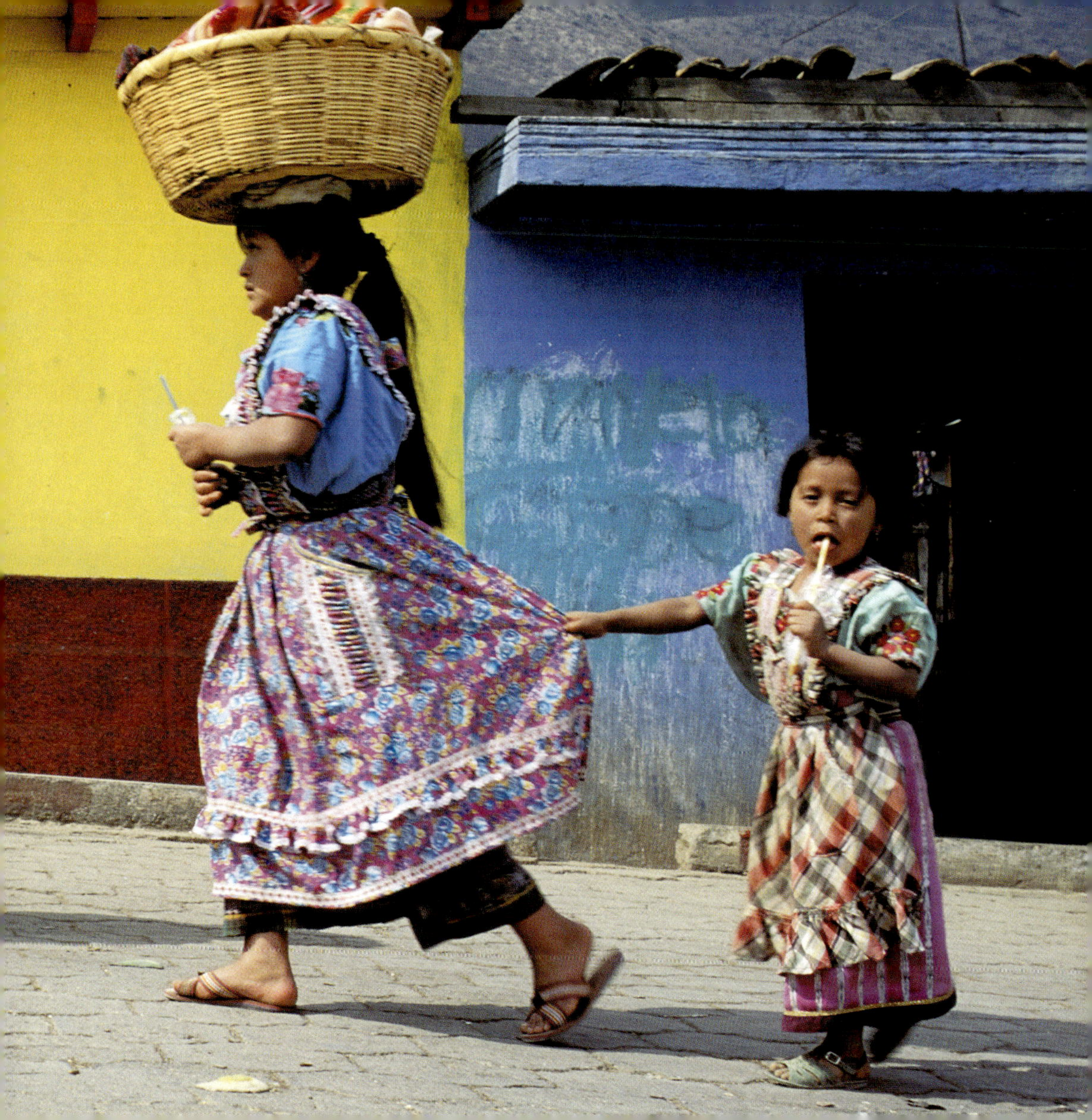

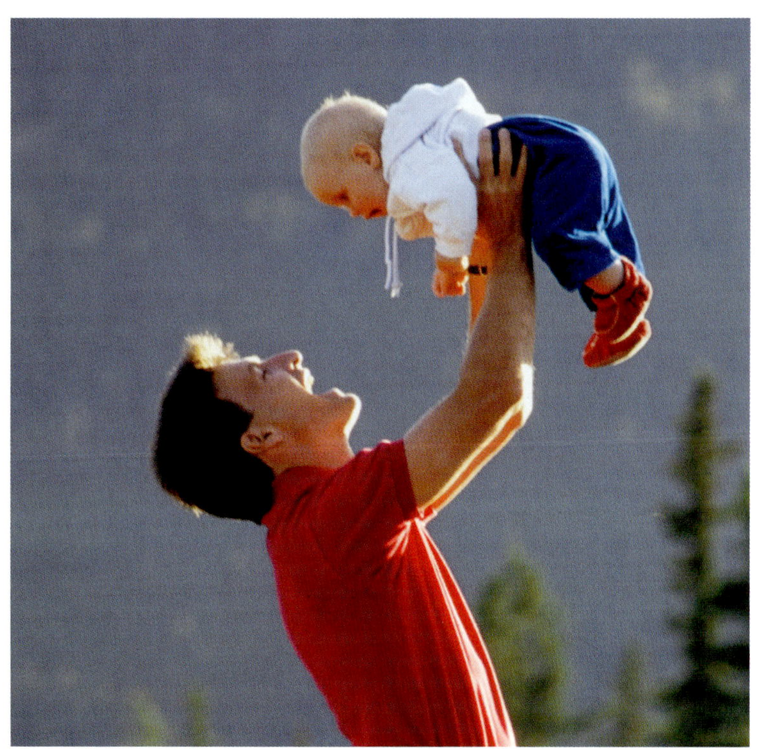

Ser levantado por los brazos cariñosos de papá o ir de paseo sentado sobre los hombros hace alegres y seguros a los niños.

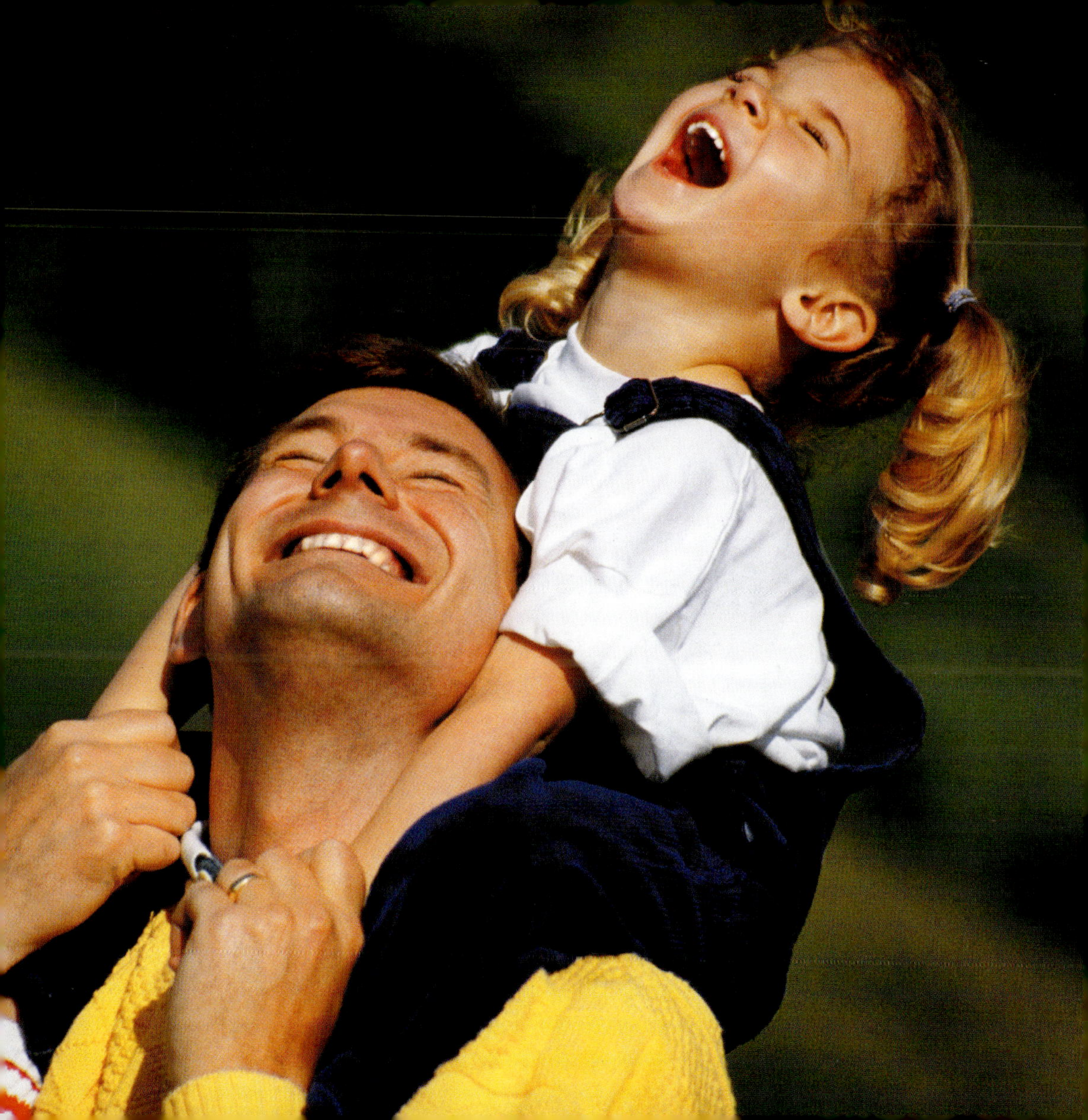

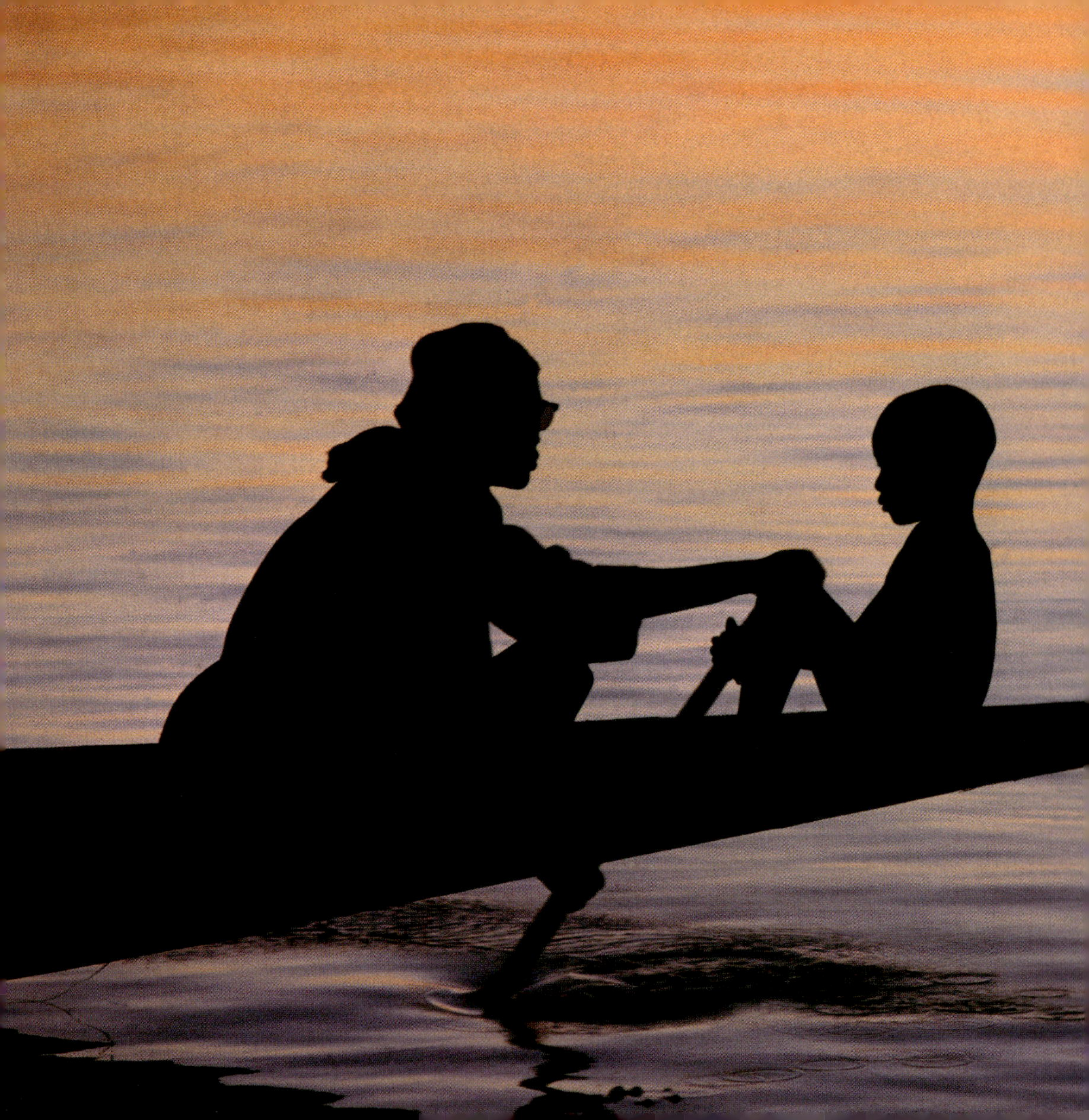

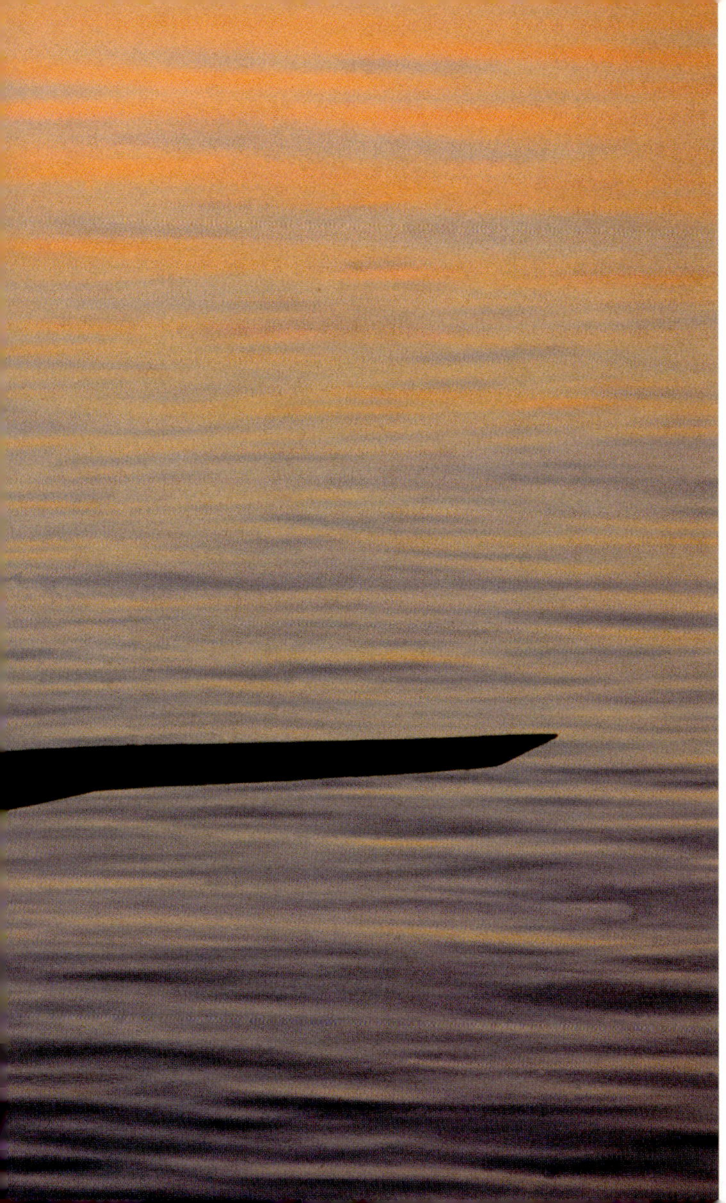

164-165 ● En todos los países del mundo, los hijos aprenden de sus padres a conocer los secretos de su tierra: en Mali es habitual salir en barca de remos a navegar por el río Níger.

166-167 ● Este papá arrastra sobre la arena de la playa a sus hijos sentados en una tabla, mientras espera el momento para adentrarse entre las olas a practicar el *surfing*.

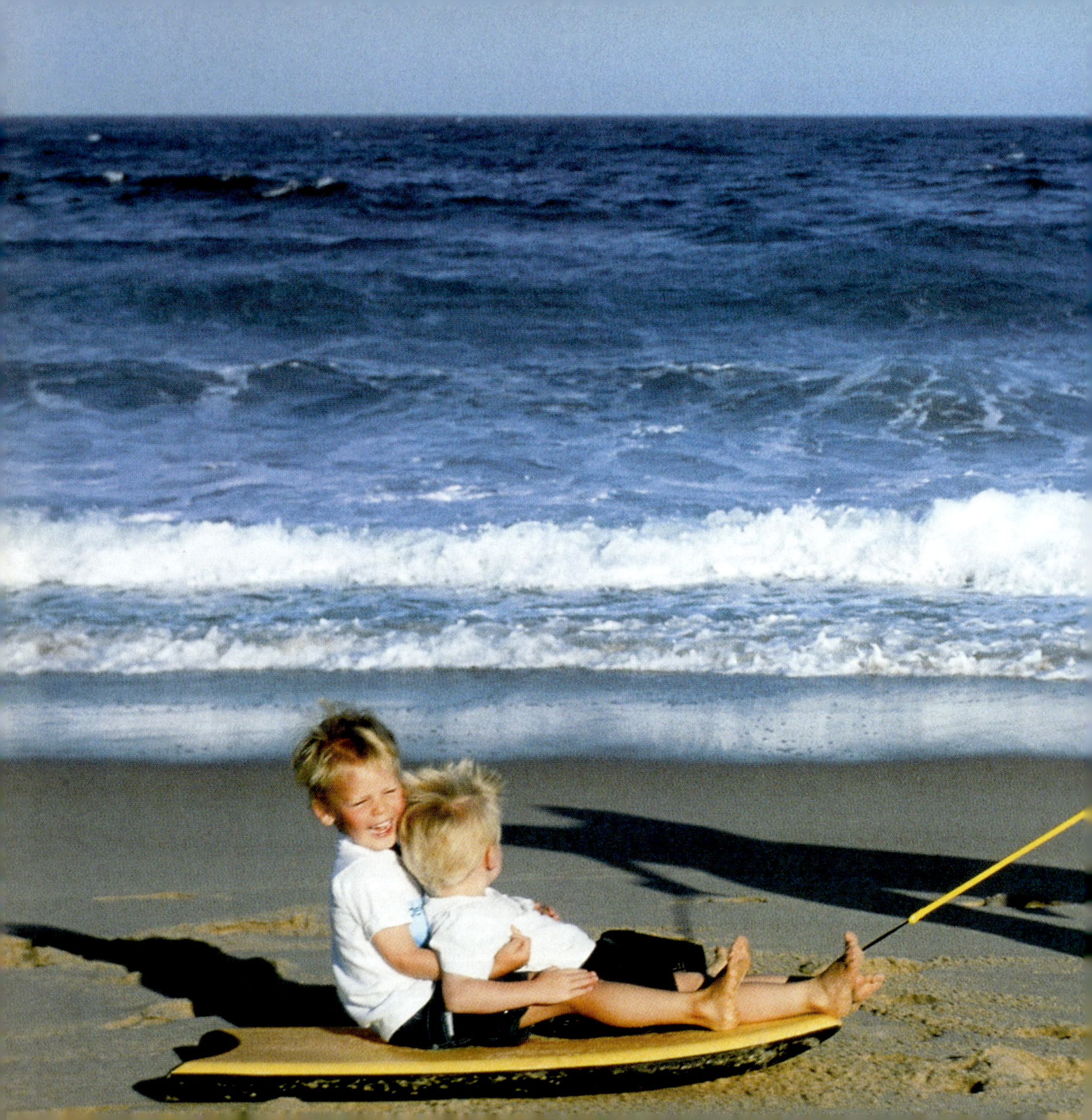

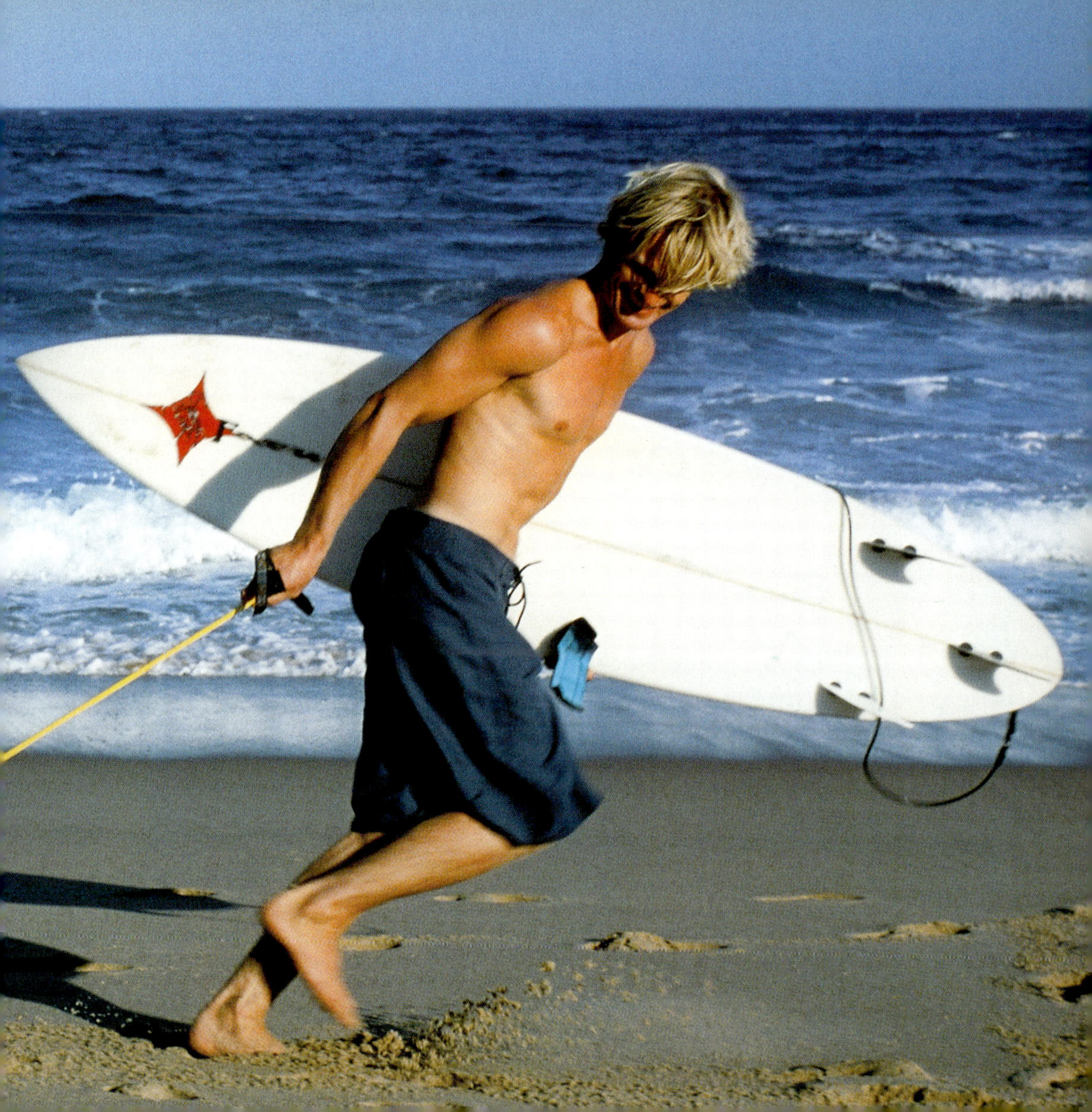

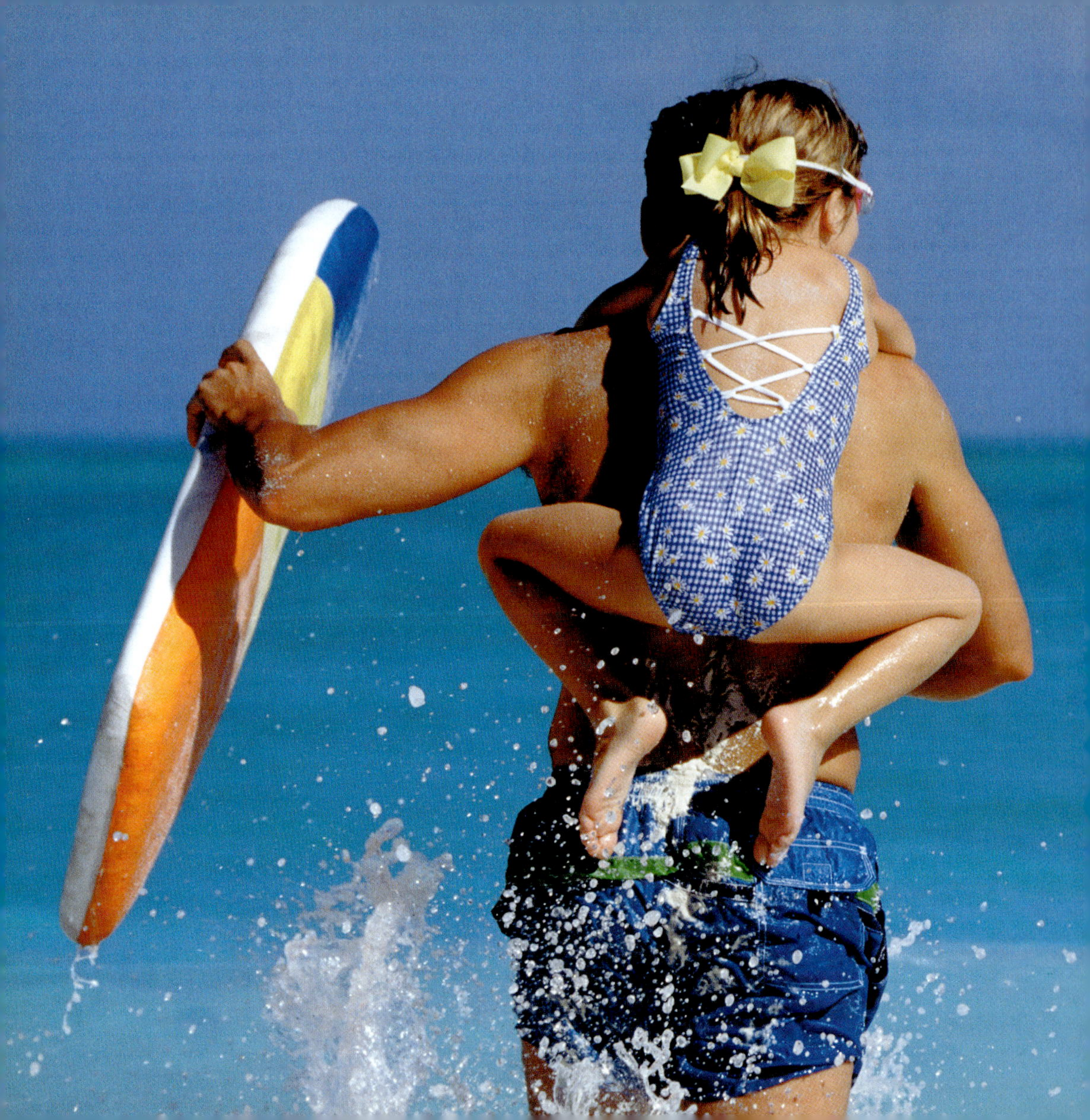

168-169 • Antes de entrar sola en el agua, entrar sólo un poco manteniéndose sujeta a la espalda de papa puede ser una forma de tomar confianza en el mar.

170-171 • La familia es una pequeña comunidad en la que los niños participan en muchas actividades, tantas que hasta lavar el coche puede ser divertido si se convierte en un juego.

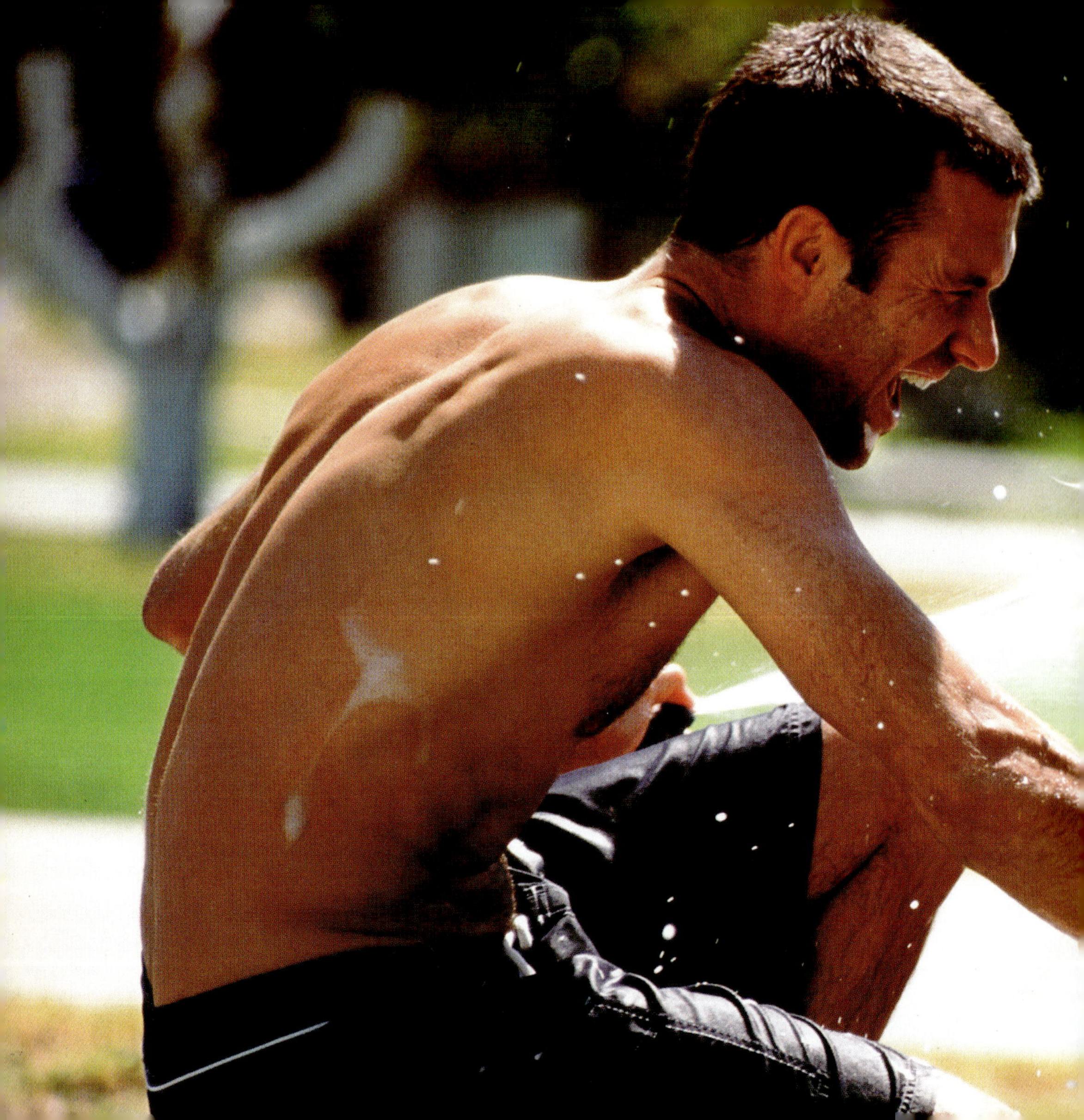

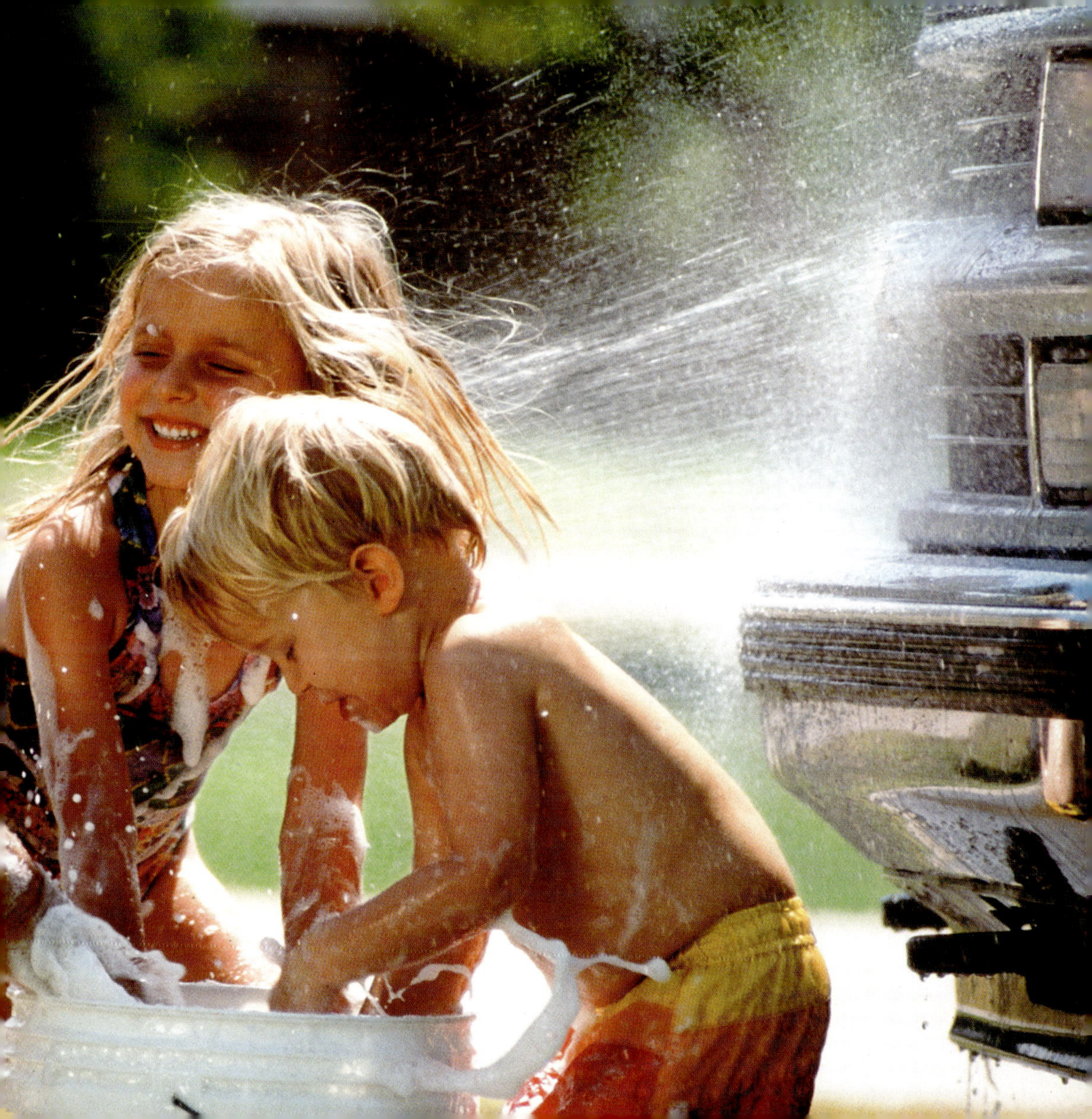

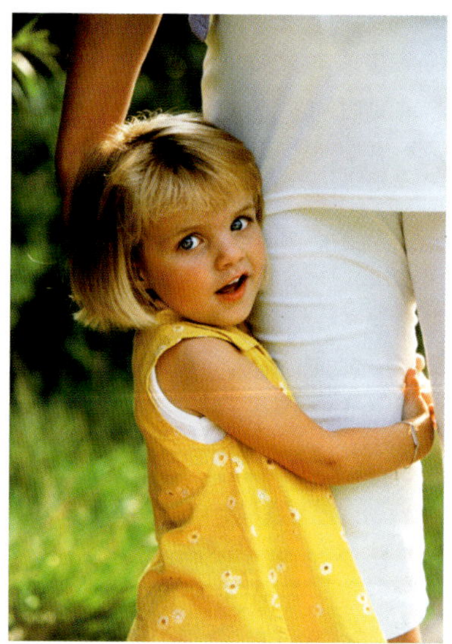

- Esperar un hermanito se puede convertir en una verdadera emoción. Además prepara para pasar a ser el mayor y un poco más responsable, asumiendo un nuevo papel en las relaciones familiares.

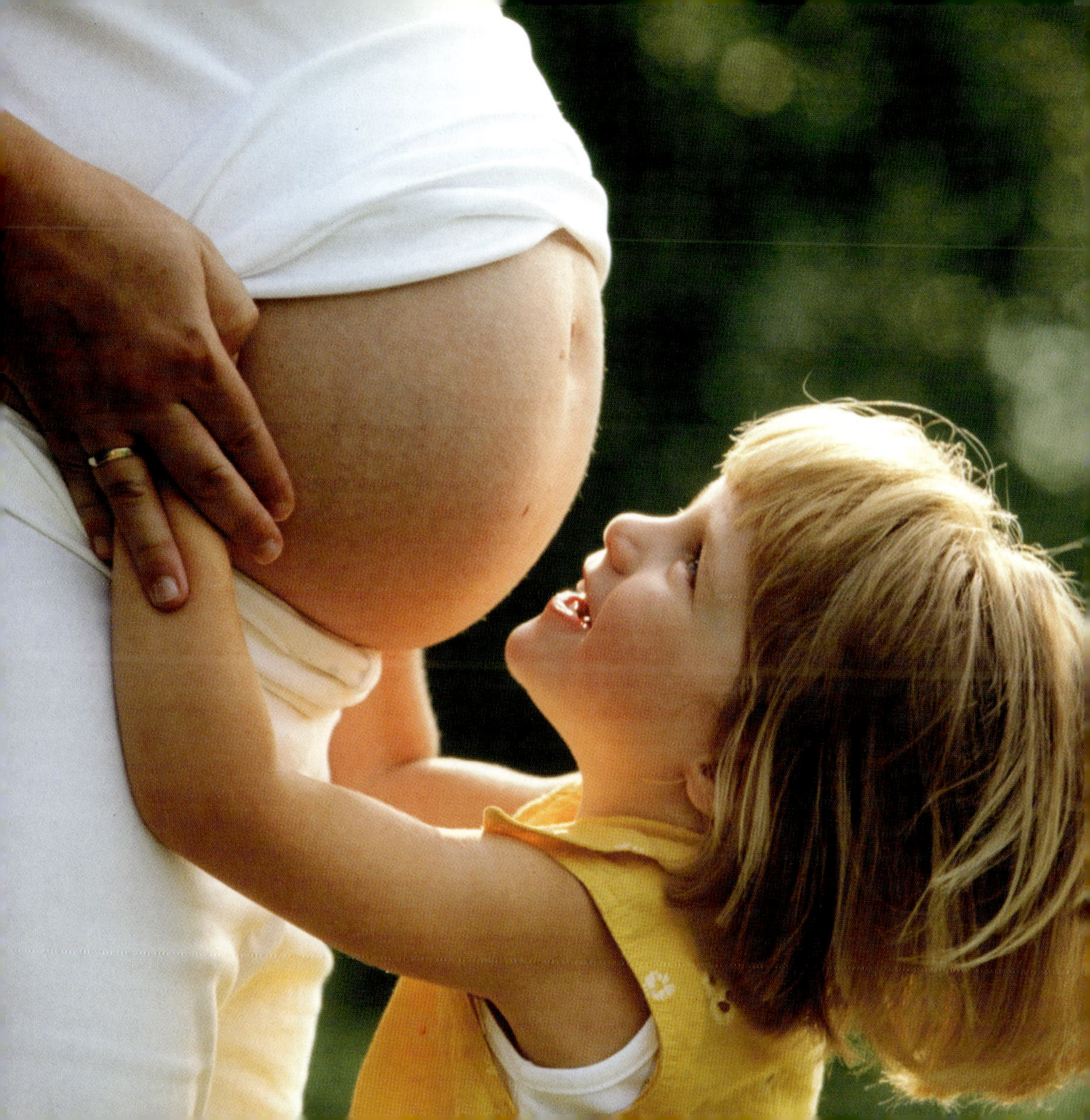

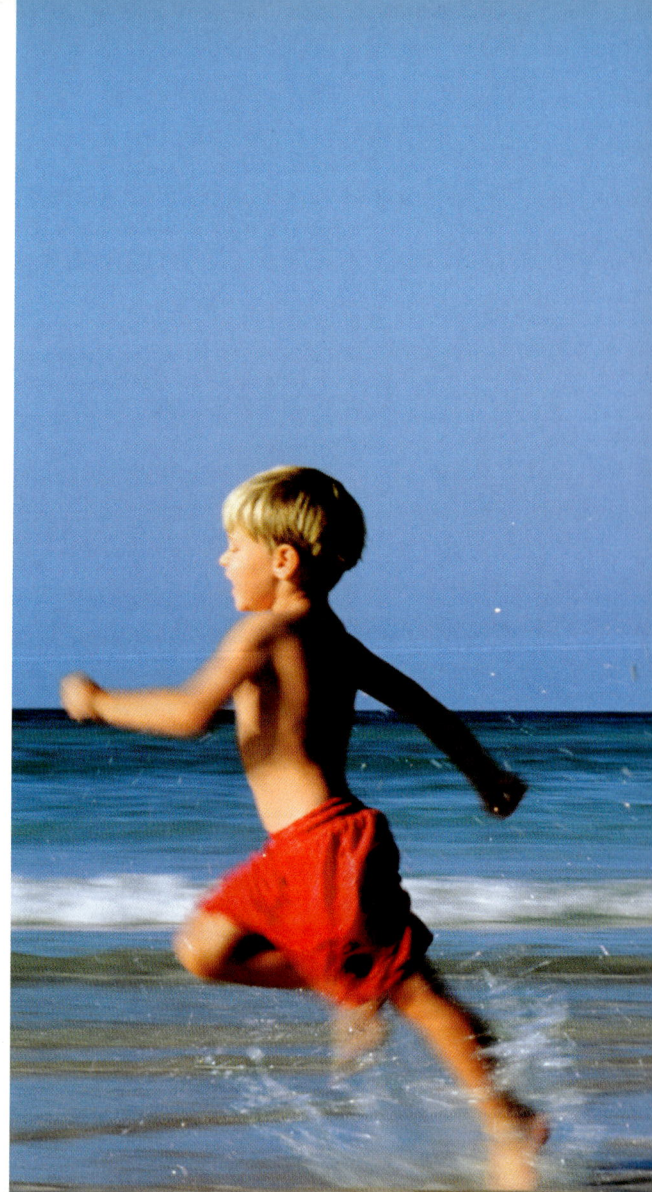

- Los pies levantan
mil gotas de agua de
mar mientras este niño
corre feliz por la playa
perseguido por
su padre.

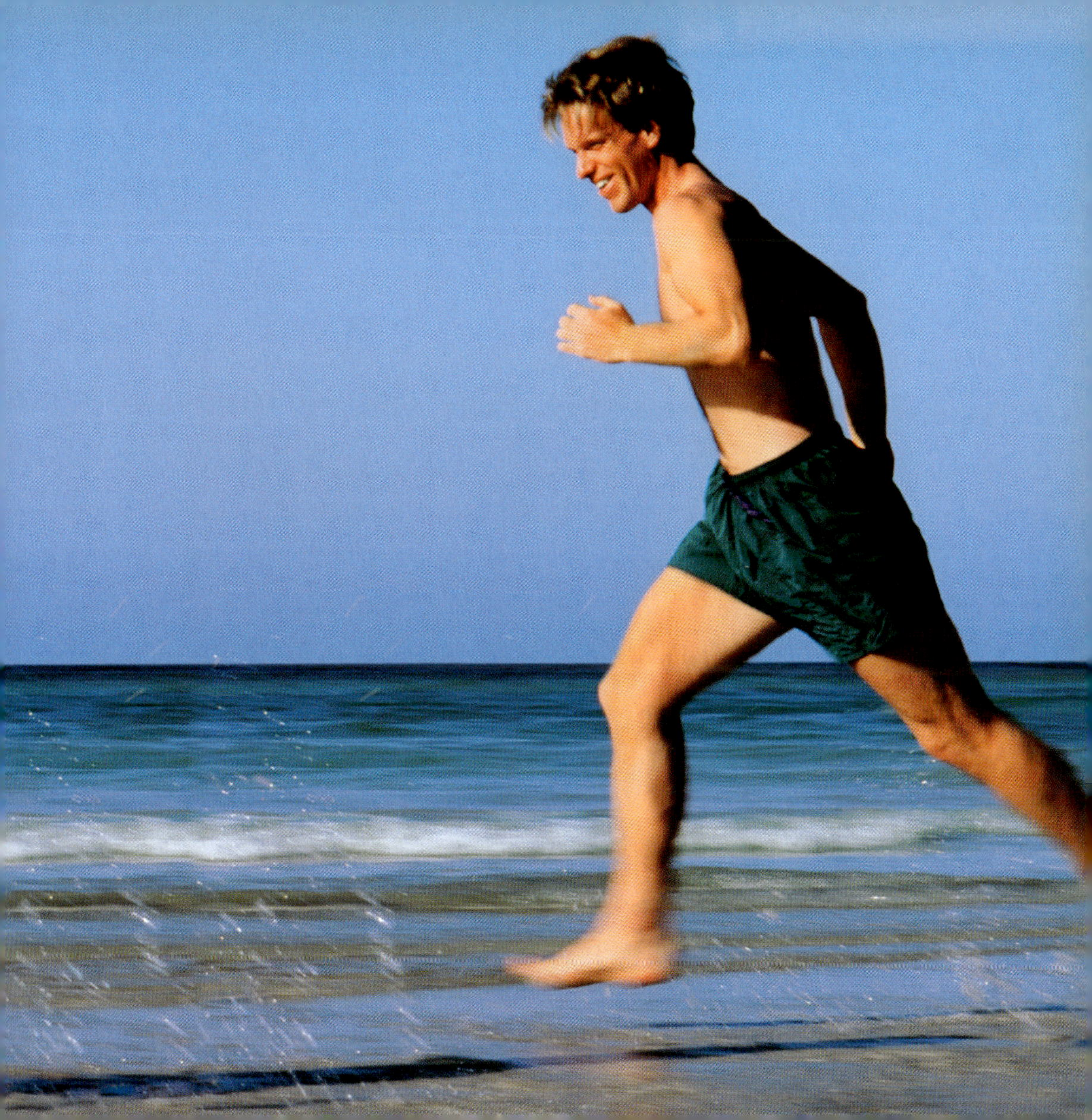

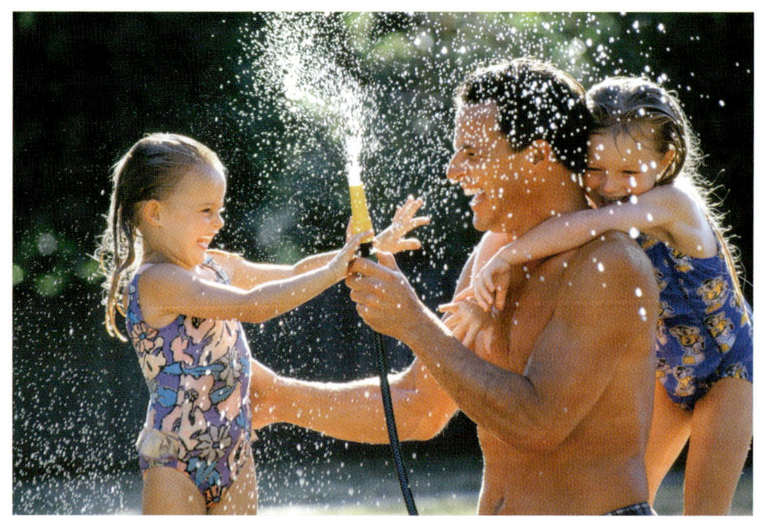

176 • Los juegos de estas niñas y su padre con el agua reflejan un ambiente sereno y alegre.

177 • En el mantenimiento de la bicicleta pueden participar todos: padres e hijos.

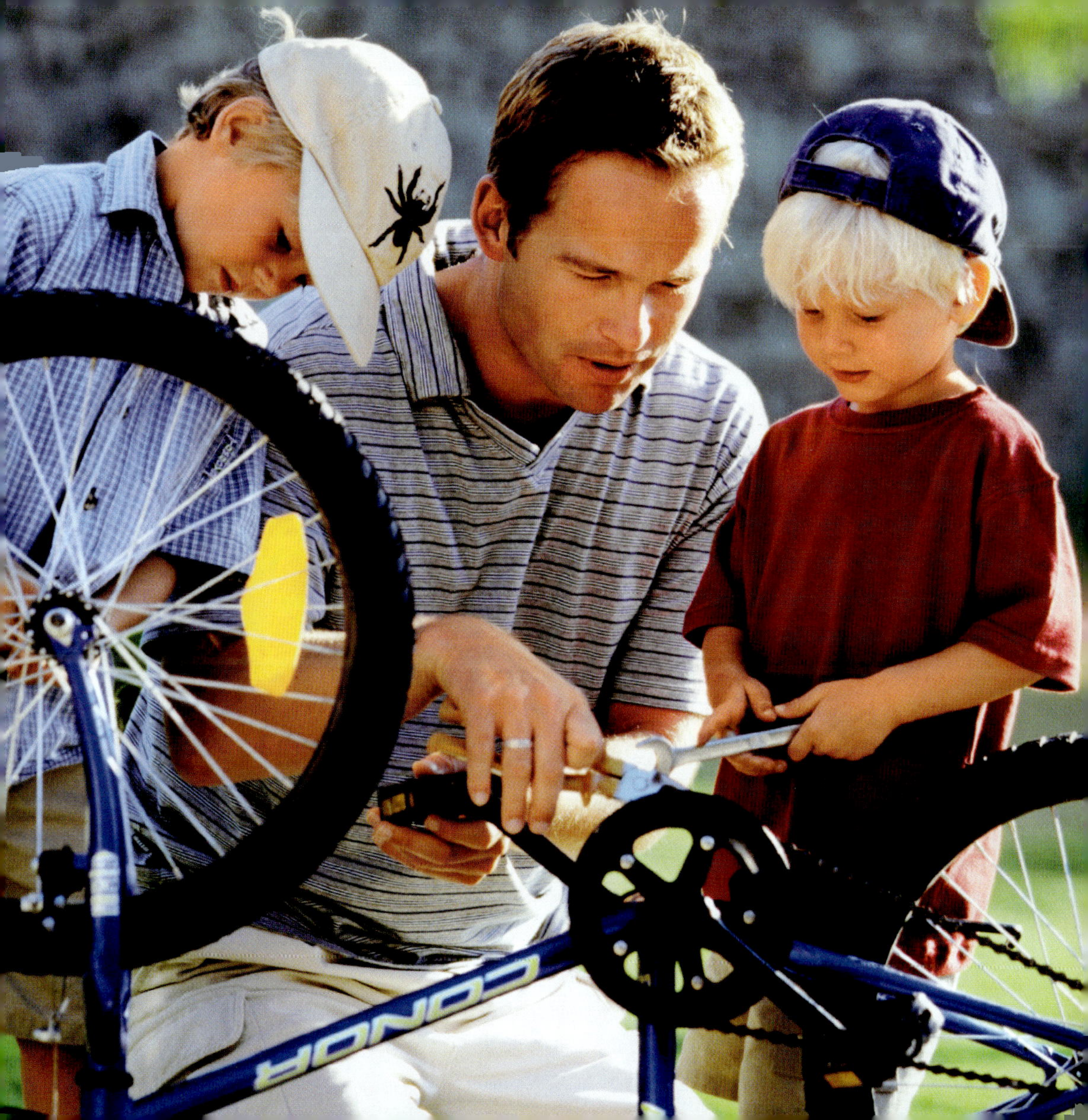

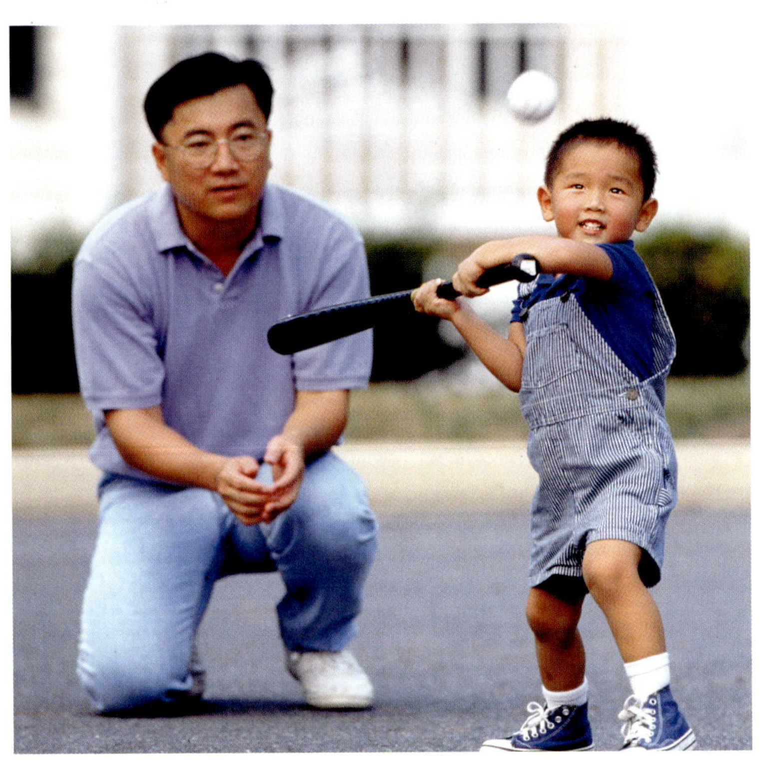

• Un padre paciente y atento es el mejor instructor para poder aprender alegremente los primeros rudimentos del béisbol.

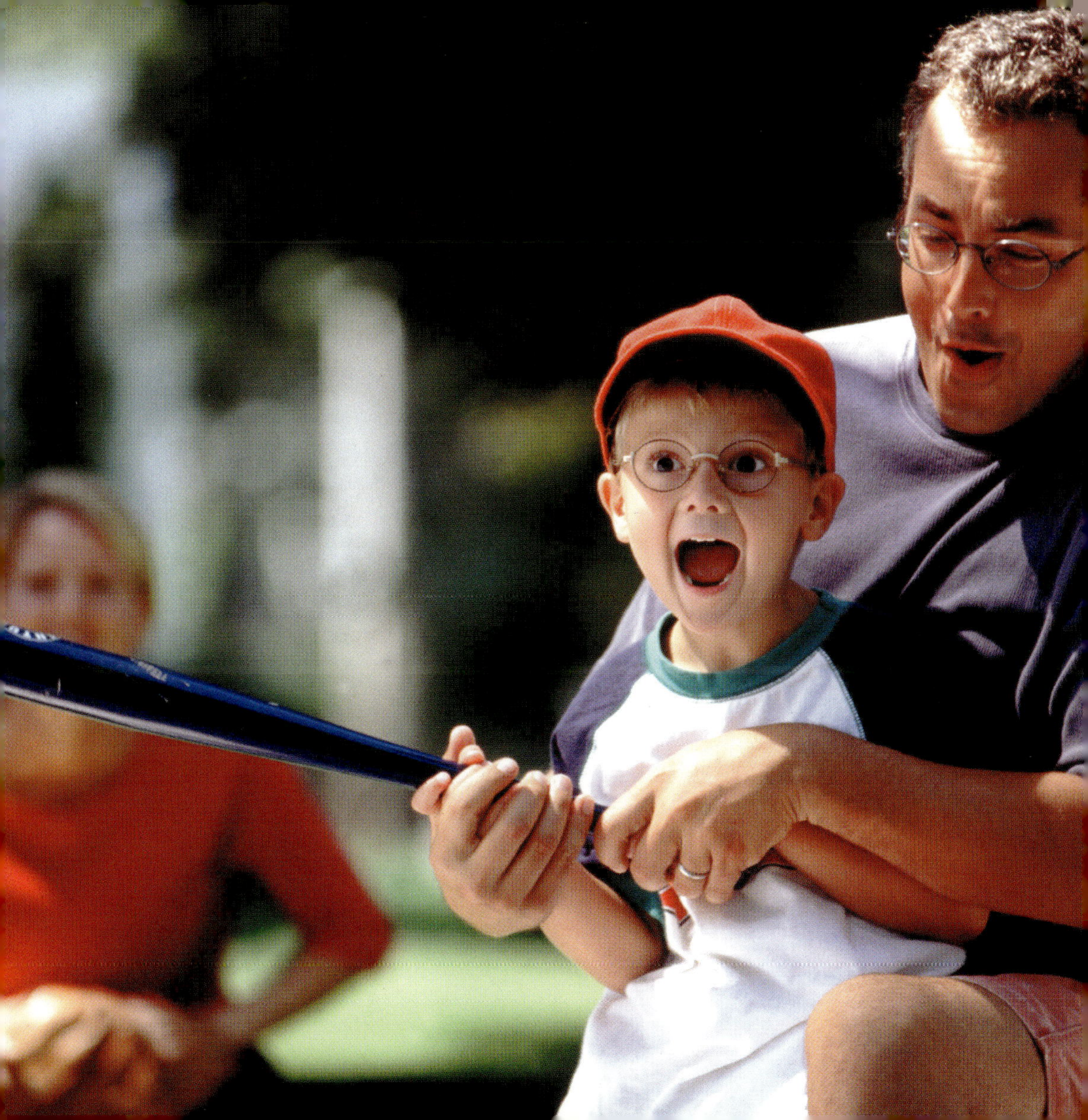

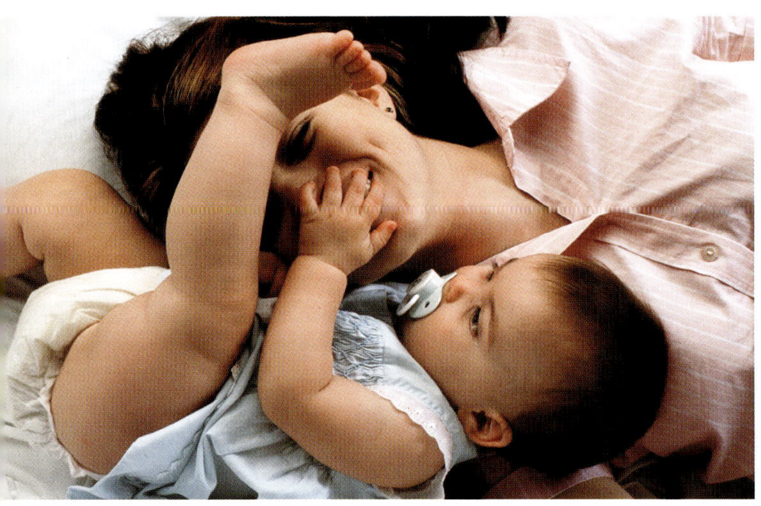

La cara de mamá puede ser también el objeto de juego más importante para un bebé.

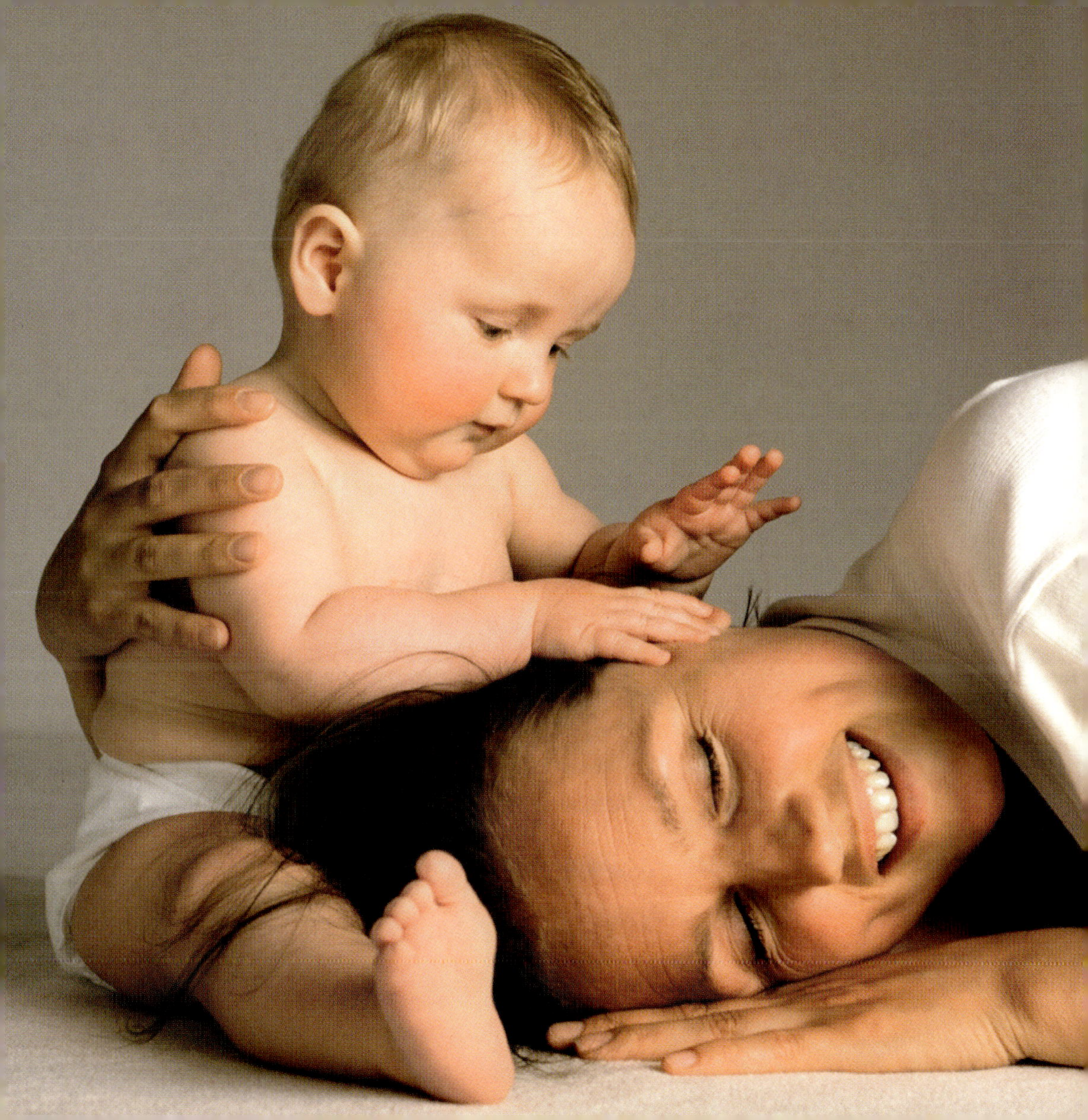

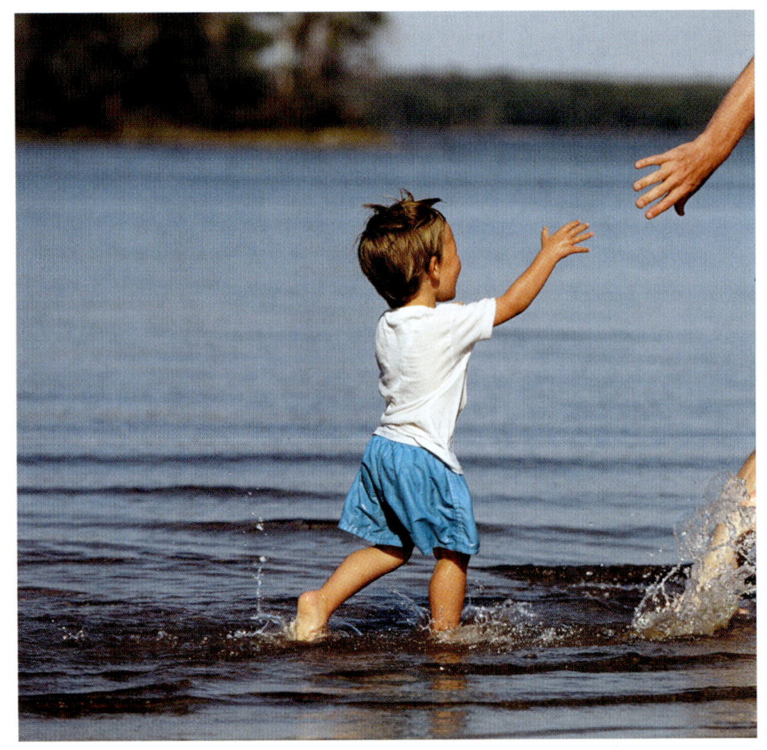

182 ● Durante las vacaciones los niños pueden pasar con su padres todo su tiempo.

183 ● Un paseo es la ocasión perfecta para balancearse sujetándose de las manos de papá.

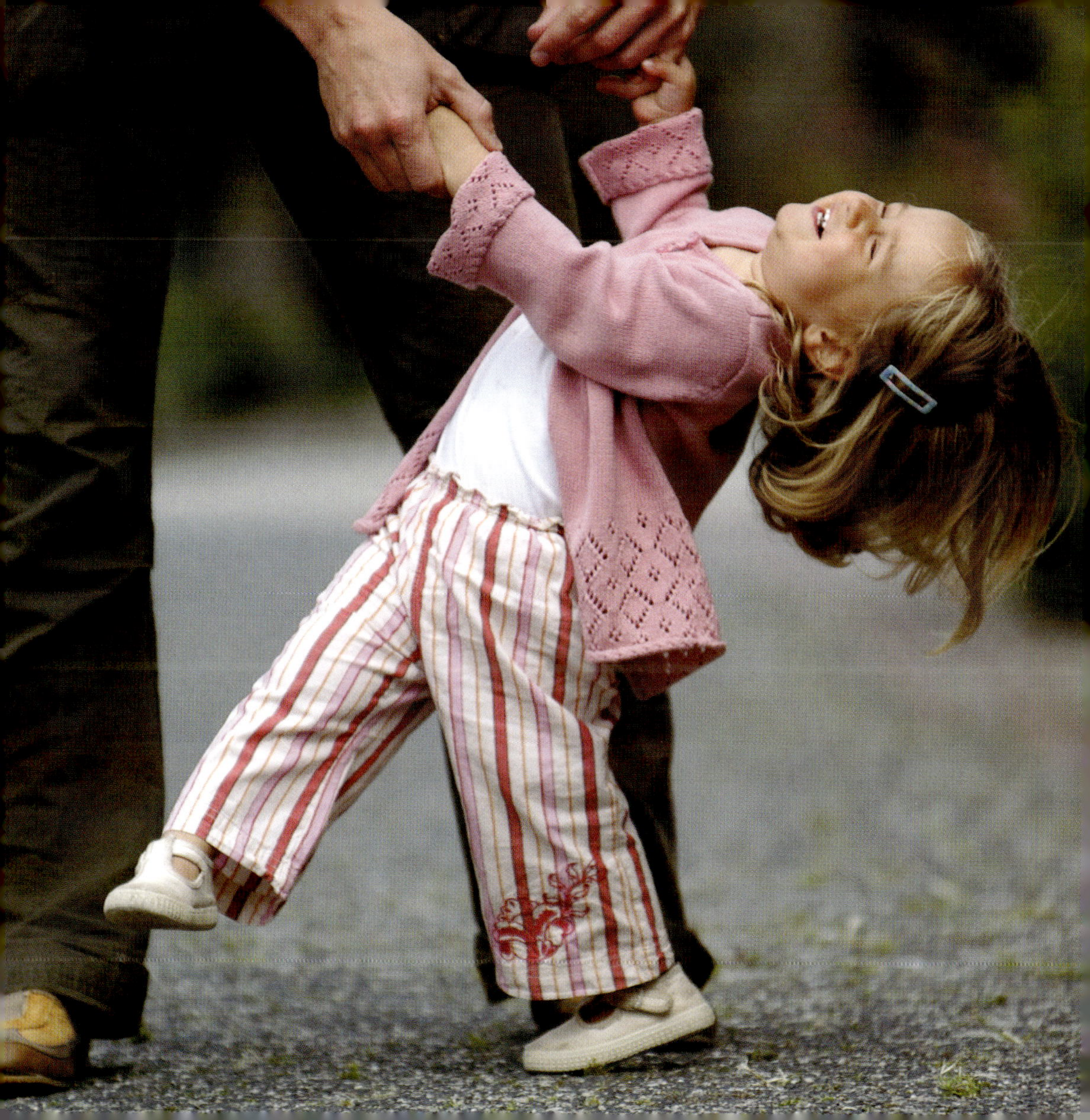

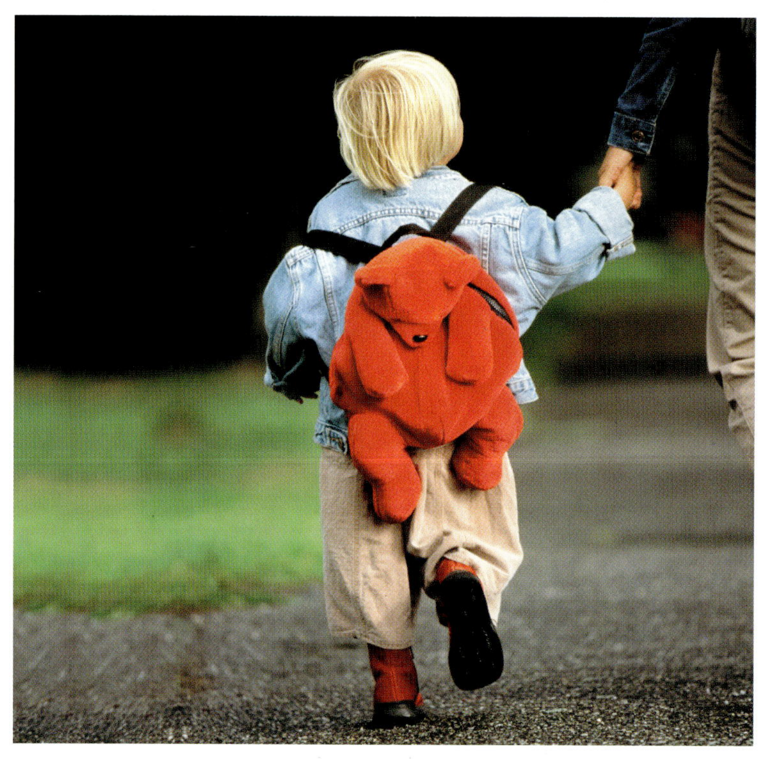

184 ● Un padre acompaña a su hijo que camina seguro con su mochila en la espalda.

185 ● Esta niña tibetana se coge con timidez de la mano de su mamá.

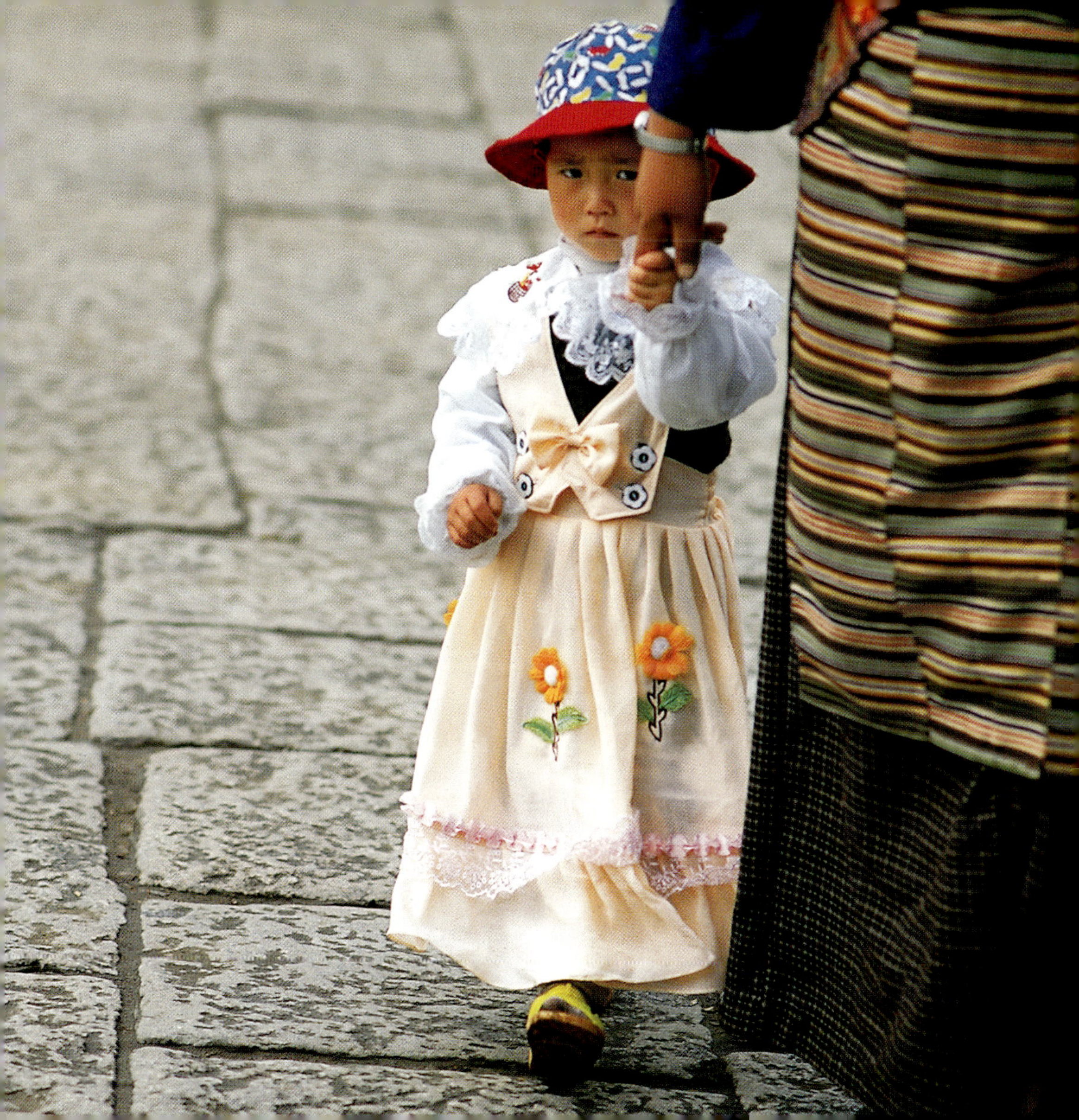

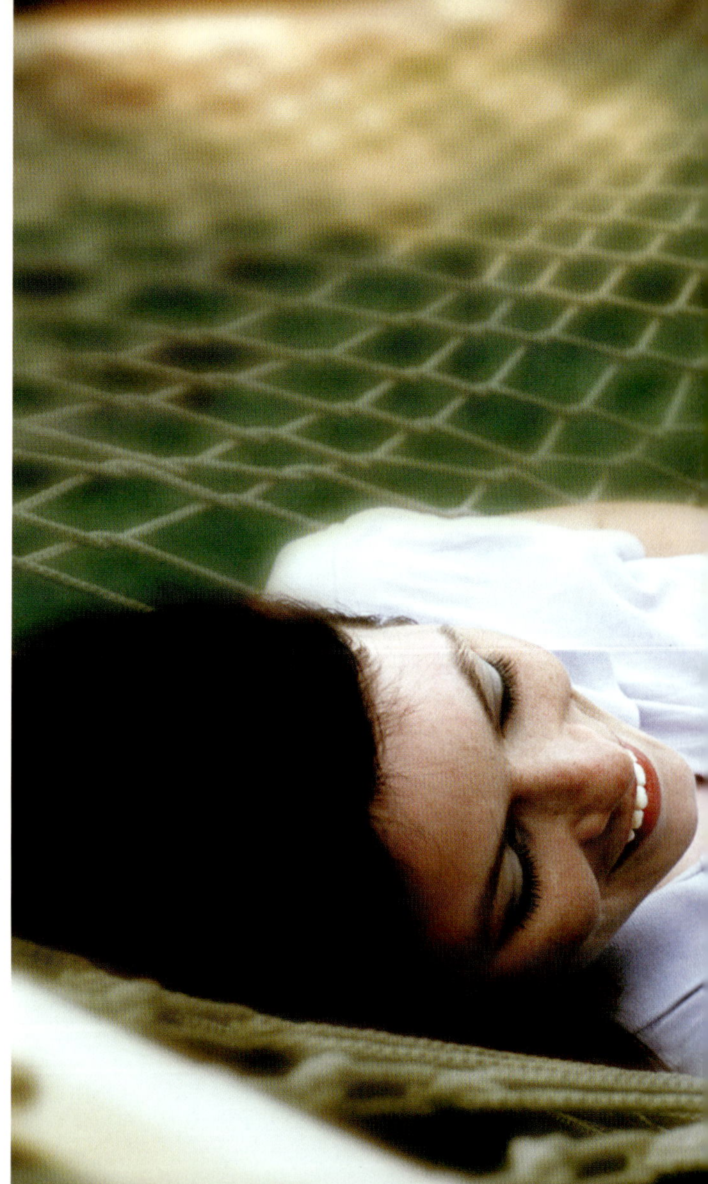

A todos los niños pequeños les gusta mecerse, y la hamaca es precisamente el lugar perfecto en el que jugar un rato tranquilamente con mamá.

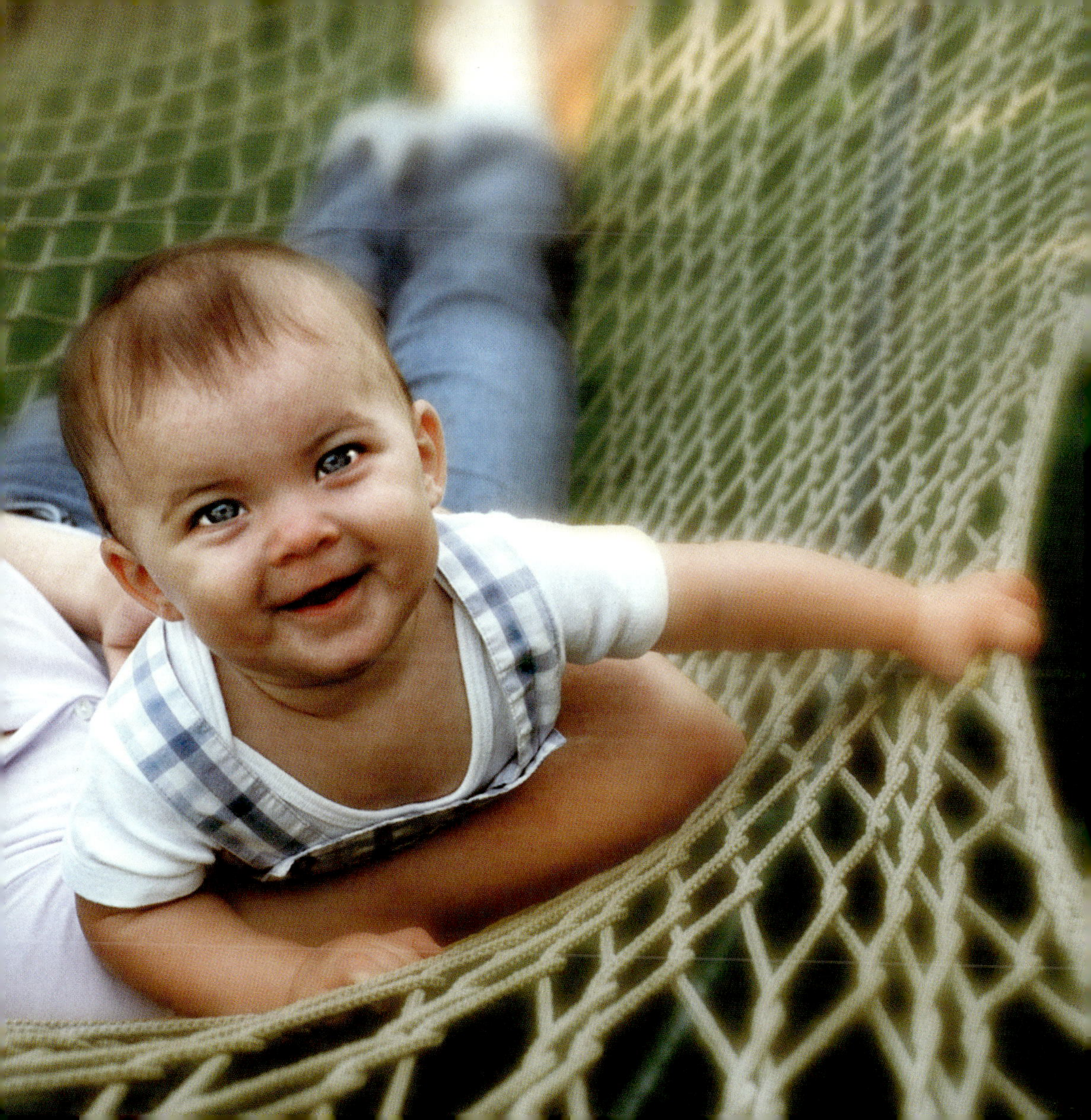

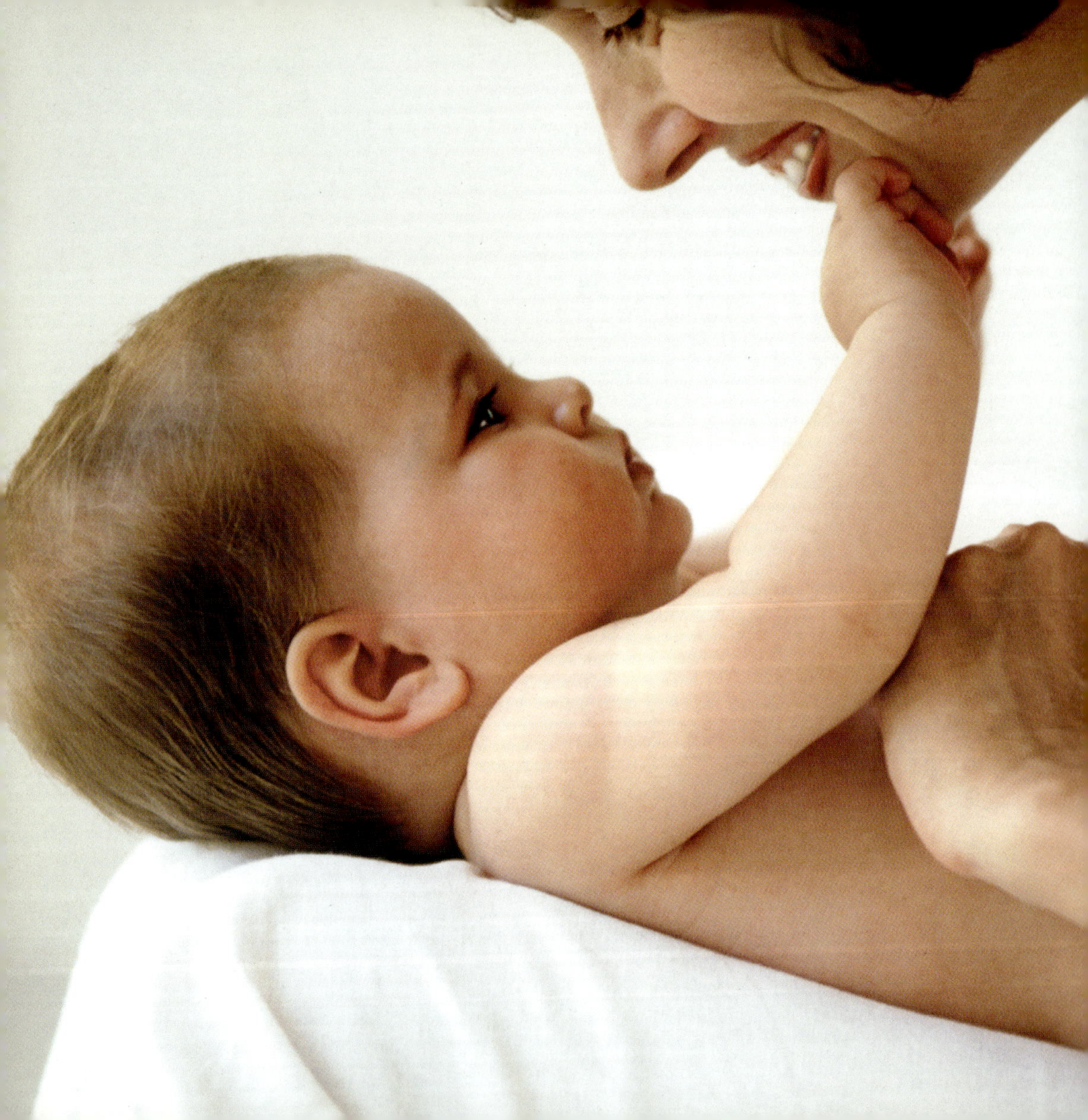

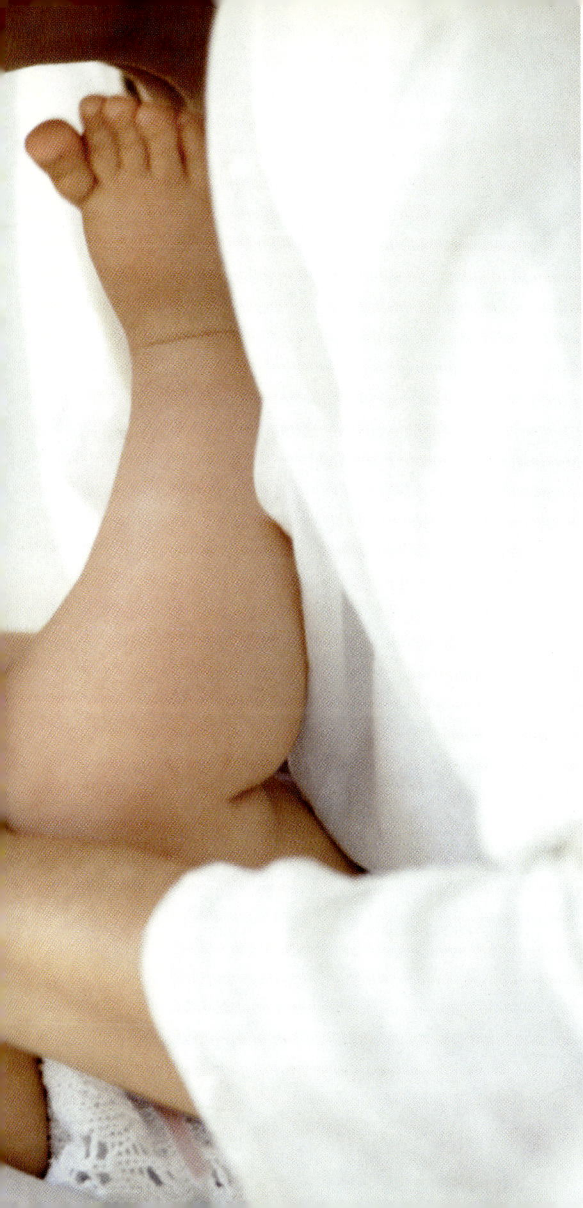

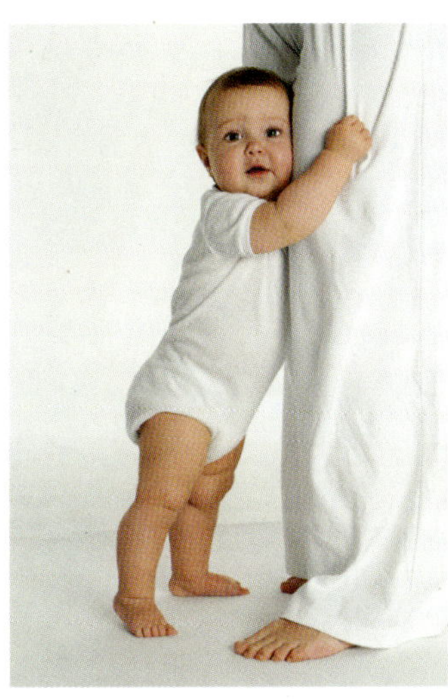

● Jugar con su madre es un comportamiento innato en el niño, que adora el contacto físico y siempre querría ser llevado en brazos o, por lo general, tener la seguridad de que uno de los dos progenitores está disponible para él.

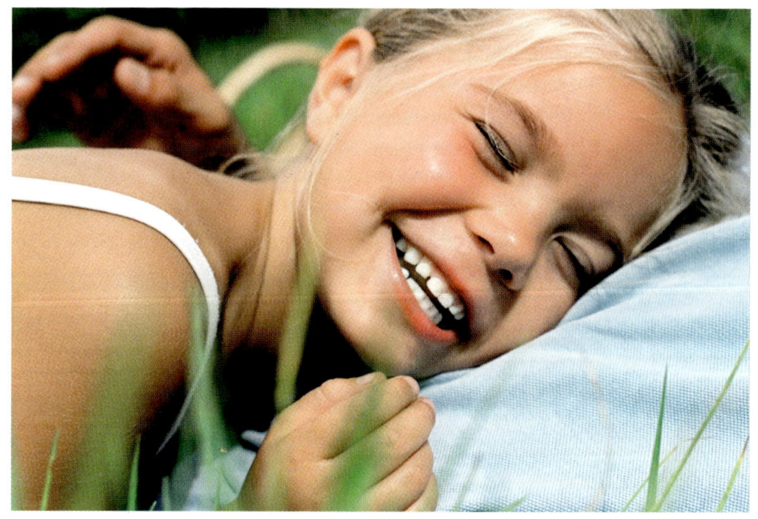

190 • Reírse relajadamente elimina todo el estrés como demuestra la serenidad de esta niña abrazada a su padre.

191 • Las cosquillas provocan la risa a todas las edades y pueden ser una excelente forma de juego entre madre e hija.

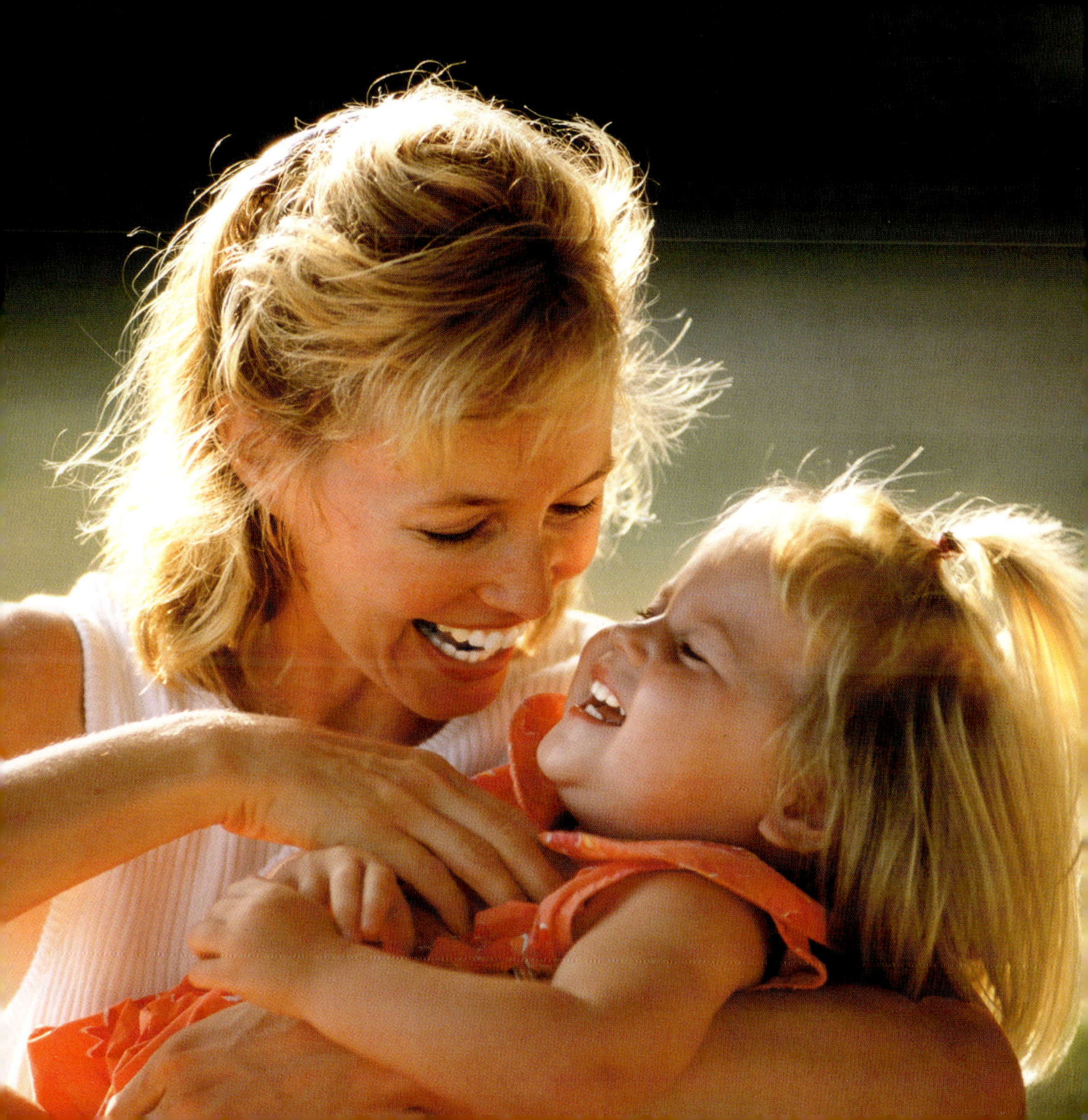

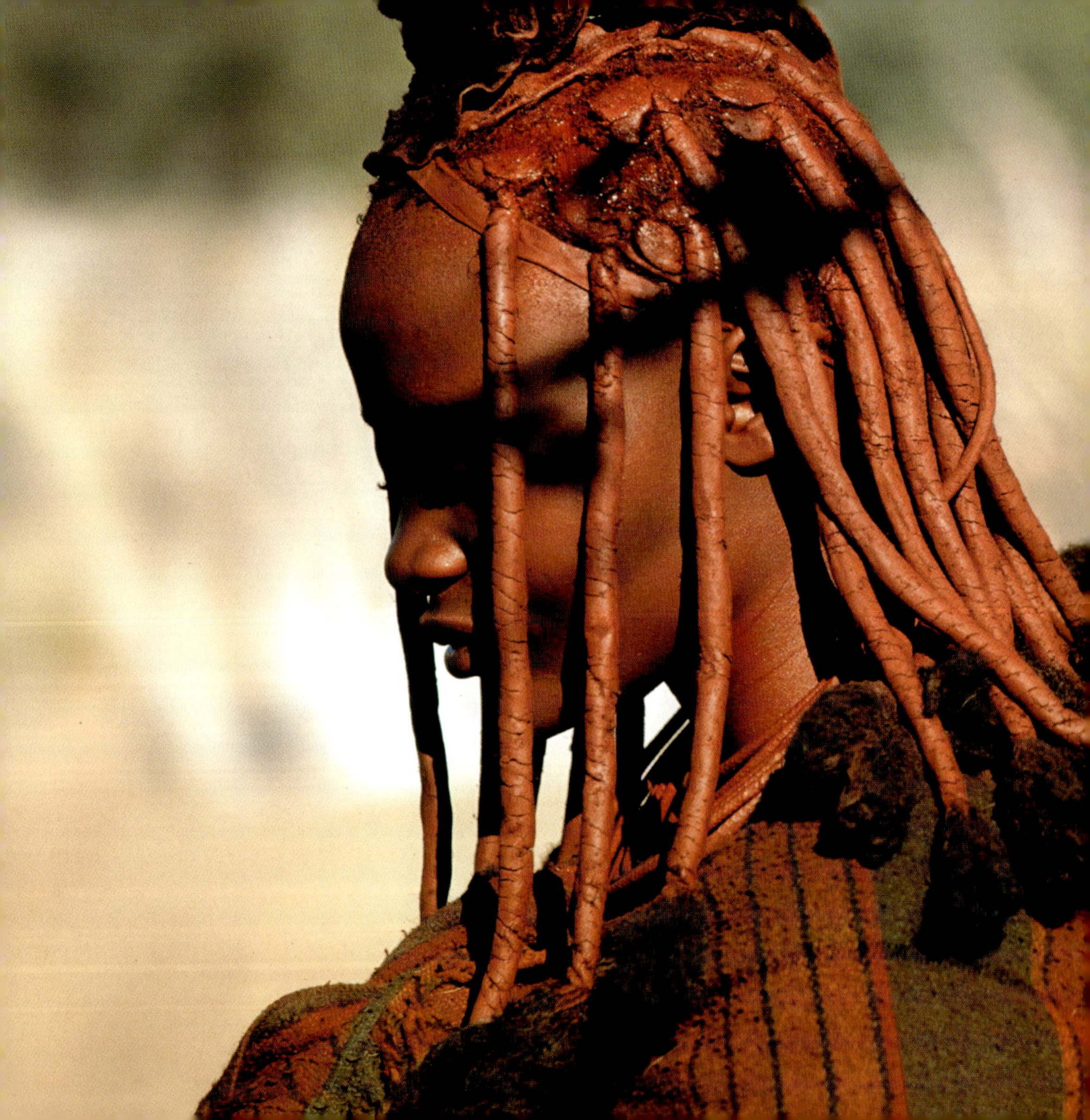

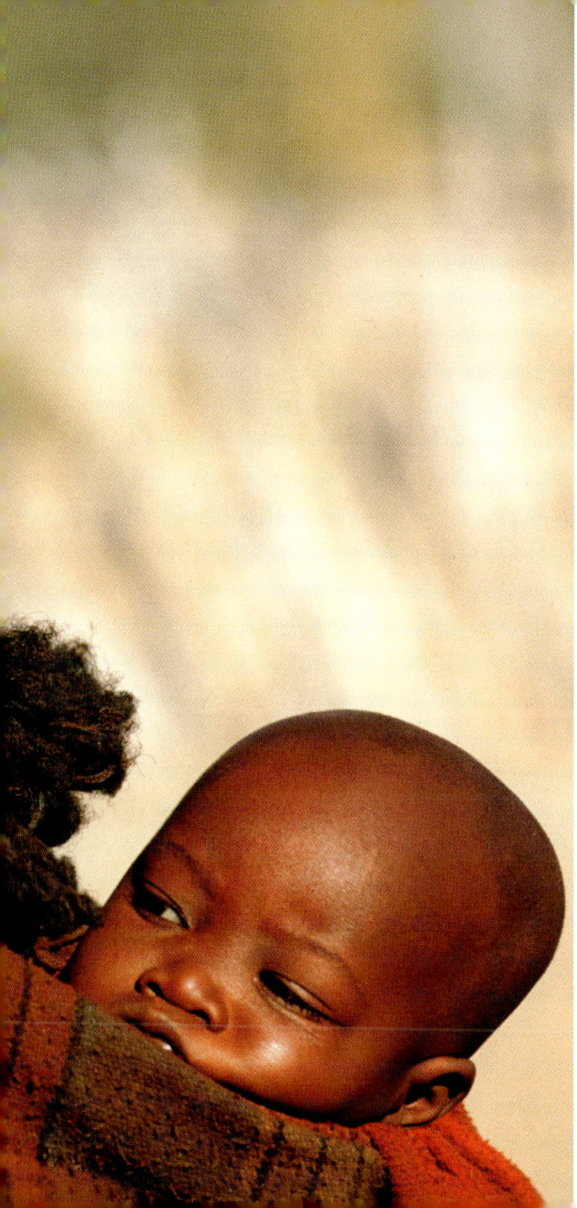

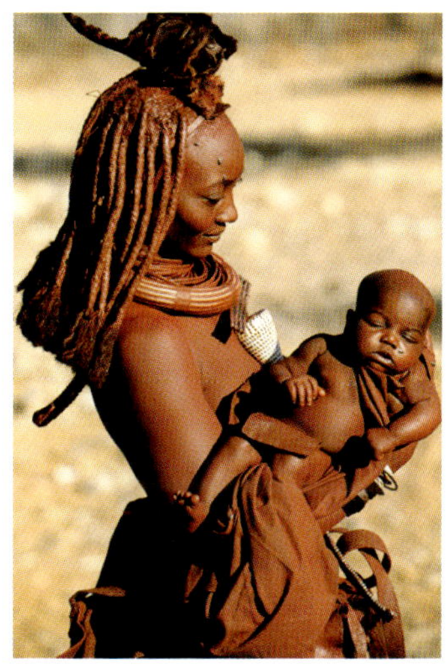

En el territorio de Kaokoveld, en el centro de Namibia, una madre lleva consigo a su hijo y después lo coge en brazos con cuidado, meciéndolo con sumo cuidado.

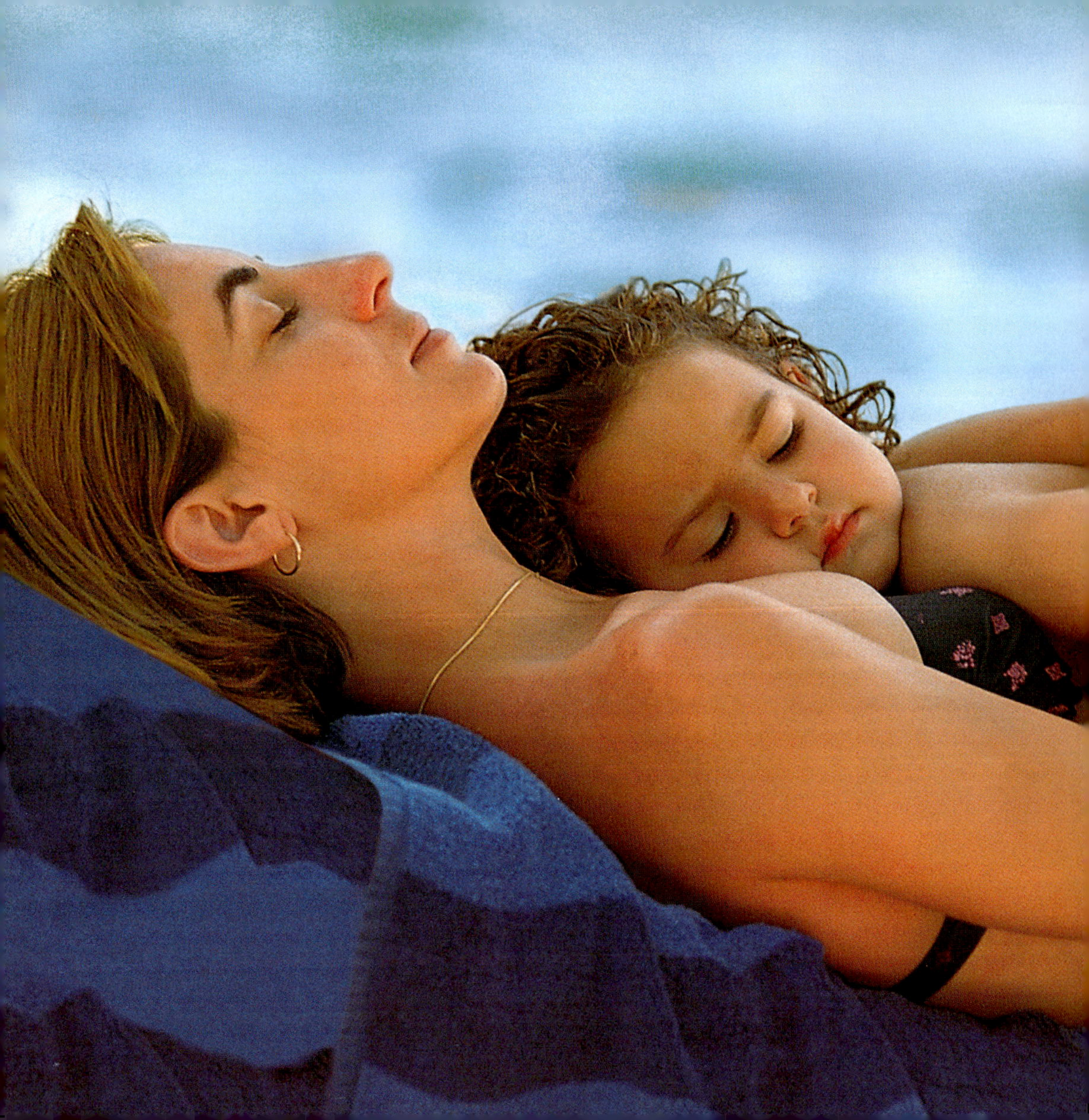

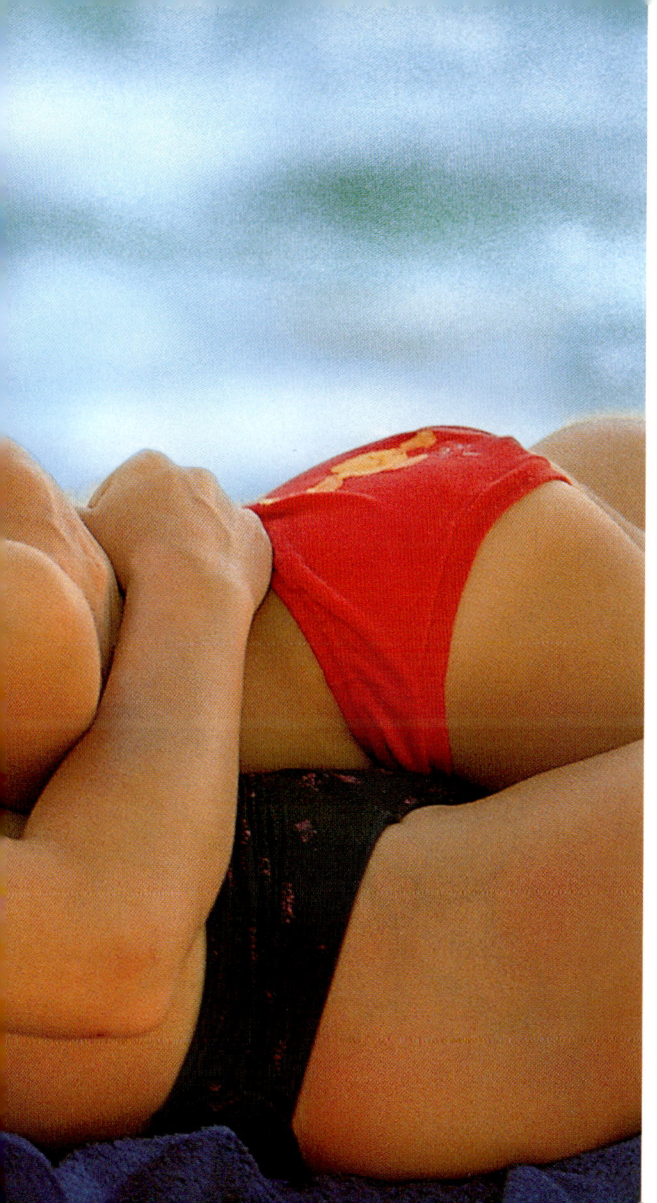

Madre e hija
descansan en la playa,
echadas una junto
a otra y acompañadas
por el ruido de las olas.

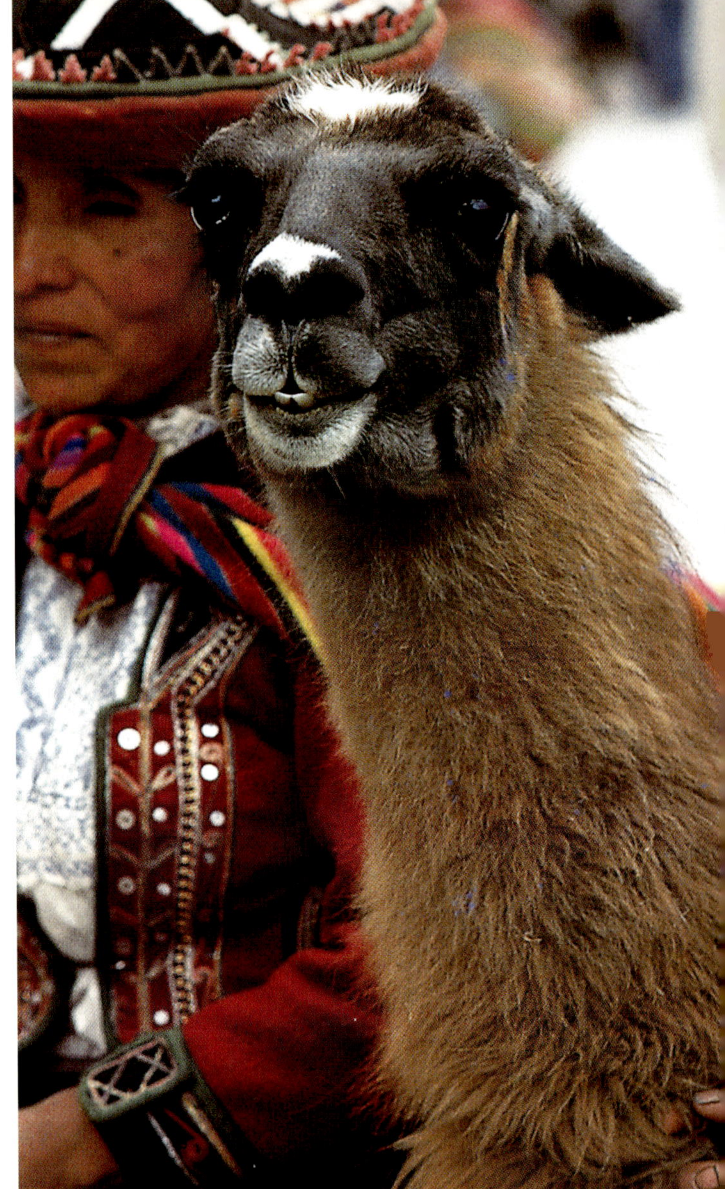

En el poblado andino de
Chinceros, en Perú, los
niños campesinos van
siempre con sus padres,
desplazándose juntos
a los campos, los pastos
y los mercados.

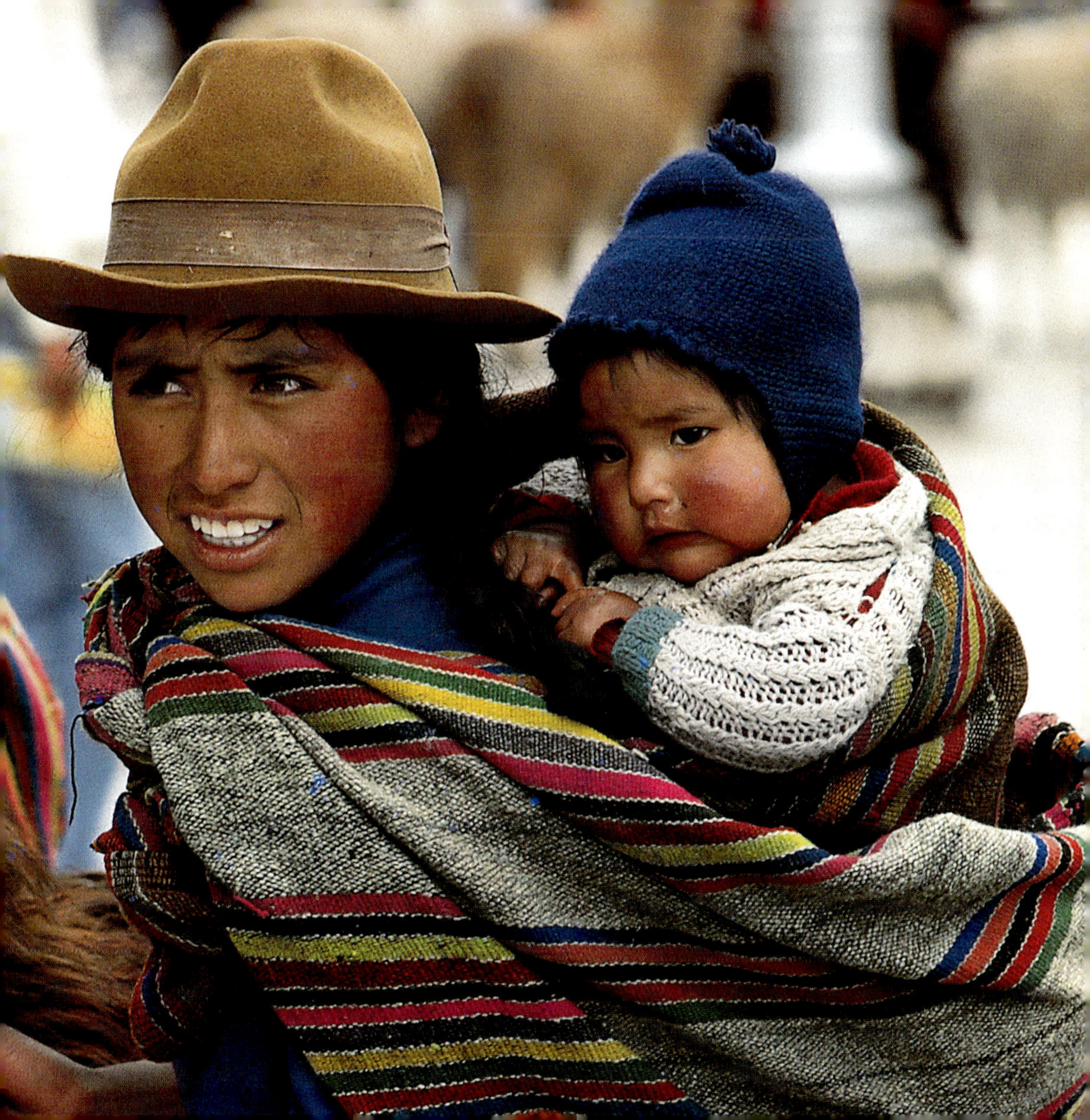

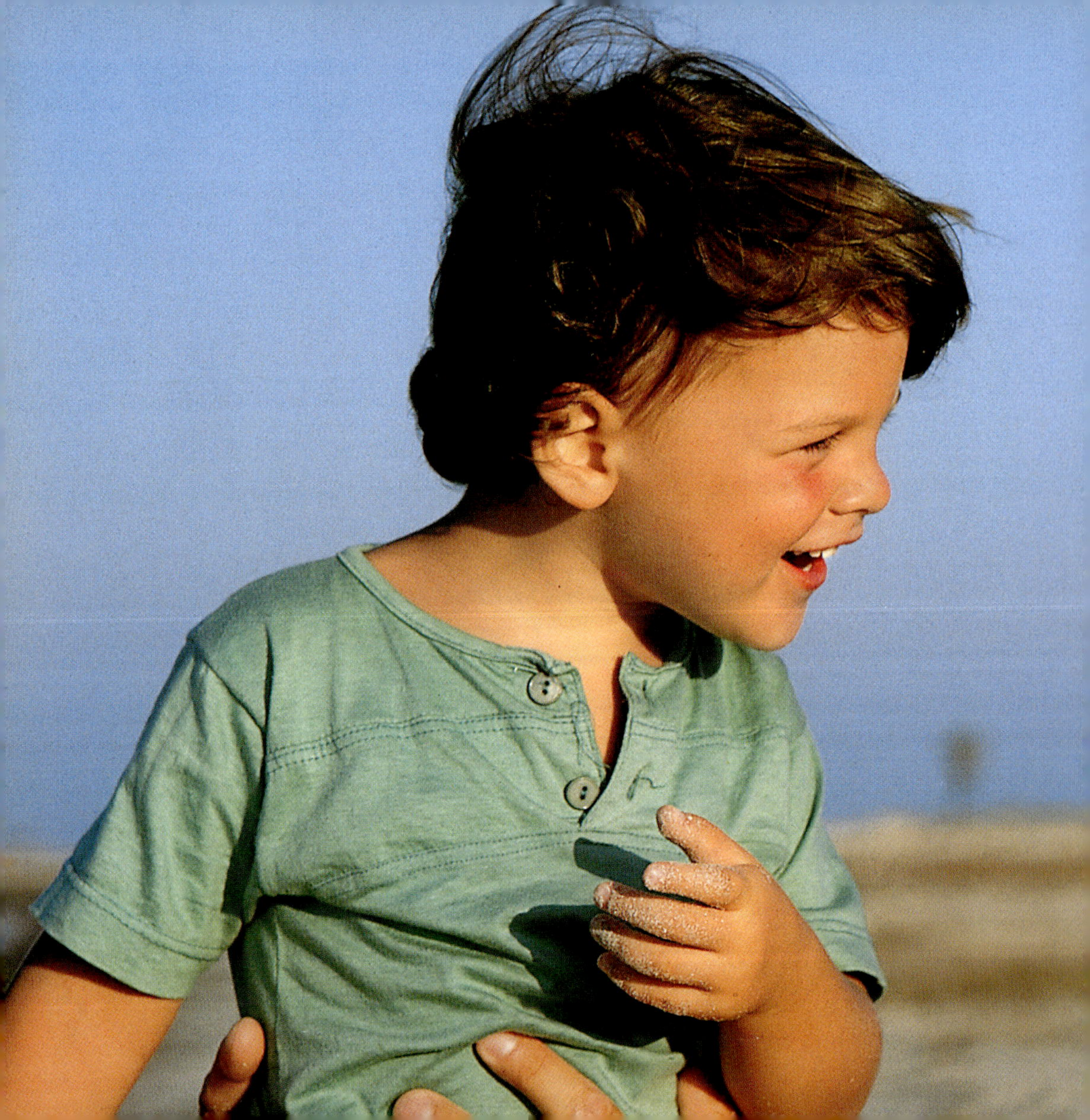

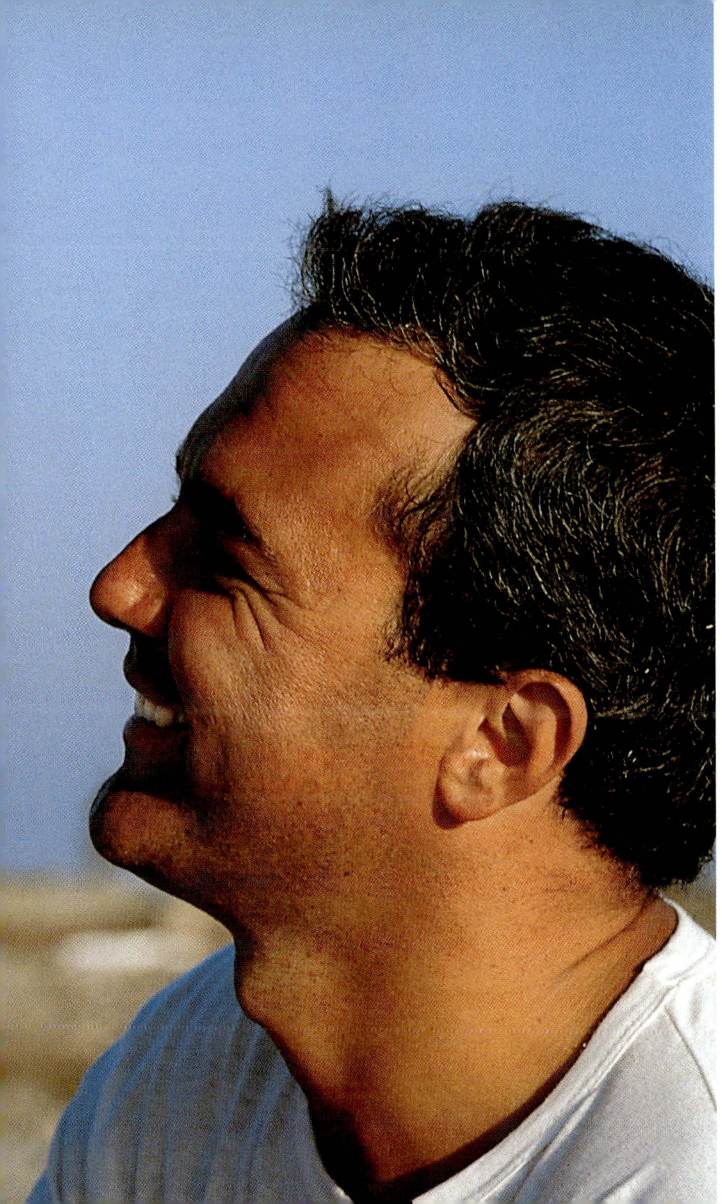

Padre e hija se explican
mil secretos y se
comunican de forma
espontánea sus emociones,
mientras las niña adopta
una expresión de cómplice
incredulidad.

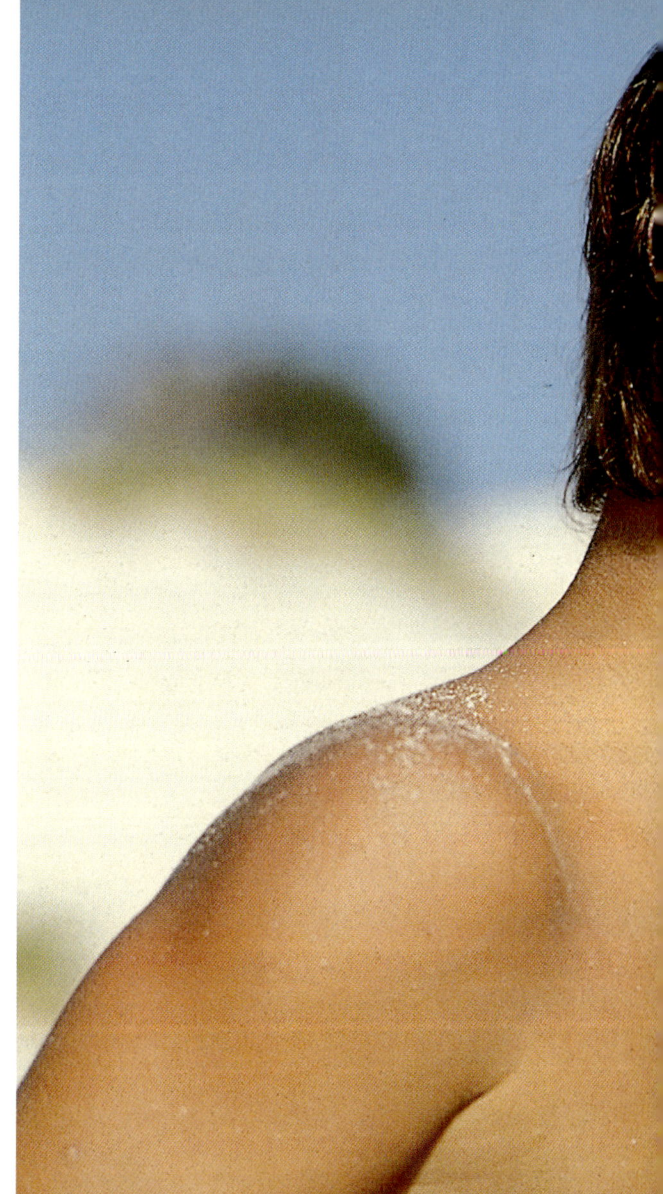

Padre e hijo juegan y se encaran aparentemente con cualquier excusa. Este niño está haciendo una mueca burlona y parece realmente satisfecho de conseguir tocar con la lengua la nariz de su padre.

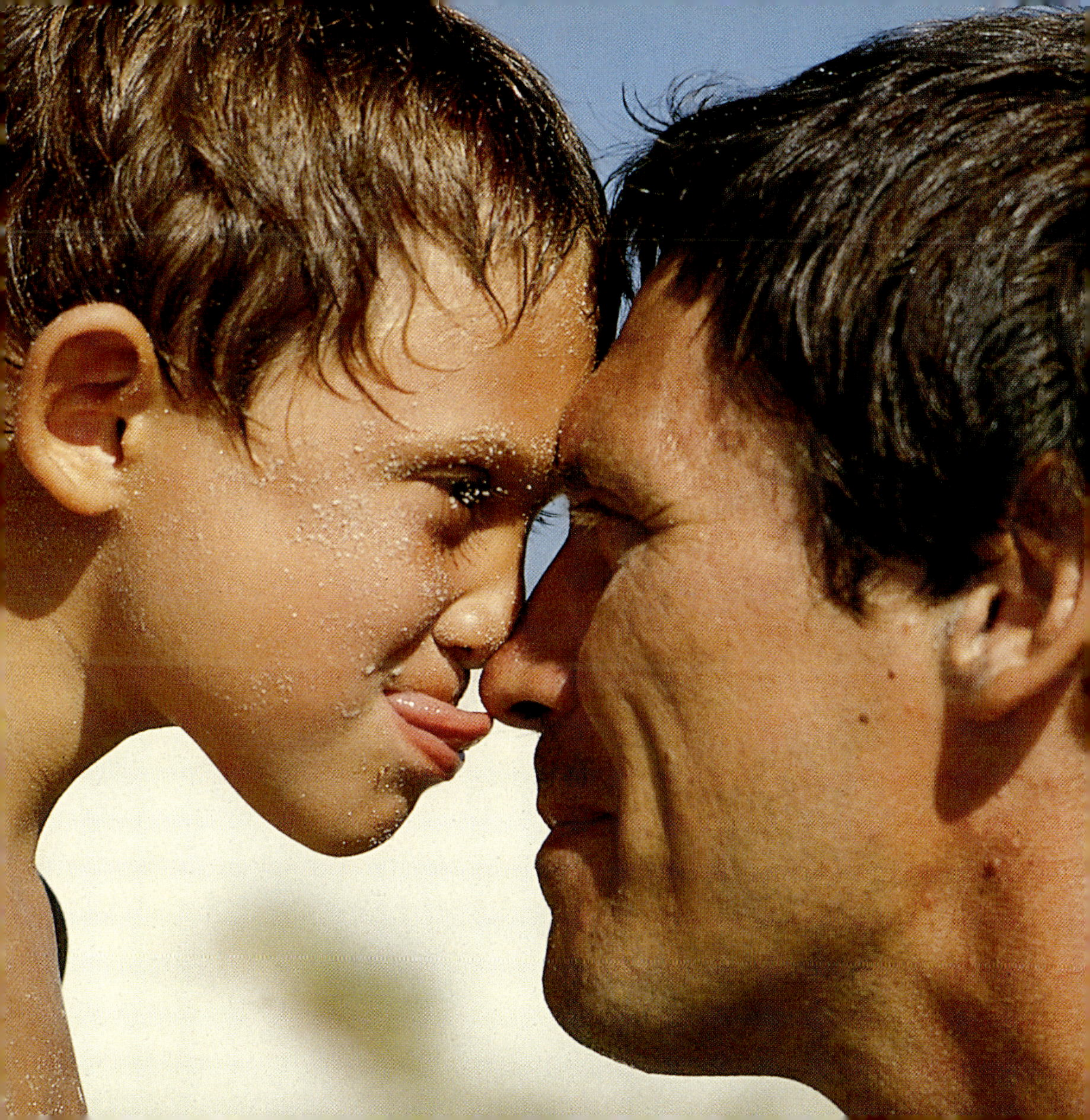

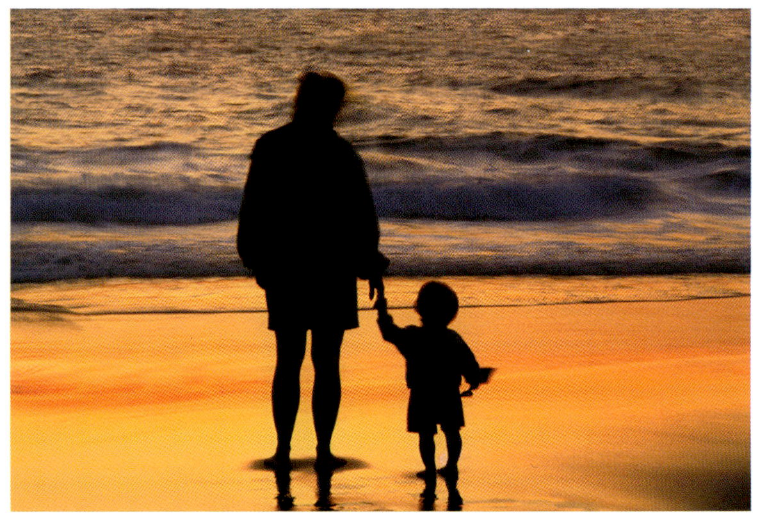

202 y 203 • Madre e hija disfrutan absortas del hermoso espectáculo del atardecer junto al mar.

204-205 • La mamá mira a su hijo con cariño, dramatizando y bromeando un poco con él, mientras éste adopta una expresión de fastidio.

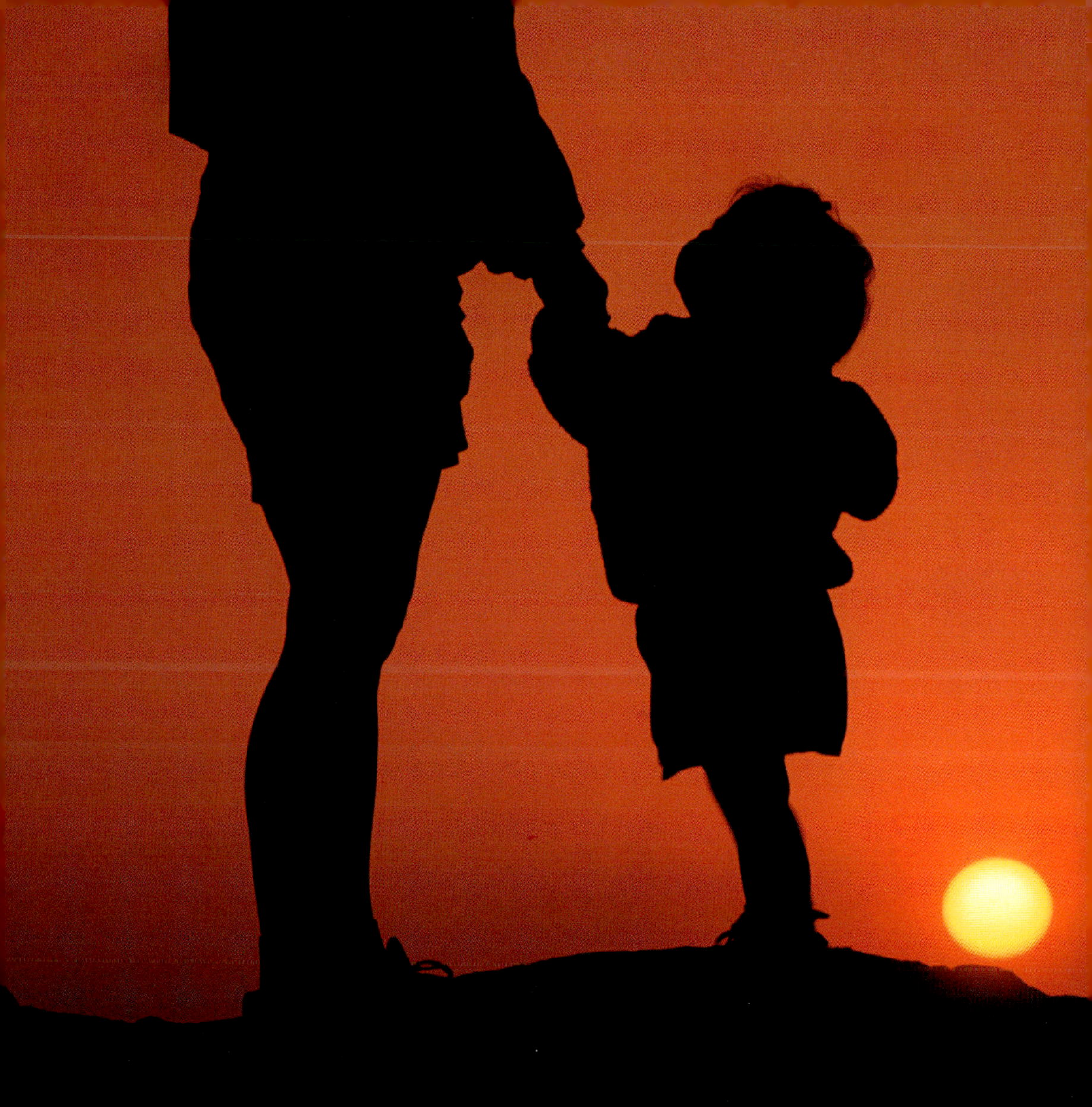

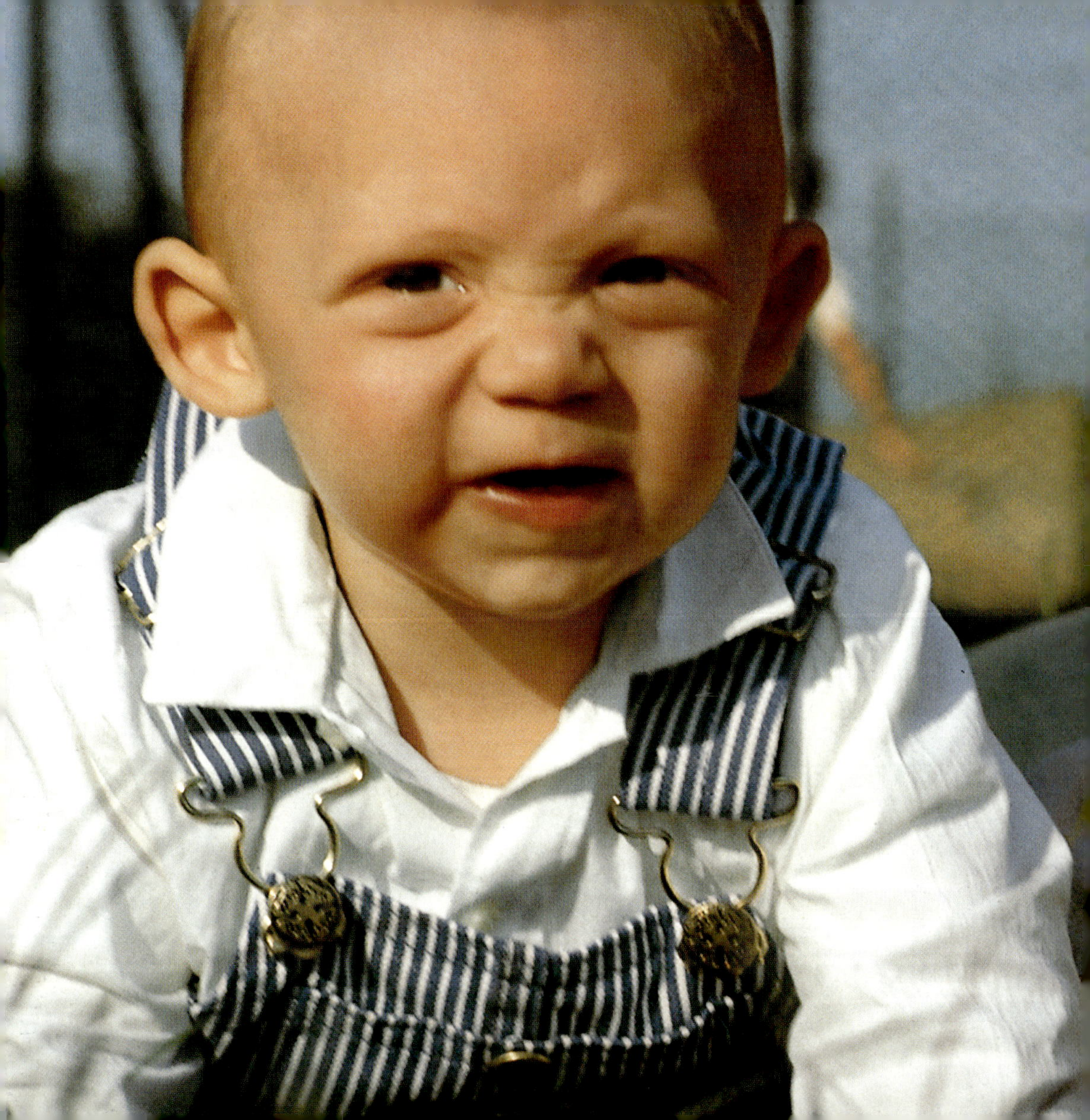

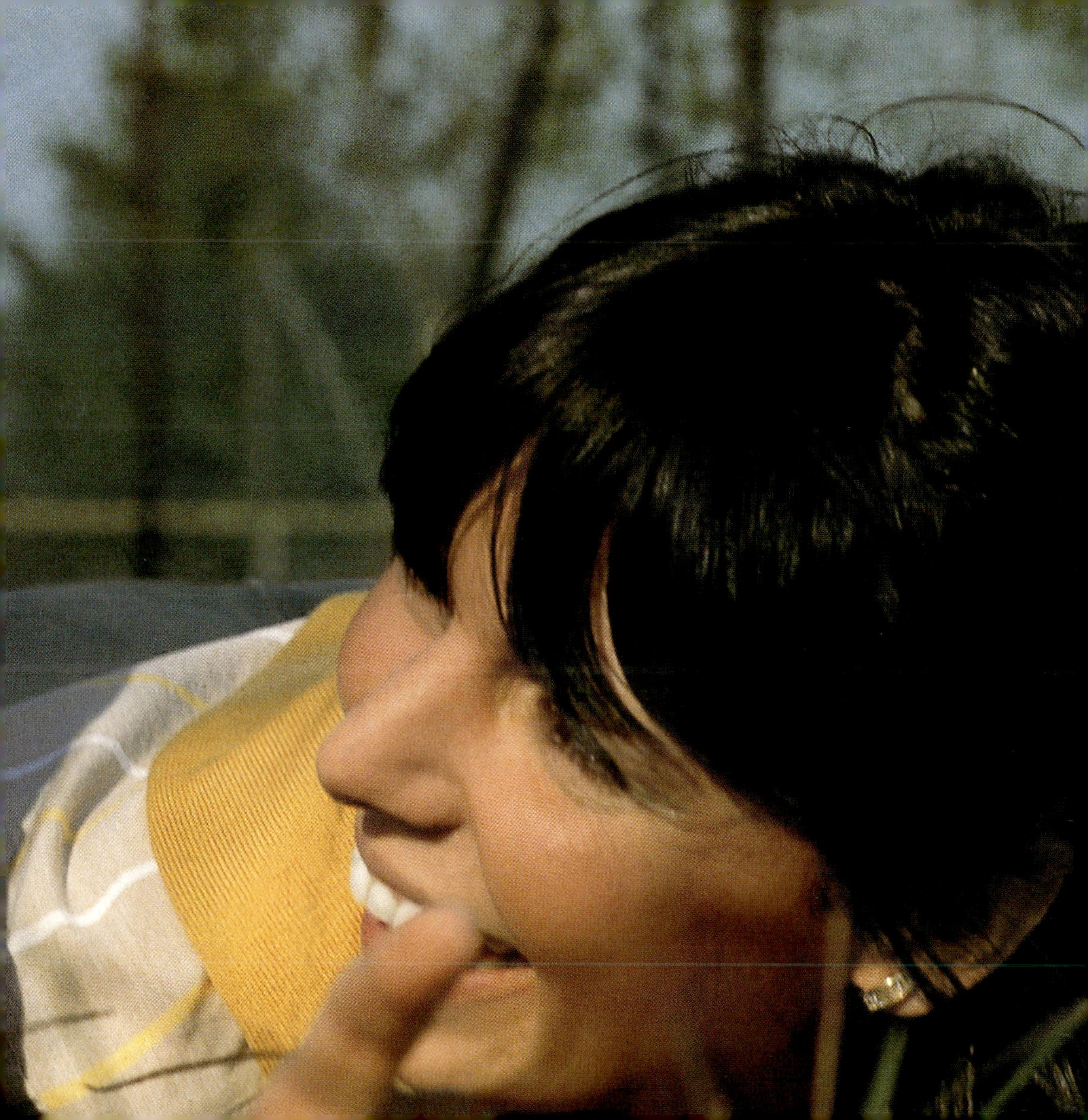

EN LAS ESCUELA DE LA

En Guizhou, China, un estudiante de etnia miao lee atentamente su libro.

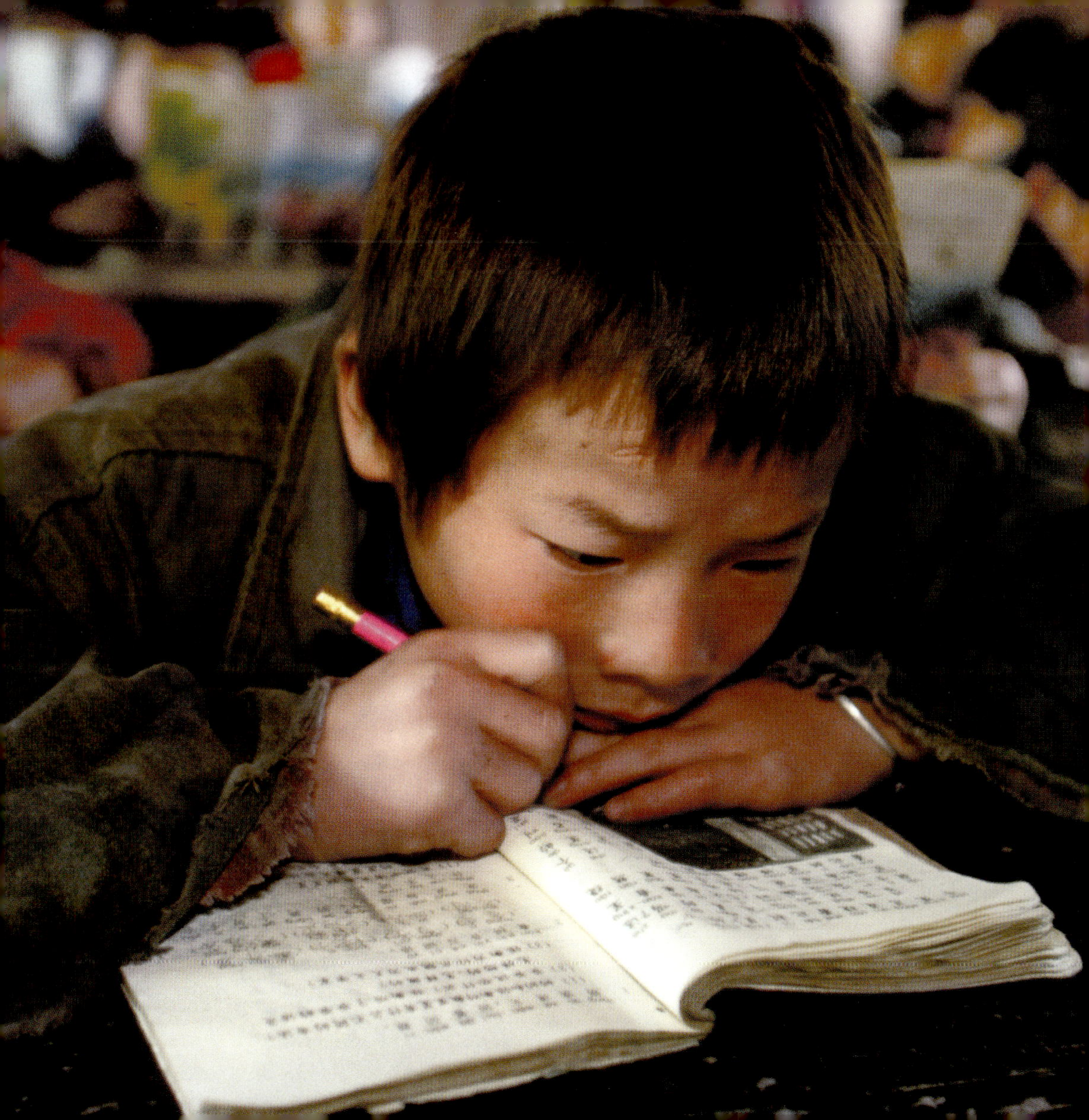

INTRODUCCIÓN En las aulas de la escuela

Gestos sagaces y destellos de imaginación recorren la mirada de los niños en la escuela: unos observan la pizarra o la pantalla del ordenador, otros no consiguen dejar de distraerse, algunos sugieren la respuesta al compañero, y aun otros no resisten la tentación pasar notas a sus amigos. Nuestros pequeños escolares descubren pronto el gusto por vivir momentos mágicos, como el de levantar la mano seguros de saber la respuesta.

A los niños de hoy día, con frecuencia hijos únicos un poco solitarios, les gusta socializar e ir a la escuela, especialmente a las clases de los más pequeños, donde ya desde los primeros días todos se conocen y a todos se les llama por su nombre.

En las escuelas están reunidos en las aulas en las que no faltan espacios para dibujar y pintar, cantar, aprender las letras y los números, y, a través del diálogo, la sociabilidad y el poder de la creatividad frente a dos antipáticos enemigos del aprendizaje: el aburrimiento y la angustia por el rendimiento. Los niños, si no se ven bloqueados por una repetitividad esterilizante de los contenidos y, sobre todo, por el miedo a ser juzgados, están continuamente animados por una formidable curiosidad y capacidad para imaginar fantasiosas soluciones a todos los problemas, aunque sea a costa de inventar estrategias nuevas y originales. La historia, la geografía e incluso las matemáticas pueden ser, sin duda, temas al alcance de los más pequeños, dado que cuando la escuela es una institución amiga y favorece, a través de métodos de enseñanza creativos y no punitivos, el desarrollo de una adecuada autoestima, los niños participan y muestran todo el deseo que llevan dentro por aprender y crecer en todos los sentidos, libres de cualquier miedo a equivocarse. No hay ninguna razón para que la equivocación provoque en el niño un estado de ansiedad, si entre todos le enseñamos, pronto, que los errores son indispensables en el proceso de aprendizaje, que si no hay error no hay crecimiento intelectual.

No hay duda, sin embargo, de que, entre una materia y otra, entre un aprendizaje y el siguiente, uno de los momentos más esperados por todos los niños del mundo es de la campana, o el timbre, que suena alegre para anunciar el esperado y necesario tiempo para el juego al aire libre. Otro buen momento para la socialización y el aprendizaje.

Estas dos niñas intercambian historias —y quizá también algún secreto— en los bancos de su escuela.

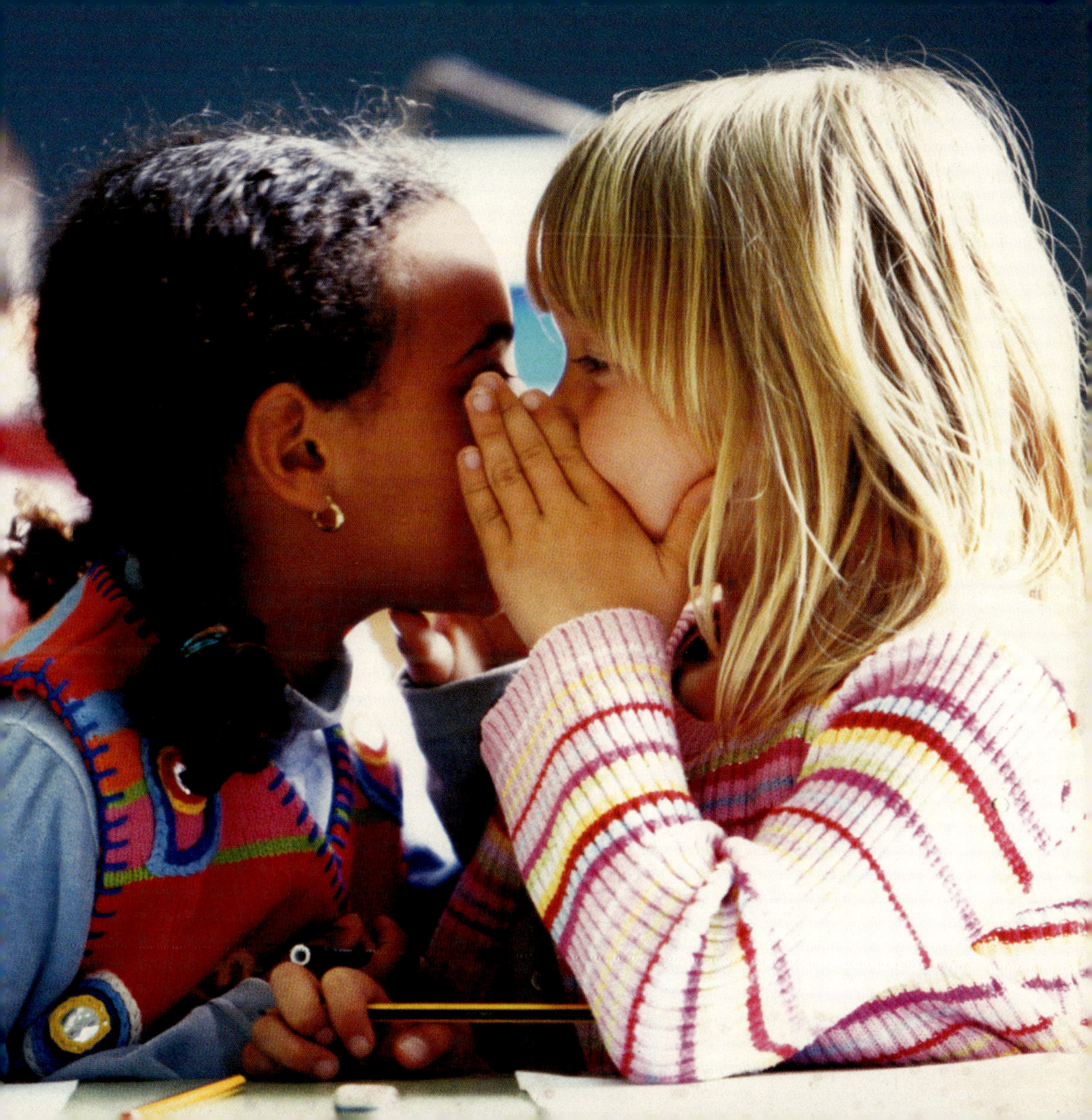

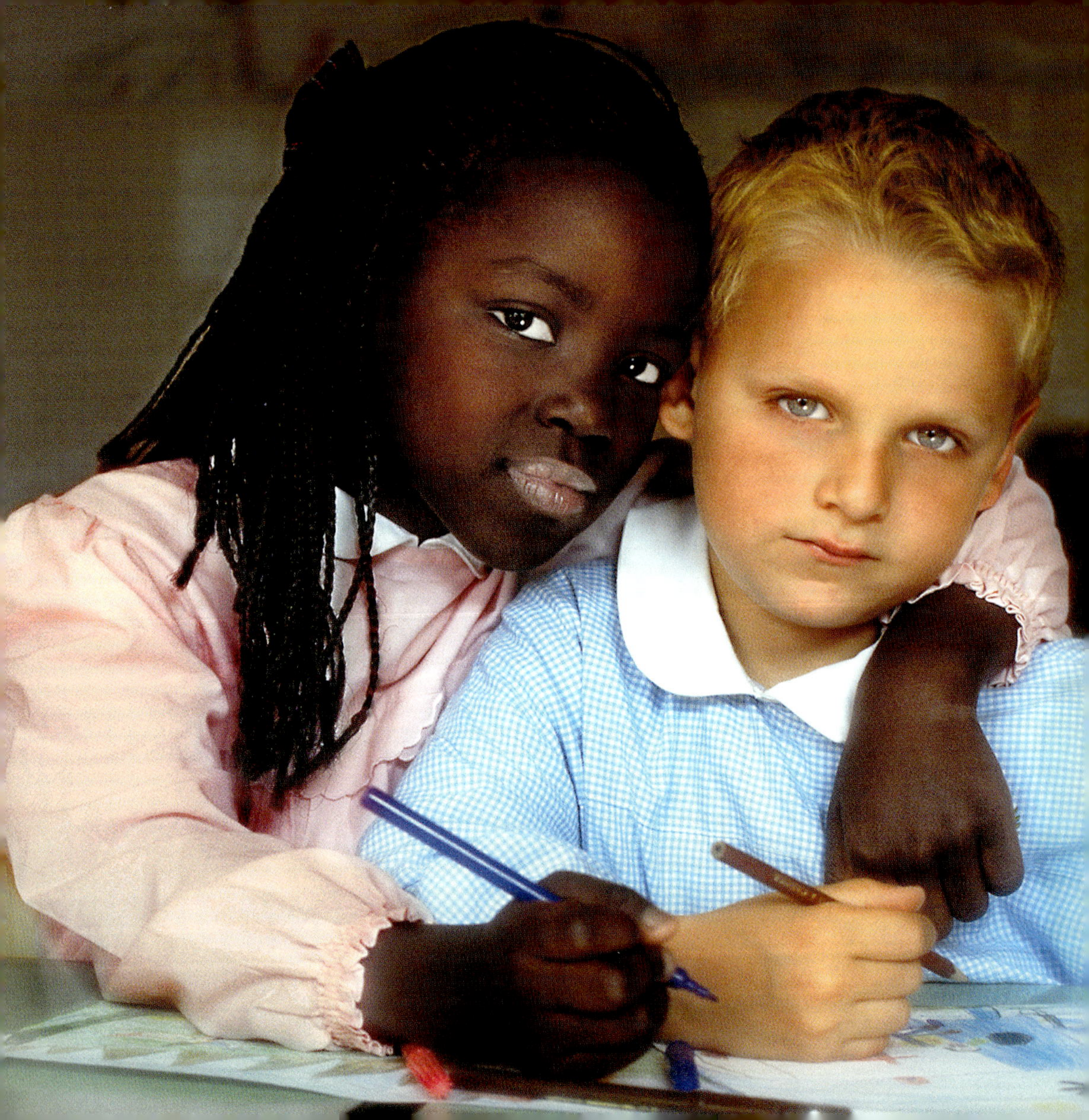

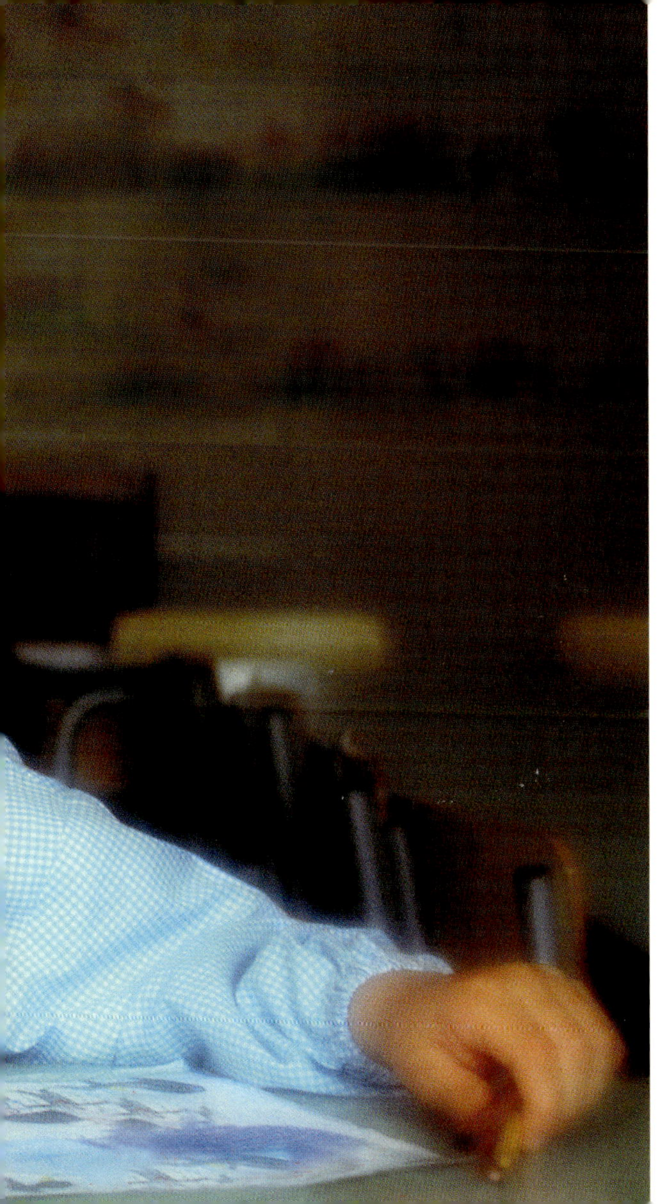

Una niña y un niño
posan para la cámara
abrazados en clase.

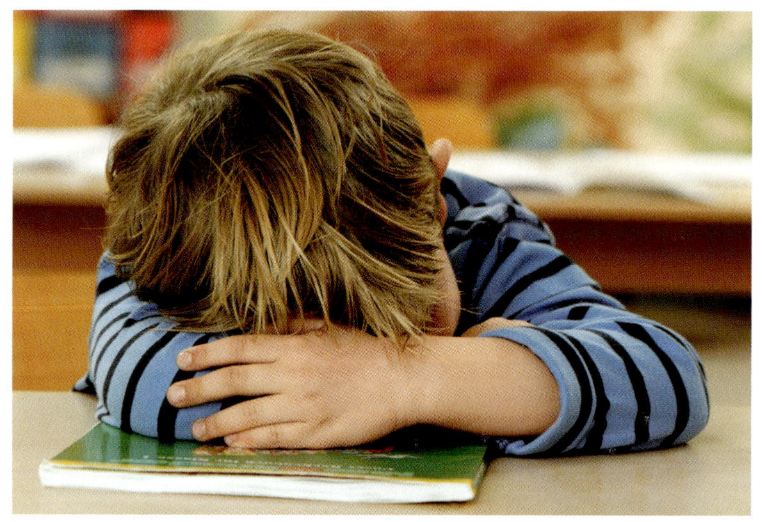

214 • Un niño se duerme, cansado, reposando la cabeza sobre sus brazos en la mesa de la escuela.

215 • Un joven escolar levanta la mano para responder a una pregunta de su profesor.

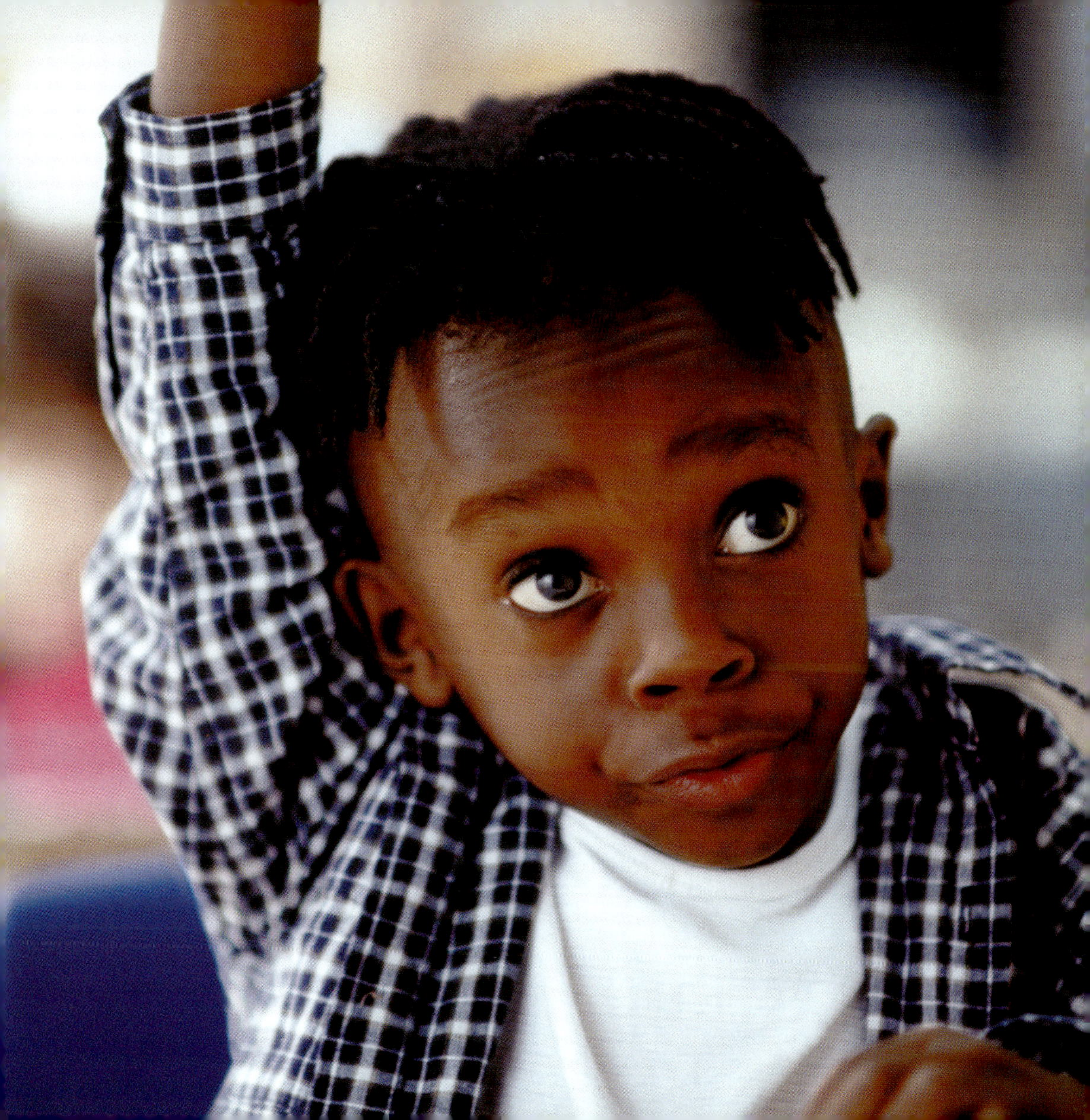

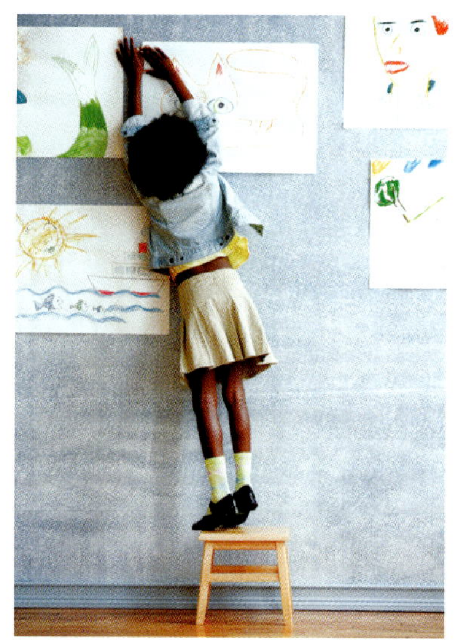

216 • Esta pequeña estudiante mantiene el equilibrio sobre un taburete para colocar en la pared su propio dibujo.

217 • Una niña muestra orgullosa y sonriente el dibujo que acaba de hacer.

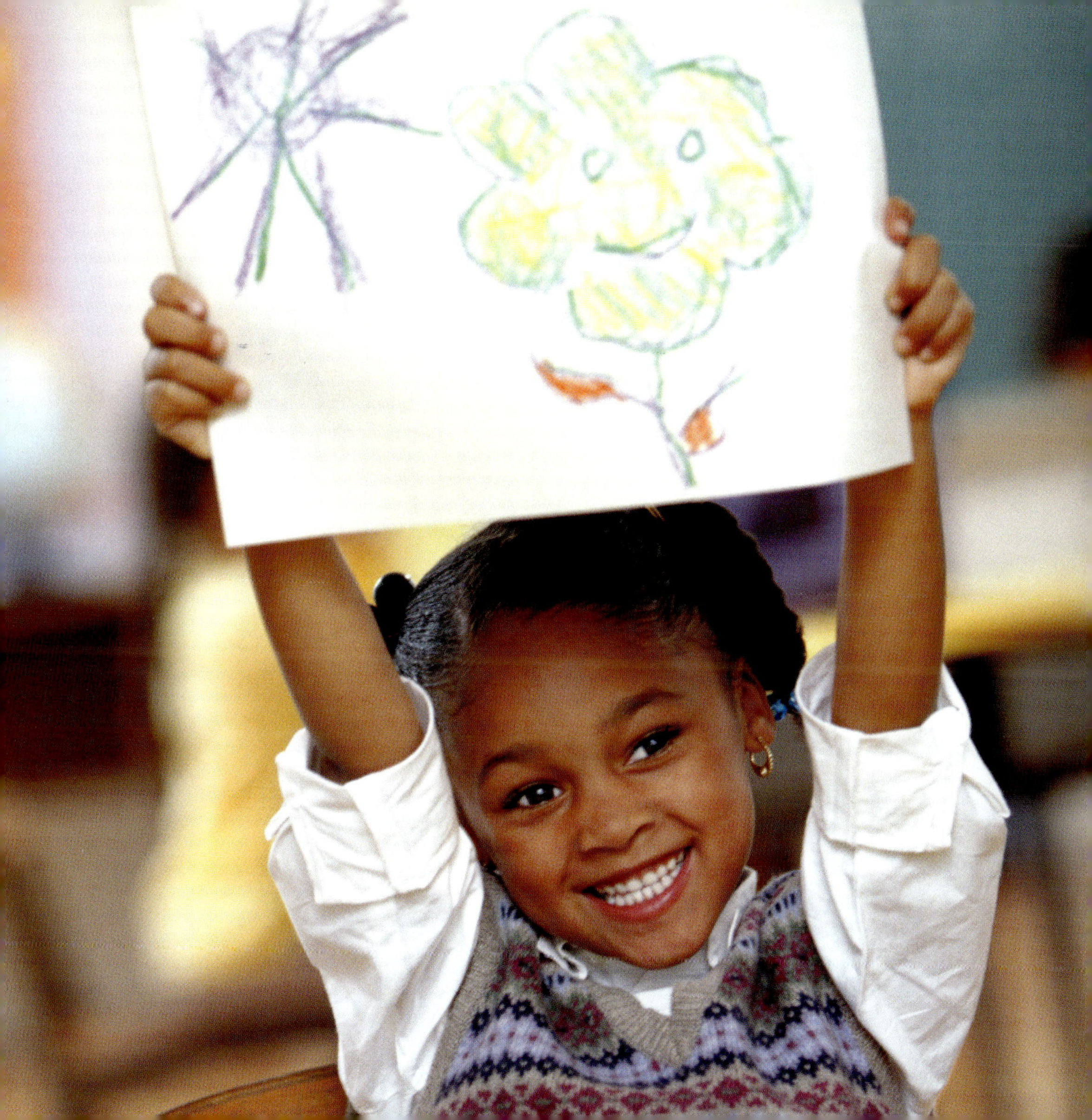

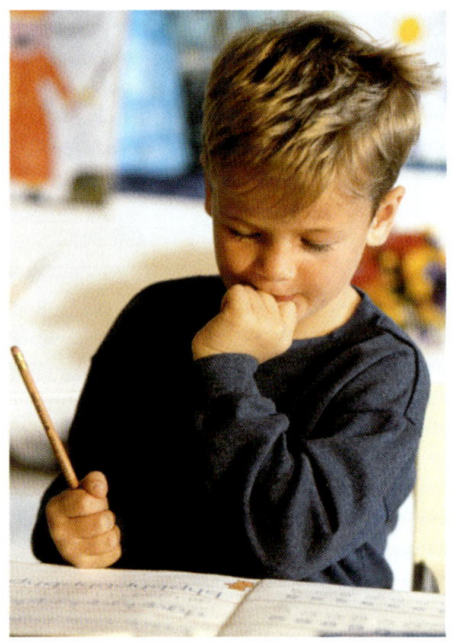

218 • Un joven estudiante concentrado en una difícil tarea escolar mantiene una actitud de concentración.

219 • Una joven estudiante sentada en su silla realiza sus ejercicios en el cuaderno de clase.

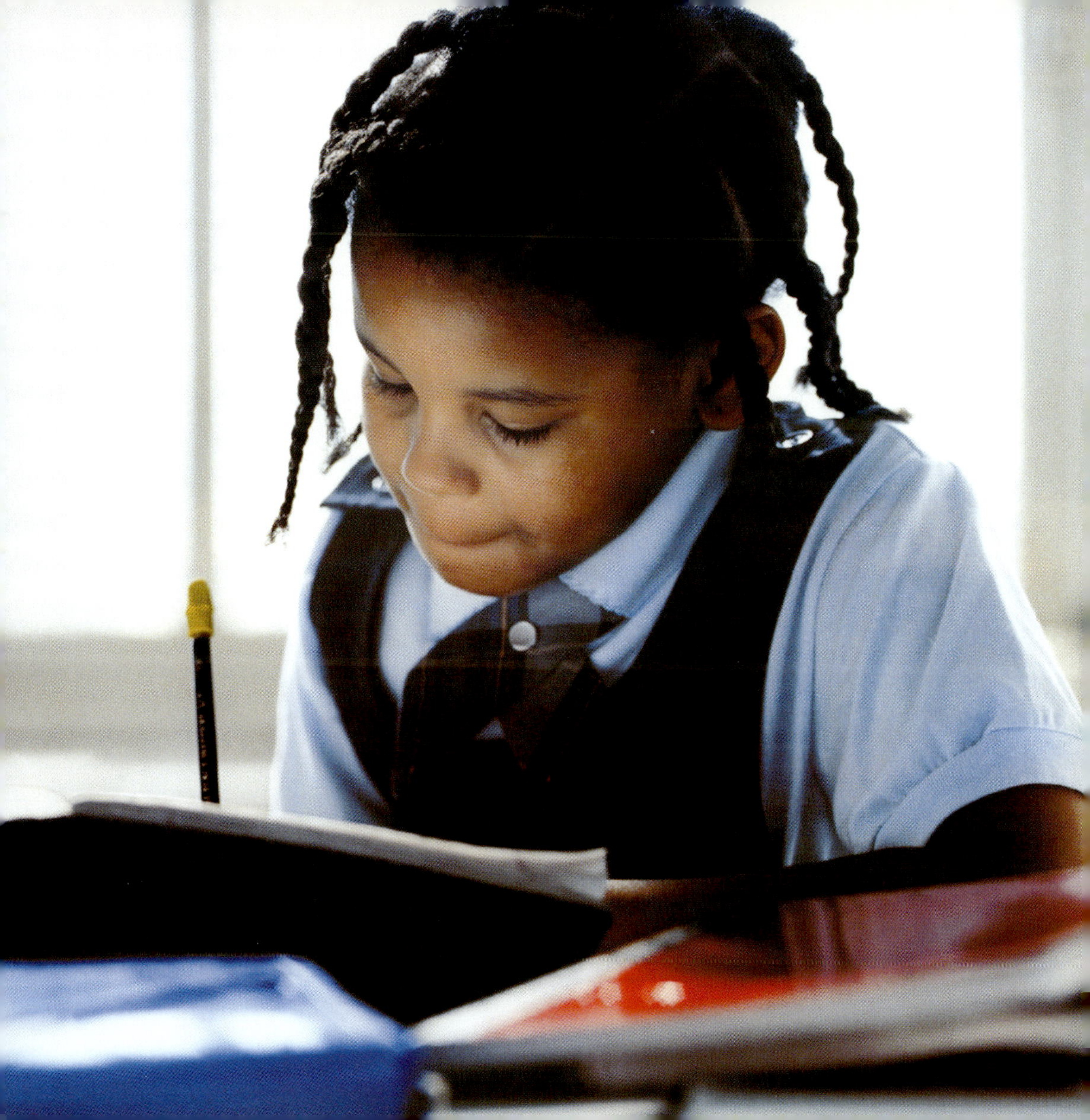

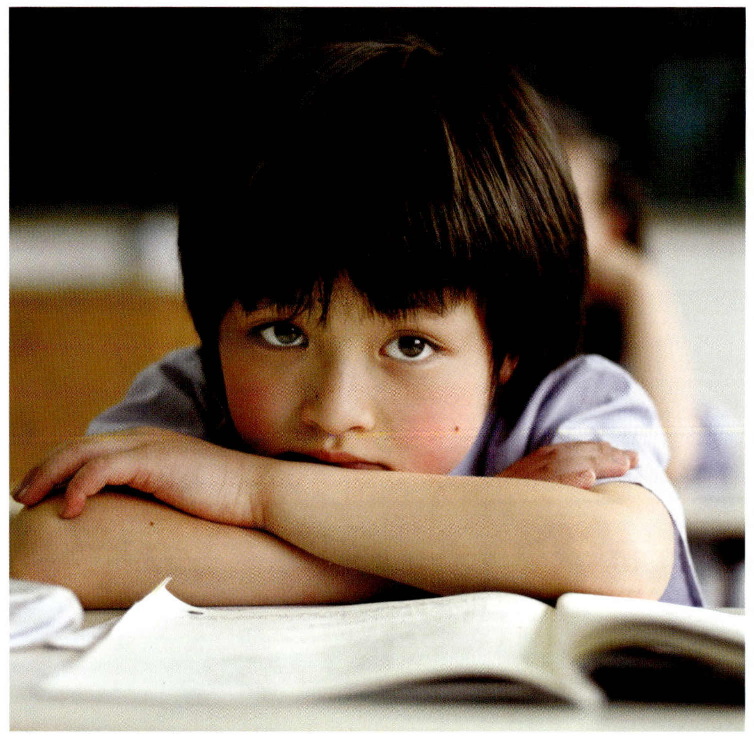

220 • Este niño muestra una expresión entre cansada y absorta mientras está en clase.

221 • Este jovencísimo monje se oculta tras la tapa plegable del banco que utiliza.

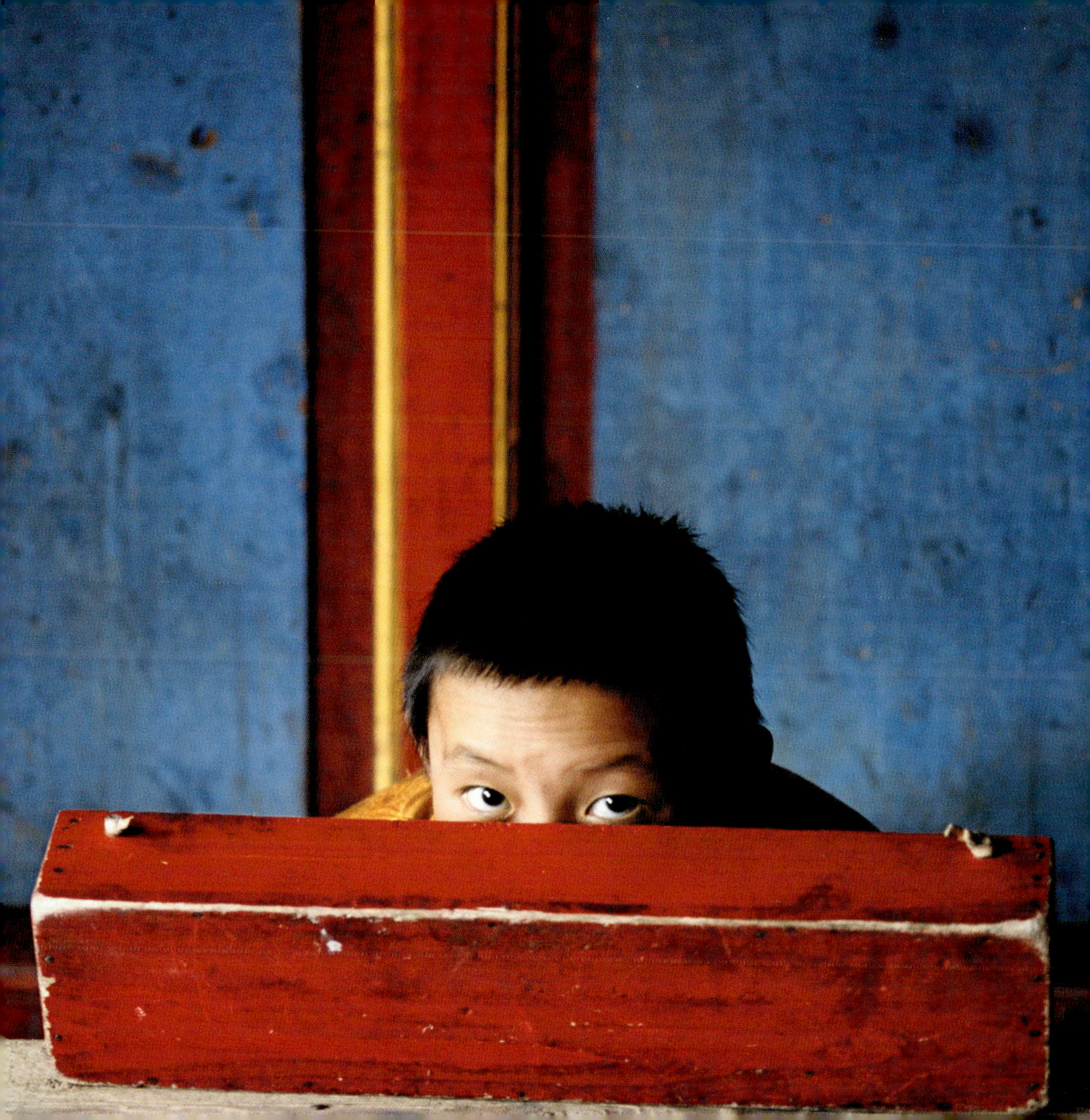

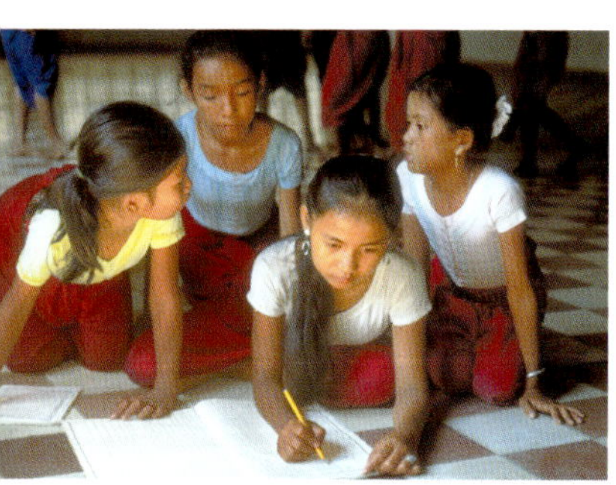

222 • Cuatro niñas khmer estudian en el suelo de la pista de baile de su escuela en Phnom Penh, Camboya.

222-223 • Un pequeño grupo de alumnos curiosos descubre en clase cómo utilizar un ordenador.

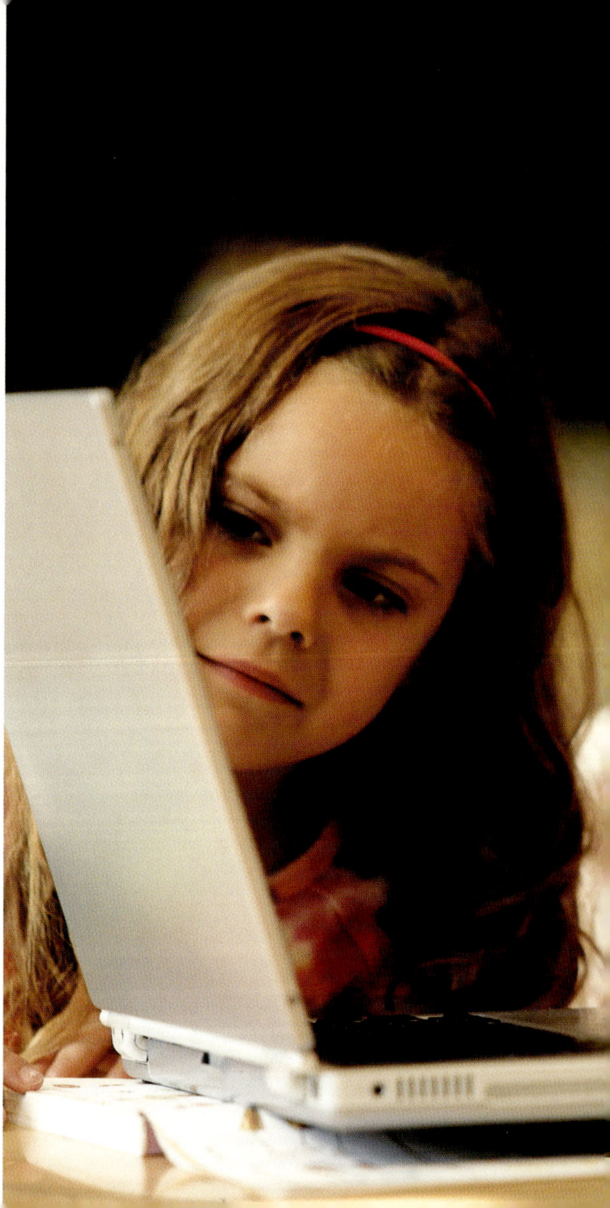

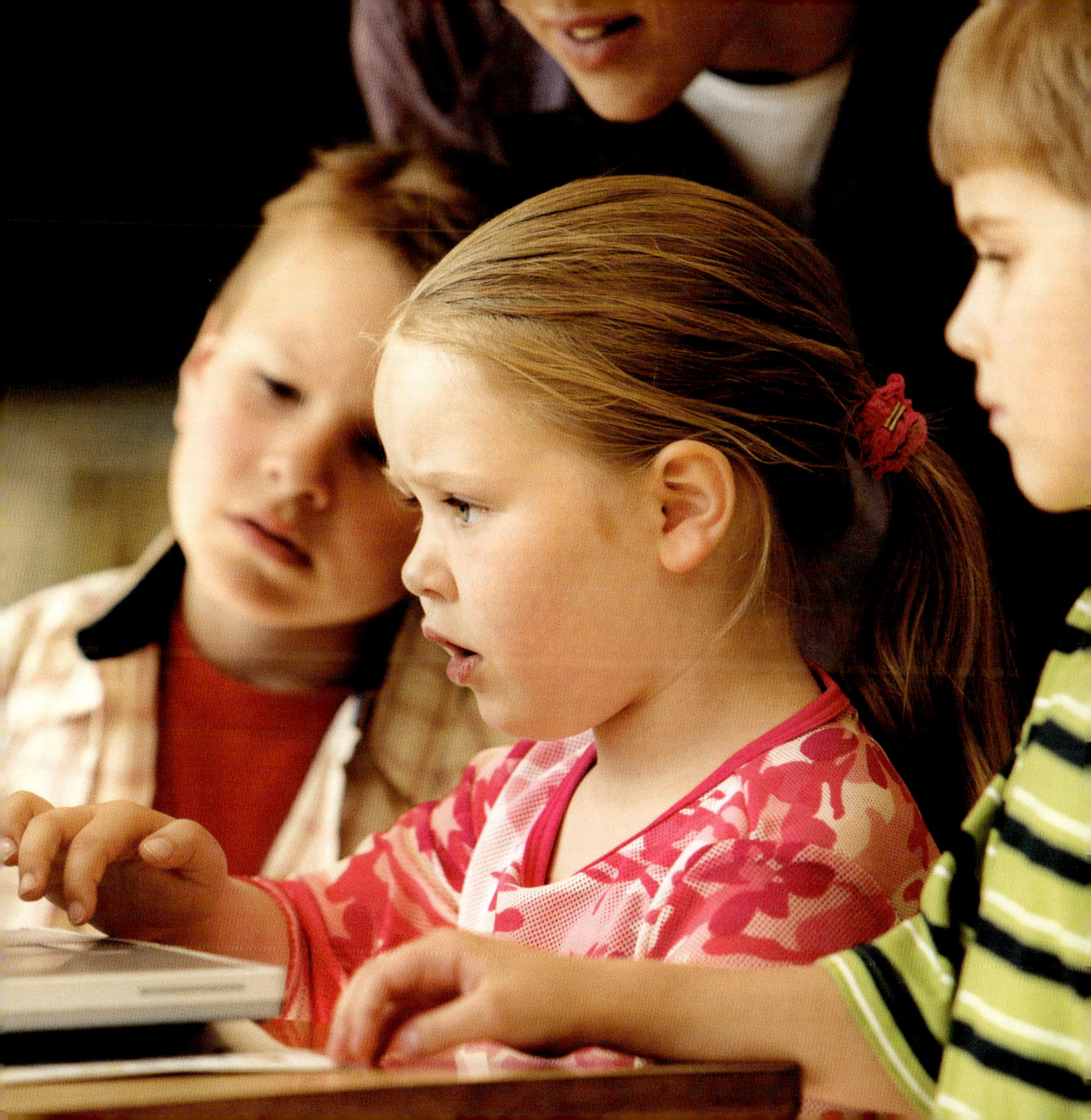

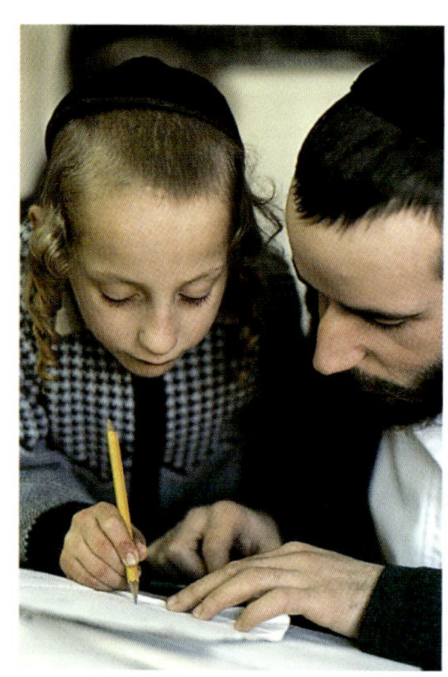

224 • Un niño israelí escribe con su lápiz
bajo la atenta mirada del profesor que
le ayuda.

224-225 • Estudiantes israelíes siguen
con atención las clases.

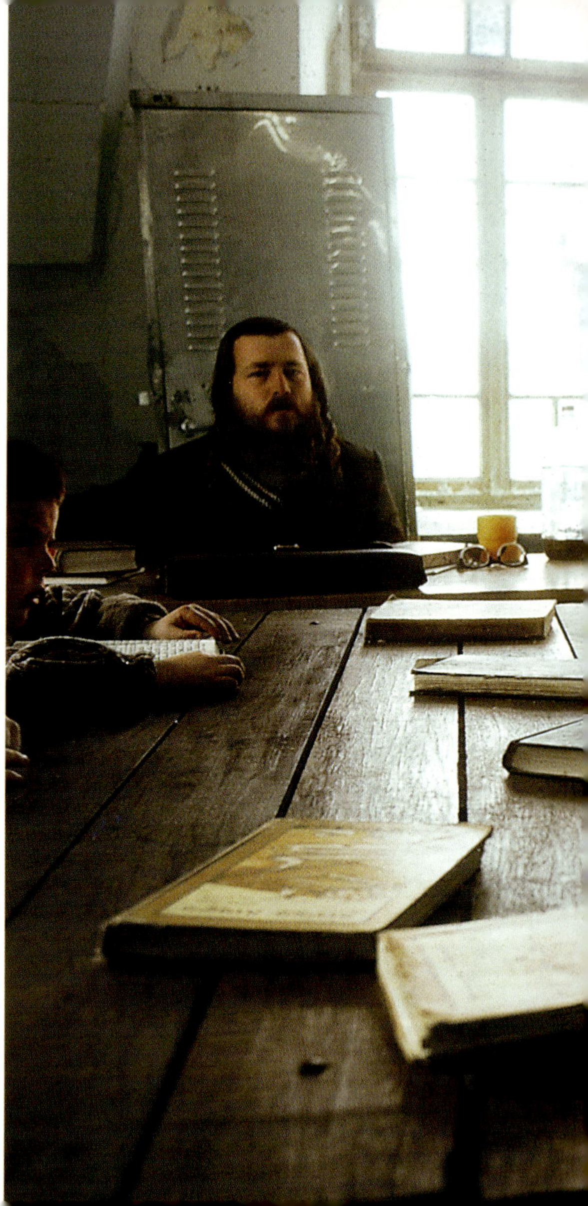

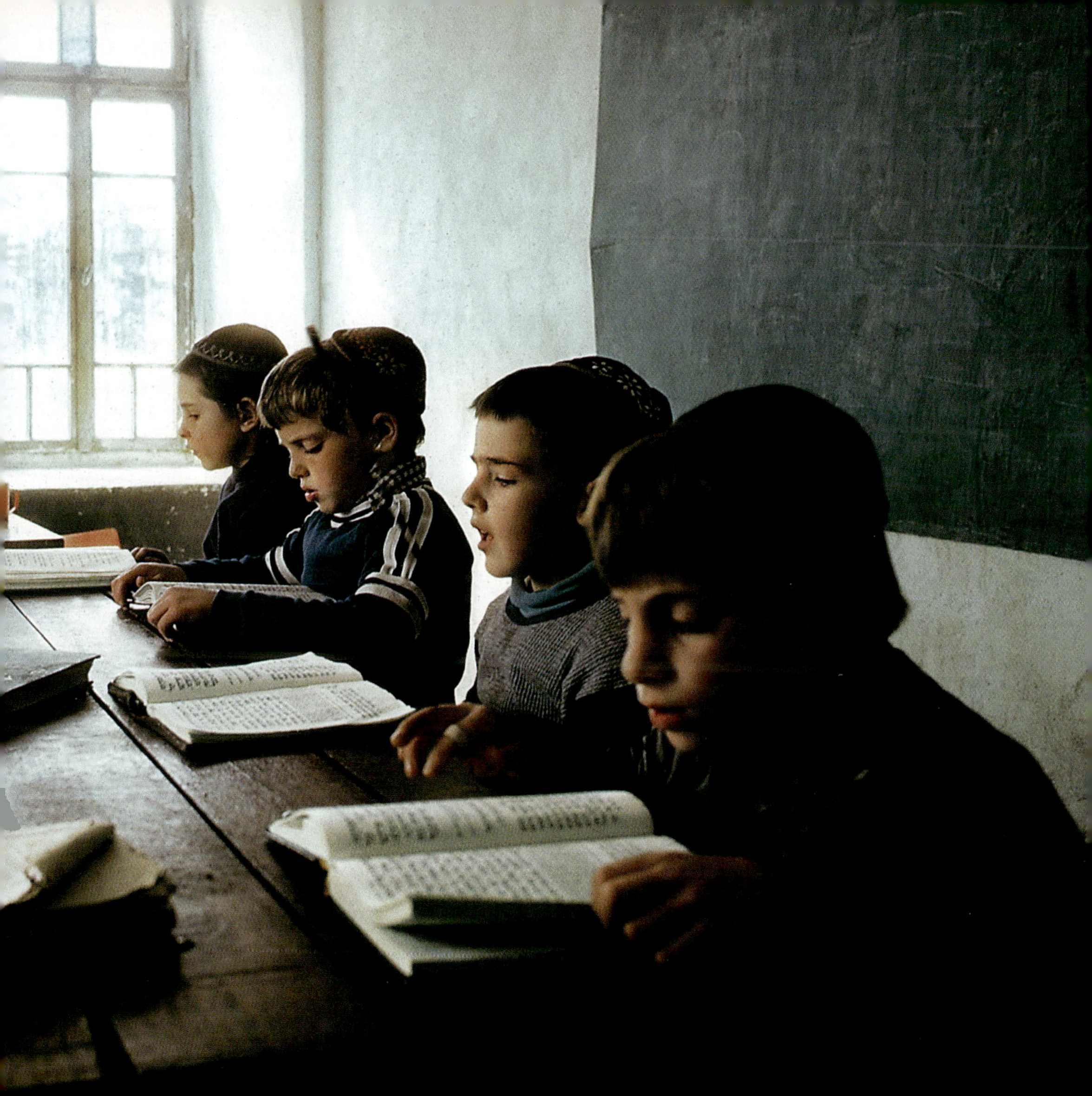

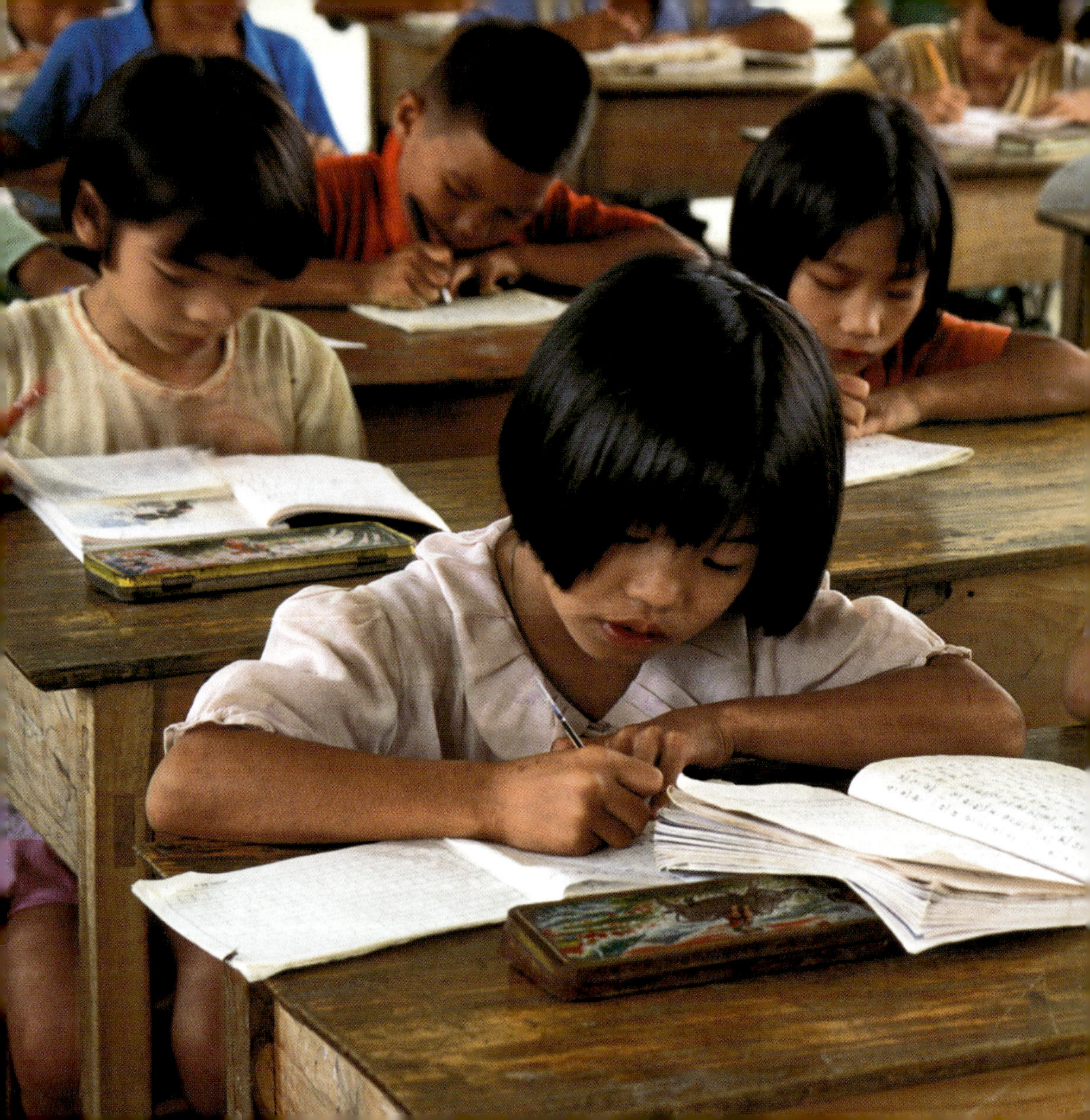

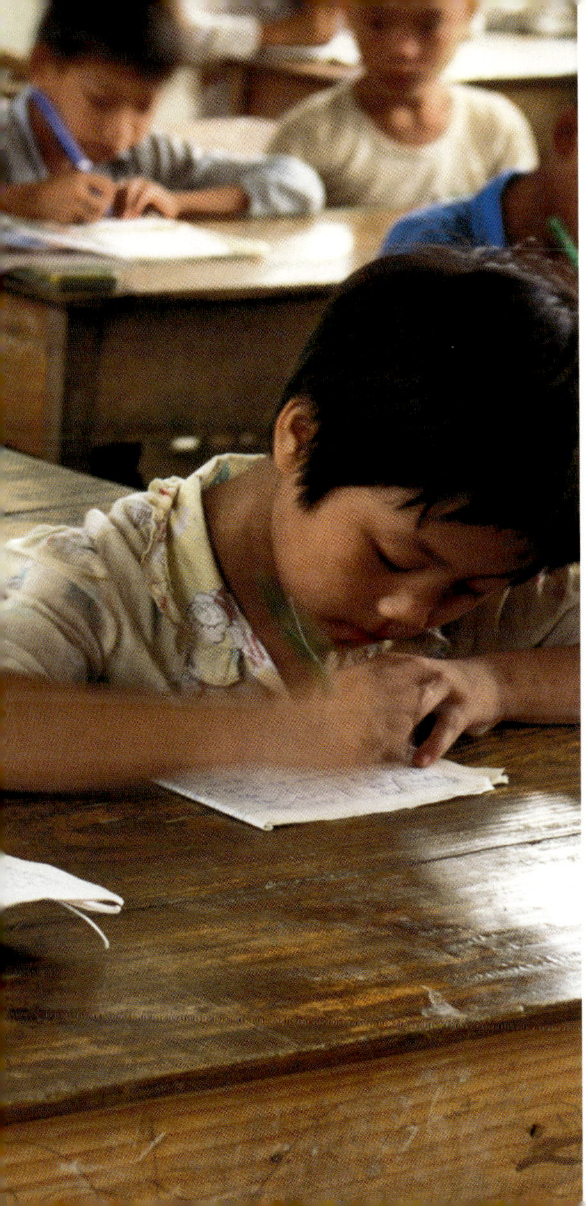

226-227 • Algunos niños chinos de Guilin, en la provincia de Guangxi, fotografiados mientras realizan sus tareas de clase.

227 • Una estudiante nigeriana atiende las explicaciones de su profesor con interés y seriedad.

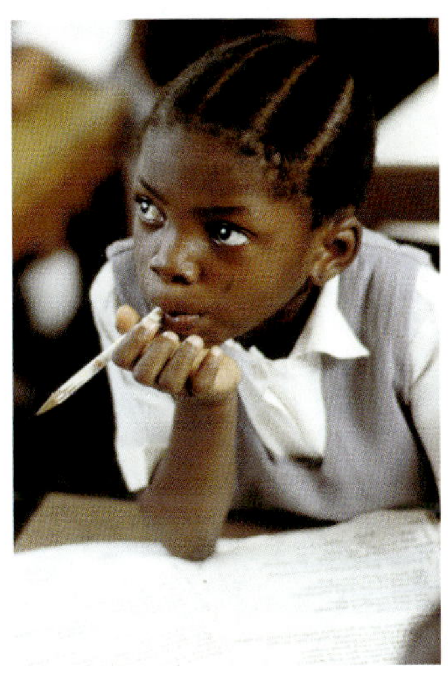

228-229 • Niños tailandeses van a la escuela en su pueblo, que se llama Ban Nai Soi.

230-231 • Cerca de la ciudad de Guangzhou, en China, un numeroso grupo de escolares estudia en su clase.

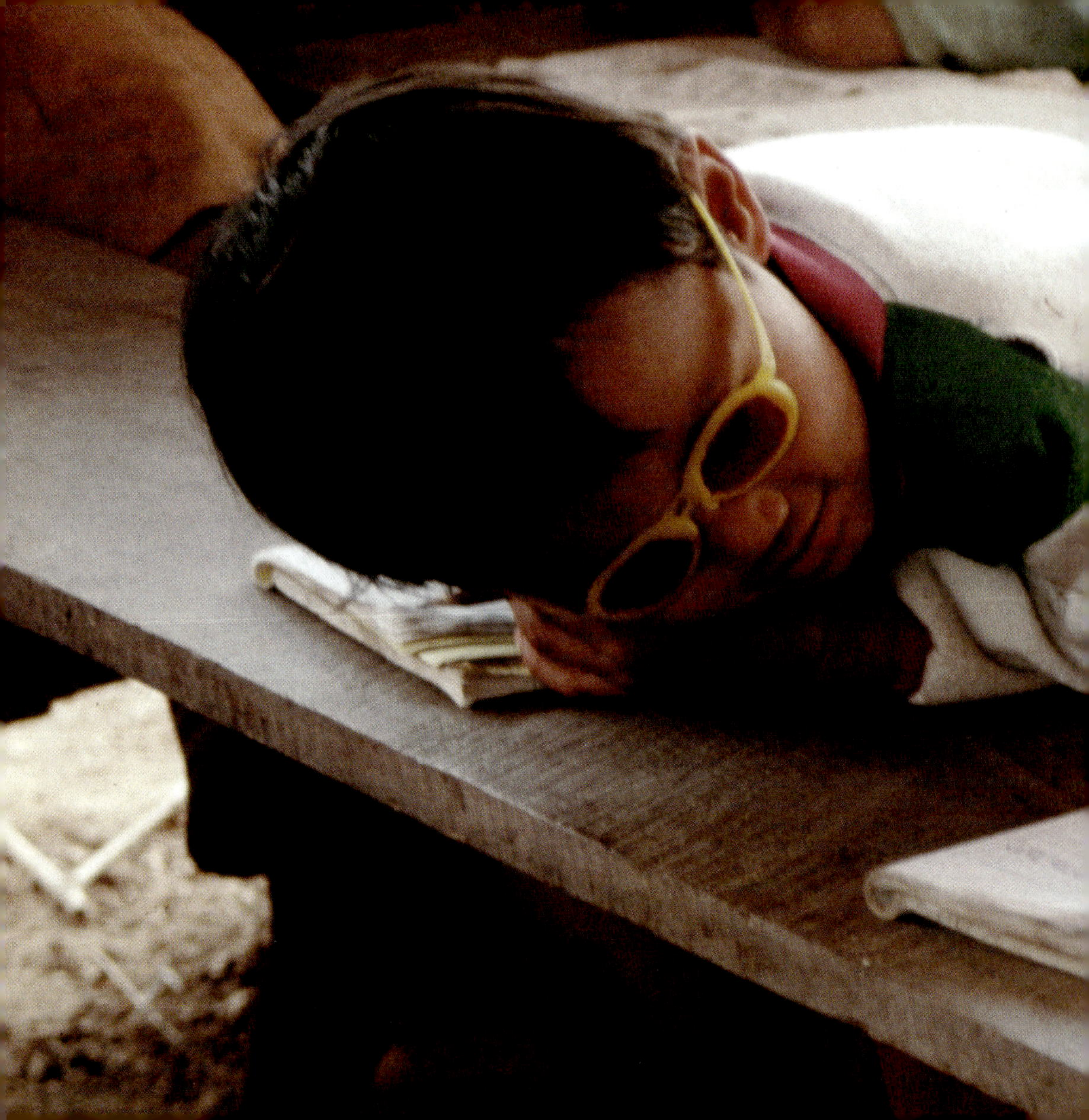

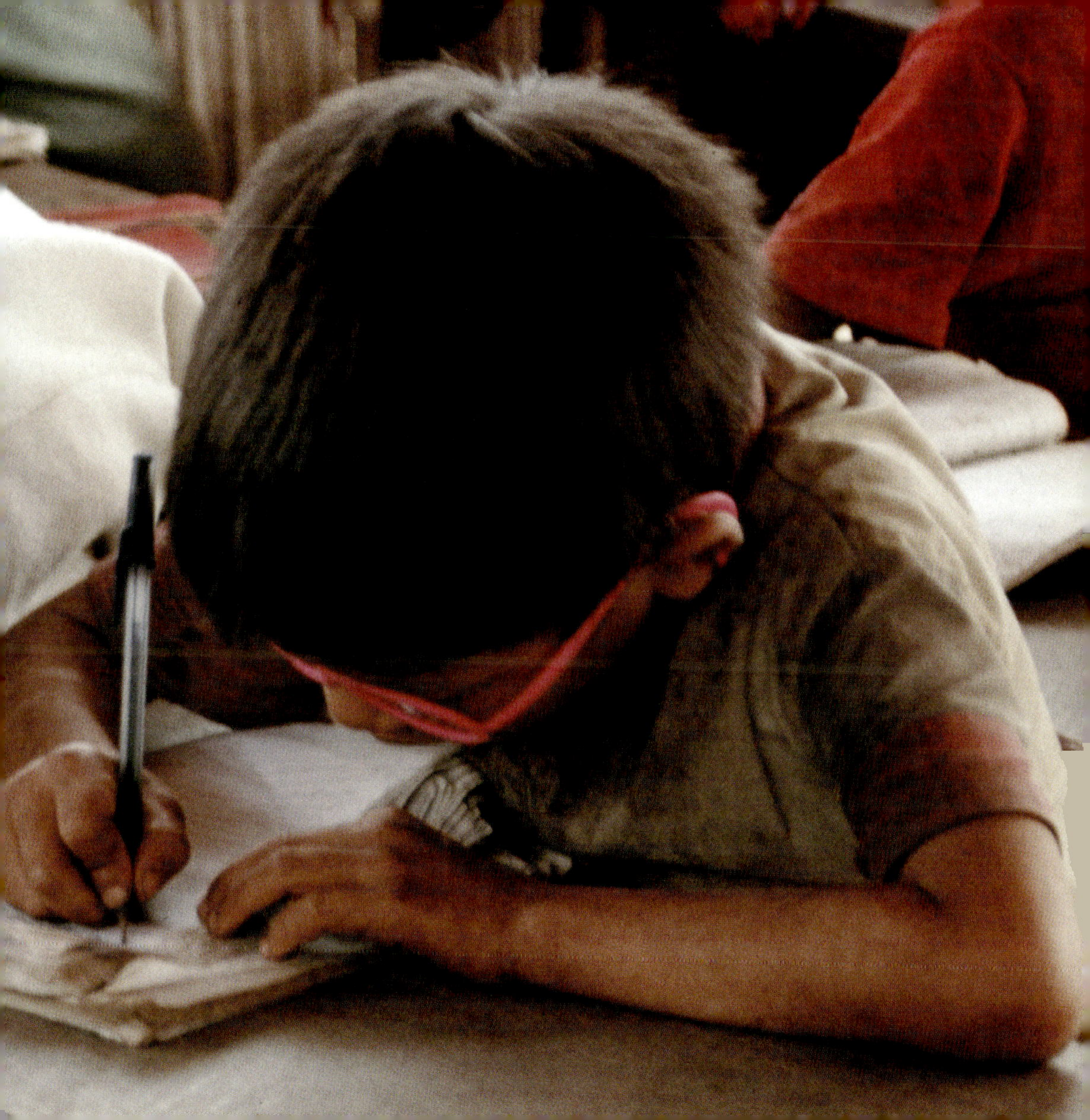

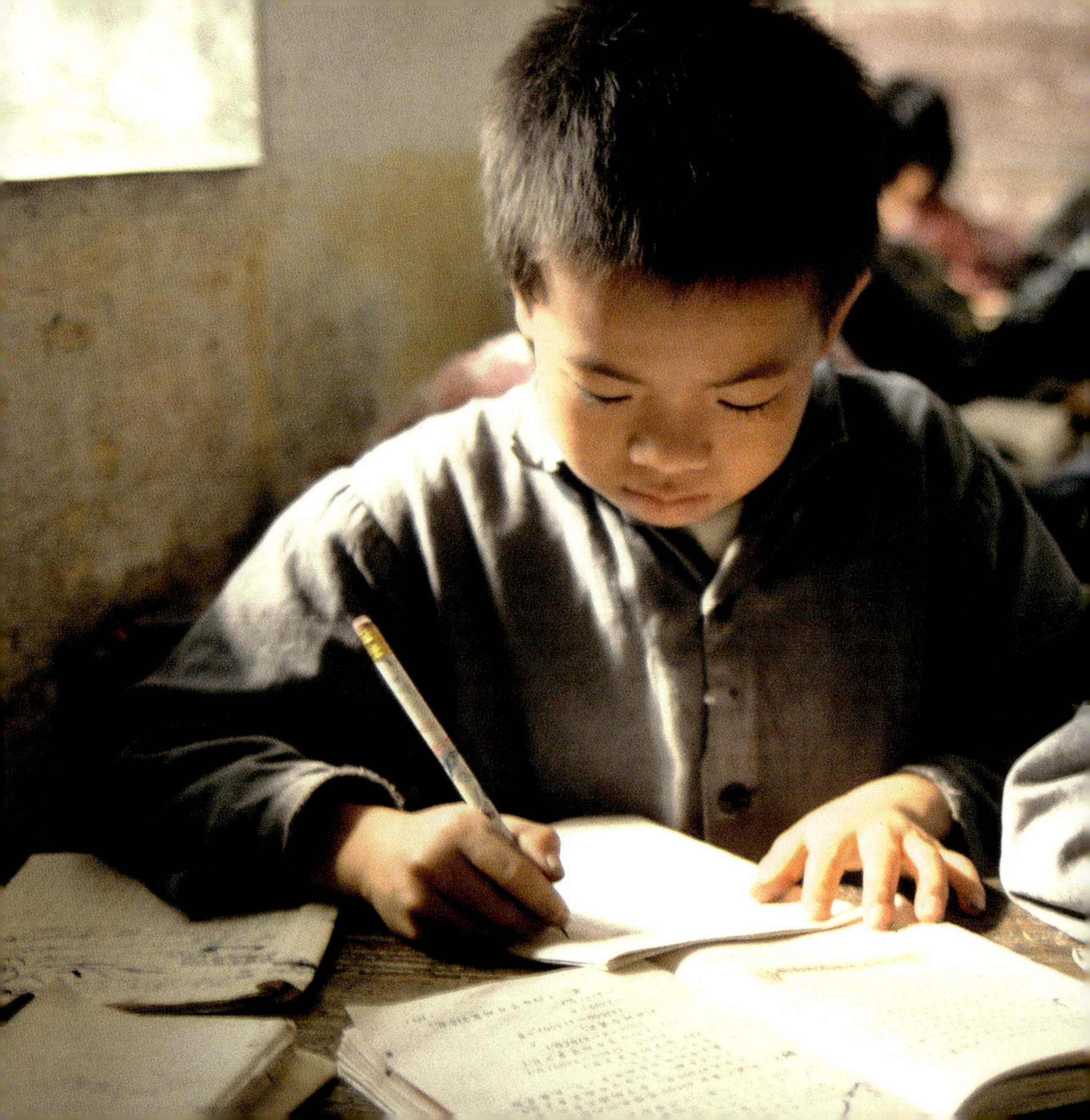

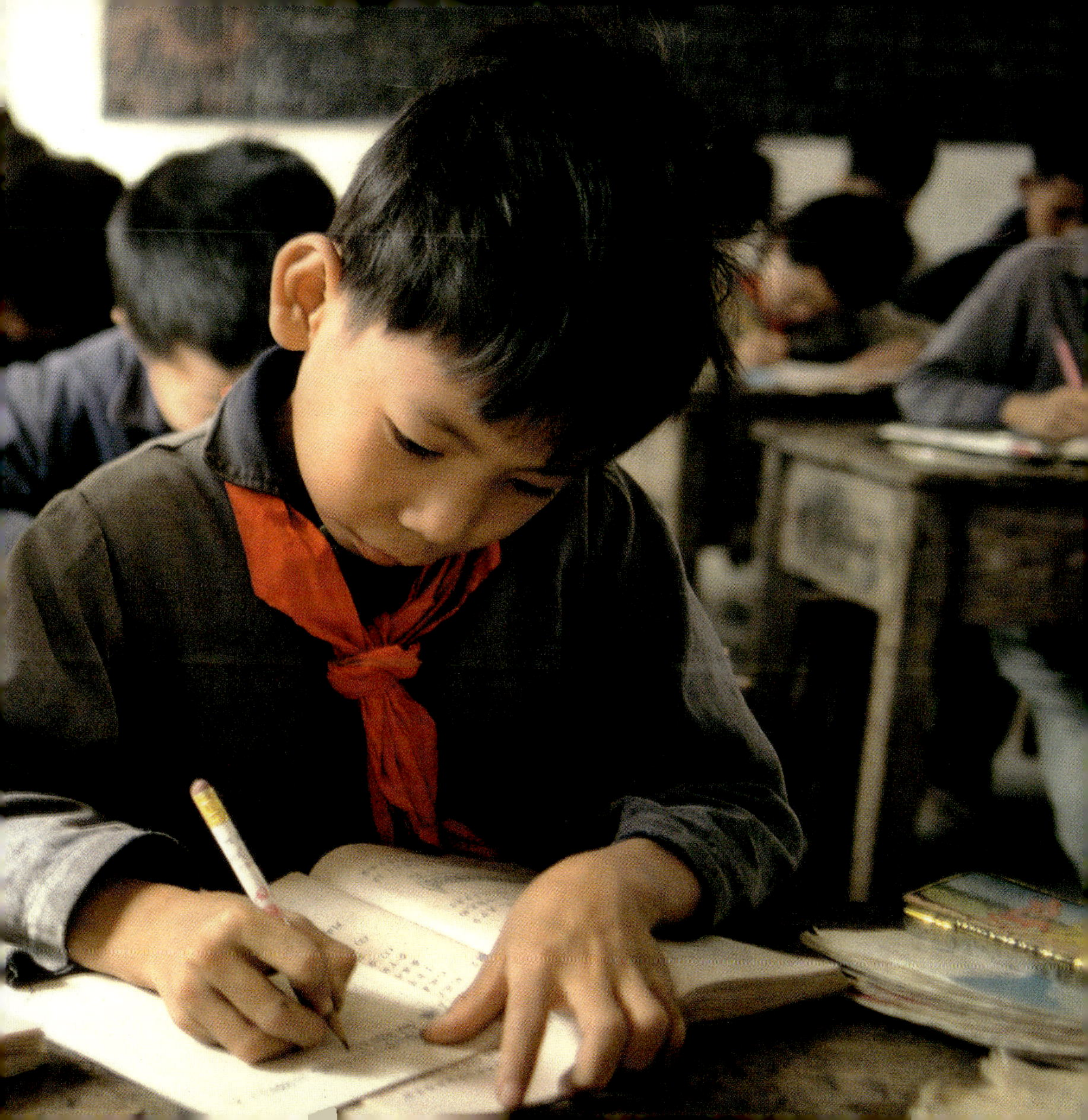

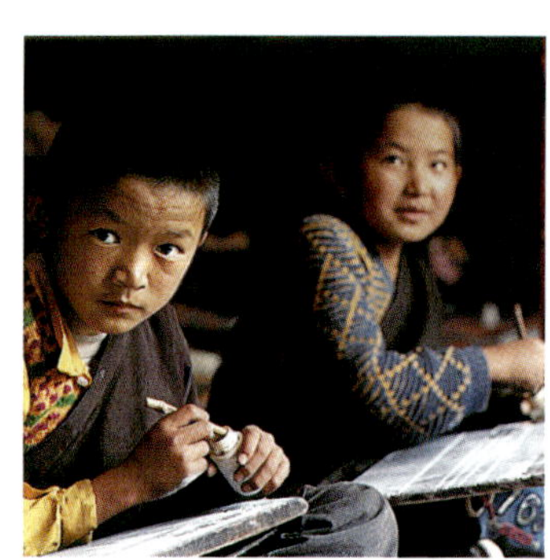

232 ● A veces hay que concentrarse mucho en clase y no conviene distraerse.

232-233 ● Un grupo de jóvenes monjes aprende las costumbres y las enseñanzas de la tradición.

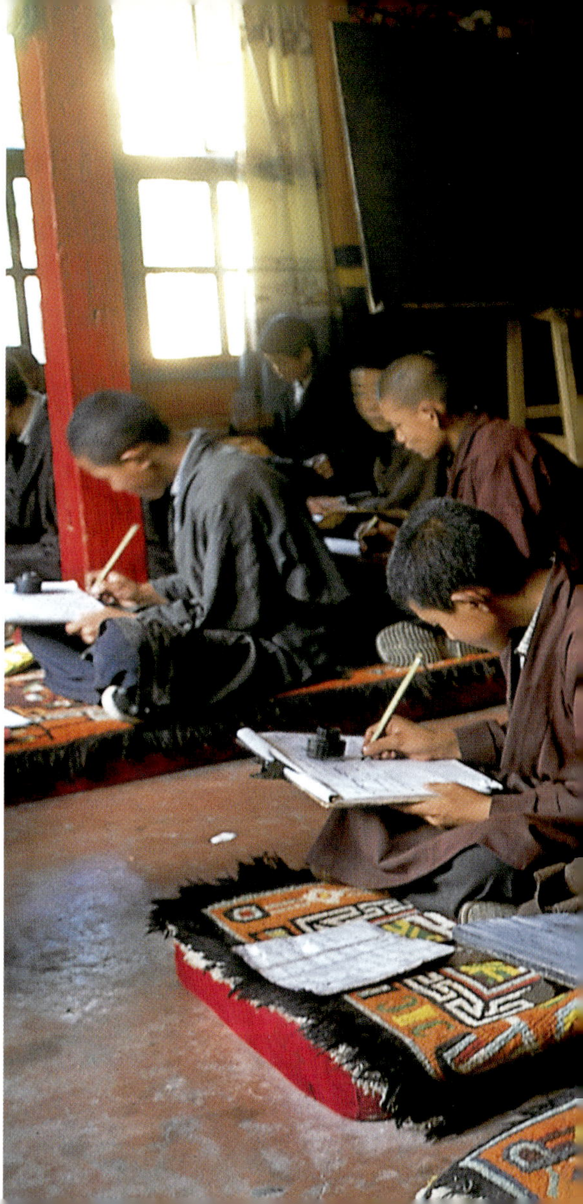

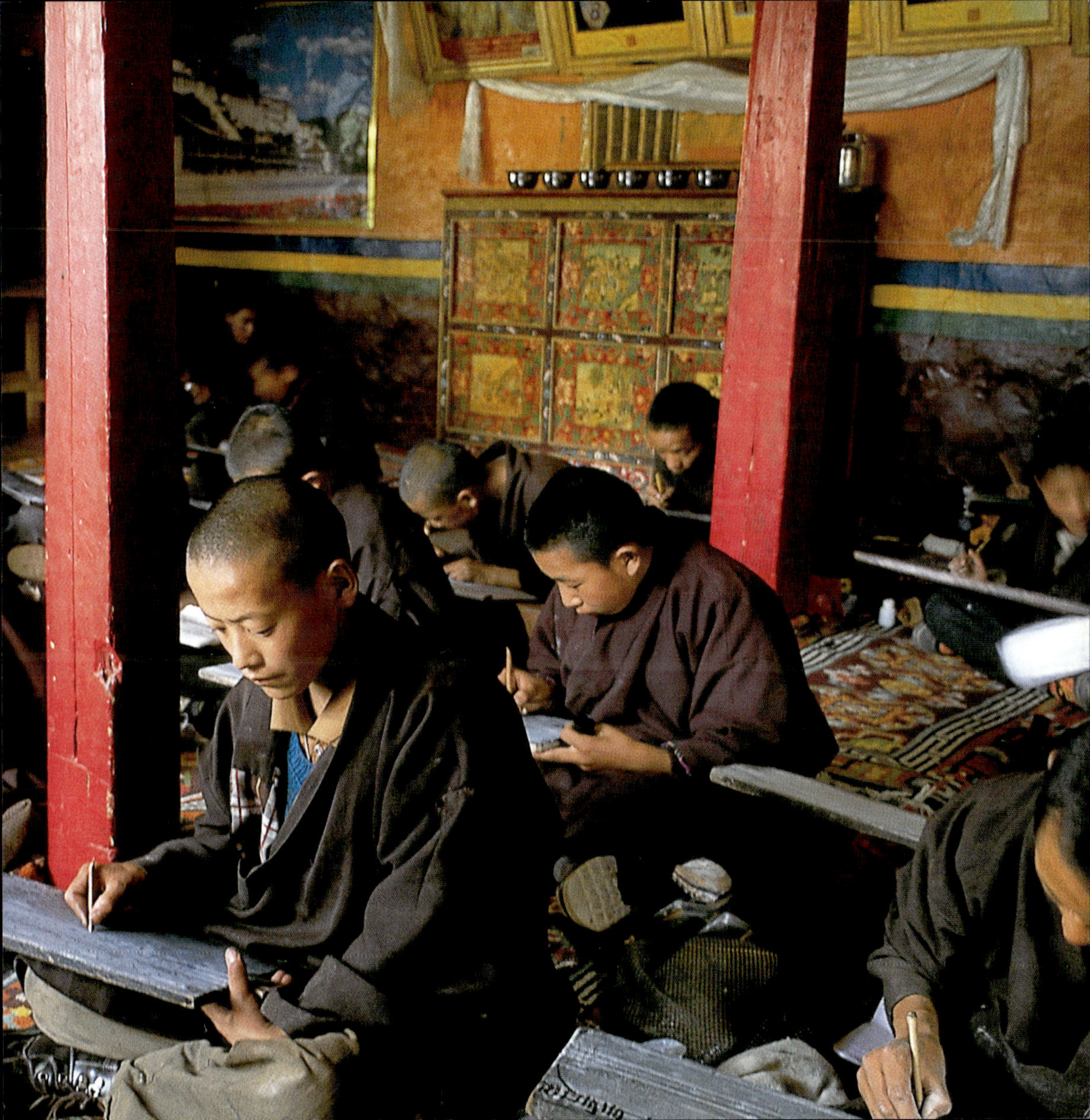

Estos niños indios van a la escuela Shankardev Shisu Niketan cuyo plan de estudios se basa en el análisis de los antiguos textos literarios.

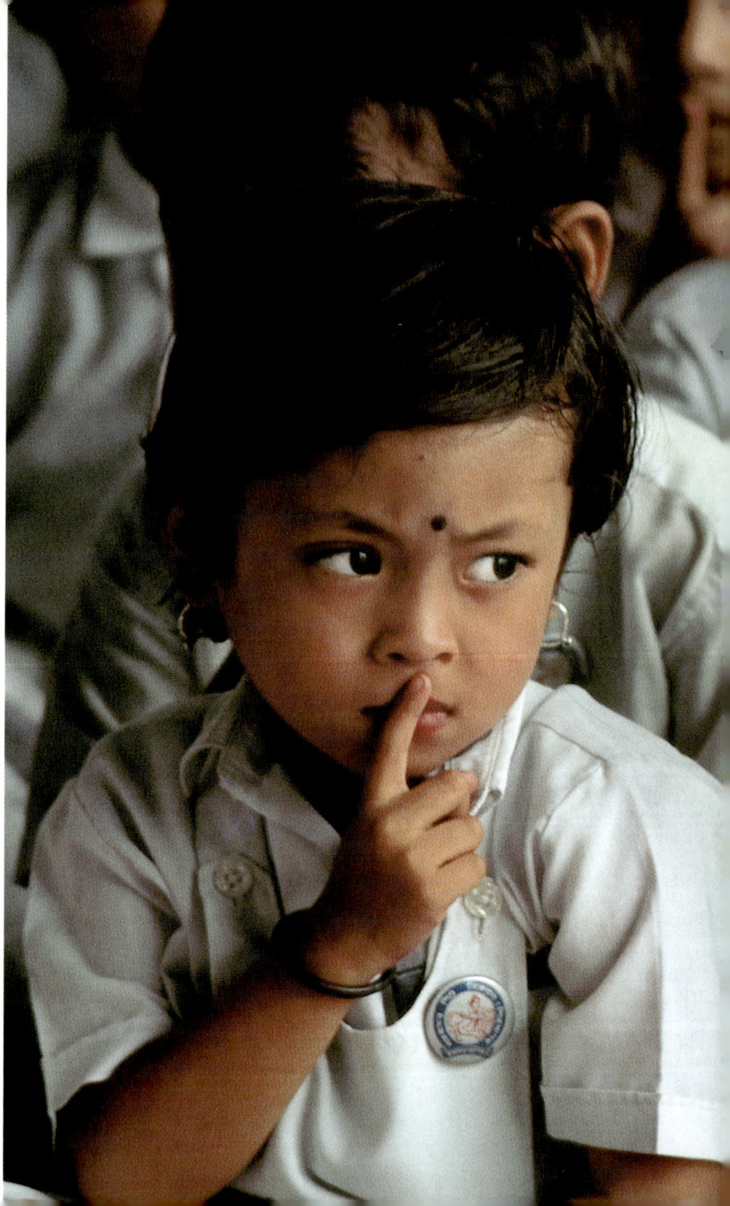

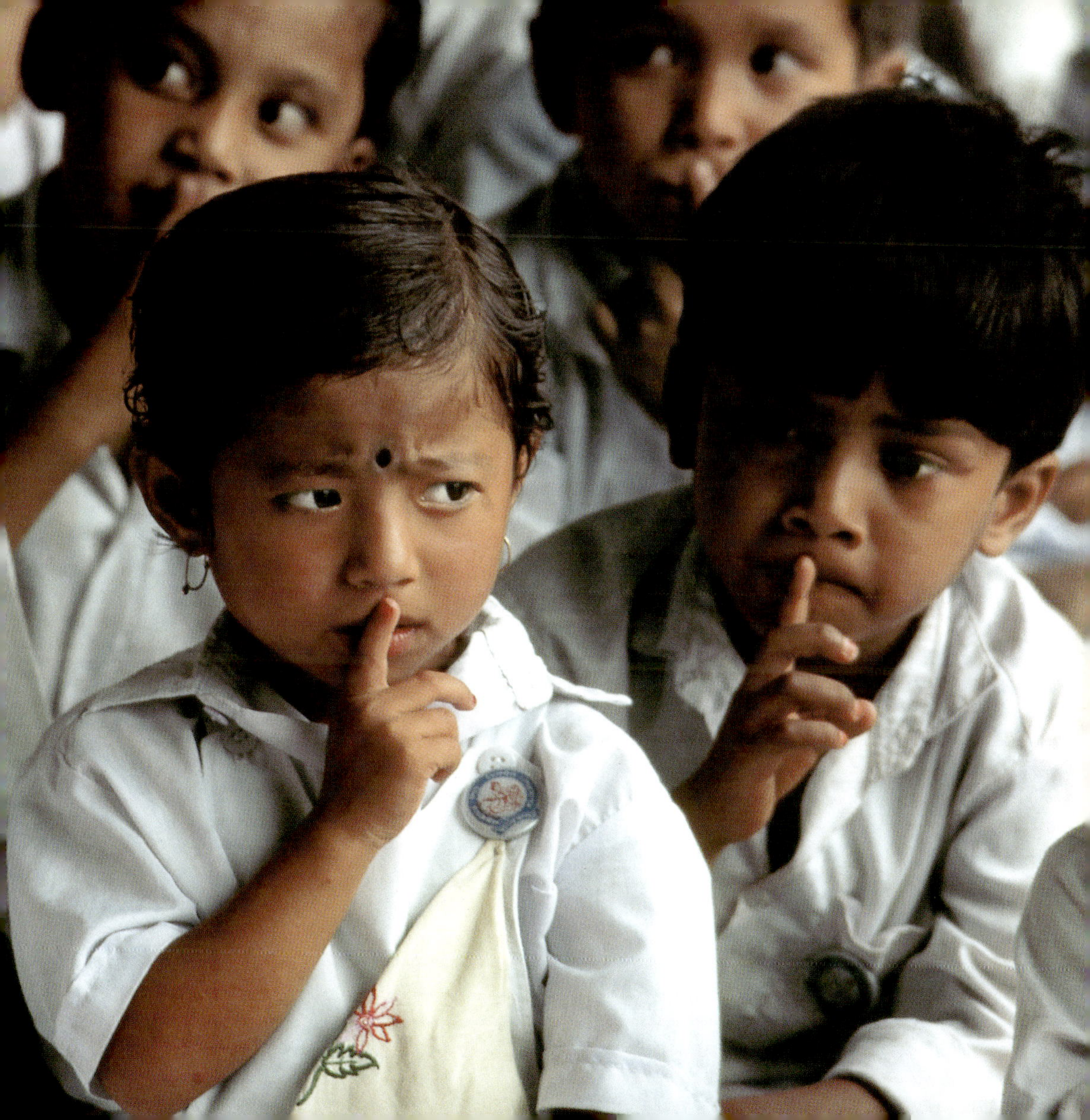

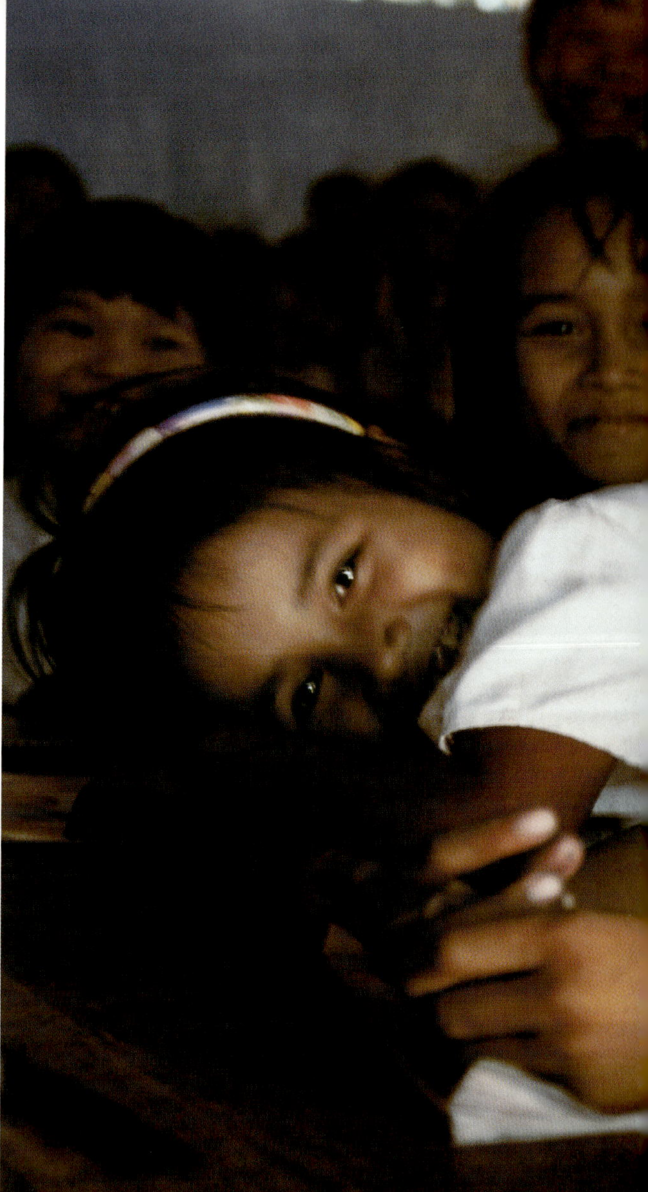

236-237 • Niños khmer descansan durante una pausa en su escuela de enseñanza básica cercana al delta del río Mekong.

238-239 • Algunos niños tagiki consultan sus cuadernos en el exterior de la escuela elemental de Xinjiang, en China.

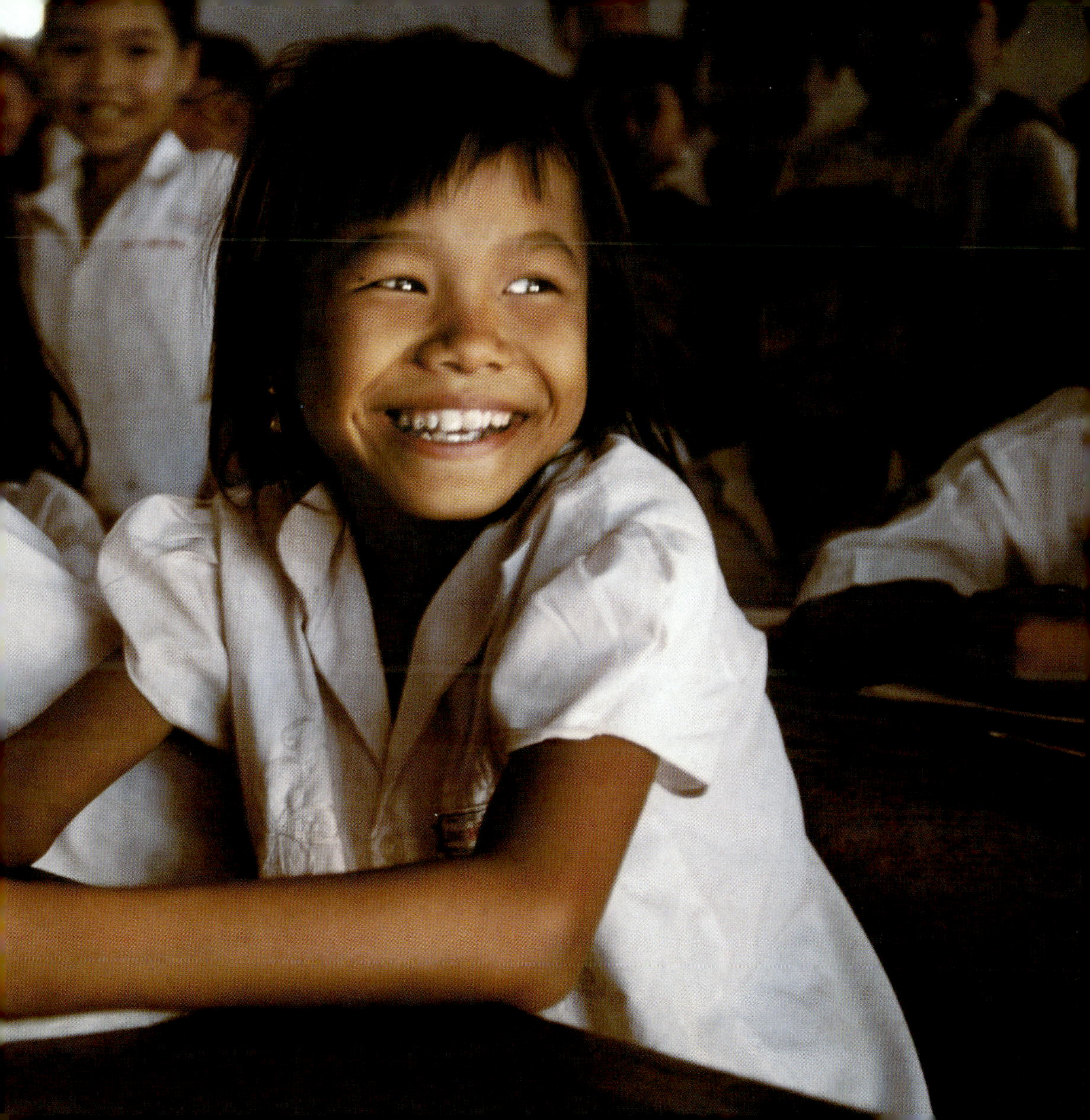

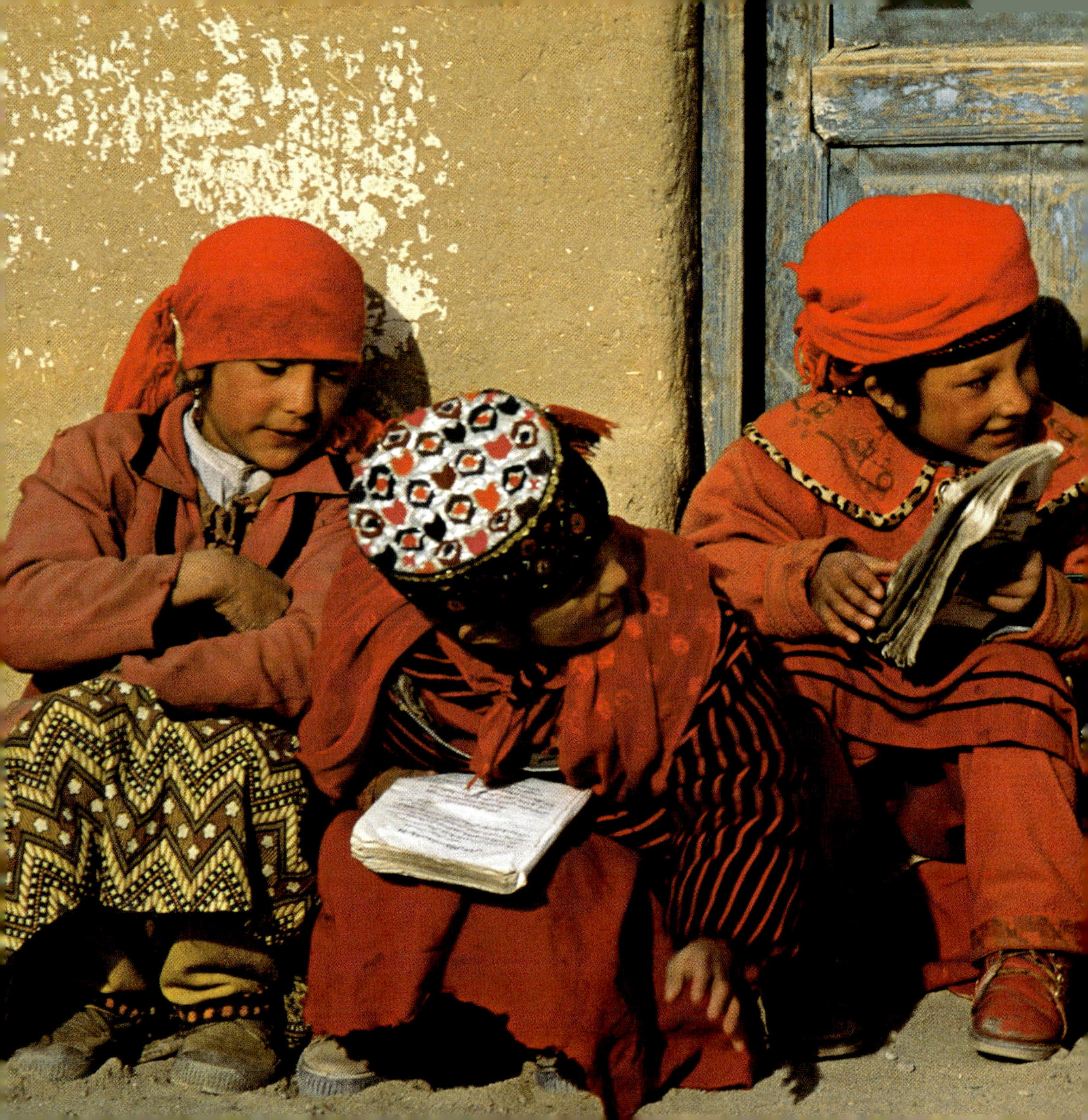

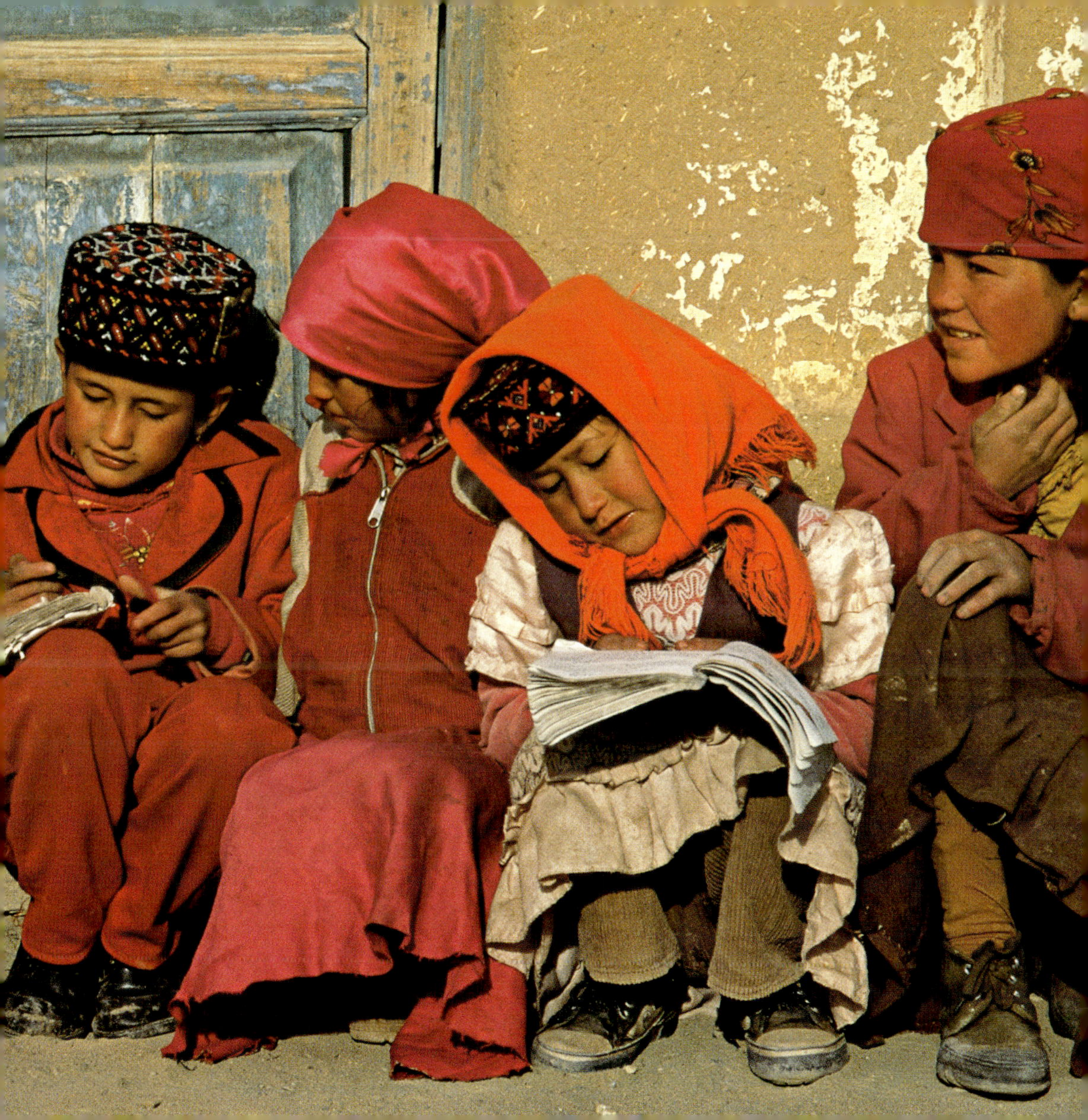

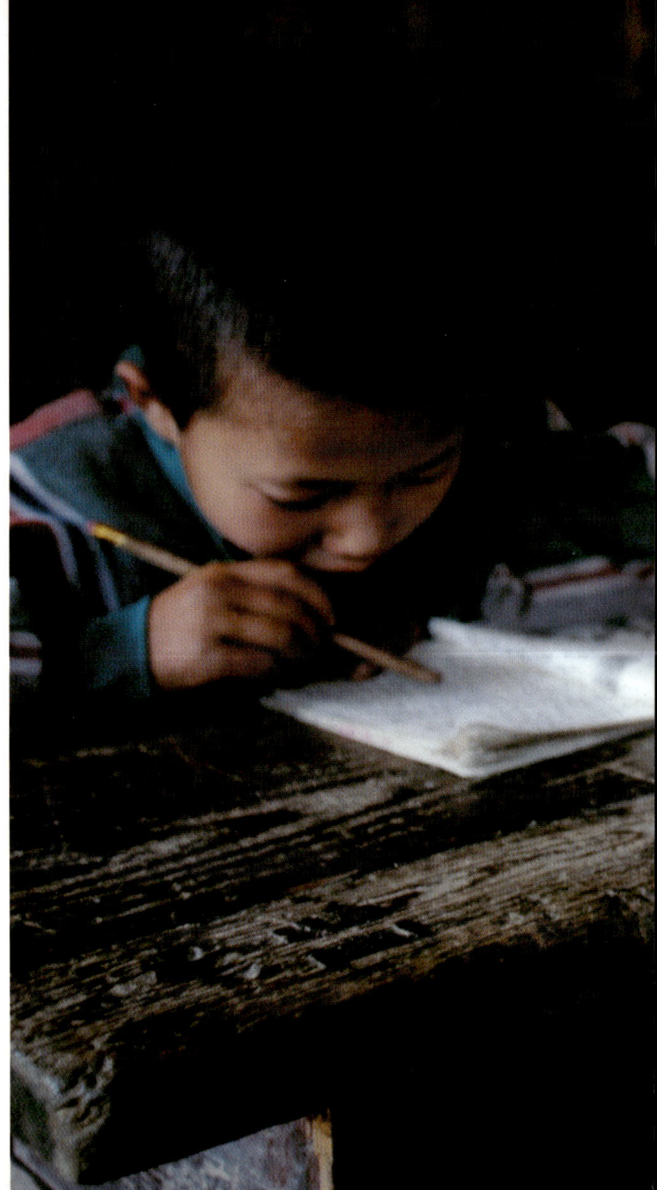

Un joven estudiante miao en el poblado de Guan Mo está concentrado en la lectura de su libro.

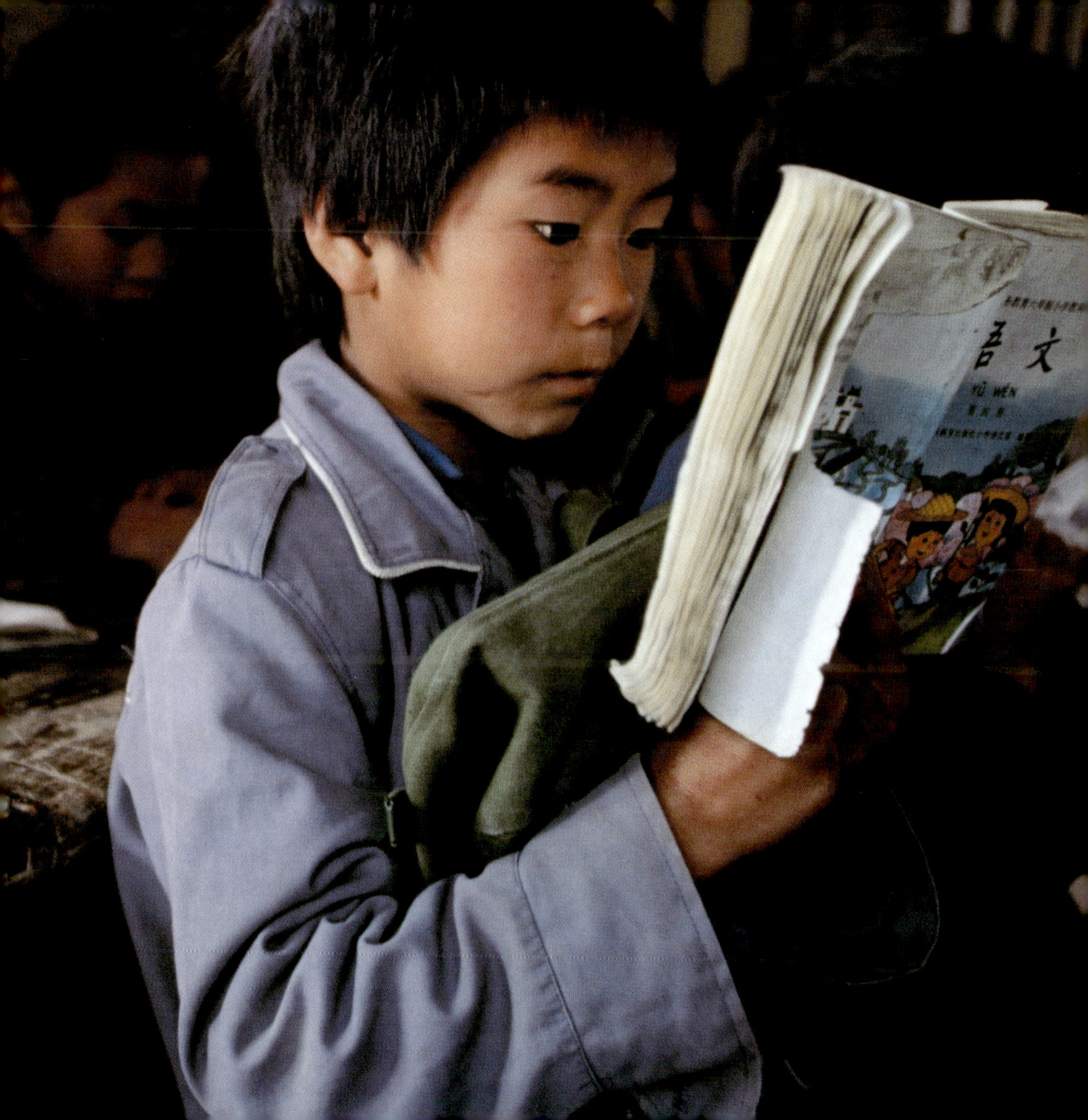

语文
YŪ WEN

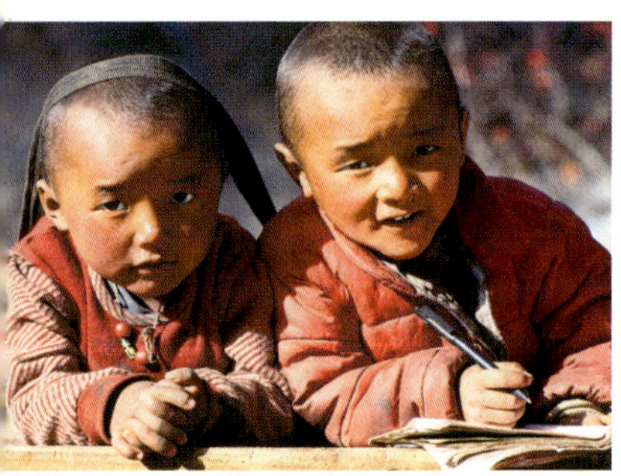

242 • Dos pequeños niños
nepalíes toman sus lecciones
al aire libre.

242-243 • Niñas haitianas siguen
sus clases en una escuela no oficial
creada en una plantación
de azúcar de la República
Dominicana.

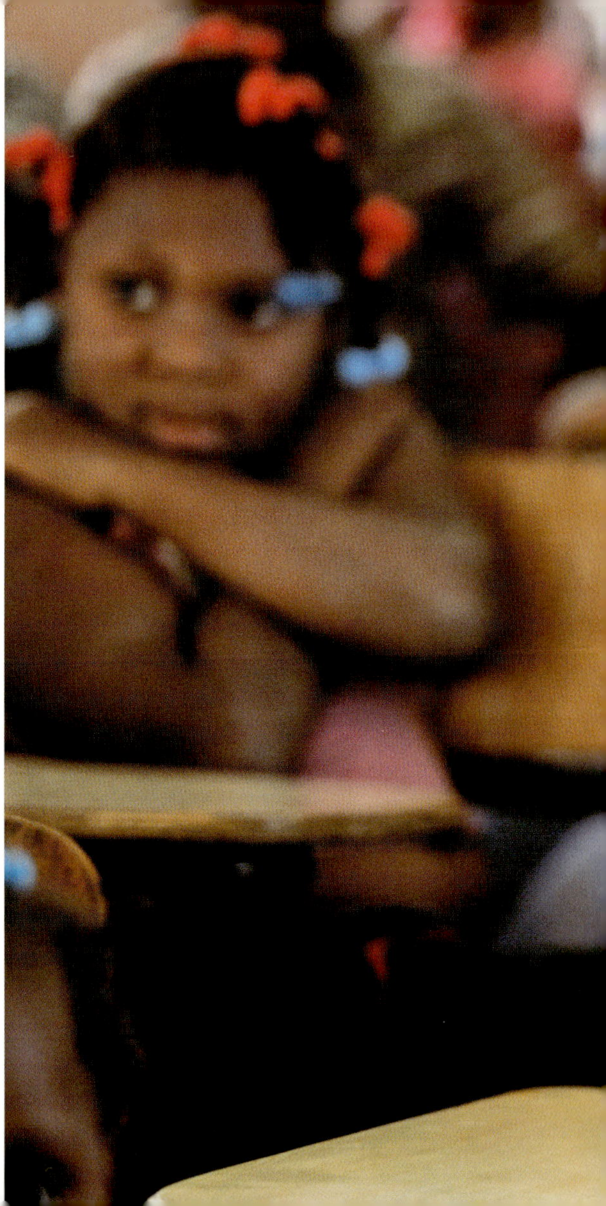

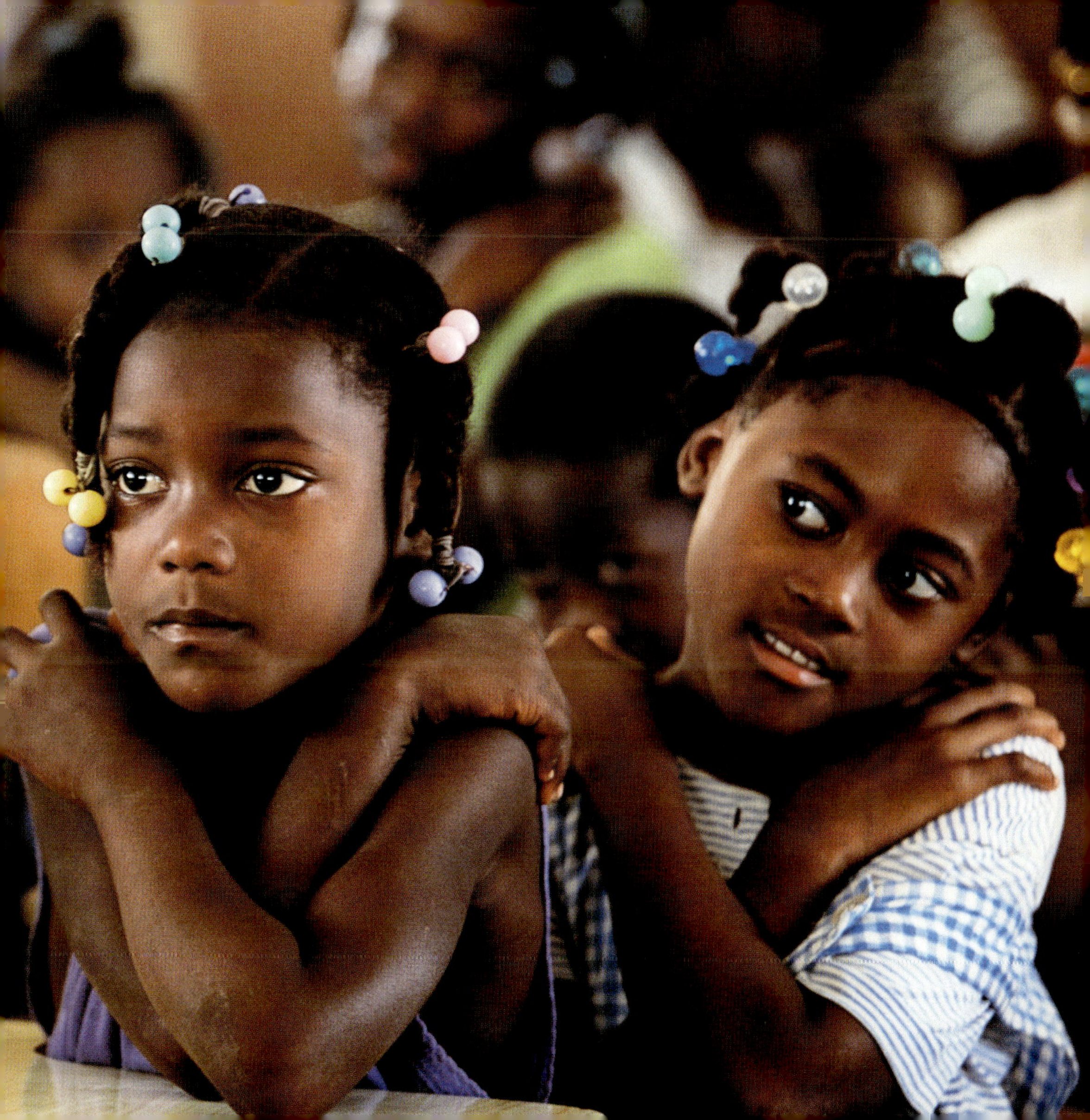

Niños colombianos posan junto a la ventana con su maestra para una divertida fotografía, en una escuela pública situada en la isla de Providencia.

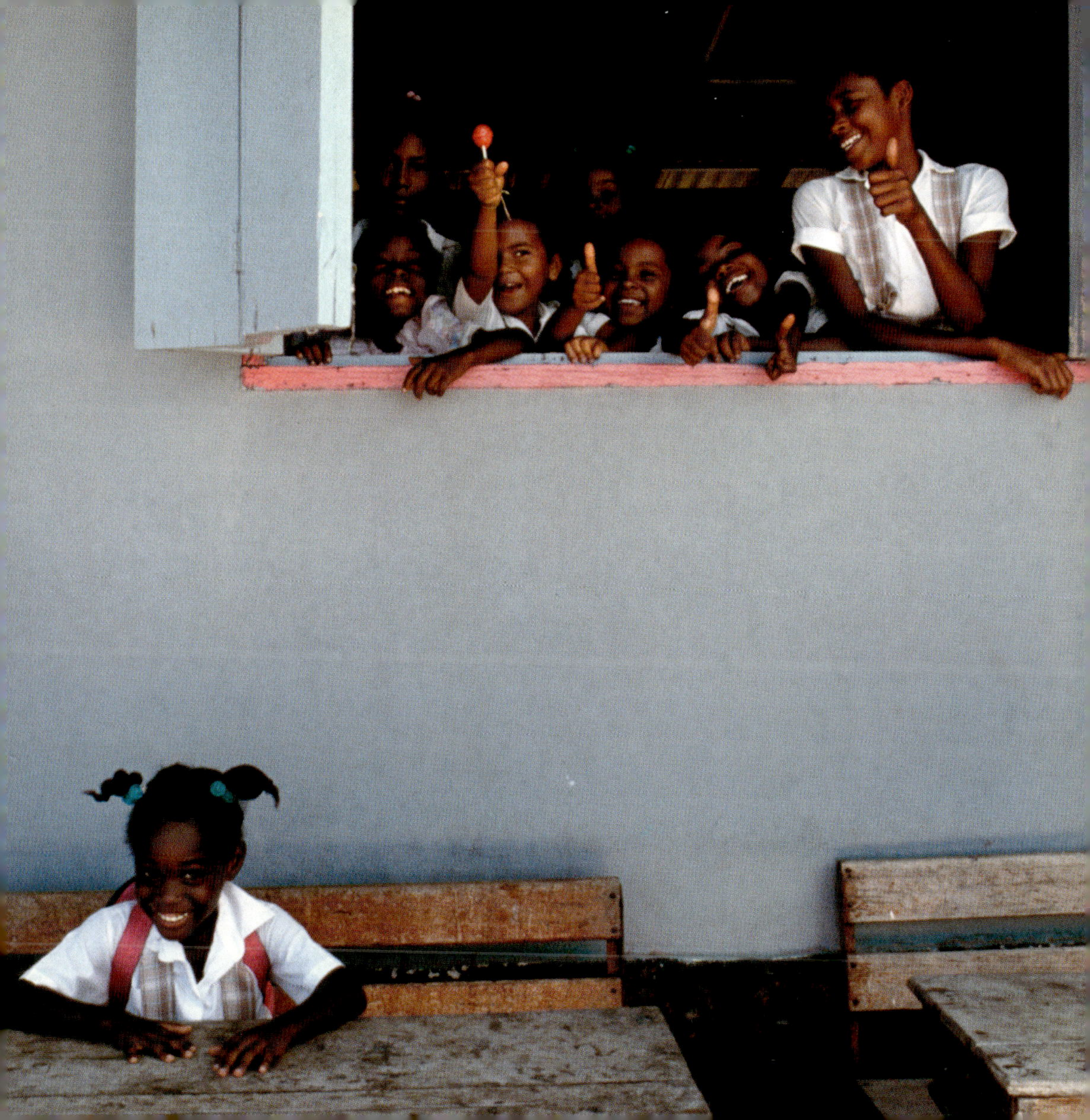

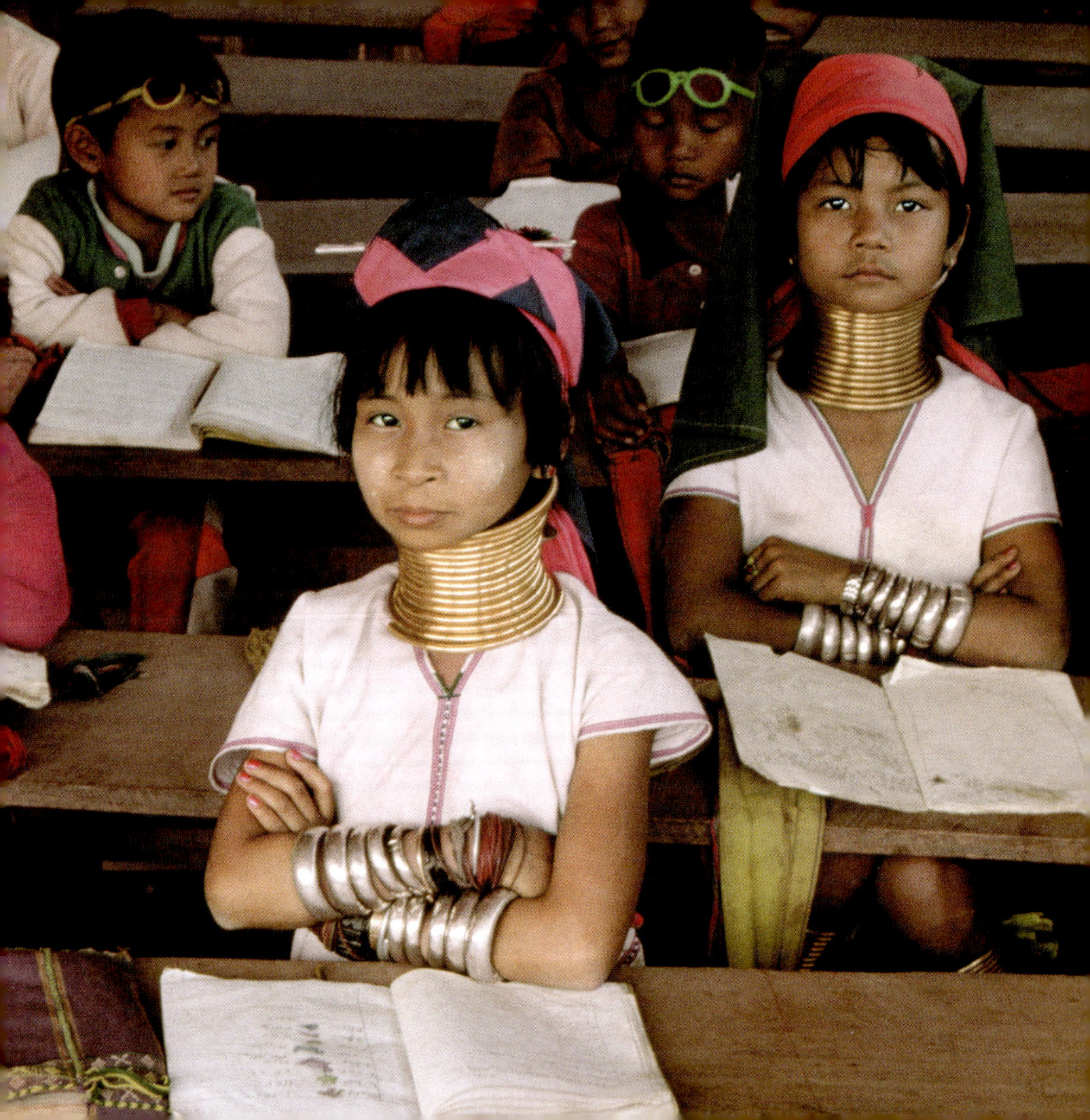

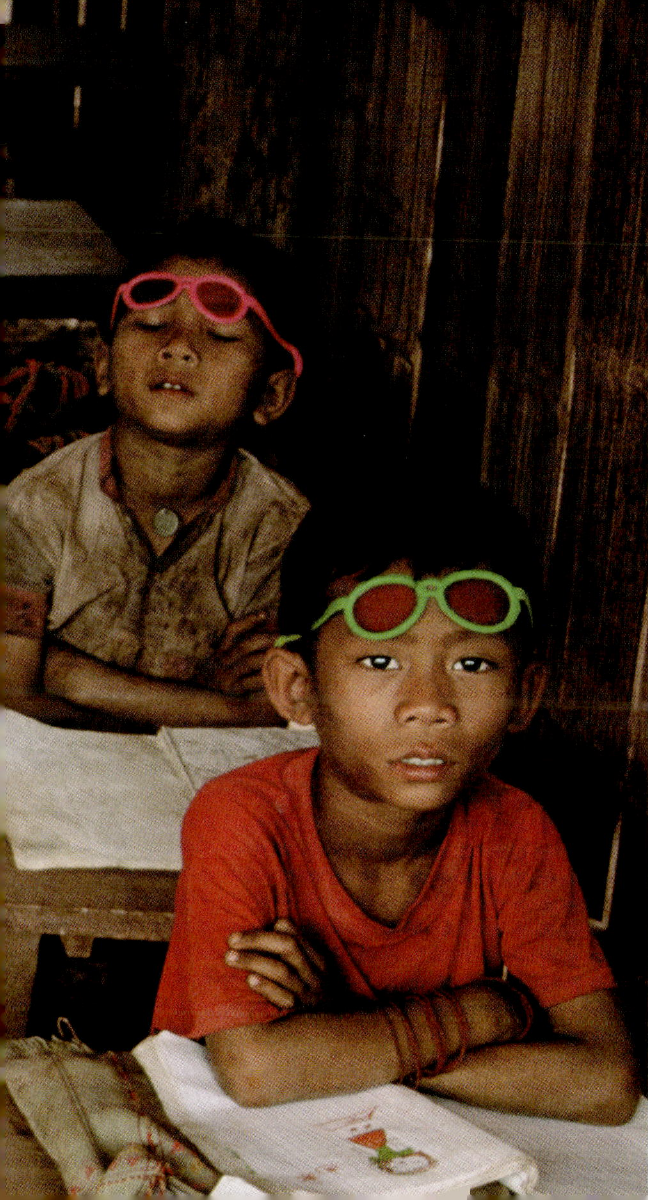

Estudiantes de la etnia padaung sentados en los bancos de su escuela en el poblado Ban Nai Soi, en Tailandia. Las niñas llevan numerosos anillos de latón para alargar su cuello, siguiendo la tradición de su pueblo.

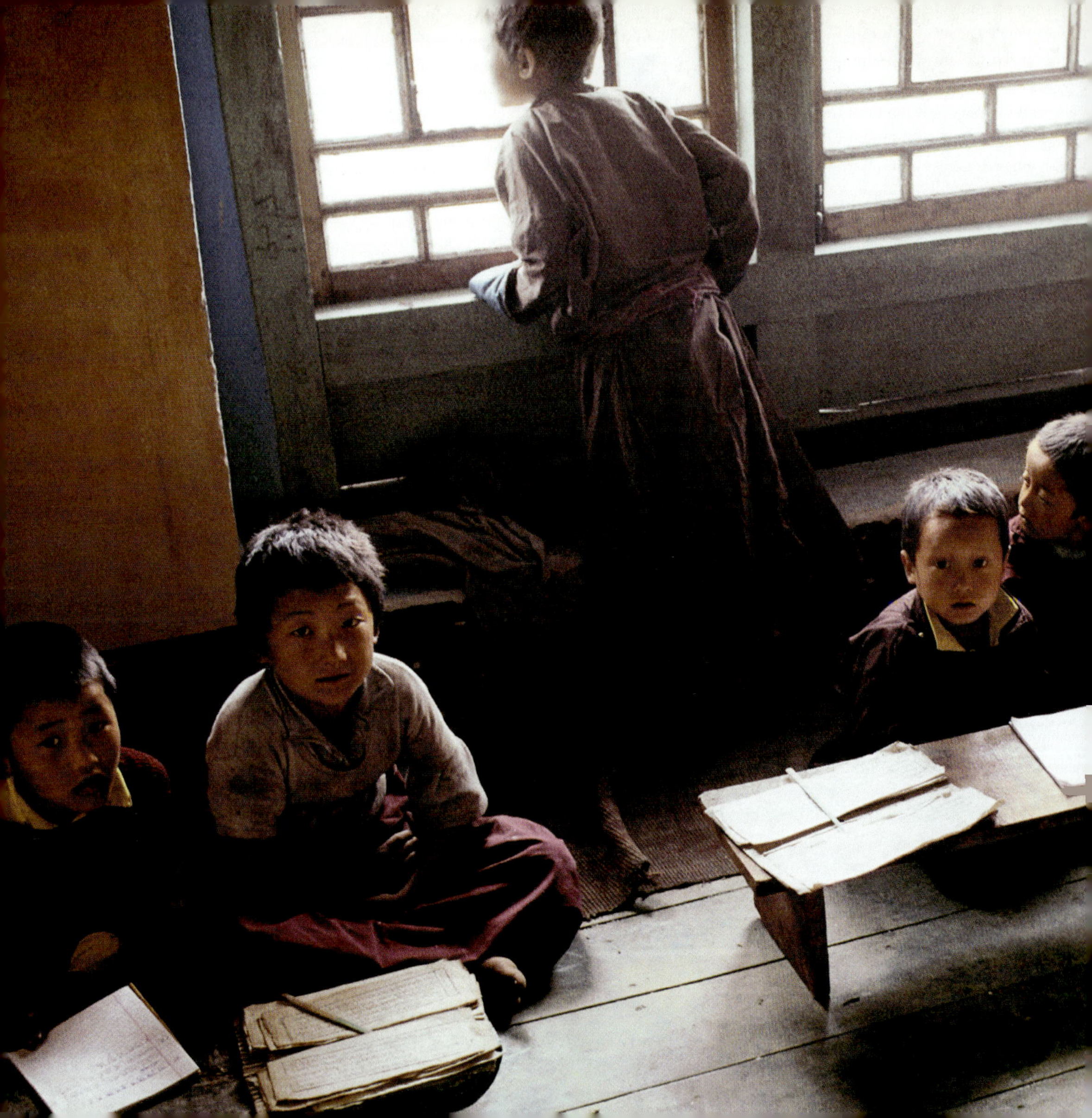

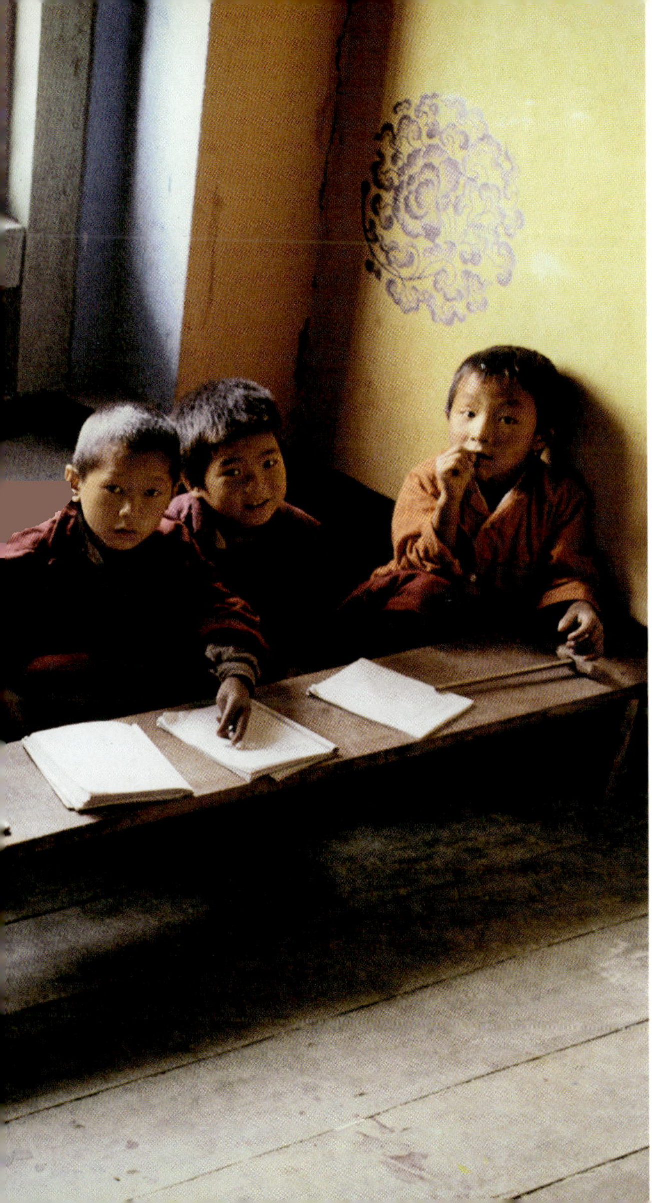

Un grupo de jóvenes monjes budistas practica el estudio y la oración en la región himalaya de la India.

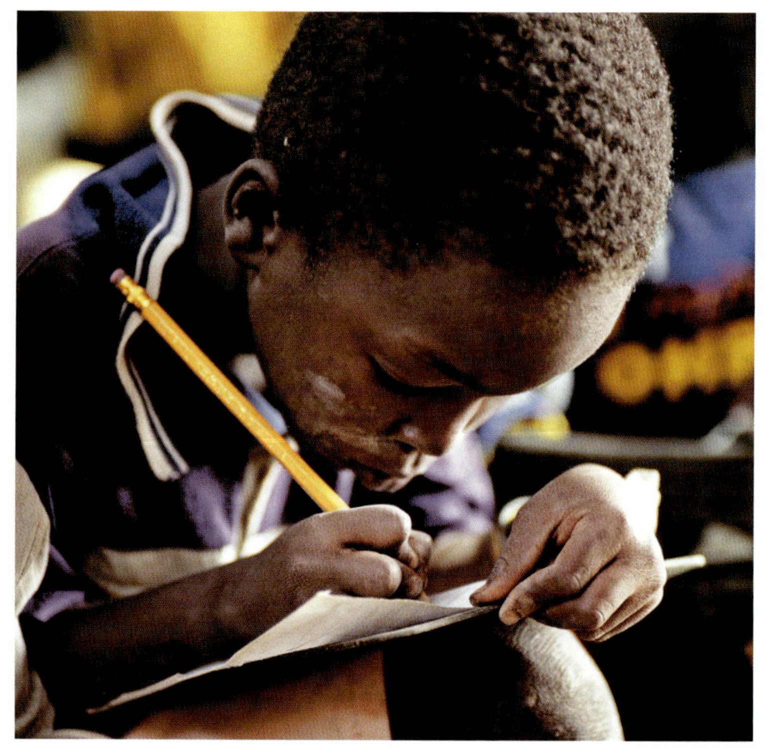

250 • Un niño nigeriano aprende a escribir en su cuaderno.

251 • Una joven estudiante nigeriana lee en voz alta en su clase.

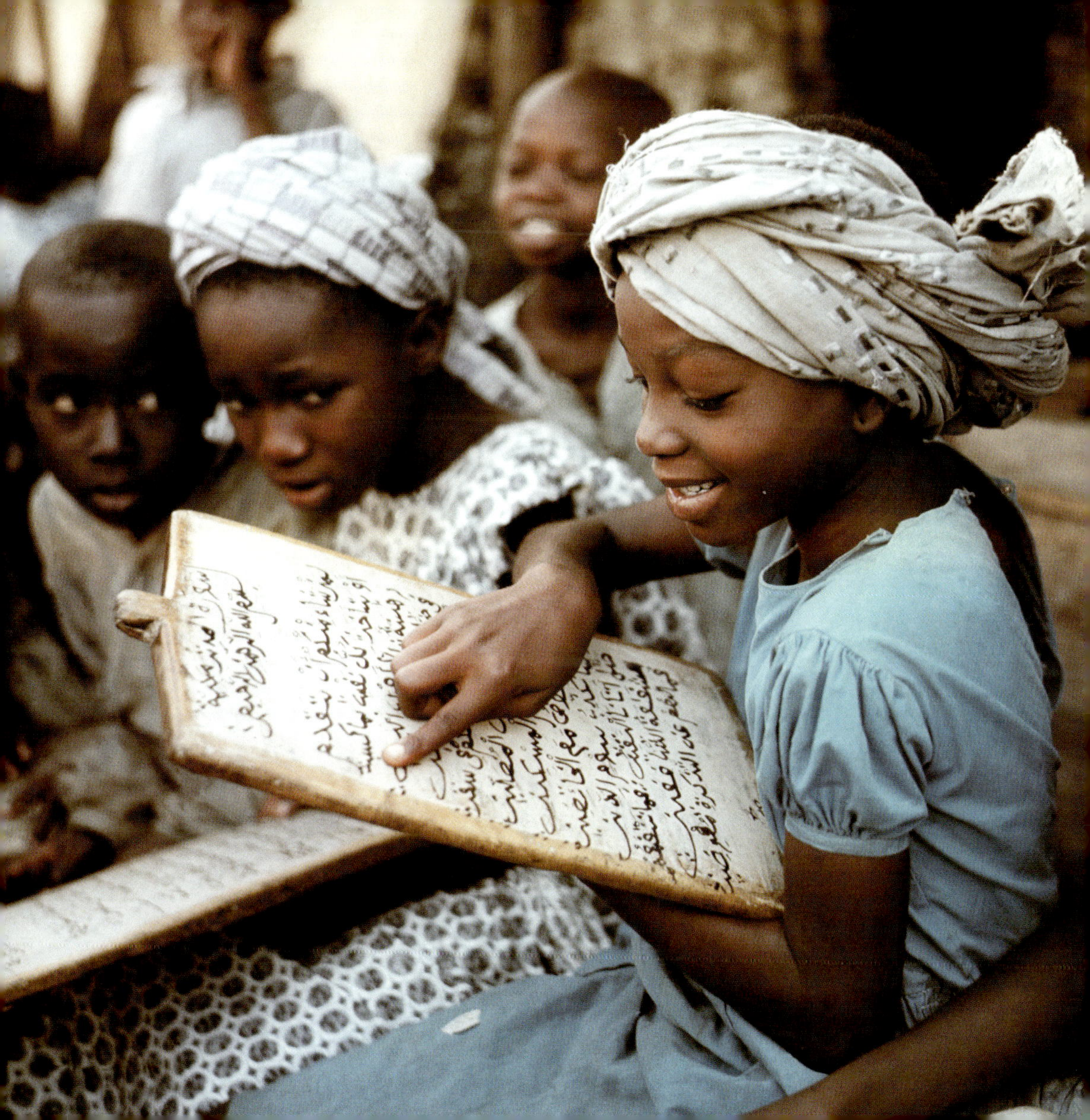

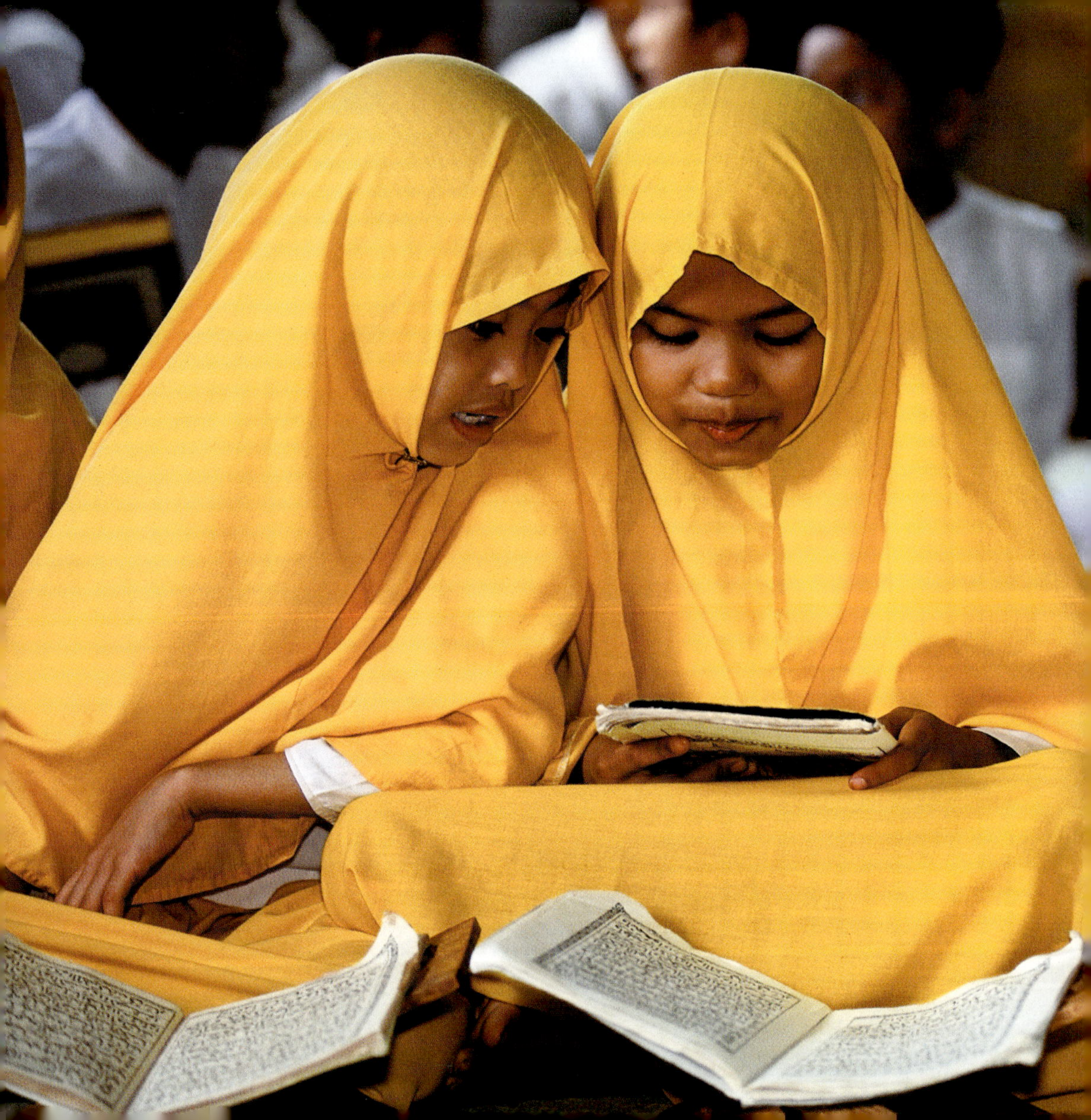

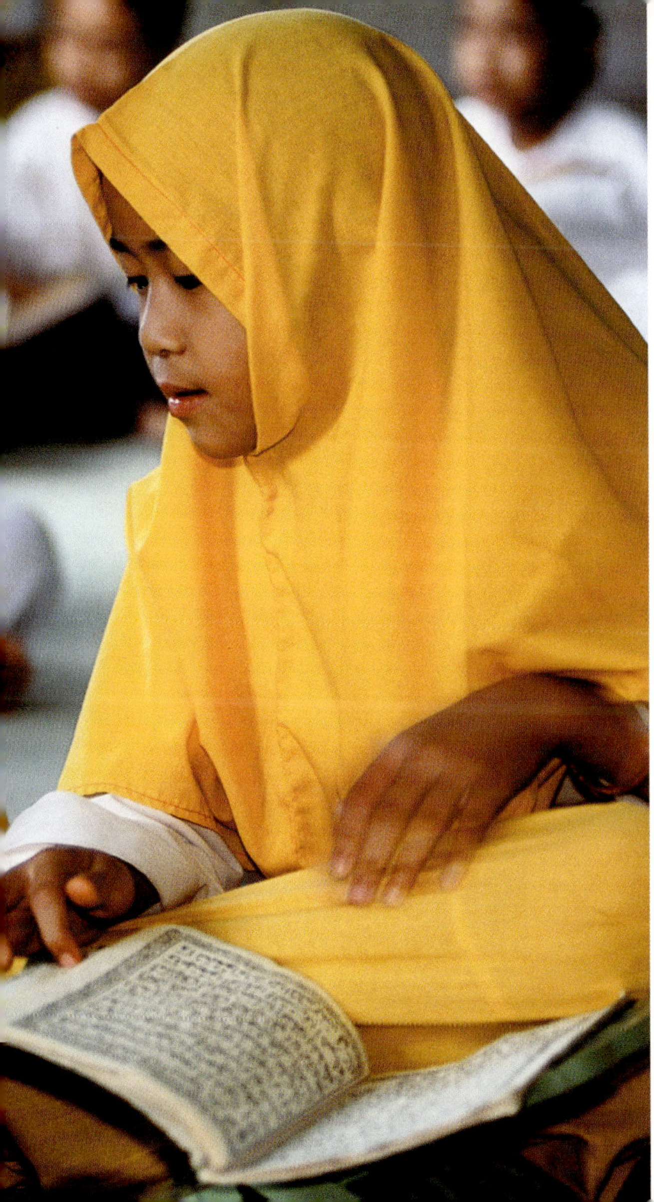

Tres niñas estudian
en una escuela religiosa
de Bandar Seri
Begavan, capital del
Estado de Brunei.

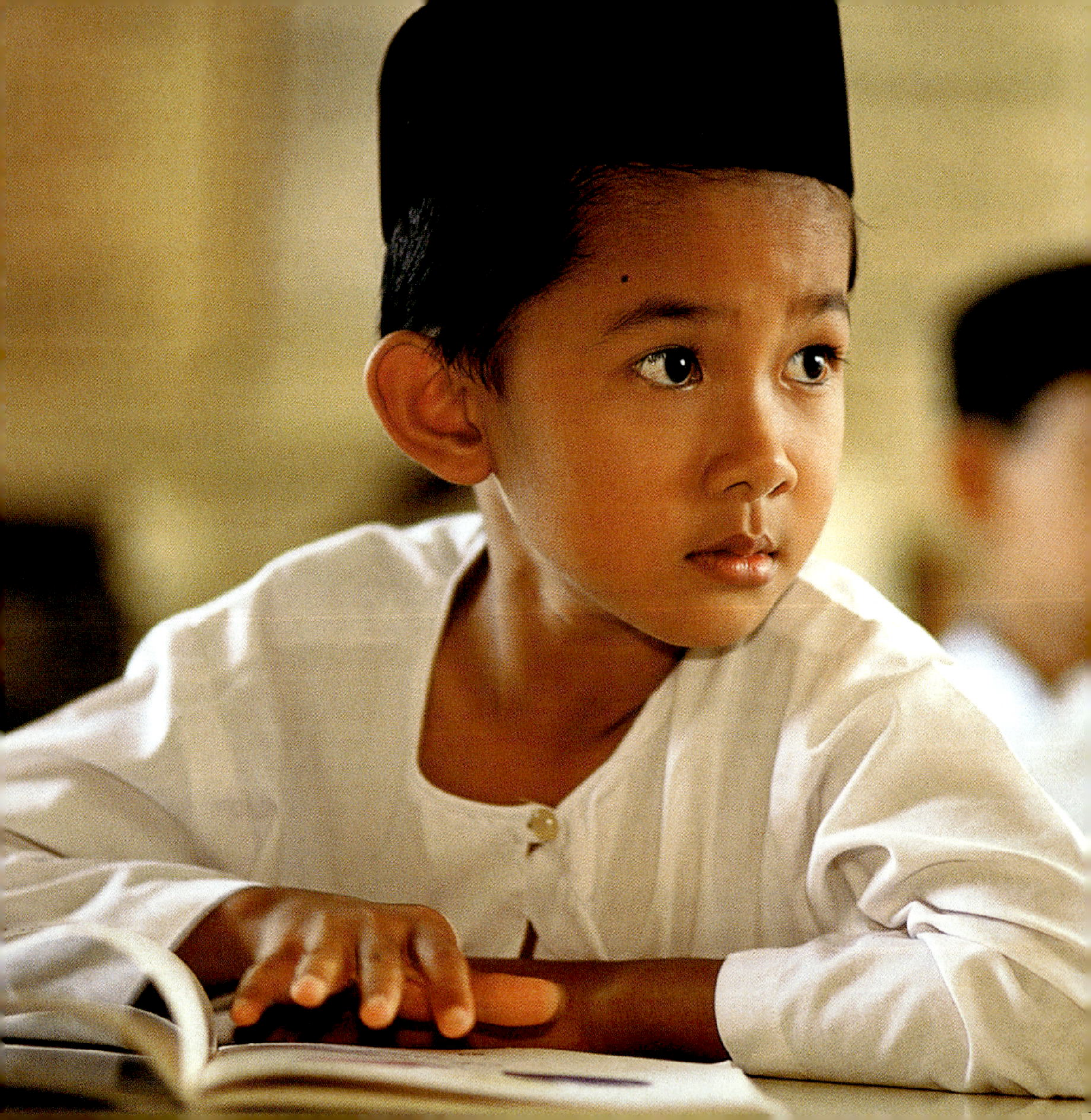

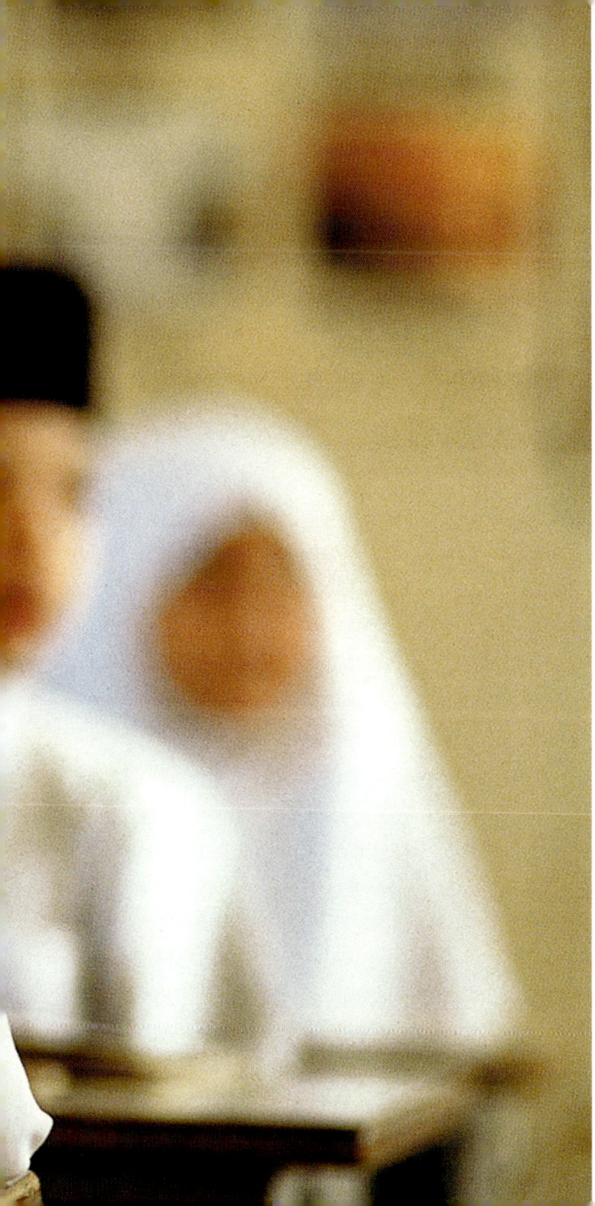

254-255 • Un estudiante de
Brunei escucha con atención en el
aula de su escuela.

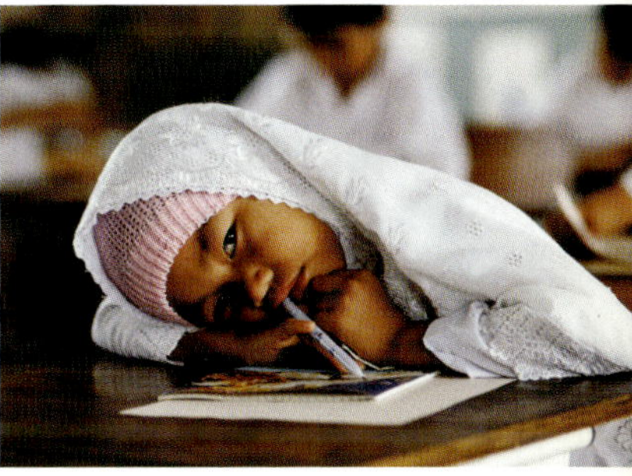

255 • Cansada, un niña apoya
la cabeza en la mesa durante las
clases.

256-257 • Unos niños reunidos
en grupo, en Brunei, leen sus libros
sentados en círculo en torno
a una mesa.

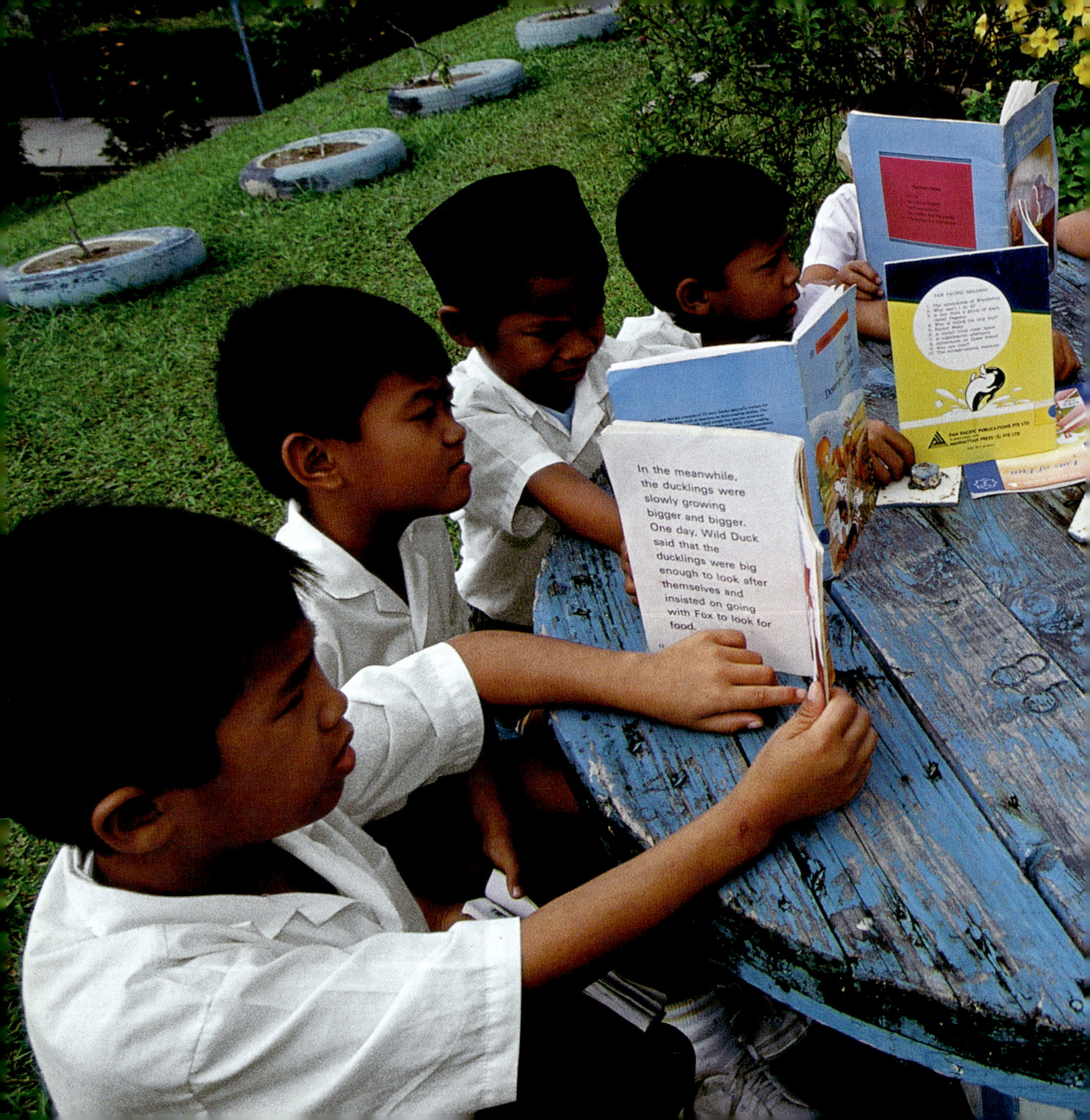

In the meanwhile,
the ducklings were
slowly growing
bigger and bigger.
One day, Wild Duck
said that the
ducklings were big
enough to look after
themselves and
insisted on going
with Fox to look for
food.

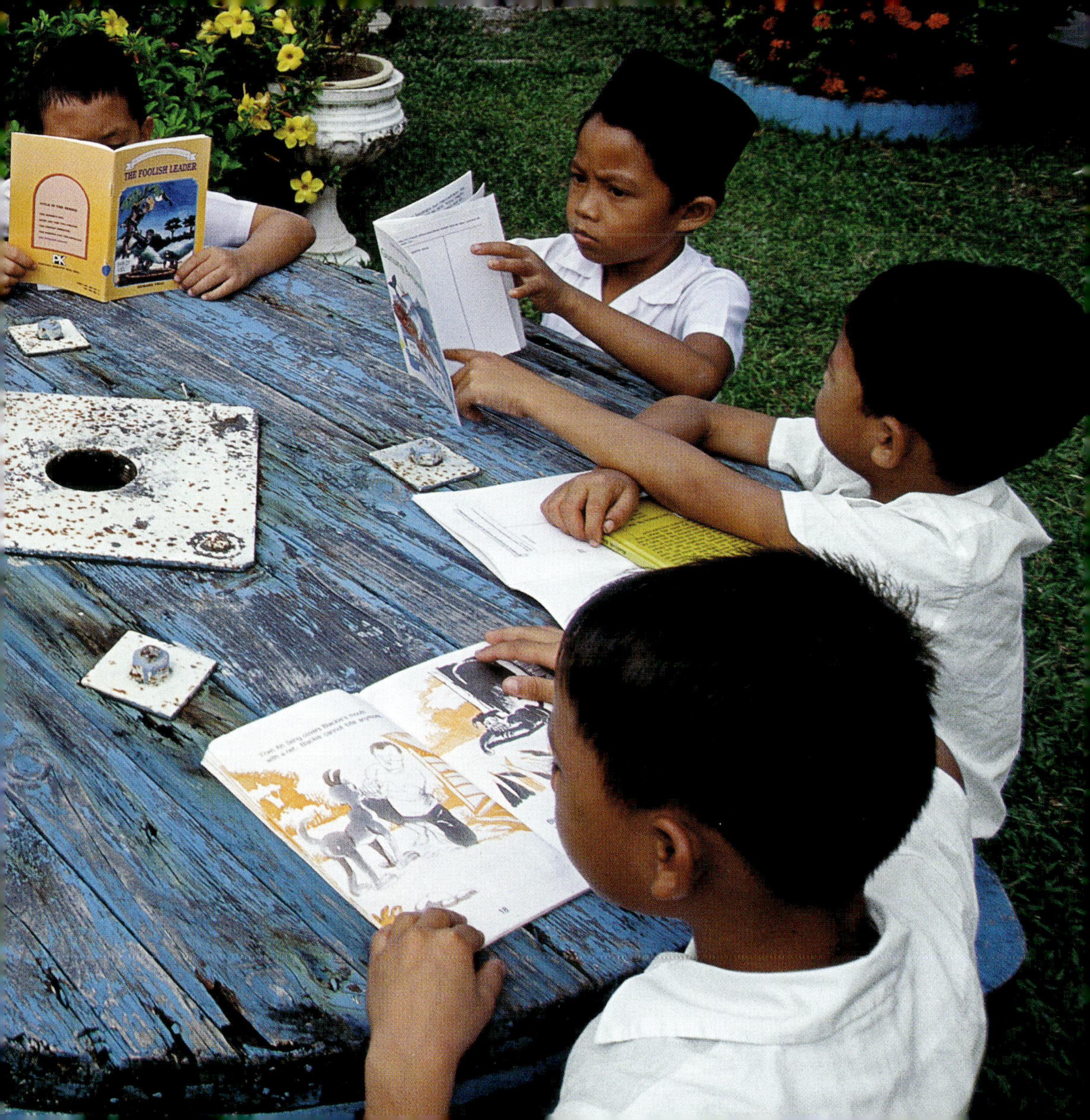
THE FOOLISH LEADER

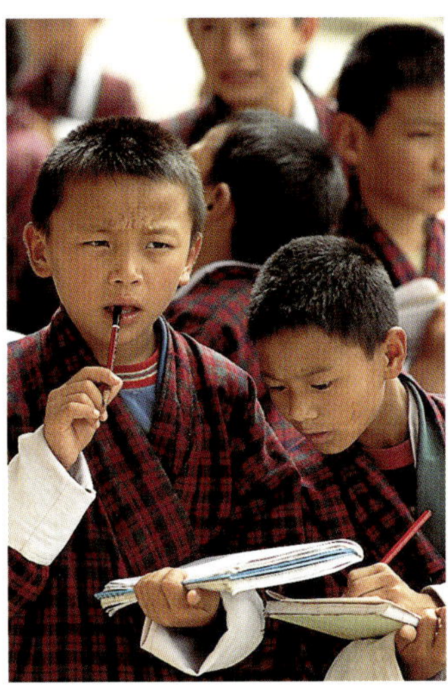

Algunos niños tibetanos que van
a la escuela escriben mientras mantienen
sus cuadernos con las manos.

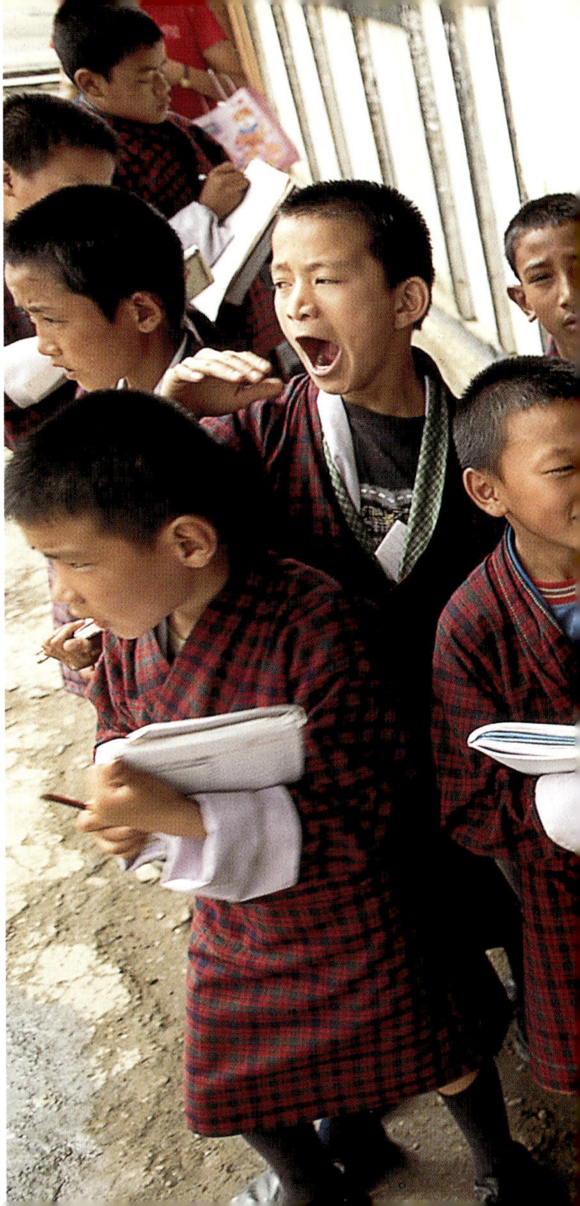

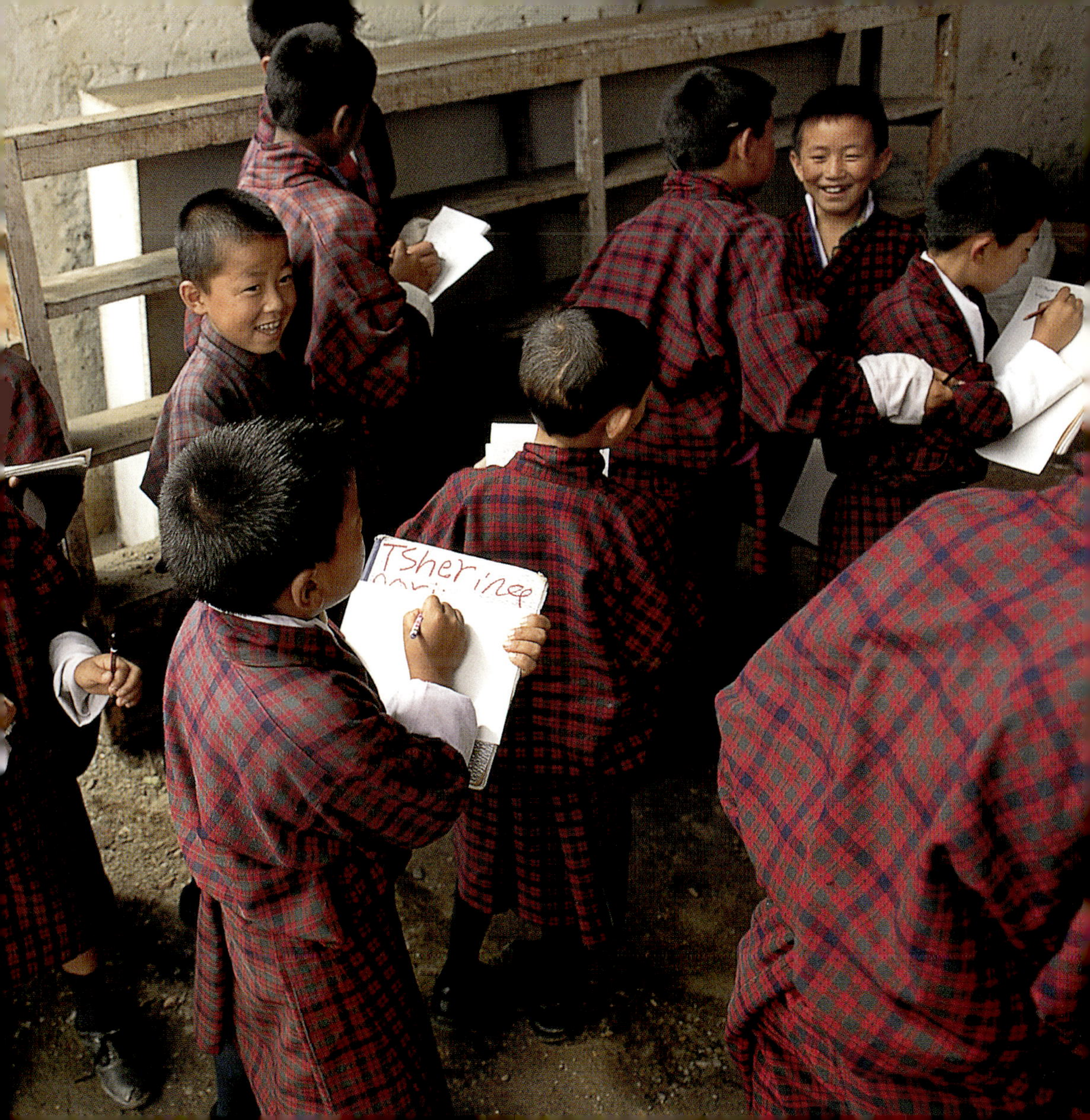
Tshering
nori

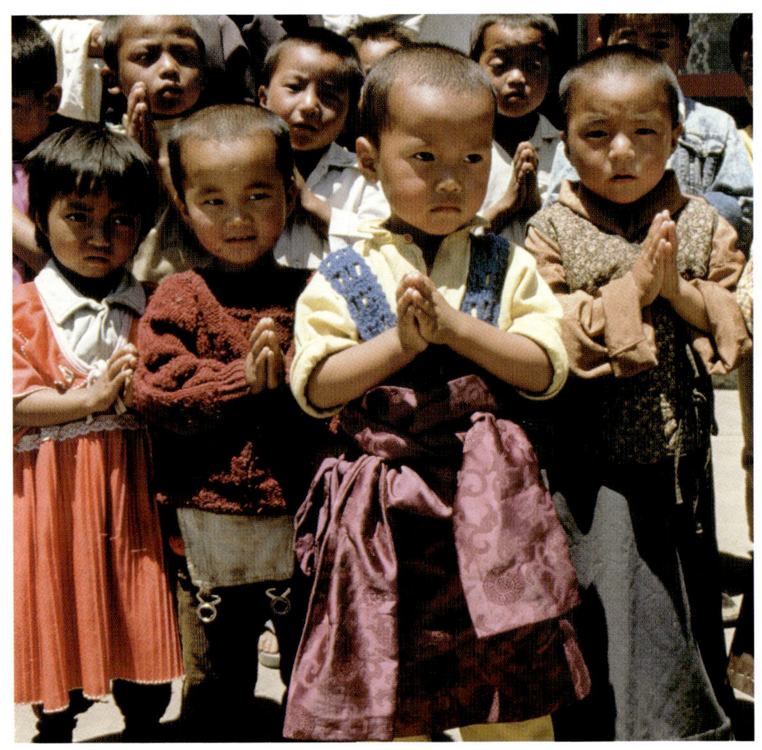

260 ● Estos niños a los que están enseñando a rezar, viven en Lachung, en la India.

261 ● Un niño surcoreano bosteza durante la fiesta del nacimiento de Buda, en Seúl.

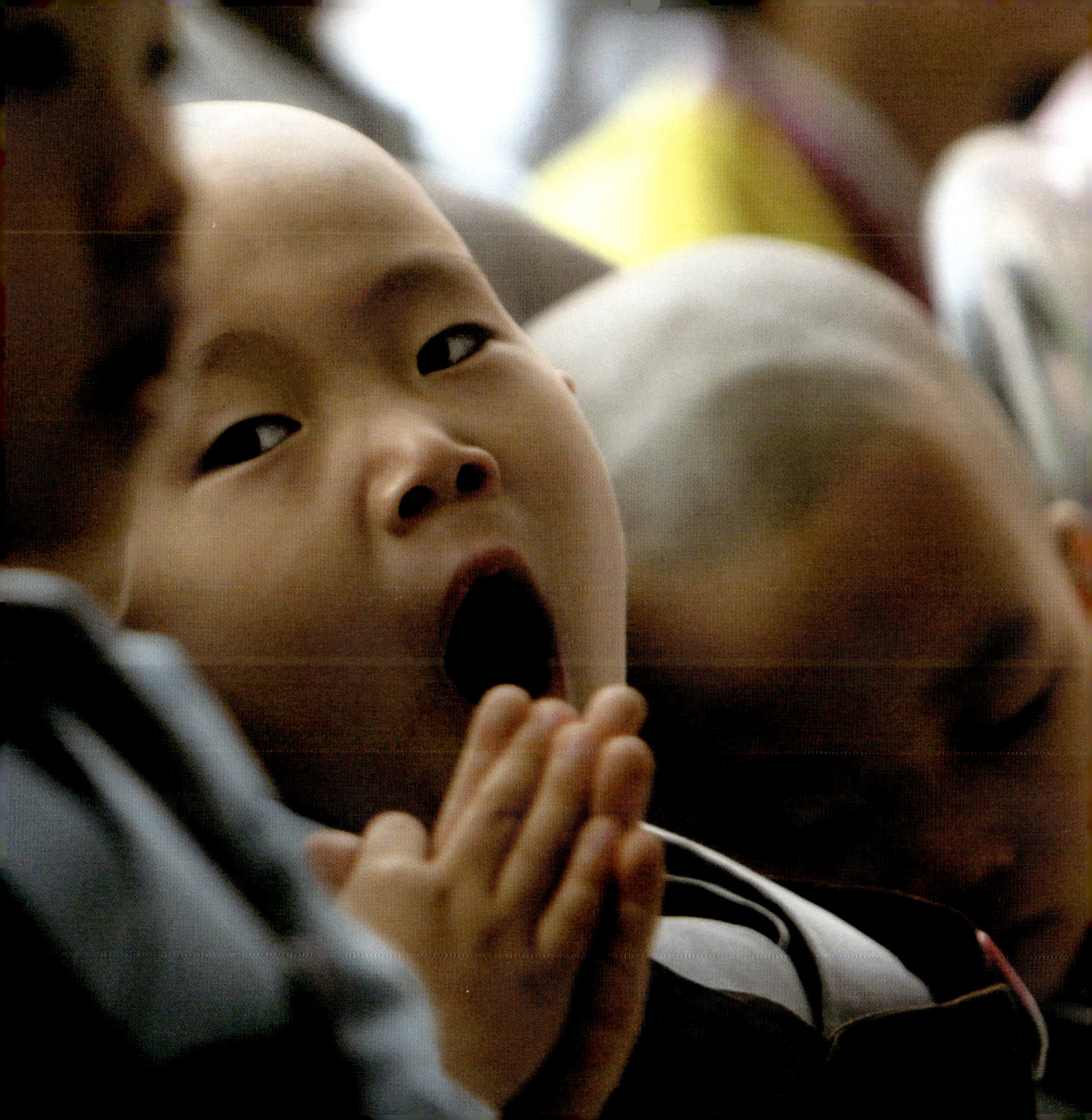

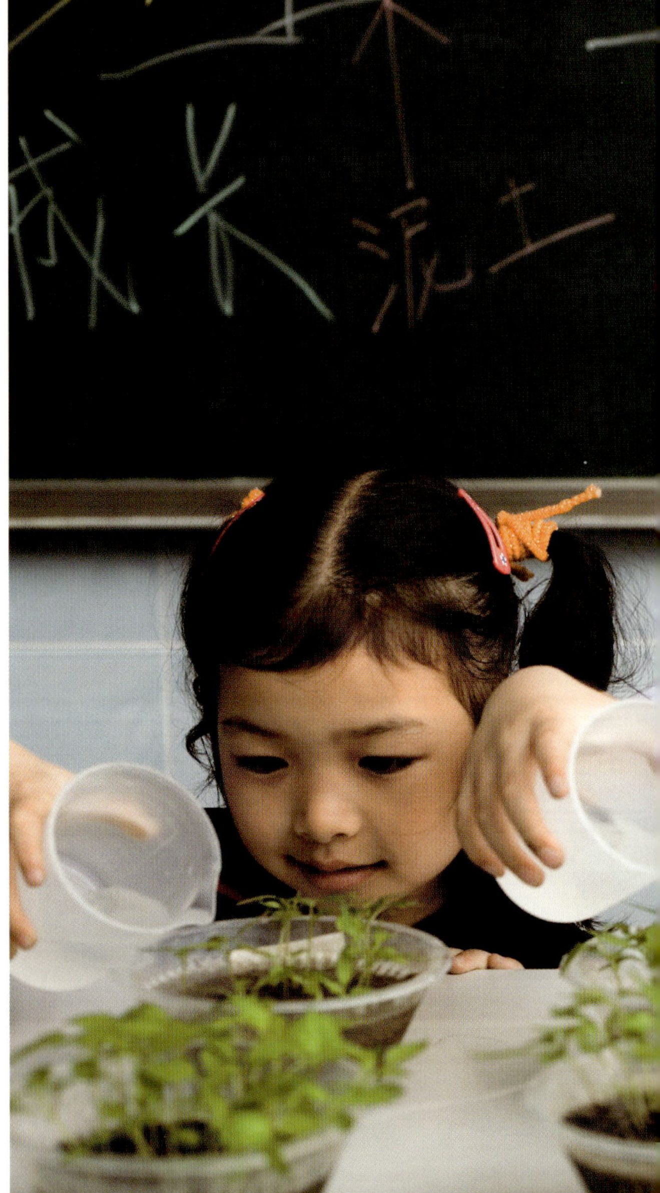

Tres escolares chinos riegan con cuidado y pericia las plantas de su clase.

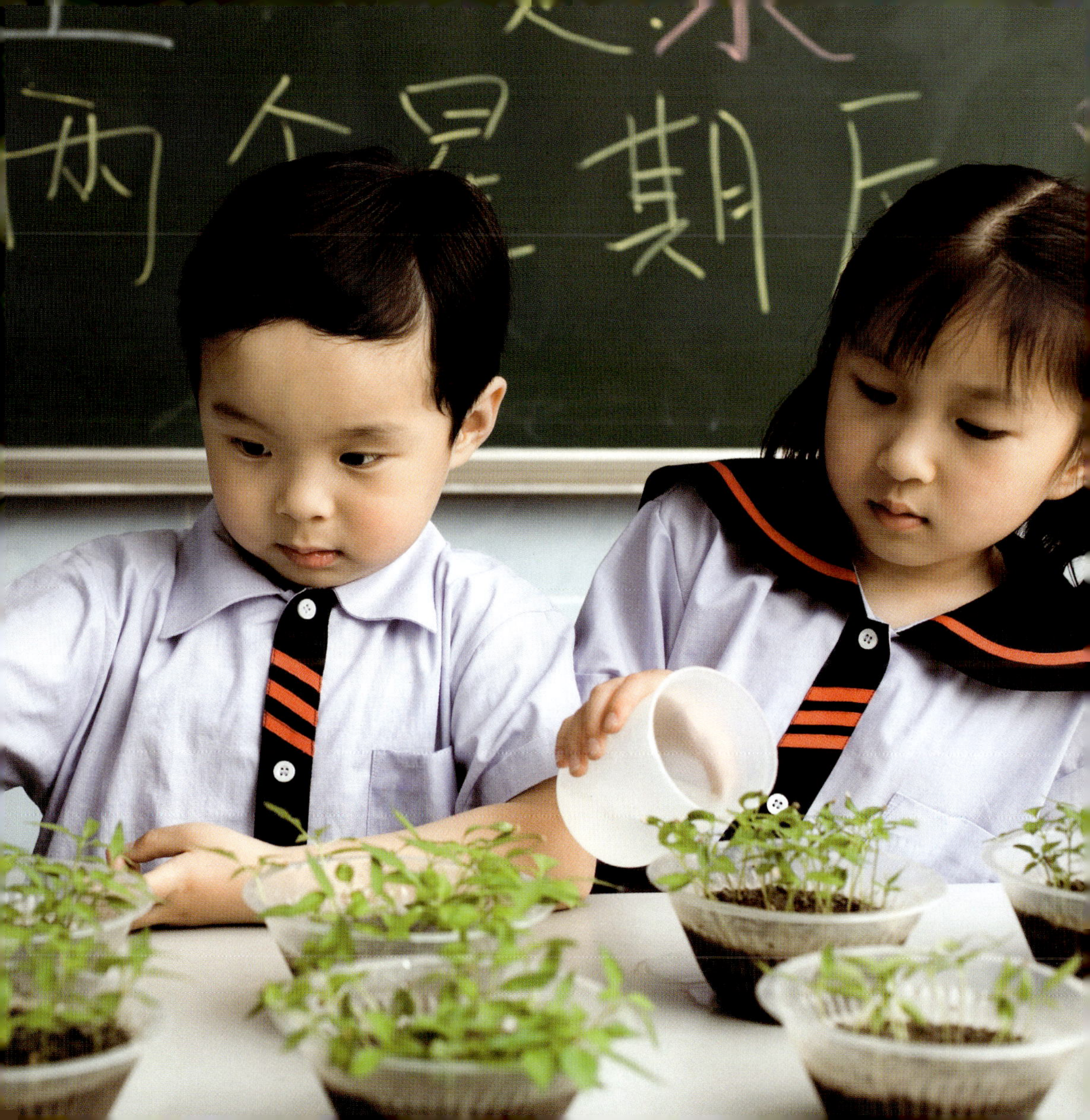
兩個星期
水

Una pequeña estudiante del poblado de Kanare, en Níger, escribe en la pizarra durante una clase de Historia Natural.

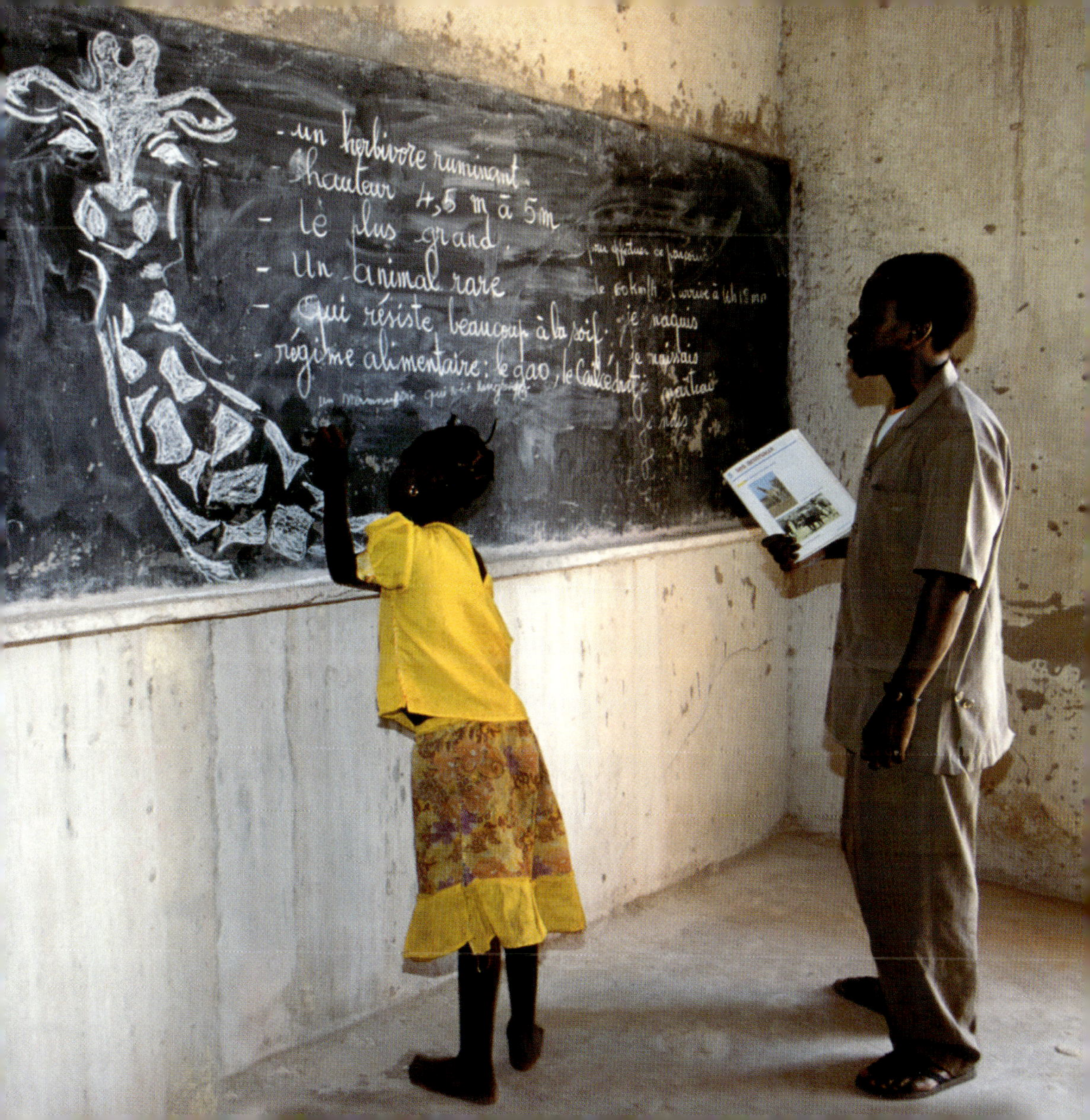

- un herbivore ruminant
hauteur 4,5 m à 5m
- le plus grand
- Un animal rare
- Qui résiste beaucoup à la soif
- régime alimentaire: le gao, le Caillcedrat

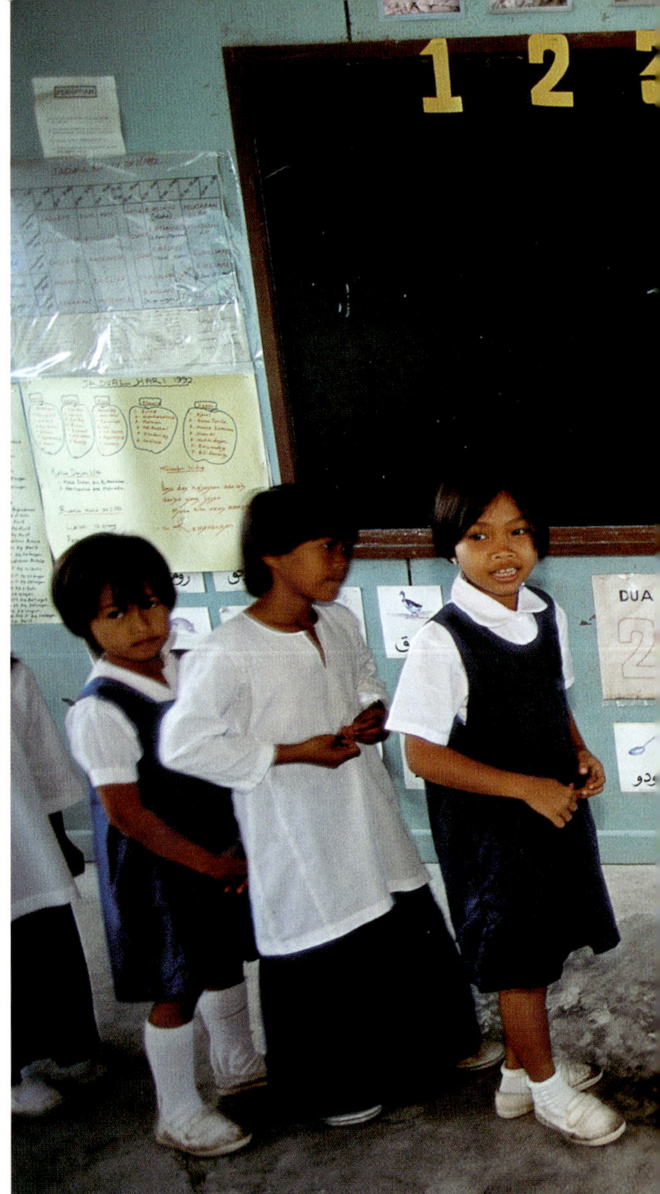

El profesor valora el cuidado de las manos de estas niñas en una escuela de Brunei.

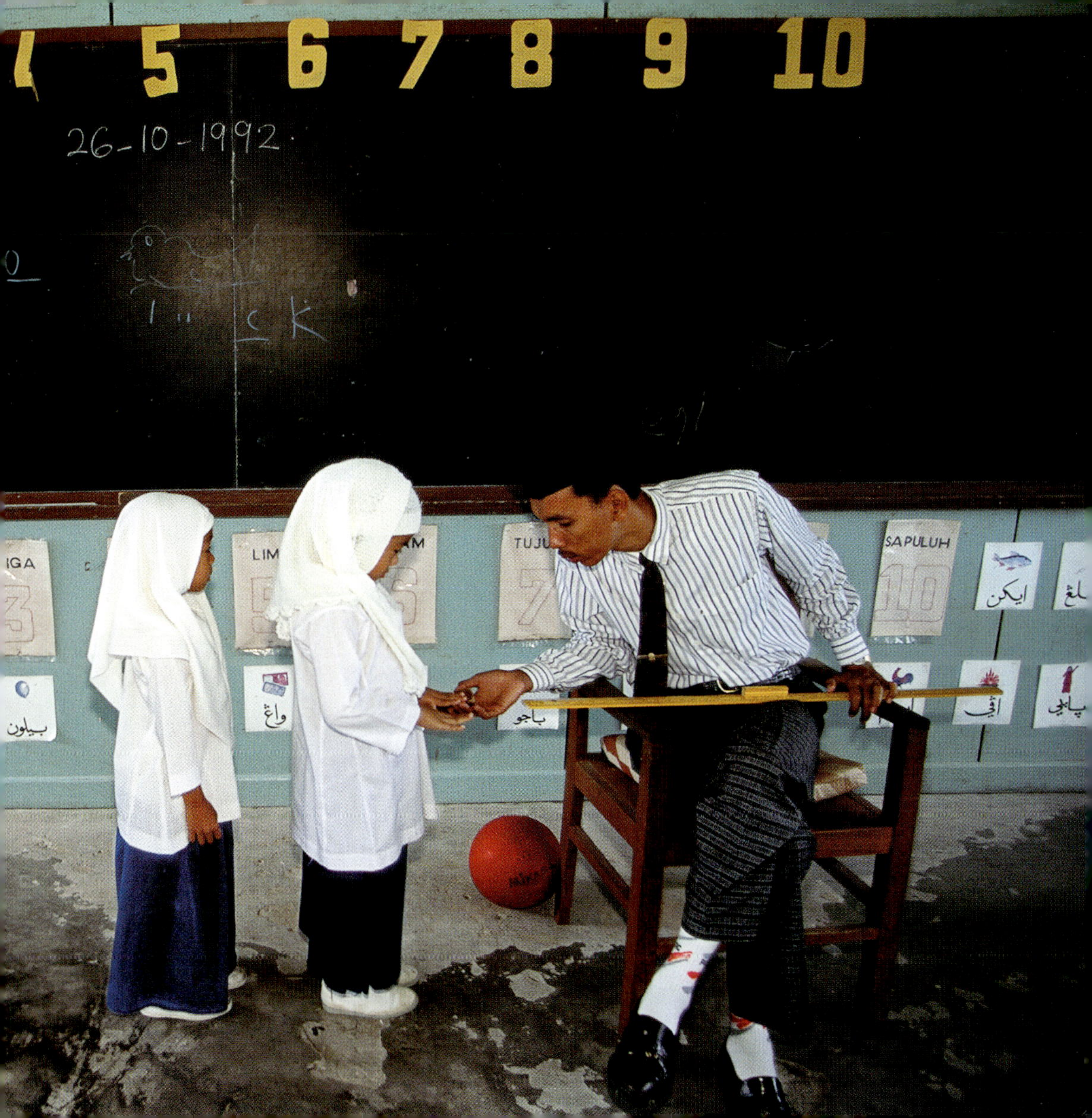
4 5 6 7 8 9 10
26-10-1992
IGA
LIMA   ENAM   TUJU   SAPULUH
 باجو   واغ   بيلون   ايكن   باݢي

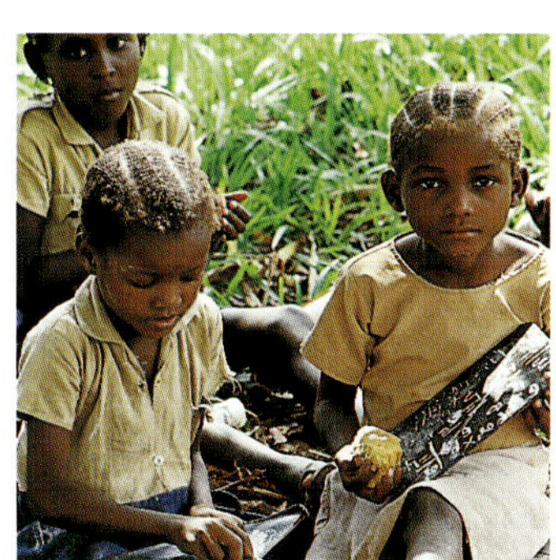

268 Algunos jóvenes estudiantes congoleños asisten a la clase realizada al aire libre.

268-269 La maestra atiende a los niños al aire libre, a la sombra de un gran árbol.

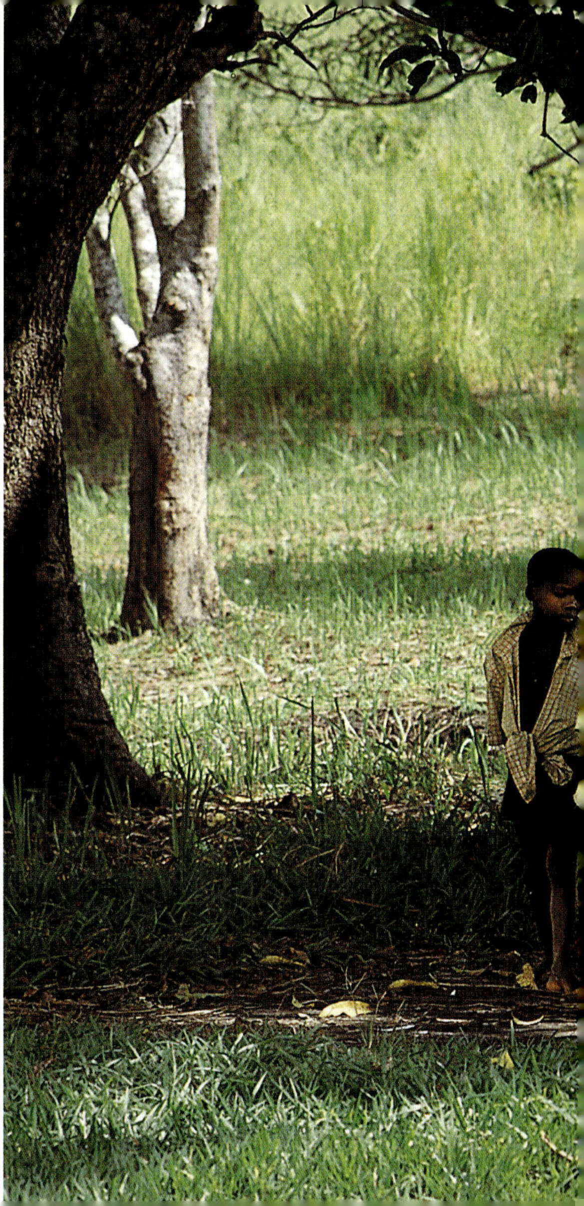

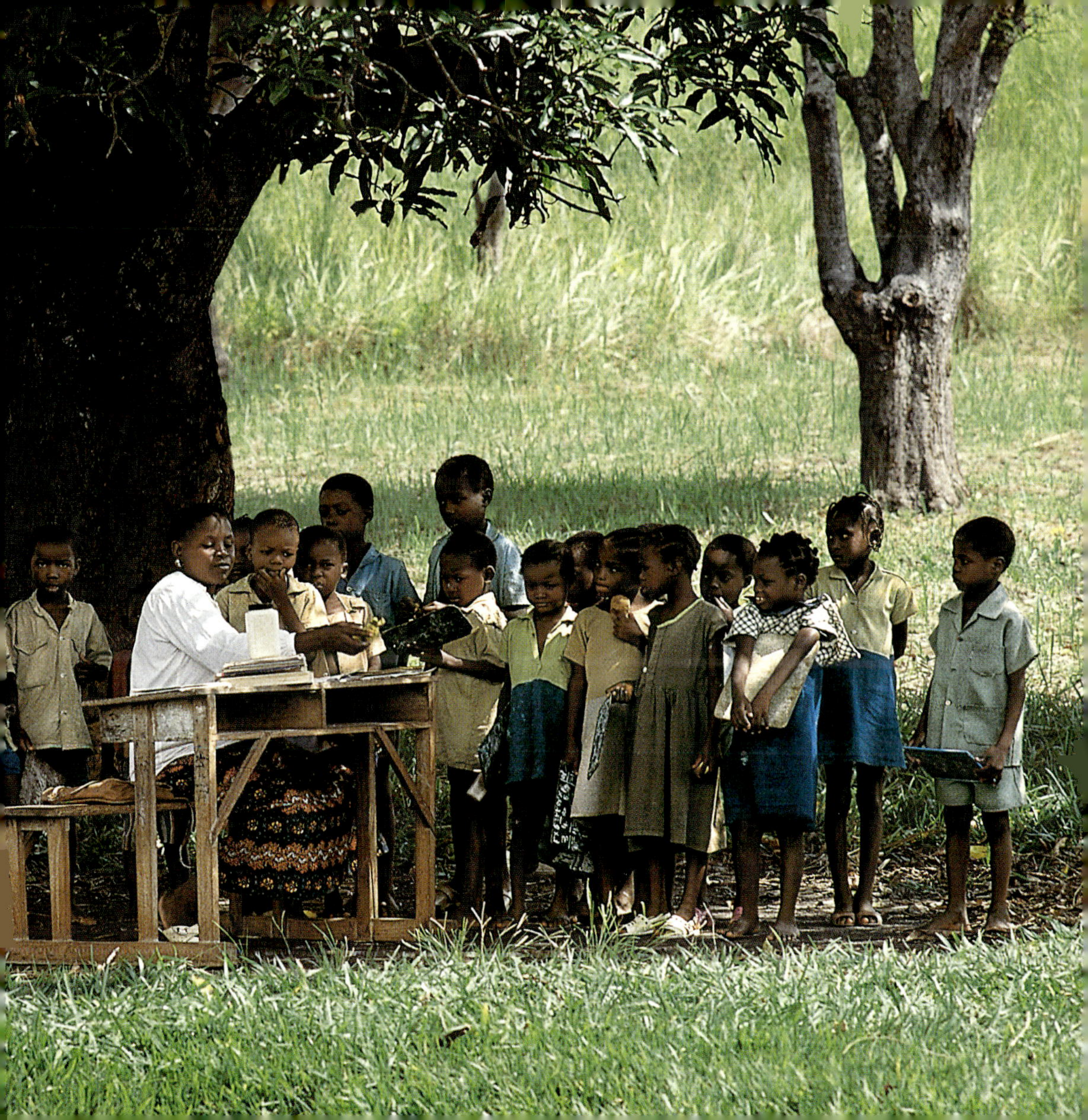

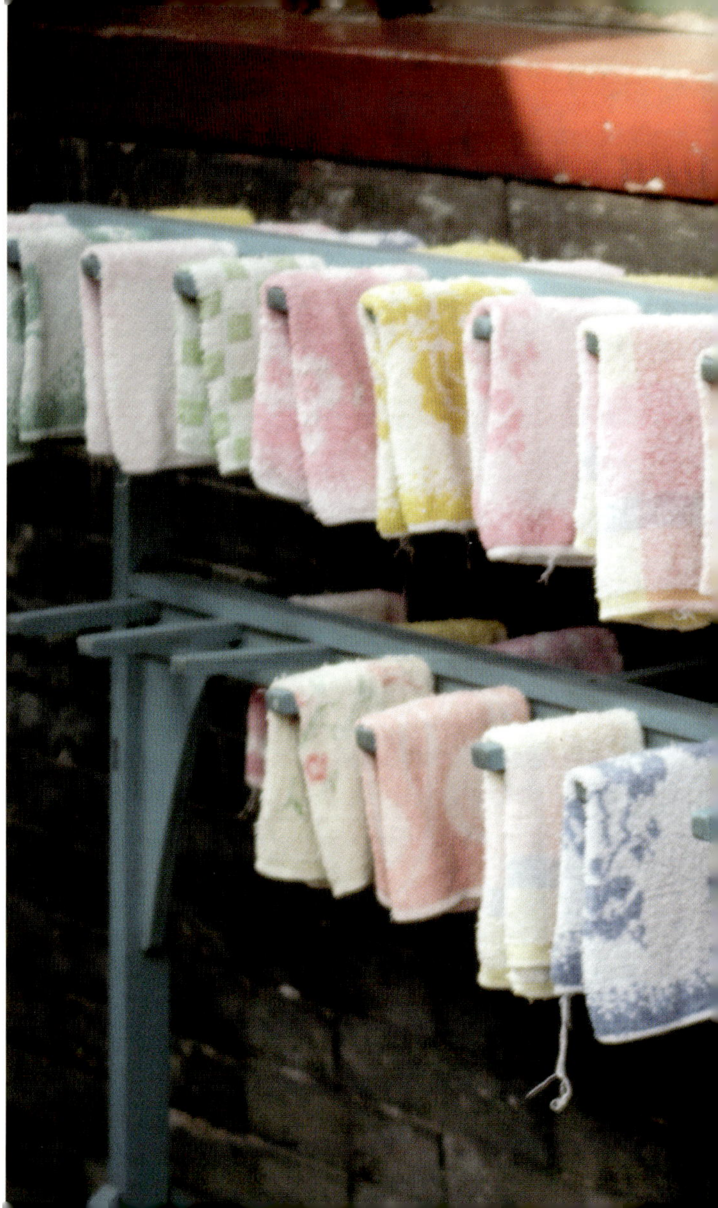

Esta niña va a dejar su
pequeña toalla al lado de
la de los demás niños, en
una escuela maternal de
Zhejiang, en China.

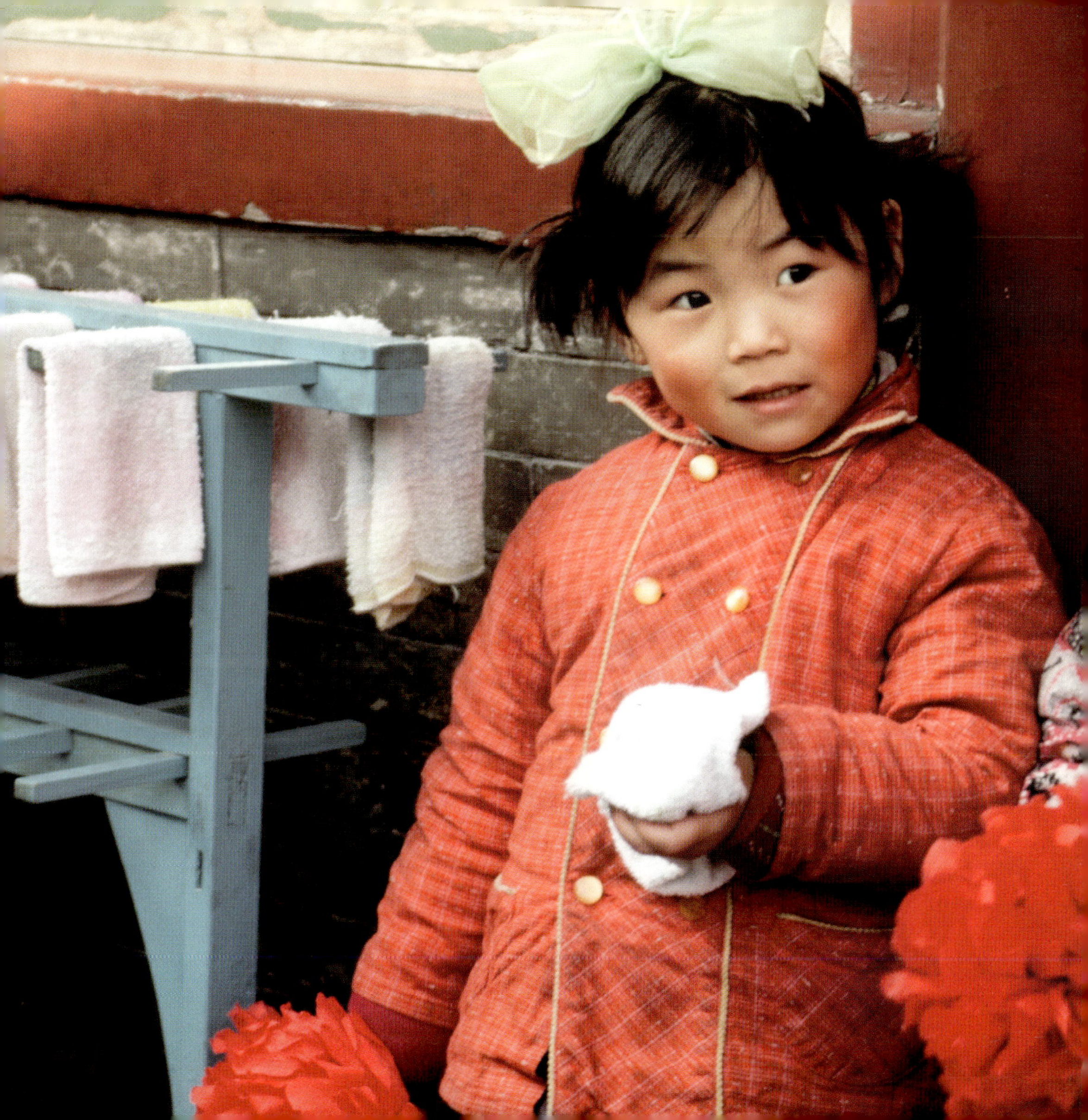

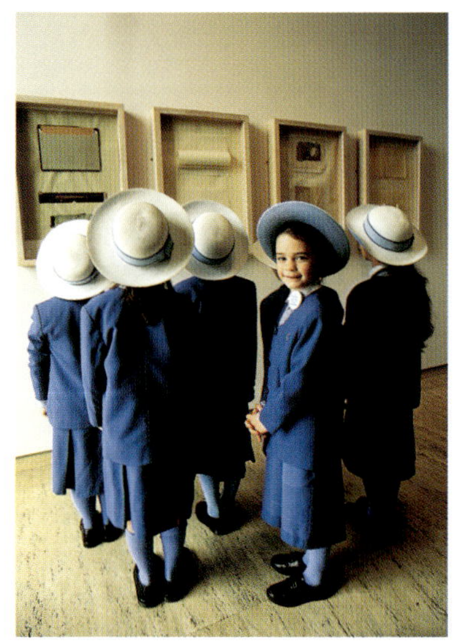

272 • Alguna niñas australianas visten un elegante uniforme escolar durante una visita a un museo de Sidney.

273 • Algunas jóvenes estudiantes inglesas charlan agachadas formando un círculo en el jardín de su escuela.

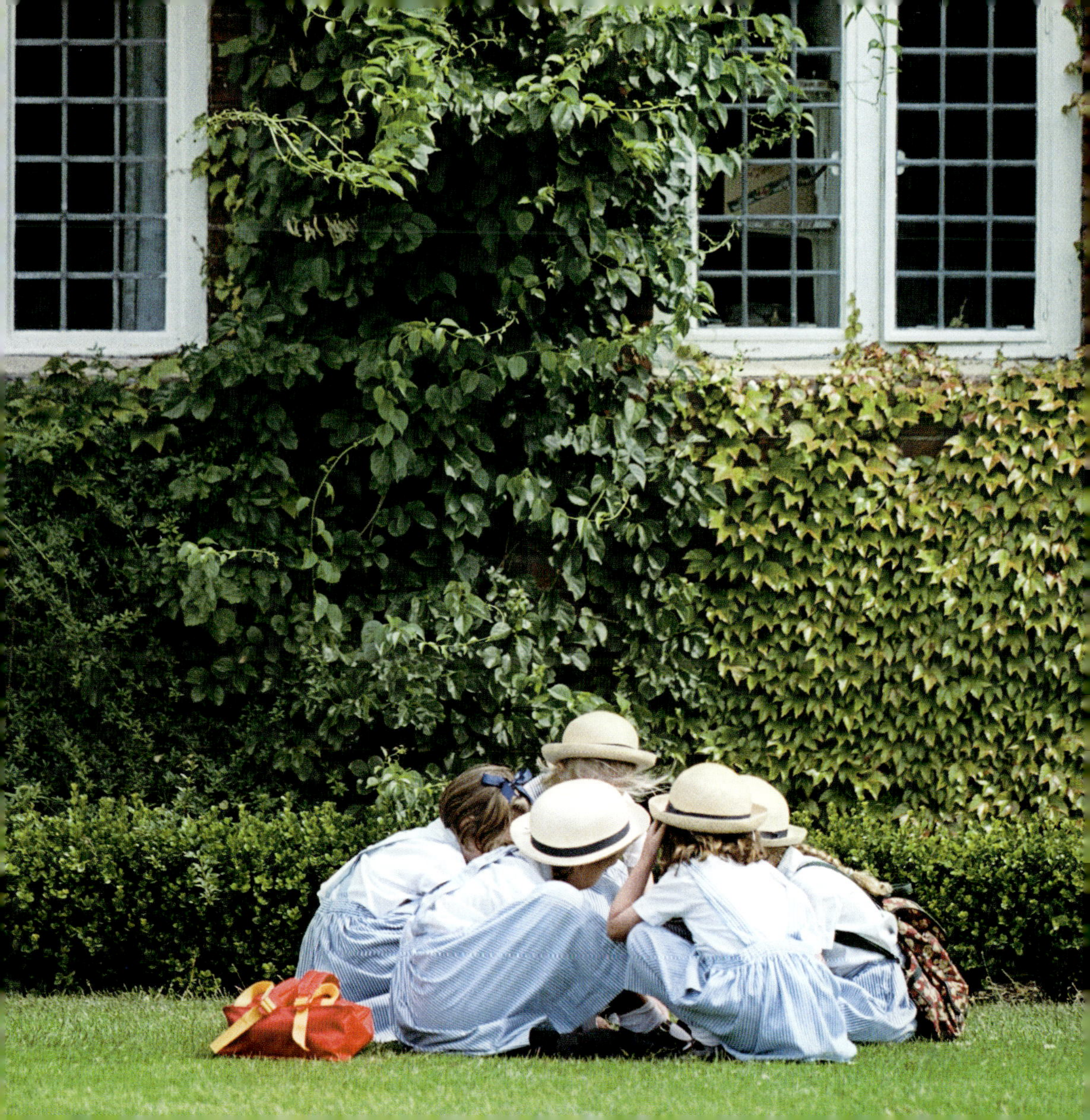

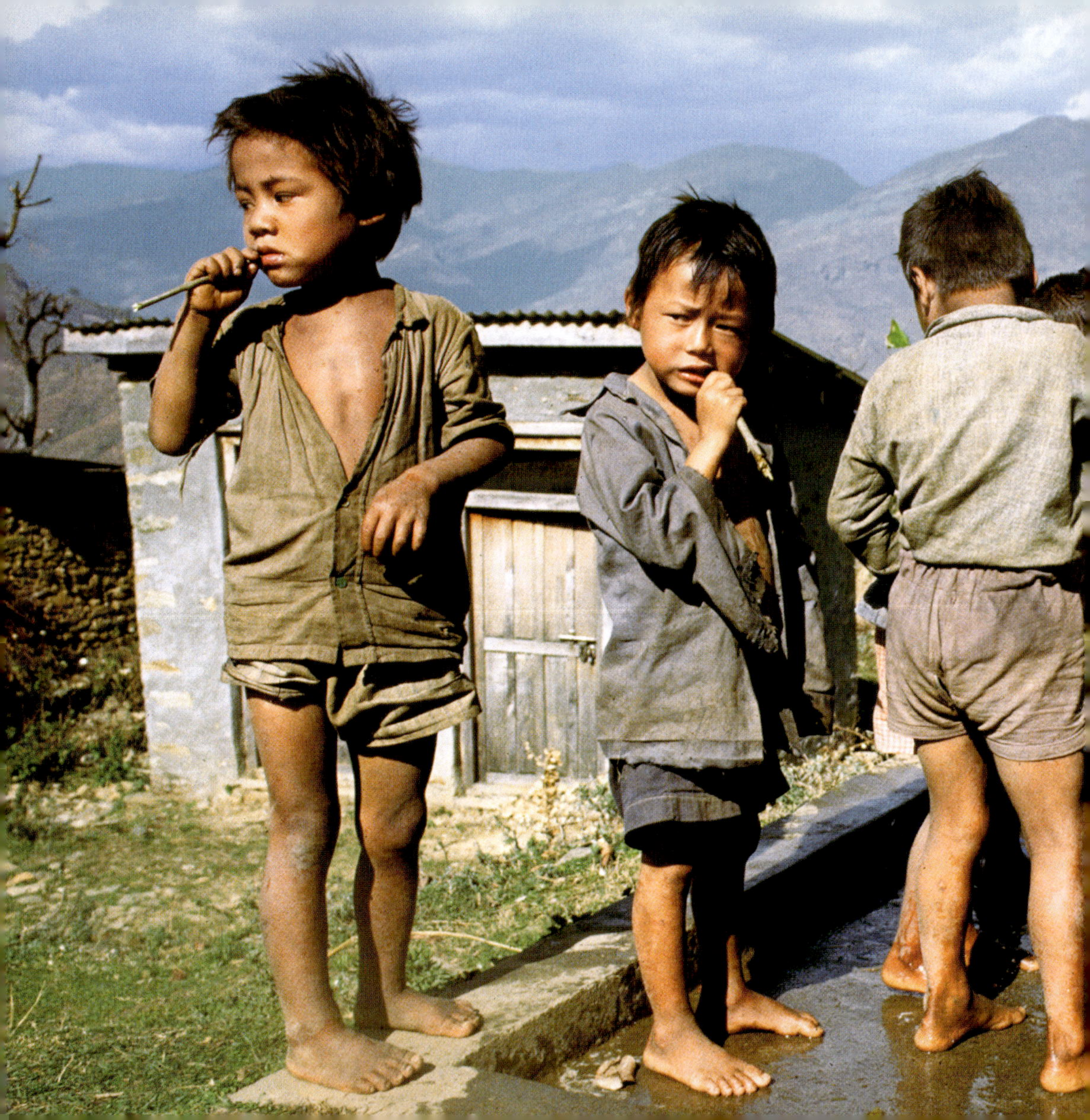

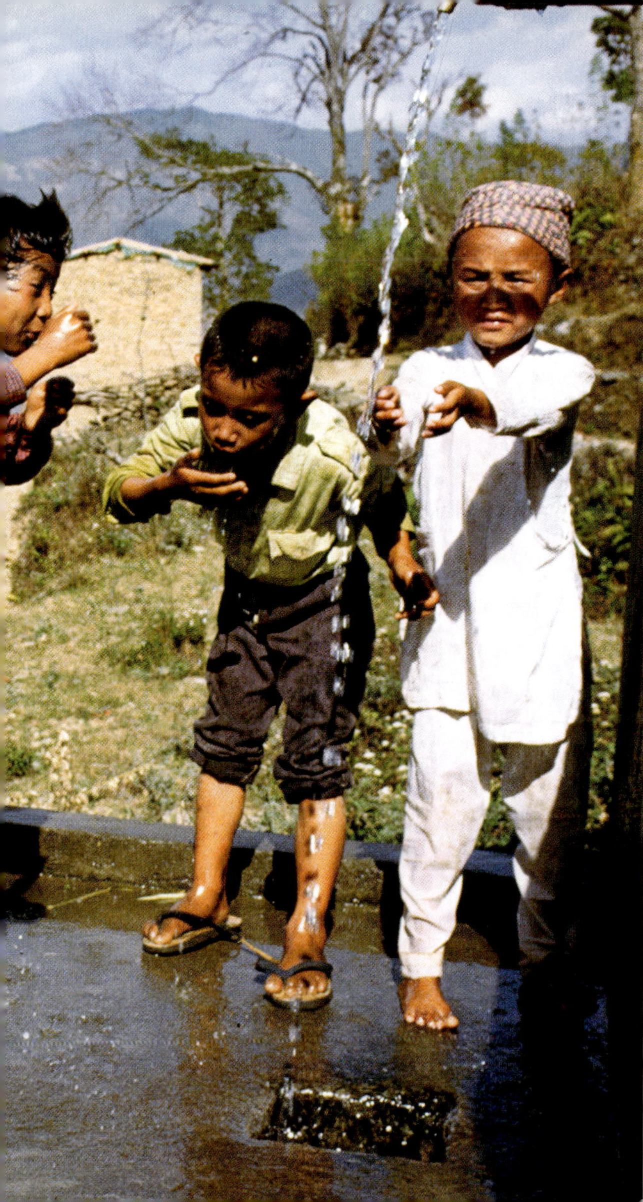

• Un grupo de niños de Chatura, en Nepal, aprende a lavarse los dientes con la ayuda de una ramita verde. Su escuela ha sido creada con la ayuda de la organización Save The Children.

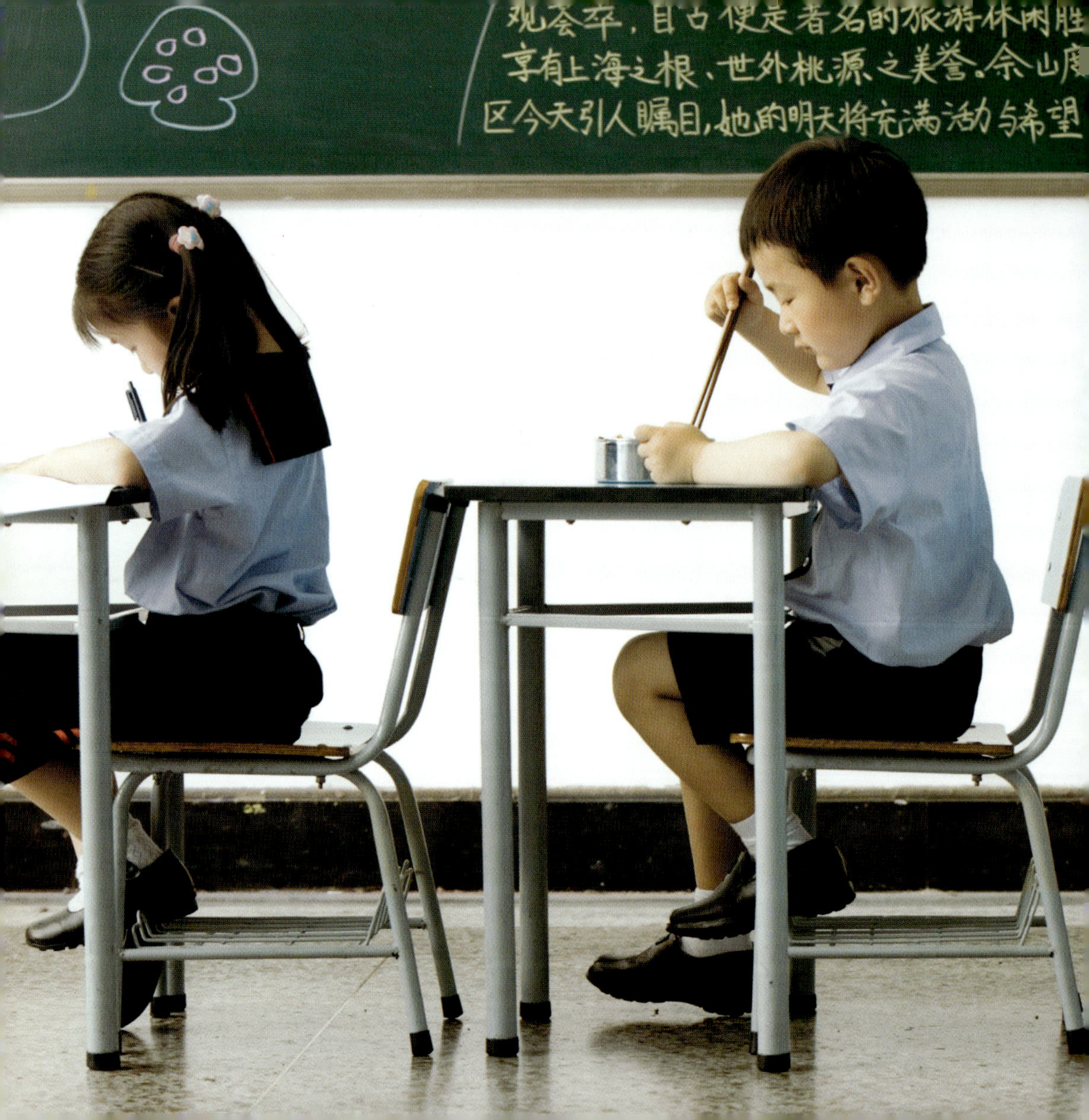

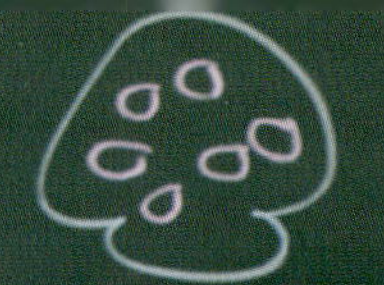
观会率，目白促定者名的旅游休闲胜
享有上海之根、世外桃源之美誉。佘山度
区今天引人瞩目，她的明天将充满活力与希望

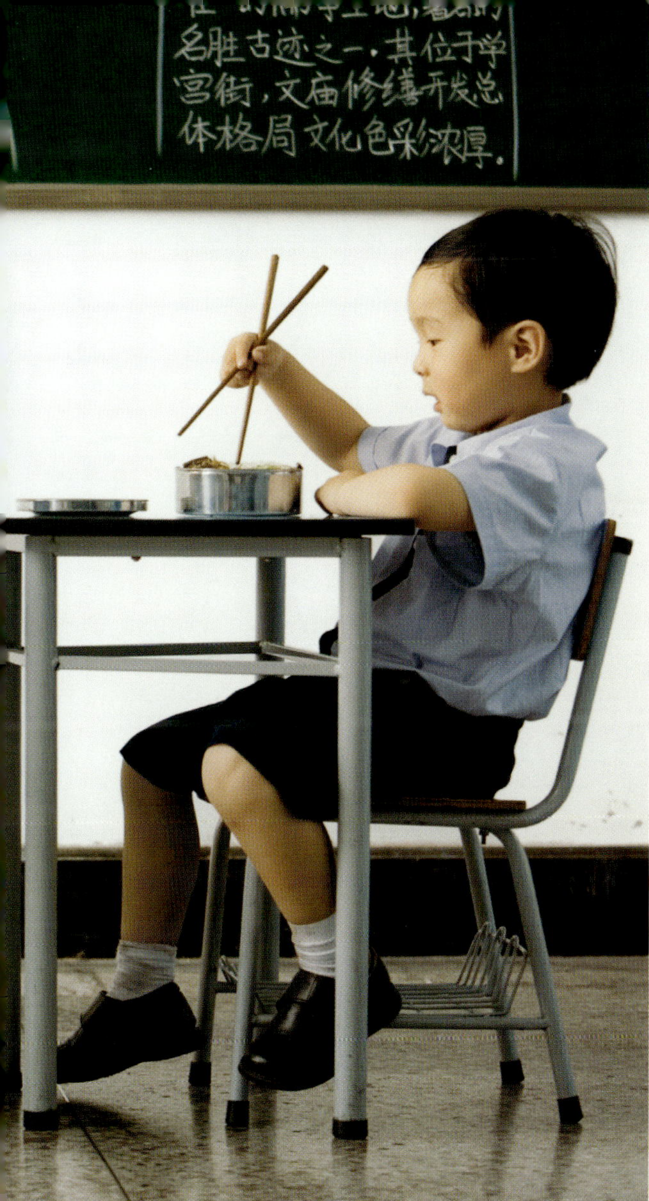

276-277 ● Pequeños estudiantes chinos comen a mediodía con sus palillos, mientras permanecen sentados en sus pupitres escolares.

278-279 ● Escolares japoneses vestidos con su uniforme esperan para subir al metro.

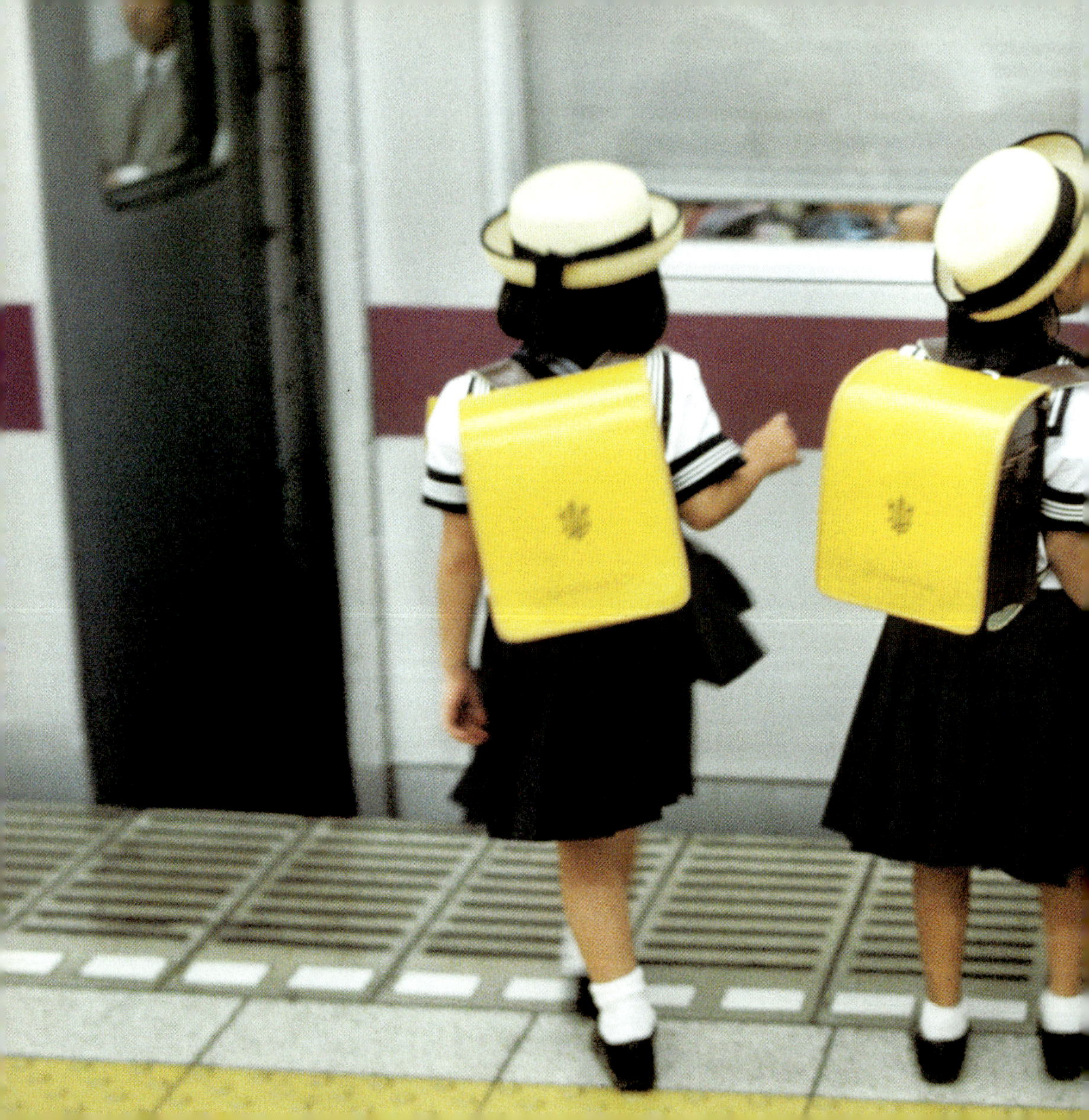

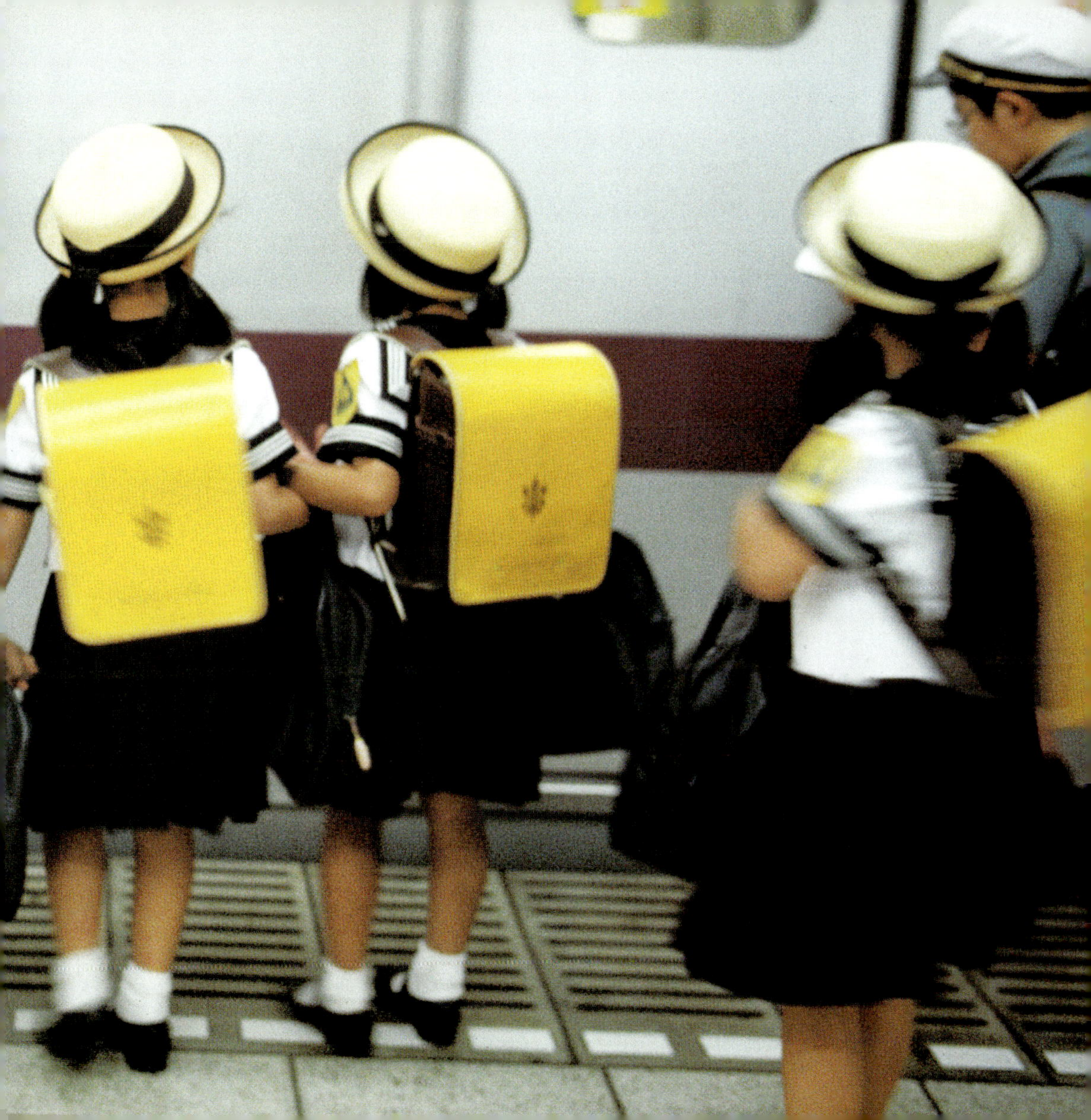

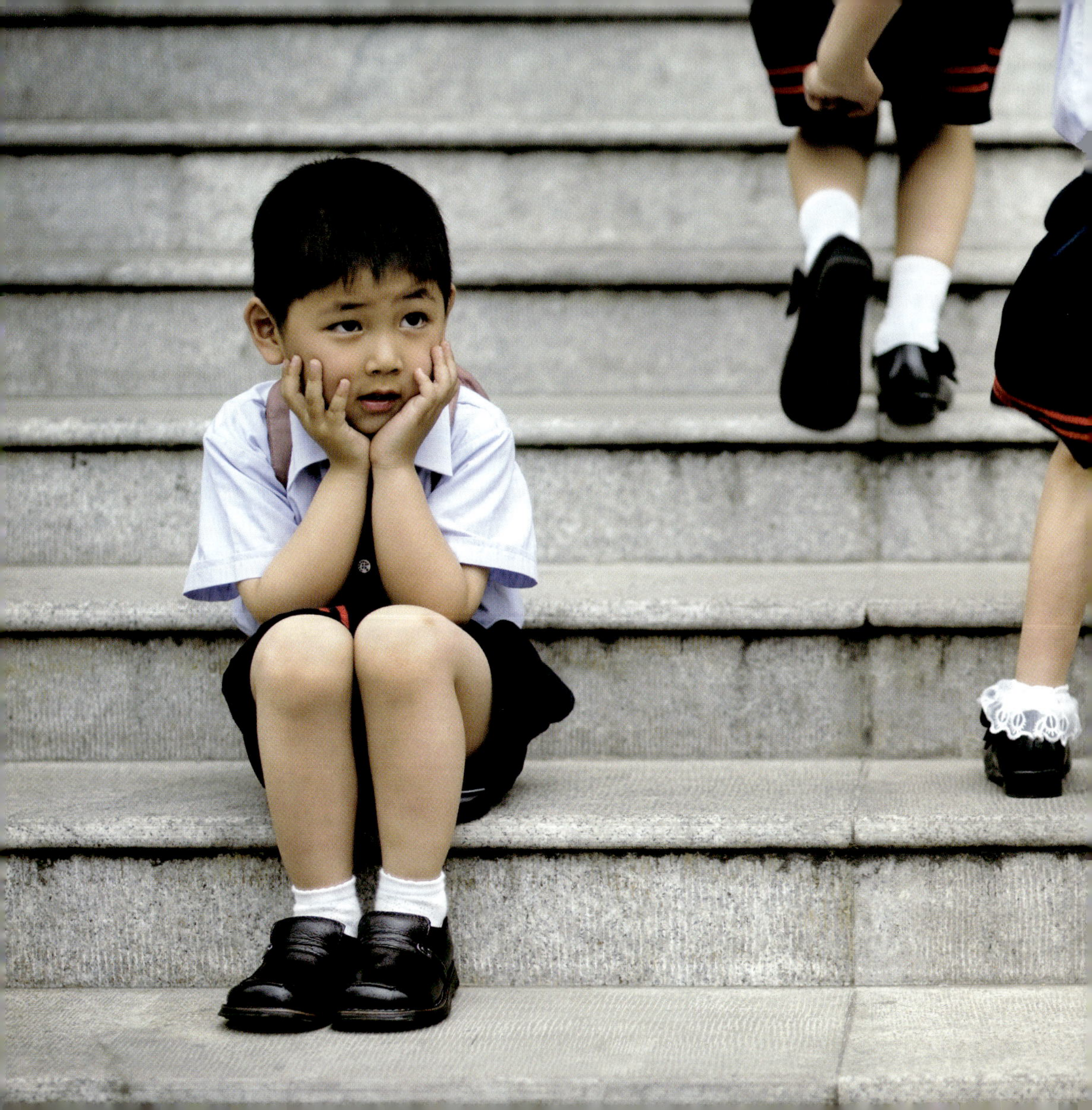

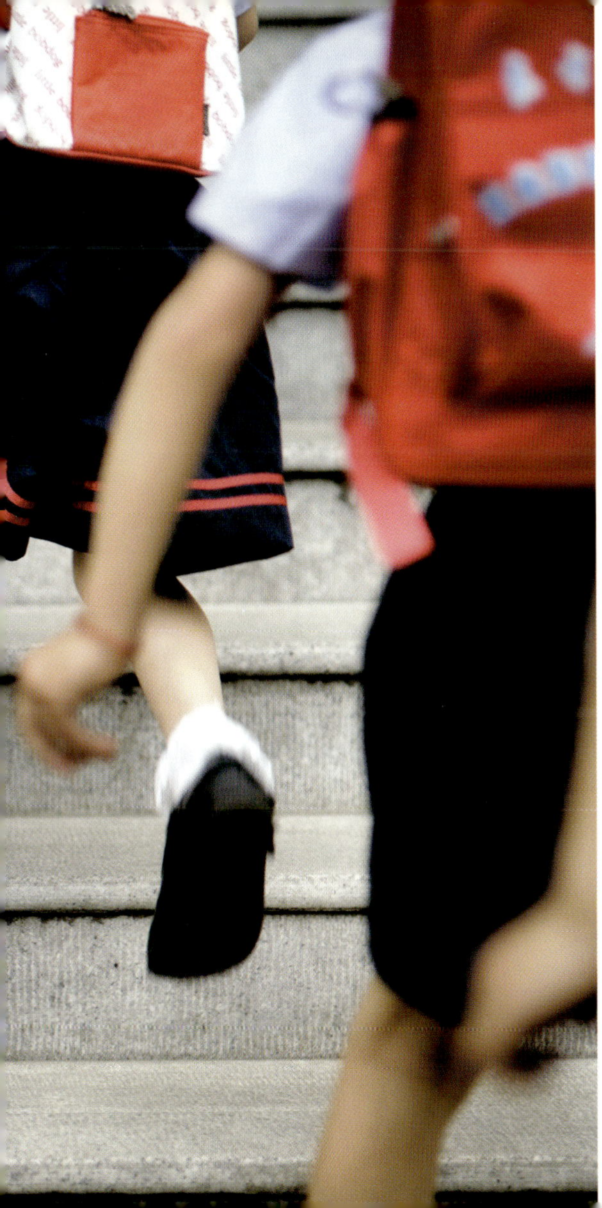

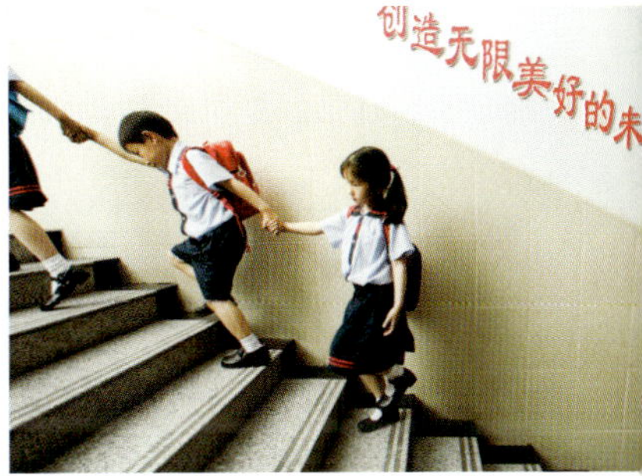

280-281 ● Este niño chino
espera sentado en la escalinata,
mientras los demás se apresuran
a entrar en la escuela.

281 ● Algunos niños chinos
suben las escaleras de su escuela
para ir a su clase.

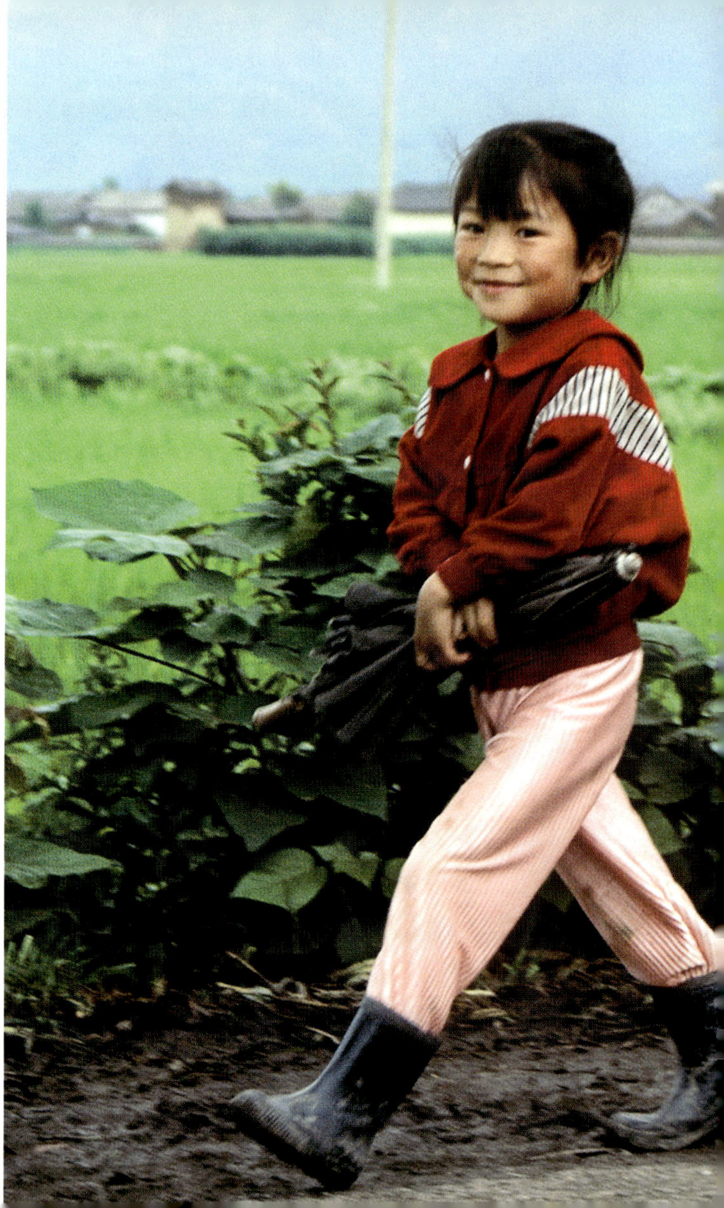

Cuatro niños, de la provincia china de Yunnan, marchan alegremente por un camino embarrado para llegar a su escuela.

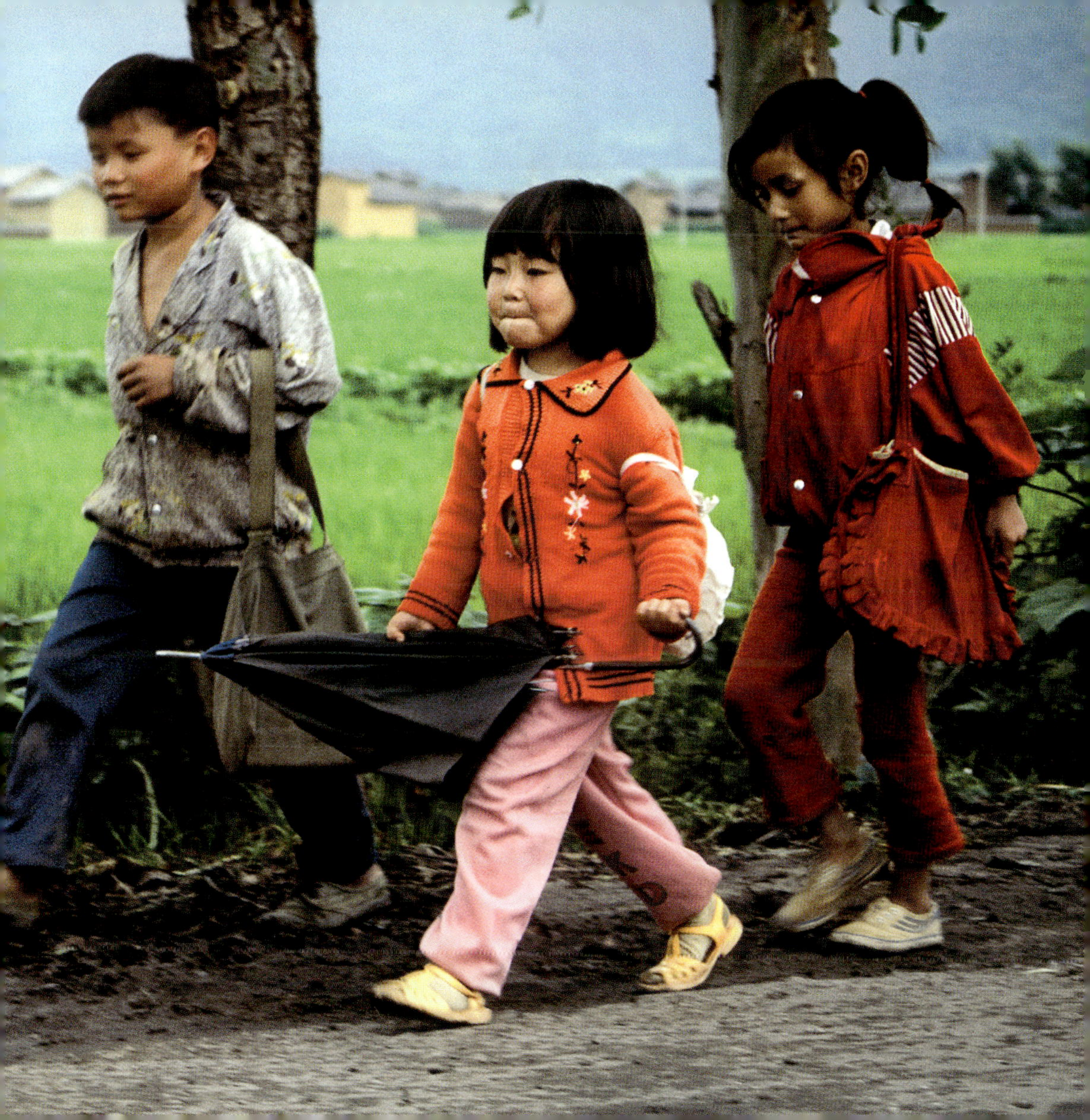

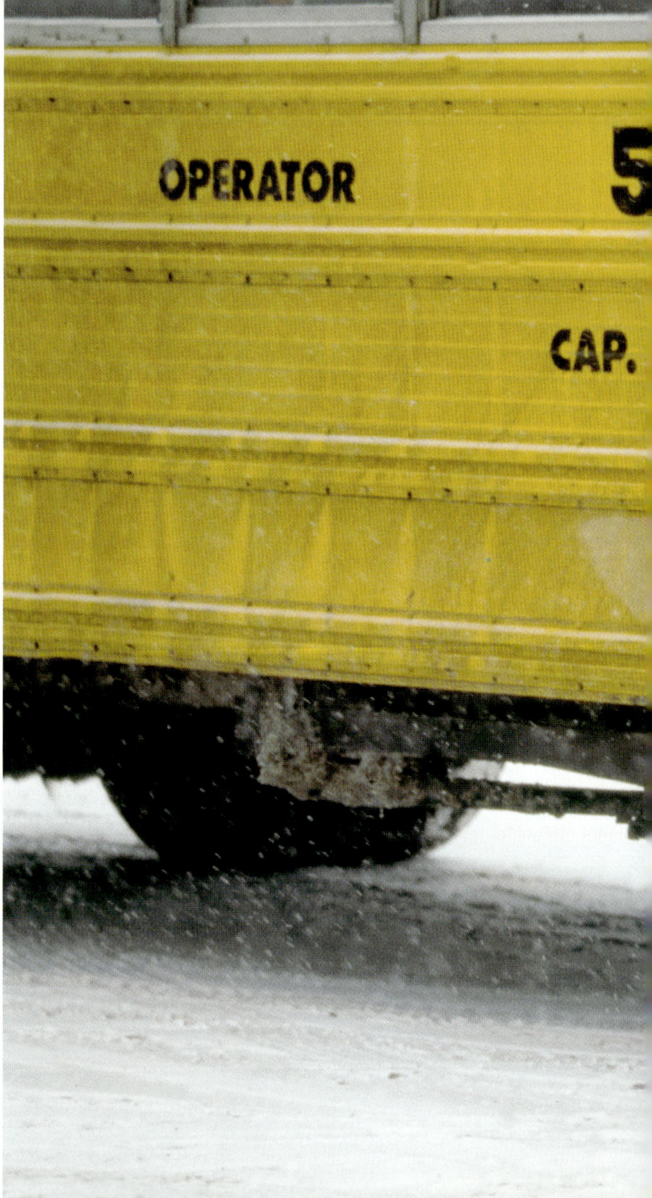

Un niño pequeño se dispone a subir al autobús escolar.

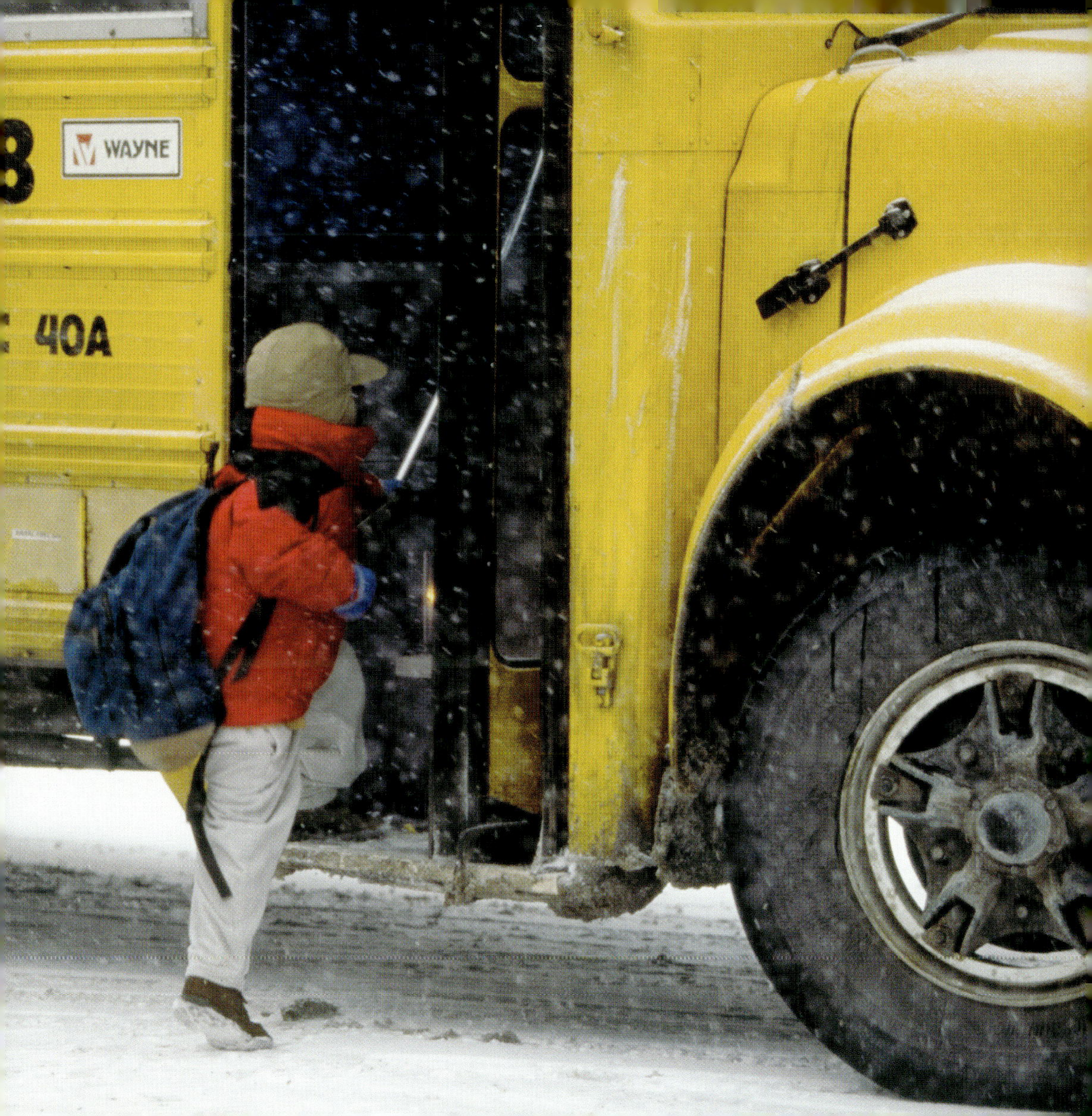

WAYNE
40A

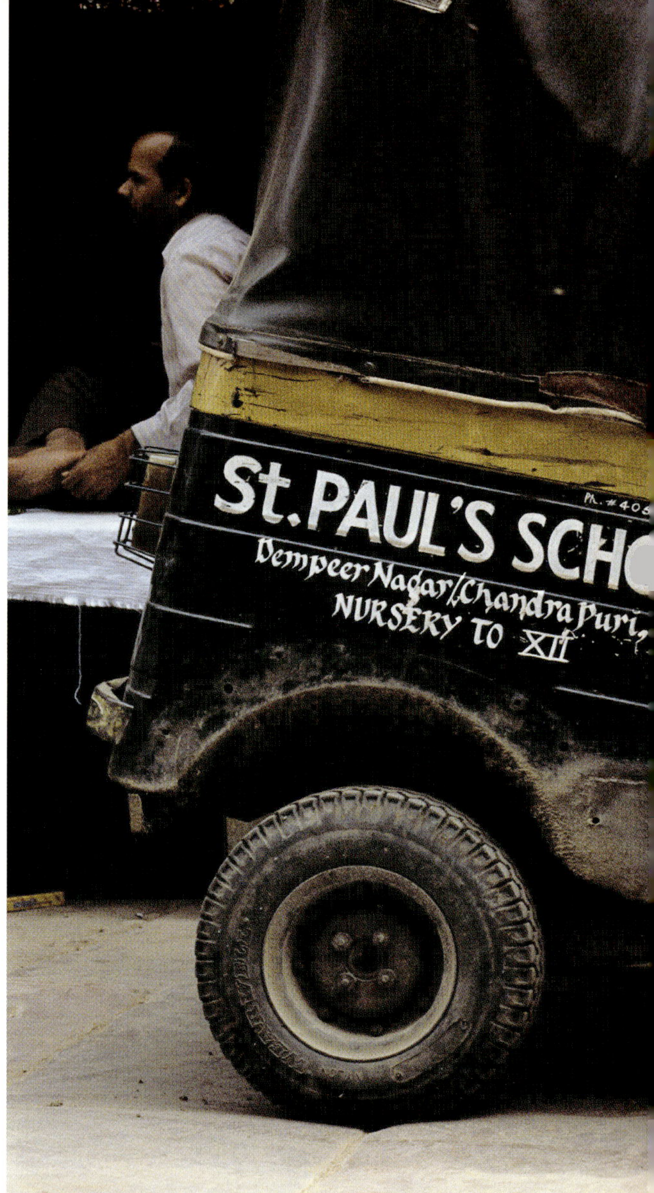

● Escolares indios vestidos con su uniforme en un pequeño autobús escolar.

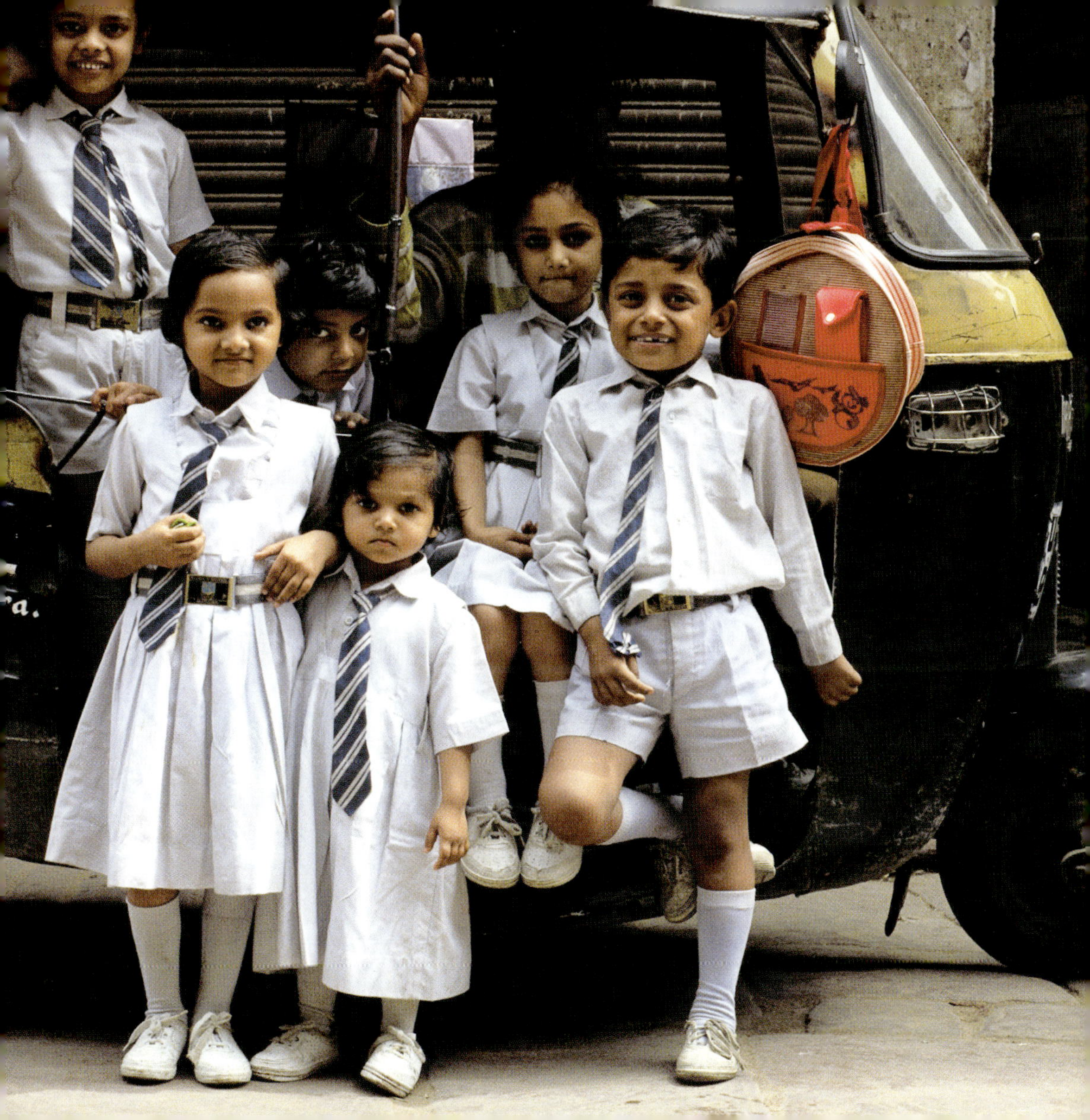

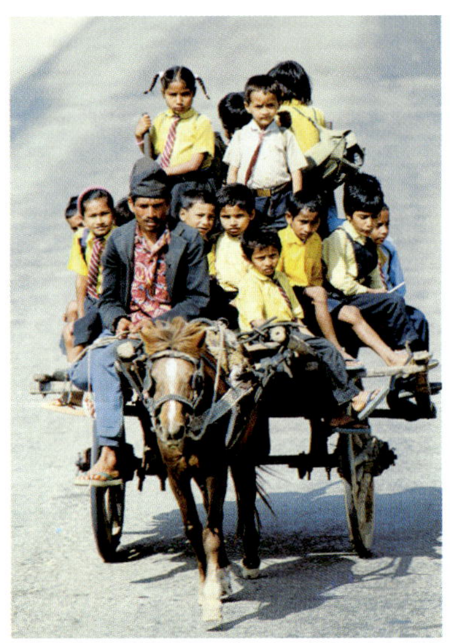

288 • Un grupo de estudiantes nepaleses, de la región de Terai, viajan en un carro tirado por un caballo.

289 • Un grupo de niños que vuelven a sus casas a la salida de la escuela, tiene que hacerlo en un carro tirado por un caballo, en Nueva Delhi, India.

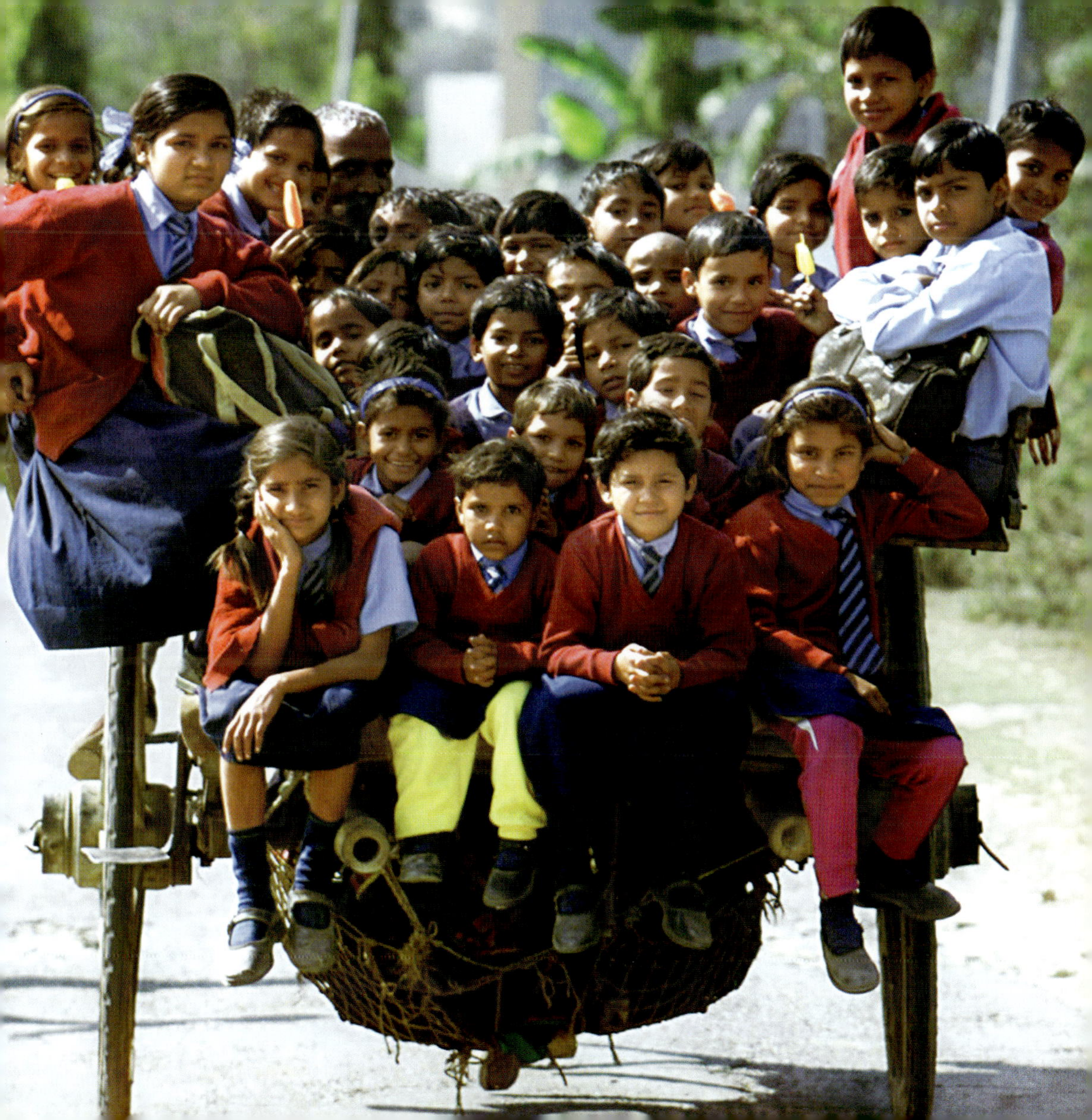

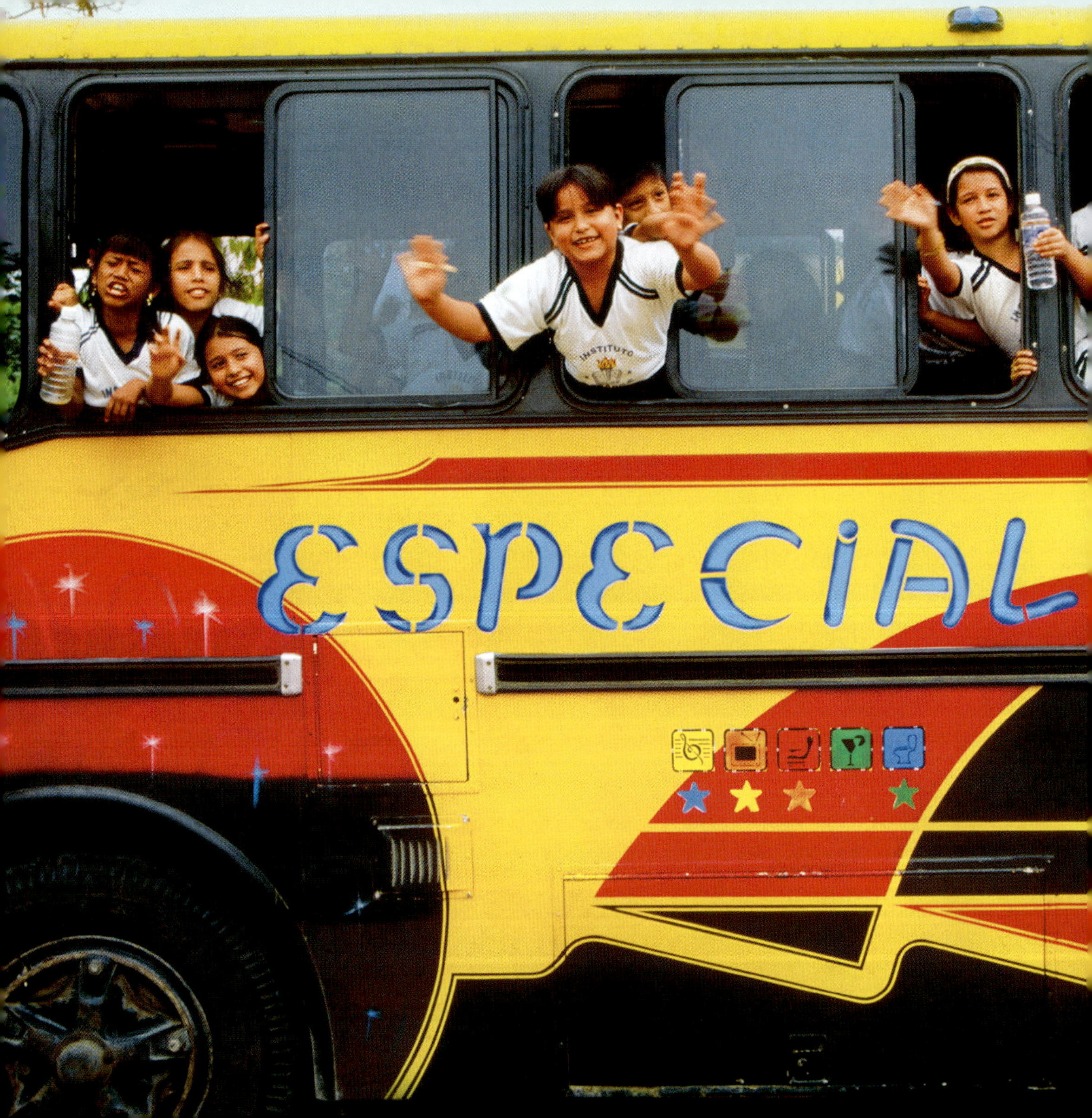

ESPECIAL
INSTITUTO

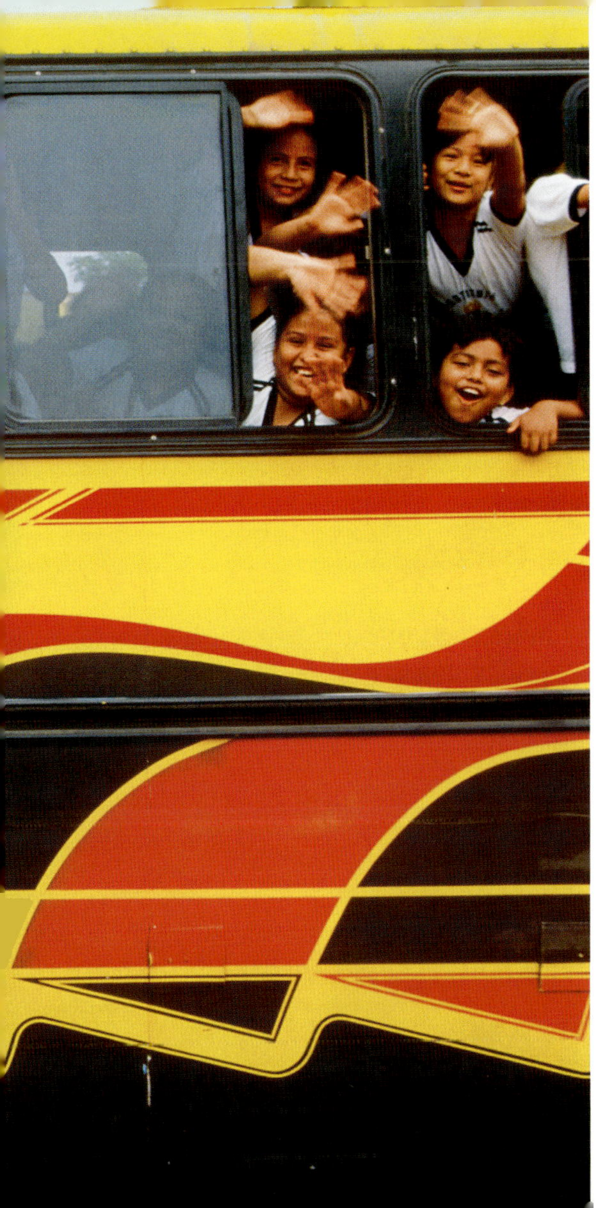

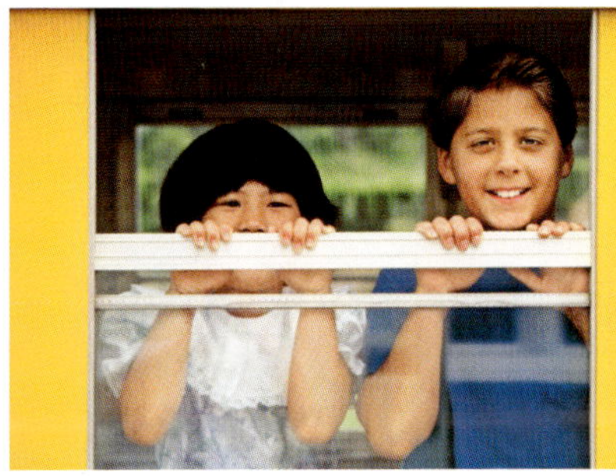

290-291 ● Niños ecuatorianos saludan alegremente desde las ventanas de su autobús escolar.

291 ● Dos niñas se asoman sonriendo a la ventana.

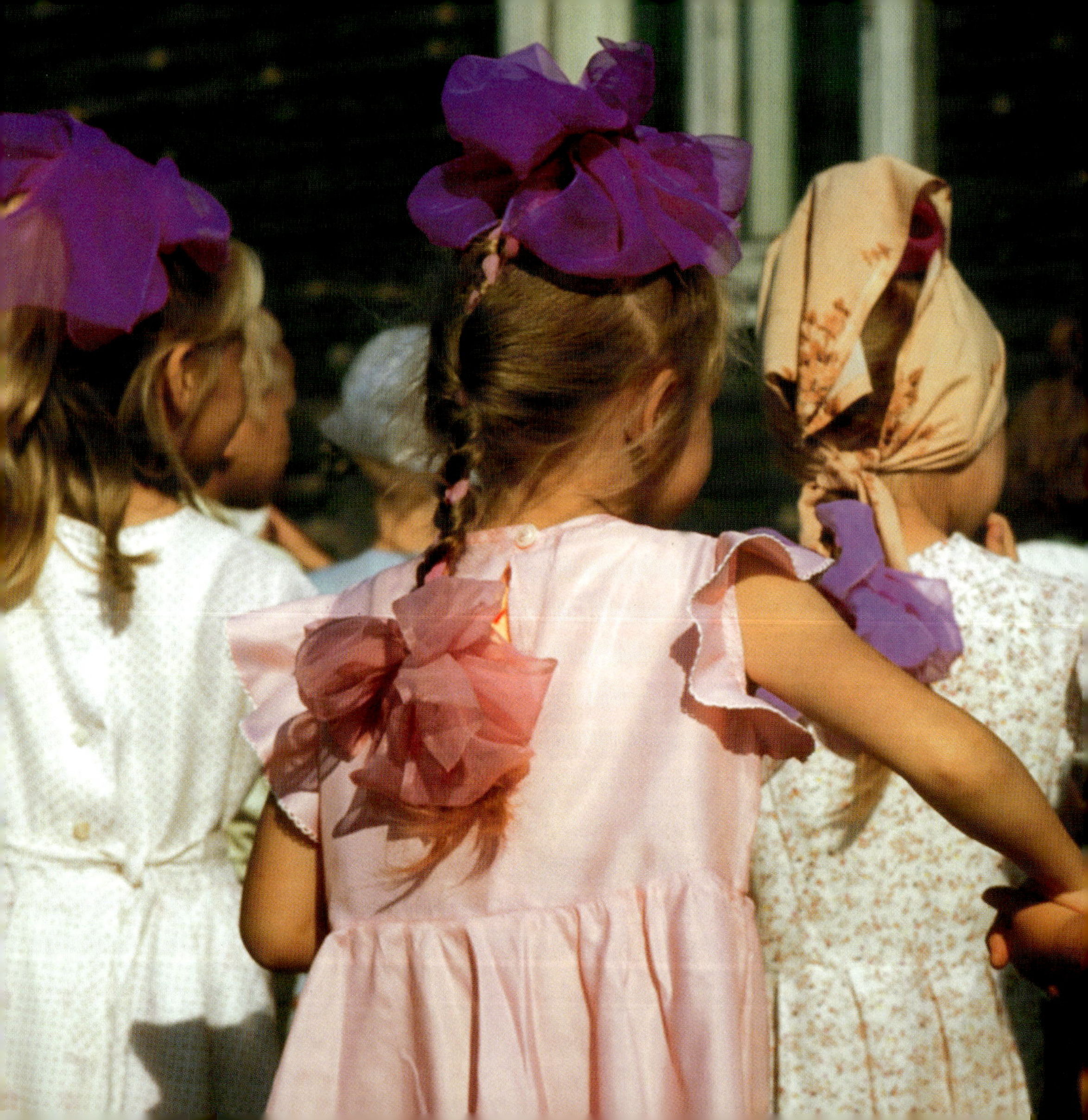

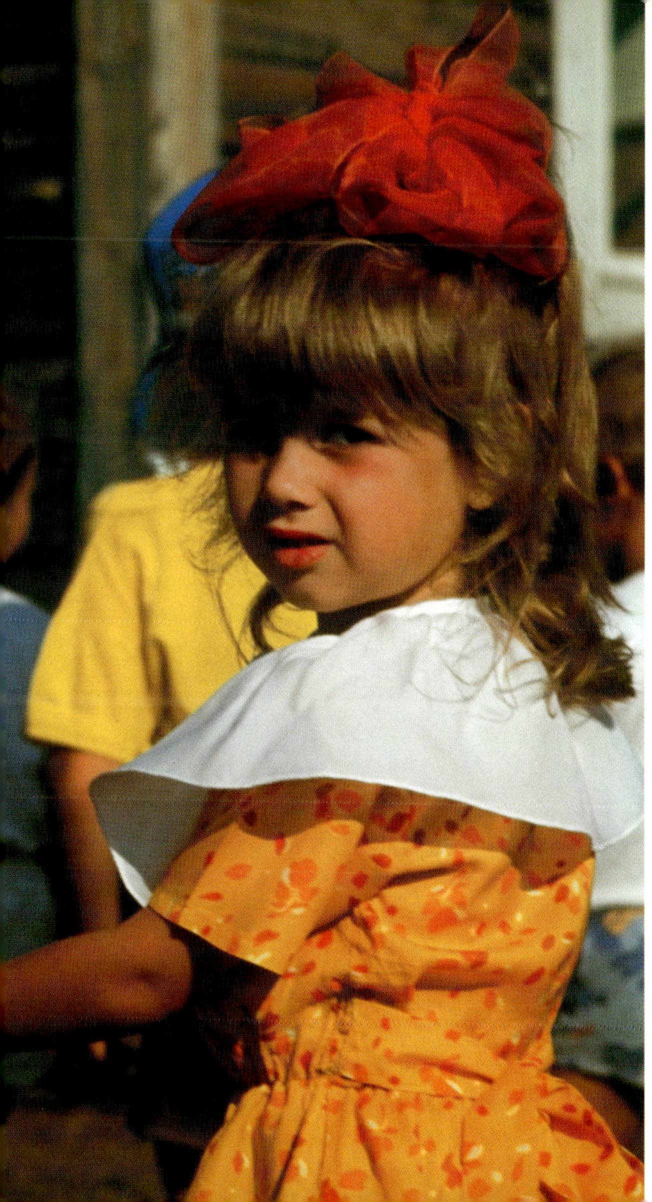

● Un pequeño grupo
de niñas siberianas
camina por el jardín de
una escuela maternal en
Worogowo, Rusia.

AMIGOS ÍNTIMOS

Dos hermanos manchados de barro vuelven a su casa abrazados después de jugar en la calle.

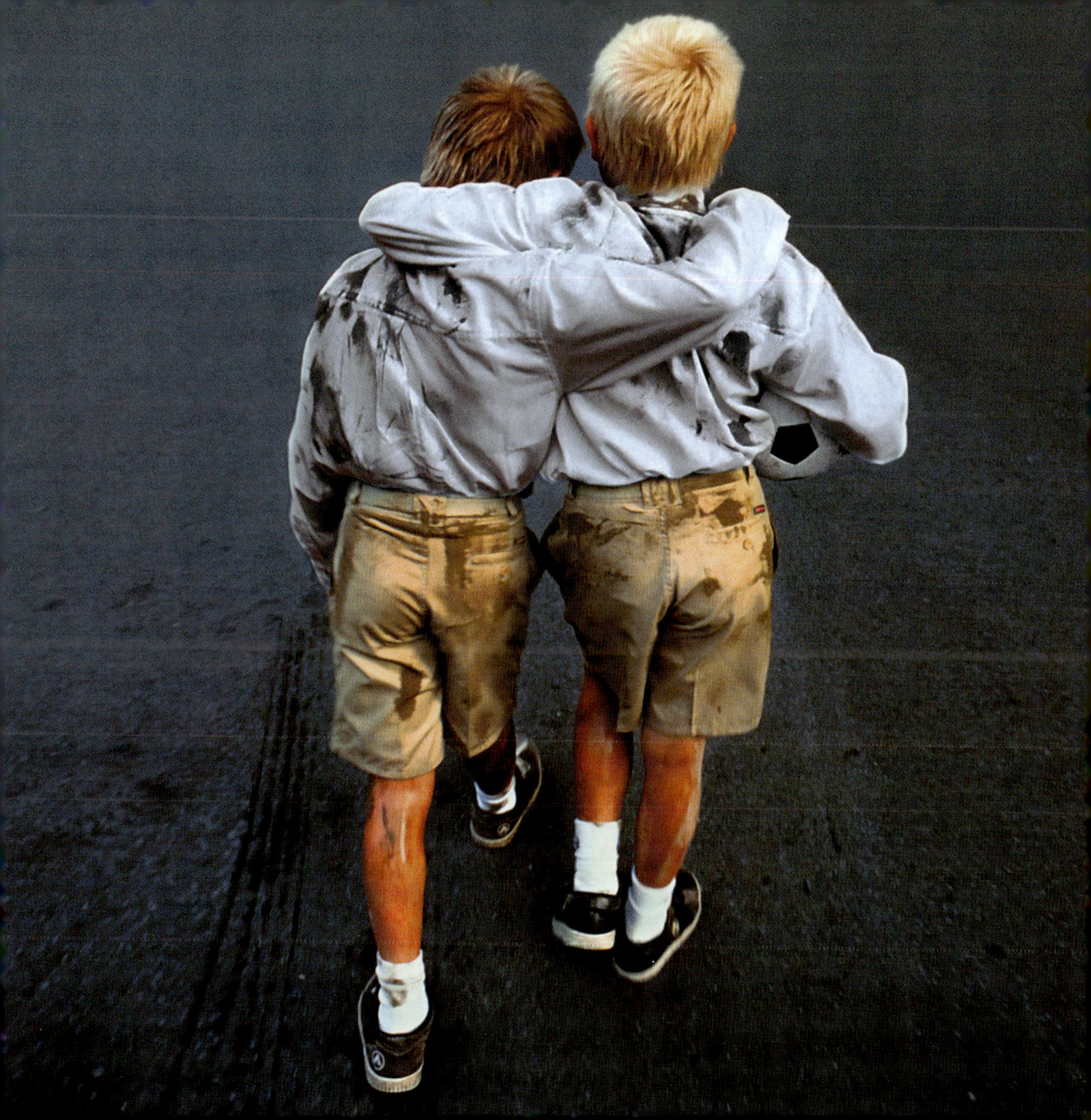

Una especial afinidad, una manera determinada y coincidente de ver las cosas, los mismos gustos… una mirada intencionada y el acuerdo está hecho. La capacidad para vivir intensos momentos de complicidad, la sensación de ser entendido, el deseo de estar unidos en las dificultades y en las alegrías no son emociones exclusivas de los adultos. Los niños también están en condiciones de elegir con quien prefieren formar equipo. A sus amigos saben dejarles su juguete preferido, con ellos querrán compartir los honores de una victoria y a ellos se dirigirán con confianza en los momentos de tristeza o de dudas.

La amistad es un sentimiento que no tiene edad y los niños la ponen en práctica espontáneamente, considerándola un precepto sagrado, quizá incluso más que los adultos, porque es la primera relación de afecto que no se da por hecha, el primer lazo que atraviesa el umbral del pequeño mundo de su casa y de su propia familia.

La amistad infantil es, de hecho, una importante relación emotiva y, al mismo tiempo, una ocasión para vivir numerosas experiencias, gustos y juegos que no siempre pueden ser experimentados y practicados junto a los padres. El amiguito preferido es una realidad propia de la infancia, un recurso precioso para todos los niños que, más que los adultos, tienen necesidad de establecer lazos seguros con los que poder desarrollarse y avanzar. Siendo dos, uno no puede sentirse solo a la hora de afrontar las novedades de cada día, porque se tiene la certeza de que el otro no te traicionará en el momento que lo necesites.

INTRODUCCIÓN Amigos íntimos

Entre amigos se aprende, de hecho, a desearse lo mejor y a demostrarlo en las cosas concretas. Se aprende a guardar un secreto, a no explicar a los demás lo que no deben saber, y a defender al amigo en todo momento y circunstancia, incluso al precio de recibir de otros reproches que no se esperan. Entre amigos se discute, pero también, cuestión fundamental, se aprende a pedir disculpas y a perdonar, a olvidar una ofensa, a comprender, a dejar aparte comportamientos injustos y aceptar razones para volver a jugar y a tener mil experiencias juntos, un poco más amigos y un poco más unidos que antes.

Niños chinos de la ciudad de Xian, donde es mayoritaria la religión musulmana, sonríen alegremente.

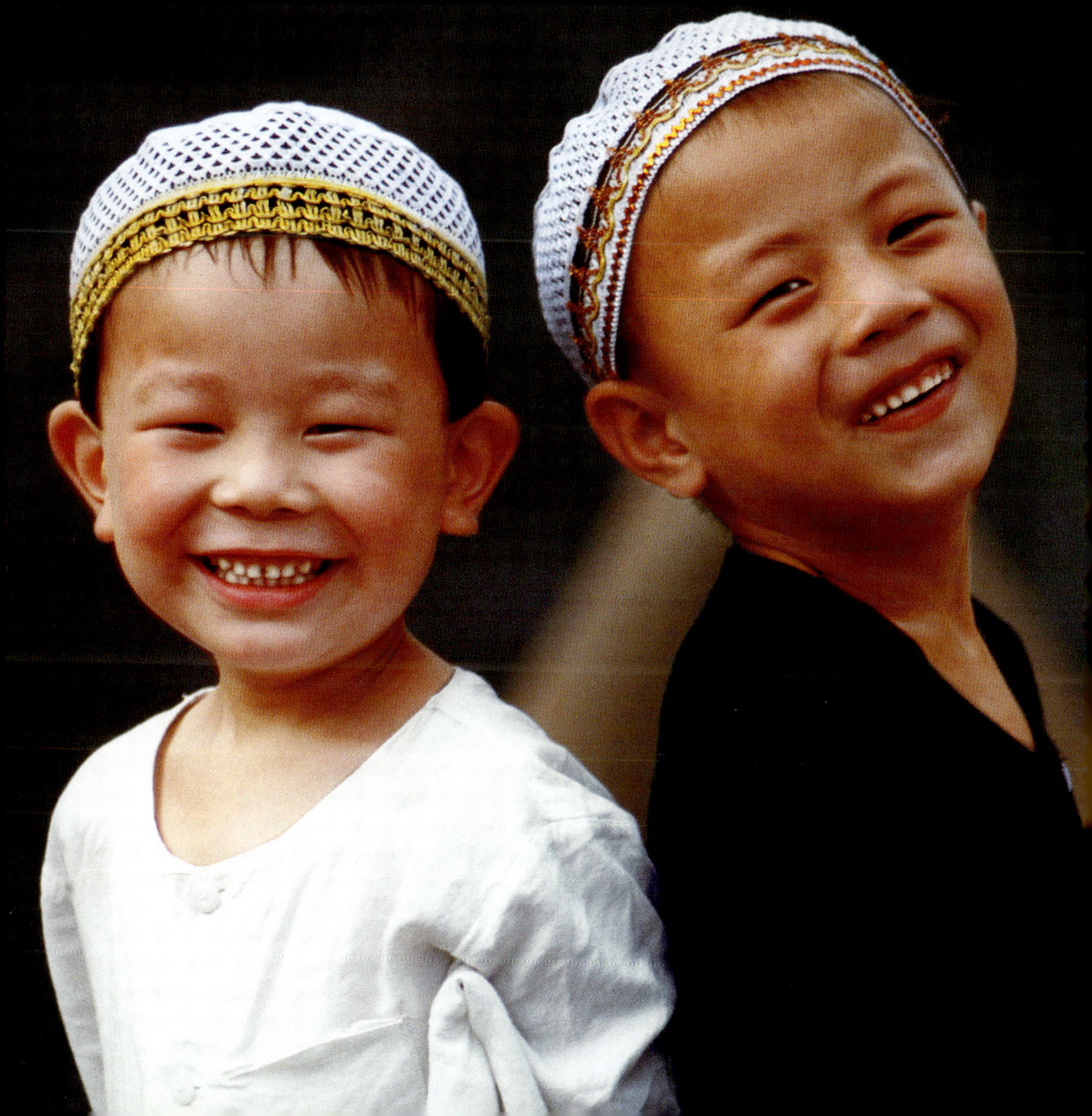

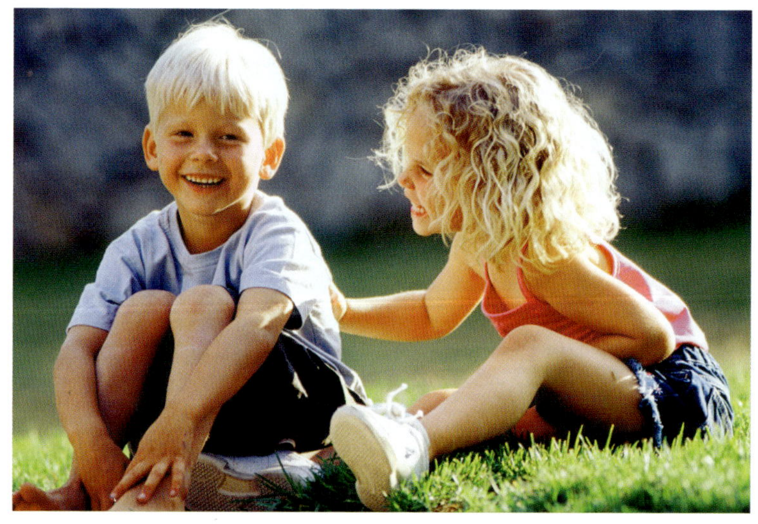

300 ● Dos pequeños sonríen amigablemente entre ellos, felices en sus juegos infantiles.

301 ● Juntos se puede superar cualquier obstáculo.

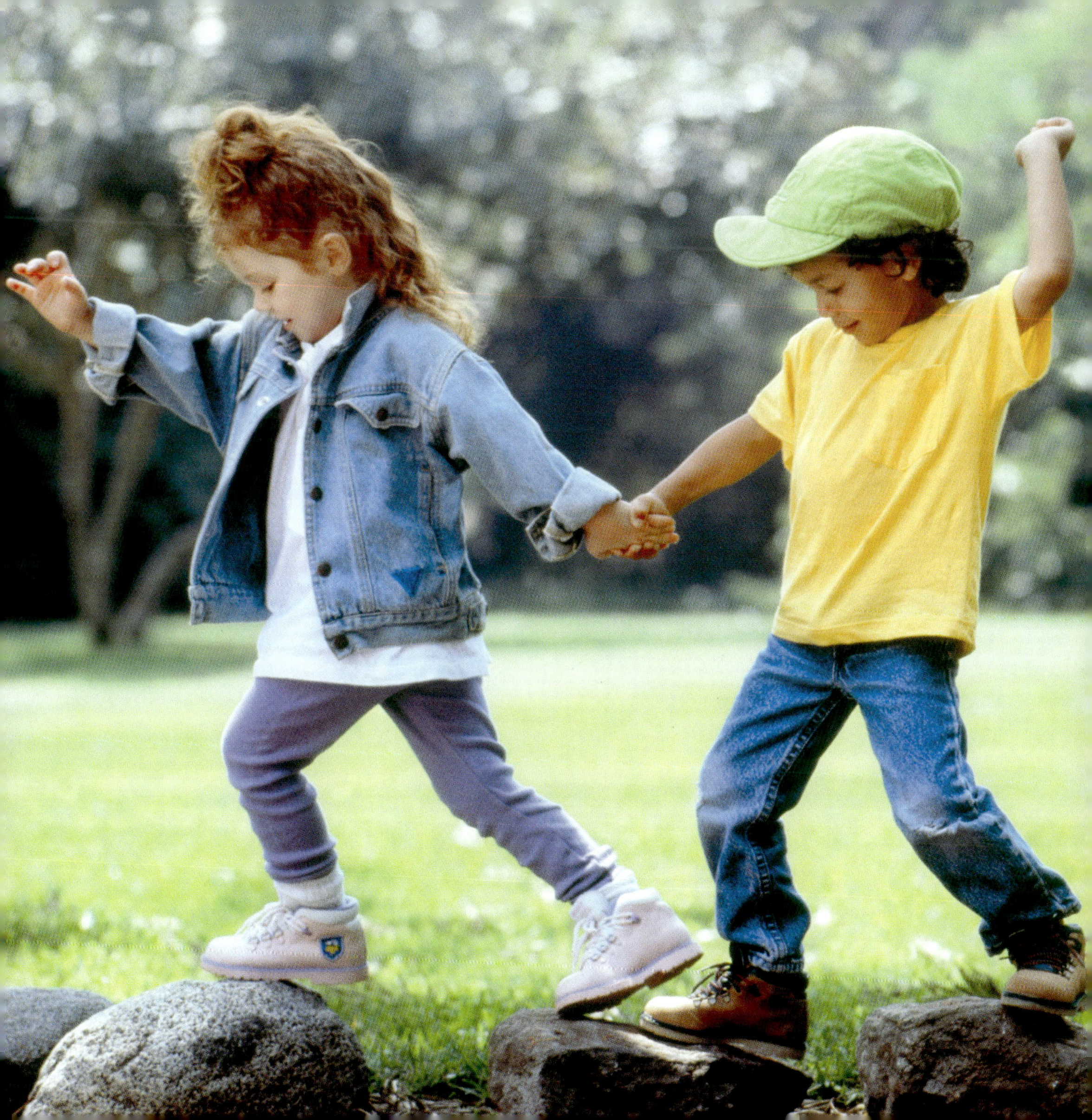

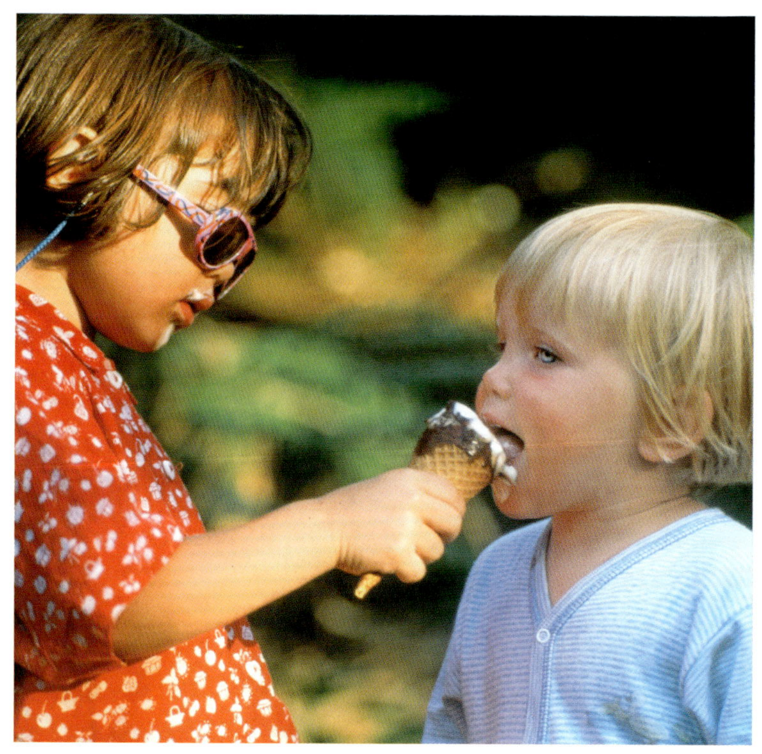

302 • Dos niños comparten amigablemente un helado.

303 • La niña más mayor asume la responsabilidad de consolar a la más pequeña en un momento de tristeza.

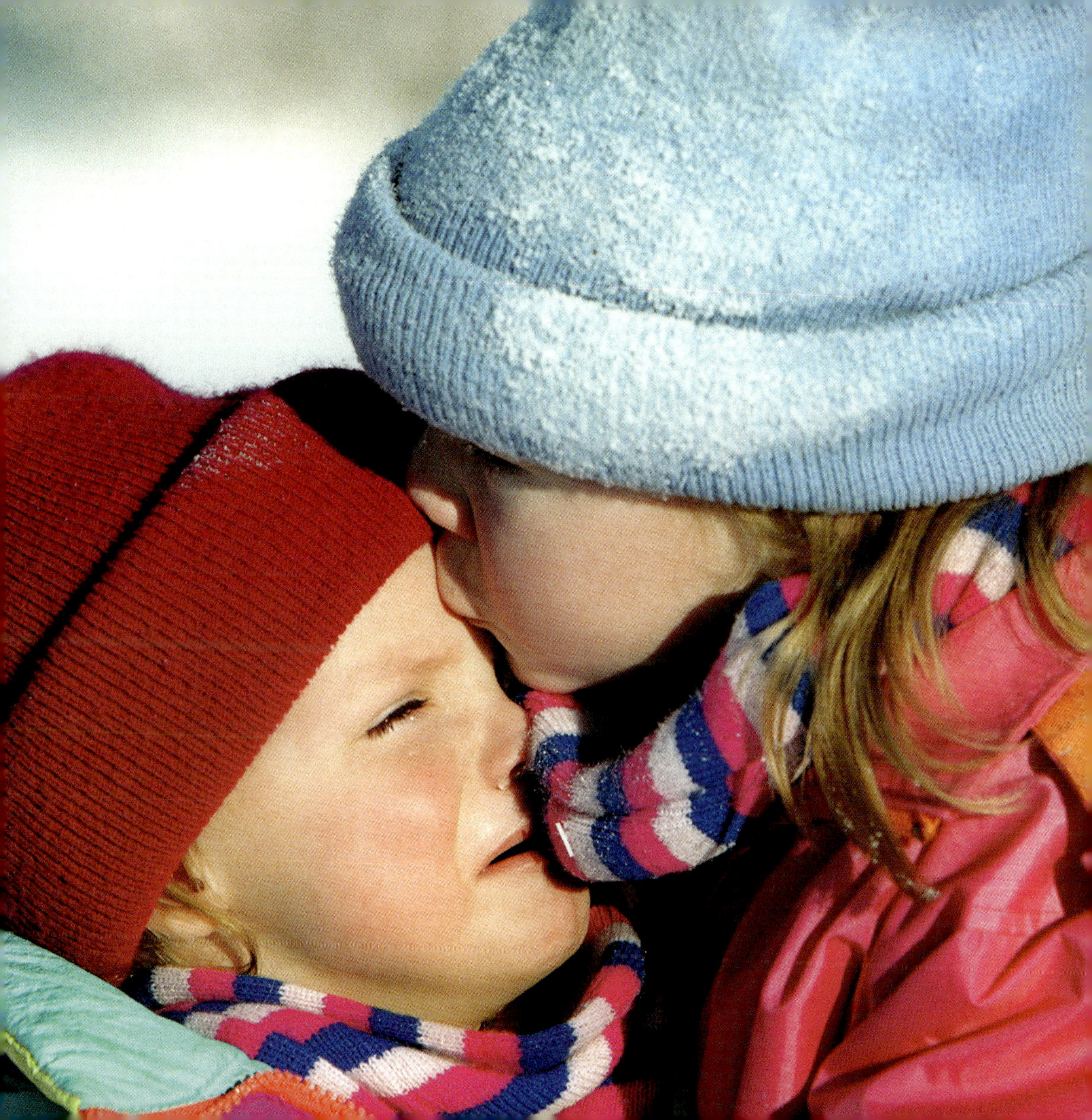

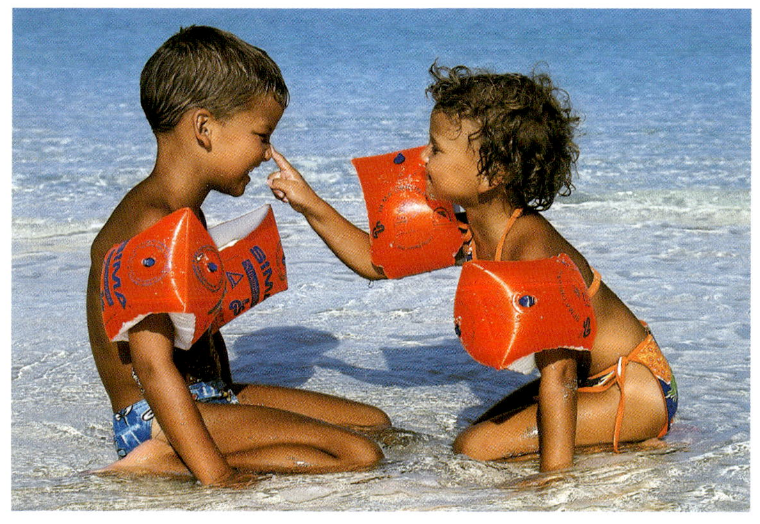

304 ● Dos niños juegan sentados en la playa después de haberse bañado en el mar.

305 ● Un íntimo momento de confidencias entre dos niños, mientras pasean por un prado.

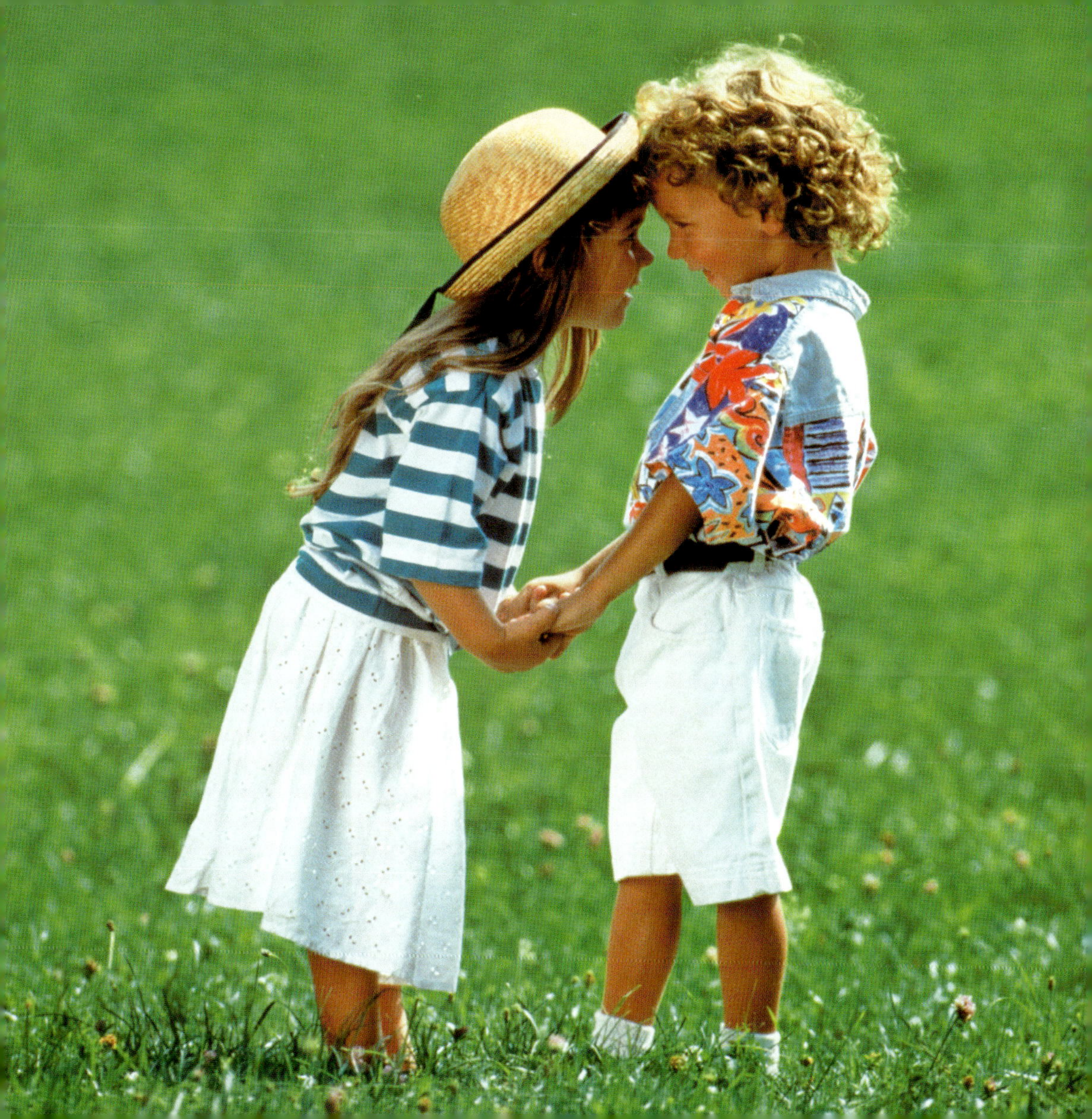

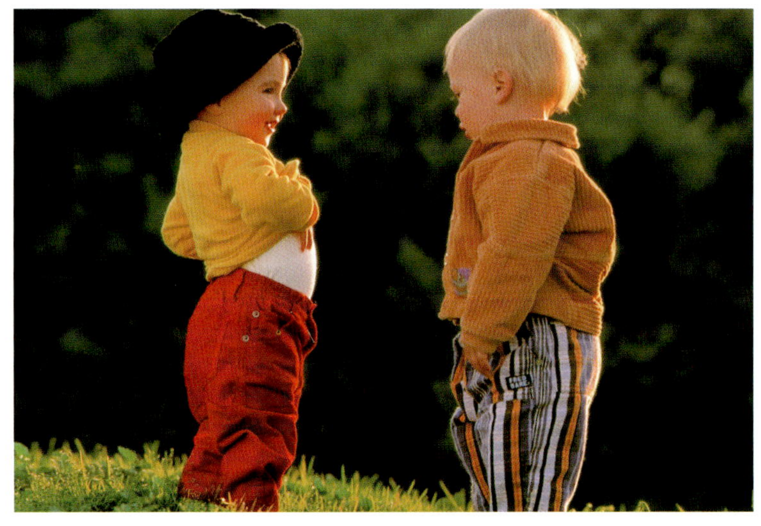

306 • Dos pequeños amigos se miran y se comparan.

307 • Un agradable paseo de dos amigos cogidos de la mano.

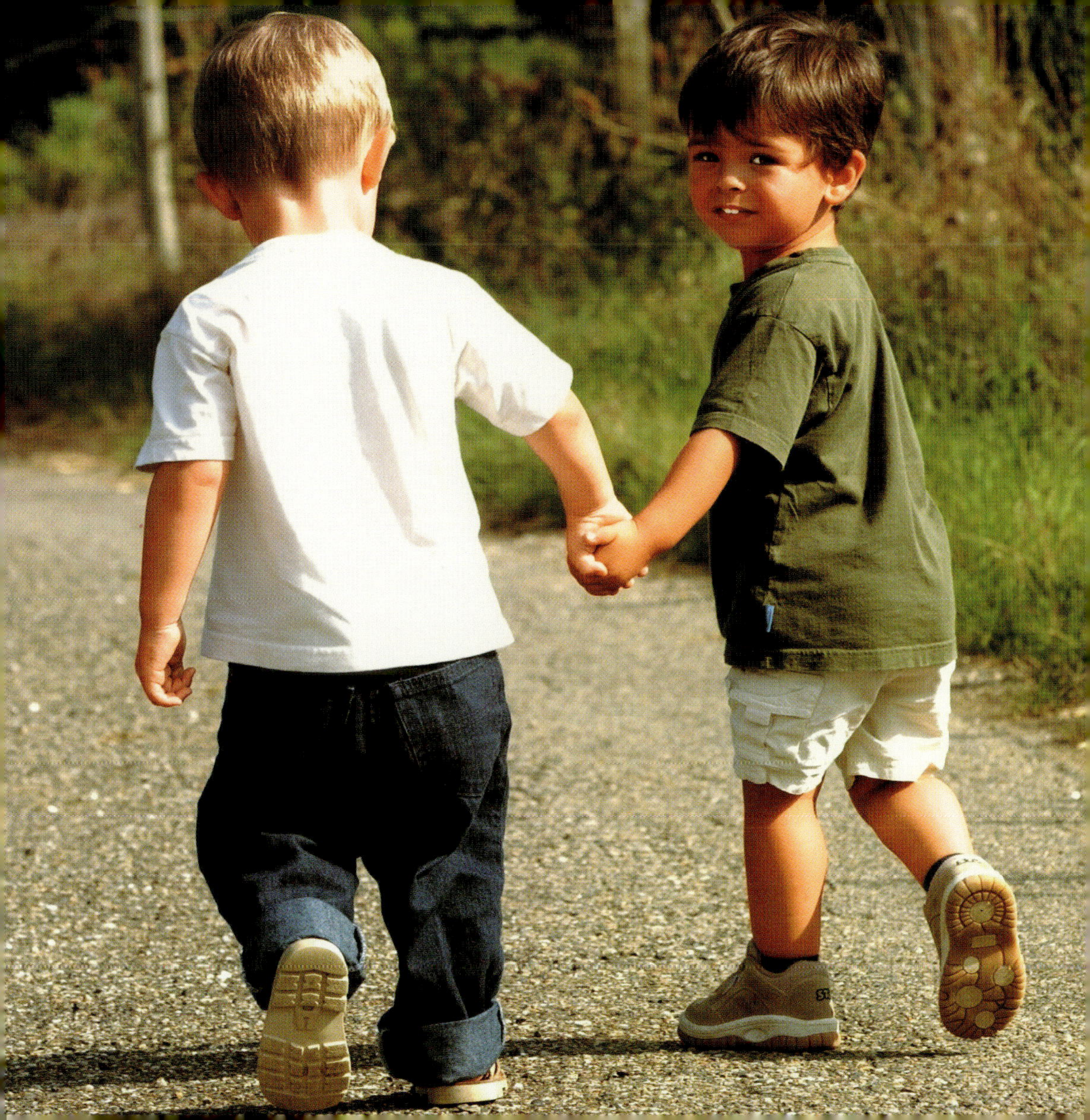

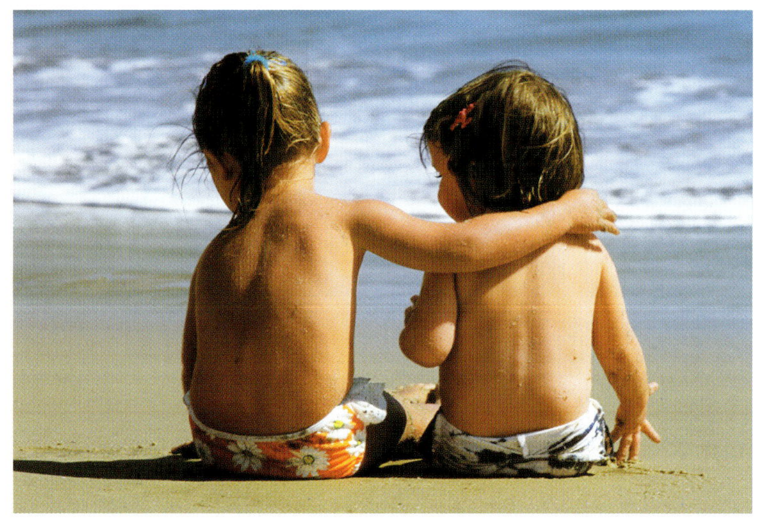

308 • Dos pequeñas amigas sentadas en la playa descubren juntas el mundo de arena
y agua que hay a su alrededor.

309 • Un niño y una niña se divierten jugando juntos y tranquilos entre las olas.

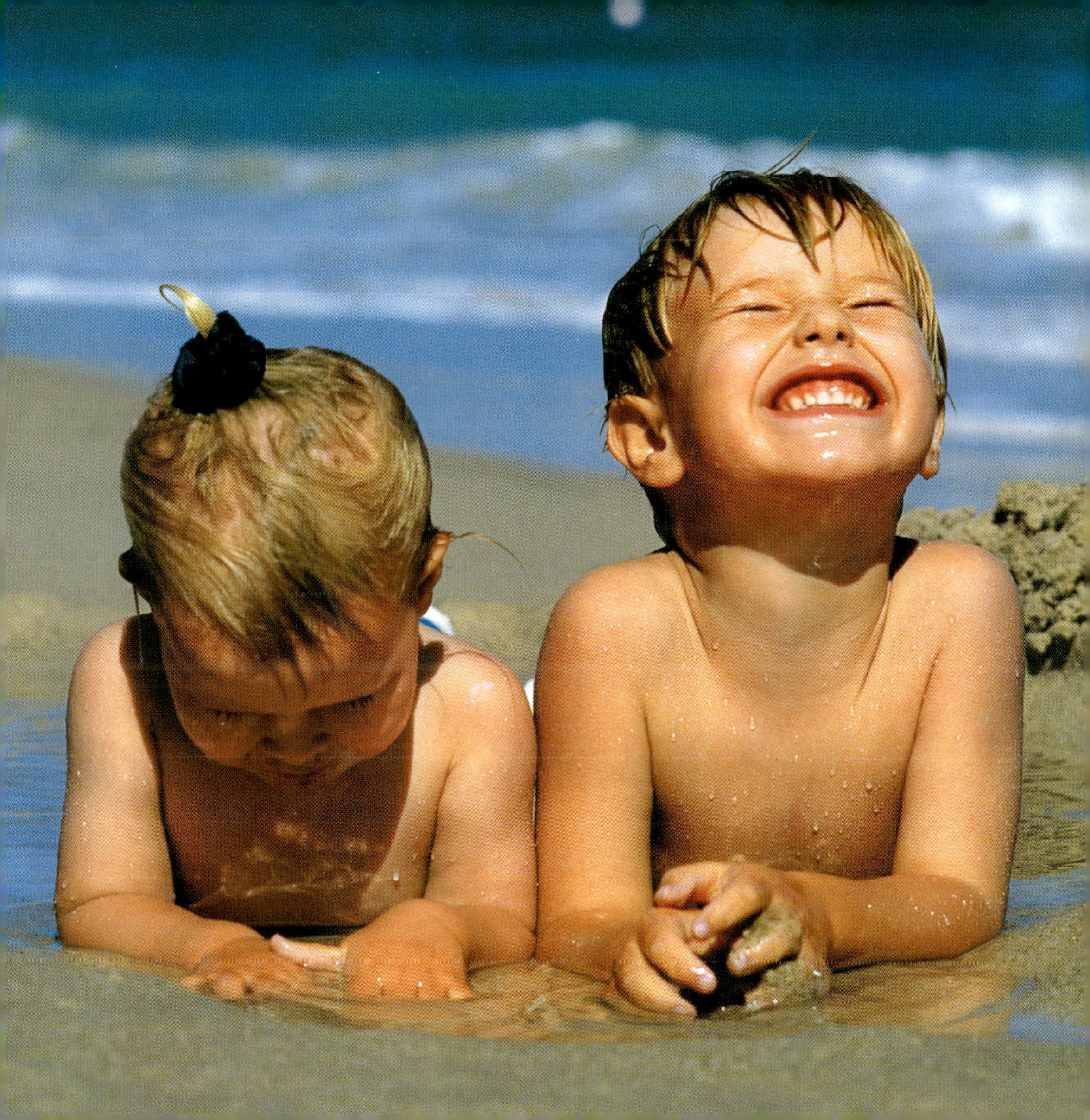

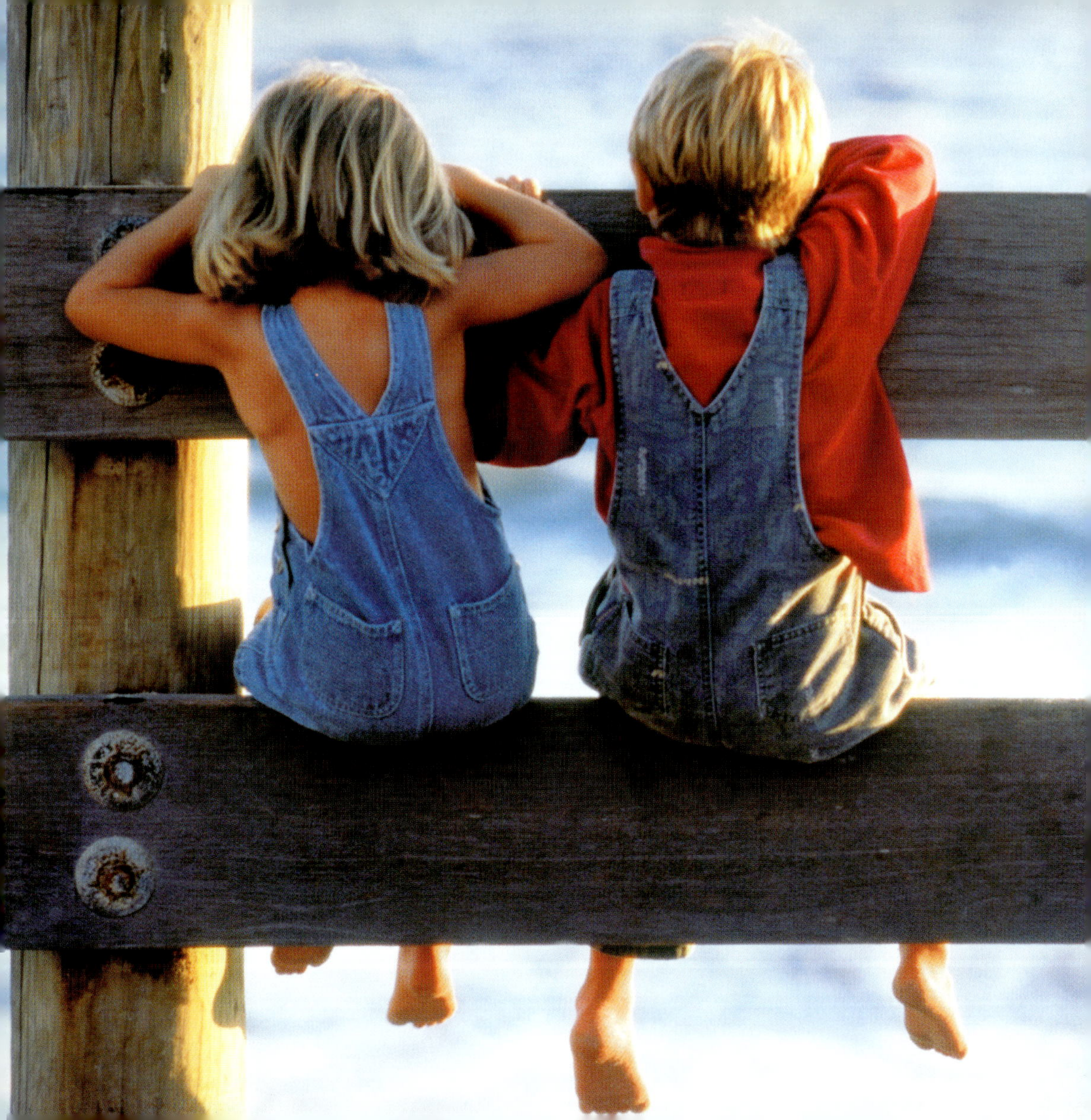

310-311 ● Desde la empalizada en la que están sentados, dos amigos contemplan el gran espectáculo natural que es el mar.

312-313 ● A pesar de la lluvia, siempre es agradable intercambiar unas palabras con los amigos.

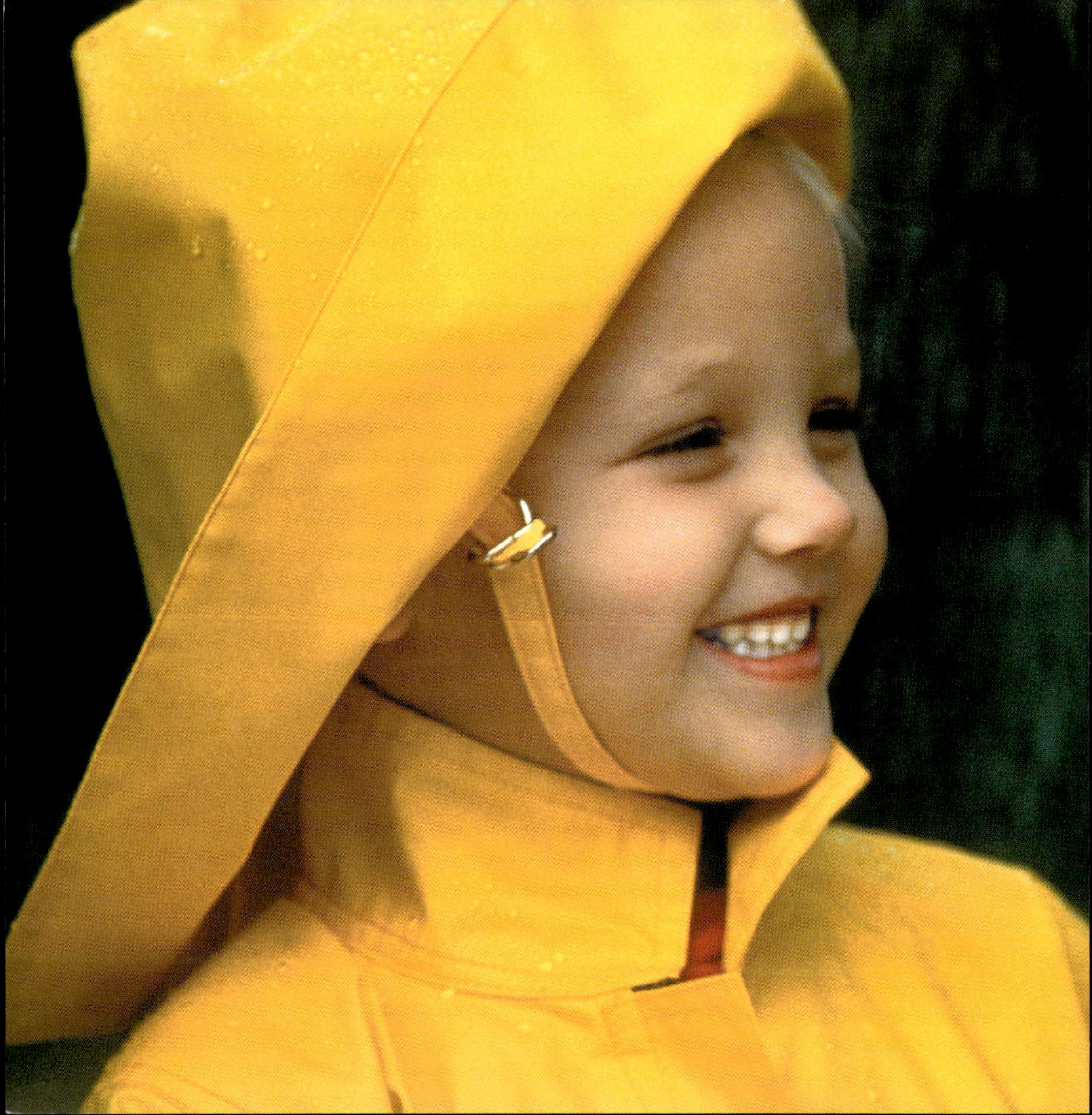

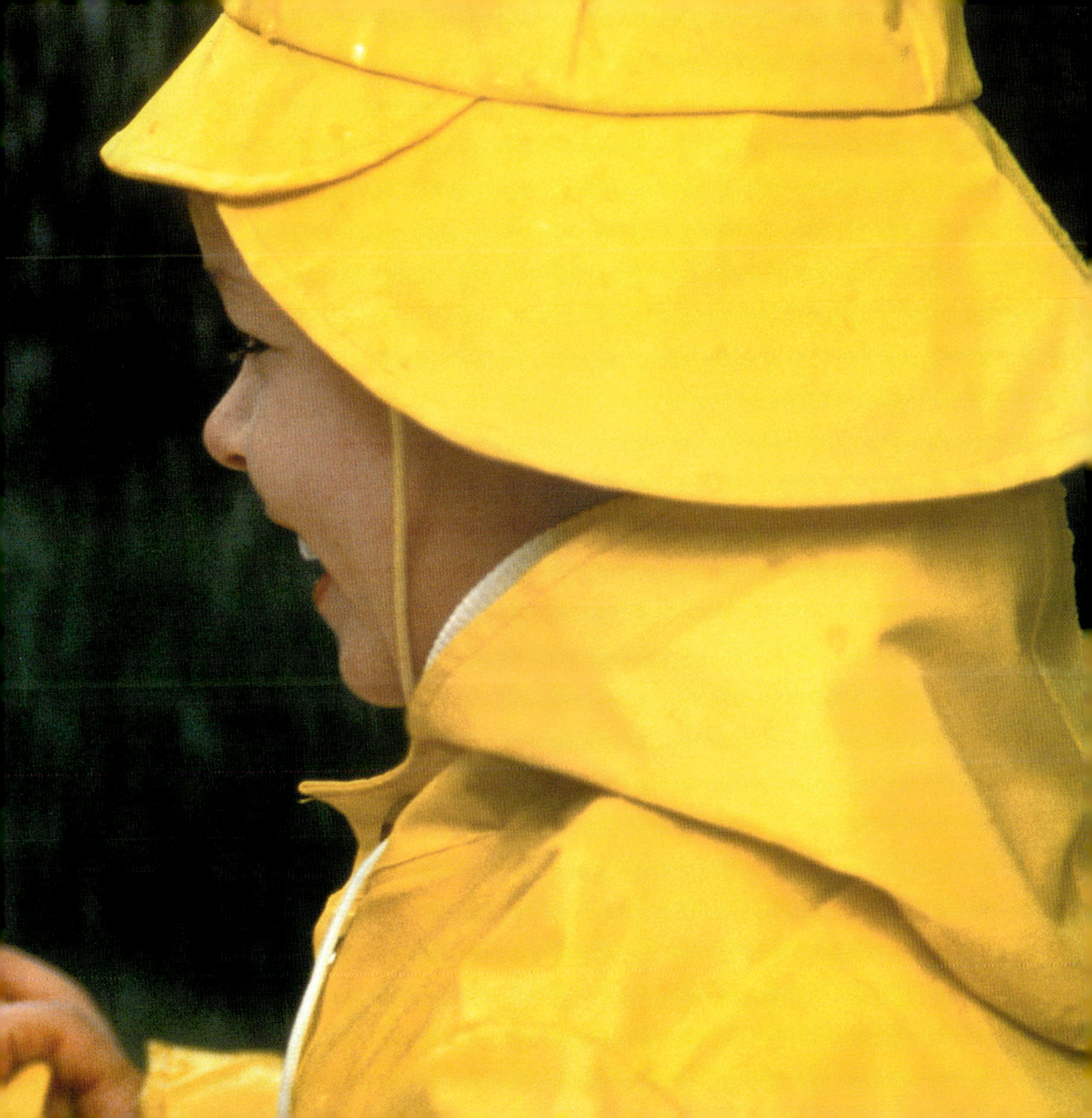

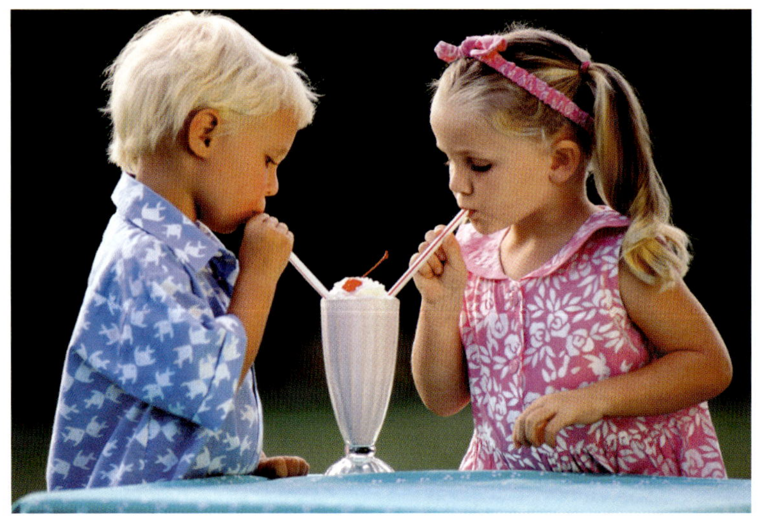

314 • Entre amigos no hay ningún problema para compartir un batido, ni tampoco para saborearlo en compañía.

315 • Sentados en un escalón, dos pequeños amigos se besan tiernamente.

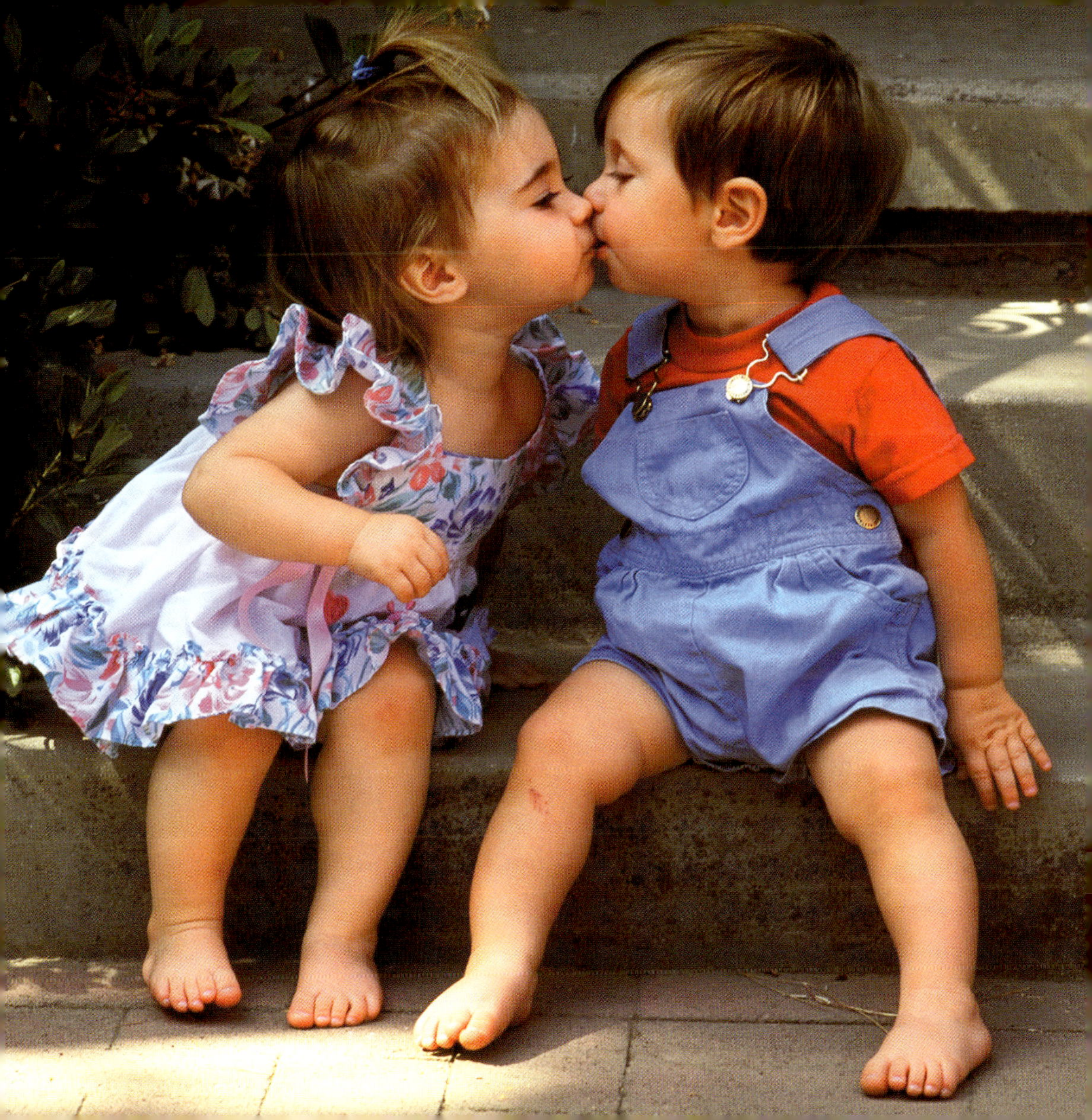

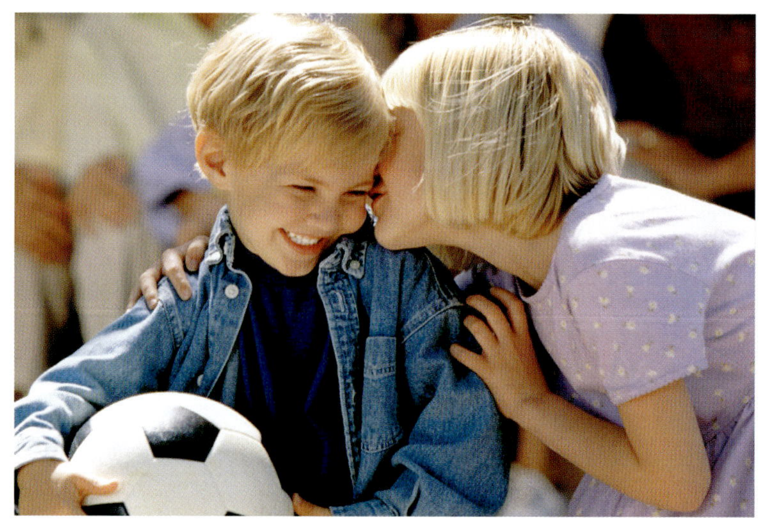

316 • Una niña anima a su amigo con un beso antes de empezar a jugar con la pelota.

317 • Una niña confía un gran secreto a su mejor amiga.

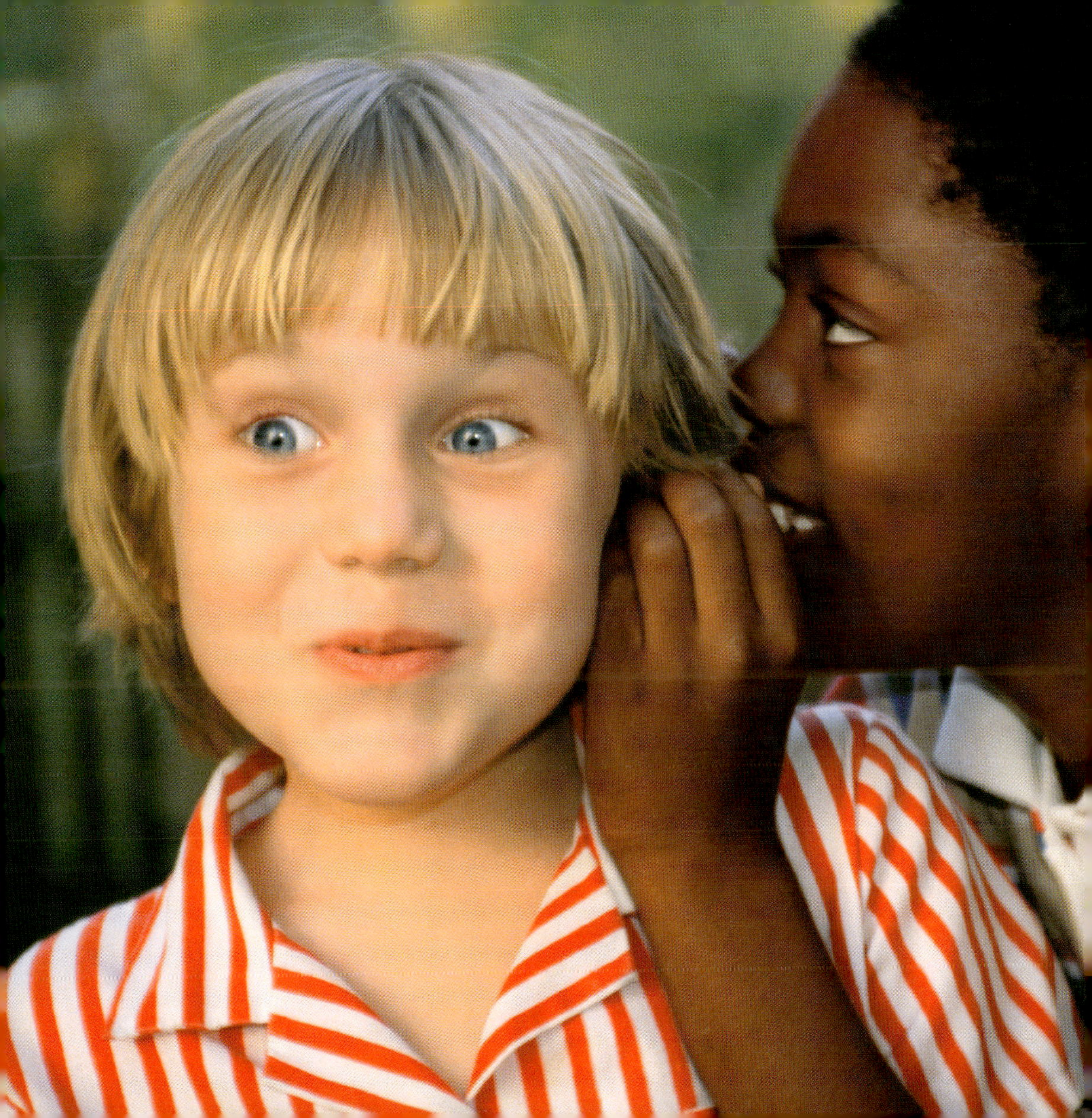

• Tres amigos charlan
sentados entre las
columnas de un palacio
de Brunei,
intercambiando
opiniones y comentarios
como pequeños
adultos.

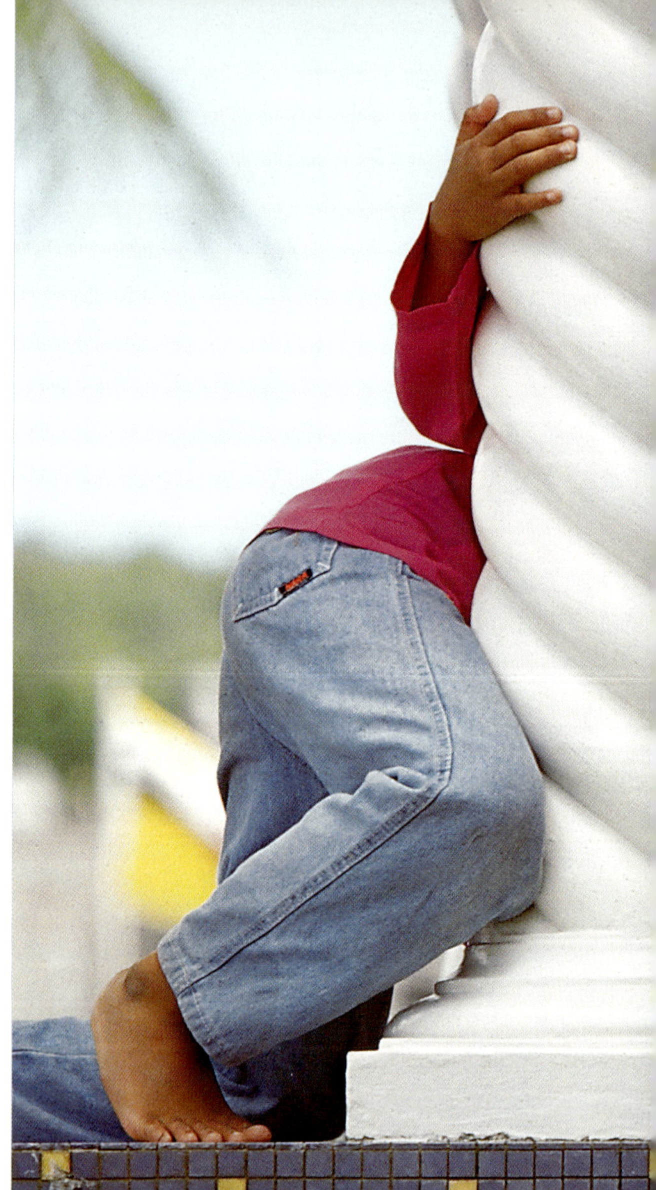

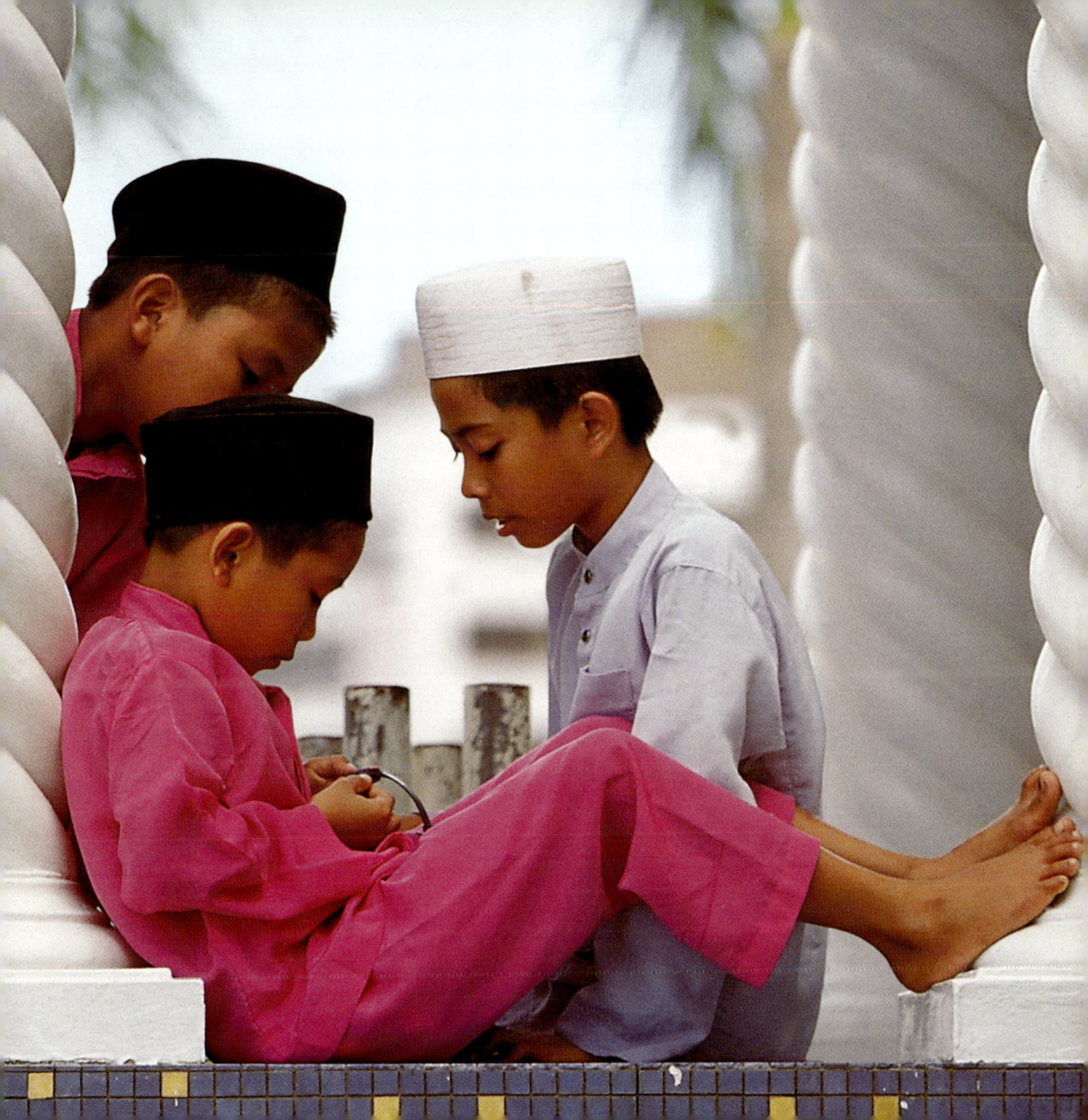

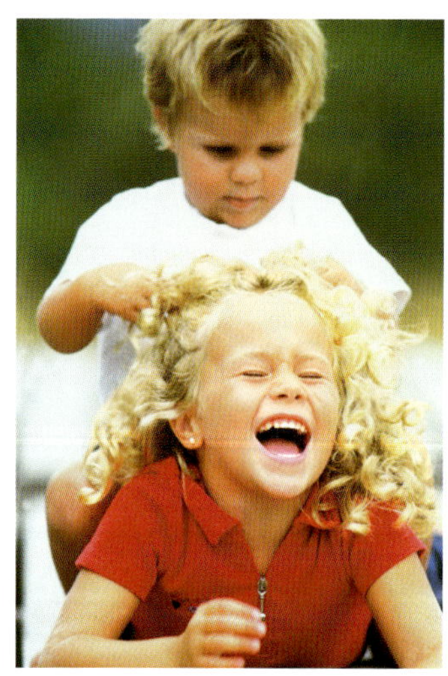

• Dos niños juegan alegremente
demostrando que incluso la lucha puede
ser una muestra de gran amistad.

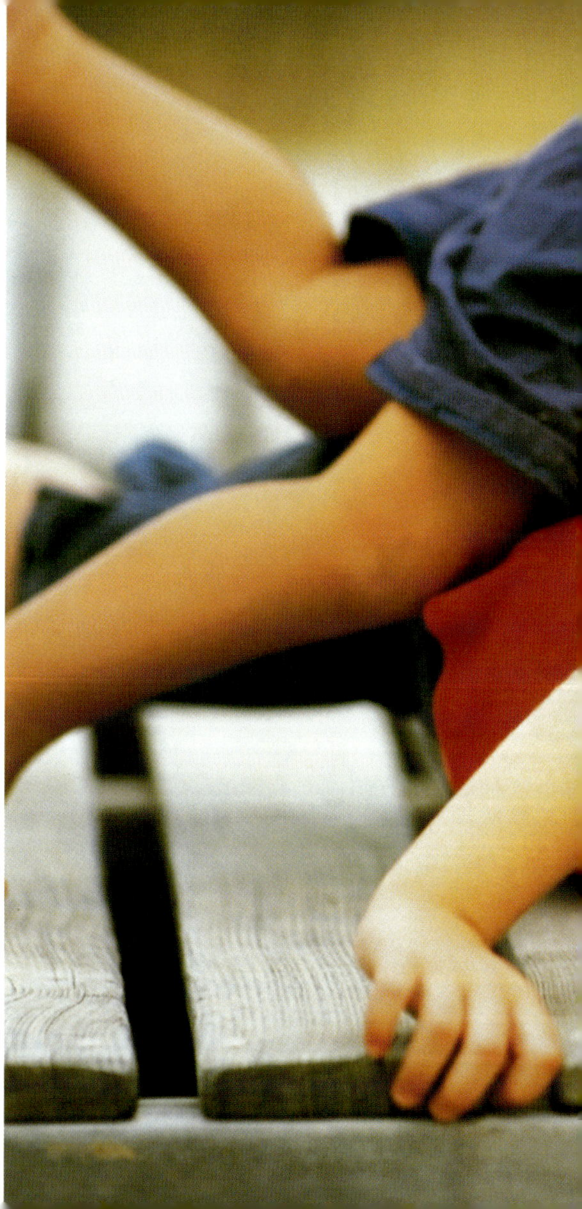

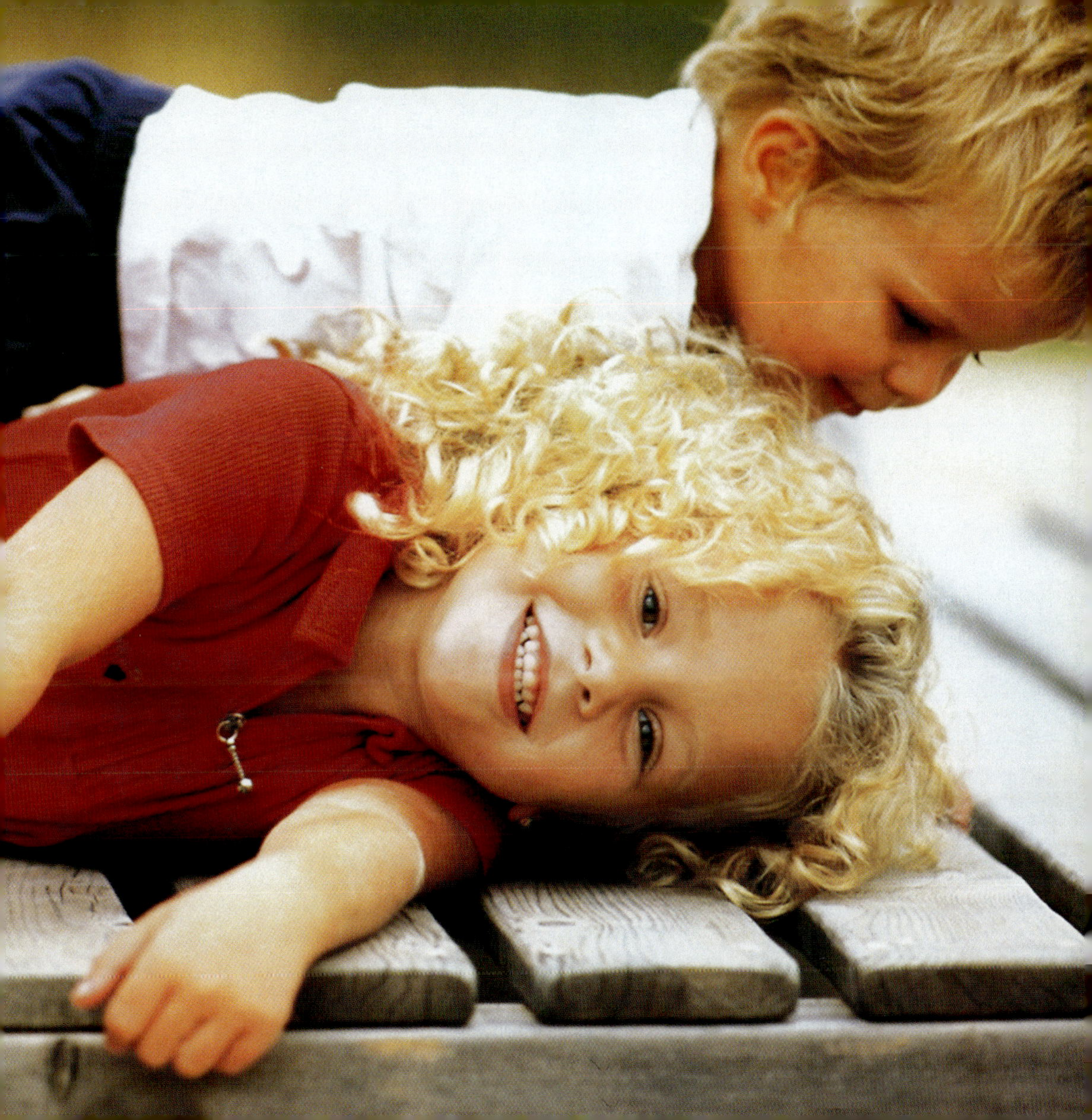

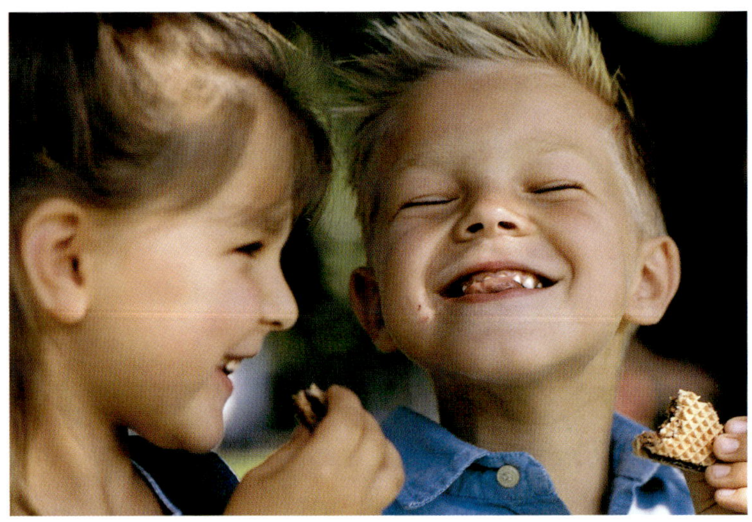

322 • La merienda compartida con los amigos es una experiencia maravillosa porque asocia la alimentación a emociones positivas.

323 • Dar vueltas luchando sobre un prado es muy divertido para estos dos niños.

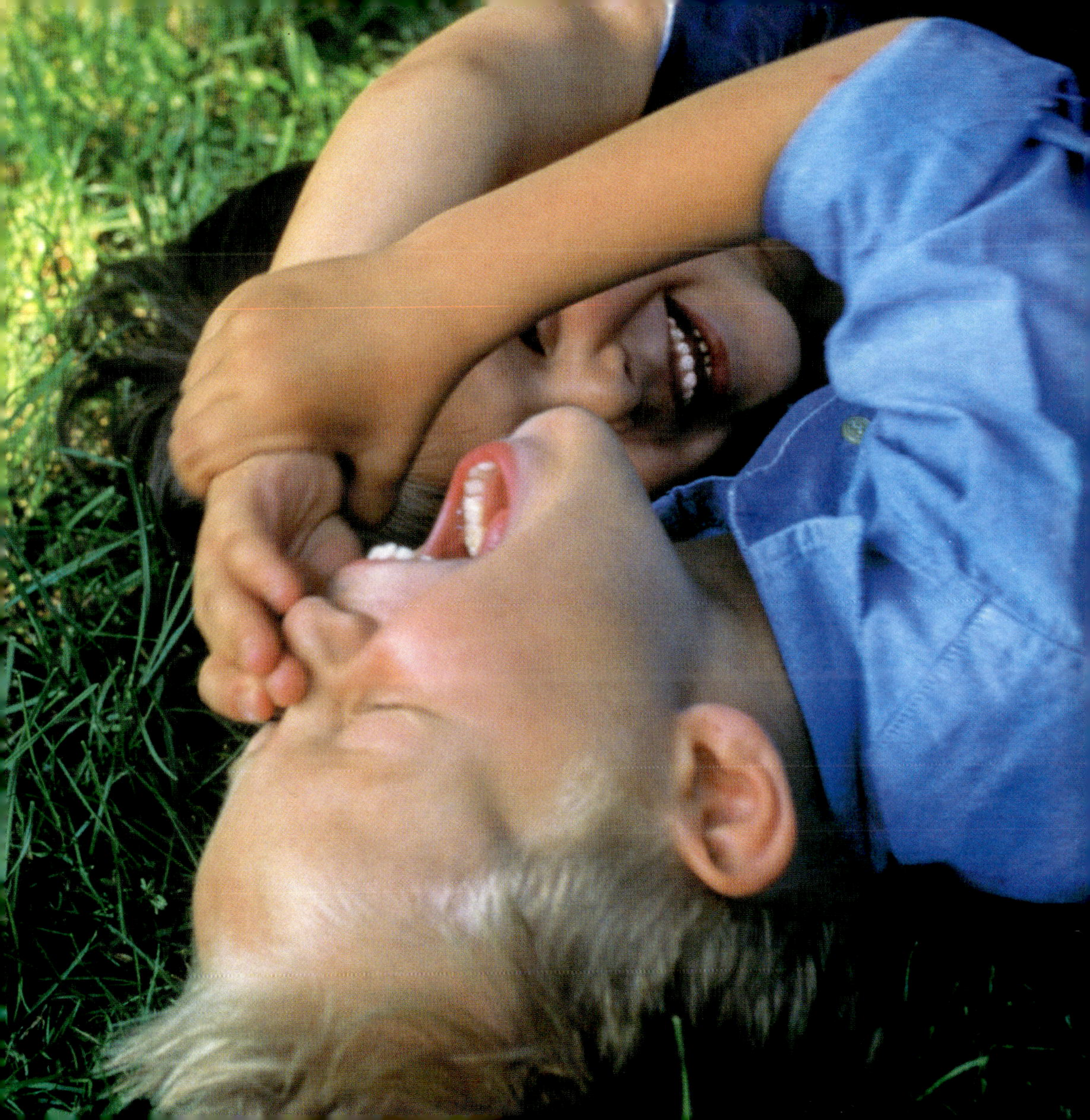

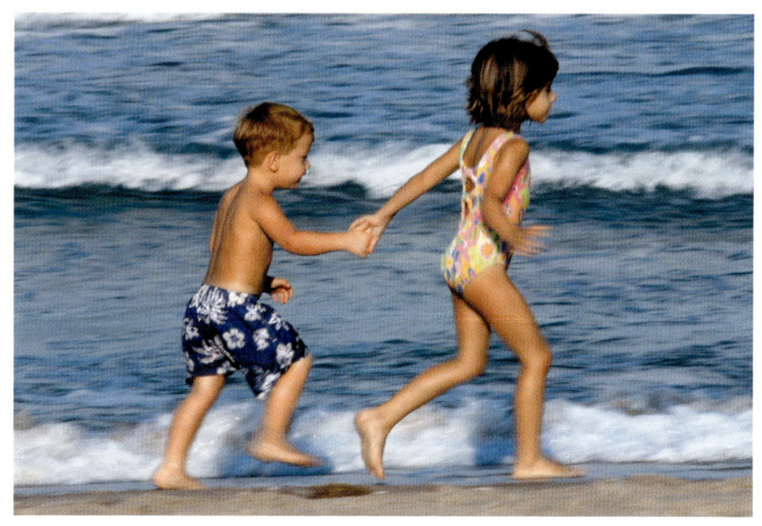

324 ● Dos amigos corren cogidos de la mano por la playa.

325 ● Una niña lleva a su pequeño amigo en la bicicleta.

326-327 ● Tener un buen amigo significa contar siempre con alguien en quien poder confiar abiertamente.

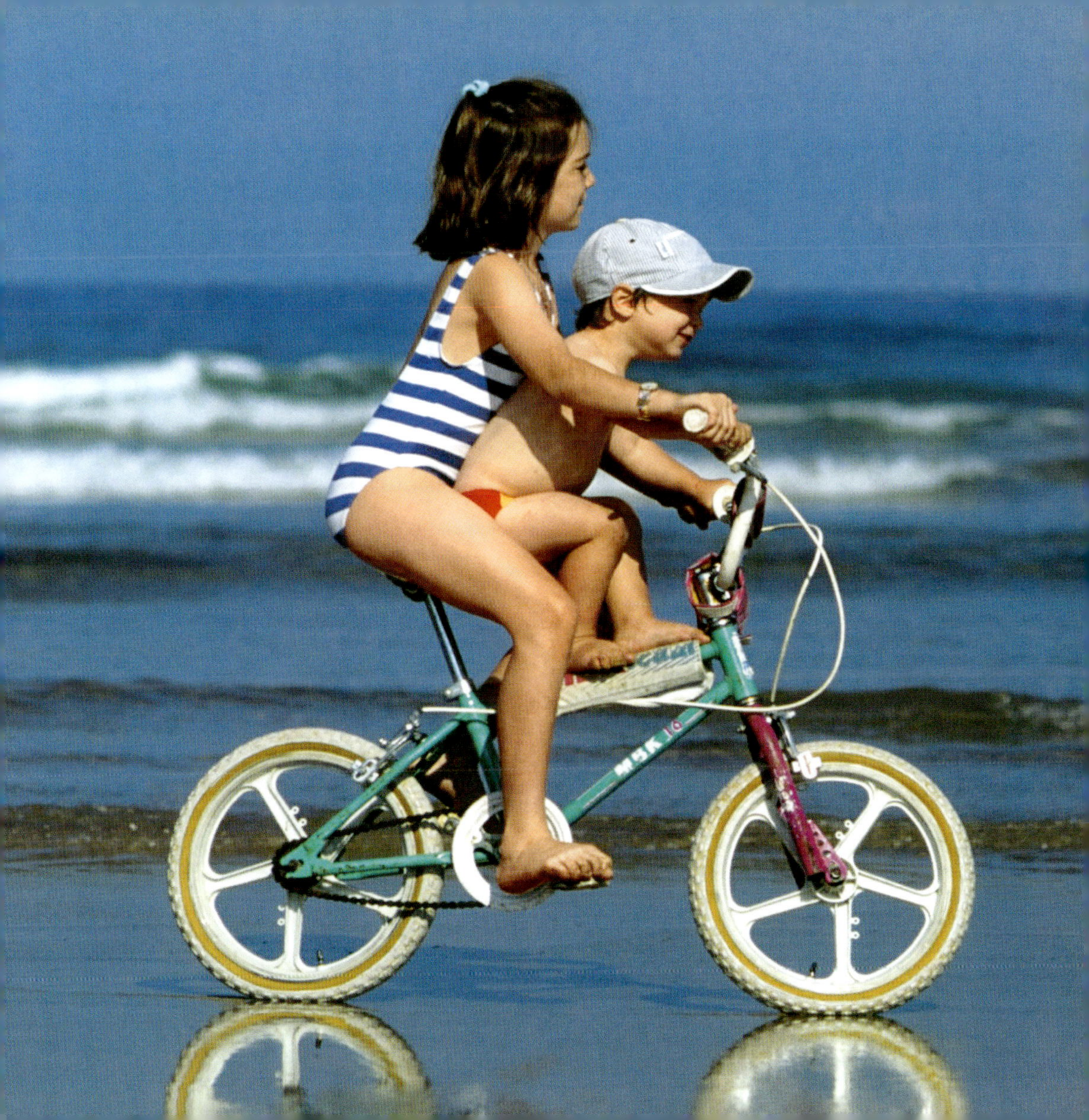

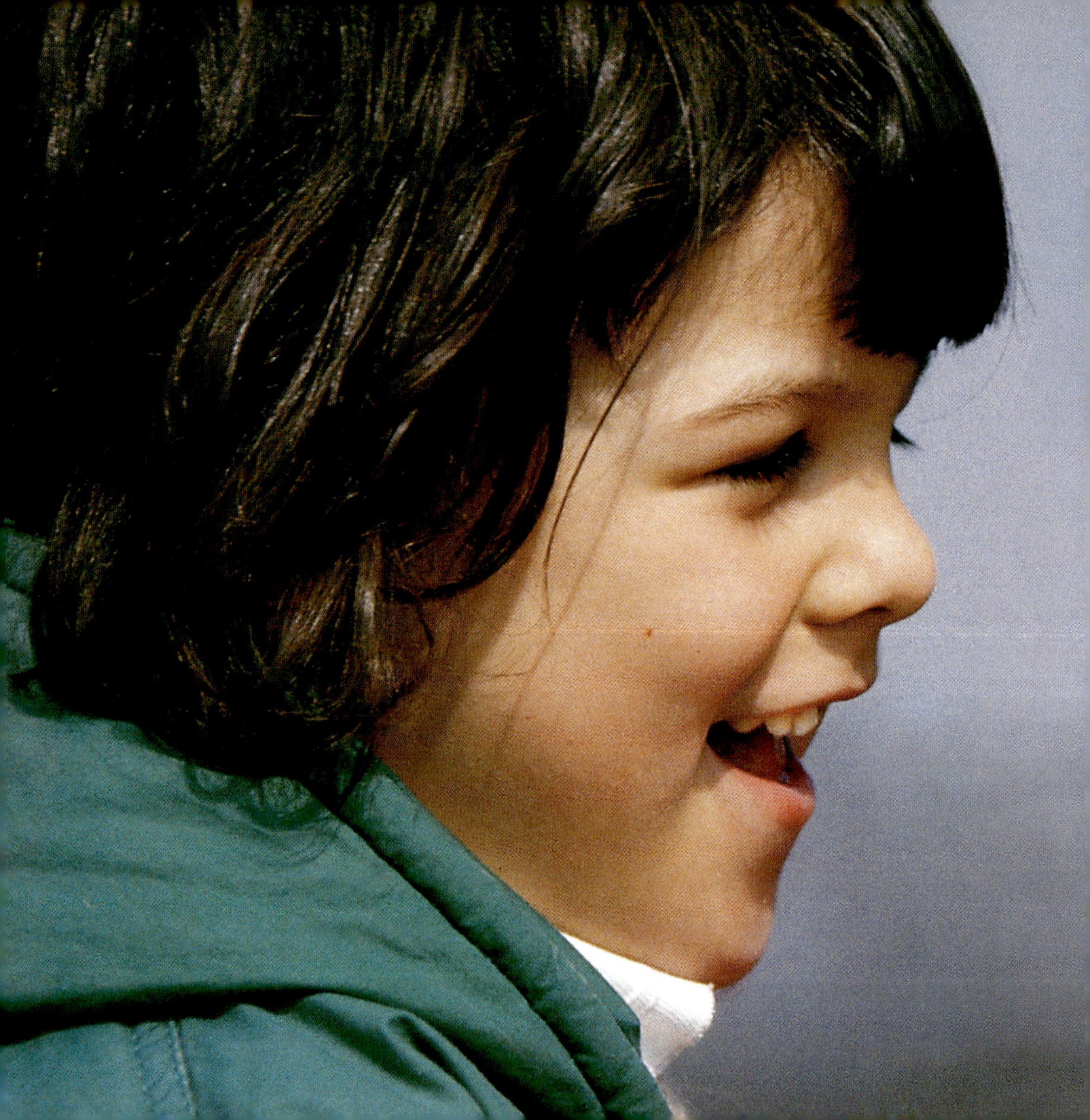

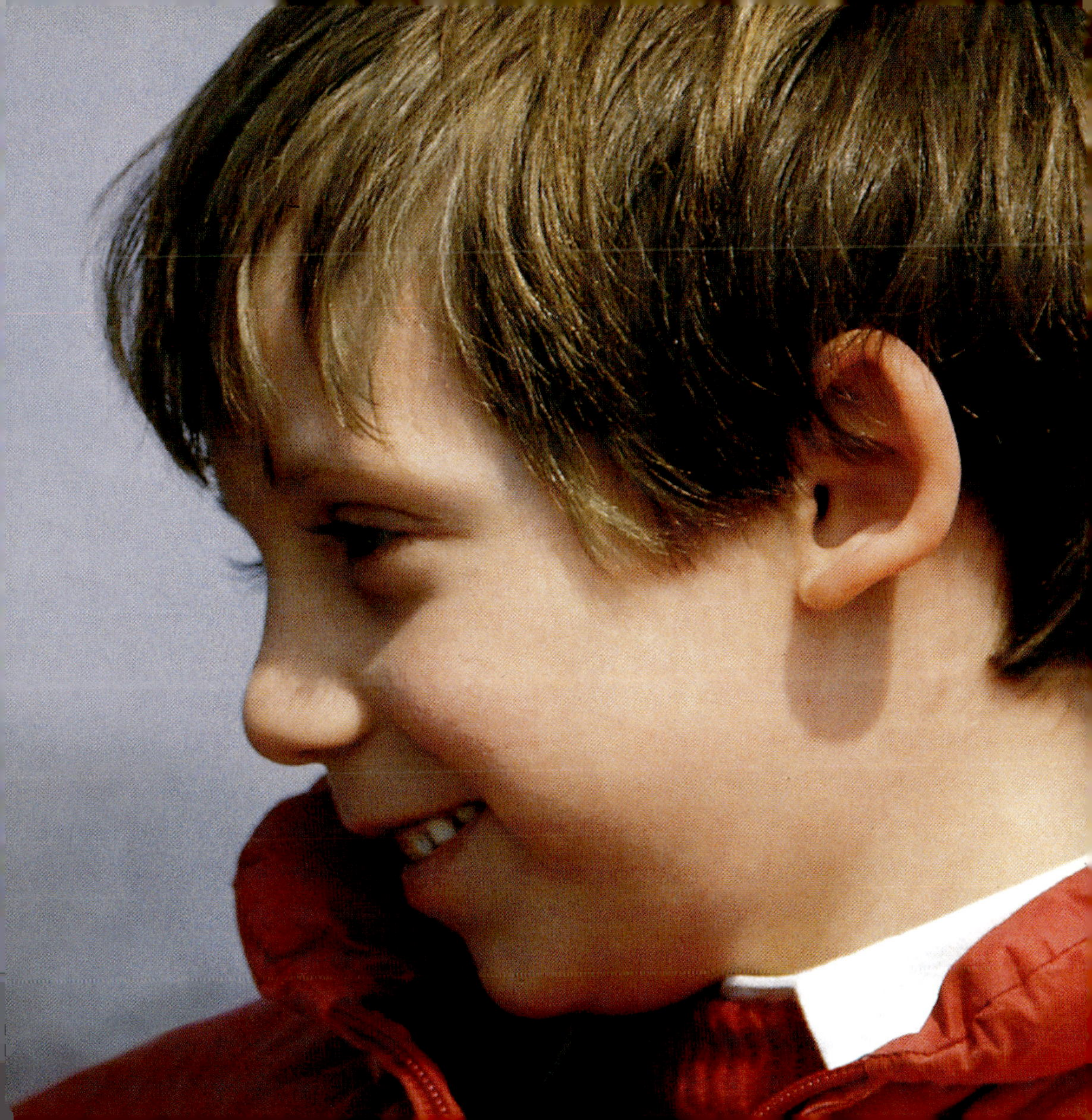

JUGAR JUNTOS

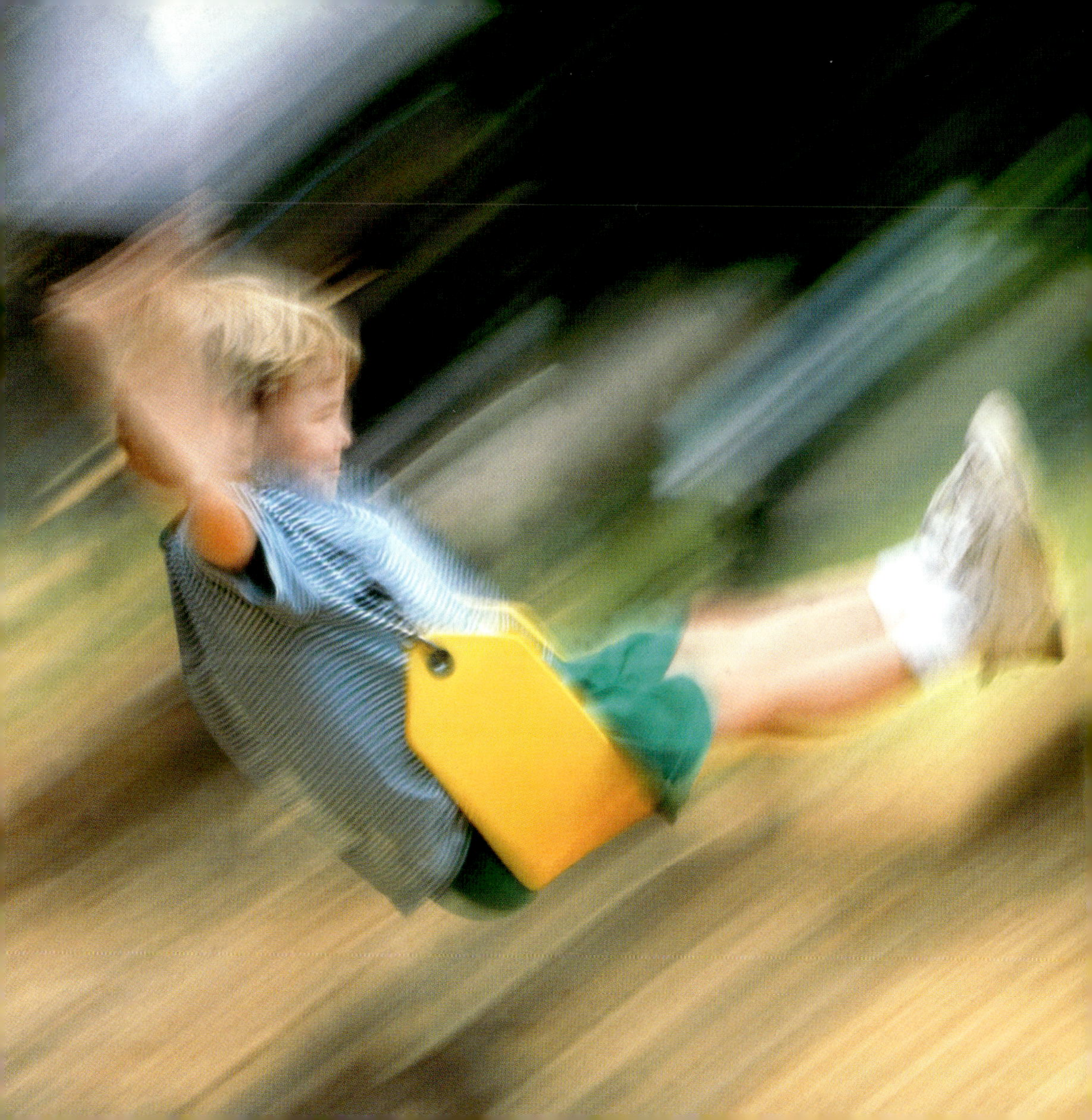

INTRODUCCIÓN Jugar juntos

Jugar es una actividad fundamental del niño, un ejercicio divertido e indispensable, un conjunto de comportamientos que conviene animar y promover siempre, dado que constituyen la manera más natural que el niño tiene a su disposición para desarrollarse y crecer de una forma armónica y equilibrada. A los niños les gusta jugar con su papá, y también entretenerse con los videojuegos, algunos son unos entusiastas del deporte y los hay que prefieren pasar un rato con sus muñecos, a los que visten y peinan como si fueran sus amigos de carne y hueso. A través del juego los niños muestran sus gustos y sus preferencias, y, aunque cambian con gran facilidad de actividad, desarrollan la mayor parte de sus habilidades psicomotoras y comunicativas, y pueden encontrar el terreno más adecuado para enfrentarse e integrarse en

INTRODUCCIÓN Jugar juntos

el mundo exterior y consigo mismos, aunque eso ocurre, a veces, a costa de superar algunos problemas debidos a los excesos de entusiasmo… «Seré bueno y tendré cuidado», no es raro escuchar a un niño que pronuncia esta frase, a lo mejor con cierta frecuencia, después de haber roto o desordenado alguna cosa que no debía haber tocado, o quizá después de haber escrito o pintado algo en las paredes de su habitación, tirado un frasco de perfume, roto en mil pedazos una vasija, o empujado al suelo a su hermano o a su hermana a fuerza de pelear…, por ello, la promesa se produce después de un momento de violencia, un instante en el que no se han cumplido las necesarias reglas de convivencia.

El niño utiliza, a la hora de jugar, todos los recursos físicos, emotivos e intelectuales que tiene a disposición y, a veces, hasta puede resultar asombrosamente enérgico, sobre todo cuando está con otros de su misma edad.

A los adultos les corresponde estimular al niño a canalizar sus energías. Si, por ejemplo, se ha peleado se le puede enseñar a hacer las paces. Uno de los elementos que caracteriza el juego y la actividad deportiva está representado por el hecho de que en las relaciones sociales todo está regulado y cuenta con diferentes limitaciones, por ello, es lógico enseñar al niño a comportarse dentro del marco de una leal competencia, en la que debe divertirse y competir aprendiendo a ganar y también a aceptar que es otro y otros los que ganan.

Un momento de risas y alegría al aire libre, mientras se participa en la clásica carrera de sacos.

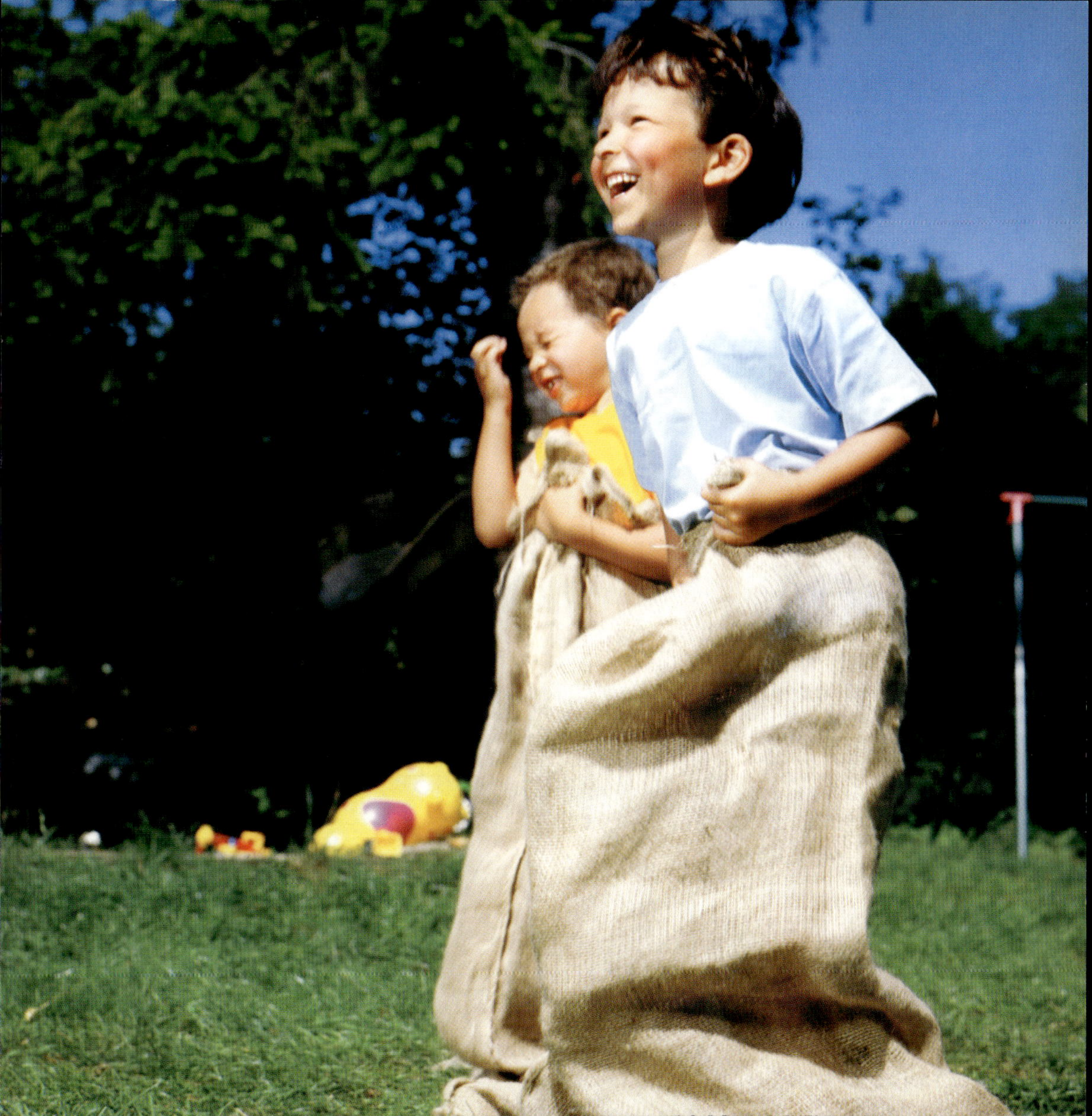

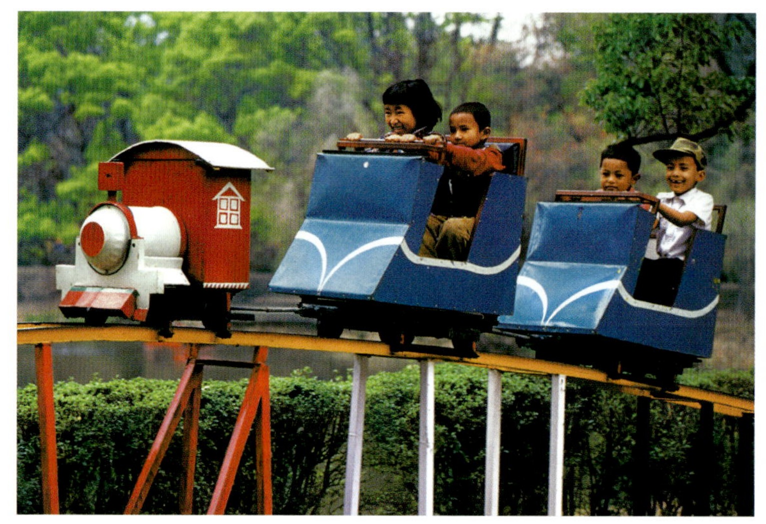

334 ● Cuatro niños nepalíes se divierten a bordo de un pequeño tren eléctrico que discurre por el interior de un parque.

335 ● Sentados en su triciclo, dos niños pequeños mantienen la expresión concentrada de los auténticos motoristas preparados para la competición.

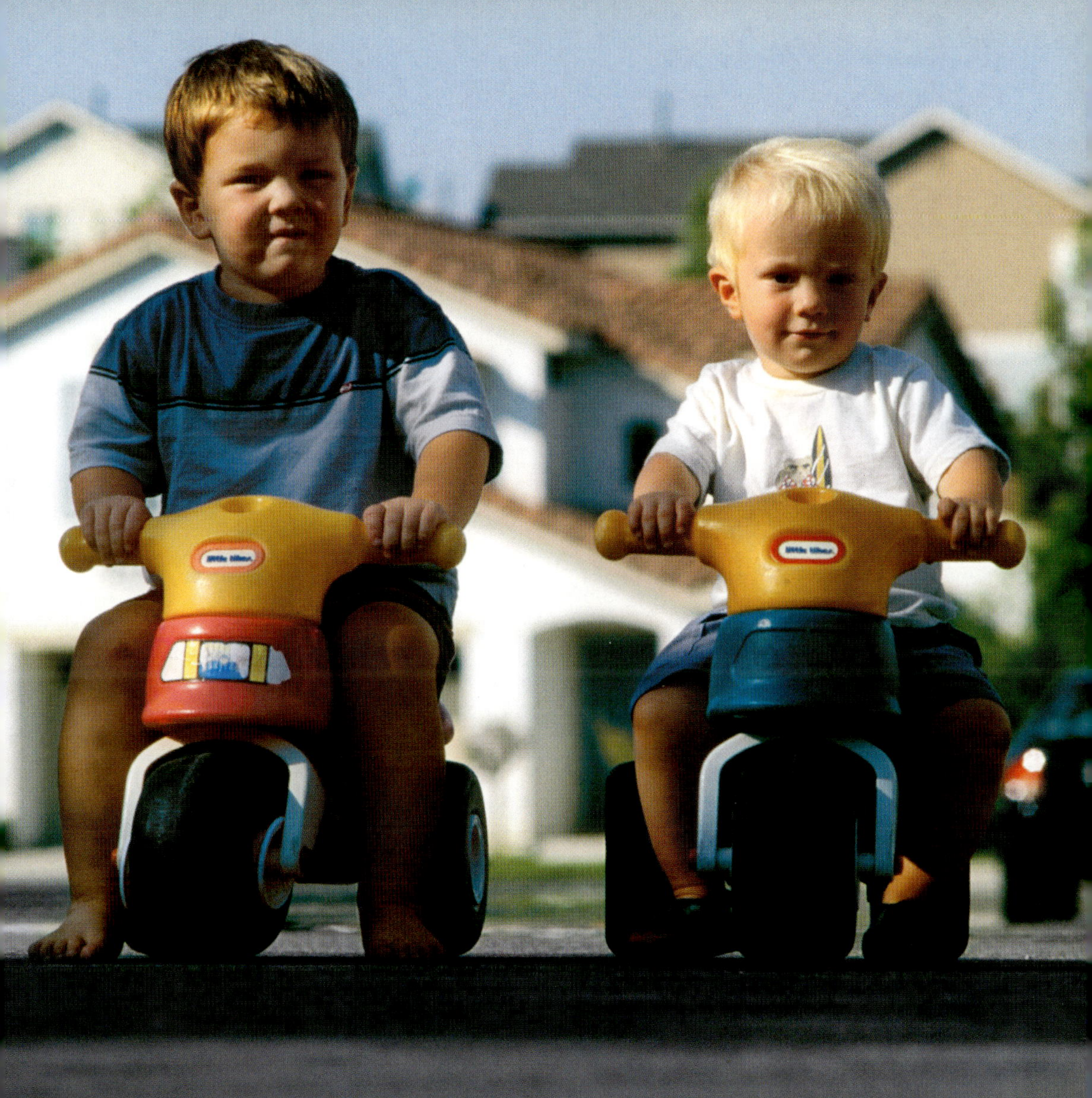

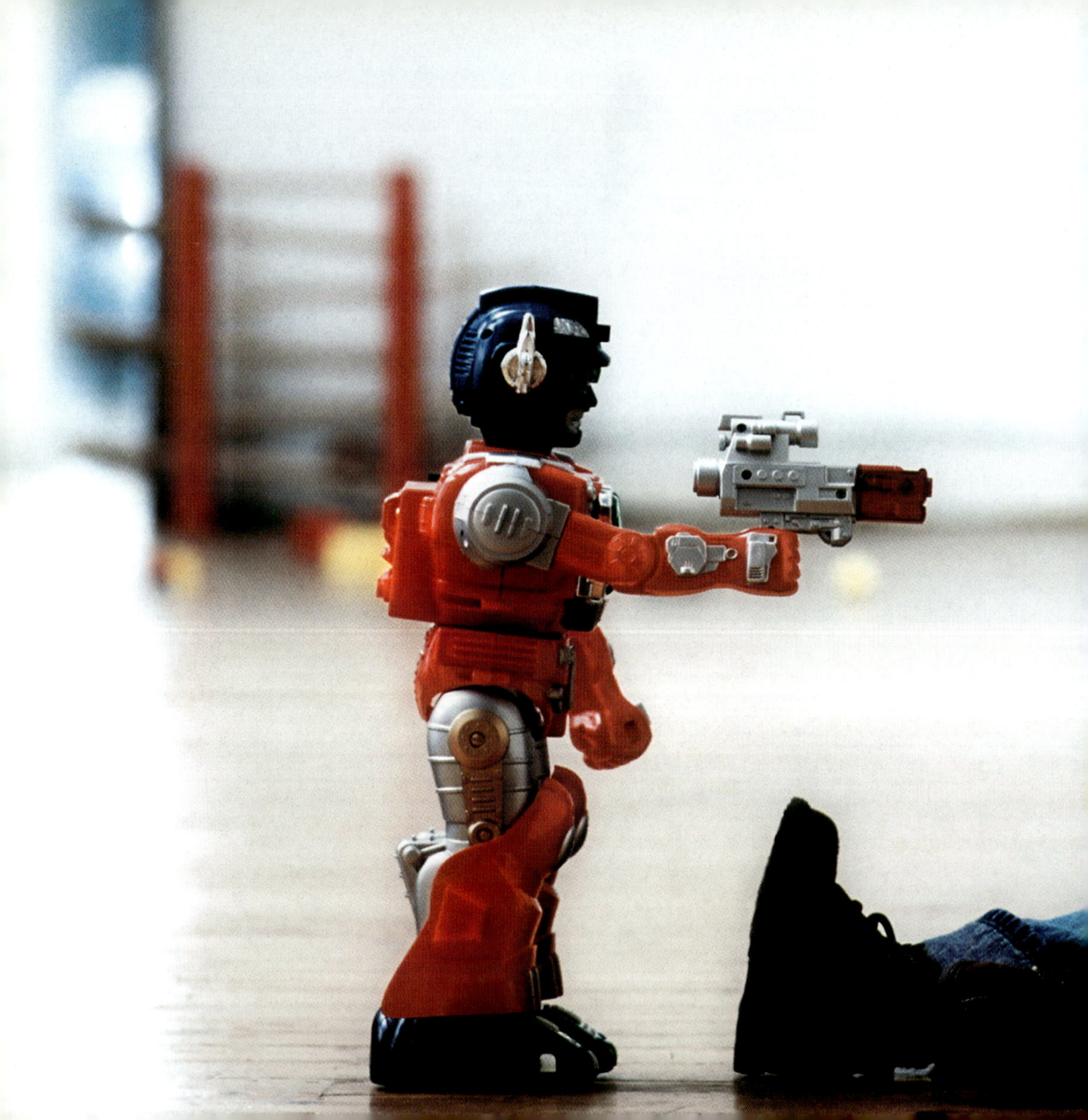

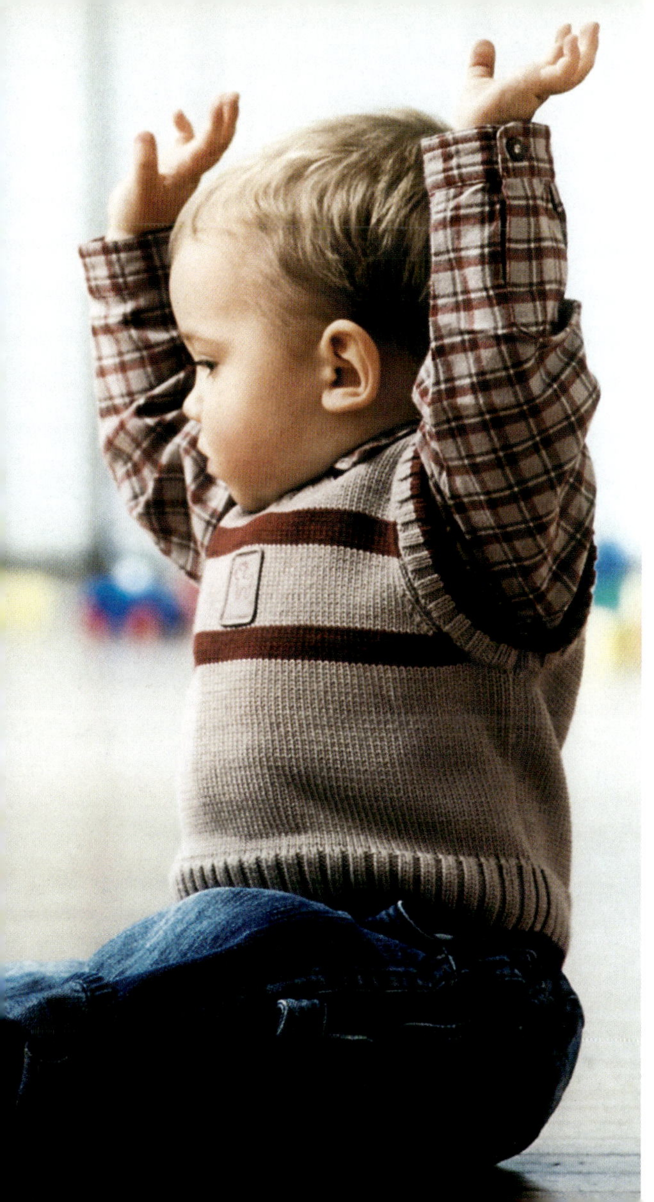

La ilimitada fantasía
de los niños puede
hacer que un robot se
convierta en un
auténtico compañero
de aventuras.

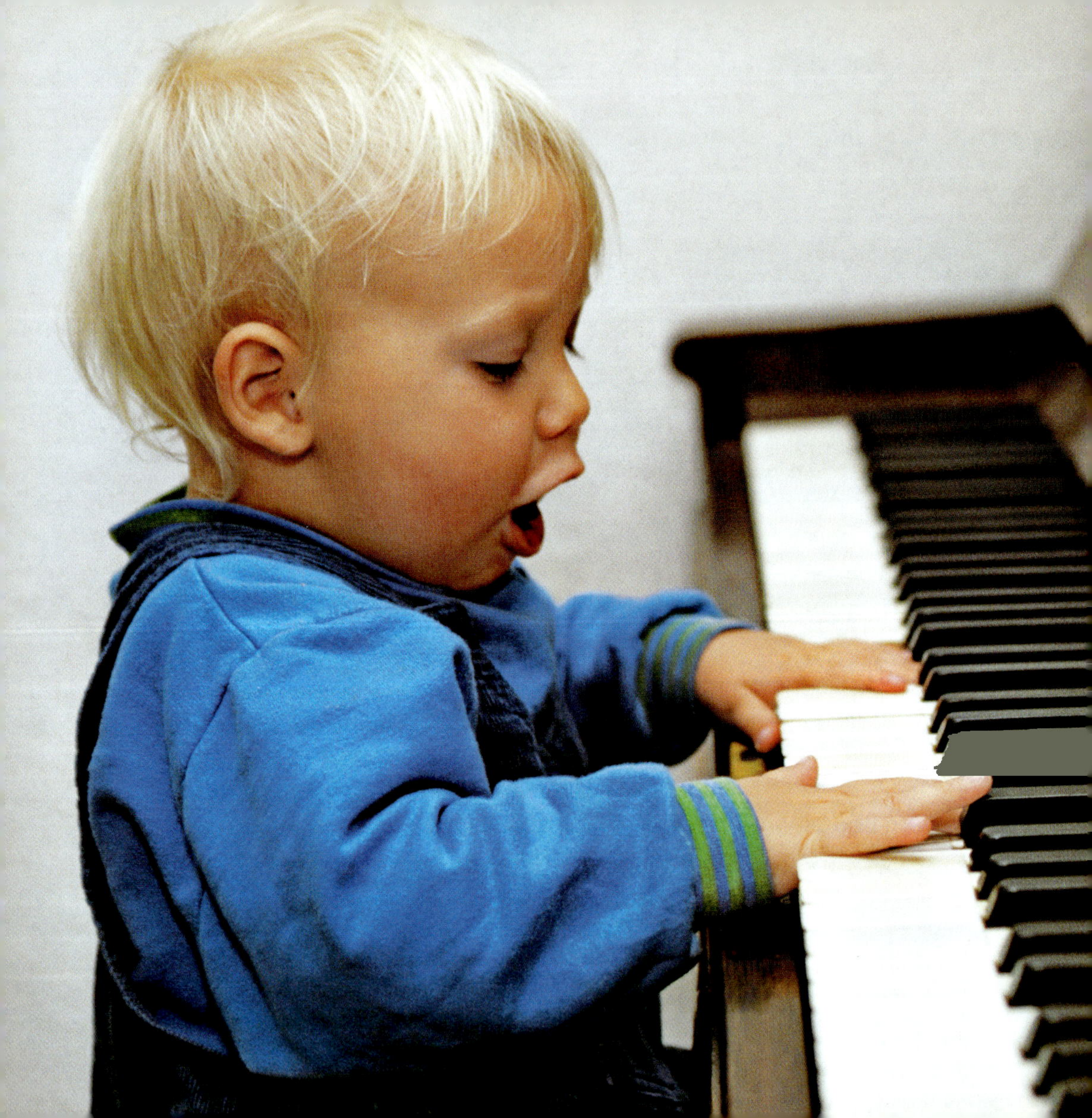

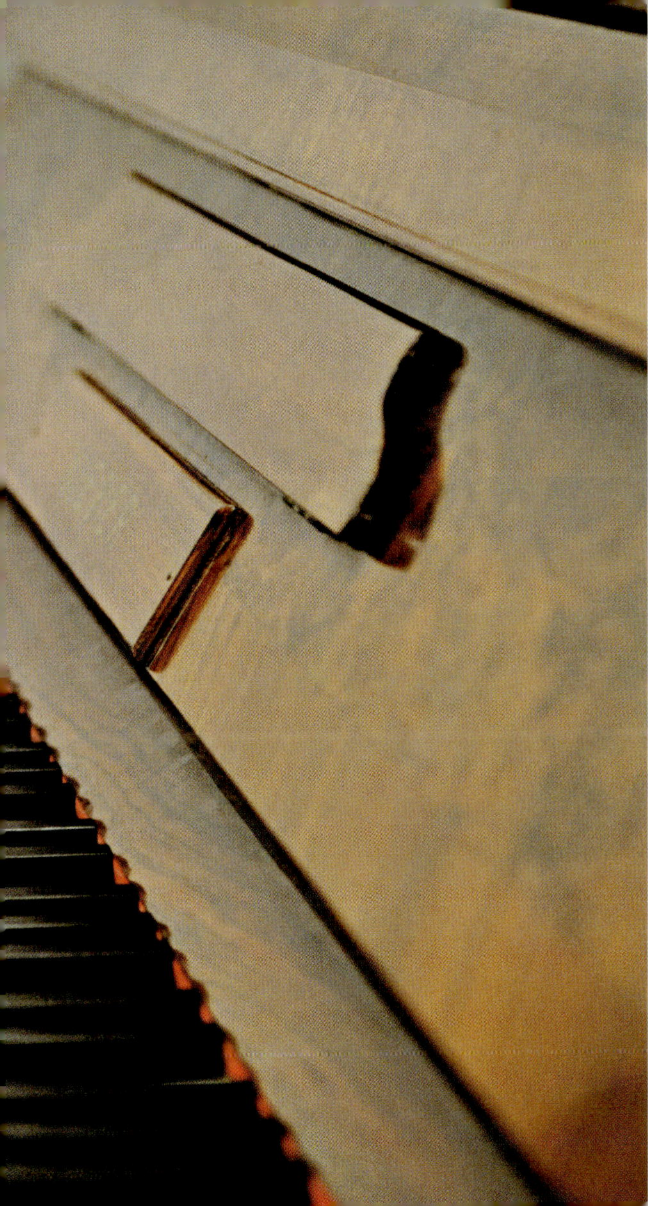

Un pianista en ciernes comunica al mundo su precoz pasión por la música cantando y tocando con sus manitas que presionan con decisión las teclas del piano.

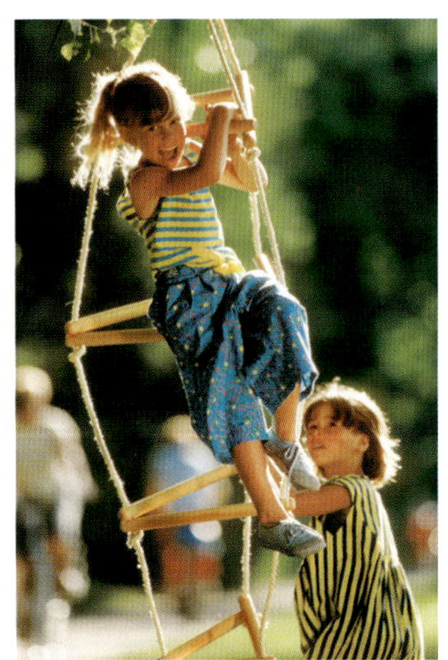

340 • El parque infantil es uno de los sitios más estimulantes para un niño.

340-341 • Una pequeña gimnasta realiza ante todos cuantos la miran una perfecta vertical, que lleva a cabo al aire libre aprovechando un perfecto día de sol.

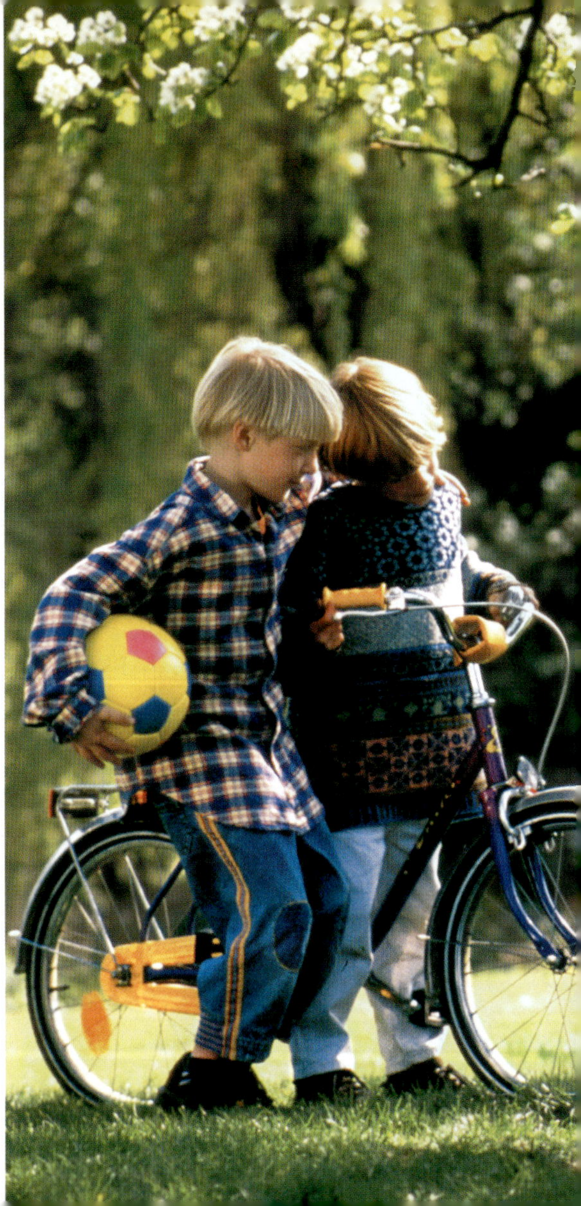

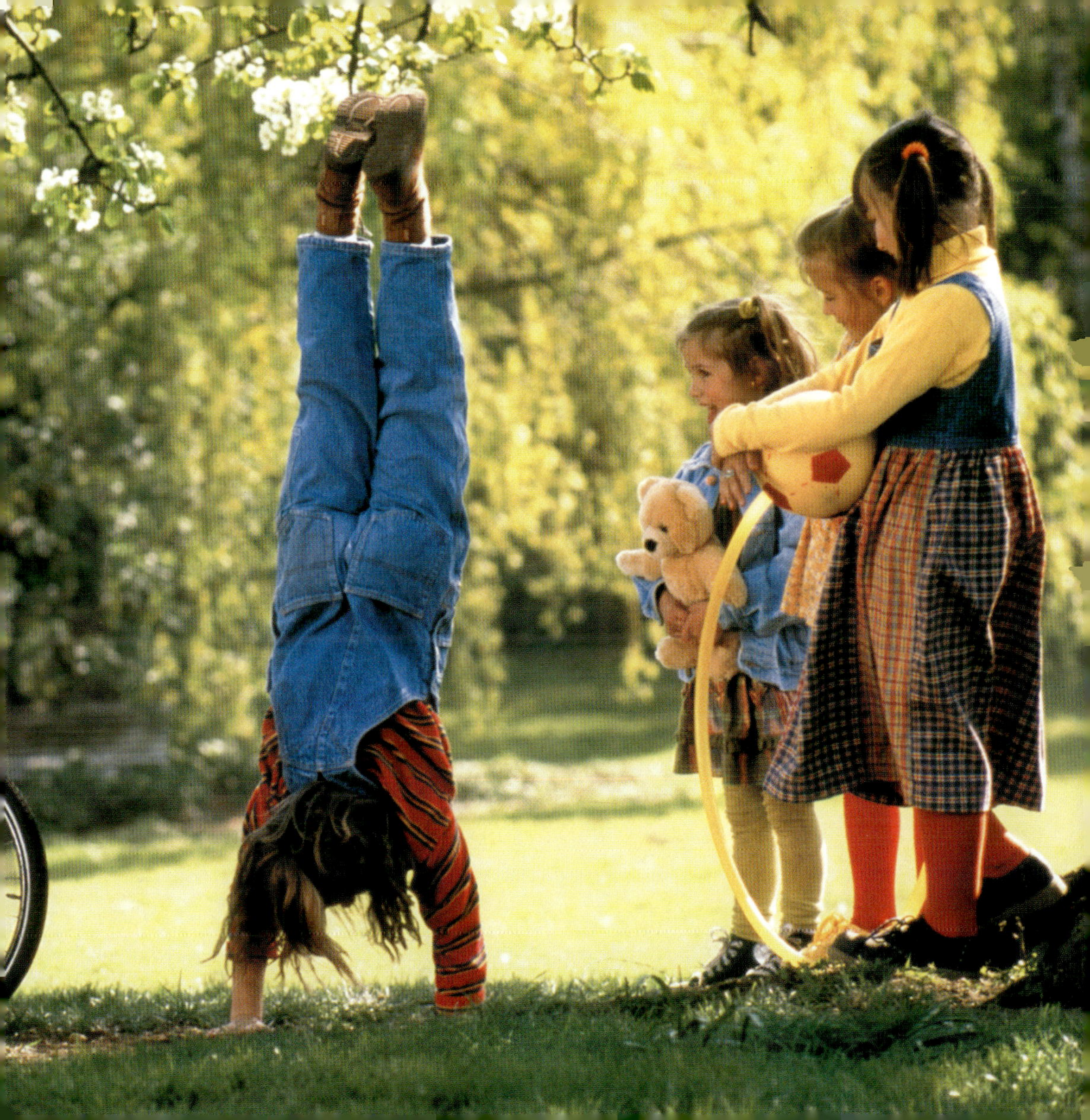

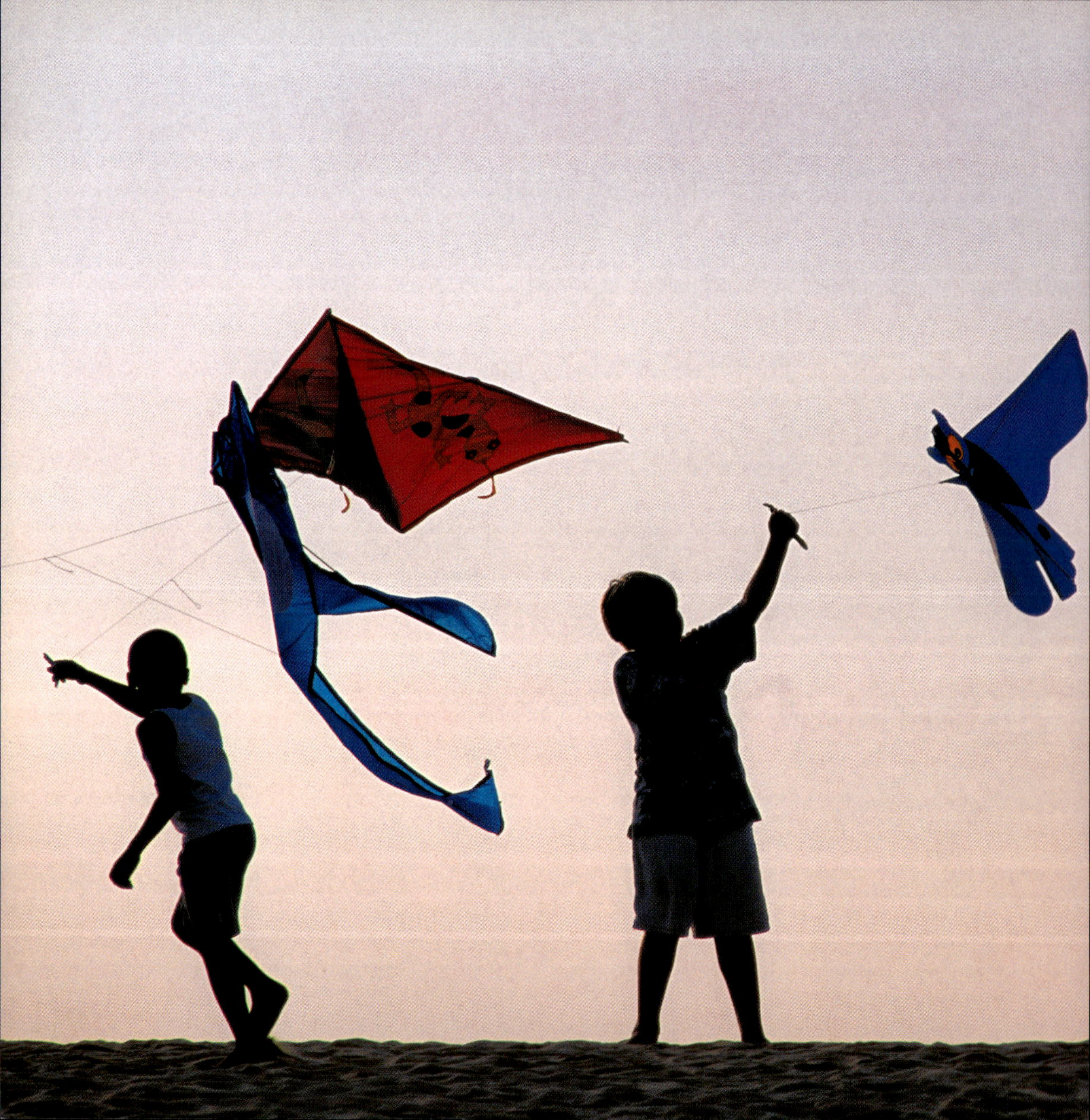

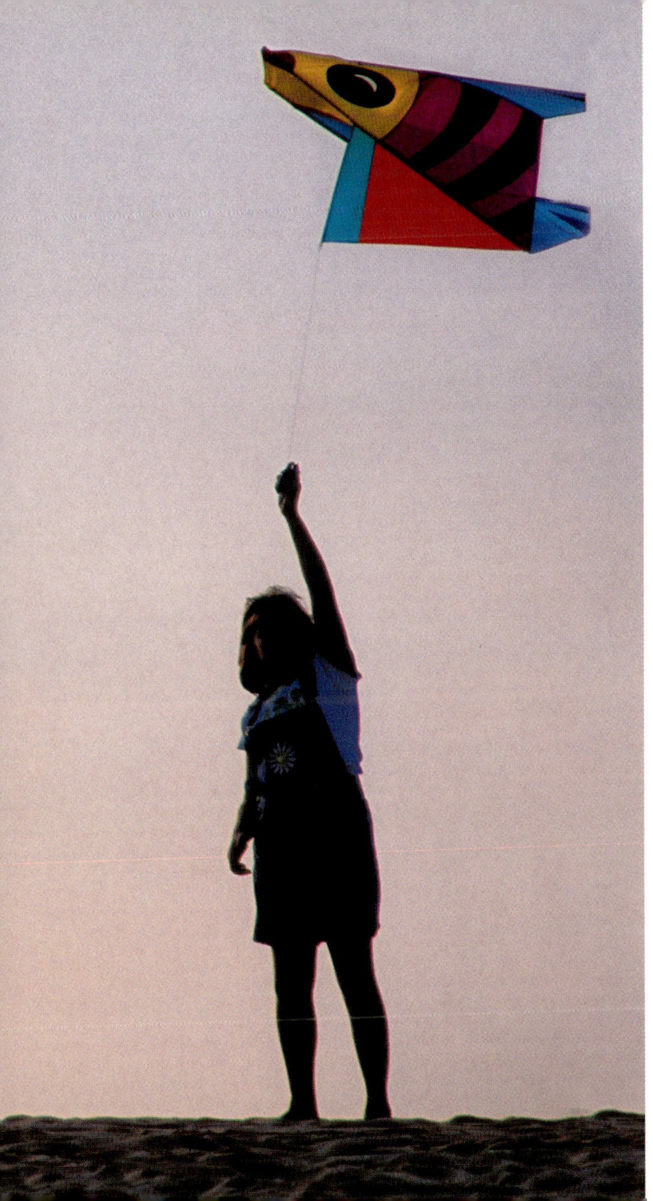

- Conseguir que el cometa alce el vuelo es una gran satisfacción y también un momento de rara belleza y poesía para quien lo observa.

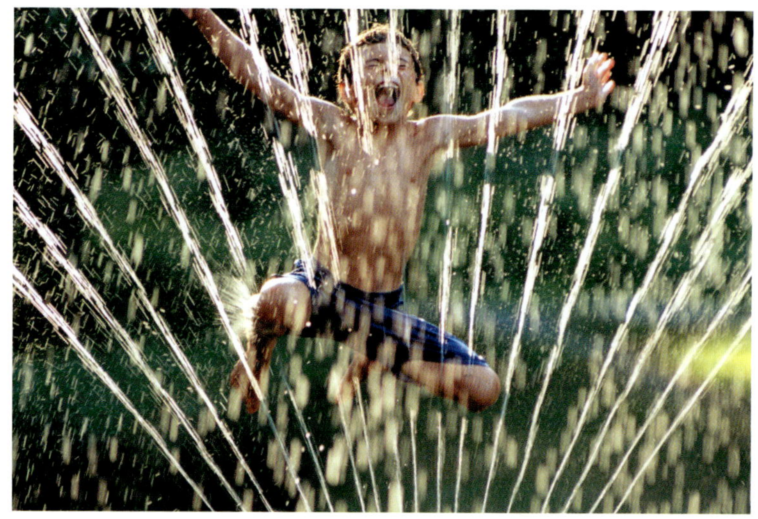

Como todos los niños saben bien, regar el prado no sirve sólo para mantener verde la hierba, sino sobre todo para refrescarse y jugar, disfrutando de una increíble sensación de libertad.

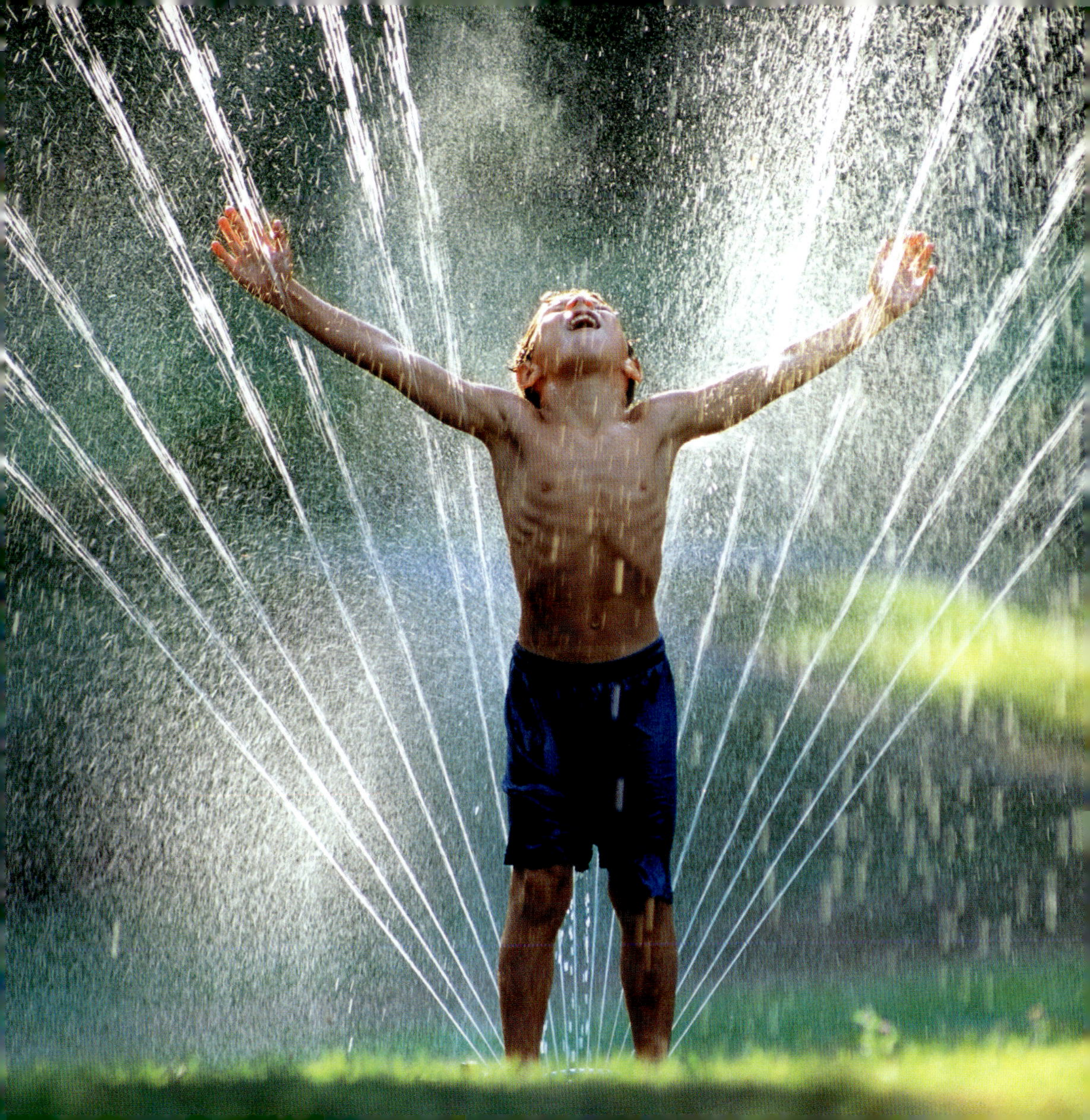

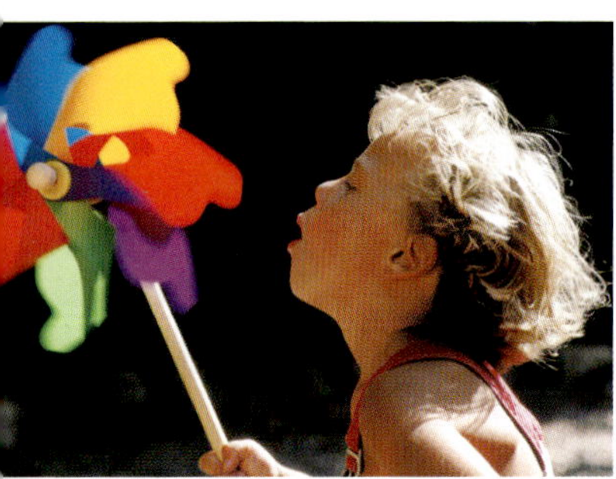

346 • Un sencillo molinete sirve
para que el niño aprenda que
también con el aire se puede jugar.

346-347 • Una niña juega en su
pequeño teatro con un dragón
que sujeta con sus manos, antes
de comenzar el espectáculo.

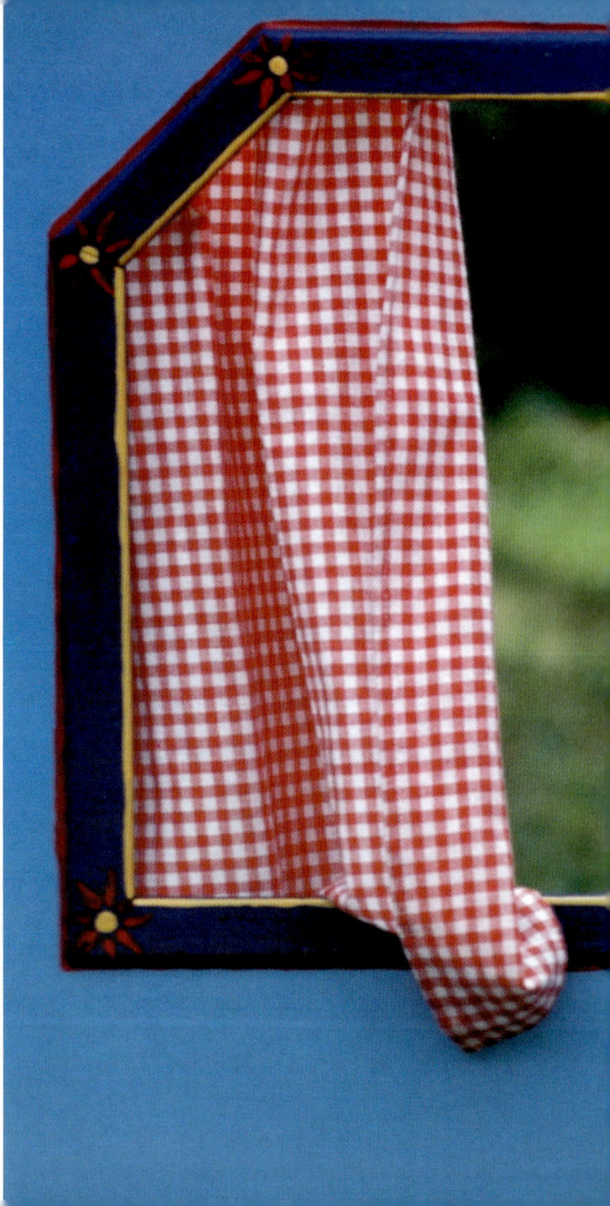

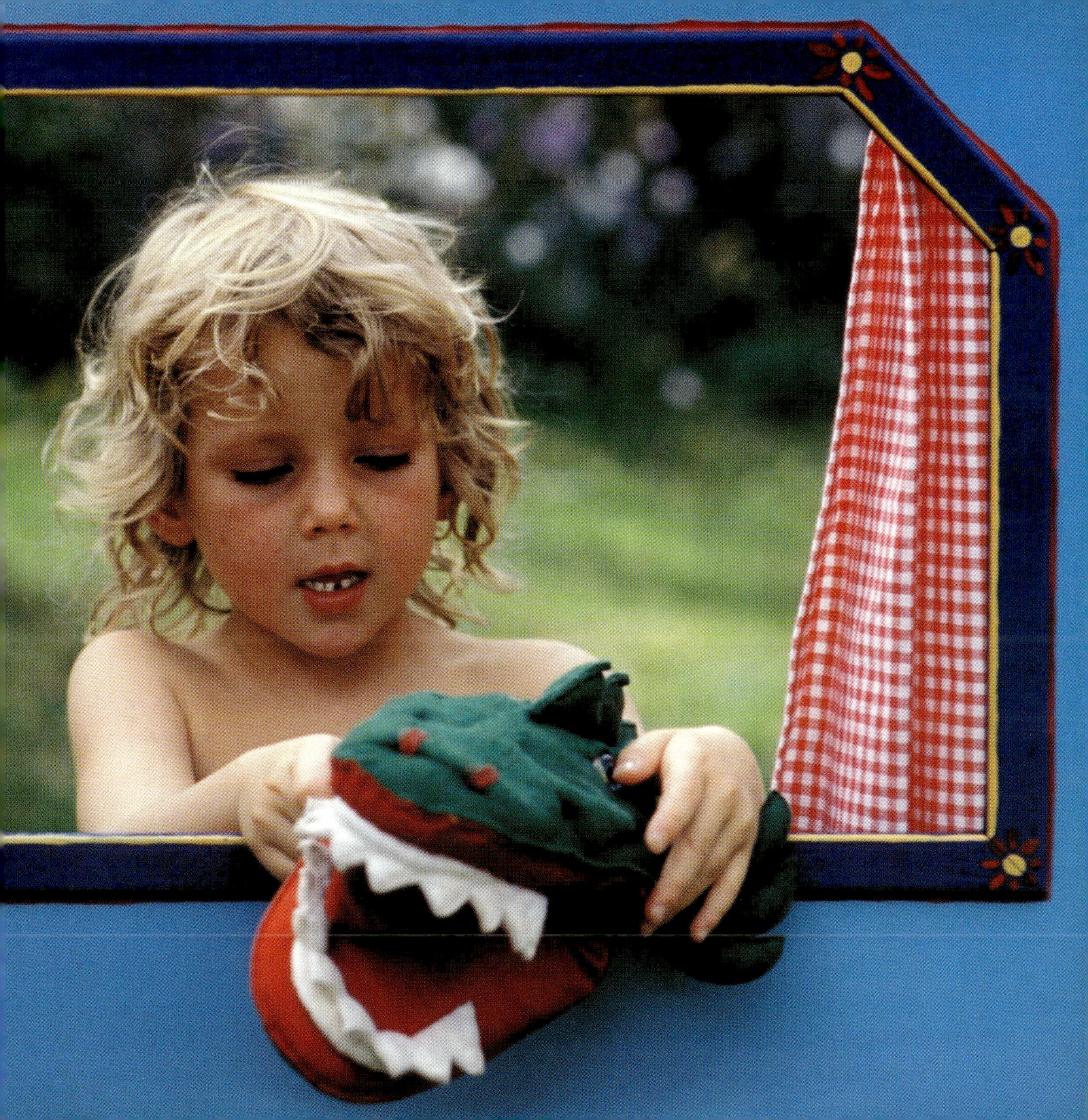

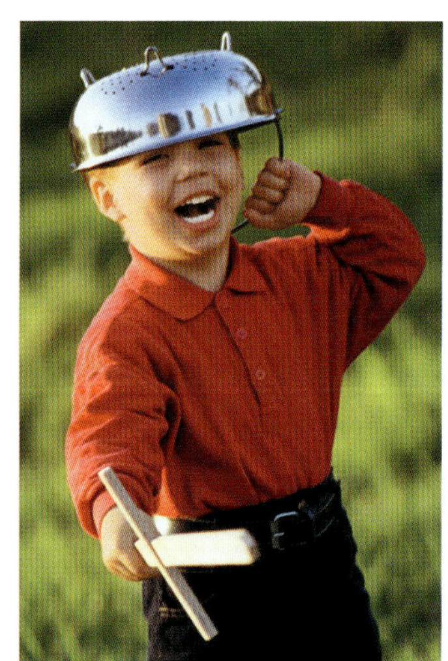

348 • Con el colador en la cabeza y la espada de madera, un pequeño «soldado» se divierte alegremente.

348-349 • Con un casco antiguo en la cabeza y auténticas gafas de aviador es más fácil soñar que uno es piloto de un avión.

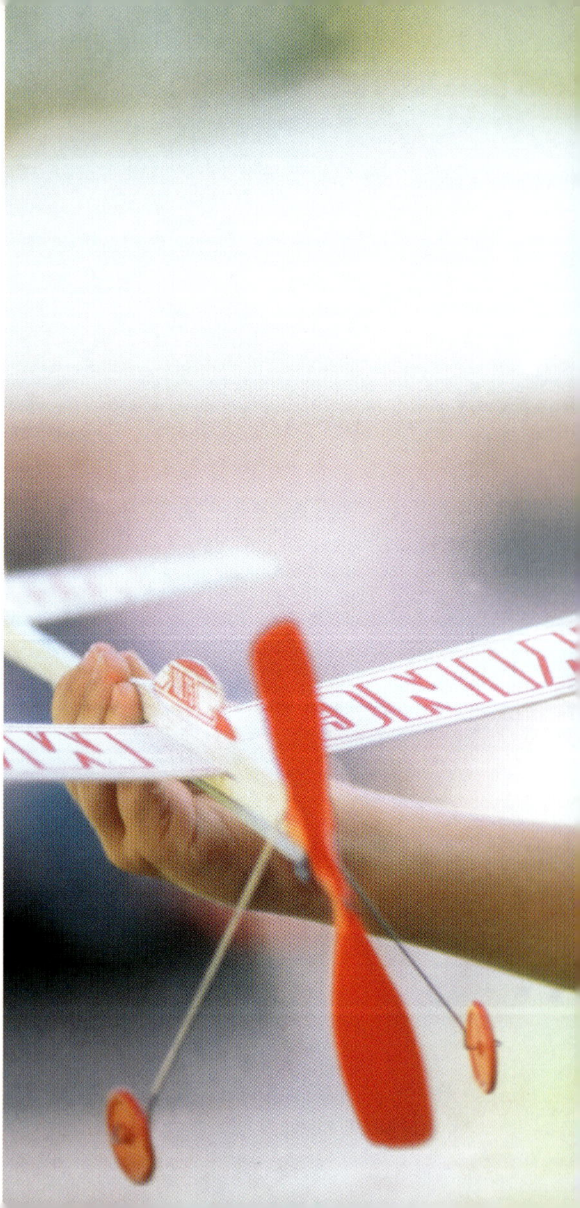

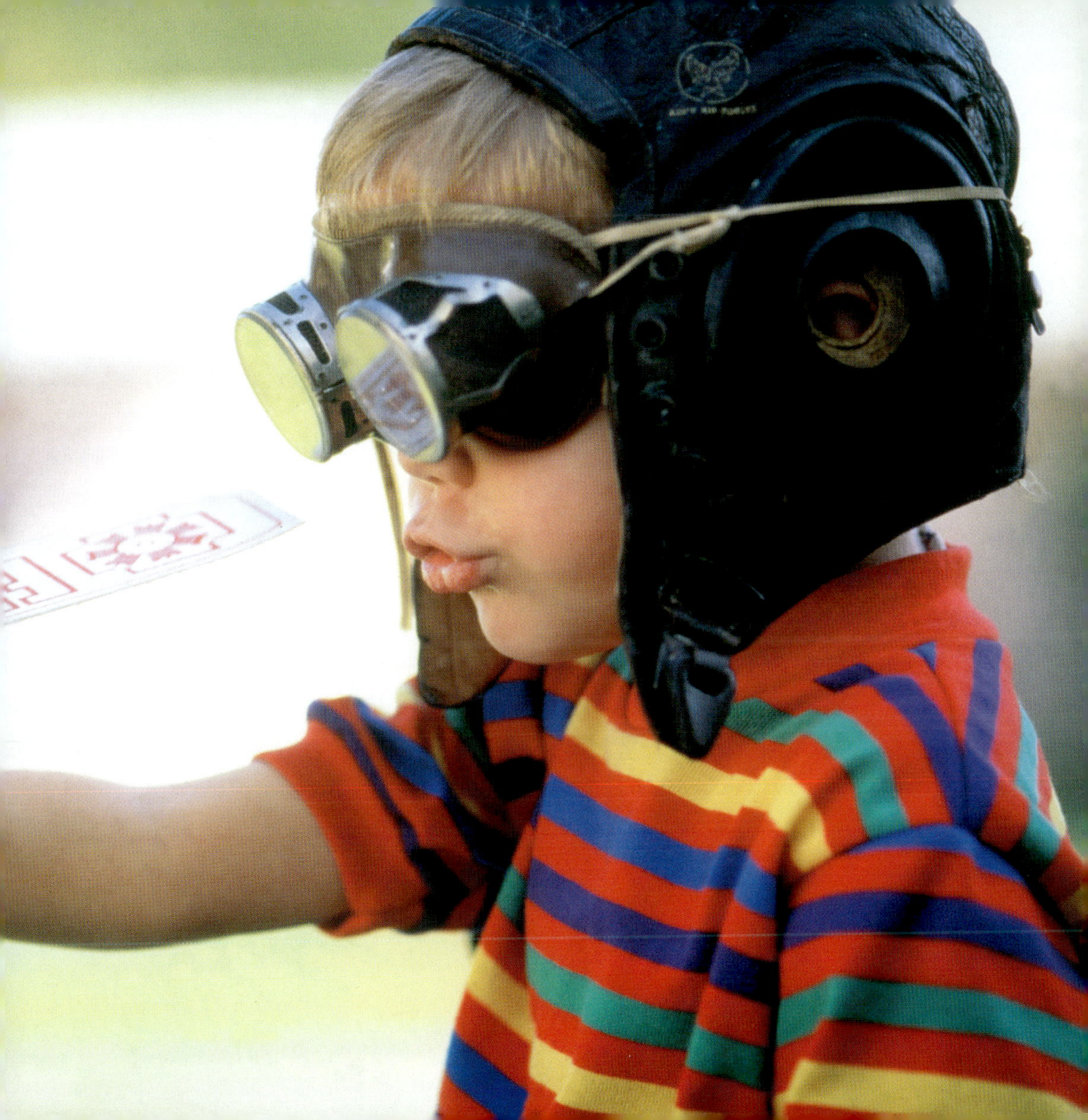

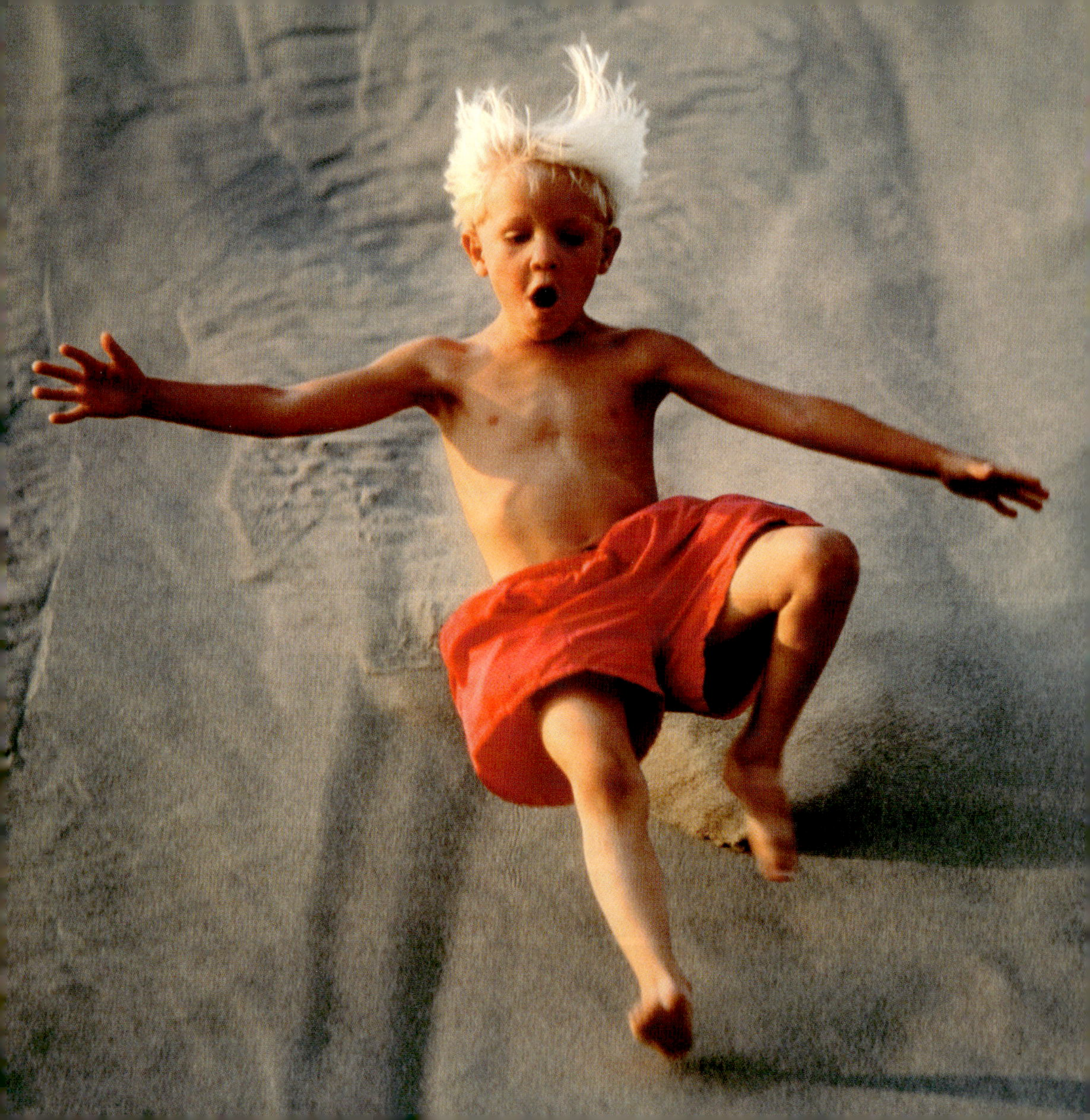

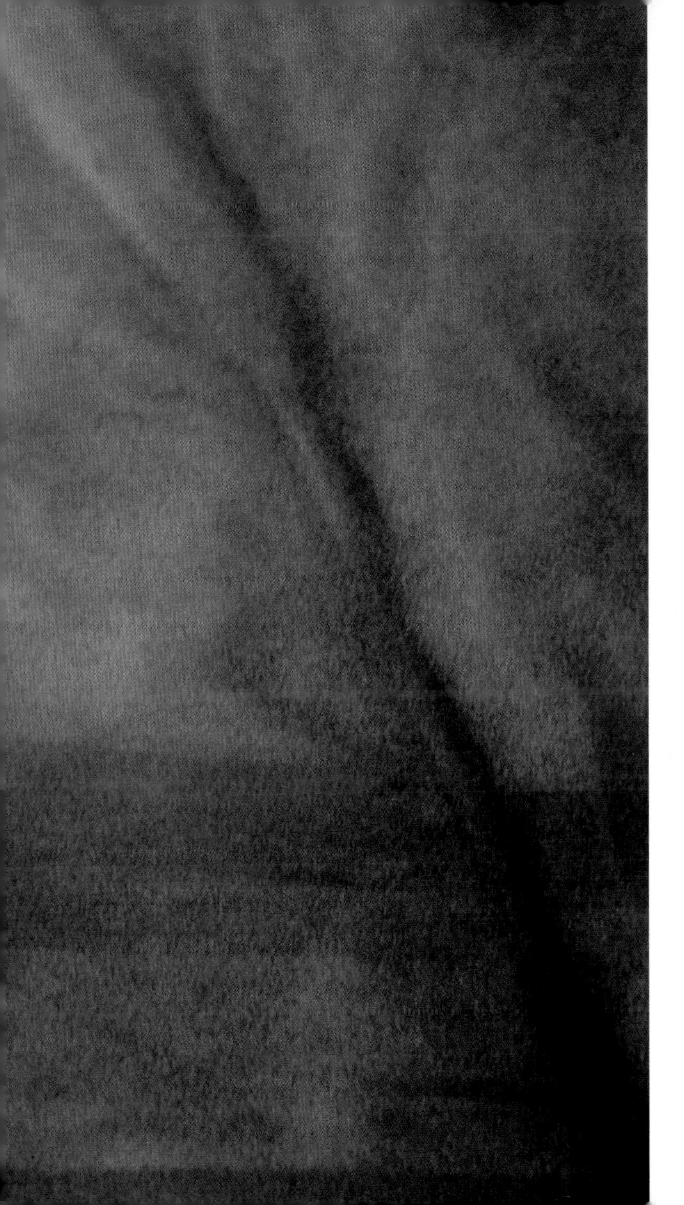

Un niño se deja caer
hacia atrás en la arena
sin temor.

La arena es el
material ideal para
realizar muchos
experimentos, como
demuestra este niño,
que practica cómo
dar volteretas.

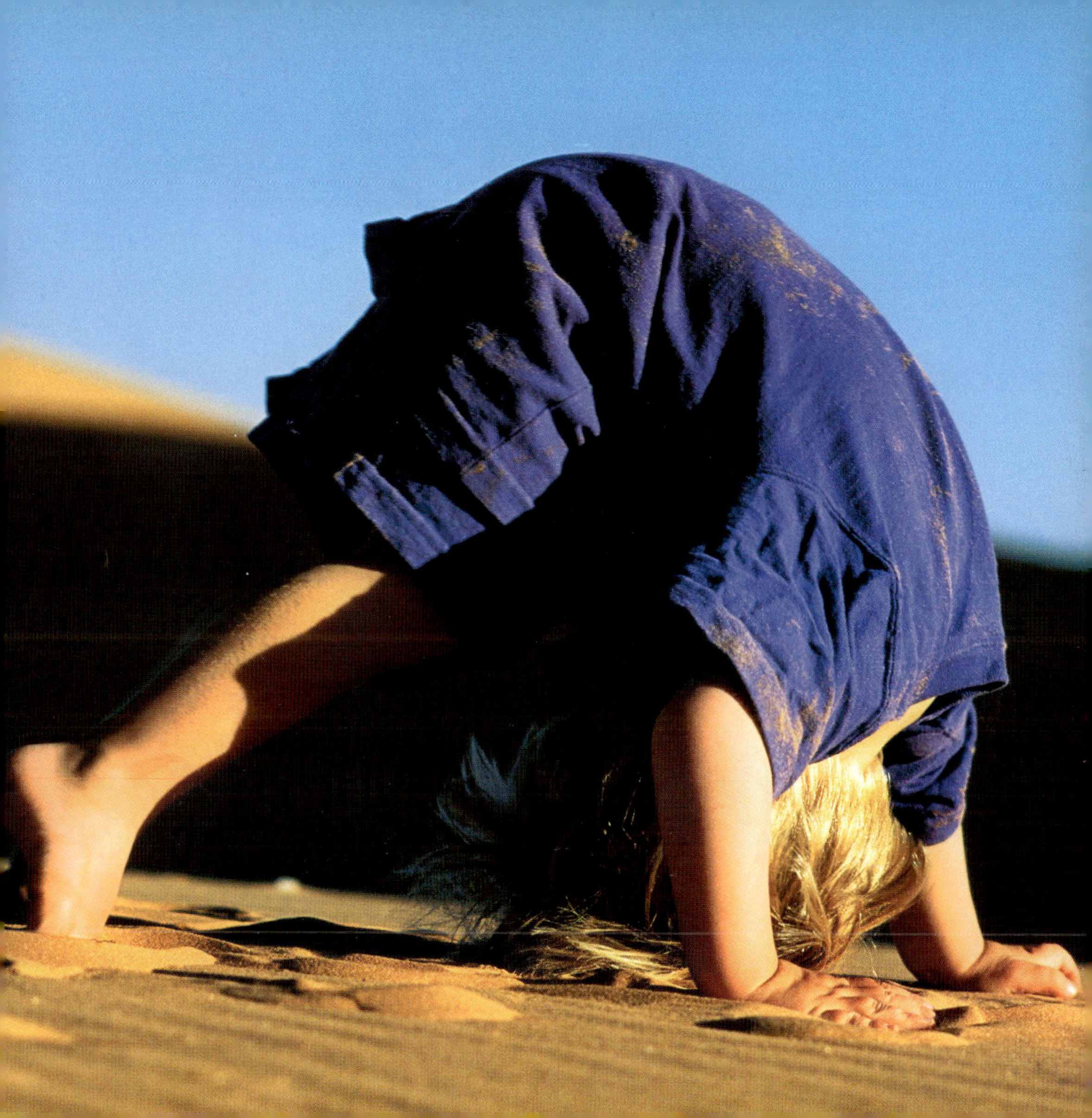

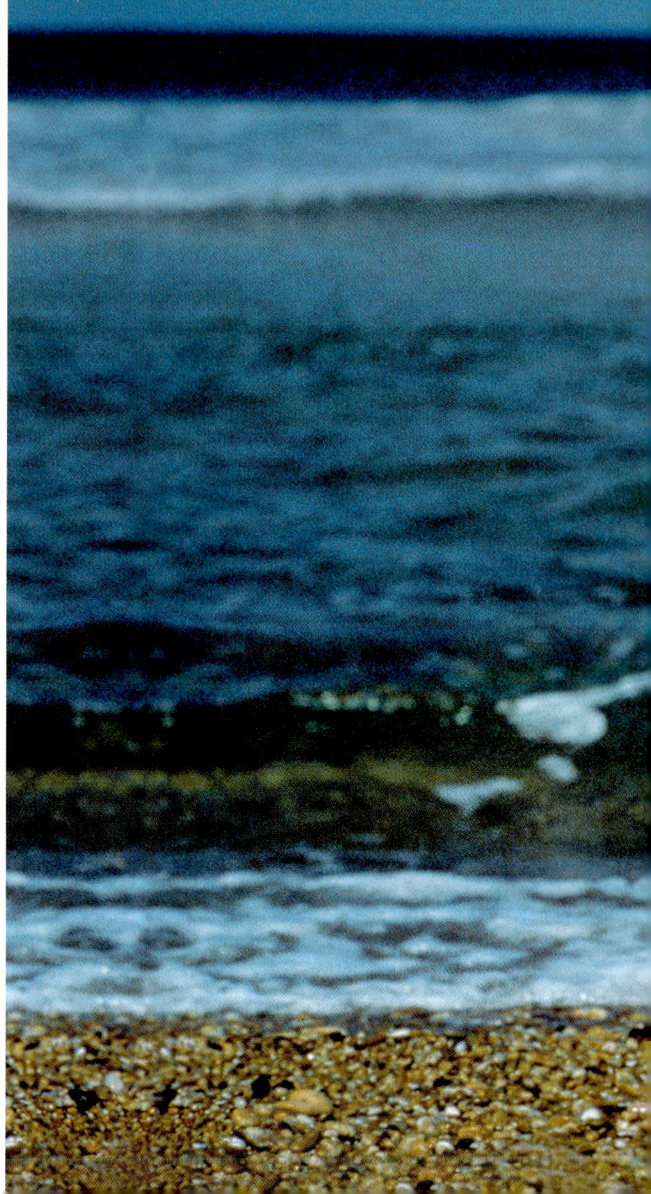

Un pequeño de escasamente un año de vida juega descalzo en la playa, con su cubo y su paleta.

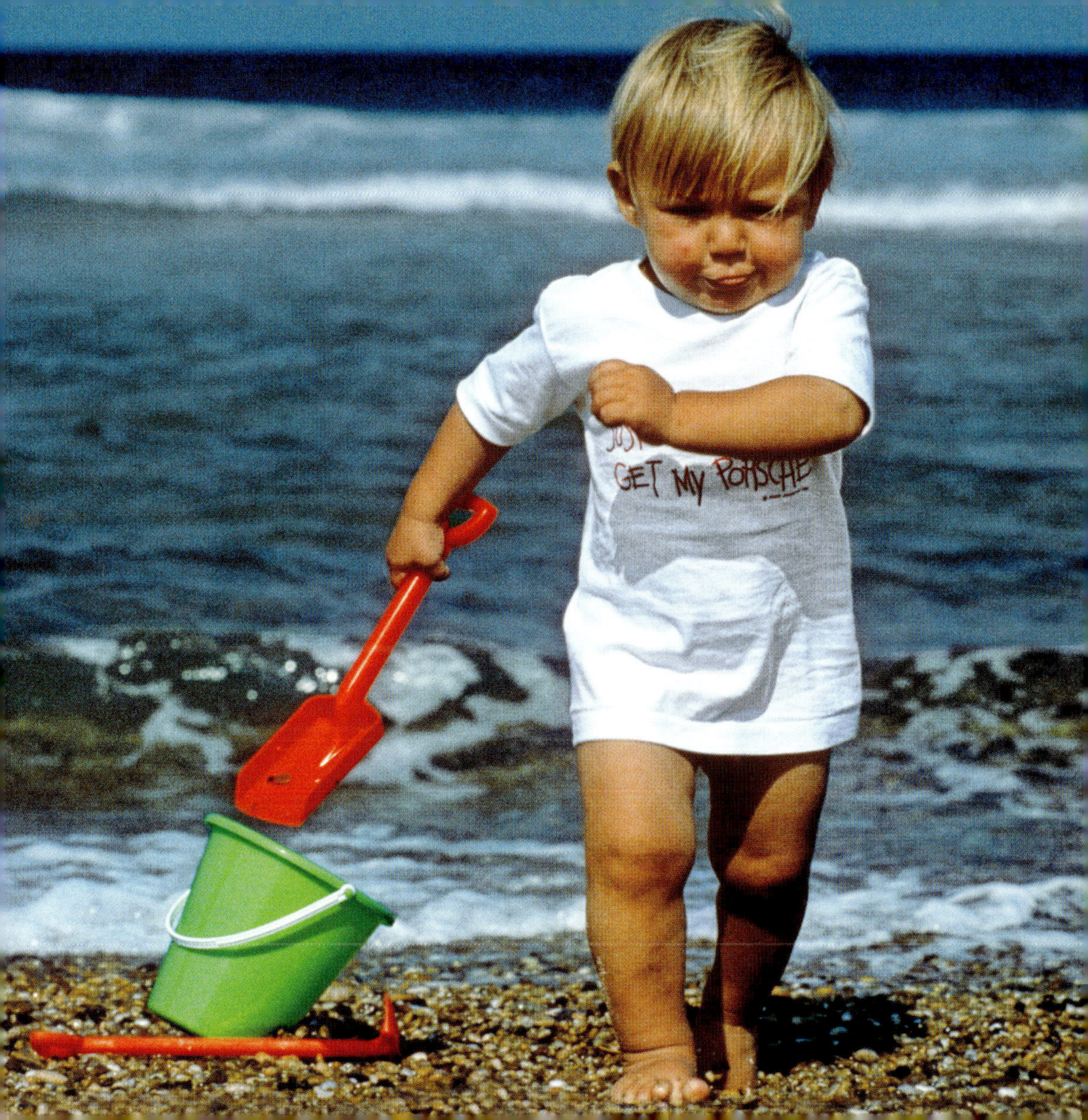
JUST
GET MY PORSCHE

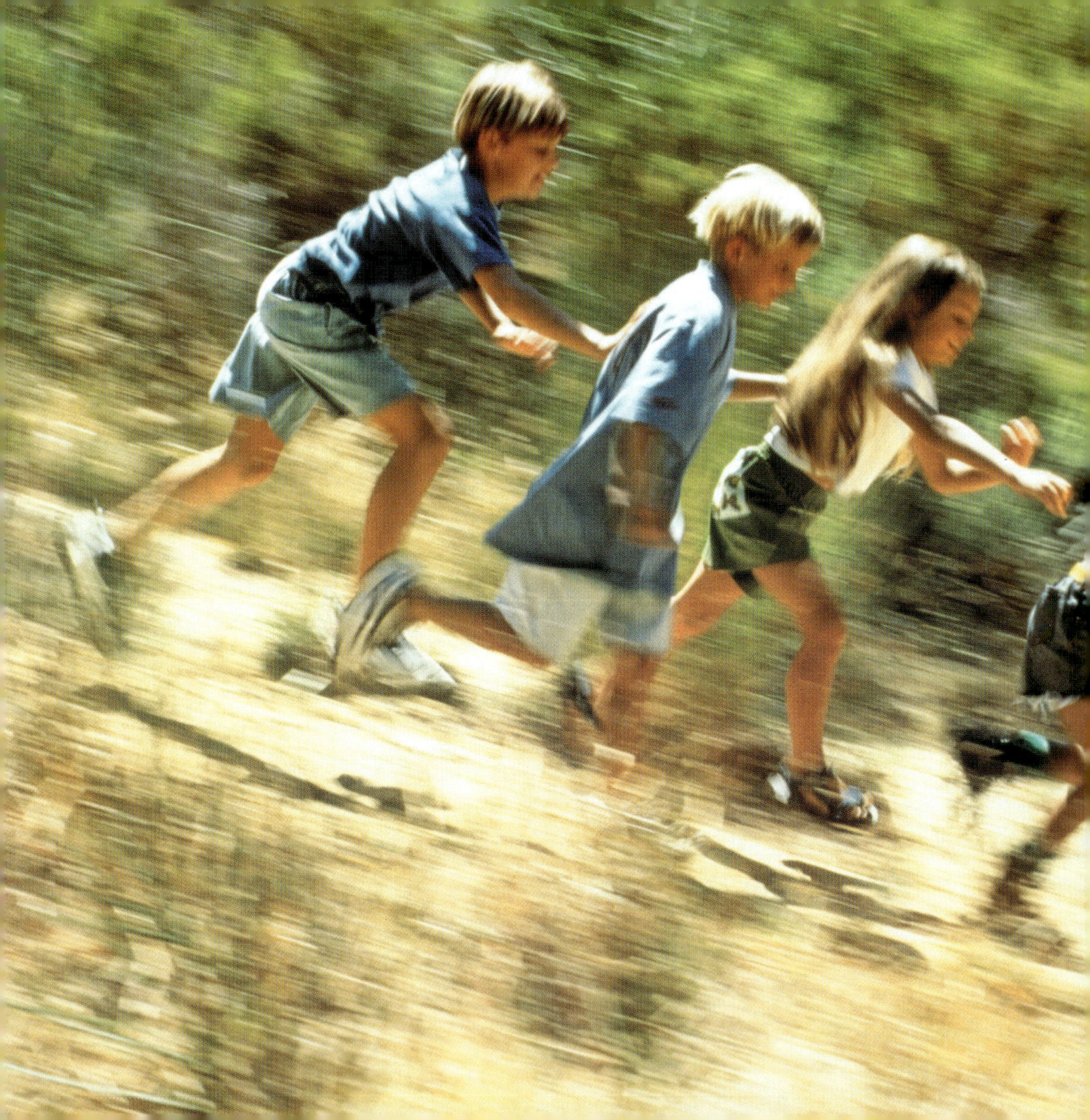

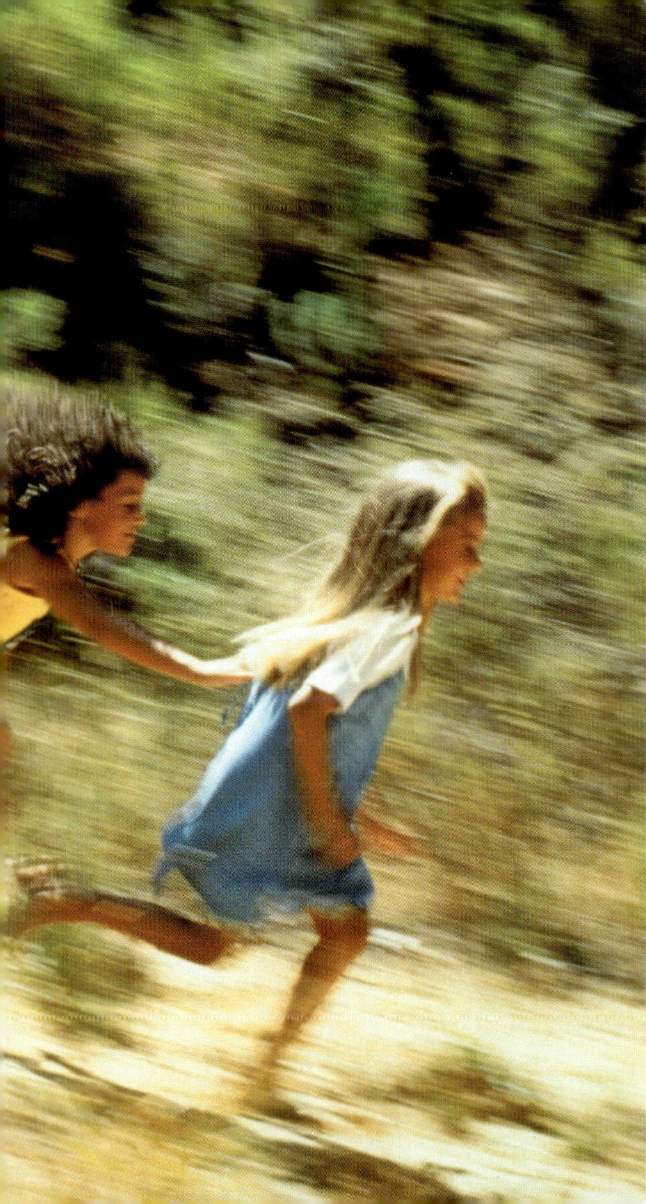

Cinco niñas corren en
fila india por una senda
del bosque.

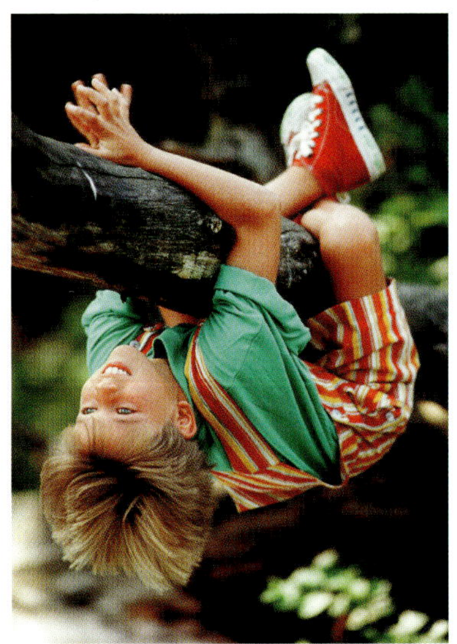

Estos niños se columpian en las ramas de los árboles y se cuelgan sin miedo de perder el contacto con el suelo.

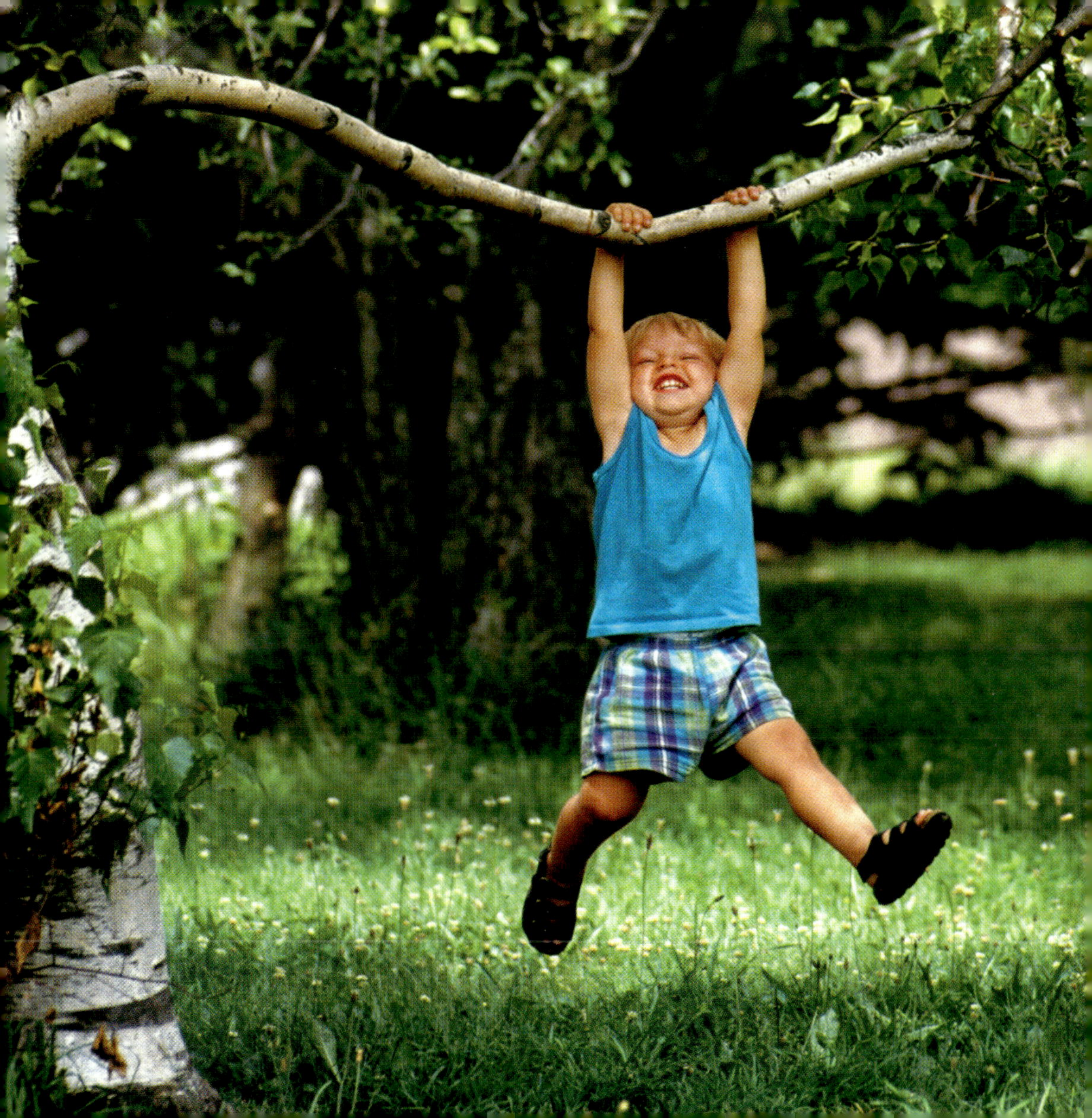

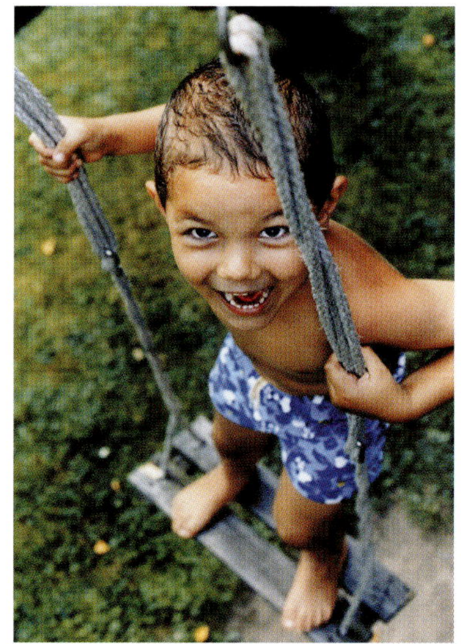

360 • Mantenerse de pie sobre un columpio es una demostración de valentía y habilidad.

361 • Una niña comprueba la resistencia de una cuerda y se columpia mientras sonríe.

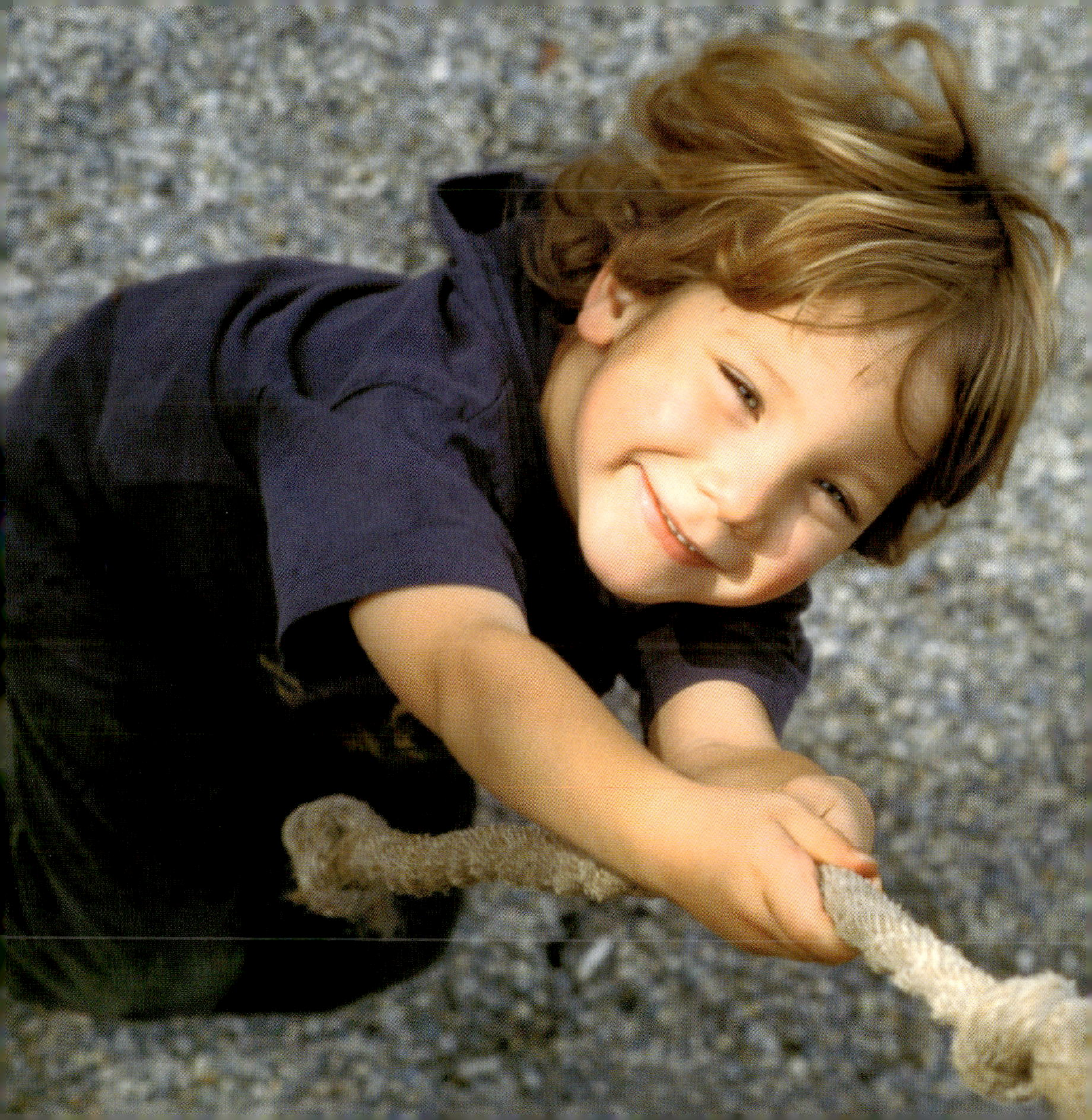

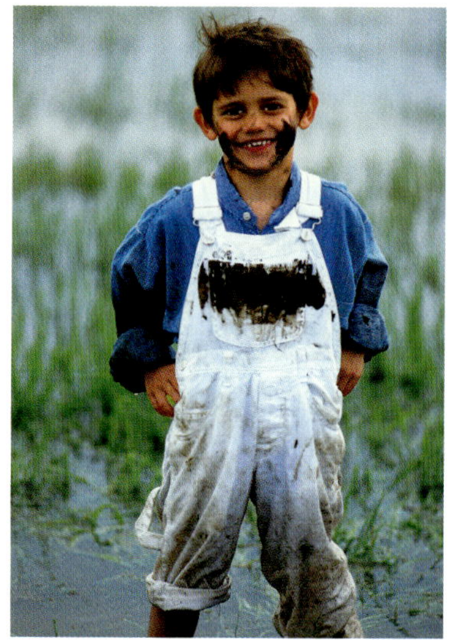

362 • Después de intensos momentos dedicados al juego, nada queda como antes.

363 • Una niña no ha resistido la tentación de poner sus manos en el frasco de la crema solar.

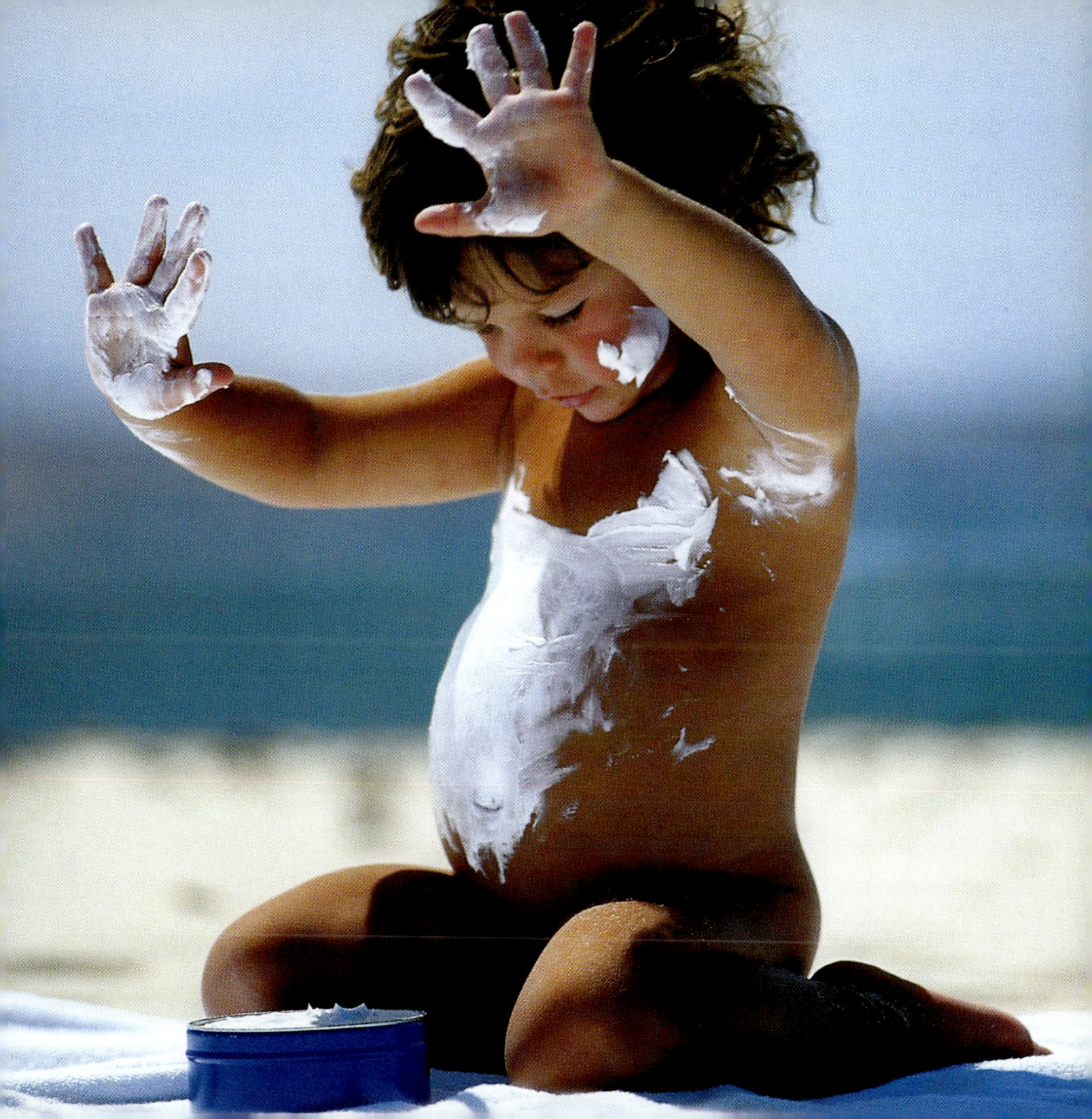

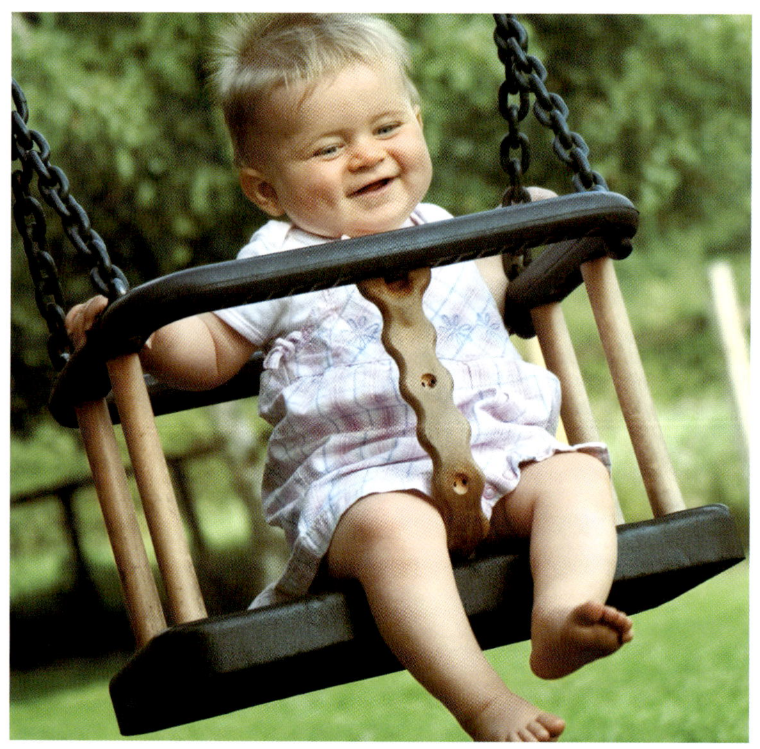

El columpio también es un juego adecuado para los más pequeños, tal como muestran estas niñas, que se balancean protegidas y seguras.

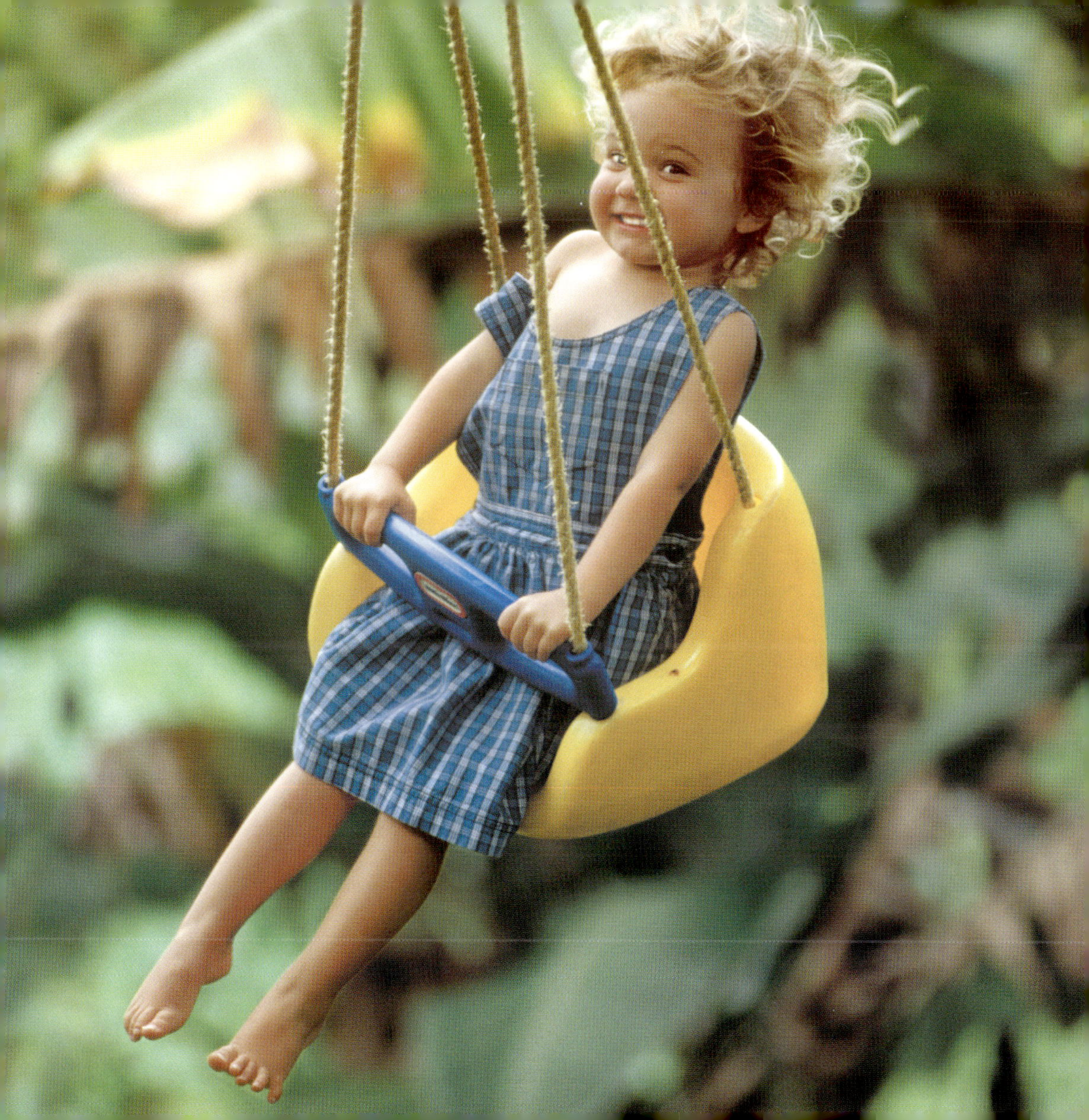

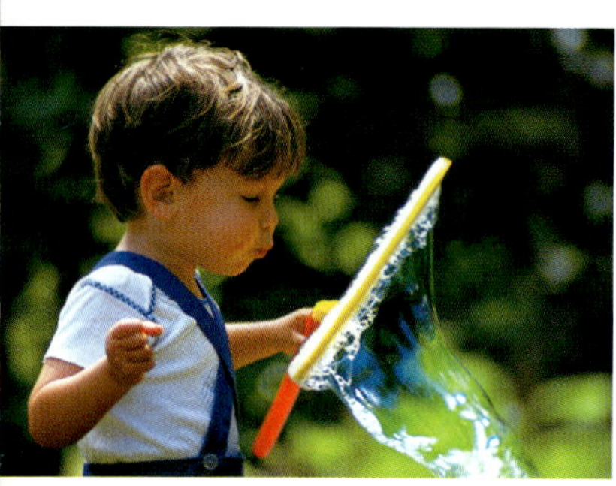

366 ● Un niño sopla intentando
conseguir una gran burbuja
de jabón.

366-367 ● Esta niña a aprendido
a hacer muchas burbujas a la vez
que brillan bajo la luz del sol.

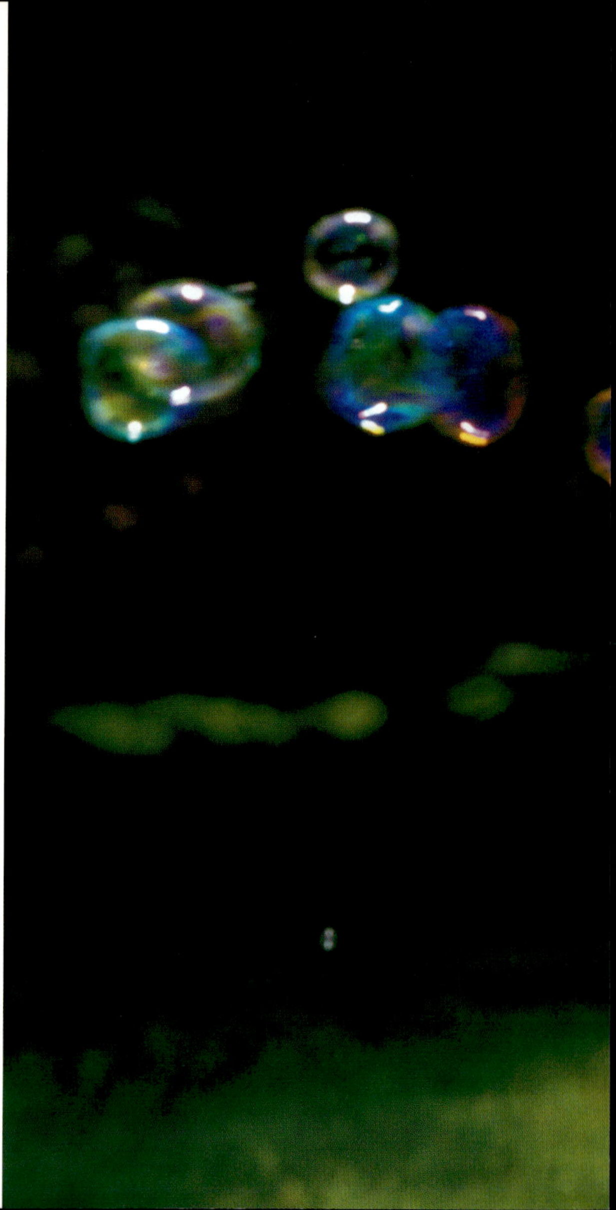

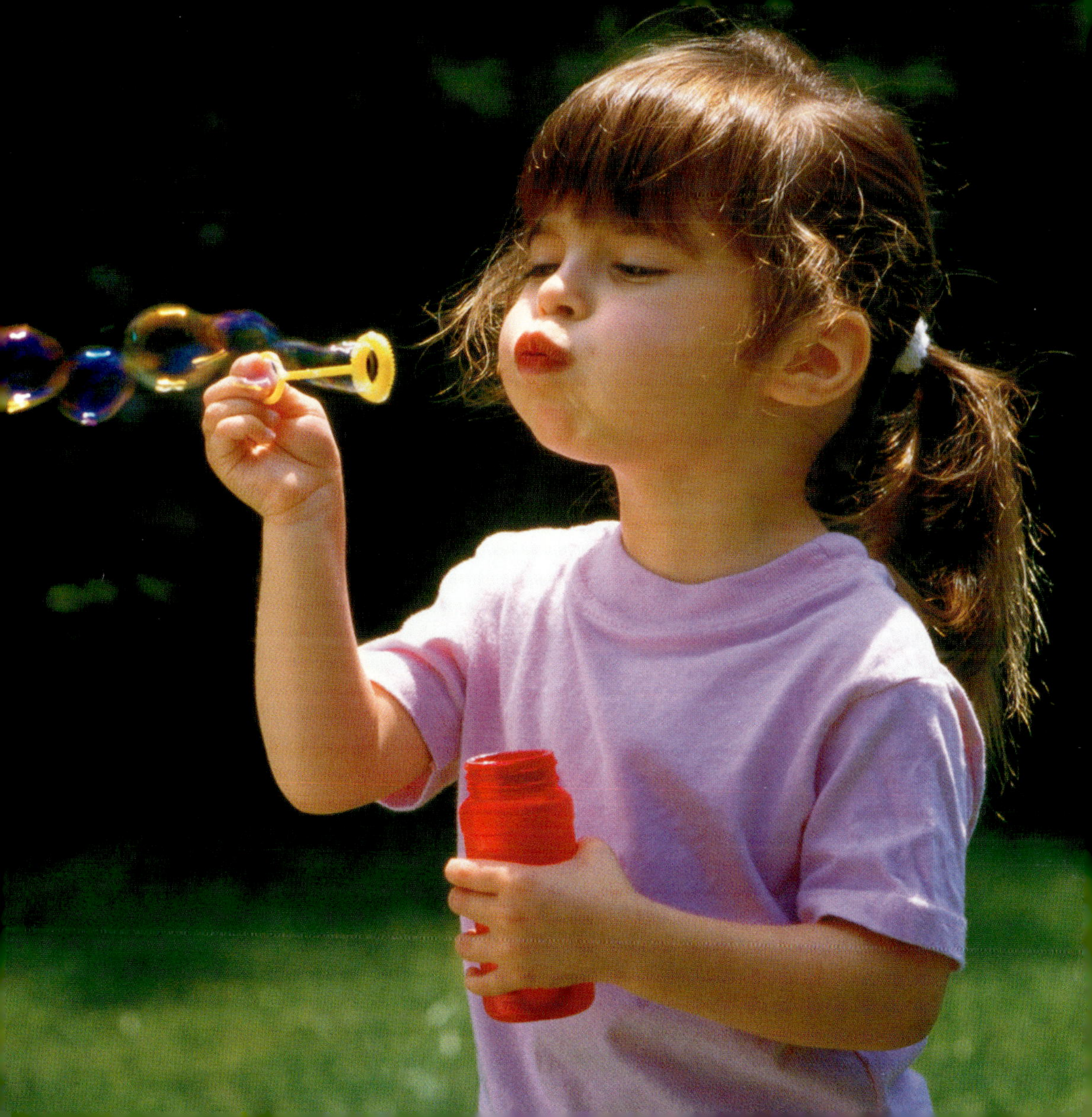

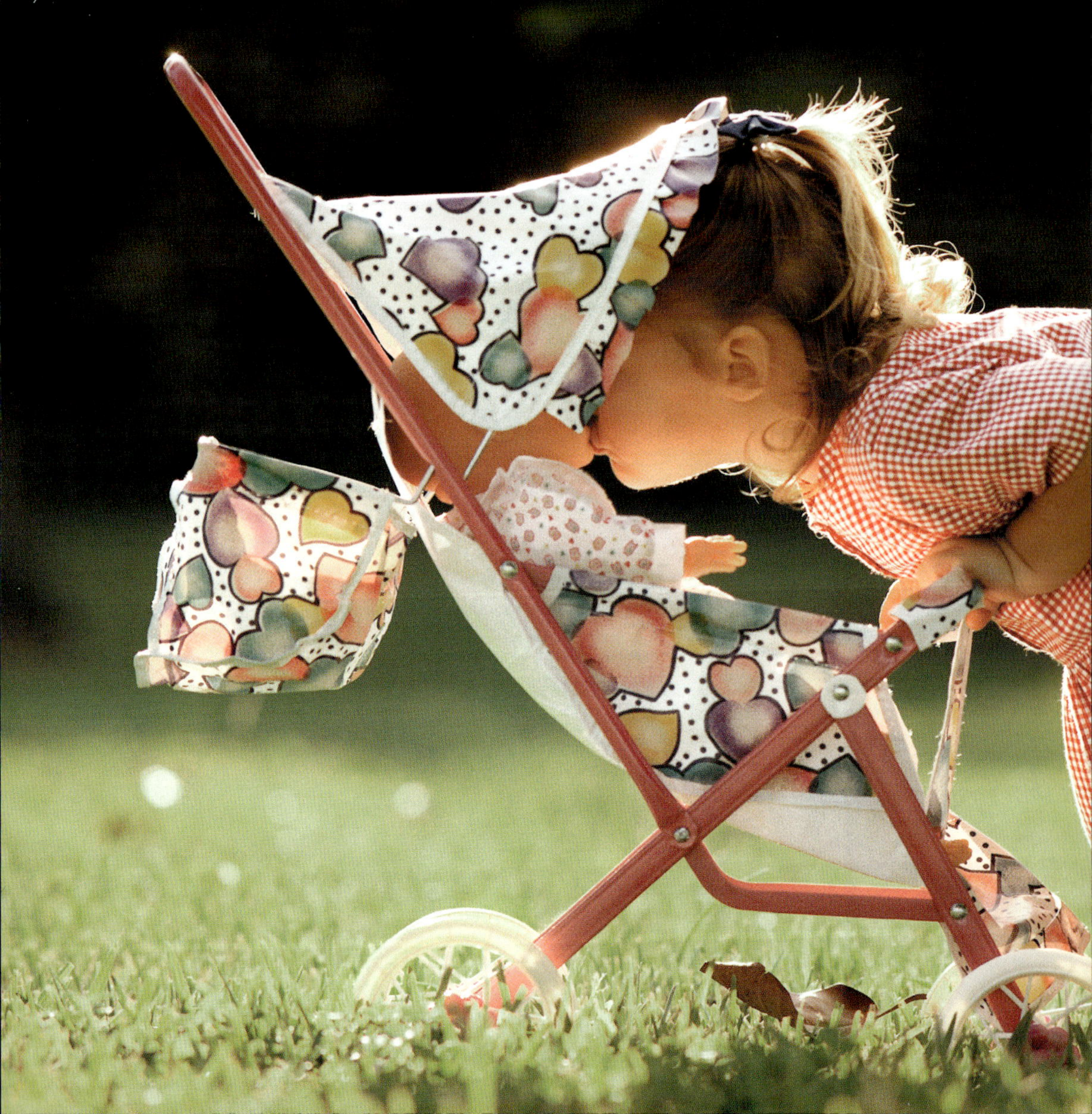

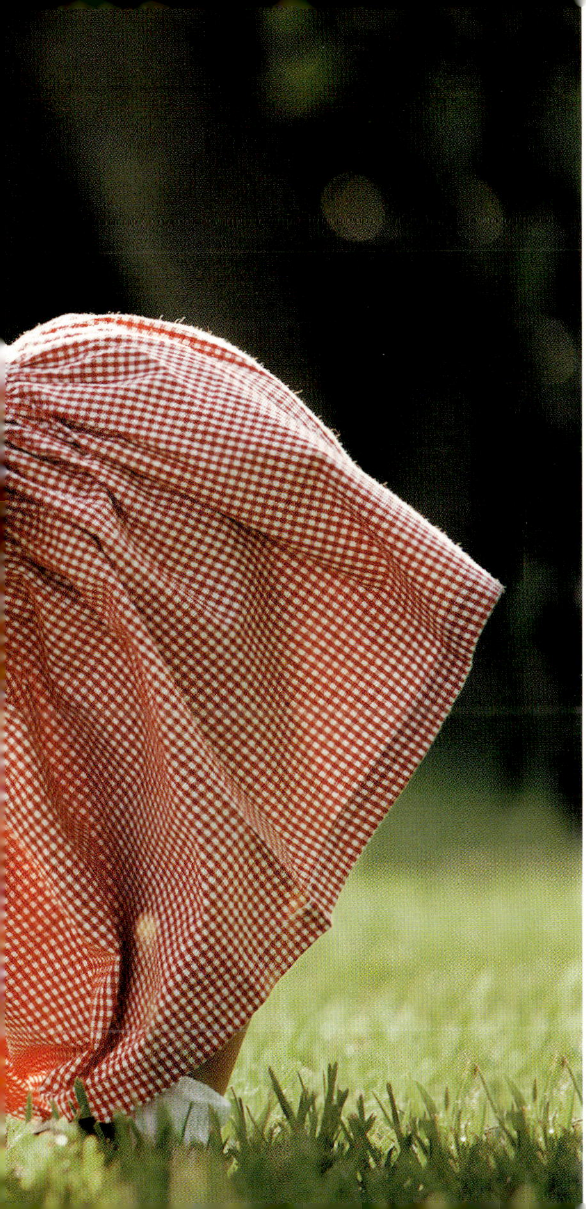

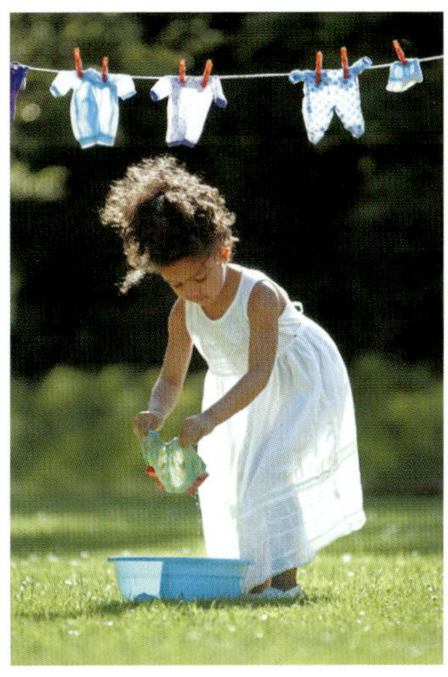

368-369 • Esta niña muestra un gran
sentimiento materno besando a su
muñeca durante un paseo por el jardín.

369 • Una pequeña «ama de casa»
tiende con esmero los vestiditos
de su muñeca.

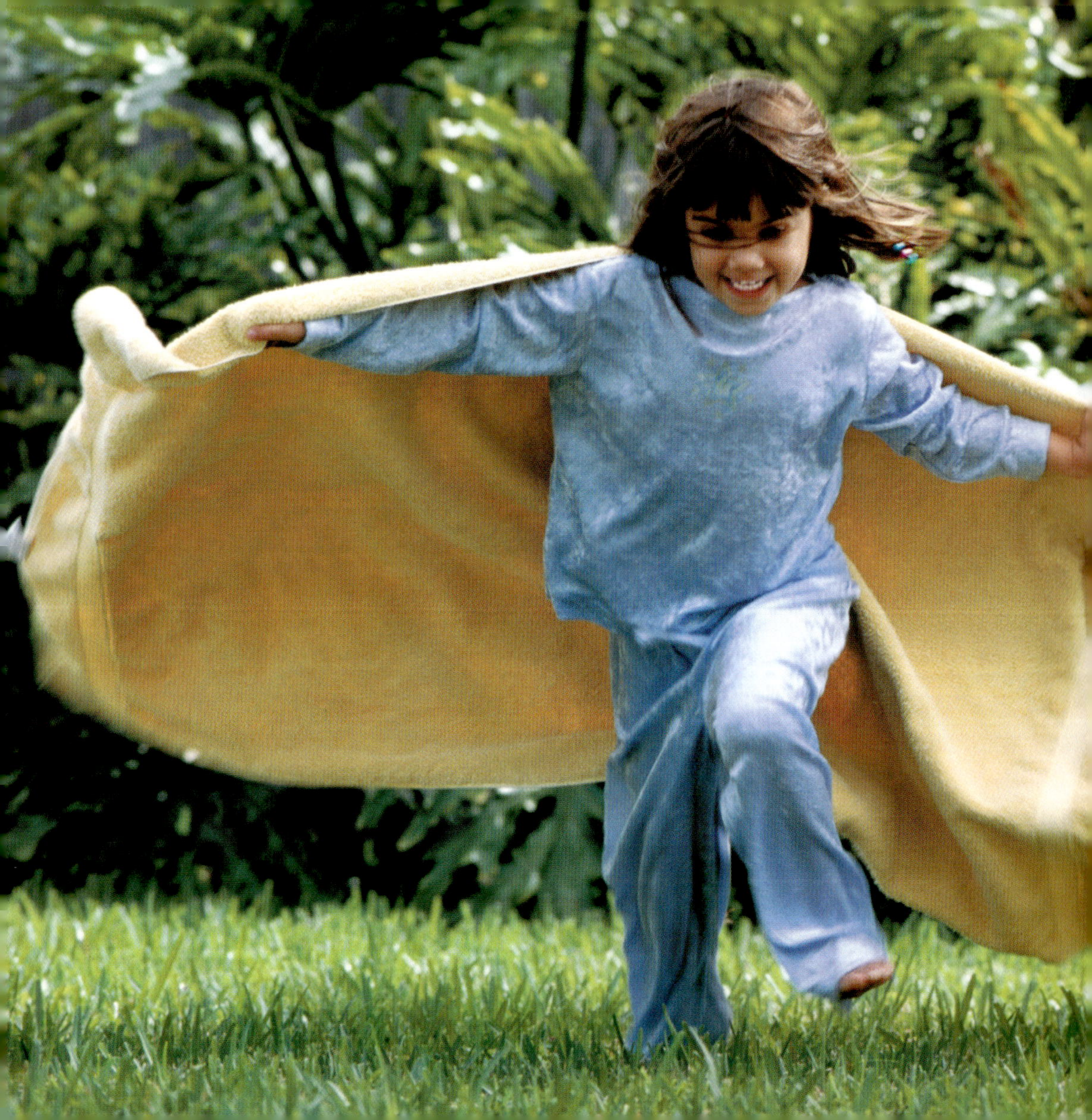

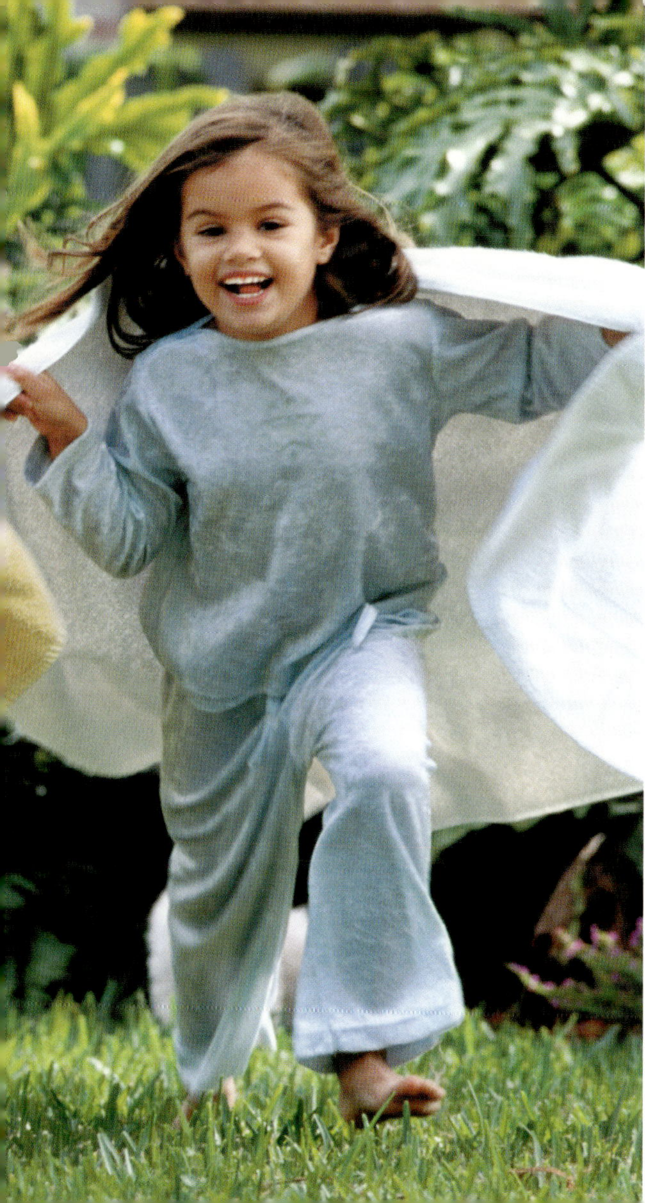

Dos niñas han cogido
sus toallas y, después
de colocárselas sobre
sus hombros, corren
descalzas sobre
la hierba.

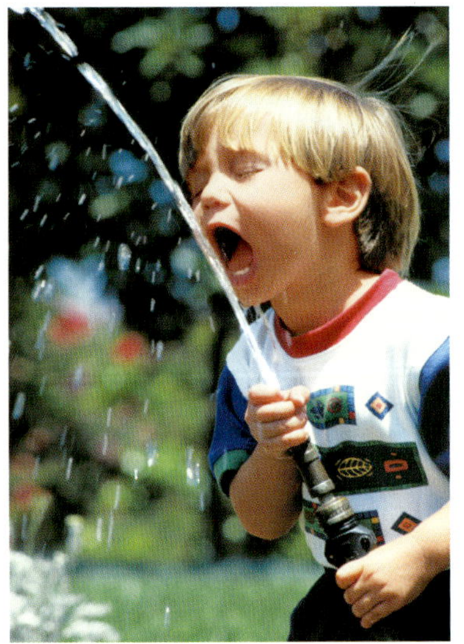

372 • Un chorro de agua no es siempre la mejor fuente para intentar apagar la sed.

373 • Un bebé se tira agua por encima mientras juega con una regadora azul, intentando entender su funcionamiento.

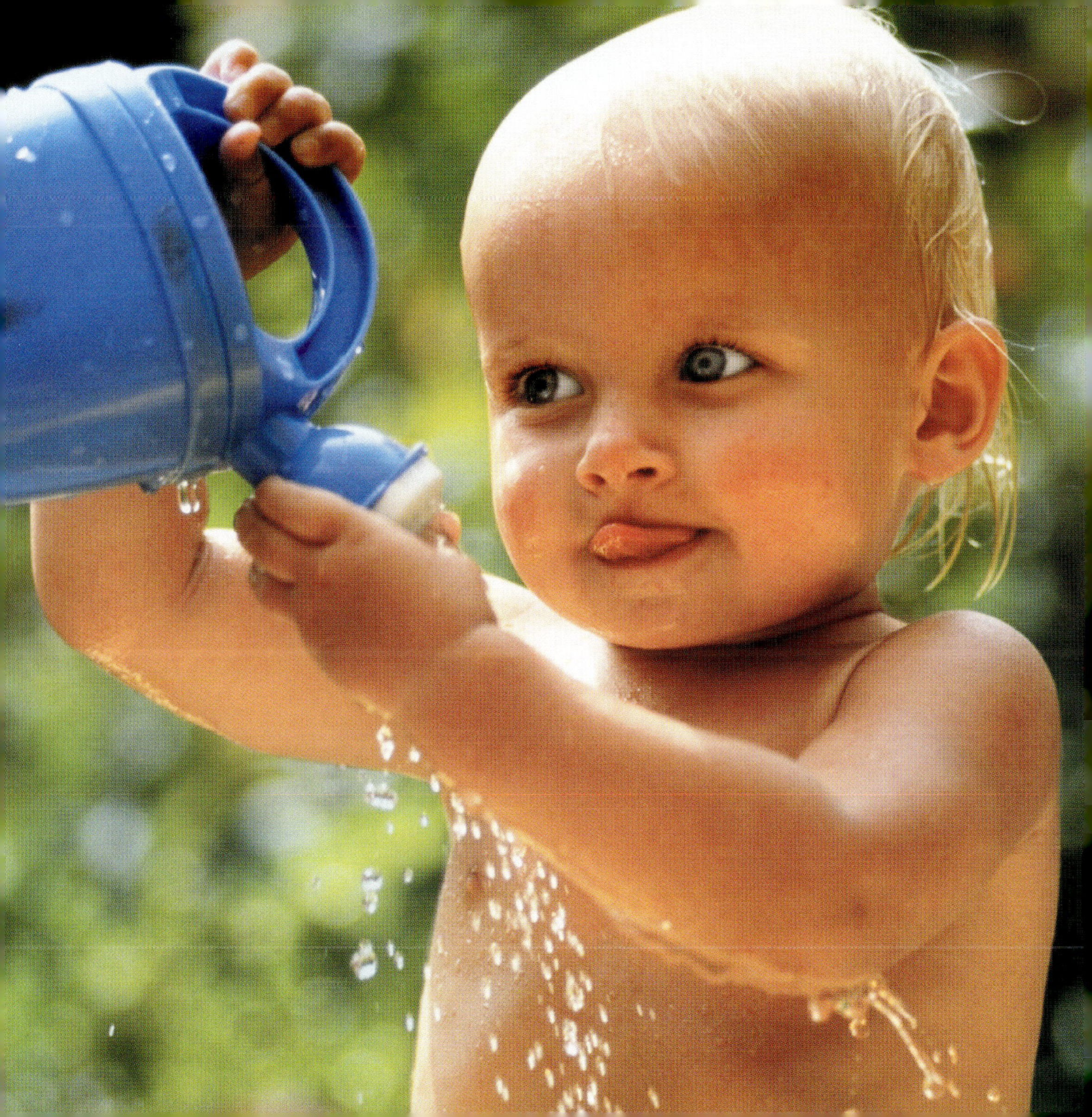

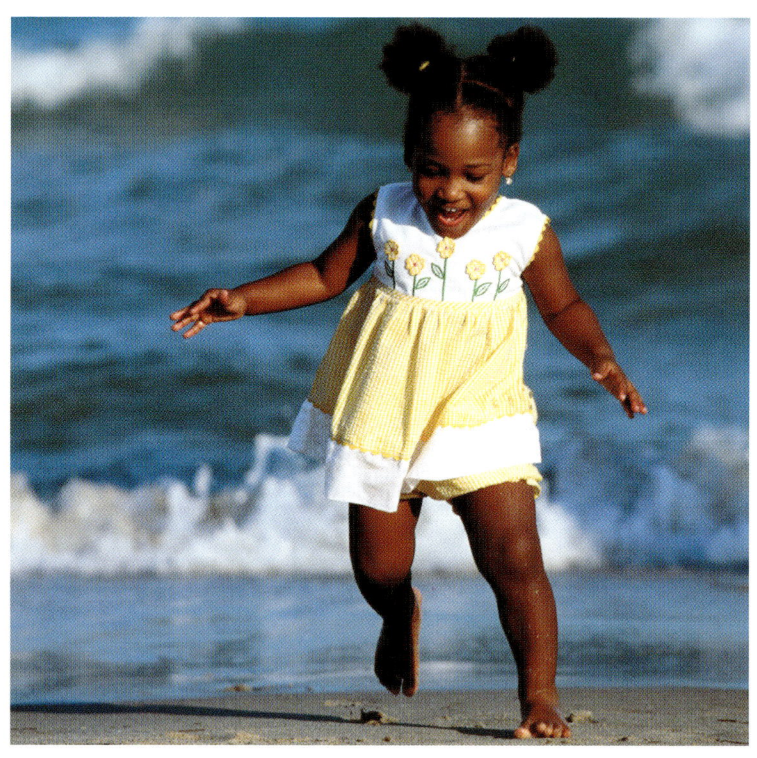

Estos niños desafían desde la playa el poder de las olas del mar, escapando rápidamente o quedando sumergidos entre la espuma creada por las olas.

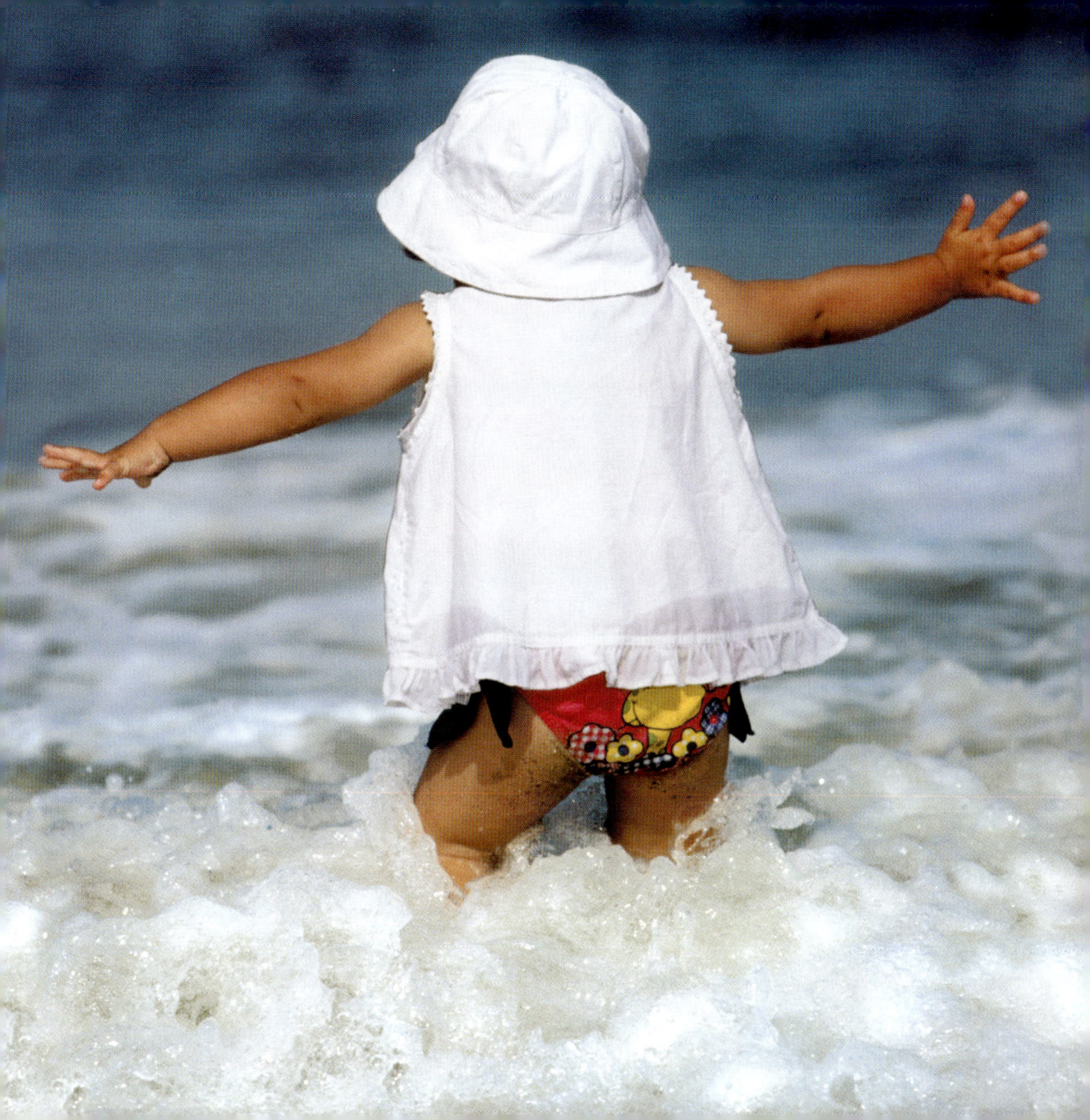

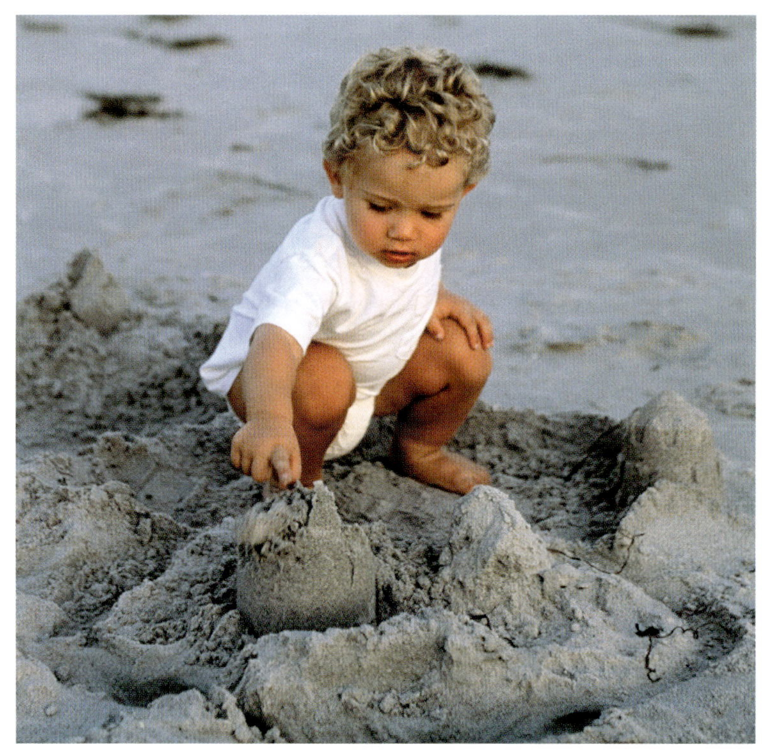

376 • Construir un castillo es un asunto que requiere mucha concentración.

377 • Un niño cubierto con un sombrerito rojo excava un agujero en la arena blanda.

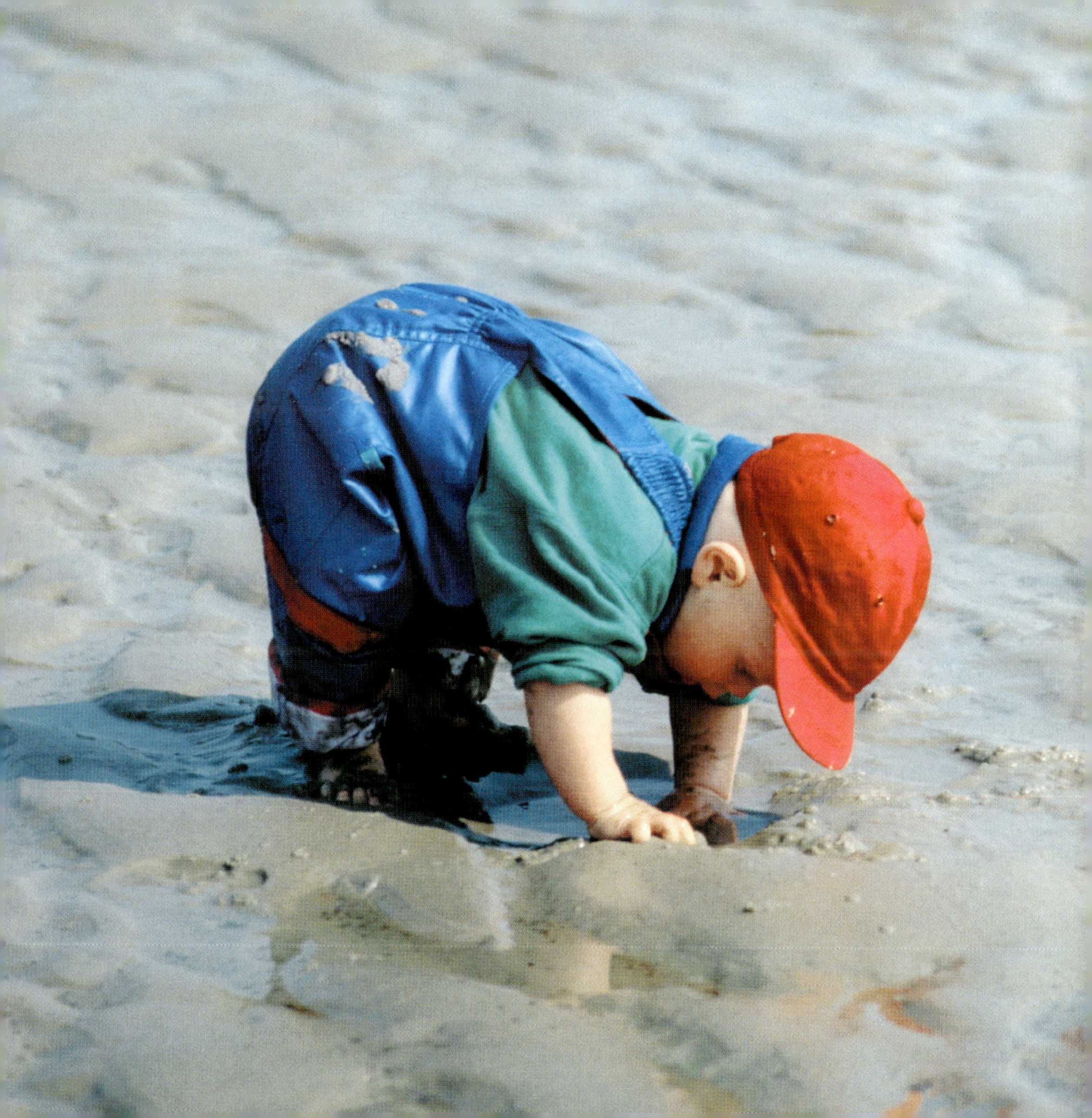

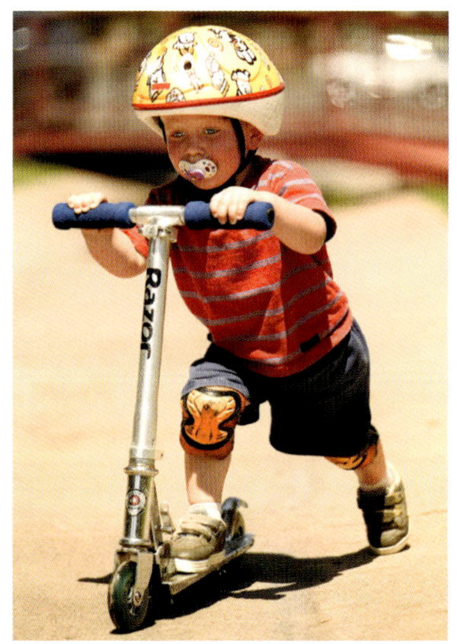

378 • Reconfortado con el chupete en la boca, un niño se lanza a toda velocidad
con su monopatín.

379 • Los patines en línea son un medio veloz y divertido para moverse por las zonas
asfaltadas de los parques.

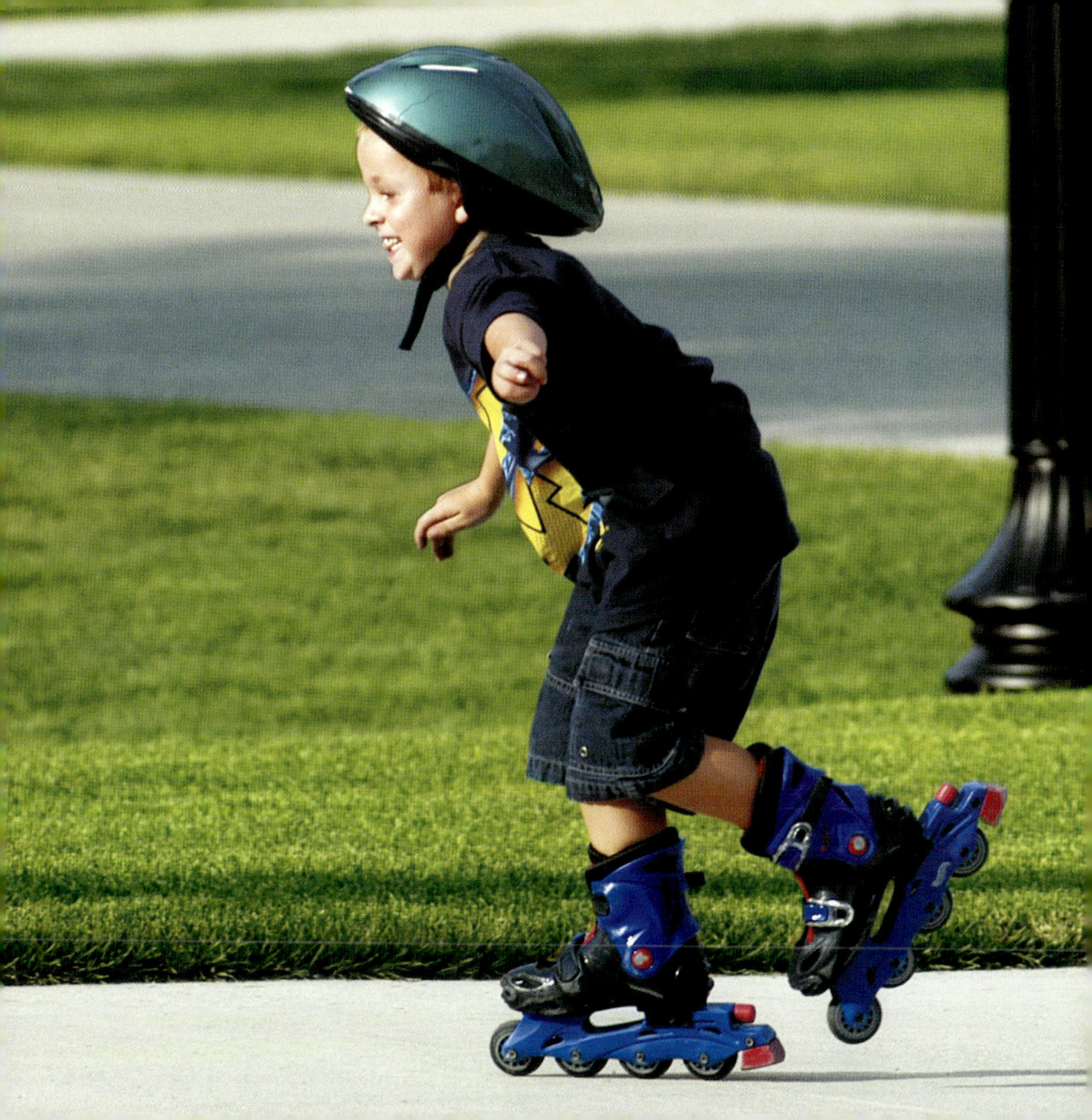

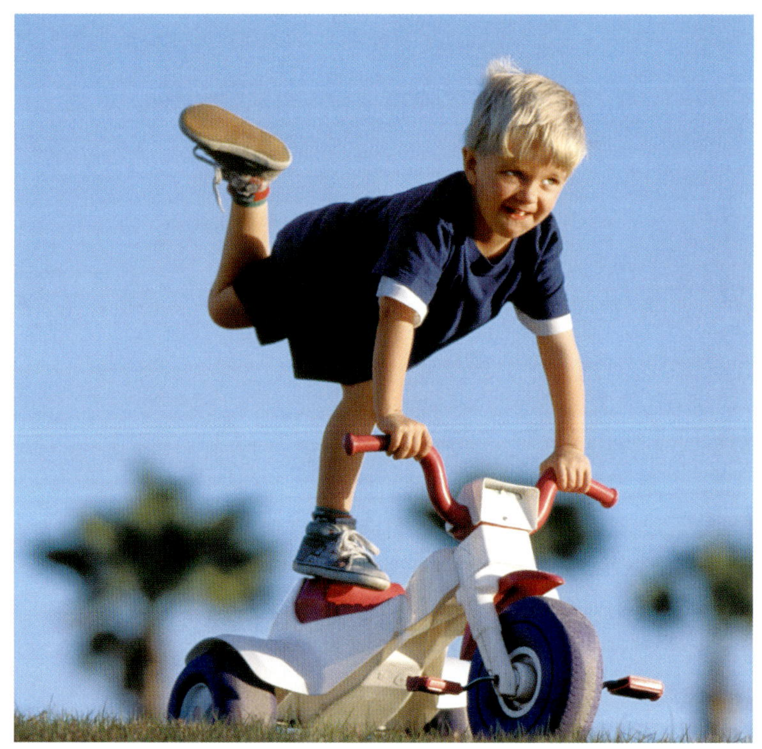

Da igual si la moto tiene tres ruedas o si la bicicleta tiene apoyos: para estos niños lo importante es poder exhibirse realizando sus acrobacias.

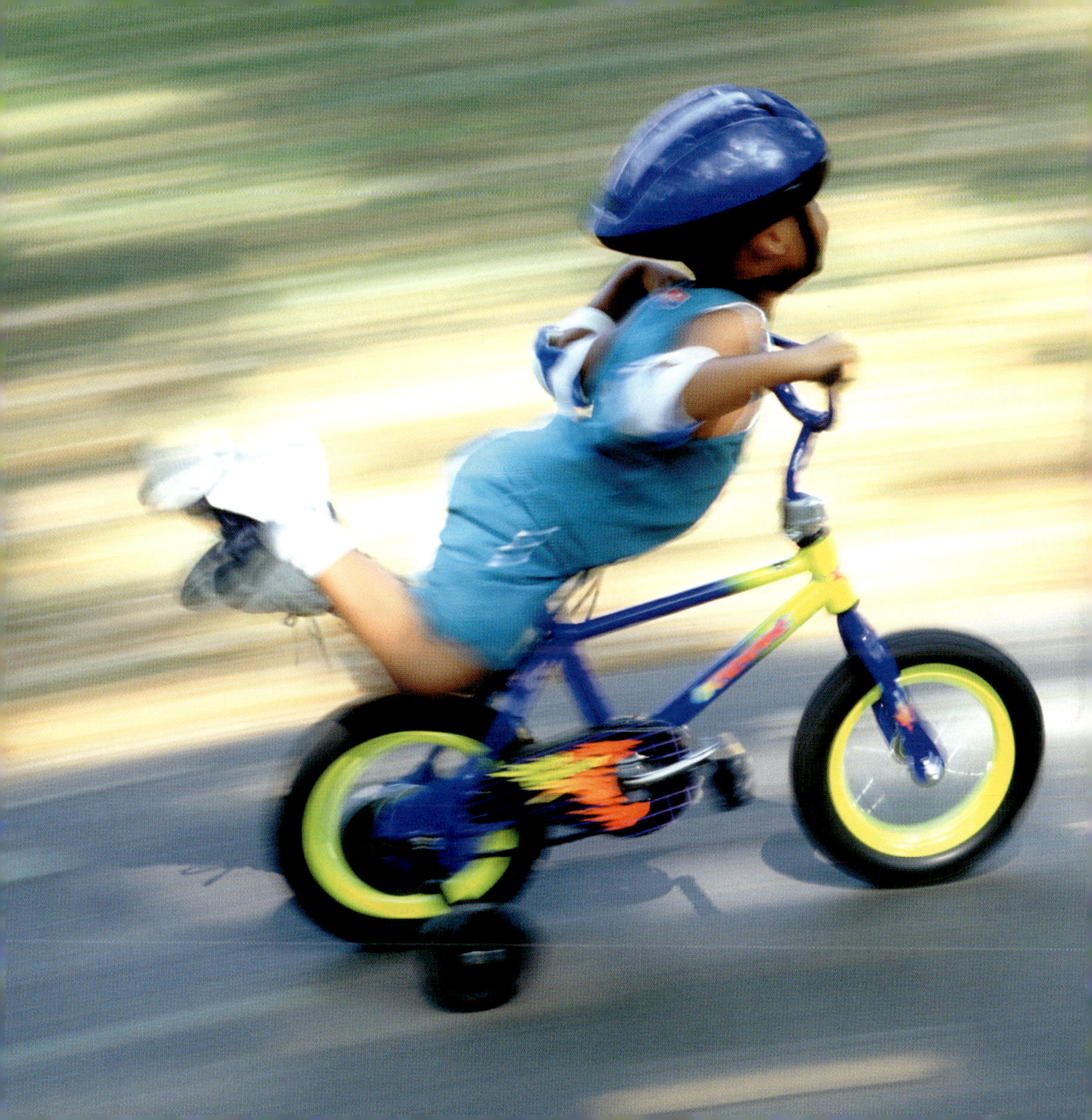

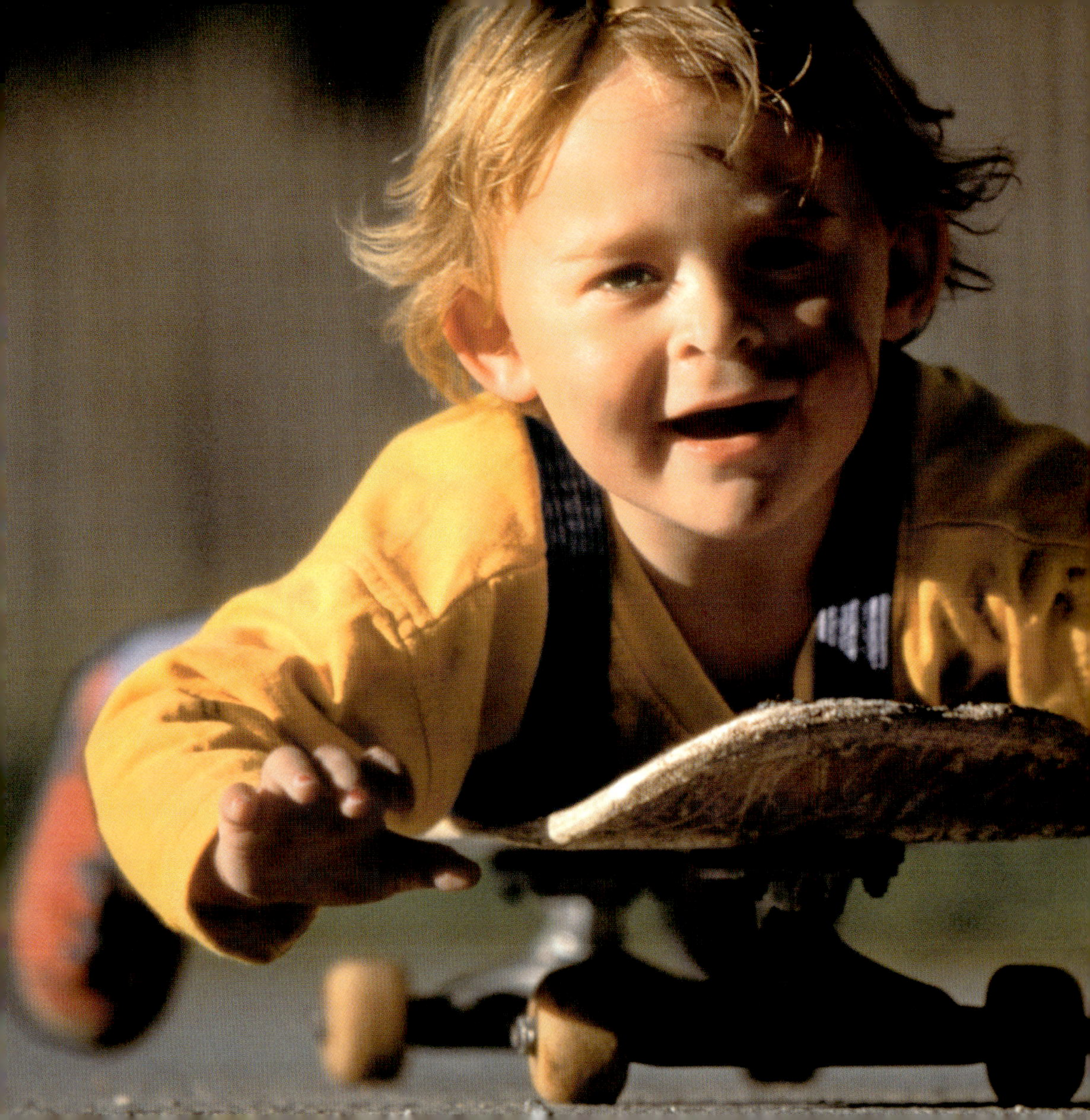

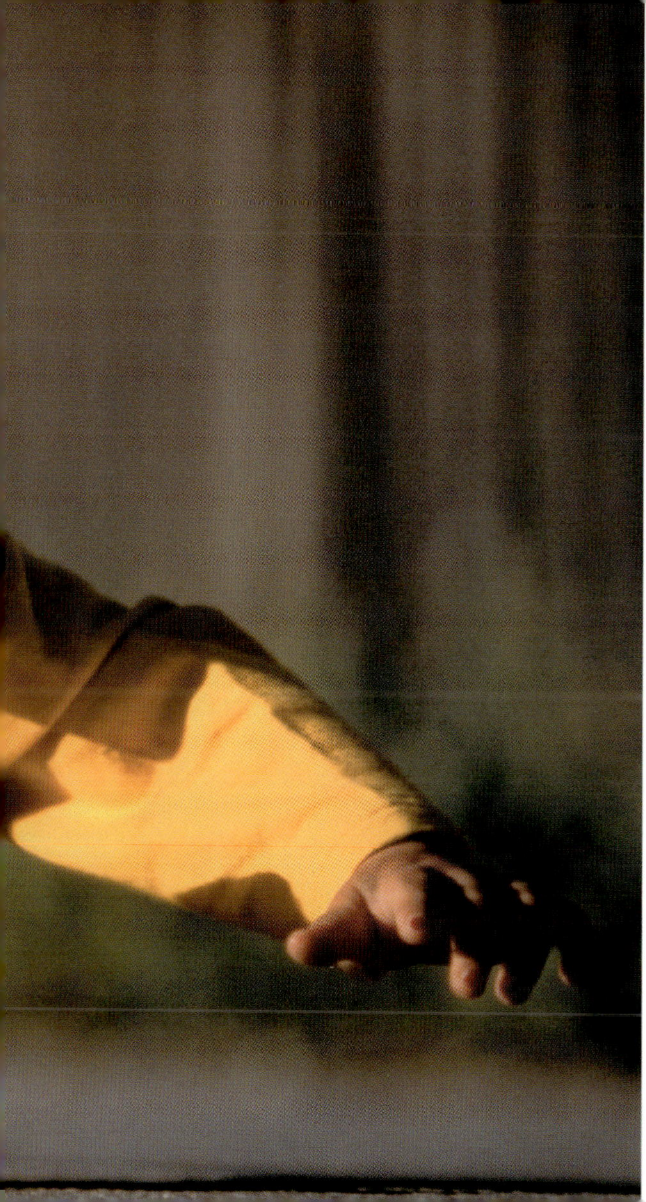

Este niño se divierte jugando echado sobre su *skateboard*, mientras espera aprender a manejarlo de pie.

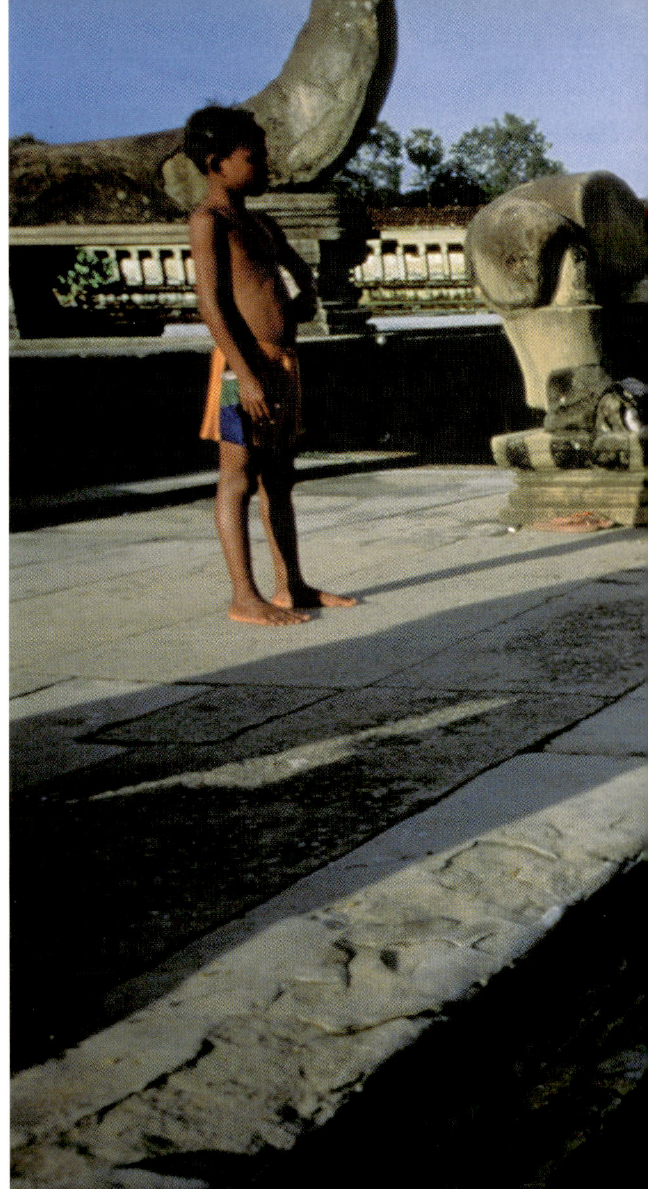

Un grupo de niños
juega a tirarse al agua
cerca de los templos
de Angkor Wat,
en Camboya.

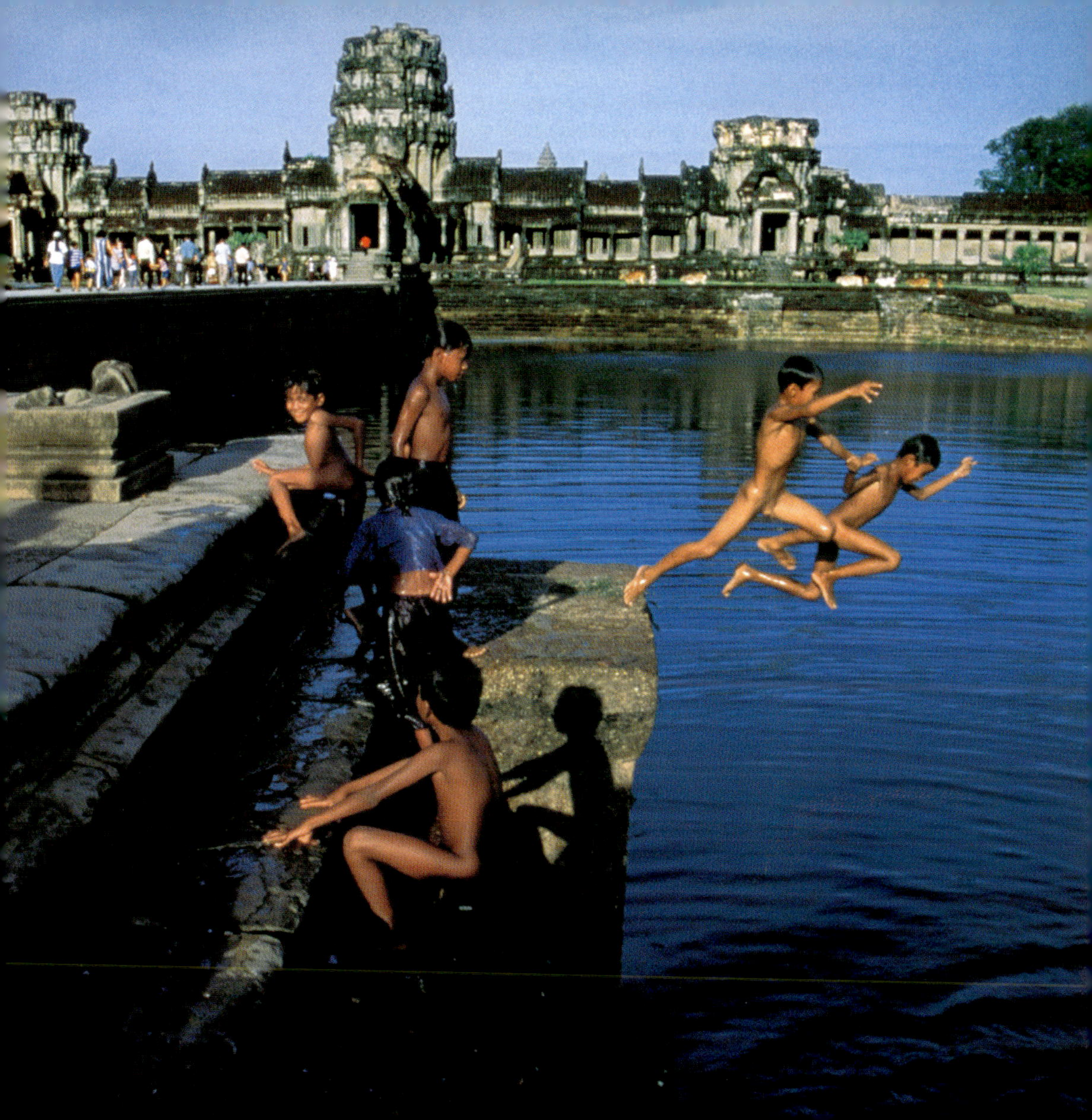

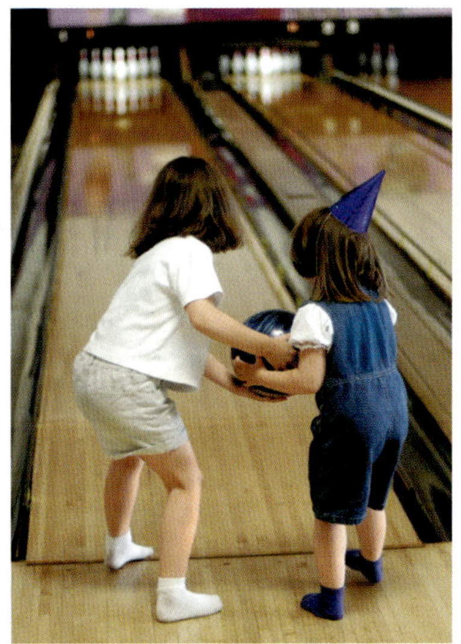

386 • Dos niñas intentan lanzar la bola por la pista de juego de la bolera.

387 • Una niña lanza la bola con todo su esfuerzo hacia los bolos.

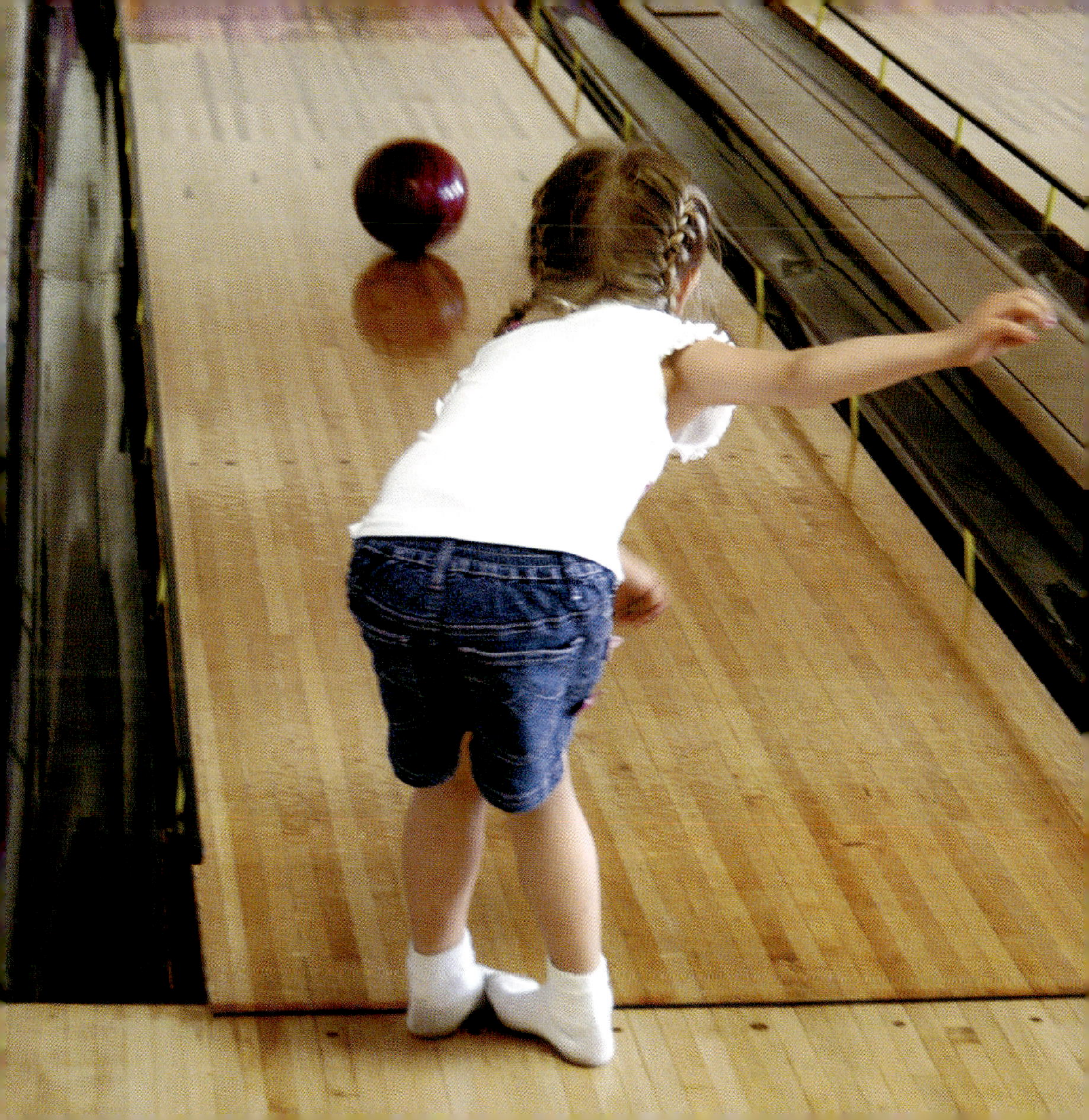

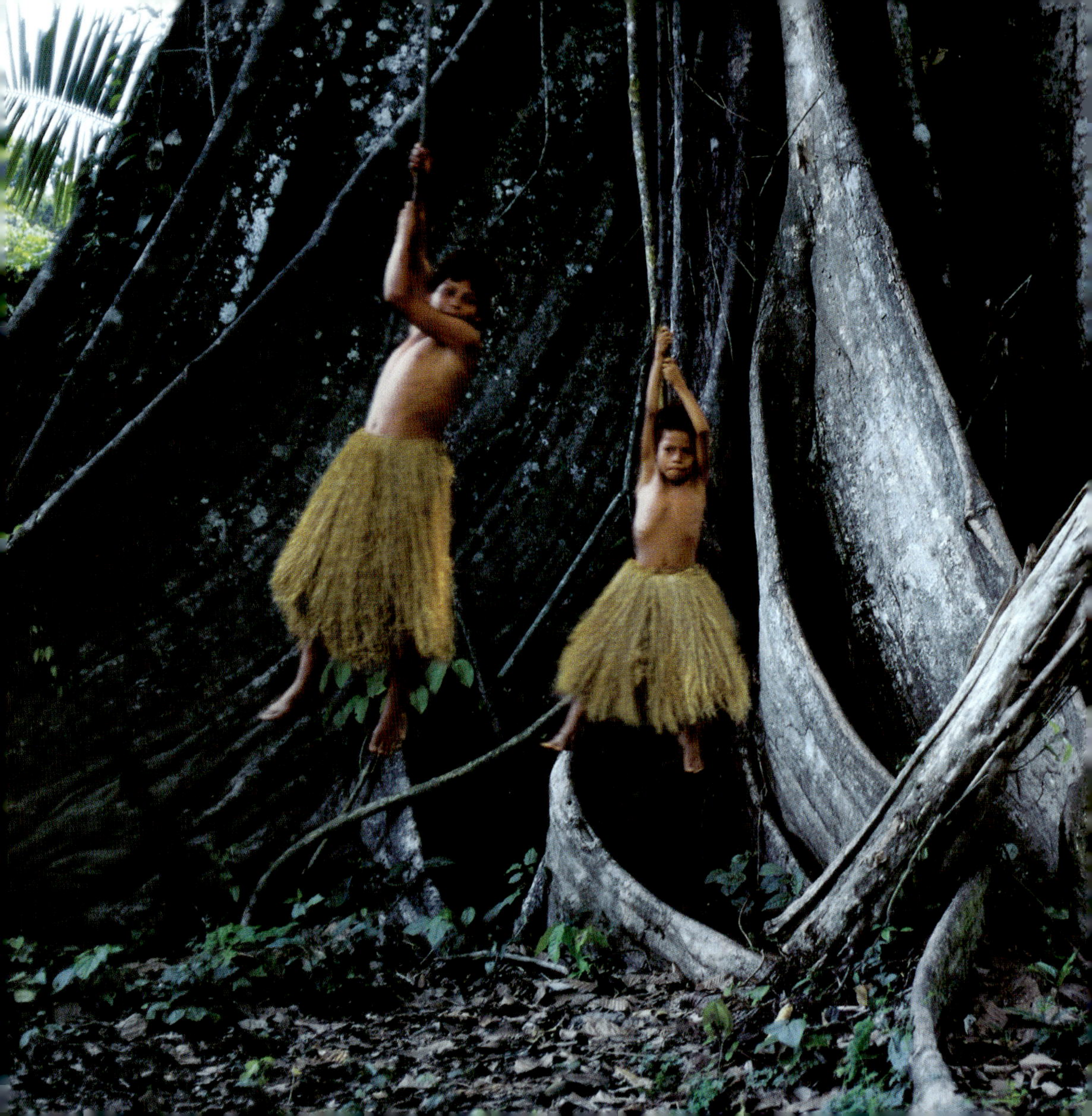

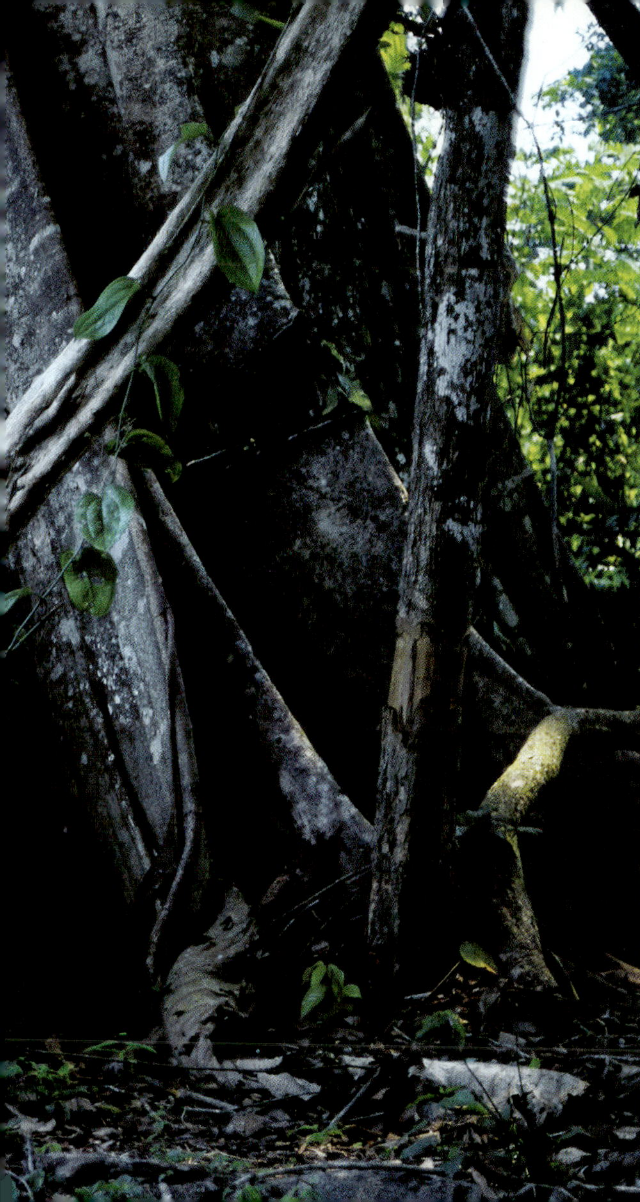

Para estos niños peruanos trepar por los árboles en el bosque es una actividad diaria que realizan con gracia y agilidad.

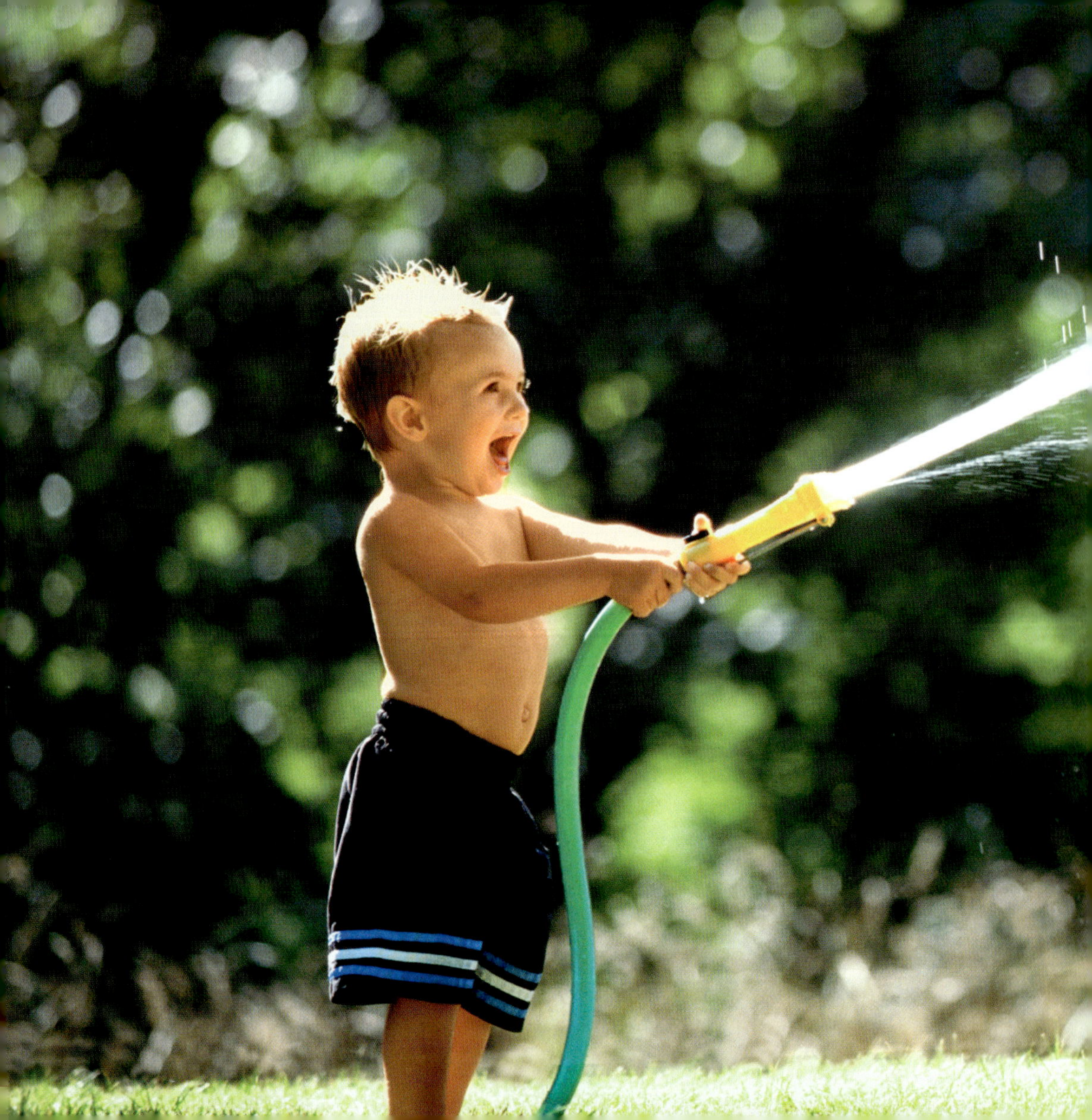

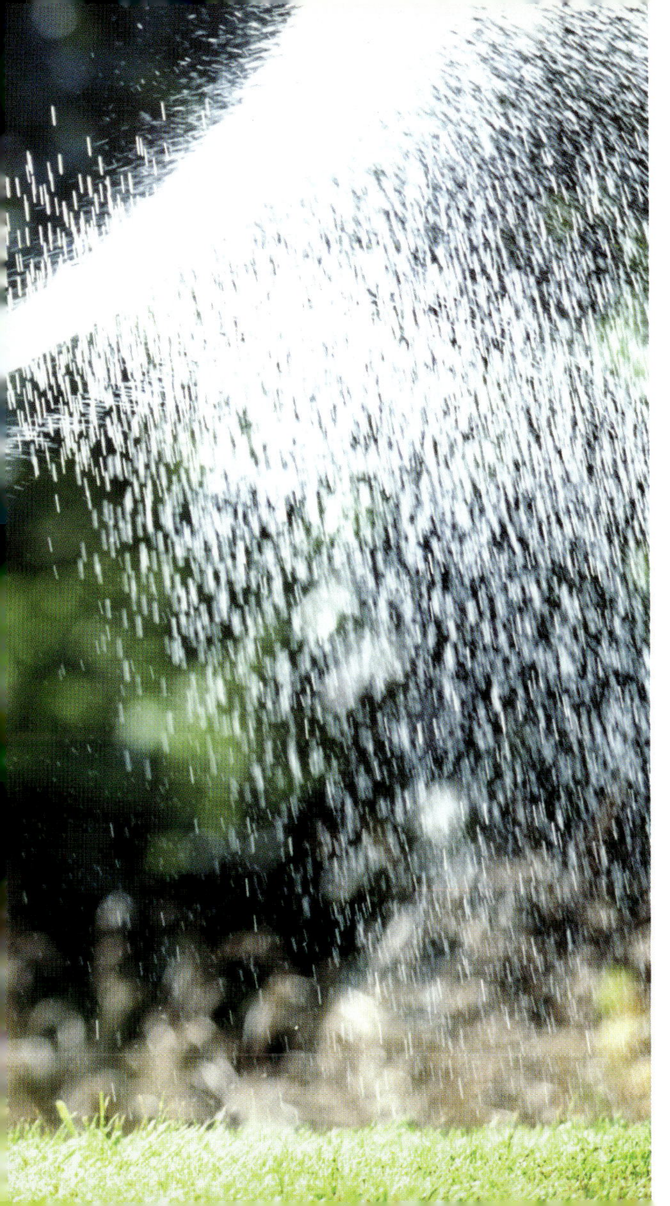

Un niño juega en el jardín con la manguera de agua durante un cálido día de verano.

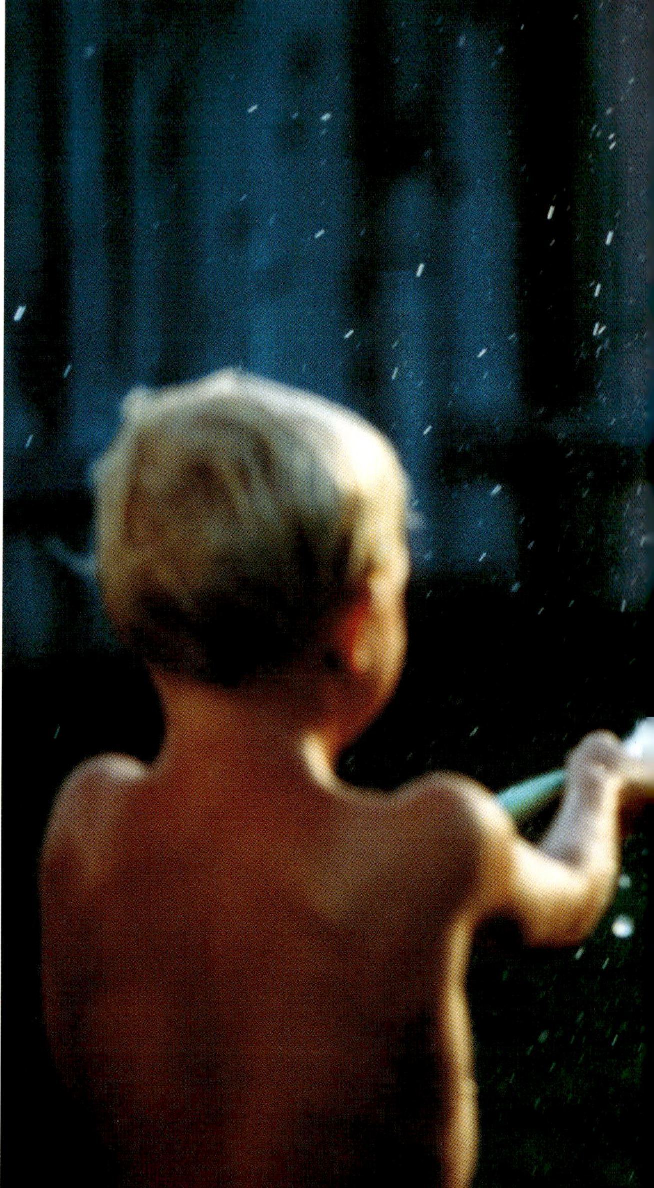

El verano es una estación perfecta para sacarse la ropa y jugar con el agua con absoluta libertad.

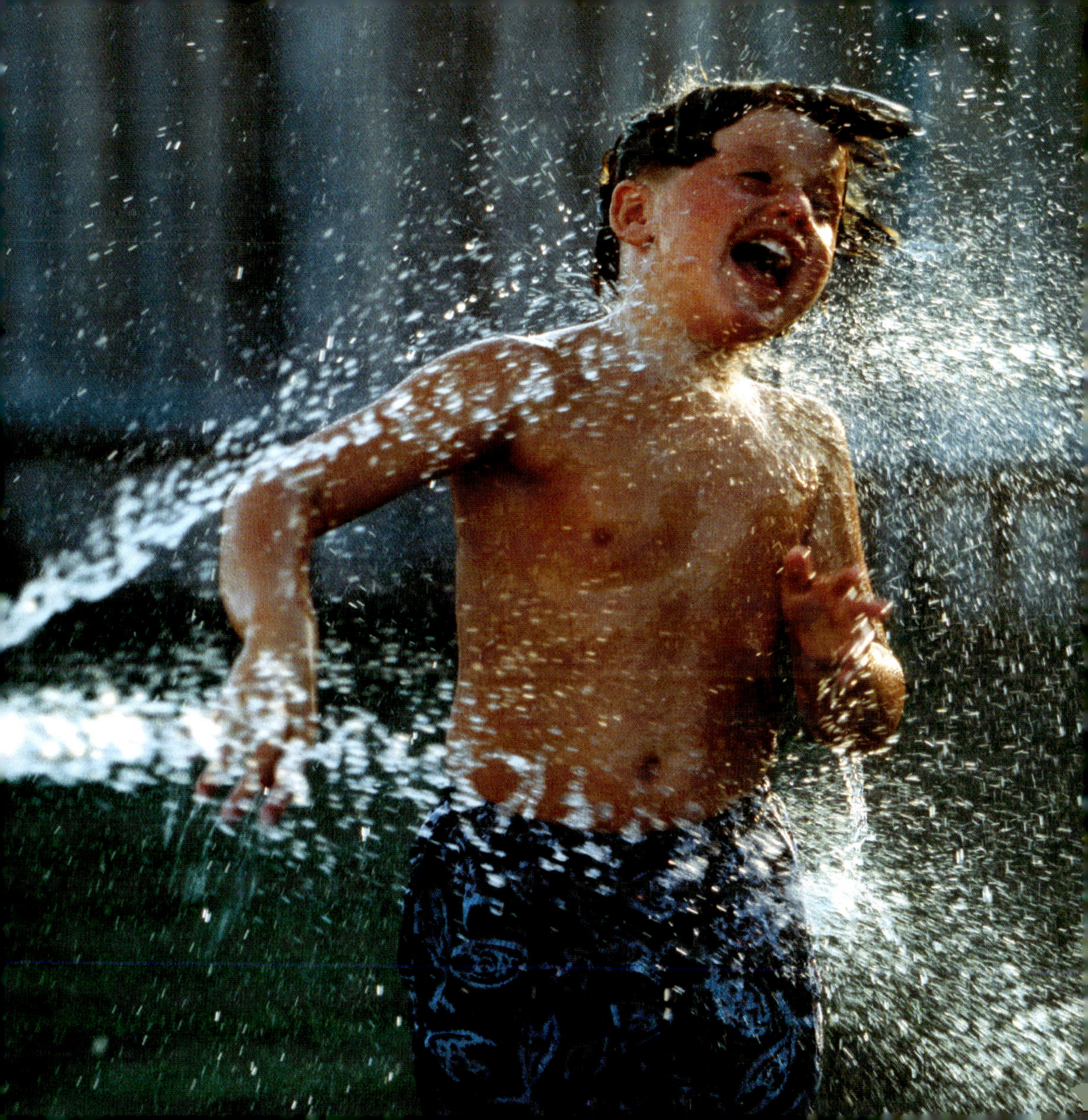

MUÑECAS Y RABIETAS

Las lágrimas y el gesto desolado son la expresión de estar pasando un momento de insatisfacción.

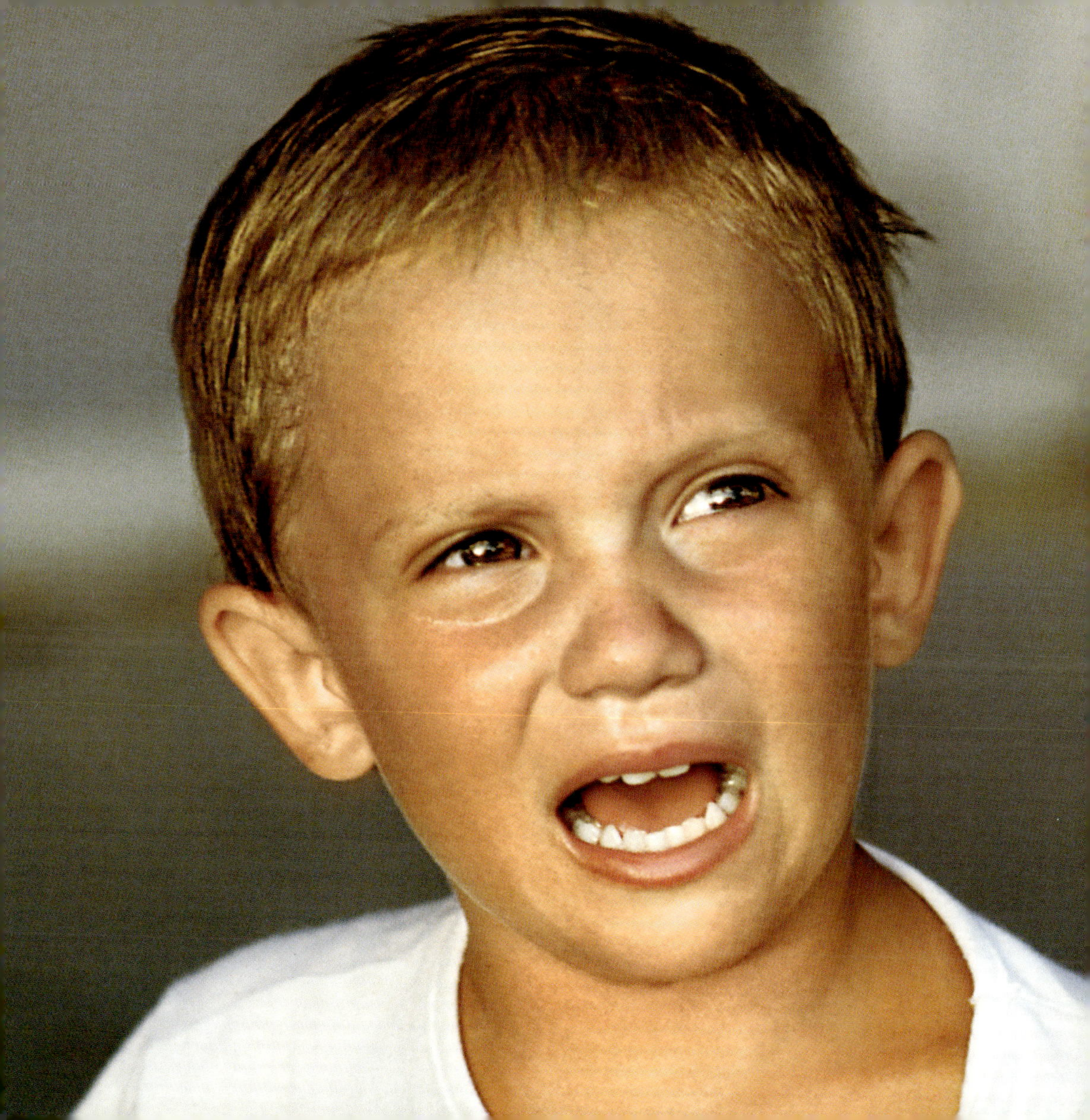

INTRODUCCIÓN Muecas y rabietas

«Érase una vez, hace mucho tiempo, una reina muy sabia que era capaz entender a la perfección qué querían decir los niños pequeños cuando todavía no sabían hablar…». Una parte del extraordinario poder de aquella reina de esta hipotética fábula, lo tienen de verdad todas las madres del mundo, que a partir del primer llanto que oyen de su hijo, en cuanto ha nacido, son capaces de entender y saber qué quiere decir.

Llantos y muecas son, de hecho, los primeros intentos del bebé para hacerse entender y para hacer participes a sus padres de sus momentos de comodidad e incomodidad, miedo, placer o deseo a fin de que puedan ser interpretados. Es realmente maravilloso poder comprender si se está divirtiendo o si está incómodo porque tiene hambre, o bien intuir si está llorando porque tiene sueño, se siente solo o, sencillamente, porque se aburre y quiere que se le coja un rato en brazos. Verdaderamente, el bebé no necesita mucho tiempo para darse cuenta de la fuerza de sus llamadas y de la eficacia de sus lloros como excelente sistema de persuasión.

Entre una rabieta y otra, los padres y los diferentes familiares que se mueven alrededor del bebé aprenden muy pronto a imitarlo, emitiendo extraños sonidos y haciendo gestos y muecas con la finalidad de distraerlo, entretenerlo, captar su atención u obtener de él una sonrisa. El recién nacido los recompensa, entonces, con alguna mueca o alguna sonrisa... como una forma de expresar que quiere participar en la vida que se mueve a su alrededor, de interrelacionarse con los demás, de no sentirse solo en su propio mundo, construido todavía de pocos conceptos y sensaciones.

Otra cosa son las muecas de los niños que ya hablan y caminan, hechas, a veces, delante de un espejo donde como único testimonio sólo se tienen a sí mismos y a la conciencia de su propia imagen que queda allí reflejada. En este caso, los niños se divierten estudiando los cambios producidos en su cara o en su cuerpo por sus cómicas expresiones, cuando arrugan la nariz, entrecierran los ojos y sacan la lengua, o abren la boca, emitiendo todo tipo de sonidos y rugidos. Es un ensayo general para después asombrar a los mayores, atrayendo su divertida atención.

- Muchos niños tienen una especial facilidad para realizar ciertas expresiones con su cara y sonrisas alegres de manera que resultan muy enternecedores y atraen la atención de todos.

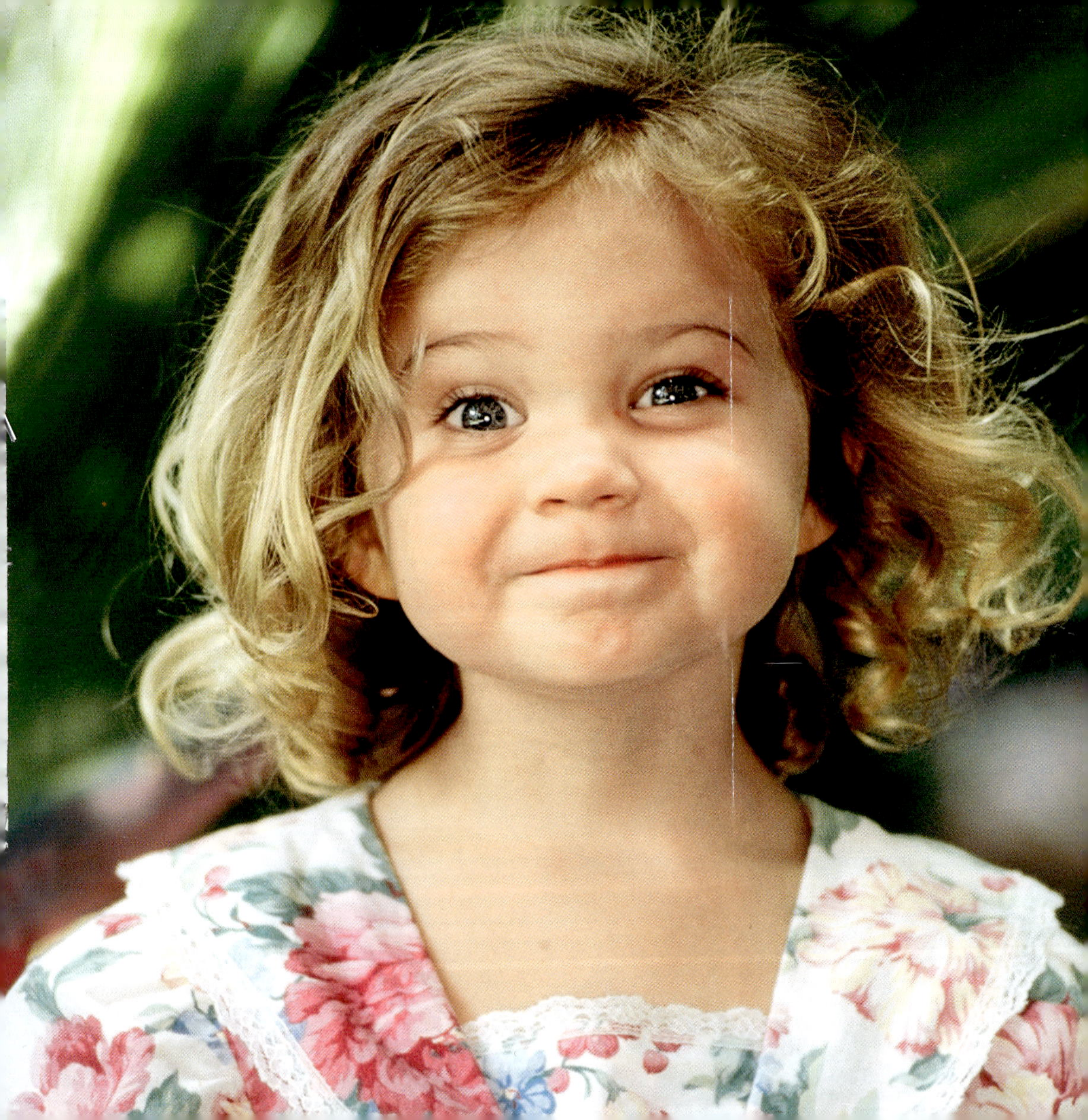

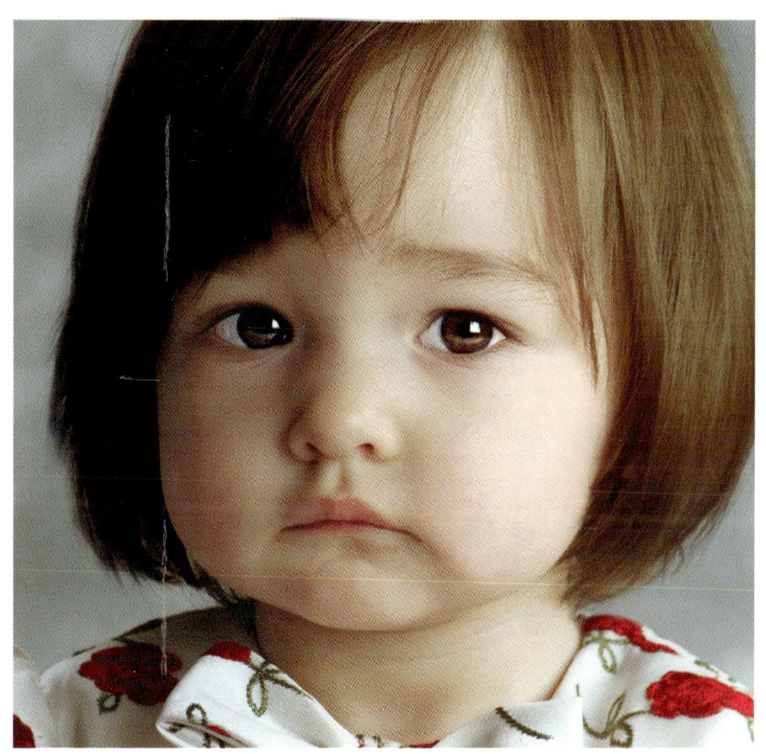

● La tristeza de un niño es una llamada muy poderosa frente a la que nadie puede mantenerse indiferente; en cuanto puede, todo el mundo acude a consolar a un niño triste.

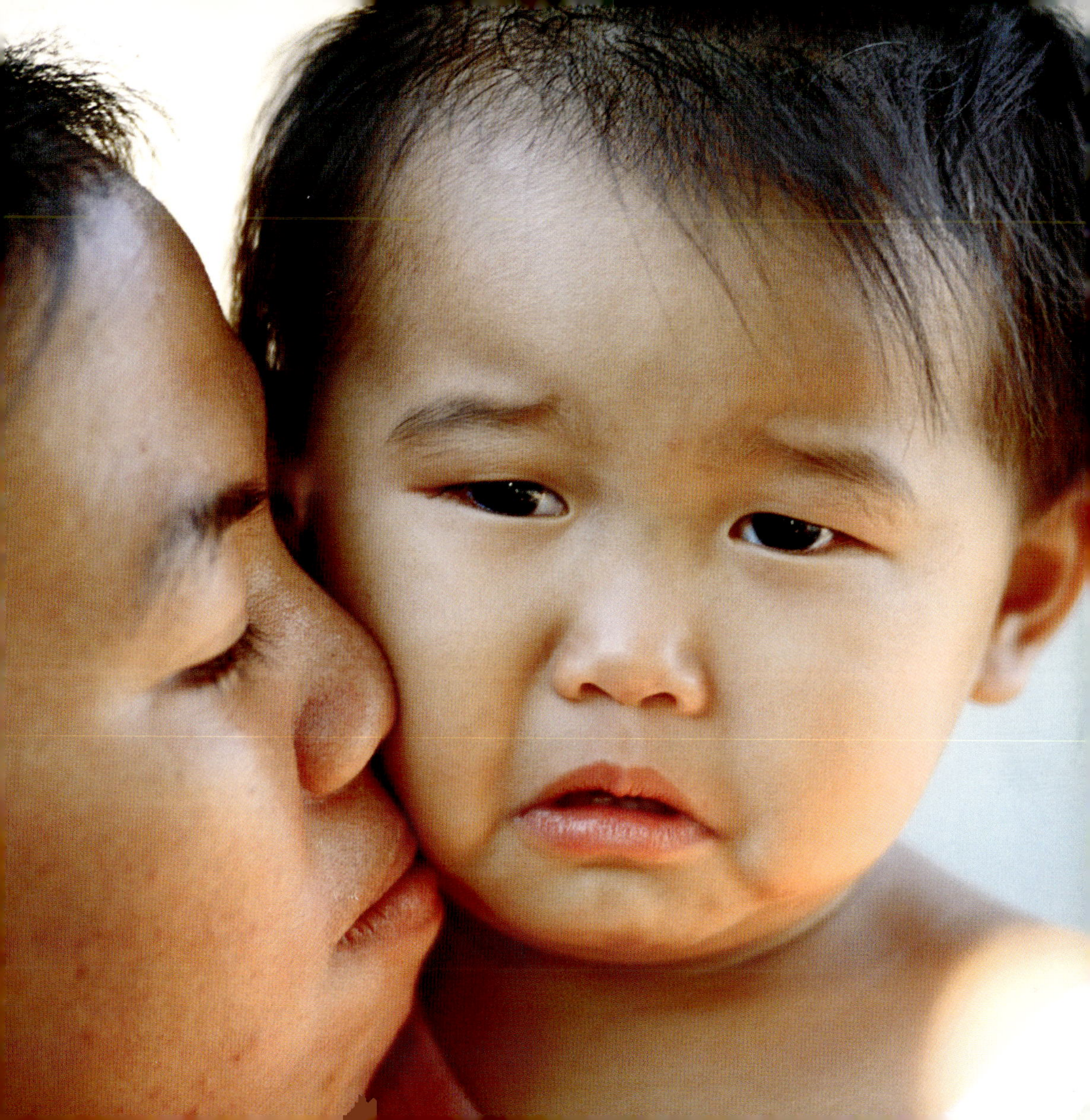

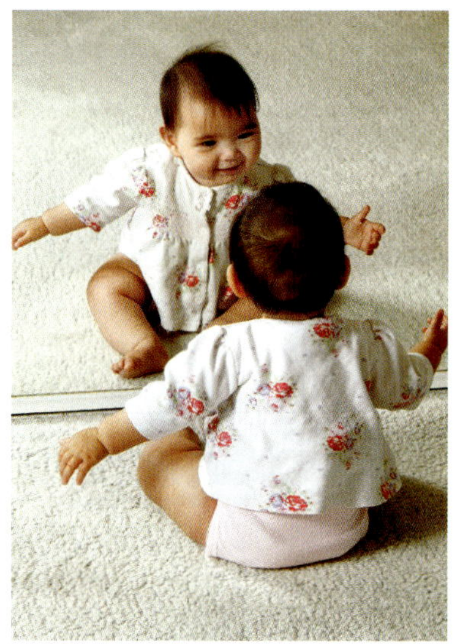

Los juegos ante el espejo atraen de una forma especial a los niños y les permiten realizar infinitos experimentos, tanto en la fase inicial de su desarrollo como cuando ya tienen un año, y se dan cuenta de que no están ante un compañero sino frente a sí mismos.

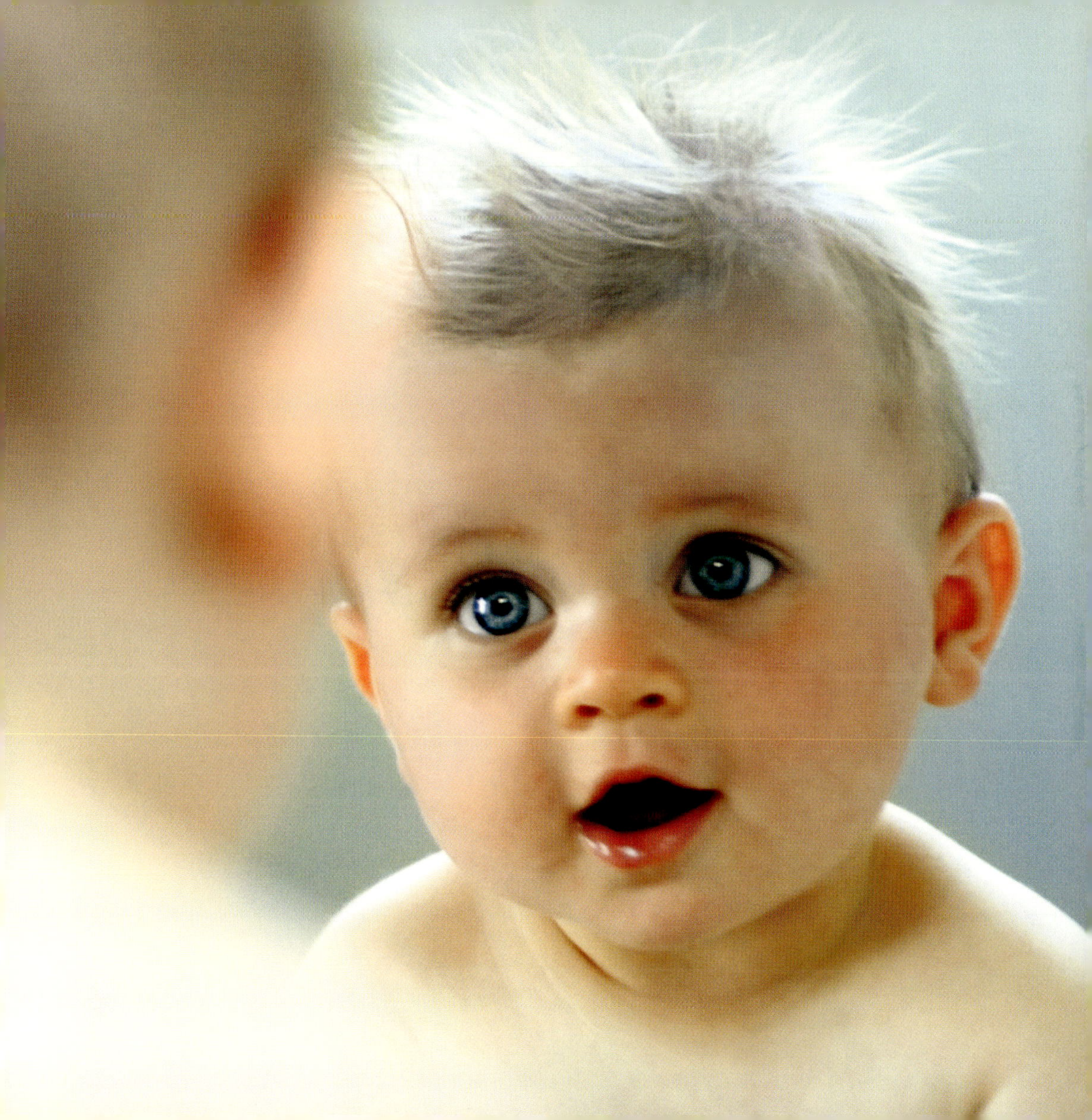

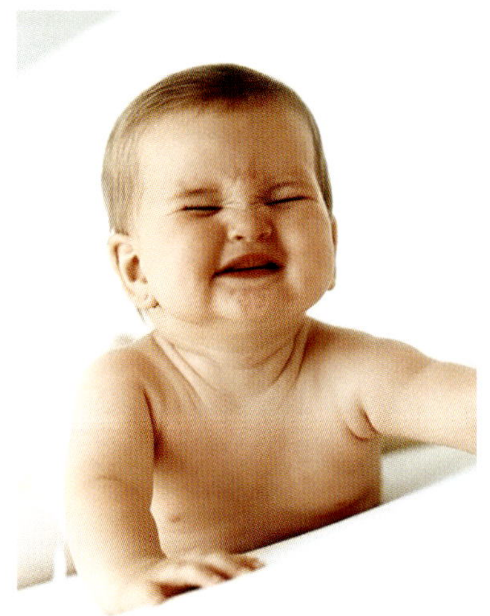

404 • *Un esfuerzo también puede ser divertido.*

405 • *Este bebé ríe satisfecho en su cuna, y levanta la cabeza y los hombros preparándose para caminar a cuatro patas. Es una fase que puede empezar a partir de los siete u ocho meses de edad.*

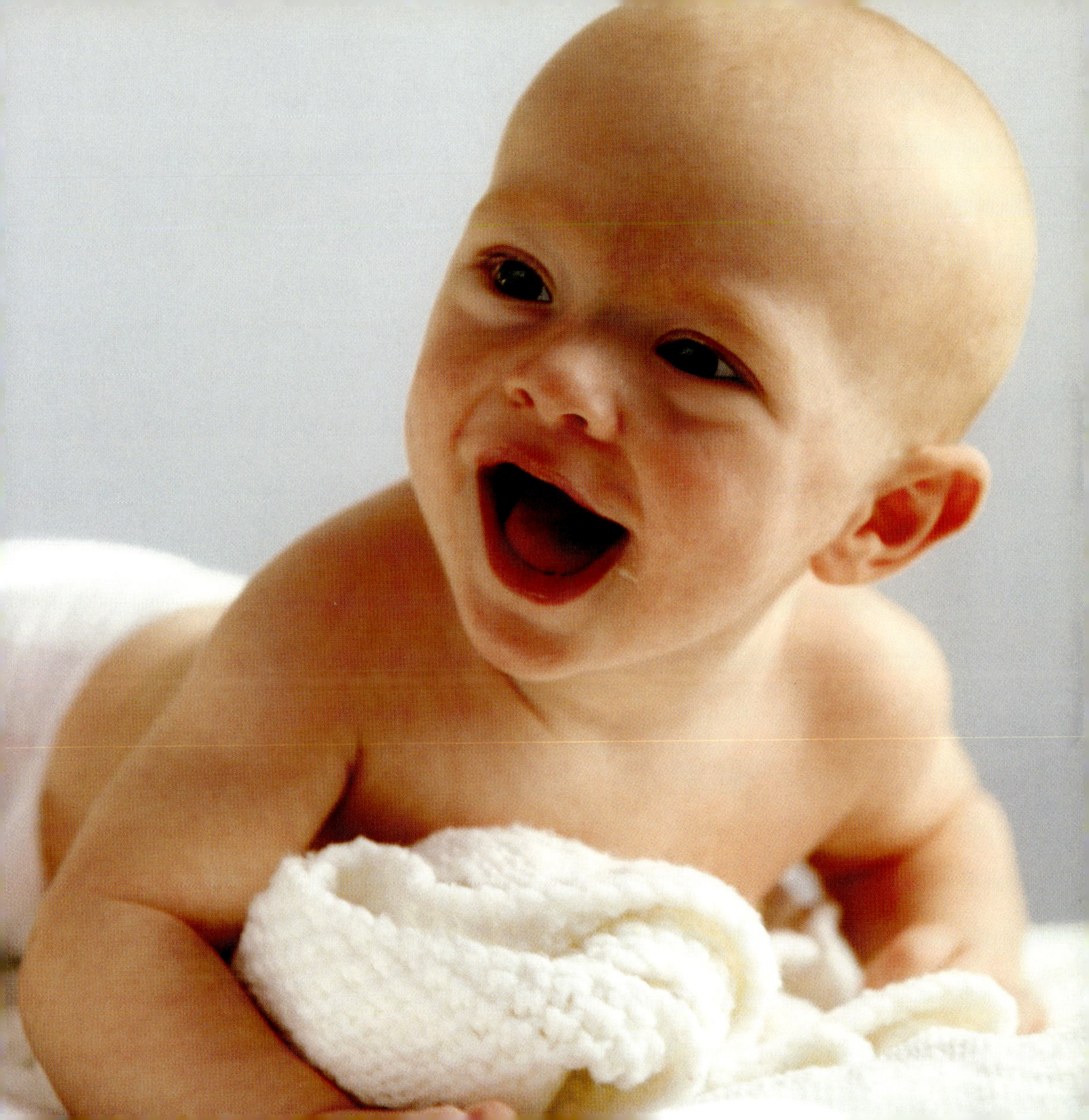

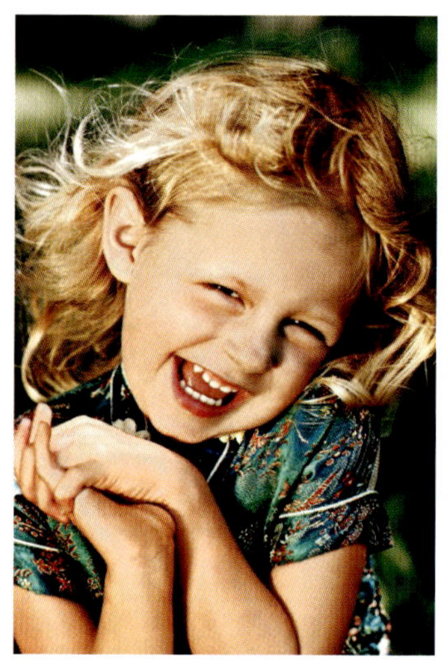

406 • Esta niña parece estar en el séptimo cielo.

407 • La capacidad de reflexión está ya presente en el niño pequeño, que piensa y reflexiona a su modo sobre el mundo que le rodea.

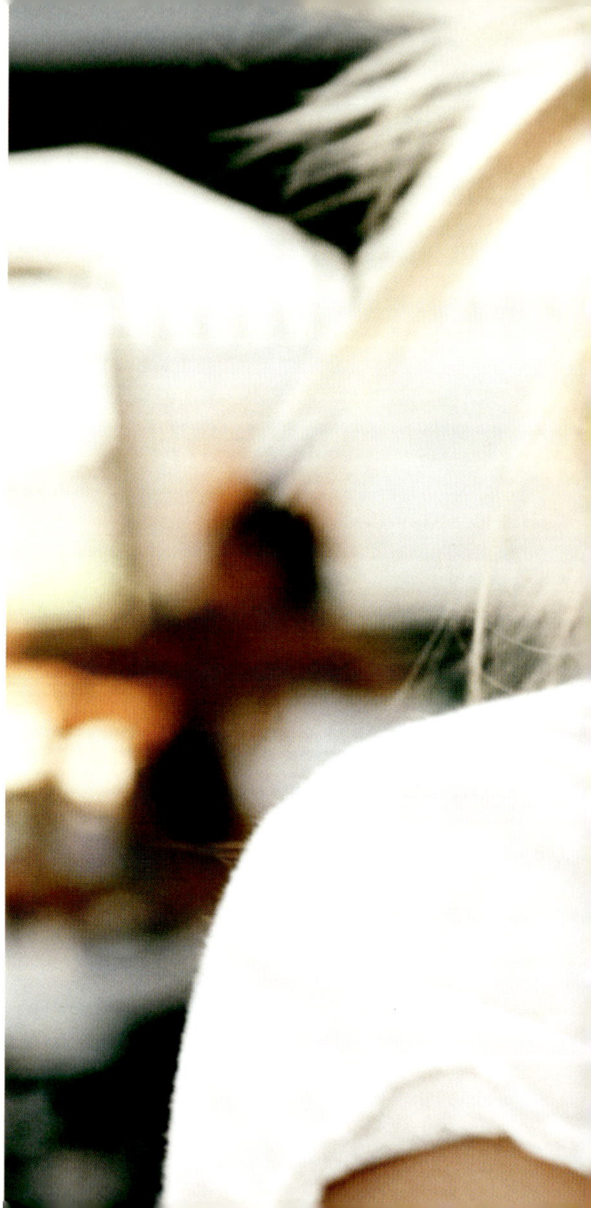

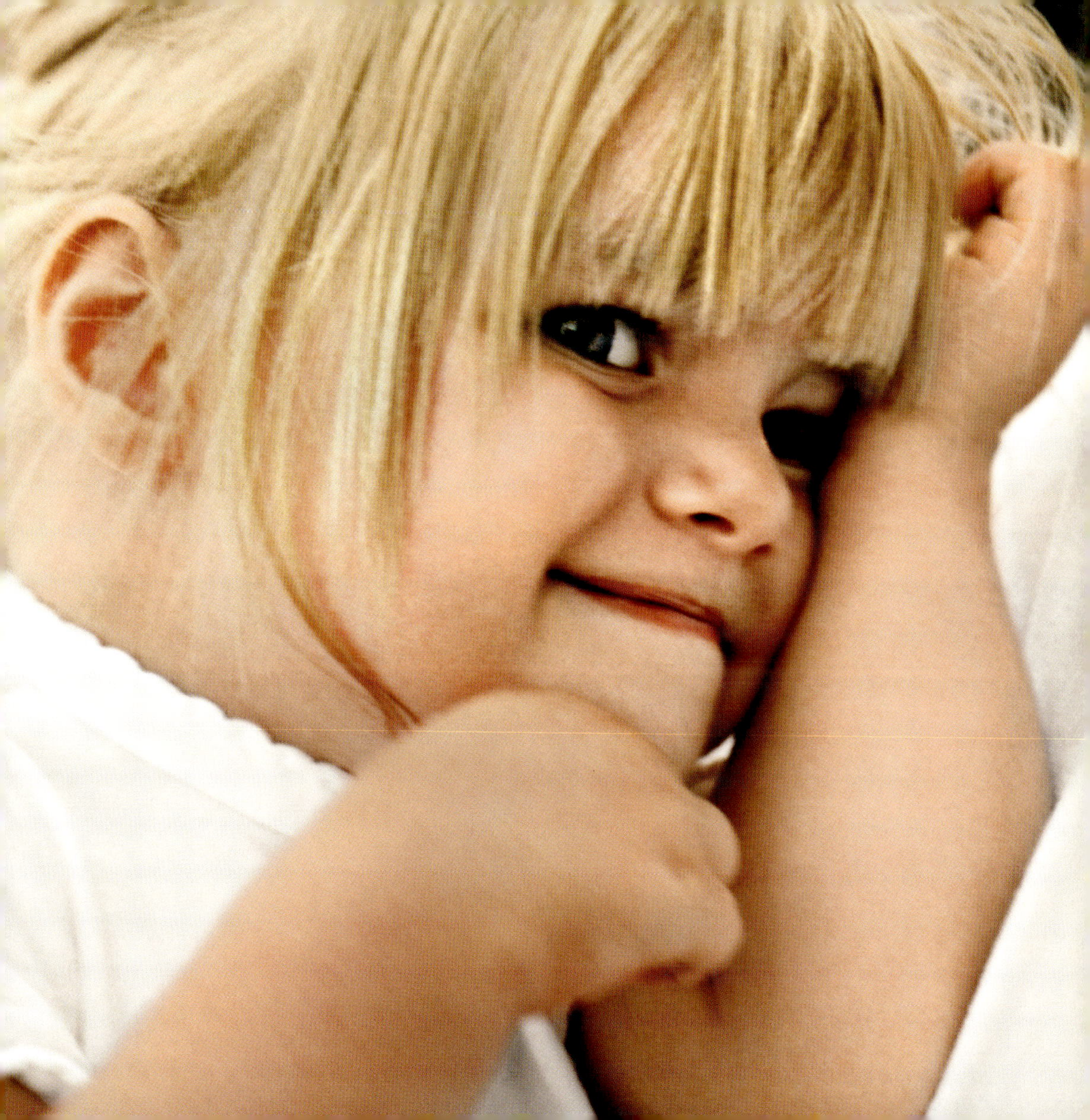

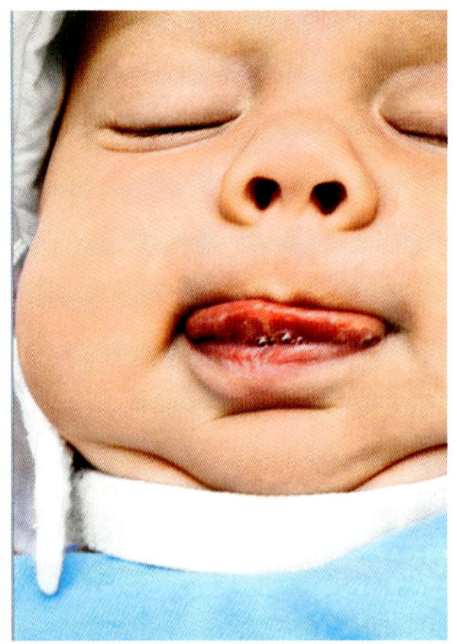

408 • Un niño duerme saciado y satisfecho.

409 • Este niño es gracioso, tierno y atractivo como sólo los más pequeños saben serlo.

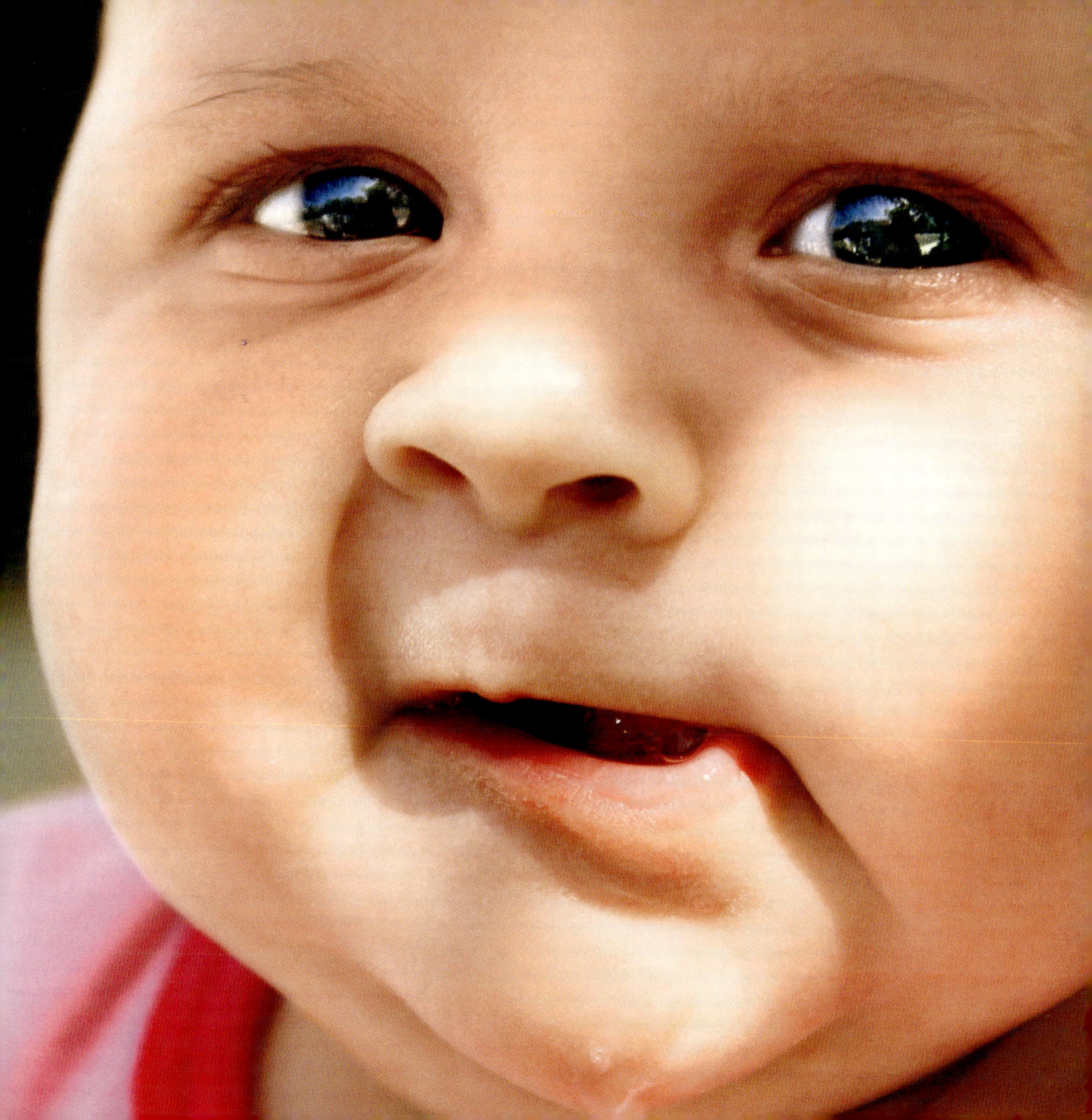

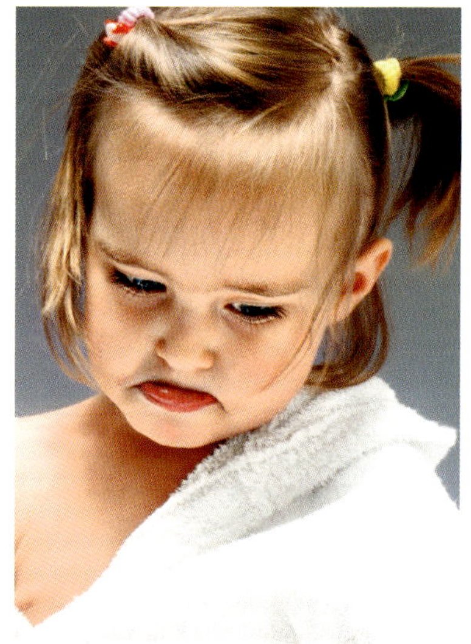

410 • Fotografía de una niña que intenta no arrancar a llorar.

411 • Expresión melindrosa y un poco aburrida de esta niña de Namibia.

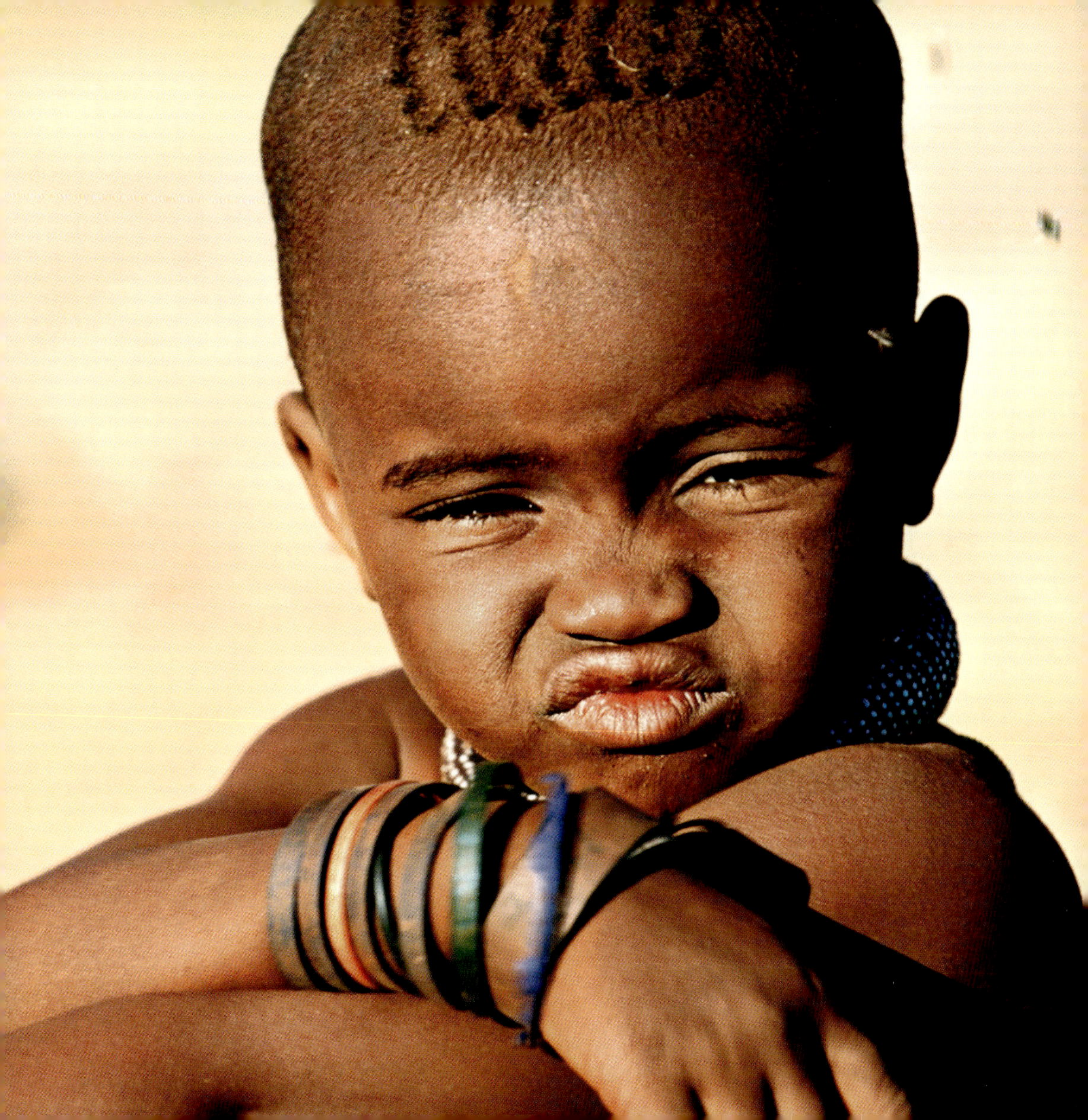

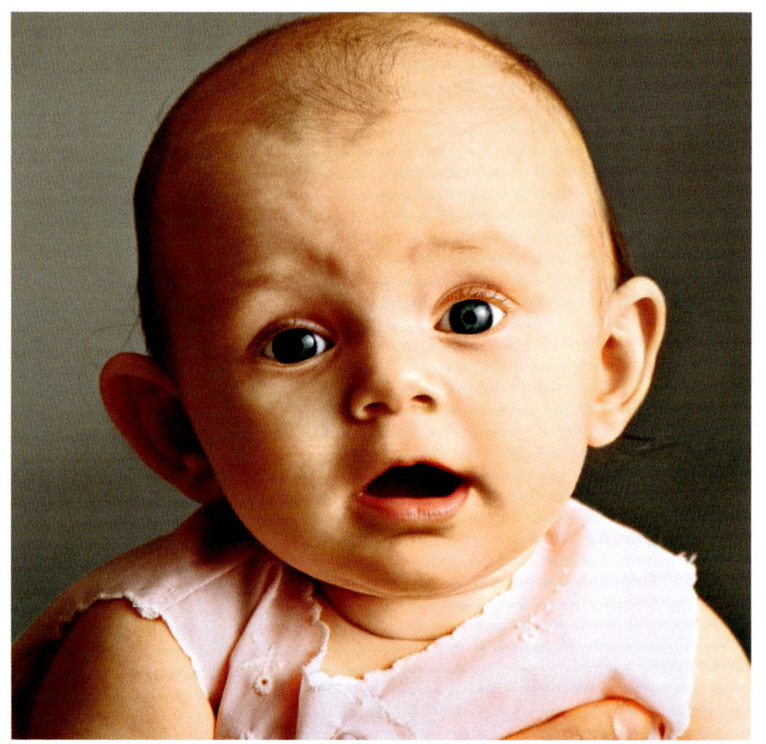

La sorpresa es una de la primeras emociones presentes desde el nacimiento. Frente a un estímulo desconocido, los ojos se abren, la cabeza se inclina hacia un lado y la boca dibuja una perfecta forma circular.

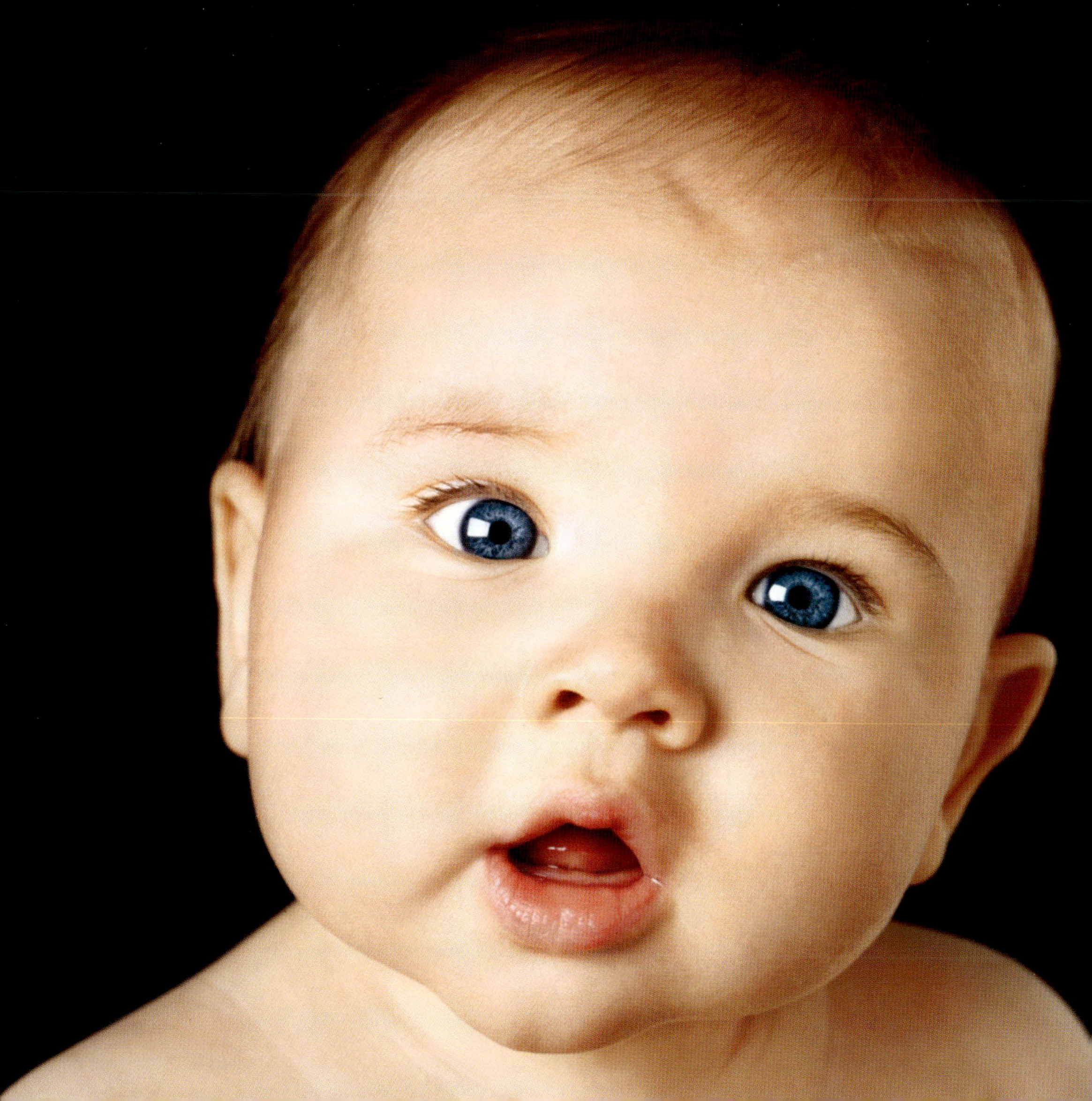

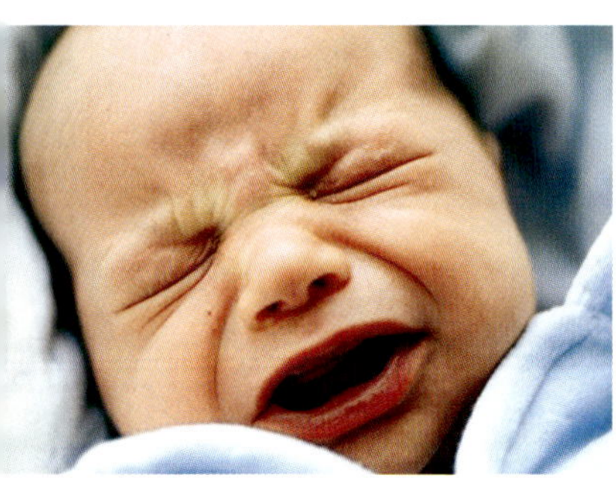

414 • Durante los primeros días de vida, el llanto va unido, en general, a la sensación de hambre o de sueño.

414-415 • Una luz intensa puede ser molesta para los ojos delicados del bebé.

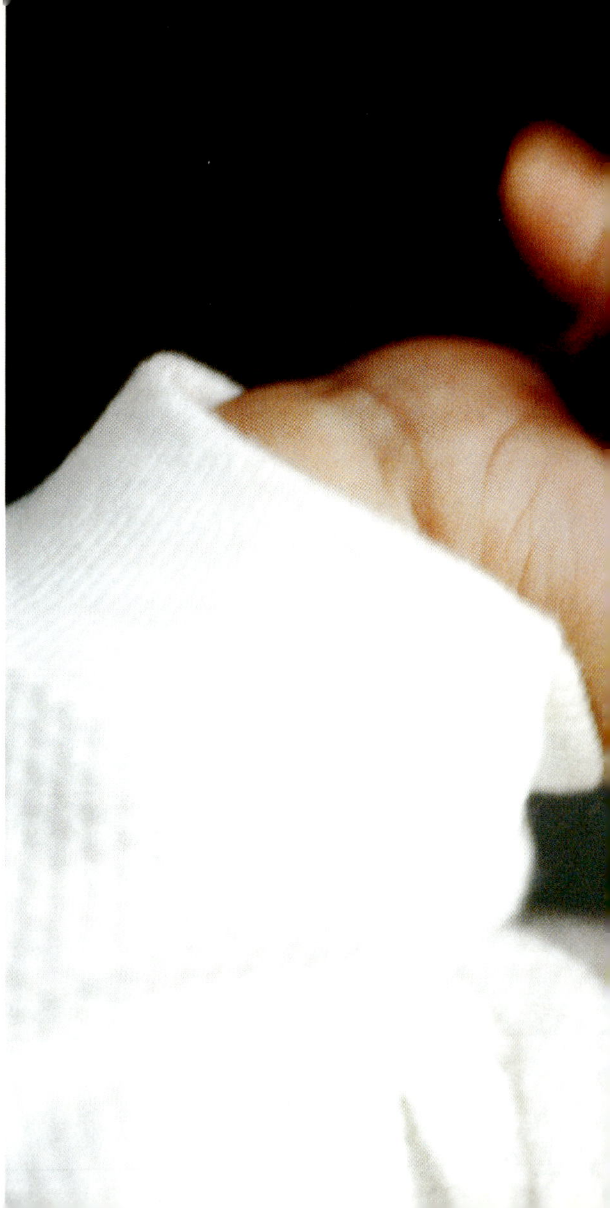

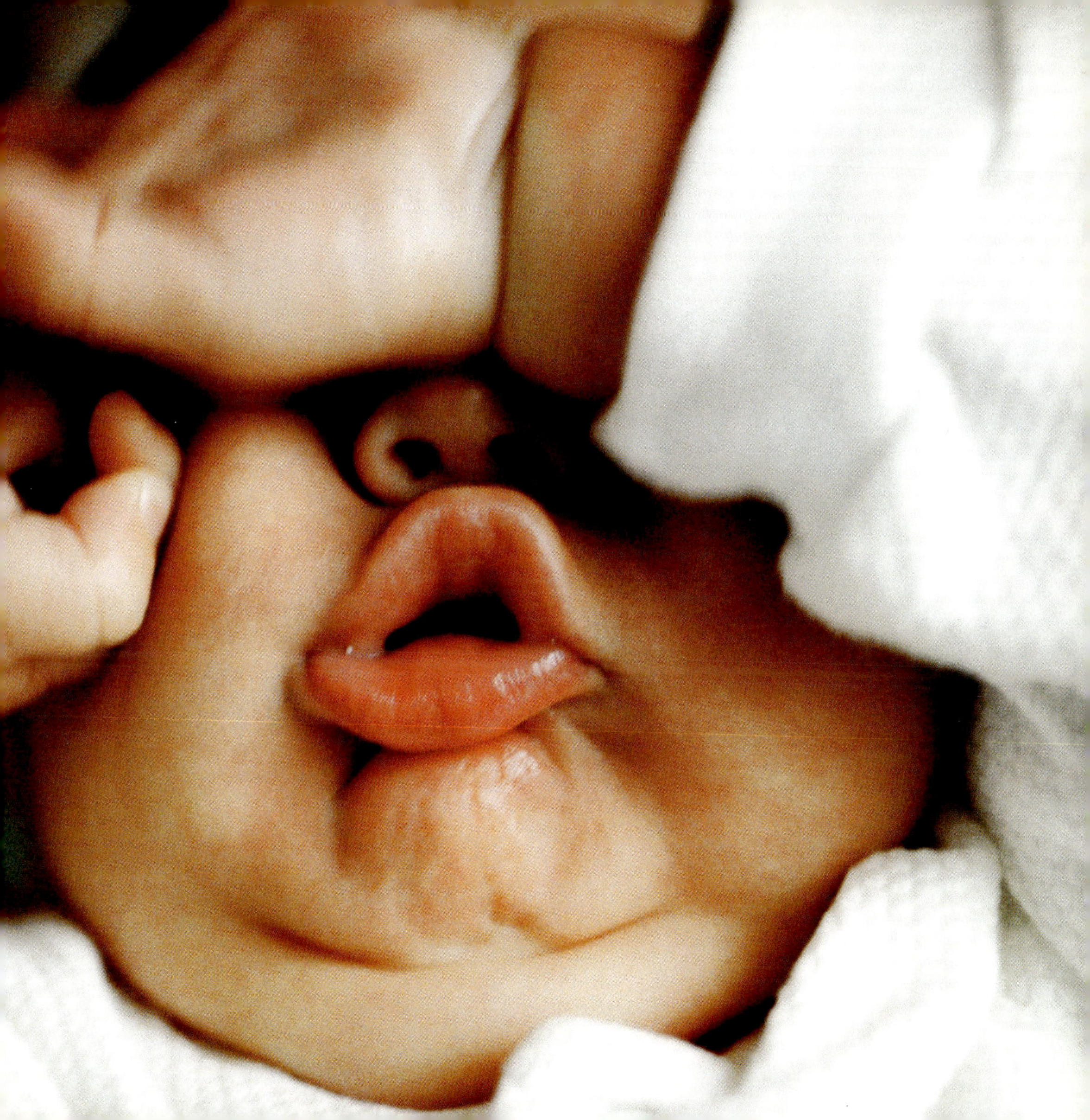

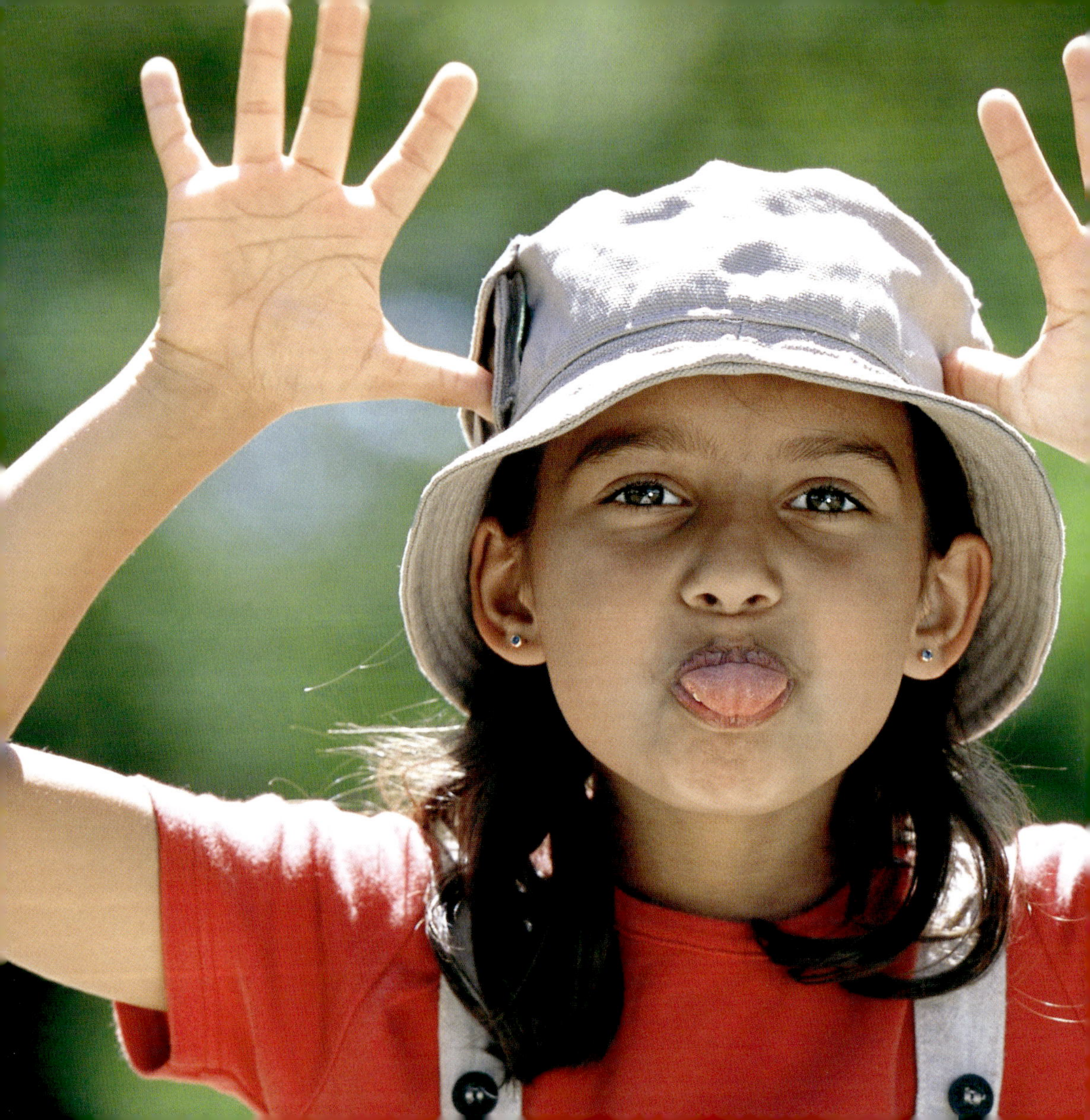

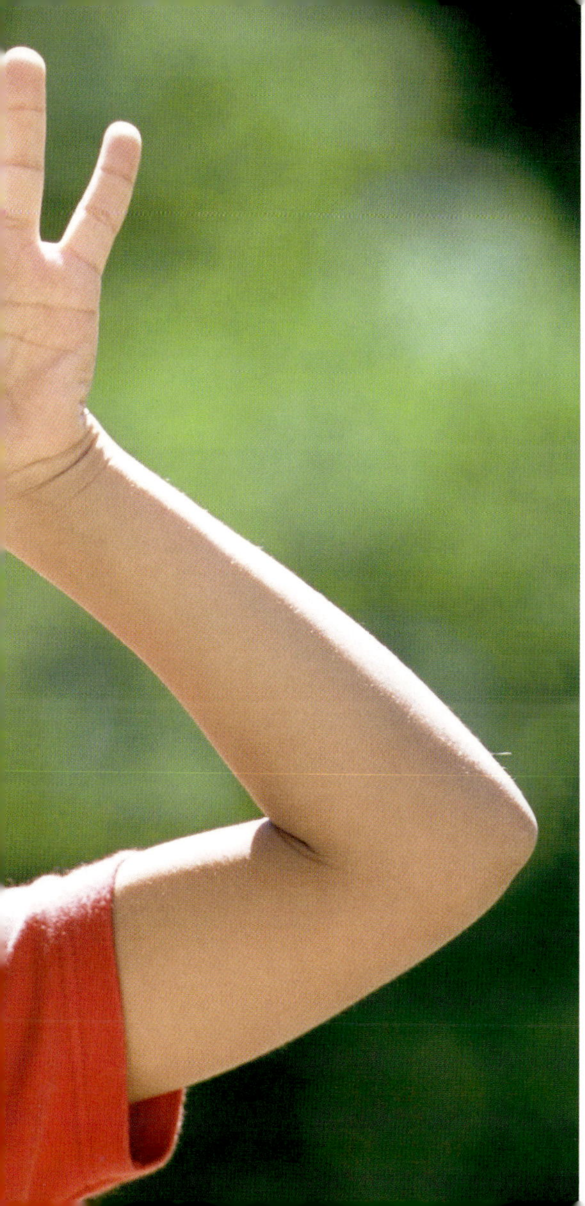

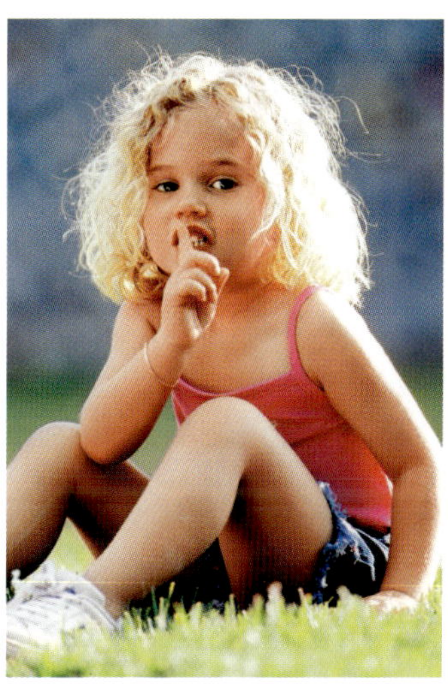

416-417 • Hacer bromas y burlas es una
de las diversiones preferidas de todos los
niños en cualquier época y país del
mundo.

417 • Aprender a mantener un secreto y
hacer callar a los demás son virtudes que
se aprenden desde pequeños.

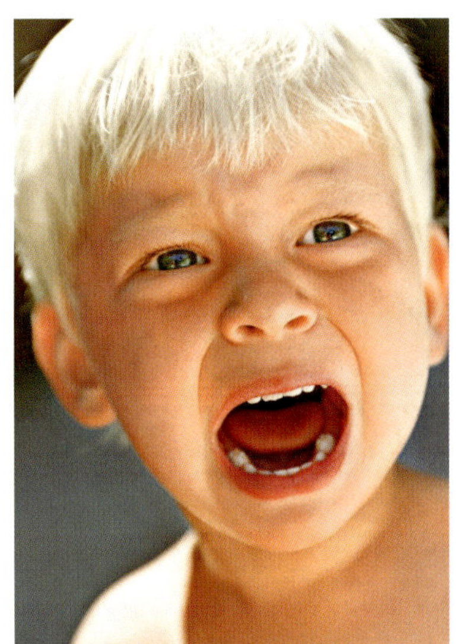

Estos niños muestran que una de las principales razones del desasosiego interior es el miedo, que les impulsa a llorar con fuerza a fin de pedir ayuda.

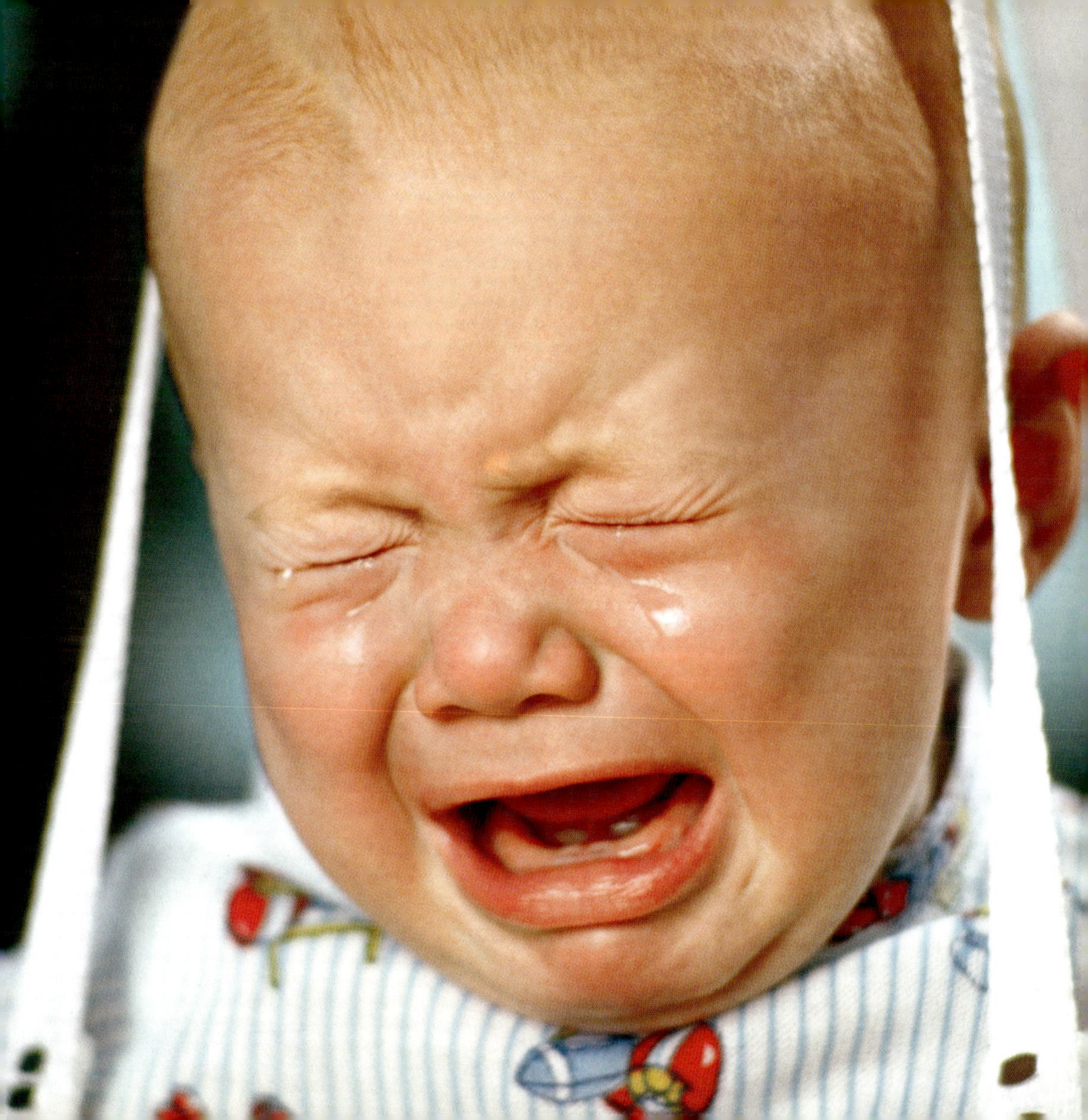

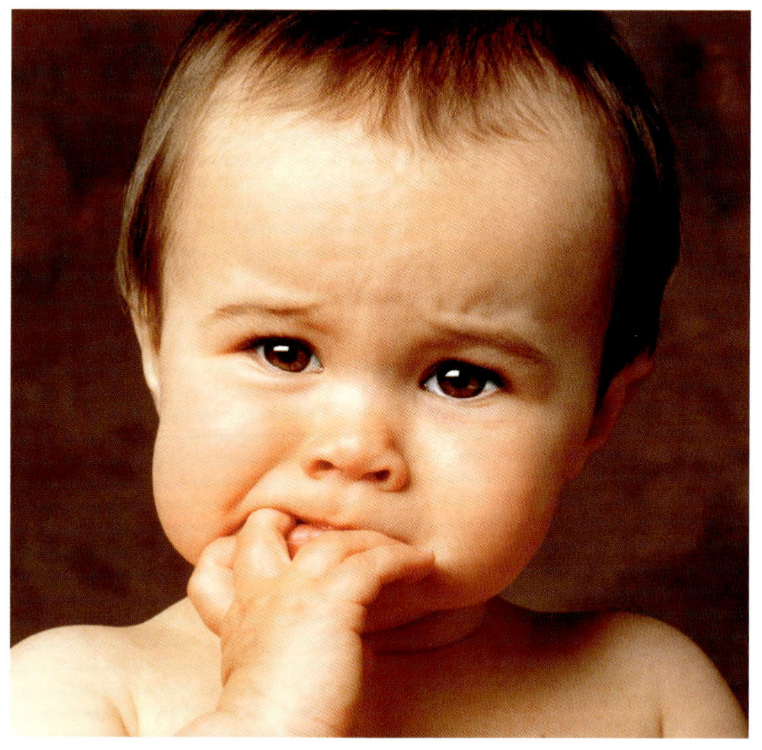

420 • Ponerse el dedo en la boca puede resultar reconfortante en momentos difíciles.

421 • La tristeza le ha quitado a esta niña las ganas de merendar.

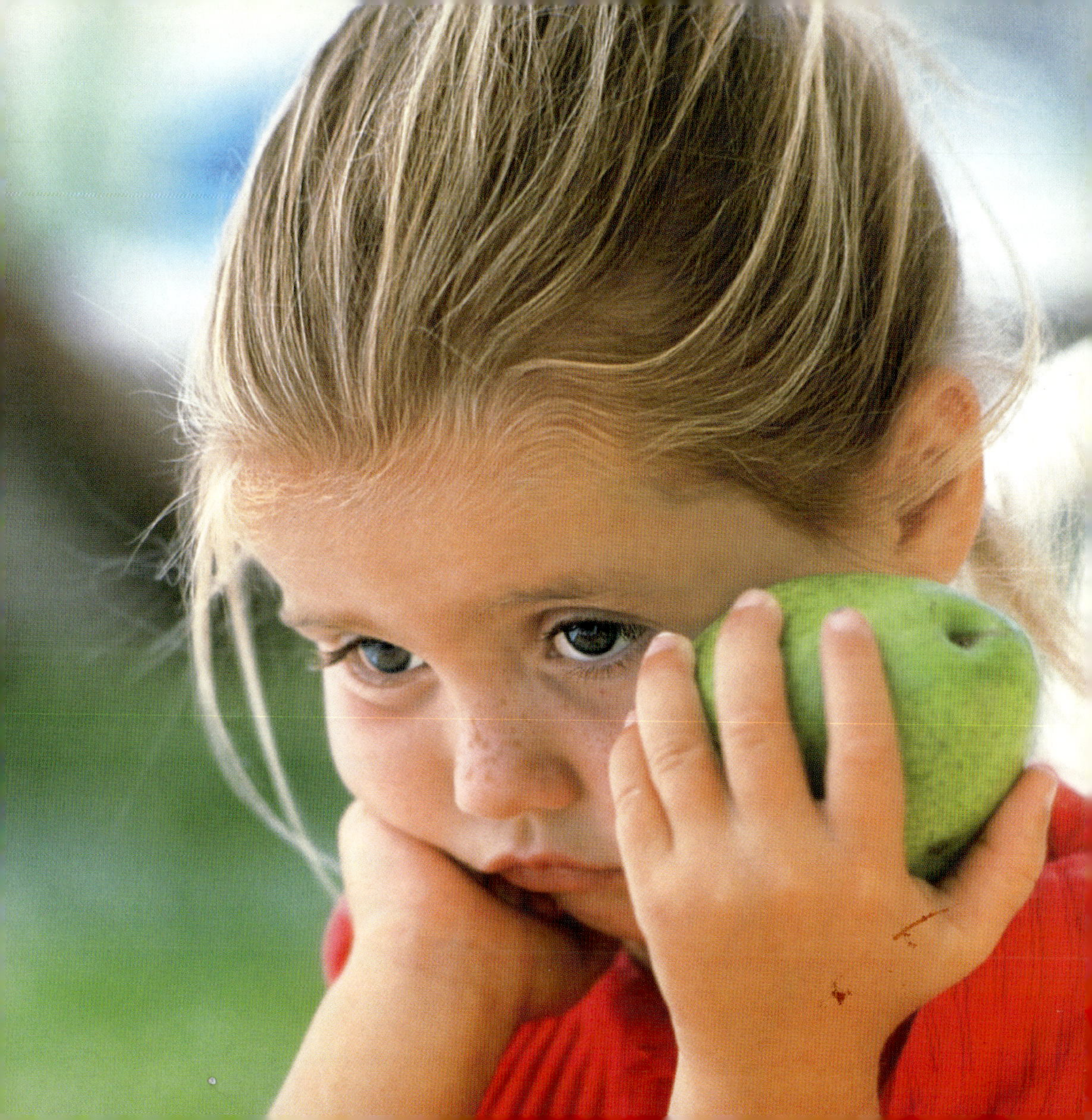

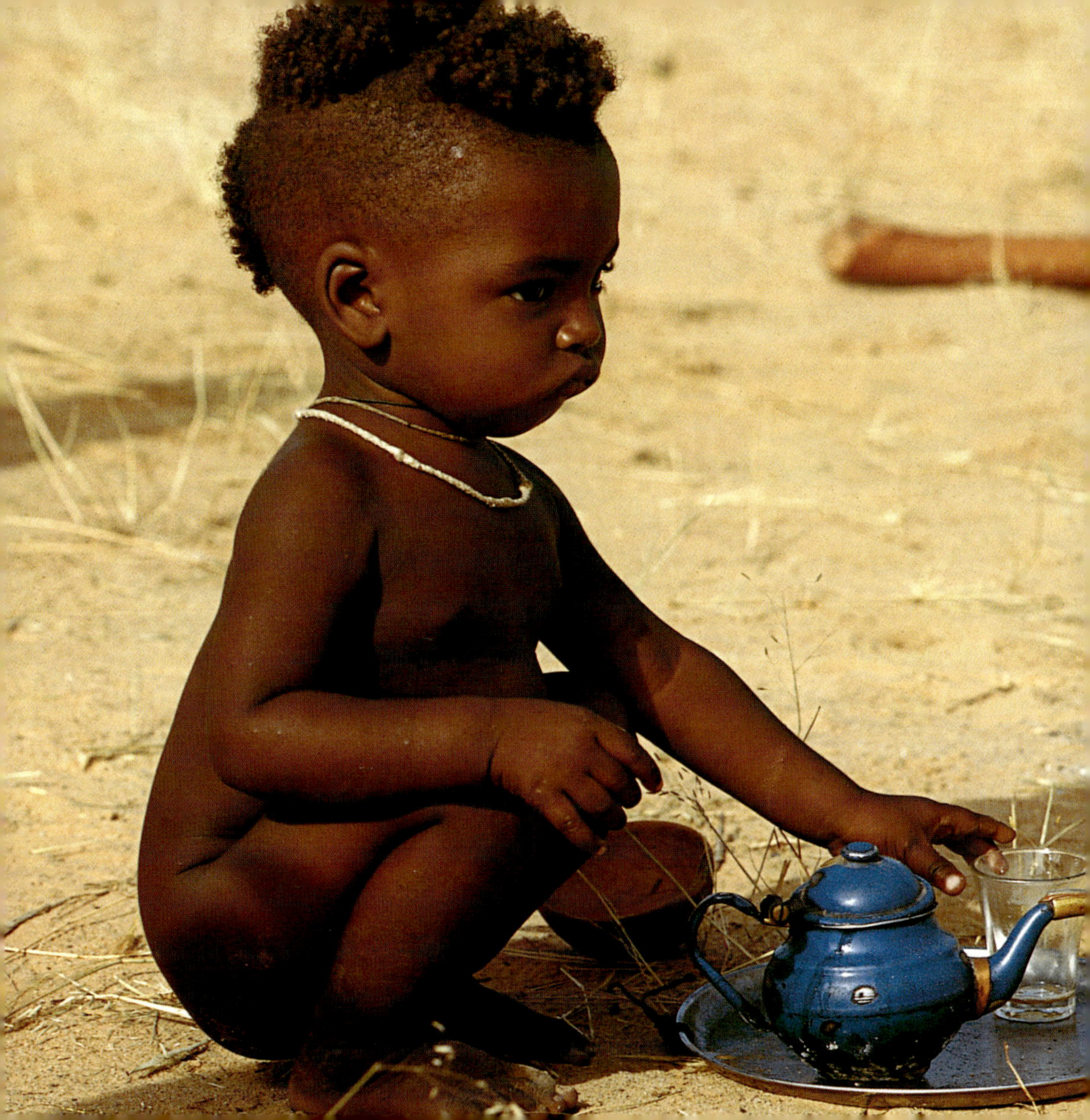

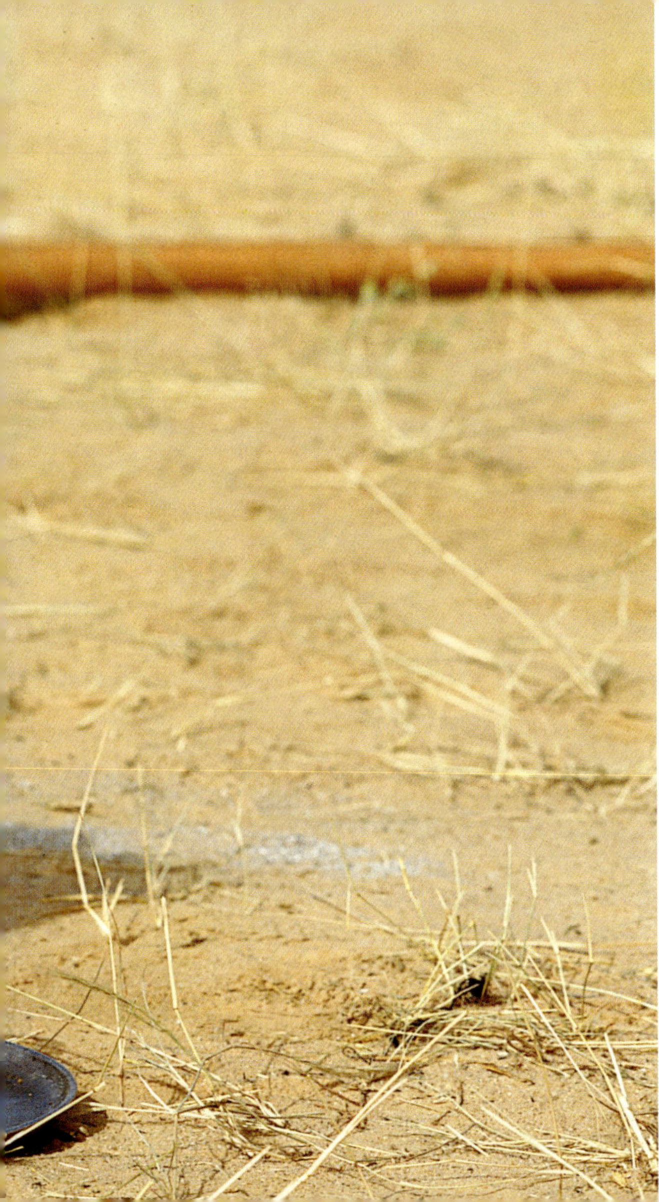

- El aprendizaje
también se realiza
jugando, como muestra
este pequeño que pone
todo su interés en
utilizar con esmero la
vajilla de los mayores.

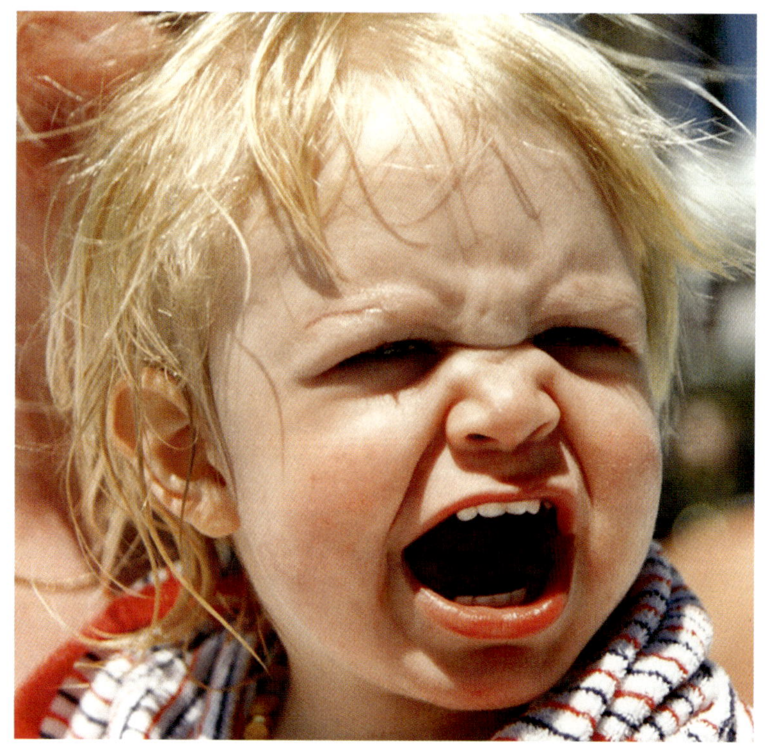

424 • Un pequeño se impacienta y muestra toda la rabia que siente.

425 • Este niño indio muestra sonoramente todo su enfado.

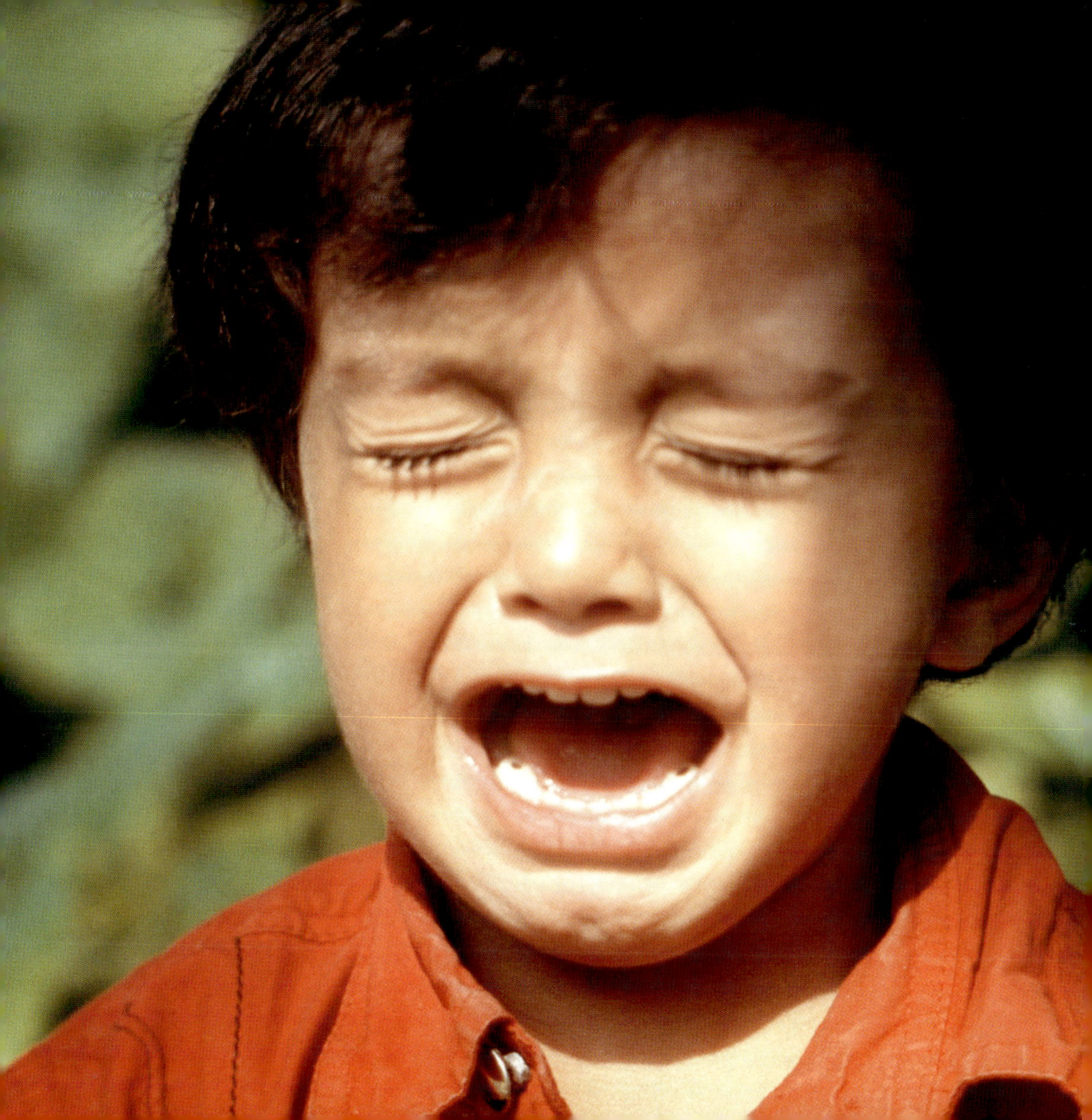

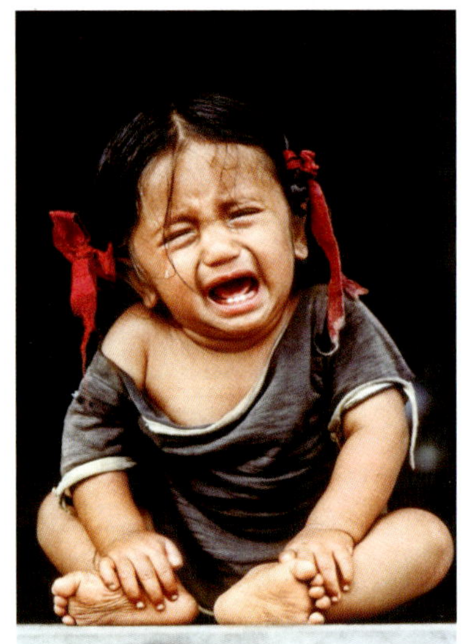

426 • El llanto dibuja las facciones arrugadas de esta niña nepalesa.

427 • Las lágrimas mojan el rostro de este bebé que está en su cuco.

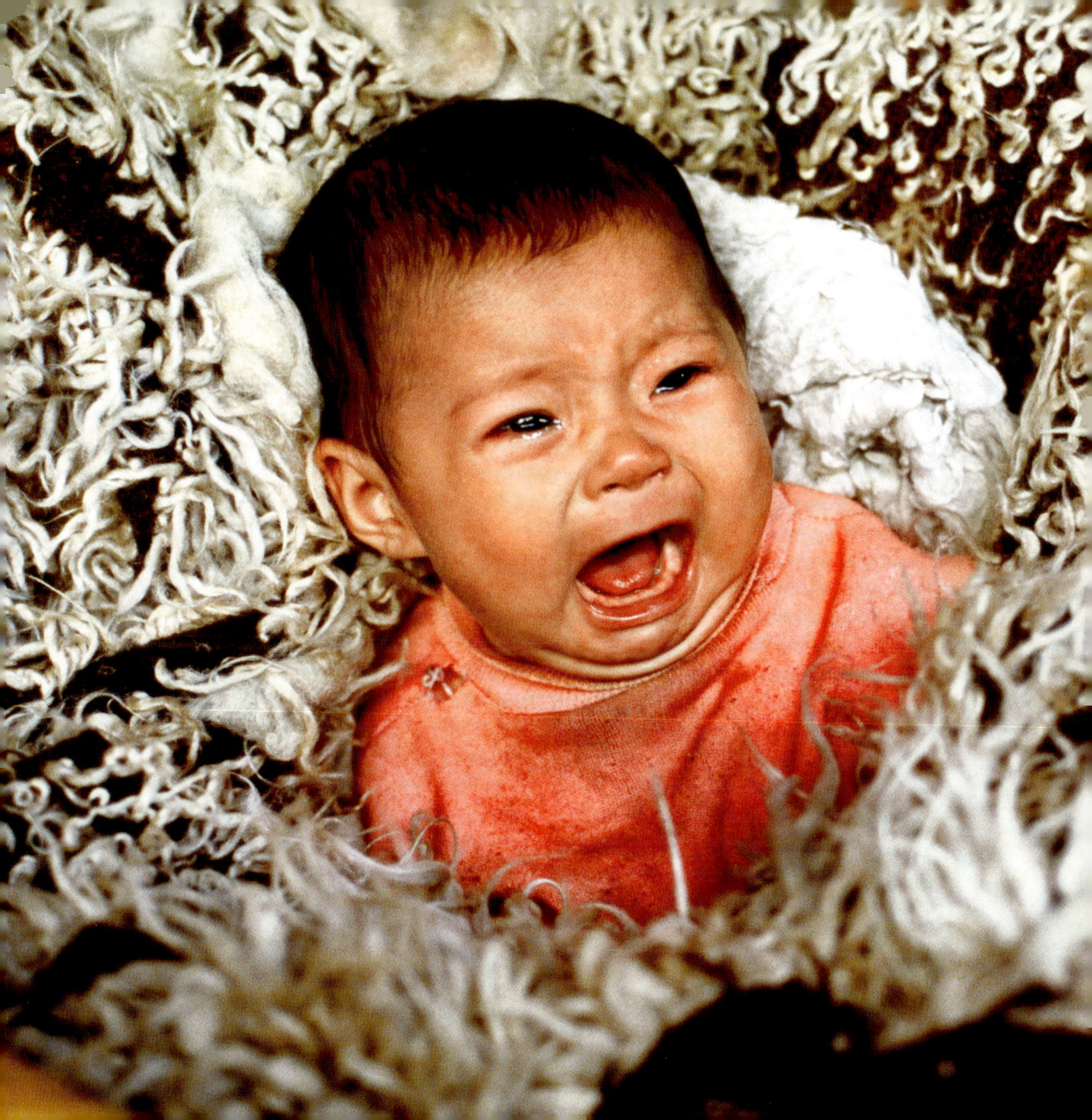

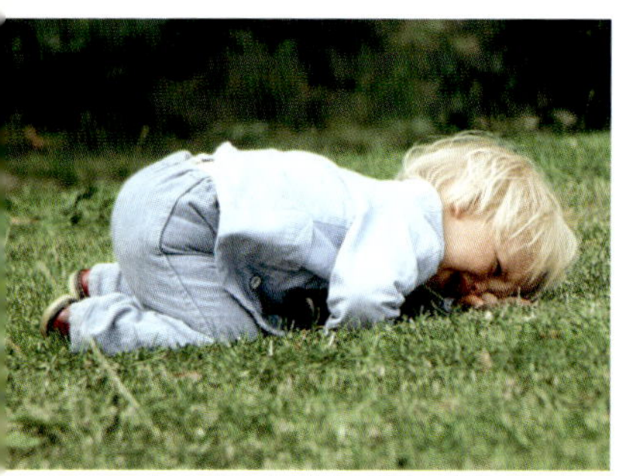

● A los dos años, el llanto se asocia muy a menudo a momentos de rebelión, en los que el niño se niega a hacer aquello que se le pide. En esta fotografía se ve a un niño echado sobre la hierba que no se levantará del suelo hasta que algo no consiga distraerlo de su propósito.

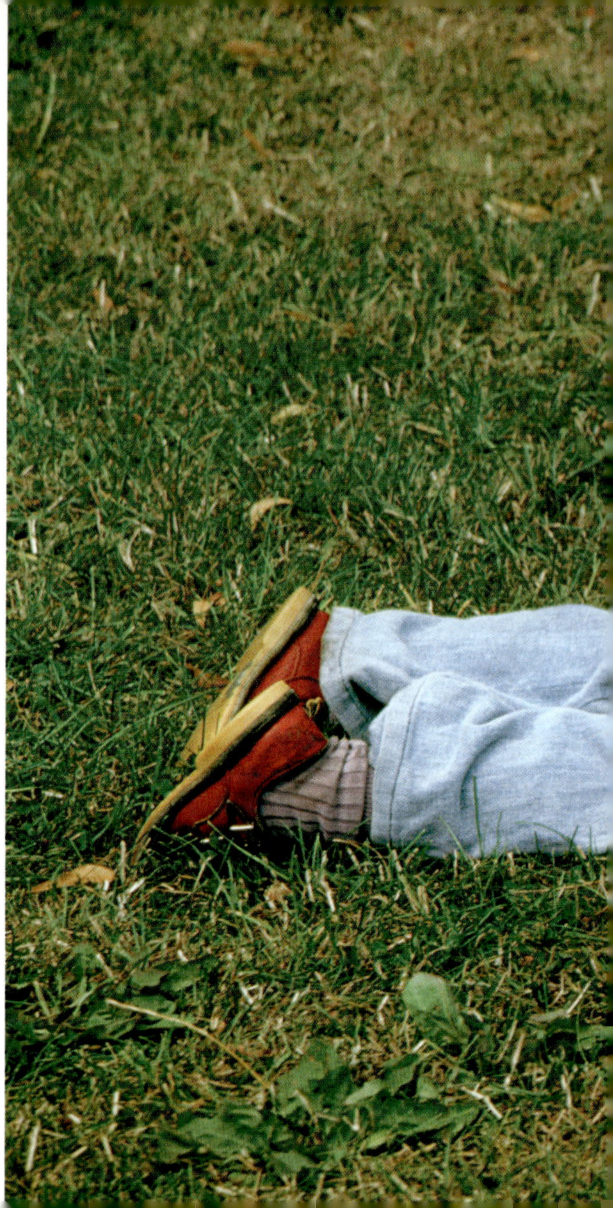

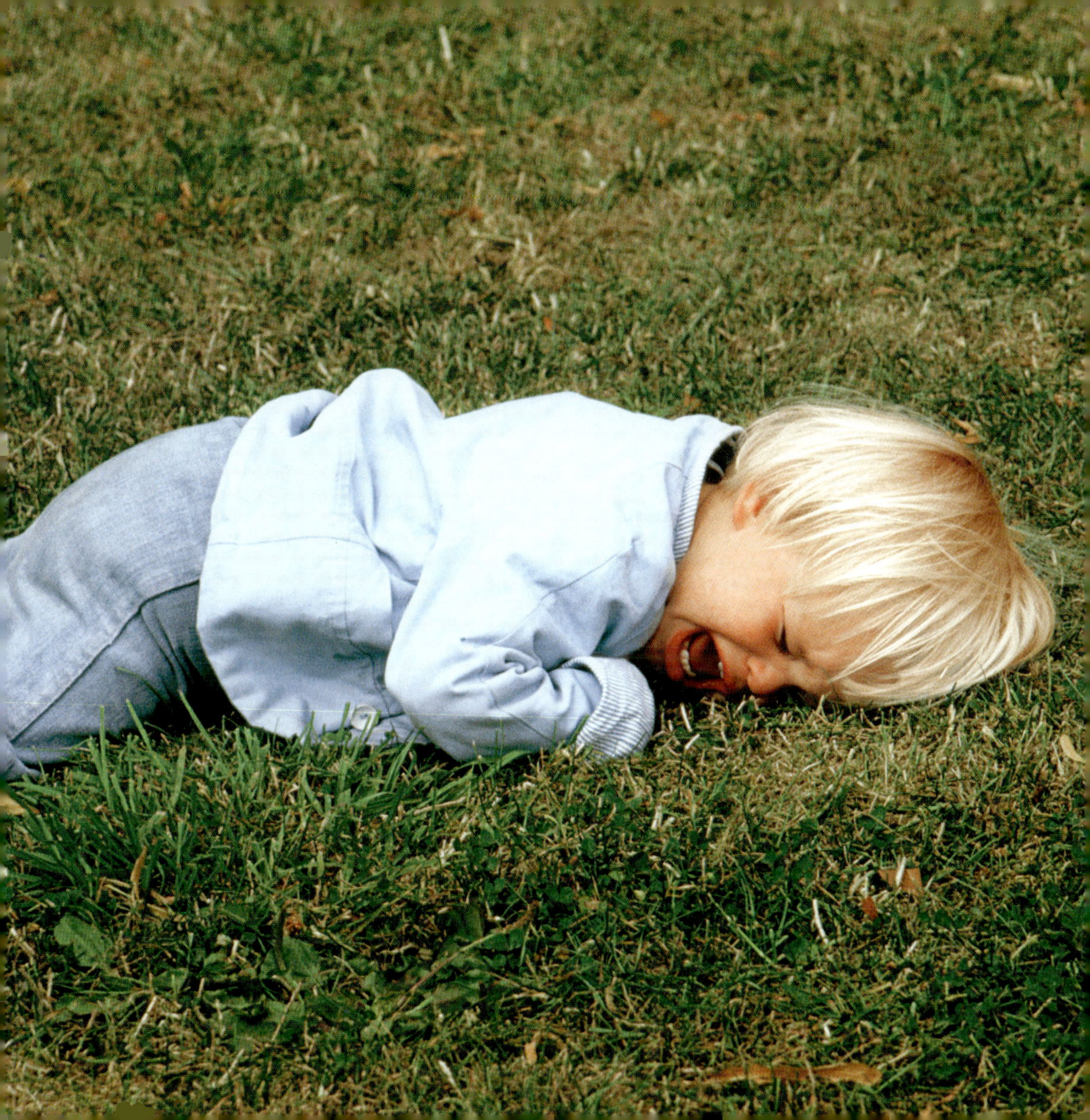

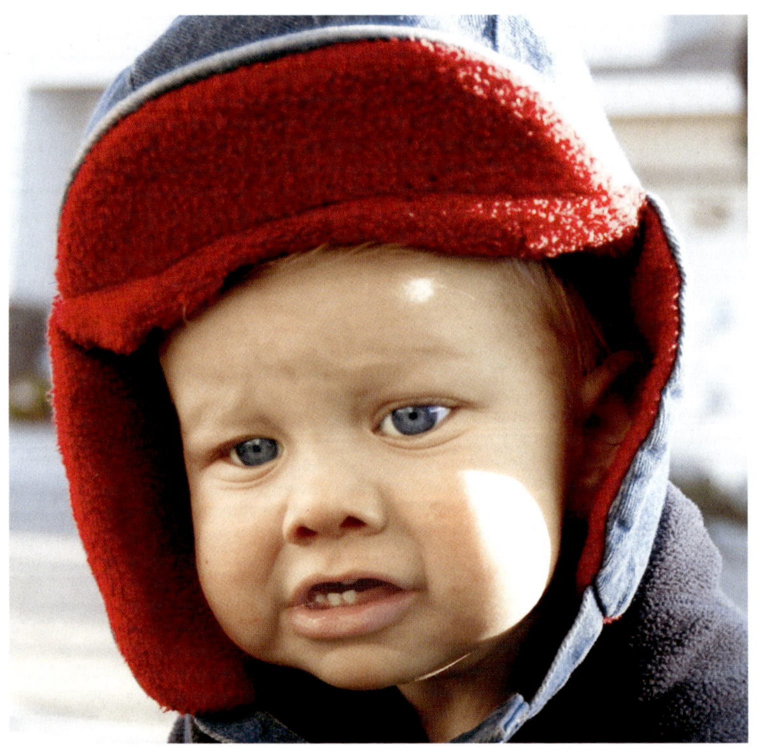

430 • Primer plano de un niño con una expresión de preocupación a la vez que con un poco de melancolía.

431 • Un día de lluvia es el momento perfecto para divertirse con el agua.

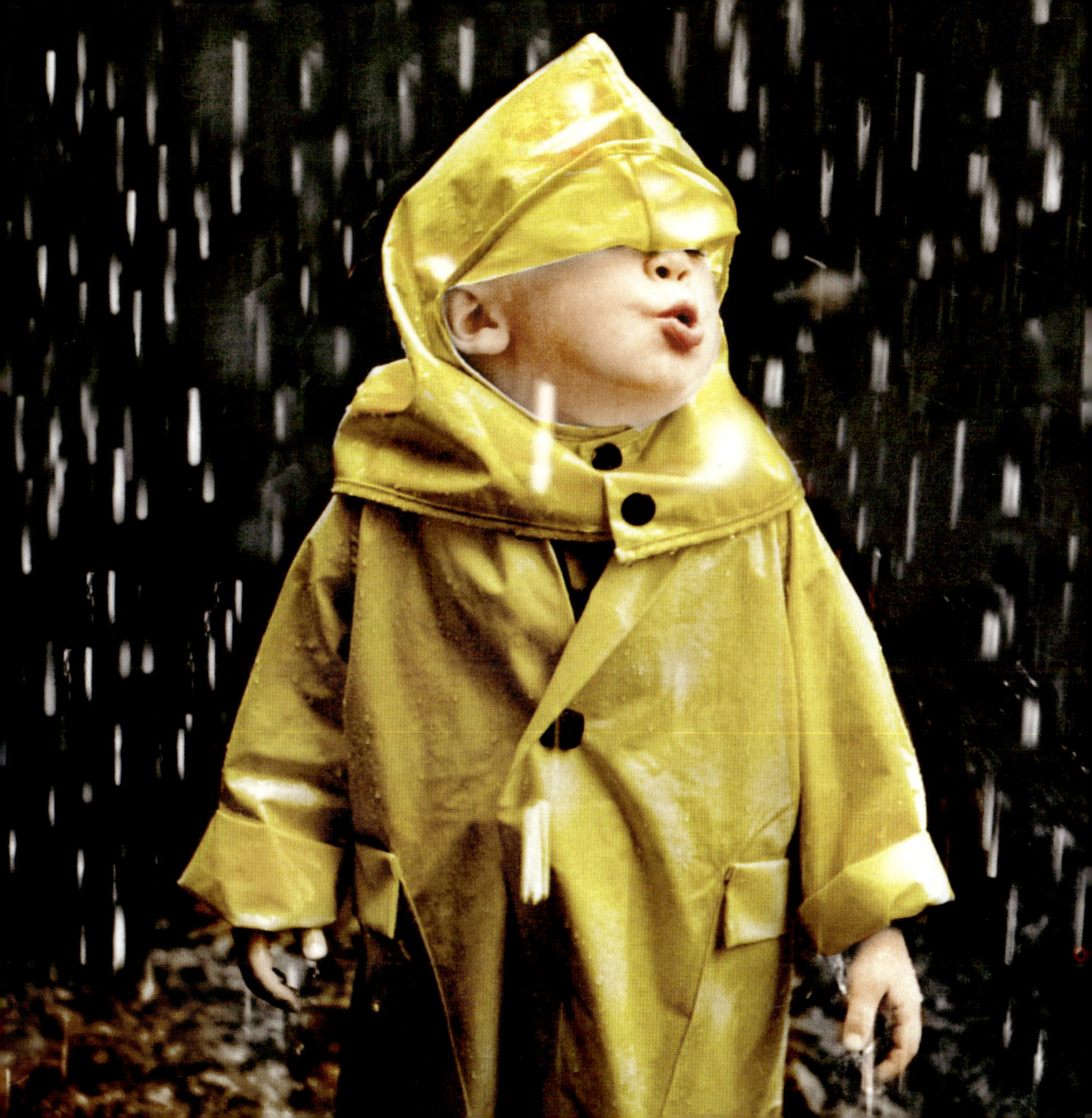

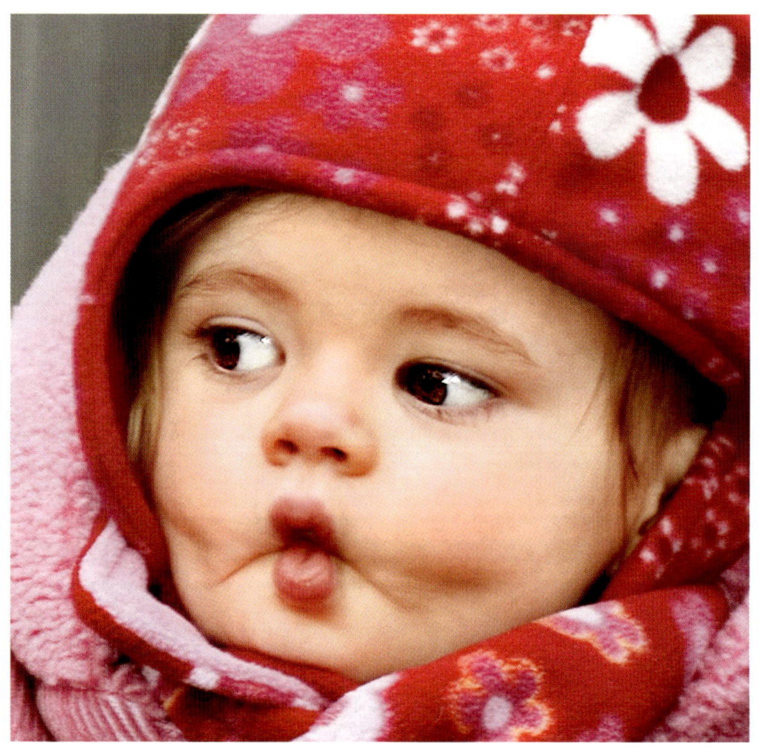

La boca y las mejillas dibujan pliegues muy graciosos en el rostro de porcelana de estas
simpáticas dos niñas.

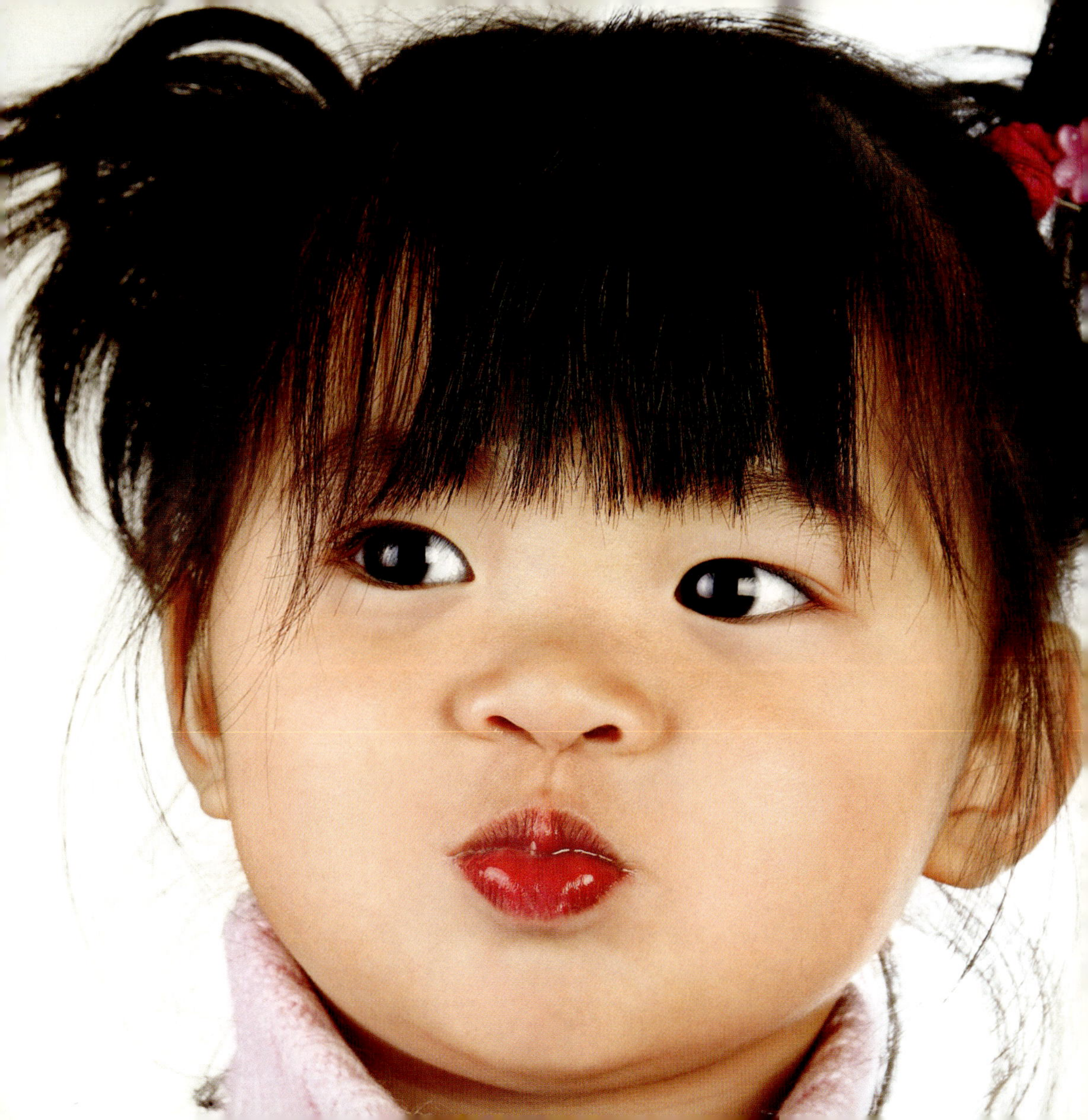

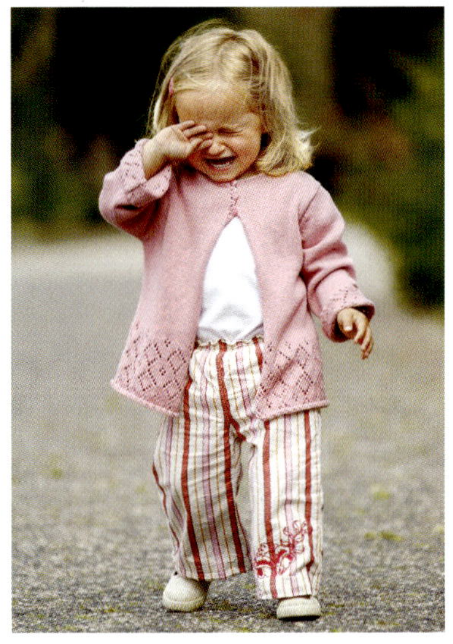

434 • La mano, que cubre una parte de la cara, revela la voluntad de esconderse
y protegerse en un momento de desconsuelo.

435 • Los gestos de esta niña subrayan la expresión de preocupada sorpresa.
La pequeña parece preguntarse: ¿qué está pasando?

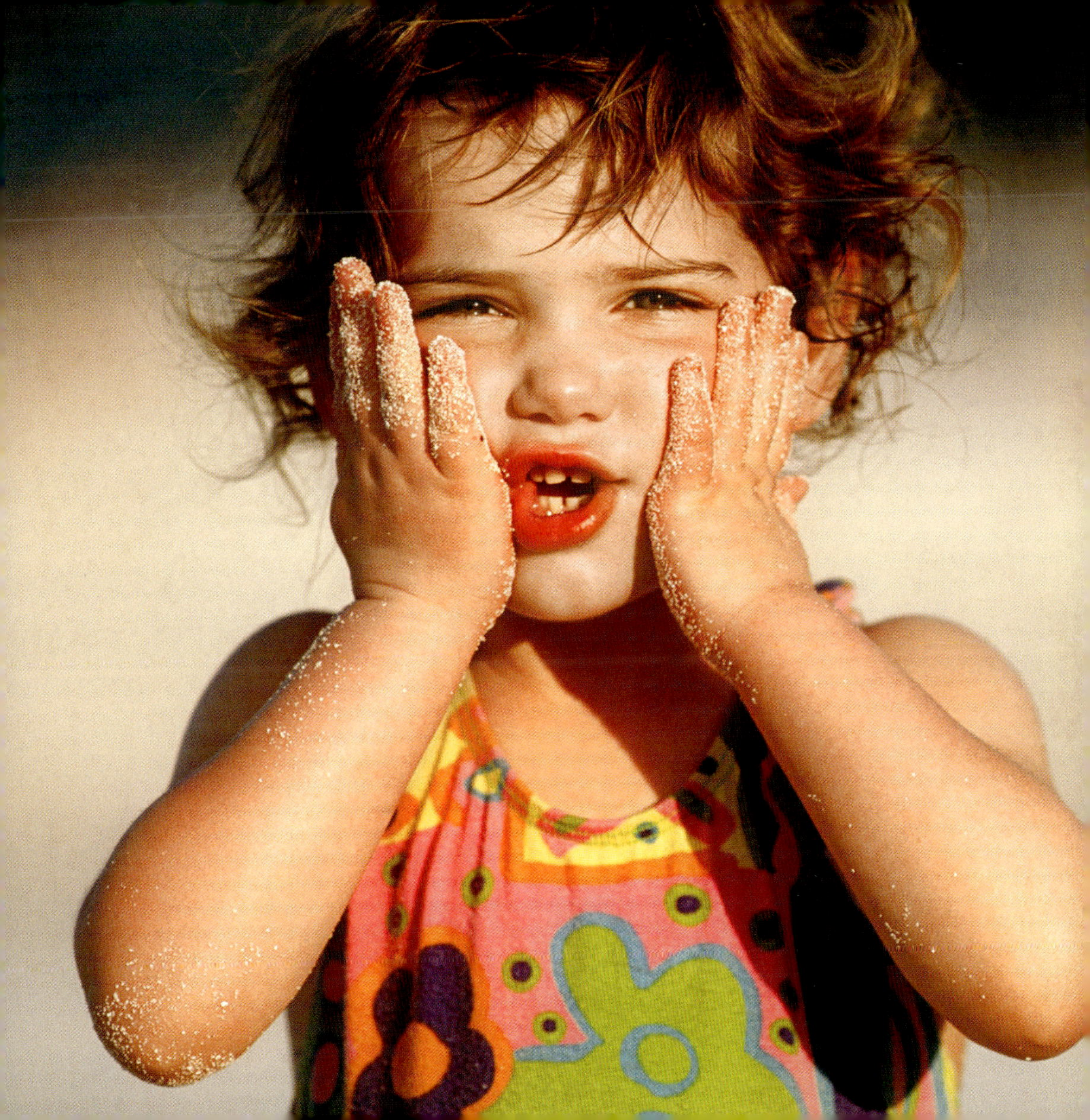

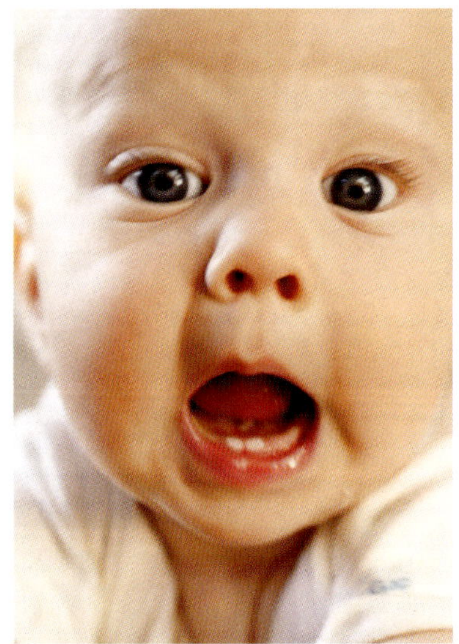

La emotividad de los niños pequeños, comunicada a través del lenguaje no verbal, puede alcanzar momentos formidables. En estas imágenes se trasmite de manera precisa e intensa una emoción de miedo y alarma.

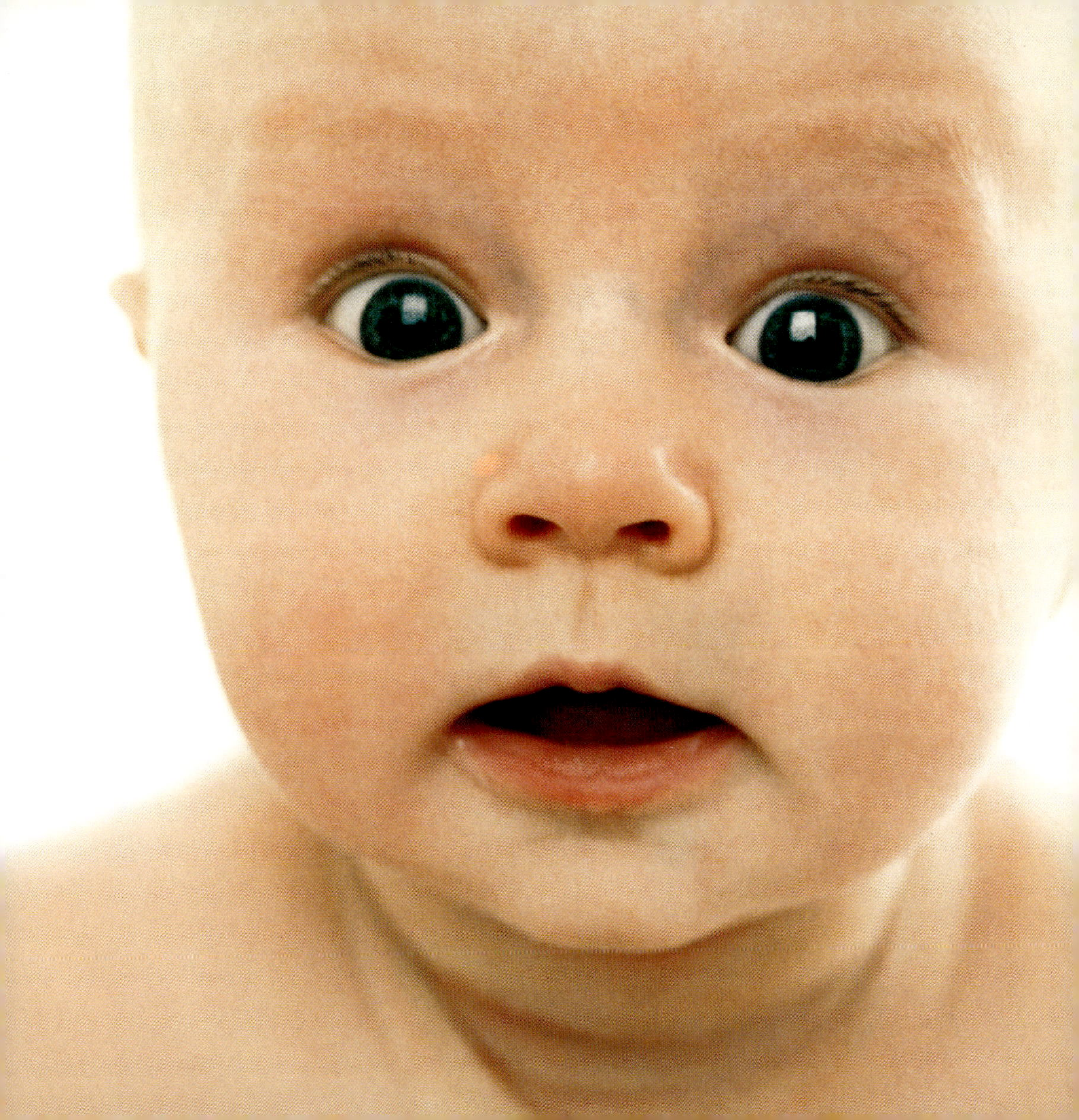

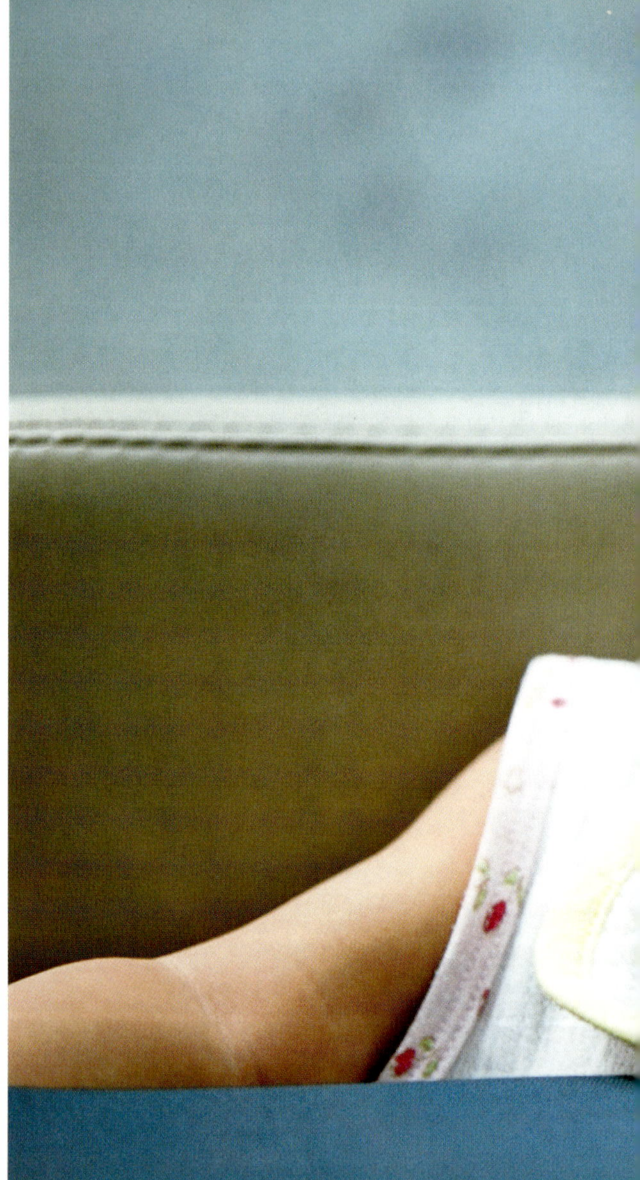

La hora de la comida es un momento típico en el que pueden aparecer protestas, lloros, rabietas y producirse una fuerte afirmación de la voluntad y las preferencias.

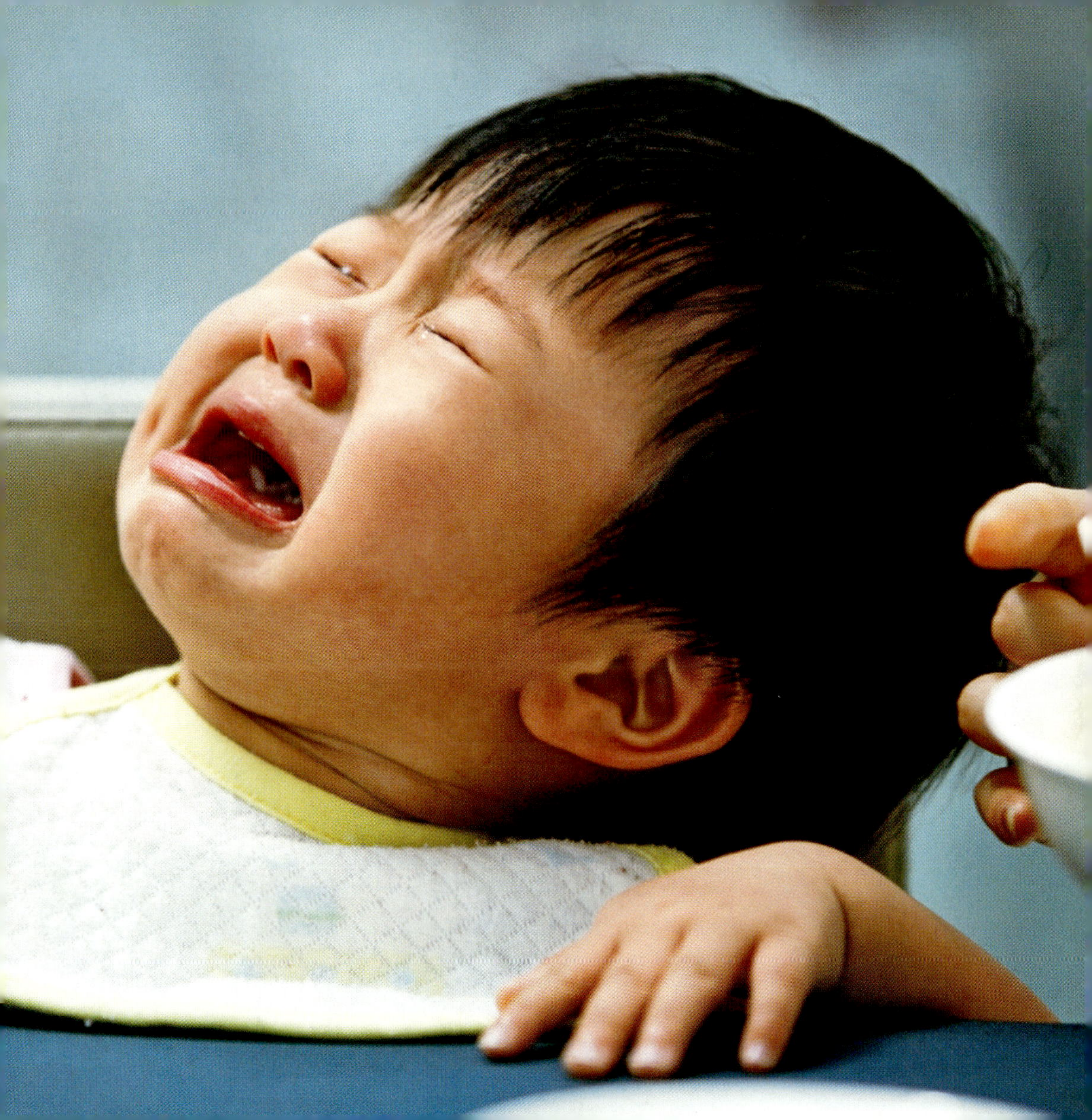

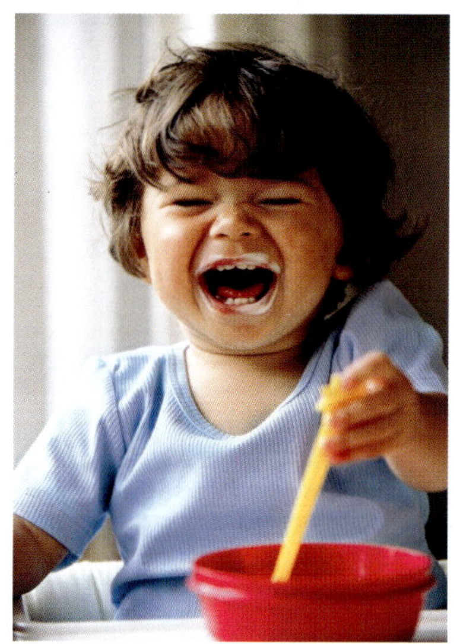

El cansancio puede desempeñar un papel importante a la hora de transformar un juego en una rabieta seguida de un sonoro llanto a grito pelado.

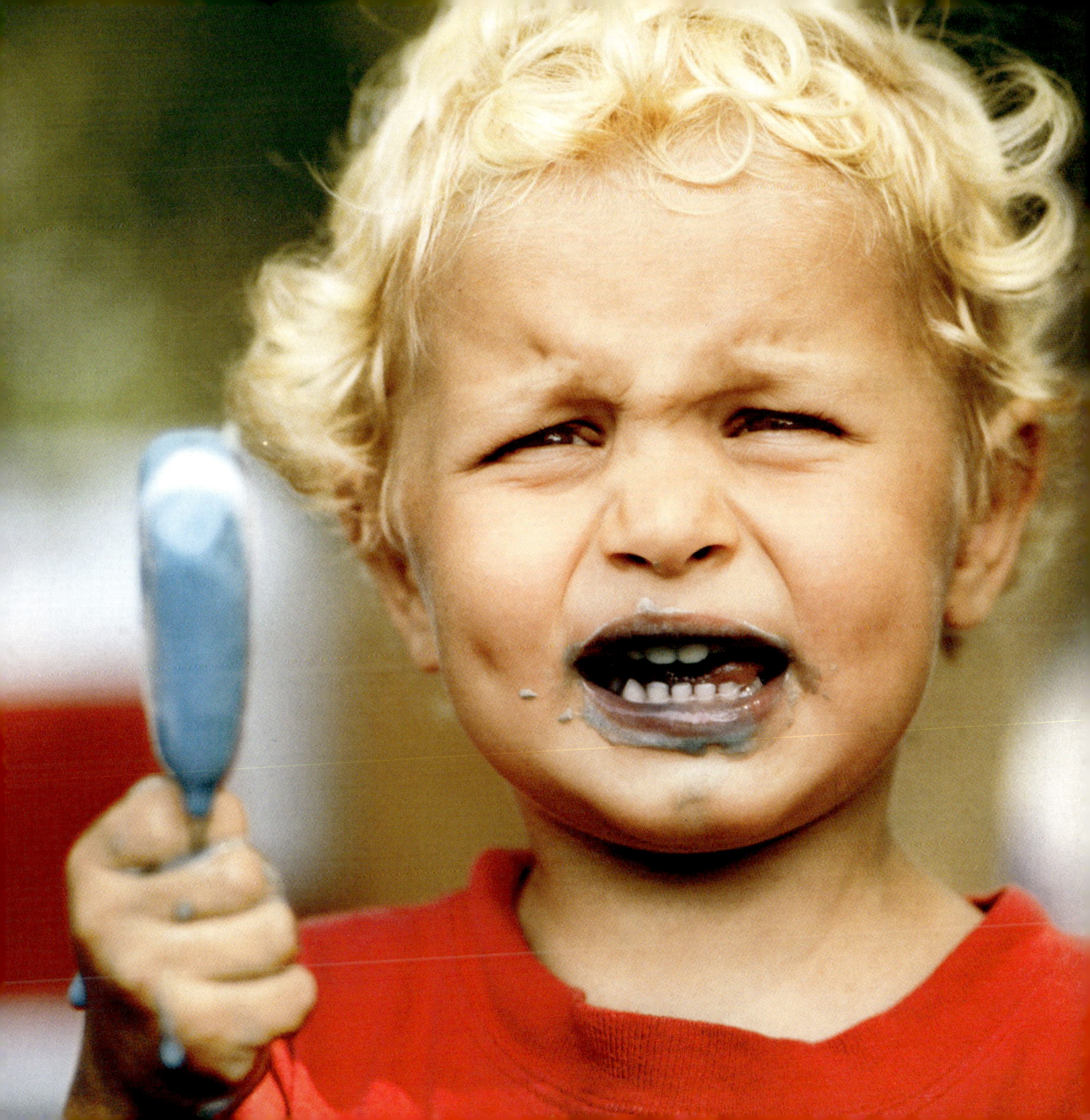

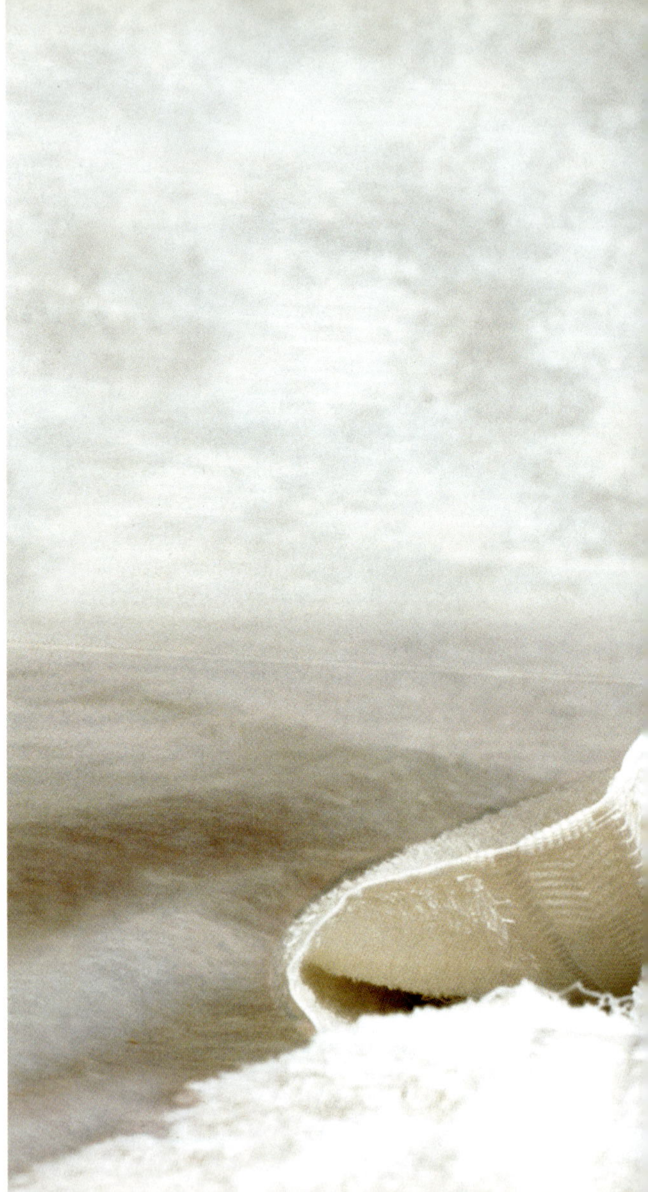

● Acurrucarse y jugar a
esconderse
cubriéndose con una
toalla es una actividad
realmente estimulante y
excitante cuando
todavía no ha llegado
el momento de dar los
primeros pasos.

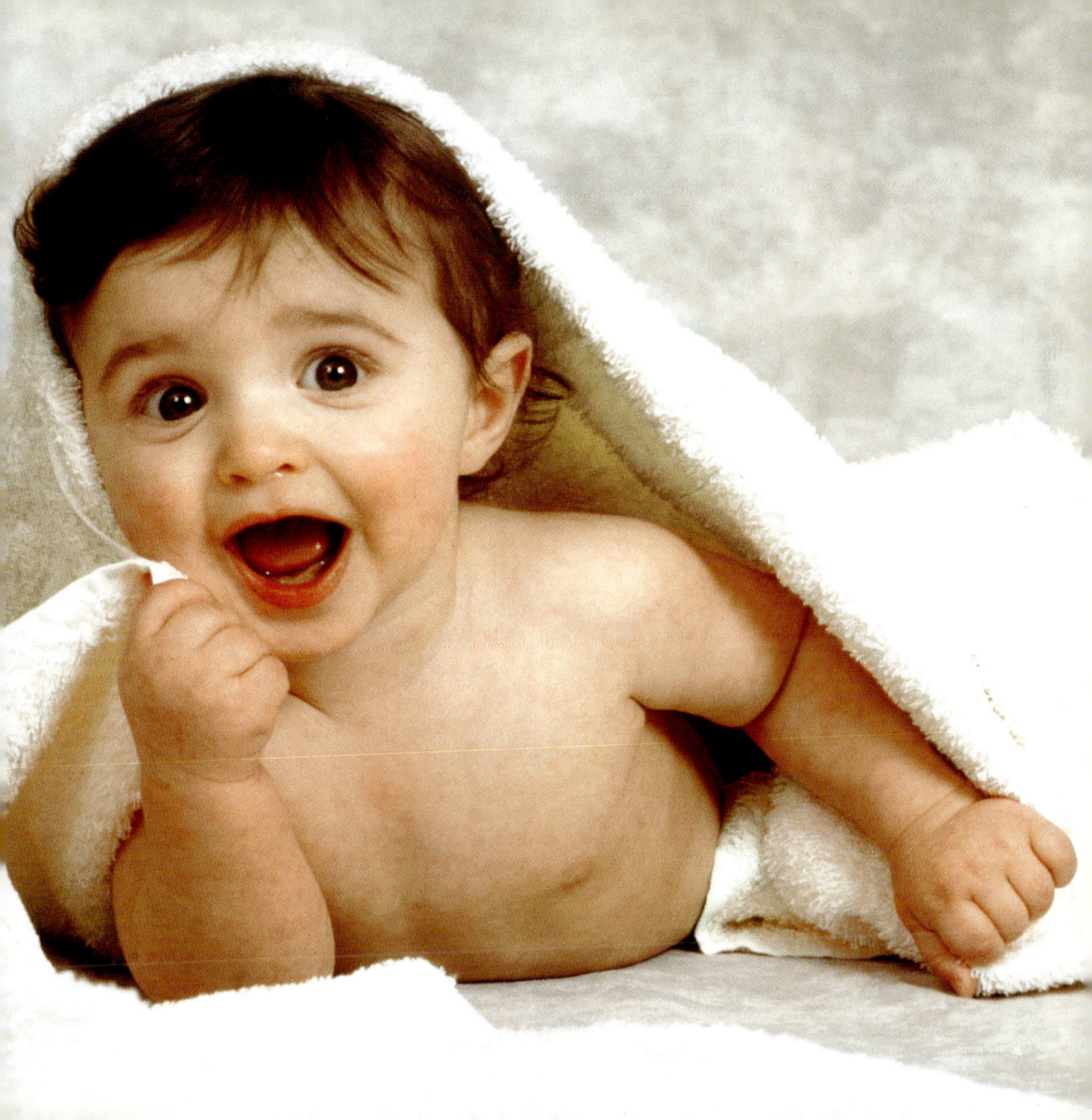

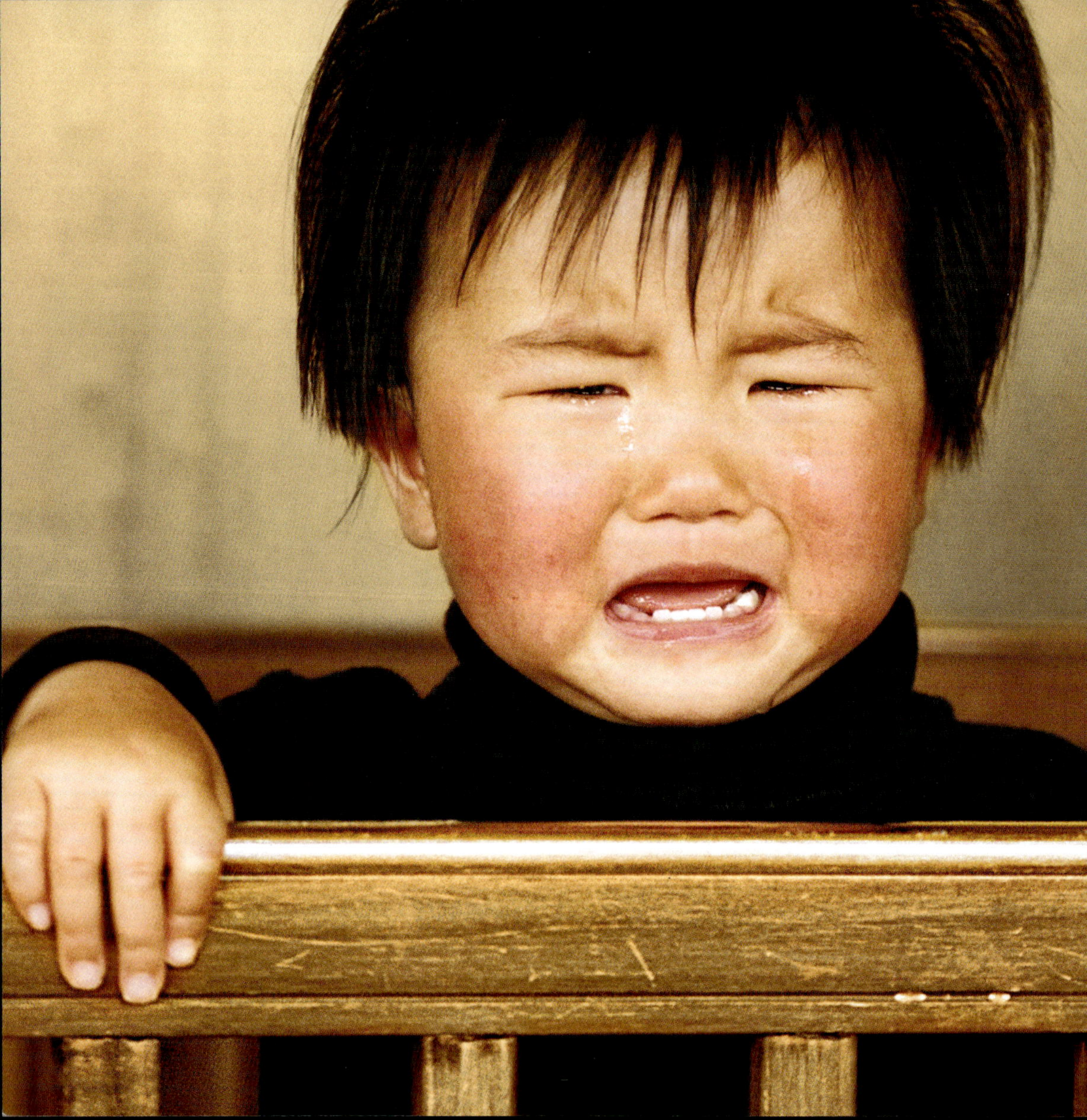

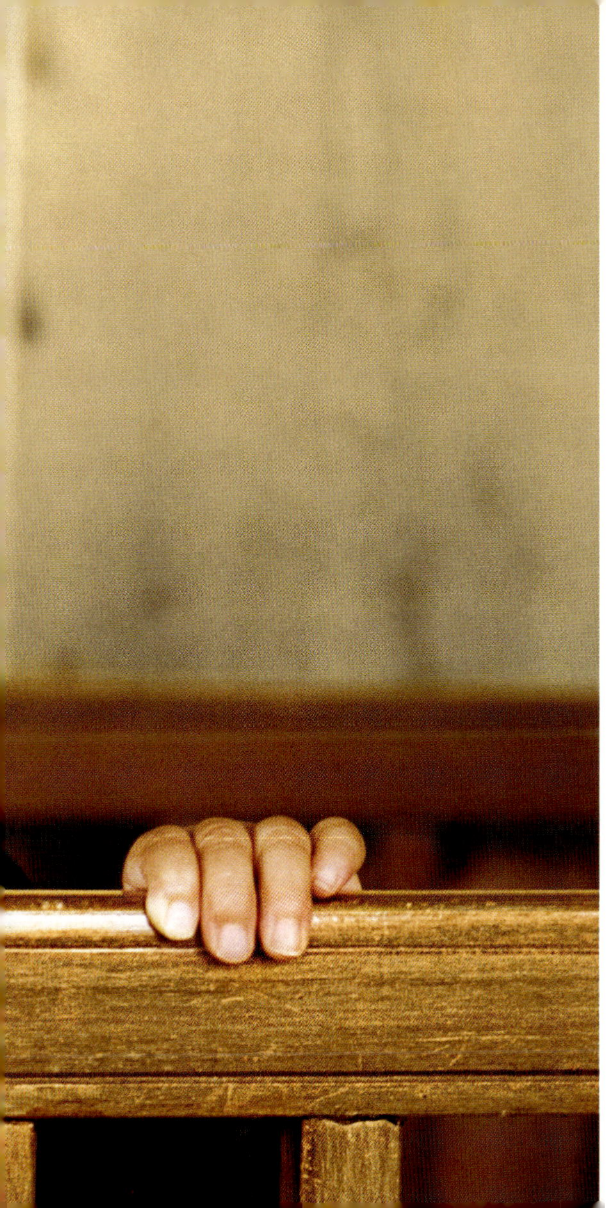

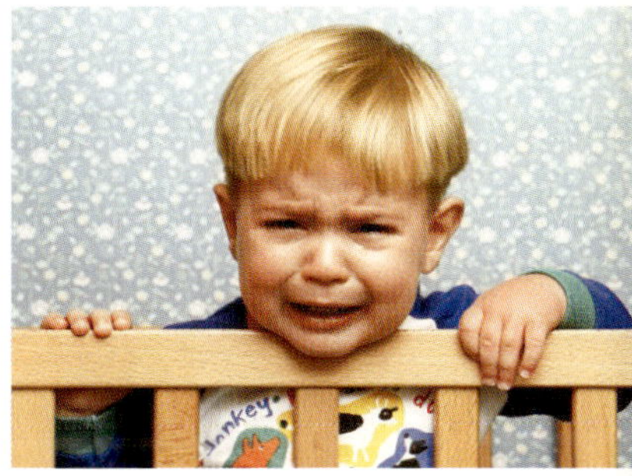

En general a los niños no les gusta la sensación de quedarse solos y se necesitan algunos días para que se habitúen a jugar tranquilos en su propia cuna o parque.

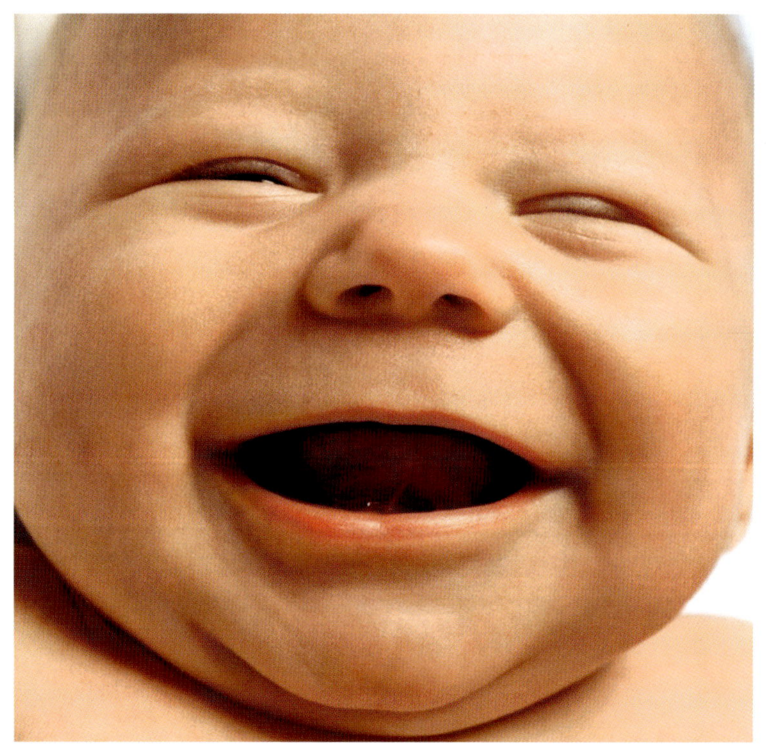

Un bebé transmite con su sonrisa una absoluta ternura y con su llanto una total desesperación. Las dos situaciones llegan de una forma espontánea e inmediata a las personas que están a su alrededor.

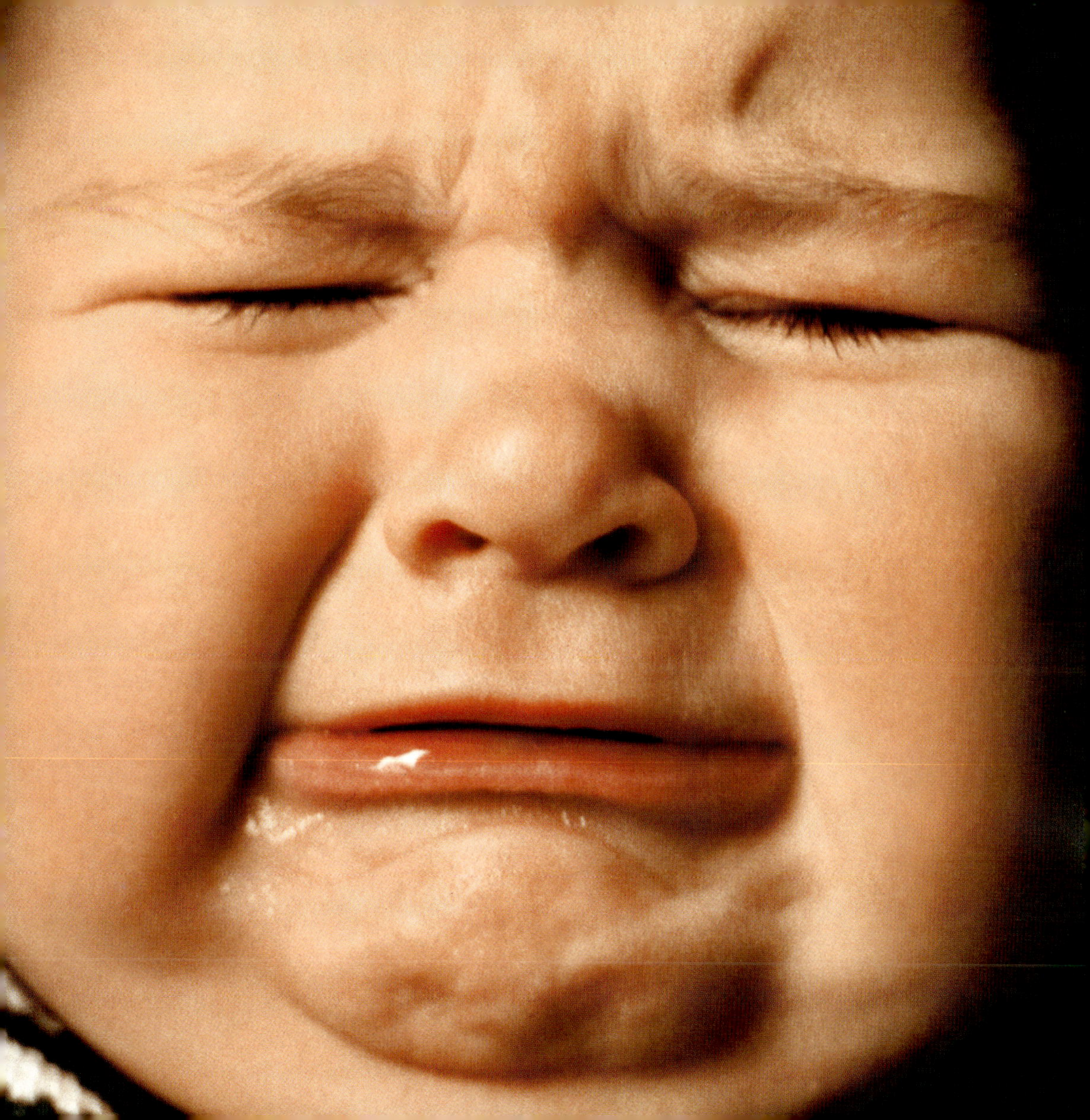

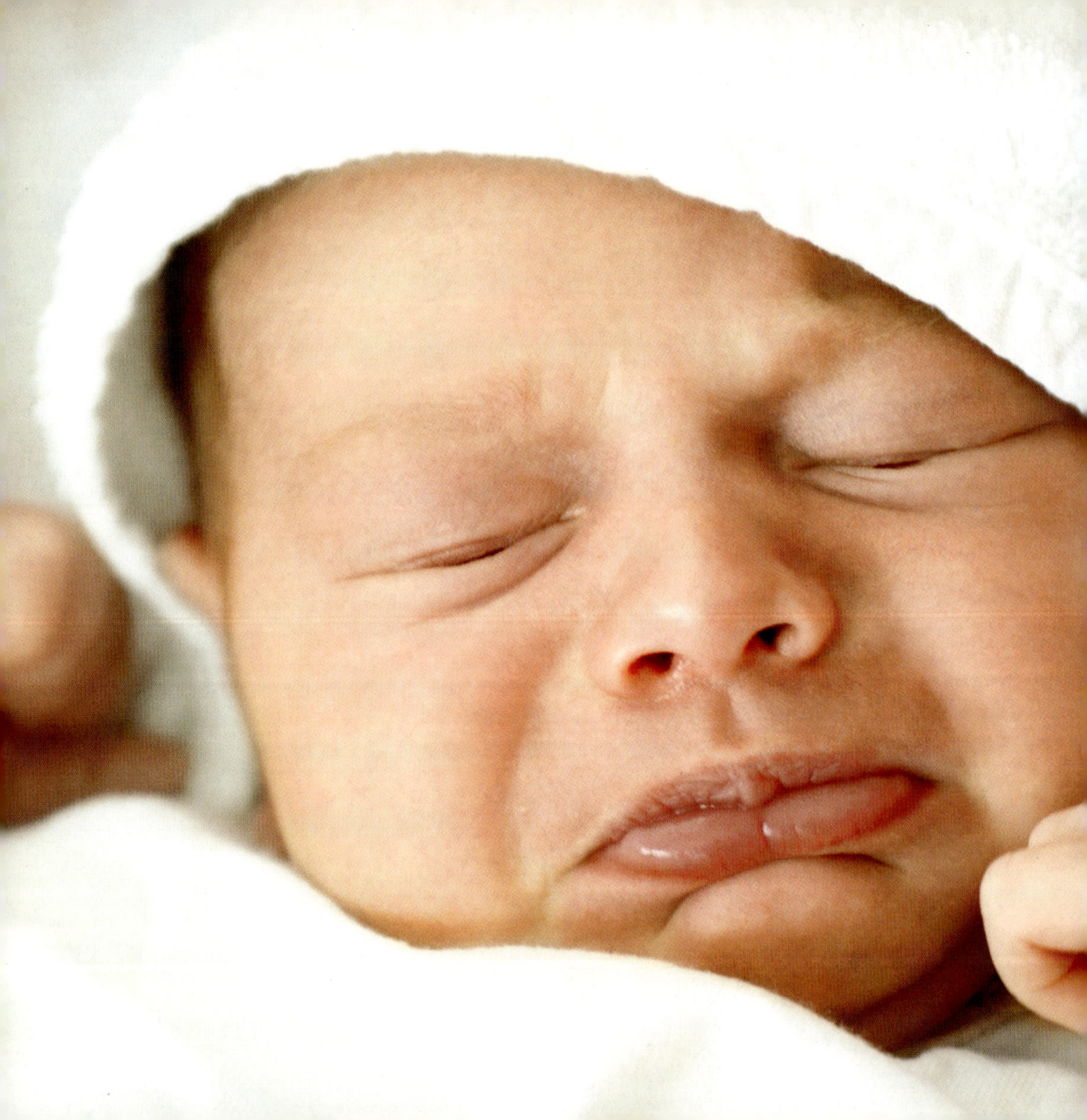

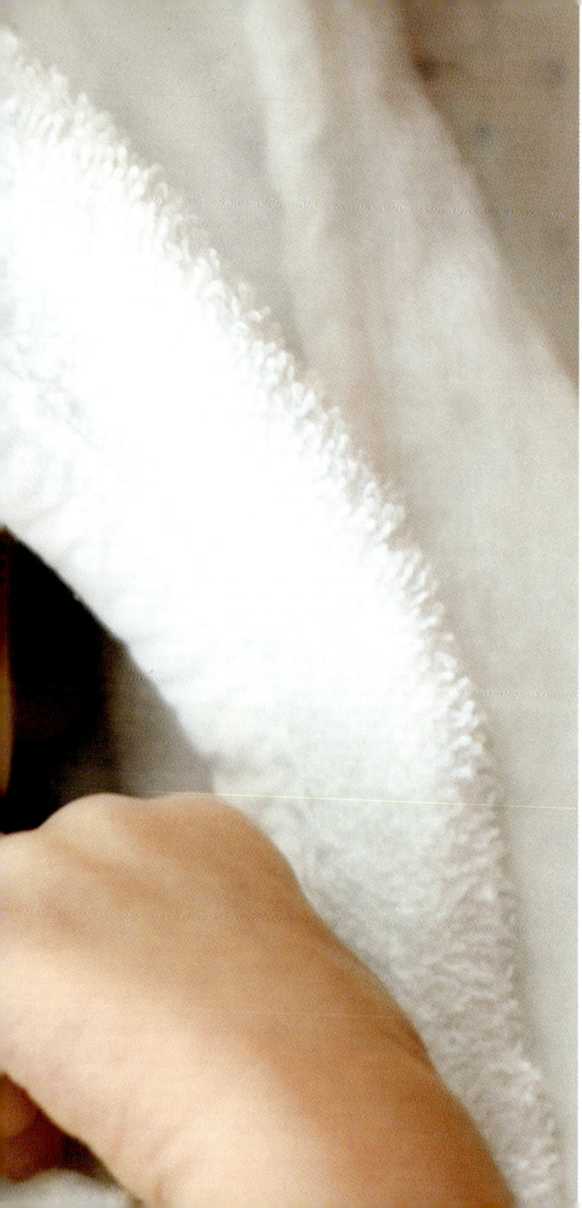

448-449 ● Si lo observamos mientras duerme, podremos ver que también el bebé vive su propio mundo de sueños, que le provocan expresiones cambiantes de su rostro.

449 ● La boca abierta permite una rápida emisión de aire: el bebé emite un ruido agudo para hacerse escuchar.

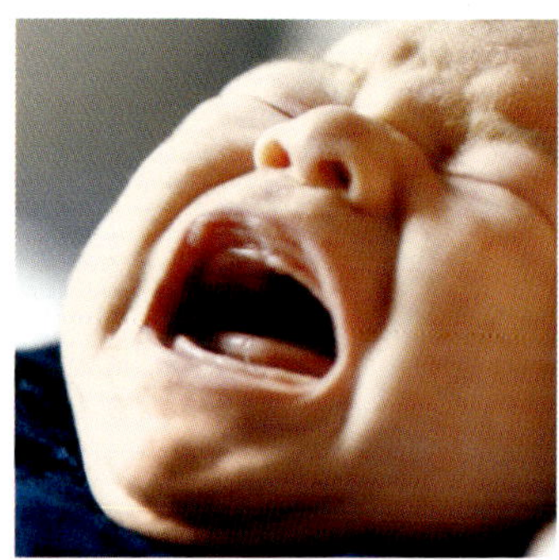

450-451 ● El ímpetu de los nuevos juegos puede provocar momentos de miedo: en tales casos el llanto dura poco y la sonrisa vuelve a aparecer enseguida.

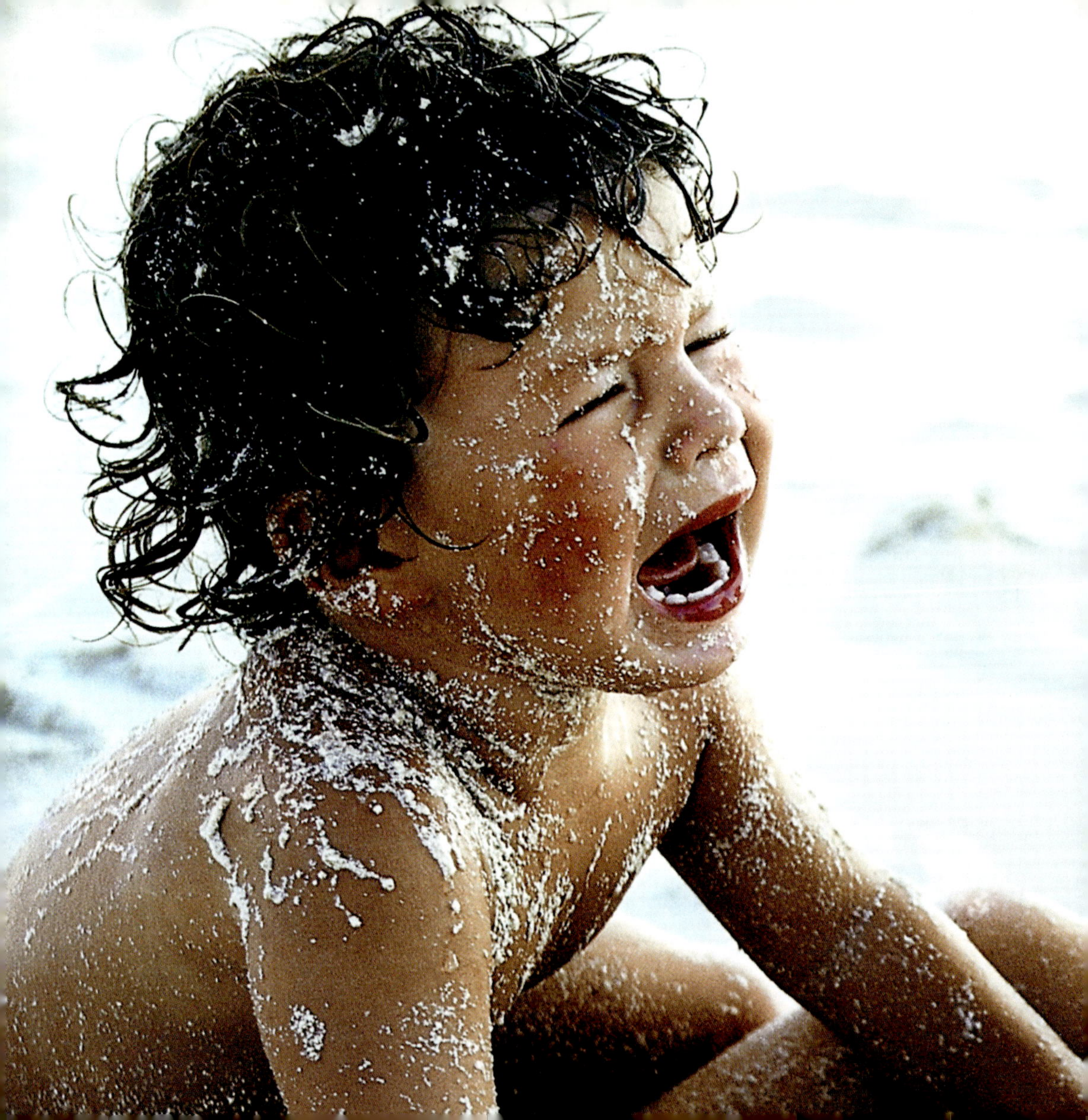

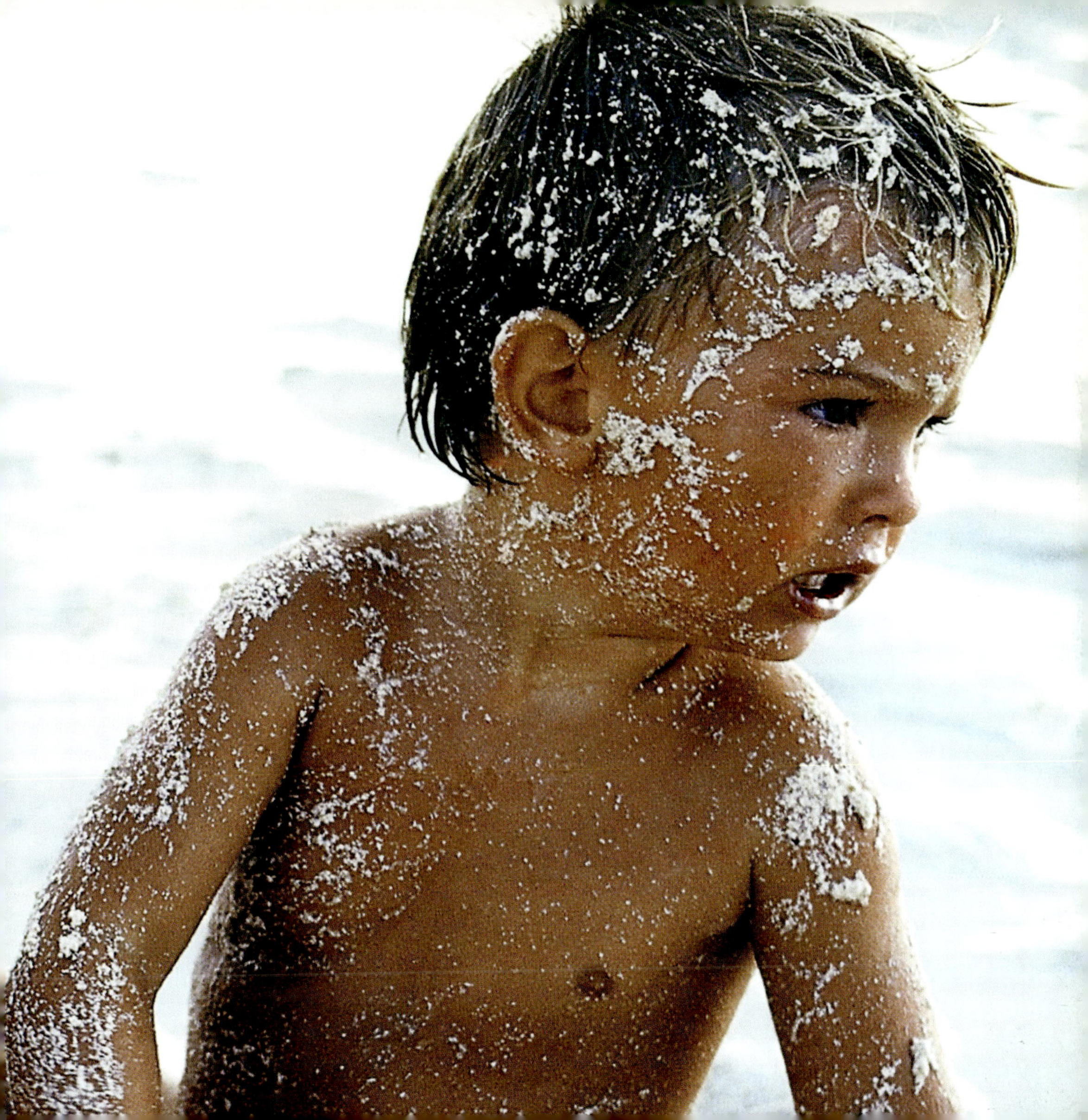

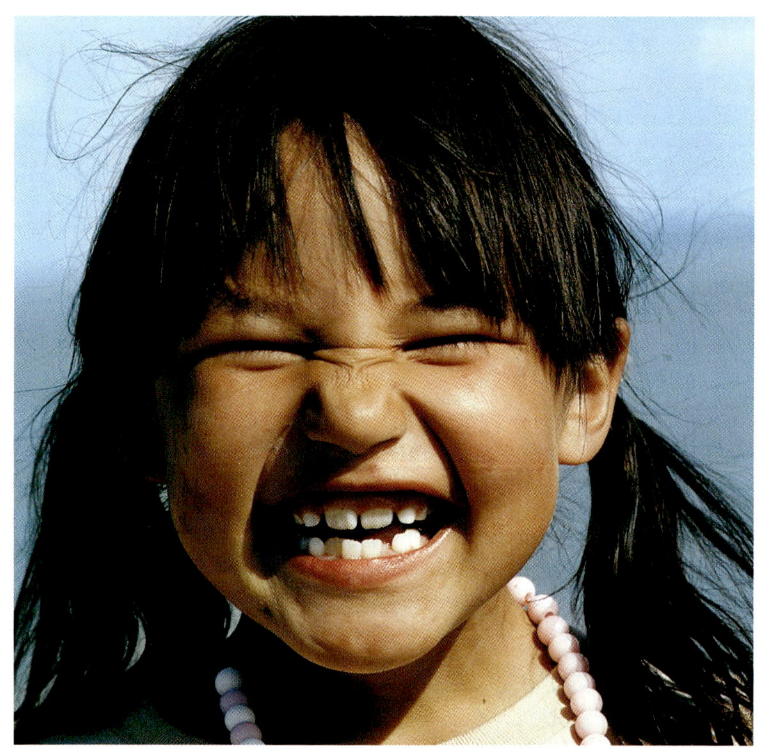

Las muecas sirven también para hacer pruebas generales de expresión enfurruñada o enrabiada: en este caso, sin embargo, ninguno de los niños consigue realmente ocultar la alegría del fondo de su gesto.

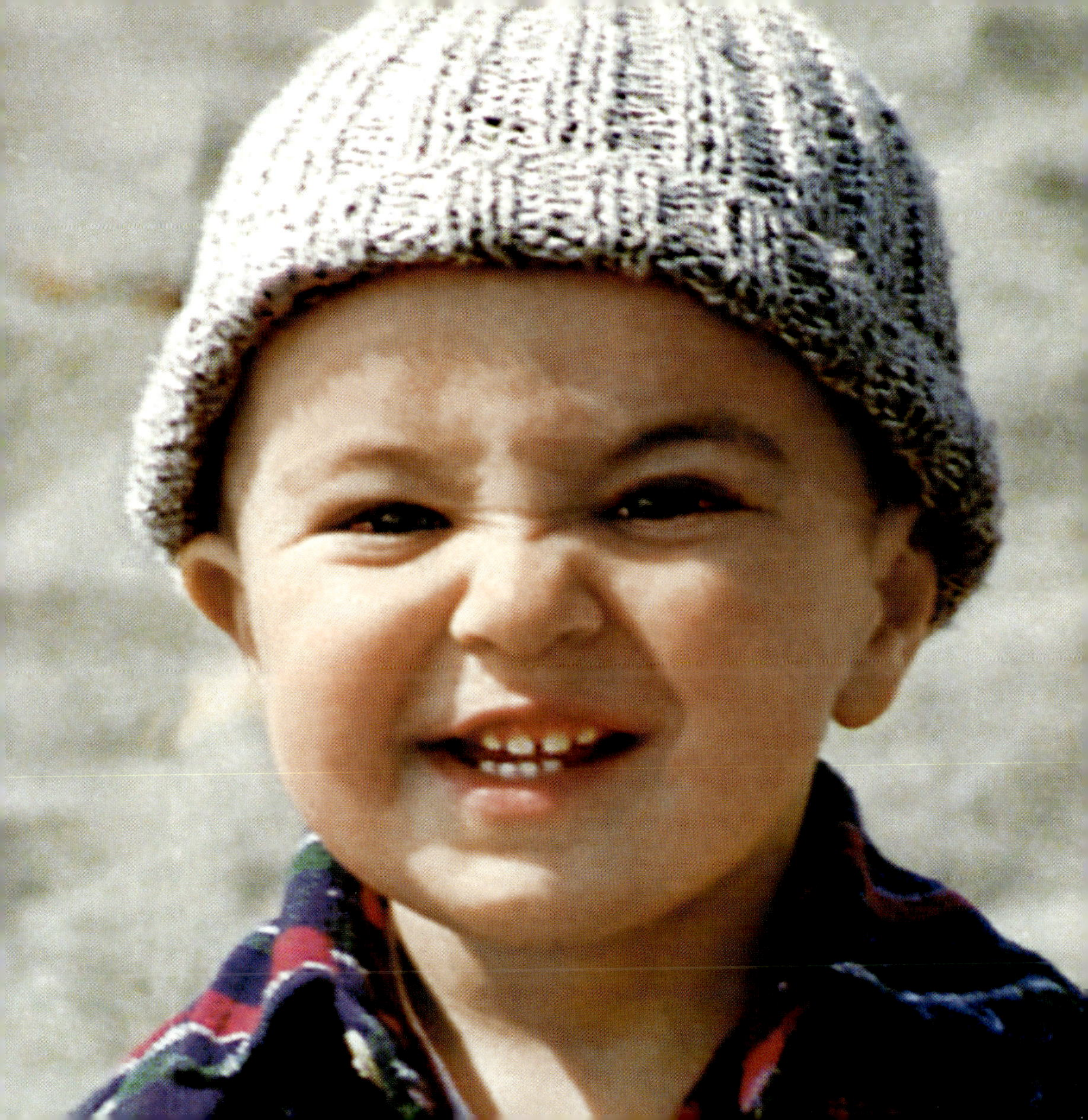

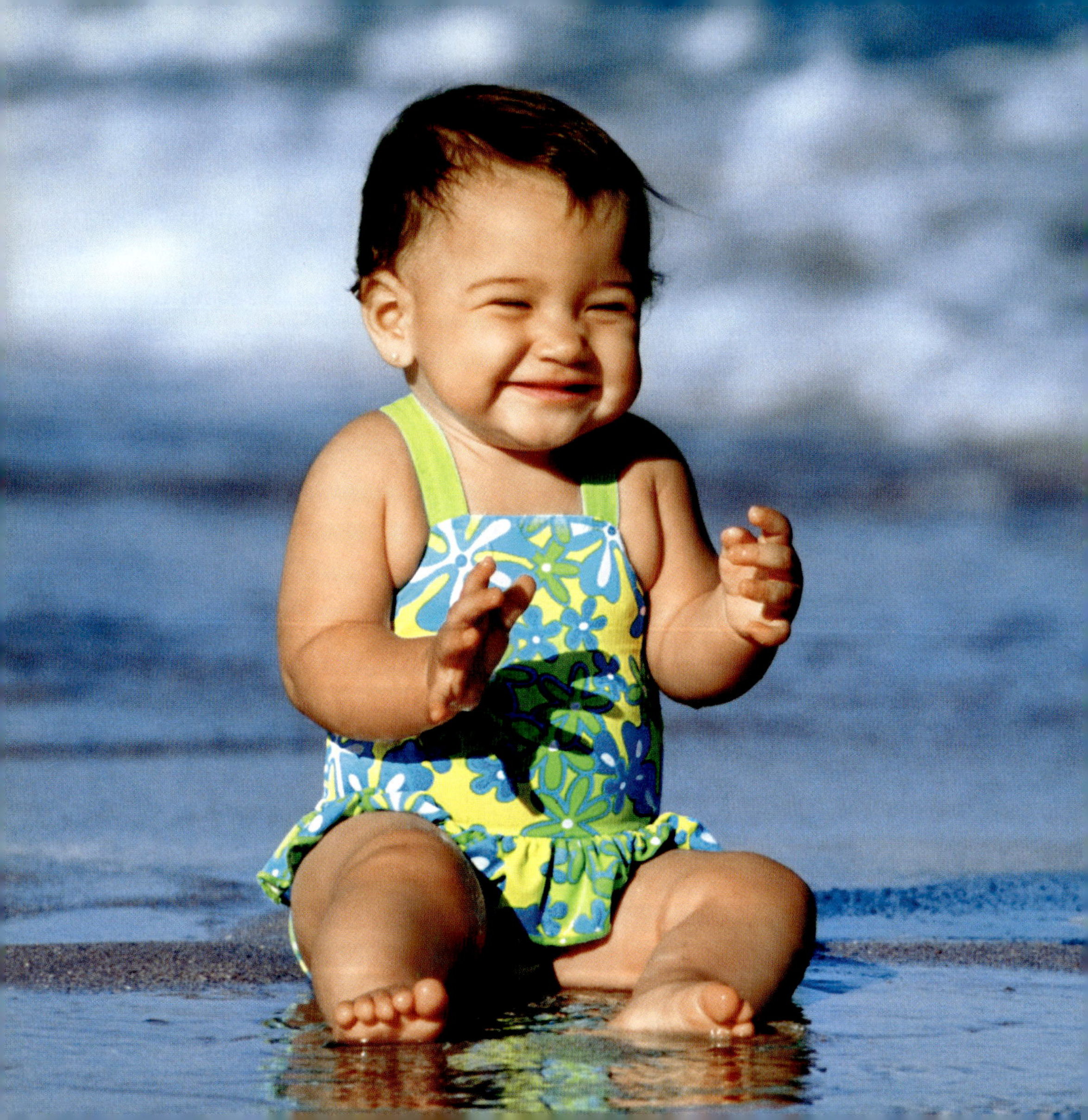

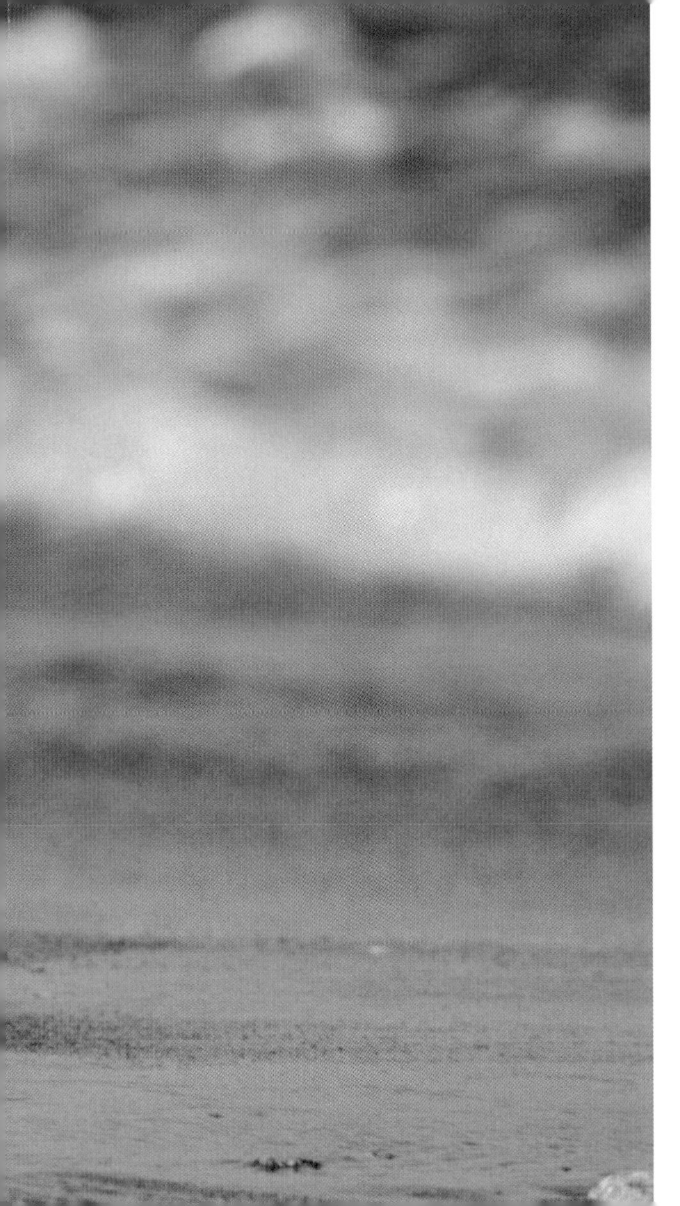

Una pequeña en traje de baño comienza a apreciar el contacto con el agua y la arena: es una esperanza feliz y gratificante que disfruta el cuerpo y llena de emociones.

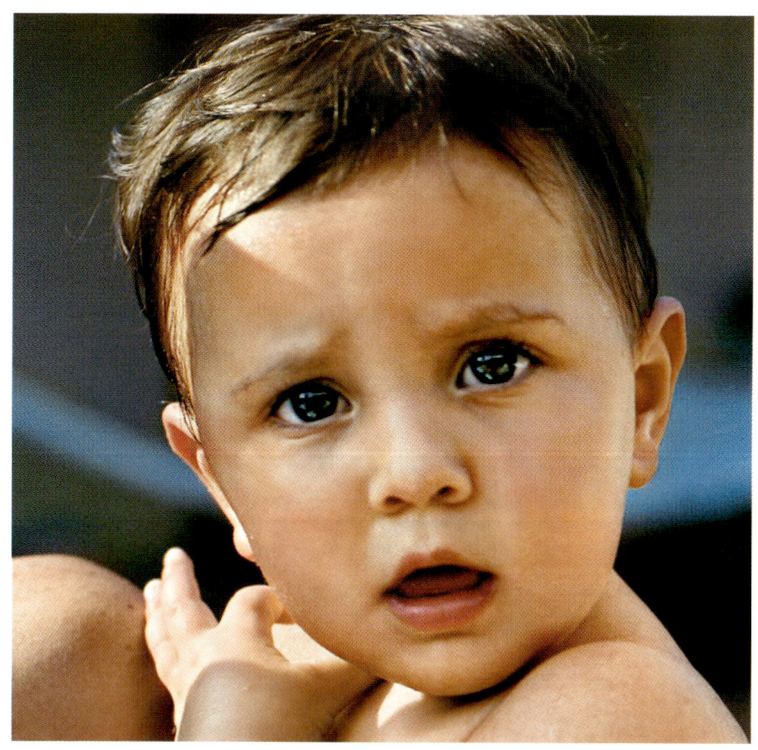

También los pequeños tienen sus sentimientos de orgullo. Saben que son los pequeños
y quieren ser tratados con el debido respeto.

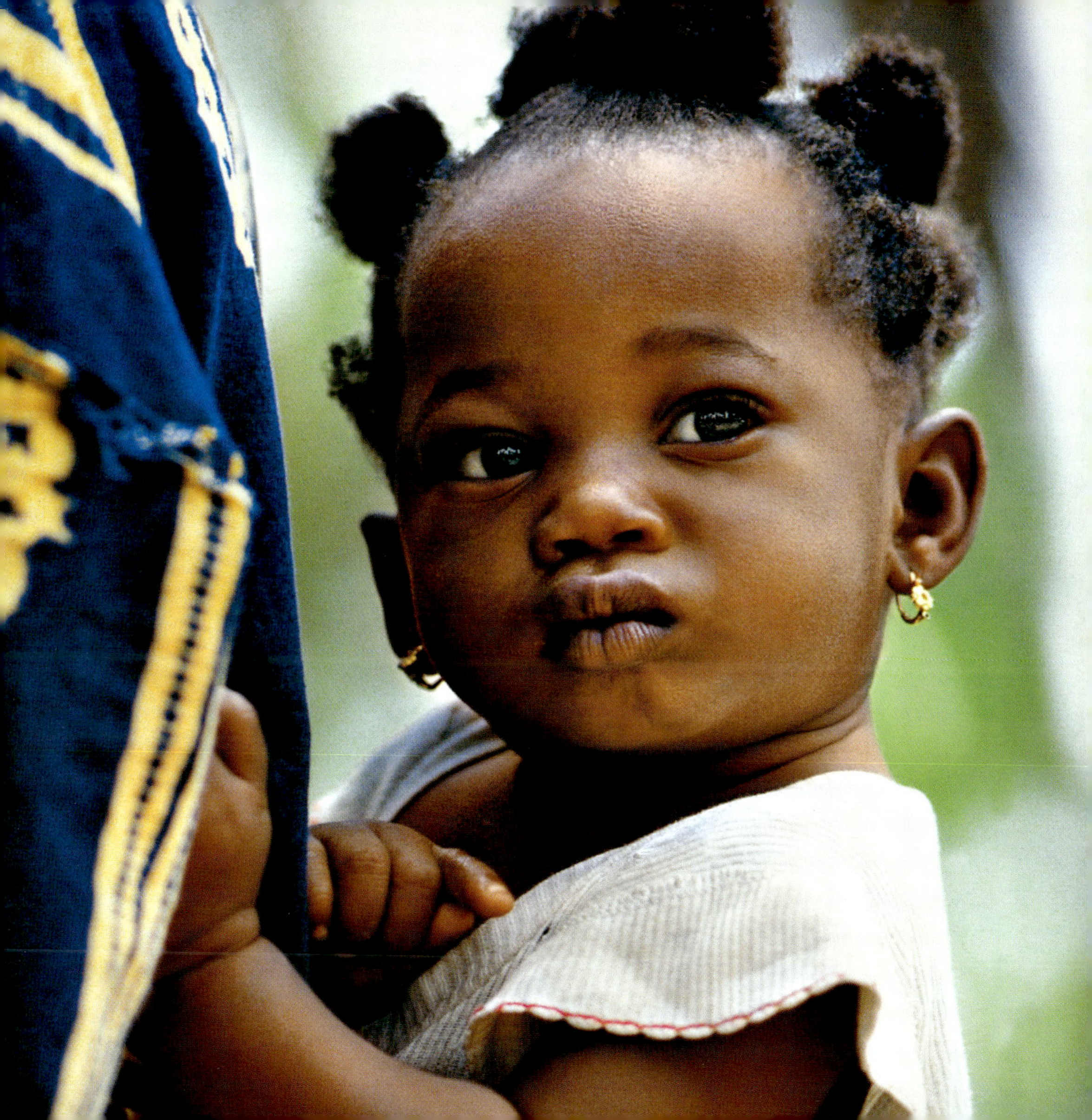

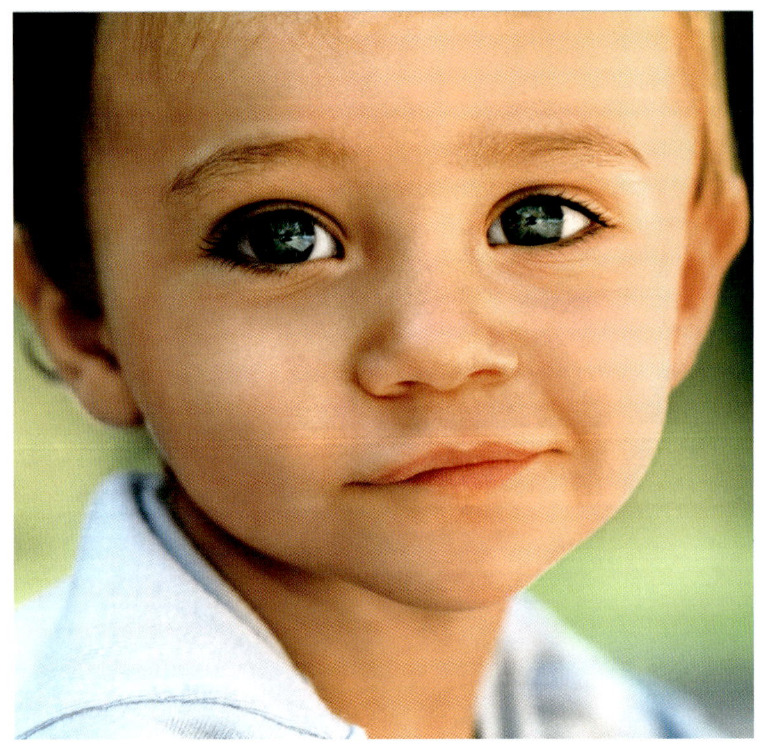

Desilusión y sorpresa se adivinan claramente, incluso sin necesidad de palabras, en la expresión del rostro de estos niños.

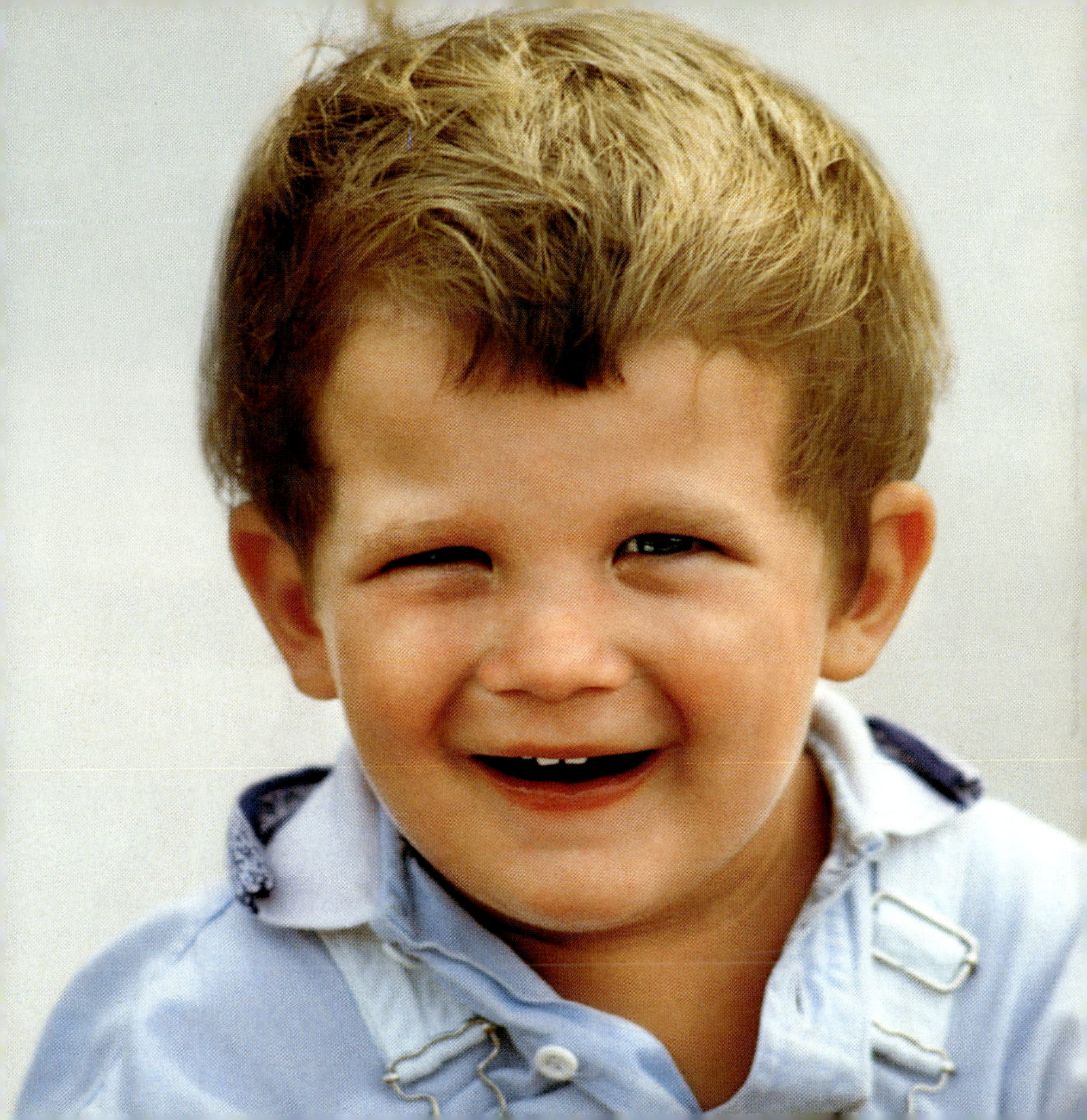

COBERTURAS DE AVENTURAS

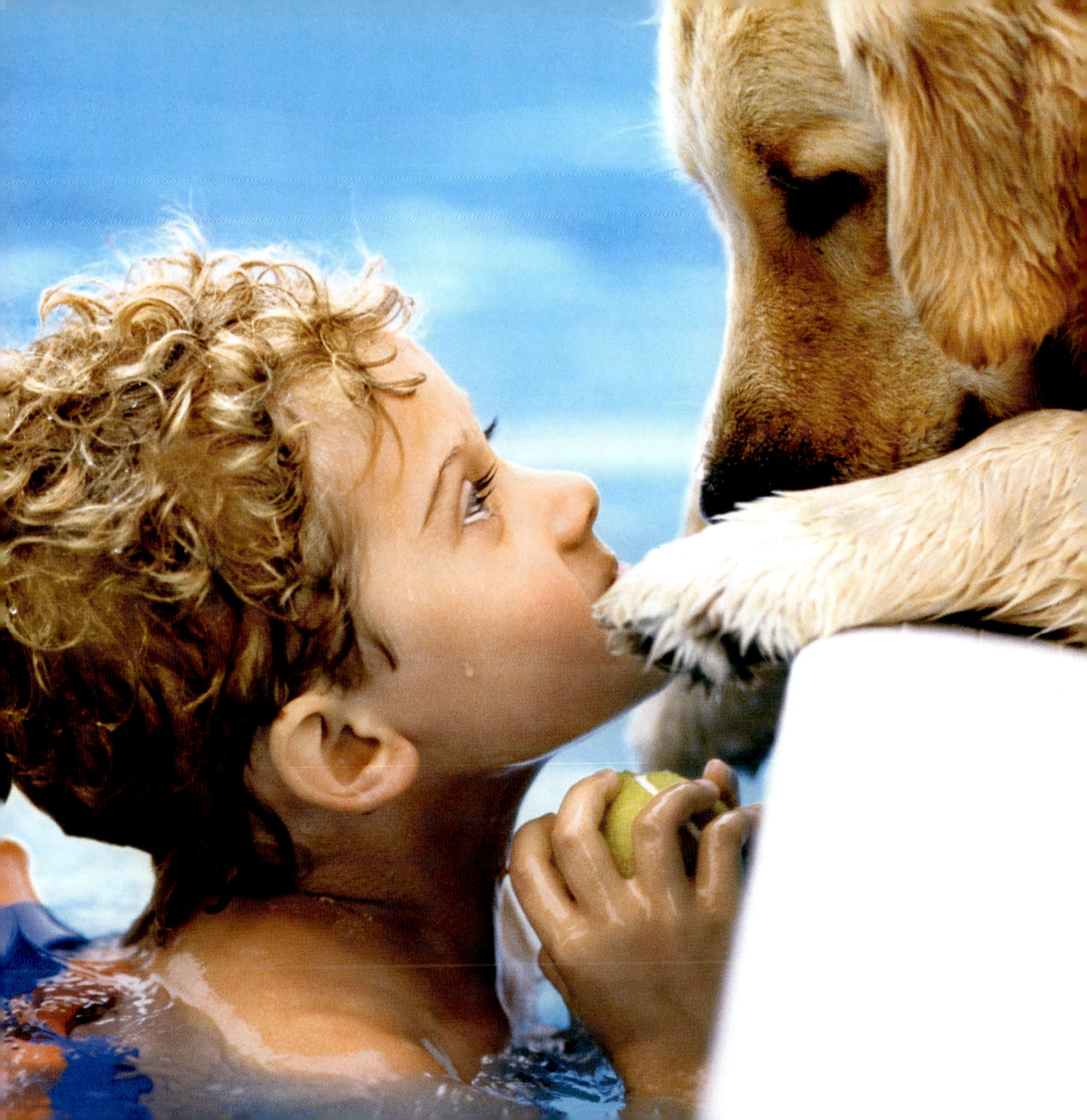

Una galleta para ti y otra para mí, un poco para ti y otro para mí… no hay que sorprenderse si un gesto de complicidad atrae al otro y, a veces, hasta querrían dormir en la misma cama: los animales domésticos son los compañeros preferidos de muchos niños que, finalmente, pueden ser «jefes de la manada» y aprender en qué consiste el sentido de la responsabilidad que deriva de recibir y dar afecto, y de encargarse del cuidado de alguien. Gracias a tener un cachorro, niños y niñas pueden aprender fácilmente los secretos de la naturaleza y de la vida.

Junto al propio cachorro o al gatito, o bien con el caballo o con un sencillo hámster, todos los pequeños pueden compartir un mundo animado por infinitos juegos, explorar y observar, e iniciar aventuras que gracias a la presencia de estos tan particulares amigos se enriquecen con una magia especial. Es una posibilidad extraordinaria para que los, quizá, solitarios o incluso, a veces, estresados, niños de hoy día, puedan llevar adelante experiencias con alguien que no tiene nunca prisa o no se aburre jamás: el cachorro que ha crecido en casa no se cansa nunca de mirarlo mientras ensaya una y mil veces su tiro a portería (e incluso celebra a su manera cada gol), el gatito no deja de ronronear si es peinado con dulzura, el caballo siempre está dispuesto a dar un bonito paseo y no tiene nunca nada más importante que hacer; por ello, igual que los animales están siempre presentes y se muestran protectores y dispuestos a ser leales, también el niño será incapaz de traicionar o abandonar a un amigo tan fiel. En los momentos de miedo o de timidez el primero en darse cuenta es el amigo de cuatro patas, que nunca le negará su más cálido consuelo. Tampoco tiene palabras para criticar o juzgar, ni para reprochar: se limita a ser su amigo y aceptar al niño exactamente tal como es, sin pedirle que sea guapo, valiente, audaz, activo o, en definitiva, perfecto.

En el fondo, su relación es un oasis de libertad, diversión, aventura y juego. Significa, en definitiva, la posibilidad de establecer un compromiso sin condiciones y sin ningún pero. Es, sin duda, un amor duradero e incondicional.

Esta niña, pastora china de Mongolia Interior, abraza con ternura a su gato.

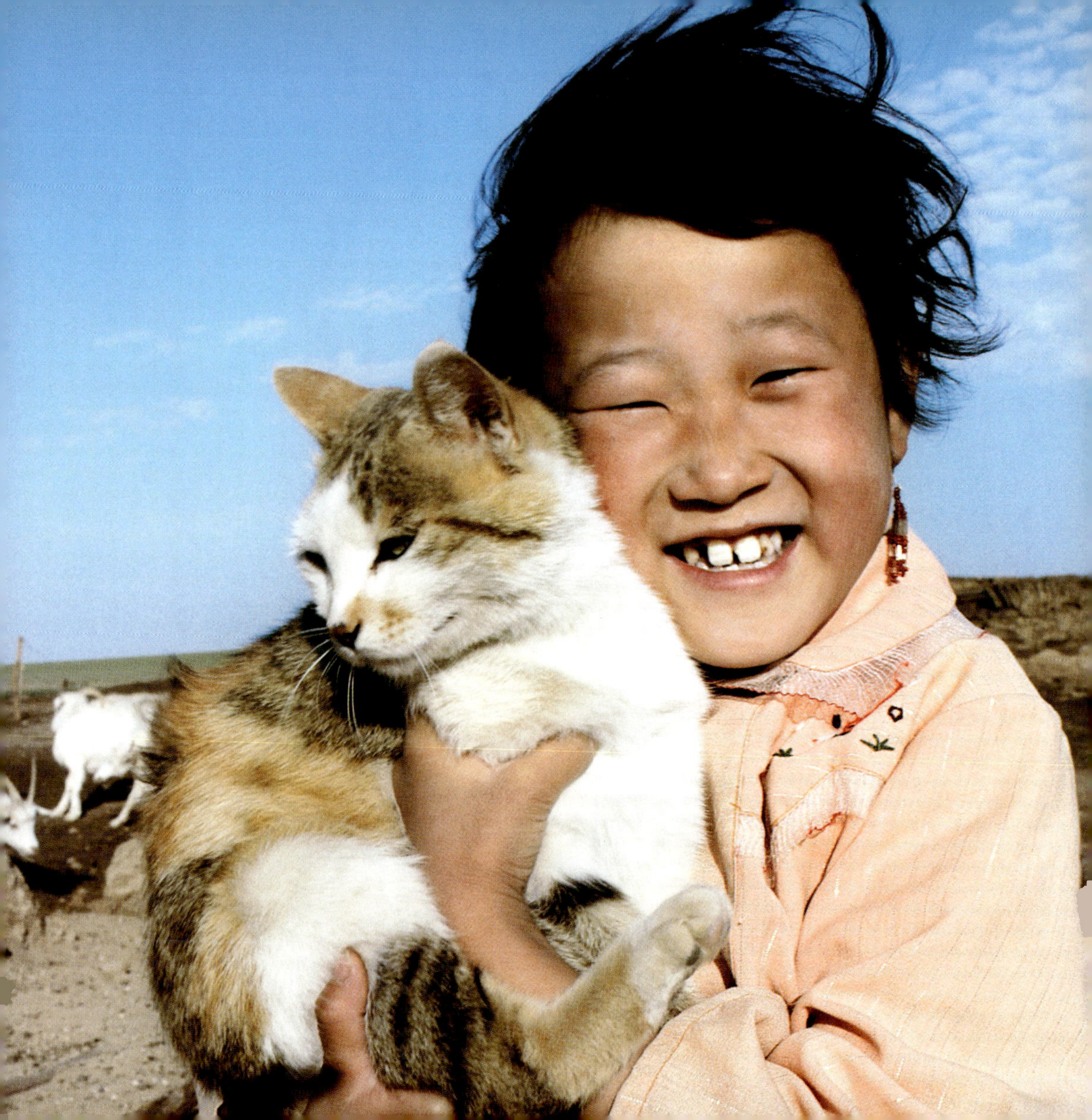

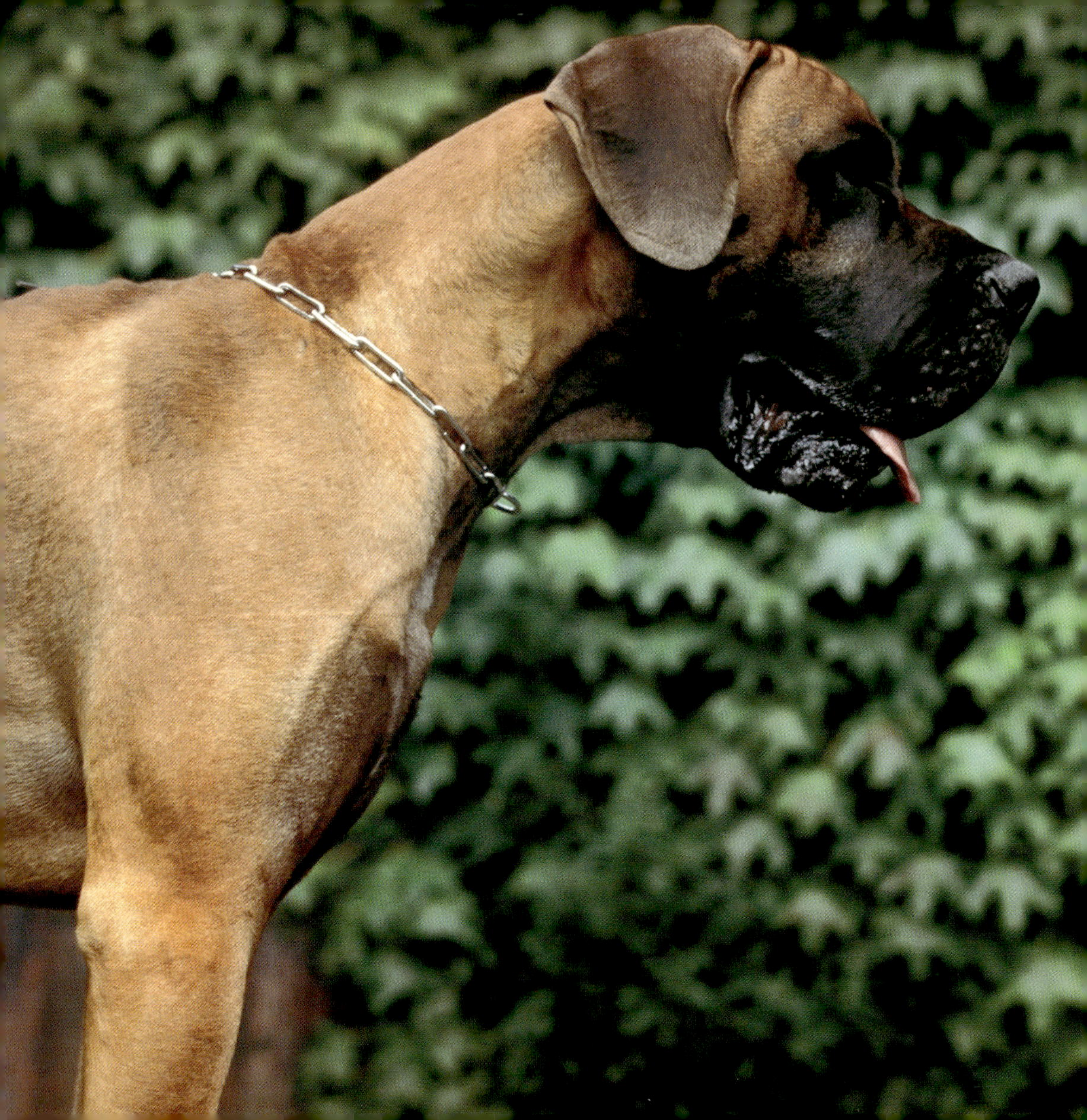

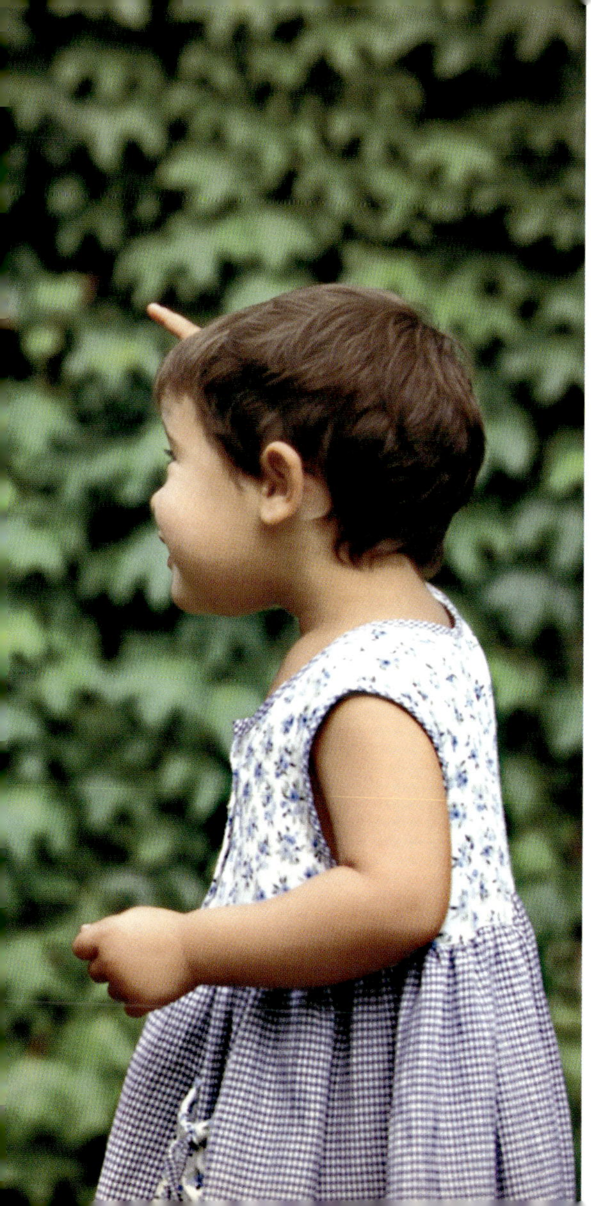

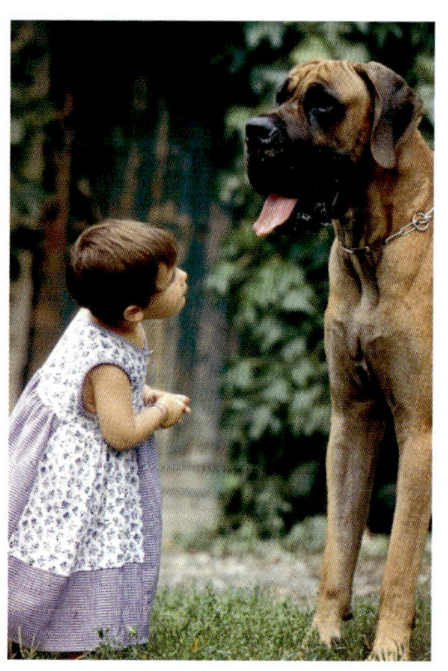

466-467 ● El gran perro alano espera
pacientemente las órdenes de su
pequeña dueña.

467 ● Esta niña observa sin temor
la boca de su perro.

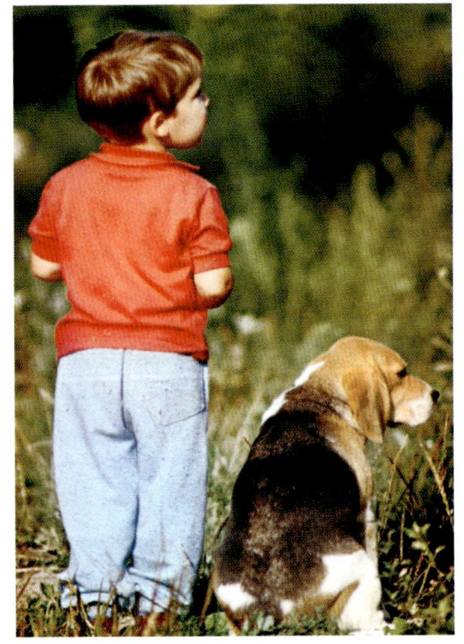

468 ● El niño observa el mundo junto a su perro de raza beagle.

469 ● Un intenso gesto de amistad y alianza entre el perro y el niño.

470-471 ● Esta niña juega empujando un carrito en el van sentados
su hermana pequeña y su gran perro.

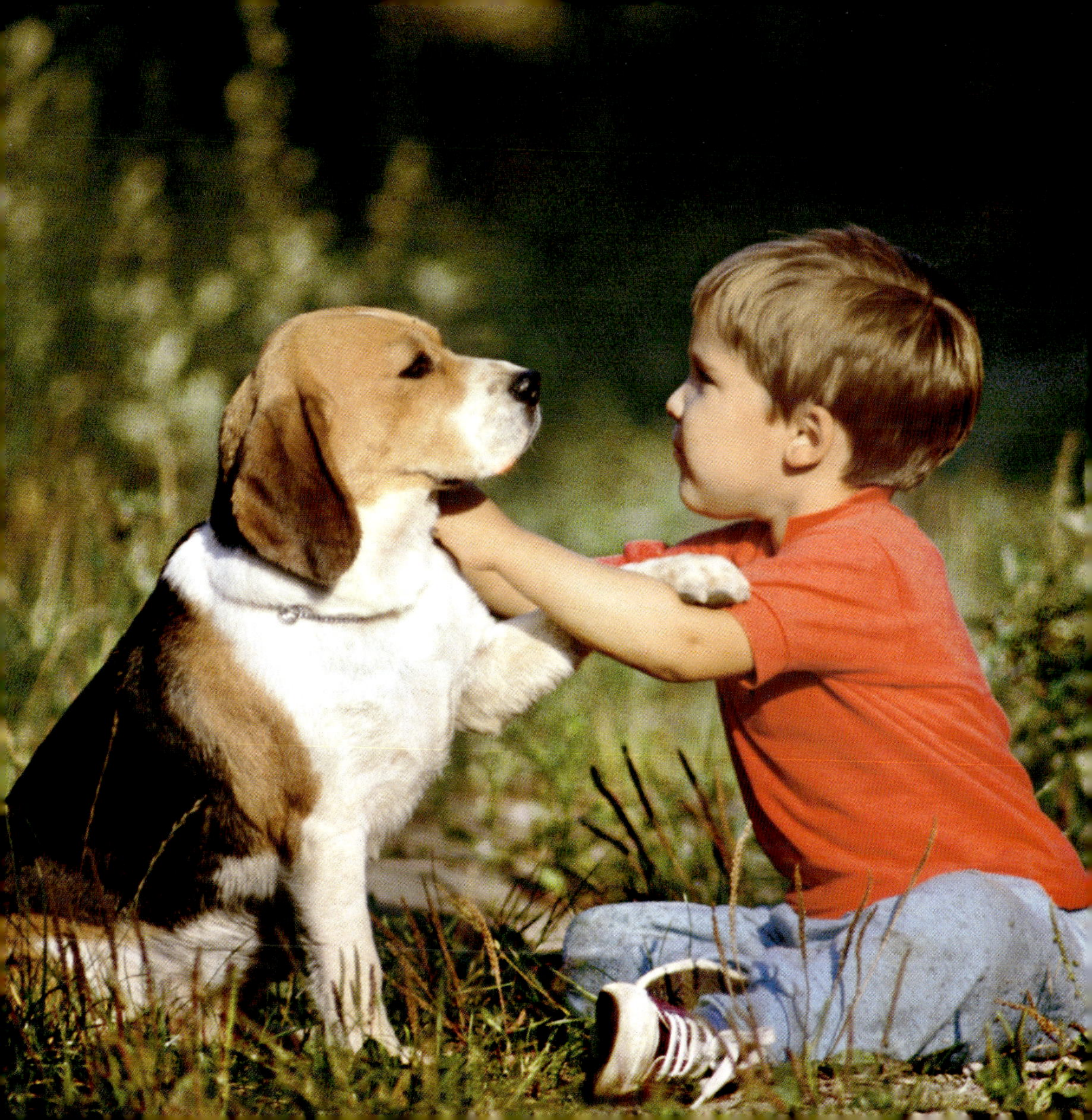

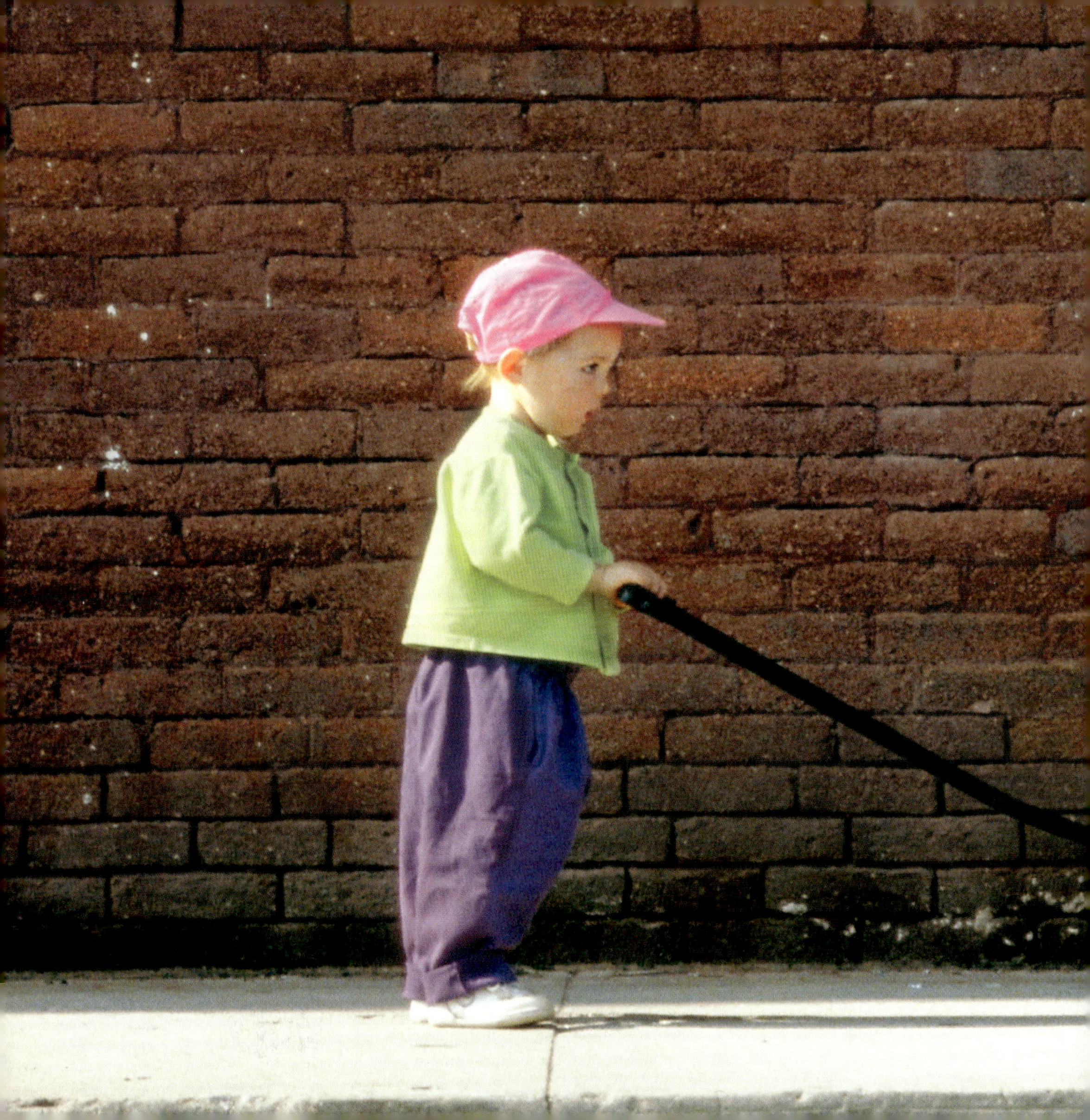

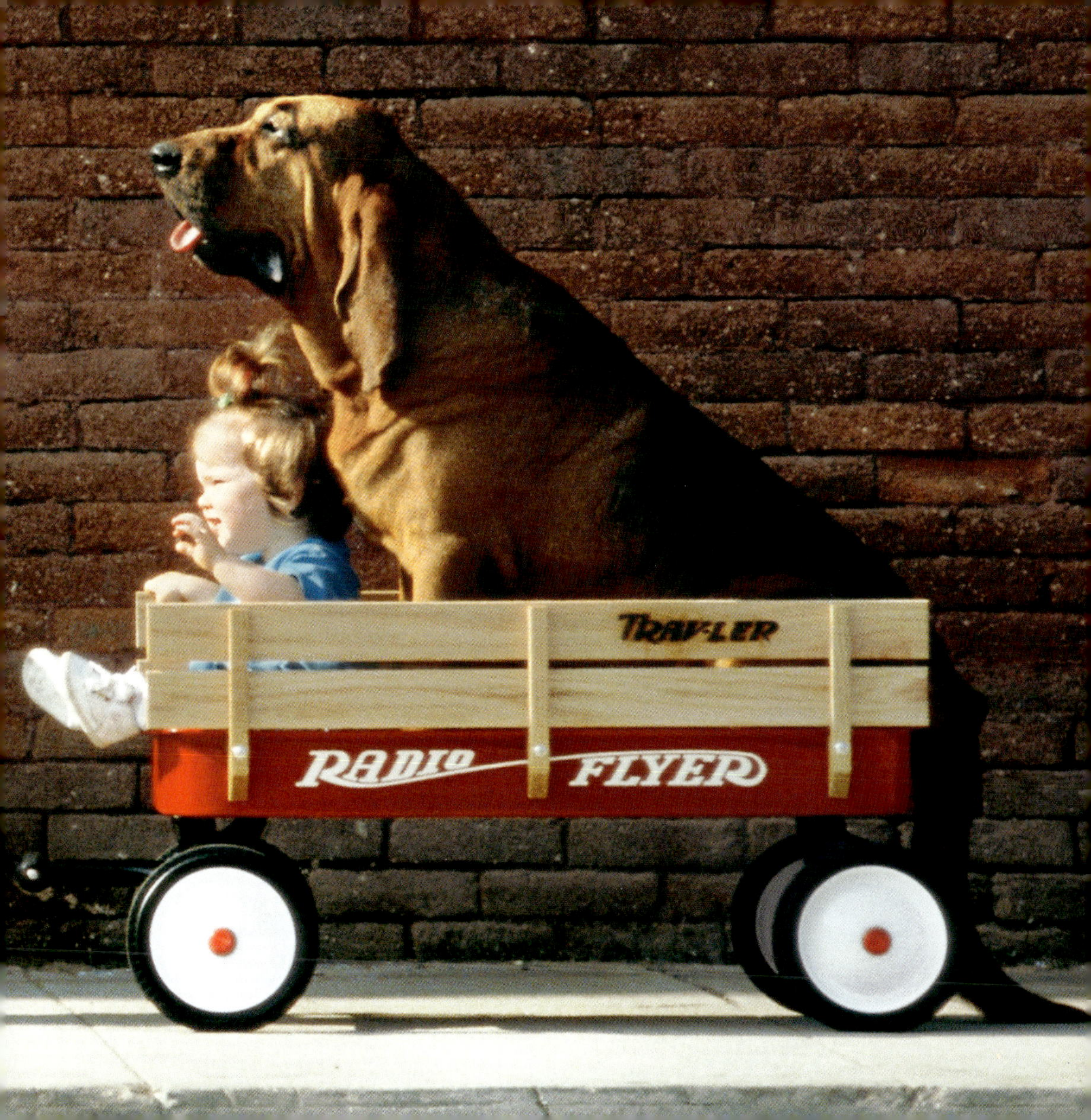
TRAV-LER
RADIO FLYER

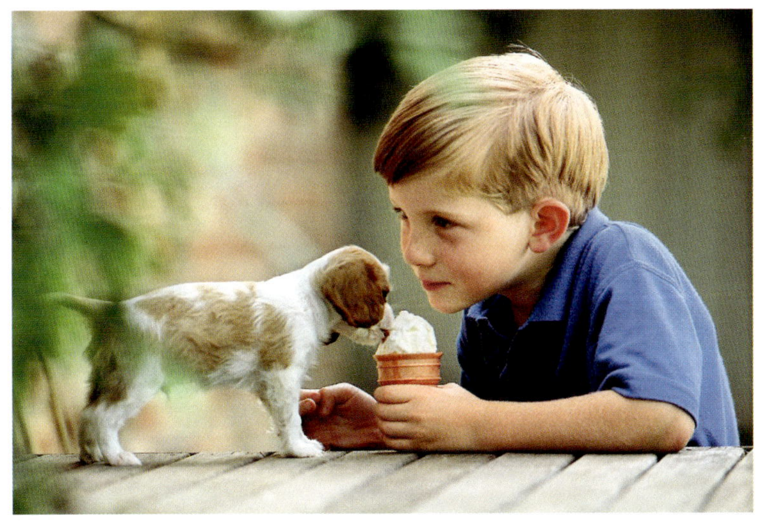

472 • Dos «cachorros» comparten fraternalmente un helado.

473 • Un perro de pastor mira a su pequeño dueño con expresión protectora,
así el niño puede merendar tranquilo.

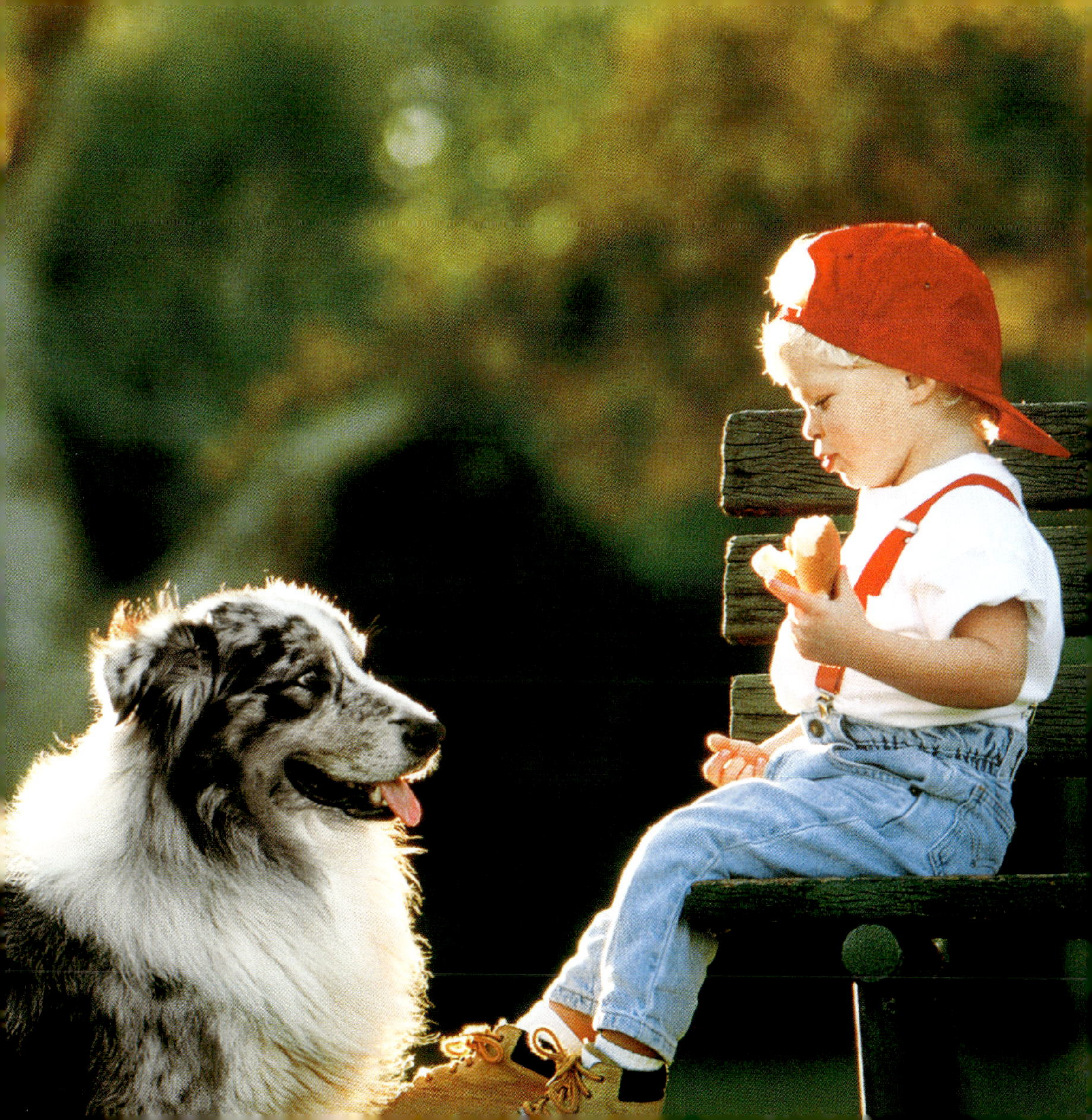

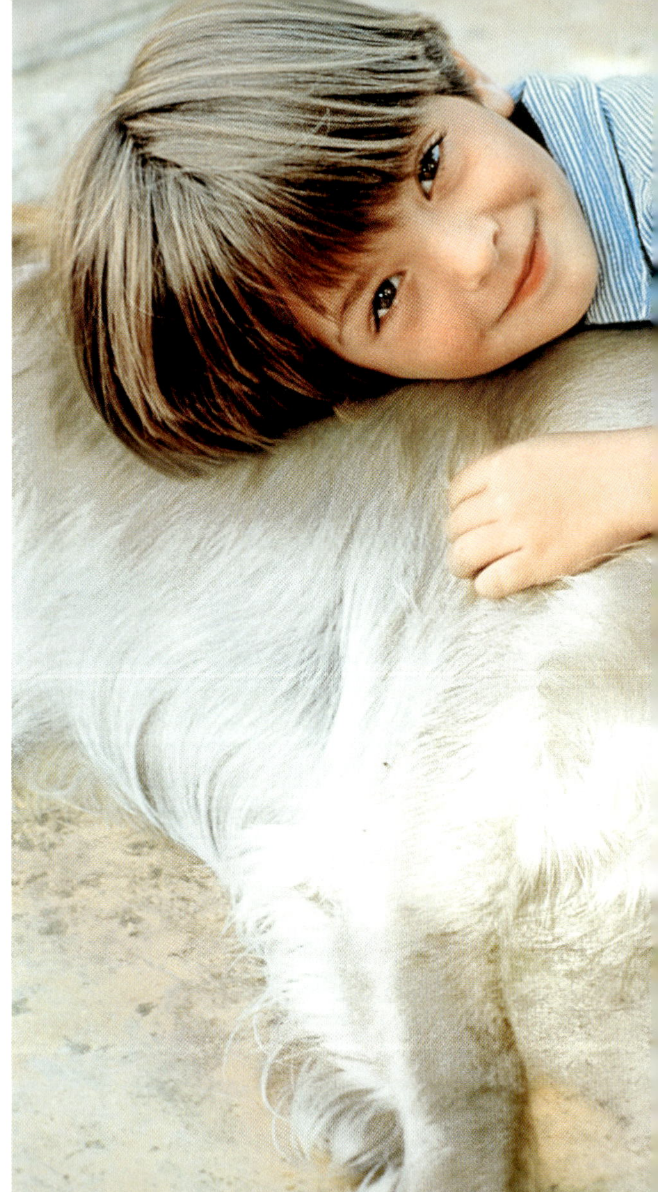

La relación que se establece entre animales y niños puede dar vida a momentos de gran afectividad recíproca, como se puede ver en este cariñoso abrazo.

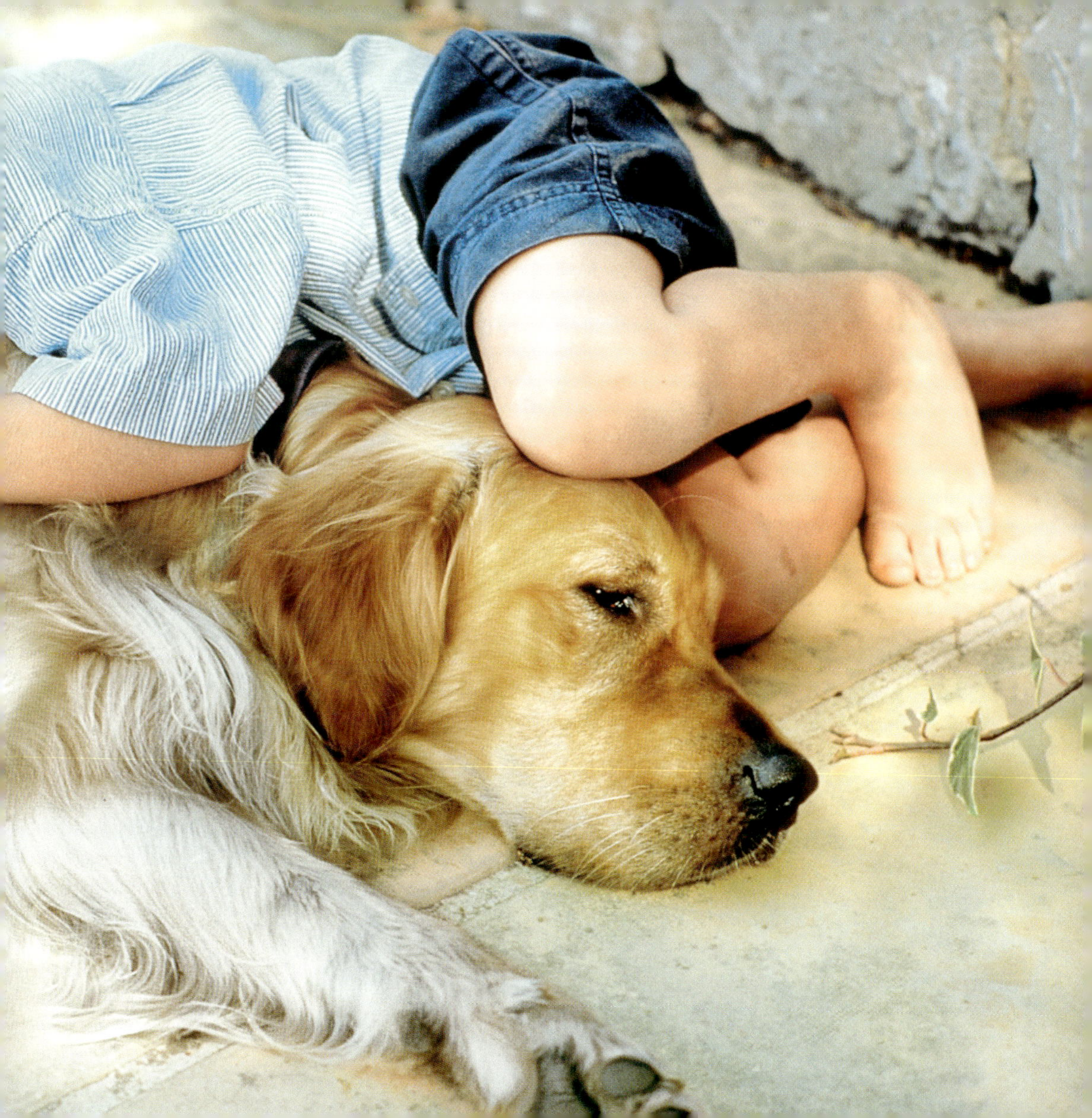

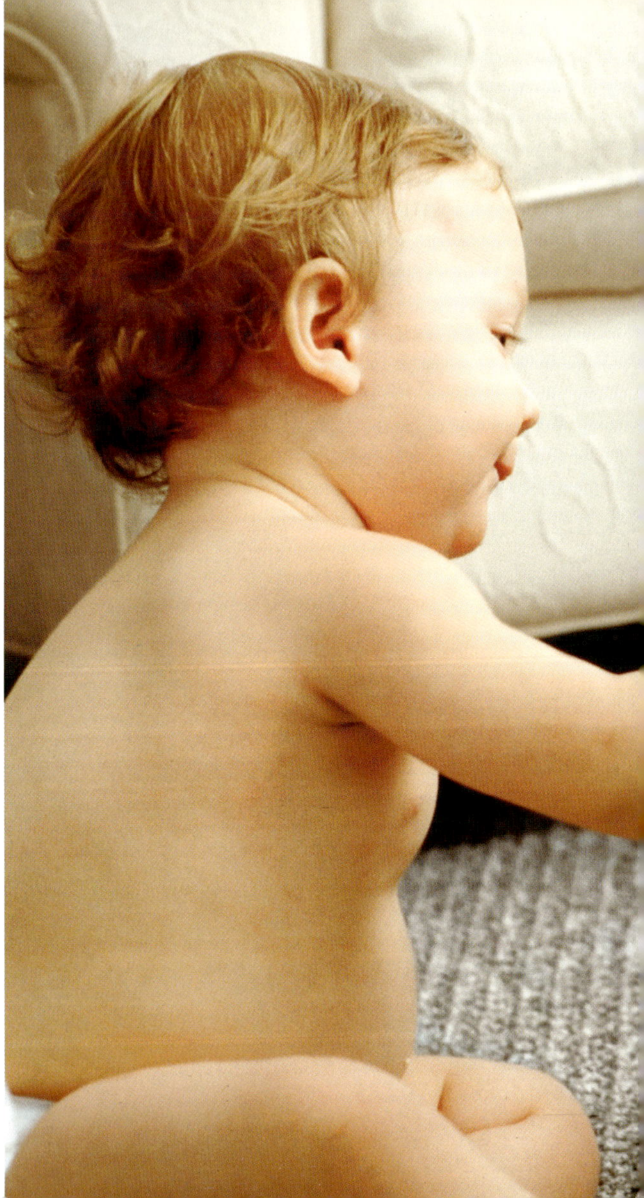

Un bebé ofrece generosamente su propio biberón a un bulldog que lo observa perplejo.

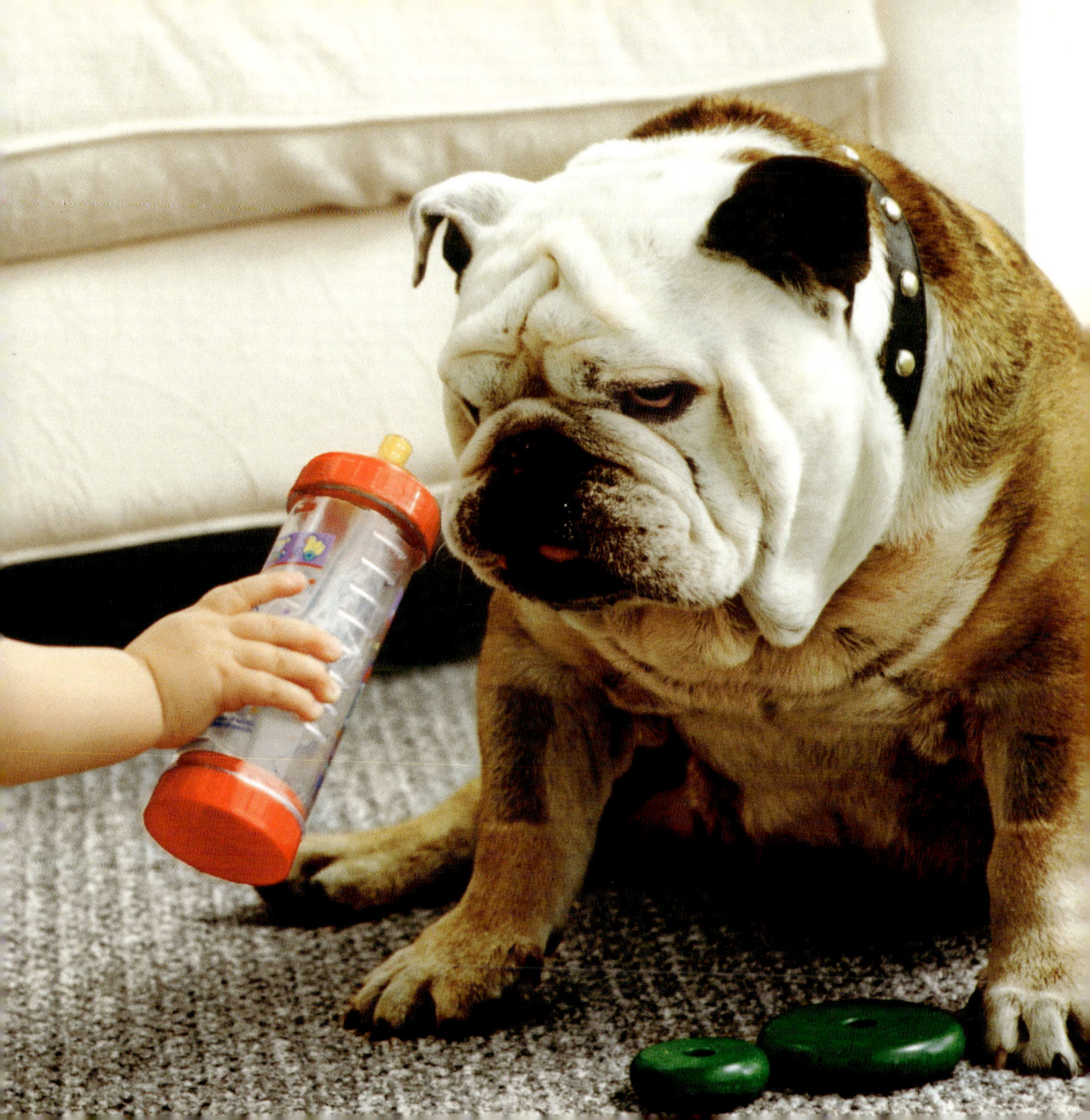

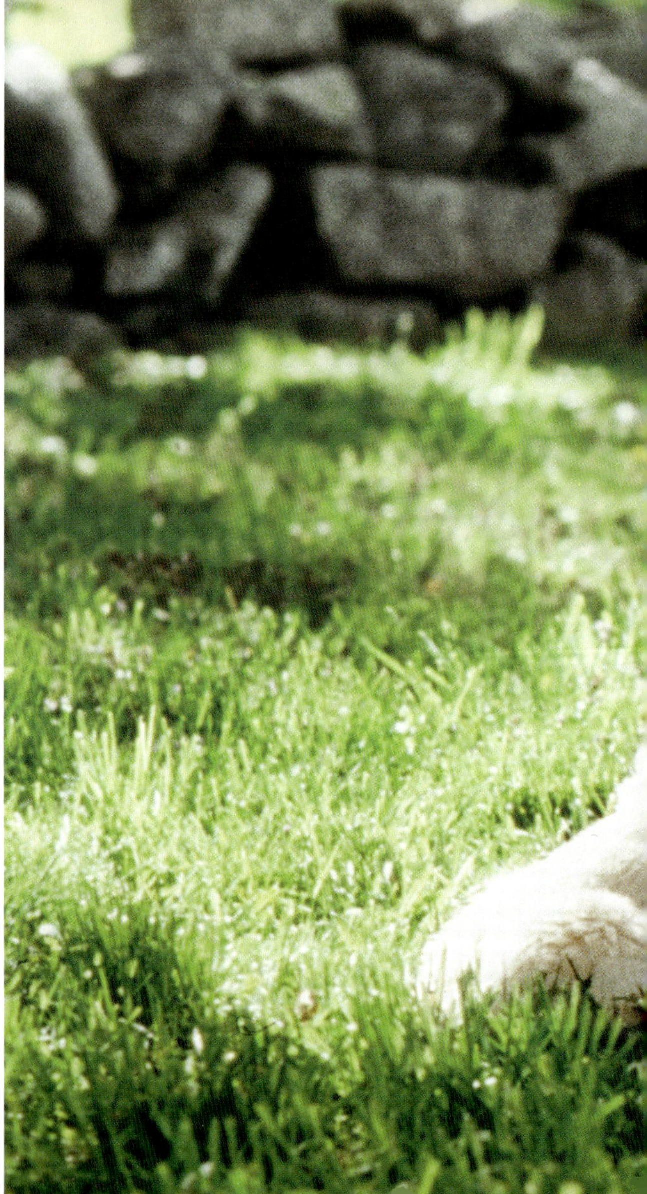

Una jovencísima pero responsable dueña ofrece comida a sus amados cachorros.

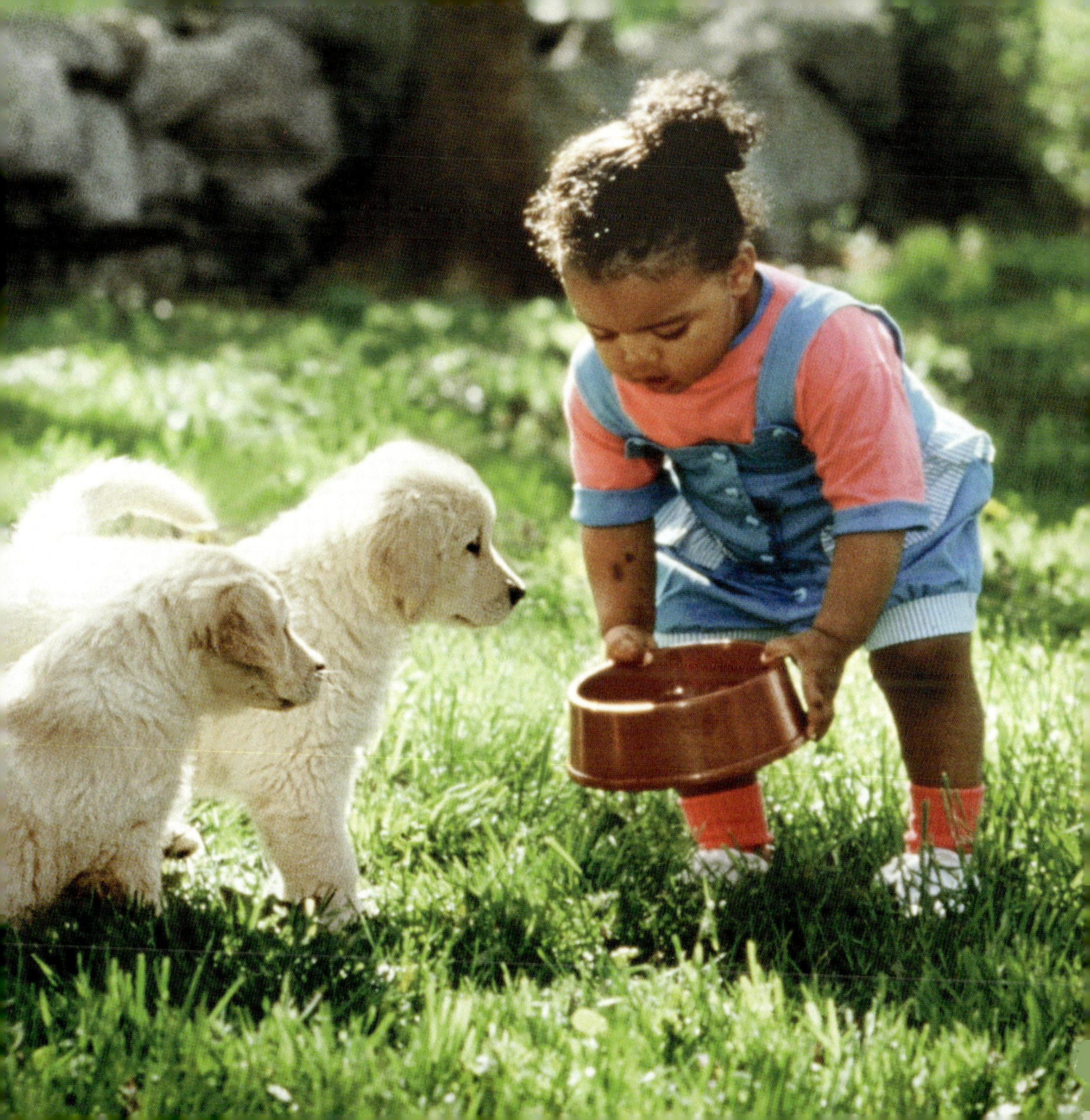

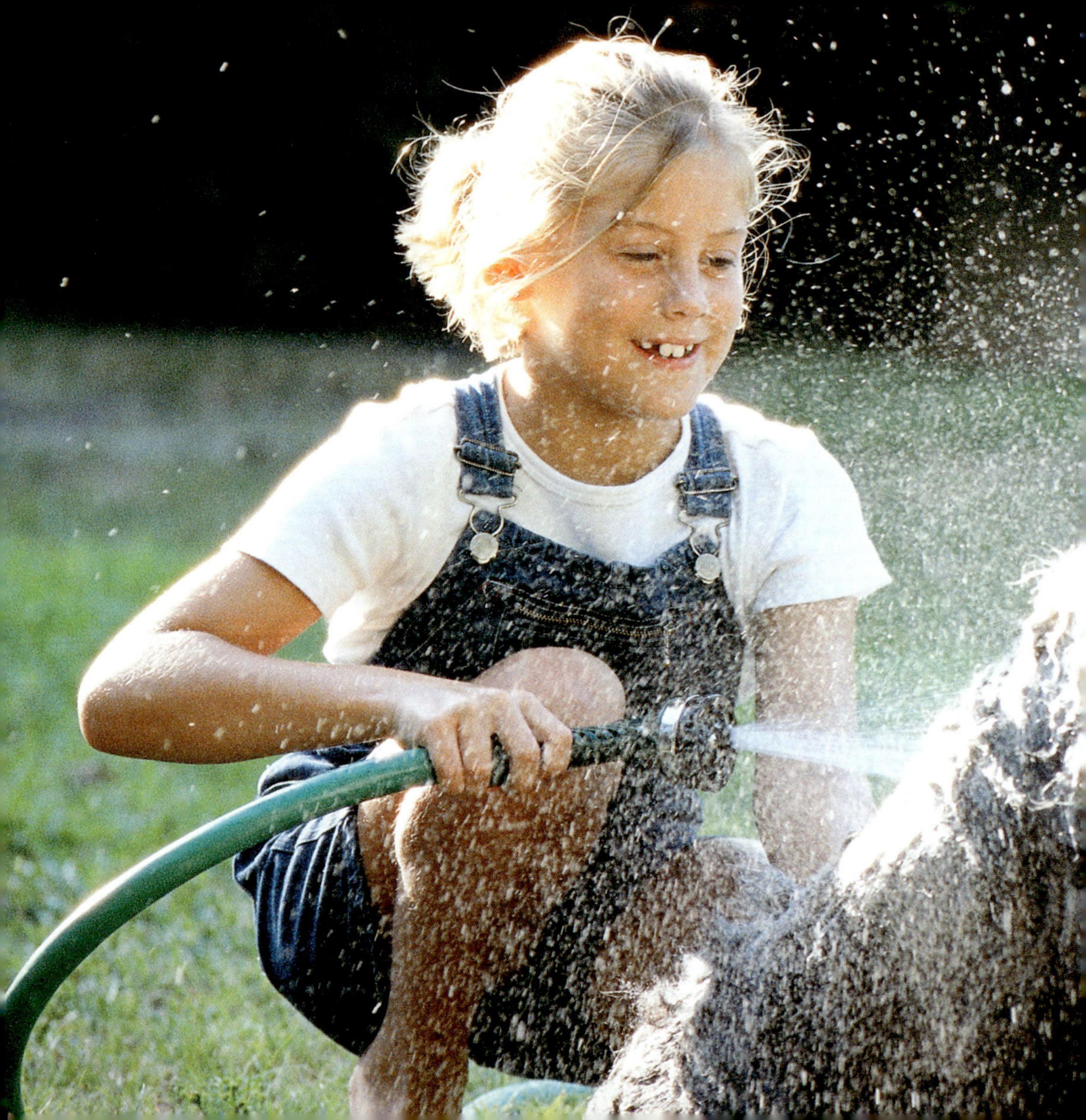

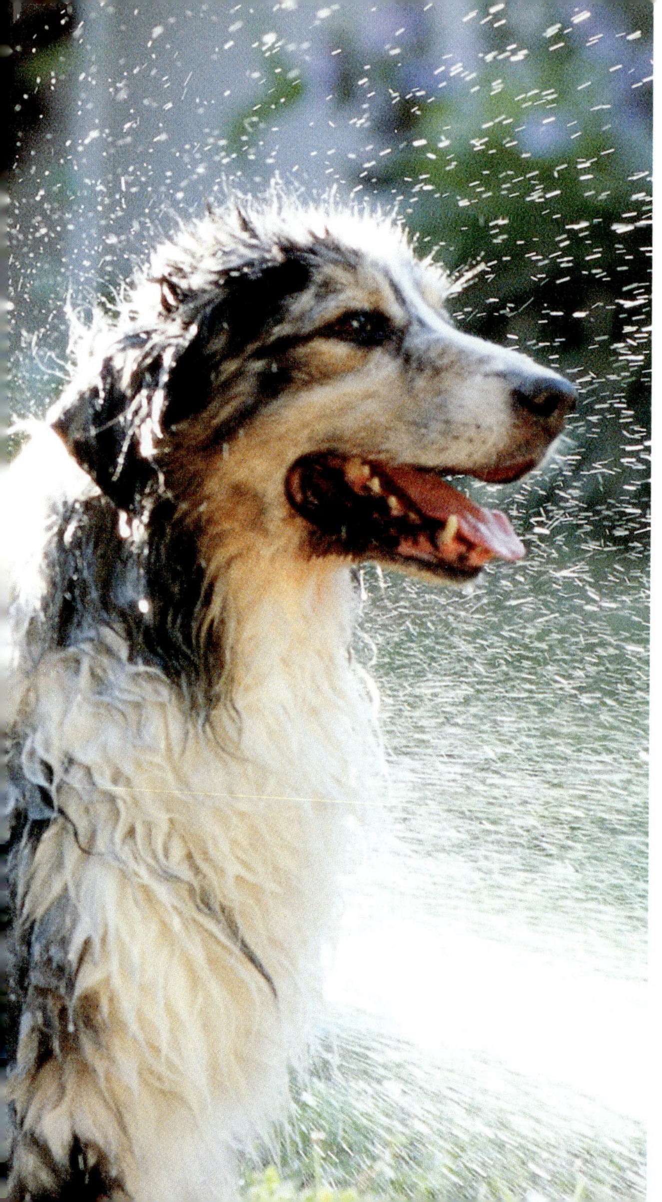

Esta niña se divierte
bañando a su perro,
que, sin embargo,
continúa vigilando
a su alrededor.

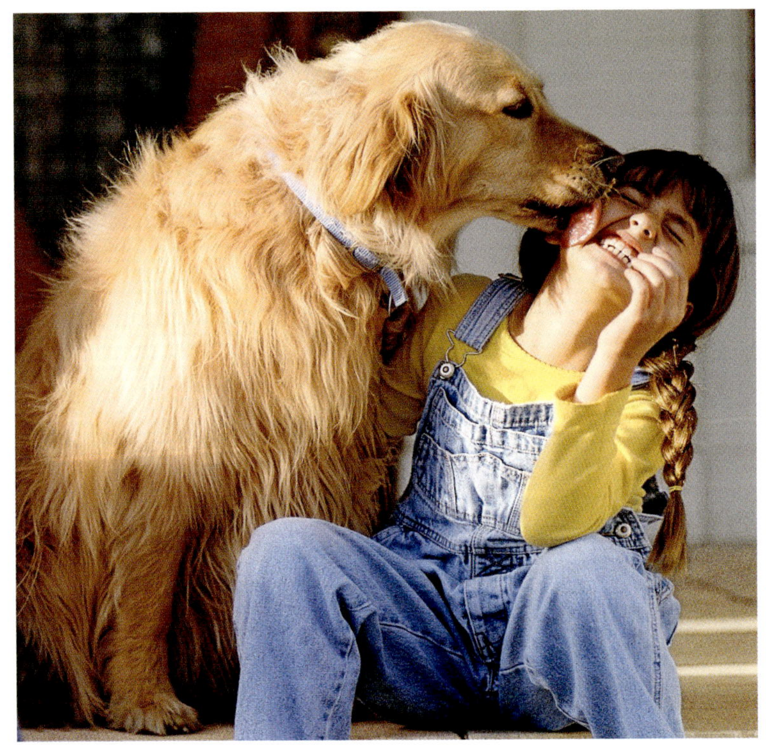

482 ● Un golden retriever llena de besos a su pequeña dueña.

483 ● Un niño abraza con entusiasmo a su pequeño dálmata.

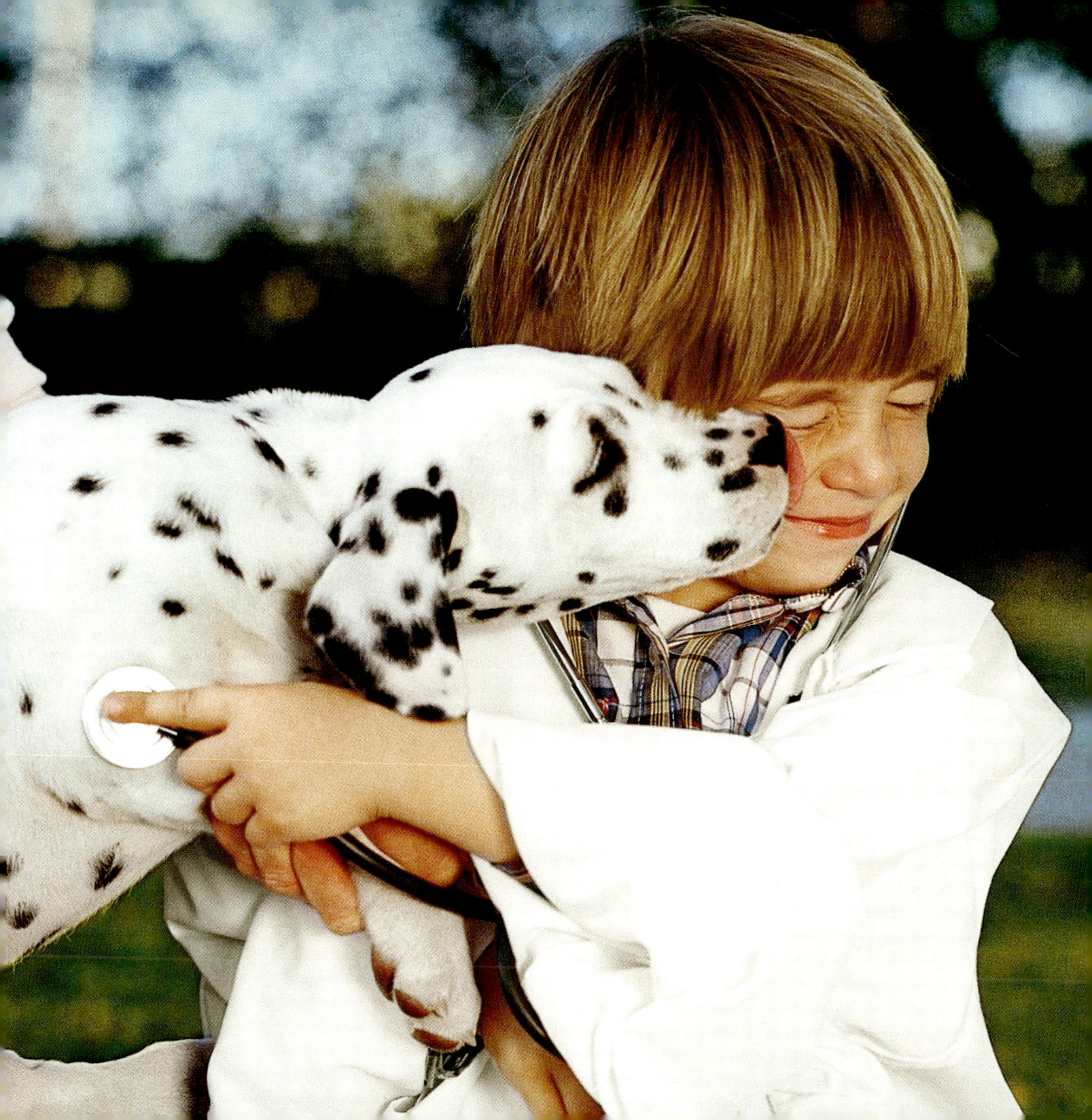

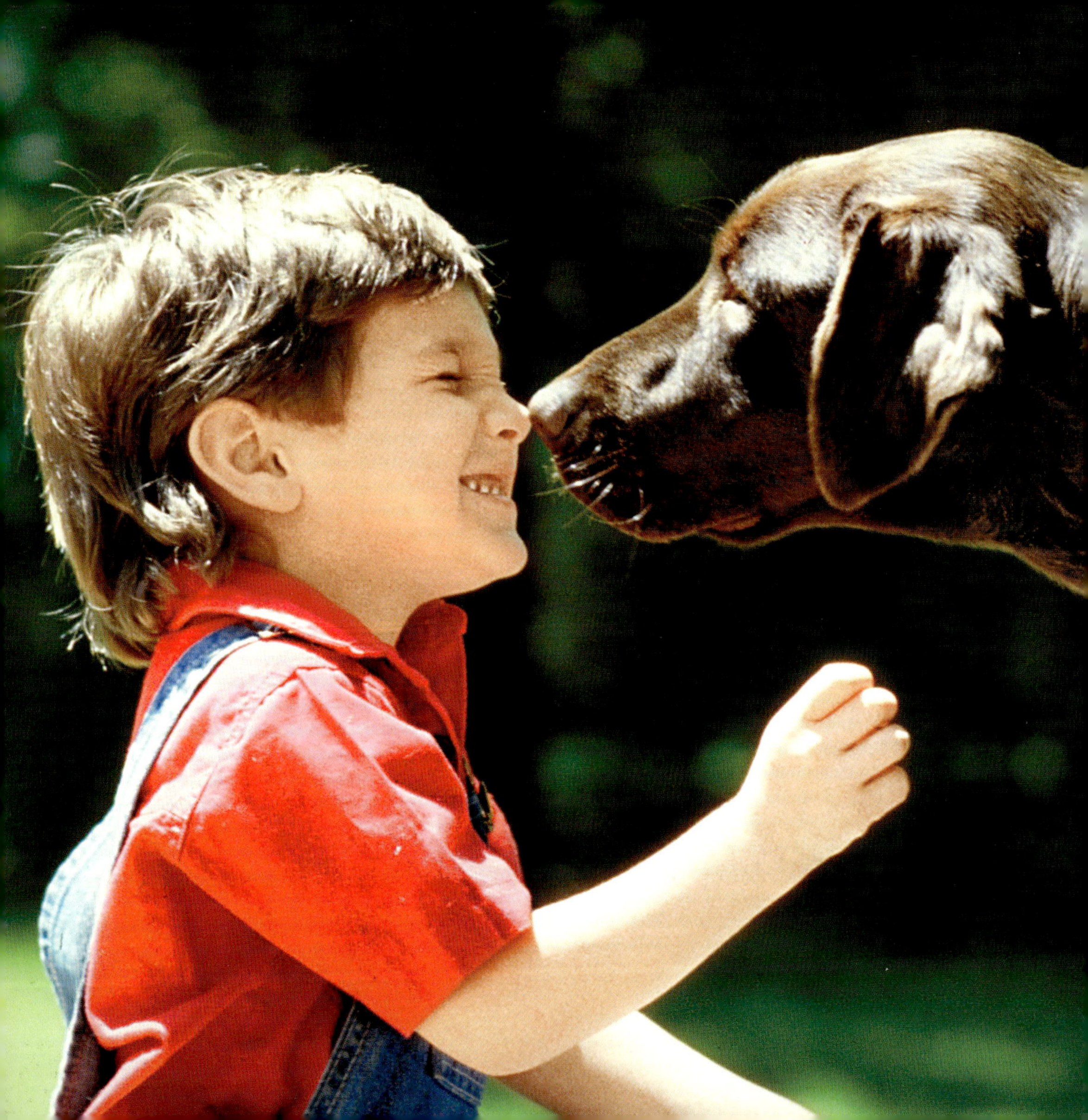

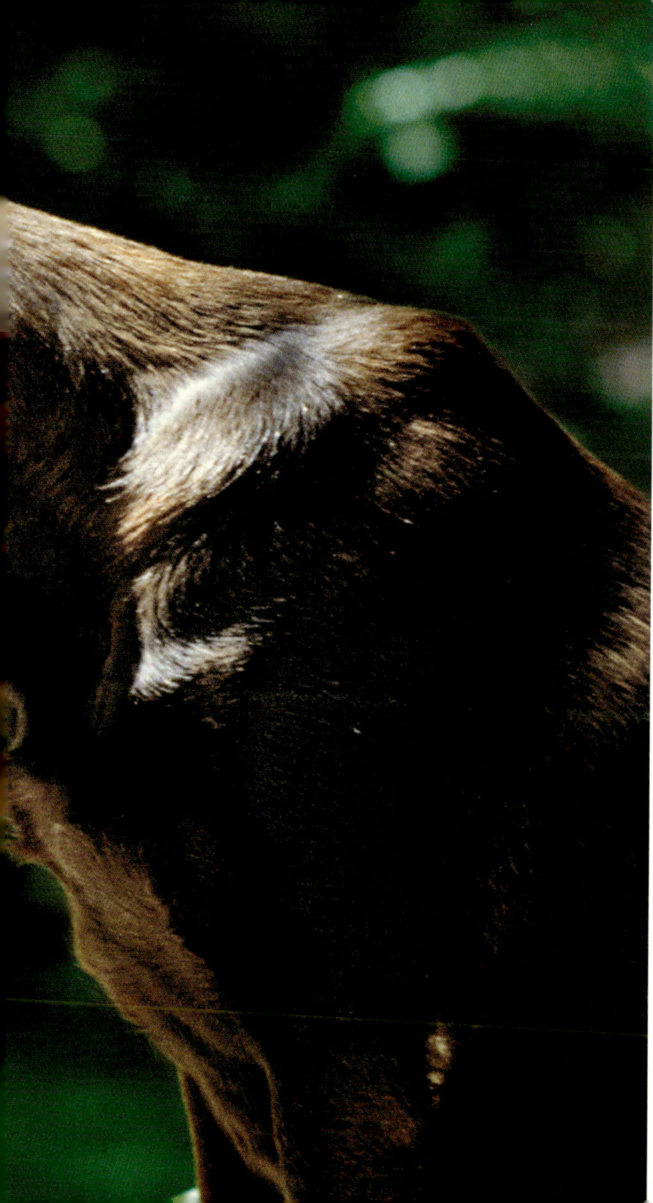

Parece que niño
y perro se estén
saludando a la manera
de los esquimales.

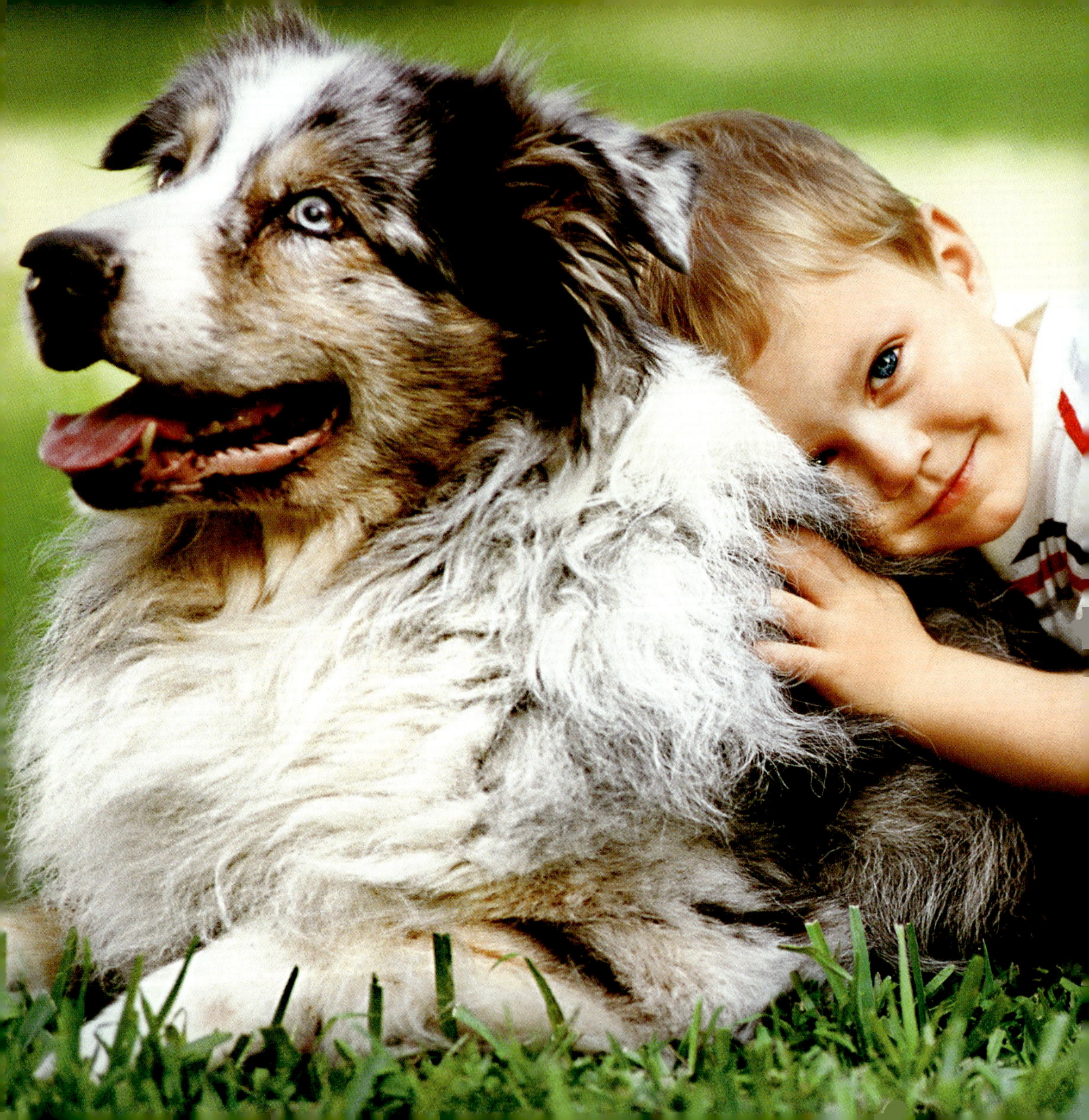

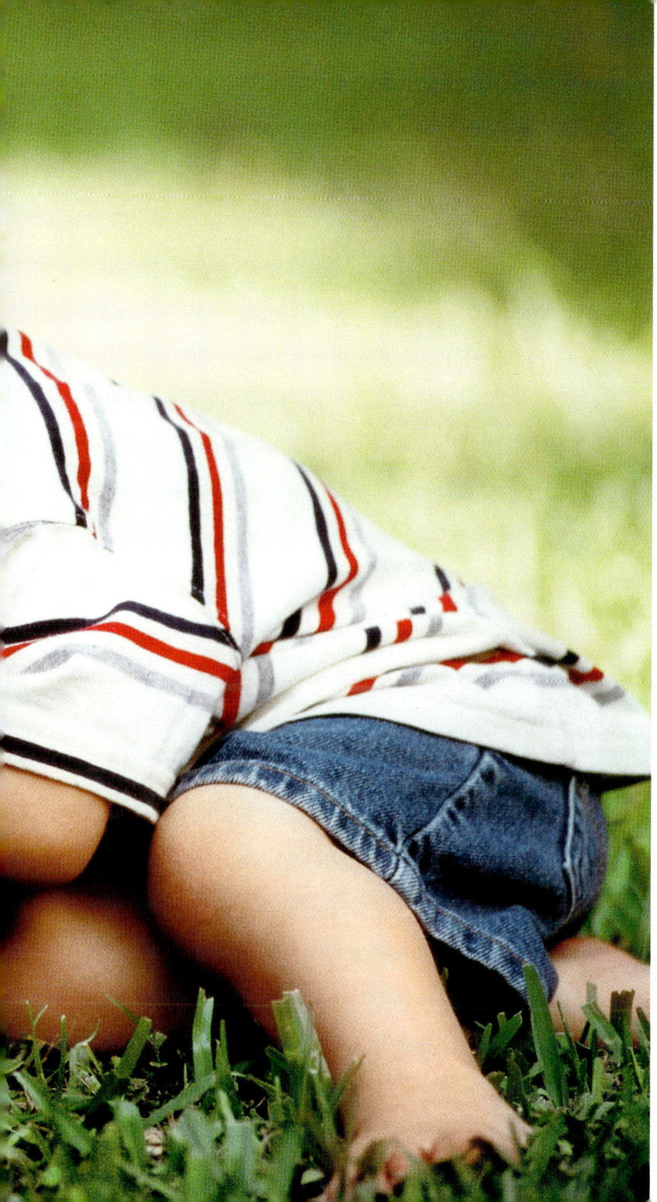

Un niño descansa
después del juego,
abrazándose a su
peludo amigo y
mostrando una
proximidad y
una confianza absoluta.

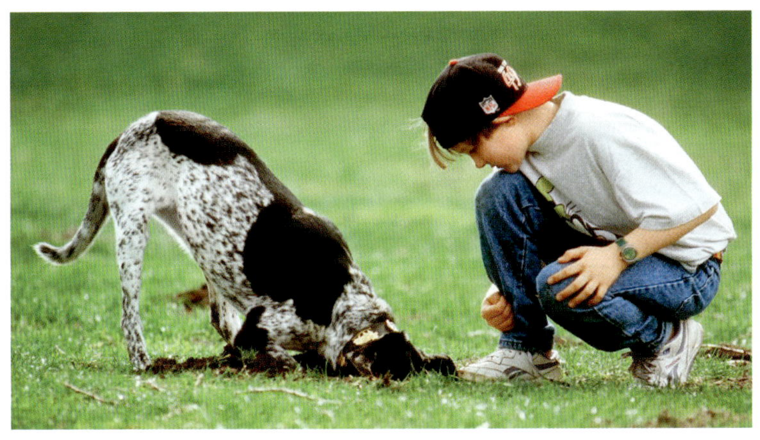

488 • Este niño observa con curiosidad a su perro que hace un agujero en el suelo.

489 • El setter inglés espera pacientemente que el niño le ofrezca su parte de la merienda.

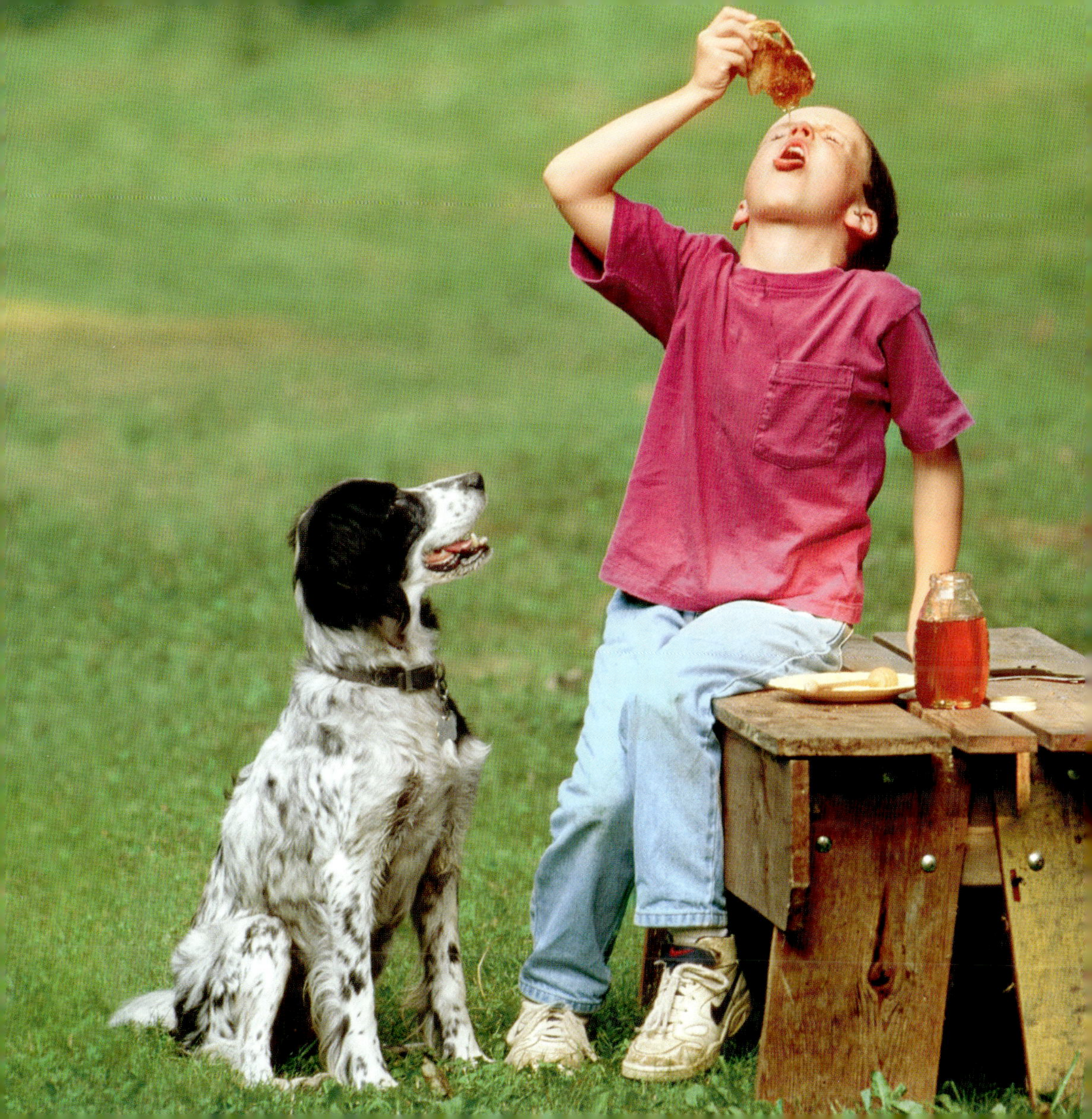

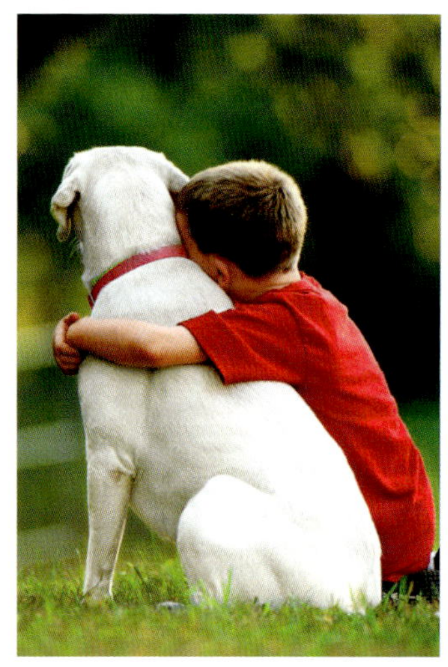

Abrazo amical entre un niño y su perro: en el campo o en la playa es reconfortante poder tener al lado un amigo fiable y confiado con el que observar el horizonte.

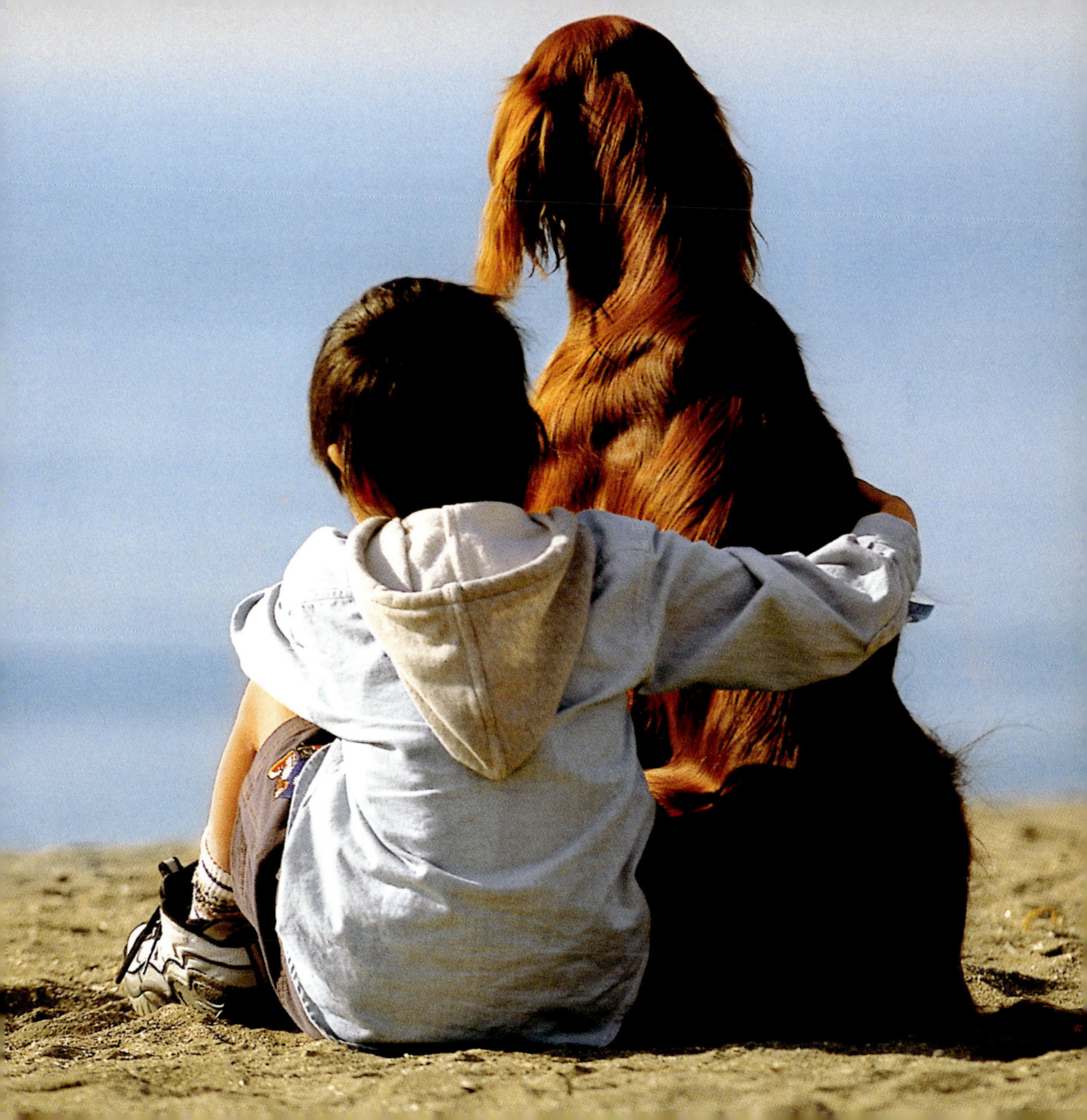

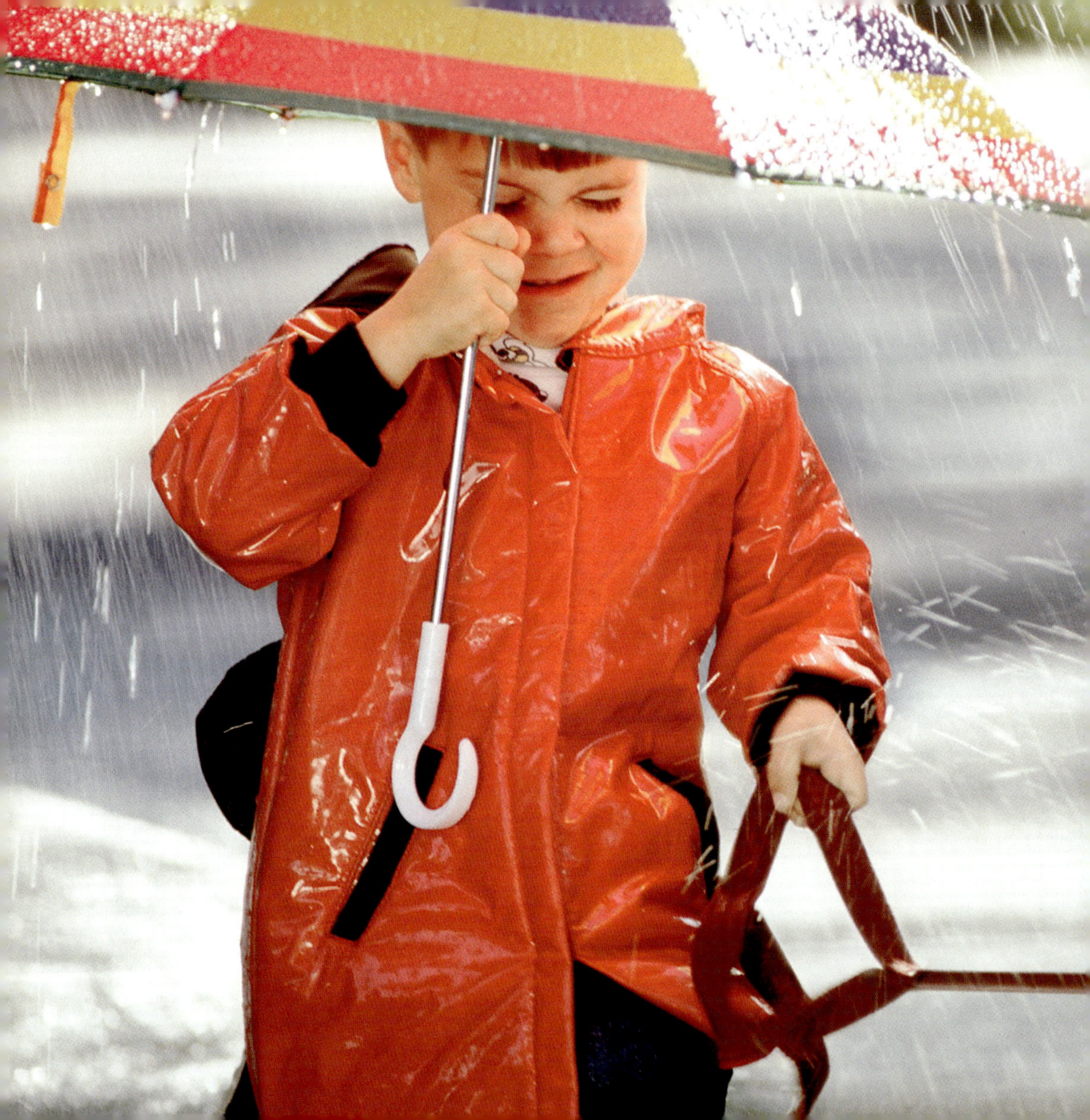

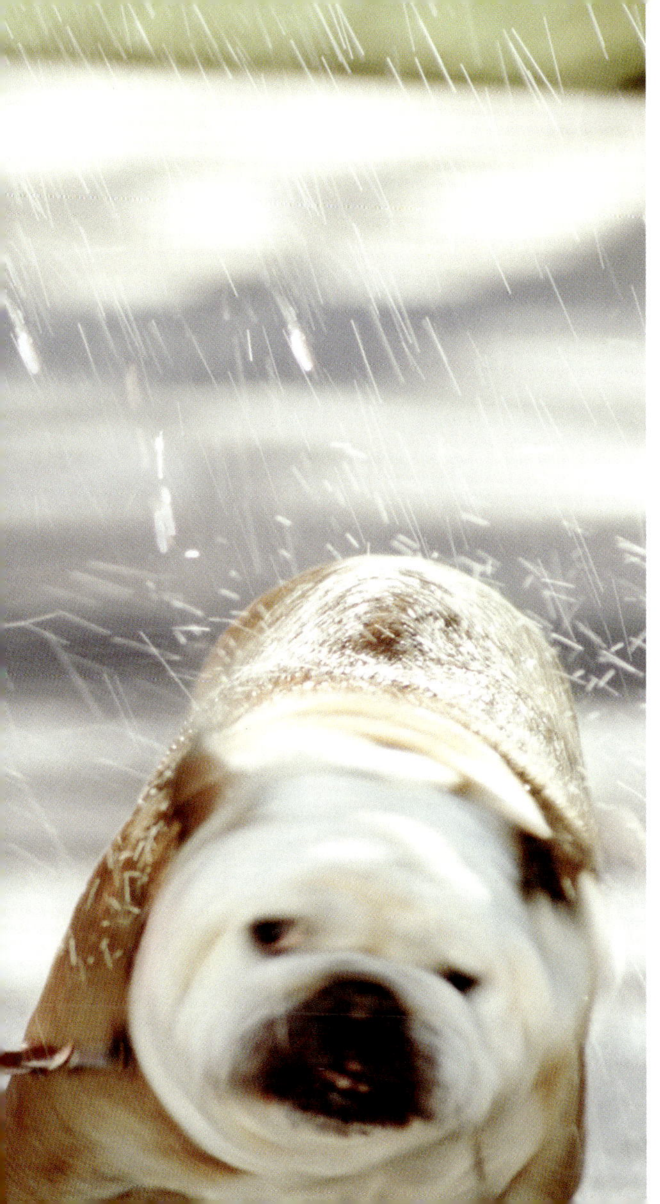

Este niño saca a su perro a dar su paseo diario aunque esté lloviendo.

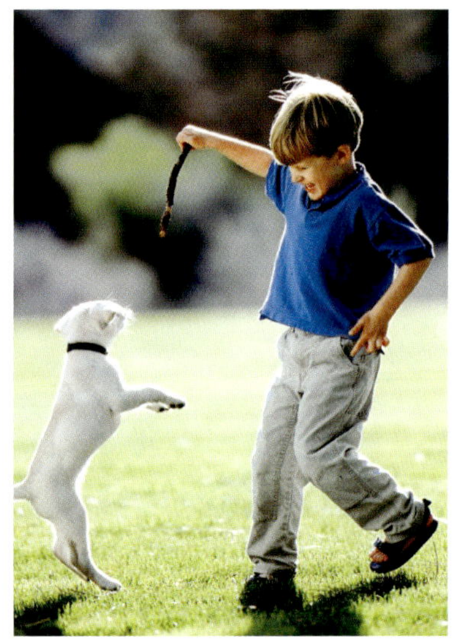

494 • Un niño juega con su perro, al que hace saltar.

495 • Hasta el juego de pelota puede ser compartido con el perro, como muestran este niño y su jack russel terrier.

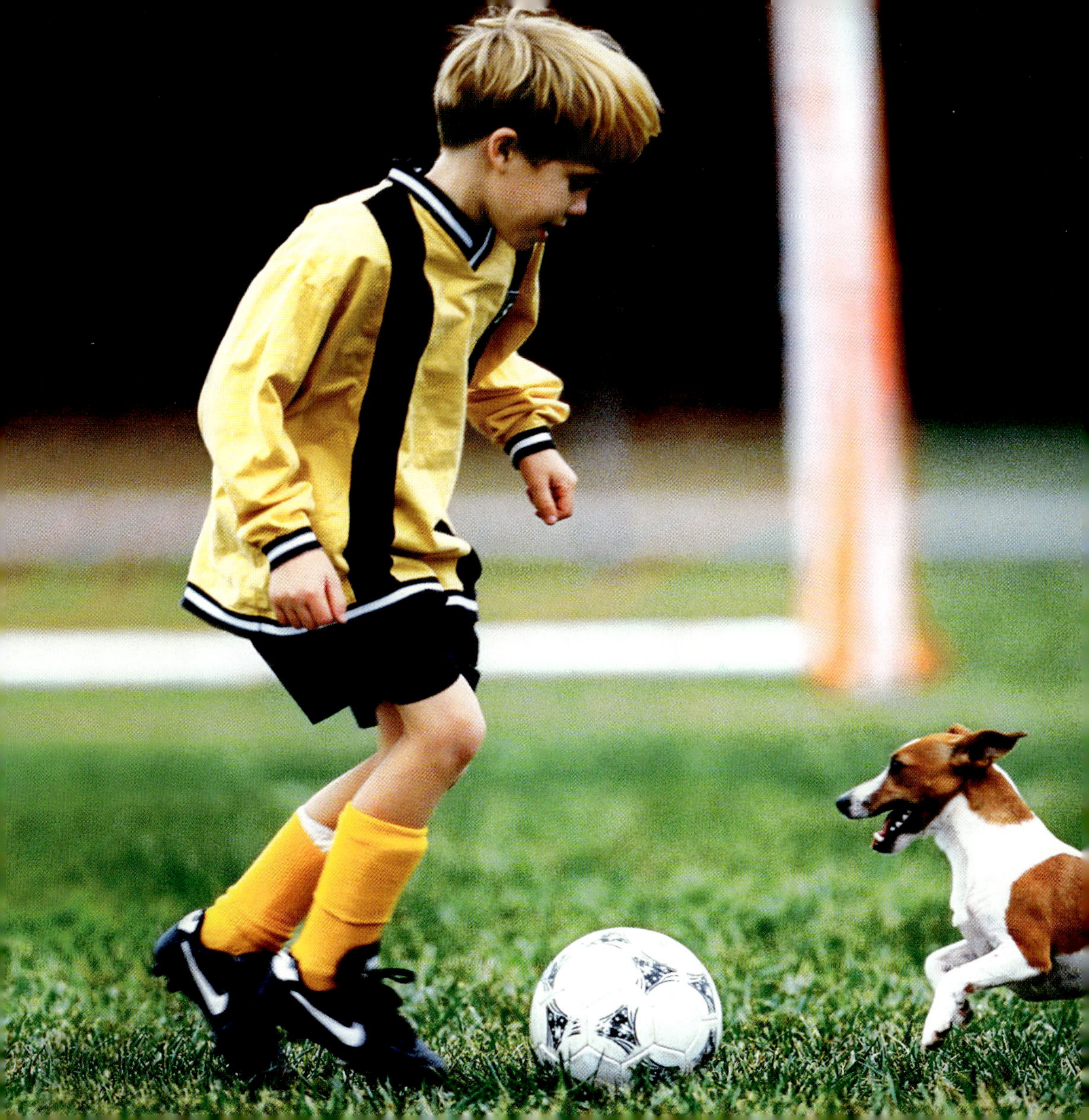

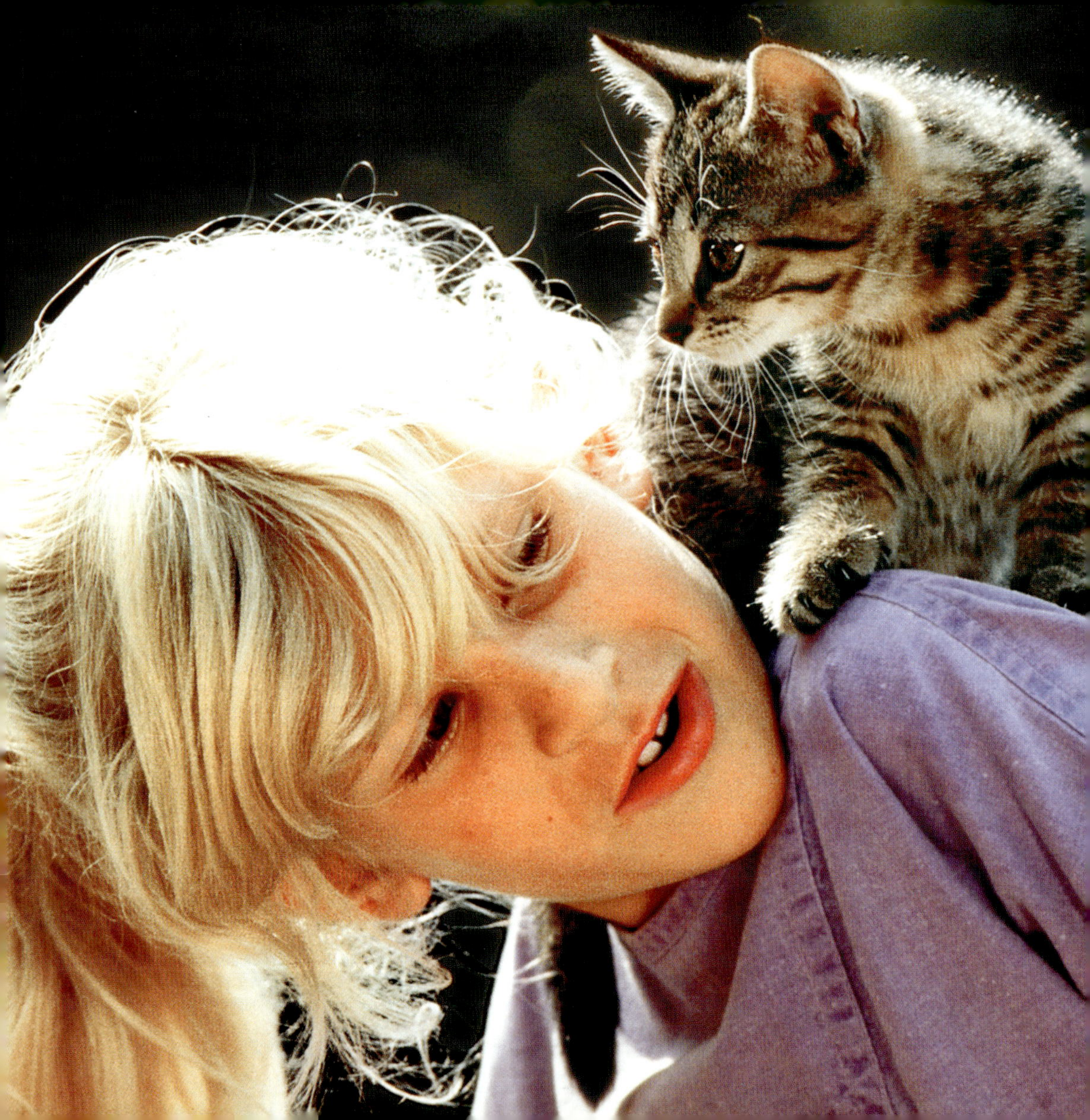

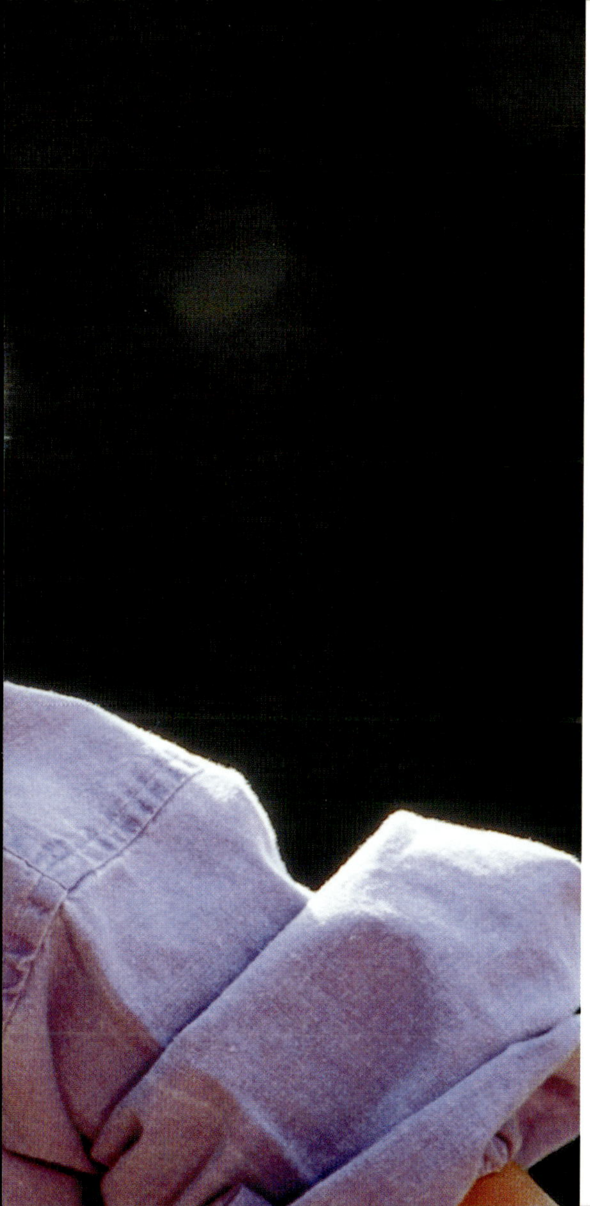

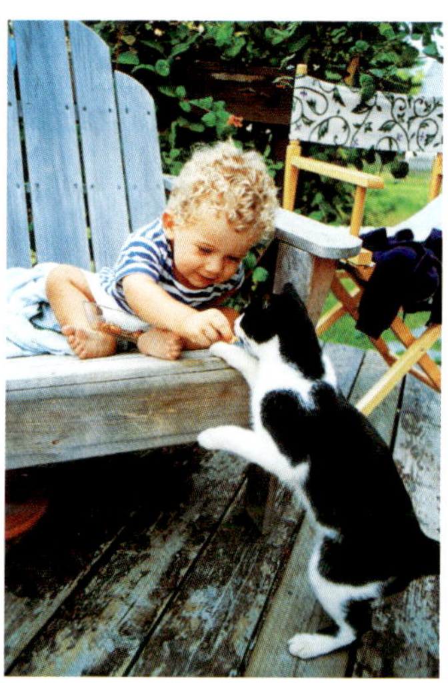

Los gatos pueden ser excelentes animales de compañía, como muestran esta niña con su amigo preferido sentado en sus hombros y el pequeño que ofrece su propio chupete a su amigo felino.

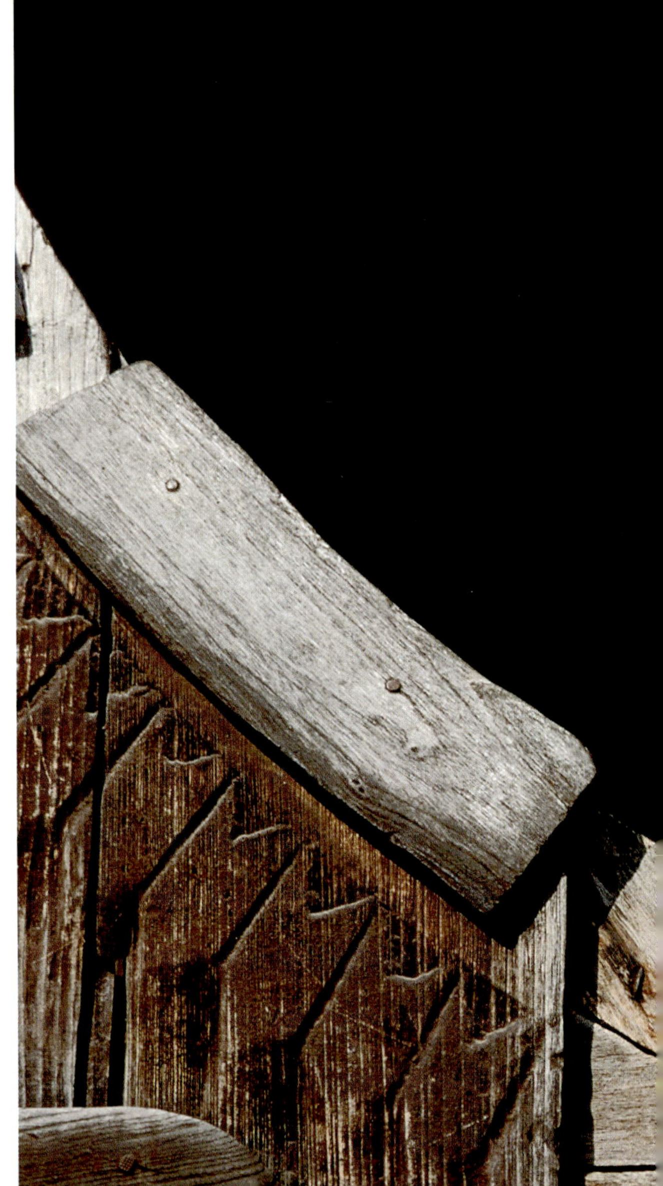

Este joven monje novicio tiene una estrecha amistad con un gato del monasterio de Shweyanpyay, situado a orillas del lago Inle, en Myanmar.

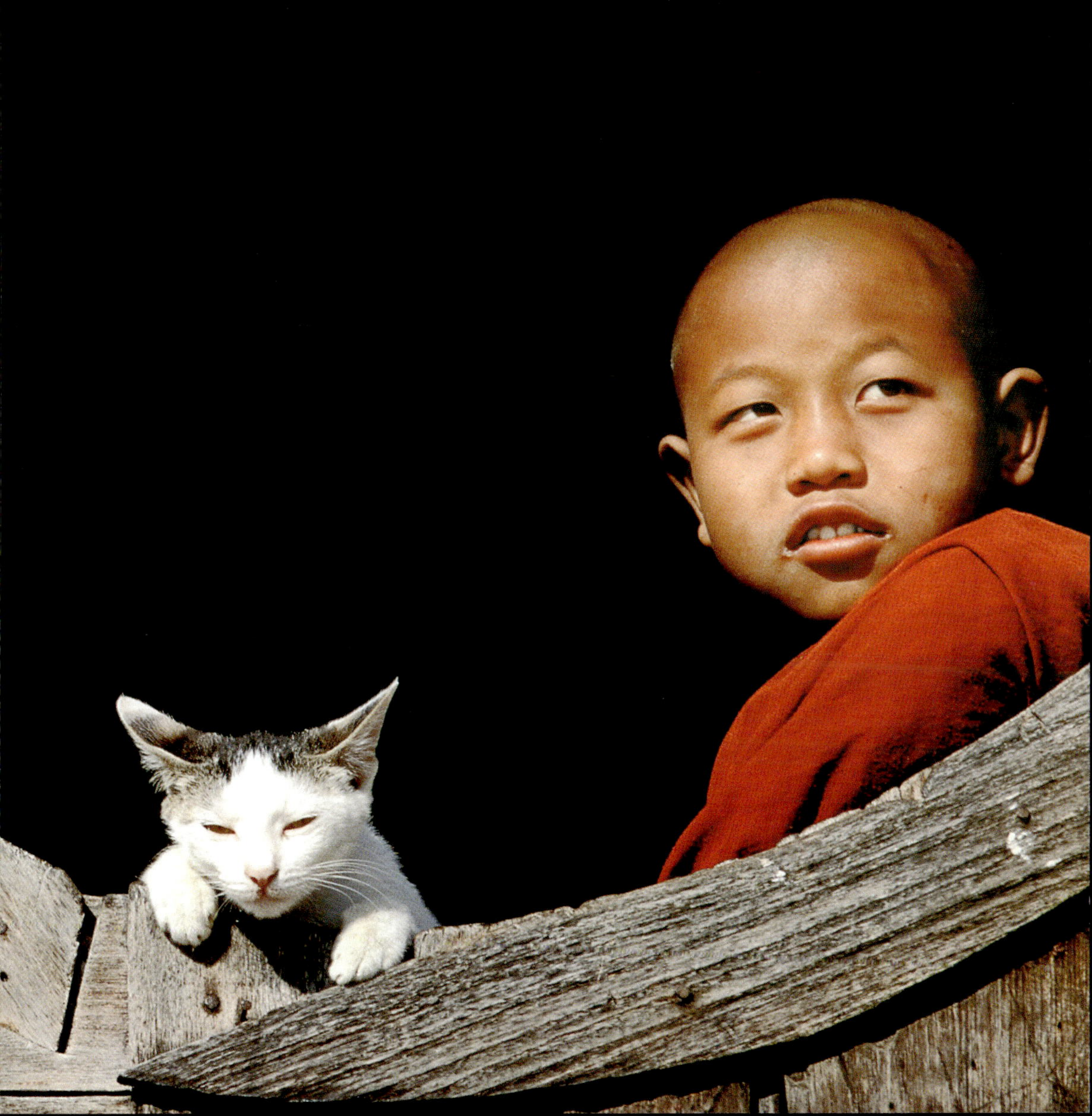

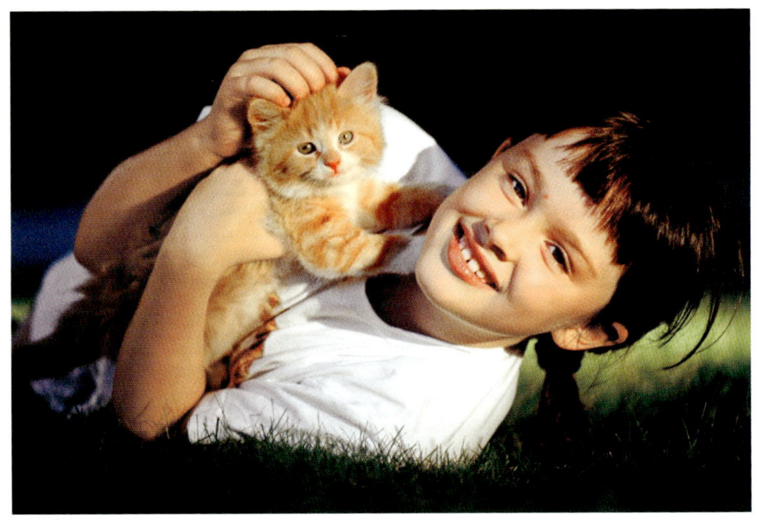

500 • Una niña abraza a su pequeño gatito echada en un prado.

501 • Un niño con sus dos pequeños gatitos bien sujetos mira más allá de la empalizada.

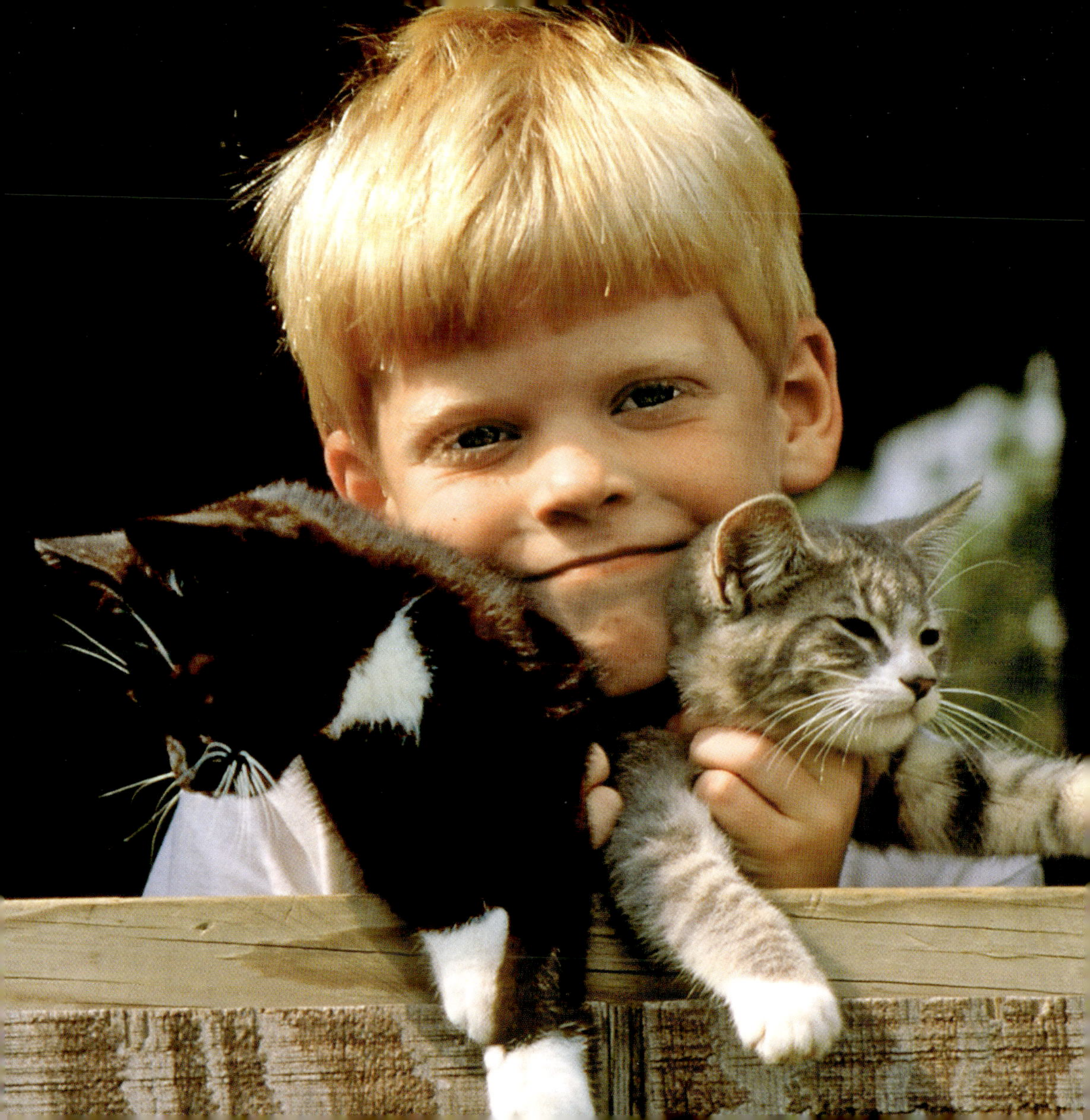

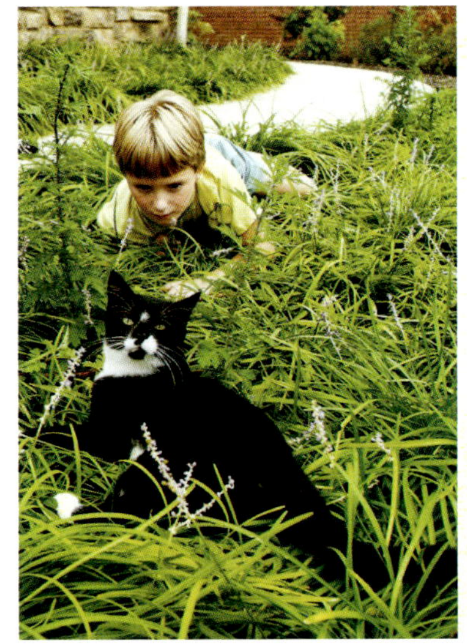

502 ● Esta vez es el niño el que tiende una emboscada a un gato en el jardín de su casa.

503 ● Un niño de tres años acaricia a un gato en un prado.

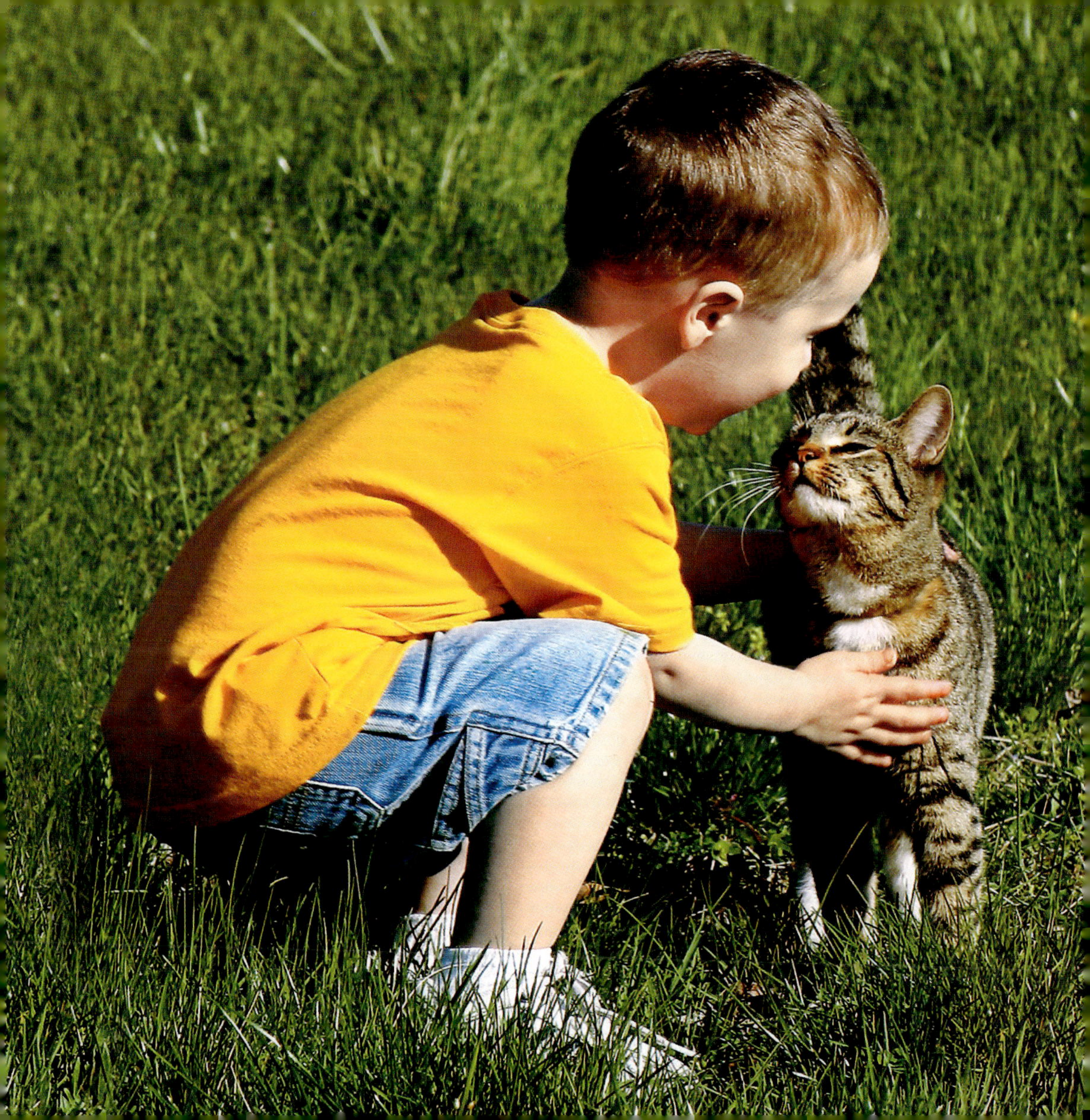

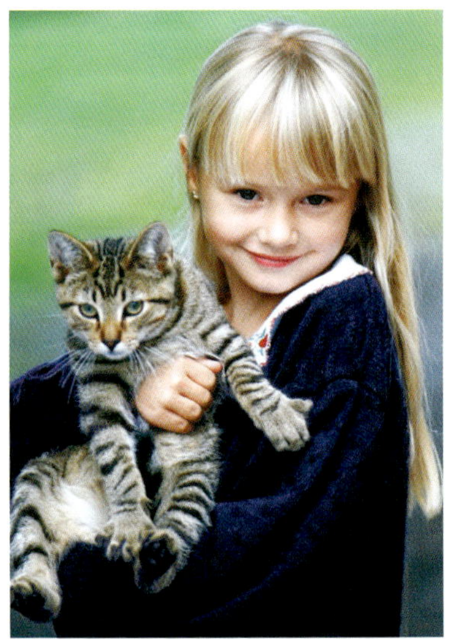

504 • Esta niña de larga melena posa orgullosa con su gato.

505 • Un dulcísimo beso a un gatito.

506-507 • Una niña besa a su caballo, antes de sentarse en la silla, en la zona de «Serene Acres», paraíso de la equitación en Bluemont, Virgina, Estados Unidos.

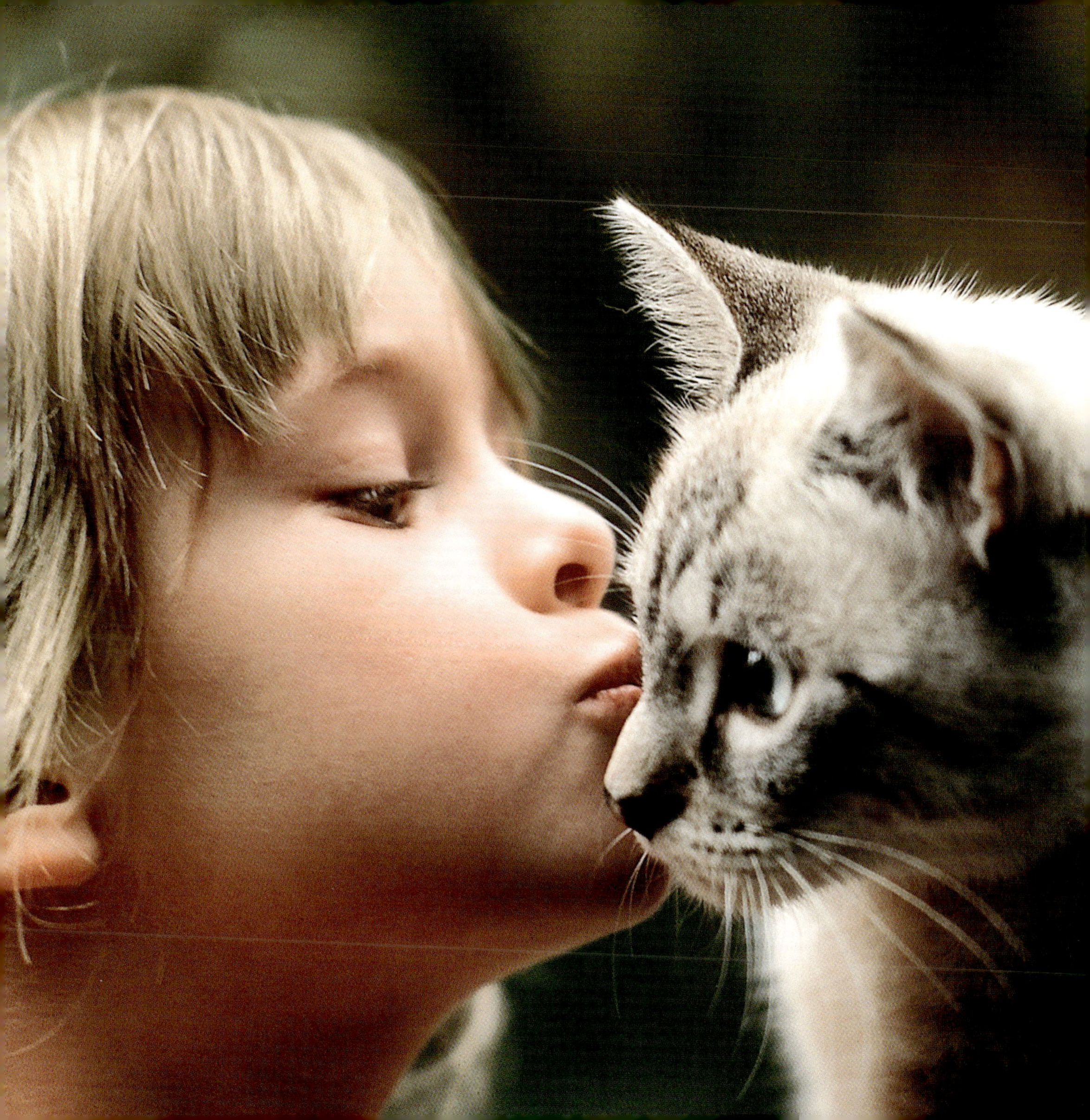

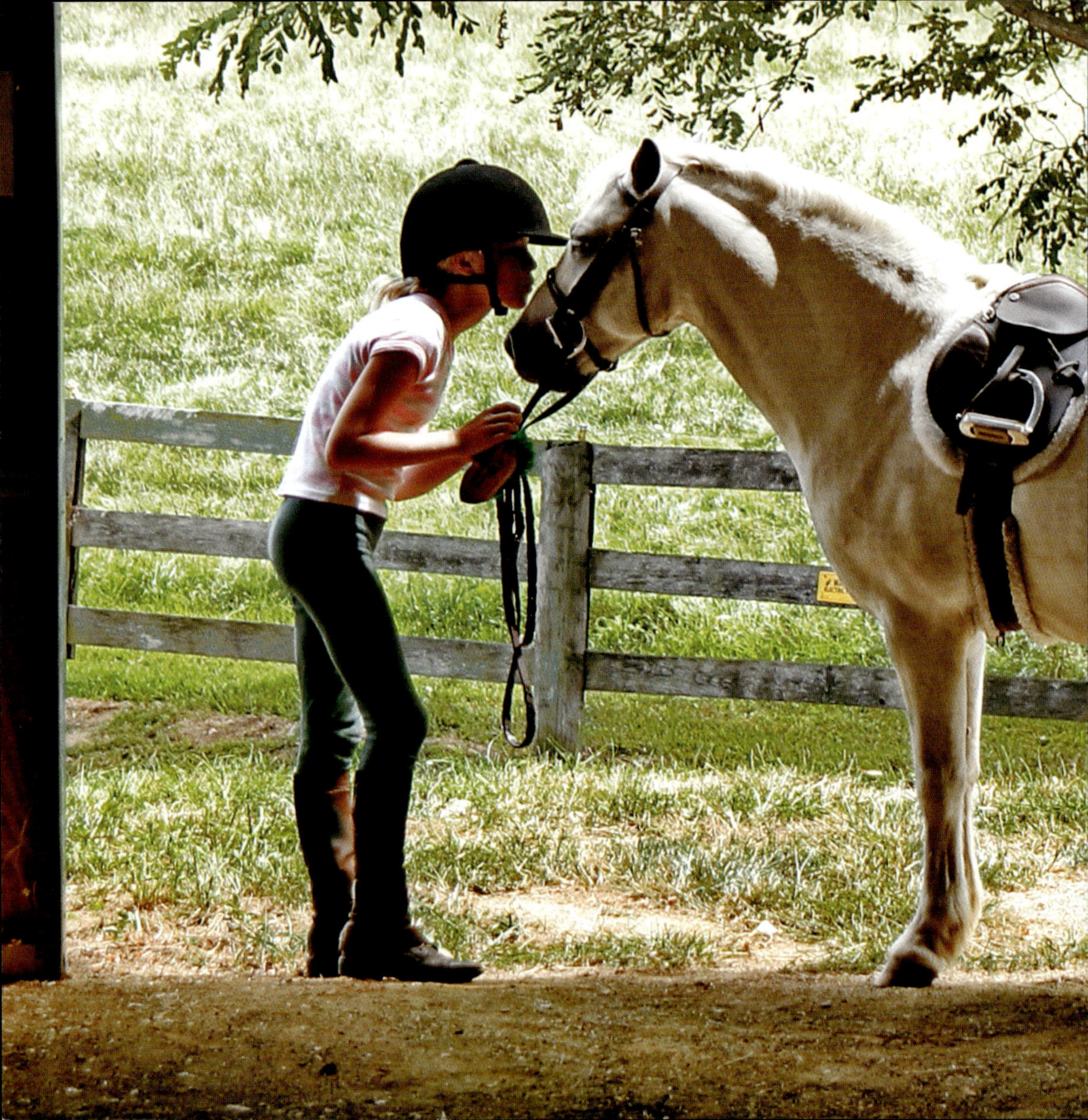

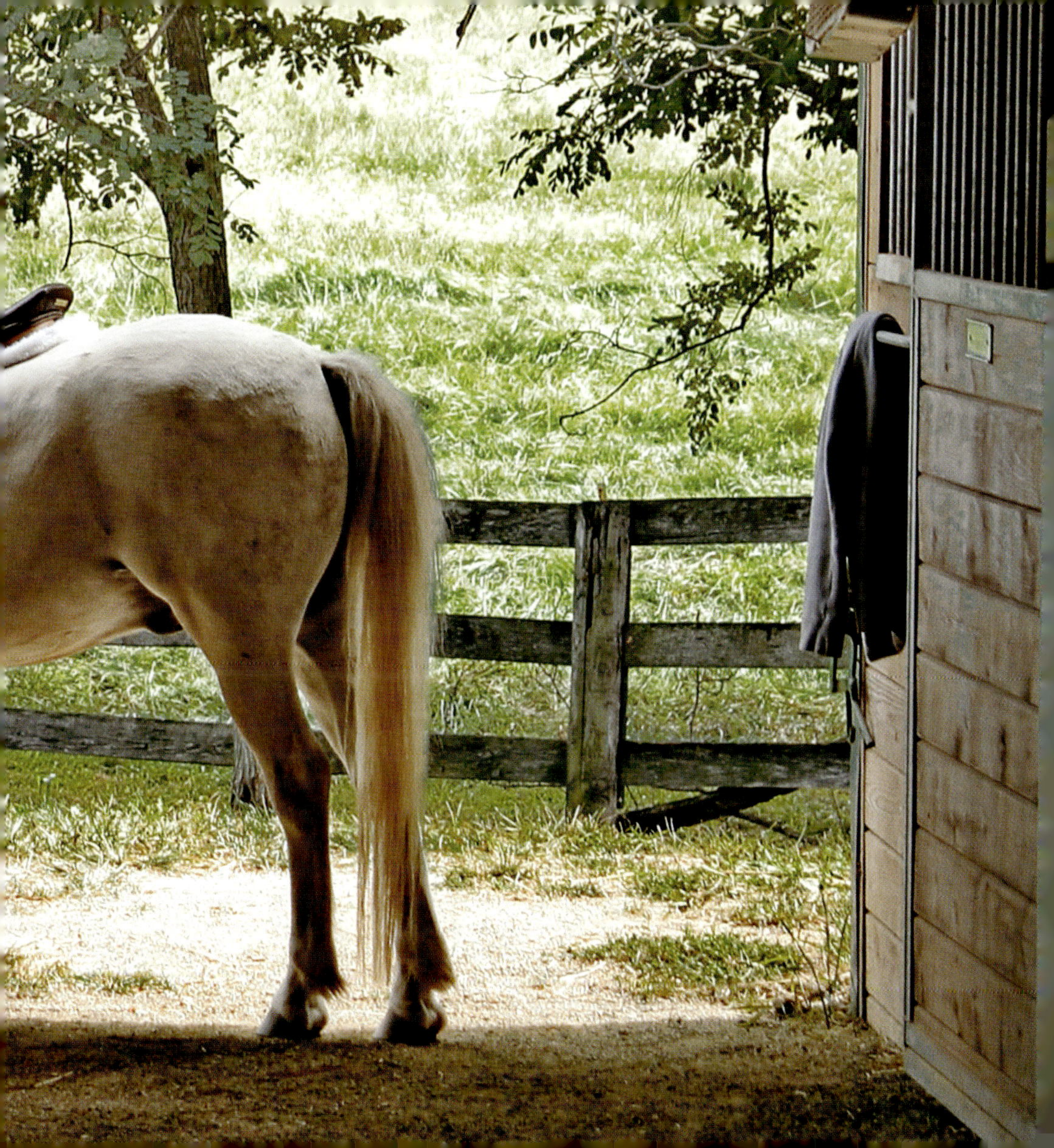

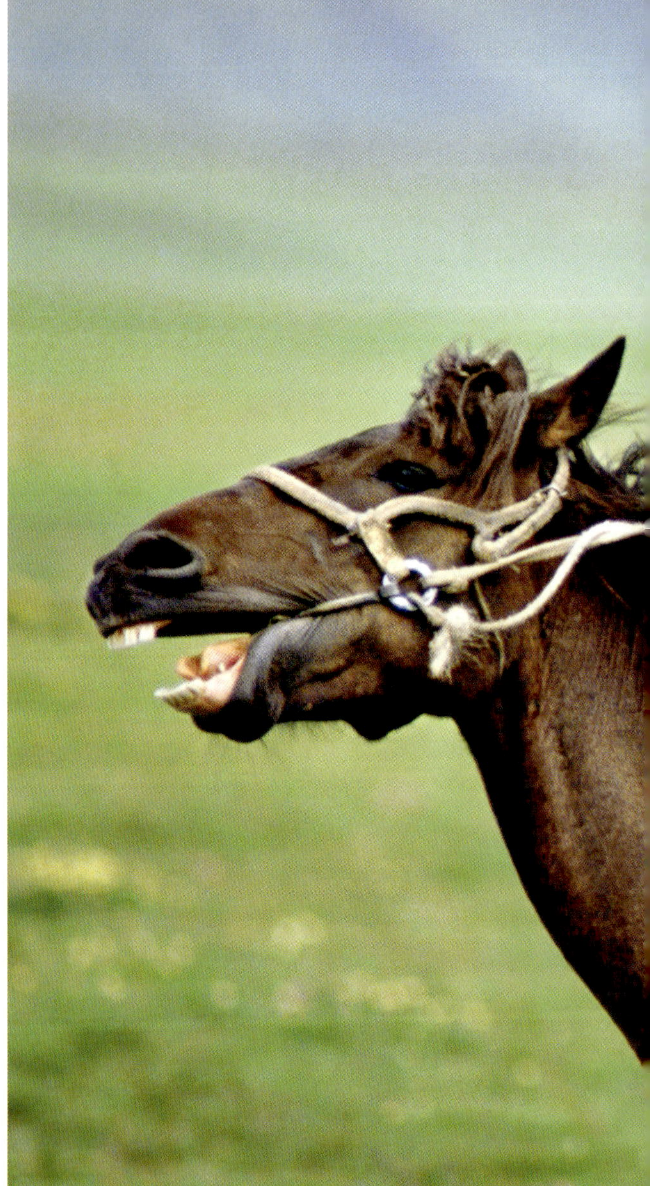

508-509 • Este muchacho perteneciente a un pueblo nómada, se divierte galopando con seguridad sobre su corcel, en Xiahe, en China.

510-511 • Esta niña descansa en un prado junto a su caballo de raza falabella, sin preocuparse demasiado de que le esté tirando del cabello.

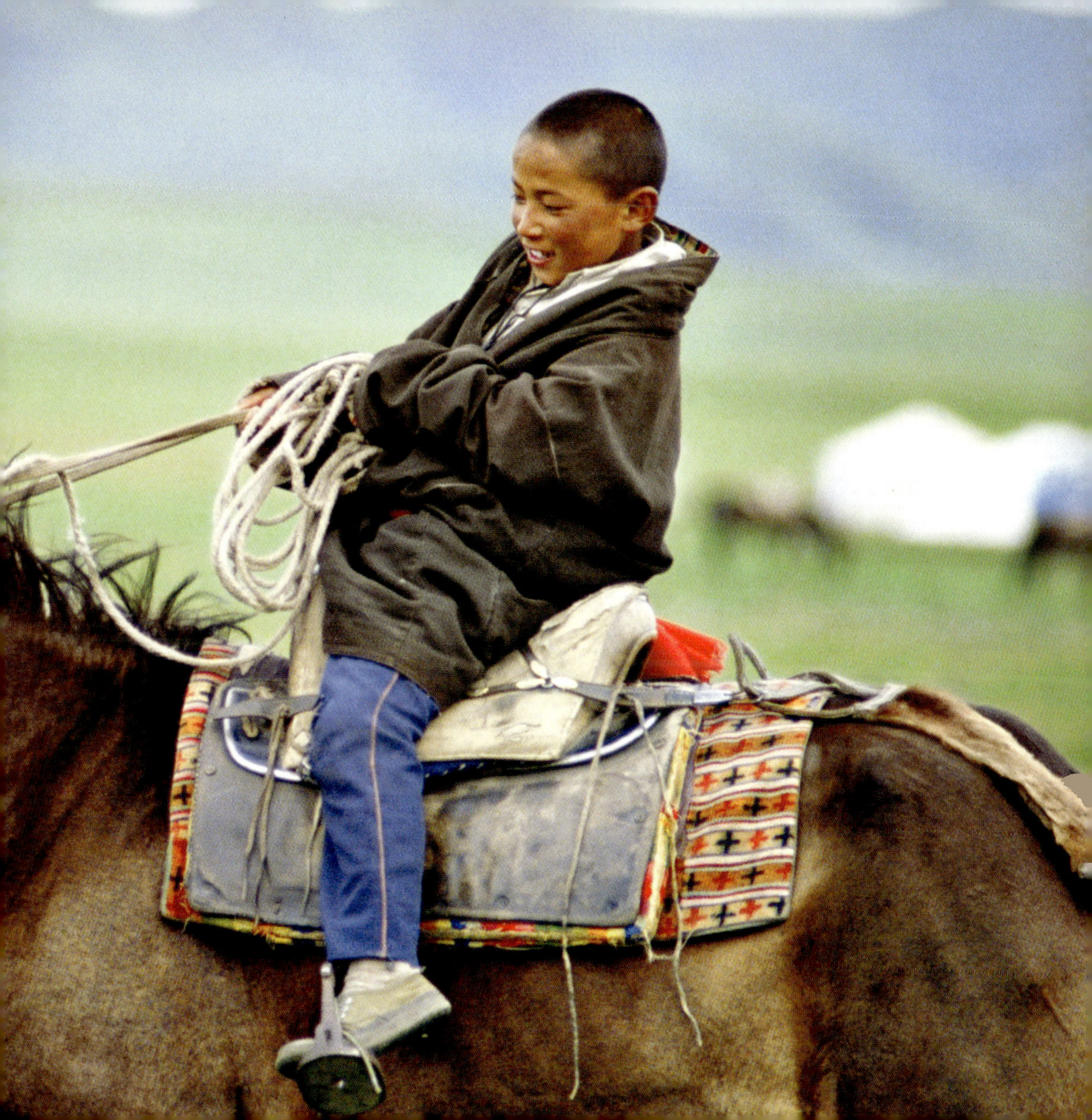

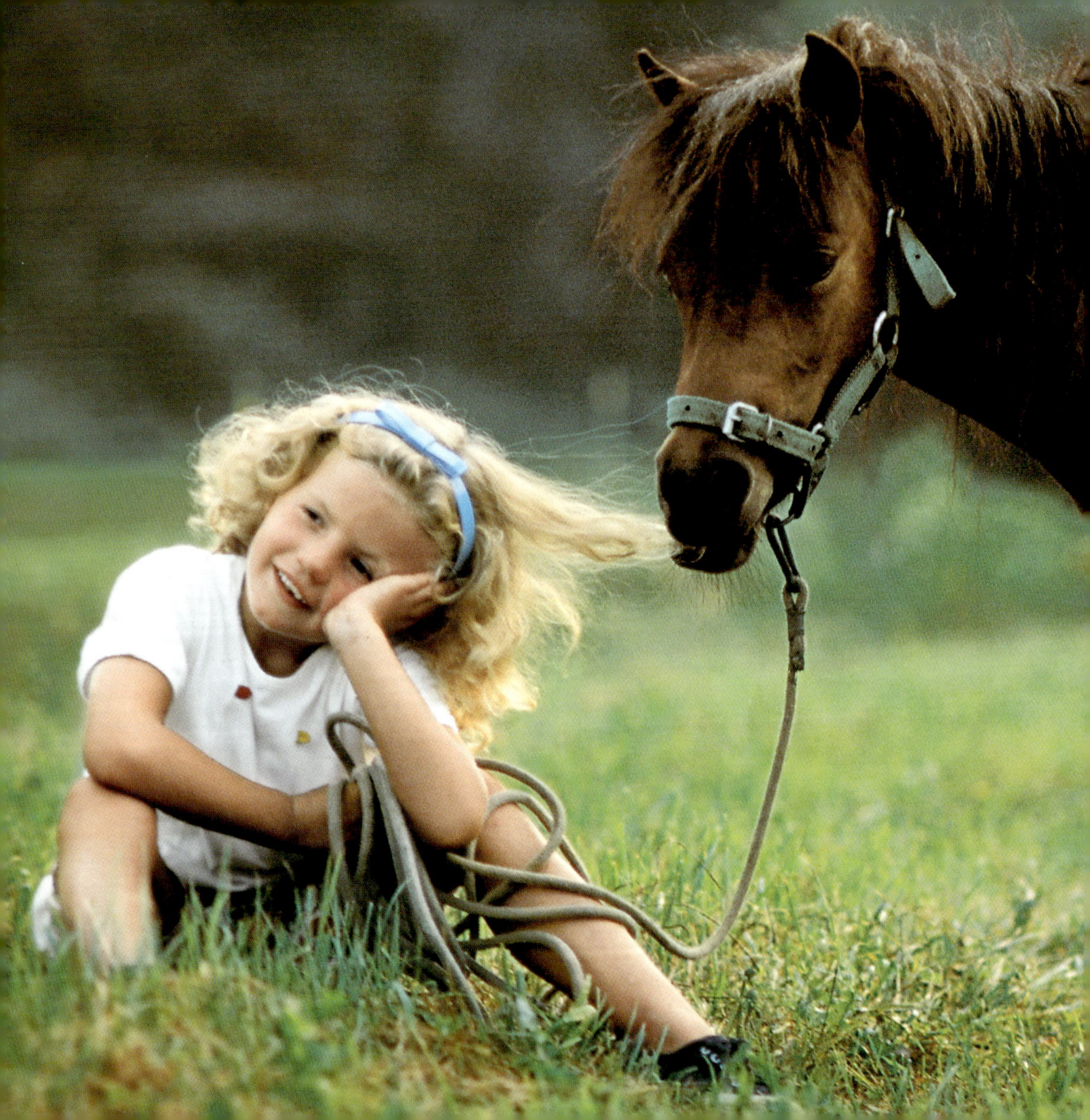

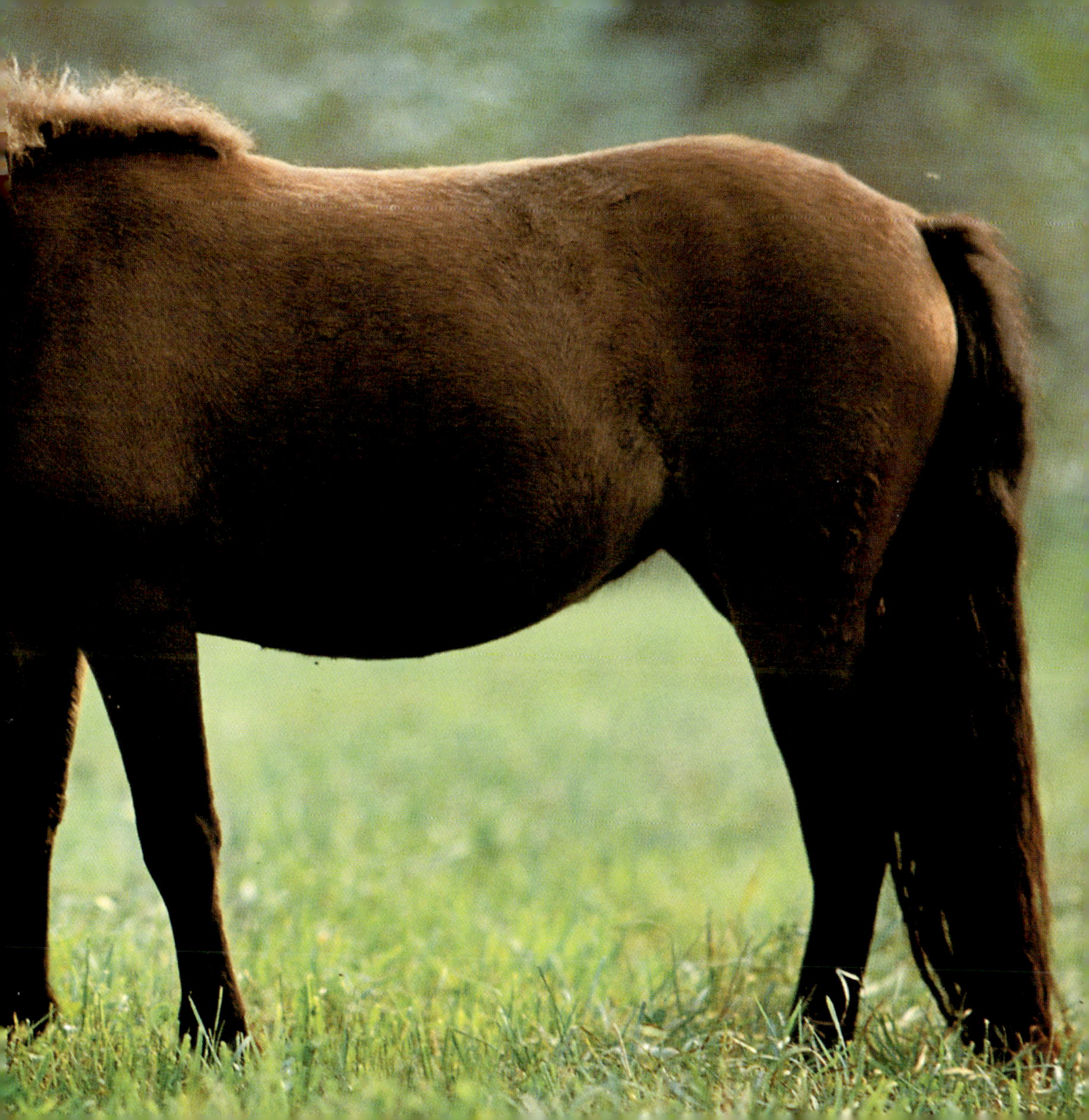

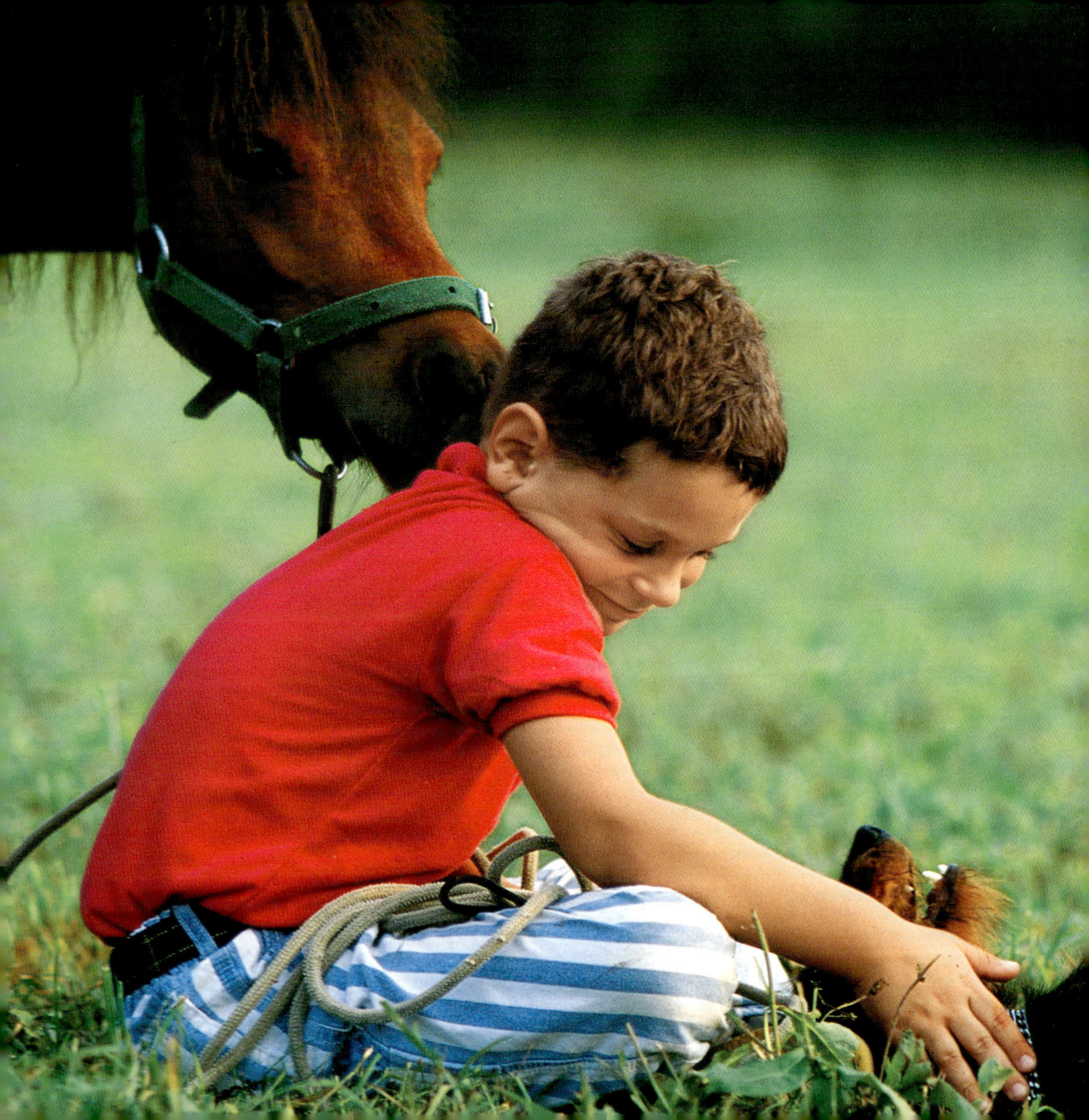

Este niño disfruta del afecto de sus animales de compañía: el poni le invita con su hocico a jugar, mientras su perro se relaja feliz en el suelo.

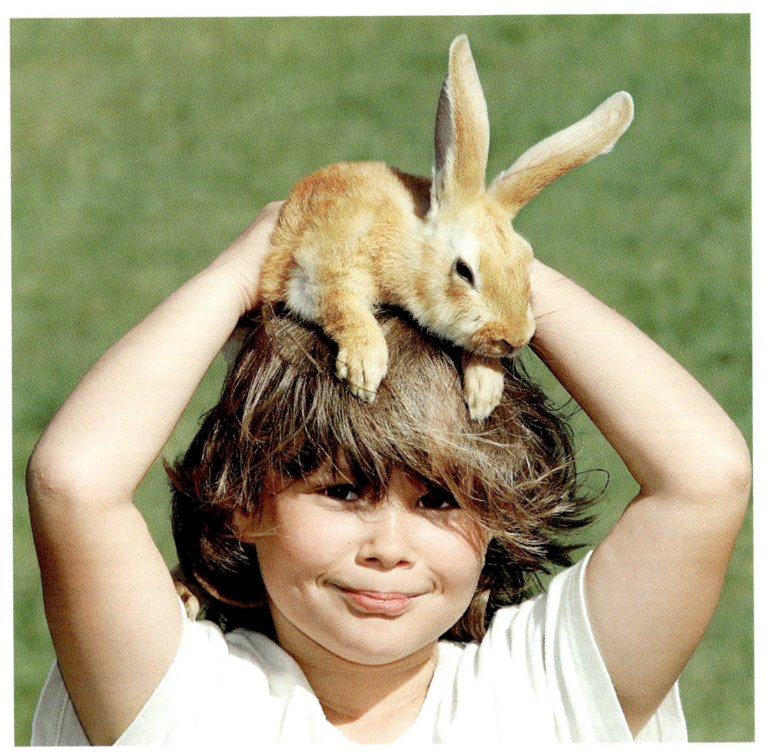

514 • Un niño posa con un conejito sobre su cabeza.

515 • Un niño muestra feliz un cerdito, cerca de Fort Atkinson, en Wisconsin, Estados Unidos.

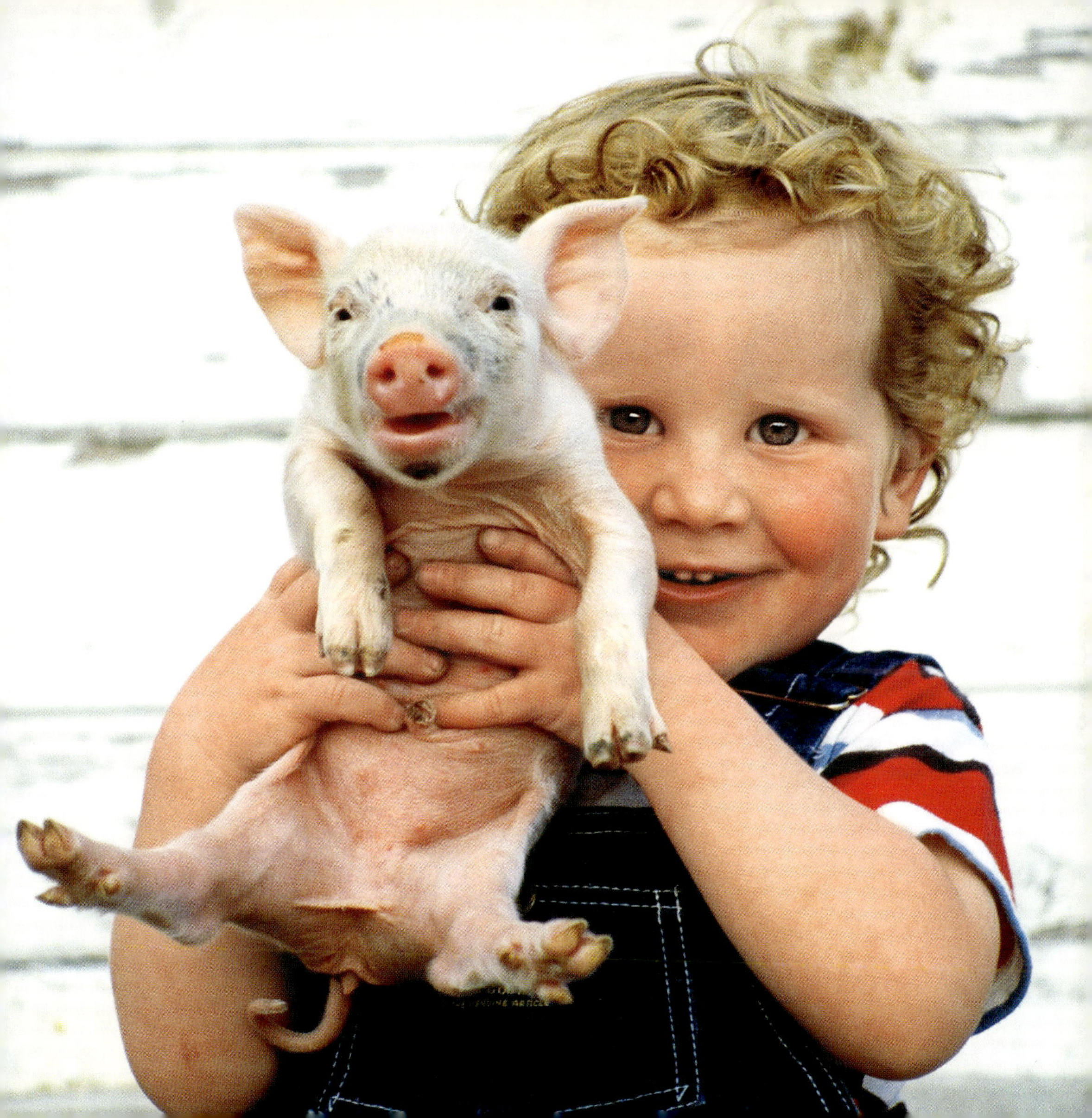

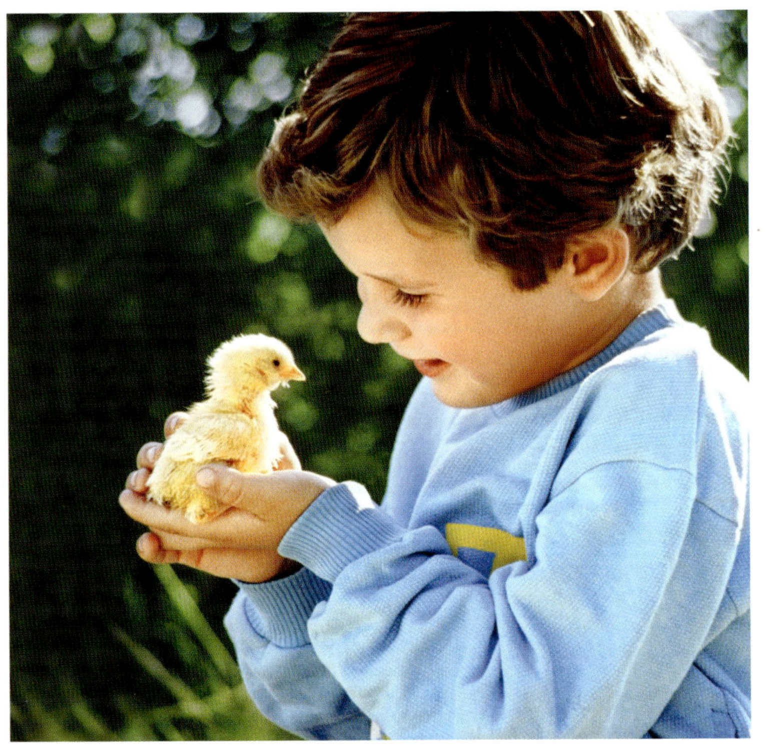

516 • Un niño mantiene entre sus manos con mucho cuidado y ternura un pollito.

517 • Esta niña se ríe satisfecha después de conseguir coger en brazos a esta gallina.

518-519 • Una niña espera pacientemente la salida de las gallinas del gallinero.

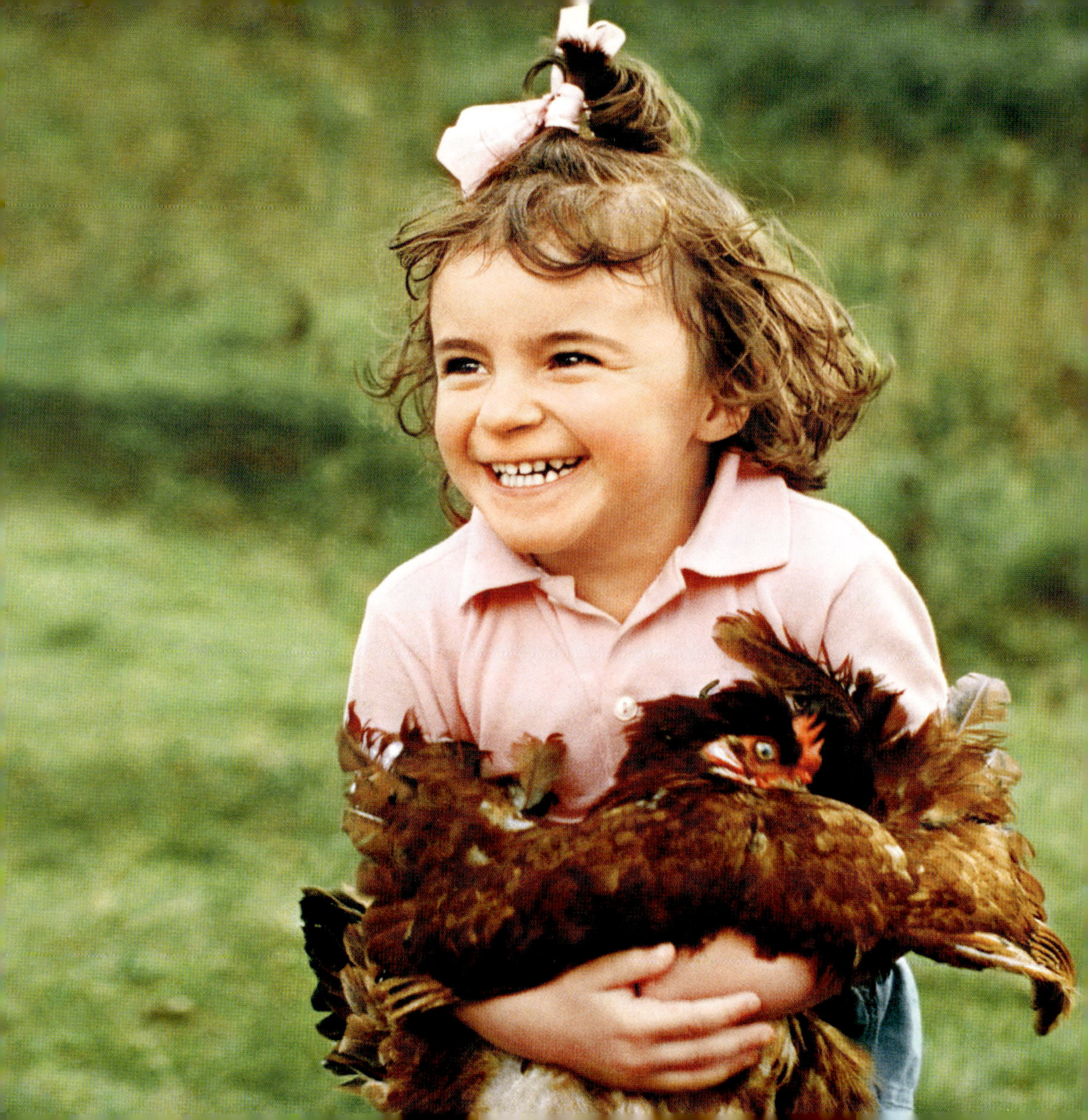

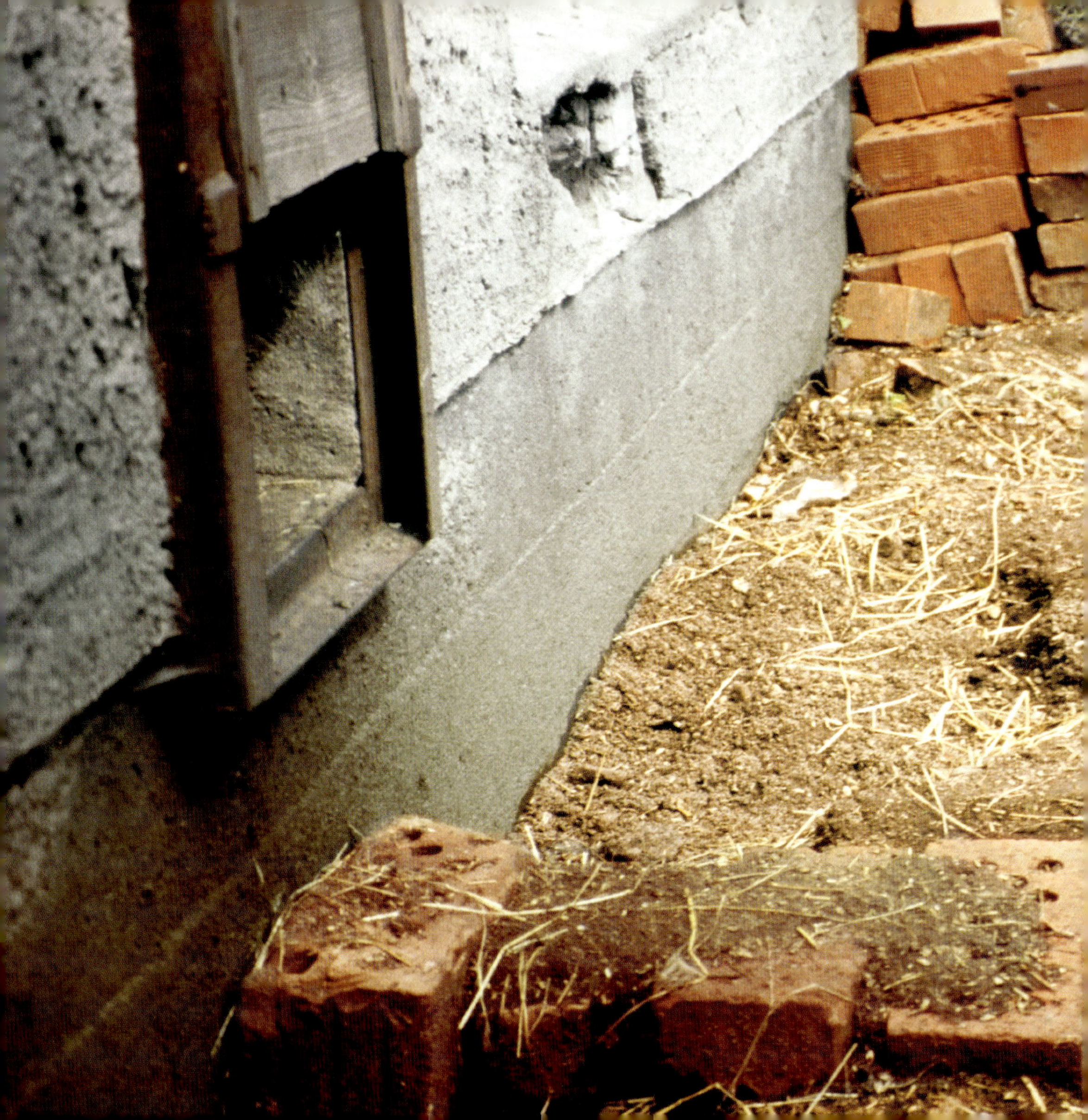

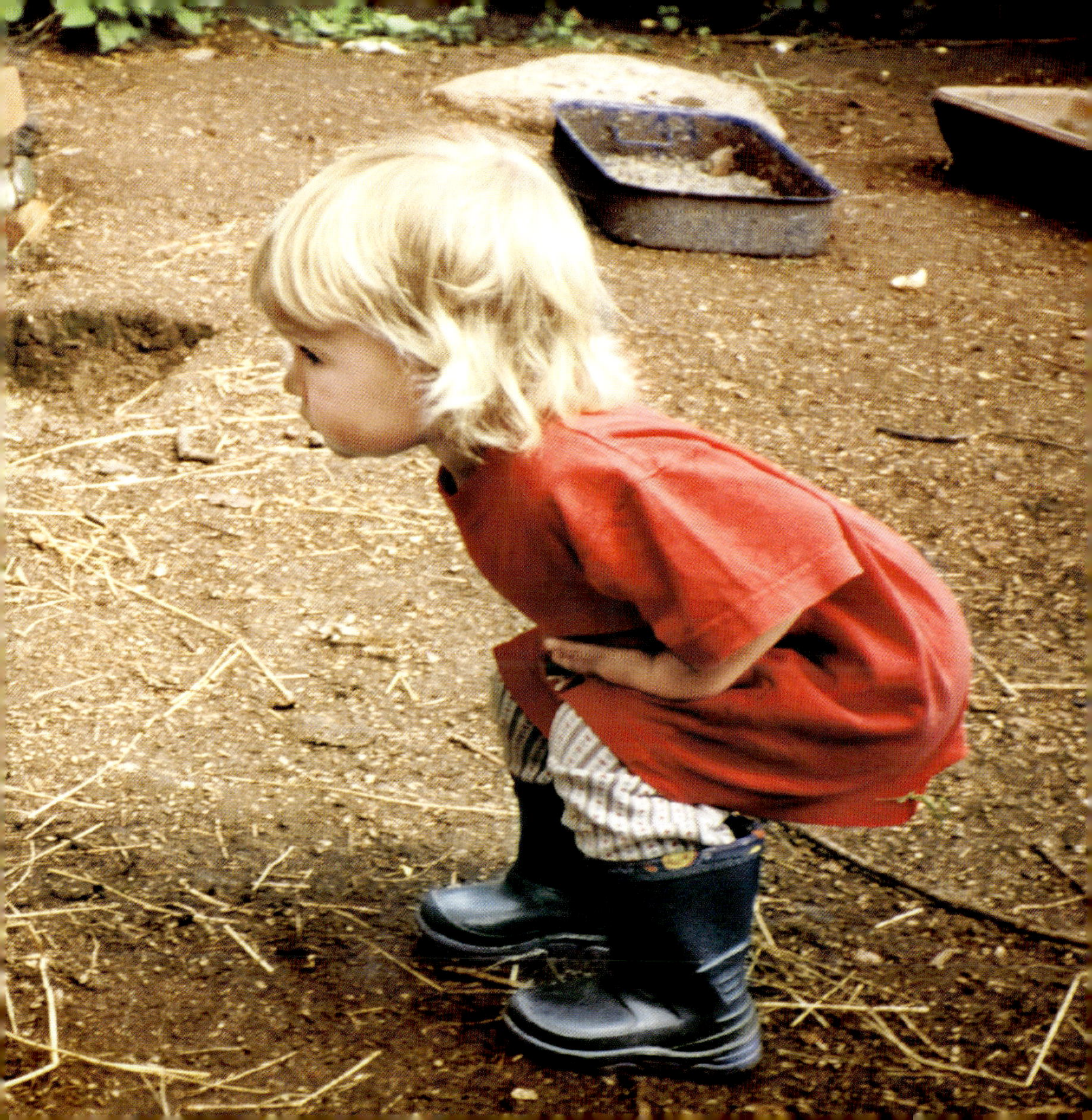

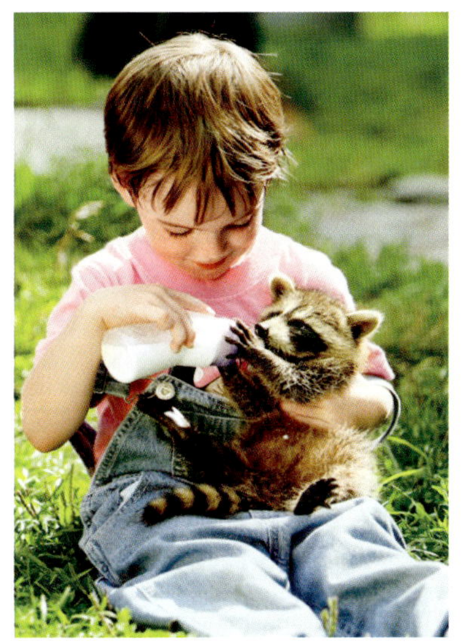

520 • Una niña da el biberón a un cachorro de mapache.

521 • Los niños saben tratar con cuidado y respeto a los cachorros, como muestra esta niña que tiene en una cesta un conejo y lo mira con ternura.

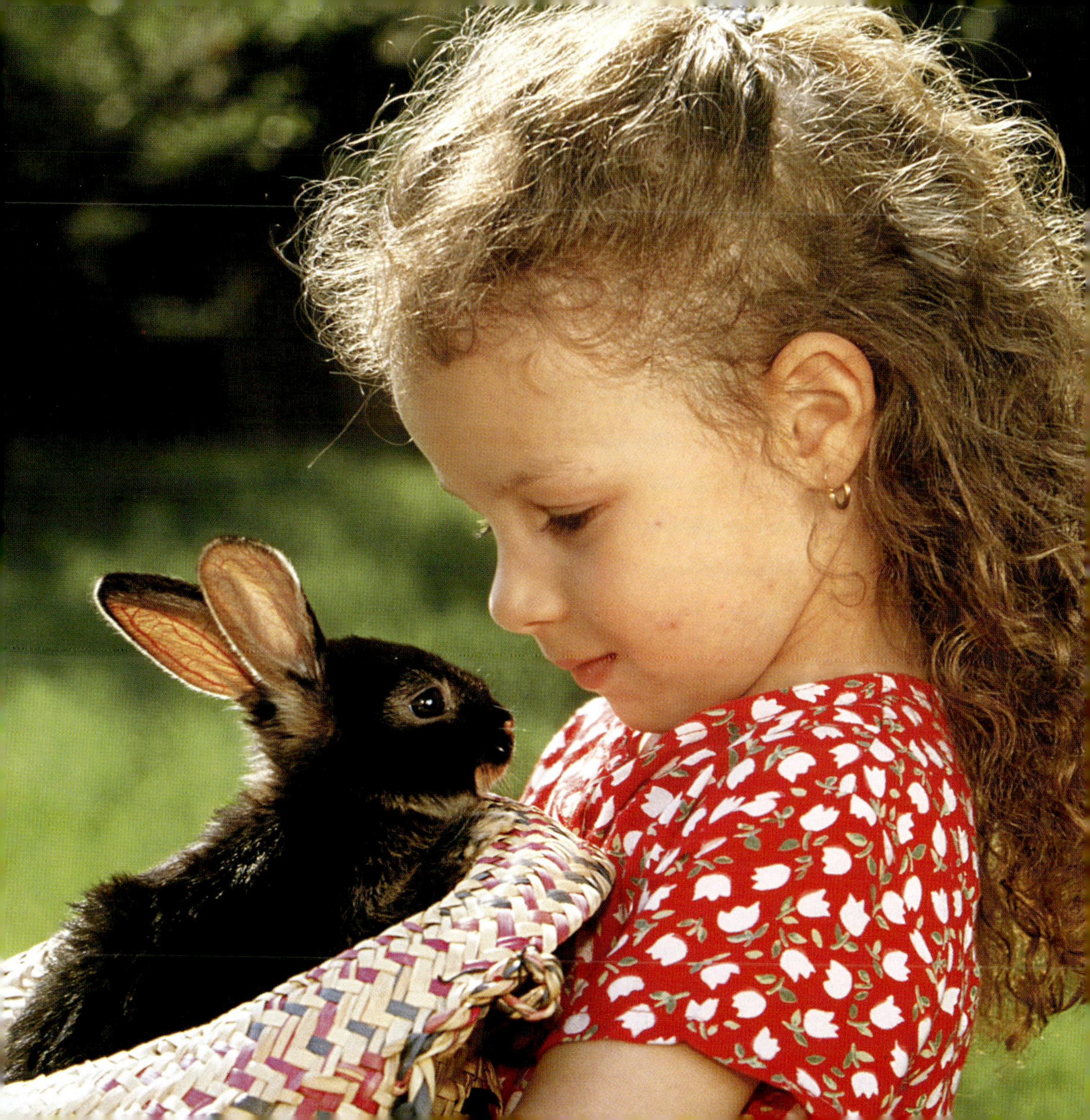

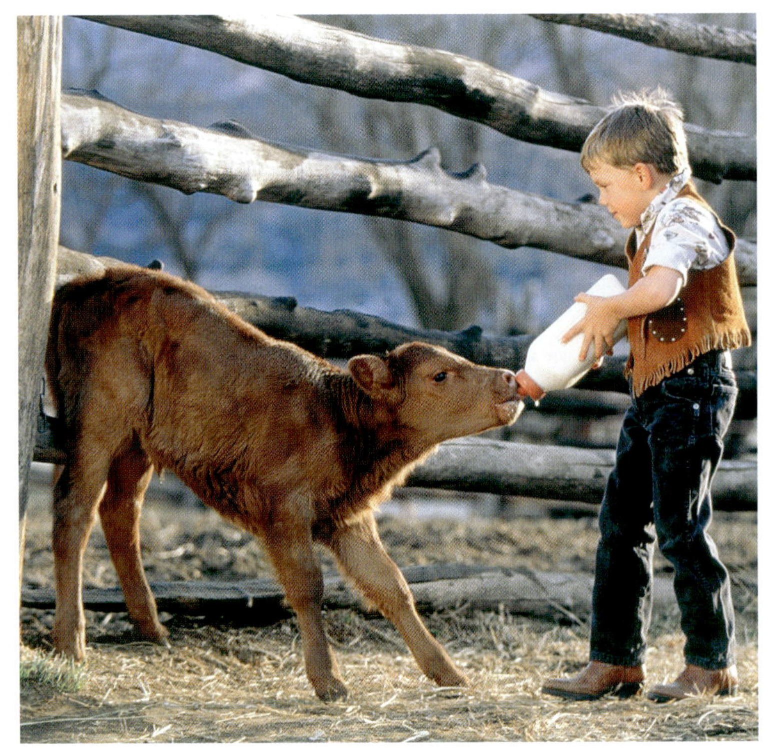

522 e 523 • Estos niños cuidan con esmero a este becerro.

524-525 • Un joven vaquero sujeta la cuerda para llevar al becerro.

526-527 • Esta pequeña niña mira interesada una pareja de cabras.

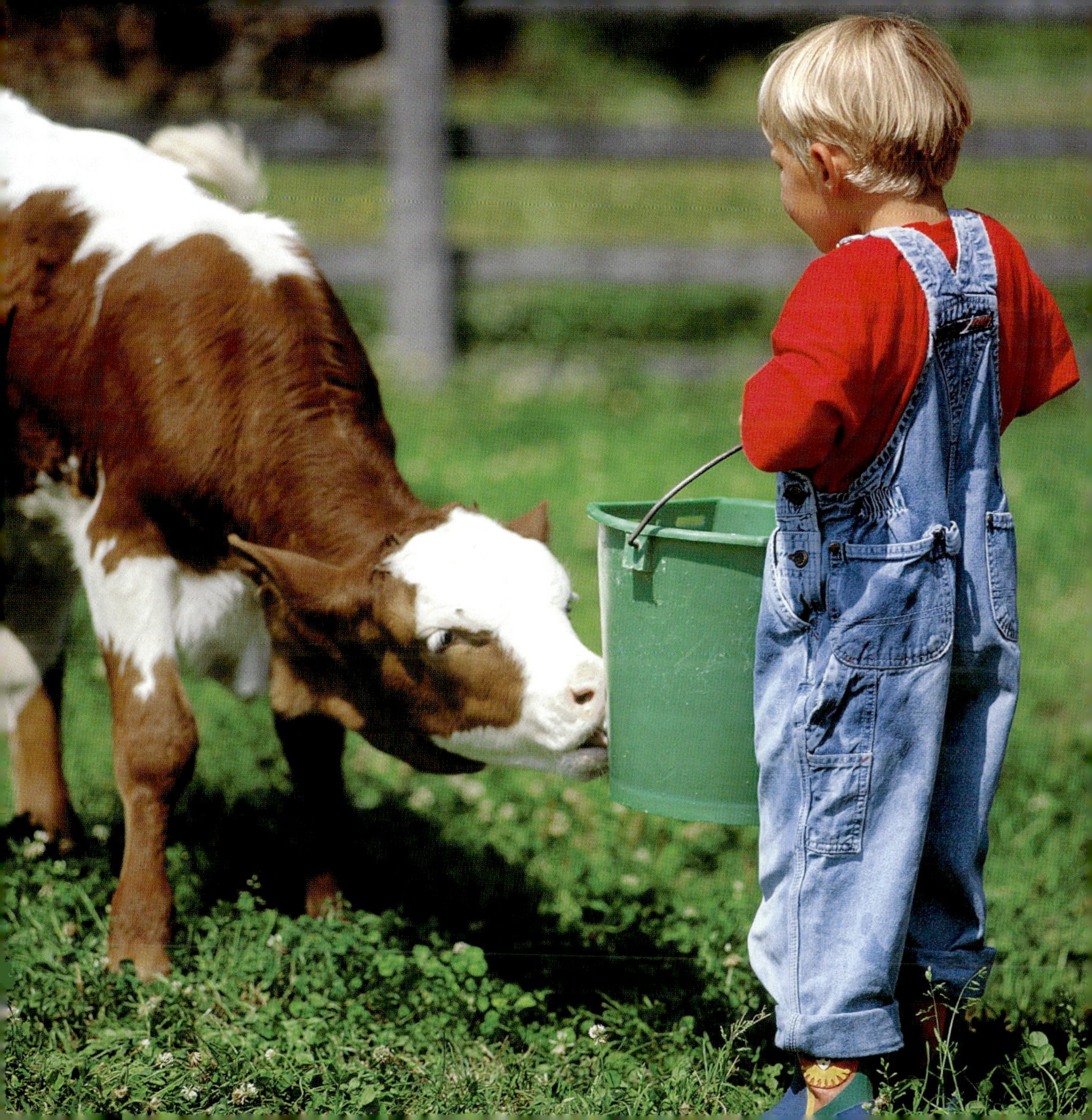

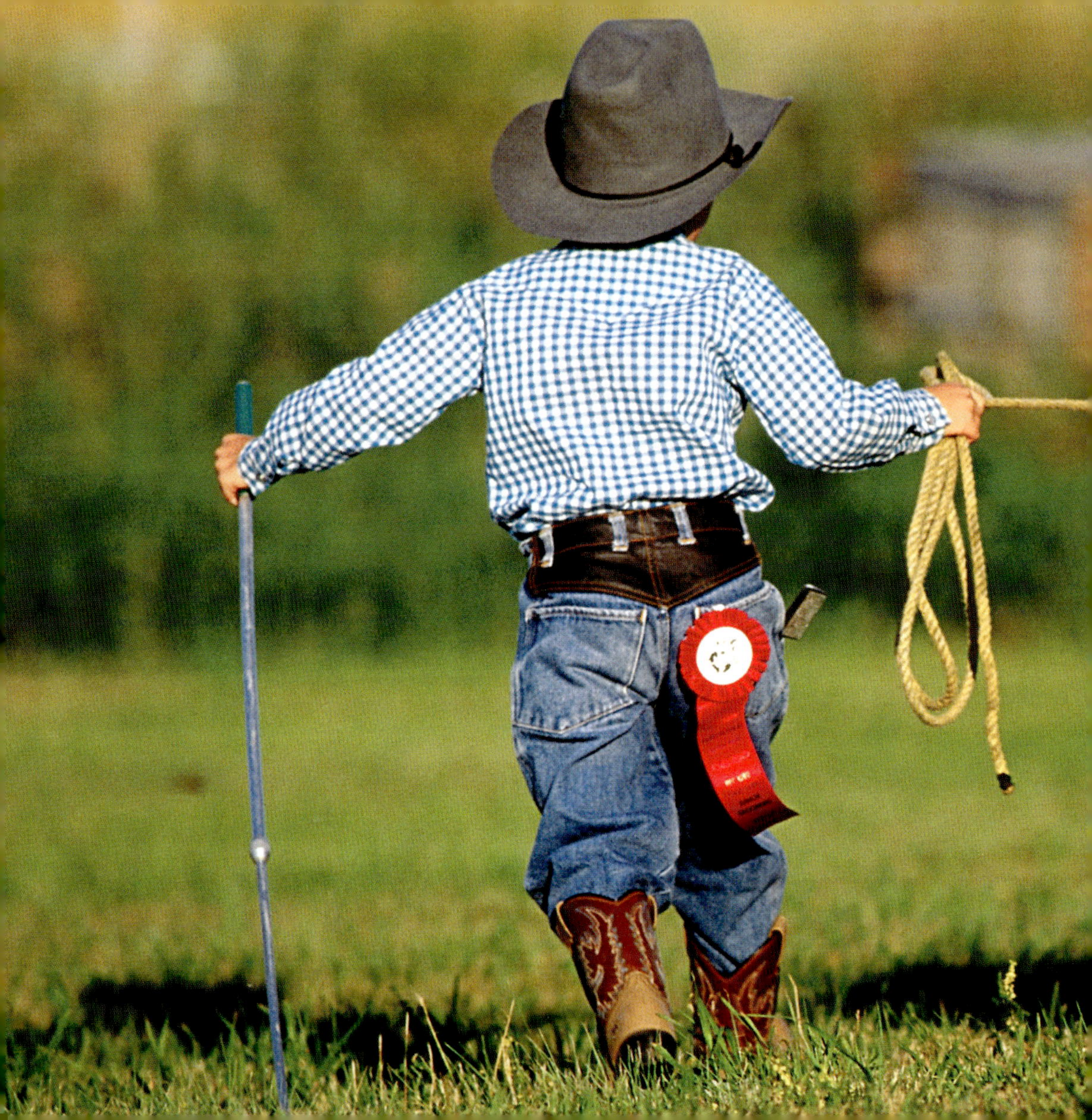

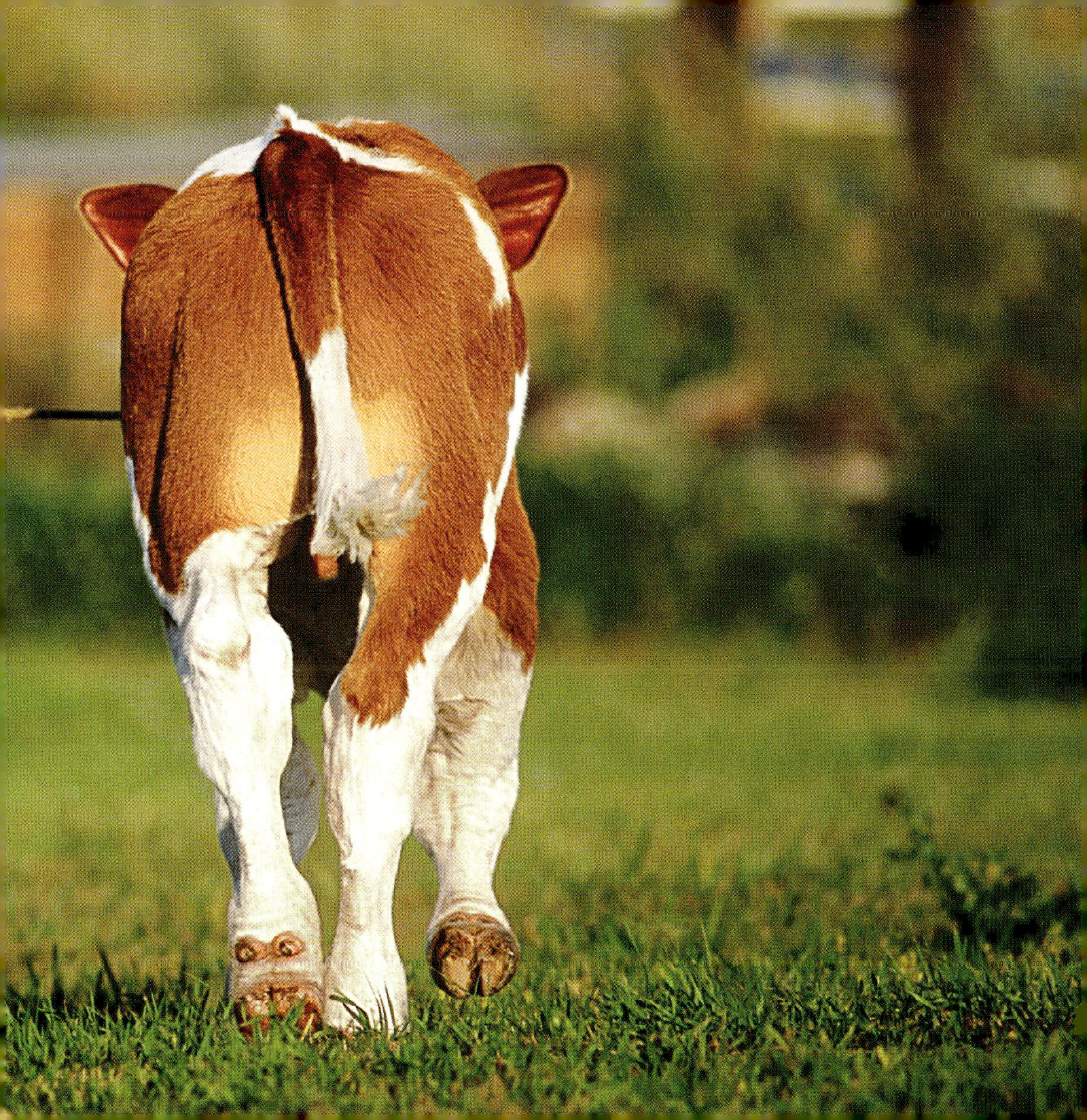

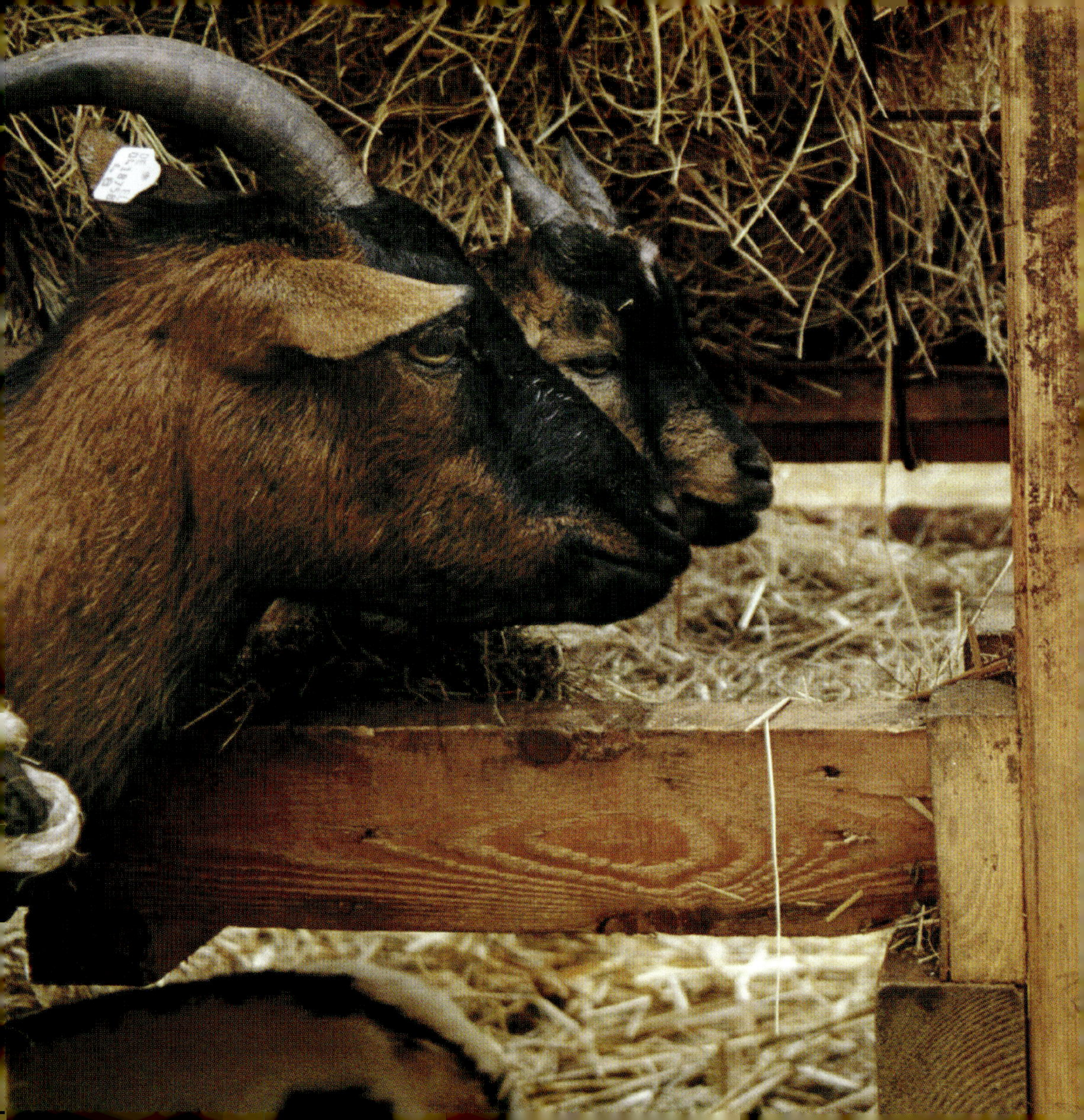

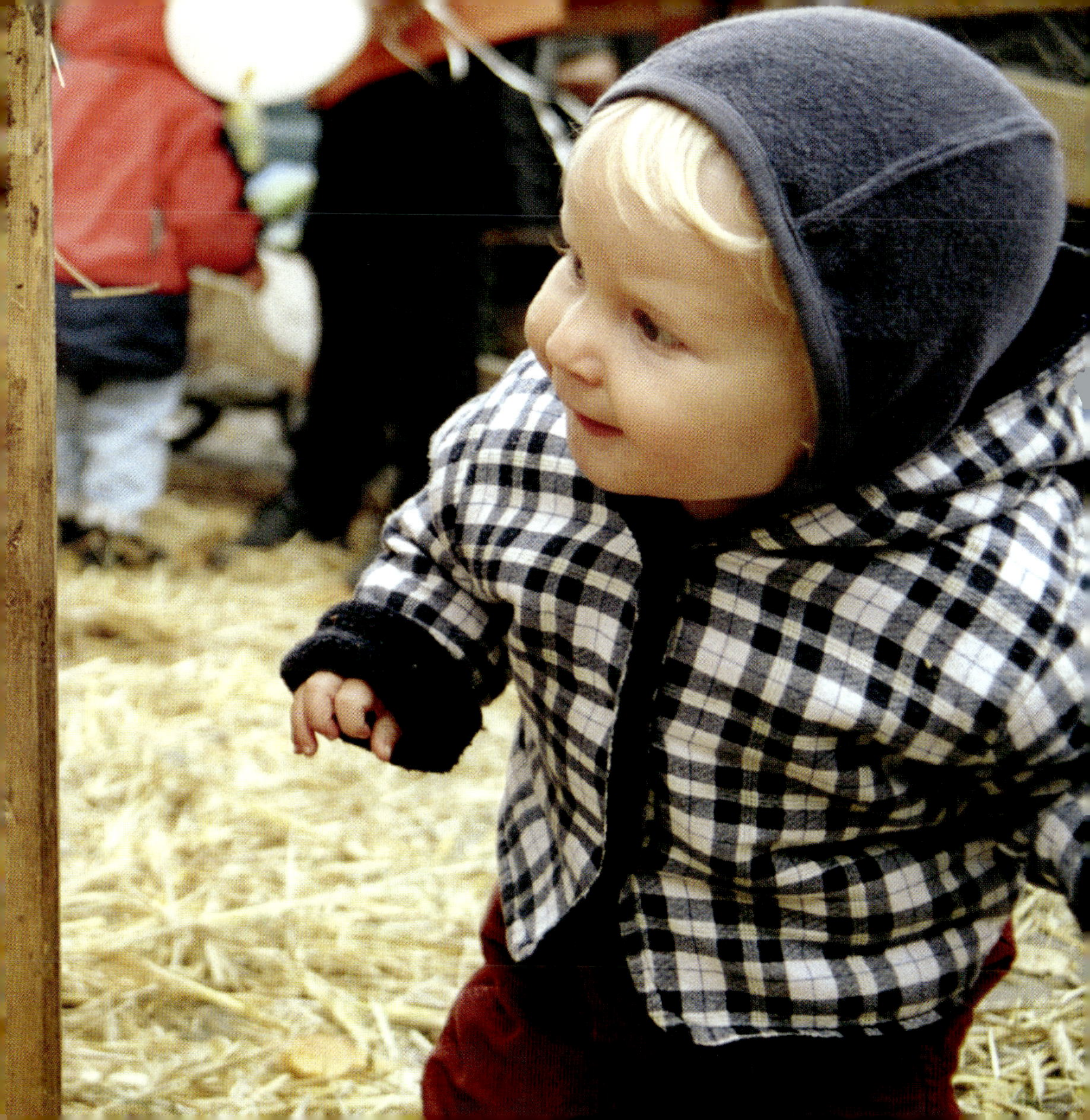

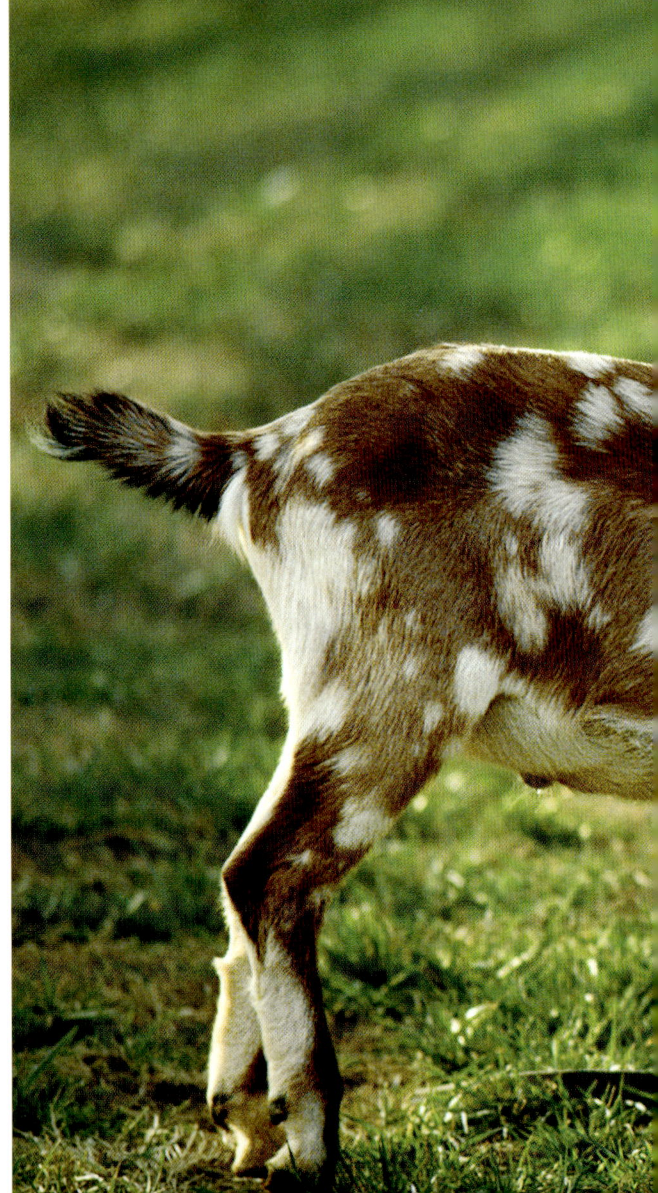

Esta niña ríe mientras
intenta sin éxito hacer
caminar a su cabra
por un prado.

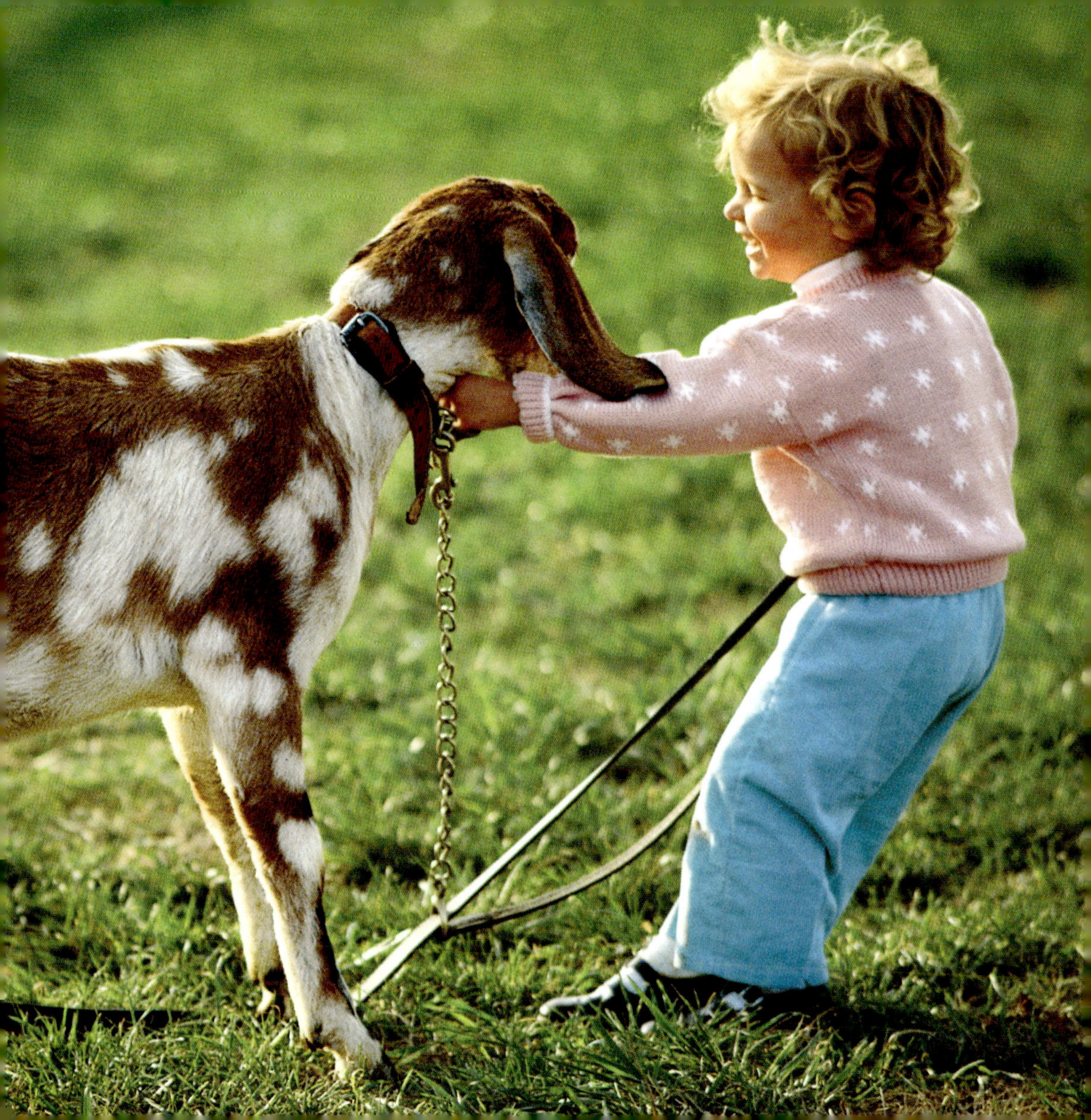

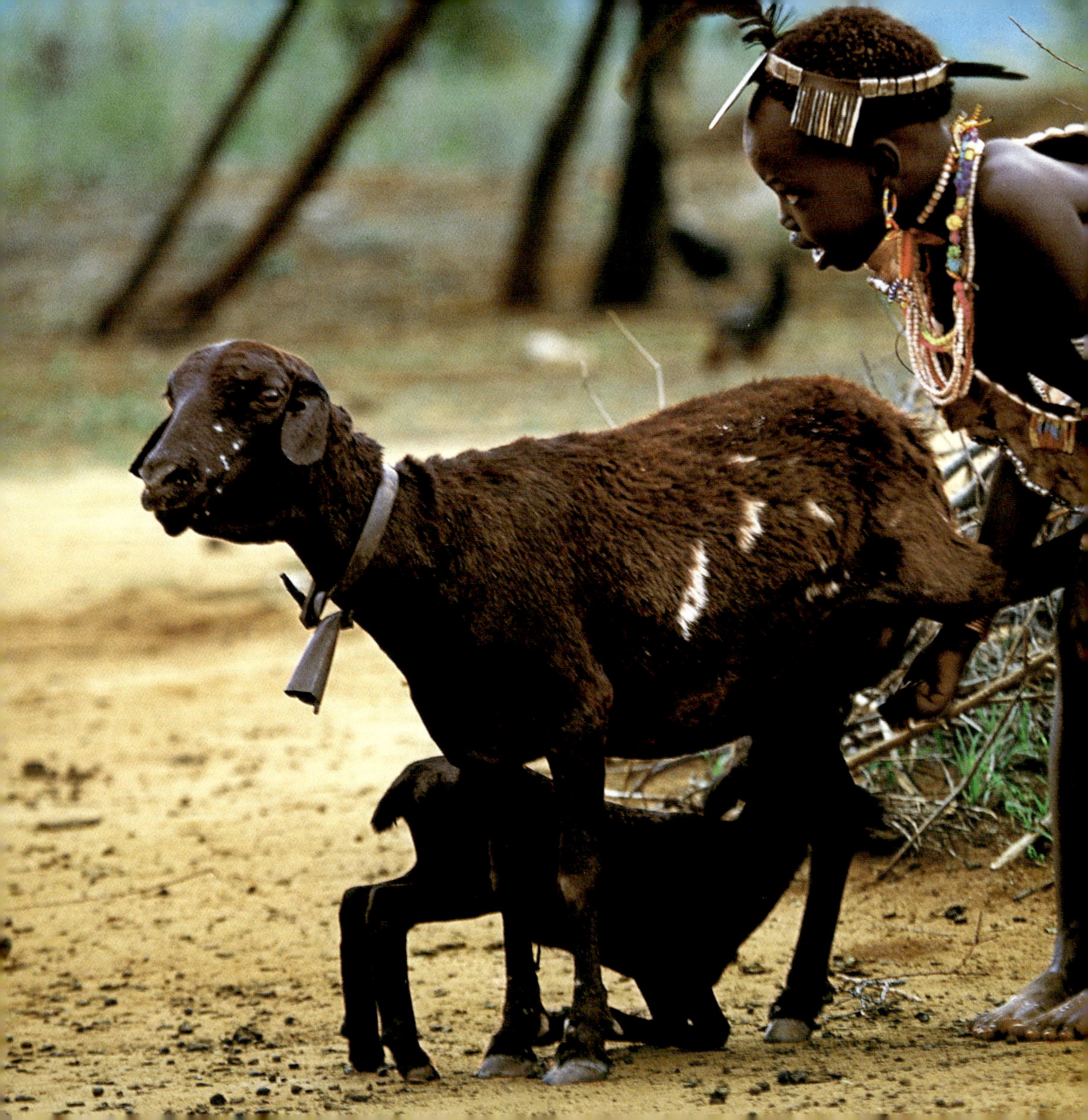

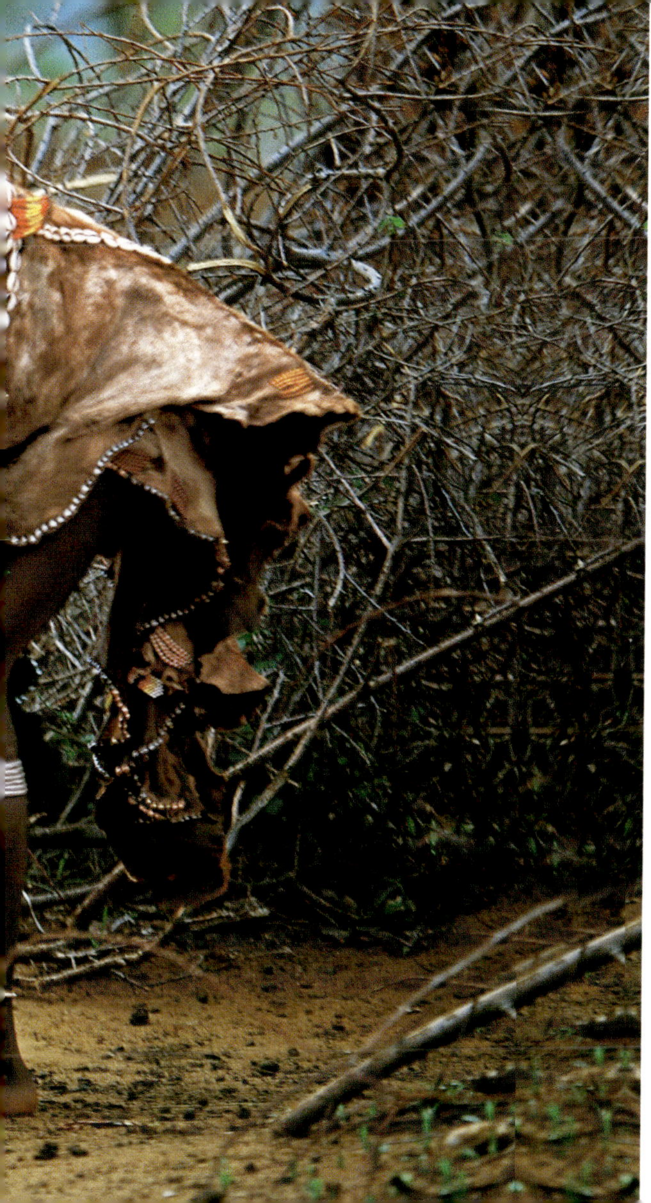

Una muchacha africana ayuda al pequeño corderito a amamantar.

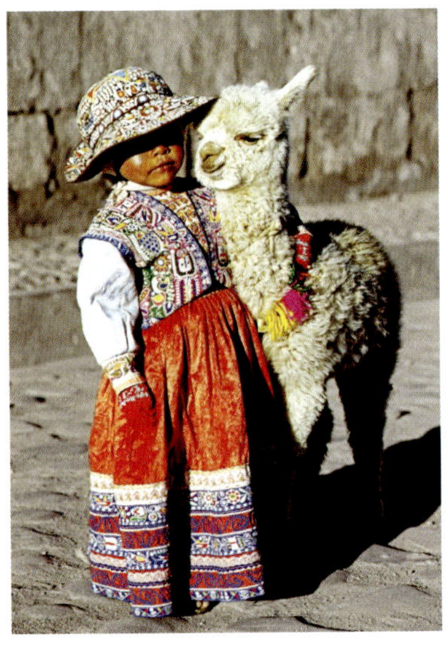

532 • Una niña ataviada con el vestido tradicional de su pueblo abraza a un cachorro de alpaca en Colca, en las tierras altas de Perú.

533 • Dos niñas peruanas de Cuzco con un corderito adornado con guirnaldas y vestidas con el traje tradicional.

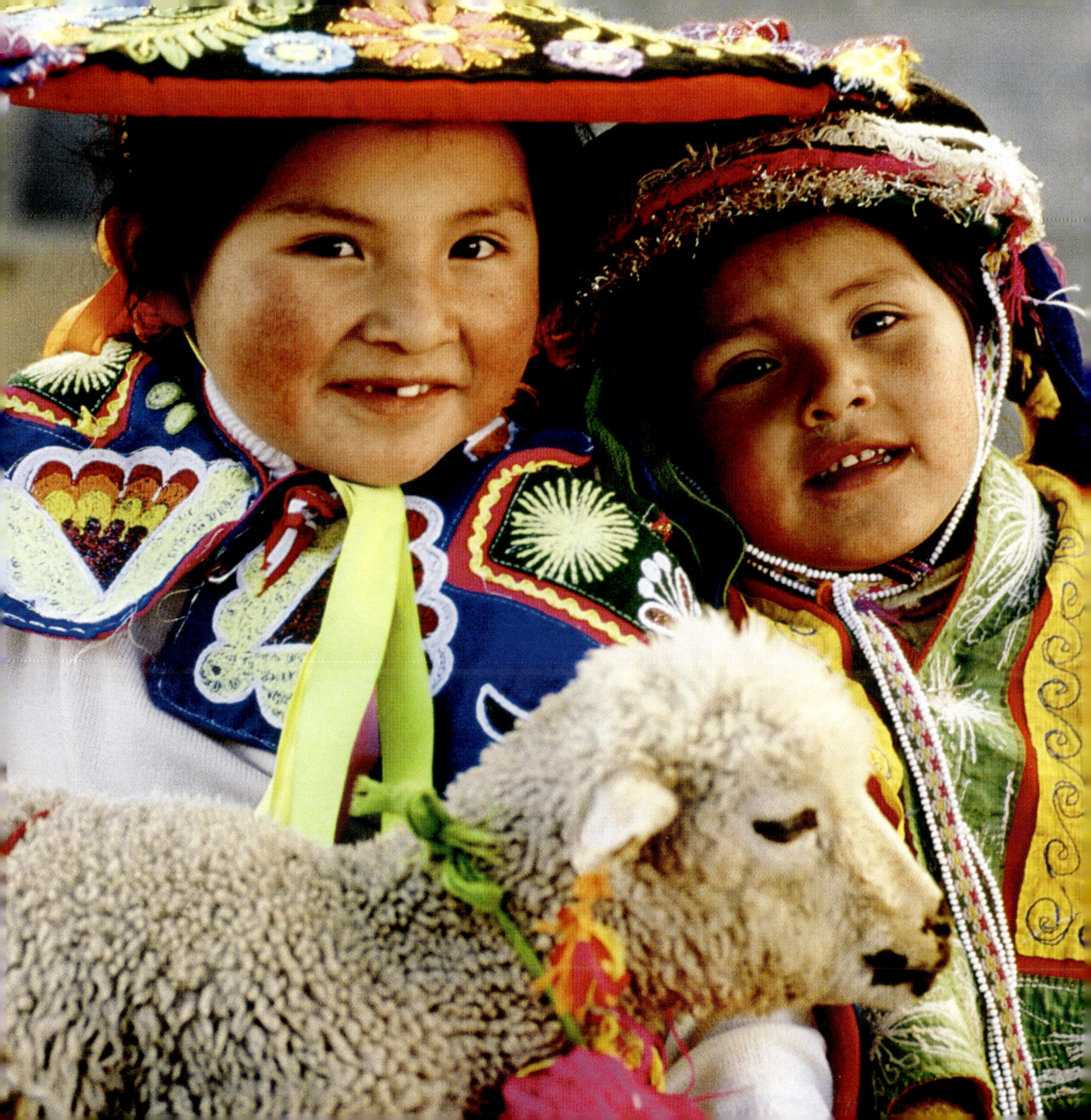

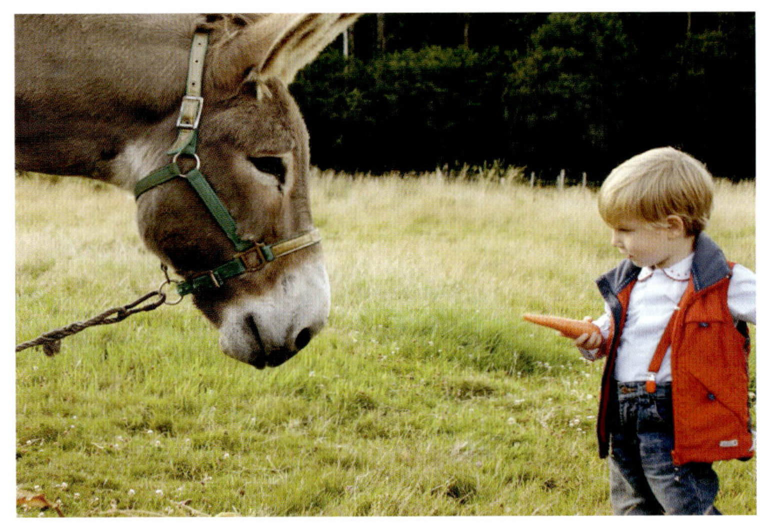

534 • Un niño de tres años ofrece valientemente una zanahoria a un asno en el campo.

535 • El caballito hace reír a este niño mientras coge un terrón de azúcar de su mano.

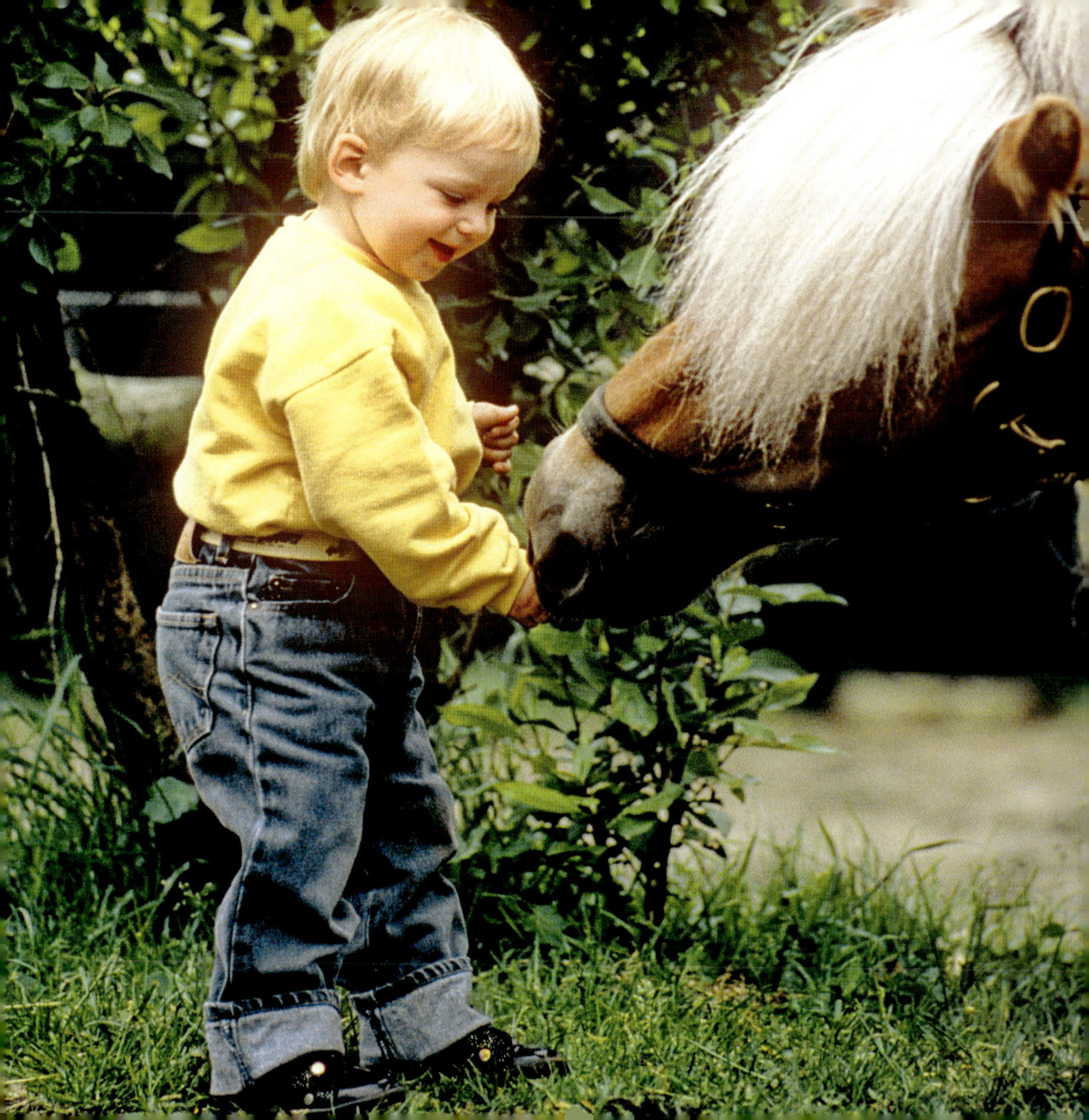

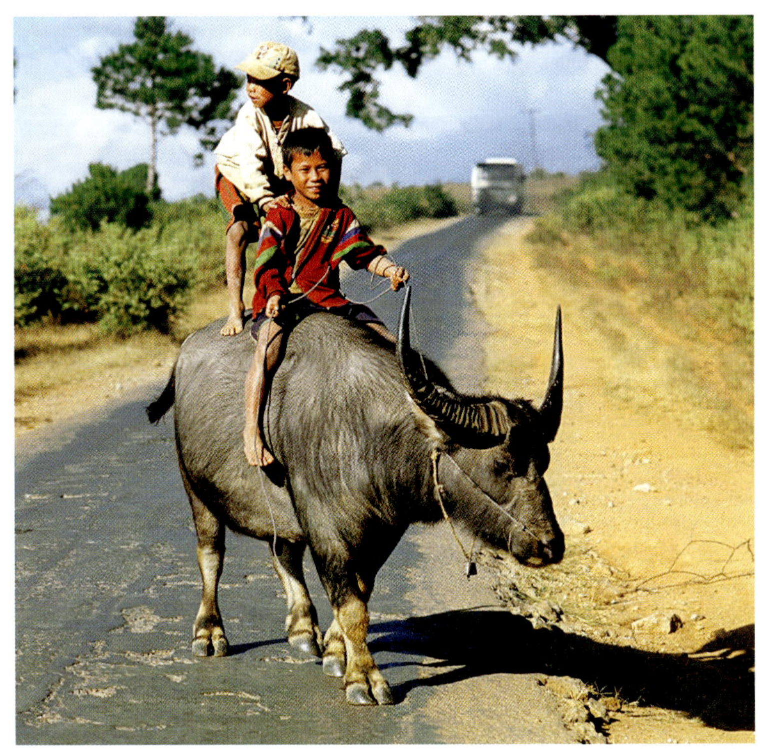

Dos niños pao cabalgan sobre un búfalo en Myanmar y después lo conducen a darse un baño.

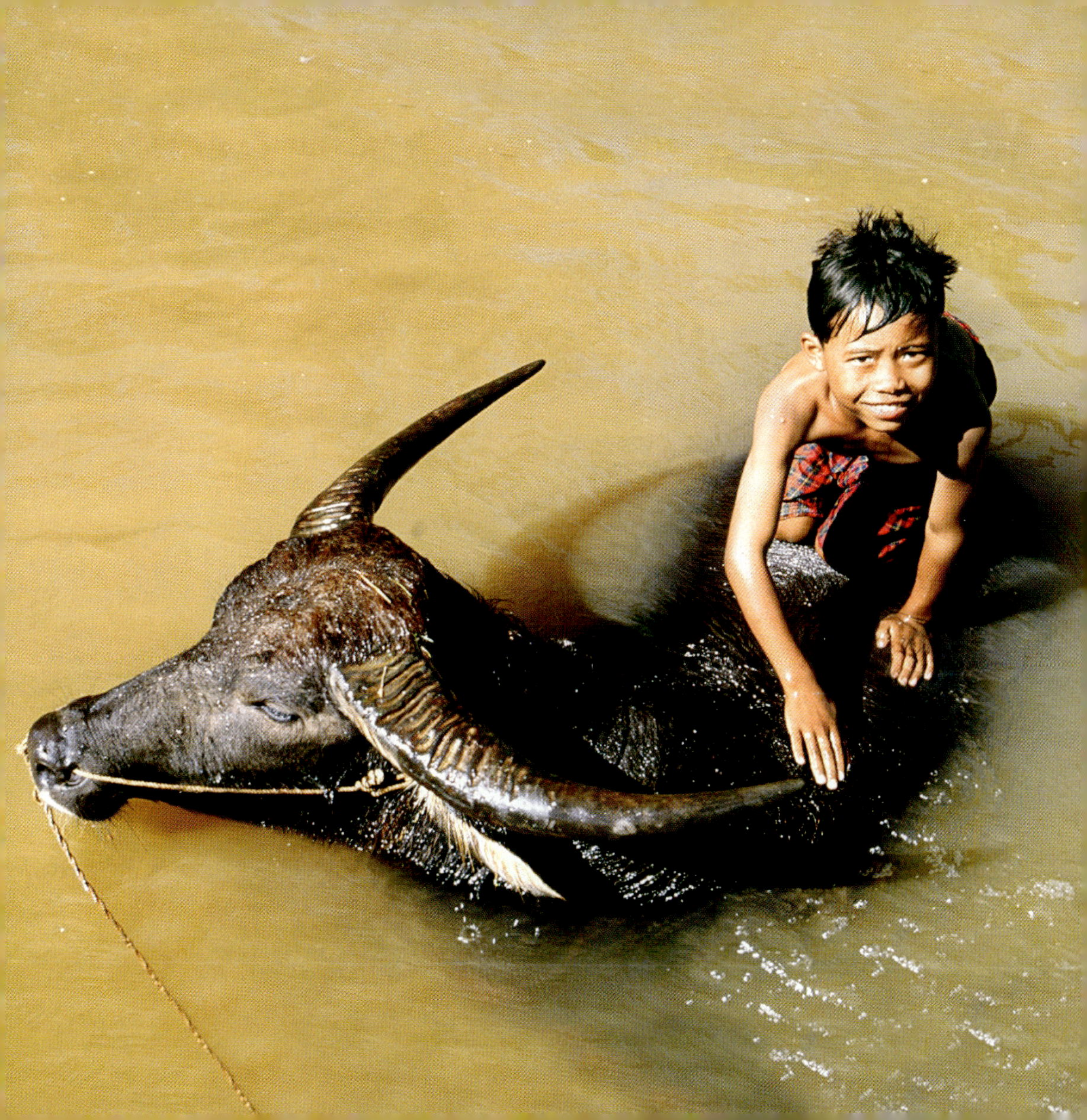

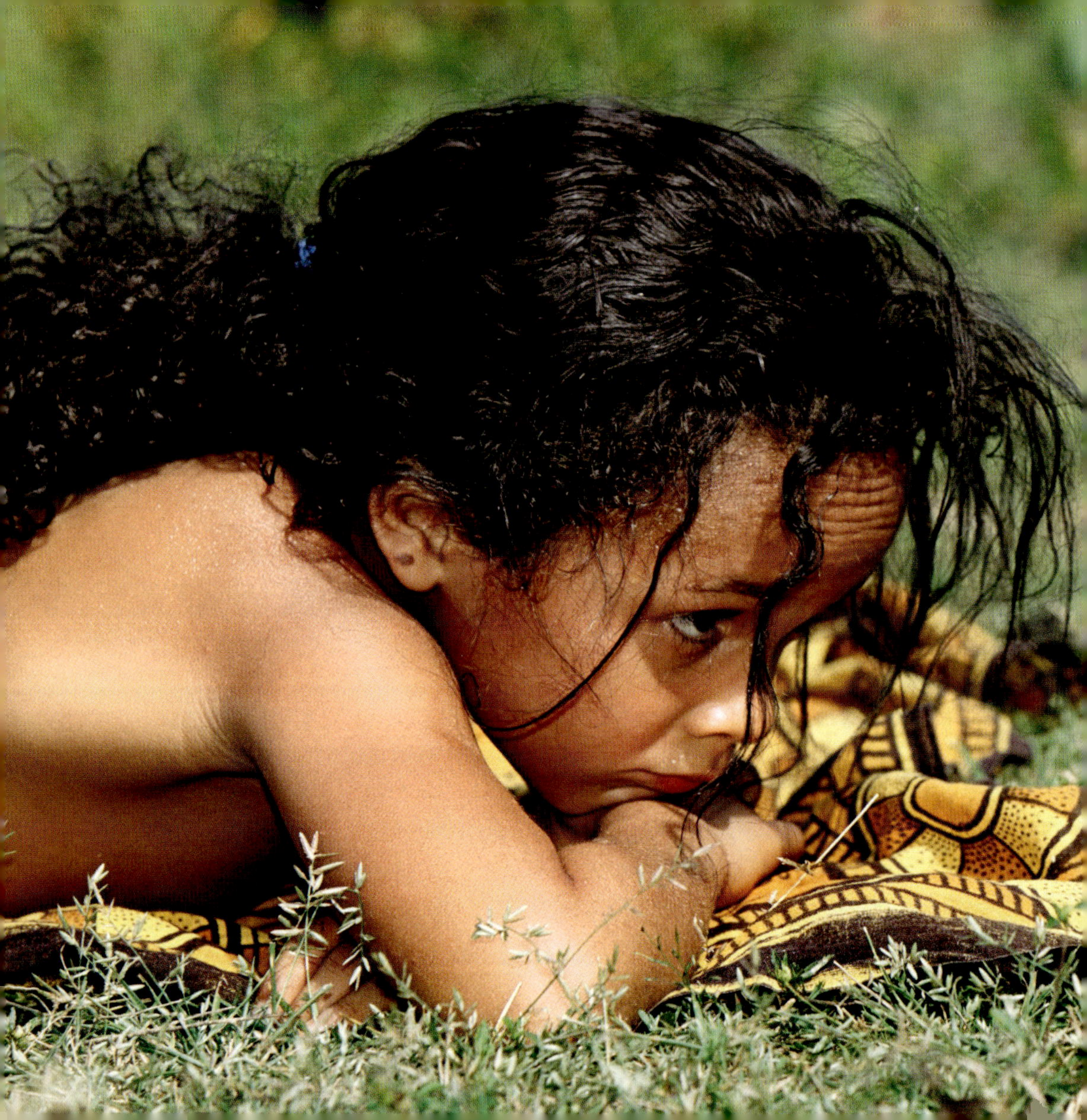

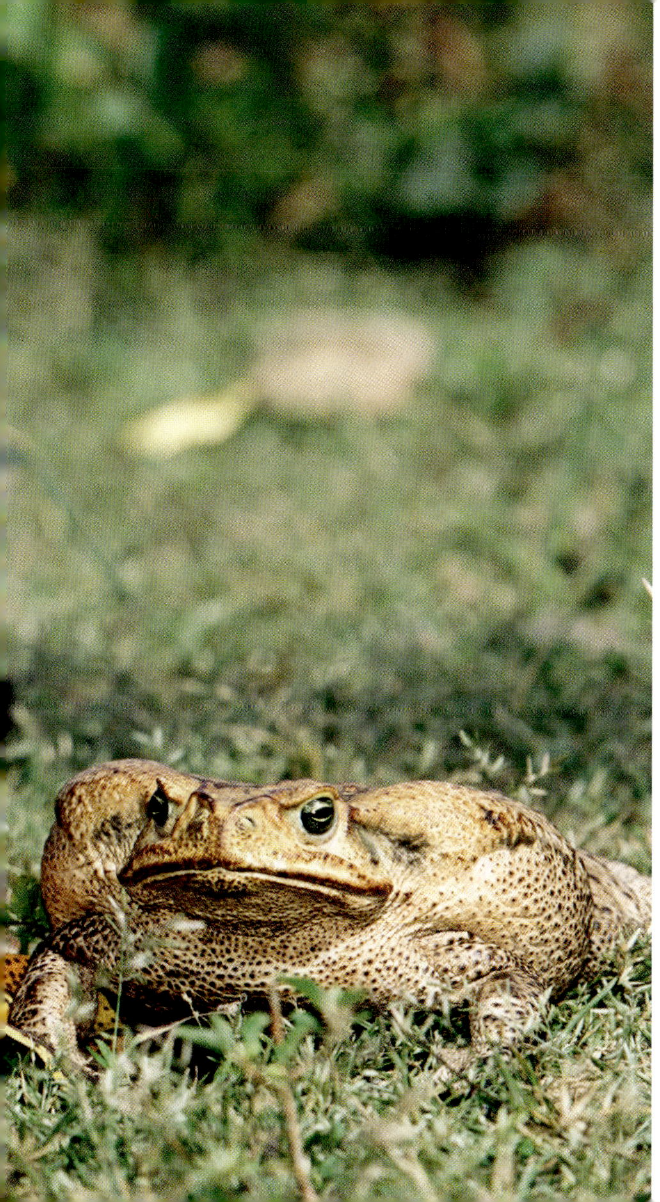

Una niña muy curiosa
observa en el campo un
enorme sapo en la
región del Cerrado,
en Brasil.

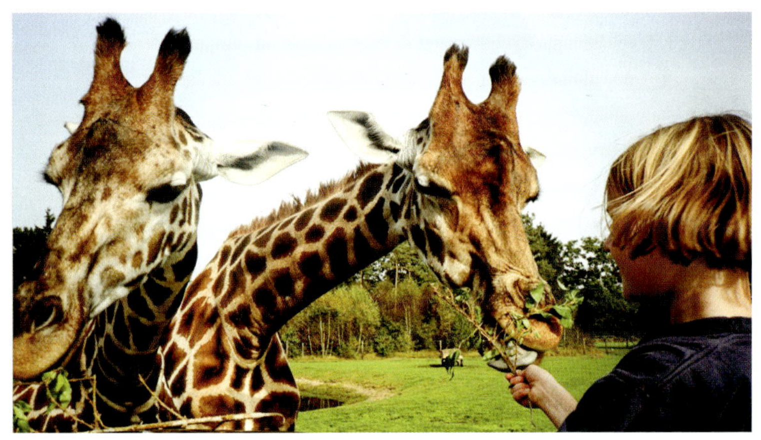

540 • A los niños les gusta alimentar a todos los animales, como hace esta niña con las dos pequeñas jirafas.

541 • Un niño acaricia a un cervatillo en medio de un campo de flores.

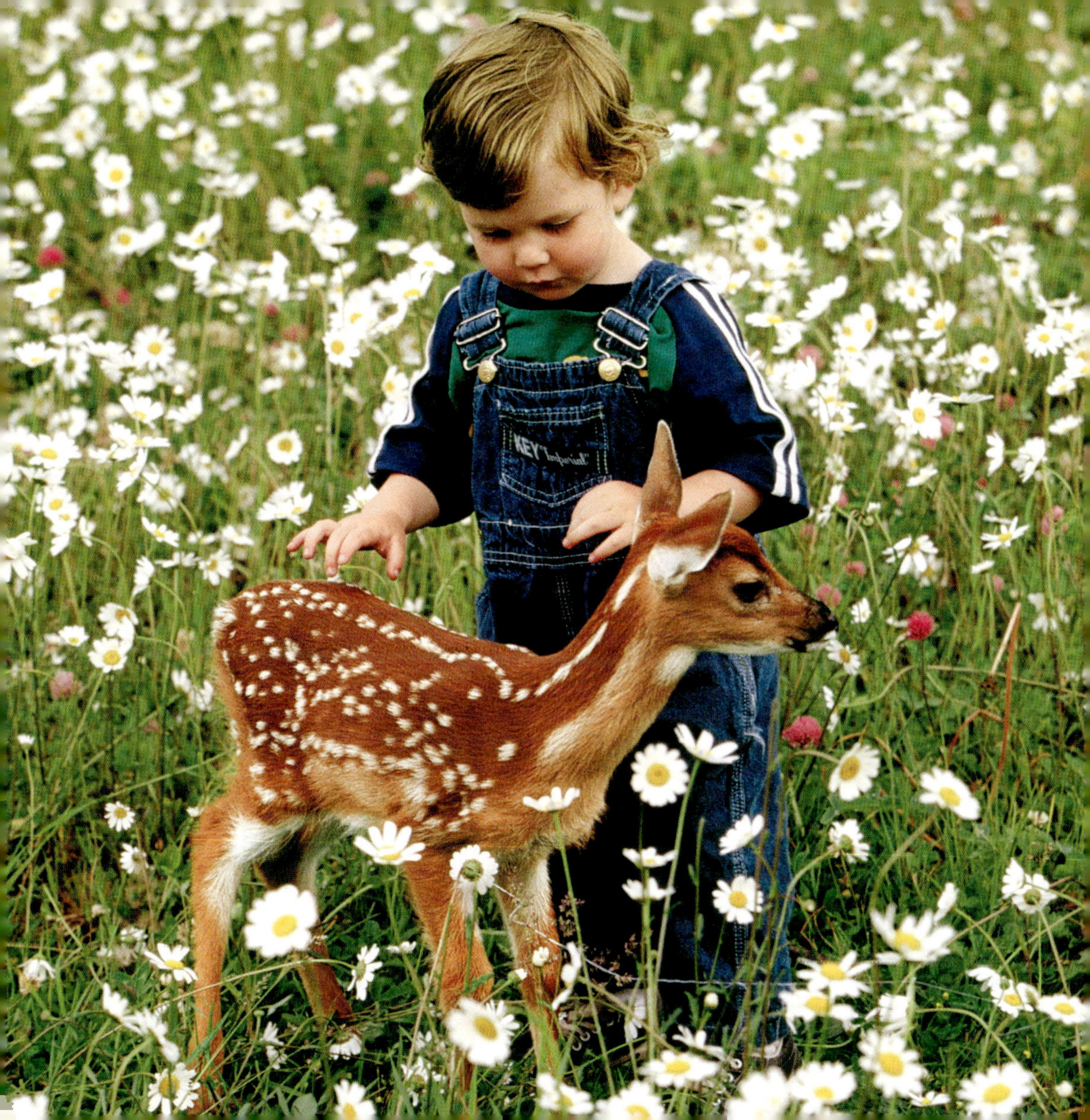

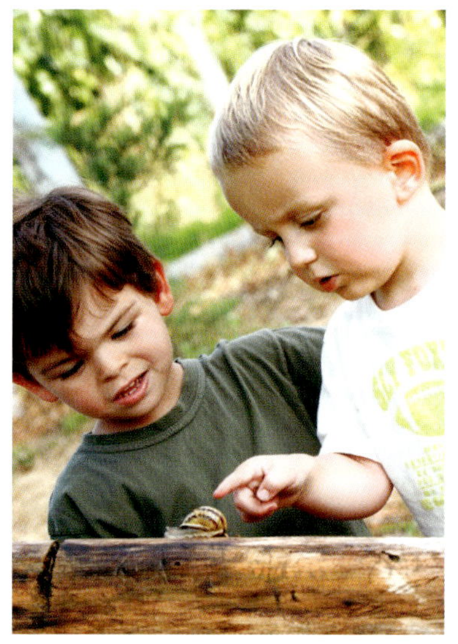

542 • Dos niños observan con interés el lento movimiento de un caracol sobre
una empalizada.

543 • Un niño entre concentrado y sorprendido mira una mariposa que se ha posado
en su propia mano.

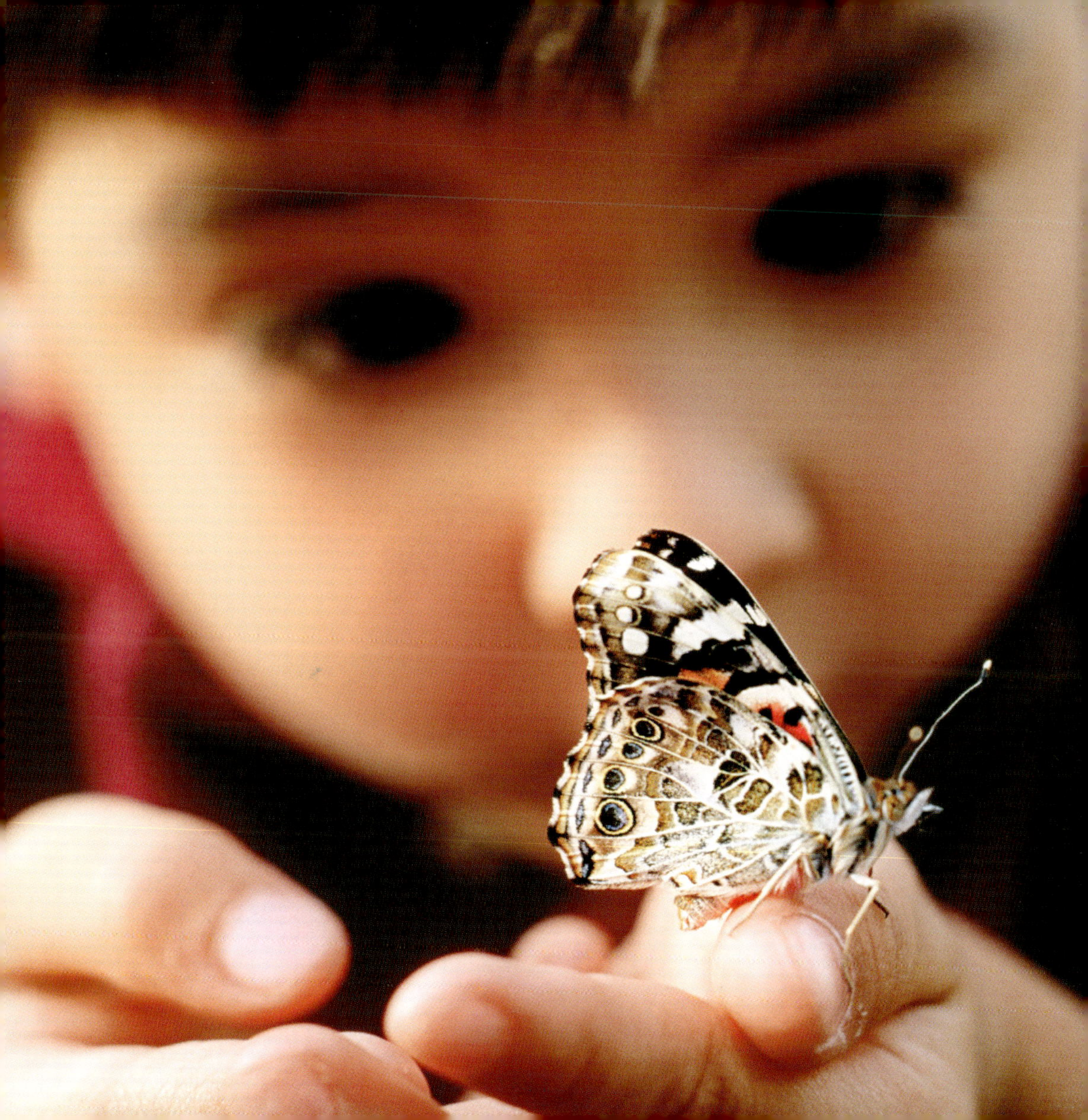

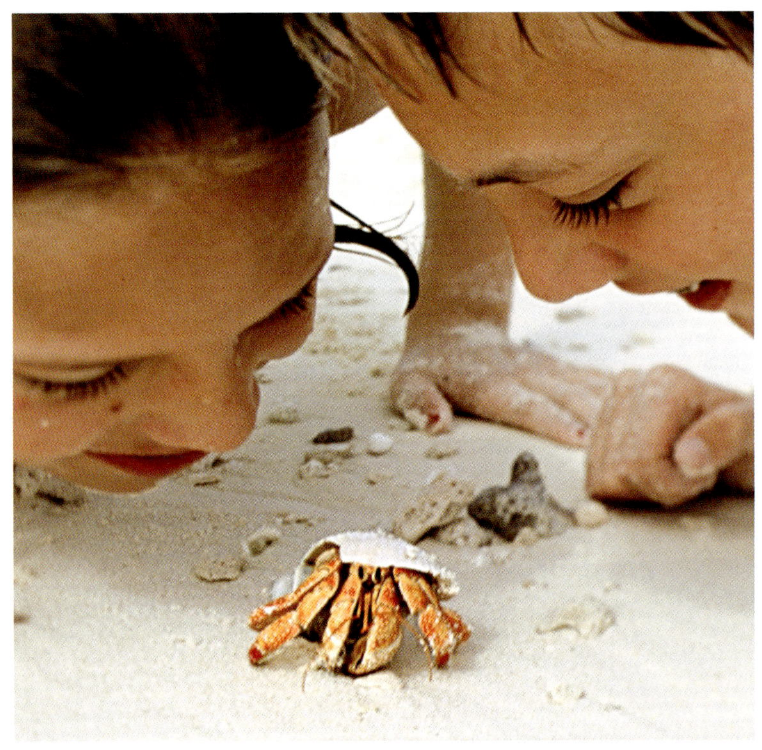

544 • Un niño y una niña observan divertidos un cangrejo sobre la arena de una playa.

545 • Un niño intenta provocar el movimiento de una lagartija sobre la arena.

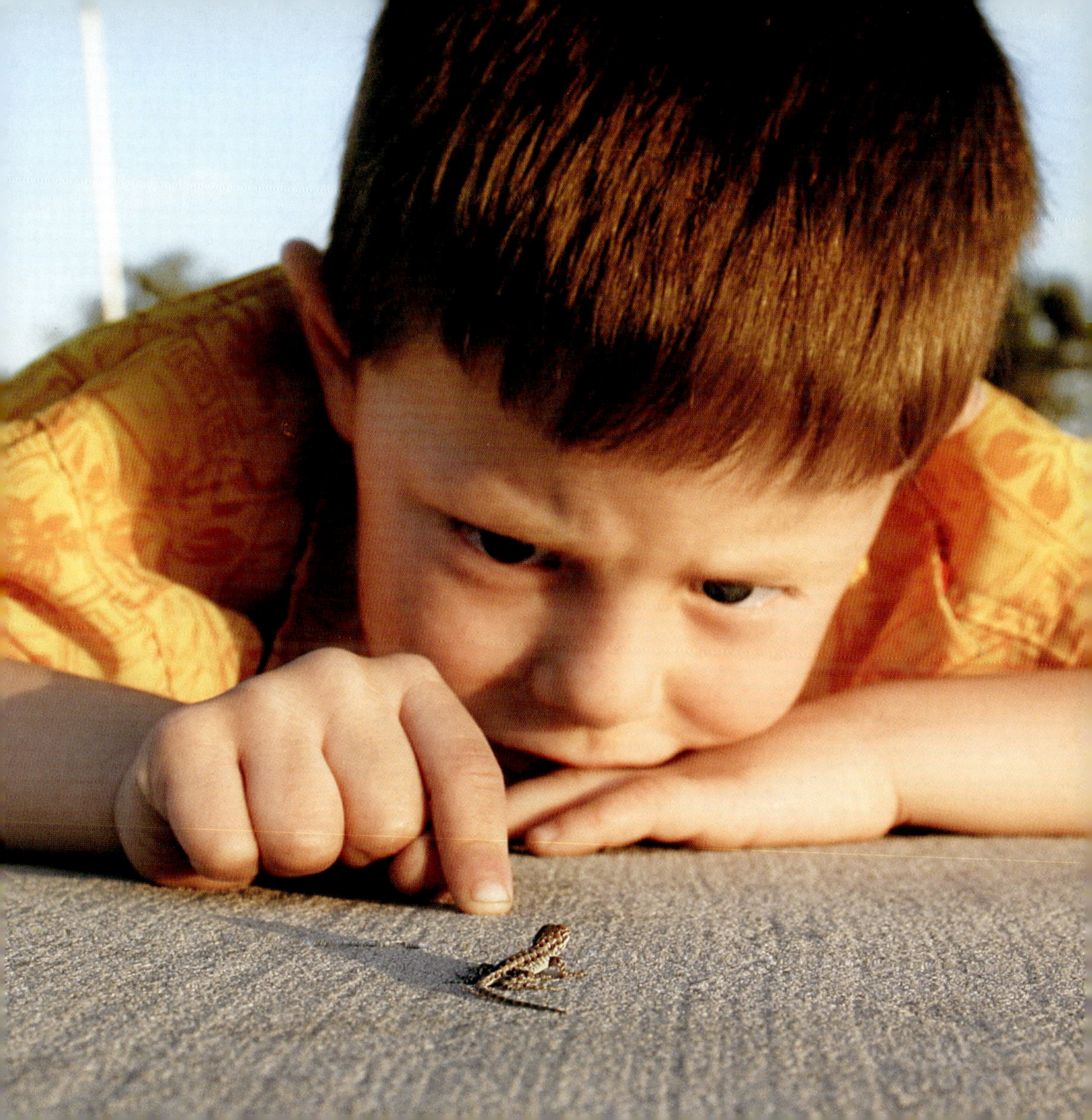

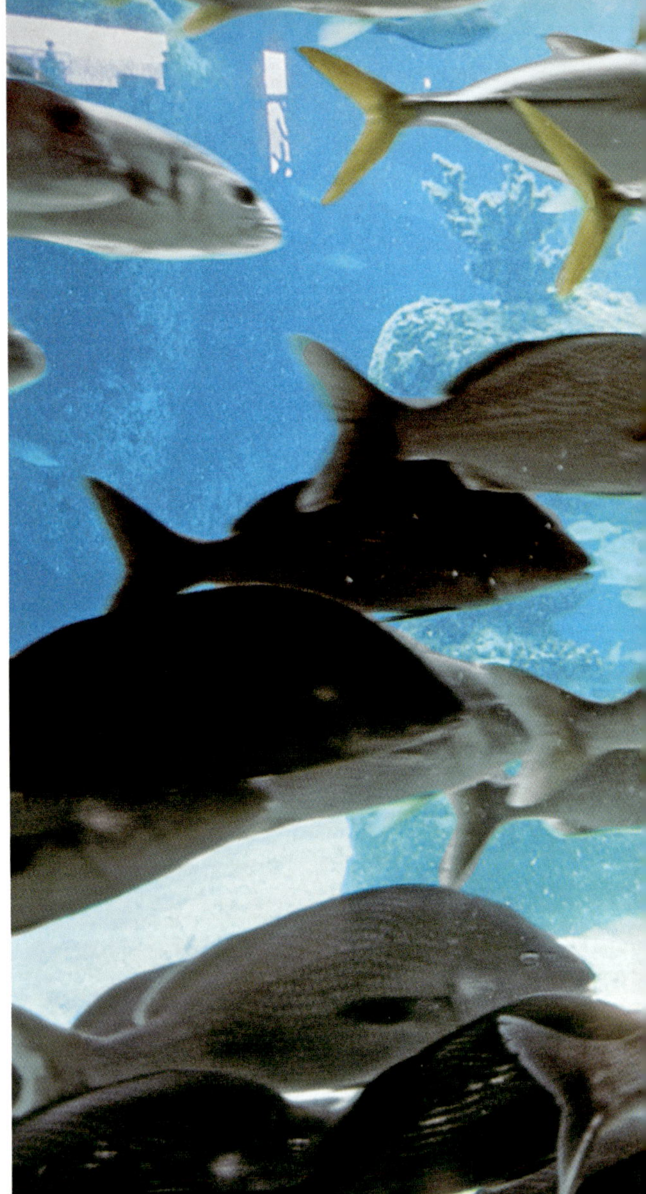

Una niña admira encantada una gran cantidad de peces tropicales.

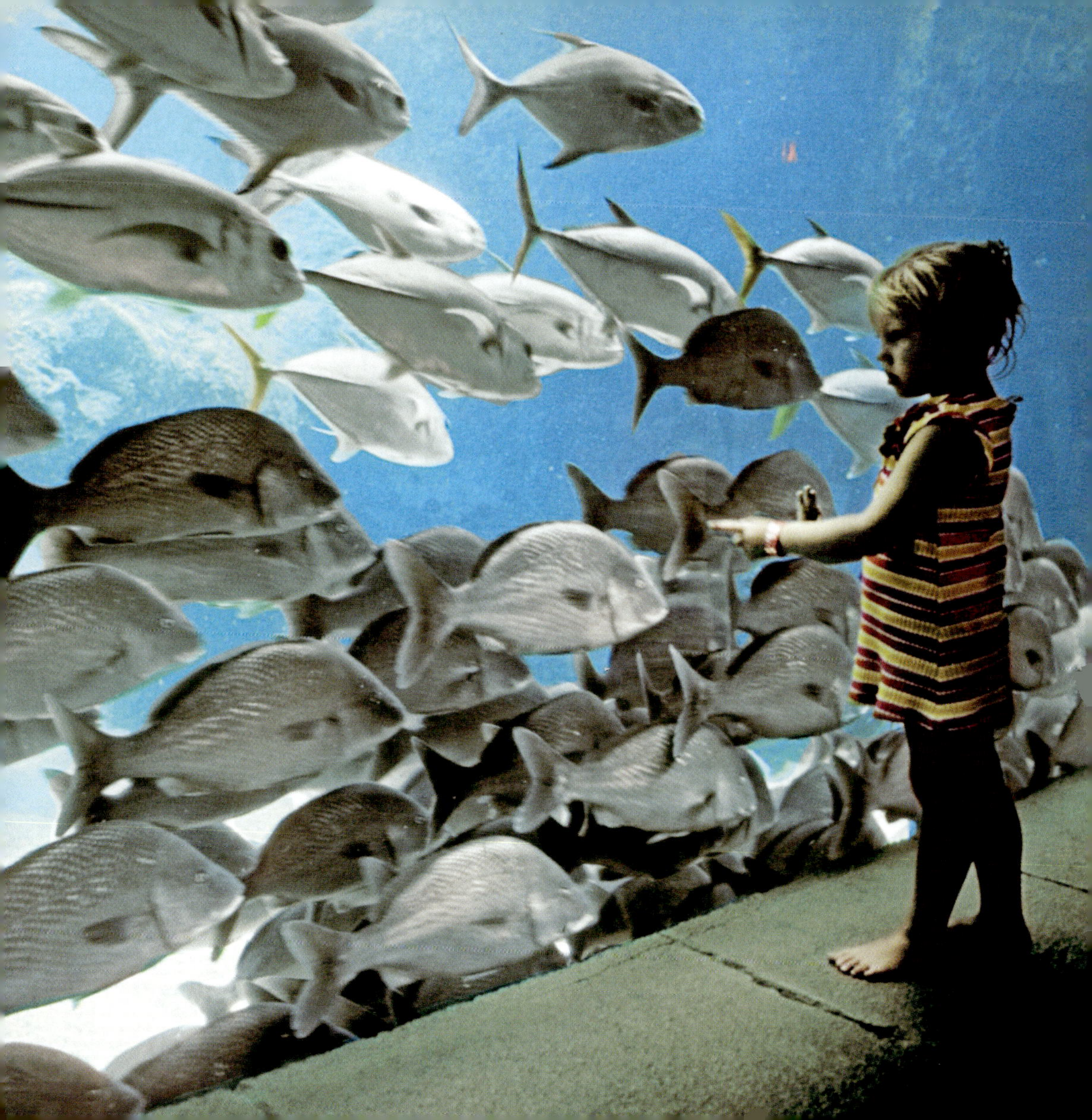

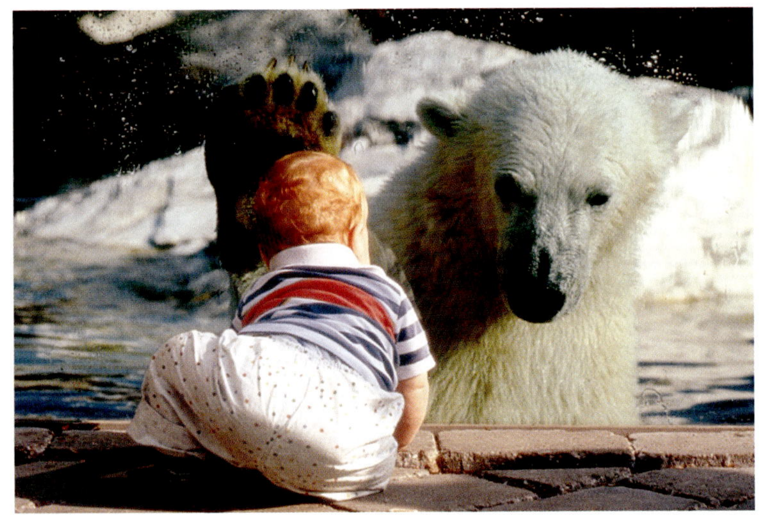

548 • Este niño pequeño no parece atemorizado ante la presencia del gran oso blanco.

549 • Esta fotografía refleja la buena relación que hay entre un niño y un delfín.

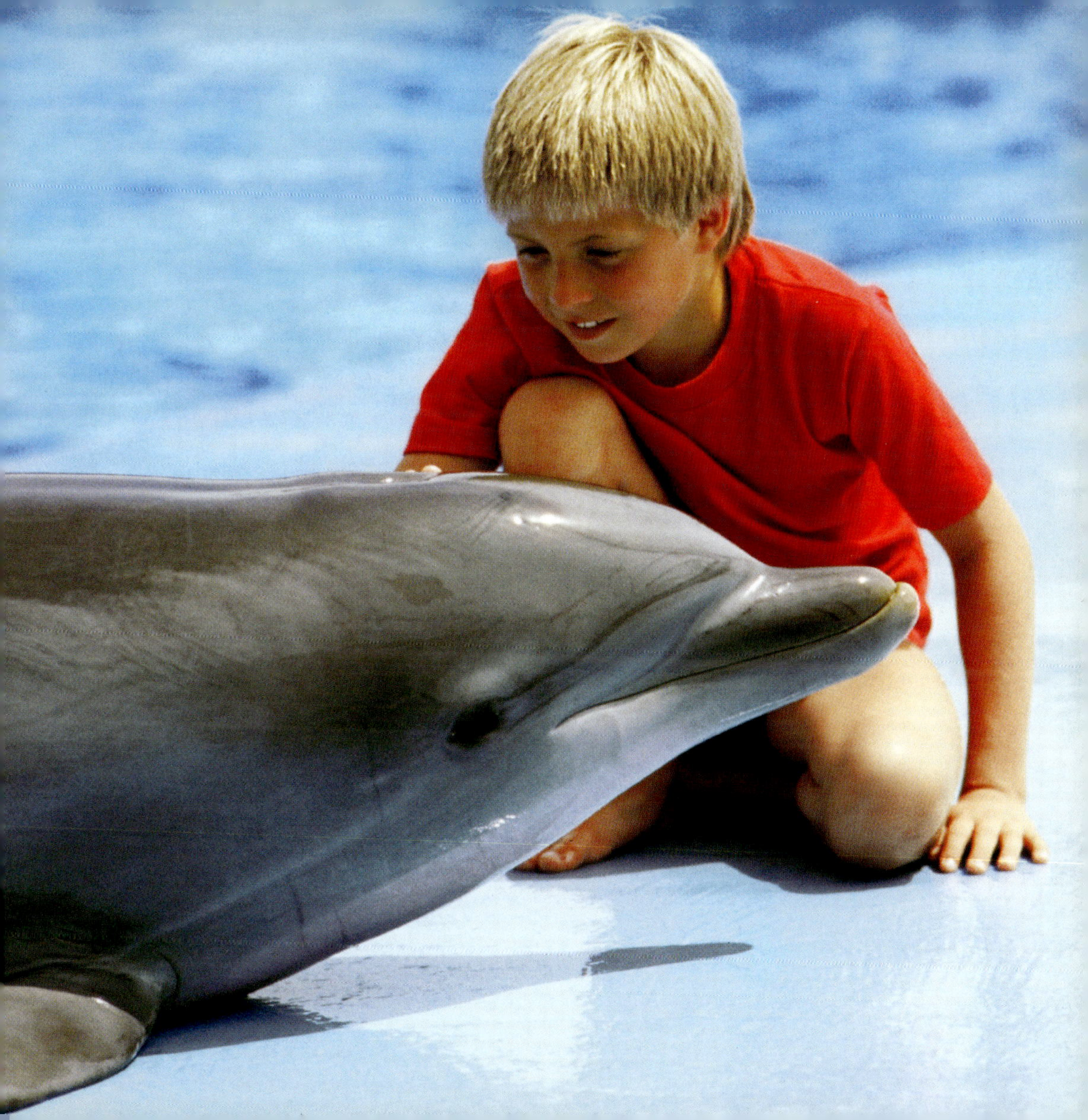

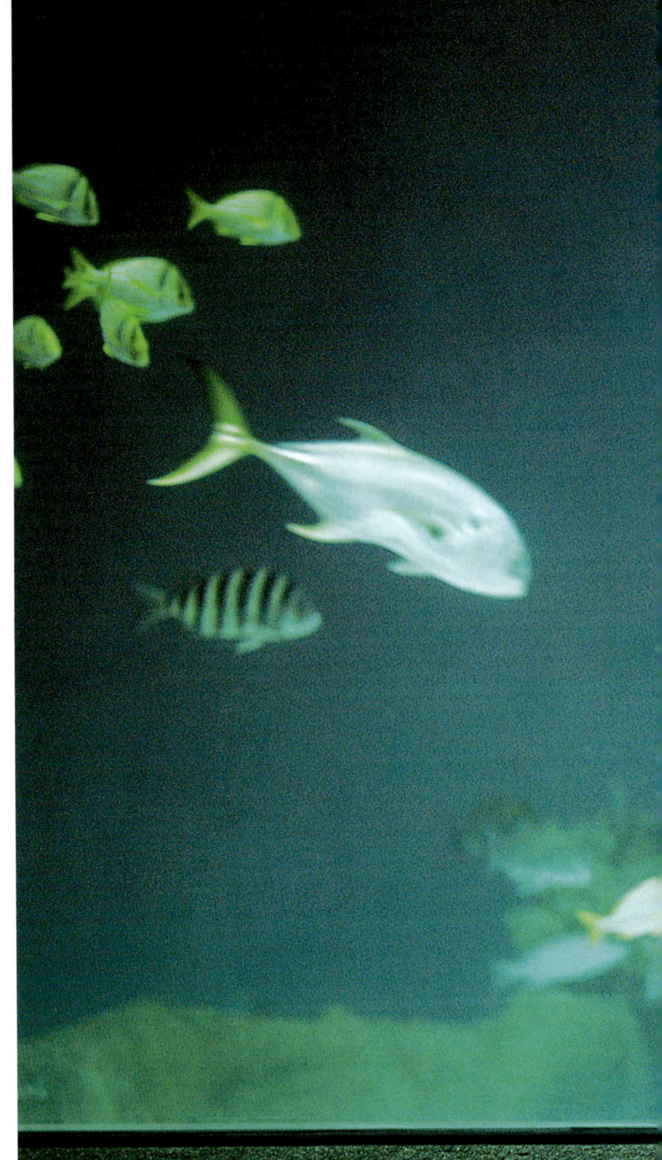

Una niña se mantiene
inmóvil ante el cristal de
un acuario, fascinada
por el paso de un
gran tiburón.

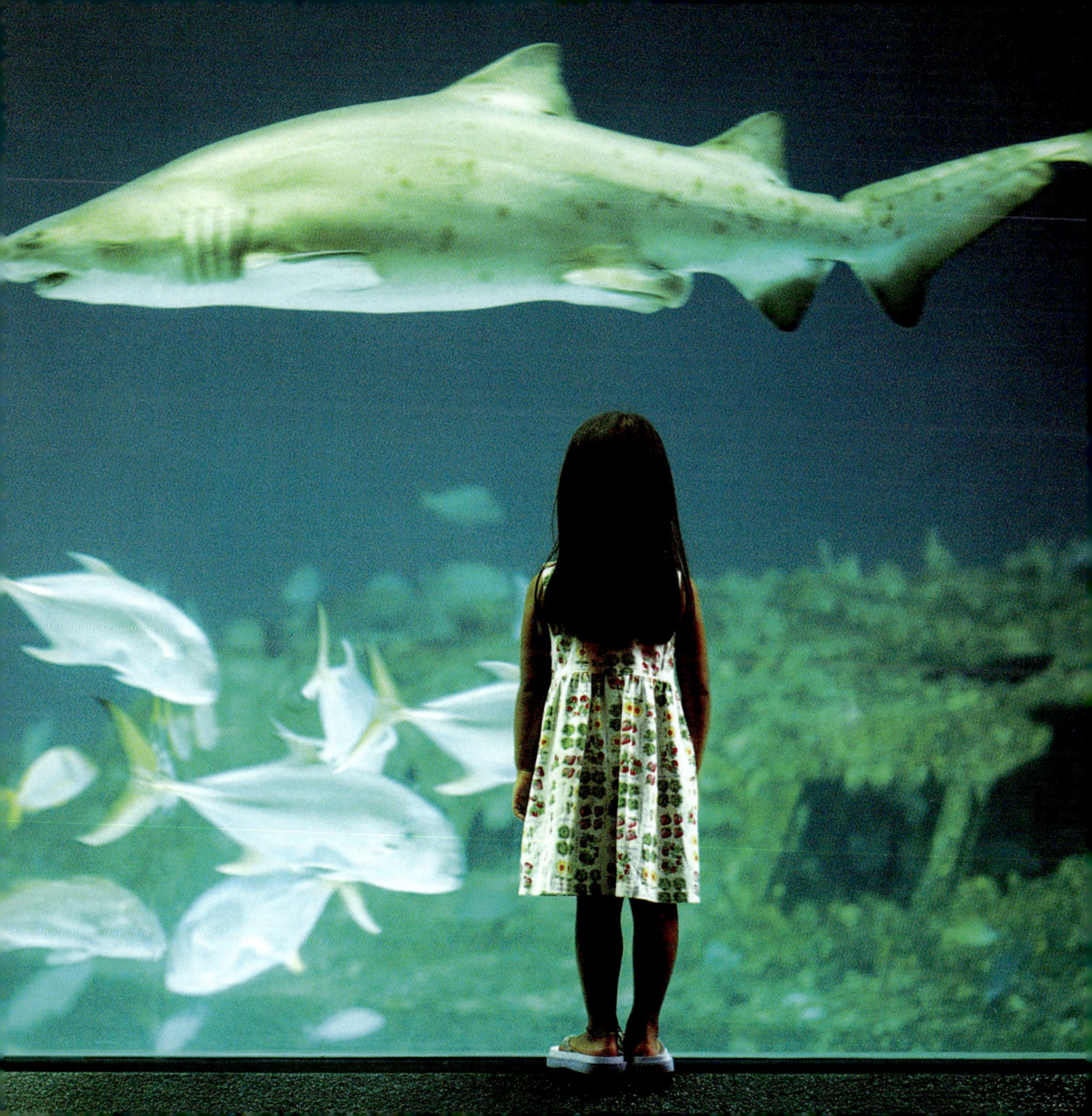

NIÑOS GEMELOS

Estas dos gemelas se han puesto un único jersey y comparten también
la misma bufanda

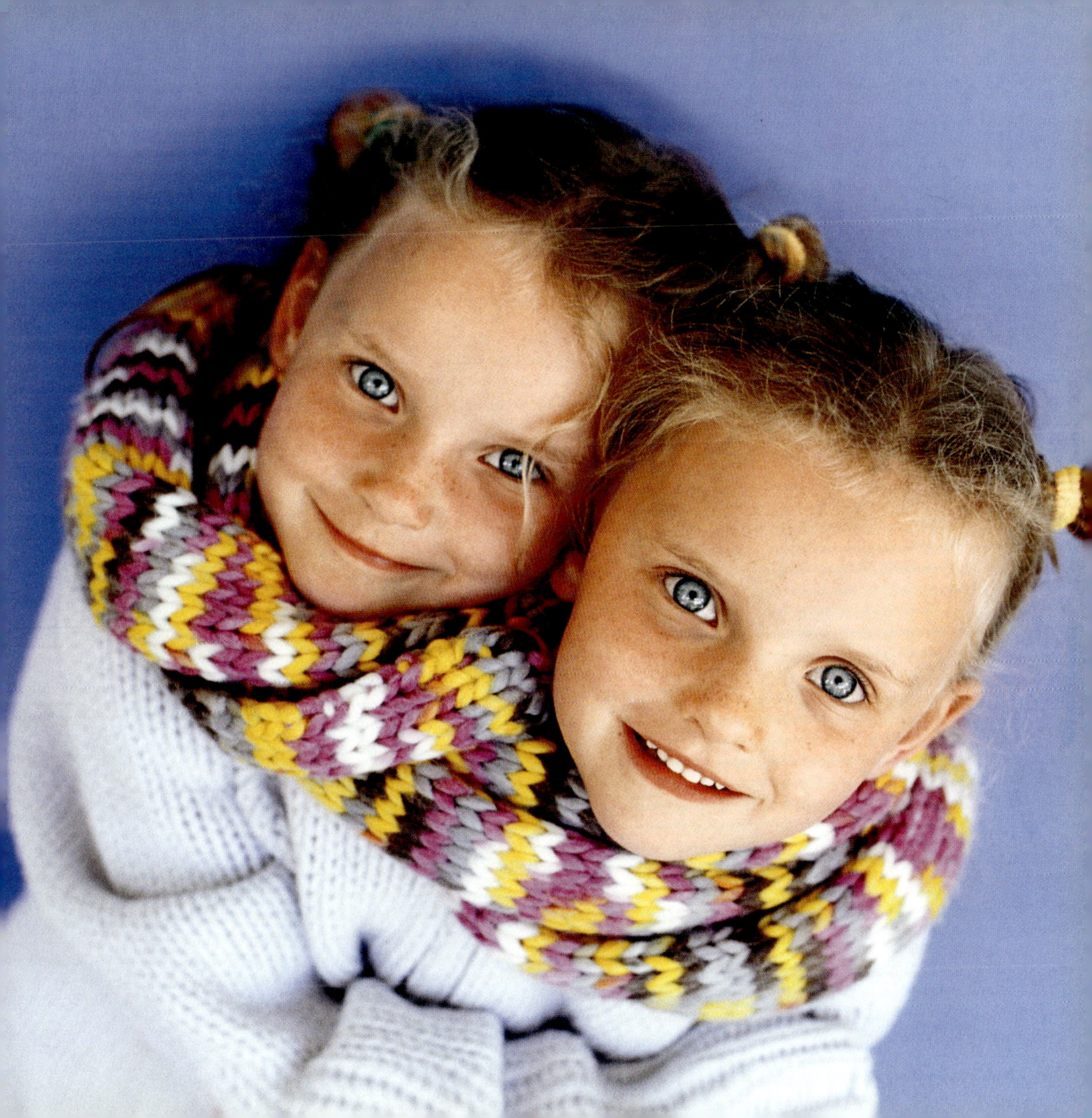

INTRODUCCIÓN Niños gemelos

En el imaginario colectivo, los gemelos son representados, a veces, como seres inseparables, a la manera de los míticos hermanos Cástor y Pólux, los valientes dióscuros, es decir, hijos de Zeus, aliados en todas sus heroicas empresas y siempre dispuestos a protegerse recíprocamente. Cástor y Pólux representan el aspecto más solidario de los hermanos, y también la fuerza del amor fraterno. Los antiguos bautizaron con su nombre la pareja de estrellas de gran luminosidad que componen, junto a otras, la constelación conocida con el nombre de Gemini («Gemelos»), en la cual se quiere ver la forma de dos niños abrazados.

En épocas más recientes, nuestra cultura ha tendido a imaginar la extraordinaria semejanza entre dos niños, que aparentemente llegan hasta la más absoluta igualdad e identidad, como un elemento capaz de favorecer una comunicación y una complicidad formidable, de la que el resto del mundo no tiene más posibilidad que permanecer al margen... Esta semejanza atrae y fascina muchísimo a todos, hasta conseguir hacer olvidar los aspectos más conflictivos vinculados a esa naturaleza, es decir al hecho de ser gemelos, presentes, a veces, a niveles muy notables.

Semejantes por su aspecto, pero a veces diferentes, e incluso opuestos en cuanto a su carácter, los gemelos se sienten a veces vinculados por un lenguaje que es solamente suyo, y que se basa en detalles y formas de hablar que pueden remontarse hasta la primera infancia, así como en una sensación de empatía muy fuerte, que puede, en muchos casos, mantenerlos en contacto inmediato durante toda la vida.

INTRODUCCIÓN Niños gemelos

Para llamar la atención sobre los aspectos más sorprendentes de los pequeños gemelos, o bien sobre su semejanza de tipo físico, se tiende a enfatizar esta característica vistiéndolos con ropas exactamente iguales, desde los zapatos, el pantalón o la falda, hasta el sombrerito o el peinado. Vestidos de la misma forma, con el mismo corte de pelo o el mismo peinado, los dos pequeños pueden ser confundidos por todos, a excepción, generalmente, de su madre que, más que nadie, está en condiciones de conocer todos los pequeños detalles que los distinguen físicamente, y que, en el fondo, lo que hacen es confirmarnos que cada persona y, por tanto, cada niño, visto de cerca, no puede ser más que único.

Dos gemelos se exhiben en una graciosa posición.

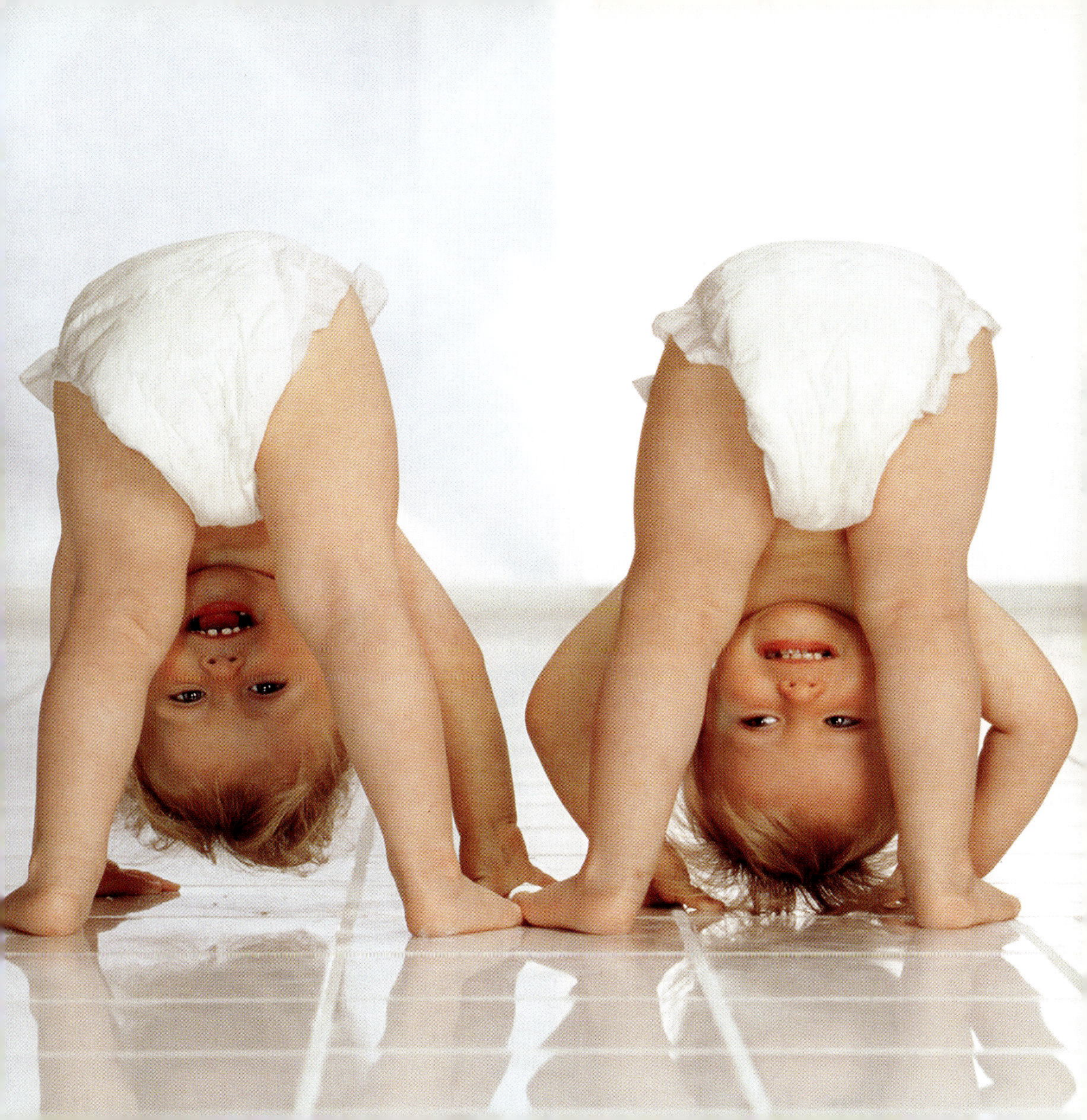

• Fotografía de dos gemelas sentadas en un banco, en el que se apoyan mutuamente sobre su espalda mientras sonríen al fotógrafo.

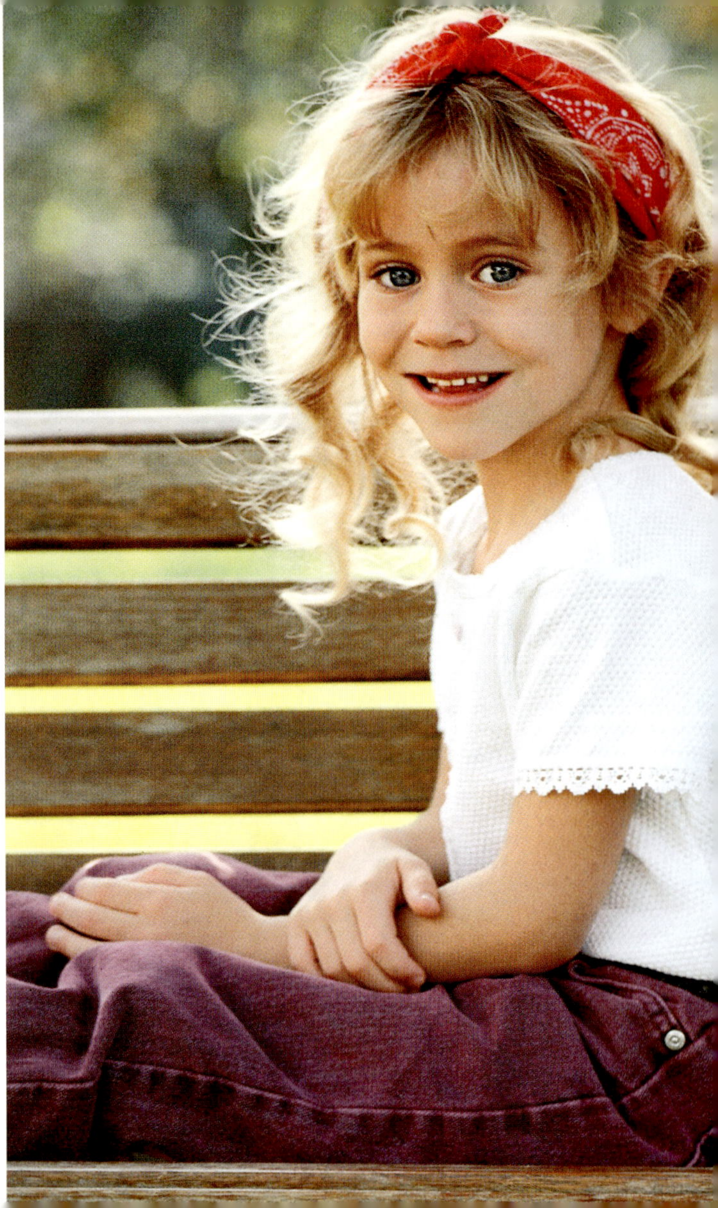

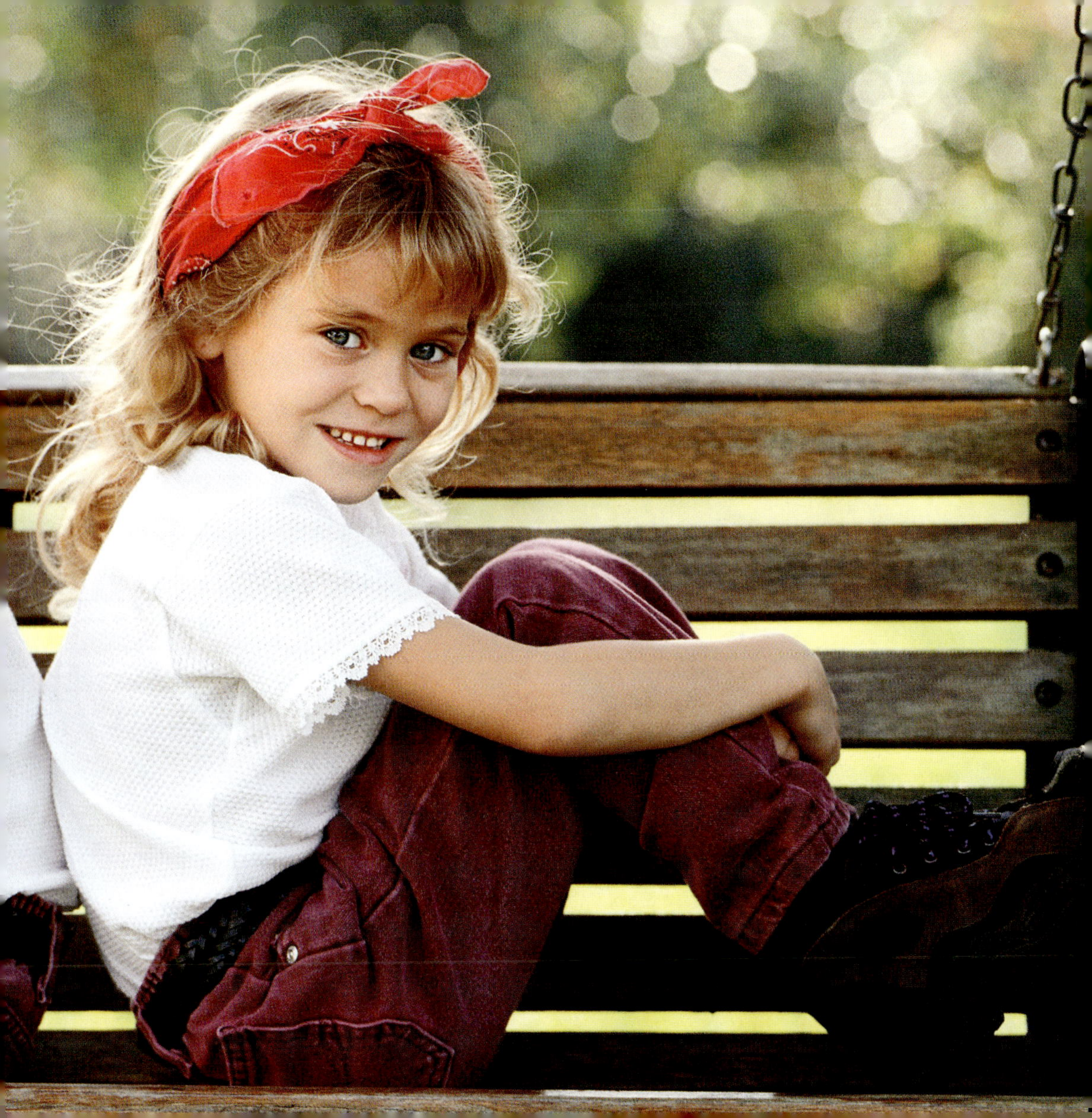

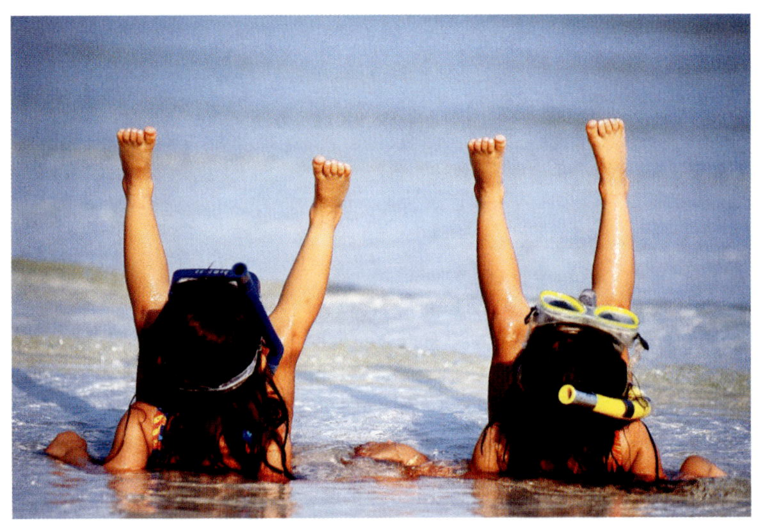

560 • Dos pequeñas gemelas echadas en el rompiente de las olas, se divierten levantando las piernas al aire.

561 • Dos bebés gemelos muestran sus poderosos músculos sentados en la arena de la playa.

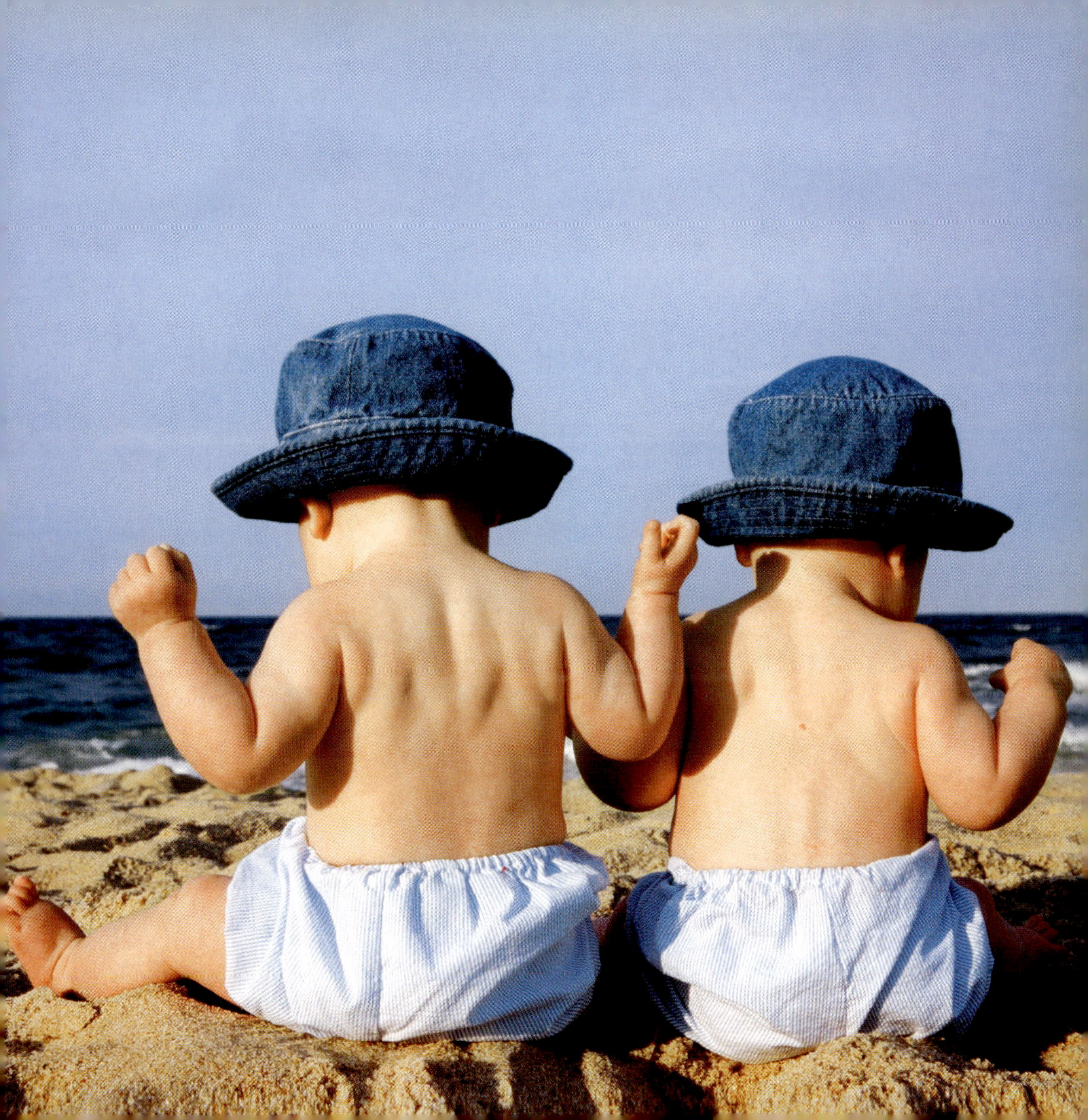

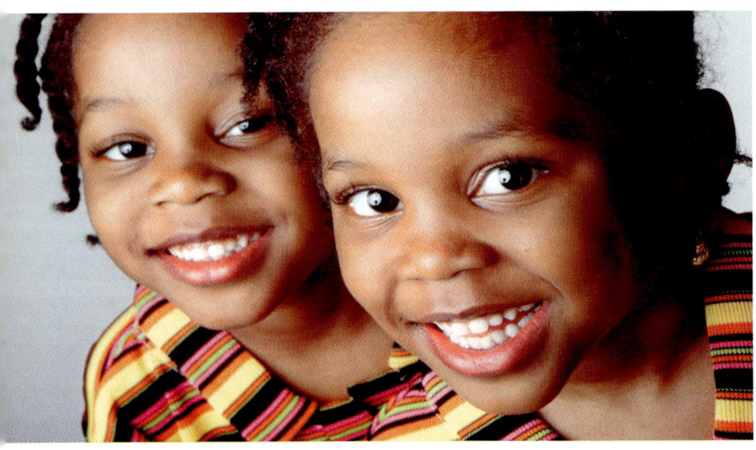

562 • Dos niñas gemelas sonríen absolutamente felices.

563 • Dos gemelos japoneses que se asoman a la ventana de una casa de juegos.

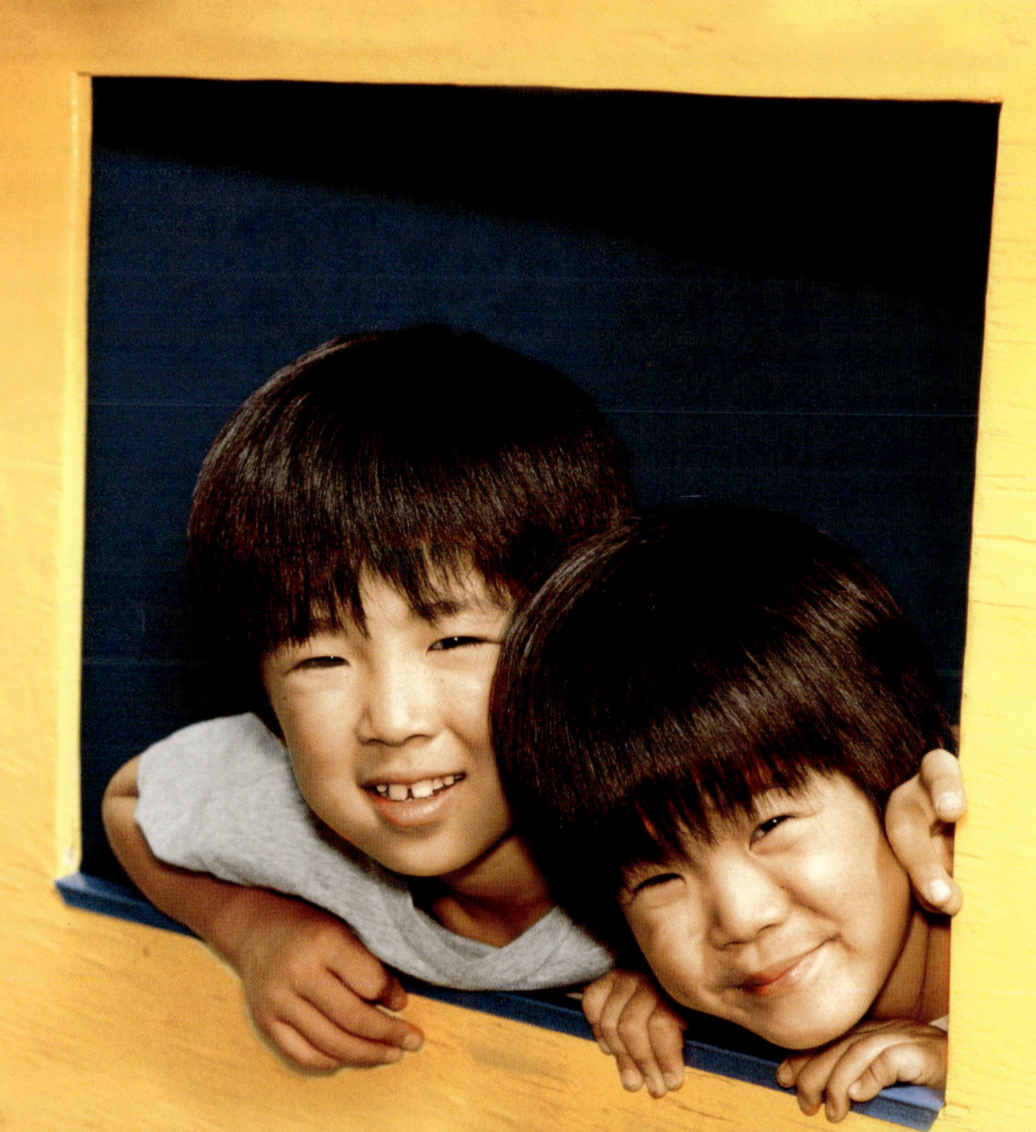

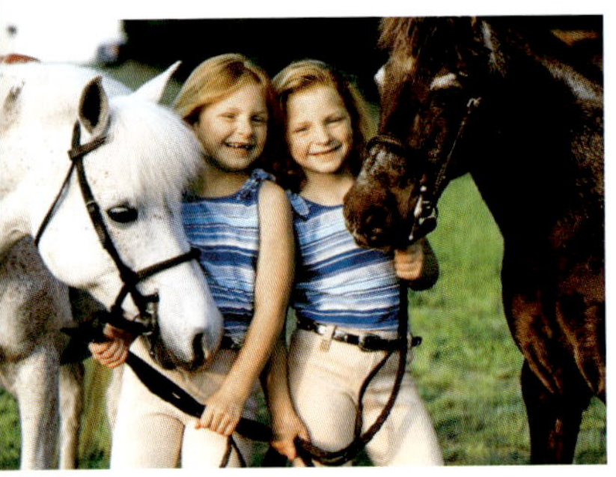

564 • Dos amazonas gemelas con sus potros.

564-565 • Abrazo de dos gemelas, preciosas con su cara cubierta de pecas, apoyadas sobre el tronco de un árbol.

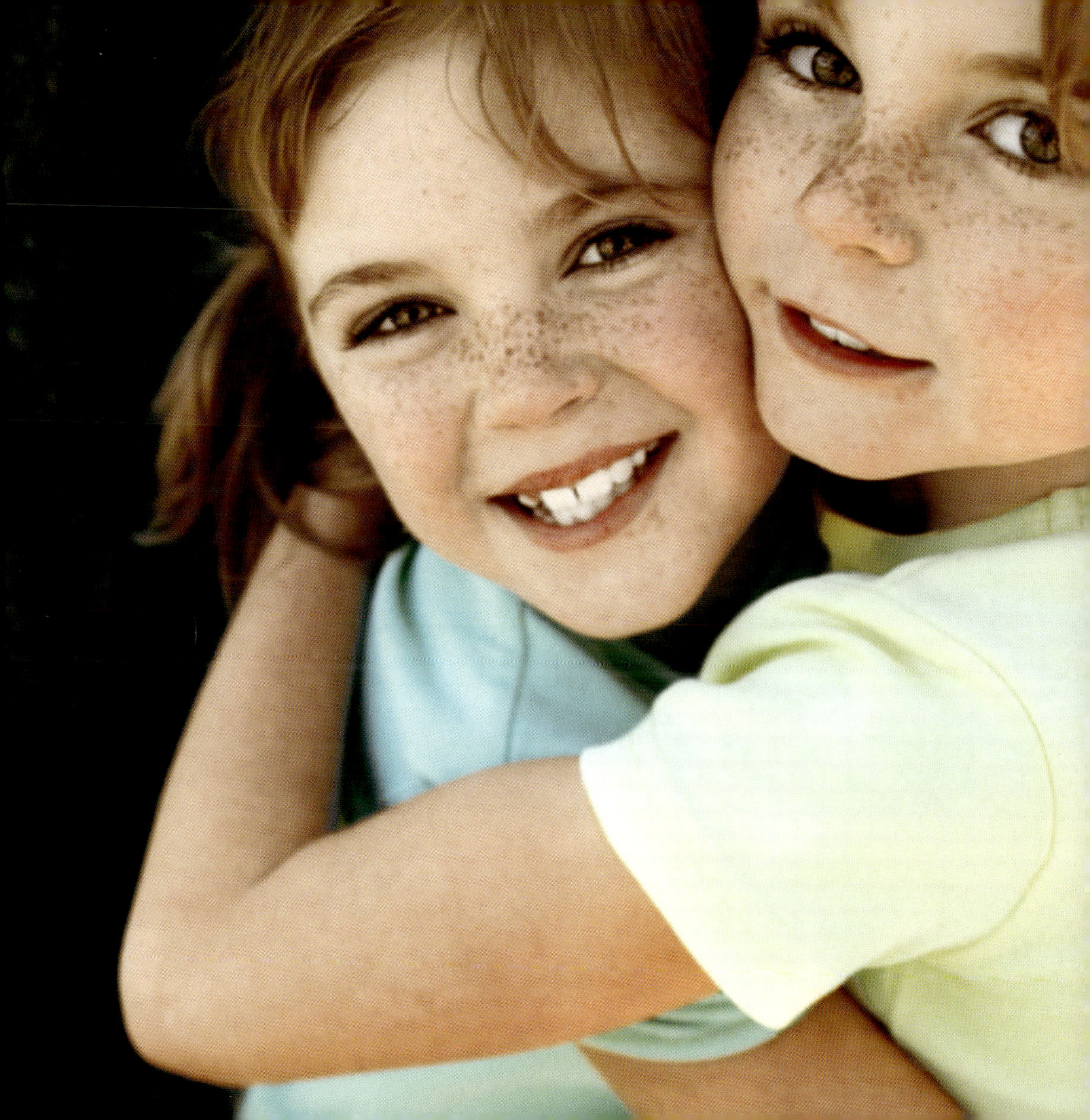

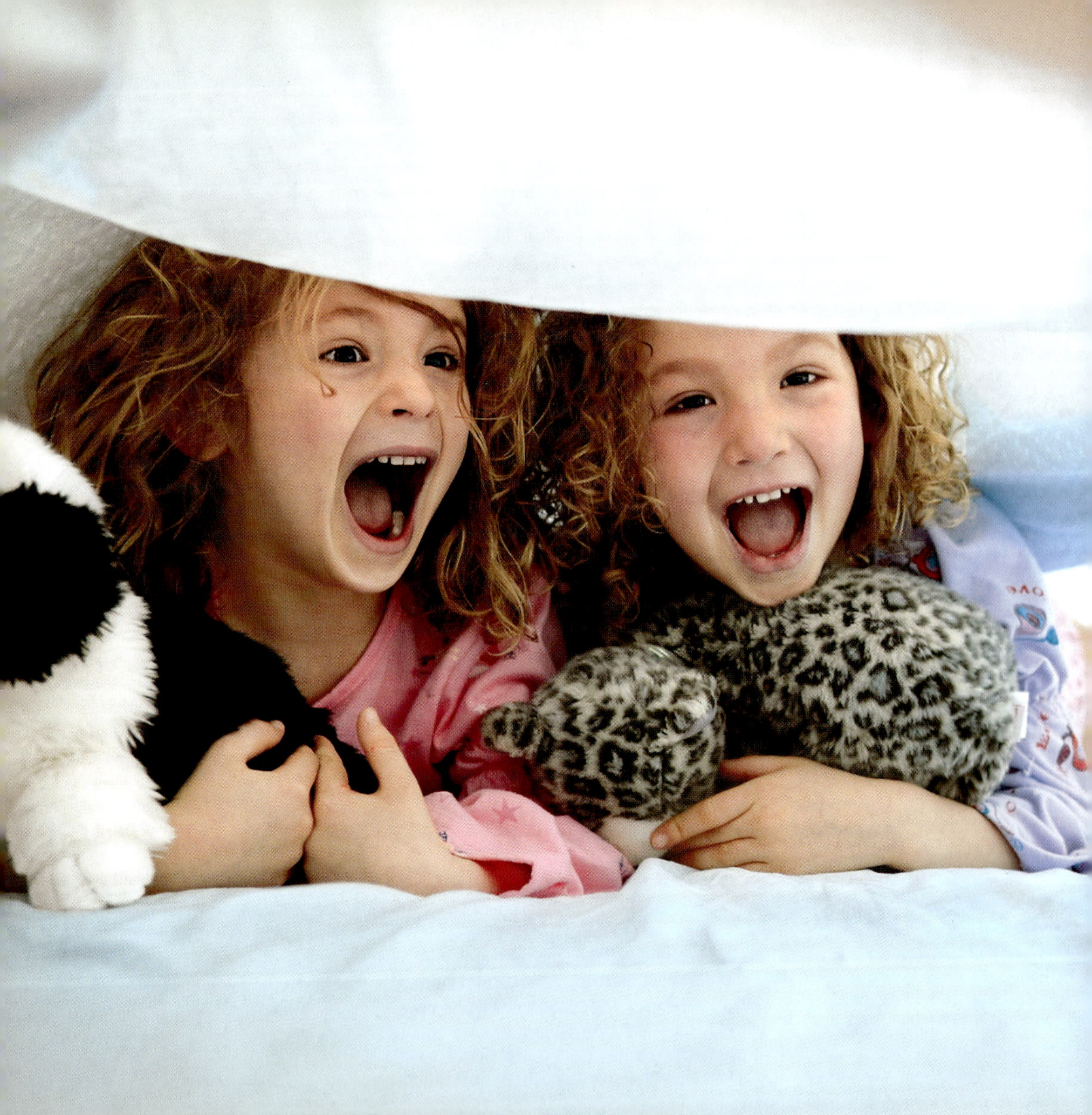

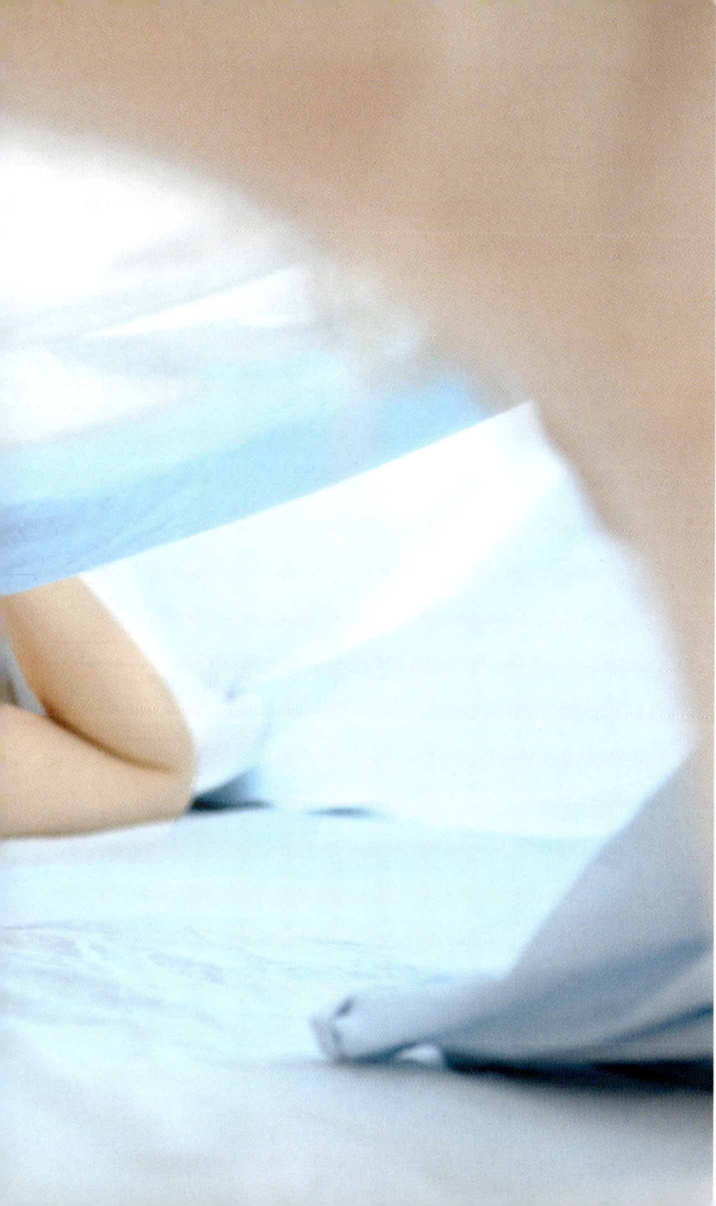

- Dos gemelas posan riendo bajo una sábana y con un gran peluche en sus brazos.

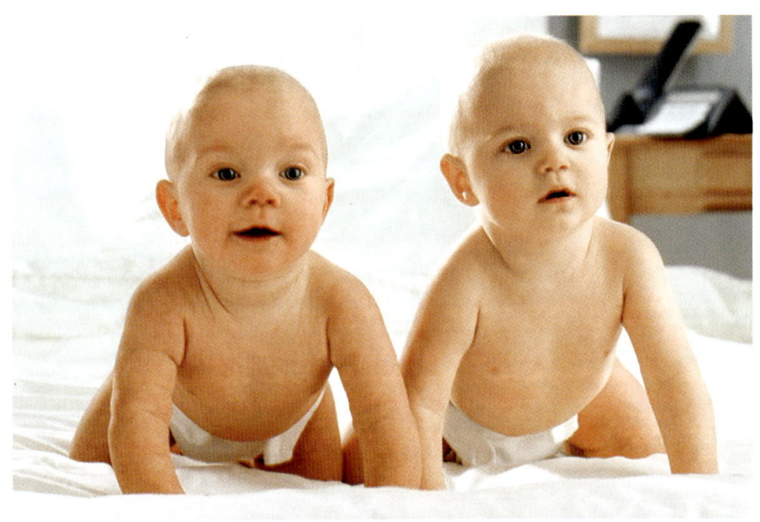

568 • Primeros intentos de exploración del mundo junto al pequeño hermano gemelo.

569 • Dos gemelos observan con interés un libro.

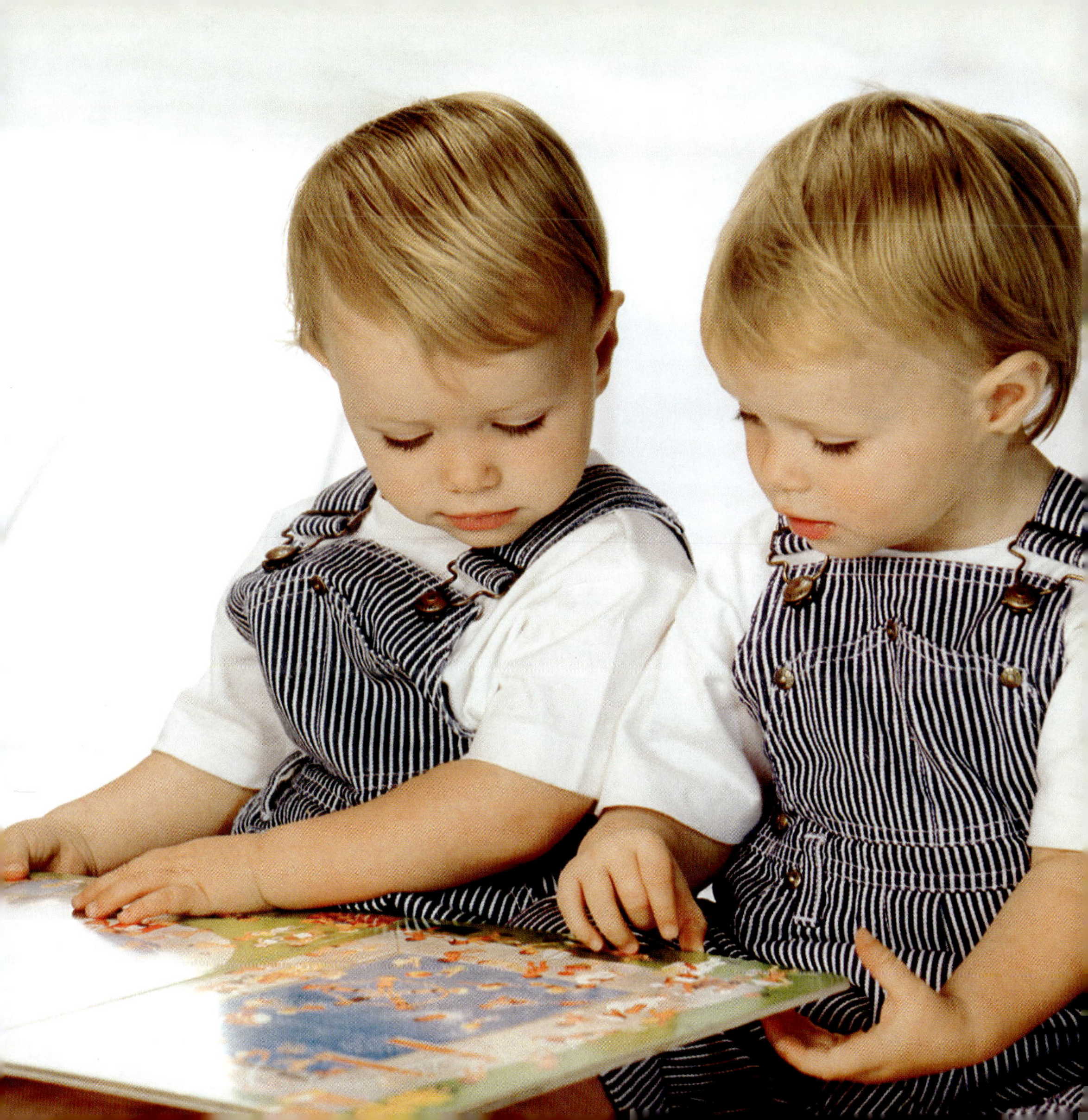

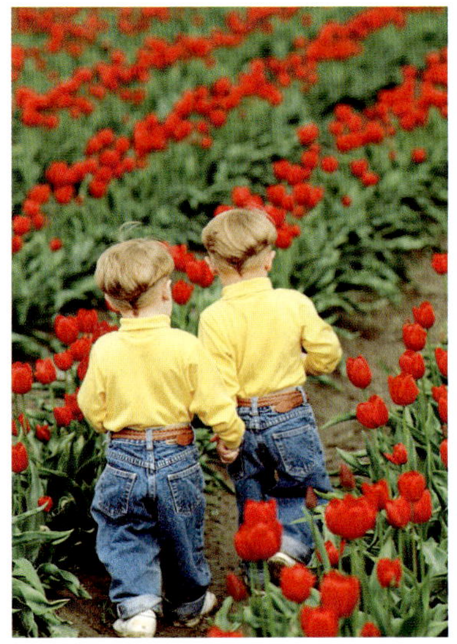

570 • Dos gemelos de tres años atraviesan un campo de tulipanes.

571 • Dos gemelas parecen descubrir el mundo que existe más allá de la empalizada.

572-573 • Dos gemelas sobre una gran cama llena de muñecos de peluche miran al objetivo de la cámara.

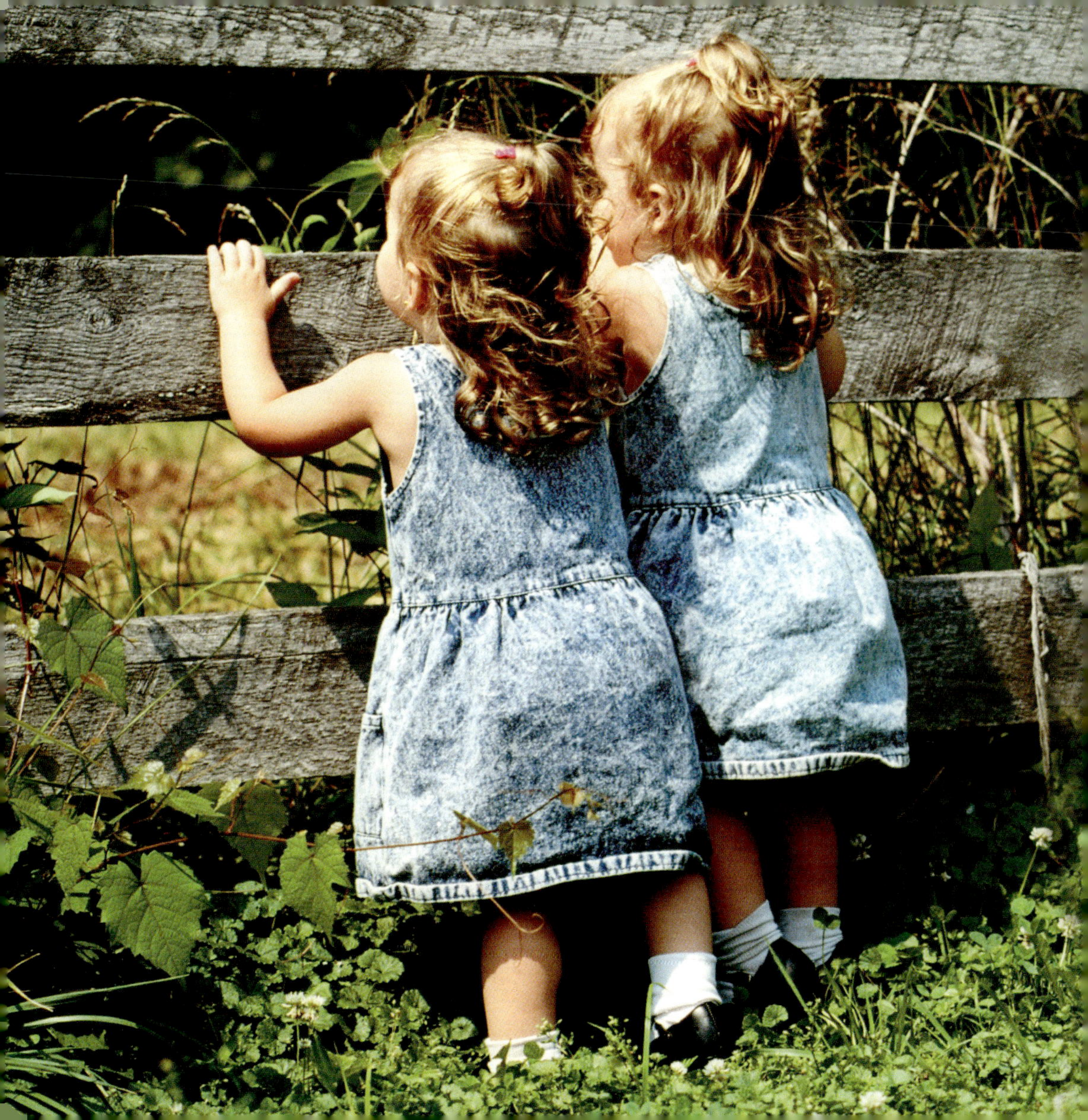

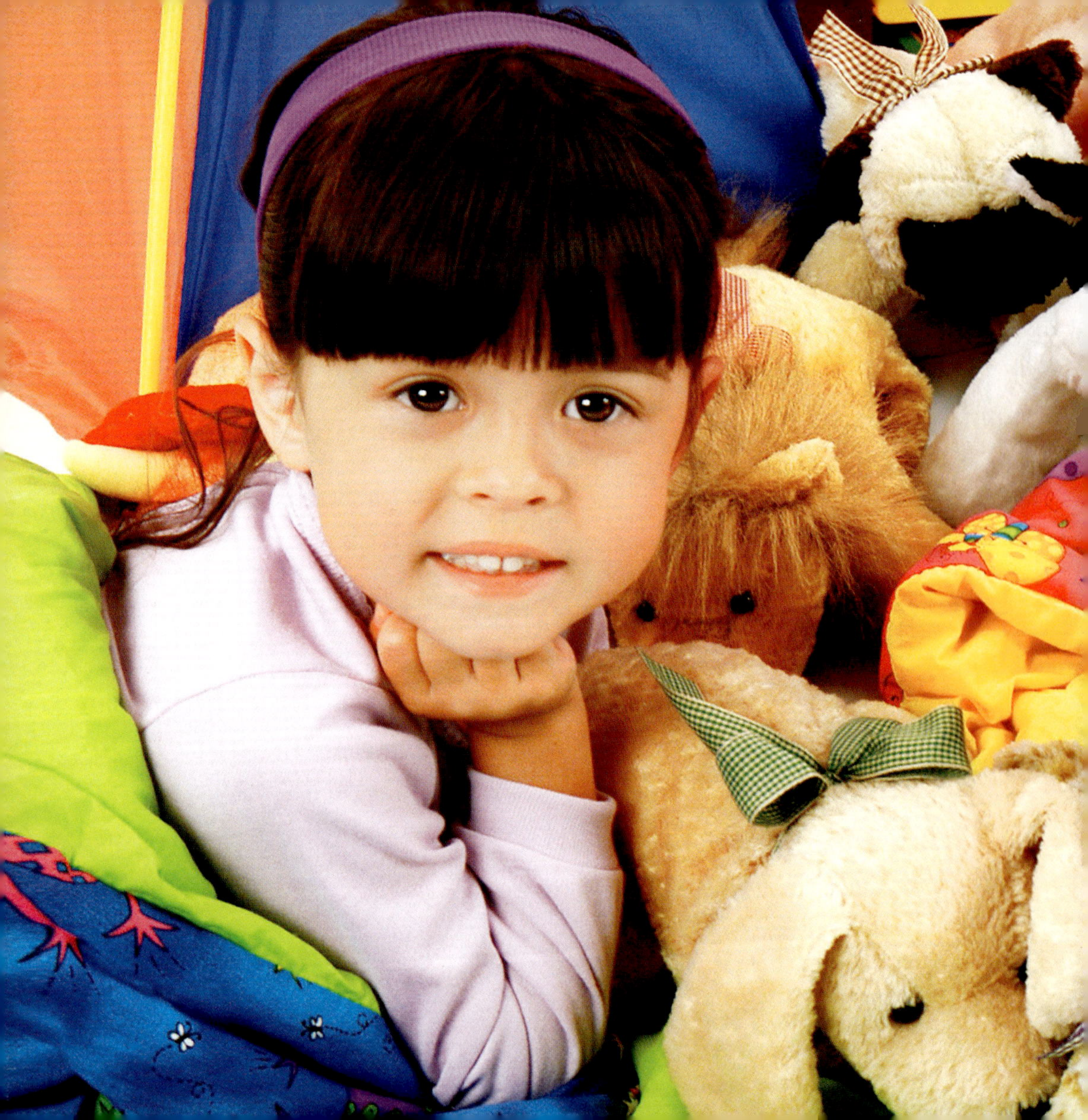

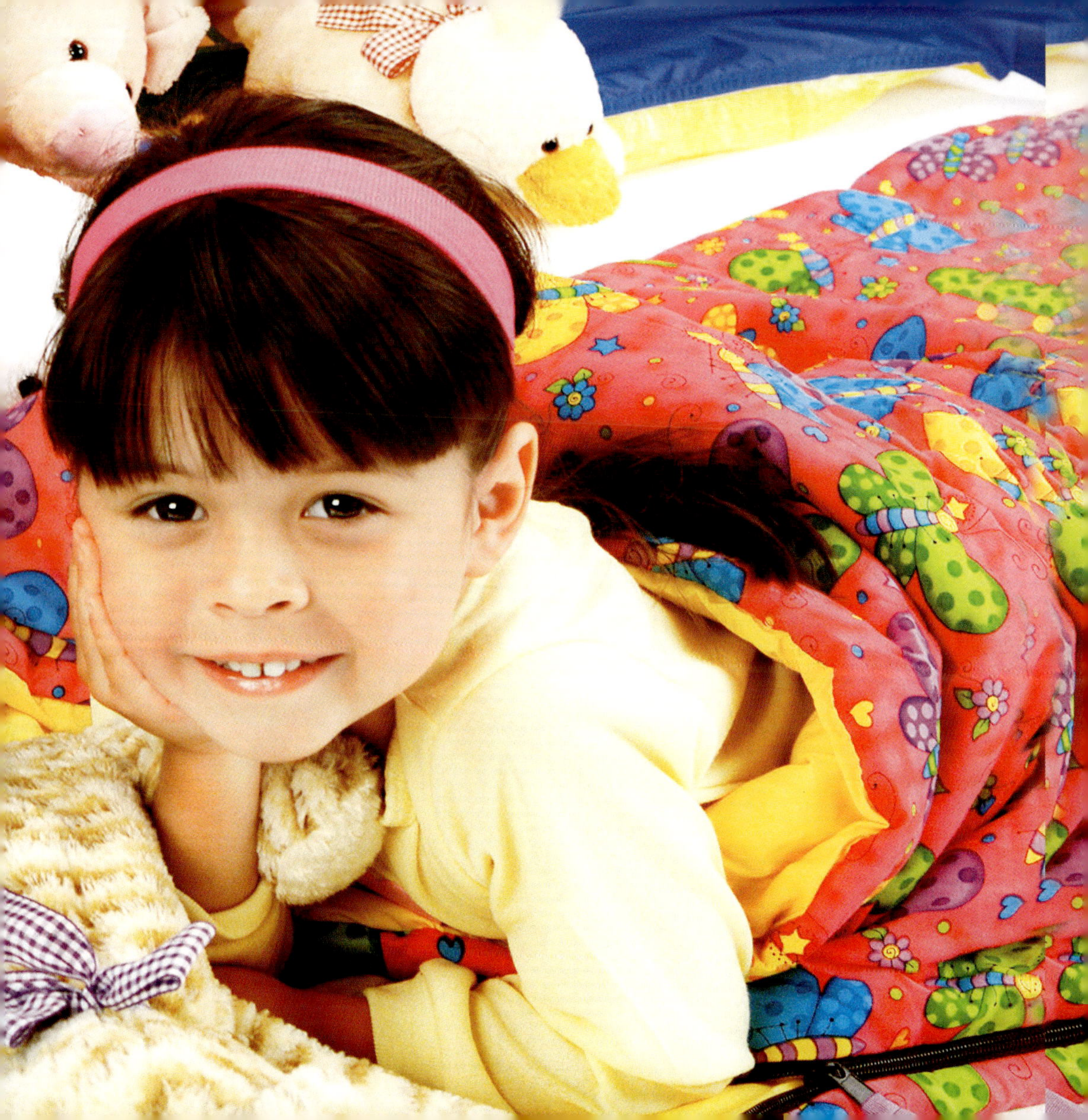

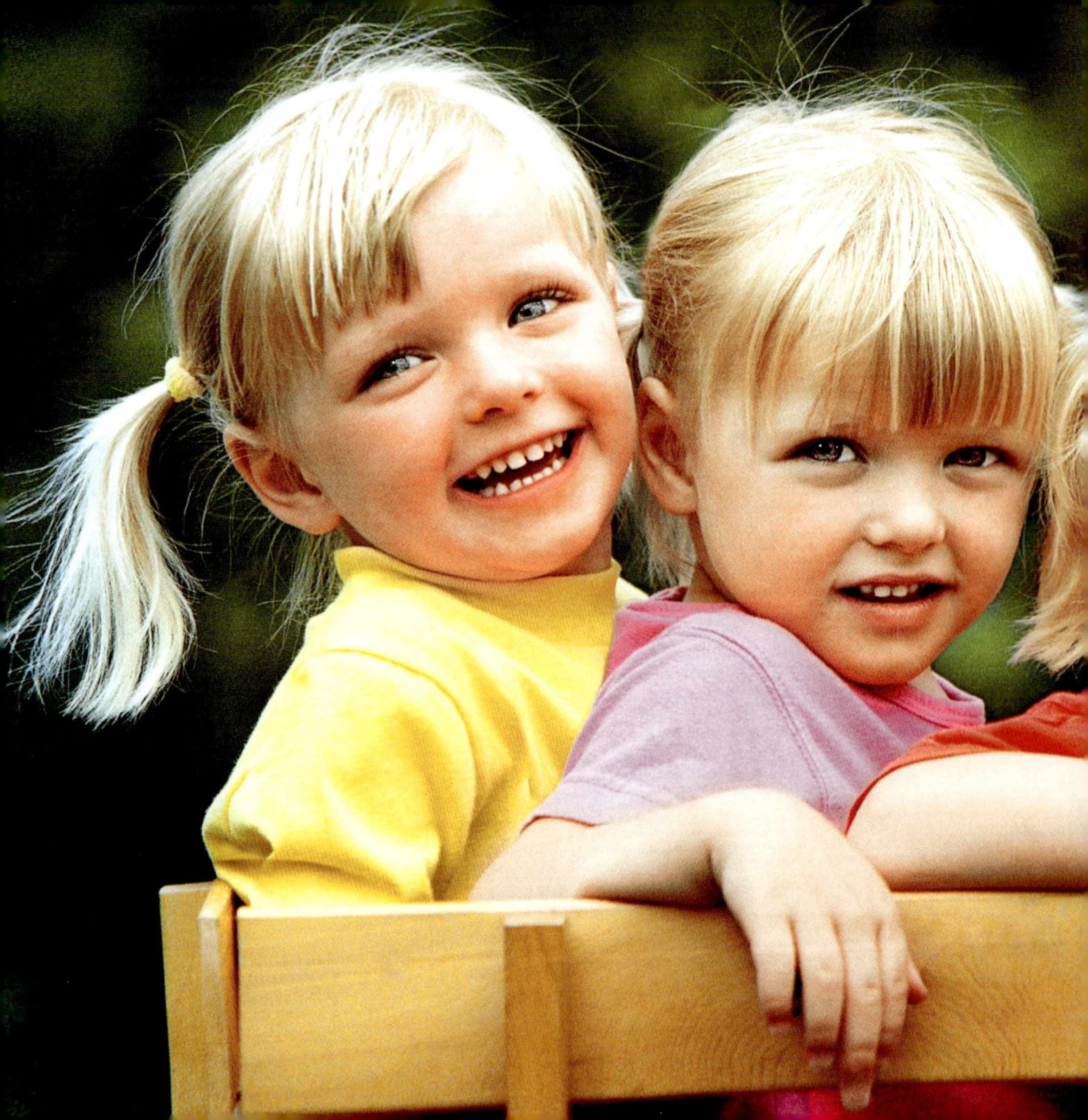

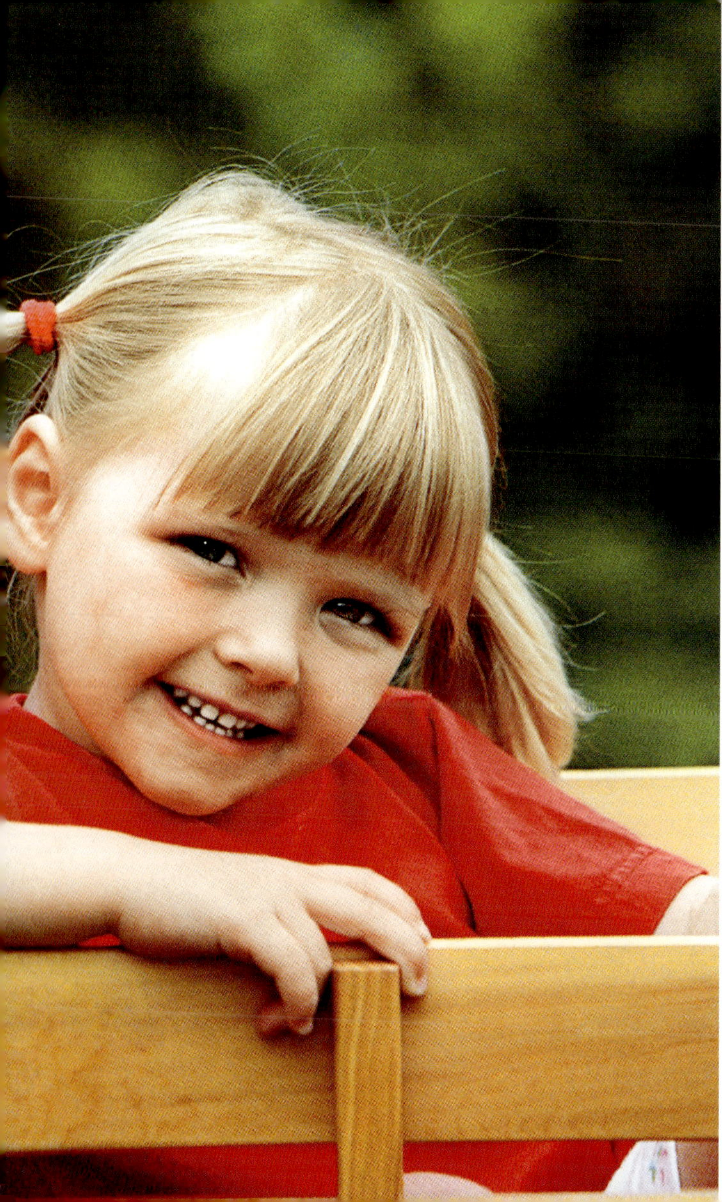

Tres hermanas gemelas ríen felices, sentadas en su carrito de madera.

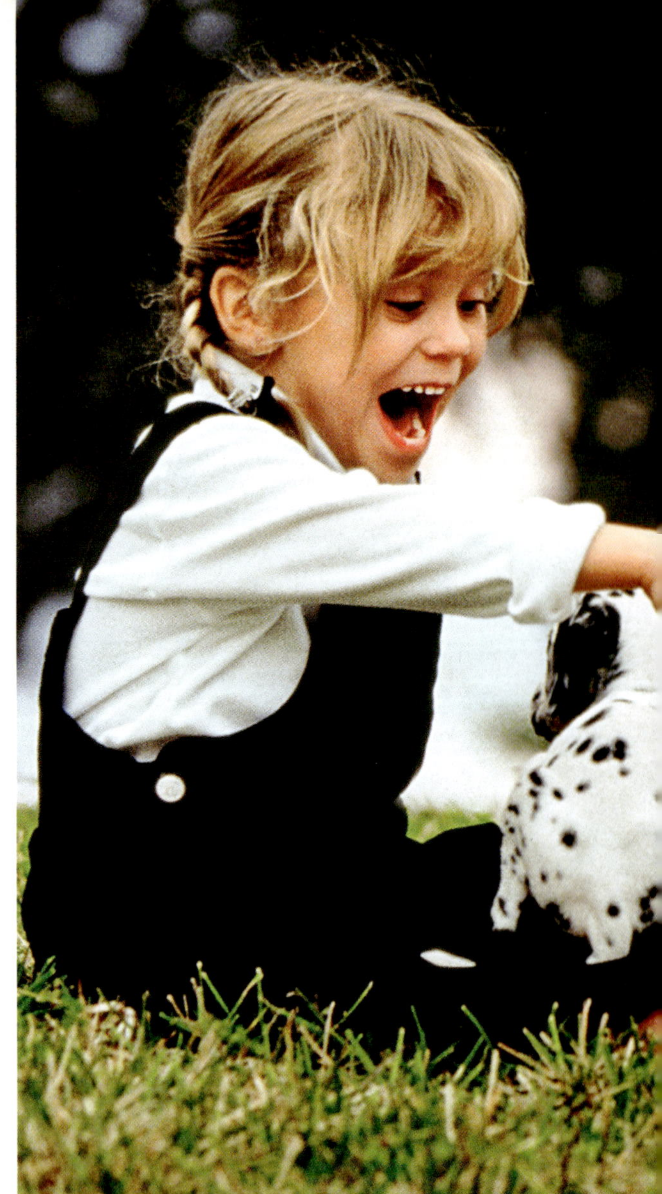

Dos preciosas gemelas peinadas con trenzas juegan con una camada de cachorros dálmata.

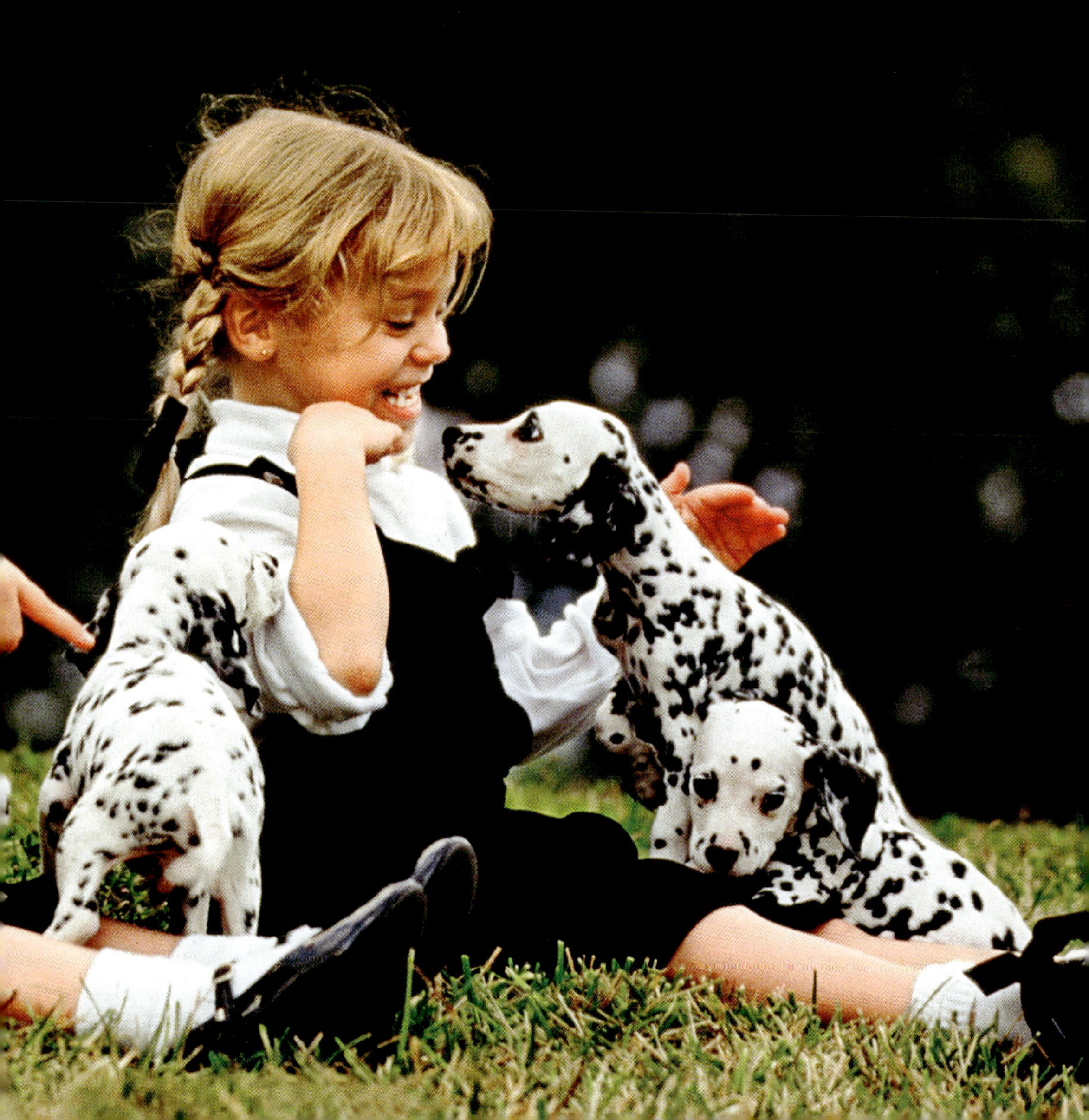

ESPÍRITU DE CAMPEONES

- Expresión pensativa pero resuelta en este pequeño atleta tras una pesada barra de levantamientos, cargada de discos.

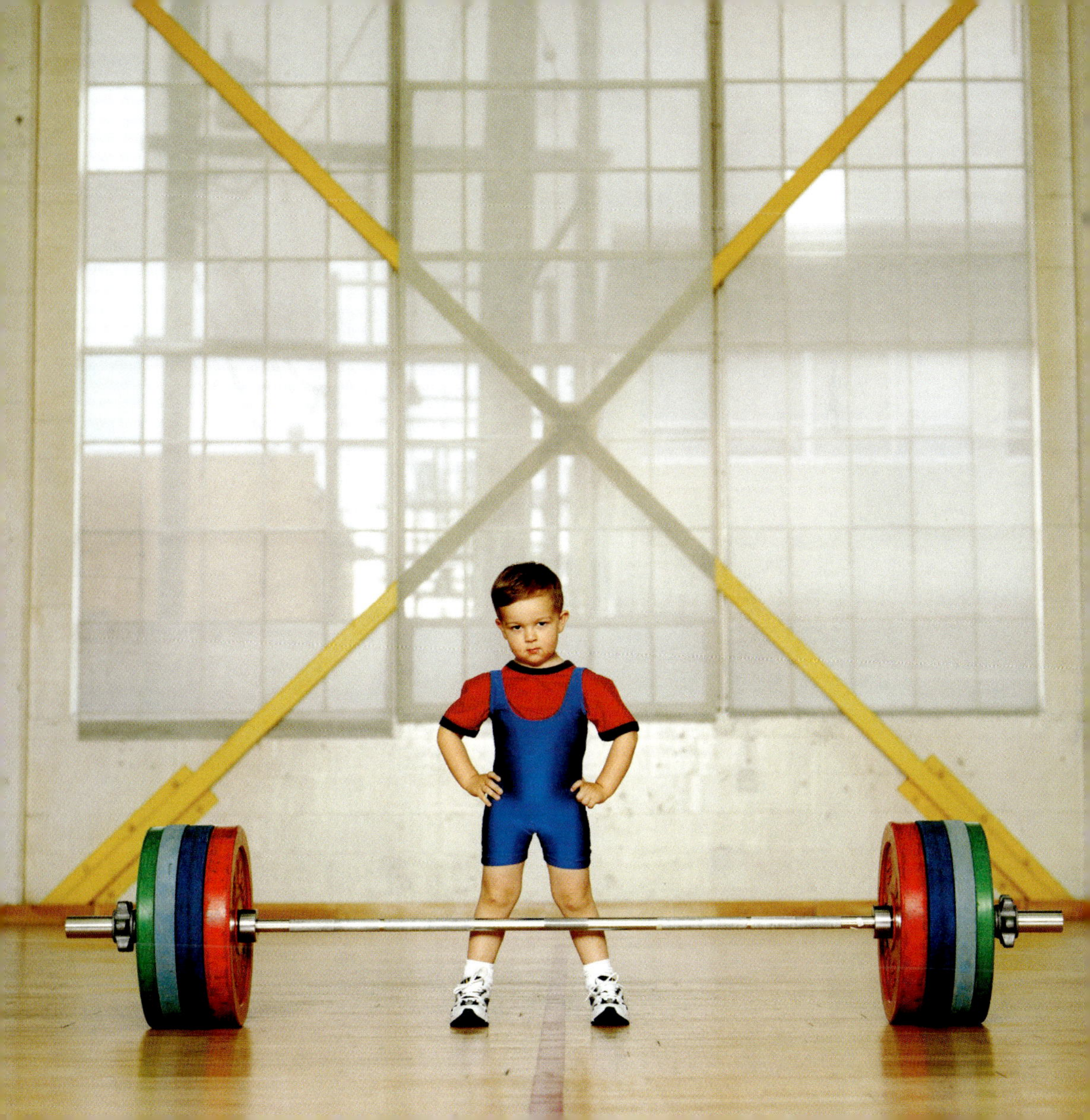

INTRODUCCIÓN Espíritu de campeones

Para los niños pequeños el deporte es única y exclusivamente un juego. Para cuando son muy pequeños no existen todavía competiciones, puntos, cronómetros o concursos deportivos, sino solamente pelotas, raquetas, redes perfectamente coloreadas y compañeros de equipo. El deseo de convertirse en un campeón nace un poco más tarde y manifiesta el deseo de ponerse a prueba a sí mismo y a sus propias capacidades para alcanzar el triunfo en una situación difícil y competitiva, de cualquier naturaleza que sea, y mostrarlo en primer lugar a sus padres.

«¡He ganado, he ganado, mamá, papá, he ganado!»: el niño con los brazos levantados, la mirada rebosante de alegría y la boca abierta cantando la victoria corre hacia sus padres para recibir el debido reconocimiento. Por otra parte, mamá y papá con el corazón henchido de orgullo miran cómo su hijo disfruta de sus propios éxitos y también ellos disfrutan por él y por sí mismos. Horas de entrenamiento y atardeceres dedicados a estudiar las diferentes estrategias posibles han tenido su compensación. Sí, alguien ha ganado, pero no debemos olvidar que en alguna otra parte del campo o del gimnasio hay otro u otros que ha llegado en segundo lugar o han perdido, y no pueden, por ello, mostrarse exultantes, saltar ni festejarlo de la misma manera, aunque lo han intentado y antes o después vivirán la sensación de la victoria, igual que el ganador de hoy sufrirá un día la derrota. A diferencia de los adultos, más o menos triunfadores, los niños tienen espíritu de campeones, tanto si ganan como si no, porque toman el deporte como un juego, pero como un juego serio, en el que se entregan dando siempre y de manera incondicional lo mejor de sí mismos.

Los niños parecen tener muy claro en su cabeza alguna idea muy cercana al verdadero espíritu olímpico: el objetivo declarado es que se juega para ganar, pero sin que la competición llegue a provocar ansiedad, porque lo hermoso del deporte está en el placer del juego y en el espíritu de superación, en la diversión y, fundamentalmente, en el placer de vencer el desafío con uno mismo.

Gesto atlético de una joven gimnasta asiática, que evoluciona con enorme elegancia durante una actuación con el lazo.

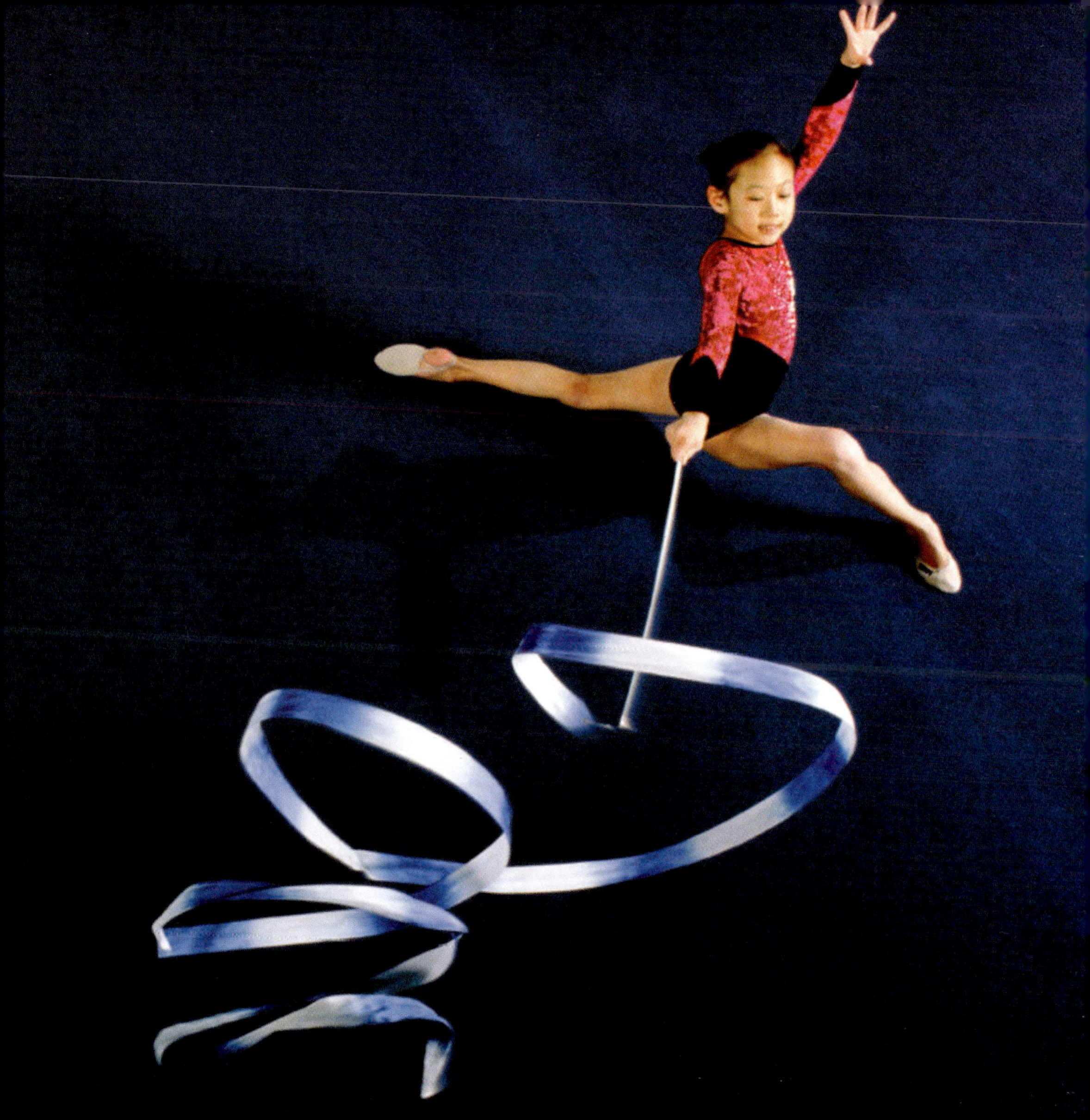

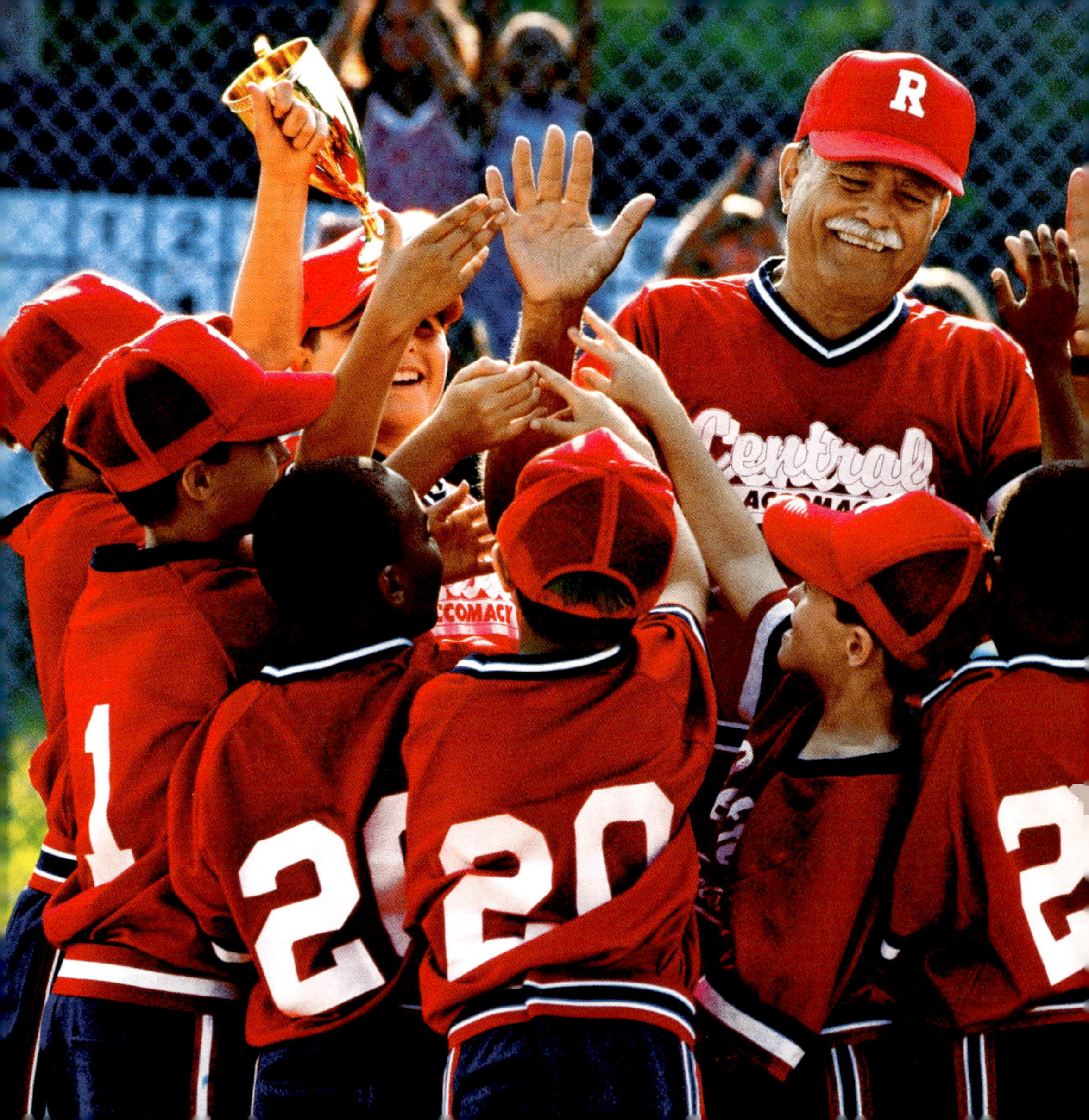

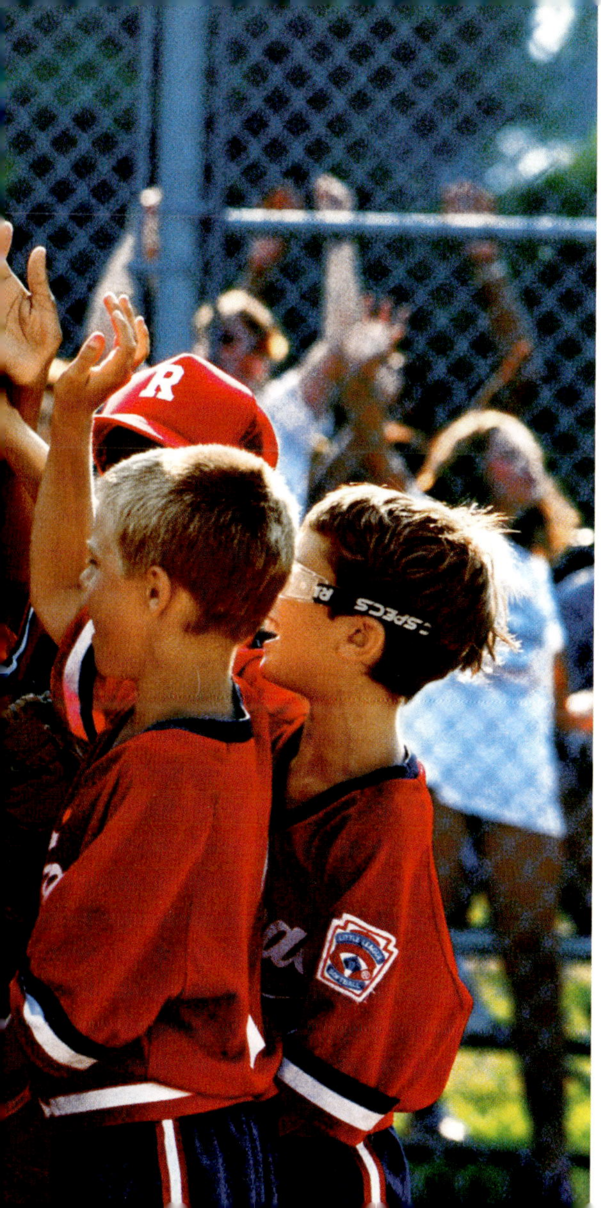

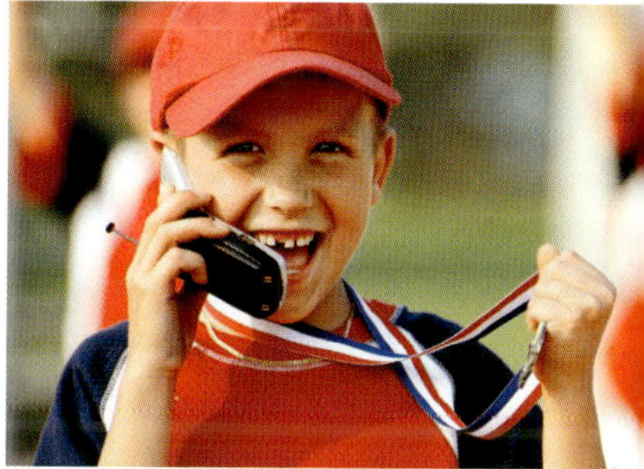

584-585 • El entrenador de un equipo de béisbol celebra la victoria en el campeonato con sus pequeños campeones.

585 • El pequeño atleta quiere trasmitir rápidamente la alegría que siente por haber ganado el partido.

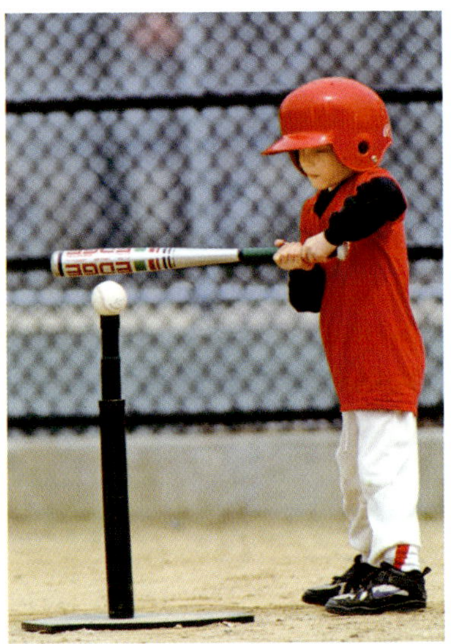

Dos momentos del duro entrenamiento de los pequeños jugadores de béisbol, preparando el golpeo y la recepción.

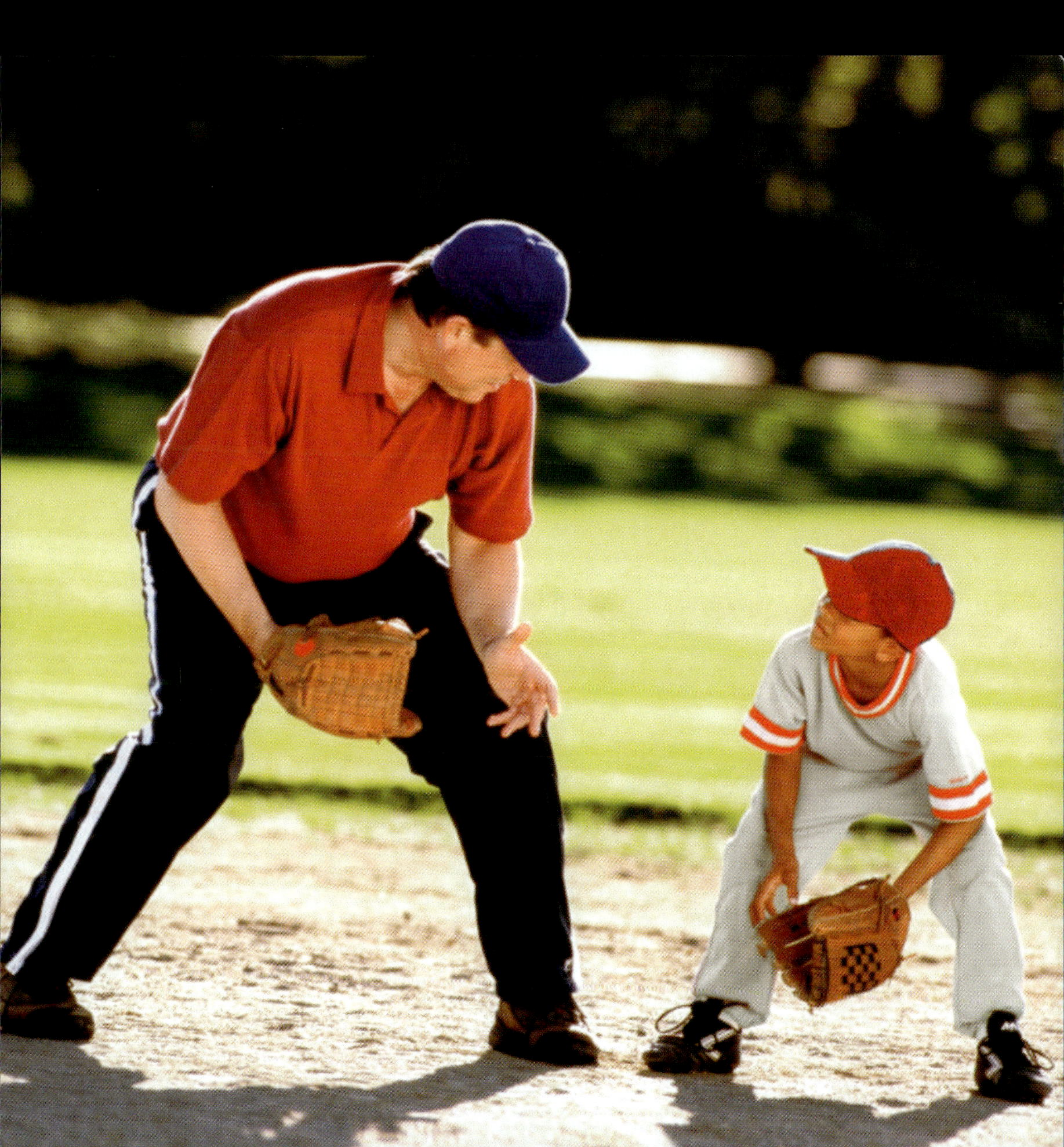

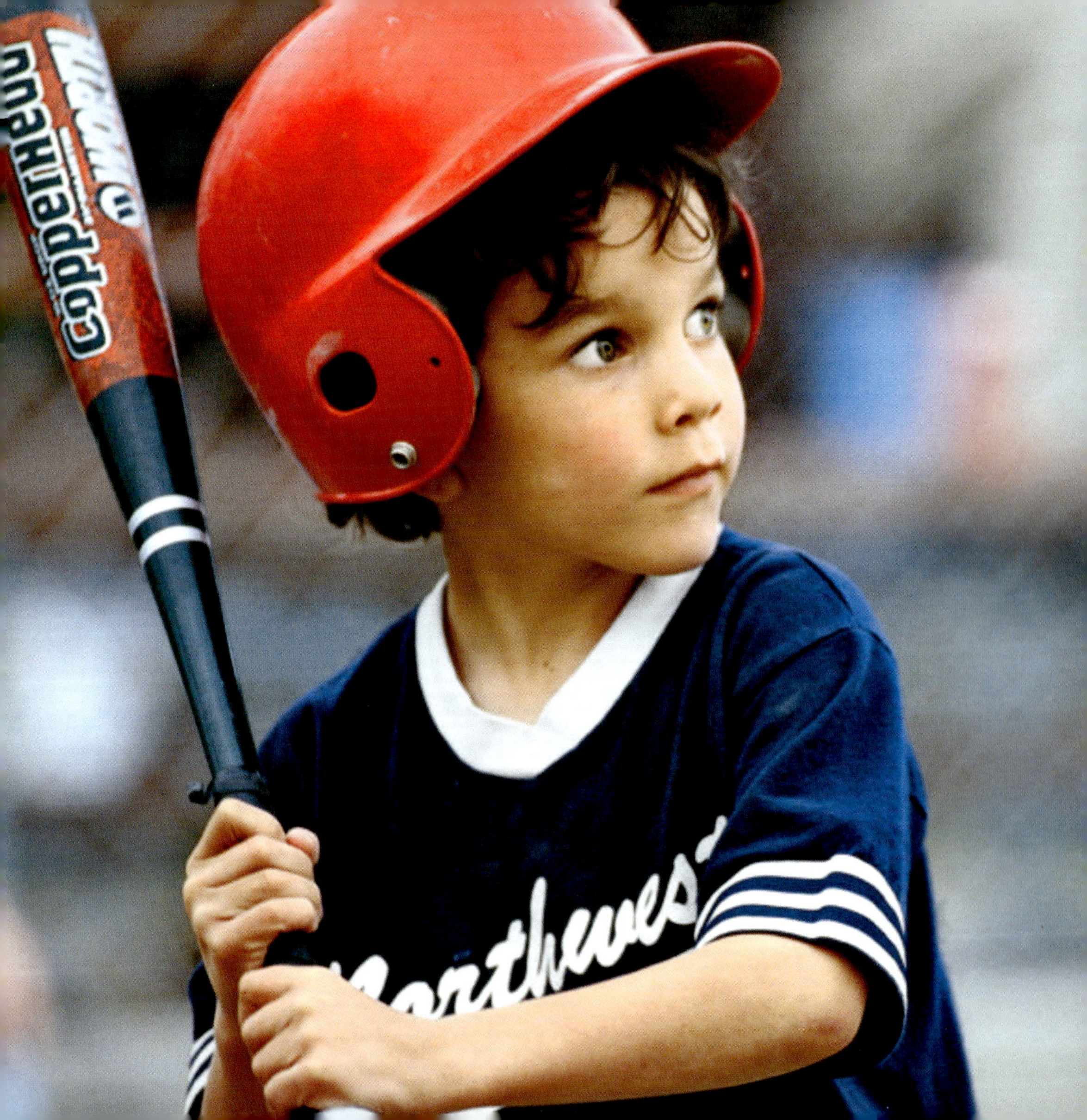
CopperHead
Northwes

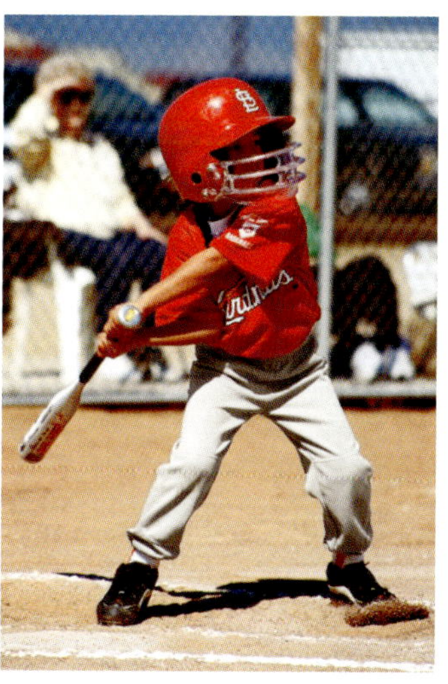

588-589 ● La absoluta concentración de un niño que juega a béisbol, preparado para golpear la bola que le será lanzada.

589 ● Un joven jugador de béisbol equipado con casco y bate.

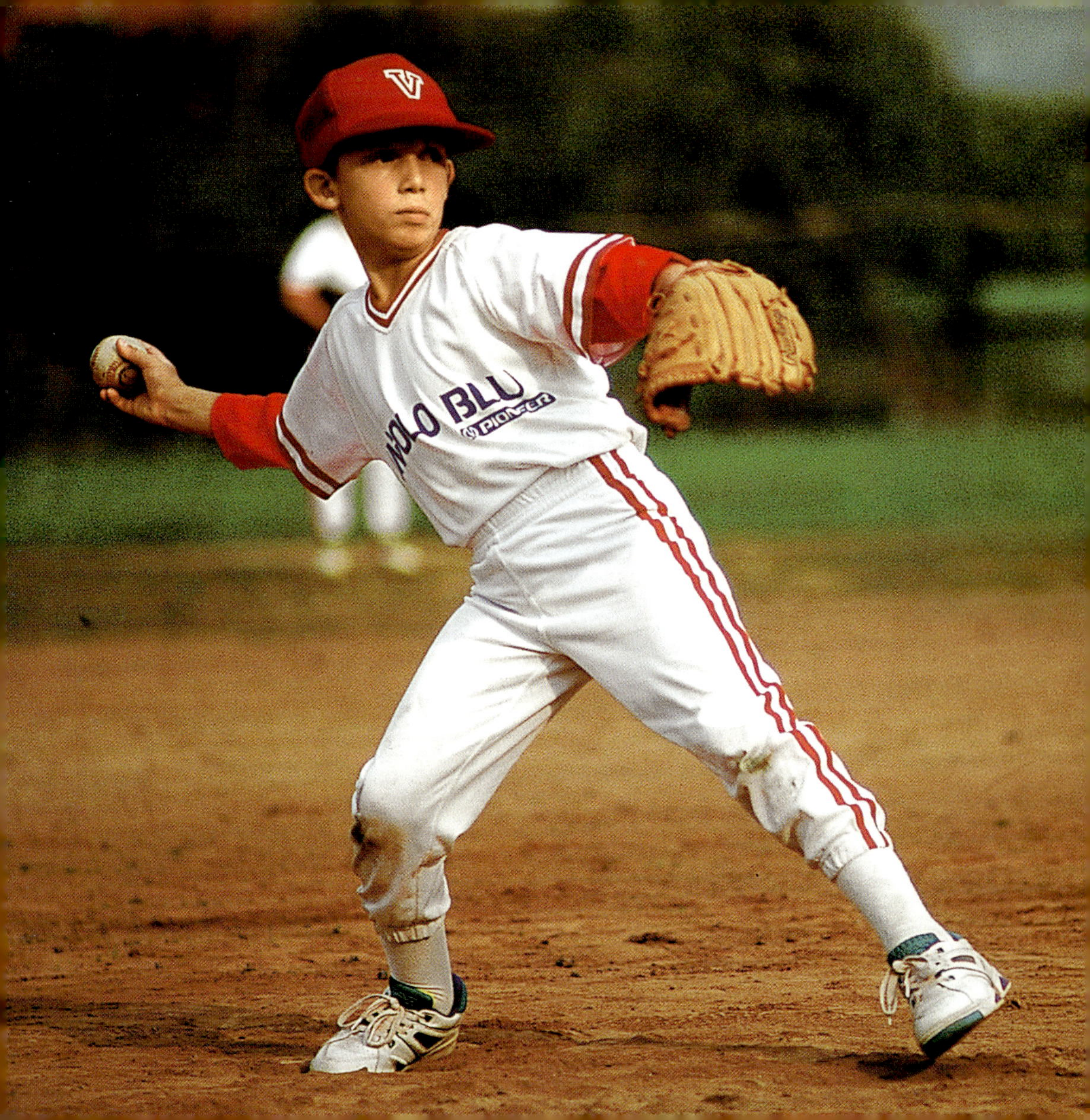

NOLO BLU
PIONEER

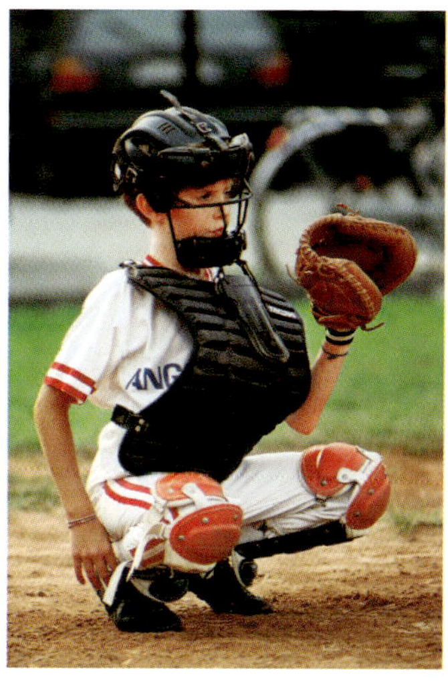

590-591 • Durante un torneo de béisbol,
un niño se dispone a lanzar la bola.

591 • La clásica posición del receptor
dispuesto a blocar la bola.

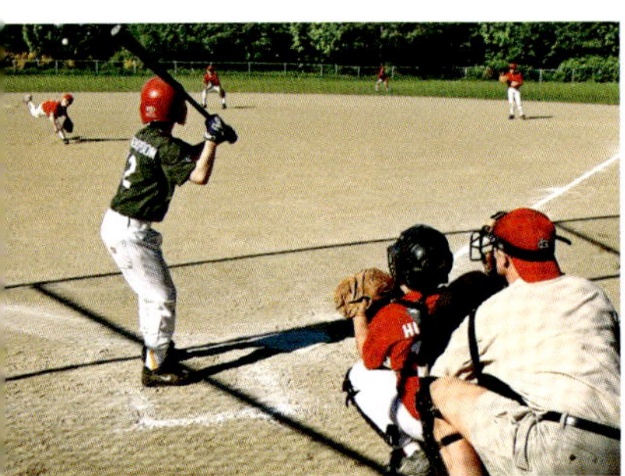

592 • Imágenes de un partido de béisbol juvenil.

592-593 • Gran carrera de un excelente jugador que intenta llegar a la base antes de que el contrario reciba la bola.

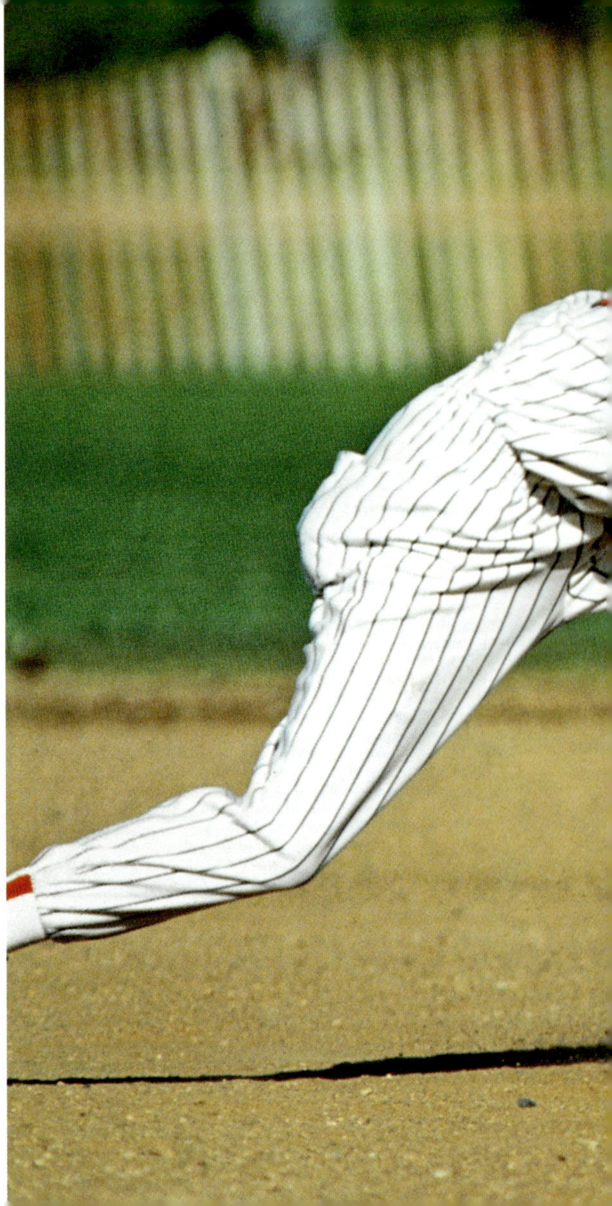

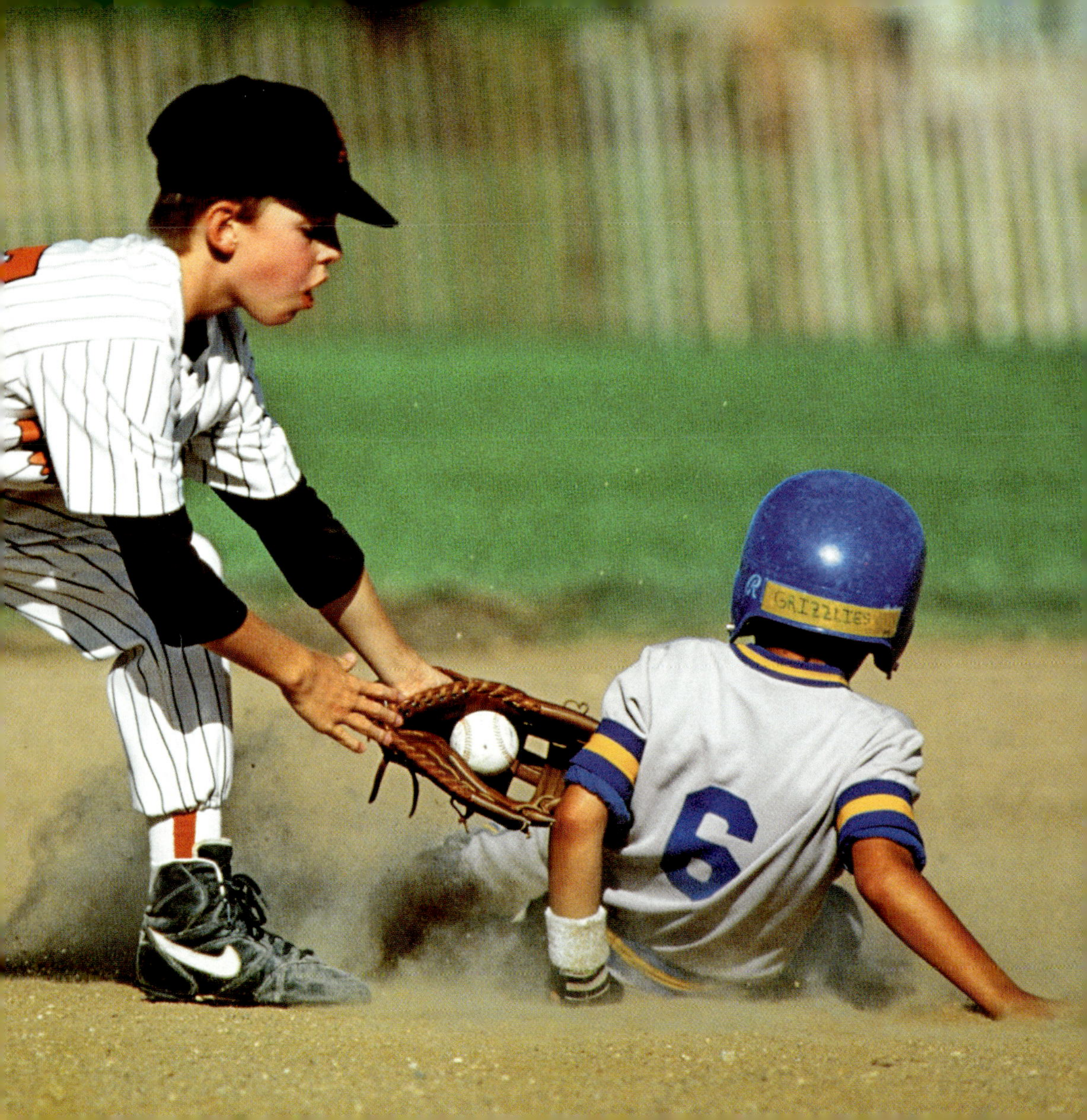
GRIZZLIES

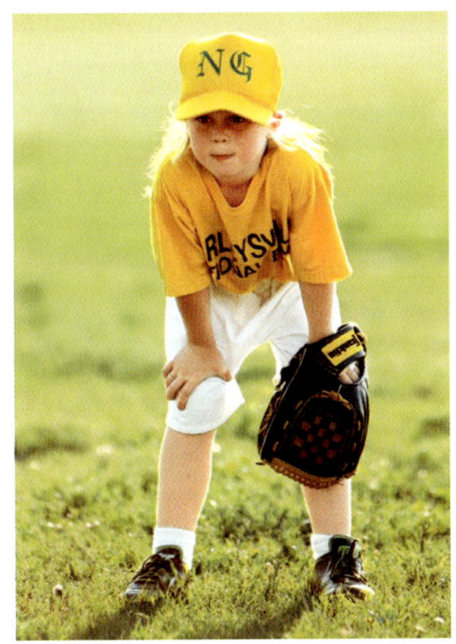

594 • Pequeña jugadora en su posición equipada con un gran guante de recepción.

595 • Una joven jugadora de béisbol con la mirada atenta y absolutamente concentrada a la espera del lanzamiento del adversario.

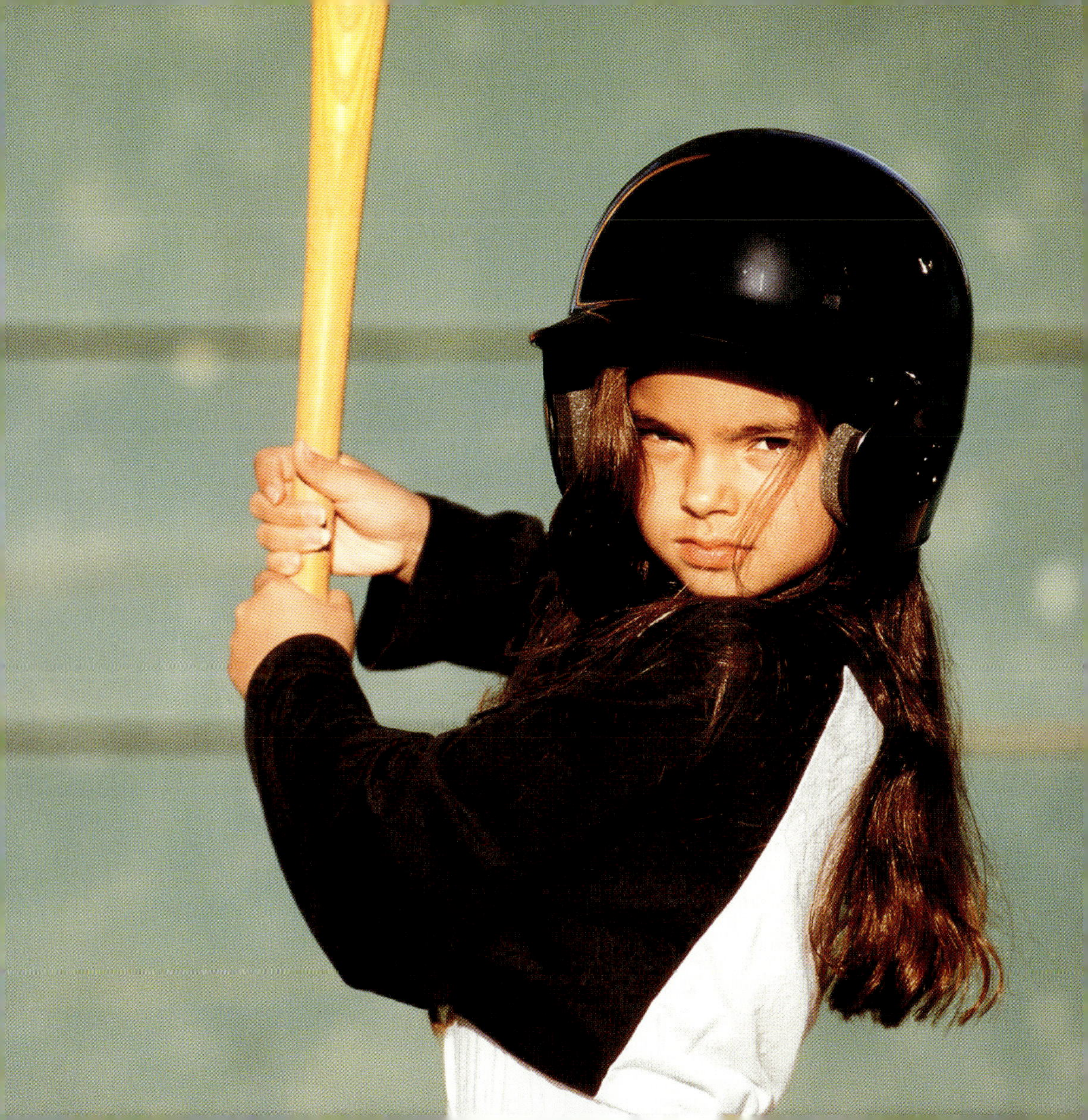

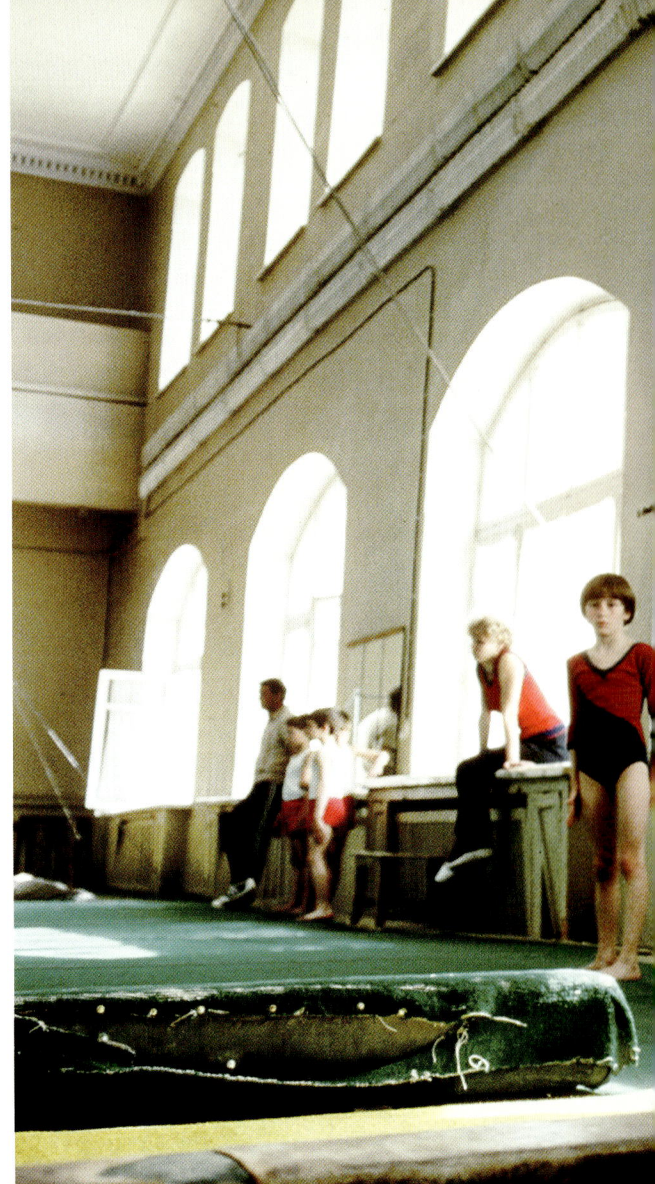

Una joven gimnasta
se entrena con gran
pericia en la barra de
equilibrios antes de una
competición.

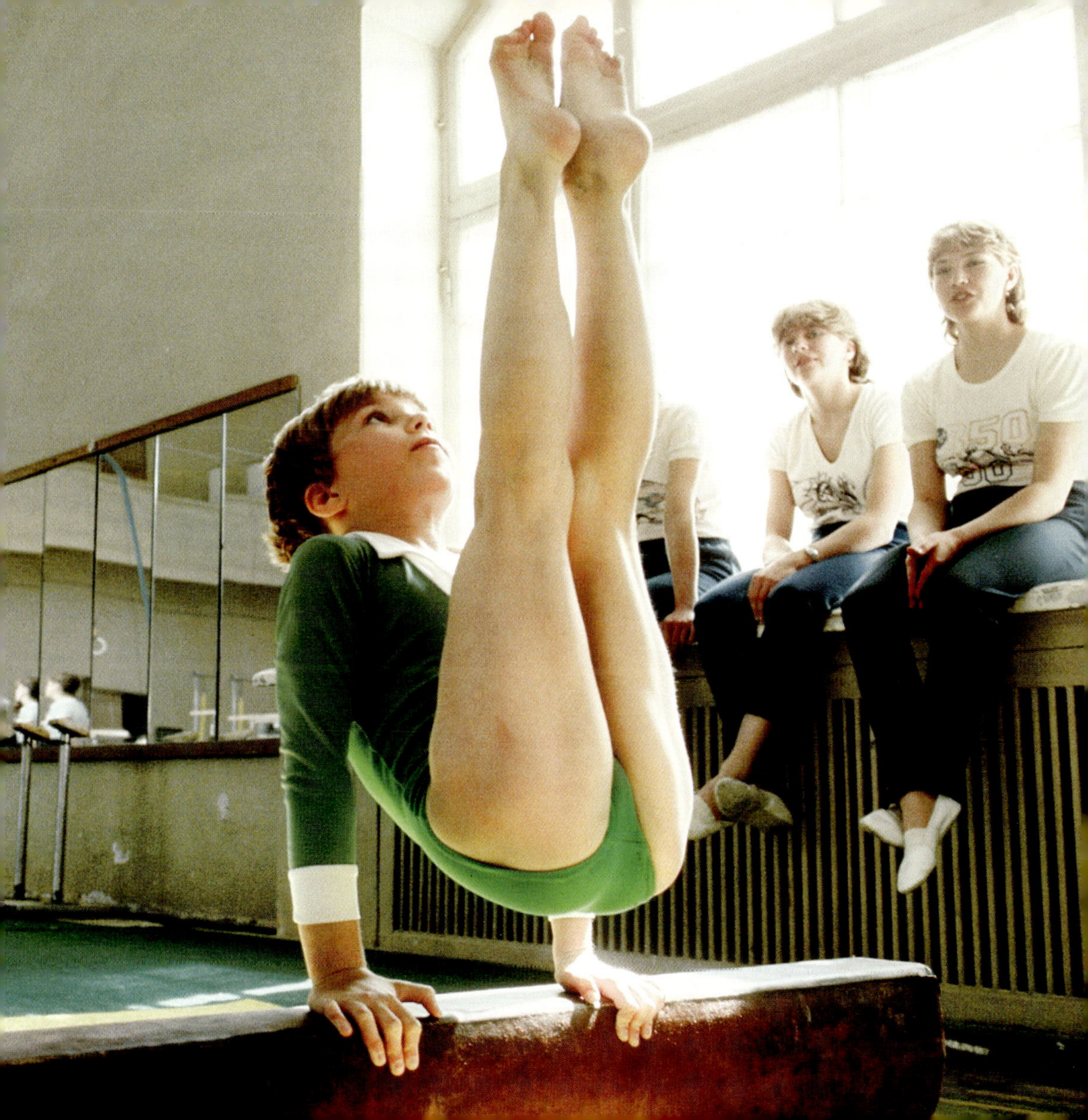

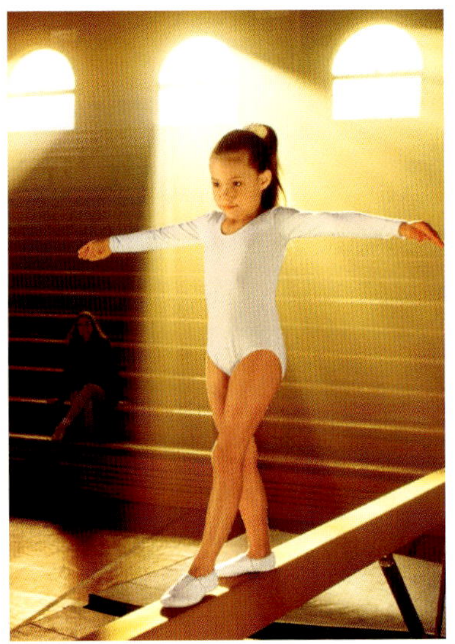

598 • Una pequeña gimnasta hace prácticas sobre la barra de equilibrios.

599 • Una joven gimnasta realiza estiramientos antes de comenzar el ejercicio.

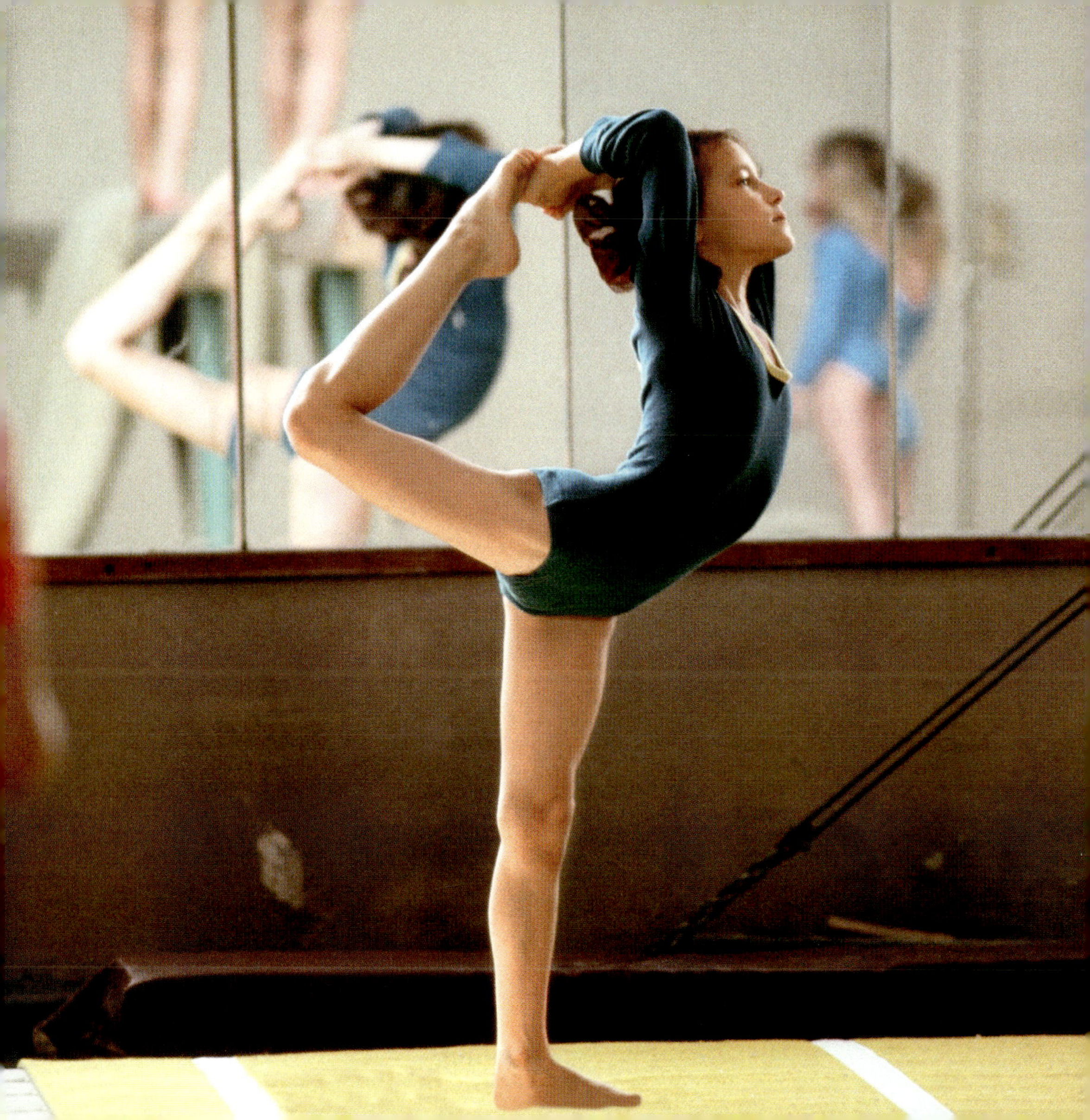

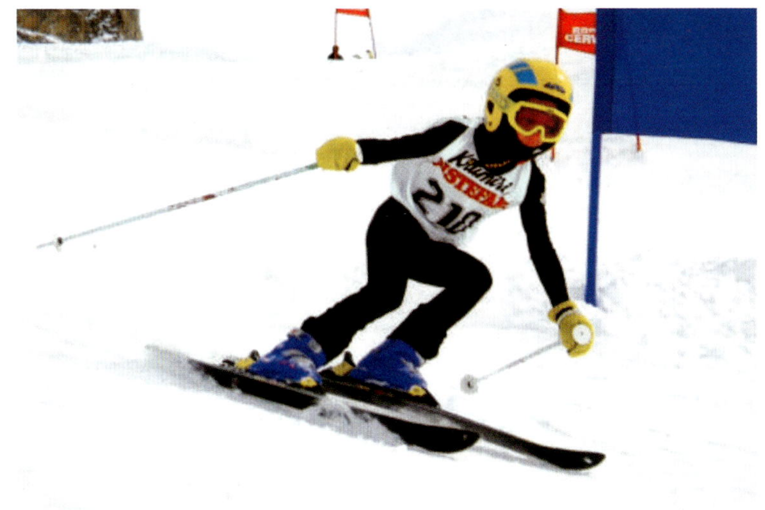

Dos aspectos del esquí: el máximo esfuerzo durante una carrera de competición y la pura diversión de un descenso entre amigos.

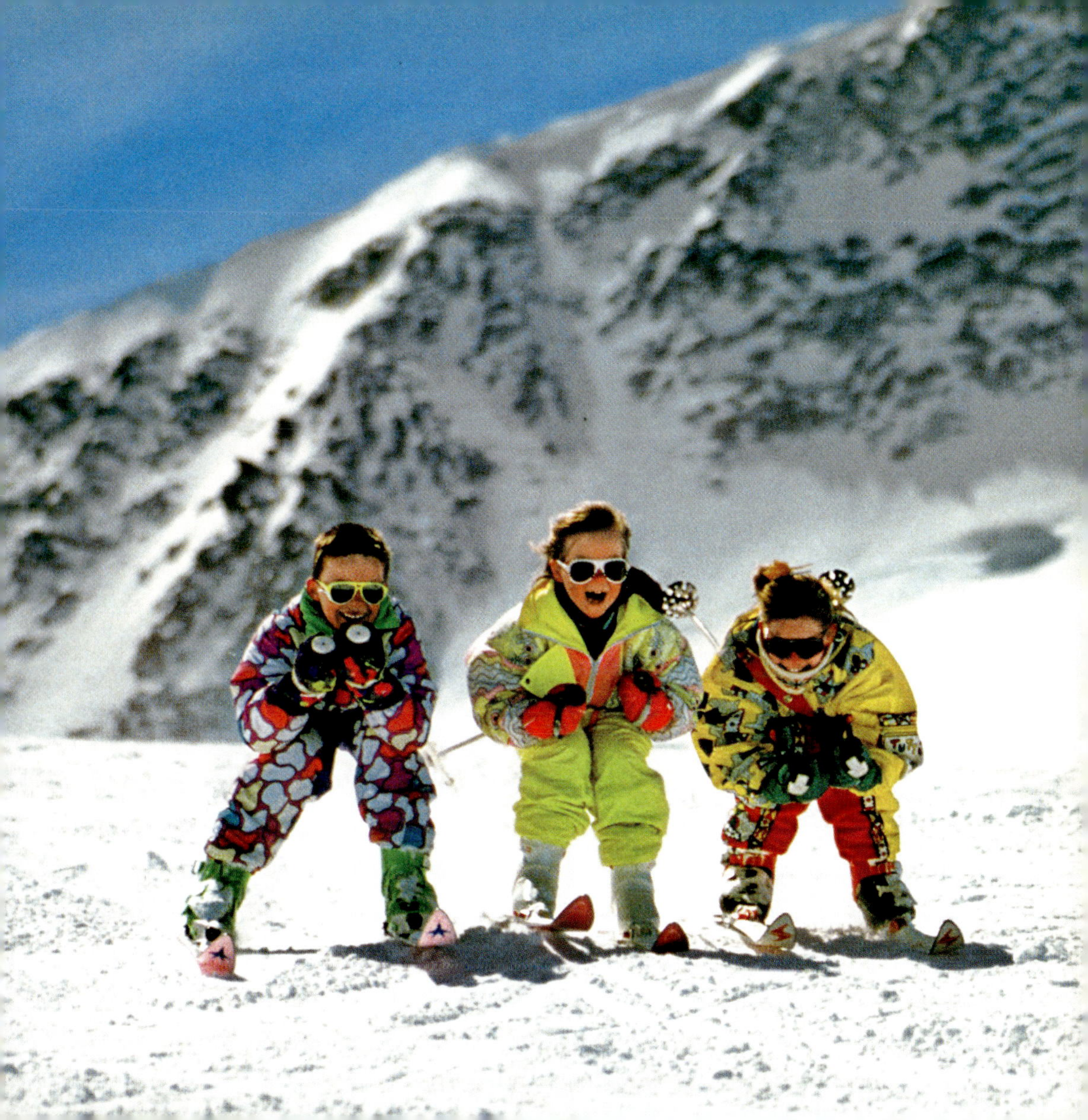

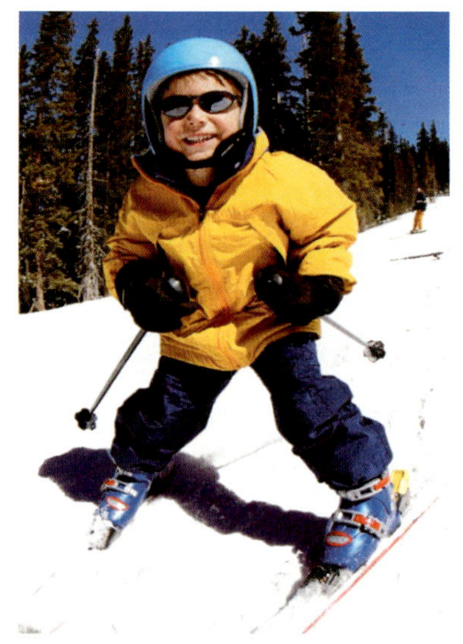

602 • La expresión divertida de un niño que aprende a esquiar.

603 • Un instructor enseña las primeras técnicas de la especialidad a cuatro jóvenes alumnos.

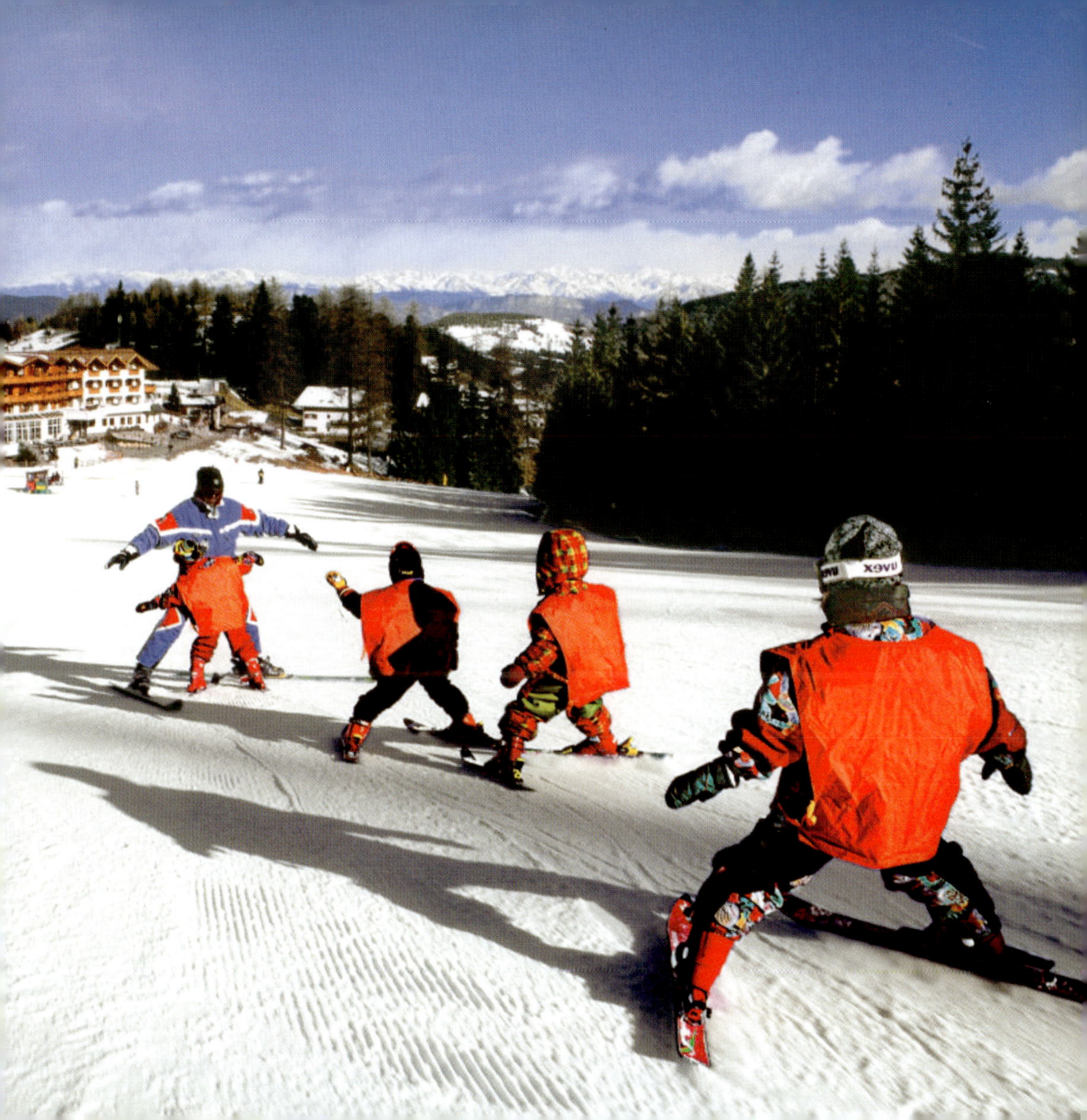
uvex

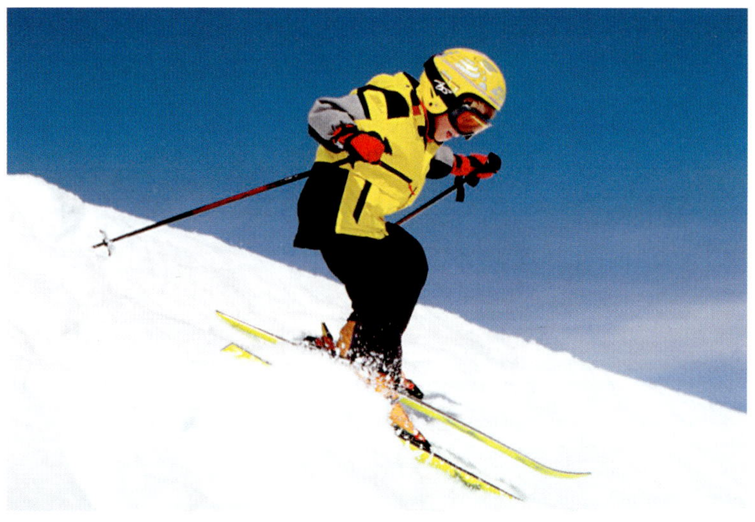

604 • Un joven esquiador realiza un rapidísimo descenso sobre la nieve.

605 • La habilidad y el dominio técnico de un niño que realiza un gran salto de esquí.

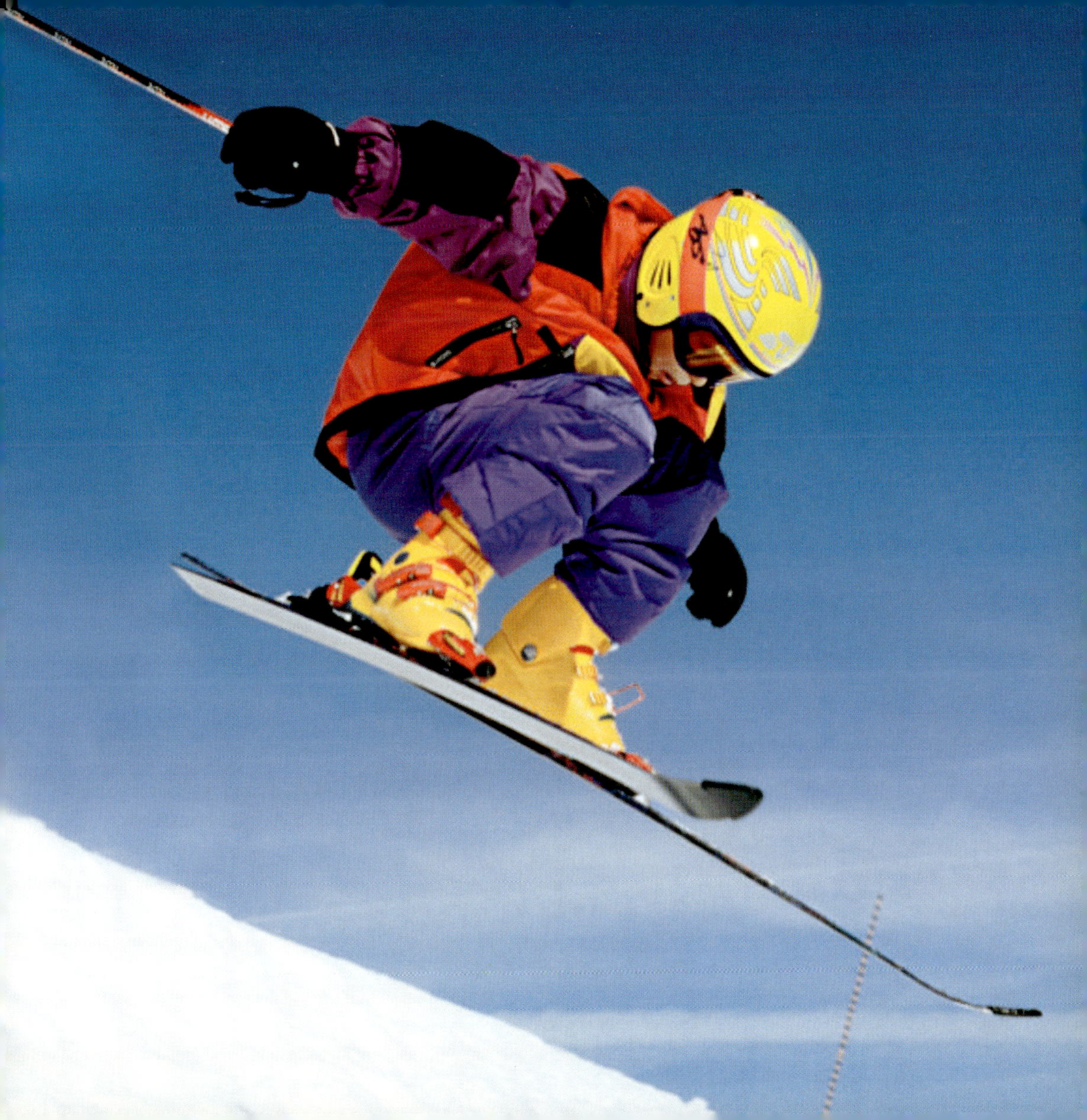

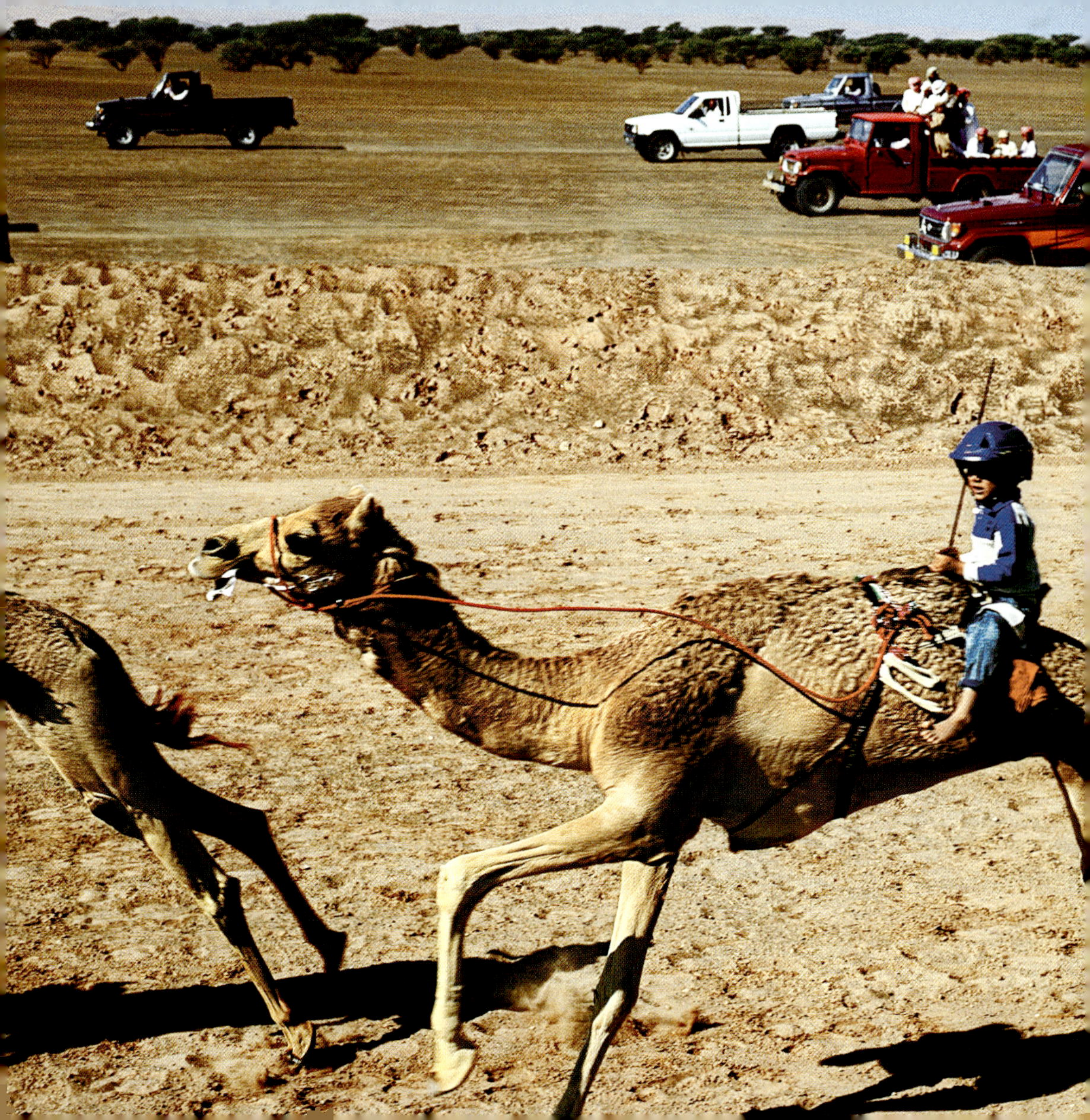

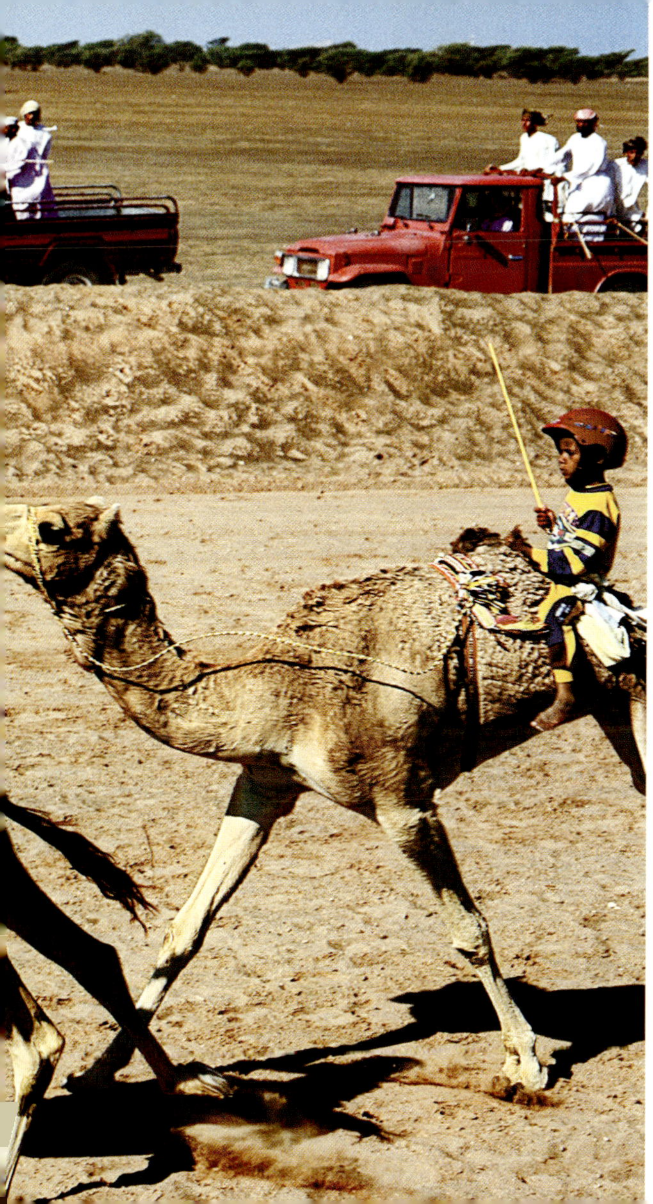

Llamativa imagen de una carrera de dromedarios en el desierto cabalgados por jovencísimos jinetes.

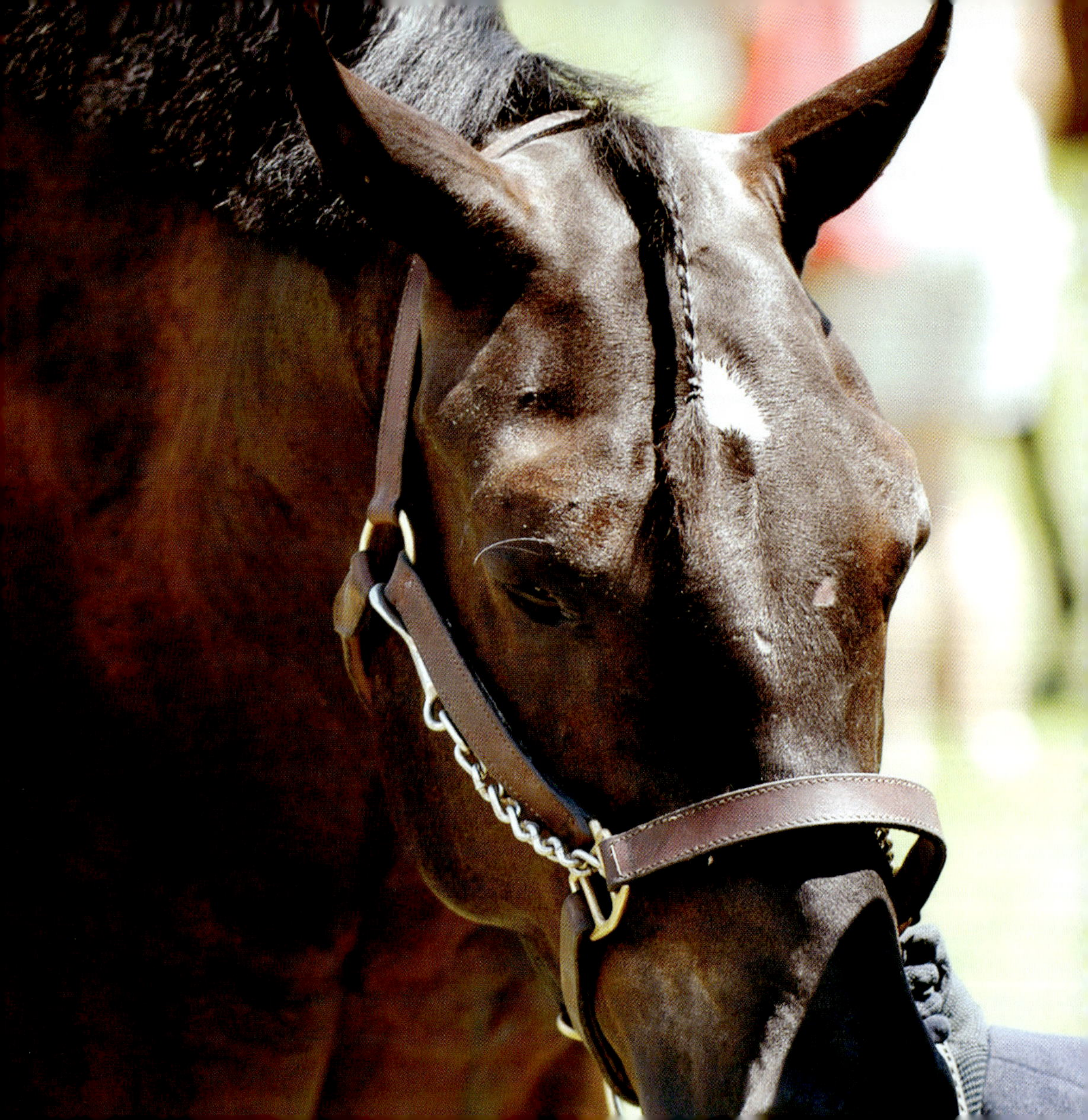

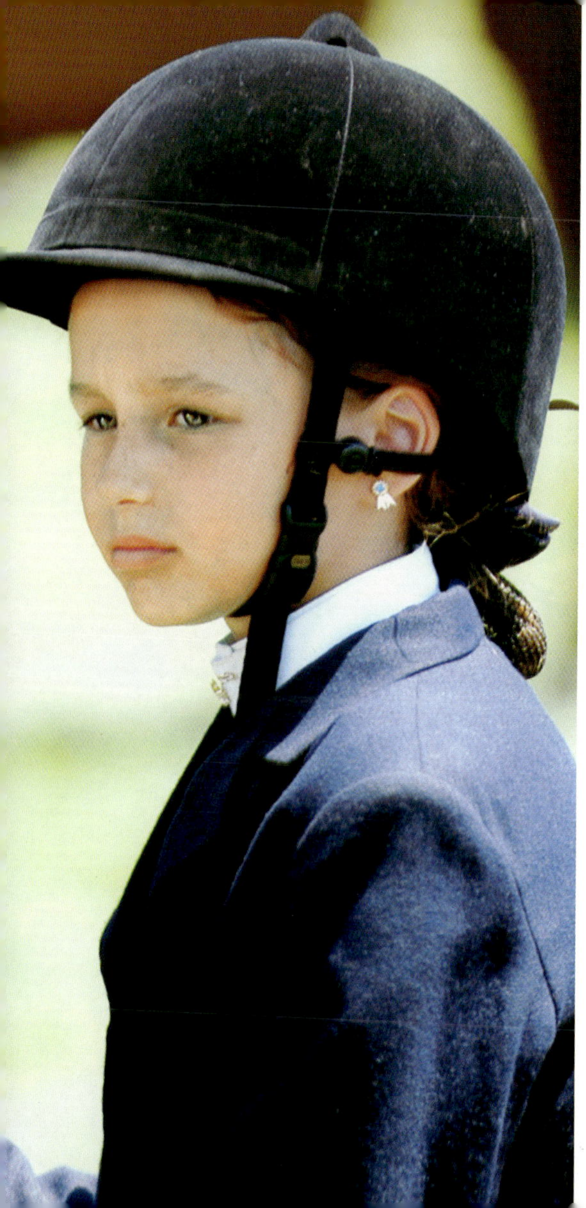

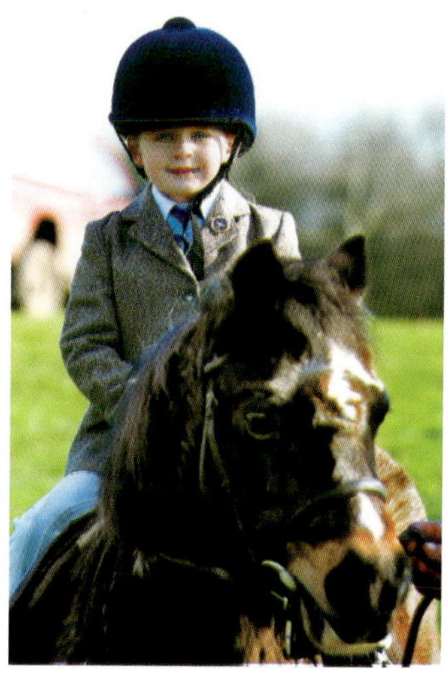

608-609 ● Una pequeña amazona sujeta las riendas de su caballo mientras espera el veredicto del jurado de la competición.

609 ● Un niño sentado en la silla de su poni.

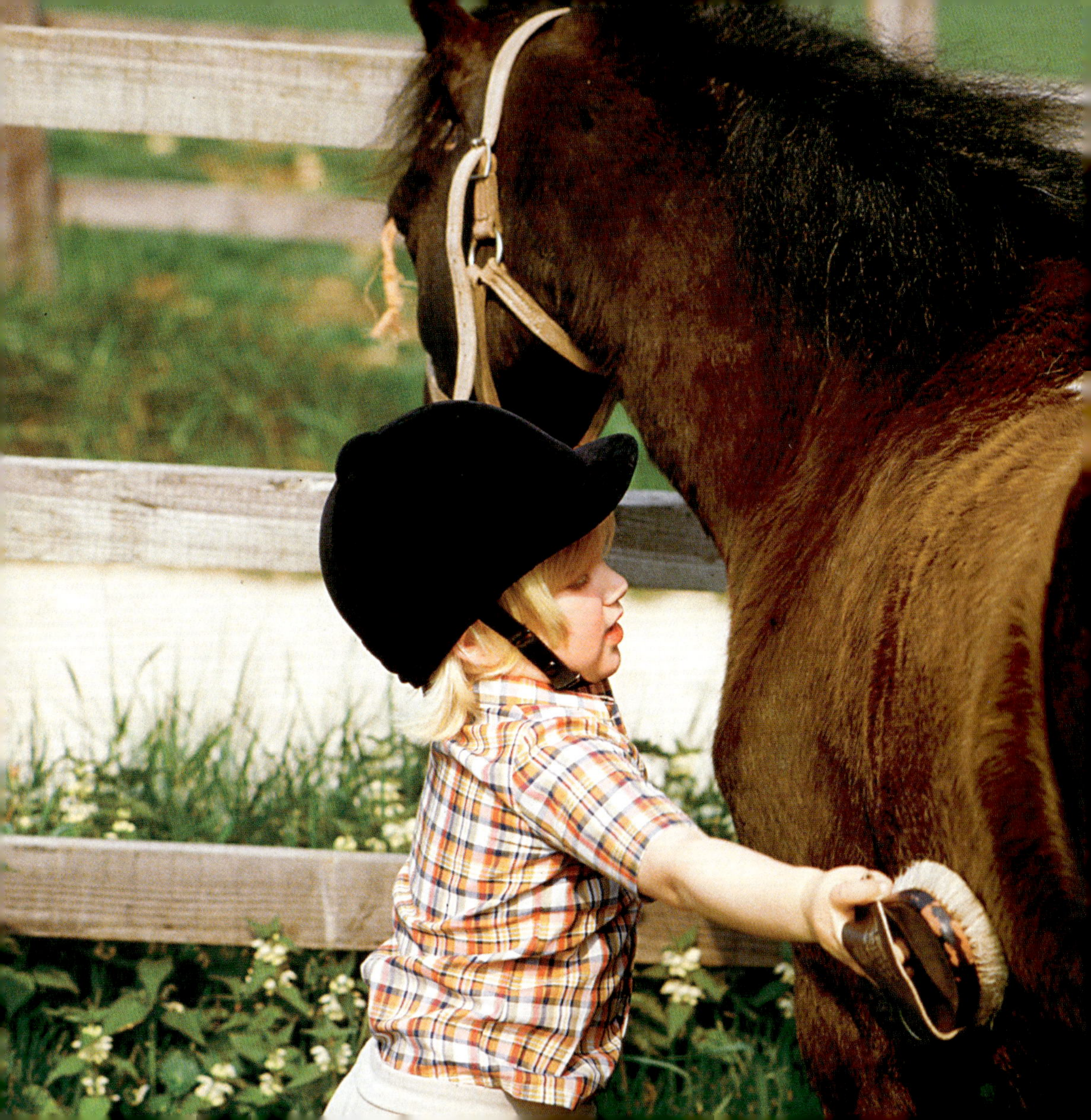

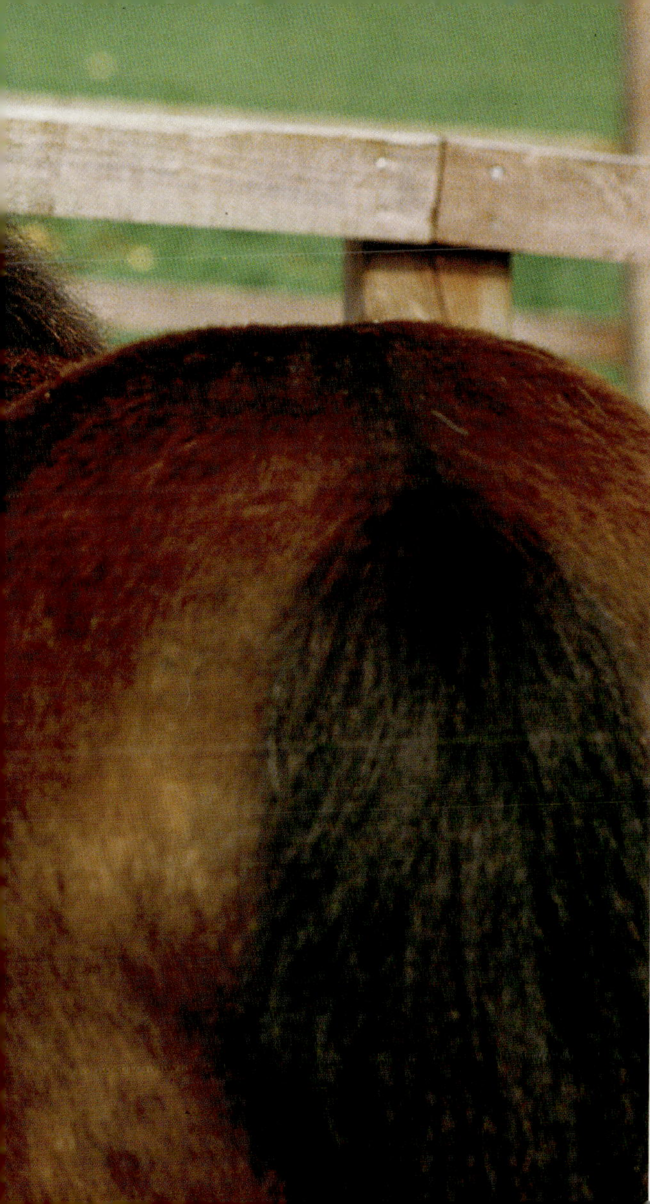

610-611 • Un niño limpia con sumo cuidado su caballo con un gran cepillo, mientras mantienen una amigable relación.

612-613 • Algunos niños corren con sus corceles intentando ganar la carrera Shetland Pony Grand National, en Gran Bretaña.

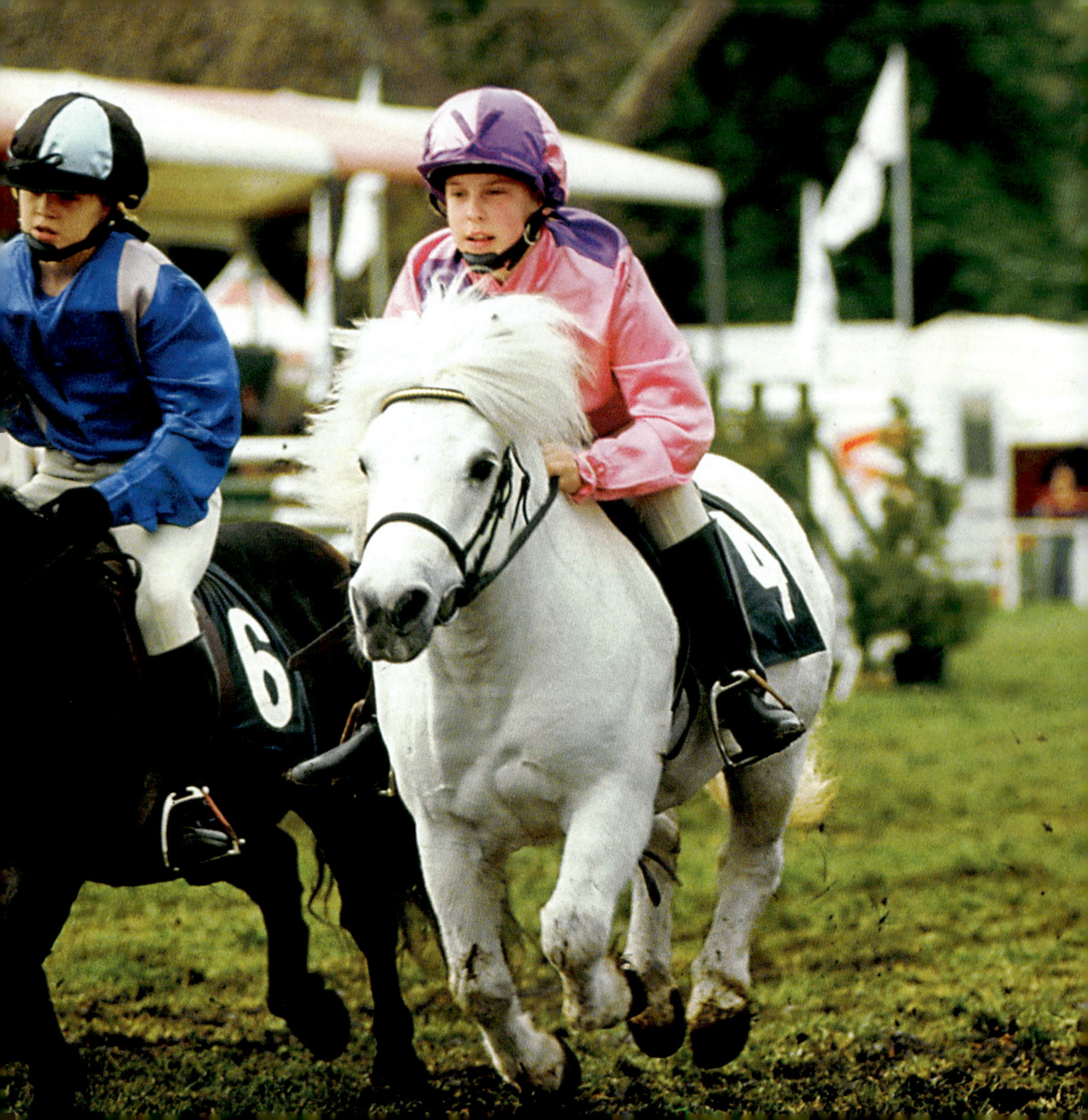

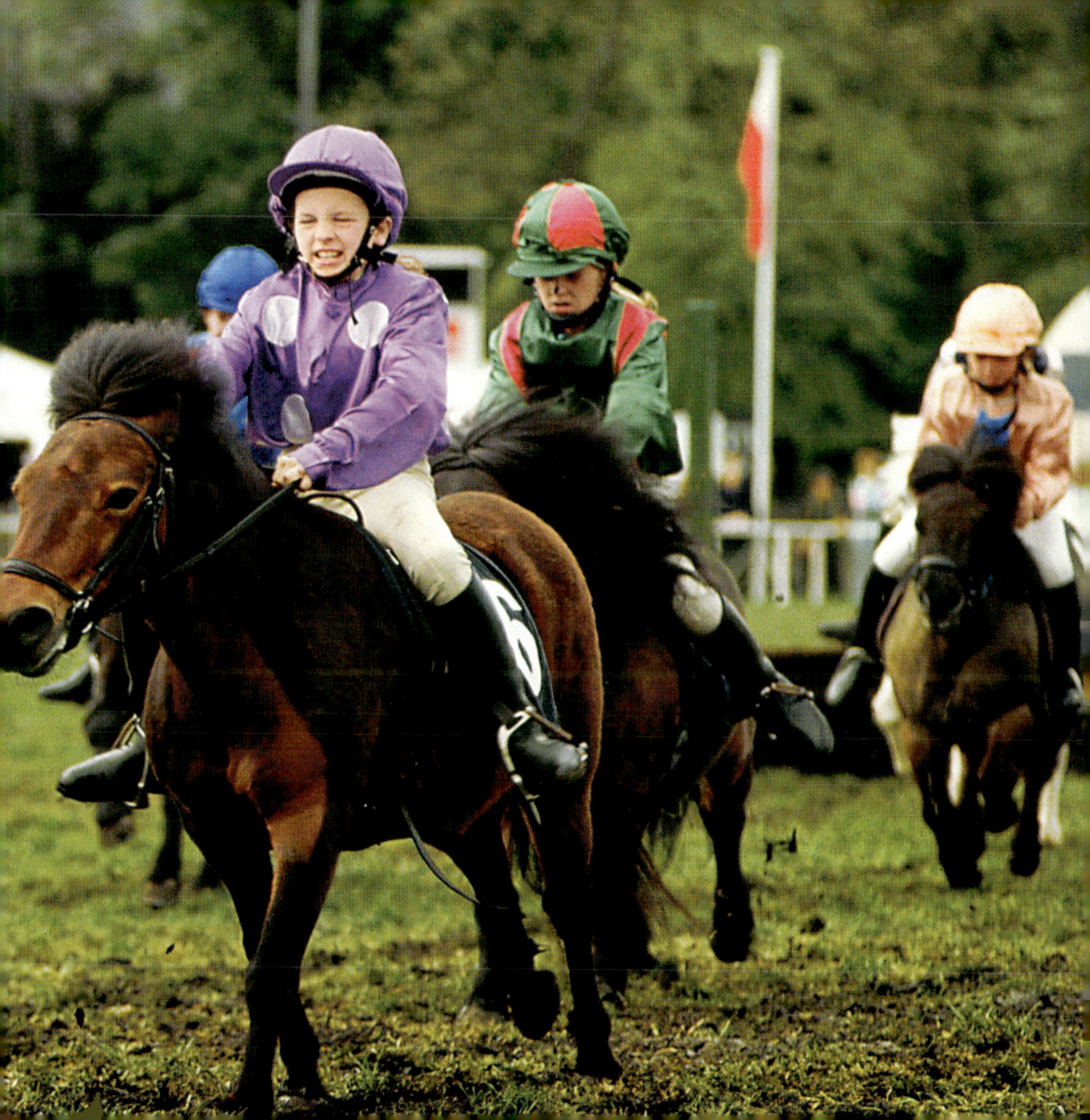

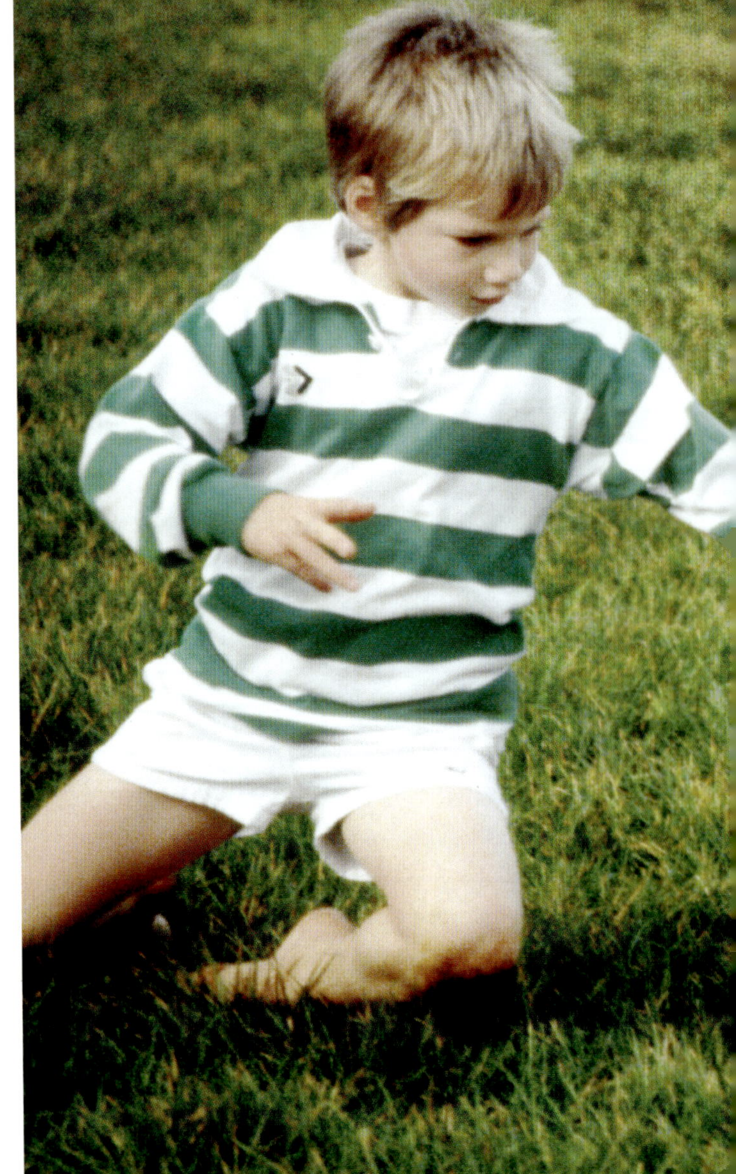

● Tres niños con los pies descalzos disputan la pelota durante un partido de rugby.

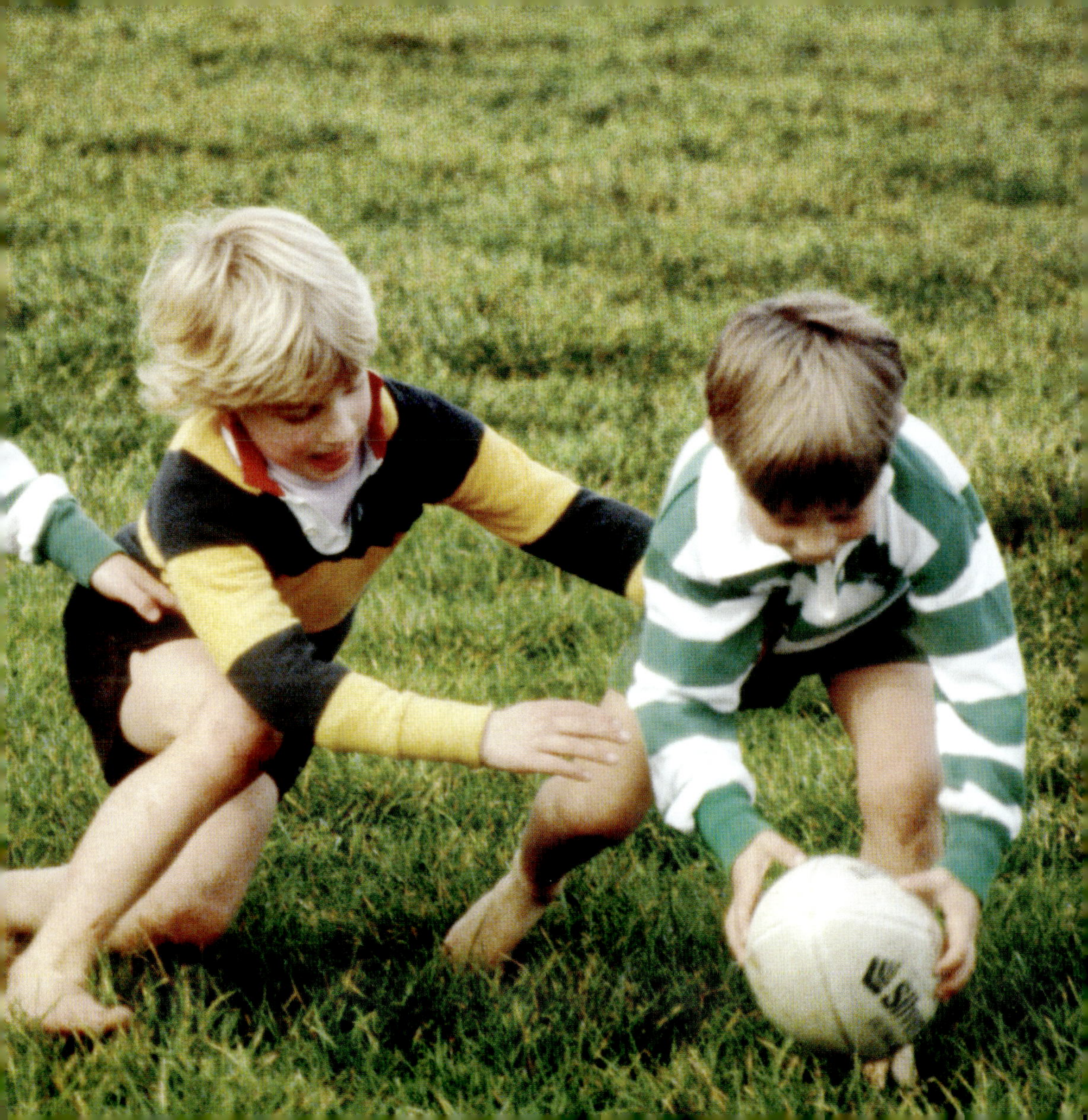

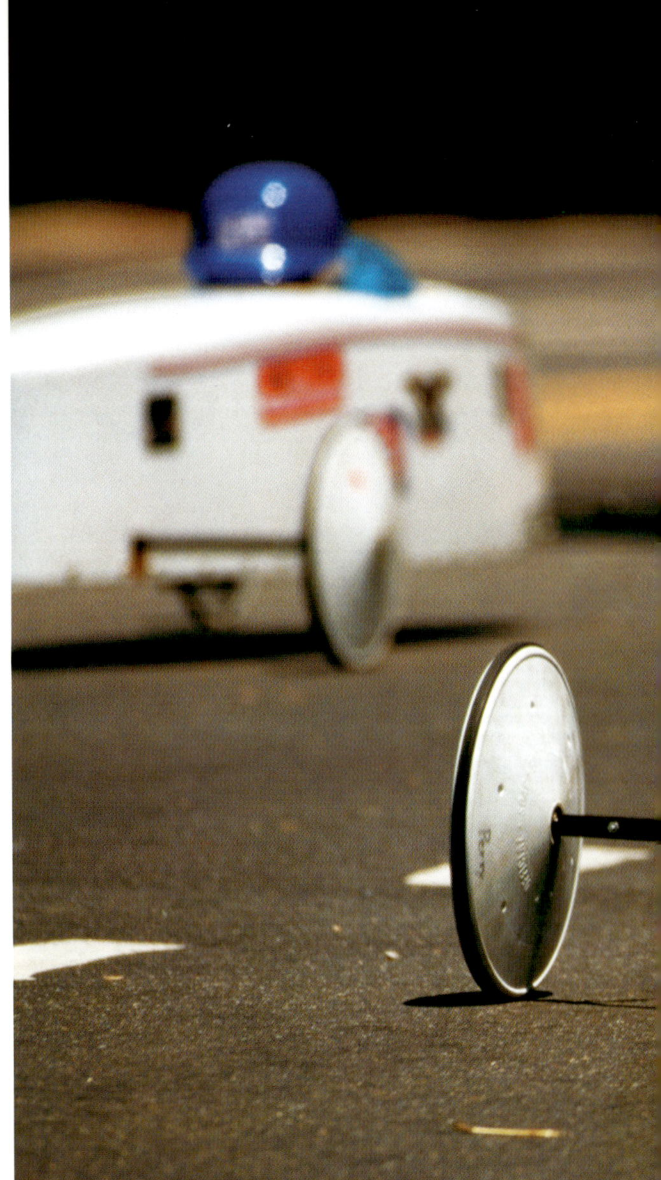

Dos niños disputan semiocultos en sus habitáculos una carrera del Soap Box Derby, torneo entre vehículos sin motor muy apreciado en Norteamérica.

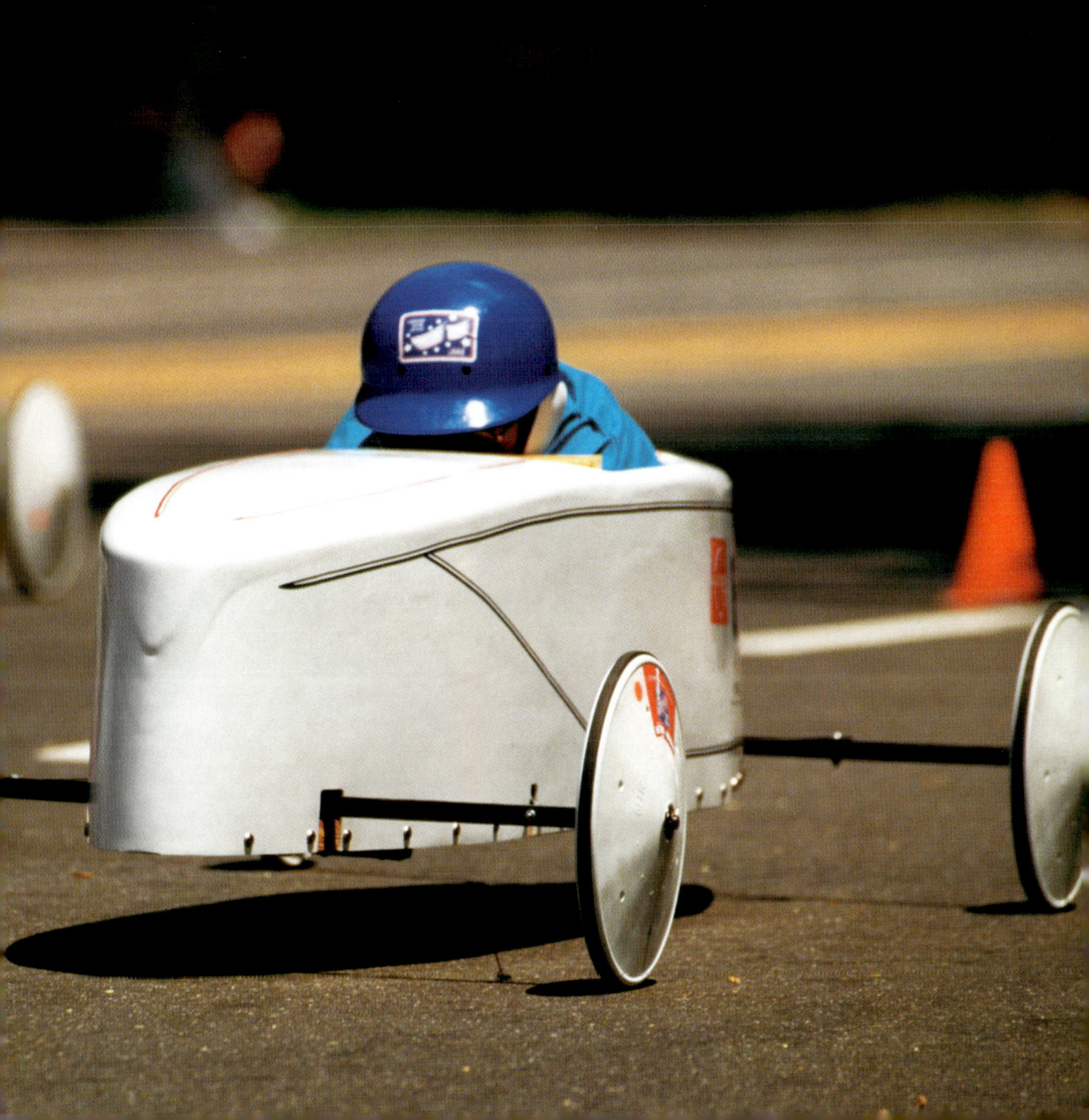

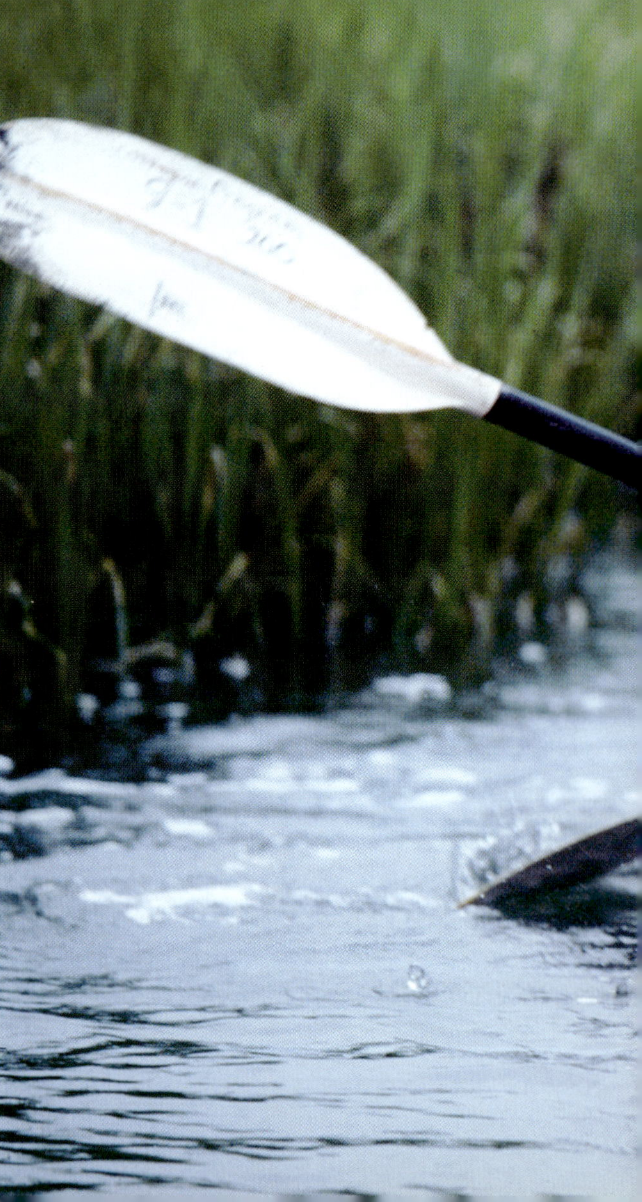

Estos niños
se divierten un rato
remando a bordo
de una canoa en las
aguas de un río.

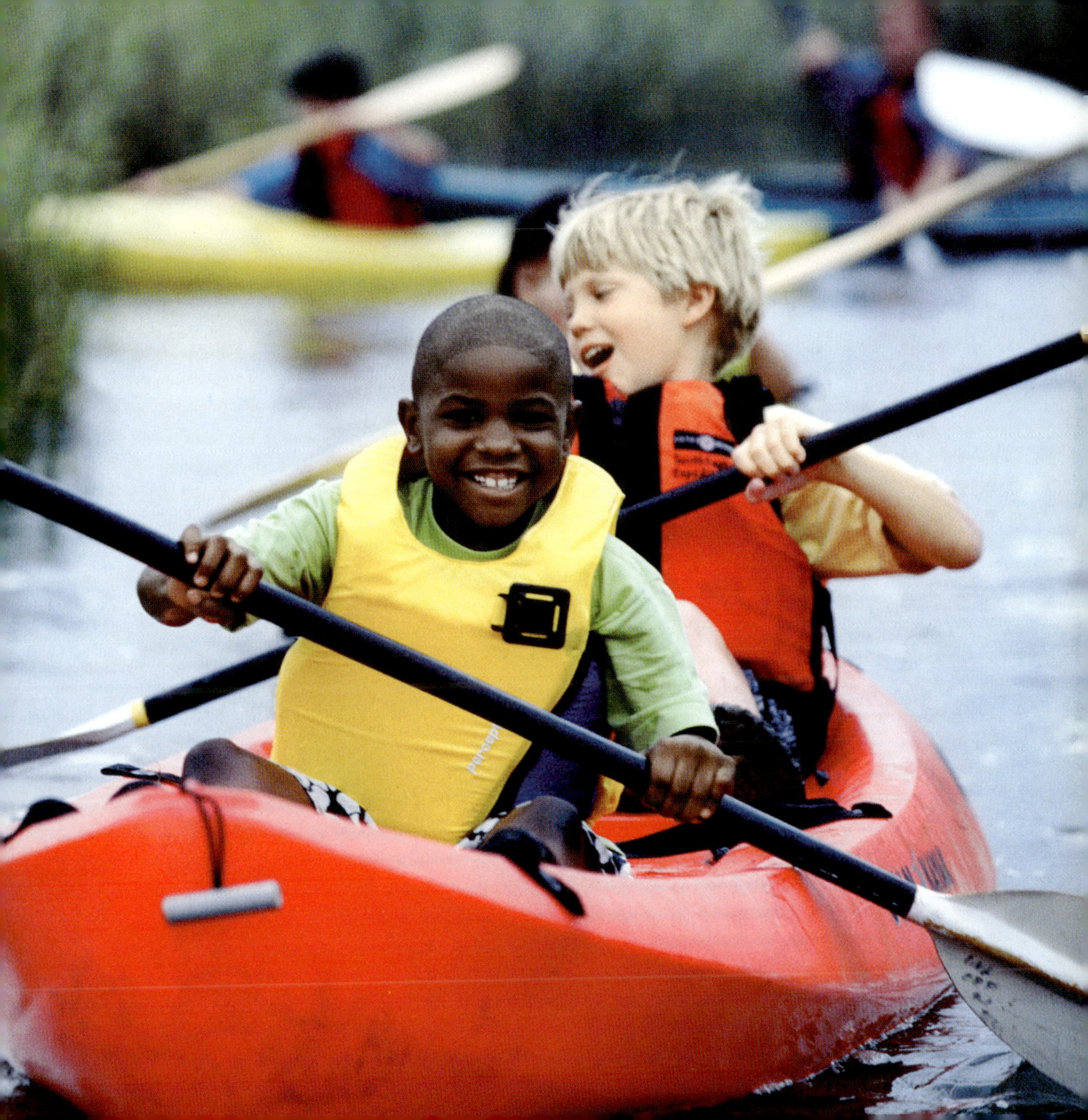

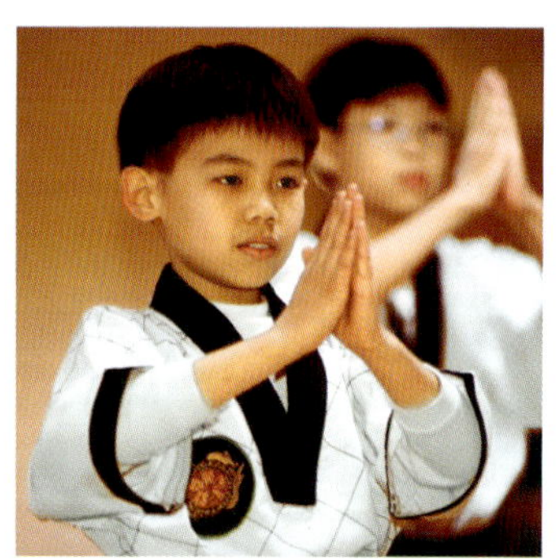

Algunos niños practica kung-fu, alternando momentos de concentración en los que mantienen las manos unidas y el entrenamiento con las manos protegidas por grandes guantes rojos.

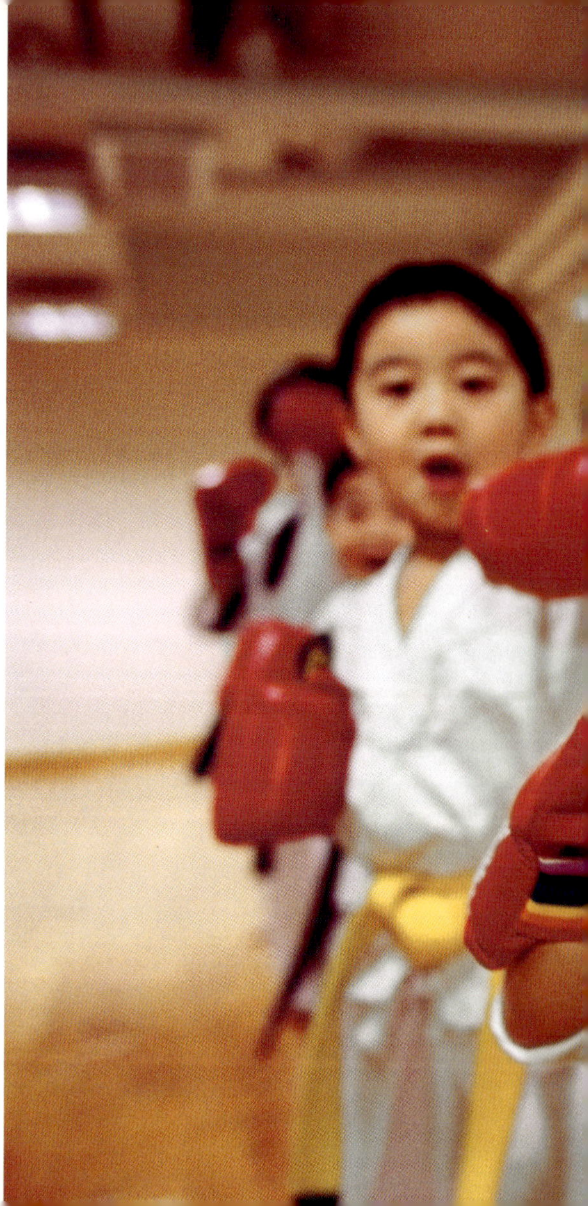

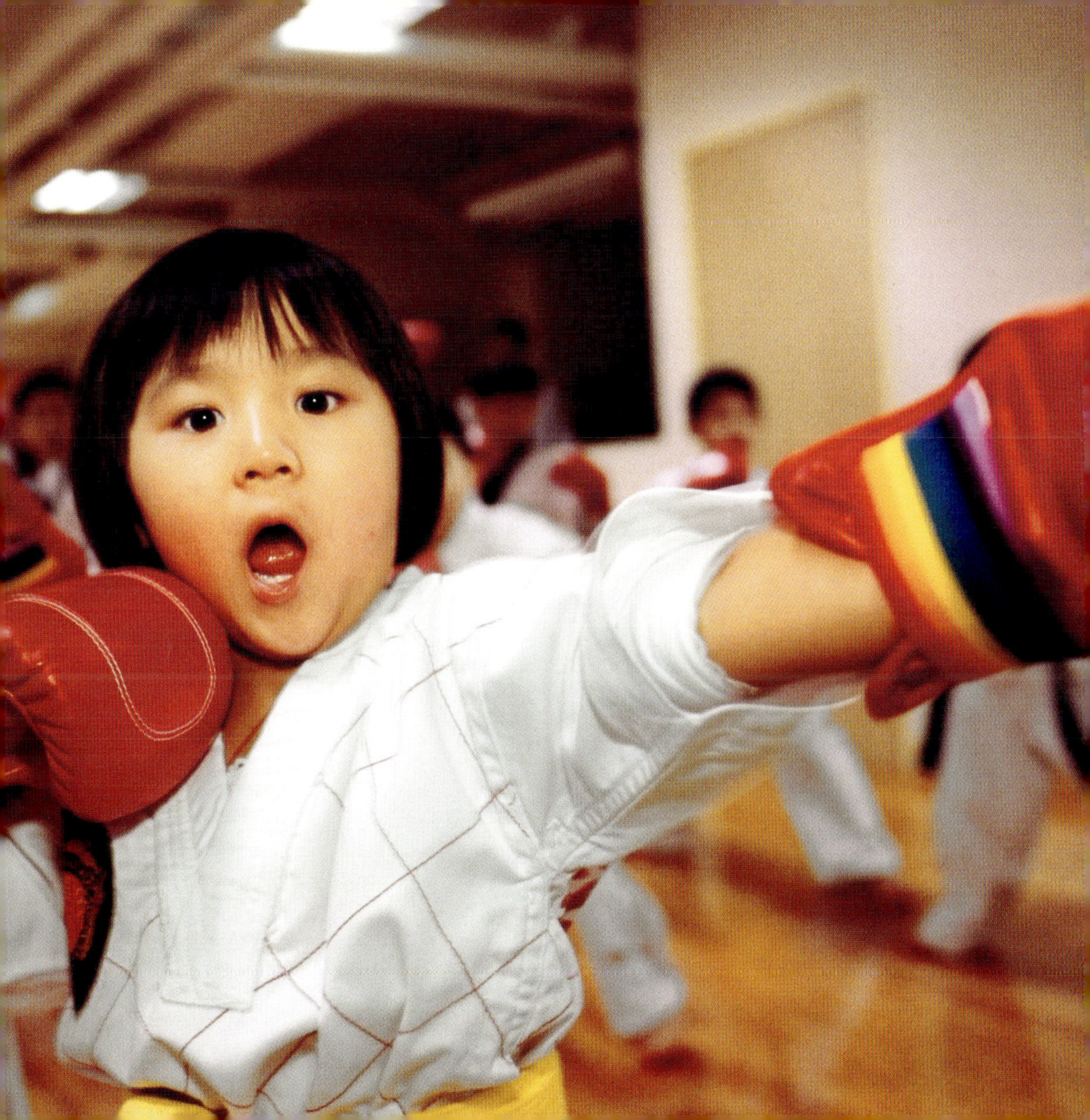

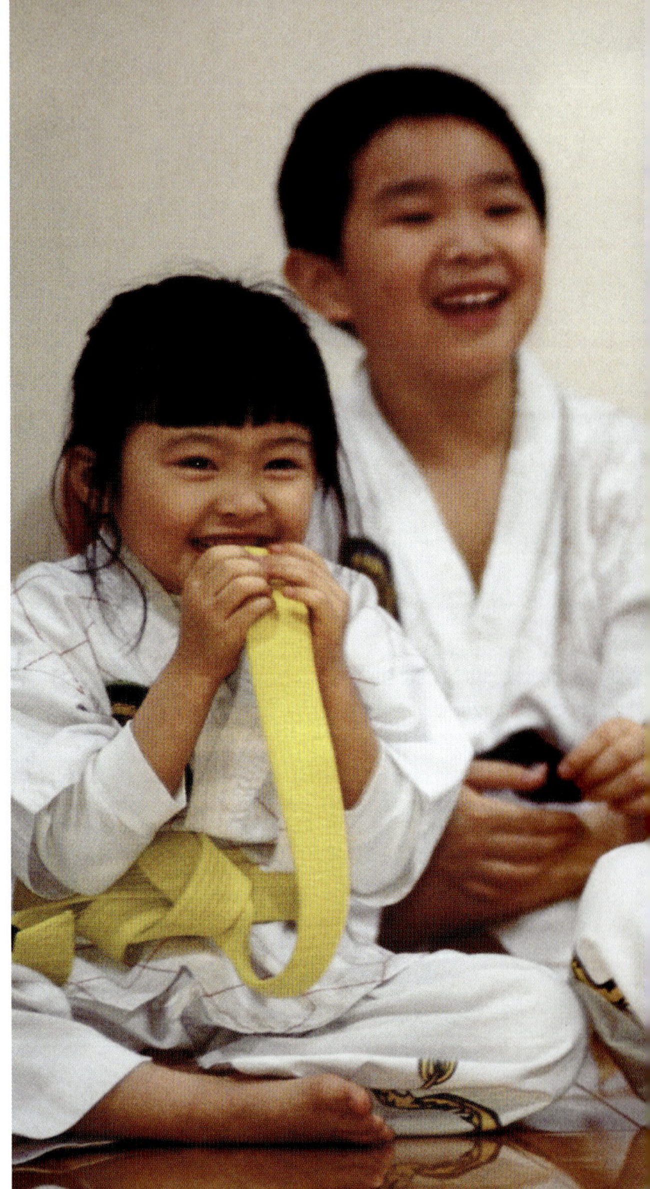

Niños y niñas se relajan y ríen durante una pausa en el entrenamiento de kung-fu en Hong Kong.

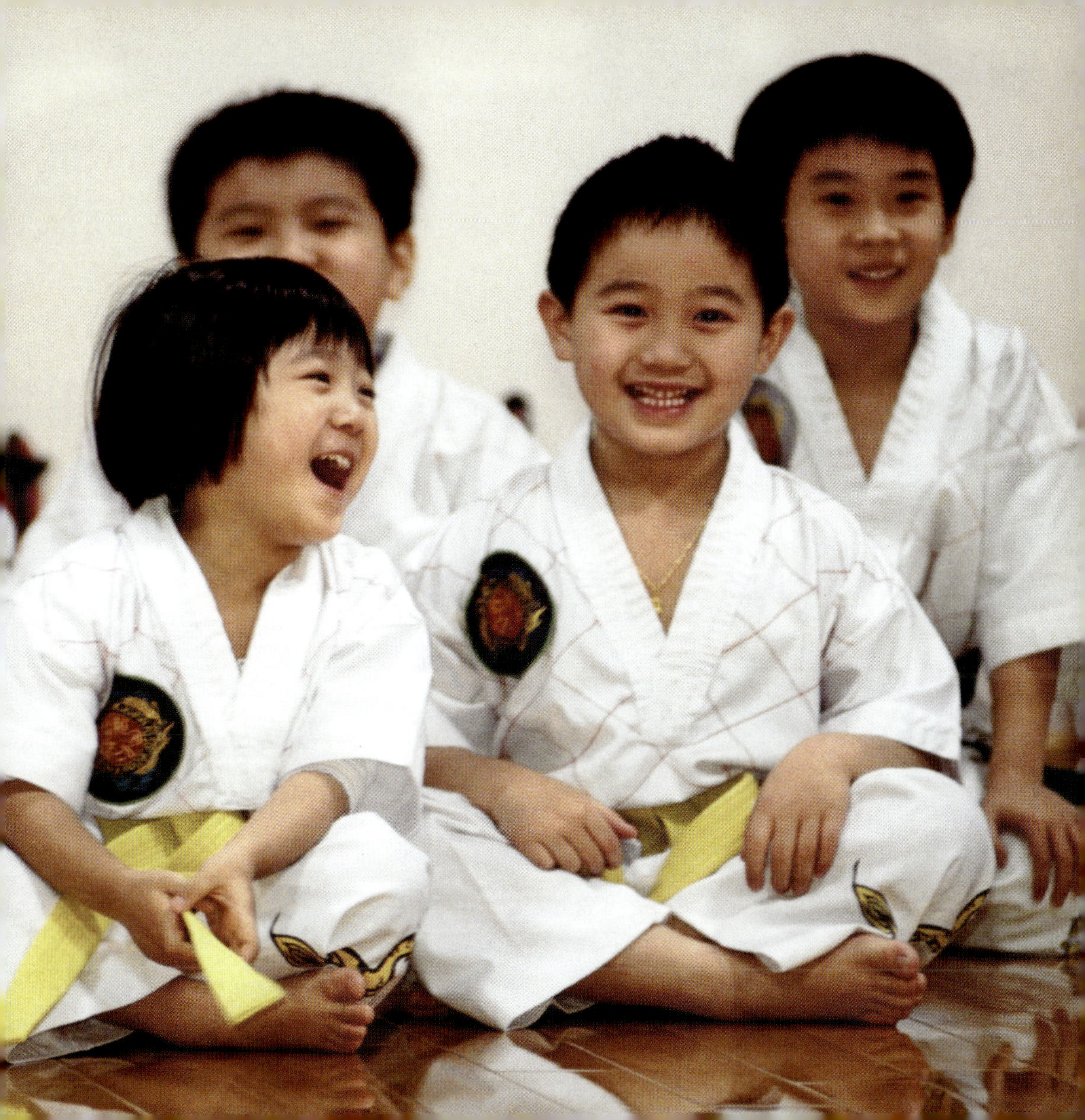

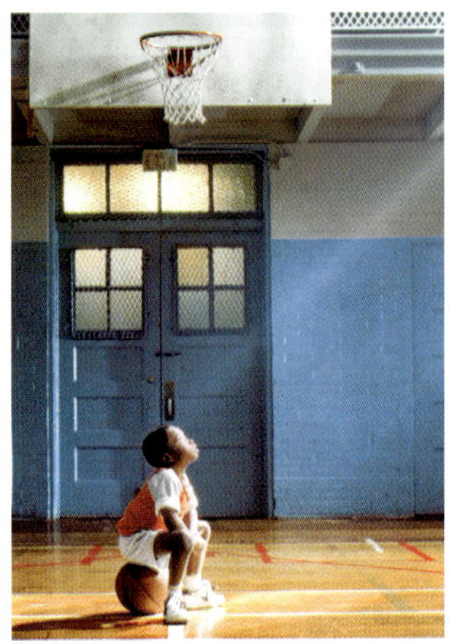

624 • Todavía necesitará que pasen algunos años antes de que pueda llegar al tablero, pero la mirada de este niño ya se dirige hacia su ambicioso objetivo.

625 • Un niños feliz con una gran pelota en las manos: a los cuatro años el deporte es vivido como un juego.

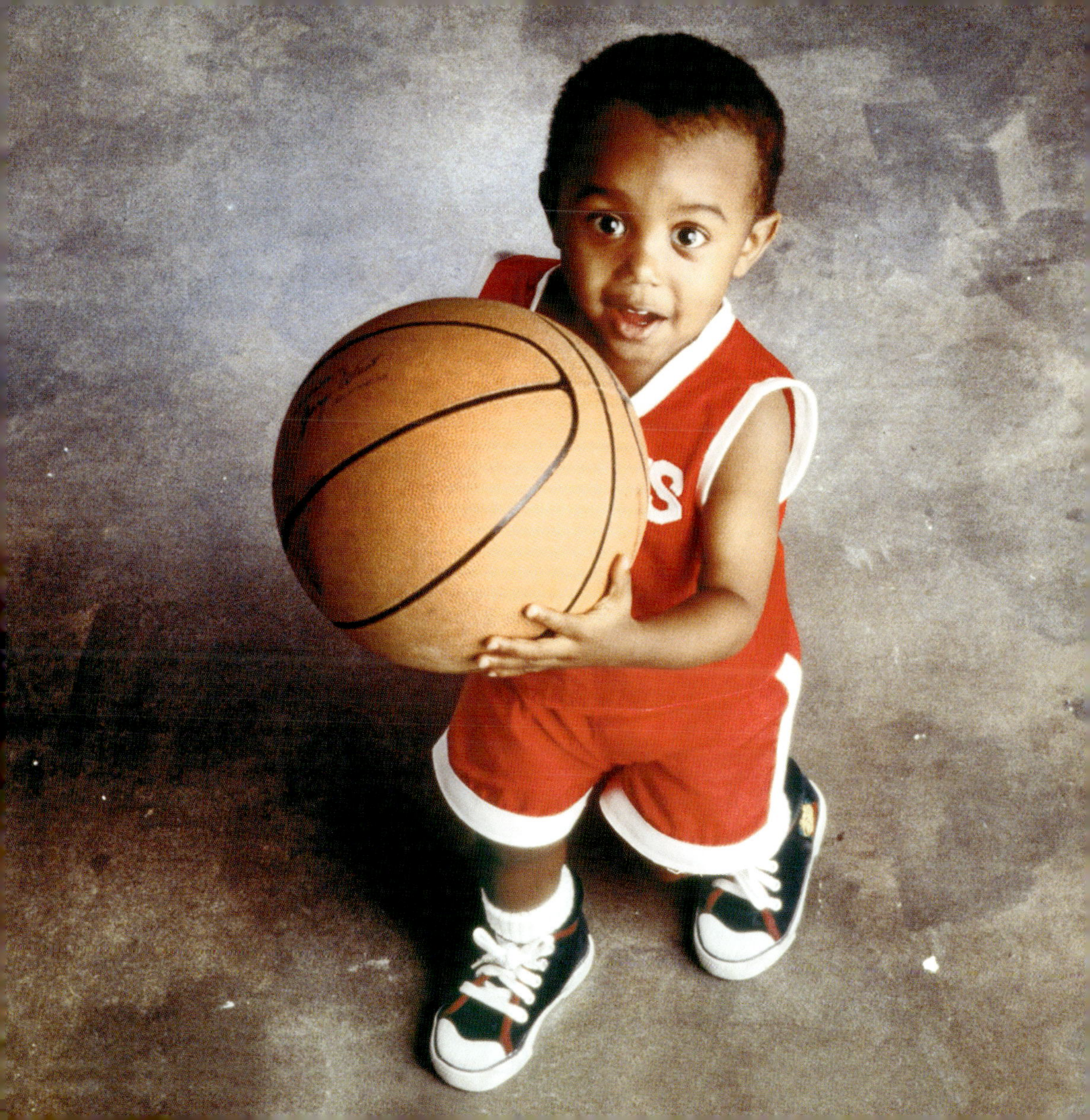

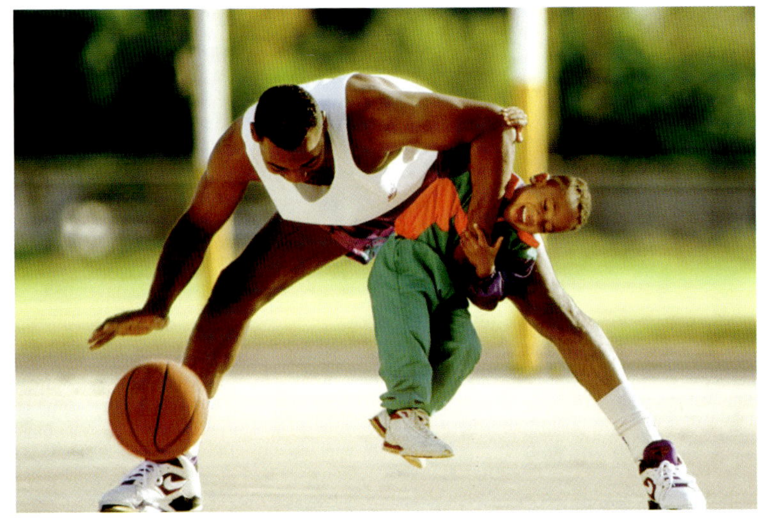

Divertido enfrentamiento entre padre e hijo que forman equipo mientras juegan a baloncesto.

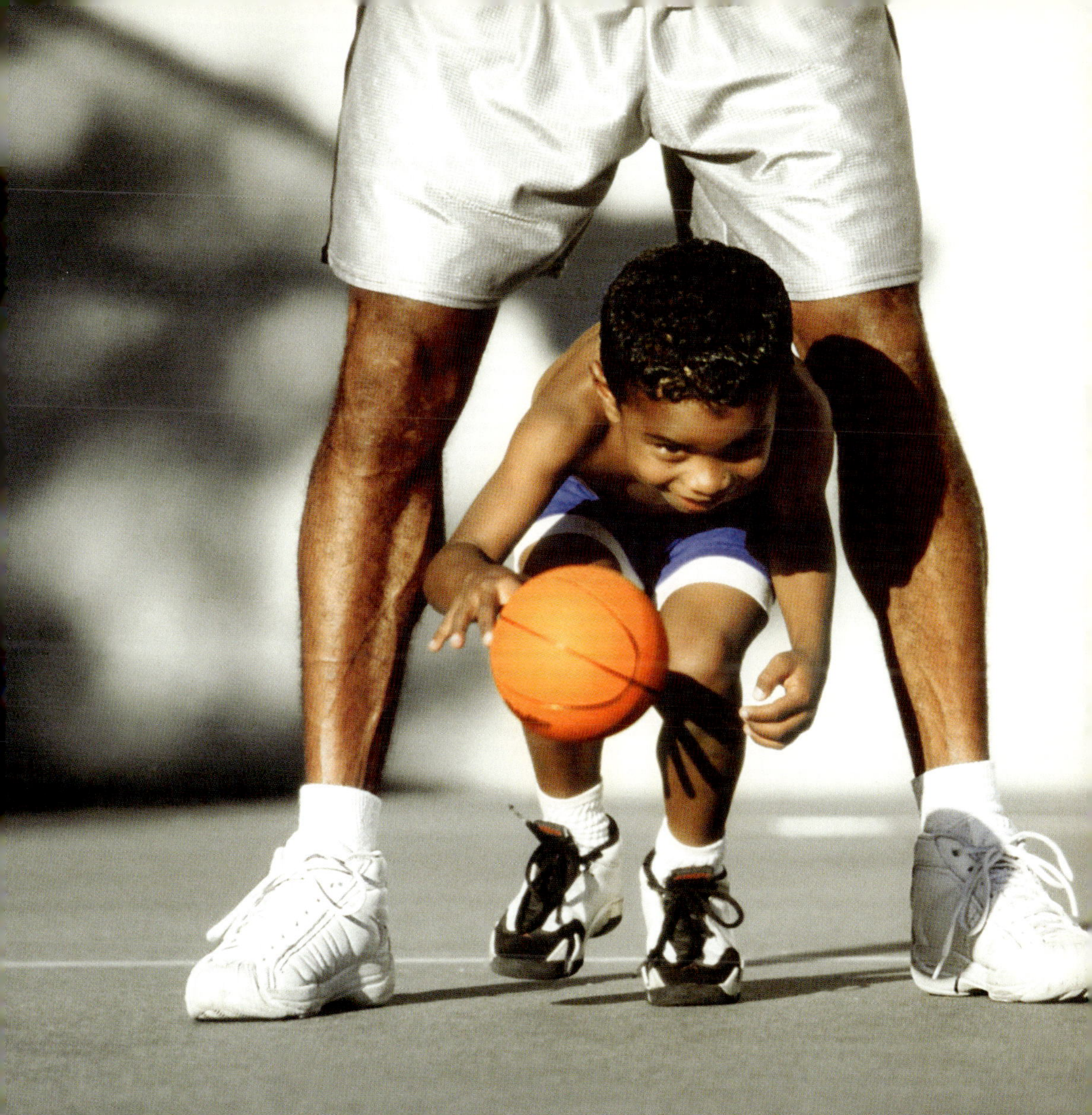

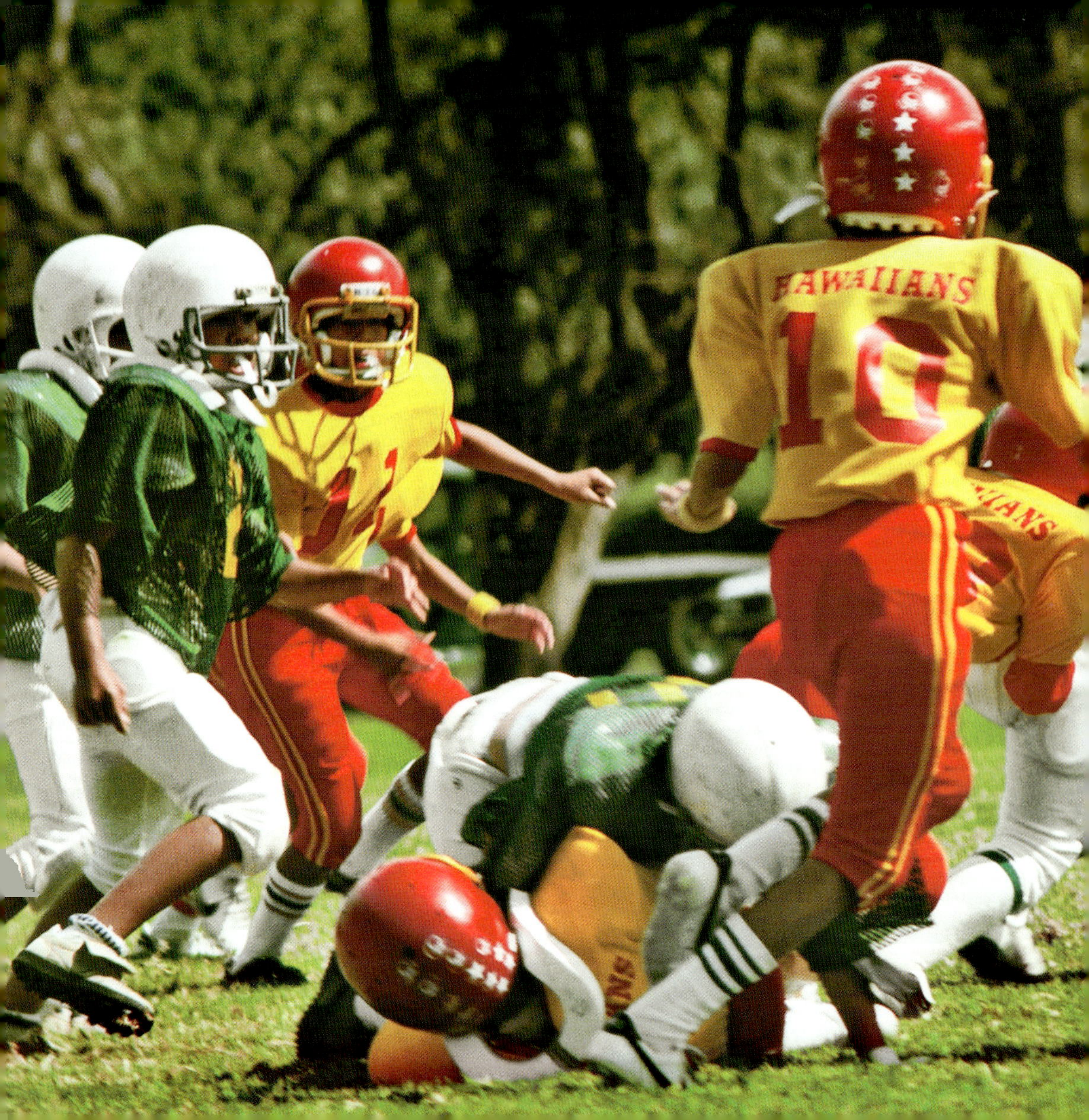

HAWAIIANS
10

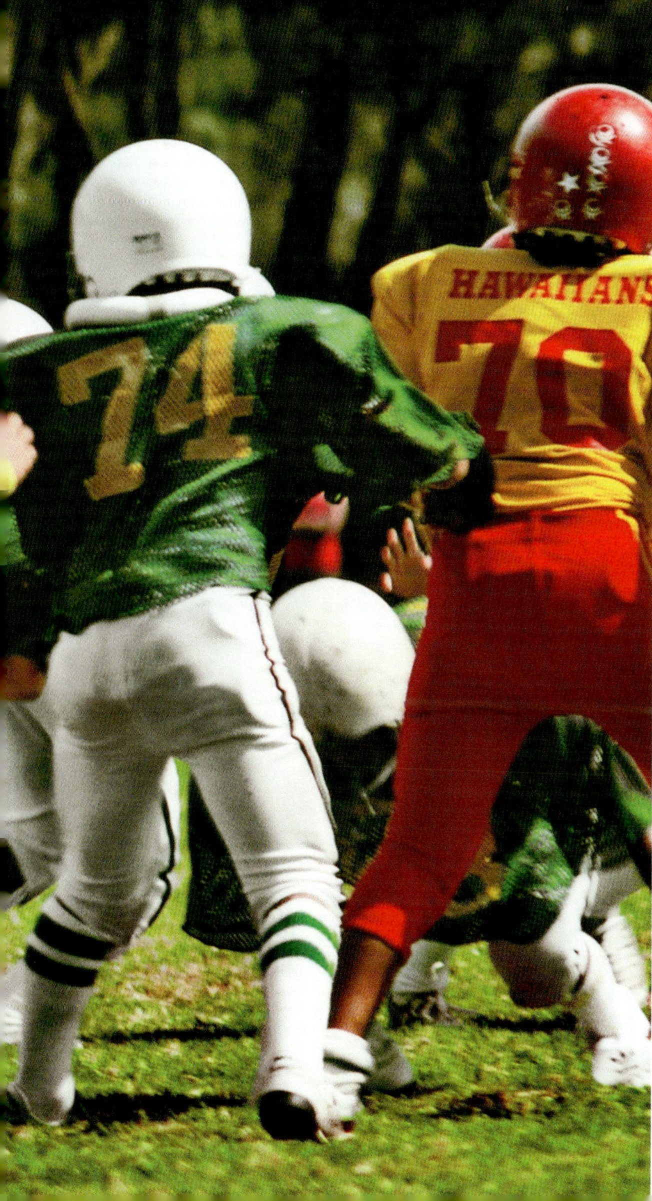

Una de las enseñanzas del deporte es aprender a competir pero también a cooperar, como muestran estos niños enzarzados en una disputa de la pelota durante un partido de fútbol americano.

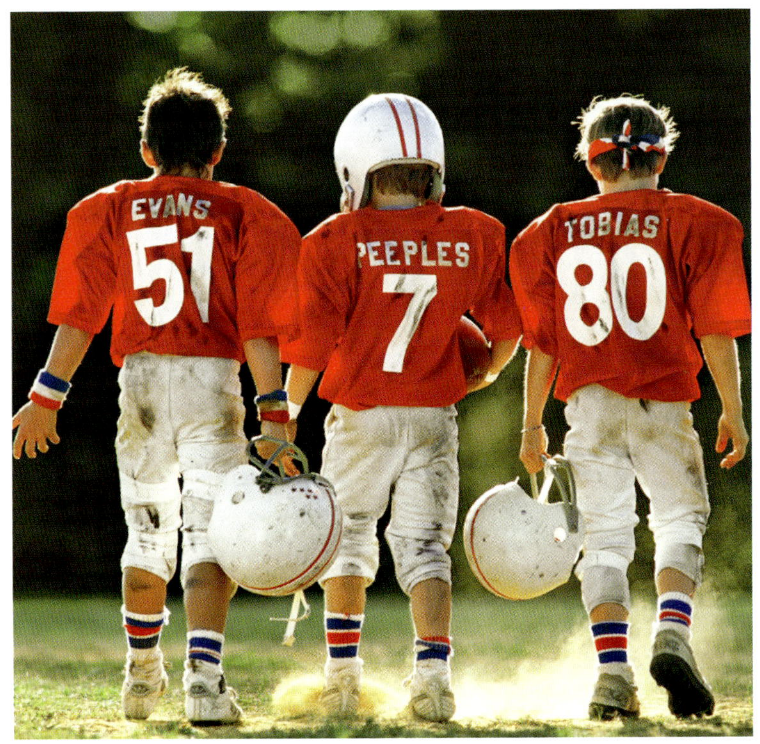

Tres niños unidos por los colores de su equipo y por su afición al fútbol americano comparten las emociones de un partido.

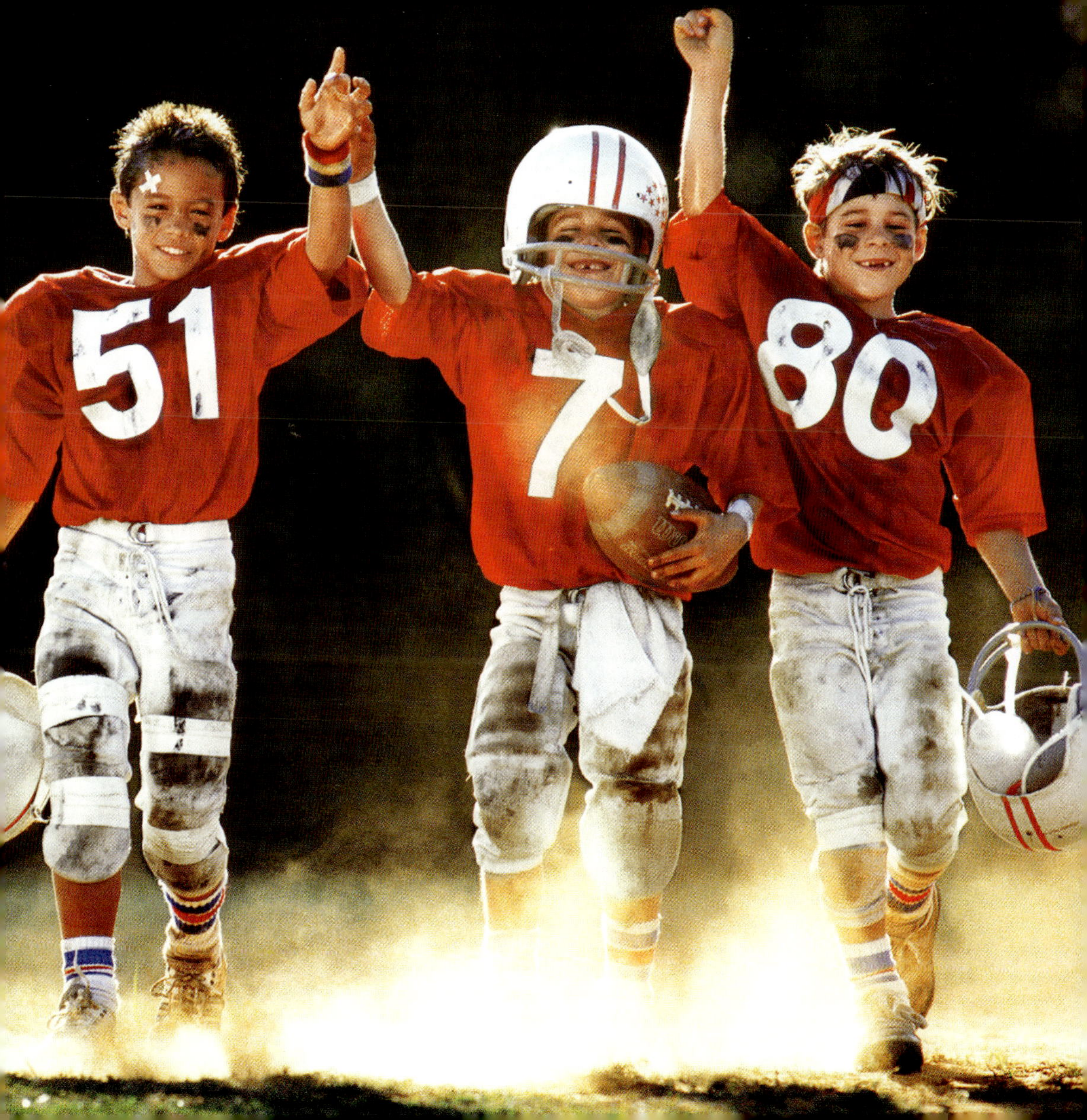

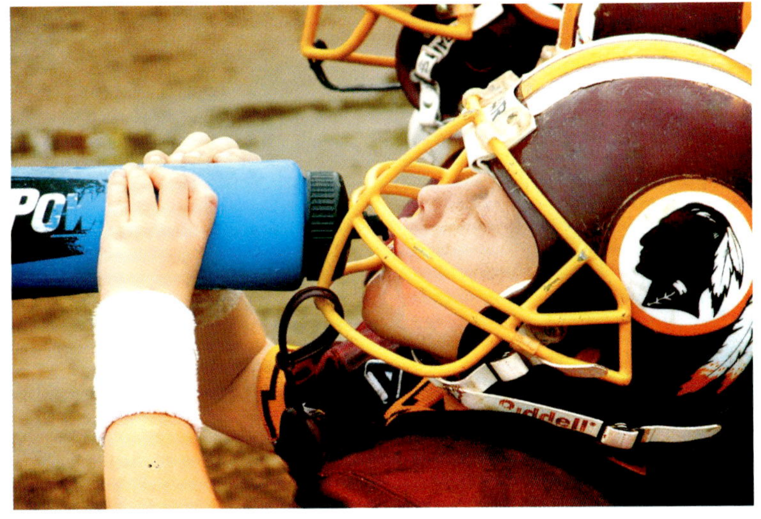

632 ● Un joven jugador de cinco años se recupera bebiendo durante una pausa.

633 ● Un jugador de diez años durante una interrupción de un partido de fútbol americano se recupera tomando un poco de naranja.

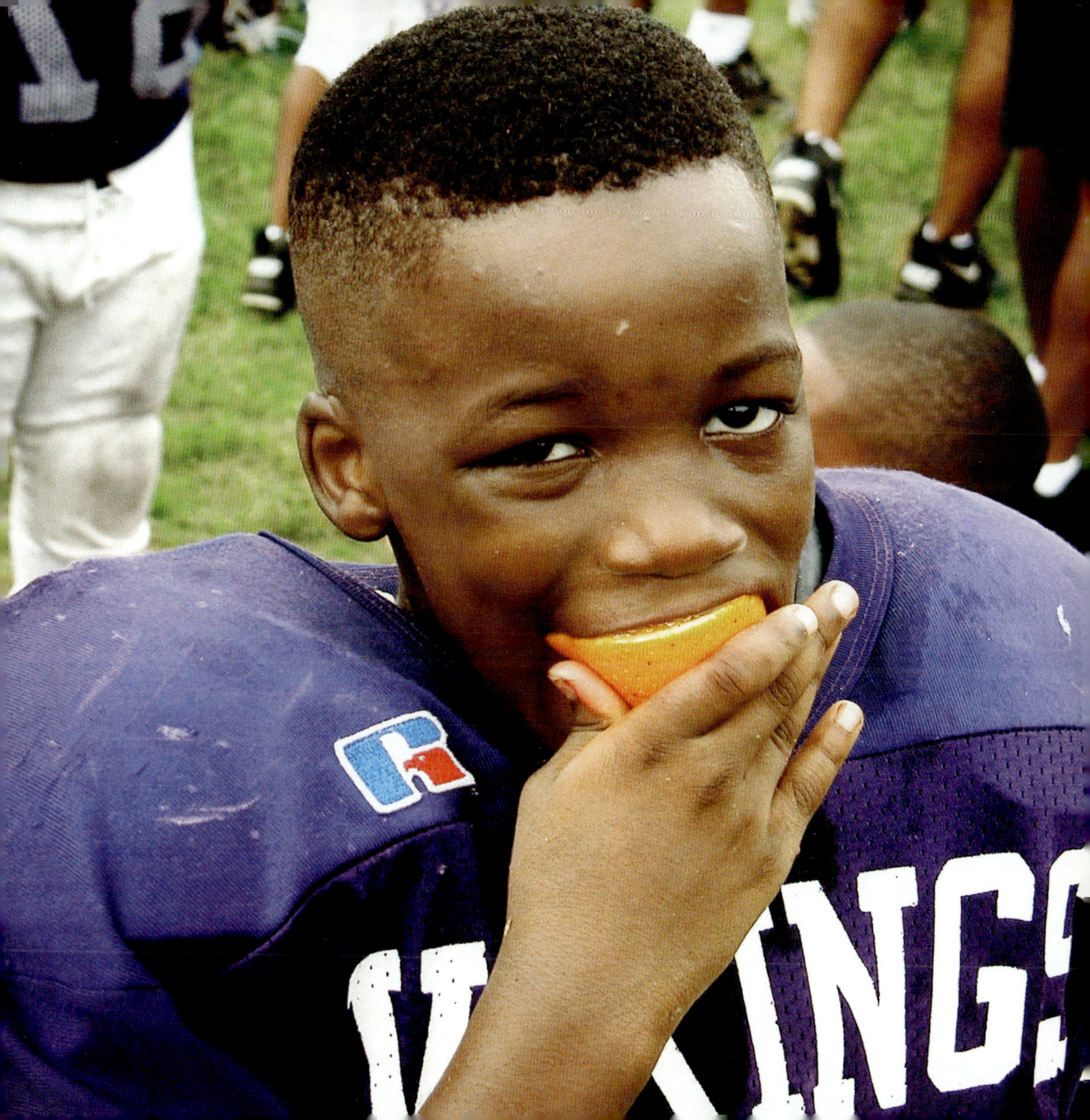

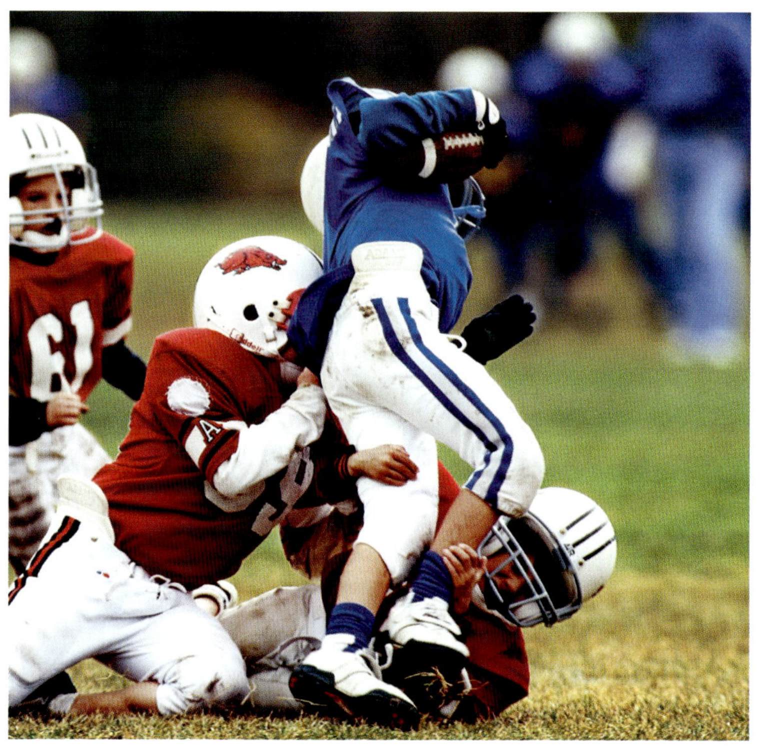

Durante un partido de fútbol americano se producen momentos de dureza entre jóvenes que no ahorran energías.

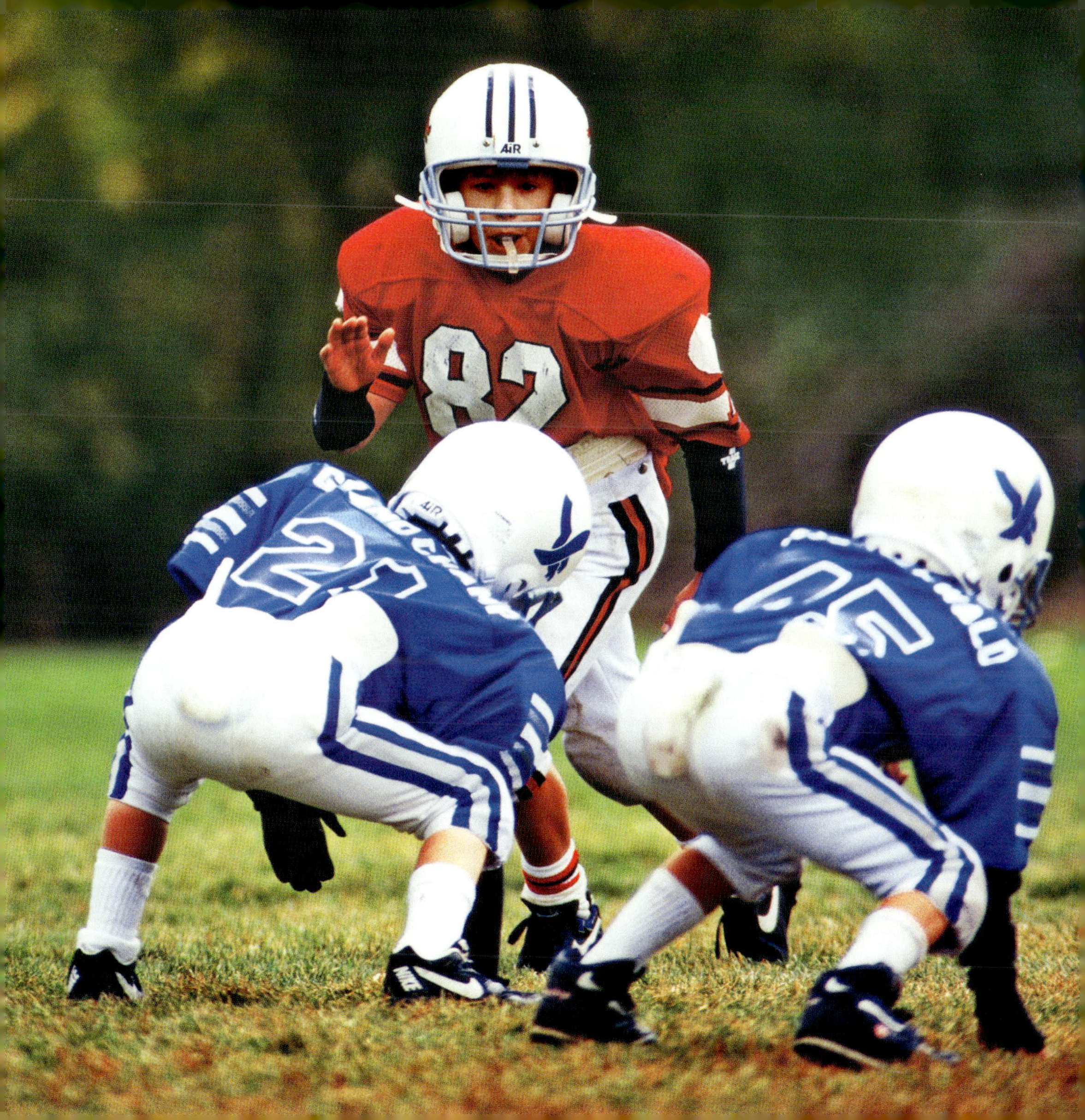

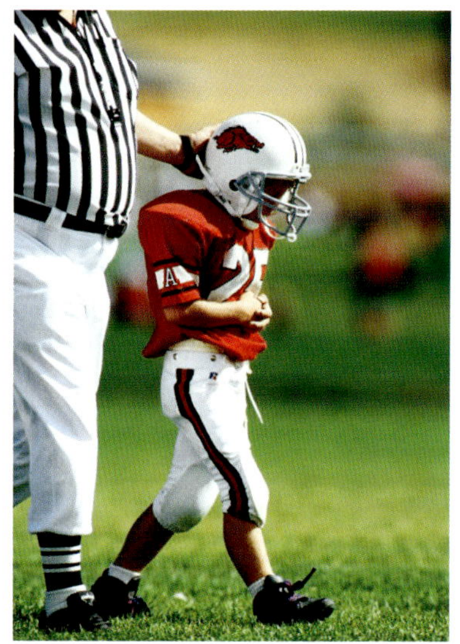

636 • El arbitro acompaña fuera del campo a un niño que se ha hecho daño.

637 • El cantante Snoop Dog aconseja a su hijo la mejor estrategia para el partido.

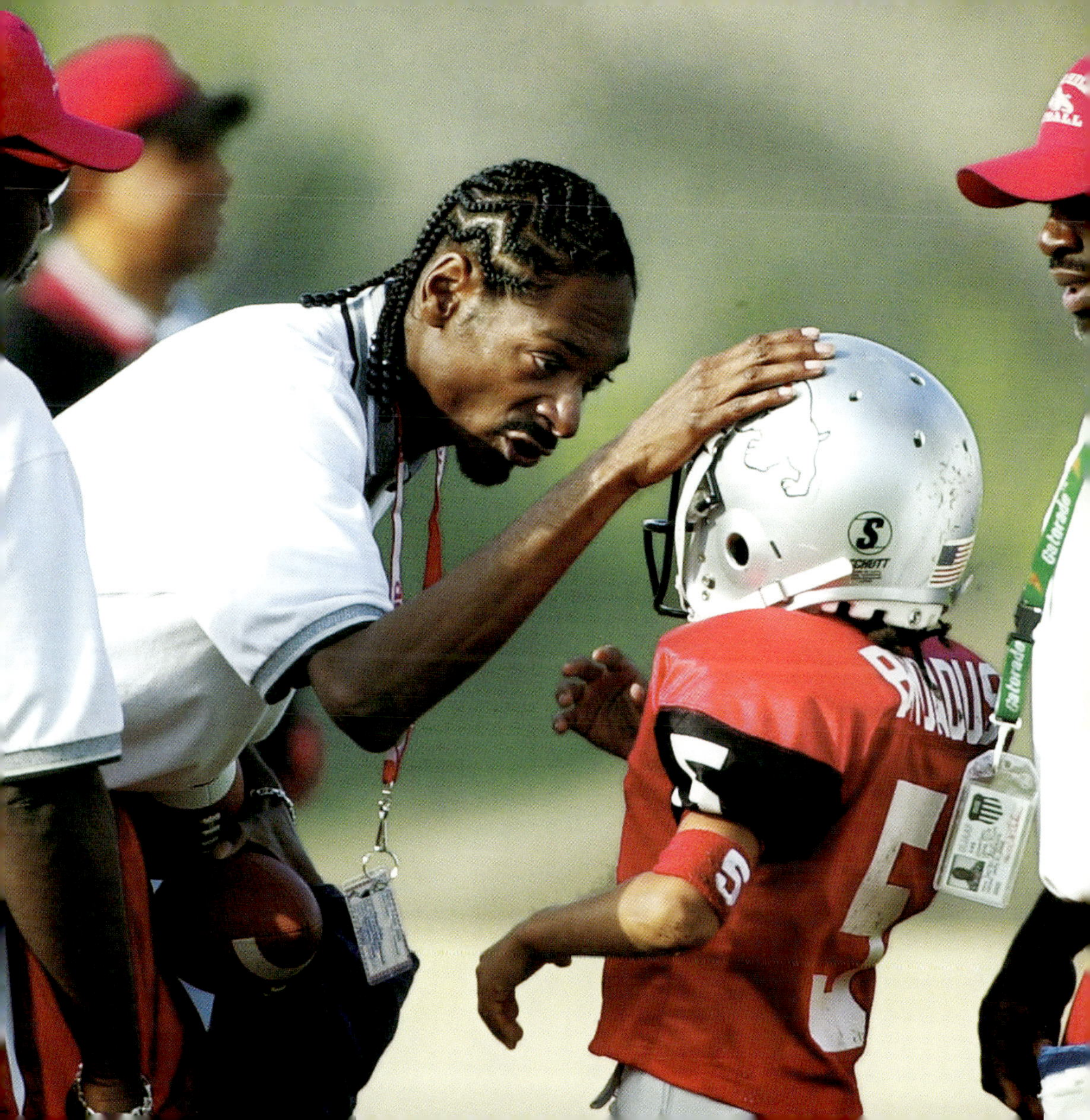

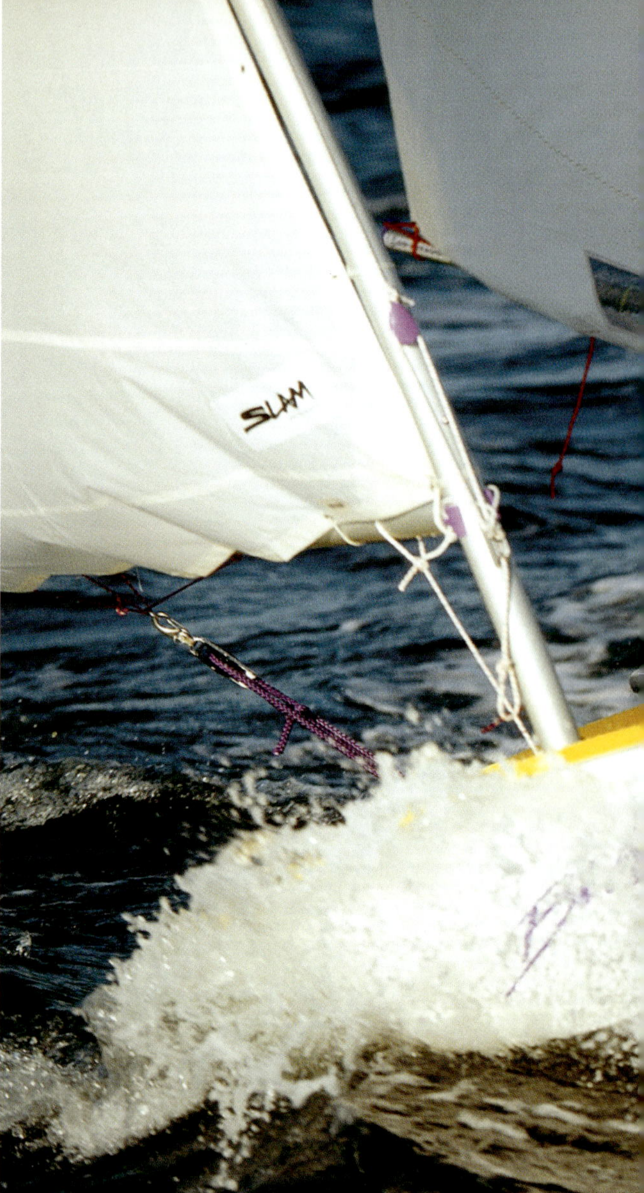

Un niño y una niña aprenden a gobernar su barco de vela, antes de participar en las regatas de competición.

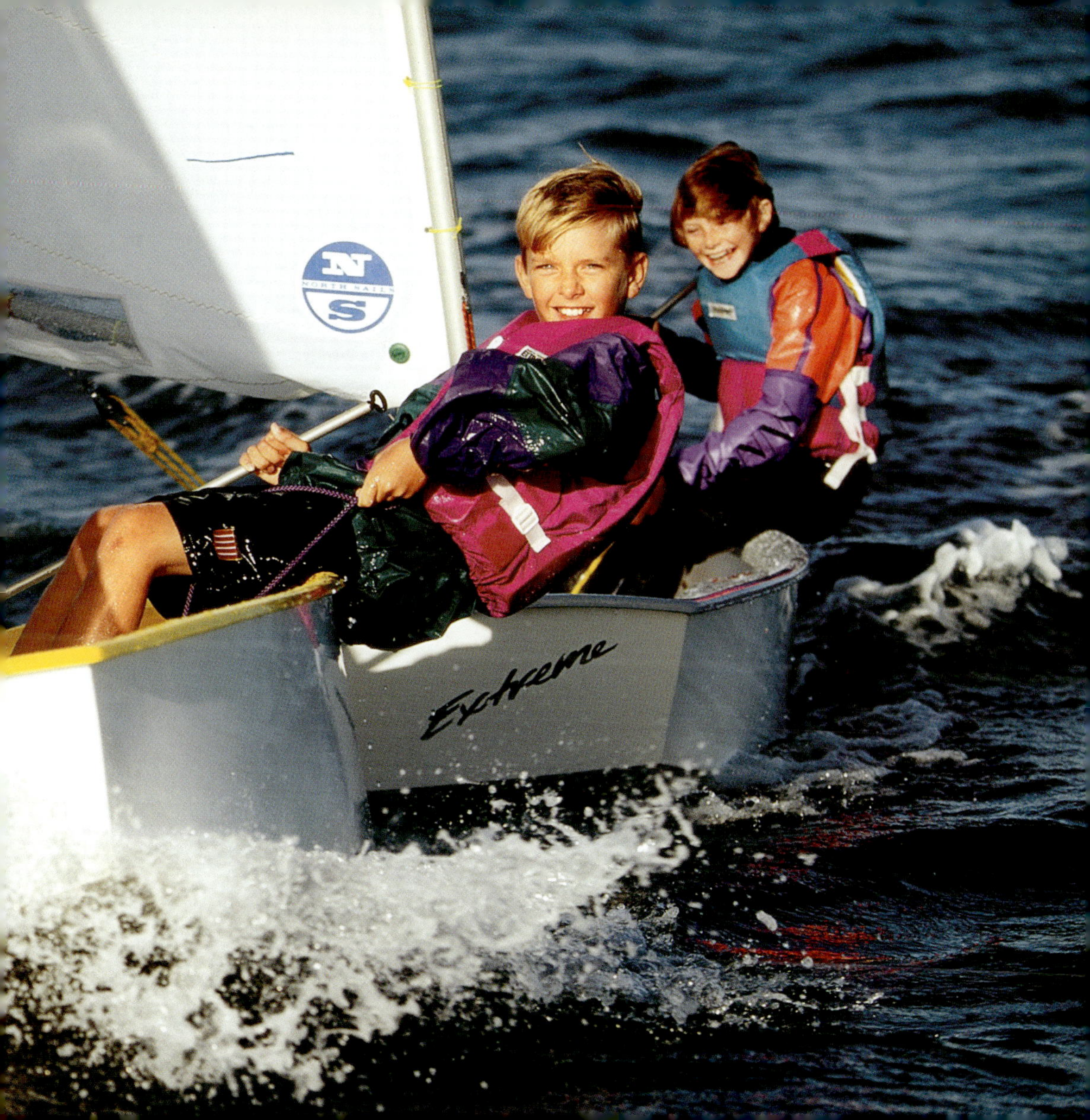
N
NORTH SAILS
S
Extreme

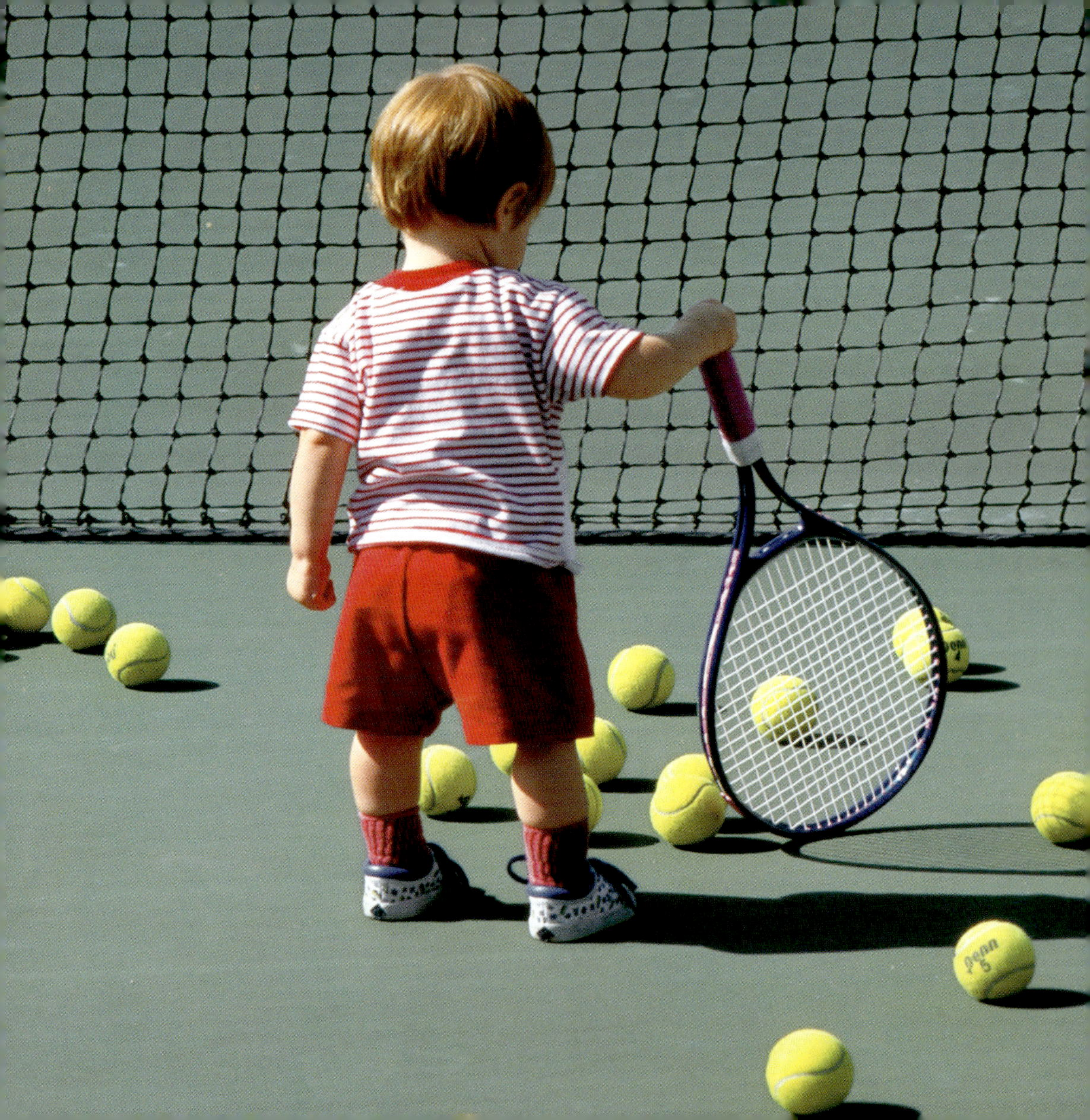

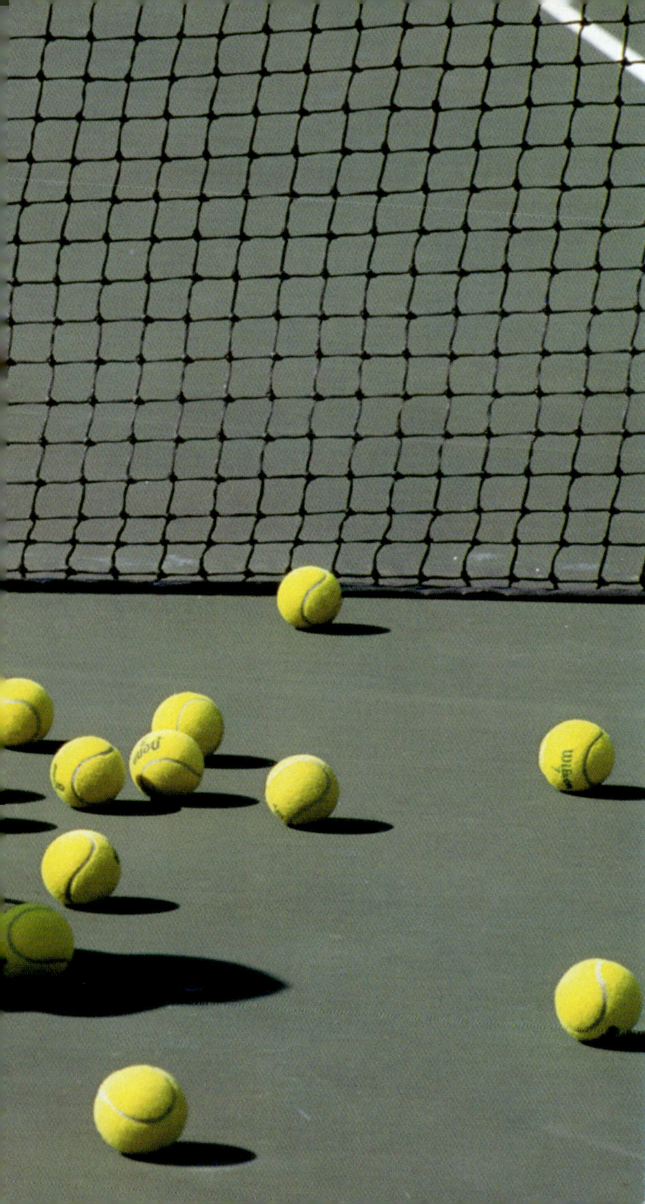

Antes de los tres años de edad, la raqueta y las bolas sólo son para los niños objetos muy curiosos que estimulan sus movimientos.

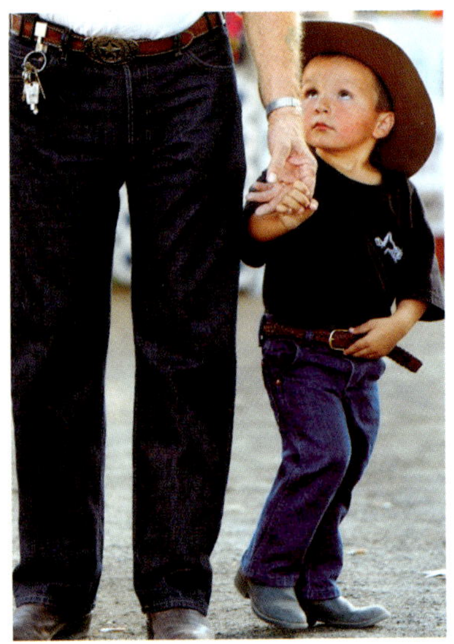

642 • Un niño observa a su padre antes de que comience el rodeo.

643 • Un jovencísimo *caw boy* practica con el lazo en el rodeo de Teton Valley, en Idaho, Estados Unidos.

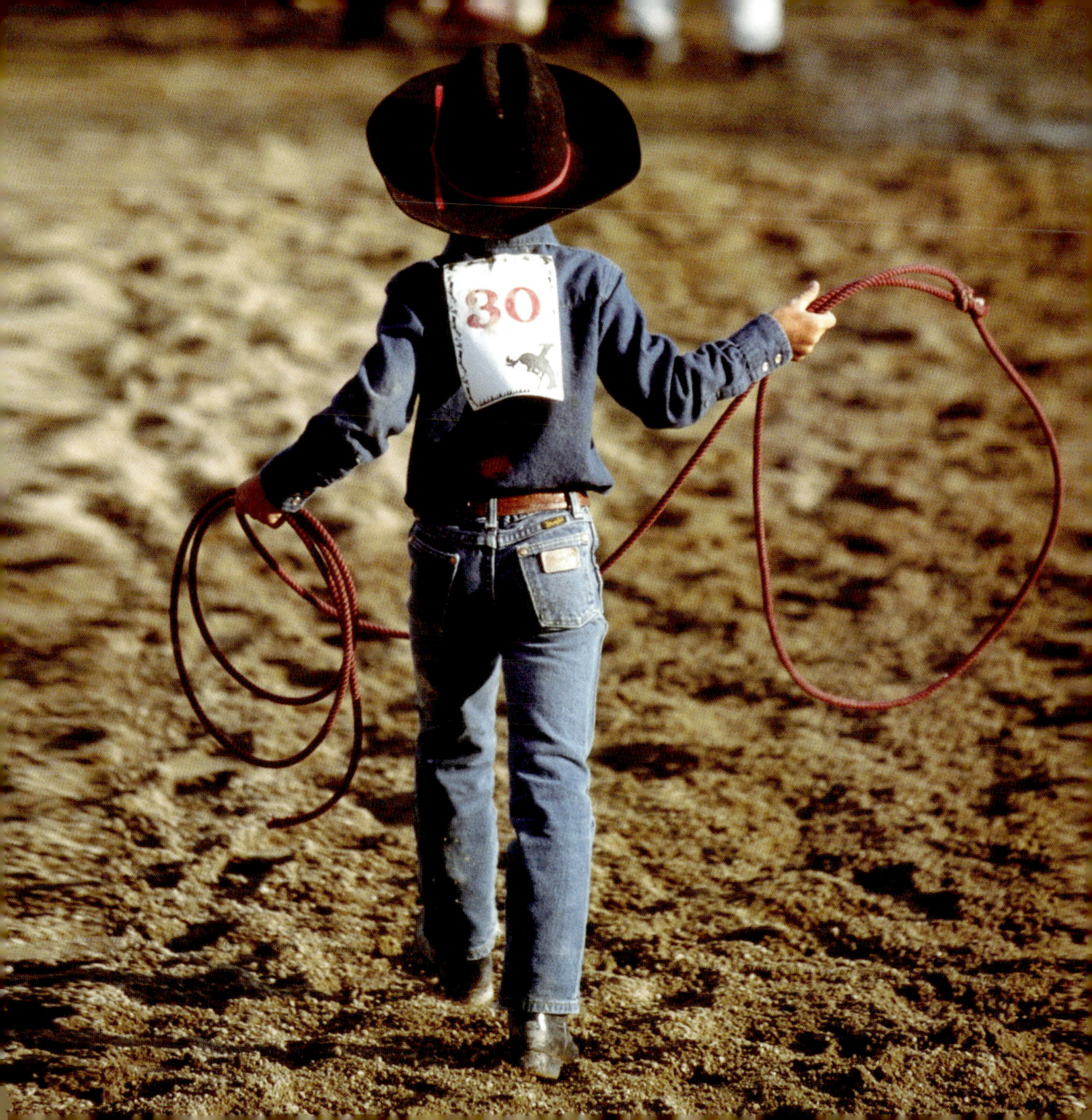

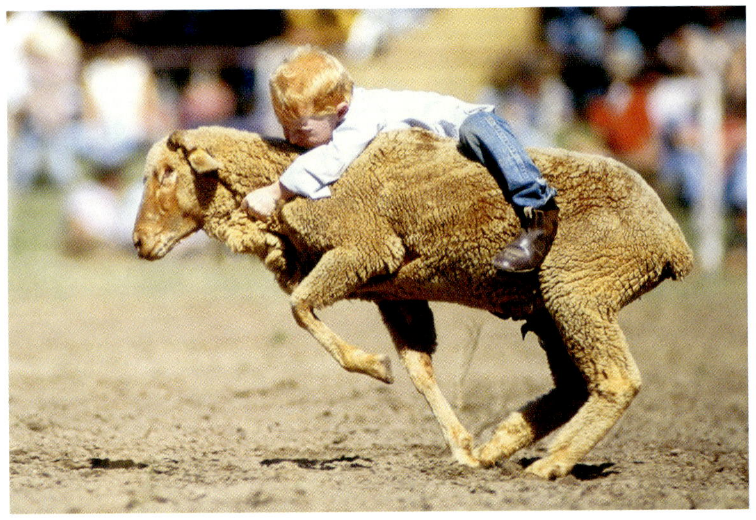

En Florida, los niños aprenden muy pronto la técnica de cabalgar, intentando mantenerse sobre el lomo de una oveja todo el tiempo posible.

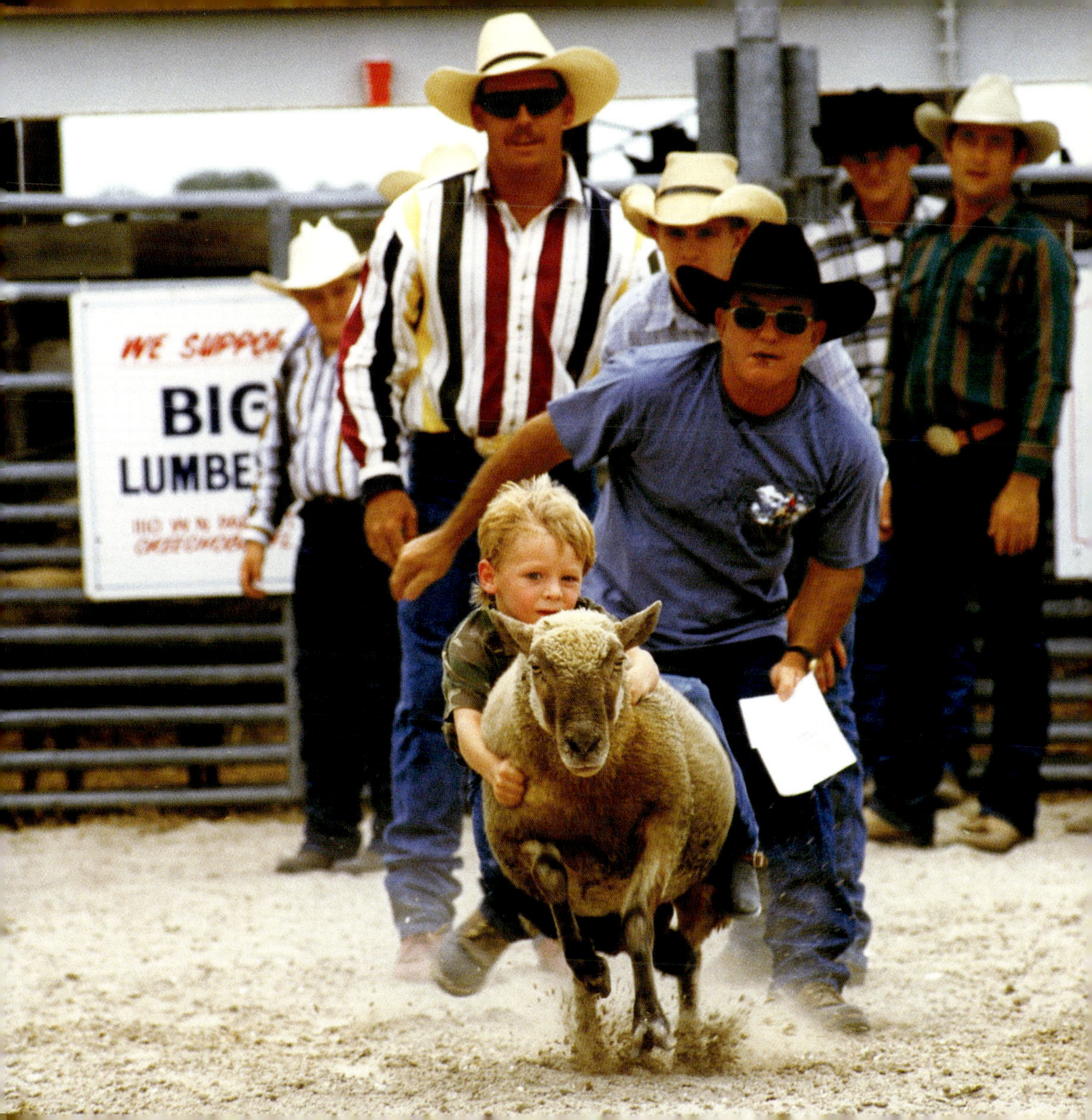

WE SUPPOR
BIG
LUMBE

La expresión de este niño es a la vez de excitación y miedo durante una de las conocidas carreras del rodeo de Omak Stampede, en el Estado de Washington.

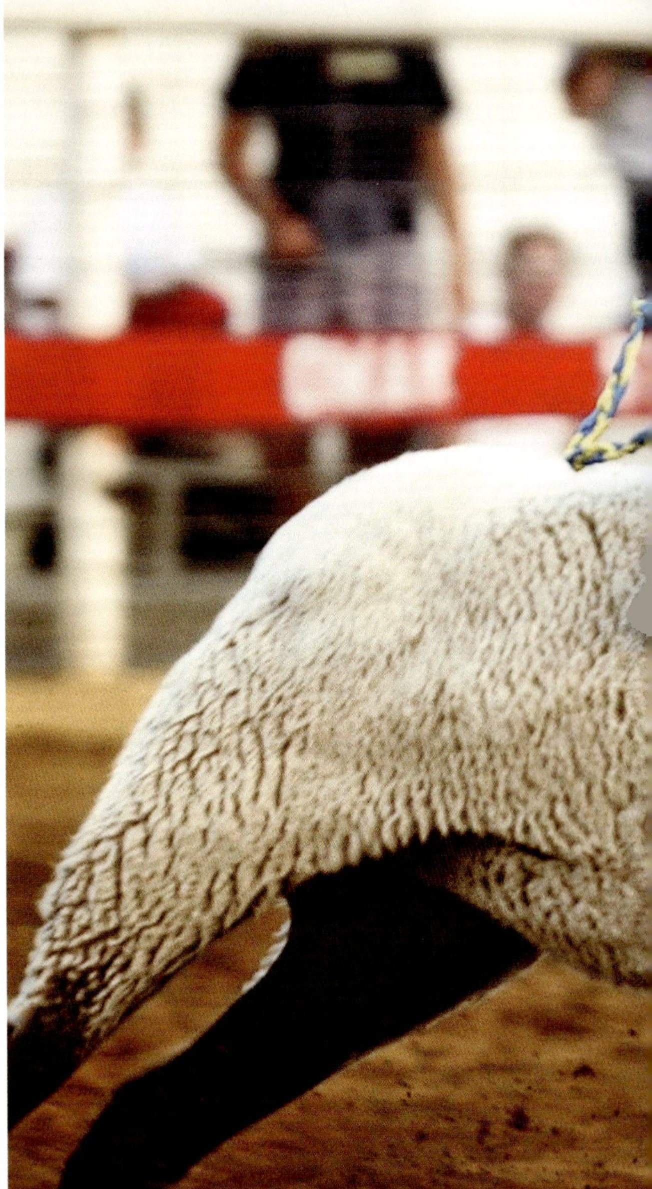

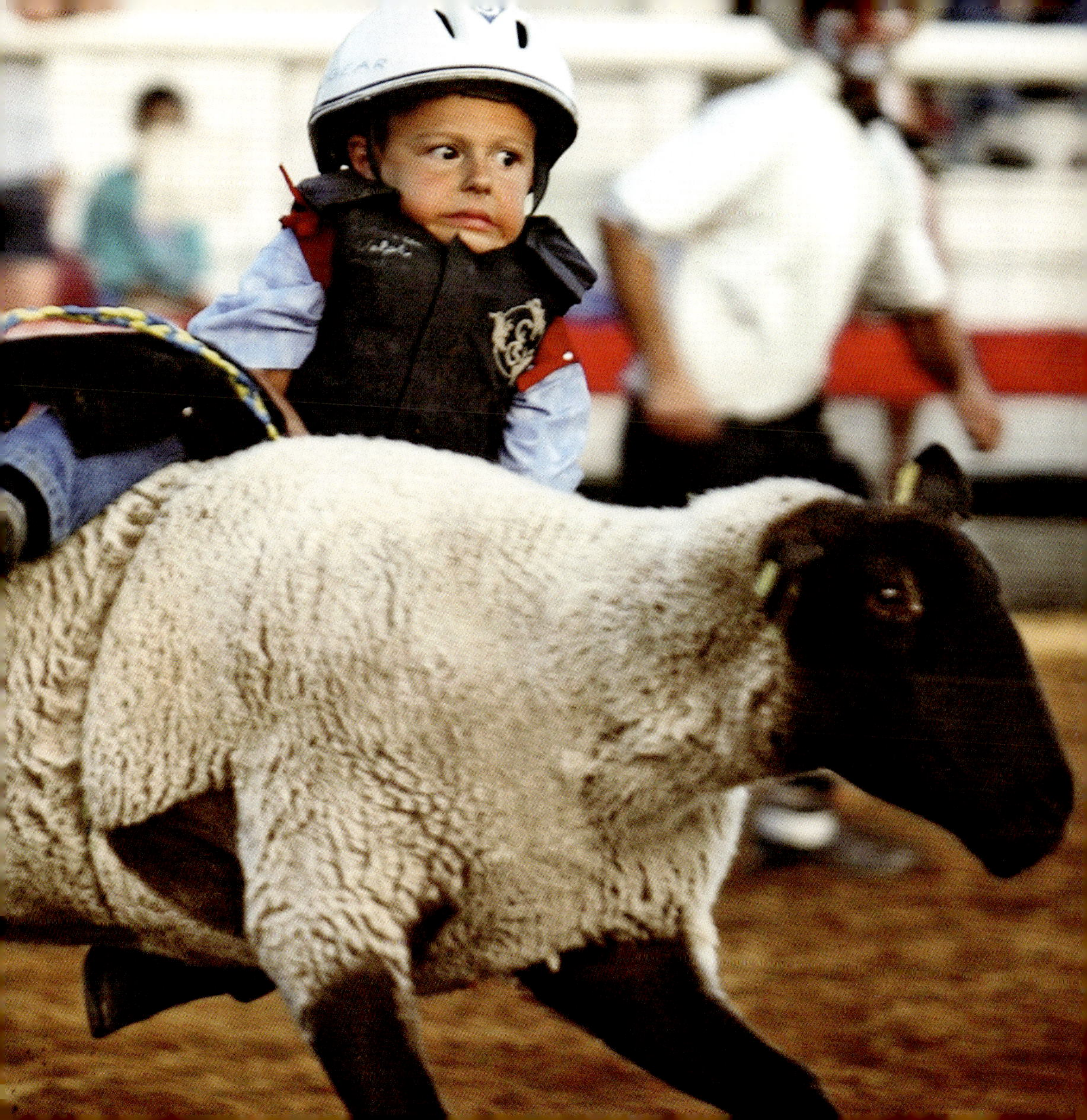

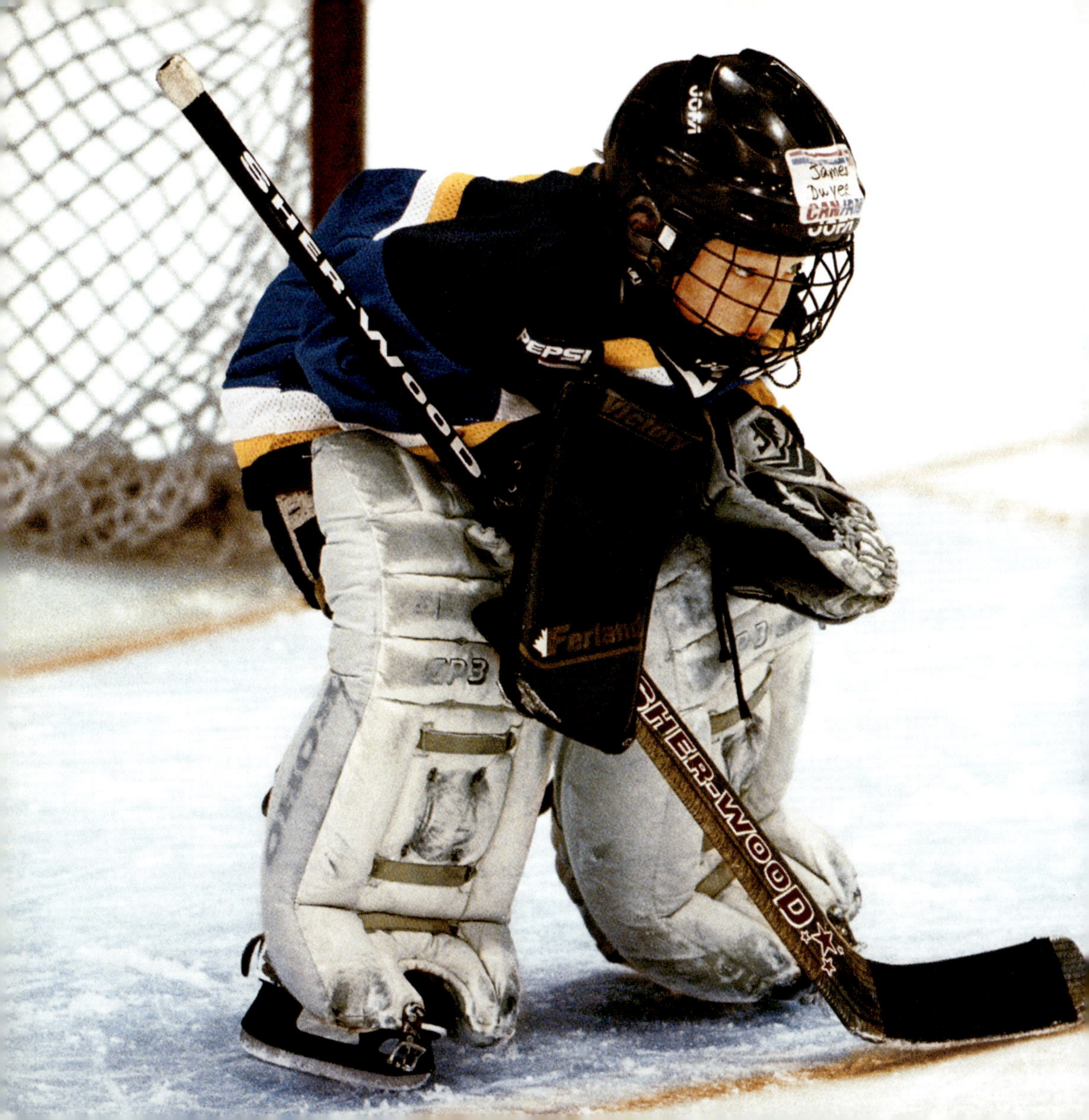

SHER-WOOD
James
Dwyer
CANADA
PEPSI
Victor
Ferland
SHER-WOOD
CP3

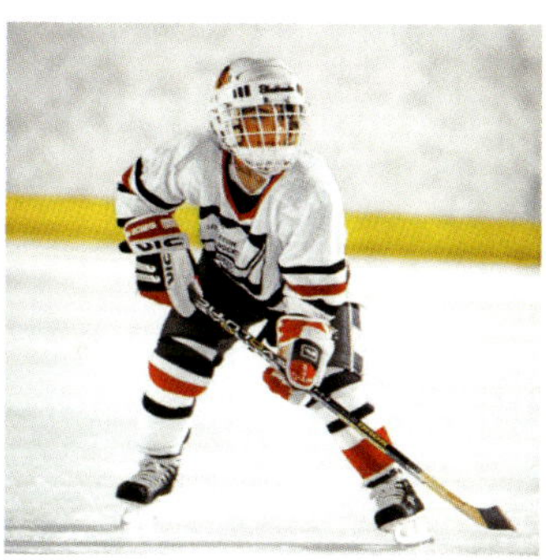

648-649 ● Un jovencísimo jugador de hockey defiende su portería con todas su fuerzas.

649 ● Un pequeño deportista patina durante un partido de hockey sobre hielo.

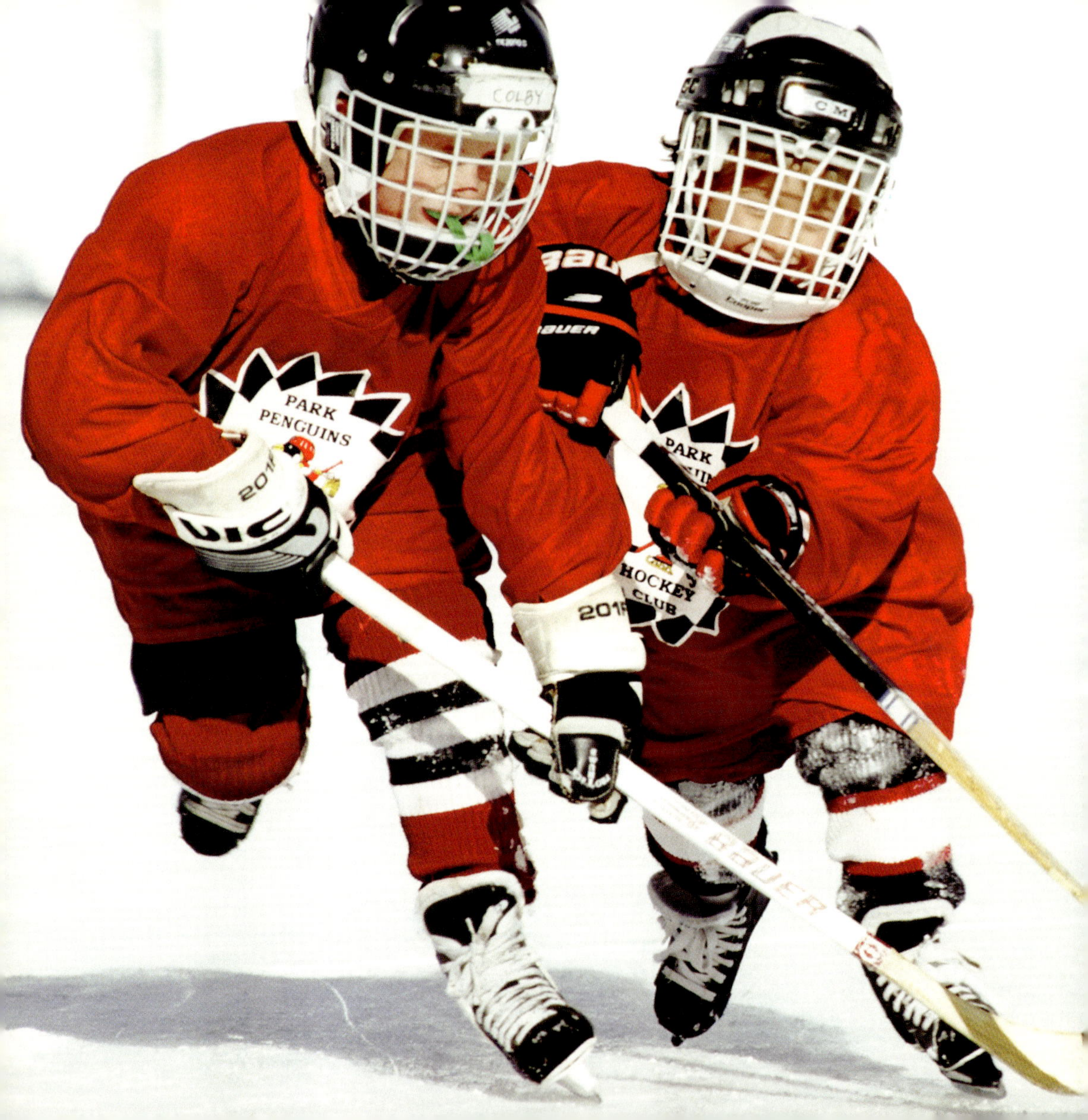

COLBY
CM
PARK PENGUINS
PARK PENGUINS
HOCKEY CLUB
BAUER
BAUER

• Durante un partido
de hockey dos
compañeros de equipo
se pasan el disco,
desplazándose
rápidamente
sobre el hielo.

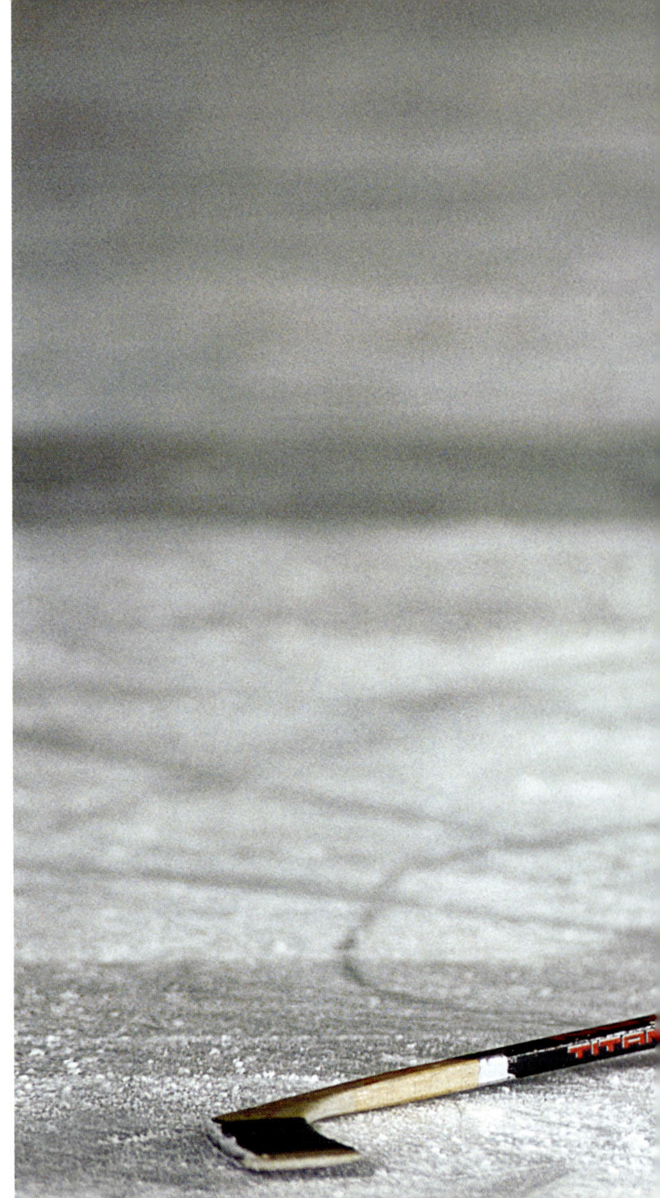

Concentración tras el
casco protector
de un joven jugador de
hockey que ha caído
al suelo.

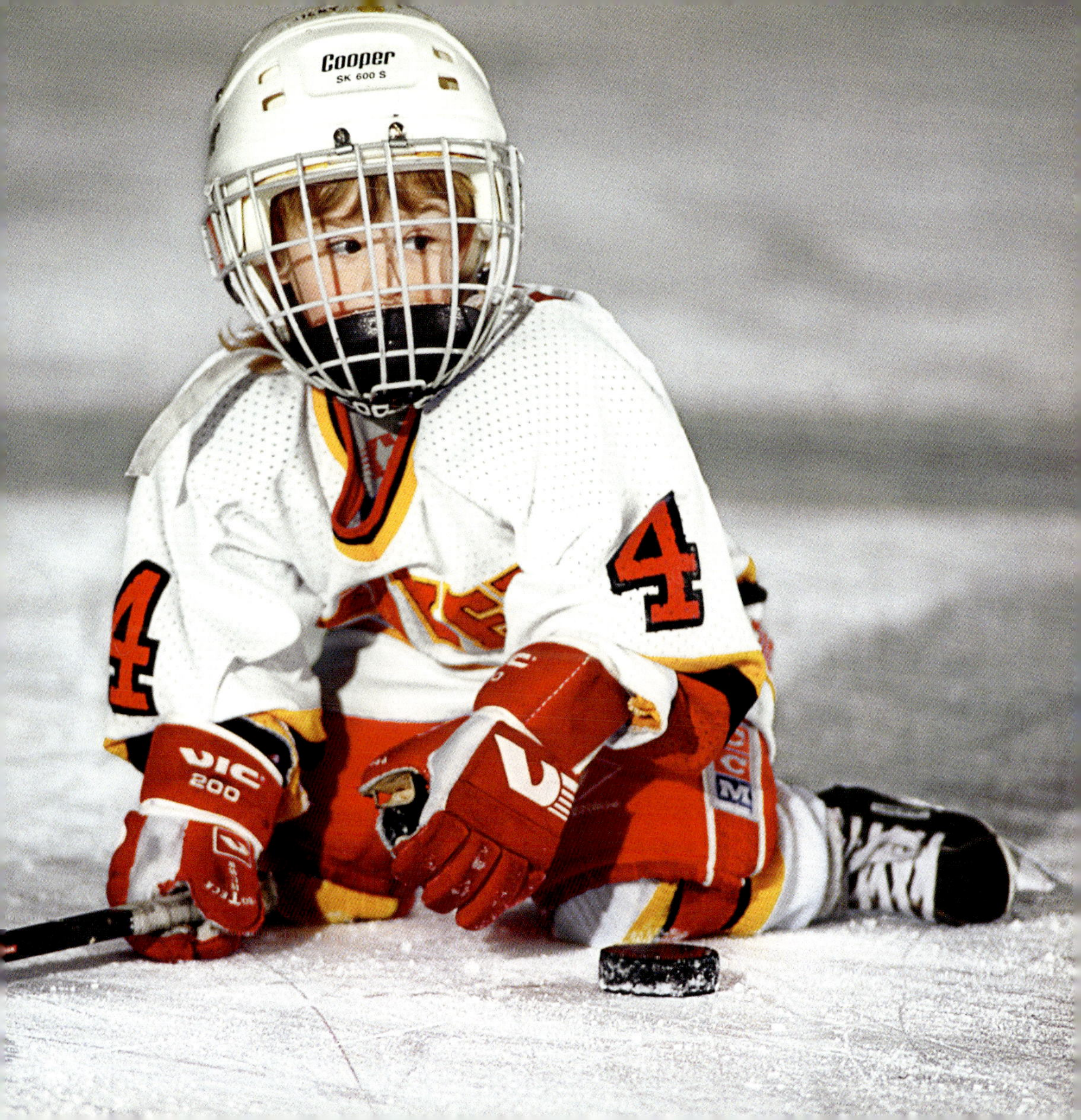

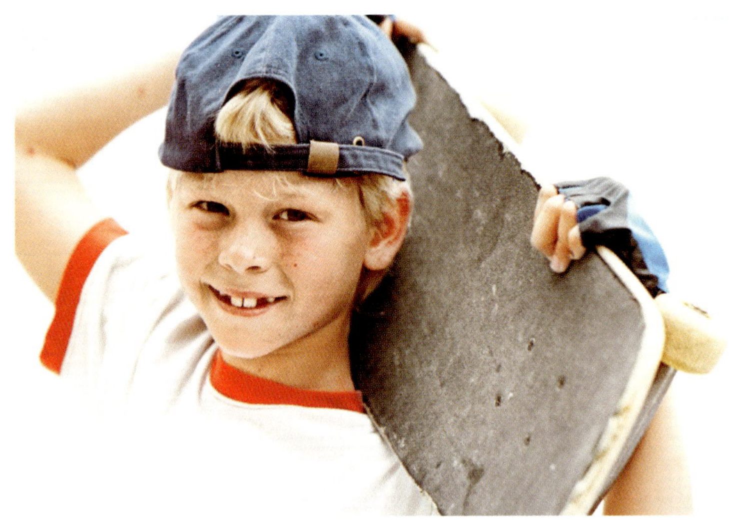

654 • Un niño lleva su *skateboard*.

655 • Madre e hijo compiten en un descenso a toda velocidad.

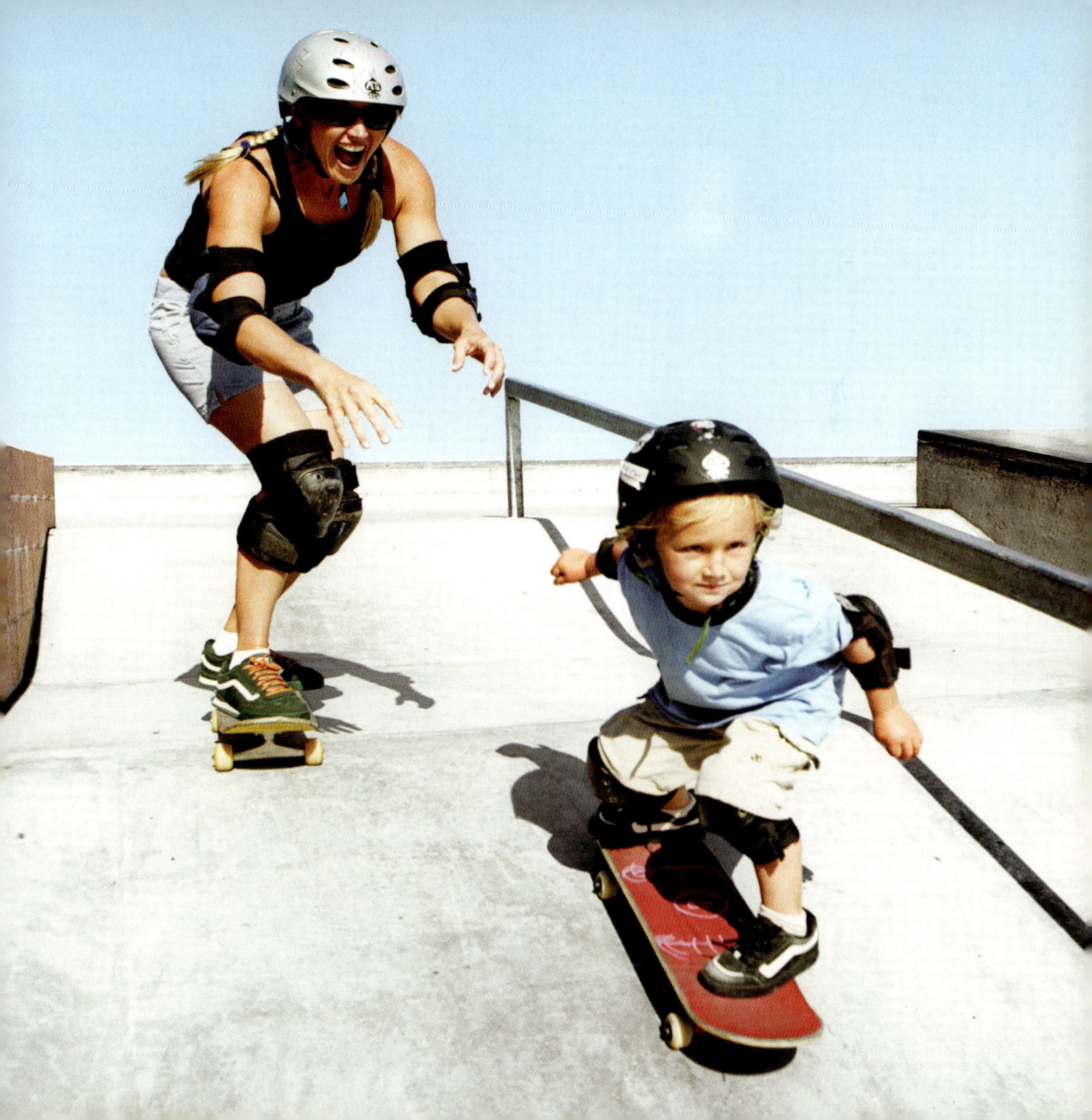

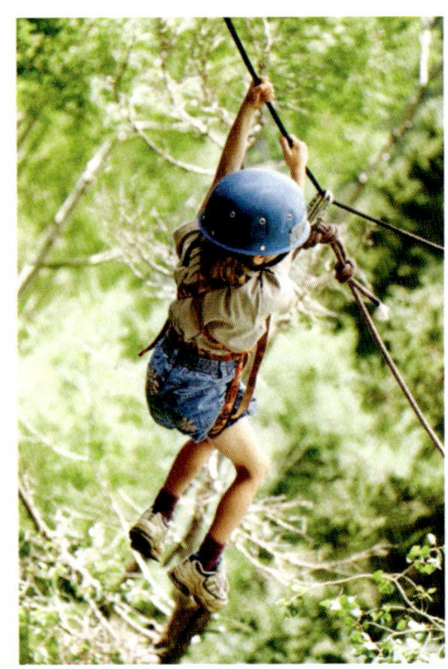

Estos niños no muestran ningún temor
al balancearse sujetos a las cuerdas
durante un ascenso.

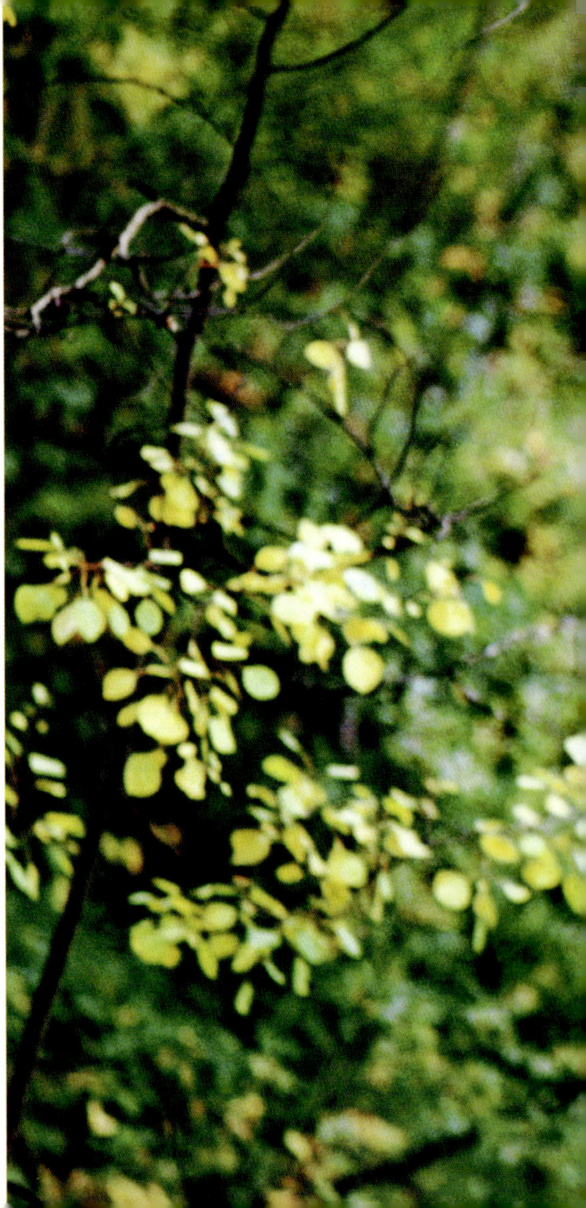

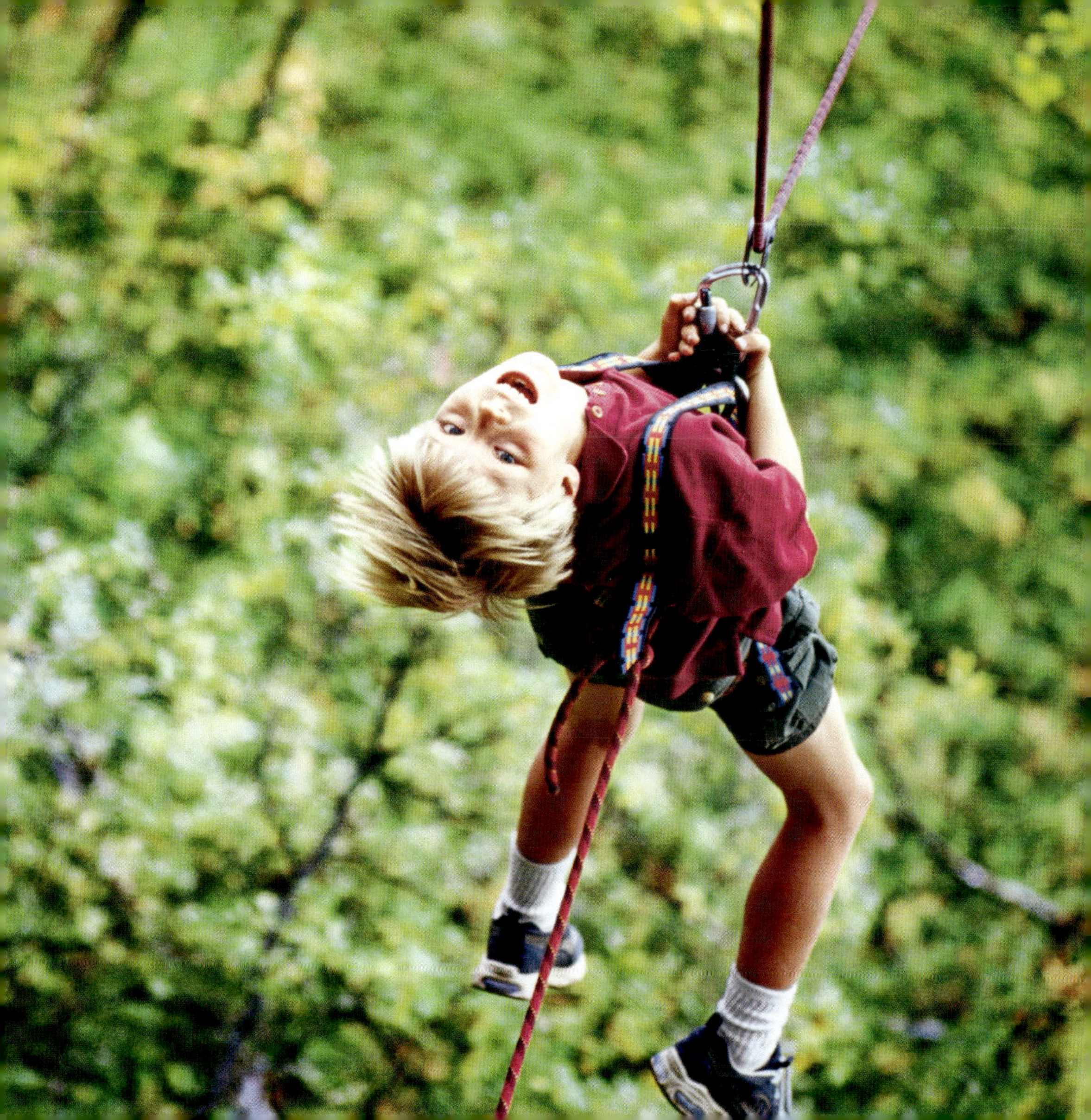

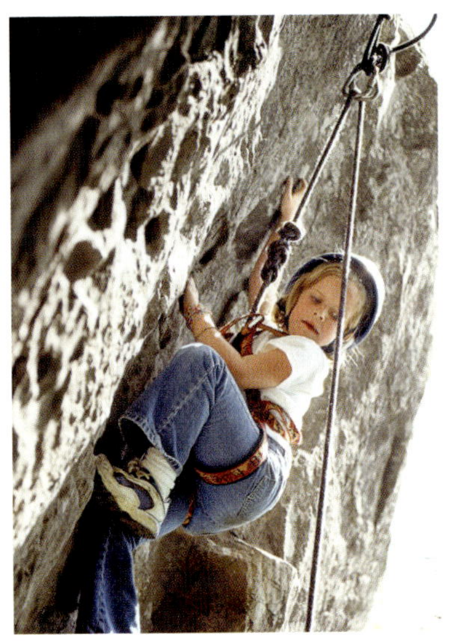

658 • Una joven escaladora asciende por la pared de roca.

659 • Un niño desarrolla sus habilidades como escalador practicando
en un rocódromo.

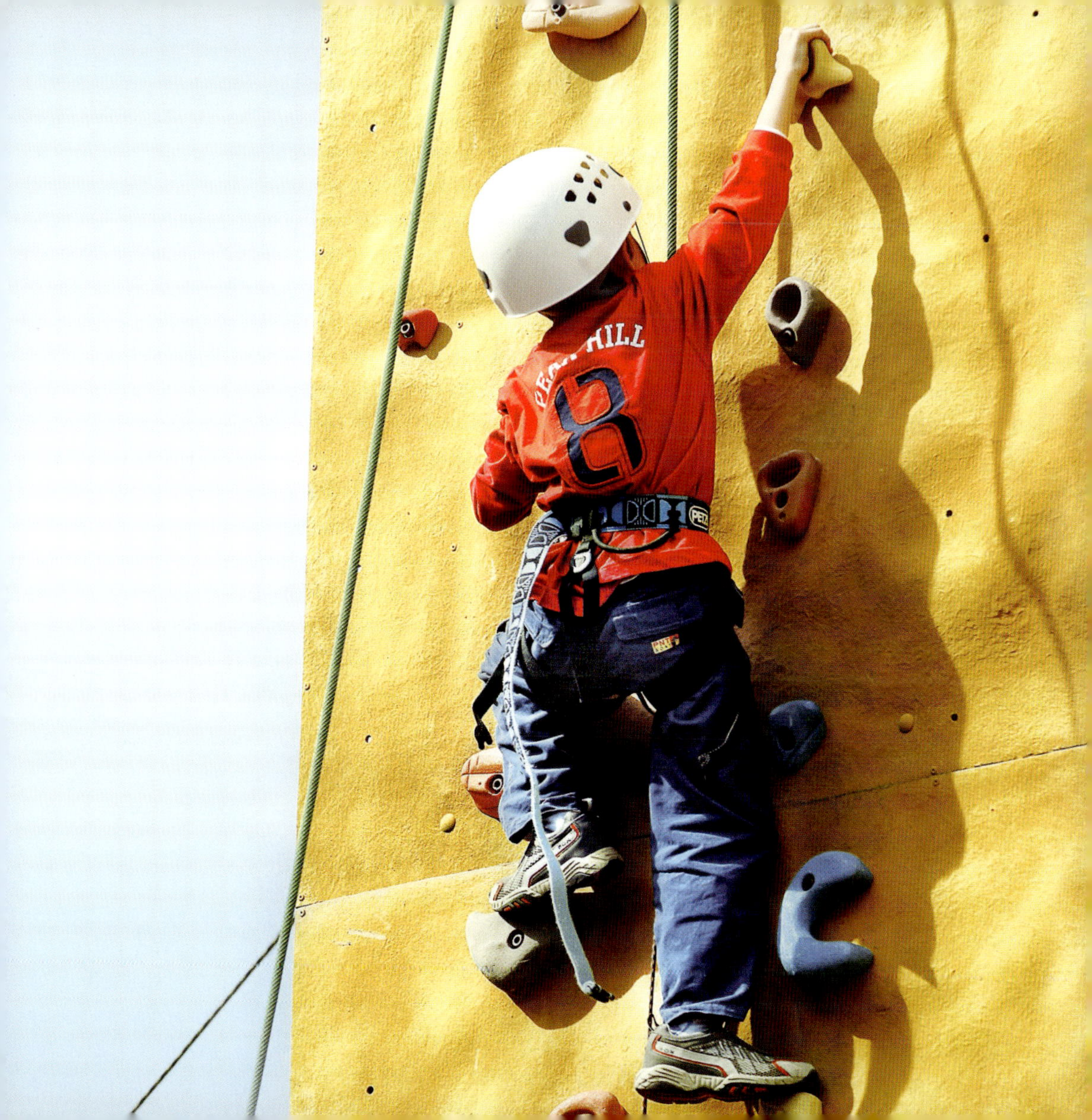

PEAK HILL
8

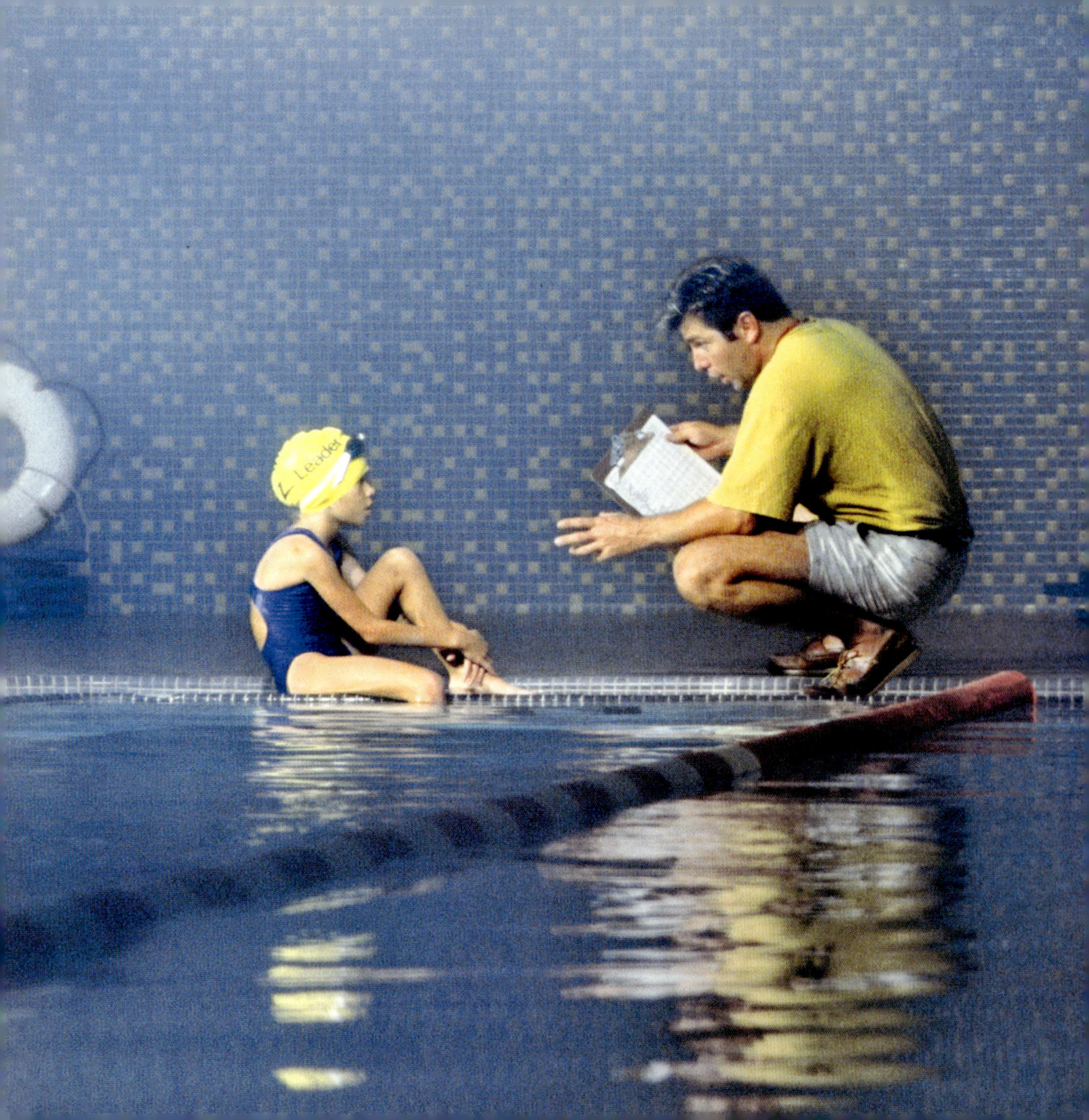
Leader

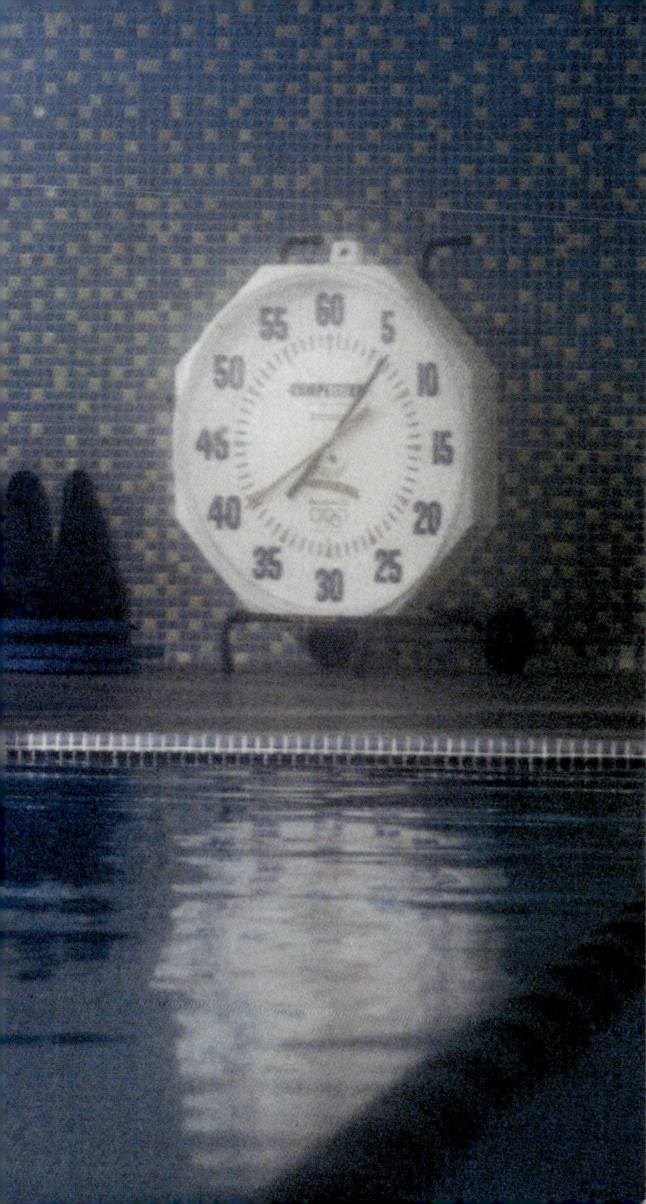

660-661 • El entrenador da indicaciones a la nadadora, enseñándole cómo puede mejorar en la competición sus propias marcas.

662-663 • Dos niñas dispuestas a lanzarse al agua se miran en el trampolín antes de que comience la competición.

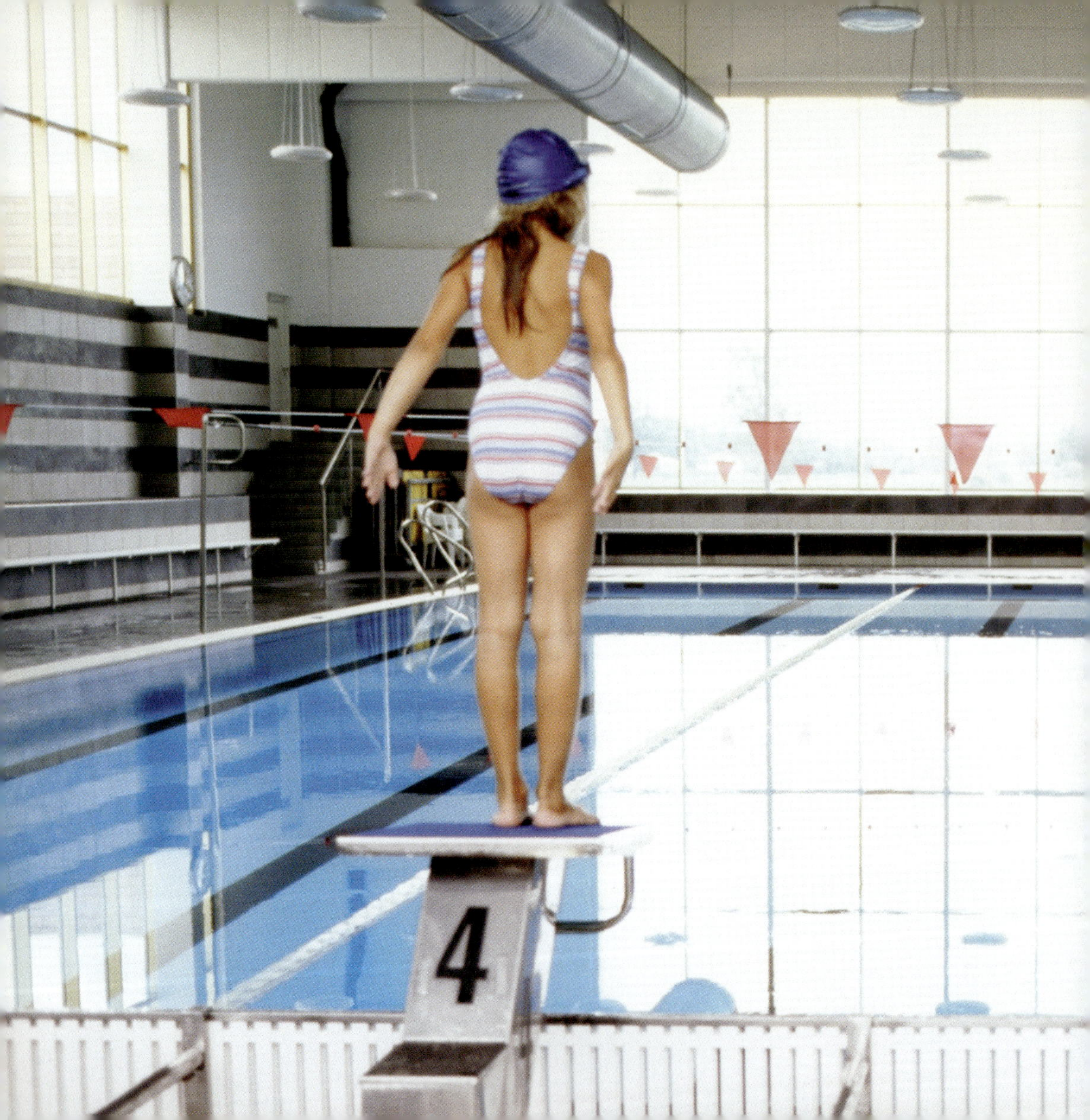

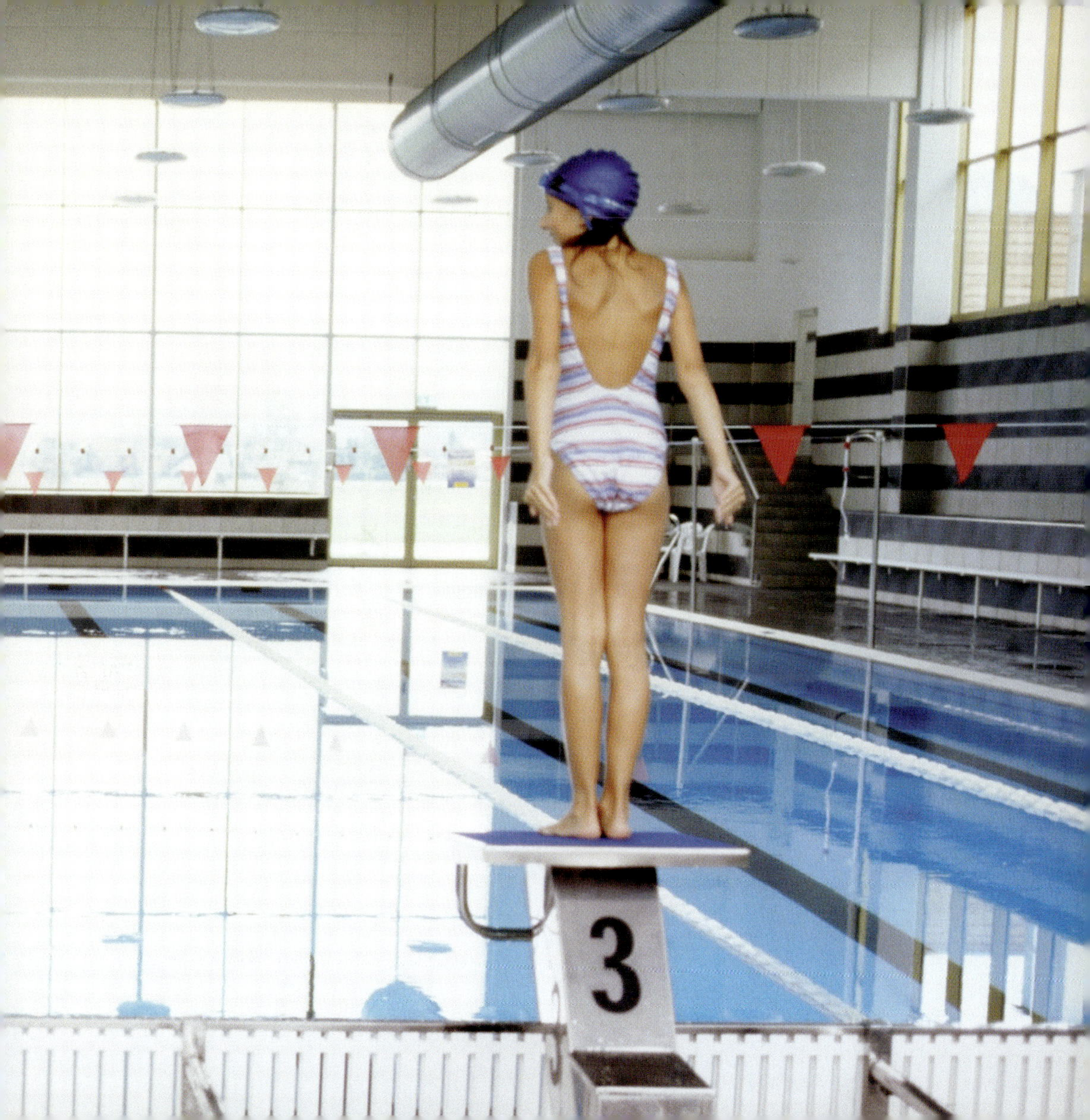

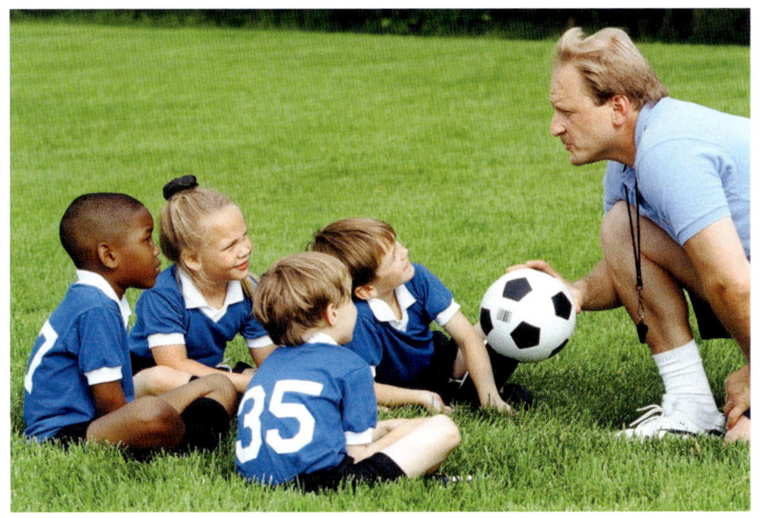

Dos fases distintas del entrenamiento al aire libre de un equipo de fútbol: primero se escuchan las explicaciones del entrenador y después se practica con el balón.

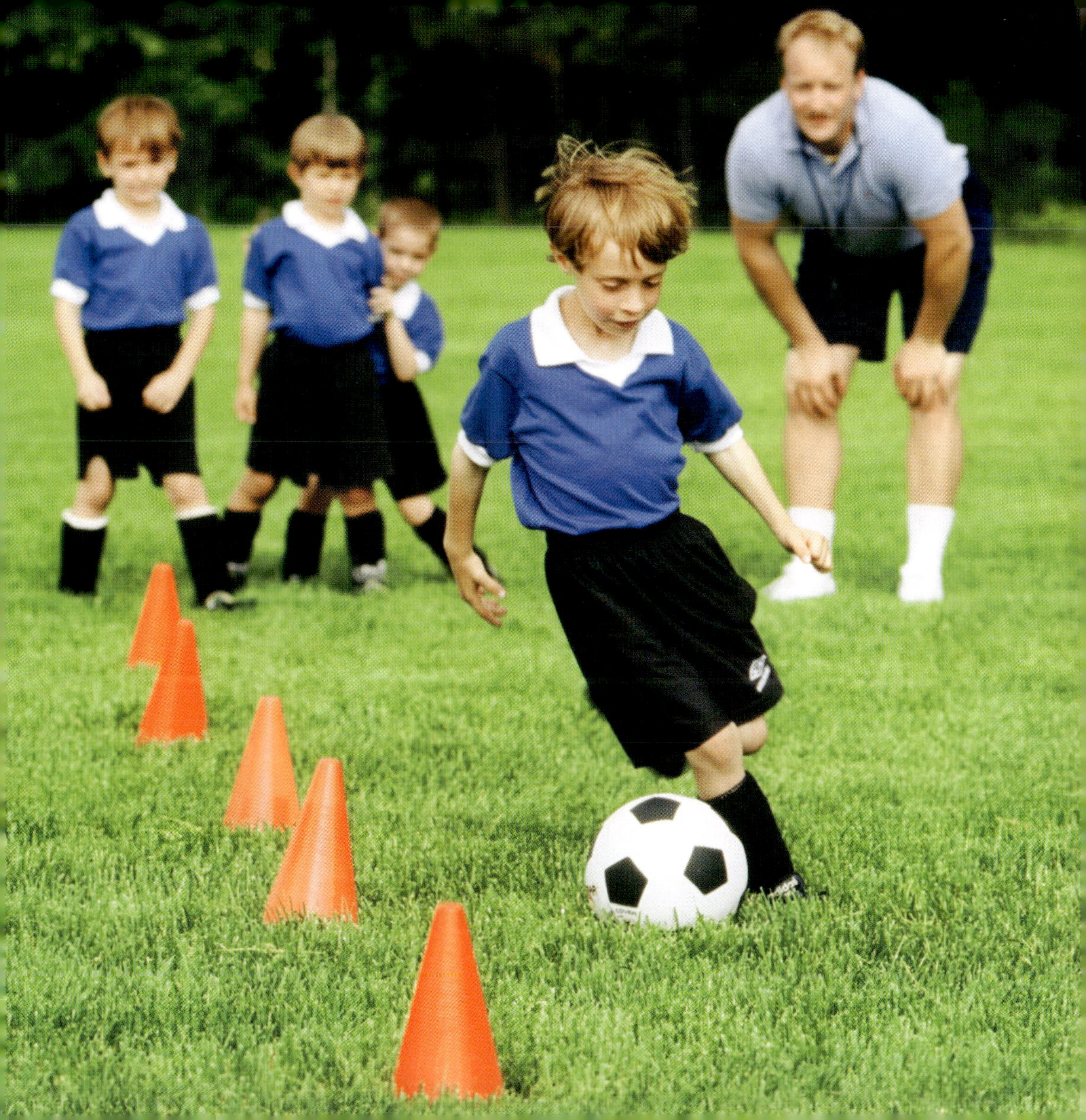

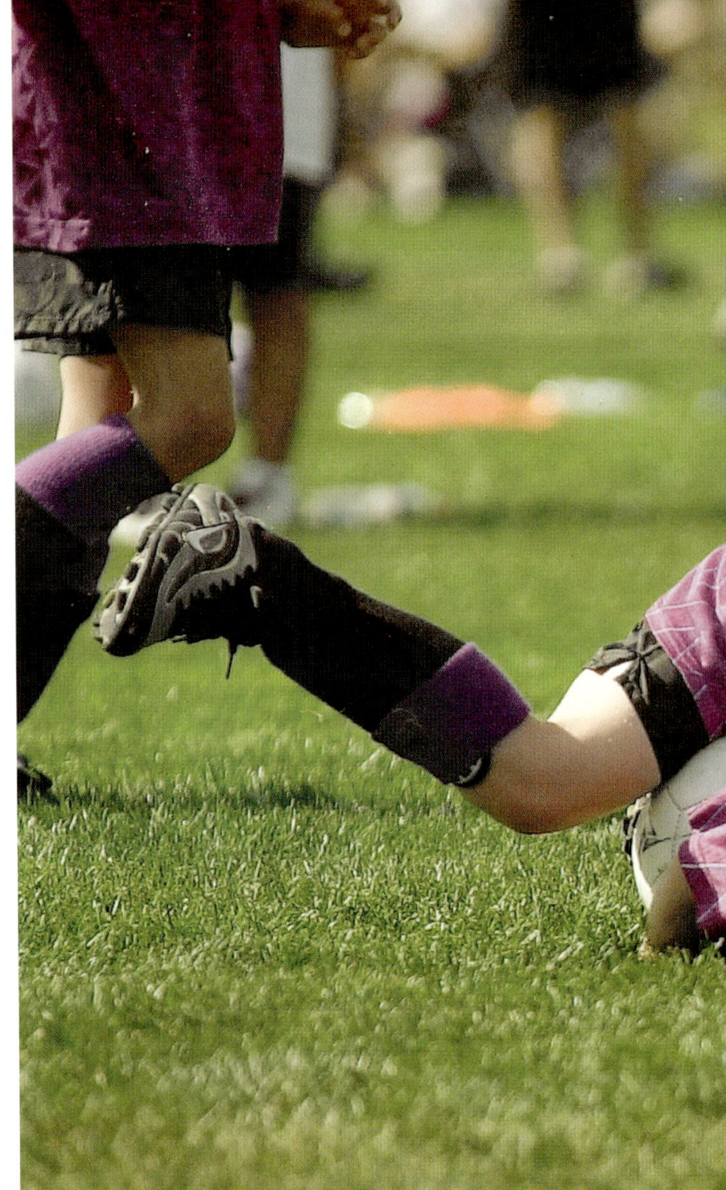

Los jóvenes futbolistas del Fire Dragons juegan su primer partido del campeonato de la Salmon Creek Youth Soccer League, en Vancouver, en el Estado de Washington, Estados Unidos.

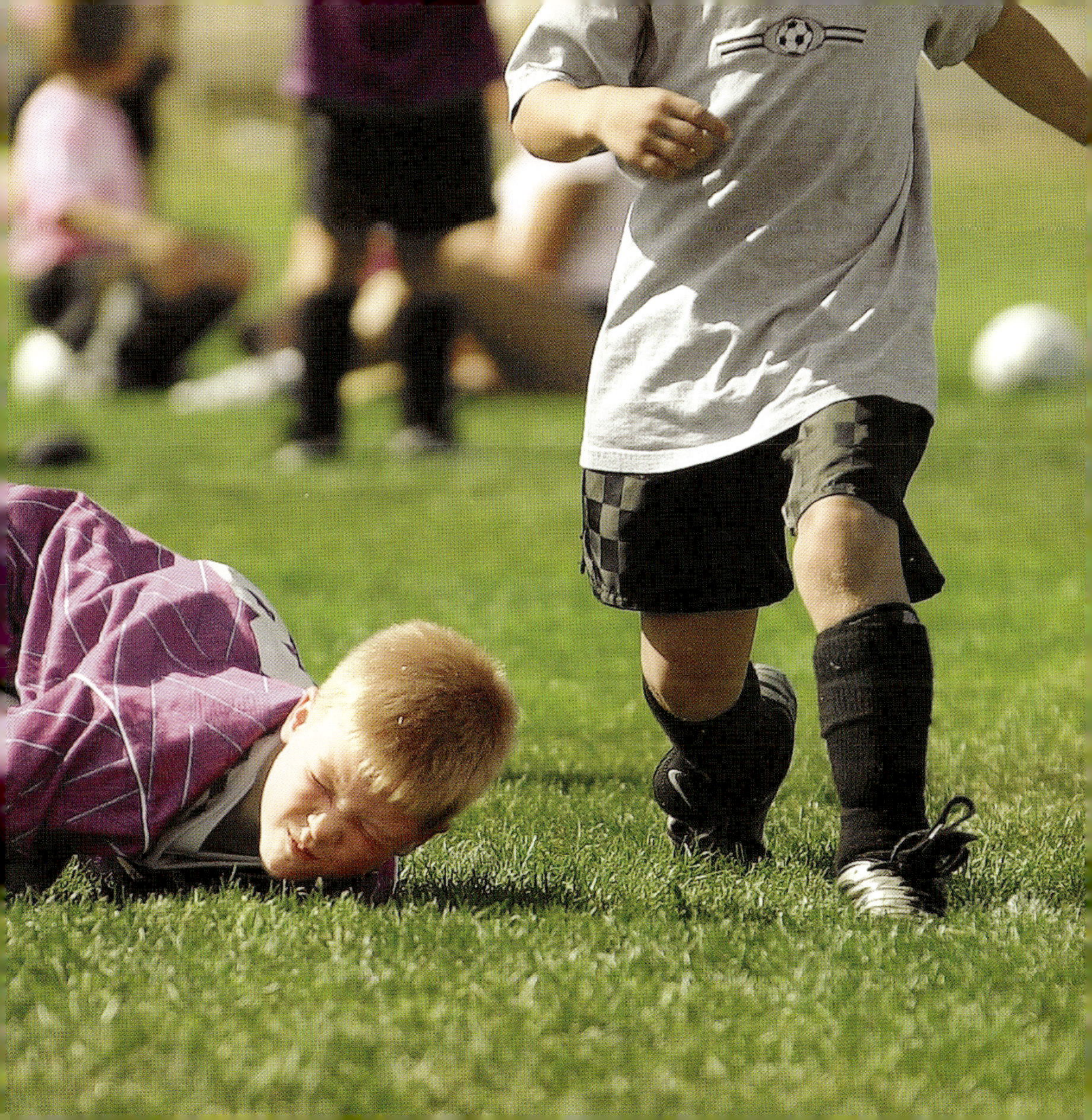

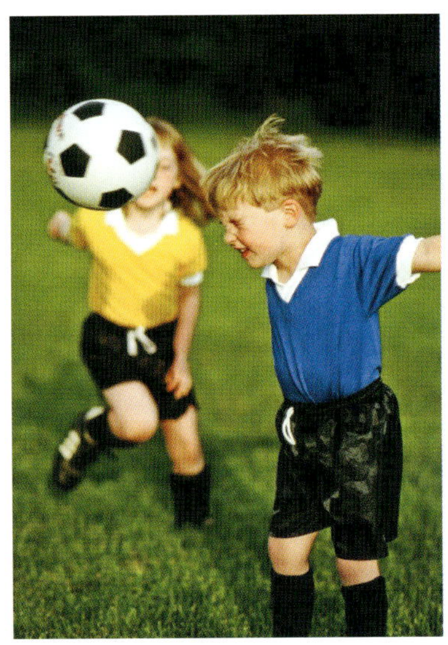

Algunos niños disputan un partido de fútbol: se trata de un deporte que estimula los reflejos, la coordinación psicomotora y la capacidad para competir y cooperar.

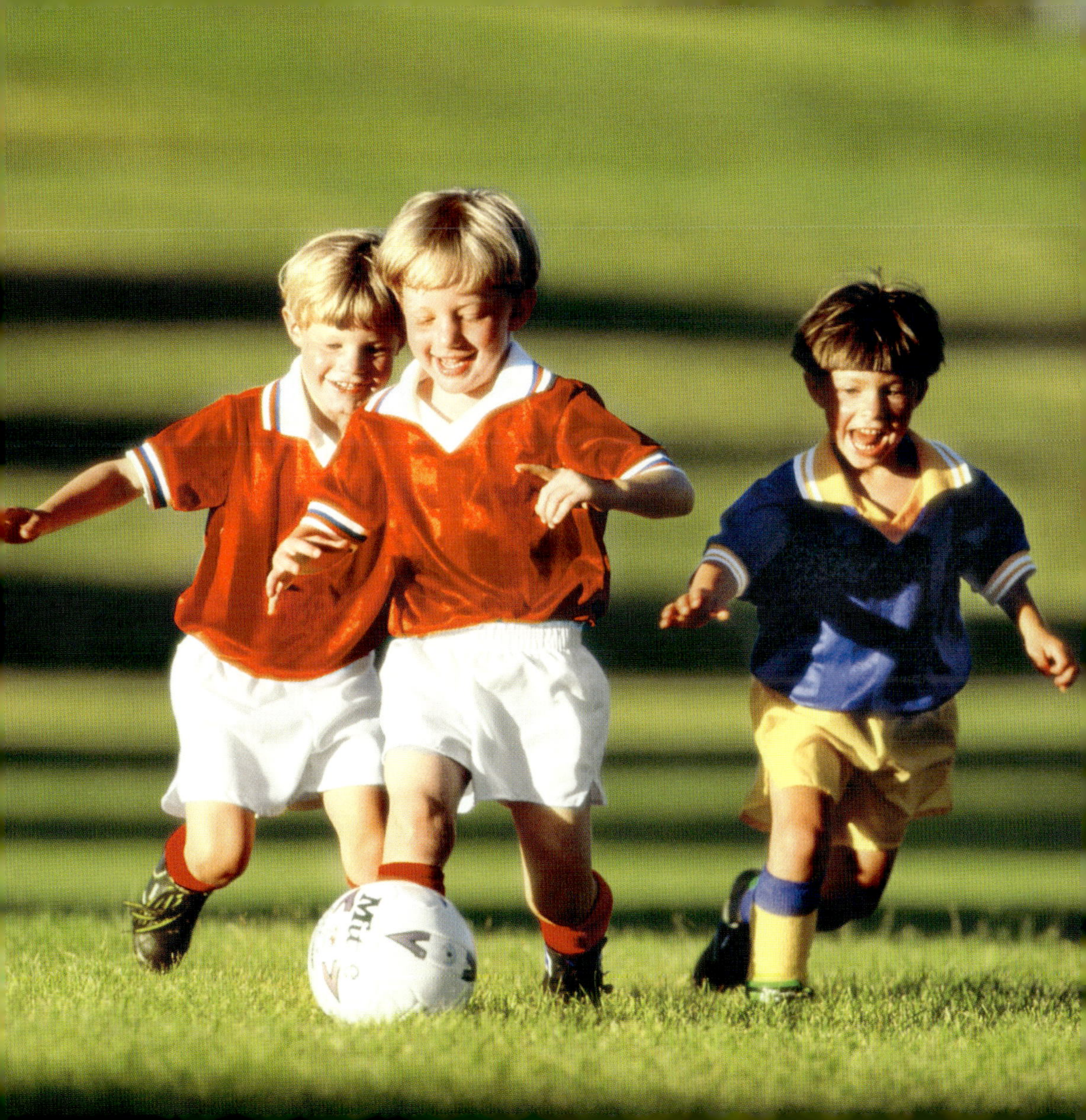

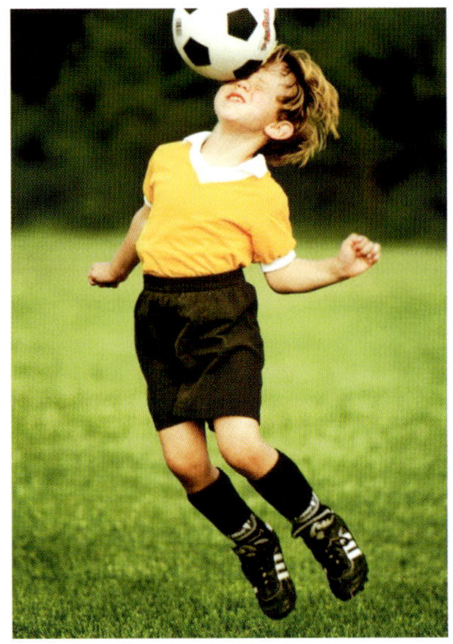

670 • Un pequeño salto para dar un certero remate de cabeza.

671 • Un niño avanza con el balón por un prado en un excelente día de sol:
el deporte también brinda una oportunidad para hacer vida al aire libre.

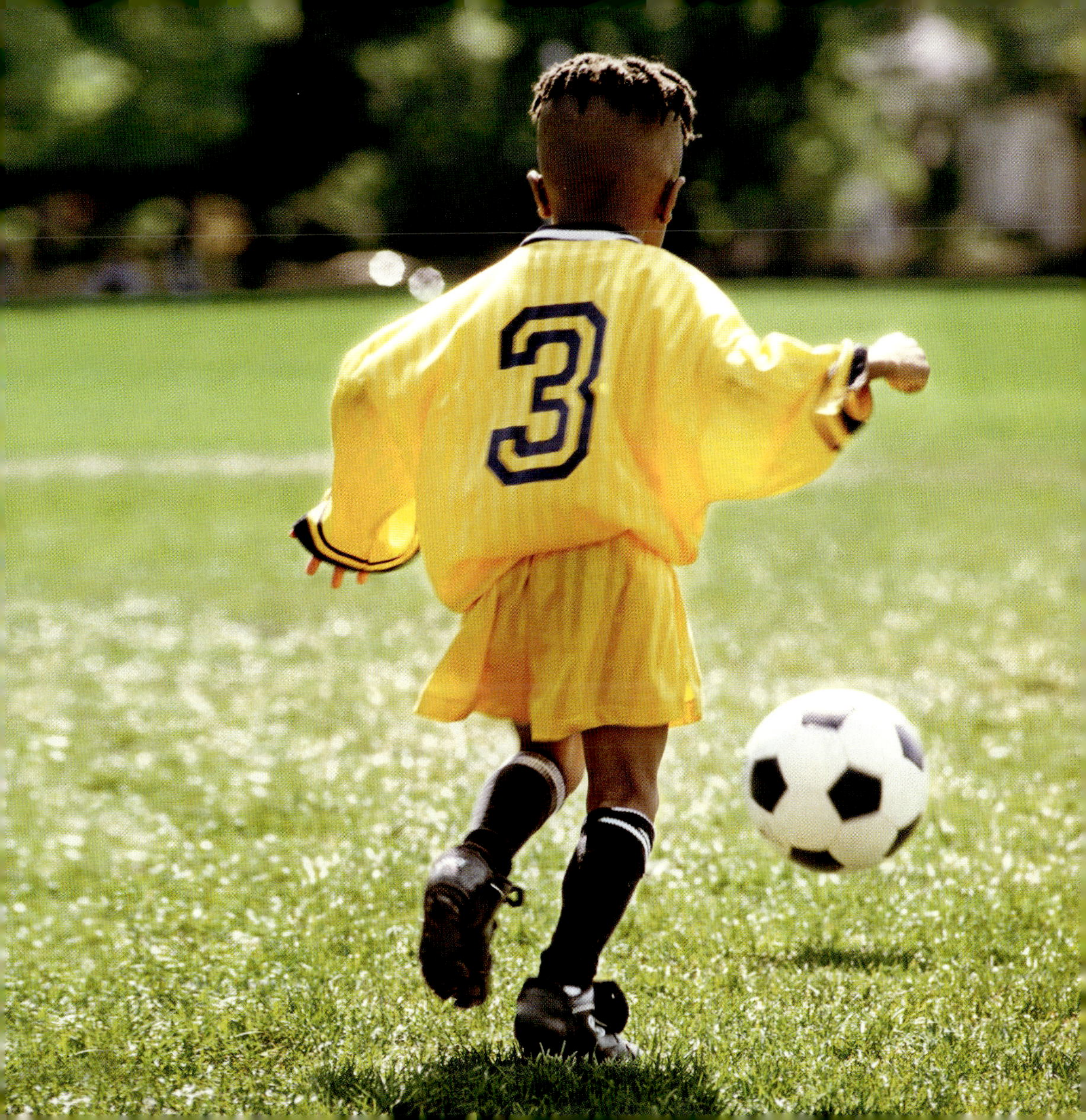

Un grupo de niños de la ciudad de Ho Chi Min duermen sobre unas estoras con sus almohadas, acogidos en una institución pública del gobierno vietnamita.

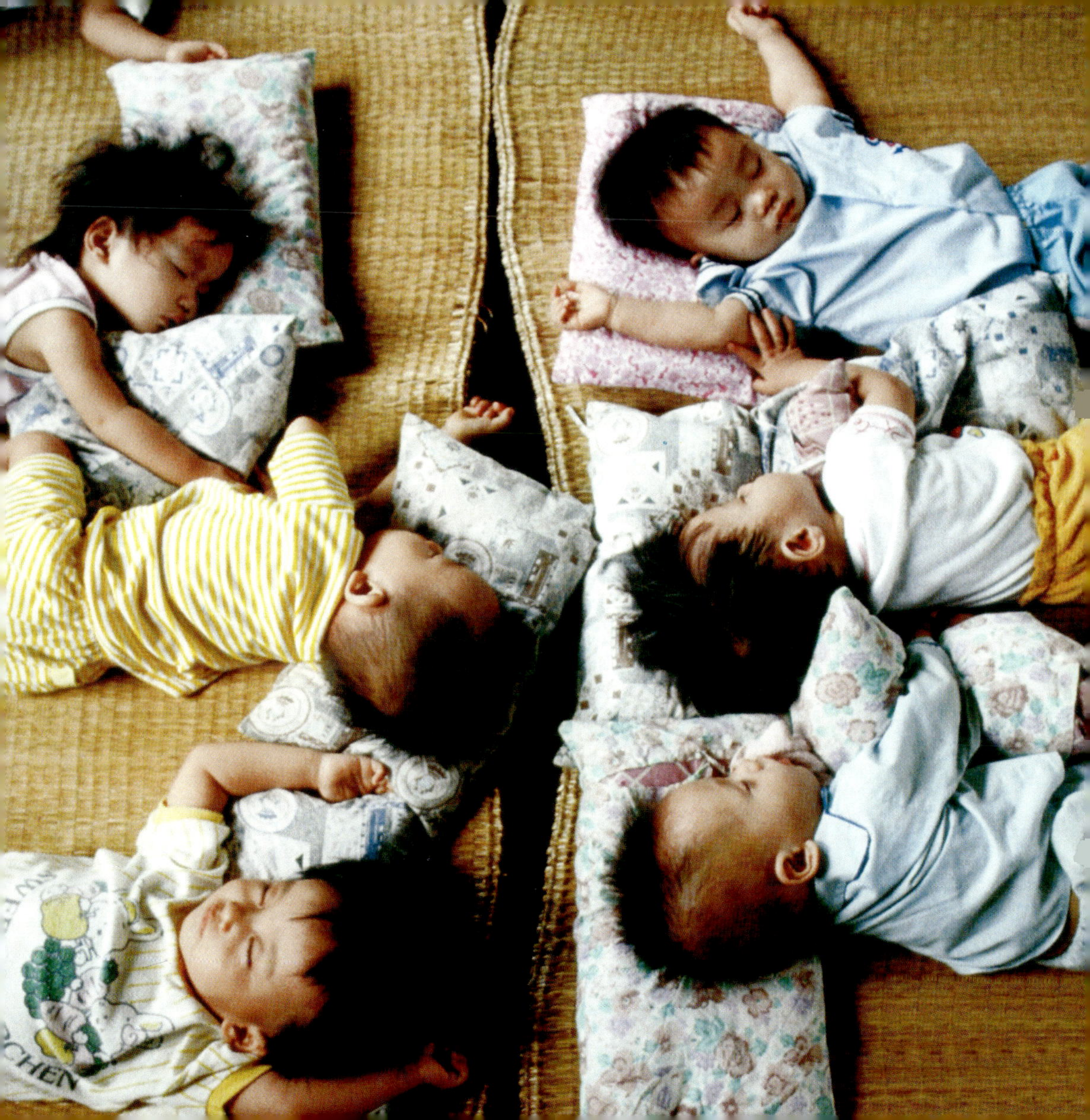

INTRODUCCIÓN Es la hora de ir a dormir

Como saben bien los padres, la hora de ir a dormir no llega siempre fácilmente, dado que el ritmo de vida del niño pequeño está marcado por una frecuente y a veces imprevisible alternancia de momentos de sueño y vigilia, que se suceden de una manera inicialmente irregular, única e irrepetible en cada niño. Tanto de costado, como de cara o de espaldas, en la cuna o en el cochecito, o mejor todavía, en la cama entre sus padres, una cosa es segura: no existen milagros para conseguir que los niños se vayan a dormir a una hora preestablecida, ni una regla igual para todos.

Todavía más que para los adultos, las diferencias individuales son, de hecho, muy importantes. Hay niños que tienen necesidad de dormir menos y otros que son muy dormilones, algunos parecen menos activos por la noche,

INTRODUCCIÓN Es la hora de ir a dormir

pero por la mañana están cargados de energía que rebosa por todas partes. Otros niños, en cambio, no se querrían ir nunca a dormir, porque viven el momento de tener que acostarse como el anuncio de una incómoda interrupción en sus relaciones de juego y afecto con sus hermanos y, sobre todo, con sus padres, de los que no se querrían separar ni siquiera un instante. Sin embargo, con un poco de paciencia cada niño se dormirá y entrará tranquilo en el mundo de los sueños cuando sienta la necesidad.

Cuando ya esté dormido resultará sorprendente descubrir que el suyo no es un sueño siempre tranquilo…, no es cierto, de hecho, que nos encontremos cada noche frente a un angelito metido entre las sabanas. A veces lo veremos dormir de una forma «activa», haciendo muecas y adoptando posiciones inverosímiles. ¿Cómo puede dormir de esa manera?, diremos. Los pies acaban muchas veces desbordando las sábanas y el osito de peluche *sufre* aplastado o vuela más allá de los límites de la cuna, pero el niño nos enseña que eso no es, en definitiva, tan importante, dado que la única verdadera necesidad es la de poder dormir con la sensación de sentirse seguro y, para ello, el único requisito indispensable es tener un sueño verdaderamente regenerador, que permita recuperar las energías de cara a las necesidades del día siguiente.

Sueño profundo y reparador de un recién nacido.

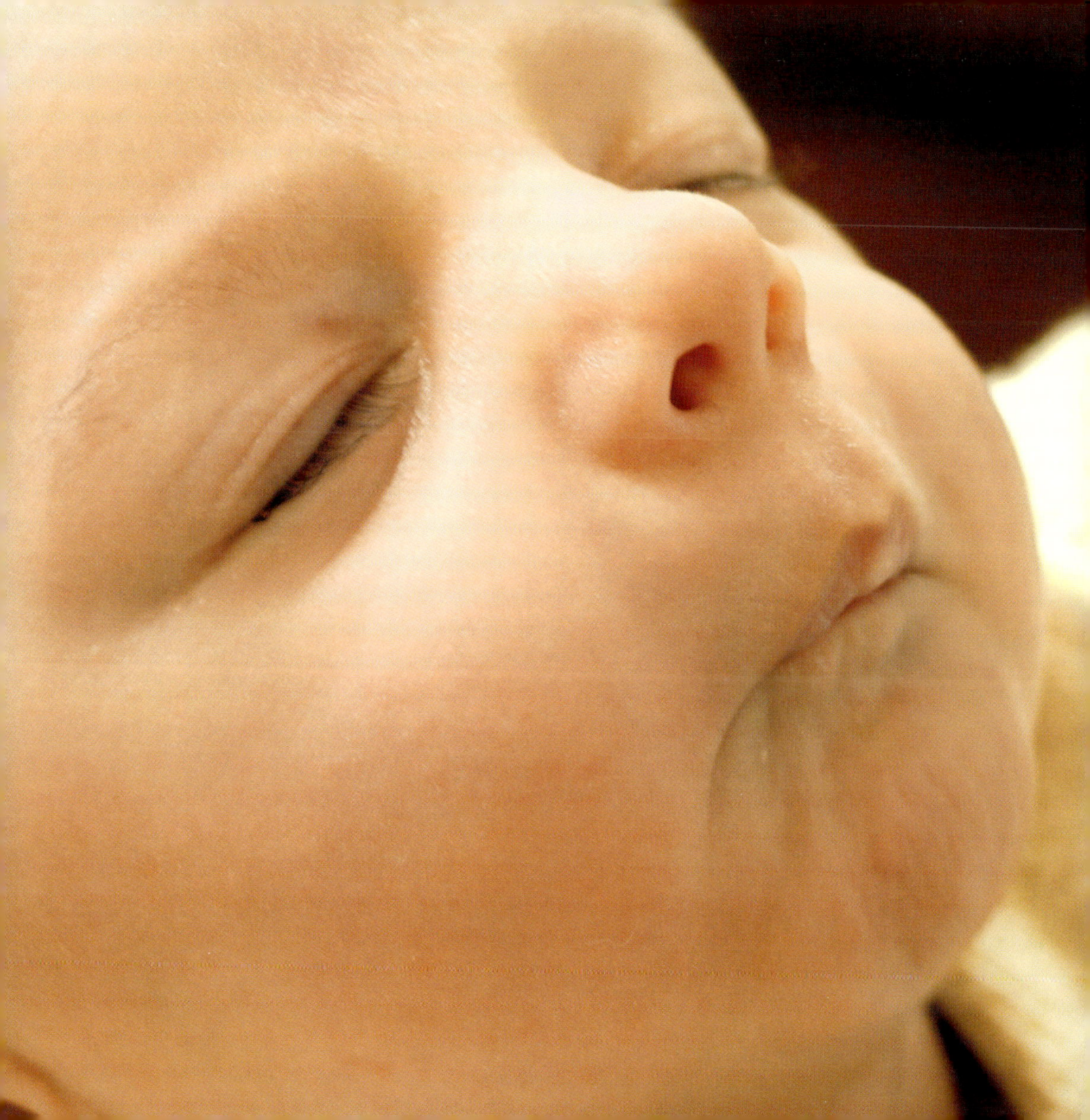

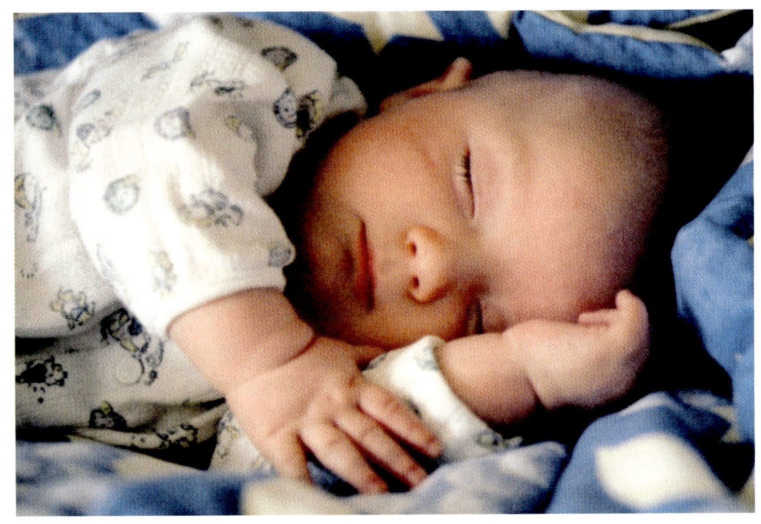

678 • Un bebé duerme placidamente ajeno al mundo.

679 • Una niña entorna los ojos antes de dormirse.

680-681 • La clásica posición de rana, a menudo adoptada por los bebés durante los momentos de sueño más profundo.

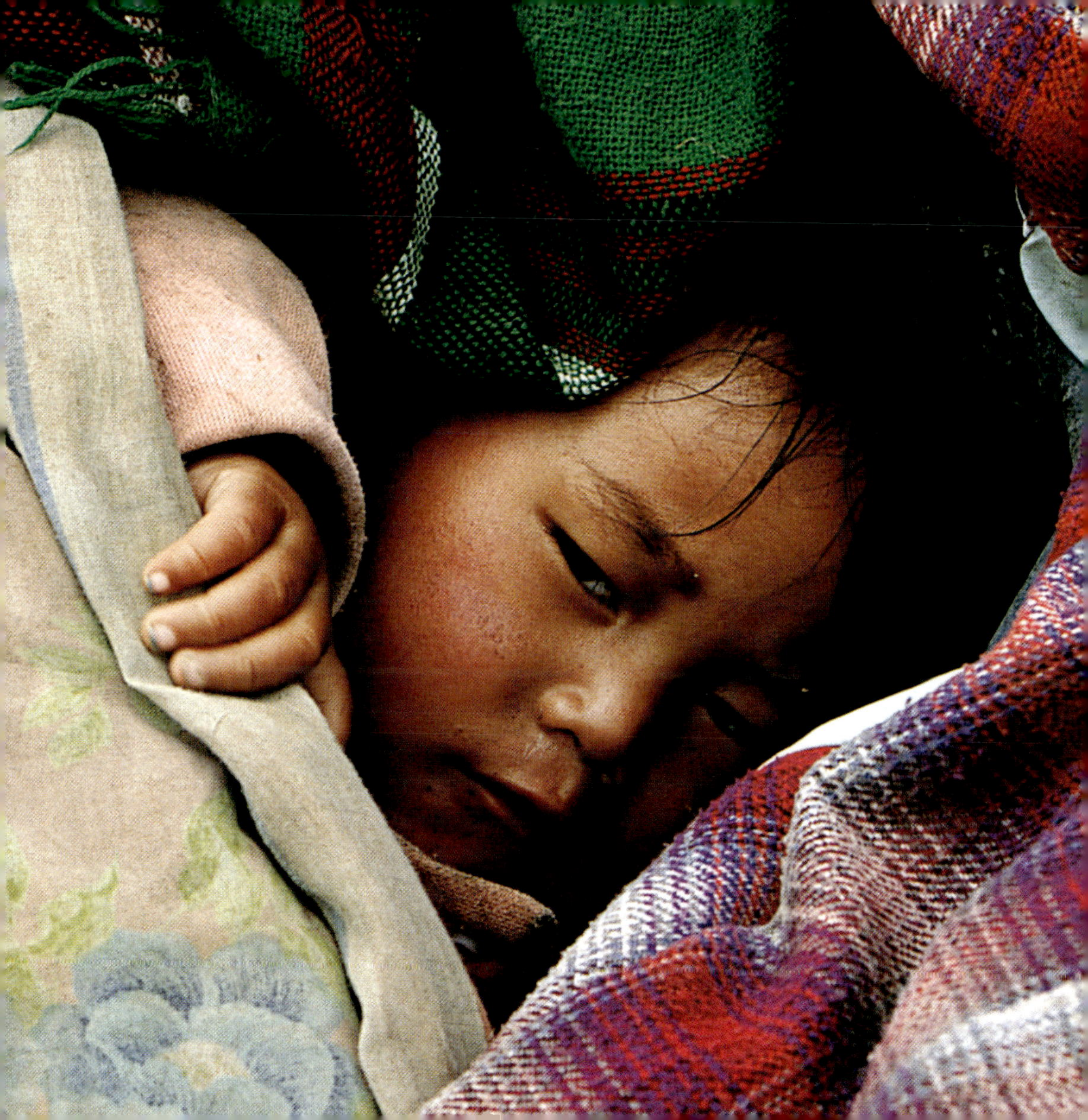

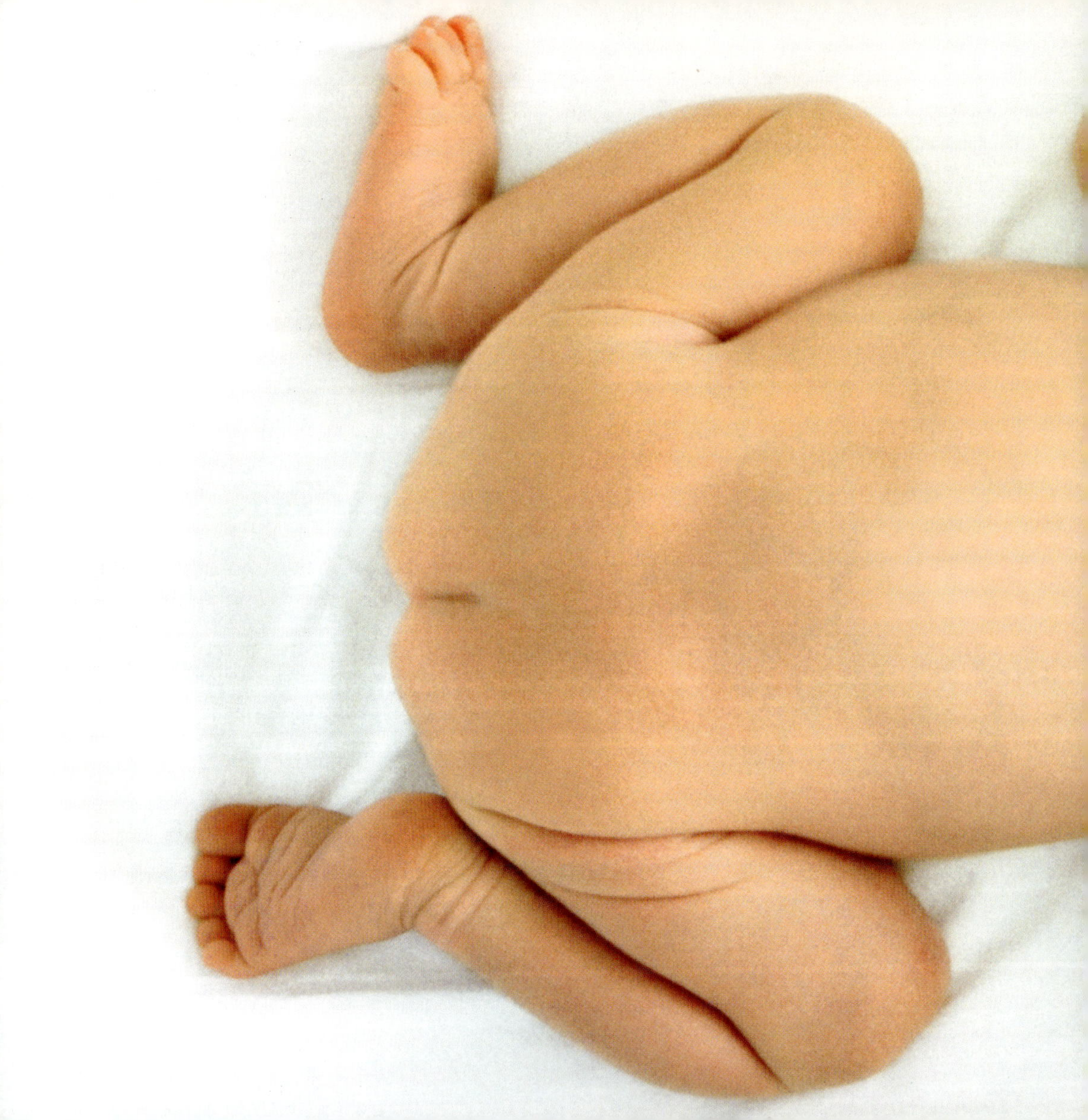

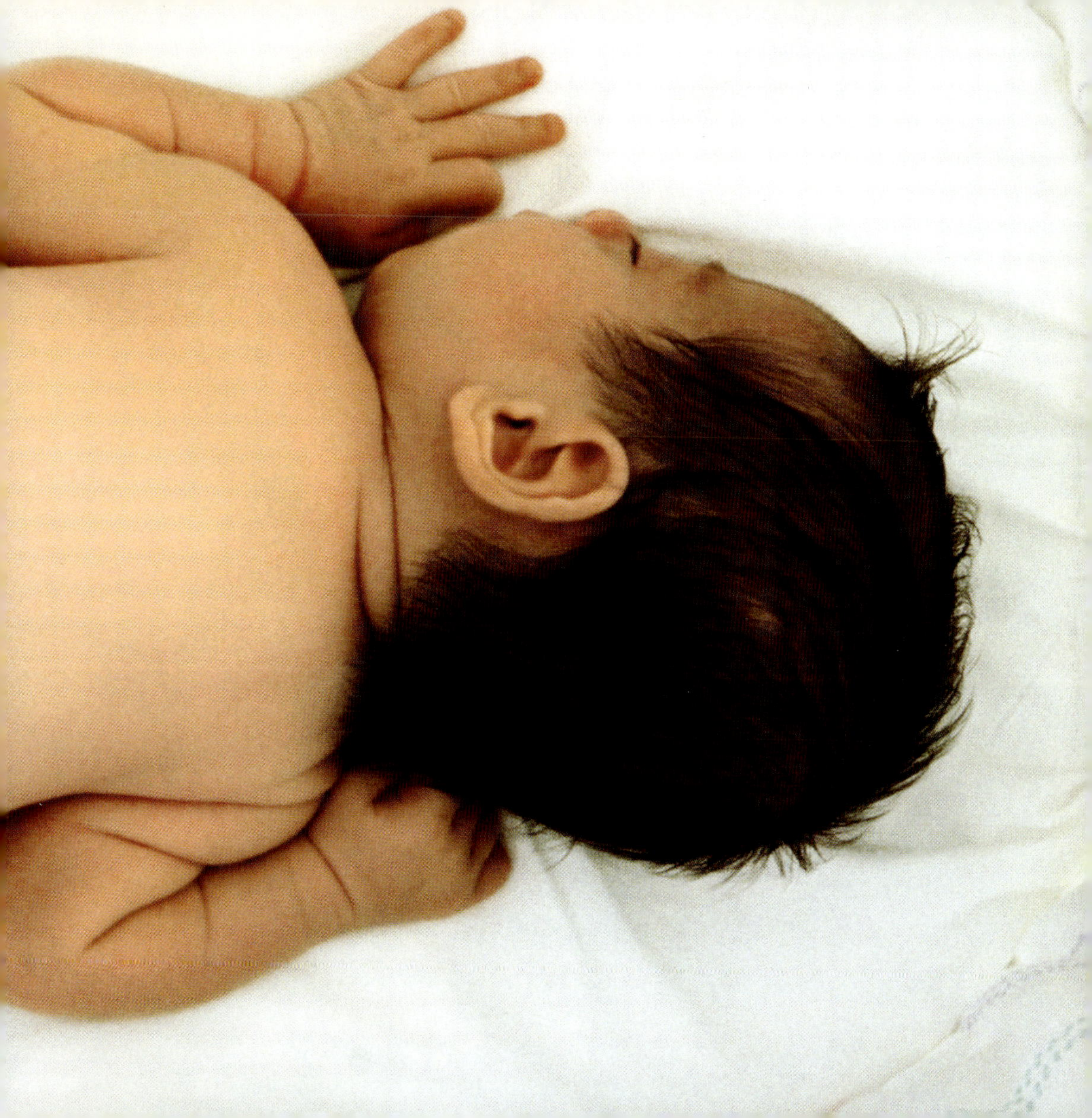

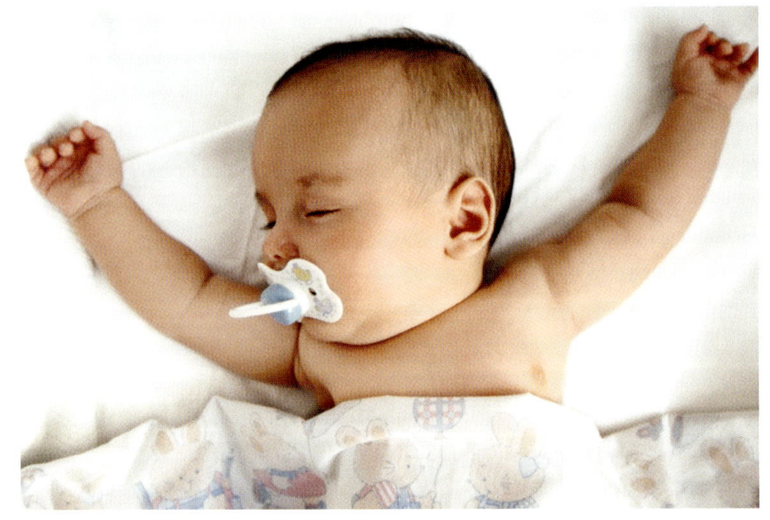

682 • Con el chupete en la boca, este bebé se muestra completamente relajado en su cuna.

683 • La dulzura del descanso entre los brazos de mama…

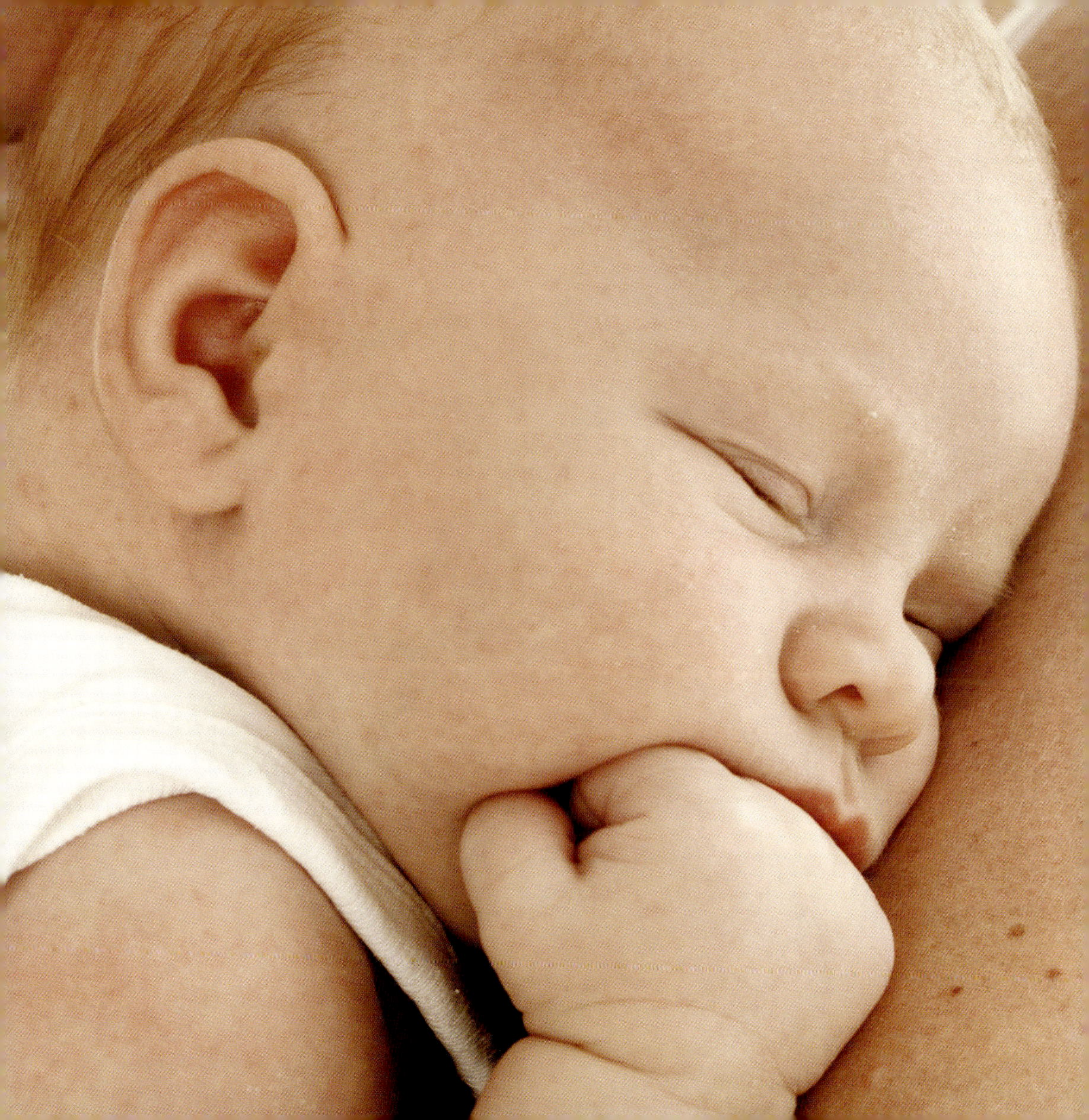

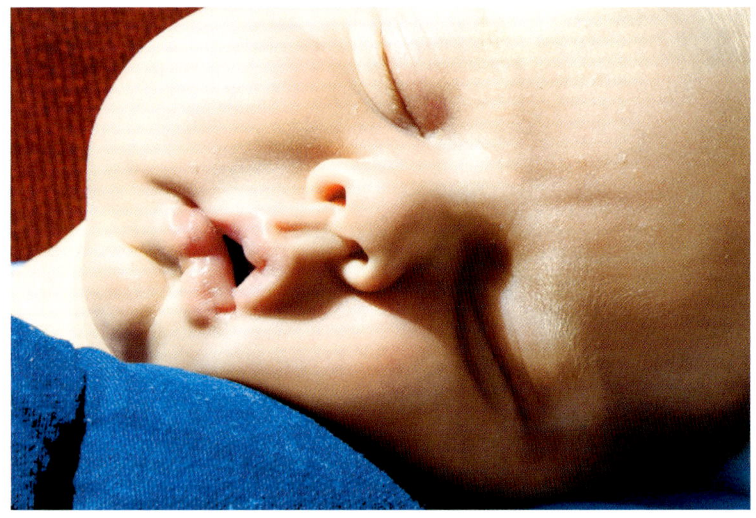

Expresión de total abandono en estos bebés adormecidos con la boca semiabierta: todos los músculos están completamente relajados.

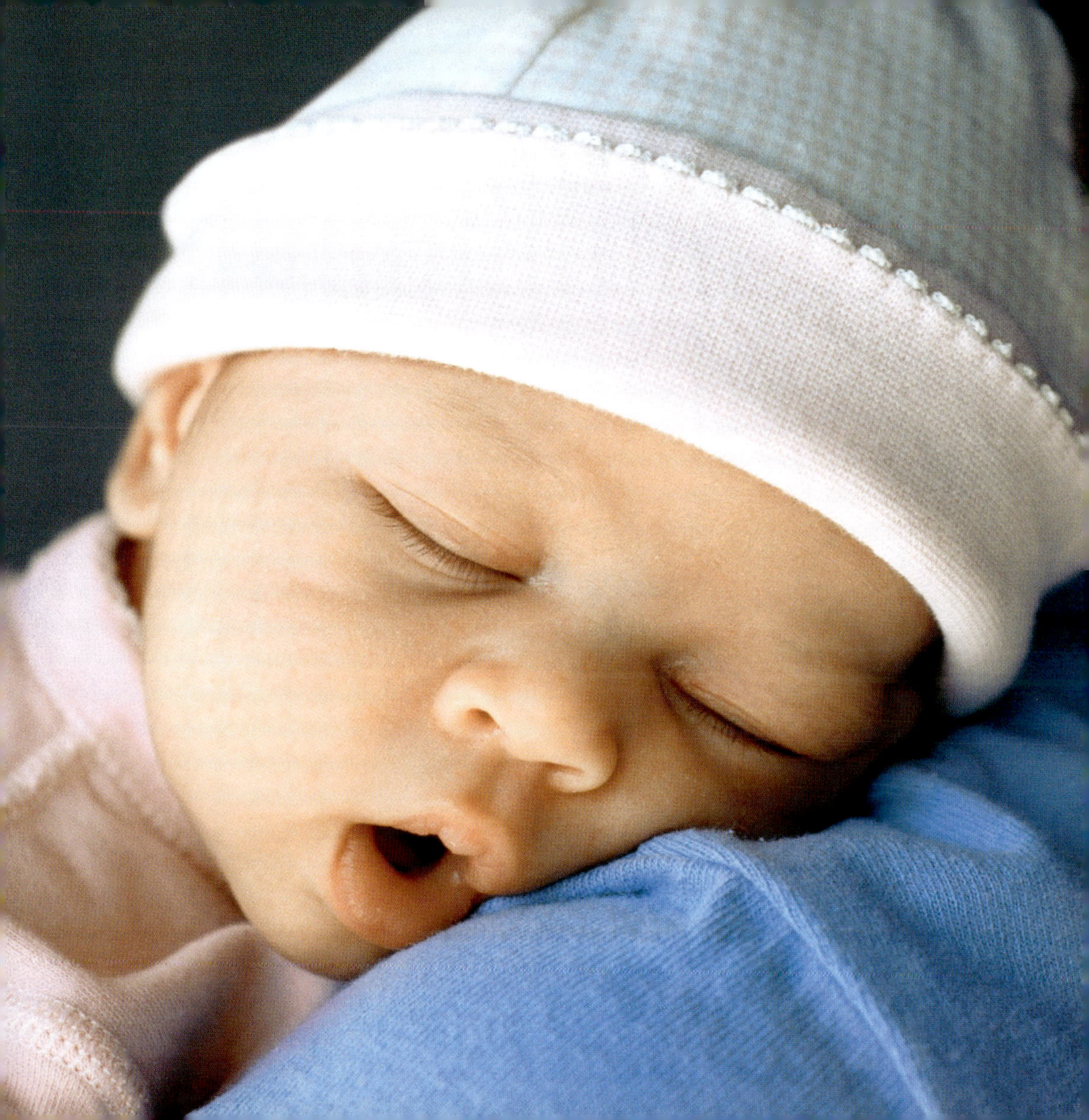

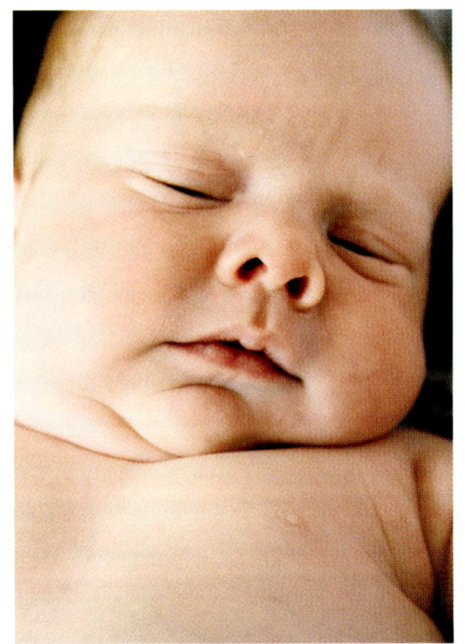

686 ● Un bebé está a punto de dormirse.

687 ● El bostezo ya se produce desde los primeros días de vida, como muestra este recién nacido.

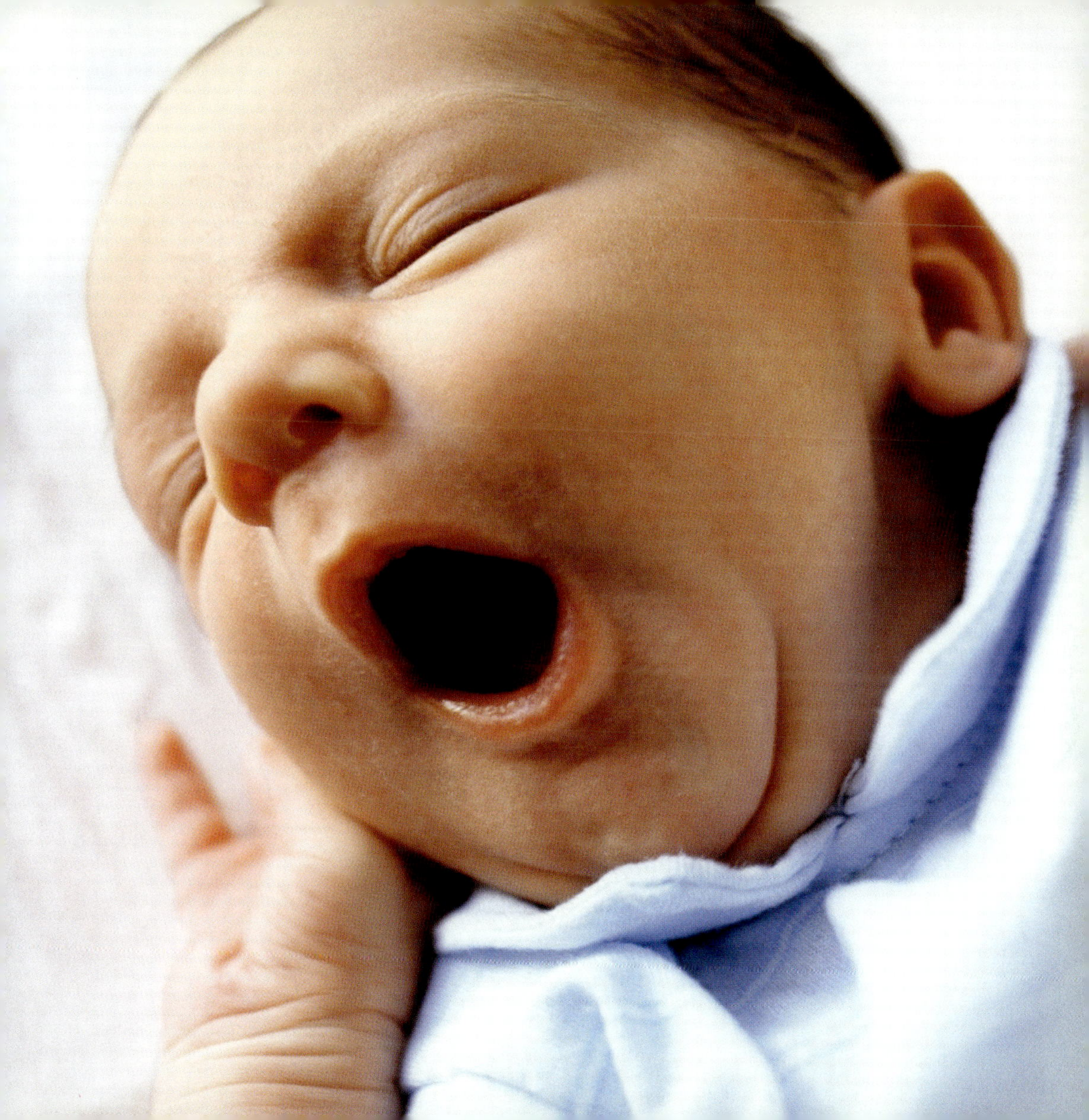

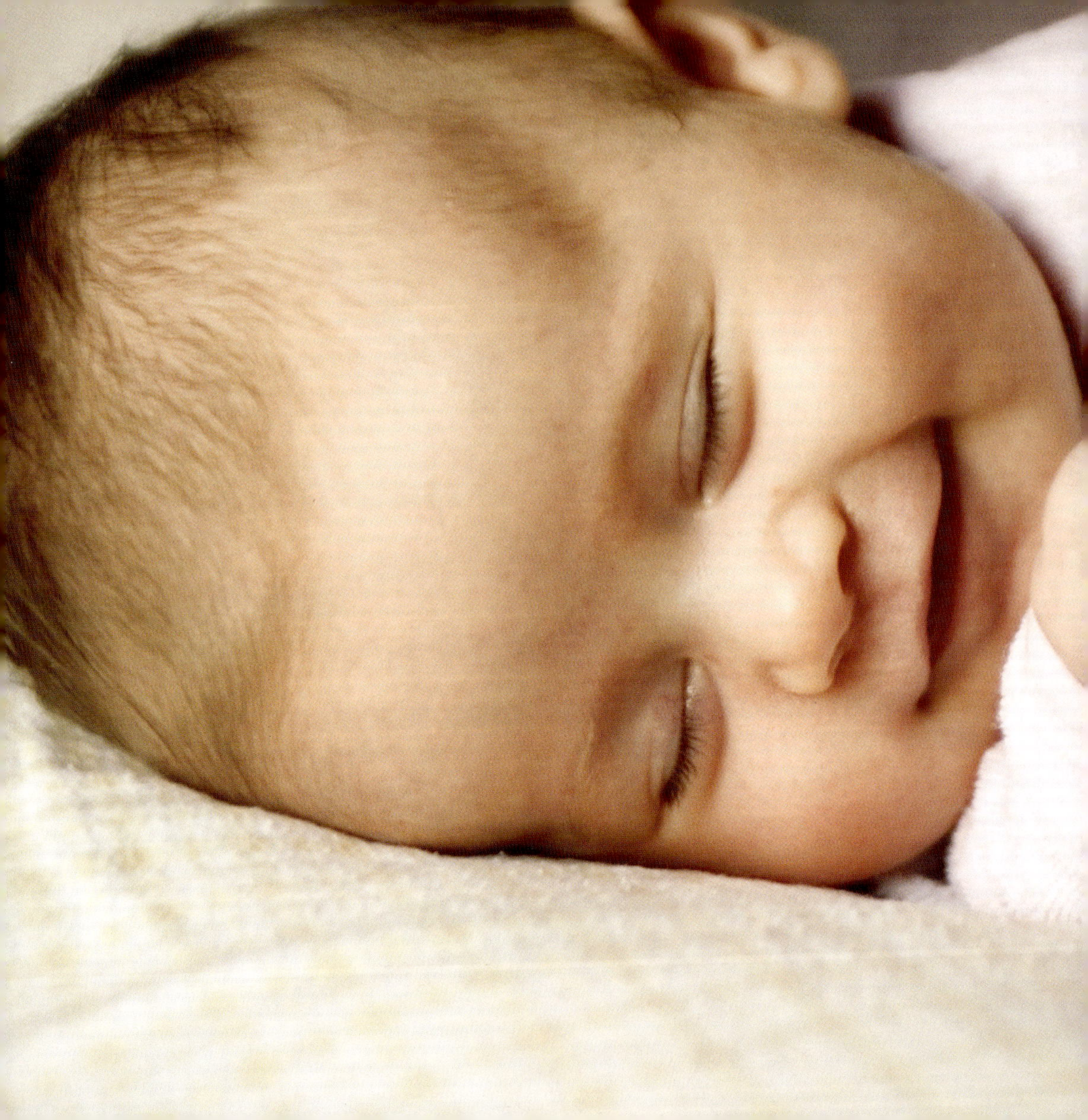

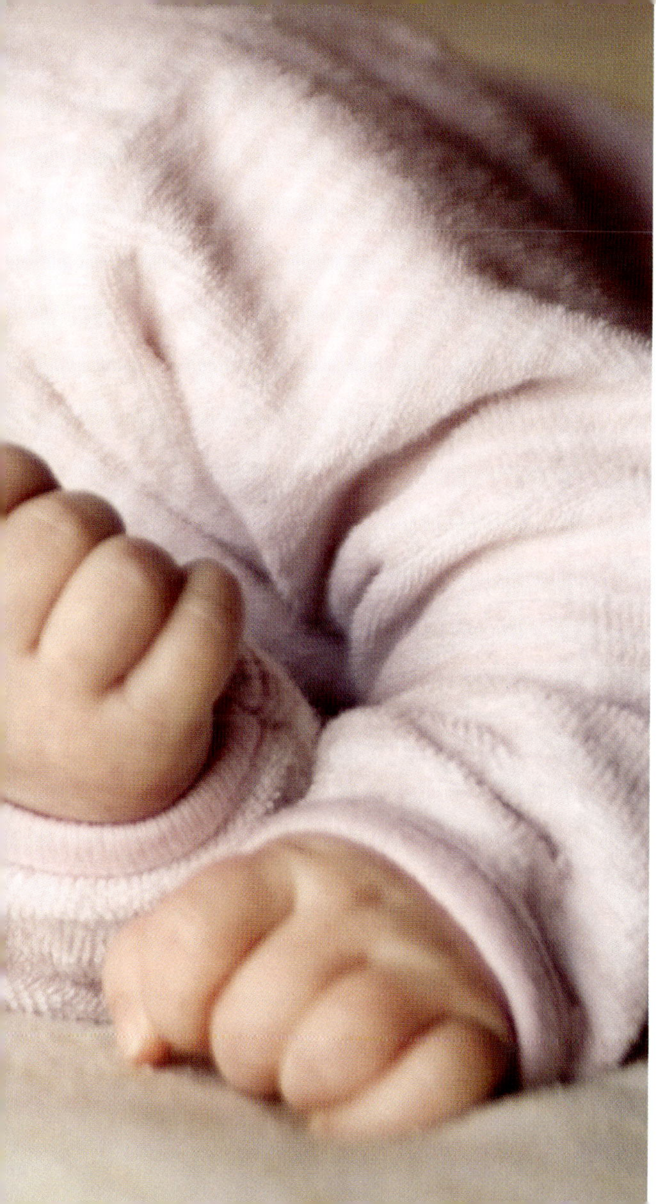

● Un niña de pocos
meses sonríe
tranquilamente durante
el sueño: es posible que
a esta edad ya esté
soñando con sus
primeras imágenes
agradables.

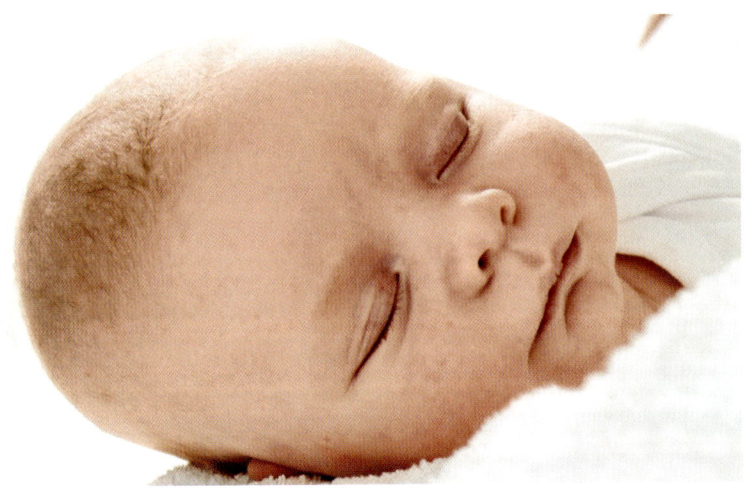

● Recién nacidos durmiendo: a esta edad el sueño es muy diferente del que tienen los bebés más mayores y se caracteriza por frecuentes y breves siestas.

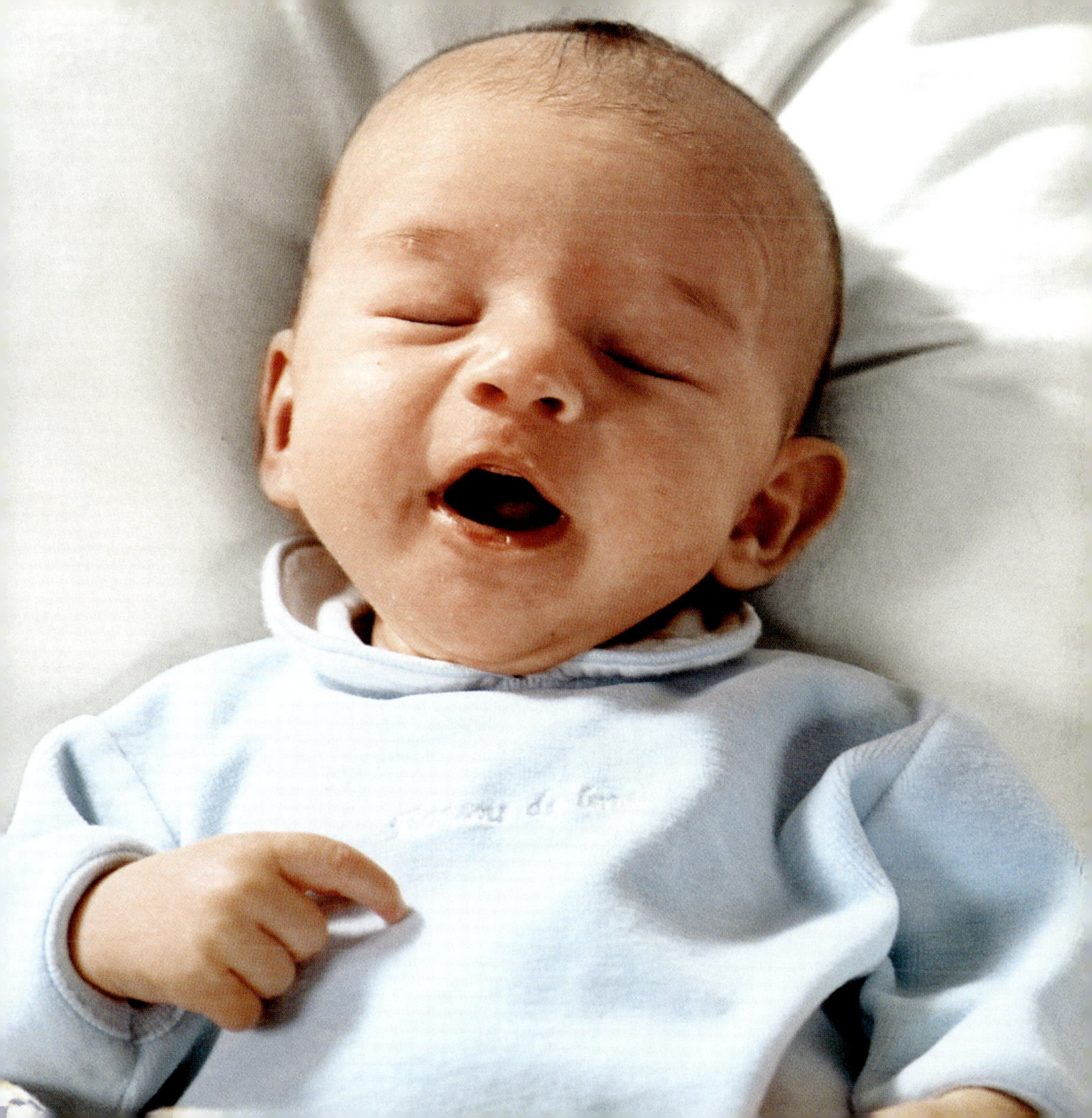

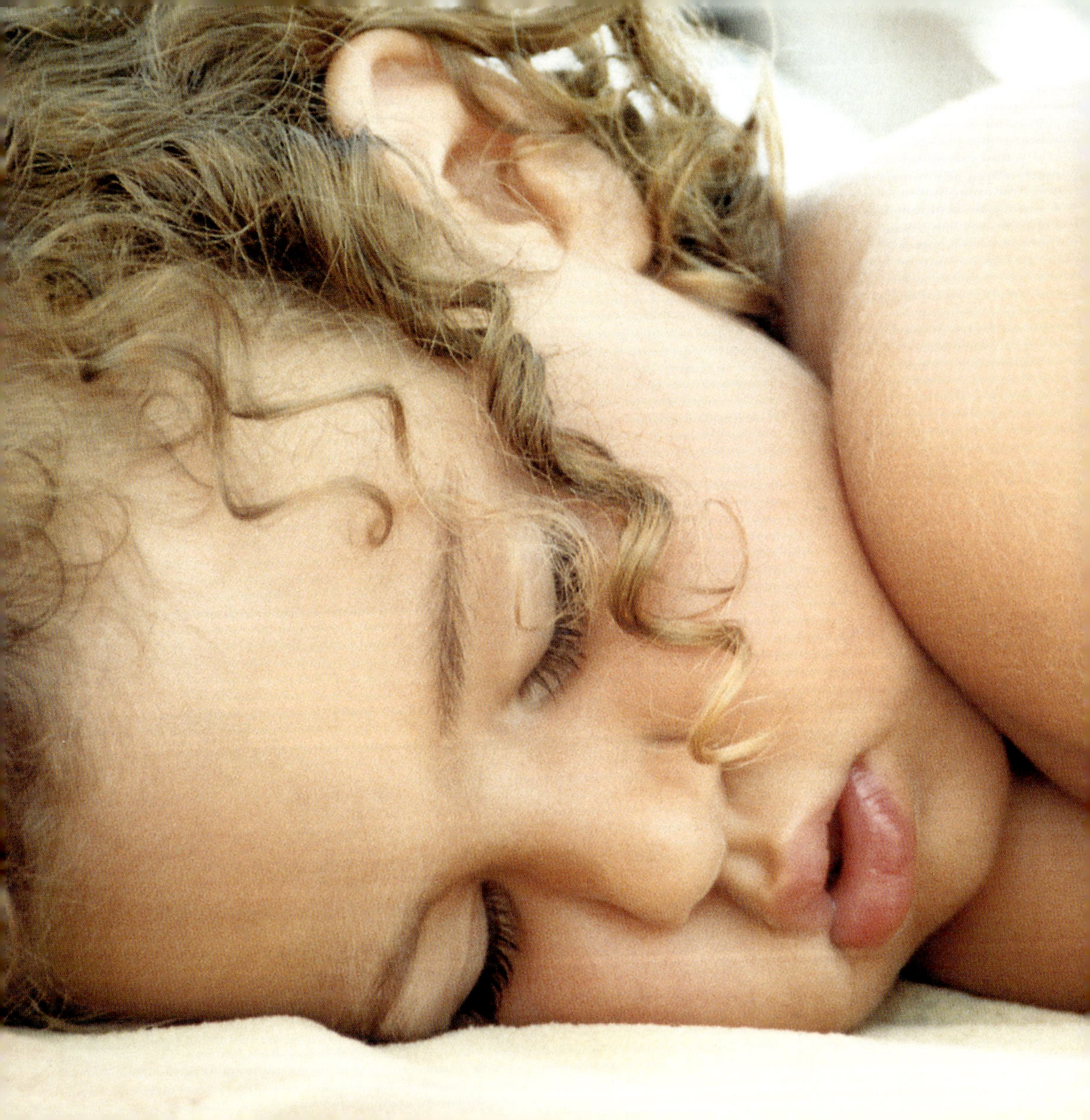

● Una niña reposa tranquilamente en la playa: a esta edad no es difícil quedarse dormido en cualquier lugar sin ningún problema.

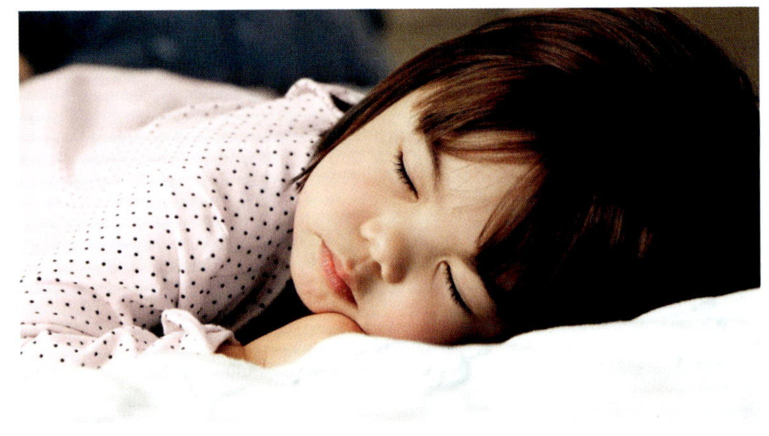

Todos los niños tienen siempre, mientras duermen, una expresión angelical que conquista a los adultos.

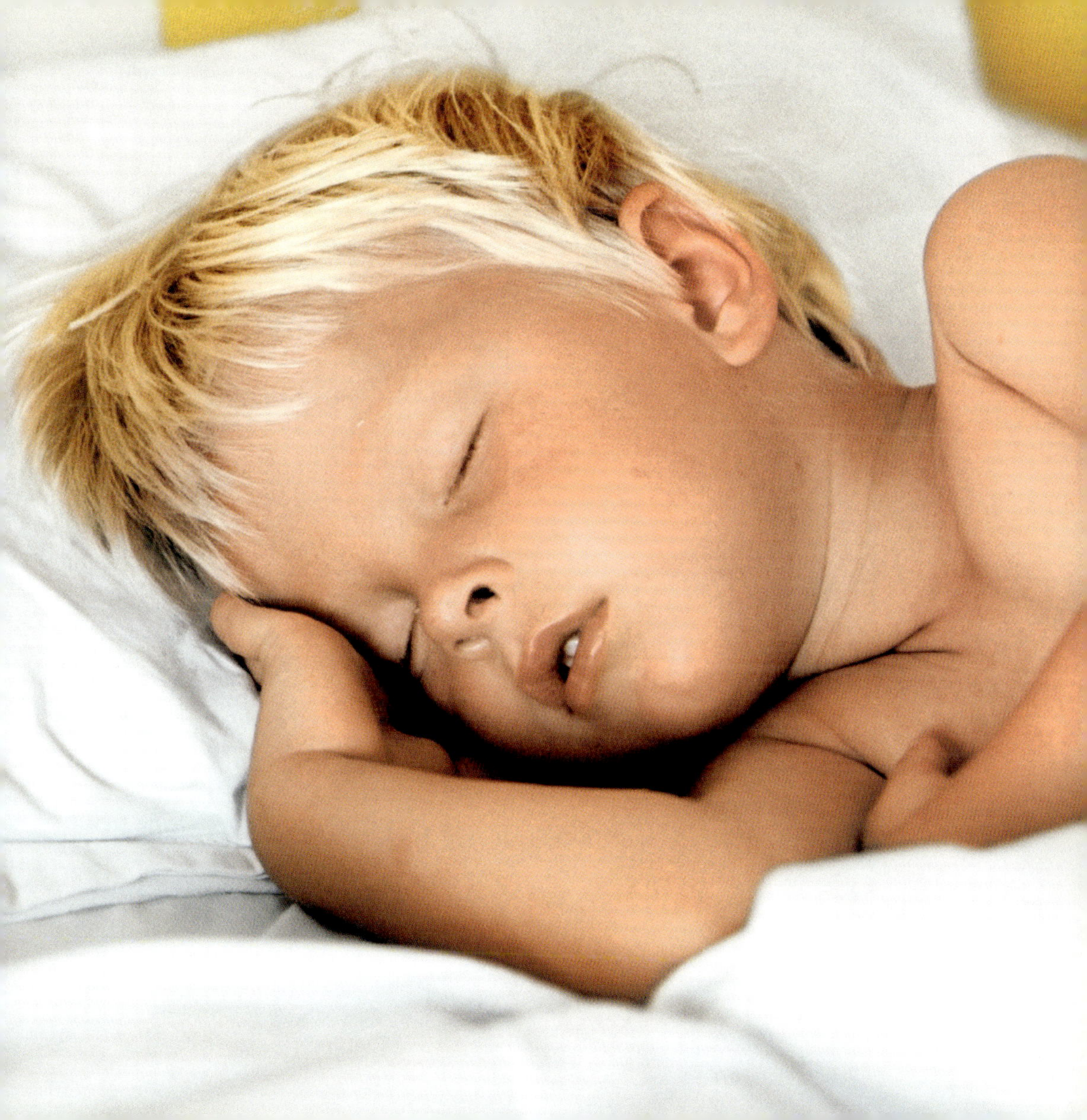

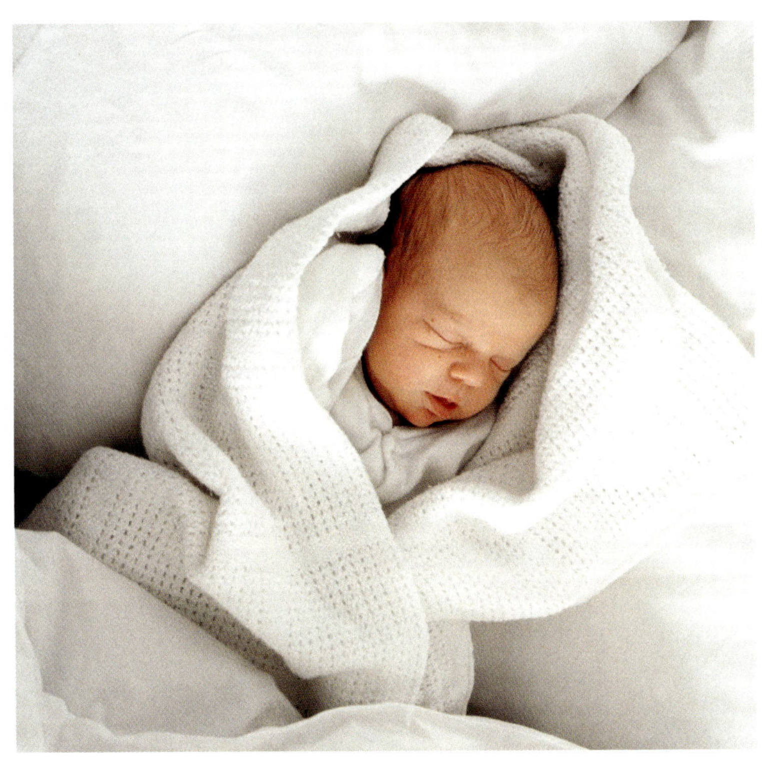

696 • Un recién nacido duerme envuelto entre sábanas.

697 • Feliz en su blanda cama, este niño ha encontrado una posición muy cómoda.

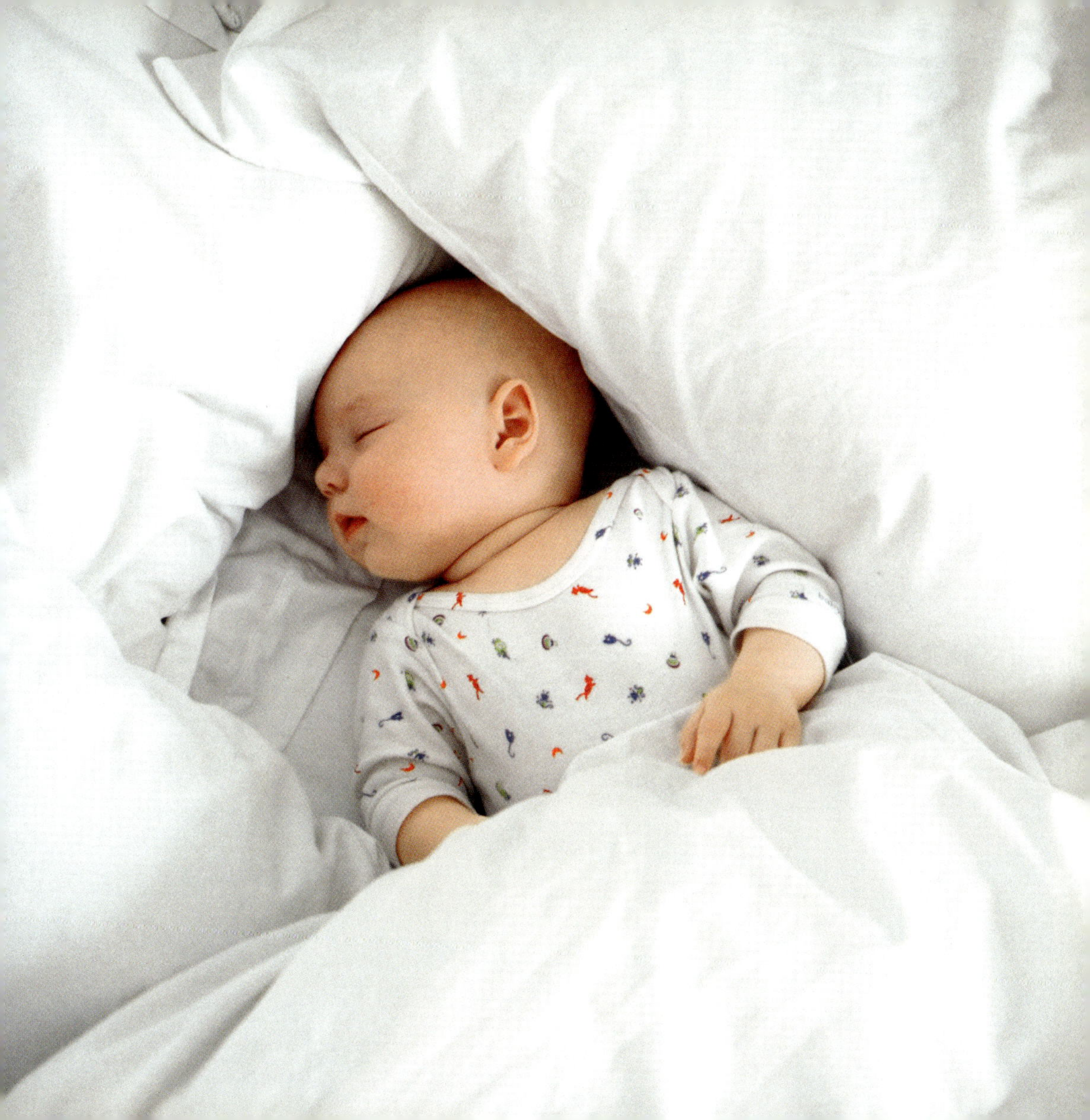

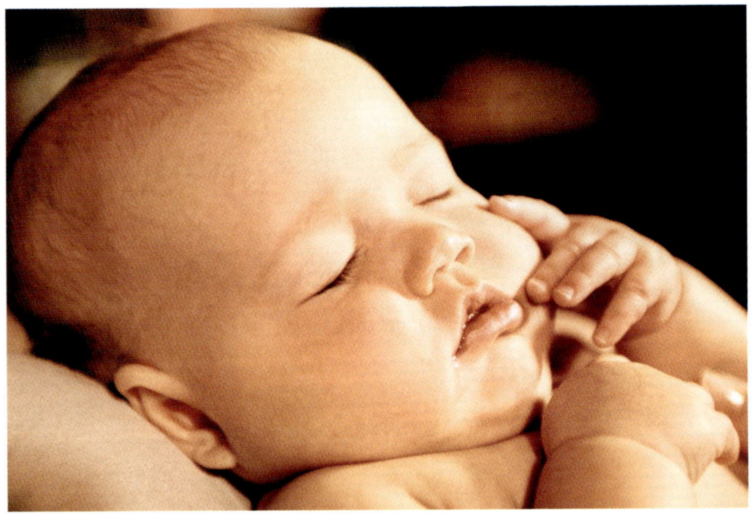

698 • Un niño duerme con su mano suavemente apoyada en su cara.

699 • Fotografía de un niño que duerme manteniendo los ojos un poco entreabiertos.

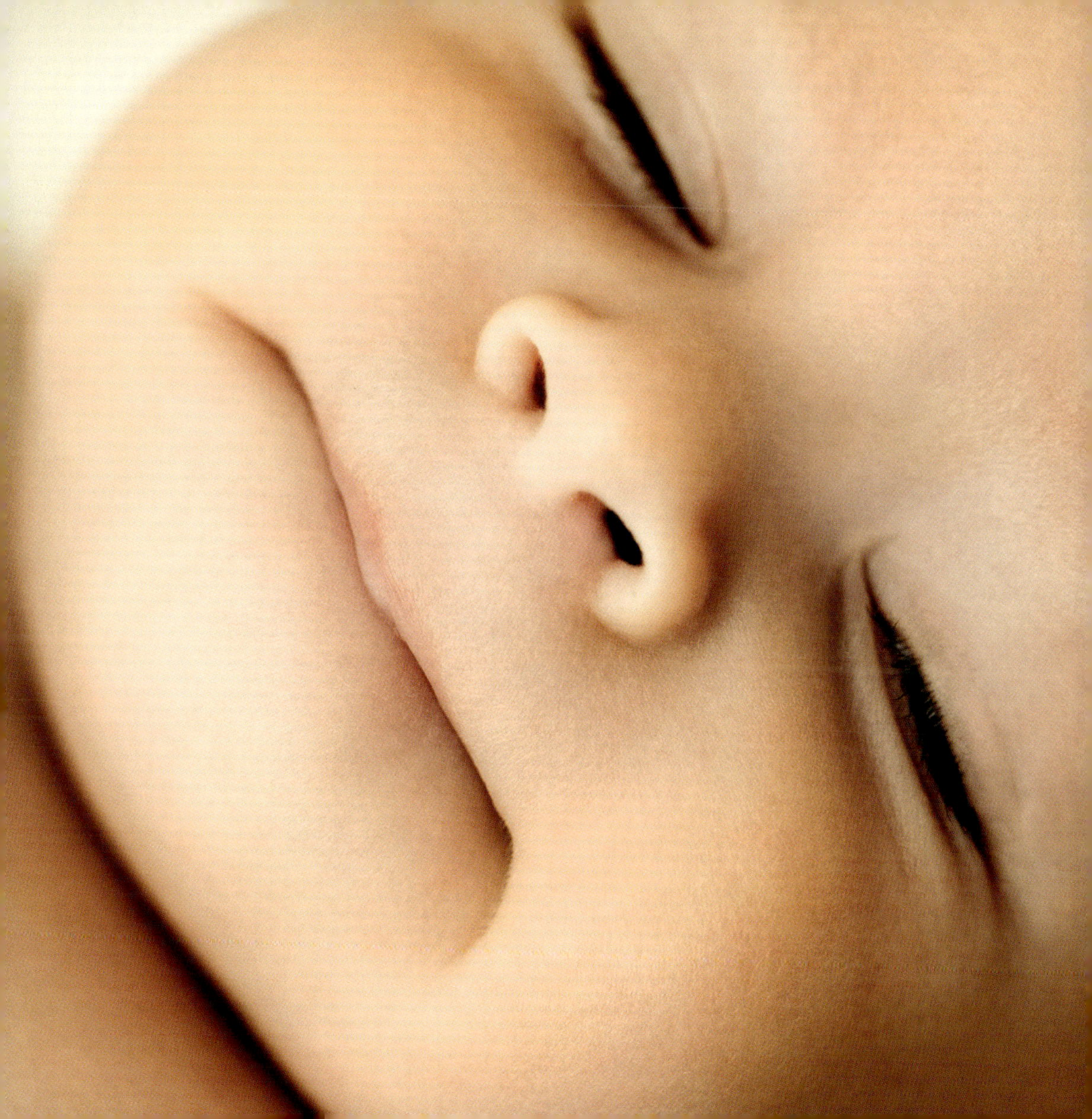

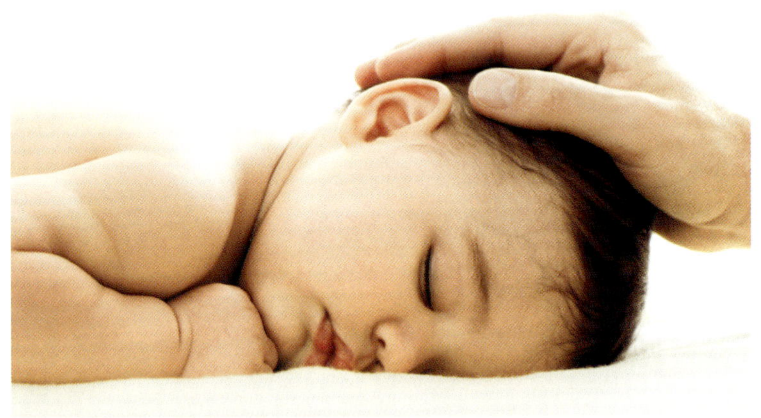

700 • Las caricias de su madre protegen los sueños de este niño.

701 • Un bebé envuelto en una sábana blanca, recibe las primeras luces de la mañana.

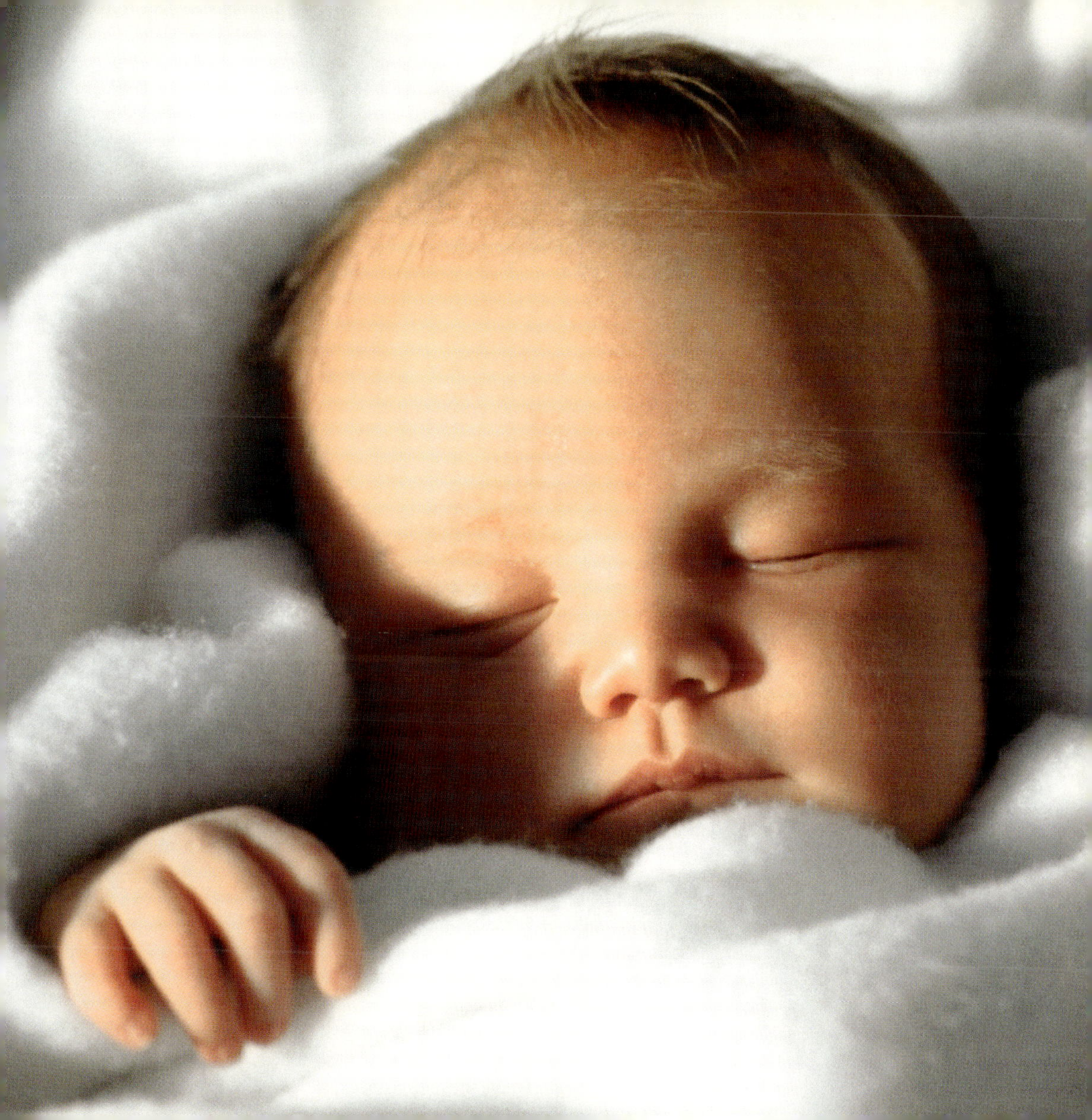

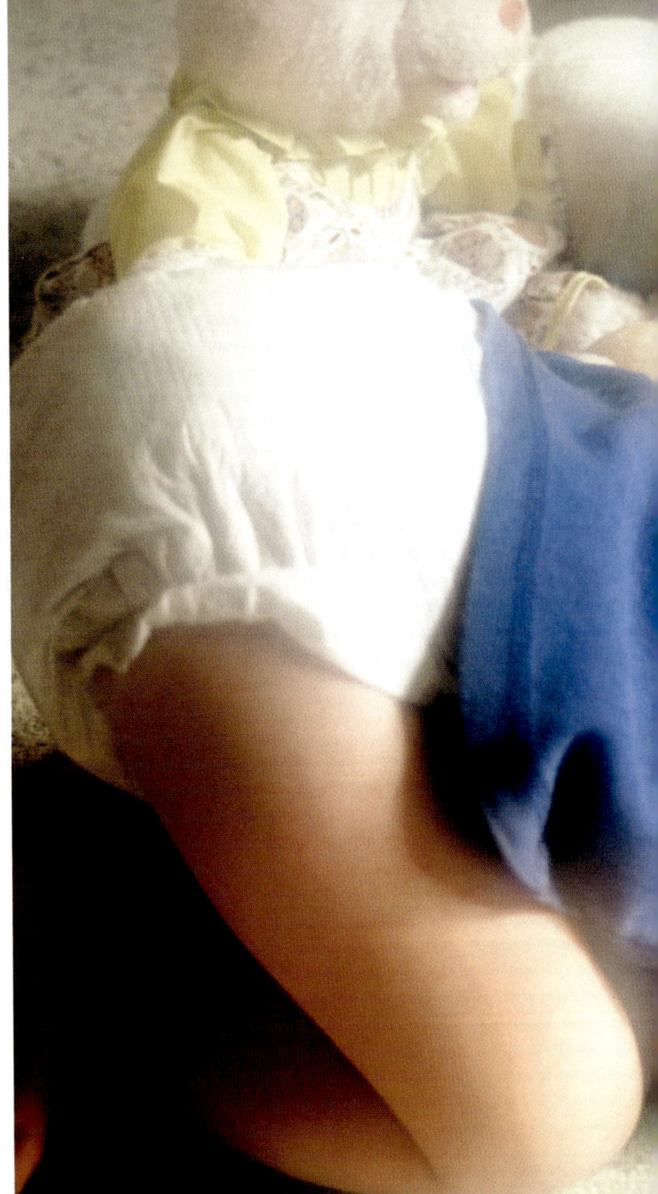

- Una niña duerme inmersa en su mundo, acompañada de todos sus peluches.

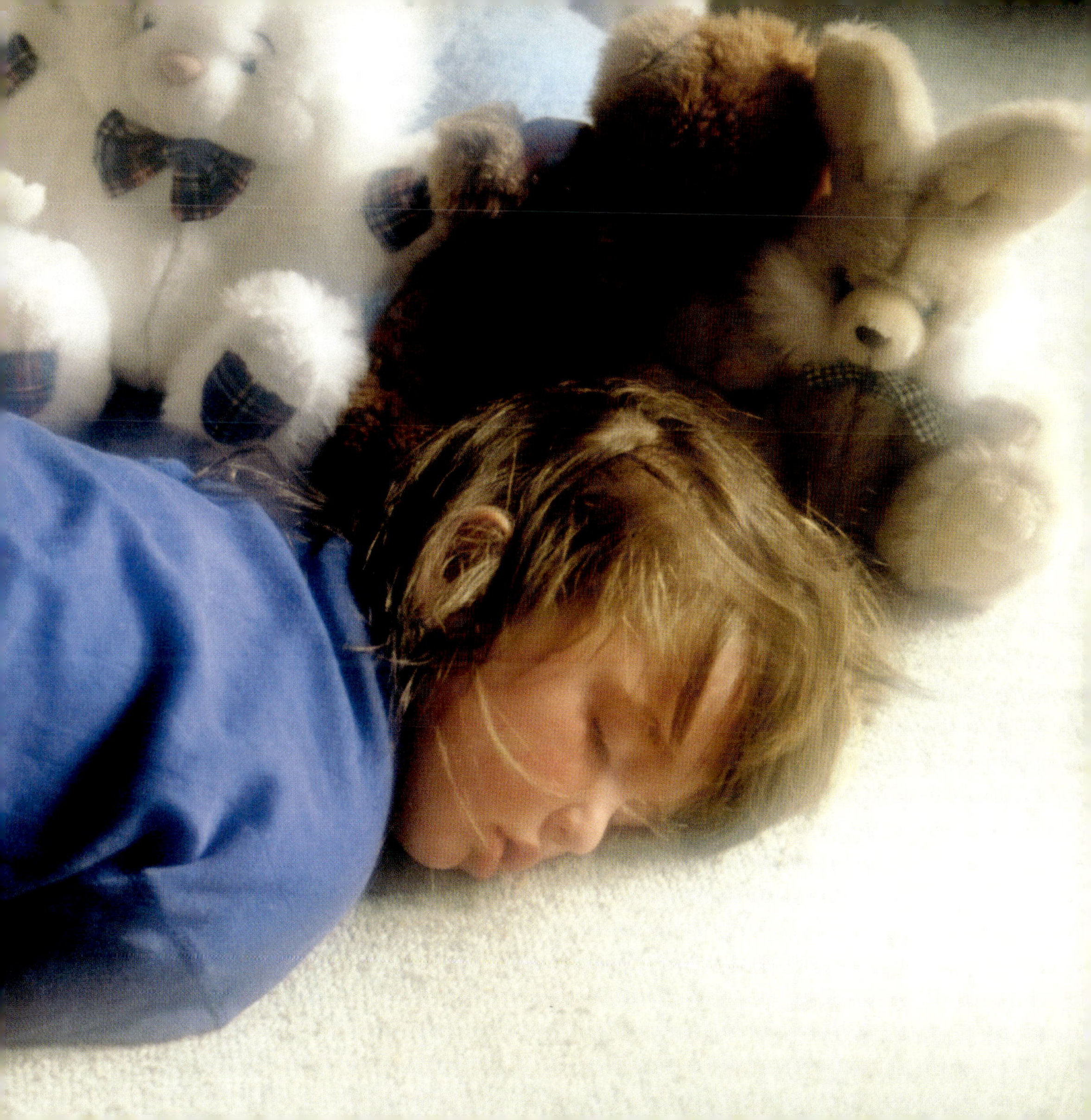

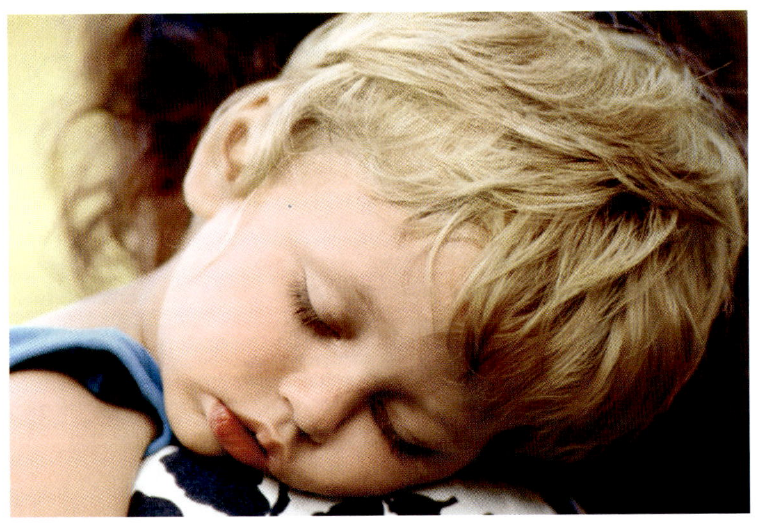

704 • Cada uno de estos niños adormecidos mantiene la cabeza apoyada en el hombro de su madre.

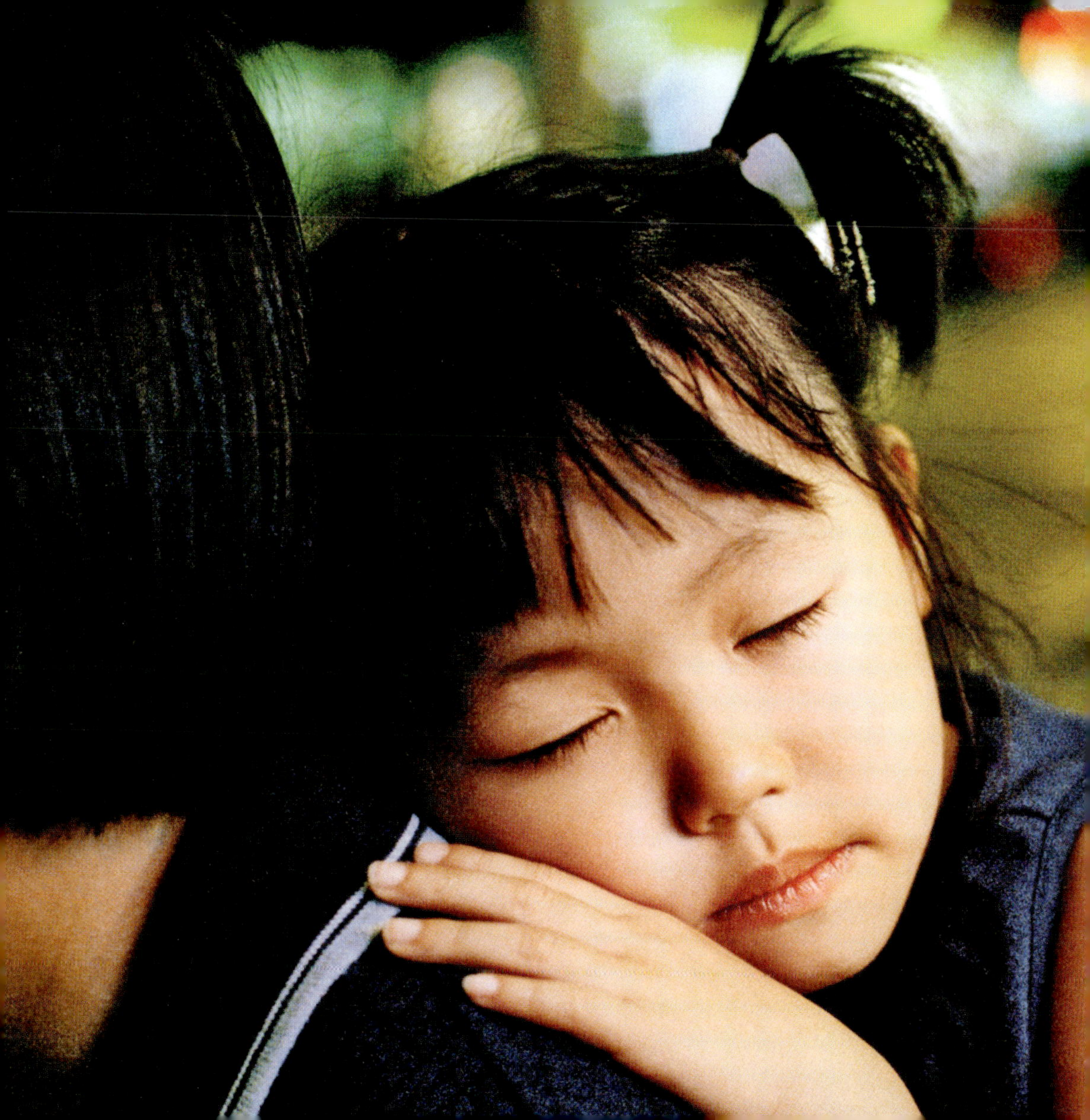

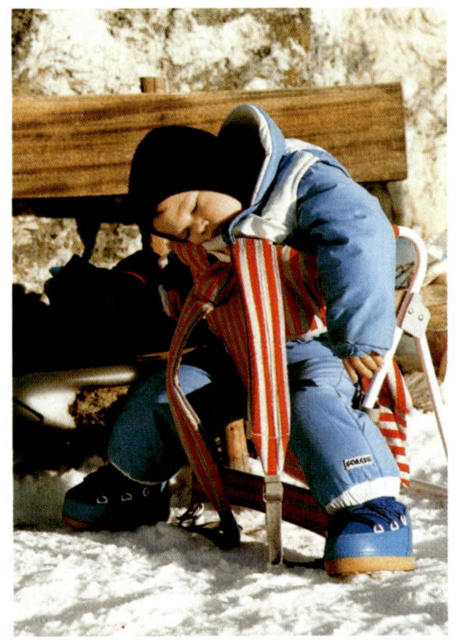

706 • Un niño se queda dormido en la misma silla en la que está sentado.

707 • El automóvil es un lugar ideal para el sueño de los más pequeños.

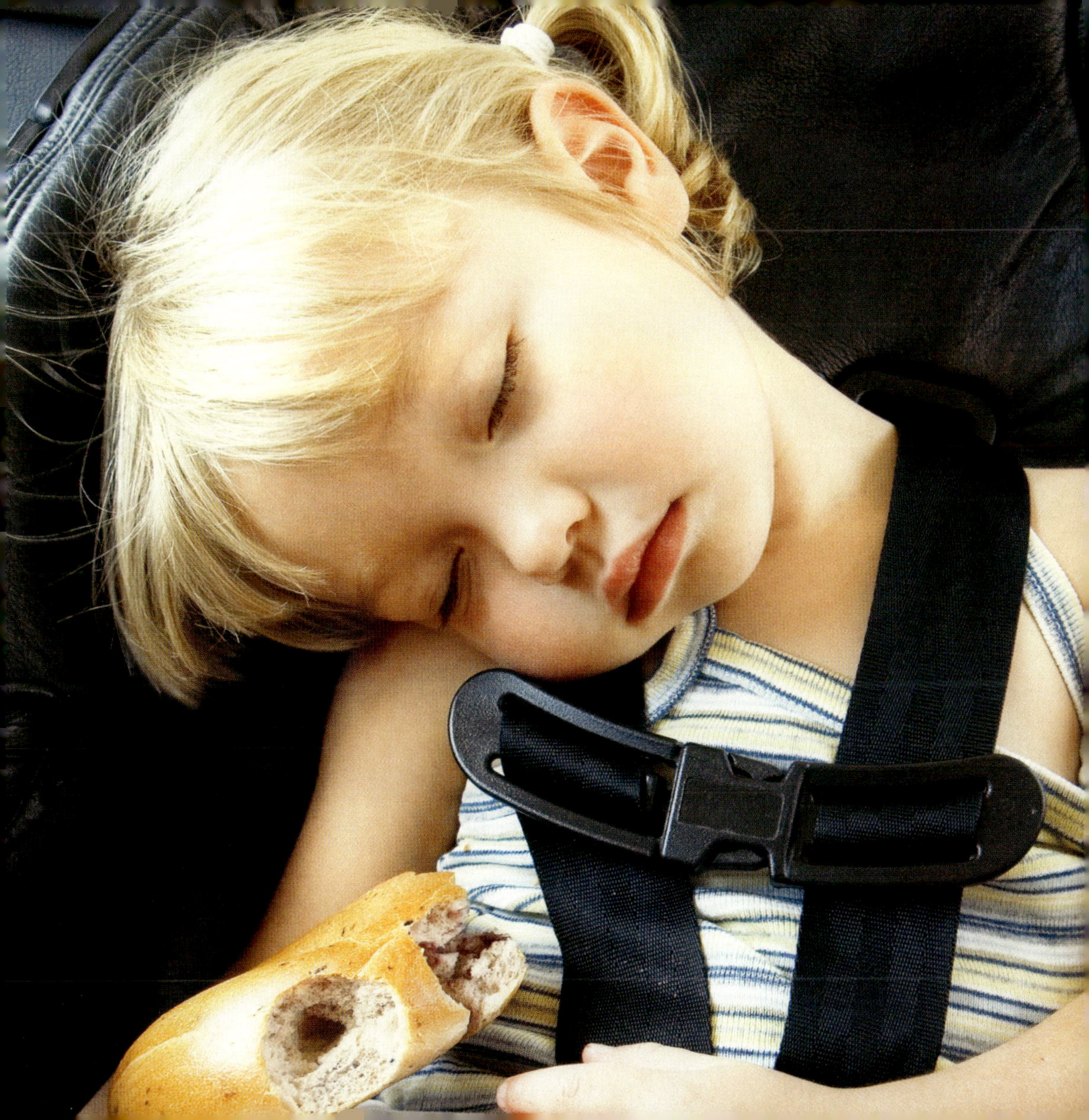

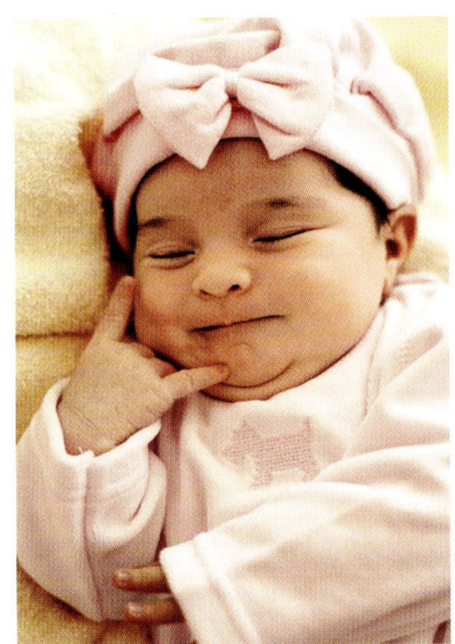

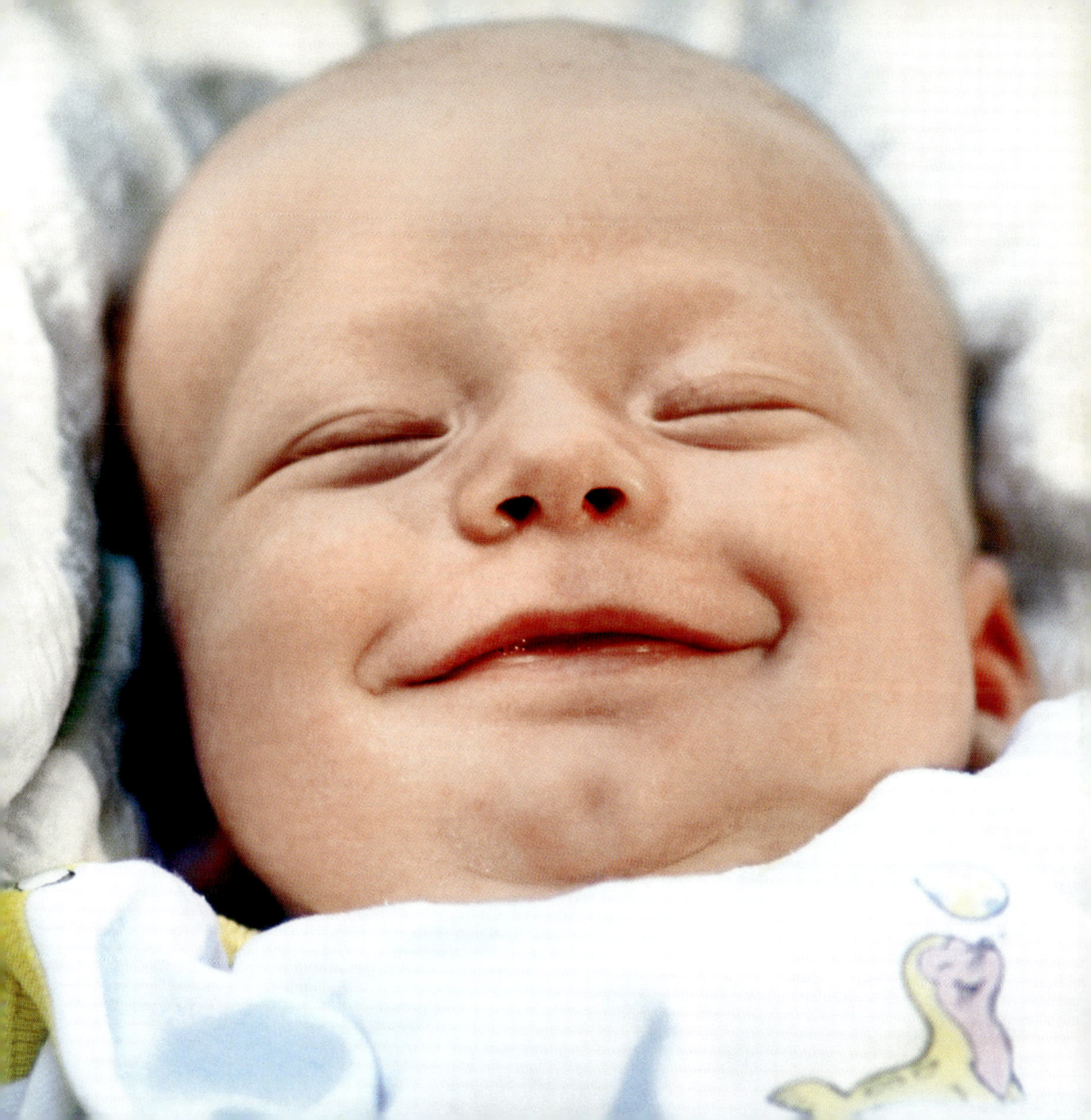

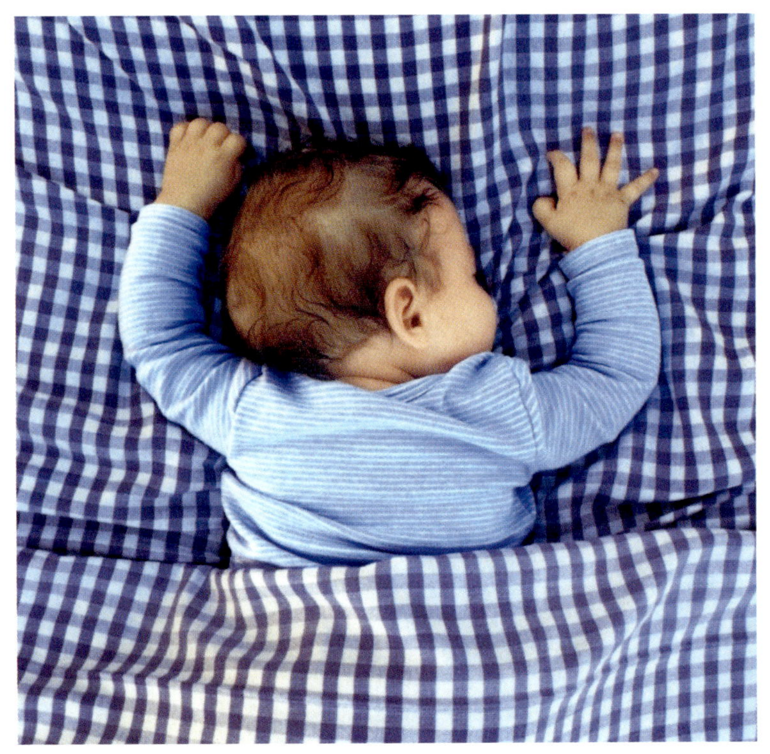

710 • La posición prono es la preferida por muchos recién nacidos.

711 • El cómico bostezo de un recién nacido.

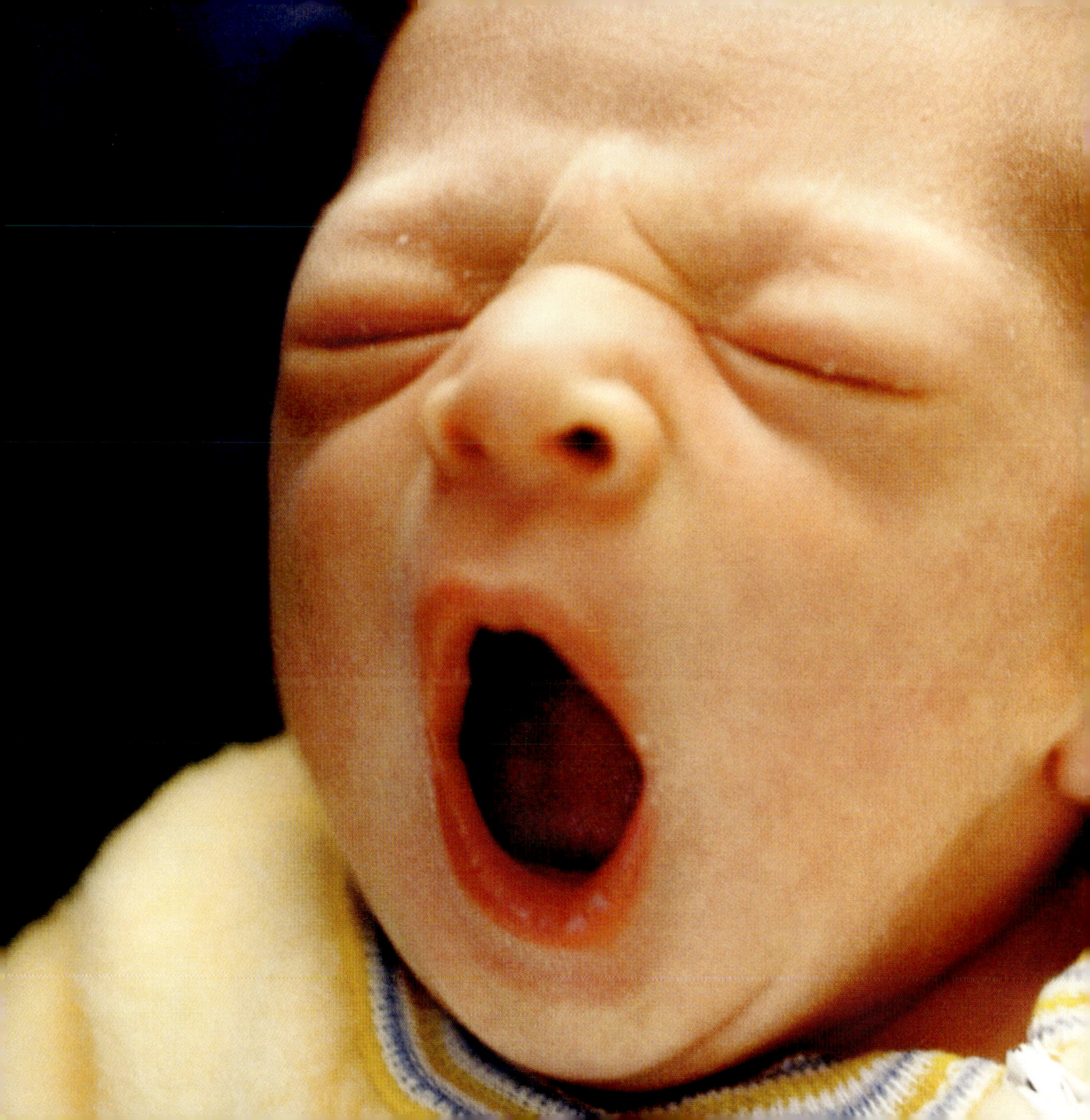

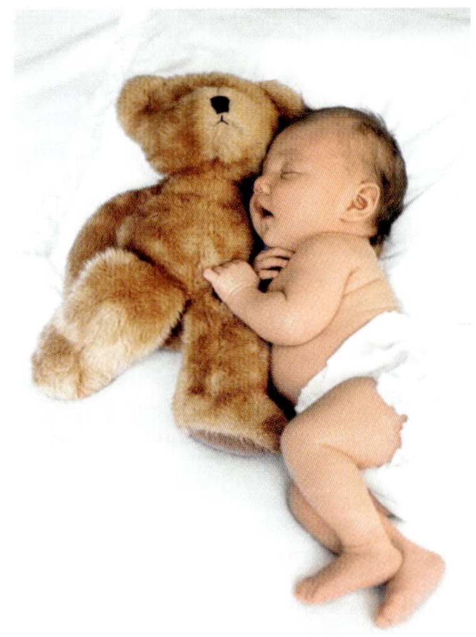

712 • Un bebé duerme abrazado a su osito de peluche.

713 • Este recién nacido no parece prestar mucha atención al gran perro de peluche que tiene en su cuna.

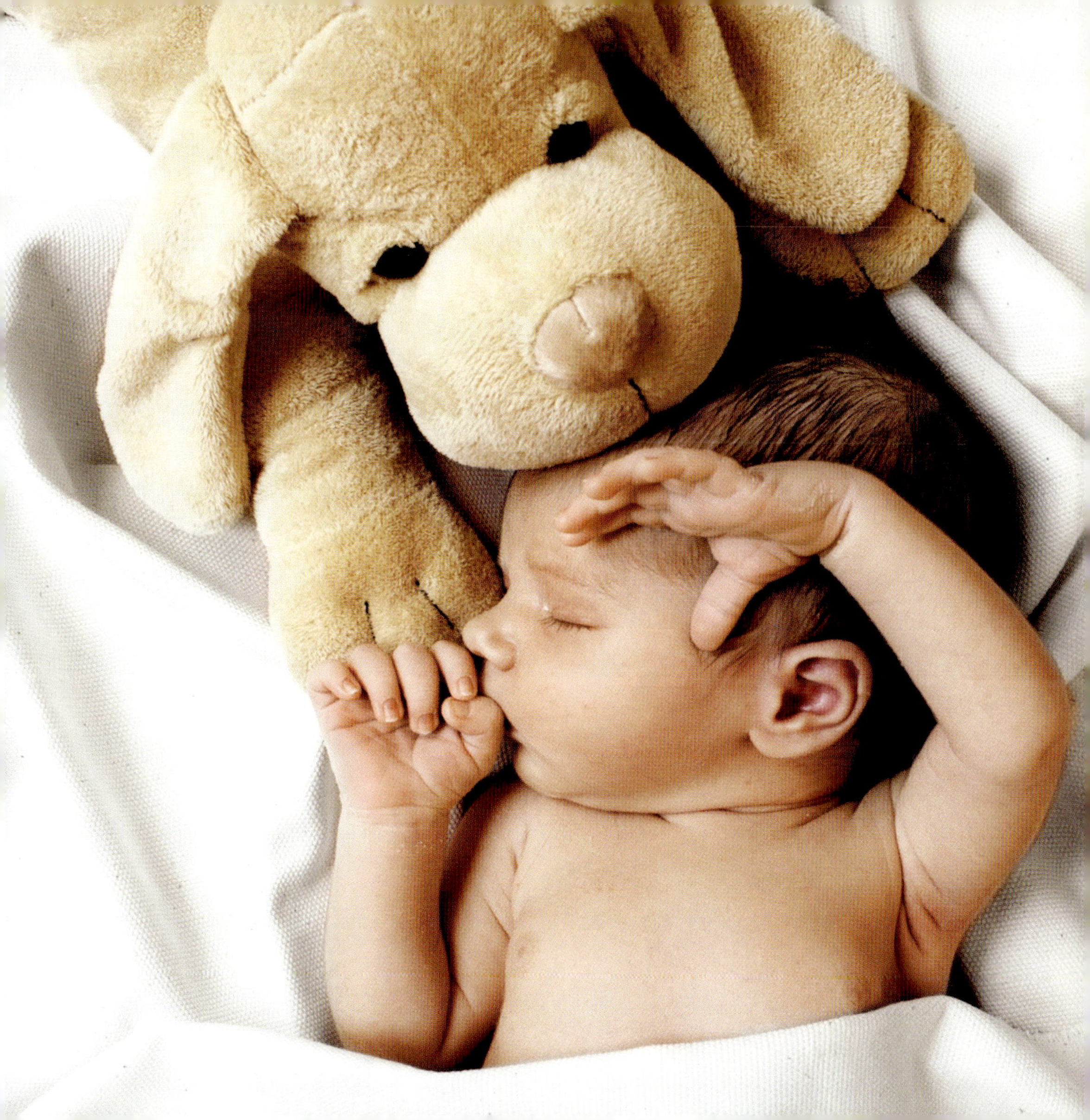

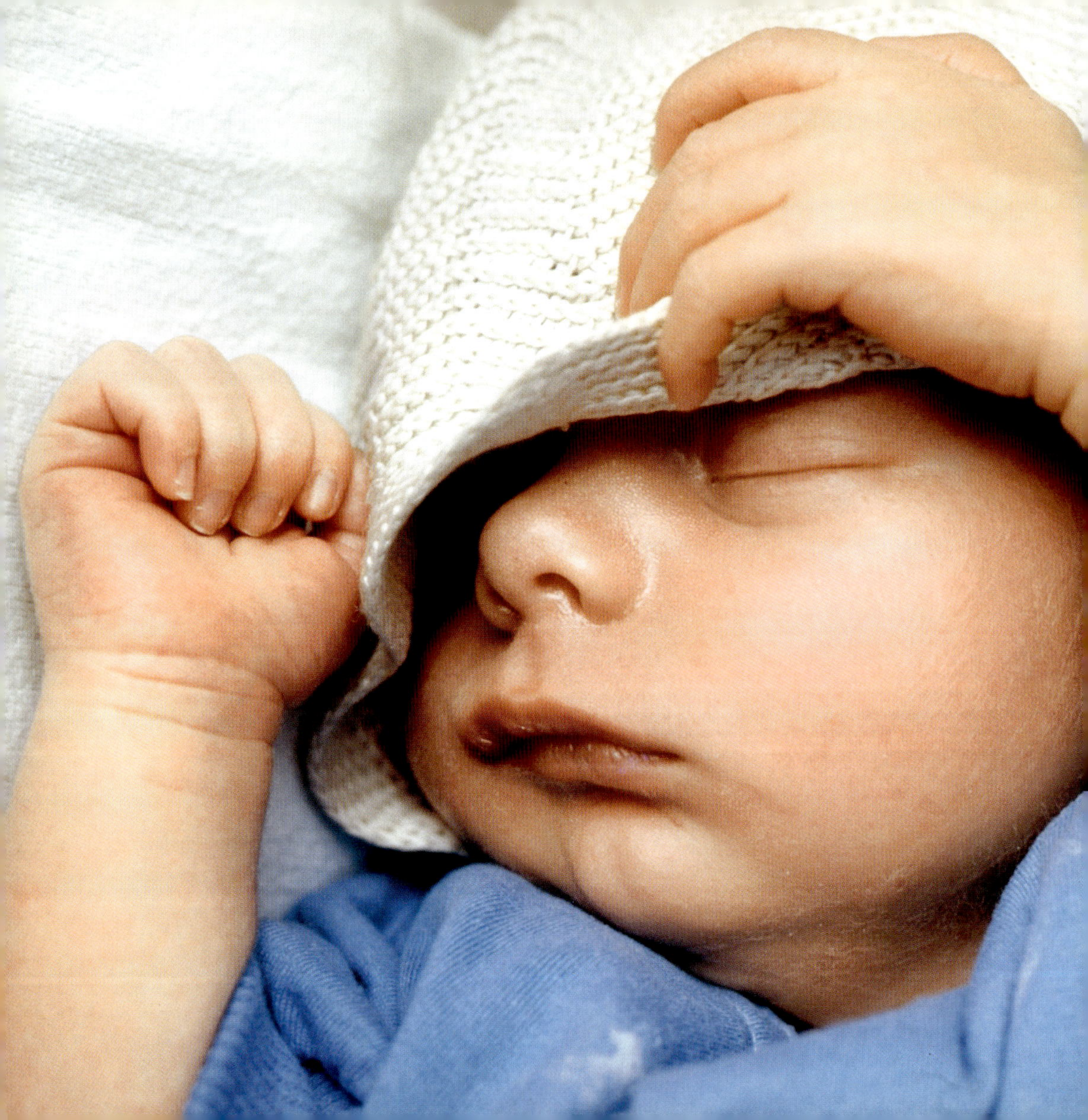

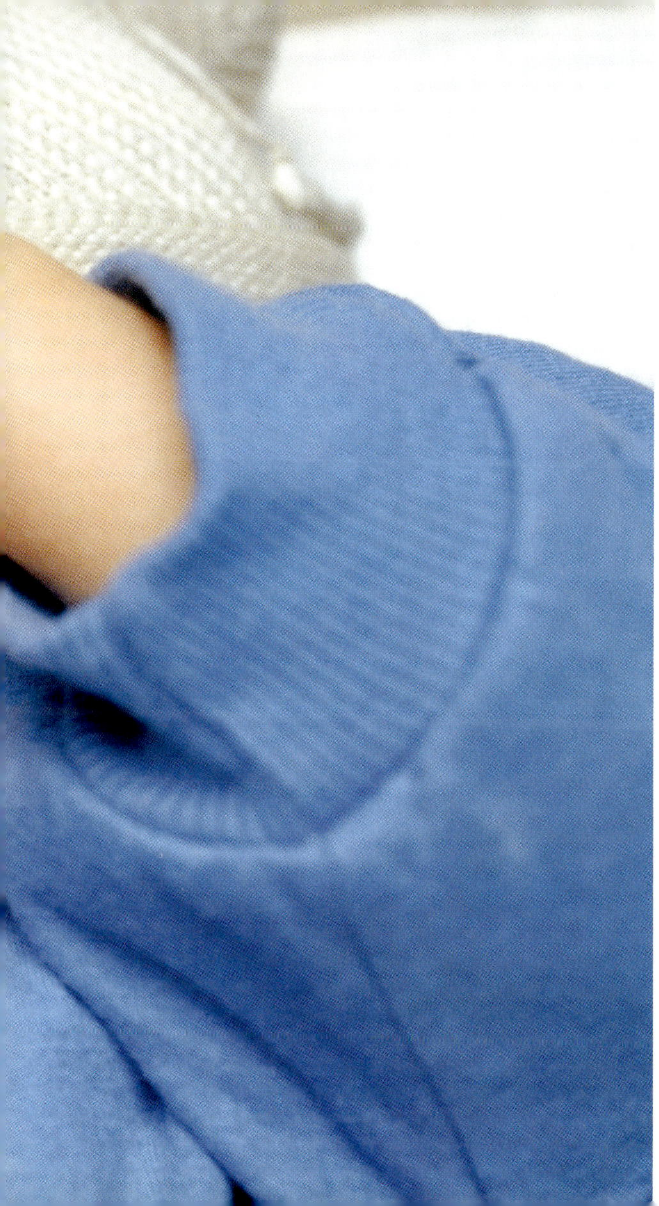

- Un sombrero blanco
  puede ser un
  complemento muy útil
  para proteger de la luz
  solar los delicados ojos
  de este recién nacido.

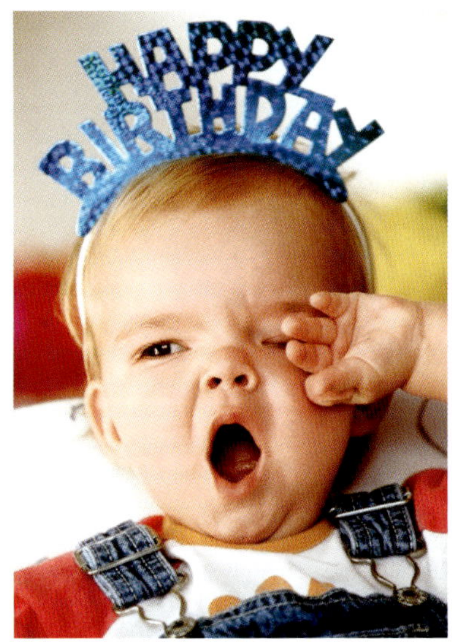

716 • Al final de una fiesta de cumpleaños puede notarse un aire de cansancio en niños como éstos.

717 • Este niño que ya tiene un año y medio bosteza echado en una hamaca poco antes de dormirse.

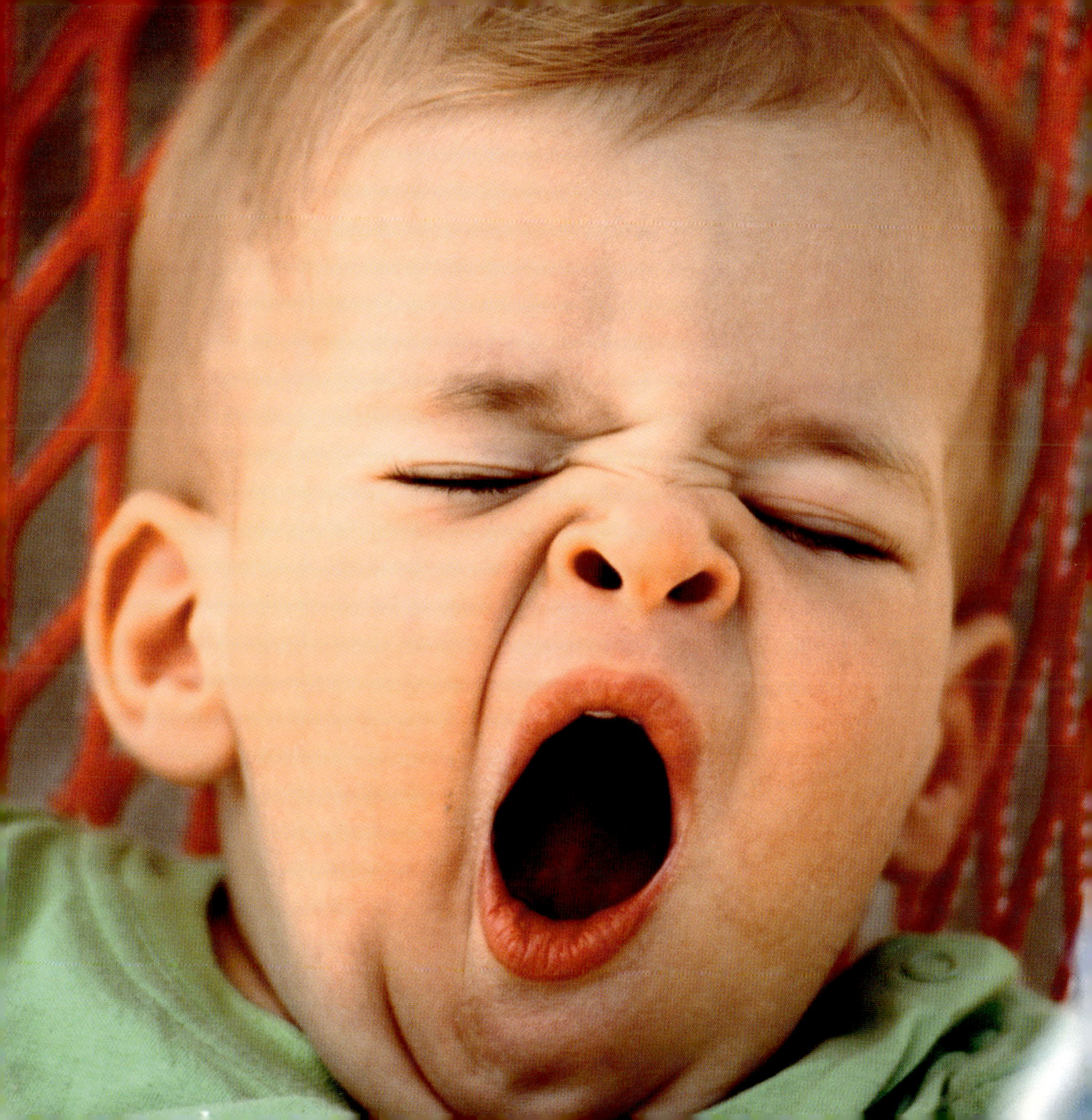

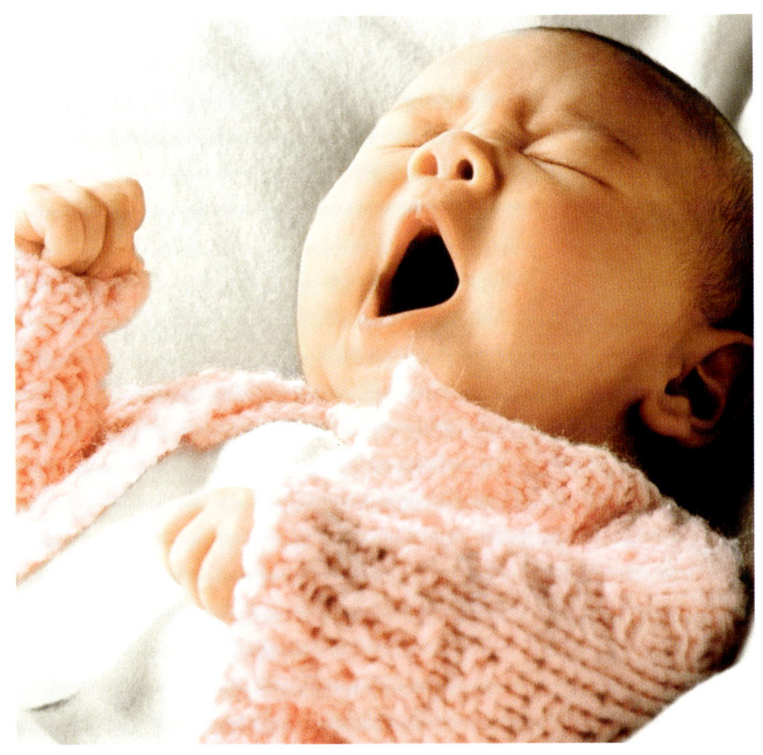

Dos niños bostezan con los ojos cerrados y la boca bien abierta.

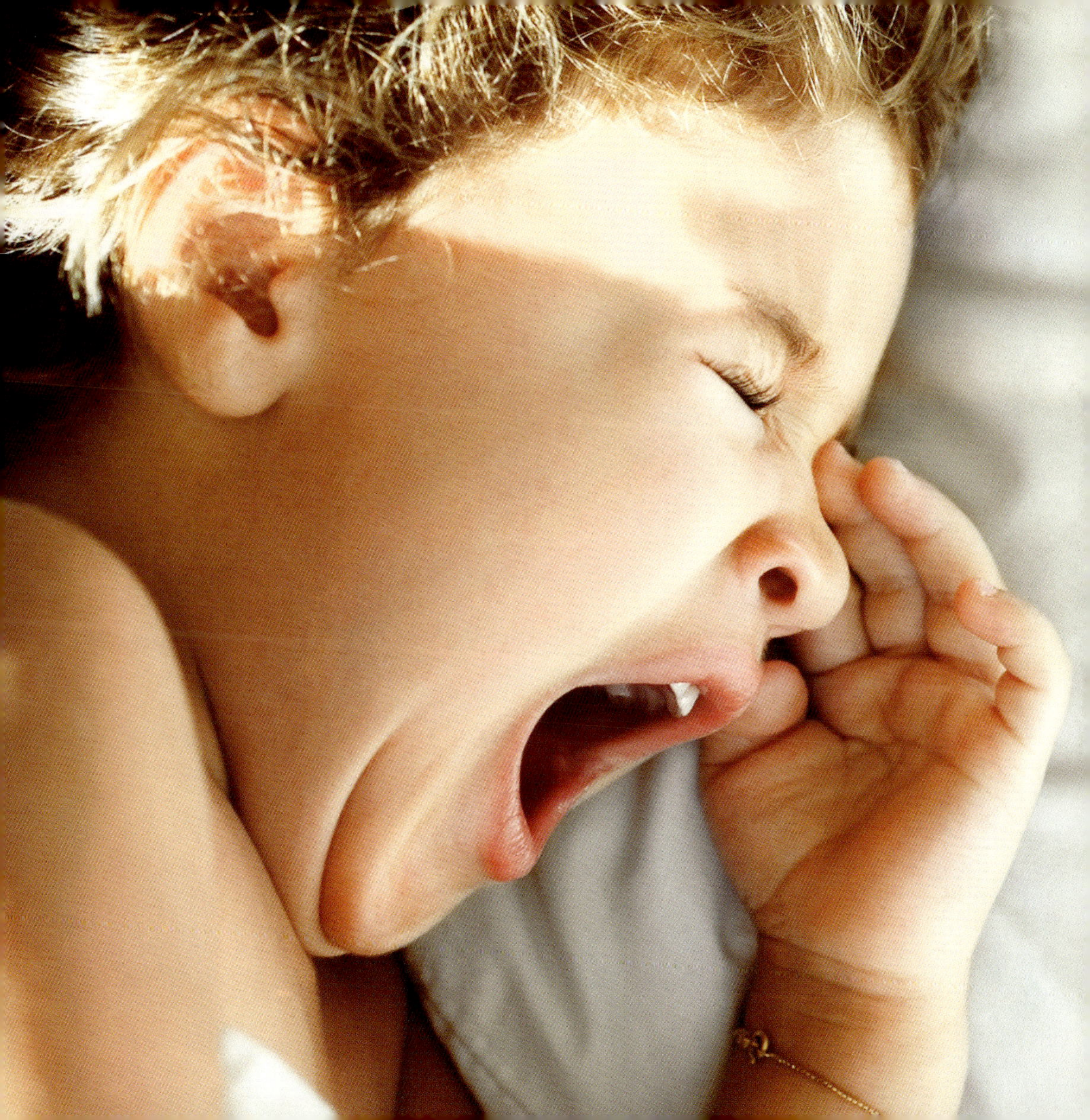

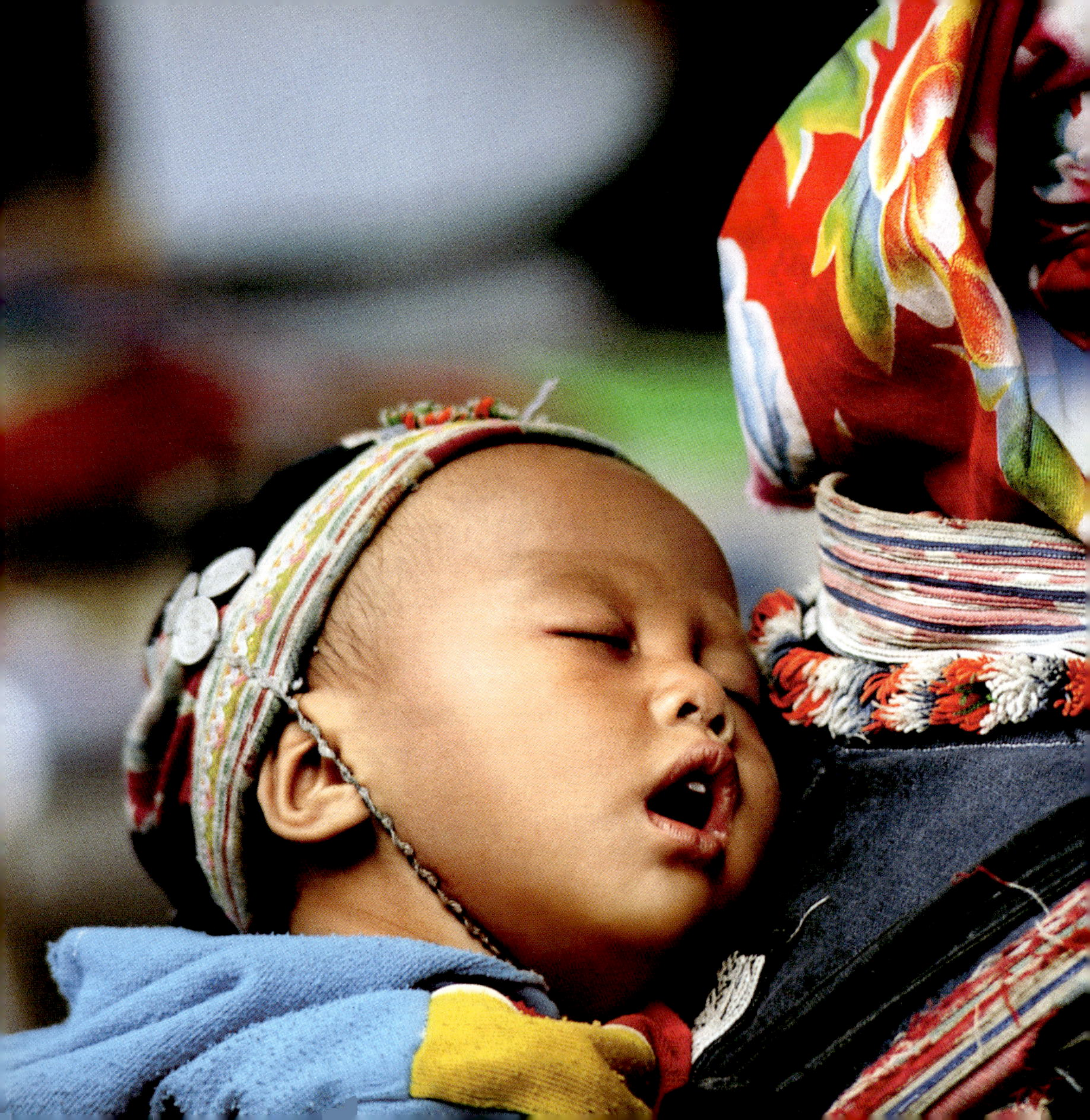

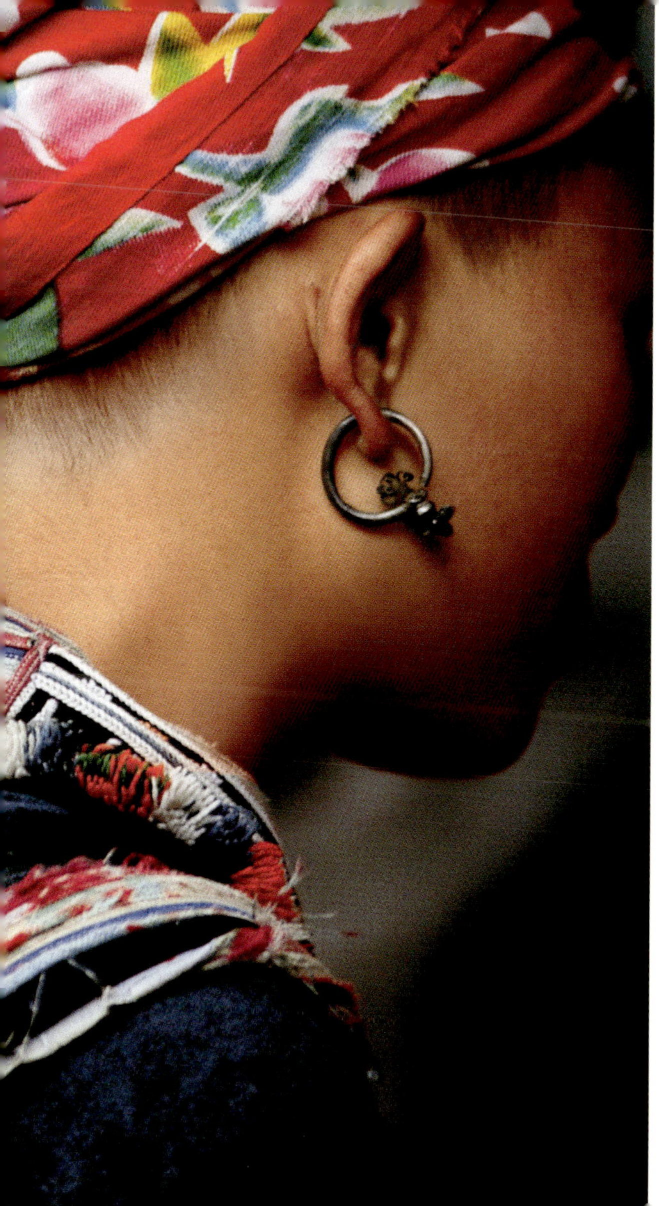

Un niño duerme
profundamente
mientras se desplaza
cómodamente en la
espalda de su madre.

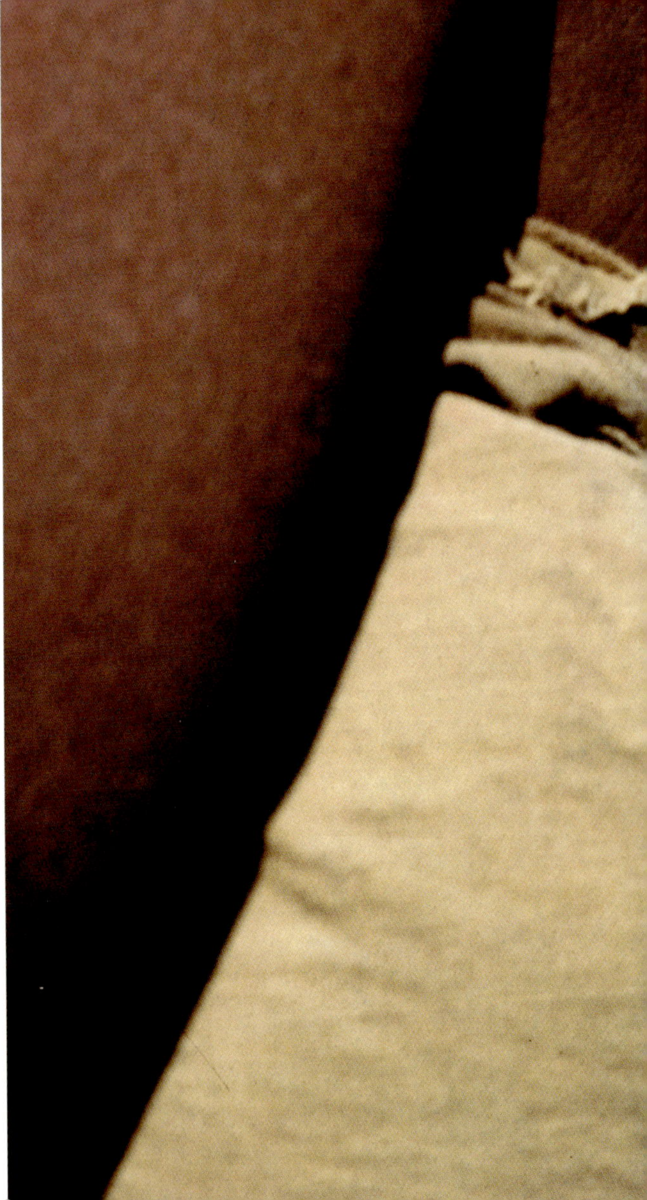

● La cabeza inclinada
de un niño que duerme:
un sueño tan profundo
permite una absoluta
recuperación
de energías.

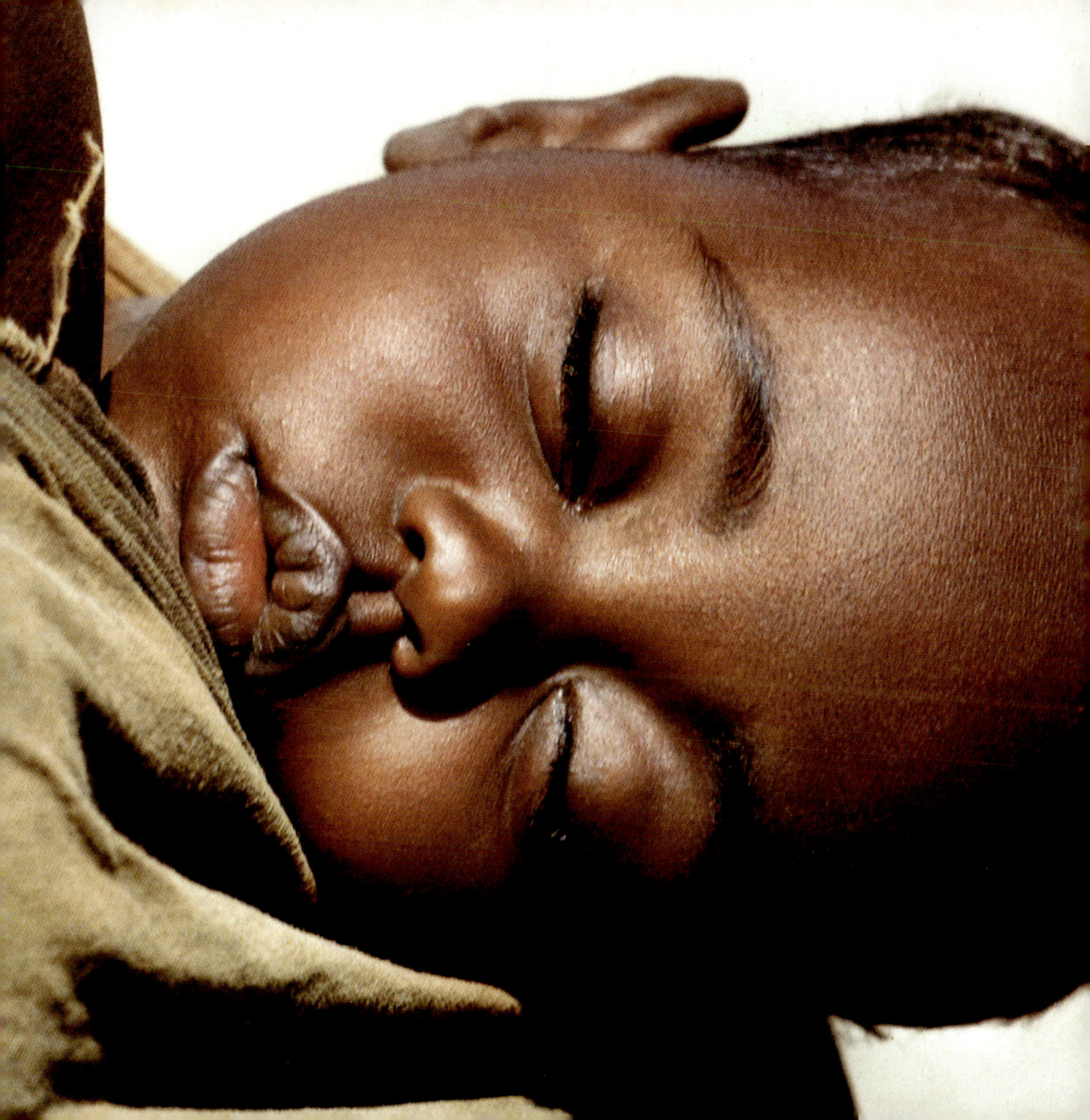

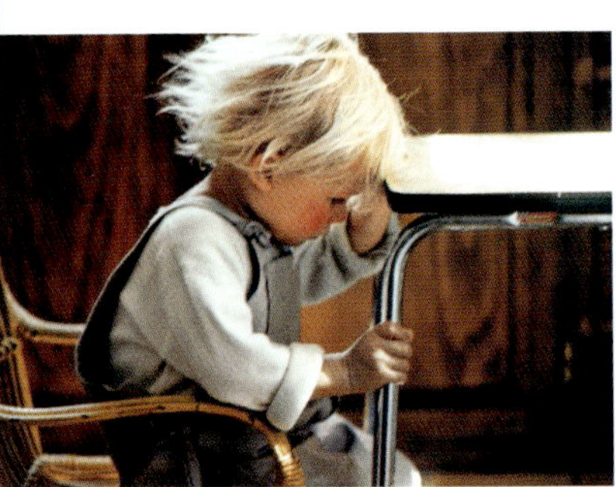

Cuando se está muy cansado también la mesa puede servir para echar una cabezadita.

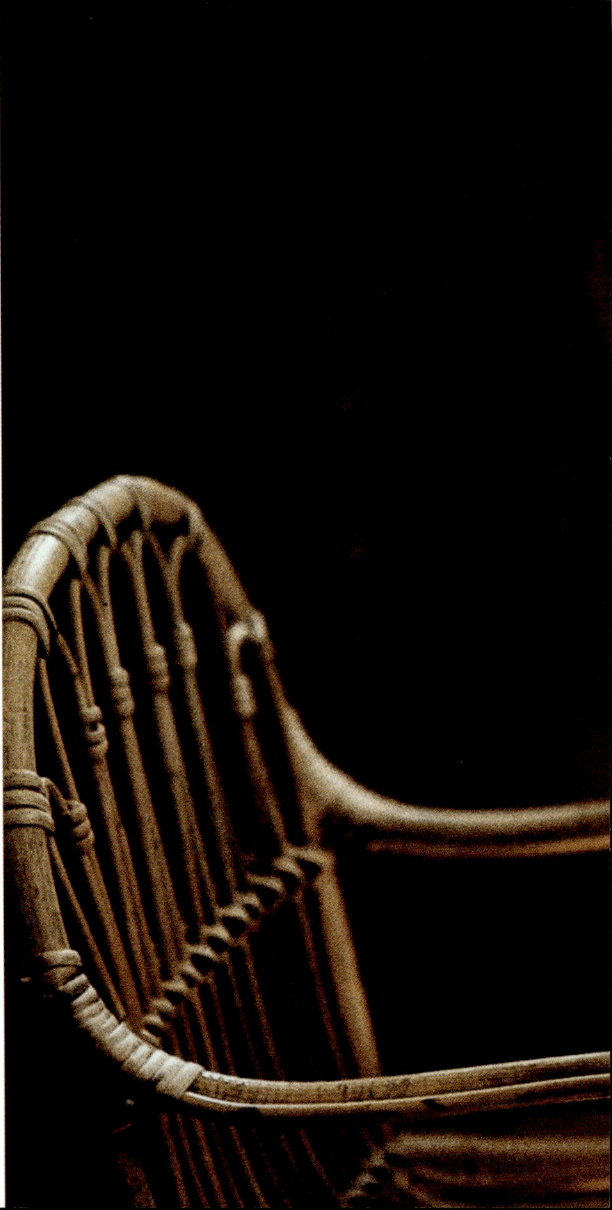

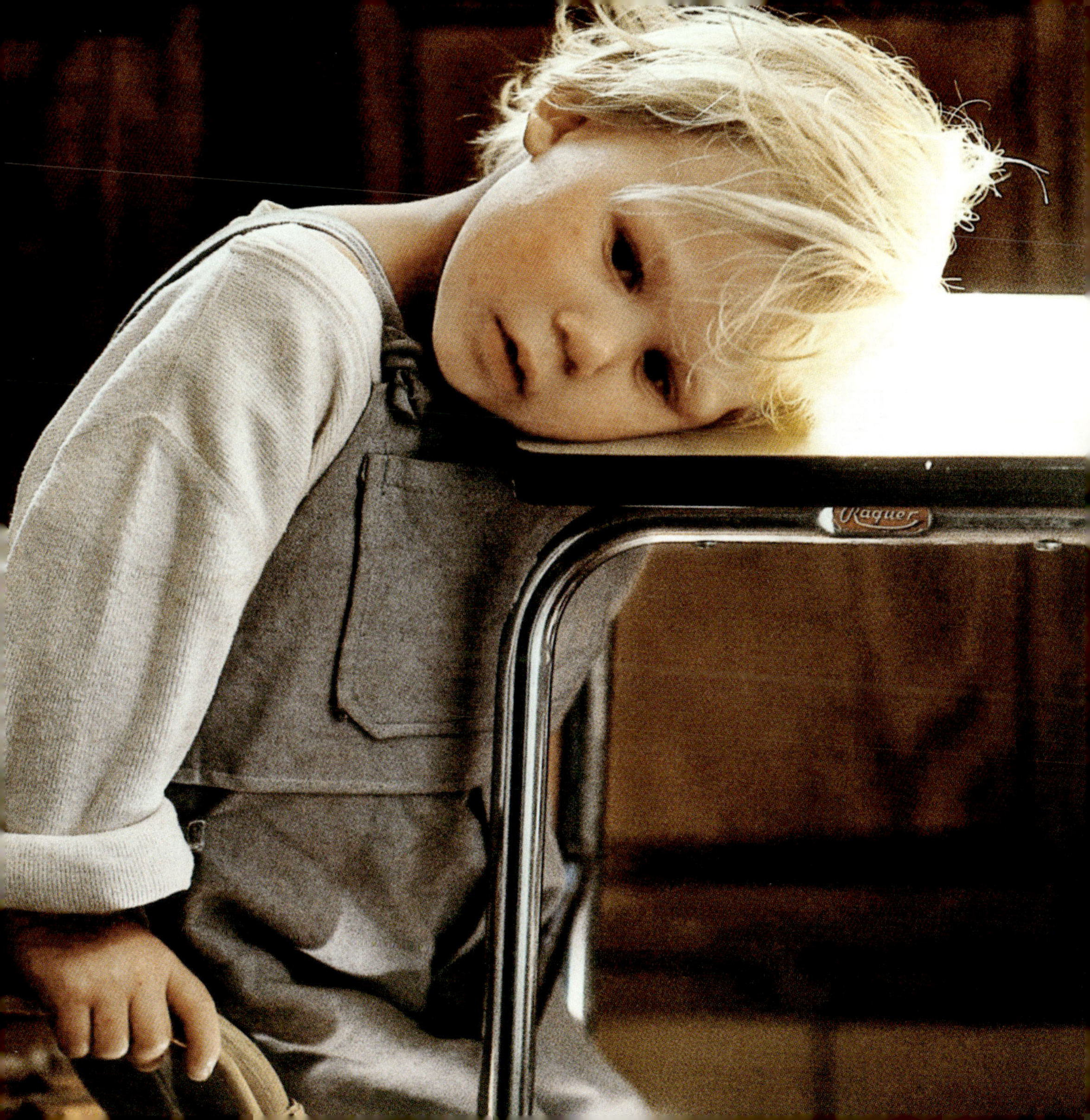
Raguer

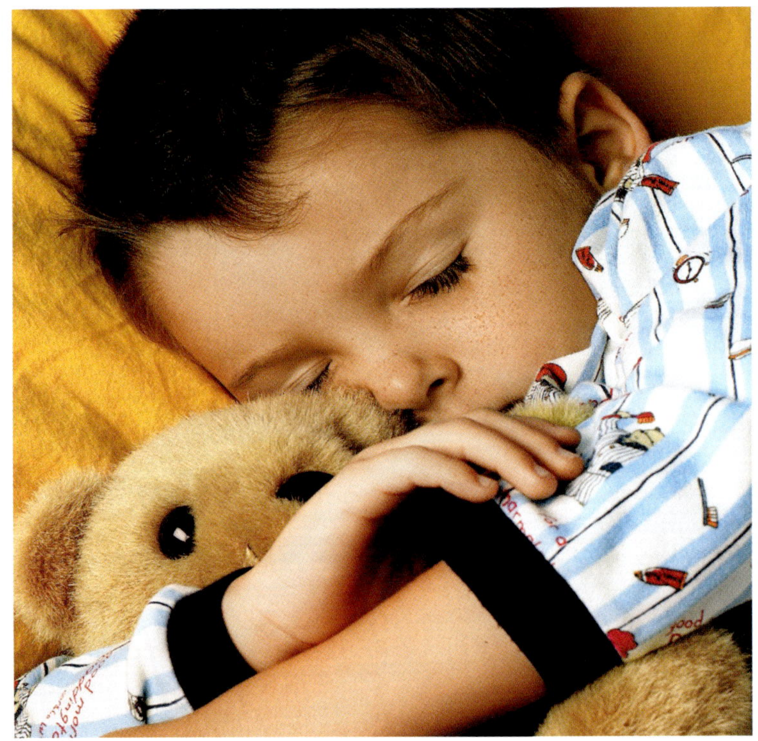

726 • Con su pijama y su osito de peluche este niño está dispuesto a dormir toda la noche.

727 • Este niño duerme con una expresión serena y tranquilizadora.

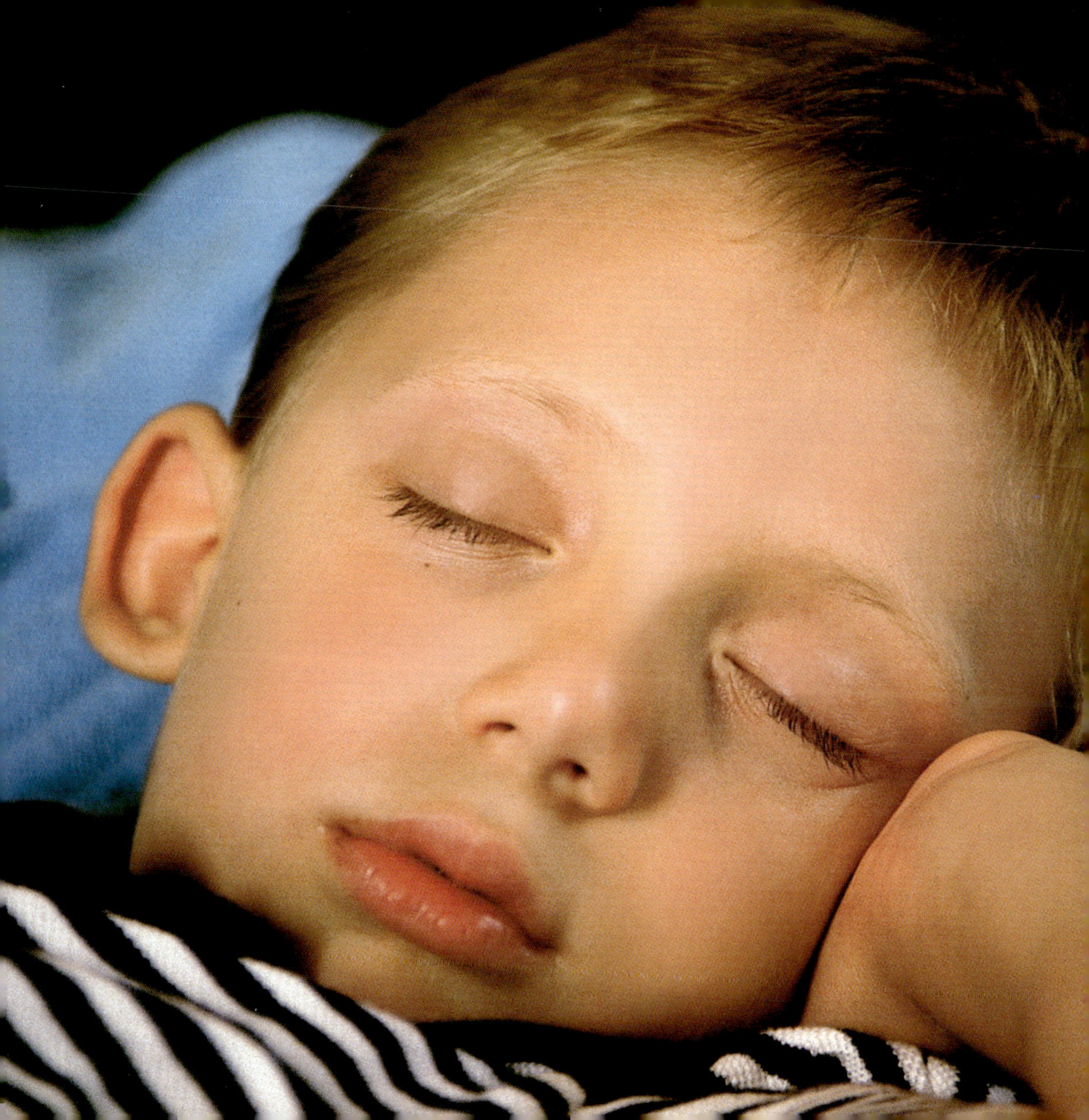

▨ VALERIA MANFERTO DE FABIANIS

Nacida en Vercelli (Italia), realizó estudios de literatura y se licenció en Filosofía en la Università Cattolica del Sacro Cuore de Milán.

Gran aficionada a los viajes y a la naturaleza, ha colaborado en la realización de documentales televisivos, así como de diferentes reportajes publicados por las más prestigiosas revistas especializadas italianas; ha sido también responsable del proyecto editorial de numerosas obras de contenido fotográfico.

En el año 1984, creó, junto a Marcello Bertinetti, Edizioni White Star, donde es responsable de la dirección editorial.

▨ BEATRICE TORO

Nacida en 1971, realizó estudios de Filosofía y Psicología en la Università La Sapienza de Roma, donde se licenció.

Su principal dedicación se orienta hoy día al mundo de la psicología evolutiva y la creciente relación entre los jóvenes y las nuevas tecnologías. Desde 2001 desarrolla su trabajo como psicóloga en la ciudad de Roma donde ha publicado diferentes artículos y ensayos sobre el ciclo de la vida de la familia y de la adolescencia; desde el año 2005 es directora científica de la Fondazione Movimento Bambino.

A

Alpaca, 532d
Amazonia, 73d, 74d
América Central, 158d
Andamán, Islas, 114d, 154d
Angkor Wat, 384d
Anshun, 102d, 120d

B

Bagán, llanura de, 80d
Bali, 12d
Ban Nai Soi, 227d, 247d
Bandar Seri Begavan, escuela, 253d
Barbados, 110d
Bengala, golfo del, 96d
Bhután, 70d, 144d
Bluemont, 504d
Bolivia, 74d
Bombay, 94d
Bororo, 133d
Brasil, 539d
Brunei, Estado de, 253d, 255d, 266d, 318d
Buda, 260d

C

Cabloco, 73d
Camboya, 104d, 222d, 384d
Camerún, 112d
Cerrado, Región, 539d
Chataura, 275d
China, 236d, 270d, 282d, 508d
Chinceros, 196d
Colca, 532d
Congo, 124d
Cuzco, 102d, 532d

D

Dogg, Snoop, 636d

E

Ecuador, 74d, 98d
Ese'eja, 74d

F

Florida, 644d
Fort Atkinson, 514d

G

Gadaba, 96d
Gran Bretaña, 611d
Guan Mo, 240d
Guangxi, 227d
Guangzhou, 227d

Guatemala, 83d
Guilin, 227d
Guizhou, 102d, 120d,
    206d

H
Himba, 12d
Ho Chi Min, ciudad
    de, 672d
Hong Kong, 622d

I
Idaho, 642d
India, 69d, 94d, 96d,
    249d, 260d, 288d
Inle, lago, 498d

J
Japón, 122d

K
Kanare, 264d
Kaokoveld, 193d
Khmer, 222d, 236d
Kundiman, 154d

L
Lachung, 260d
Ladakh, 69d
Laos, 104d
Luang Prabang,
    104d

M
Machalilla, parque
    nacional de,
    98d
Mali, 165d
Maya, 83d
Mekong, 236d
Miao, 120d, 206d,
    240d
Mongolia Interior,
    464d
Myanmar, 498d,
    536d

N
Namibia, 12d, 193d,
    410d
Nepal, 138d, 275d
Níger, 133d, 165d,
    264d
Noruega, 92d
Nueva Delhi, 288d

O
Omak Stampede,
    646d
Orissa, 96d

P
Pagán, 138d
Pakistán, 86d
Pao, 536d

Papúa Nueva Guinea,
    154d
Perú, 74d, 102d,
    196d, 532d
Phnom Penh, 104d,
    222d
Praga, 128d
Providencia, isla,
    244d

Q
Quechua, 74d

R
República
    Dominicana, 242d
Rusia, 293d

S
Sami, 92d
Santa Catalina de
    Palopo, 83d
Santo Tomé, 112d
Seúl, 260d
Shangai, 736d
Shankardev Shisu
    Niketan, escuela,
    234d
Shweyanpyay,
    monasterio de,
    498d
Sidney, 272d

T
Tailandia, 247d
Terai, 288d
Teton Valley, 642d
Tíbet, 426d
Tobago, 110d, 116d

V
Vancouver, 666d
Virginia, 504d

W
Washington,
    Estado de, 646d,
    666d
Wisconsin, 514d
Worogowo, 293d

X
Xiahe, 508d
Xian, 298d
Xinjiang, 80d,
    236d

Y
Yunnan, 282d

Z
Zhejiang, 270d

d = pie de ilustración

FOTOGRAFÍAS

Página 137 de Giulio Veggi
Páginas 138-139 de Bruno Morandi/ Sime/Sie
Página 140 de Picture Partners/ Agefotostock/Contrasto
Página 141 de Pedro Coll/ Agefotostock/Marka
Página 142 de Marcos Welsh/ Agefotostock/Contrasto
Página 143 de Picture Partners/Agefotostock/Marka
Página 144 de Izzet Keribar
Página 145 de Granata Images
Página 147 de Rolf Bruderer/Corbis
Página 151 de Picture Partners/ Agefotostock/Contrasto
Páginas 152 y 153 de Rick Gomez/ Corbis
Página 154 de Adriano Bacchella
Página 155 de Patricio Robles Gil/Naturepl.com/Contrasto
Página 156 de Mark D. Maziarz/ Agefotostock/Marka
Página 157 de Michele Westmorland/ Agefotostock/Contrasto
Páginas 158-159 de Birgit Koch/Agefotostock/Contrasto
Páginas 160-161 de Bruno Morandi/Agefotostock/Marka
Página 162 de Philip & Karen Smith/Agefotostock/Marka
Página 163 de Trudi Unger/Agefotostock/Contrasto
Páginas 164-165 de Kevin O'Hara/Agefotostock/Marka
Páginas 166-167 de Meeke/zefa/ Corbis
Páginas 168-169 de David Stoecklein/ Corbis
Páginas 170-171 de Tim Pannell/Corbis
Páginas 172 y 173 de Picture Partners/Agefotostock/Contrasto
Páginas 174-175 de Philip & Karen Smith/Agefotostock/Contrasto
Página 176 de Shoot/Agefotostock/ Contrasto
Página 177 de Stuart Pearce/ Agefotostock/Contrasto
Página 178 de Ariel Skelley/Corbis

Página 179 de Larry Williams/Corbis
Página 180 de Trevor Bonderud/ Agefotostock/Contrasto
Página 181 de Picture Partners/ Agefotostock/Contrasto
Página 182 de R. Schlelprnan/ Agefotostock/Contrasto
Página 183 de Picture Partners/ Agefotostock/Marka
Página 184 de Picture Partners/ Agefotostock/Contrasto
Página 185 de Marcello Bertinetti/ Archivo White Star
Páginas 186-187 de Trevor Bonderud/ Agefotostock/Contrasto
Páginas 188-189 de Jaume Gual/ Agefotostock/Marka
Página 189 de Picture Partners/ Agefotostock/Marka
Página 190 de Orangestock/ Agefotostock/Marka
Página 191 de Jerry Millevoi/Agefotostock/Contrasto
Páginas 192-193 y 193 de Werner Bollmann/Agefotostock/Marka
Páginas 194-195 de Guido Corradino
Páginas 196-197 de Marcello Bertinetti/Archivo White Star
Páginas 198-199 de Carlo De Fabianis/Archivo White Star
Páginas 200-201 de Valeria Manferto De Fabianis/Archivo White Star
Página 202 y 203 de Liane Cary/Agefotostock/Contrasto
Páginas 204-205 de Carlo De Fabianis/Archivo White Star
Página 207 de Nevada Wier/Corbis
Página 211 de Stuart Pearce/ Agefotostock/Marka
Páginas 212-213 de Lella Beretta
Página 214 de Granata Images
Página 215 de Larry Williams/Corbis
Página 216 de José Luis Peláez/zefa/ Corbis
Página 217 de Tom & Dee Ann McCarthy/Corbis
Página 218 de Stuart Pearce/ Agefotostock/Contrasto

Página 219 de John-Francis Bourke/ zefa/Corbis
Página 220 de Michael Prince/Corbis
Página 221 de Alison Wright/Corbis
Página 222 de Bohemian Nomad Picturemakers/Corbis
Páginas 222-223 do LWA-Dann Tardif/zefa/Corbis
Páginas 224 y 224-225 de Marcello Bertinetti/Archivo White Star
Páginas 226-227 de Keren Su/China Span
Página 227 de Jerry Cooke/Corbis
Páginas 228-229 de Daniel Lainé/ Corbis
Páginas 230-231 de Doug Scott/ Agefotostock/Marka
Páginas 232 y 232-233 de Giulio Veggi
Páginas 234-235 de Lindsay Hebberd/Corbis
Páginas 236-237 de Mason Florence/ Lonely Planet Images
Páginas 238-239 de Michael Yamashita
Páginas 240-241 de Nevada Wier/ Corbis
Página 242 de Richard I' Anson/Lonely Planet Images
Páginas 242-243 de Gideon Mendel/ Corbis
Páginas 244-245 de Richard Bickel/ Corbis
Páginas 246-247 de Daniel Lainé/ Corbis
Páginas 248-249 de Robert van der Hilst/Corbis
Página 250 de Olivier Föllmi/Rapho/Hachette/Contrasto
Página 251 de Paul Almasy/Corbis
Páginas 252-253 de R. Ian Loyd/ Mastefile/Sie
Páginas 254-255 de Michael Yamashita
Página 255 de Michael Yamashita
Páginas 256-257 de Michael Yamashita
Páginas 258 y 258-259 de Marcello Bertinotti/Archivo White Star

FOTOGRAFÍAS

Página 260 de Earl & Nazima Kowall/
Corbis
Página 261 de You Sung-Ho/Reuters/
Contrasto
Páginas 262-263 de Randy Faris/
Corbis
Páginas 264-265 de Christophe
Courteau/Naturepl.com/Contrasto
Páginas 266-267 de Michael
Yamashita
Páginas 268 y 268-269 de Marcello
Bertinetti/Archivo White Star
Páginas 270-271 de Dean Conger/
Corbis
Página 272 de Angela Prati
Página 273 de William Taufic/Corbis
Páginas 274-275 de Alison Wright/
Corbis
Páginas 276-277 de Randy Faris/
Corbis
Páginas 278-279 de Harry Gruyaert/
MagnumPhotos/Contrasto
Páginas 280-281 de Michael Prince/
Corbis
Página 281 de Randy Faris/Corbis
Páginas 282-283 de Luca Piola
Páginas 284-285 de Granata Images
Páginas 286-287 de David
Katzenstein/Corbis
Página 288 de Bruno Morandi/
Agefotostock/Marka
Página 289 de Pawel Kopczynski/
Reuters/Contrasto
Páginas 290-291 de Gonzalo
Azumendi/Agefotostock/Marka
Página 291 de Dean Berry/
Agefotostock/Marka
Páginas 292-293 de Wolfgang
Kaeheler/Corbis
Página 295 de George Disario/Corbis
Página 298 de Gonzalo
Azumendi/Agefotostock/Contrasto
Página 300 de Stuart
Pearce/Agefotostock/Contrasto
Página 301 de Granata Images
Página 302 de Granata Images
Página 303 de Carson Ganci/
Agefotostock/Marka
Páginas 304 y 305 de Granata Images

Páginas 306 y 307 de Granata Images
Página 308 de Liane Cary/
Agefotostock/Contrasto
Página 309 de Granata Images
Páginas 310-311 de Granata Images
Páginas 312-313 de Granata Images
Página 314 de SuperStock/
Agefotostock/Marka
Página 315 de Liane Cary/
Agefotostock/Contrasto
Página 316 de Tom & Dee Ann
McCarthy/Corbis
Página 317 de Jeff Greenberg/
Agefotostock/Contrasto
Páginas 318-319 de Michael Yamashita
Páginas 320 y 320-321 de Granata
Images
Páginas 322 y 323 de Granata Images
Página 324 de Scott Wohrman/Corbis
Página 325 de Granata Images
Páginas 326-327 de Carlo De Fabianis/
Archivo White Star
Página 329 de Granata Images
Página 333 de Rainer Elstermann/zefa/
Corbis
Página 334 de J.D. Heaton/
Agefotostock/Marka
Página 335 de Liane Cary/
Agefotostock/Marka
Páginas 336-337 de Granata Images
Páginas 338-339 de Klaus-Peter Wolf/
Agefotostock/Marka
Página 340 de Granata Images
Páginas 340-341 de Granata ImagesH.
Benser/zefa/Corbis
Páginas 342-343 de Tim Wright/Corbis
Páginas 344 y 345 de Roy Morsch/
Corbis
Página 346 de Emilo Ereza/
Agefotostock/Contrasto
Páginas 346-347 de Granata Images
Página 348 de Jaume Gual/
Agefotostock/Contrasto
Páginas 348-349 de Granata Images
Páginas 350-351 de Granata Images
Páginas 352-353 de Granata Images
Páginas 354-355 de Granata Images
Páginas 356-357 de Granata Images
Página 358 de Granata Images

Página 359 de Roy Morsch/
Agefotostock/Marka
Página 360 de F. Bodenmueller/zefa/
Corbis
Página 361 de Granata Images
Páginas 362 y 363 de Granata Images
Página 364 de Lucianne Pashley/
Agefotostock/Marka
Página 365 de Brad Lewis/
Agefotostock/Contrasto
Página 366 de Steve Gravano/
Agefotostock/Contrasto
Páginas 366-367 de Sandy Clark/
Agefotostock/Contrasto
Páginas 368-369 de Kevin Dodge/
Masterfile/Sie
Página 369 de Picture
Partners/Agefotostock/Marka
Páginas 370-371 de Fabio
Cardoso/Agefotostock/Marka
Página 372 de Liane Cary/
Agefotostock/Contrasto
Página 373 de Picture Partners/
Agefotostock/Contrasto
Página 374 de Rick Gomez/
Agefotostock/Contrasto
Página 375 de Picture Partners/
Agefotostock/Contrasto
Página 376 de Mark Tomalty/
Masterfile/Sie
Página 377 de Michael Hilgert/
Agefotostock/Marka
Página 378 de John W. Gertz/zefa/
Corbis
Página 379 de Dennis MacDonald/
Agefotostock/Marka
Página 380 de Henryk T. Kaiser/
Agefotostock/Contrasto
Página 381 de Robert Essel NYC/
Corbis
Páginas 382-383 de Elmar Krenkel/
zefa/Corbis
Páginas 384-385 de Steve McCurry/
MagnumPhotos/Contrasto
Páginas 386 y 387 de Dennis
MacDonald/Agefotostock/Marka
Páginas 388-389 de Granata Images
Páginas 390-391 de Robert Llewellyn/
Corbis

Páginas 392-393 de Granata Images
Página 395 de Valeria Manferto De
    Fabianis/Archivo White Star
Página 399 de Brad Lewis/
    Agefotostock/Contrasto
Página 400 de Bart Harris/
    Agefotostock/Contrasto
Página 401 de Targa/
    Agefotostock/Marka
Página 402 de Spencer Grant/
    Agefotostock/Marka
Página 403 de Lucianne Pashley/
    Agefotostock/Marka
Página 404 de Jaume Gual/
    Agefotostock/Marka
Página 405 de Tom Grill/
    Agefotostock/Marka
Página 406 de Roy Morsch/
    Agefotostock/Marka
Páginas 406-407 de Lucille Khornak/
    Agefotostock/Contrasto
Páginas 408 y 409 de Liane Cary/
    Agefotostock/Marka
Página 410 de Gyssels/
    Agefotostock/Marka
Página 411 de Werner Bollmann/
    Agefotostock/Marka
Página 412 de James McLoughlin/
    Agefotostock/Marka
Página 413 de M. Plexman/
    Agefotostock/Marka
Página 414 de Marcos Welsh/
    Agefotostock/Marka
Páginas 414-415 de Lucille Khornak/
    Agefotostock/Contrasto
Páginas 416-417 de Ifa Bilderteam/
    Agefotostock/Marka
Página 417 de Stuart Pearce/
    Agefotostock/Contrasto
Página 418 de Stuart Pearce/
    Agefotostock/Contrasto
Página 419 de James McLoughlin/
    Agefotostock/Contrasto
Página 420 de Boden/Ledingham/
    Masterfile/Sie
Página 421 de Liane Cary/
    Agefotostock/Contrasto
Páginas 422-423 de Tiziana e Gianni
    Baldizzone/Archivo White Star

Página 424 de R. Bareis/
    Agefotostock/Marka
Página 425 de Didonia/
    Agefotostock/Marka
Páginas 426 y 427 de Steve McCurry/
    MagnumPhotos/Contrasto
Páginas 428 y 428-429 de Jennie
    Woodstock; Reflections
    Photolibrary/Corbis
Página 430 de Liane Cary/
    Agefotostock/Marka
Página 431 de Roger Marshutz/
    Agefotostock/Contrasto
Página 432 de Lucianne Pashley/
    Agefotostock/Marka
Página 433 de Pedro Coll/
    Agefotostock/Marka
Página 434 de Picture Partners/
    Agefotostock/Marka
Página 435 de Patrick Bennett/
    Agefotostock/Contrasto
Página 436 de Liane Cary/
    Agefotostock/Marka
Página 437 de Kathleen Finlay/
    Masterfile/Sie
Páginas 438-439 de Yang Liu/Corbis
Página 440 de Picture Partners/
    Agefotostock/Contrasto
Página 441 de Steve Gravano/
    Agefotostock/Contrasto
Páginas 442-443 de Lucille Khornak/
    Agefotostock/Contrasto
Páginas 444-445 de Natalie Fobes/
    Corbis
Página 445 de Jennie Woodstock;
    Reflections Photolibrary/Corbis
Página 446 de SuperStock/
    Agefotostock/Marka
Página 447 de Bob London/Corbis
Páginas 448-449 de Picture
    Partners/Agefotostock/Marka
Página 449 de Bartomeu
    Amengual/Agefotostock/Marka
Páginas 450-451 de Granata Images
Página 452 de Marcello Bertinetti/
    Archivo White Star
Página 453 de Carolina Zanotti
Páginas 454-455 de Rick Gomez/
    Corbis

Páginas 456 y 457 de Marcello
    Bertinetti/Archivo White Star
Página 458 de Granata Images
Página 459 de Marcello Bertinetti/
    Archivo White Star
Página 461 de Mark Tomalty/
    Masterfile/Sie
Página 465 de Nevada Wier/Corbis
Páginas 466-467 y 467 de Adriano
    Bacchella
Páginas 468 y 469 de Adriano
    Bacchella
Páginas 470-471 de Leng/Leng/Corbis
Página 472 de Granata Images
Página 473 de Kevin Dodge/
    Masterfile/Sie
Páginas 474-475 de Granata Images
Páginas 476-477 de Larry Williams/
    Corbis
Páginas 478-479 de Elizabeth Hathin/
    Corbis
Páginas 480-481 de Kevin Dodge/
    Masterfile/Sie
Página 482 de David Schmidt/
    Masterfile/Sie
Página 483 de Granata Images
Páginas 484-485 de Granata Images
Páginas 486-487 de Kevin Dodge/
    Masterfile/Sie
Página 488 de Granata Images
Página 489 de Lynda Richardson/
    Corbis
Página 490 de Kelly-Mooney
    Photography/Corbis
Páginas 490-491 de Granata
    Images
Páginas 492-493 de LWA-Dann
    Tardif/zefa/Corbis
Página 494 de Mark Gamba/Corbis
Página 495 de Ariel Skelley/Corbis
Páginas 496-497 de Norman/zefa/
    Corbis
Página 497 de Mark Tomalty/
    Masterfile/Sie
Páginas 498-499 de Bruno
    Morandi/Agefotostock/Marka
Página 500 de Frank
    Siteman/Agefotostock/Marka
Página 501 de Julie Habel/Corbis

FOTOGRAFÍAS

Página 502 de Casey Kelbaugh/ Agefotostock/Contrasto

Página 503 de Lori Carpenter/ Agefotostock/Marka

Página 504 de Lucille Khornak/ Agefotostock/Contrasto

Página 505 de Barouillet/ Agefotostock/Marka

Páginas 506-507 de Jeff Greenberg/ Agefotostock/Marka

Páginas 508-509 de Bjorn Svensson/ Agefotostock/Marka

Páginas 510-511 de Adriano Bacchella

Páginas 512-513 de Adriano Bacchella

Página 514 de Morales/Agefotostock/ Marka

Página 515 de Rick Miller/Corbis

Página 516 de Emilo Ereza/ Agefotostock/Marka

Página 517 de Lella Beretta

Páginas 518-519 de Drecoll, K.u.H./ Agefotostock/Marka

Página 520 de Frank Siteman/ Agefotostock/Marka

Página 521 de Morales/ Agefotostock/Contrasto

Página 522 de Granata Images

Página 523 de Reinhard Schmid/Sime/ Sie

Páginas 524-525 de Brian Sytnyk/ Masterfile/Sie

Páginas 526-527 de Normal/ Agefotostock/Marka

Páginas 528-529 de SuperStock/ Agefotostock/Marka

Páginas 530-531 de Gianni Giansanti

Página 532 de SGM/Agefotostock/ Marka

Página 533 de Bartolomé Balaguer/ Agefotostock/Marka

Página 534 de Monica Nogueiras/ Agefotostock/Marka

Página 535 de Granata Images

Página 536 de R. Matina/ Agefotostock/Marka

Página 537 de Angelo Cavalli/ Agefotostock/Marka

Páginas 538-539 de Pete Oxford/ Naturepl.com/Contrasto

Página 540 de D. Meding/ Agefotostock/Marka

Página 541 de Michael Deyoung/ Agefotostock/Contrasto

Página 542 de Granata Images

Página 543 de Liane Cary/ Agefotostock/Contrasto

Página 544 de Michele Westmorland/ Agefotostock/Marka

Página 545 de Stephanie Adams/ Agefotostock/Marka

Páginas 546-547 de Doug Scott/ Agefotostock/Marka

Página 548 de Motor-Presse Syndicat/ Agefotostock/Marka

Página 549 de Stuart Pearce/ Agefotostock/Marka

Páginas 550-551 de Michael Prince/ Corbis

Página 553 de Grace/zefa/ Corbis

Página 557 de Norbert Schaefer/ Corbis

Páginas 558-559 de George Shelley/ Masterfile/Sie

Página 560 de Randi Sidman-Moore/ Masterfile/Sie

Página 561 de Heather Walsh/ Agefotostock/Contrasto

Página 562 de Susan Johann/Corbis

Página 563 de Gary A. Conner/ Agefotostock/Contrasto

Página 564 de Ariel Skelley/Corbis

Páginas 564-565 de Roy McMahon/ zefa/Corbis

Páginas 566-567 de LWA-Dann Tardif/ zefa/Corbis

Página 568 de LWA-Dann Tardif/zefa/ Corbis

Página 569 de Norbert Schaefer/ Corbis

Página 570 de Stuart Westmorland/ Agefotostock/Marka

Página 571 de Karen A. Wyle/ Agefotostock/Contrasto

Páginas 572-573 de Frank Siteman/ Agefotostock/Marka

Páginas 574-575 de Carson Ganci/ Agefotostock/Marka

Páginas 576-577 de Paul Barton/ Corbis

Página 579 de Anthony Redpath/ Corbis

Página 583 de Frank Siteman/ Agefotostock/Contrasto

Páginas 584-585 de Ariel Skelley/ Corbis

Página 585 de LWA-Dann Tardif/zefa/ Corbis

Página 586 de Duomo/Corbis

Página 587 de Jim Cummins/Corbis

Páginas 588-589 de Patrick Bennett/ Corbis

Página 589 de Richard Cummins/ Corbis

Páginas 590-591 y 591 de Valeria Manferto De Fabianis/Archivo White Star

Página 592 de Karen Huntt/Corbis

Páginas 592-593 de Granata Images

Página 594 de Duomo/Corbis

Página 595 de Jim Cummins/Corbis

Páginas 596-597 de David Turnley/ Corbis

Página 598 de Frank Siteman/ Agefotostock/Marka

Página 599 de David Turnley/Corbis

Página 600 de Photoshop Cervinia

Página 601 de Granata Images

Página 602 de Tony Demin/Corbis

Página 603 de Givanni Simeone/Sime/ Sie

Páginas 604 y 605 de David Stoecklein/Corbis

Páginas 606-607 de Arthur Thévenart/ Corbis

Páginas 608-609 de Dennis MacDonald/Agefotostock/Marka

Página 609 de Colin McPherson/ Corbis

Páginas 610-611 de Kit Houghton/ Corbis

Páginas 612-613 de Kit Houghton/ Corbis

Páginas 614-615 de Colin Monteath/ Agefotostock/Marka

Páginas 616-617 de Todd Gipstein/ Corbis

Páginas 618-619 de Ariel Skelley/Corbis
Páginas 620 y 620-621 de Bob Krist/Corbis
Páginas 622-623 de Bob Krist/Corbis
Páginas 624 y 625 de Granata Images
Página 626 de Tim Pannell/Corbis
Página 627 de Jim Cummins/Corbis
Páginas 628-629 de Eric L. Wheater/Lonely Planet Images
Páginas 630 y 631 de Jerry Tobias/Corbis
Páginas 632 y 633 de Robert W. Ginn/Agefotostock/Marka
Páginas 634 y 635 de Duomo/Corbis
Página 636 de Duomo/Corbis
Página 637 de Branimir Kvartuc/ZUMA/Corbis
Páginas 638-639 de Onne van der Wal/Corbis
Páginas 640-641 de Liane Cary/Agefotostock/Contrasto
Página 642 de Jason Hunt/Corbis
Página 643 de Kevin R. Morris/Corbis
Página 644 de David Hancock/Anzenberger/Contrasto
Página 645 de Tony Arruza/Corbis
Páginas 646-647 de Jason Hunt/Corbis
Páginas 648-649 y 649 de Duomo/Corbis
Páginas 650-651 de David Stoecklein/Corbis
Páginas 652-653 de Duomo/Corbis
Página 654 de Stuart Pearce/Agefotostock/Marka
Página 655 de Mike McGill/Corbis
Página 656 de Strauss/Curtis/Corbis
Páginas 656-657 de Philip & Karen Smith/Agefotostock/Contrasto
Página 658 de Strauss/Curtis/Agefotostock/Marka
Página 659 de Salvador Álvaro Nebot/Agefotostock/Marka
Páginas 660-661 de Charles Gupton/Corbis
Páginas 662-663 de K. Solveig/zefa/Corbis

Páginas 664 y 665 de Charles Gupton/Corbis
Páginas 666-667 de Troy Wayrynen/NewSport/Corbis
Página 668 de Charles Gupton/Corbis
Página 669 de Hughes Martin/Corbis
Página 670 de Charles Gupton/Corbis
Página 671 de LWA-Dann Tardif/zefa/Corbis
Página 673 de Owen Franken/Corbis
Página 677 de Marka Collection
Página 678 de Chris Butler/Agefotostock/Contrasto
Página 679 de Marcello Bertinetti/Archivo White Star
Páginas 680-681 de Carlos Pulido/Agefotostock/Contrasto
Página 682 de Jaume Gual/Agefotostock/Contrasto
Página 683 de Picture Partners/Agefotostock/Marka
Página 684 de Liane Cary/Agefotostock/Marka
Página 685 de Liane Cary/Agefotostock/Contrasto
Página 686 de Liane Cary/Agefotostock/Marka
Página 687 de Luis Real/Agefotostock/Contrasto
Páginas 688-689 de Lucianne Pashley/Agefotostock/Contrasto
Página 690 de Picture Partners/Agefotostock/Marka
Página 691 de MAY/Agefotostock/Marka
Páginas 692-693 de Guido Corradino
Página 694 de David Schmidt/Masterfile/Sie
Página 695 de Stuart Pearce/Agefotostock/Contrasto
Páginas 696 y 697 de Peter Marlow/MagnumPhotos/Contrasto
Página 698 de Simon Dearden/Corbis
Página 699 de Tom Collicott/Masterfile/Sie
Página 700 de Jamie Grill/Agefotostock/Marka
Página 701 de Chad Ehlers/Agefotostock/Contrasto

Páginas 702-703 de Les Cunliffe/Agefotostock/Contrasto
Página 704 de Roy Morsch/Agefotostock/Marka
Página 705 de Steve McCurry/MagnumPhotos/Contrasto
Página 706 de Marcello Bertinetti/Archivo White Star
Página 707 de Roy Ooms/Masterfile/Sie
Página 708 de Picture Partners/Agefotostock/Marka
Página 709 de Birgit Koch/Agefotostock/Contrasto
Página 710 de Dieter Matthes/Agefotostock/Contrasto
Página 711 de David Grossman/Agefotostock/Contrasto
Página 712 de Chad Ehlers/Agefotostock/Contrasto
Página 713 de Tristan Deschamps/Agefotostock/Marka
Páginas 714-715 de Klaus-Peter Wolf/Agefotostock/Contrasto
Página 716 de Picture Partners/Agefotostock/Contrasto
Página 717 de Raymond Reuter/Corbis Sygma/Corbis
Página 718 de Owaki-Kulla/Corbis
Página 719 de Rick Gomez/Masterfile/Sie
Páginas 720-721 de Marcello Bertinetti/Archivo White Star
Páginas 722-723 de Marcello Bertinetti/Archivo White Star
Páginas 724 y 724-725 de Granata Images
Página 726 de Graham French/Masterfile/Sie
Página 727 de Valeria Manferto De Fabianis/Archivo White Star
Página 736 de Marcello Bertinetti/Archivo White Star

Fotografía de la cubierta de Lucianne Pashley/Agefotostock/Contrasto
Fotografía de la contracubierta de Ann House Studio

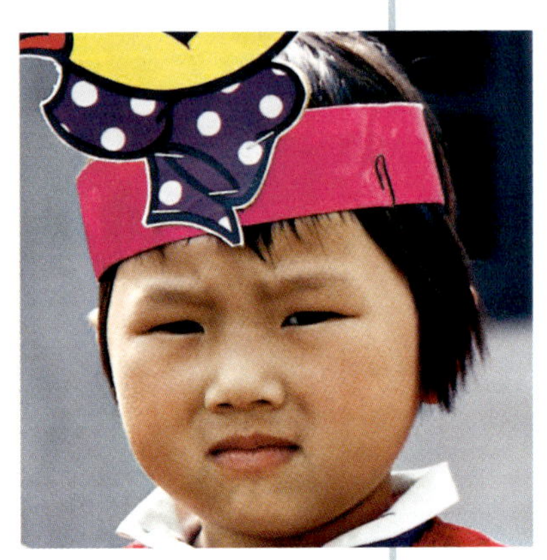

Un bello rostro el de esta niña de Shangai.

Cubierta Una graciosa sonrisa ilumina el rostro de esta niña que duerme tranquilamente de lado.

Contracubierta Una niña coreana se entretiene jugando con sus piececitos.